Zum Gedenken an

Paul Laufenburg

und alle anderen Opfer von Adolf Hitler

^ *20. Juli 1944: Adolf Hitler im Führerhauptquartier Wolfsschanze, wenige Stunden nach dem Sprengstoffattentat von Claus Schenk Graf von Stauffenberg. (132)*

HARALD SANDNER

HITLER
DAS LETZTE JAHR

Chronologie einer Apokalypse

BERLIN STORY VERLAG

Impressum

Sandner, Harald: Hitler – Das letzte Jahr. Chronologie einer Apokalypse
Berlin: Berlin Story Verlag 2018
ISBN 978-3-95723-130-7

Bibliografische Information der Deutschen Nationalbibliothek:
Die Deutsche Nationalbibliothek verzeichnet diese Publikation in der Deutschen Nationalbibliografie; detaillierte bibliografische Daten sind im Internet über
http://dnb.d-nb.de abrufbar.

Urheberrechtshinweis: Alle Bilder und Texte unterliegen urheberrechtlichem Schutz, soweit nicht ausdrücklich anders gekennzeichnet. Die dadurch begründeten Rechte, insbesondere die der Übersetzung, des Nachdruckes, der Funk- und Fernsehsendung, der Wiedergabe auf fotomechanischem oder elektronischem Wege sowie die Speicherung und Auswertung in Datenverarbeitungsanlagen, bleiben auch bei auszugsweiser Verwertung vorbehalten. Die Rechte von Archiven, Bibliotheken, Museen, Agenturen und Einzelpersonen an den von ihnen zur Verfügung gestellten Bildvorlagen bleiben unberührt. Sollten Sie Teile des Werkes verwenden wollen, wenden Sie sich bitte an den Verlag oder an den Autor. Er wird gegebenenfalls den Kontakt zum Urheber oder Nutzungsberechtigten herstellen.

© Berlin Story Verlag GmbH
Leuschnerdamm 7
10999 Berlin
Tel.: (030) 20 91 17 80
Fax: (030) 69 20 40 059
E-Mail: Service@BerlinStory.de
UStID: DE291153827
AG Berlin (Charlottenburg) HRB 152956 B

Lektorat: Wieland Giebel
Umschlaggestaltung und Satz: Norman Bösch

Backcover:
Deutsche Zivilisten fliehen im Oktober 1944 aus dem umkämpften Aachen (115)
Deutsche Infanterie greift im Dezember 1944 US-Truppen an (115)
Adolf Hitler am 20. März 1945 im Garten der Reichskanzlei (132)
Abgemagerte Kinder im Vernichtungslager Auschwitz-Birkenau (115)

WWW.BERLINSTORY.DE

Inhaltsverzeichnis

Allgemeine Hinweise..9
Danksagung..9
Prolog..11

Der Weg bis ins Frühjahr 1944..**17**
Hitlers Aufstieg...17
Der Zweite Weltkrieg...18
Der Führer in der Öffentlichkeit..24
„Feste Plätze"...31

Holocaust und Kriegsverbrechen..**35**
Entwicklung und Durchführung..35
Befehle und Hinweise..39
Vernichtungslager...43
Das Unvorstellbare..44

Die letzten Monate..**53**
Der Berghof – Die Lieblingsresidenz...53

April 1944 – Geburtstagsparade auf der Autobahn...57

Schloss Kleßheim – Das Gästehaus..72

Mai 1944 – Höhepunkt des Holocaust..75

Führerhauptquartier Wolfsschlucht 2 – Quartier für einen Tag..............................90

Juni 1944 – D-Day in der Normandie..93

Führerhauptquartier Wolfsschanze – Die Zentrale..124

Juli 1944 – Attentat und Militärputsch...129

August 1944 – Die Rache..173

Schloss Posen – Residenz in neoromanischem Stil..198

September 1944 – Rückzug an allen Fronten..201

Führerhauptquartier Riese – Sinnbild der Verschwendung...................................220

Oktober 1944 – Der Feind auf deutschem Boden 221

Moral Bombing – Legitimer Terror? 239

November 1944 – Umzug nach Berlin 245

Führerhauptquartier Adlerhorst – Der vergessene Ort 258

Dezember 1944 – Alles auf eine Karte 263

Alte Reichskanzlei – Zurück zu den Anfängen 286

Januar 1945 – Die Russen kommen 291

Unteroffizier Paul Laufenburg – Ein Soldatenschicksal 325

Der Führerbunker – Das letzte Hauptquartier 344

Februar 1945 – Flucht aus der Realität 351

Führerhauptquartier Jonastal – Der geheimnisvolle Ort 386

März 1945 – Die letzte Fahrt 389

April 1945 – Der Untergang 425
Freitag, 20. April 445
Samstag, 21. April 454
Sonntag, 22. April 461
Montag, 23. April 469
Dienstag, 24. April 477
Mittwoch, 25. April 481
Donnerstag, 26. April 487
Freitag, 27. April 495
Samstag, 28. April 502
Sonntag, 29. April 509
Montag, 30. April 520

Das Kriegsende 537

Die Protagonisten 556

Odyssee des Leichnams 565

Illusionen – Wenn Hitler den Krieg gewonnen hätte **577**
Die neue Weltordnung 577
Berlin-Schwanenwerder: Wohnhaus 579
München-Schwabing: Wohnhaus 579
Berlin-Mitte: Führerpalast 580
Linz-Altstadt: Altersruhesitz 583
München-Maxvorstadt: Grabstätte 583

Zitate **585**

Epilog **607**
Volk und Führer 607
Persönlichkeit 612
Feindbild 618
Militärische Führung 619
Rolle der Generale 627
Widerstand 630
Gesundheit 635
Inszenierung des Untergangs 640
Fazit 645

Der Zweite Weltkrieg in Zahlen 653

Über den Autor und in eigener Sache 655

Anhang **657**
Archive 658
Institute/Dokumentation 658
Publikationen 658
Internetseiten 665
Zeitschriften 665
Dokumentationen 665
Kinofilme 666
Auskünfte von Privatpersonen 666

Abbildungsnachweise 666

Abkürzungsverzeichnis 668

Personenregister 669

Allgemeine Hinweise

Damit sich der Leser besser in die damalige Zeit und die Geschehnisse hineinversetzen kann, um so eine informative und spannende Zeitreise antreten zu können, wurde das Werk sowohl im „szenischen Präsens" als auch chronologisch verfasst. Die aktuell gültige Rechtschreibung wurde – außer beim Zitat historischer Dokumente – durchgängig angewandt. Um Wiederholungen und ein unnötiges Aufblähen des Textes zu vermeiden, habe ich mich auf die Kriegshandlungen in Europa beschränkt und bei allgemein bekannten historischen Persönlichkeiten (Göring, Goebbels, Himmler, Keitel usw.) den Titel und den Vornamen nur bei der Ersterwähnung angegeben. Innerhalb von wörtlichen Zitaten verweist ein Ausrufezeichen in eckigen Klammern auf eine Anmerkung oder einen Kommentar des Autors. Bei Ordensverleihungen, die die verschiedenen Stufen des „Ritterkreuz des Eisernen Kreuzes" betreffen (Ritterkreuz, Eichenlaub zum Ritterkreuz, Eichenlaub mit Schwertern, Eichenlaub mit Schwertern und Brillanten, Goldenes Eichenlaub mit Schwertern und Brillanten) wurde jeweils nur „Eichenlaub", „Schwerter" usw. angeführt, z.B. „Verleihung der Schwerter an …". Es ist dann die betreffende Ordensstufe gemeint. Bei Betragsangaben wurde als Vergleich der Kaufkraft der Reichsmark zum Euro zum Umrechnen die Tabelle des Durchschnittsentgelts (Anlage 1 zum Sozialgesetzbuch VI) des Bundesministeriums für Justiz und für Verbraucherschutz verwendet.

Danksagung

Ein besonderer Dank geht an all die Mitarbeiterinnen und Mitarbeiter der Archive, Behörden und Institutionen für ihre hilfreiche Zuarbeit. Darüber hinaus möchte ich folgende Personen besonders hervorheben, ohne deren Unterstützung das Werk nicht das geworden wäre, was es heute ist: Herrn Sven Riepe von der Süddeutschen Zeitung (München) und Frau Angelika Betz von der Bayerischen Staatsbibliothek (München) für die Bereitstellung hervorragenden Bildmaterials. Ich danke allen Personen, die mit gutem Rat und Tat zur Seite standen, insbesondere Frau Petra Stenzel und Herrn Norbert Niermann (beide Coburg). Ich danke Susanne für das professionelle Lektorat sowie für ihre zahlreichen Hinweise. Weiterhin danke ich Wieland Giebel, Enno Lenze, Norman Bösch sowie dem Team vom Berlin Story Verlag (alle Berlin), die auch dieses Projekt in gewohnter, qualitativ hochwertiger Form und mit großem Engagement realisiert haben. Ein Dank gilt Herrn Karl Höffkes, der aus seinem Archiv einmaliges Filmmaterial mit Interviews von Zeitzeugen zur Verfügung gestellt hat. Ganz besonders herzlich danke ich Herrn Michael Laufenburg (Geldern) und meiner Lebensgefährtin Viola Hinrichs für ihre fortwährende und vielfältige Unterstützung.

Die Toten werden mit historischen Wahrheiten nicht wieder aufgeweckt, aber die Lebenden und vor allem die Nachgeborenen von einer Volksneurose befreit. Unklarheit über Hitler heißt, in der Krankheit zu verharren, in die dieser Mann Deutschland gestürzt hat. Für das Zusammenwachsen Europas ist es gefährlich, wenn das in der Mitte liegende wirtschaftlich und politisch mächtige Deutschland psychisch schwächelt, weil es an seiner Geschichte krank bleibt.
Volker Elis Pilgrim
(deutscher Schriftsteller, geboren 1942)

Prolog

„*Das nachvollziehbare Stöhnen über ‚schon wieder Hitler' führt zu noch mehr Hitler. Denn wenn wissenschaftliche Aufklärung unterbleibt, geht der Zauber weiter*" (Nils Minkmar, DER SPIEGEL 19/2016). Geschichte ist eine Frage der eigenen und der kollektiven Identität. Man kann sich als Individuum nur orientieren an dem, was gegeben ist, deshalb muss man die Geschichte kennen. Sie ist eine wichtige Voraussetzung der eigenen Identität. Sie erklärt mir die Gegenwart und nur dann kann ich die Zukunft besser verstehen. Die Auseinandersetzung mit der Vergangenheit ist oft nicht leicht, teilweise sogar sehr schwer, da sie oft gegenwärtig ist. Der historisch gebildete Mensch hat jedoch eine höhere Problemlösungskompetenz, er wird gebildeter und autarker. Auch dem aktuellen Populismus kann man sich nur mit Bildung, Wissen und demokratischer Kultur entgegenstellen.

Vertiefend zu meinem vierbändigen Werk „Hitler – Das Itinerar" (2016) lege ich mit diesem Buch eine Darstellung über das schrecklichste Jahr der Menschheitsgeschichte vor: Hitlers letztem Lebensjahr. In diesem Jahr sind mehr Opfer zu beklagen als in den viereinhalb Jahren des Zweiten Weltkrieges zuvor. In diesem Jahr fallen 60 Prozent aller auf Deutschland abgeworfenen Bomben. Ein Grund hierfür liegt darin, dass der Zweite Weltkrieg nicht – wie die anderen großen Kriege der Weltgeschichte zuvor – sich nach einer Eskalation und einem blutigen Höhepunkt allmählich erschöpft, sondern in einem langen, grausamen Prozess stetig weiter eskaliert und in einem bis dahin unvorstellbaren Ausmaß immer mehr Materialressourcen verbraucht und Menschenleben vernichtet. Der Antreiber, der Motor, das Herz hierfür heißt Adolf Hitler. Erst mit seinem Tod endet das unvorstellbare Leid von Millionen von Menschen.

Prolog

Die Jugendzeit Hitlers in Linz und Wien sowie seine Zeit in München und während des Ersten Weltkriegs sind bereits vielfach detailliert untersucht und die Ergebnisse publiziert worden. Die letzten Monate seines Lebens und sein Ende fokussieren sich sowohl in der Literatur als auch im Film hauptsächlich auf die militärischen Ereignisse des Zweiten Weltkrieges mit den Schwerpunkten D-Day (Invasion der alliierten Truppen in Frankreich), Stauffenberg-Attentat (Staatsstreich am 20. Juli 1944), „Alpenfestung" (reine Propaganda) und dem Ende im Führerbunker – mit oft wiederkehrenden gleichen Aussagen und Bildern. Der Verursacher all dieser Vorgänge wird dabei bis auf wenige Ausnahmen zu einer Randfigur reduziert.

Eine chronologische Zusammenfassung von Hitlers letztem Jahr und seinen Einfluss auf den Fortgang des Krieges lag bisher nicht vor, und das, obwohl nie in der Geschichte der Menschheit mit den Entscheidungen eines einzelnen Menschen so viel maßloses Leid und Elend über die Welt gebracht wurde. Der Leser dieses Buches erlebt dieses letzte Jahr des Zweiten Weltkrieges aus Sicht des Hauptverantwortlichen Adolf Hitler, aber auch aus Sicht von Zeitzeugen und Historikern mit dem heutigen Wissen der damaligen Vorgänge im Kontext der militärischen und politischen Zusammenhänge. Diese Kombination, ergänzt durch erstmals veröffentlichte Aussagen von Zeitzeugen sowie zahlreiches, vielfach bisher unveröffentlichtes Bildmaterial, dokumentiert die wesentlichen Geschehnisse und entkräftet manches jahrzehntealte Vorurteil, manche Vermutung, manche schnell gefasste Schlussfolgerung, manche immer wieder kolportierte Legende und Unwahrheit.

Wie verändert sich Hitlers Führungsstil? Wann setzt zunehmender Realitätsverlust bei ihm ein? Wann beginnt die Selbsttäuschung? Aus welchen Äußerungen und Sachverhalten lässt sich das schließen? Welche Rolle spielen seine Krankheiten? Ist er drogensüchtig oder medikamentenabhängig und welchen Einfluss hat dies auf seine Entscheidungen? Ist der äußere Verfall real oder doch mehr gespielte Fassade – oder beides? Funktioniert sein Geist noch oder ist er geisteskrank und kann die Folgen seiner Befehle gar nicht mehr einschätzen? Ist das Phänomen der Bindung an den Führer bis zum Schluss wirklich alternativlos? Warum werden seine – teils irrsinnigen – Befehle scheinbar widerspruchslos befolgt? Wie stark lässt er sich von der Meinung des Generalstabs beeinflussen? Wie verändert das Attentat vom 20. Juli seine Denk- und Handlungsweise? Wo hält er sich in seinem letzten Lebensjahr auf, wohin reist er, was erlebt er und bewegt ihn persönlich und welche Rolle spielt er in diesem Jahr noch in der deutschen Öffentlichkeit? Diese und andere Fragen sollen beantwortet werden. Auch Hitler selbst soll – und muss – ausführlich zu Wort kommen, denn mit seinen eigenen Worten und seinem persönlichen Verhalten widerspricht und demaskiert er sich selbst. Die absurde und bizarre Diskrepanz seiner Sorge um die eigene Gesundheit einerseits und das Desinteresse an der grausamen Realität des hunderttausendfachen Sterbens und am Elend andererseits sind besonders augenfällig. Nicht zuletzt sollen Widersprüche in bisherigen Publikationen aufgeklärt werden. Neue Details über Adolf Hitler sowie sorgfältige Analysen möchten mögliche Lücken in seiner Vita schließen.

Der kommentierte Nachdruck von Hitlers Buch „Mein Kampf", herausgegeben 2016 von Dr. Christian Hartmann vom Institut für Zeitgeschichte, schafft es bis auf den zweiten Platz der Bestsellerliste. Thomas Weber („Wie Adolf Hitler zum Nazi wurde: Vom unpolitischen Soldaten zum Autor von Mein Kampf", 2016) und Hermann Pölking („Wer war Hitler: Ansichten und Berichte von Zeitgenossen", 2017) ziehen das Interesse auf sich. Pölking produziert neben seinem Buch einen siebeneinhalbstündigen [!] Film über Adolf Hitler. Hitler ist also auch ein Menschenleben nach seinem Tod medial omnipräsent, weil jahrzehntelang Desinformation, einseitige – auf Effekthascherei zielende – Berichterstattung, Verdrängung, Verleugnung, widersprüchliche Interpretation und auch eindeutige Geschichtsfälschung eine Flut von mehr oder weniger seriösen Dokumentationen hervorbrachten. Darüber hinaus haben wir auch in der Gegenwart mit den Folgen seines Handelns zu tun. Neue Quellen, das Fragen nach den Ursachen, neue populistische Parteien und vieles mehr sind die Grundlage des Interesses an der wahrscheinlichen Wirklichkeit (trotz guter Quellenforschung wird die hundertprozentige Wahrheit nie ermittelt werden können). Die Nachfrage an neuen, sachlich fundierten, Büchern über Adolf Hitler und seine Führungsriege bestätigt dies.

Es gibt über 70 Jahre nach seinem Tod – noch immer ist er einer der bekanntesten Menschen weltweit – auch Skurriles und Fragwürdiges, etwa das sehr erfolgreiche Buch und den gleichnamigen Film „Er ist wieder da" von Timur Vermes (2014) oder die Frage der New York Times an ihre Leserschaft: *„Würden Sie Hitler bei einer Zeitreise töten? Ist jedes Menschenleben unantastbar oder kann man doch gegeneinander aufwiegen? Wenn Sie in der Zeit zurückreisen könnten, würden Sie Hitler als Baby töten?"* (42 Prozent antworteten mit Ja, 30 Prozent mit Nein, der Rest war sich unsicher). Ein Münchener Auktionshaus versteigerte eine Uniformjacke, eine Hose, ein Regencape, Socken, Krawatten, einen Koffer und Röntgenbilder von Hitler für 420.000 Euro. In New York wird im Jahre 2016 eine Skulptur, die Adolf Hitler kniend und betend zeigt, für 17,2 Millionen Dollar versteigert.

„Hitler" als Suchbegriff bei Google ergibt eine Trefferquote von über 100 Millionen. Ein Politiker, der einen anderen mit Hitler vergleicht, kann sich sicher sein, umgehend in die Schlagzeilen zu kommen und fast wöchentlich laufen im Fernsehen „Dokumentationen" mit Themen wie „Hitlers Flucht", „Hitlers Jurassic Park" „Hitlers Doppelgänger" usw. Dinge mit Hitler in Verbindung zu bringen, die nichts mit ihm zu tun haben, erfreuen sich in Deutschland großer Beliebtheit, beispielsweise weiße Katzen mit schwarzer Musterung im Gesicht.

Es gibt sehr gute Studien über Hitlers Anfänge, vor allem von Anton Joachimsthaler („Hitlers Weg begann in München 1913-1923", 2000), Brigitte Hamann („Hitlers Wien – Lehrjahre eines Diktators", 1996), Othmar Plöckinger („Unter Soldaten und Agitatoren – Hitlers prägende Jahre im deutschen Militär 1918-1920", 2013) usw. Auch über Hitlers Tod wurde intensiv geforscht („Hitlers Ende" von Anton Joachimsthaler 1995; „Hitlers Ende im Führerbunker" von Sven Felix Kellerhoff 2015), um nur einige Beispiele zu nennen. Den Film „Der Untergang" (2004) von Oliver Hirschbiegel und Bernd Eichinger, der sich mit den letzten zehn Tagen in Hitlers Leben auseinandersetzt, sahen in Deutschland rund 4,5 Millionen Besucher in den Kinos, danach lief er mehrfach im Fernsehen. Auch im Ausland brach er Rekorde an Zuschauerzahlen. Generell ist zu konstatieren, dass Film- und Fernsehproduktionen das Wissen über geschichtliche Ereignisse mittlerweile stärker prägen als gut recherchierte Bücher von Historikern. Eine Entwicklung, die oft zu Lasten der historischen Wahrheit geht.

Die Inhalte dieser Produktionen sind oftmals nur peinlich, von unglaubwürdigen Darstellern Hitlers und erst recht seiner Stimme, die den Zuschauer glauben lässt, Hitler habe wirklich so gesprochen. Schauspieler Ulrich Tukur, einer der bedeutendsten deutschen Charakterschauspieler meint: *„Hitler kann man nicht spielen."* Die einzige Ausnahme sehe ich hier in Bruno Ganz in „Der Untergang".

In bisherigen Biografien wurde und wird Hitlers letztes Jahr stiefmütterlich behandelt. Dies betrifft nicht nur das Beschreiben der Ereignisse um seine Person, sondern auch die bildliche Darstellung. Aus diesem Zeitabschnitt sind nur wenige der verfügbaren – und wenn, dann sehr oft immer wieder die gleichen – Bilder veröffentlicht worden. Dies ist kein Phänomen aktueller Publikationen. Bereits im seinerzeitigen Standardwerk von Joachim Fest („Hitler", 1973) widmet sich dieser von insgesamt 1.042 Seiten den Jahren 1944 und 1945 mit nur neun Prozent seines Buches. Das aktuelle Standardwerk von Ian Kershaw („Hitler") aus den Jahren 1998 und 2000 widmet sich von 2.320 Seiten diesen Jahren nur zehn Prozent. Kershaw zeigt aus Hitlers letztem Lebensjahr nur sieben bereits vielfach veröffentlichte Bilder. Die Beispiele können beliebig erweitert werden, denn sie ziehen sich bis in die jüngere Vergangenheit durch. Ian Kershaw geht in seinem herausragenden Werk „The End. Hitlers Germany, 1944-45" (2011) zwar auf diesen Zeitabschnitt sehr detailliert ein, verfolgt aber einen anderen Ansatz. Er legt den Schwerpunkt auf die Frage, warum das NS-Regime bis zum Ende besteht und so viele Deutsche Hitler bis Kriegsende folgen und nicht früher kapitulieren, sondern weiterkämpfen. Im Mittelpunkt steht also hierbei nicht die Person Adolf Hitler. Unter den nur 41 Abbildungen ist kein einziges von Hitler, obwohl Kershaw feststellt: *„Welche zentrale Rolle Hitler bei Deutschlands selbstzerstörerischem Treiben spielte, als das Reich zusammenbrach, ist offenkundig"* und *„Demnach war Hitler bis zum letzten Moment entscheidend."* Dennoch widmet er dem letzten Tag Hitlers, dem 30. April 1945, nur eine einzige Zeile, während SPIEGEL-TV 66 Jahre nach dem 30. April 1945 in einem einmaligen TV-Experiment die wichtigsten zwölf Stunden dieses Tages zeitgleich nacherzählte.

In einem weiteren sehr gut recherchierten Werk von Antony Beevor („Berlin 1945 – Das Ende", 2002) legt der Autor den Schwerpunkt auf die Leiden der Zivilbevölkerung. Auch in diesem Werk gibt es die weit verbreiteten Fehler über Ort, Datum und Ablauf der letzten Frontfahrt Hitlers im März 1945. Das setzt sich bis in die jüngste Hitlerbiografie von Prof. Peter Longerich (2016) fort, obwohl das korrekte Datum schon im Jahre 1983 mit den Aufzeichnungen Prof. Morells, Hitlers Leibarzt, veröffentlicht wurde. Longerichs Biografie kommt für den Zeitraum des letzten Jahres sogar mit nur fünf Prozent seines Buchumfanges aus und was seine Goebbels-Biografie betrifft, wird Hitler eine Reise zugeschrieben, die dieser nie vorgenommen hat. Neben diesem Umstand sind es auch die vom Architekten und späteren Rüstungsminister Albert Speer verbreiteten

„Legenden" gewesen, die den Blick auf die Wirklichkeit verstellten. Magnus Brechtken hat dem in seiner Speer-Biografie im Jahre 2017 ein Ende bereitet und offengelegt, wie sehr Speer gezielt die Realität manipuliert hat. Auch diese neuen Erkenntnisse sind im vorliegenden Werk berücksichtigt. Viele Historiker scheuten sich zudem jahrzehntelang, Kriegsverbrechen der Westalliierten zu benennen, weil sie den Verdacht fürchteten, die NS-Verbrechen relativieren zu wollen. In die gleiche Richtung zielt auch der Vorwurf der „Washington Post" im Jahre 2016 (*„A new book portrays Hitler as a normal guy. That's a problem for some"*) und der BBC London an die Ausstellungsmacher des Berlin Story Bunkers und an mich als Autor des Hitler-Itinerars, wir würden Hitler „*zu menschlich*" darstellen. Dabei werden Wieland Giebel und Enno Lenze vom Berlin Story Bunker fast täglich mit Besuchern konfrontiert, bei denen in erschreckendem und teilweise unglaublichem Maße Wissenslücken und Unkenntnis feststellbar sind. Schuld daran sind auch unseriöse Veröffentlichungen über Hitlers angebliches Überleben bei Kriegsende und seine geglückte Flucht. Auch zum Thema Medikamentenmissbrauch und der vermeintlichen Drogensucht lassen die Publikationen nicht nach. Die deutsche Ärztezeitung titelt am 24. Oktober 2016 reißerisch „*Tyrann auf Crystal Meth – Hitlers geheime Drogensucht*" und ignoriert die Publikation von Prof. Ellen Gibbels „Hitlers Nervenkrankheit. Eine neurologisch-psychiatrische Studie", in der diese bereits im Jahre 1994 das Thema sehr ausführlich untersucht und manches bis heute vorhandene Vorurteil widerlegt hat.

Gerade aber durch den chronologischen Aufbau und die Dokumentation aller wesentlichen Aspekte wird der Unterschied zwischen Hitlers Leben und der Realität deutlich. Er hat es geschafft, binnen sechs Jahren von der größten Massenunterstützung, die je eine Regierung in Deutschland bekommen hat, bis zum Beginn eines Weltkrieges zu gelangen und er braucht noch einmal sechs Jahre, um Europa in den Untergang zu stürzen. Das Bild Hitlers verblasst in den Darstellungen des Zweiten Weltkrieges angesichts seiner zunehmenden eigenen militärischen Handlungsunfähigkeit und der sich ständig nach oben schraubenden Spirale der Gewalt und der Zerstörung, was in seiner Grausamkeit und dem Leid der Betroffenen hier nicht ansatzweise beschrieben werden kann. Ist Hitler nun Alleinschuldiger und führen die Generale nur seine Befehle aus oder ist er, wie er es selbst darstellt, „*ein Opfer seiner Generale*"? Ist er ein geisteskranker Irrer, der ausschließlich sinnlose Befehle erteilt? Ist der Feind im Westen der „Gute" und der im Osten der „Böse"? Sind die Amerikaner die Befreier, die Schokolade und Kaugummis verteilen, und die Russen die Besatzer, die Frauen vergewaltigen und Uhren stehlen? Weiß Hitler bis zuletzt, was er tut? Ist der Blutrausch der Wehrmacht auch ein durch Drogen ausgelöster Rausch, befohlen von einem selbst drogensüchtigen Führer, wie Norman Ohler („Der totale Rausch", 2015) behauptet? Hätte Deutschland den Zweiten Weltkrieg sogar gewinnen können, wenn Hitler „clean" gewesen wäre und einen klaren Kopf behalten hätte? Wie sind Hitlers Äußerungen im internen Kreis oder externen Besuchern gegenüber zu bewerten? Sind sie Propaganda, seine ehrliche Überzeugung oder nur Mittel zum jeweiligen Zweck und zur Beeinflussung der jeweiligen Zielgruppe? Warum werden manche Entscheidungen so getroffen, wie sie getroffen werden?

Prolog

Ist wirklich jeder Befehl Hitlers unsinnig, geboren aus seinem Starrsinn und Realitätsverlust oder erteilt er auch sinnvolle und zielführende Befehle? Relativiert man Hitlers Untaten, wenn man ihm objektiv – aus der damaligen deutschen Sicht und Situation heraus betrachtet – die Erteilung „richtiger" Befehle attestiert? Welche Rolle spielt der aus Berufsoffizieren bestehende Generalstab?

Alle diese Fragen lassen sich nicht mit einem klaren Ja oder Nein beantworten, wie es in der Vergangenheit oft getan wurde. Das Ende von Großreichen ist meistens blutig verlaufen, aber der Strudel der Zerstörung, in dem der Nationalsozialismus versinkt, ist in der Menschheitsgeschichte einzigartig. Niemals zuvor sind beim Zusammenbruch eines Reiches so viele Menschenleben ausgelöscht, so viele Städte vernichtet und ganze Landschaften verwüstet worden. Es ist deshalb wichtig, dass diese Fragen aus der heutigen Sicht und den heutigen Erkenntnissen nüchtern analysiert, dokumentiert und beurteilt werden – eingebettet in die militärischen und politischen Ereignisse und Hitlers Aktivitäten. Unter diesem Anspruch wurden u. a. auch die Aufzeichnungen des Dieners Heinz Linge erstmals detailliert ausgewertet. Die vorliegende Darstellung kann nicht alle militärischen Ereignisse dieser Zeit im Detail erfassen, jedoch werden die wesentlichen Stadien des alliierten Vormarsches und der Sowjetarmee dargestellt. Darüber hinaus werden die wesentlichen Erkenntnisse der Forschung zur Person Hitlers publiziert, die – und das ist das Erstaunliche – zwar teilweise jahrzehntealt sind, aber dennoch von vielen Autoren übersehen werden und so ein Hitlerbild erzeugen, welches nicht der Realität entspricht, aber gängige Klischees ständig neu bedient.

Hitler ist, besonders seit der Kriegswende 1943, nur noch die katalysierende Kraft, aber unverzichtbar für den weiteren Fortgang und die Dauer des Krieges. Der Führer ist alles: der Wille, der Zusammenhalt, die anschaubare Präsenz, der Garant des Endsieges. Ohne ihn ist alles verloren: Familie, Heimat, Zukunft. Ohne ihn verfällt alles augenblicklich. Nach seinem Tod ist der Krieg binnen weniger Tage zu Ende. Deshalb ist das letzte Jahr Hitlers so bedeutungsvoll, so wichtig, um das ungeheure Ausmaß destruktiver Energie verstehen zu können. Joachim Fest folgert: *„Die Menschen, deren Gefolgschaft und Bewunderung er sich erworben hatte, waren niemals einer Vision, sondern einer Kraft gefolgt und im Rückblick erscheint dieses Leben wie eine einzige Entfaltung ungeheurer Energie. Ihre Wirkungen waren gewaltig, der Schrecken, den sie verbreitete, beispiellos."* So wie ich begann, schließe ich mit einem Zitat von Nils Minkmar (DER SPIEGEL 19/2016): *„Was an der Geschichte Adolf Hitlers ist für uns heute noch wichtig? Alles!"*

Je genauer die Forschung die ungezählten Facetten des Zweiten Weltkrieges betrachtet, desto komplizierter wird das Bild.
Sven Felix Kellerhoff
(deutscher Journalist, geboren 1971)

Der Weg bis ins Frühjahr 1944

Hitlers Aufstieg

Nach Adolf Hitlers Einstieg in die Politik im Jahre 1920, dem Rückschlag durch seinen misslungenen Putsch und die anschließende Haft im Jahre 1923 münden der Aufstieg der NSDAP in den zwanziger und frühen dreißiger Jahren des 20. Jahrhunderts in die Ernennung Hitlers zum deutschen Reichskanzler im Jahre 1933. Zu verdanken hat dieser den Aufstieg vor allem seiner Fähigkeit als Redner. Gefördert durch deutschnationale und konservative Kräfte, sind die ersten Jahre seiner Herrschaft geprägt von der Schaffung einer *„deutschen Volksgemeinschaft"*, in der Parteigänger und Anhänger ihren Lebensstandard deutlich verbessern können, während Andersdenkende und vor allem Juden schikaniert, verfolgt und in Konzentrationslagern eingesperrt werden. Die Zahl der Arbeitslosen sinkt, auch dank einer massiven Aufrüstungspolitik, auf ein bis heute unerreichtes Rekordtief. Die Einführung neuer Feiertage, bezahlten Urlaubs, Steuererleichterungen, kostengünstiger Reisen und anderer sozialer Vorteile wie das Arbeitszeitgesetz, das Jugendschutzgesetz usw. steigern Hitlers Popularität im Volk. Er besitzt das enorme Charisma des andauernden Erfolgs.

Dem gegenüber erscheinen die Schattenseiten des NS-Regimes (keine anderslautende Meinung erwünscht, Verfolgung und Einsperren von Regimegegnern, Schikanieren jüdischer Mitbürger, Arisierung von Firmen und Geschäften usw.) im Lebensalltag kaum mehr präsent. Eine durchorganisierte Propagandamaschinerie der einzig zugelassenen Staatspartei NSDAP (Nationalsozialistische Deutsche Arbeiterpartei) sorgt durch Gleichschaltung der Medien und einen festen Veranstaltungskalender mit Reichsparteitagen, der Feier zum Hitlerputsch, dem Erntedankfest und dem – neu eingeführten und bis heute gültigen – Maifeiertag für eine dauerhafte Beeinflussung im Sinne der Partei. Der permanente Kampf gegen den als nationale Demütigung empfundenen „*Schandfrieden*" von Versailles (1919), der ihm viel Popularität im Volk einbringt, führt bald zur Wiedereinführung der Wehrpflicht (1935) und zum Aufbau der Deutschen Wehrmacht. Es folgen nach einer Volksabstimmung der Anschluss des Saarlandes und die Remilitarisierung des Rheinlandes. Die Mehrheit der Deutschen sieht durch Hitler Ehre und Freiheit ihres Vaterlandes wieder hergestellt. Durch Intrigen wird die Führung der Deutschen Wehrmacht (Blomberg-Fritsch-Krise, 1938) entmachtet und Hitler selbst wird Oberster Befehlshaber der Wehrmacht mit uneingeschränkter Befehlsgewalt. Sogenannte, unblutig verlaufende, „Blumenkriege" (Anschluss Österreichs, Anschluss des Sudetenlandes, Anschluss des Memelgebietes und Besetzung der „*Resttschechei*" Böhmen und Mähren) suggerieren den Deutschen, dass ihr Führer alles im Griff hat, vorausschauend denkt und plant, ihn nichts aufhalten kann und es nichts gibt, was ihm nicht gelingt. Einem für September 1938 von Offizieren geplanten Attentat wird durch das Münchner Abkommen die Grundlage entzogen.

Die absolute Mehrheit des deutschen Volkes befürwortet seine Politik und ist mit den von ihm ergriffenen Maßnahmen mehr oder weniger einverstanden. Er wird von Teilen der Bevölkerung in einem Maße gottgleich verehrt, wie es heute nicht mehr vorstellbar ist. Nicht wenige beten zu ihm wie zu Gott, bauen zuhause Schreine mit seinem Bildnis auf und Mütter versuchen, die Geburt ihres Kindes auf den 20. April, seinen Geburtstag, zu terminieren. Jährlich erreichen die Reichskanzlei mehr als 10.000 Briefe mit schwülstigen Dankschreiben, Glück- und Segenswünschen, Bitten und Gedichten. Nicht wenige Frauen wollen ein Kind von ihm. Seit seiner Ernennung zum Reichskanzler im Jahre 1933 ordnet er eine massive Aufrüstung auf Kosten anderer Wirtschafts- und Industriezweige an. Erkauft wird dies durch eine enorme Staatsverschuldung, es werden etwa 60 Milliarden RM investiert (heute etwa 960 Milliarden Euro). Diese Militärausgaben gefährden bald den Staatshaushalt und lassen einen Einsatz der produzierten Waffen unvermeidlich werden. Seine Wirtschaftspolitik auf Pump läuft geradewegs in die Spirale der Aufrüstung, Zwangsarbeit, Eroberung und Ausplünderung fremder Länder, Sicherung von Rohstoffen und letztlich der Vernichtung „*unwerten Lebens*" und von „*unnützen Essern*". Staatsbankrott oder Krieg, das sind im Jahre 1939 die Alternativen.

Der Zweite Weltkrieg

Die Streitfrage um die Freie und Hansestadt Danzig (heute Gdańsk/Polen) führt am 1. September 1939 mit dem Angriff Deutschlands auf Polen zum Ausbruch des Zweiten Weltkrieges. Die Stimmung der deutschen Bevölkerung ist bedrückt, es gibt Bedenken wegen der ungewissen Zukunft. Nach diesem, für Deutschland erfolgreichen, Kriegszug folgen weitere gegen Dänemark, Norwegen, Niederlande, Belgien, Luxemburg, Frankreich,

Jugoslawien und Griechenland sowie auf zusätzlichen Kriegsschauplätzen in Nordafrika, im Mittelmeer, der Nordsee und dem Atlantischen Ozean. Nach dem siegreichen Ende des Frankreichfeldzuges steht Hitler auf dem absoluten Höhepunkt seiner Popularität und gilt in den Augen Vieler als unbesiegbar. Am 22. Juni 1941 greift das Deutsche Reich in einem bisher an Menschen und Material nie dagewesenen Angriffskrieg mit der gewaltigsten Streitmacht der Geschichte die Sowjetunion an. Es ist der Kampf gegen den *„Bolschewismus"* und um den *„Lebensraum im Osten"*, den Hitler schon in seinem Buch „Mein Kampf" im Jahre 1925 propagiert und bereits im Jahre 1933 gegenüber der Reichswehrführung angekündigt hat. Dieser im Deutschen Reich Russland- oder Ostfeldzug, in der Sowjetunion Großer Vaterländischer Krieg genannte Krieg ist von Anfang an ein völkerrechtswidriger und menschenverachtender Vernichtungskrieg.

Nach enormen militärischen Siegen bisher ungekannten Ausmaßes ereignet sich im Winter des Jahres 1941/1942 vor Moskau die erste Niederlage der Deutschen Wehrmacht. Bei bis zu 45 Grad Minus – es ist der kälteste Winter des 20. Jahrhunderts – versinkt der Angriff in Schlamm, Schnee und Eis. Im Dezember 1941 folgt der Angriff des Japanischen Kaiserreichs auf die USA und die Kriegserklärung Hitlers an die USA. Das Japanische Kaiserreich und das Königreich Italien sind die Haupt-Achsenmächte des im Jahre 1940 geschlossenen Dreimächtepakts, dem später noch die Königreiche von Ungarn, Rumänien und Bulgarien, die slowakische Republik und der unabhängige Staat Kroatien beitreten werden. Die Ostfront ist die wichtigste Landfront der Alliierten gegen das Deutsche Reich. Das Jahr 1942 bringt erneut erhebliche Erfolge mit großem Geländegewinn auf dem Territorium der Sowjetunion, doch das eroberte Territorium ist zu groß. Die deutsche Wehrmacht hält im Sommer 1942 in Europa eine Frontlänge von 30.000 Kilometer. Im Herbst 1942 befiehlt Hitler der 6. Armee (*„Mit ihr kann ich sogar den Himmel stürmen"*) den Angriff auf die strategisch wichtige Großstadt Stalingrad an der Wolga. Die Schlacht mündet, obwohl die Stadt die schwersten deutschen Luftangriffe der Ostfront zu erleiden hat, im Häuserkampf in ein bis dahin beispielloses Gemetzel. Täglich sterben 1.000 deutsche und 2.500 russische Soldaten und unschuldige Zivilisten. Zahlreiche deutsche Soldaten werden wahnsinnig oder stumpfen völlig ab, essen aus Not die Leichen ihrer gefallenen Kameraden auf. Viele Offiziere erschießen sich am Heiligabend 1942. Anfang des Jahres 1943 bringt die Niederlage von Stalingrad (heute Wolgograd/Russland) die endgültige Kriegswende zu Ungunsten des Deutschen Reiches. Der Reichsminister für Volksaufklärung und Propaganda, Joseph Goebbels, ruft daraufhin in Berlin den *„totalen Krieg"* aus und fährt ab sofort nur noch eine Durchhalte- und Gräuelpropaganda. Generell gilt schon seit Jahren die Parole: *„Ein Volk, ein Reich, ein Führer."* Mit seinem Ministerium kontrolliert er mit 2.000 Mitarbeitern schon seit dem Jahre 1933 die veröffentlichte Meinung und die Medienindustrie und brennt das Bild eines übermächtigen *„Führers"* in die Gehirne der Deutschen ein.

Deutschland hat weite Teile Europas besetzt bzw. kontrolliert diese über verbündete Staaten. Hitler persönlich lässt sich auf der letzten Reichstagssitzung (April 1942) als *„oberster Gerichtsherr"* bestätigen. Er ist nun Führer der Nation, Oberster Befehlshaber der Wehrmacht, Regierungschef, oberster Inhaber der vollziehenden Gewalt, oberster

Gerichtsherr und Führer der Partei. Damit ist er auch juristisch endgültig der an keine Gesetze gebundene Alleinherrscher über Deutschland, Herr über Leben und Tod – ein Diktator mit einer weder vorher noch nachher erreichten Machtfülle. Die totale Macht birgt jedoch bereits die totale Niederlage in sich.

Innerhalb des NS-Machtapparates hat er eine einmalige Position, die auf dem Führerprinzip basiert. Dieses Prinzip sieht Adolf Hitler als höchste Autorität, als unumschränkten Gebieter über seine Umgebung, die den Staatsapparat beherrscht. Sein Wort ist Befehl, bis in die Nebensätze hinein. Hitler ist nicht der „Primus inter pares", der Erste unter Gleichen. Sein Abstand zu den anderen Mächtigen des Reiches wie Hermann Göring, Joseph Goebbels und Heinrich Himmler ist unermesslich. Er ist die höchste Personifikation des Führerprinzips. Unter diesem Prinzip ist die Entwicklung einer mit diktatorischen Vollmachten ausgestatteten Herrschaftskultur zu verstehen. Die Entscheidungen des Führers sind unfehlbar und unanfechtbar. Der Führerkult, als ein wesentliches Merkmal nationalsozialistischer Rechtsauffassung, ist an die Person Adolf Hitlers gebunden und kommt in Ausführungen wie *„der Wille des Führers ist Gesetz"* oder der *„Befehl des Führers ist der gesetzte Volkswille"* zum Ausdruck. Dass der Führer oft entscheidungsschwach ist und heute umstößt, was er gestern noch angeordnet hat, oder zaudert, bis er endlich eine Entscheidung fällt, nimmt von der Einzigartigkeit seiner Stellung nichts weg. Dann muss eben befolgt werden, was als letztes angeordnet wurde. Hitler regiert regelmäßig mit Führerbefehlen, Führererlassen und Führerverordnungen. Er kann damit Anordnungen treffen, die für alle behördlichen Institutionen und alle deutschen Staatsangehörigen innerhalb des Staatsgebietes des Großdeutschen Reiches Gesetzeskraft haben. Die Bestätigung einer solchen Anordnung durch Verfassungsorgane des Reiches oder der Gaue sind weder notwendig noch vorgesehen. Ein Führerbefehl kann jederzeit geltendes Recht ändern oder neue Rechtsgrundlagen schaffen. Es besteht kein Zweifel, dass Hitler in der absoluten Mehrheit der deutschen Bevölkerung bis zur Mitte des Krieges in hohem Maße beliebt ist. Als dies aufgrund der Verschlechterung der Kriegslage nachlässt, bleibt seine Autorität trotzdem unangetastet, der Führermythos im Kern ungebrochen. Kritik an der Führung zielt zumeist auf die Partei und ihre Funktionäre, selten direkt auf den „Führer".

Im Juni 1943 gibt er in einem Erlass die Anweisung, *„(…) in Zukunft im innerdeutschen Verkehr durchweg* [als] *‚Der Führer' bezeichnet zu werden"*. Im formellen Briefverkehr mit dem Ausland wird die Bezeichnung „Führer des Großdeutschen Reiches" Pflicht. Als Anrede sollen Deutsche ausschließlich die Anrede *„Mein Führer"*, Ausländer die Anrede *„Führer"* gebrauchen. Im amtlichen Sprachgebrauch ist statt *„Deutsches Reich"* die Formulierung *„Großdeutsches Reich"* zu verwenden. Hitler kontrolliert als Herrscher Europas vom Atlantik bis zum Kaukasus (etwa 3.500 Kilometer) und vom Nordkap bis zur Sahara (etwa 4.500 Kilometer) nun über 6,85 Millionen Quadratkilometer mit einer Bevölkerung von 112,5 Millionen Deutschen und 250 Millionen Ausländern. Die erste Stufe auf dem Weg zur deutschen Weltherrschaft ist erreicht. Es gelingt Hitler Mitte des Jahres 1943 mit der Panzerschlacht um Kursk – der größten Panzerschlacht der Geschichte – jedoch nicht, die Sowjetunion endgültig zu besiegen und die Initiative des Krieges

wieder an sich zu reißen. Es ist der letzte deutsche Versuch, im Osten die militärische Oberhand zu behalten. Die Verluste auf beiden Seiten sind enorm und einzigartig.

Walter Rohland, Beauftragter für Panzerproduktion im Reichsrüstungsministerium, weist Hitler laut seinen eigenen Erinnerungen bereits bei einer Besprechung Anfang November 1941 darauf hin, dass *„nach dem Kriegseintritt der USA schon allein unter Berücksichtigung des Rüstungspotenzials der Krieg nicht zu gewinnen"* sei. Da hat er recht: Allein im Jahre 1944 produzieren die USA so viele Flugzeuge wie Deutschland während des gesamten Zweiten Weltkriegs zusammengenommen. Dr. Fritz Todt, Leiter der Organisation Todt, ergänzt: *„Dieser Krieg ist militärisch nicht mehr zu gewinnen."* Generaloberst Franz Halder stellt fest: *„Mit dem langsamen Zurückfallen (...) der Ostfront, dem Zusammenbruch in Nordafrika, dem Angriff auf Italien (...) war spätestens gegen Ende 1943 eindeutig klar, dass der Krieg militärisch verloren war."* Die Konsequenz aus dieser Tatsache, über die sich auch Hitler völlig im Klaren ist, teilt er Mitte 1943 Gauleiter Baldur von Schirach mit: *„Die einzige Möglichkeit zur Beendigung des Krieges besteht darin, dass ich mir eine Kugel durch den Kopf schieße."*

Im Januar 1943 steht als Ergebnis der Konferenz von Casablanca für den amerikanischen Präsidenten Franklin D. Roosevelt und den britischen Premierminister Winston Churchill die bedingungslose Kapitulation des Deutschen Reiches, Italiens und Japans als ihr gemeinsames Kriegsziel fest. Man will unter allen Umständen verhindern, dass sich nach Ende des Krieges eine (wie nach Ende des Ersten Weltkriegs) erneute *„Dolchstoßlegende"* bildet und die Deutschen irgendwann einmal den dritten Weltkrieg beginnen. Damit sieht die NS-Führung alle Brücken als abgebrochen an. Politische

^ *13. März 1943, Smolensk/Russland: Hitler nach seiner Landung auf dem Flugplatz. V.l.n.r.: Henning von Tresckow, Hitler, Schmundt, von Kluge, Zeitzler, Engel. Henning von Tresckow hätte Hitler bei dieser Gelegenheit problemlos erschießen können. (132)*

Verhandlungen – die man sowieso nicht führen will – haben nun erst recht keinen Sinn mehr. Wenige Wochen später, auch als Folge des Untergangs der 6. Deutschen Armee in Stalingrad, wird der *„totale Krieg"* öffentlich proklamiert, praktisch aber erst im Jahre 1944 umgesetzt. In der von den Nationalsozialisten verwendeten Bedeutung ist das nun eine Kriegsführung, in deren Verlauf alle verfügbaren Ressourcen genutzt werden. Im totalen Krieg wird die Unterscheidung zwischen Heimat und Front aufgehoben. Die gesamten Produktionsmittel und die gesamte Arbeitskraft der Zivilbevölkerung werden ein Bestandteil des Kriegsapparates. Betroffen sind Männer vom 16. bis zum 65. Lebensjahr und Frauen vom 17. bis zum 45. Lebensjahr. Die Arbeitszeit wird auf bis zu 14 Stunden verlängert. Nun sind nicht nur gegnerische Soldaten, sondern der gesamte Feind inklusive seiner Zivilbevölkerung Ziel der Kriegführung und Opfer militärischer Operationen. Rücksichten werden nicht mehr genommen, sie sind *„falsche Humanitätsduselei"*.

Der in den ersten drei Kriegsjahren eroberte riesige Raum auf dem europäischen Festland wird nun zunehmend zu einer Belastung, da er einerseits dem Feind zahlreiche Möglichkeiten zum Gegenangriff bietet und andererseits zahlreiche Kräfte bindet. Eine strategische Reserve und die Lufthoheit zur Verteidigung sind nicht mehr vorhanden. Fast zeitgleich sind im Juli 1943 die Alliierten an der schwächsten Stelle der *„Festung Europa"*, auf Sizilien, gelandet, was den Sturz des faschistischen Regimes in Italien und die Absetzung des italienischen Diktators Benito Mussolini zur Folge hat. Auch die bisher verbündeten Italiener werden nun zum Feind. Die Wehrmacht marschiert in Italien ein, 100.000 Italiener werden zur Zwangsarbeit nach Deutschland verschleppt, über 6.000 italienische Offiziere hingerichtet. Über die zu erwartende Invasion alliierter Truppen in Nordfrankreich äußert Hitler Ende 1943: *„Wenn sie im Westen angreifen, dann entscheidet dieser Angriff den Krieg."*

Der alliierte Luftkrieg trifft die deutsche Kriegsindustrie und Kriegswirtschaft schwer. Der Krieg hat den Charakter einzelner in sich abgeschlossener Blitzkriege mit geringem Waffen- und Materialverschleiß sowie Munitionsverbrauch längst verloren und durch ein lang andauerndes Ringen mit zunehmendem sich stetig steigernden Bedarf an technischer Fortentwicklung abgelöst. Trotz der massiven Behinderung durch den Luftkrieg gelingt Rüstungsminister Albert Speer vom Frühjahr 1942 bis Sommer 1944 eine mehr als dreifache Steigerung der Rüstungsproduktion. Die von Speer veröffentlichten, teilweise geschönten Produktionszahlen erzeugen die Legende vom Rüstungswunder und halten bei vielen Deutschen die Illusion am Leben, man könne das Unmögliche eben doch noch schaffen, wenn sich nur alle genügend einsetzen. Speers Maßnahmen führen zwar wirklich zu einem Anstieg der Rüstungsproduktion, doch die Zahlen werden teilweise künstlich aufgebläht bzw. verfälscht. So wird für Juli 1944, als der Höchststand im Rüstungsindex zu verzeichnen ist, auch die erste Augustwoche mit eingerechnet, nur um Hitler zu imponieren. Neben der Rüstungssteigerung werden auch regelmäßig neue Erfindungen und neue Waffen präsentiert. Der Rüstungsminister feuert damit die Menschen zum Durchhalten und Weiterproduzieren an, damit weitergekämpft werden kann. So trägt er zur Kriegsverlängerung bei. Der Zahlenrausch stimuliert die Siegeshoffnung und durch

interne Qualitätssicherungsmaßnahmen werden die Arbeitsabläufe tatsächlich kontinuierlich verbessert. Der Krieg wird dadurch verlängert, aber eben nicht gewonnen. Den deutschen Anstrengungen steht die Tatsache gegenüber, dass sich die Produktionskapazität in den USA und in Großbritannien noch schneller entwickelt. Die absolute wirtschaftliche Überlegenheit der Gegner des Deutschen Reiches und die Erschöpfung der eigenen Rohstoffbestände bestimmen im Voraus das Endergebnis des Weltkrieges. Der Umstand, dass die von Deutschland besetzten Länder im Krieg insgesamt 126 Milliarden Reichsmark (etwa mehr als zwei Billionen Euro) aufbringen müssen, um die Kriegsmaschinerie der Wehrmacht zu bezahlen und am Laufen zu halten, ändert darin letztlich nichts. Das ist, wie der Journalist und Historiker Sven Felix Kellerhoff ermittelt hat, aber „nur" ein gutes Drittel aller Kriegsausgaben des Deutschen Reiches.

Die Staatspartei NSDAP und der Staatsapparat aus Reichssicherheitshauptamt, Geheimer Staatspolizei, Sicherheitsdienst und dem System aus Bespitzelung, Verhaftung und Konzentrationslagern führen einen täglichen Kampf gegen jede von der offiziellen Sprachregelung abweichende Gesinnung und Meinungsäußerung. Im Krieg kommt eine Strafverschärfung durch die Justiz dazu. Zahlreiche Todesurteile wegen Defätismus, Sabotage, Verrat, Plünderung, Desertion, Schwangerschaftsabbruch, Wehrkraftzersetzung, Verteilung von Flugblättern usw. werden gefällt – eindeutige Justizmorde. Darüber hinaus werden im Osten, vor allem auf dem Gebiet des ehemaligen Polen, weitere Konzentrations-, aber auch Vernichtungslager errichtet. Hier setzt Hitler nach und nach seinen Plan von der „*Endlösung*" der Judenfrage, also der physischen Vernichtung der jüdischen Bevölkerung, in die Realität um – der Holocaust, das Menschheitsverbrechen schlechthin.

Widerstand gegen das NS-Regime formiert und organisiert sich, jedoch zu spät, zu

^ *Frühjahr 1944, Obersalzberg: Hitler mit Generalfeldmarschall Wilhelm Keitel (links), Chef des Oberkommandos der Wehrmacht, bei der Besichtigung eines Bunkermodells. (126)*

zersplittert und in zu geringem Umfang. Der Widerstand hat nie eine Massenbasis, sondern bleibt stets nur eine heterogene Gruppe verschiedenster Herkunft und mit unterschiedlichen politischen Überzeugungen. Eine zentrale Bedeutung hat die Militäropposition, da unter den herrschenden Rahmenbedingungen ein Staatsstreich ohne Mitwirkung des Militärs keinen Erfolg haben kann. Ziel der führenden Widerstandskreise ist, den Krieg politisch zu beenden und Deutschland ohne Nationalsozialismus zu erhalten. Grundvoraussetzung hierfür wäre der Tod des Diktators. Parallel mit dem Zunehmen der Niederlagen an den Fronten nehmen die Versuche zu, vor allem in Offizierskreisen, das Staatsoberhaupt – der zugleich Oberster Befehlshaber und Eidträger ist – durch ein Attentat zu töten. Die Gründe hierfür sind vielschichtig, der Hauptgrund jedoch ist eindeutig. Einer der Verschwörer, Major Axel von dem Bussche, der Hitler im Dezember 1943 durch ein Selbstmordattentat umbringen will, bringt es im Jahre 1975 auf den Punkt: *„Organisierter Massenmord auf Befehl des Staatschefs mit deutschen Organen, hier ist etwas passiert, da fehlen jede Kategorien dazu."*

Nach dem Attentat des Einzelgängers und gelernten Schreiners Georg Elser vom November 1939 sind mehrere Versuche von Heeresoffizieren unter Führung von Generalmajor Henning von Tresckow im März 1943 diejenigen, die ihrem Ziel am nächsten kommen. Es sind nicht weniger als vier Versuche, den Tyrannen zu erschießen oder in die Luft zu sprengen. Sie schlagen letzten Endes aber entweder fehl, kommen nicht zur Ausführung oder scheitern durch unglaubliche Zufälle. Ralph Giordano meint dazu: *„Wenn man die Häufigkeit dieser Fehlschläge kennt, dann kommen einen schon ganz merkwürdige Gedanken."* Reinhard Spitzy, SS-Hauptsturmführer und persönlicher Referent Joachim von Ribbentrops interpretiert: *„Über Hitler war ein dämonischer Engel, der ihn schützte."*

Der Führer in der Öffentlichkeit

Die allmächtige Pressezensur schützt Hitler, wenn dieser in seinen Reden zu offen ausspricht, was er denkt. Ein Beispiel ist die Rede vom 8. November 1939. Aus dem Satz: *„Das, was wir als Nationalsozialisten (...) in die Geschichte unserer Bewegung mitgenommen haben, nämlich, dass das, wofür die ersten 16 gefallen sind, wert genug war, auch viele andere, wenn notwendig, zum Sterben zu bringen, diese Erkenntnis soll uns auch in Zukunft nicht verlassen."* „Sterben" ist zwar gemeint, klingt aber nicht gut. Der Nebensatz *„zum Sterben zu bringen"* wird von der Zensur daher in *„zum gleichen Opfer zu verpflichten"* geändert. Auch das optische Erscheinungsbild Hitlers wird streng zensiert. Während das allgemeine Führerbild geprägt ist von den regelmäßigen Aufnahmen des Leibfotografen Heinrich Hoffmann und denen der 20 Porträtsitzungen, erfolgt im Krieg eine noch strengere Zensur. Die zu veröffentlichenden Bilder werden Hitler vorgelegt und mit einem Stempel versehen: *„Dem Führer vorgelegt und zur Veröffentlichung freigegeben."* Will er dies nicht, wird die rechte obere Ecke der Fotografie abgeschnitten.

Großveranstaltungen mit Hitler unter freiem Himmel sind bald (und letztmalig im März 1943) nur noch die Veranstaltungen zum Heldengedenktag mit einer Rede im Berliner Zeughaus, die Kranzniederlegung am Ehrenmal Unter den Linden in Berlin und die Abnahme einer Truppenparade. Die vor der Parade filmgerecht für die Deutsche Wochenschau (nachfolgend nur noch Wochenschau genannt) arrangierte kurze Zusammenkunft von Hitler und einem Teil seiner Opfer (verwundeten deutschen Soldaten) soll die Fürsorge des Kriegsherrn für seine Soldaten symbolisieren und ist dabei nichts anderes als der einmal im Jahr erfolgte kümmerliche Ersatz für Lazarettbesuche, die eigentlich angemessener gewesen wären. Die Wochenschau ist eines der wichtigsten Propagandamittel, wird immer vor dem Hauptfilm im Kino gezeigt und erreicht bis zu 20 Millionen Zuschauer. Hitlers Auftritte in geschlossenen Räumen, meist vor ausgesuchtem Publikum, beschränken sich in den alljährlichen Reden anlässlich der Jahrestage der Machtübernahme (30. Januar), der Verkündigung des Parteiprogramms (24. Februar), des Heldengedenktags (März), der Eröffnung des Winterhilfswerks (Oktober) und vor Offiziersanwärtern.

Generaloberst Franz Halder stellt fest: *„Darum hatte er auch kein persönliches Verhältnis zur Fronttruppe (…). In den äußerst seltenen Fällen, in denen er zum Besuch einer Frontkommandostelle zu bewegen war, folgte die Fahrt zwischen Flugplatz und Kommandostelle eilig und unter Vermeidung fast jeder Berührung mit der Truppe."* Das war im (siegreichen) Polen- und Frankreichfeldzug noch völlig anders, als er sich leutselig und alle Sicherheitsmaßnahmen missachtend unter seine Soldaten begab. Im Verlauf des Krieges wird das teilweise durch die mediale Berichterstattung einer gleichgeschalteten Presse kompensiert. Der Krieg minimiert die visuelle Präsenz Hitlers deutlich. Zu Kriegsbeginn setzt Heinrich Hoffmann seine beliebten Bildbände zunächst fort. Nach „Hitler abseits vom Alltag", „Hitler in seinen Bergen", „Hitler wie ihn keiner kennt", „Hitler holt die Saar heim", „Hitler in seiner Heimat" usw. heißen die Titel nun „Mit Hitler in Polen" und „Mit Hitler im Westen", die seine Aufenthalte an den Fronten oder seinen kurzen Aufenthalt in Paris zeigen. Die Werke finden reißenden Absatz, denn sonst sieht ihn sein Volk nun meist nur noch auf Fotos von Ordensverleihungen und stereotypen Aufnahmen von Empfängen ausländischer Politiker. Einen Bildband „Mit Hitler in Russland" wird es nie geben. Die Werbebotschaft der mittlerweile auf 300 Mitarbeiter angewachsenen Firma „Heinrich Hoffmann. Verlag nationalsozialistische Bilder" lautet: *„Wir bringen ständig die neuesten Führerbilder"* ist mittlerweile irreführend. Berichte und Bilder von Ordensverleihungen im sicheren Führerhauptquartier ersetzen seit dem Beginn des Krieges gegen die Sowjetunion seine spontanen Begegnungen mit einfachen Soldaten auf Feldflugplätzen oder Autofahrten. Dem Volk ist der Führer millionenfach in Miniaturausgabe präsent: auf Briefmarken. Für jede gedruckte Marke bekommt Hitler Tantiemen, nicht viel, aber die Masse macht's! Einmal überreicht ihm der Reichspostminister einen Scheck über 50 Millionen Reichsmark (heute etwa 800 Millionen Euro).

Je schlechter die Lage an den Fronten wird, desto mehr kapselt Hitler sich ab und zieht sich aus der Öffentlichkeit zurück, besonders nach der Niederlage von Stalingrad. Zugfahrten werden oft nur mit zugezogenen Vorhängen vorgenommen, eine zerstörte

Stadt wird nie besucht. Die Kriegs- und Propagandamaschinerie läuft weiter. Hitlers Image wandelt sich vom volksnahen *„Führer"* zum *„Kriegsherrn"*, der sich überwiegend in seinem Hauptquartier aufhält und aufgrund seiner Arbeit keine Zeit mehr hat. Die Ortsangabe *„Führerhauptquartier"* wird in den Medien meistens auch für seine Aufenthalte in Berlin oder auf dem Obersalzberg verwendet. Hitler selbst spricht (21. März 1943 Berlin, Rede im Zeughaus) über seinen Aufenthaltsort ebenfalls nur vage als *„Stätten meiner Arbeit"*. Hitler ist im jeweiligen Führerhauptquartier zu einer für die Öffentlichkeit nahezu unsichtbaren Figur geworden, dessen Zugang zur realen Welt zunehmend nur noch der Kartentisch ist. Von seiner gesamten Regierungszeit verbringt er 33 Prozent in der Reichshauptstadt, jedoch nicht kontinuierlich. Seine Berlinaufenthalte verteilen sich zu zwei Dritteln bis Kriegsbeginn und zu einem Drittel im Krieg; die meiste Zeit davon wiederum vom Kriegsausbruch im September 1939 bis zum Angriff auf Frankreich im Mai 1940. Erst in den letzten Monaten des Krieges kehrt er wieder nach Berlin zurück, ist aber öffentlich nicht zu sehen.

Er entrückt der Öffentlichkeit so stark, besonders in der Zeit nach der deutschen Niederlage in Stalingrad, dass die Weltpresse Gerüchte verbreitet, Hitler sei tot. Die deutsche Bevölkerung weiß während der meisten Zeit des Zweiten Weltkrieges nicht, wo sich ihr Staatsoberhaupt konkret aufhält. Oft zeigt man Hitler in Großaufnahme mit einer weiteren Person, ohne dass der Ort des Aufenthaltes erkennbar ist. Nicht immer ist die Zensur des Propagandaministeriums erfolgreich. Am 26. April 1944 sieht man im Hintergrund des Fotos das allgemein bekannte, große Fenster des Berghofes – das ist aber die Ausnahme. Auch in den Ausgaben der „Deutschen Wochenschau" wird Hitler immer seltener gezeigt. Sein Volk sieht ihn darin in 24 Ausgaben von 1942, 16 Ausgaben von 1943, zwölf Ausgaben von 1944 und nur noch in zwei Ausgaben aus dem Jahre 1945. Es ist das schleichende Ende einer realen, greifbaren und der Beginn einer charismatischen Führerherrschaft. Zwischen dem Volk und seinem Führer finden immer weniger Begegnungen statt. Während er früher hunderttausende Kilometer mit Auto, Flugzeug und Zug zurücklegte und er es kaum eine Woche an einem Ort aushielt, verbringt er das Jahr 1943 in seinen Führerhauptquartieren Wolfsschanze und Werwolf sowie in seinem Domizil auf dem Obersalzberg, unterbrochen nur von zwei Flugreisen an die Ostfront und einer Zugfahrt zum Schießplatz Rügenwalde-Bad (heute Darłówko) in Hinterpommern.

Die einzigen öffentlichen Veranstaltungen bzw. Auftritte 1943 sind der bereits erwähnte Heldengedenktag in Berlin mit der letzten Parade des Dritten Reiches, ein Essen in seinem Lieblingslokal (dem italienischen Restaurant „Osteria Bavaria" in München), einer Zugfahrt nach Linz mit einer Rundfahrt durch die Stadt seiner Jugend, Besichtigung der Reichswerke Hermann Göring und des Nibelungenwerkes in St. Valentin, der Steyr-Daimler-Puch AG in Steyr und des Augustiner-Chorherrenstifts in St. Florian. Privat besucht er Prof. Hermann Giesler, einen seiner Architekten, in dessen Atelier in München, besichtigt eine Gemäldeausstellung im „Haus der Deutschen Kunst" in München und hält sich im Hause seines Sekretärs Martin Bormann in Pullach bei München auf. Völlig von der Öffentlichkeit unbemerkt besucht er die Witwe des tödlich verunglückten Dr.

Fritz Todt in Hintersee bei Berchtesgaden und spaziert in Zivil, nur von einem Diener begleitet, an einem regnerischen Abend durch München. Dieser Abendspaziergang ist sein letzter Ausflug in ein normales Leben.

In der Reichshauptstadt Berlin hält er sich im gesamten Jahr 1943 nur an acht Tagen auf, ein Anlass ist der Staatsakt für den tödlich verunglückten SA-Stabschef Viktor Lutze. Seine Rede in München zum Jahrestag des Putsches im Löwenbräu-Keller findet ebenso vor einem handverlesenen Publikum statt wie eine Rede vor Offiziersanwärtern in Breslau (heute Wroclaw/Polen). Bei der Vorführung neuer Flugzeuge auf dem Flugplatz Insterburg, sieben Besprechungen mit Staatsoberhäuptern in Schloss Kleßheim und einem Treffen mit Mussolini in Oberitalien ist er sowieso vollständig von der Öffentlichkeit abgeschirmt. Trotzdem ist Hitler der „*Führer*", die Stütze, der Garant des Sieges, der

Hoffnungsträger immer irgendwie präsent. Im Jahre 1943 ist er mit einer Unterbrechung von März bis Ende Juni auf dem Obersalzberg. Am Jahrestag seines Putsches, am 9. November 1943, übernachtet Hitler zum letzten Mal in seinem Hauptwohnsitz, seiner Privatwohnung am Prinzregentenplatz 16 in München-Bogenhausen. Bereits im September

^ *4. April 1943, St. Florian bei Linz: Hitler und seine Entourage blicken in der Stiftsbasilika neun Wochen nach der Niederlage in Stalingrad auf den Hauptaltar. V.l.n.r.: Archivar Heinrich Glasmeier, Hitler, Gauleiter August Eigruber, Martin Bormann, Heinrich Hoffmann. (132)*

besucht Hitler letztmalig, die Besuche waren an sich schon selten, die Ostfront. Der sowjetische Diktator Josef Stalin hingegen vermeidet von vorne herein Frontbesuche und lässt zuhause Vorhänge kürzen, damit sich niemand dahinter verstecken kann. Seine Umgebung bezeichnet ihn deshalb insgeheim als „*Трус*" („*Feigling*").

In der Berichterstattung bemüht man sich, das Bild vom kraftvollen Führer, der alles in der Hand hat, aufrecht zu erhalten. Bilder von Hitler mit Spazierstock oder Brille dürfen nicht veröffentlicht werden. Im Jahre 1942 und sogar noch im Juni 1944 erscheint im „Völkischen Beobachter" eine Aufnahme Hitlers von einem Besuch bei Kriegsverletzten bzw. eine Porträtaufnahme, die bereits im Polenfeldzug 1939 entstanden sind. Fake-News sind keine Erfindung unserer Tage. Die Partei-Illustrierte „Illustrierter Beobachter", die vor Kriegsausbruch durchschnittlich jährlich 24 Mal Hitler auf dem Titelbild hatte, zeigt ihn im Krieg nur noch sechsmal jährlich, die beiden letzten Kriegsjahre sogar nur noch je zweimal. Zusätzlich verschlechtern sich Hitlers Gesundheitszustand und sein Erscheinungsbild. Er wird misstrauisch, isst im Gegensatz zu früher alleine in seinem Bunker und nicht mehr mit seinen Offizieren. Nach der Niederlage von Stalingrad nehmen die Realitätsverweigerung und die Flucht in eine illusorische Wirklichkeit zu. Er flüchtet sich in alte Erinnerungen, endlose Monologe und die geplanten Neubauvorhaben nach dem „*Endsieg*". Er klagt über den durch die alliierten Bombenangriffe verursachten Schäden am deutschen Kulturgut; das Leid der Zivilbevölkerung interessiert ihn dagegen nicht, von dem der Soldaten ganz zu schweigen. Generaloberst Heinz Guderian bemerkt:

„Als ich ihn nach der Stalingrad-Katastrophe (…) wiedersah, bemerkte ich die Veränderung seines Zustandes. Die linke Hand zitterte, die Haltung war gebeugt, der Blick starr, die Augen quollen leicht hervor, sie waren glanzlos, die Wangen zeigten rote Flecken. Seine Erregung hatte zugenommen. Er verlor leicht jede Haltung in seinem Jähzorn und war dann unberechenbar in seinen Worten und Entschlüssen."

Dagegen stellt einer seiner Leibwächter, Rochus Misch, fest: *„Ich weiß, dass viele Hitler nach Stalingrad als verändert wahrnehmen. Mir ist das nicht so ergangen. (…) Er schien mir weiterhin absolut überzeugt von dem, was er tat und vorhatte, selbstsicher und entscheidungsstark. Auch plötzlichen körperlichen Verfall vermochte ich nicht festzustellen. Die zitternde linke Hand, gealterte Gesichtszüge – das verbinde ich erst mit den allerletzten Wochen* [Frühjahr 1945] *im Bunker."* Die Ursache dieses Widerspruchs ist leicht erklärt: Misch sieht ihn täglich, Guderian trifft ihn erst nach 14 Monaten wieder.

In der Neujahrsproklamation zu Beginn des Jahres 1944 betont Hitler, dass das neue Jahr „harte und schwere Forderungen an alle Deutschen stellen" wird. *„Das ungeheure Kriegsgeschehen wird sich in diesem Jahr der Krise nähern. Wir haben das volle Vertrauen, dass wir sie erfolgreich überstehen."* Die militärische Lage gibt keinerlei Anlass zu diesem nach außen zur Schau gestellten Optimismus. Alle Kriegsanstrengungen Deutschlands sind im Frühjahr 1944 angesichts seiner Unterlegenheit zu Lande, zu Wasser und in der Luft aussichtslos geworden. Jeder deutsche Sieg hat nur noch örtlichen Charakter und bedeutet lediglich die Verzögerung des endgültigen totalen Zusammenbruchs. Generalgouverneur Hans Frank sieht Hitler am 6. Februar 1944 und stellt fest: *„Vor allem erschien mir Hitler selbst alt, müde, geradezu gebrechlich, seine Art so verschwommen,*

vergesslich-verträumt (...)." Die von Hitler veröffentlichten Bilder, beispielsweise im Rahmen einer Vorführung neuer Waffen am 26. Januar, sprechen dagegen eine andere Sprache. Seit Ende 1943 hat sich die Reichweite der alliierten Bomber so erweitert, dass die Sicherheit in der Wolfsschanze nicht mehr sichergestellt ist. Da umfangreiche Bauarbeiten notwendig sind, wird das Führerhauptquartier auf den Obersalzberg verlegt. Hitler reist mit dem Führersonderzug am 22. Februar 1944 von der Wolfsschanze ab Richtung München. In Posen wird ein kurzer Halt eingelegt. Er durchschreitet im Eiltempo seine neue Führerresidenz im Schloss, äußert Kritik am Ausbau und fährt weiter. In München trifft er am 23. Februar um 15:00 Uhr ein, fährt zum Führerbau, der von seiner Schutzstaffel, der SS, abgesperrt ist, und besichtigt eine Kunstausstellung. Nach der Rede zum Jahrestag der Parteigründung am folgenden Tag lässt er sich über die Reichsautobahn zum Obersalzberg fahren. Hitlers Freundin Eva Braun und ihre Schwester Margarete *„Gretl"* Braun, die kaum von ihrer Seite weicht, fahren mit. Es herrscht heftiger Schneefall, sein Fahrer Erich Kempka verpasst die Ausfahrt Bad Reichenhall und muss den Umweg über die Anschlussstelle Salzburg-West und Marktschellenberg nehmen.

Seit Februar 1944 hat Hitler Probleme mit seinem rechten Auge, er sieht schlechter, nachdem er einen stechenden Schmerz gespürt und zwei Wochen lang alles *„wie durch einen Schleier"* gesehen hat. Prof. Dr. Walter Löhlein diagnostiziert Blut im Glaskörper sowie eine empfindliche Trübung und verordnet Homatropin für das rechte, Veritol für das linke Auge.

Er verschreibt ihm eine neue Brille, eine zur damaligen Zeit noch seltene Zweistärkenbrille. Für die Weitsicht hat die Brille links ein planes Glas, rechts +1,5 Dioptrien, für die Nahsicht links +3,0 und rechts +4,0 Dioptrien, was für sein Alter normal ist. Er tritt

^ *Der Führersonderzug: Lokomotive und erster Flakwaggon. (121)*

selbstverständlich niemals öffentlich mit Brille auf. Hitler hält sich, dies äußert er mehrfach, für ein Genie. Ein Genie aber lebt in keinem Körper, der Schwäche, Krankheit oder gar Verfall offen für jedermann sichtbar erscheinen lässt. Nur noch in der Abgeschiedenheit des Führerhauptquartiers kann Hitler, umgeben von seiner devoten Entourage, einem Hofstaat aus meist den gleichen Personen, seinen Genieanspruch proklamieren. Das hat jedoch die Konsequenz, dass der zunehmend gebrechlich werdende Führer aus Fleisch und Blut vor der Öffentlichkeit verborgen wird. Dazu gibt es auch keine Alternative. Der durch den Krieg enorm beschleunigte Alterungsprozess muss verborgen bleiben, damit das Führerbild und damit sein Herrschaftsanspruch aufrecht erhalten bleiben. Der Feldherr hat durch den Krieg seinem Volk gegenüber ein Argument, sich ihm auch visuell zu entziehen: Er muss es durch Herbeiführen des Endsieges retten. Die Anzahl der von ihm veröffentlichten Aufnahmen sinkt mit jedem Monat. Im Führerhauptquartier dagegen muss er täglich die kritischen Blicke seiner militärischen Umgebung über sich ergehen lassen, die natürlich – wenn überhaupt – nur hinter vorgehaltener Hand Äußerungen wagen.

Hitler begegnet dem mit Aktionismus. Nach seiner Ankunft auf dem Obersalzberg empfängt er in den folgenden Wochen in Schloss Kleßheim bei Salzburg Staatsmänner und Politiker aus den verbündeten Balkanstaaten, übersteht zwei Attentatsversuche von Offizieren, empfängt seinen neuen Verbindungsoffizier zur Waffen-SS, SS-Gruppenführer Hermann Fegelein, hat Unterredungen mit dem Reichsführer-SS Heinrich Himmler, gibt den Befehl zum Einmarsch in Ungarn, gibt einem schwedischen Journalisten sein letztes Presseinterview, verleiht Orden, erlässt und ernennt Feldmarschälle und ordnet ein Rauchverbot in Straßenbahnen an. Wichtig für Eva Braun ist das Erscheinen Hermann Fegeleins, zu dem sie sich hingezogen fühlt. Bedeutend für Hitlers Psyche ist eine Besprechung mit den Generalfeldmarschällen und Oberbefehlshabern am 19. März 1944, die bei dieser Gelegenheit eine schriftliche Loyalitätserklärung abliefern. Goebbels ist auf diese Idee gekommen; das sagt er Hitler, der von dem Vorgang bewegt ist, aber nicht. Da die Offiziere ohnehin einen Eid auf ihn geleistet haben, ist diese Erklärung formal obsolet. Doch Goebbels ist sehr intelligent, ein überragender Propagandist und Organisator. Andererseits ist der Körperbehinderte hasserfüllt und nachtragend. Seine Minderwertigkeitskomplexe kompensiert er mit regelmäßiger Selbstbestätigung durch Affären, vorwiegend mit Filmschauspielerinnen. Er ist ein fanatischer Nationalsozialist, der es schafft, äußersten Zynismus mit extrem brutalem und ideologischem Fanatismus zu kombinieren. Wenige Tage später hält Hitler vor den Oberbefehlshabern und den General- und Festungskommandanten im Westen wegen der zu erwartenden Invasion eine Ansprache. Die von ihm ergriffenen Maßnahmen werden noch drastischer, die Nerven liegen zunehmend blank. 50 britische Offiziere, die aus einem Kriegsgefangenenlager geflohen sind, lässt er nach ihrer Wiederergreifung zur Abschreckung erschießen.

Seit dem Jahre 1943 gibt es keinen Zweifel mehr an einer sich inzwischen generalisierenden, also außer der linken auch die rechte Körperhälfte betreffenden Hypokinese, einer Bewegungsarmut. Die Mitbewegungen des linken Armes sind zeitweise aufgehoben, auch die des rechten sind reduziert. Immer häufiger erscheint der Rumpf gebeugt.

Auch hinsichtlich der Mimik entsteht zumindest der Verdacht auf eine gewisse Starre. Nur ausnahmsweise finden sich noch Fotografien oder Filmaufnahmen, die Hitler beim Aussteigen aus einem Auto, beim Hinsetzen oder Aufstehen zeigen. Zumeist fallen solche Aufnahmen der Zensur zum Opfer. Oft werden auch seine Hände bei Ordensverleihung nicht mehr gezeigt. Gelegentlich wird die linke Hand dem Betrachter dadurch entzogen, dass Hitler sie in der Tasche des Rocks vergräbt oder die Arme auf dem Rücken verschränkt. Zu Beginn des Krieges wurde er noch oft dabei gefilmt, wie er, in einer für ihn typischen Art, am Verschluss seiner Wildlederhandschuhe nestelt. Manchmal hält er den linken Arm mit der rechten Hand fest. Offenbar versucht er auf diese Weise, den zeitweiligen Tremor der linken Hand zu verbergen. Zeitweilig deshalb, weil in mehreren Filmsequenzen ein Ruhetremor eindeutig auszuschließen ist. Damit weist das Symptom der Parkinsonerkrankung in dieser Krankheitsphase noch nicht die spätere Konstanz auf. Aufnahmezeitpunkt und -technik sowie Zensur werden verständlicherweise dazu beigetragen haben, dieses für Hitler sehr unangenehme Symptom der Öffentlichkeit vorzuenthalten.

„Feste Plätze"

Als sich das „Kriegsglück" nach der Katastrophe in Stalingrad Anfang des Jahres 1943 gegen Deutschland wendet, erhalten sich zurückziehende Truppen von Hitler den Befehl

^ *19. März 1944, Schloss Kleßheim: Hitler begrüßt seine angetretenen Oberbefehlshaber. Im Hintergrund v.l.n.r.: Gerd von Rundstedt, Erwin Rommel, Johannes Blaskowitz, Wilhelm Köppen. (132)*

zur Anwendung der Taktik der *„Verbrannten Erde"*. Der dahinter stehende Gedanke ist schrecklich: Er rechnet nicht mehr damit, das Gebiet wieder in Besitz nehmen zu können und so darf auch dem Feind nichts bleiben, was er sich bei seinem Vormarsch zunutze machen könnte. Waffen und Gerät dürfen nicht unzerstört in die Hand des Feindes fallen, Dörfer und Unterkunftsmöglichkeiten müssen vernichtet werden. Einheimische Männer zwischen 15 und 65 Jahren werden zur Ausführung von Schanzarbeiten von der Wehrmacht verschleppt. Arbeitsfähige, die vor Ort nicht unbedingt benötigt werden, werden zur Zwangsarbeit nach Deutschland geschickt. Die Verschleppung der Zivilbevölkerung soll dem Gegner auch deren Arbeitskraft entziehen. Evakuierte werden in Trecks von einigen zehntausend Menschen in Richtung Westen in Marsch gesetzt, meist ohne ausreichende Versorgung und Unterbringung. Vieh wird vertrieben, Maschinenparks demontiert oder zerstört, Städte, Dörfer und Getreidefelder abgebrannt und Massendeportationen vorgenommen. Das geht hin bis zur kompletten Zerstörung von Fahrzeugen, Getreidefeldern, Brücken, Gleisanlagen, Wohnhäuser, Lebensmitteldepots, Fabriken, Dörfern und Städten. Die deutschen Truppen entwickeln dabei eine große Zerstörungswut und verstoßen gegen das Plünderungsverbot. Wegen des Kriegsgerichtsbarkeitserlasses fehlt den Truppenkommandeuren weitgehend die Möglichkeit, mit Kriegsgerichtsverfahren gegen ihre eigenen marodierenden Truppen durchzugreifen. Durch die Verwüstung des besetzten Landes erhalten die sowjetischen Partisanen starken Zulauf. Der Vollständigkeit halber muss erwähnt werden, dass schon Stalin während des deutschen Vormarsches die Methode der *„Verbrannten Erde"* ohne Rücksicht auf seine eigene Bevölkerung hat anwenden lassen.

Diese Rückzugsphase ist von unterschiedlichen Varianten von Rückzugsbewegungen geprägt: Zusammenbrüche ganzer Frontabschnitte, bei denen den deutschen Besatzern nur noch die überstürzte Flucht bleibt, wechseln ab mit einigen systematischen, gut vorbereiteten Absetzbewegungen. Die häufigste Praxis ist das kurzfristig improvisierte, schrittweise Ausweichen vor den überlegenen sowjetischen Verbänden, wobei Hitlers eigensinnige und kontraproduktive Strategie des *„Haltens um jeden Preis"* die Handlungsspielräume des Befehlshaber an der Front zusätzlich unnötig einschränkt. Hitler handelt hier nach den im Ersten Weltkrieg gemachten Erfahrungen. Wie sehr diese auch seine Entscheidungen im Zweiten Weltkrieg prägen, macht er mit dem Führerbefehl Nr. 11 vom 8. März 1944 deutlich. Darin befiehlt der Diktator die Einrichtung sogenannter *„Fester Plätze"*. Diese *„sollen die gleichen Aufgaben wie die früheren [!] Festungen erfüllen. Sie haben zu verhindern, dass der Feind diese operativ entscheidenden Plätze in Besitz nimmt. Sie haben sich einschließen zu lassen und dadurch möglichst starke Feindkräfte zu binden."* Der *„Kommandant des Festen Platzes"* soll *„ein besonders ausgesuchter, harter [!] Soldat sein"*. Die *„Festen Plätze"* sollen also als eine Art Wellenbrecher feindliche Angriffe verzögern, bis die Wehrmacht Verstärkungen heranschaffen kann. Unter den Bedingungen des Ersten Weltkrieges, der überwiegend mit Fußtruppen geführt wurde, war dies ein praktikables operatives Konzept. Im Zweiten Weltkrieg, der von motorisierten Truppen zu Lande und in der Luft sowie weiträumigen, schnellen Bewegungen in die Tiefe des Gegners geprägt ist, ist es im Endeffekt sinnlos. Hitler ist klar, dass die Eingeschlossenen dem Untergang geweiht sind, da die Luftwaffe nicht mehr in der Lage ist, diese „*Festen Plätze*" aus der Luft zu versorgen.

Zeitgleich mit dem Führerbefehl werden 29 Orte zu „*Festen Plätzen*" erklärt, bis Kriegsende folgen noch mehr als zwei Dutzend. Dass sie das Gegenteil von dem bewirken, was sich Hitler versprochen hat, zeigen umgehend die Kämpfe um die Stadt Tarnopol am Fluss Seret in der Westukraine, weshalb hierauf exemplarisch näher eingegangen werden soll. Im Zuge ihres Angriffs im Raum Chmelnizki-Tschernowzy schloss die Rote Arbeiter- und Bauernarmee (Rote Armee) am 9. März 1944 die Stadt Tarnopol ein, die einen „*Festen Platz*" darstellt. Am 23. März wird die Stadt mitsamt einer Truppe von rund 4.600 Soldaten vollständig eingeschlossen. Die Stadt verfügt weder über rudimentäre Befestigungen noch über Vorratslager oder einen Flugplatz. Nicht einmal Funkgeräte stehen zunächst ausreichend zur Verfügung, so dass der Kommandeur seinen Protest gegen den Befehl einem Melder anvertrauen muss. Die Antwort aus dem Oberkommando der Wehrmacht (OKW) kommt umgehend: „*Der Führer hat entschieden, dass Tarnopol weiterhin ‚fester Platz' bleibt und bis zum Letzten zu halten ist.*" Die Generale erkennen den Wahnsinn, behalten ihre Meinung aber lieber für sich, um mit Hitler keinen Ärger zu bekommen. Längst haben sie angesichts der Interventionen Hitlers resigniert und führen in der Regel widerspruchslos seine sinnwidrigen Befehle aus. Statt Tarnopol wenigstens mit einem Minimum an Waffen und Material zu versorgen, wird umgehend eine Panzerabteilung in Marsch gesetzt, die die 20 Kilometer entfernte Front wieder bis an die Stadt heranführen soll. Ihr Vormarsch rennt sich rasch im schweren Abwehrfeuer der Roten Armee fest. Der Befehlshaber kann nur noch den Rückzug befehlen. Hätte man Lastwagen mit Material mitgeführt, wären sie ohnehin im Geschützhagel zerstört worden.

Nach diesem Fehlschlag versucht die Luftwaffe, Nachschub abzuwerfen. Da dies wegen der feindlichen Luftabwehr nur nachts möglich ist, verfehlen die meisten Behälter ihr Ziel und fallen so dem Feind in die Hände. Am 1. April ist die Zahl der Verteidiger bereits auf 2.325 zusammengeschmolzen. Hitlers oft angewandte Taktik zur Lösung eines Problems ist der Austausch des Kommandanten. Er überträgt die Führung der Verteidigung nun einem neuen „*harten Kämpfer*". Diese Vorgehensweise wird nach dem Krieg oft als eine der Ursachen für Niederlagen an der Front angesehen. Aus Sicht Hitlers – und mittlerweile auch aus Sicht der Historiker – hat sie sich aber zumindest bewährt, als er in der Winterkrise 1941 vor Moskau 30 führende Offiziere abgelöst und durch seine Haltebefehle letztlich (trotz hoher Verluste) die Front zum Stehen gebracht und dadurch eine noch größere Katastrophe verhindert hat. Die Bitte um einen Ausbruchsversuch lässt er vom OKW wie üblich kurz und knapp beantworten: „*Führerentscheid: Tarnopol ist zu halten.*" Am 4. April gehen die Vorräte an Trinkwasser zur Neige. Zusätzlich setzen schwere Regenfälle ein und verwandeln das Land in eine Schlammwüste. Die Panzer bleiben stecken, die Infanterie braucht für einen Kilometer Vormarsch eine Stunde. „*Es ist sehr fraglich, ob die Besatzung von Tarnopol noch so lange aushalten kann, bis bei Eintritt besserer Witterung die Wiederaufnahme des Entsatzangriffs möglich ist*", heißt es in einem Bericht der 4. Panzerarmee.

In der Zwischenzeit ist der Kessel der deutschen Verteidiger auf einen Durchmesser von 1.000 Metern zusammengedrückt worden. Die Rote Armee setzt alles daran, die Deutschen mit Artillerie und Schlachtflugzeugen zur Aufgabe zu zwingen, bevor die anrückenden Entsatzverbände den Kessel erreichen. Kurz bevor der deutsche Kommandant fällt, wird am 15. April einen letzter Funkspruch abgesetzt: *„Dringendst Ersatz. Brunnen zerschossen. Munition!"* Daraufhin werden zwei Gruppen zu jeweils 700 Mann für den Ausbruchsversuch gebildet, 700 Verwundete überlässt man notgedrungen einem ungewissen, grausamen Schicksal. Der Ausbruch über das baumlose Gelände endet für die meisten Beteiligten tödlich. Von ursprünglich 4.600 Mann, die im *„Festen Platz Tarnopol"* den russischen Vormarsch hatten aufhalten sollen, erreichen nur 55 die deutschen Entsatztruppen. Trotz dieses katastrophalen Ausgangs ist Hitler von der Wirksamkeit seines Konzepts überzeugt und verkündet, dass die Besatzung Tarnopols große Feindkräfte gebunden hat. Tatsächlich hat ihr Opfer gar nichts bewirkt, kann die Rote Armee doch ihre Offensive unbehindert fortführen. Die deutschen Generale erkennen wohl, dass die Soldaten bei der flexiblen Verteidigung der Lücken in der Front wesentlich sinnvoller hätten eingesetzt werden können, aber sie haben längst den Mut zum Widerspruch verloren.

So wird die Katastrophe von Tarnopol zum *„Prolog zu einer viel gewaltigeren Tragödie"* (Karl-Heinz Frieser), die sich im Sommer in Weißrussland ereignen sollte: die Vernichtung der Heeresgruppe Mitte, der größten Niederlage der preußisch-deutschen Militärgeschichte. Dass auch Divisionen und Korps keine *„Festen Plätze"* halten konnten, soll sich dabei noch auf drastische Weise bestätigen und in einer Tragödie enden. Bereits der Kampf um Tarnopol entlarvt das Konzept als Irrsinn, trotzdem wird Hitler bis zuletzt daran festhalten. Er vertraut nur seinem Instinkt und militärisch-strategischem Genie. Hitlers Denkweise gegenüber der eigenen militärischen Führungselite hält Goebbels Anfang März 1944 in seinem Tagebuch fest: *„Die Generalität insgesamt hält der Führer, wie er mir schon häufiger gesagt hat, für denkbar ekelhaft. Die Generale haben kein inneres Verhältnis zu ihm; sie stehen in Reserve und möchten zum großen Teil lieber heute als morgen Schwierigkeiten machen. Stalin tut sich da leichter. Er hat die Generale, die uns heute im Wege stehen, rechtzeitig erschießen lassen. (...) Nach dem Kriege werden wir uns sowohl der Frage der Offiziere als auch der Frage der Pfaffen annehmen."*

Was die allgemeine Lage betrifft, ist Hitler wider die Realität zuversichtlich. Die Entwicklung an der Ostfront kann ihm, so Goebbels, offensichtlich *„innerlich und äußerlich"* nichts anhaben. Die Ostlage beurteilt er *„ruhig und bestimmt"*, er wird mit den *„Belastungen und Krisen fertig"* und ein *„strategischer Erfolg großen Ausmaßes wird den Sowjets versagt bleiben"*. Auch über die drohende Invasion der Alliierten denkt er optimistisch: *„Der Führer möchte jetzt geradezu, dass die Invasion käme, um im Westen in einer relativ kurzen Zeit tabula rasa machen zu können. Dann, glaubt er, habe er genügend Divisionen frei, um im Osten wieder aktiv zu werden. Er geht sogar heimlich mit dem Plan um, eine Reihe von Divisionen aus dem Westen zum Schein zurückzuziehen, um die Engländer und Amerikaner hereinzulocken [!] und sie dann, wenn sie kommen, blutig zurückzuschlagen."* Ob der gläubige Hitleranhänger Goebbels sich Derartiges einreden lässt und glaubt?

Ich will heute wieder ein Prophet sein: Wenn es dem internationalen Finanzjudentum in- und außerhalb Europas gelingen sollte, die Völker noch einmal in einen Weltkrieg zu stürzen, dann wird das Ergebnis nicht die Bolschewisierung der Erde und damit der Sieg des Judentums sein, sondern die Vernichtung der jüdischen Rasse in Europa!
Adolf Hitler
(Diktator, 1889-1945, Reichstagsrede vom 30. Januar 1939)

Holocaust und Kriegsverbrechen

Entwicklung und Durchführung

Unter dem Begriff Holocaust wird der Völkermord an bis zu 6,1 Millionen europäischer Juden (die meisten stammen aus Polen, der Sowjetunion und Ungarn) zusammengefasst. Grundlage dieses einmaligen Menschheitsverbrechens ist der fanatische Antisemitismus Hitlers, der in rassistischen Gesetzgebungen des NS-Regimes mündet, hauptsächlich in die Nürnberger Gesetze (*„Gesetz zum Schutze des deutschen Blutes und der deutschen Ehre"* und das *„Reichsbürgergesetz"*). Antisemitische Hetze und physische Übergriffe sind ab 1933, in manchen Städten, wie beispielsweise in Coburg, schon Jahre vorher an der Tagesordnung. Einen erheblichen Anteil daran hat das von Julius Streicher herausgegebene Wochenblatt „Der Stürmer". Das Blatt erfreut sich mit seinen, teils ins Pornographische gehenden, Karikaturen großer Beliebtheit. Die Auflage liegt bei 500.000, Sonderausgaben erreichen 800.000 Exemplare. Zusätzlich wird die Zeitschrift in zahlreichen Schaukästen öffentlich ausgehängt. Bereits für sechs- bis neunjährige Kinder wird ein antisemitisches Kinderbuch (Auflage 100.000 Exemplare) verkauft. In Folge mutieren die Deutschen zu einem Volk von Denunzianten. Endlich hat man die Gelegenheit, dem Nachbarn eins auszuwischen, ohne dass der Betroffene weiß, woher der Giftpfeil kam. Die Hinweise, die die Geheime Staatspolizei (Gestapo) über *„Schiebereien"*, *„Wucher"*, *„Rassenschande"* usw. erhält, sind derart zahlreich, dass es teilweise Probleme bei der Abarbeitung gibt. Dazu kommt, dass die große Masse des deutschen Volkes den Repressalien gegen die jüdische Bevölkerung gleichgültig gegenübersteht oder sogar die Entfernung der Juden aus dem öffentlichen Leben begrüßt – wie auch der spätere Widerstandskämpfer Oberst Claus Schenk Graf von Stauffenberg.

Ziel ist es, alle Juden im deutschen Machtbereich zu vernichten. Der endgültige Entschluss dazu fällt in Zusammenhang mit dem Vernichtungskrieg gegen die UdSSR ab dem Sommer 1941 und wird mehr und mehr mit industriellen Mitteln durchgeführt. Der Holocaust als singuläres Ereignis der Geschichte übertrifft jede normale menschliche Vorstellungskraft. Dieser Völkermord reicht von angeordneten Massenerschießungen osteuropäischer Juden bis zur systematischen Vergasung aller Juden aus von Deutschland besetzten Gebieten Europas in eigens dazu eingerichteten Vernichtungslagern. Die administrative Organisation betreibt das Reichssicherheitshauptamt (RSHA) unter SS-Obergruppenführer Reinhard Heydrich. Logistisch werden die Menschenmassen hauptsächlich von der Reichsbahn in die Vernichtungslager deportiert. Darüber hinaus werden seit Januar 1940 im Rahmen der „Euthanasie" rund 200.000 psychisch Kranke und Menschen mit Behinderungen ermordet, unabhängig von ihrem Glauben. Allein in den staatlichen „Heilanstalten" sterben bis Kriegsende mindestens 90.000 Patienten durch Hunger und schlechte Versorgung oder sie werden mit Medikamenten ums Leben gebracht.

Nichtarier sind aus deutscher bzw. nationalsozialistischer Sicht rassisch minderwertig, Juden schlicht Ungeziefer. An mehr als 42.500 Orten im gesamten deutsch besetzten Europa werden zwischen 1939 und 1945 Menschen aus rassischen oder politischen Gründen eingesperrt, müssen Zwangsarbeit leisten, werden gequält oder systematisch ermordet. Jede kleine Einrichtungen, jede Fabrik, in der Zwangsarbeiter beschäftigt werden, zeigt, wie engmaschig das Netz der Entmenschlichung ist. Sven Felix Kellerhoff stellt fest: *„Vor der enormen Zahl der nationalsozialistischen Haftstätten musste man schon vorsätzlich die Augen verschließen, um sie nicht wahrzunehmen."* Für den Ausbau des Reichsparteitagsgeländes in Nürnberg, mit 16,5 Quadratkilometern das größte Aufmarschgelände der Welt, wird eigens ein Straf- und Arbeitslager errichtet: Natzweiler-Struthof im Elsass. Etwa 22.000 Menschen werden die Haftbedingungen nicht überleben.

Mittlerweile ist unstrittig, dass die deutsche Wehrmacht tief in den Holocaust involviert war. Sie hat von Beginn des Ostfeldzuges die Wehrmacht administrativ, logistisch und personell unterstützt und so dafür gesorgt, dass der Holocaust in diesem erschreckenden Umfang möglich wird. Entscheidend ist, dass sämtliche Oberbefehlshaber, die an der Ostfront eingesetzt sind, die Mordaktionen der SS-Einsatzgruppen und der Polizeieinheiten unterstützen oder mindestens billigen. Helmut Krausnick spricht von *„einer weitgehenden, in ihrem Ausmaß erschreckenden Integration des Heeres in das Vernichtungsprogramm und die Vernichtungspolitik Hitlers"*. Opfer dieser Vernichtungspolitik sind vor allem in der Zivilbevölkerung zu verzeichnen. Die genaue Zahl ist nicht mehr ermittelbar und liegt unterschiedlichen Schätzungen zufolge zwischen 24 und 40 Millionen. Der Russlandfeldzug gilt daher laut Christian Hartmann wegen seiner verbrecherischen Ziele, Kriegsführung und Ergebnisse allgemein als der *„ungeheuerlichste Eroberungs-, Versklavungs- und Vernichtungskrieg, den die moderne Geschichte kennt"*.

Bei der systematischen Unterversorgung sowjetischer Kriegsgefangener handelt es sich um ein weiteres Verbrechen, das sich meist weit hinter den Kampfzonen abspielt. Es gibt zwar Erschießungen unmittelbar nach der Gefangennahme oder während der langen Elendsmärsche, doch etwa die Hälfte der 5,16 Millionen kriegsgefangenen Rotarmisten, zwischen 2,53 und 3,3 Millionen Menschen, kommen elendig in den deutschen Lagern ums Leben. Die rassistische Mordpolitik des SS- und Polizeiapparats stellt das dritte deutsche Großverbrechen dar. Das Zentrum der deutschen Vernichtungspolitik liegt in den rückwärts der Front gelegenen Besatzungsgebieten. Insgesamt werden in den Zivilverwaltungsgebieten durch die Einsatzkommandos und Polizei-Bataillone, der Brigaden der Waffen-SS und der Sonderkommandos mindestens 1,7 Millionen Juden ermordet, in den Militärverwaltungsgebieten etwa 500.000.

Das vierte große deutsche Verbrechen ist die systematische Ausbeutung der besetzten sowjetischen Gebiete. Geplündert wird im Grunde überall und alles Nützliche, denn für die deutschen Besatzer ist es ein vorrangiges Ziel, „die deutschen Truppen restlos aus den besetzten Gebieten" zu verpflegen. Das ist gemäß der Haager Landkriegsordnung nicht per se illegal, da die Ernährung eines Heeres aus dem besetzten Lande erfolgen darf, falls dies in einem angemessenen „Verhältnis zu den Hilfsquellen" des okkupierten Landes steht. Schon die wilden Plünderungen durch die Truppe können die wirtschaftliche Leistungsfähigkeit der betroffenen Regionen weit überschreiten. Wo sich deutsche Einheiten konzentrieren, entstehen so schnell „Kahlfraßzonen" wie nach einer Heuschreckenepidemie.

Mit dem Feldzug gegen die Sowjetunion 1941 setzt dann der systematische, zentral vorbereitete Massenmord an Juden ein. Es stellt sich nicht mehr die Frage, <u>ob</u> man die Juden umbringen will, sondern nur noch <u>wie</u>. Bereits im Polenfeldzug ab September 1939 werden tausende Juden ermordet und dabei die meisten der später angewandten Vernichtungsmethoden erprobt: Isolierung in Ghettos und Lagern, Verhungernlassen, Deportation, Massenerschießungen und schließlich Mord mit Giftgas. Es werden sowjetische jüdische Männer, Frauen, Kinder und Greise erschossen. Diese Massenerschießungen gelten jedoch bald als *„ineffizient"*. Gemeint sind hierbei nicht nur das geringe Mordtempo und die zu geringe Zahl an Opfern, sondern auch die Probleme der Täter mit der Mordarbeit, die ihnen zu aufwändig, zu nervenbelastend und vor allem schnell zu auffällig werden. Daher sollen anonymisierte Tötungsmethoden die psychische Hemmschwelle der Täter senken oder beseitigen.

Große Ghettos (Warschau/Polen, Budapest/Ungarn, Lemberg/Ukraine, Litzmannstadt/Polen) mit hunderttausenden Insassen dienen zunächst als Auffangbecken. Die Zustände in ihnen sind unmenschlich. Ab August 1942 werden auf Befehl der Militärverwaltungen, die Nahrungsmittelkontingente einsparen wollen, noch bestehende Ghettos in Weißrussland und der Ukraine *„geräumt"*, was die vollständige Ermordung ihrer Bewohner, auch unter Einsatz von Gaswagen, bedeutet. An vielen dieser Massaker sind Wehrmachtseinheiten, Polizeibataillone, die stationäre Schutzpolizei, die Gendarmerie und ausländische Helfer direkt beteiligt. Bei der Planung des Vernichtungskrieges im Frühjahr 1941 hatte Hitler Generalgouverneur Hans Frank zugesagt, sein Generalgouvernement dürfe als erstes „*judenrein*" sein, also die dort lebenden Juden sollen in die eroberten sowjetischen Gebiete abgeschoben werden. Als sich abzeichnet, dass der Kriegsverlauf diese Abschiebung vereitelt, sollen die Bewohner der Ghettos ermordet werden. In den Ghettos breiten sich infolge der gewollten Überfüllung und völligen Abriegelung Seuchen aus. Angebliche Arbeitsunfähigkeit, Ansteckungsgefahren und Belastungen der Deutschen und der Wehrmacht durch „*unnütze Esser*" sind einige der Vorwände, um „*radikale Lösungen*" für die Ghettobewohner zu fordern.

Ab Oktober 1941 werden auch deutsche Juden deportiert sowie erschossen und der Bau der ersten Vernichtungslager beginnt. Ab Dezember werden Juden mit Abgasen ermordet, eine Methode, die sich rasch ebenfalls als nicht effektiv genug herausstellt. Es folgen west- und südeuropäische Juden. Ab März 1942 werden Vernichtungslager mit Gaskammern in Betrieb genommen und dorthin deportierte Juden in der Regel sofort nach ihrer Ankunft vergast. Ab Juli werden dann zusätzlich Juden aus allen von Deutschland besetzten Ländern Europas in Vernichtungslager deportiert. Während die meisten Juden im Generalgouvernement bereits in Vernichtungslagern ermordet worden sind, werden die Massenerschießungen in früher sowjetisch, nun deutsch besetzten, Gebieten fortgesetzt. In Wäldern bei Großstädten richtet die Polizei abgeriegelte Exekutionsorte ein. Die dorthin transportierten Opfer müssen sich entkleiden und werden gruppenweise an Rändern ausgehobener Gruben erschossen, in die sie dann hineinfallen. Auch auf dem Balkan wurden dort lebende Juden seit September 1941 massenhaft erschossen. Ende 1941 meldet Himmler an Hitler 363.000 von August bis November als „*Partisanen*" ermordete Juden. Bis zum Jahresende ermorden die Einsatzgruppen mindestens 500.000 von etwa 2,5 Millionen sowjetischen Juden, bis zur Wannseekonferenz am 20. Januar 1942 sind es schon etwa 900.000 Menschen. Die Einsatzgruppen und Polizeibataillone erschießen insgesamt mindestens 2,2 Millionen Menschen, meist Juden, also etwa ein Drittel der gesamten Opfer des Holocaust.

Hauptziel der Transporte aus allen Teilen Europas wird im Jahre 1942 das größte aller Vernichtungslager, Auschwitz II oder Auschwitz-Birkenau. Hier werden Krematorien mit jeweils einer Gaskammer fertiggestellt, die zur täglichen Ermordung und sofortigen Verbrennung von tausenden Ankömmlingen geeignet sind. Selbst beim Rückzug vergisst man die unschuldigen Opfer nicht. Gefangene sollen der vorrückenden Roten Armee auf keinen Fall in die Hände fallen. Wachpersonal, Gestapo und Sicherheitspolizei verüben zahlreiche Massaker an zehntausenden Gefängnis- und Lagerhäftlingen, teils auf eigene Initiative, teils auf zentralen Befehl hin. Bei diesen Maßnahmen werden die etwa 200.000 Juden, die die Zwangsarbeits- und Vernichtungslager bis dahin überlebt hatten, besonders brutal behandelt. Schätzungsweise kommen etwa 100.000 Menschen durch Todesmärsche und insgesamt 300.000 durch Gefangenenmorde um. Nicht vergessen werden darf, ungeachtet der Diskussionen über die realen Opferzahlen der Porajmos, der Völkermord an den Bevölkerungsgruppen der Roma mit einer mindestens sechsstelligen Opferzahl. Er ist als Genozid dem Holocaust, genauer der Shoa, gleichzusetzen.

Auschwitz ist aber mehr als „nur" ein Vernichtungslager. Das gesamte Areal ist ein riesiger Komplex mit verschiedenen Lagerbereichen, die auf einer Fläche von 40 Quadratkilometern verteilt sind. Es wird verwaltet, versklavt, ausgebeutet, geforscht – in Industrie, Landwirtschaft und in Labors. Hier entsteht der Prototyp der NS-Territorial-, Industrie-, Bevölkerungs-, Forschungs-, Vernichtungs- und Rassepolitik, wie sie für die Zukunft der besetzten Ostgebiete vorgesehen ist. In diesem Komplex werden rund 42.500 Sklavenarbeiter industriell ausgebeutet. Die SS verdient allein im Jahre 1944 daran umgerechnet 130 Millionen Euro. Das menschliche Individuum existiert nicht mehr, der Mensch ist nur noch eine Nummer, ein Objekt, jederzeit austauschbar und ersetzbar.

Befehle und Hinweise

Die Beseitigung vermeintlich *„lebensunwerten Lebens"* – diese Menschen sind in Hitlers Augen krank – gehört zu seinen festen Zielen. Bereits auf einer Rede in München meint er am 16. September 1919: *„Letztes Ziel aber muss unverrückbar die Entfernung der Juden überhaupt sein."* Und auf die Juden bezogen am 9. April 1920: *„Es beseelt uns die unerbitterliche Entschlossenheit, das Übel an der Wurzel zu packen und mit Stumpf und Stiel auszurotten [!]. Um unser Ziel zu erreichen, muss uns jedes Mittel recht sein, selbst wenn wir uns mit dem Teufel verbinden müssten."* In Salzburg betont er am 7. August 1920: *„Das Wirken des Judentums wird niemals vergehen, und die Vergiftung des Volkes nicht enden, solange nicht der Erreger, der Jude, aus unserer Mitte entfernt ist."* Wenig später bekräftigt er in Innsbruck am 29. September 1920, er sei entschlossen, *„die Judenfrage bis zur letzten Konsequenz zu lösen"*. In einem Aufsatz für den „Völkischen Beobachter" zeigt er die Lösung des Problems auf: *„Man verhindere die jüdische Unterhöhlung unseres Volkes, wenn notwendig, durch die Sicherung ihrer Erreger in Konzentrationslagern."*

Das NS-Regime lässt möglichst wenige Beschlüsse zu den verübten Verbrechen schriftlich festhalten, behandelt alles grundsätzlich als *„Geheime Reichssache"* und lässt bei Kriegsende zahlreiche Akten und Beweise vernichten, da den Entscheidungsträgern Ausmaß und Tragweite dieser Verbrechen klar sind. Hitlers Reden sind zwar bewusst allgemein und mehrdeutig gehalten, wirken aber als Richtlinien für zahlreiche Maßnahmen der mit Juden befassten NS-Behörden, die dem *„Führerwillen"* entgegenkommen und die Hitler letztlich absegnet. Am 30. Januar 1939 droht er vor der Weltöffentlichkeit direkt die *„Vernichtung der jüdischen Rasse in Europa"* im Falle eines neuen Weltkriegs an. Ob dies als Folge von Abschiebungen oder als direkte Mordabsicht zu verstehen ist, lässt er offen, denn ein konkreter Vernichtungsplan existiert noch nicht. Auf diese Rede kommt er während des Holocaust noch viermal zu sprechen und deutet seinen Vollzug an: *„Die Juden haben einst auch in Deutschland über meine Prophezeiungen gelacht. (...) Von denen, die damals lachten, lachen heute Unzählige nicht mehr."* Goebbels hetzt noch öfter, mitleidsloser und direkter: *„An den Juden wird ein Strafgericht vollzogen, das zwar barbarisch ist, dass sie aber völlig verdient haben."* Ein nach Kriegsende von der Geschichtswissenschaft viel diskutierter schriftlicher Befehl Hitlers zum Holocaust wird nicht gefunden und existiert nicht. Mehrere schriftliche und mündliche Befehle Hitlers für einzelne Vernichtungsschritte sind jedoch belegt, so der Befehl zur Euthanasie, den

Hitler unterschrieben hat. Hitler versteht das Ausmerzen *„unwerten Lebens"* zur *„Reinerhaltung arischen Blutes"* als wesentlichen Teil seines Krieges. Der Erlass legitimiert die geheim vorbereiteten Krankenmorde, um ein öffentliches „Euthanasiegesetz" zu vermeiden und bei beteiligten Ärzten Ängste vor strafrechtlichen Folgen auszuräumen.

Hitler hat selbstverständlich gewusst und gebilligt, was in den besetzten Gebieten im Osten geschieht. Die praktische Realisation und die Details überlässt er wie so oft seinen Untergebenen. Details interessieren ihn nicht. Er äußert sich aber unmissverständlich, verächtlich und zynisch: *„Sie haben früher alle gelacht – diese Juden, sie haben das für einen Spaß gehalten ... äh ... sie lachen heute nicht mehr. Sie wissen, es ist ein blutiger Ernst geworden und sie wissen auch, dass es hier gar kein Pardon gibt."* Auch gibt Hitler dem Oberkommando der Wehrmacht (OKW) Richtlinien, mit SS und Polizei zusammenzuarbeiten, um die *„jüdisch-bolschewistische"* Intelligenz zu beseitigen. Wie in Polen im Jahre 1939 sollen zuerst die Eliten in Staat, Partei und Armee dezimiert werden. Der von Hitler angeordnete Kriegsgerichtsbarkeitserlass des OKW vom 13. Mai 1941 erlaubt den Wehrmachtsoldaten, des Widerstands verdächtige Zivilisten sofort zu erschießen, ohne militärstrafrechtliche Folgen befürchten zu müssen. Hitlers Kommissarbefehl vom 6. Juni 1941 ordnet an, kriegsgefangene politische Offiziere der Roten Armee sofort auszusondern und zu erschießen. Hinzu kommt das Kalkül, die deutschen Truppen vor Ort auf Kosten der einheimischen Bevölkerung zu ernähren und dafür Millionen sowjetische Zivilisten dem Verhungern auszuliefern. Diese Befehle und Pläne betreffen Juden besonders, da sie pauschal mit Unruhestiftern und *„Bolschewisten"* identifiziert und in einen Topf geworfen werden und vorrangig in Städten leben, wo man ihrer rasch und ohne großen Aufwand habhaft werden kann.

Damit effektiver gegen die jüdische Bevölkerung vorgegangen werden kann, lässt im Mai 1941 Heydrich auf Befehl Hitlers vier mobile *„Einsatzgruppen der Sicherheitspolizei und des SD* [Sicherheitsdienst]*"* aufstellen und in wenigen Wochen ausbilden. Diese werden gegen Juden und Kommunisten eingesetzt. Der Begriff *„Juden in Partei- und Staatsstellungen"* erlaubt den Tätern mit bewusst vagen Begriffen, die Opfergruppen selbständig nach eigenem Ermessen auszuweiten. Weitere Befehle aus dem Reichssicherheitshauptamt verlangen von der Wehrmacht, alle jüdischen Kriegsgefangenen der SS auszuliefern. Ein direkter, von Hitler unterschriebener Befehl ist also gar nicht notwendig, denn alle untergebenen Stellen hätten sowieso nie entgegen Hitlers Willen gehandelt. Dieser überträgt am 16. Juli 1941 Himmler die Führung über SS, Polizei und SD auch im Osten. Himmler verstärkt die Einsatzgruppen bis zum Jahresende von 3.000 auf 33.000 Mann, wobei er hilfswillige Einwohner der besetzten Gebiete mit einbezieht. Hitler will auf dem Laufenden gehalten werden und befiehlt den Einsatzgruppenleitern am 1. August, ihm ständig über die Ergebnisse ihrer Mordarbeit zu berichten. Himmler versorgt Hitler regelmäßig mit Statistiken über die Ergebnisse des Massenmords. Die Exekutionen werden im August 1941 auf Frauen und Kinder erweitert mit dem Argument, in ihnen *„keine Rächer entstehen zu lassen"*.

Im Herbst 1941 häufen und steigern sich Hitlers interne hasserfüllte Aussagen über Juden, die er als *„Weltfeind"* hinter allen gegen Deutschland kriegführenden Mächten sieht. Er ergeht sich in barbarischen Verallgemeinerungen über die Juden insgesamt. Die

„*Ausschaltung*" der Juden ist für ihn Bedingung für jeden positiven Wandel in den besetzten oder verbündeten Ländern, da sie sonst durch Rassenmischung auf Sicht destruktiv wirken. Am 21. Oktober erklärt er: *„Wenn wir diese Pest ausrotten, so vollbringen wir eine Tat für die Menschheit, von deren Bedeutung sich unsere Männer draußen noch gar keine Vorstellung machen können."* Nur vier Tage später erinnert er die NS-Spitzen an seine „Prophezeiung" vom 30. Januar 1939: *„Es ist gut, wenn uns der Schrecken vorangeht, dass wir die Juden ausrotten."* Einen Tag nach seiner Kriegserklärung an die USA im Dezember 1941 erklärt er den in der Reichskanzlei versammelten Gauleitern, da der Weltkrieg nun eingetreten sei, müsse die Judenvernichtung *„die notwendige Folge"* sein. Eindeutiger geht es nicht mehr. Laut dem Konferenzprotokoll der Wannseekonferenz sind elf Millionen Juden Europas zur Deportation vorgesehen. Heydrich teilt Himmler einige Tage vor der Konferenz persönlich und wörtlich mit: *„Der Führer* [!] *hat die physische Vernichtung der Juden befohlen."* Und auch Himmler selbst beruft sich noch öfter auf Hitlers persönlichen Auftrag zur *„Ausrottung"* der Juden. Zur Tarnung wird die Massentötung im internen Schriftverkehr nur als *„Sonderbehandlung"*, *„Säuberung"*, *„Umsiedlung"* oder *„Evakuierung"* bezeichnet. Dass es Vernichtungslager gibt, wird geheim gehalten. Himmler notiert am 28. Juli 1942: *„Die besetzten Ostgebiete werden judenfrei. Die Durchführung dieses sehr schweren Befehls hat der Führer* [!] *auf meine Schultern gelegt."* Zuvor hat sich Hitler *„persönlich für die Entwicklung von Gaskammern interessiert. Er studierte eingehend derartige Entwicklungsprojekte"*, die ihm Himmler vorlegt. Goebbels vermerkt am 14. Februar 1942 nach einer Unterredung mit Hitler in sein Tagebuch dessen Entschlossenheit, *„rücksichtslos mit den Juden in Europa aufzuräumen. Hier darf man keine sentimentalen Anwandlungen haben. Die Juden haben die Katastrophe, die sie heute erleben, verdient. Sie werden mit der Vernichtung unserer Feinde auch ihre eigene Vernichtung erleben. Wir müssen diesen Prozess mit einer kalten Rücksichtslosigkeit beschleunigen, und wir tun damit der leidenden und seit Jahrtausenden vom Judentum gequälten Menschheit einen unschätzbaren Dienst"*.

Generalgouverneur Hans Frank schreibt am 9. April 1942 in einem Brief, dass der Befehl zur Auslöschung der Juden von *„einer höheren Instanz"* kommt. Über dem Reichsminister und Generalgouverneur steht aber nur eine Person: Adolf Hitler. Dieser nimmt öffentlich weiter kein Blatt vor den Mund, so am 30. September 1942 auf einer Rede in Berlin: *„Die Juden haben einst auch in Deutschland über meine Prophezeiungen gelacht. Ich weiß nicht, ob sie auch heute noch lachen oder ob ihnen das Lachen bereits vergangen ist. Ich kann aber auch jetzt nur versichern: Es wird ihnen das Lachen überall vergehen! Und ich werde auch mit diesen Prophezeiungen recht behalten."* Er wiederholt das nochmals fast wörtlich am 8. November 1942 in München:

„Sie werden sich noch erinnern an die Reichstagssitzung, in der ich erklärte: Wenn das Judentum sich etwa einbildet, einen internationalen Weltkrieg zur Ausrottung der europäischen Rassen herbeiführen zu können, so wird das Ergebnis nicht die Ausrottung der europäischen Rassen, sondern die Ausrottung des Judentums in Europa sein. Sie haben mich immer als Propheten ausgelacht. Von denen, die damals lachten, lachen unzählige nicht mehr. Die jetzt noch lachen, werden in einiger Zeit vielleicht auch nicht mehr lachen. Diese Welle wird sich über Europa hinaus über die ganze Welt verbreiten."

Geht es dann ums Konkrete, ist man vorsichtig. Hitlers Kameramann Walter Frentz kehrt von einer Reise an die Ostfront ins Führerhauptquartier zurück. Er ist Zeuge von Erschießungen gewesen, die ein Polizeibataillon an Zivilisten durchgeführt hat und erzählt das Gesehene einem General. Zudem fragt er ihn, was er davon halten solle. Die Antwort ist eindeutig: *„Wenn sie mich fragen, kann ich ihnen nur eines sagen: Sprechen sie mit niemandem darüber."* Wenn jemand das Thema einmal anspricht, gibt es Ärger. Henriette, die Frau des Gauleiters von Wien, Baldur von Schirach, spricht Hitler in der Nacht zum Karfreitag 1943 angeblich auf die Judendeportationen in Holland an und dass deren Behandlung *„ganz schrecklich"* sei. Daraufhin rät ihr Hitler wütend, sich nicht in *„Dinge einzumischen, die sie nicht versteht"*, regt sich über *„diese Gefühlsduselei und Sentimentalität"* auf und verlässt den Raum. Trotz der Geheimhaltung erfahren letztlich Schätzungen zufolge etwa eine halbe Million deutscher Soldaten, die an der Ostfront eingesetzt sind, von den Vorgängen oder sind selbst daran beteiligt. Führende Heeresoffiziere berufen sich im Krieg und danach darauf, dass man *„mit militärischen Vorgängen"* beschäftigt war oder es einfach *„nicht geglaubt"* habe. Während beispielsweise Generalfeldmarschall Erich von Manstein anfangs noch von der notwendigen *„harten Sühne am Judentum"* spricht, äußert er später, als er von den Massenmorden erfährt: *„Ich weigere mich, solche unglaubwürdigen Dinge zur Kenntnis zu nehmen."*

Generalfeldmarschall Wilhelm Keitel, der Chef des Oberkommandos der Wehrmacht, der im Krieg offen von der *„Vernichtung einer Weltanschauung"* sprach, sagt im Nürnberger Prozess, dass er *„nur Soldat"* gewesen sei *„und Befehle ausgeführt"* habe. Jede Diskussion über die Hauptverantwortung Hitlers zum Holocaust ist anhand der seit langem vorliegenden Faktenlage gänzlich überflüssig und dient in vornehmlich rechten Kreisen nur der Relativierung seiner Schuld. Dass sich der Holocaust *„selbsttätig radikalisiert"* (Guido Knopp: „Hitlers Helfer") haben soll, *„reduziert"* die vorhandene Schuld ebenfalls. Nicht zu diskutieren braucht man, dass bei seinem Auschwitzbesuch im Mai 2006 Papst Benedikt XVI. die Deutschen als durch die Nationalsozialisten Verführte und Verblendete darstellt und damit laut Alan Posener diese Rede ein Versuch gewesen sei, aus Tätern Opfer zu machen und die Geschichte des Holocaust umzudeuten. Der Papst hatte schon zuvor die merkwürdige Aussage getroffen, er komme vor allem als Katholik, nicht als Deutscher. Als ob Hitler bis zu seinem Lebensende kein Katholik gewesen sei und er den Holocaust nur mit einer überschaubaren Anzahl von Fanatikern durchgeführt hätte.

Derartige Äußerungen haben aber Tradition. Hans Fritsche, Ministerialdirektor im NS-Propagandaministerium, Chefkommentator des Rundfunks und Leiter der Abteilung Presse, klagt im Jahre 1947 vor Gericht: *„Ich bin von Verbrechern vom Schlage eines Hitler oder Goebbels getäuscht worden. Ich bin geistig genauso missbraucht worden wie viele andere körperlich."* Dass einmal ein deutscher Papst die Zwecklüge der Leugnung jeglicher Verantwortung der Christenheit insgesamt und der katholischen Kirche im Besonderen für das, was in Auschwitz passiert ist, am Ort des Massenmordes wiederholen wird, haben wohl nicht einmal Hitlers willigste Vollstrecker damals zu hoffen gewagt. Der amerikanische Historiker jüdischen Glaubens, Raul Hilberg, fasst zusammen:

„Hitler war der leitende Architekt der jüdischen Katastrophe. Er war es, der die fließenden Ideen von 1940 in die harte Realität von 1941 transformierte. Hitler machte diesen letzten Schritt zum unerbittlichen Resultat aller antijüdischen Maßnahmen (...) und er schmiedete den dezentralen Verwaltungsapparat Deutschlands um in ein Netz von Organisationen, die reibungslos zusammenwirkten, so dass die Erschießungen, Deportationen und Vergasungen nebeneinander und gleichzeitig durchgeführt werden konnten."

Vernichtungslager

Die Vernichtungslager werden, im Gegensatz zu den Konzentrationslagern – in denen die Inhaftierten oft genug durch Krankheit, Unterernährung oder übermäßige Arbeit sterben –, mit fabrikmäßiger, industrieller Ermordung der Menschen seit dem Frühjahr 1942 betrieben.

Darüber hinaus gibt es Menschenversuche, bei denen grauenvolle Experimente durchgeführt werden. Zwei Millionen Menschen, überwiegend Juden, sind bereits zuvor der ungehemmten Brutalität der Einsatzgruppen zum Opfer gefallen. Mehr als drei Millionen Menschen werden in Gaskammern ermordet oder im Lager erschossen: Auschwitz-Birkenau 1.100.000 bis 1.500.000 Tote, Majdanek 78.000 Tote, Belzec 434.500 Tote, Sobibor 150.000 bis 250.00 Tote, Treblinka mindestens 90.000 Tote, Bronnaja Gora mehr als 50.000 Tote, Maly Trostinez 40.000 bis 60.000 Tote. Auschwitz ist ein riesiger Komplex im besetzten Polen, bestehend aus dem Konzentrationslager Auschwitz, dem Vernichtungslager Birkenau, dem Konzentrationslager Monowitz und 50 Außenlagern. 90 Prozent der Gefangenen sind Juden aus Belgien, Deutschland, Frankreich, Griechenland, Italien, Jugoslawien, Luxemburg, Niederlande, Österreich, Polen, Rumänien, Sowjetunion, Tschechoslowakei und Ungarn. Wer nicht ermordet wird, kommt als Zwangsarbeiter zu den IG-Farben, die synthetisches Benzin herstellen, in die Kohlegruben, auf den Bau oder in die chemische Industrie.

Der Völkermord erreicht im Jahre 1944 im Vernichtungslager Auschwitz-Birkenau den apokalyptischen Höhepunkt. Täglich gibt es mehrere Transporte mit Menschen jeden Alters dorthin. Verstärkt kommen nun anstatt Männern Frauen, Kinder und Greise aus Ungarn an. Die Rampe am Bahngleis muss hierfür extra ausgebaut und ein neues Gleis angelegt werden. Von Mitte Mai bis Anfang Juli werden 437.000 Menschen aus Ungarn eingeliefert, nach Mitte Juli noch 120.000 weitere. Aus allen besetzten Ländern sind es im Mai 1944 228.674, im Juni 169.345 und im Juli 72.919 – insgesamt 470.438 Menschen in drei Monaten. Zahlen, die nicht begreifbar sind. Die Krematorien fallen teilweise wegen Überlastung aus (es werden bis zu 10.000 Menschen täglich ermordet) und es erfolgt die Verbrennung der Leichen in offenen Gruben. Der einzige Transport, der Auschwitz mit etwa 1.200 lebenden Juden verlässt, ist der von Oskar Schindler zusammengestellte. Das ist jedoch genauso eine Ausnahme wie die Rettung von rund 7.000 dänischen Juden durch die dänische Bevölkerung nach einem entscheidenden Hinweis des deutschen Diplomaten Georg Ferdinand Duckwitz.

Eine alliierte Luftaufnahme vom 25. August 1944 zeigt eine riesige Rauchwolke über dem Lager. Obwohl die Regierungen in Großbritannien und den USA aufgrund von Zeugenaussagen seit dem 6. Juli 1944 von den Details des Vernichtungslagers Bescheid wissen, wird nicht reagiert. Es liegen ihnen detaillierte Skizzen der Anlagen vor. Churchill bezeichnet es als das *„vielleicht größte und schrecklichste Verbrechen in der ganzen Menschheitsgeschichte"*. Man steckt in einem moralischen Dilemma und überlegt, ob man das Lager bombardieren soll oder nicht, tut es letztlich nicht. Polen liegt seit der Eroberung Süditaliens in der Reichweite alliierter Bomber, aber es erfolgt kein Angriff auf die Todesfabrik. Einzig bei einem Luftangriff auf die IG-Farben-Fabrik in Monowitz kommen am 15. September 1944 durch Fehlwürfe 40 Häftlinge und 15 SS-Bewacher ums Leben.

Zur geplanten Leerung der deutschen Großghettos im besetzten Polen durch Ermordung ihrer Bewohner werden von November 1941 bis Juli 1942 die Vernichtungslager Belzec, Sobibor und Treblinka gebaut. Dazu kommen Majdanek und Maly Trostinez. Die dortigen Ärzte, Verwaltungs- und Transportspezialisten stammen überwiegend aus der Euthanasieaktion und steigen häufig in der SS-Hierarchie auf. Tausende Gefangene sind derart geschwächt und gesundheitlich angegriffen, dass sie trotz medizinischer Versorgung durch Sanitätseinheiten der US-Armee noch in den Wochen und Monaten nach der Befreiung sterben. Allein mehr als 3.000 Tote bestattet man in den *„Camp Cemeteries"* neben dem ehemaligen Konzentrationslager Mauthausen in der Nähe von Linz.

Das Unvorstellbare

Die im Osten tätigen SS-Einsatzgruppen ertragen ihre *„Arbeit"*, das massenhafte Erschießen von Menschen, oft nur noch durch den Konsum von Alkohol am „Arbeitsplatz".

Prominentestes Opfer ist der SS-Obergruppenführer und General der Waffen-SS Erich von dem Bach-Zelewski, der einen Nervenzusammenbruch erleidet. Ursache sind auch Probleme bei der psychischen Verarbeitung der von ihm selbst befohlenen Massenmorde: *„Von dem Bach-Zelewski schrie nachts auf und verhedderte sich in Halluzinationen, verfolgt von den Gespenstern eigener Schuld – im Zusammenhang mit den von ihm selbst geleiteten Judenerschießungen und anderen schweren Erlebnissen im Osten."* Nachdem die Belastungen der Täter bei den Erschießungen also mit der Zeit zu groß geworden sind, versucht man eine andere Methode. Man fährt mit umgebauten, bald *„Todeswagen"* genannten Lastkraftwagen, auf dessen Fahrgestell ein luftdicht abgeschlossener Kastenaufbau montiert ist, kreuz und quer durch die Gegend. Durch das Einleiten der Auspuffgase in den Aufbau werden die darin befindlichen Menschen getötet. Das geht nicht problemlos vonstatten. Anfangs gibt der Fahrer Vollgas, um das Ganze schnell hinter sich zu bringen. Das Ergebnis ist das Eintreten eines Erstickungstodes anstatt wie beabsichtigt der Tod durch langsames, friedliches Einschlafen. Als die Türen geöffnet werden, blickt man so in schmerzverzerrte Gesichter und die Opfer sind durch ihre eigenen Ausscheidungen beschmutzt. Obwohl mit nur drei Gaswagen 97.000 Menschen ermordet werden, erkennt man schnell, dass auch diese Methode „ineffizient" ist. Das Wundermittel, das derartige Probleme löst, ist diejenige Tötungsmethode, die die Mörder am wenigstens belastet: Zyklon B.

Die „*Endlösung*" ist zunächst der Transport per Bahn in Vernichtungslager. Dieser erfolgt in fest verschlossenen, ungeheizten und ungekühlten Viehwaggons. Dort werden 80 bis 100 Personen zusammengepfercht, die mehrere Tage dicht gedrängt stehen müssen, bis sie am Zielort ankommen. Es gibt weder zu essen noch zu trinken und auch keine Toilette. Die Luft ist stickig und voller Gestank. Nicht wenige Deportierte sterben bereits auf diesen Transporten. Für die Überlebenden öffnet sich nach quälend langer und ungewisser Fahrt plötzlich die Tür. Unter Schlägen und Schreien werden Männer, Frauen und Kinder rücksichtslos hinausgetrieben. Von allen Seiten schreien SS-Männer Befehle, die sie nur selten verstehen. Aggressive Hunde bellen die Neuankömmlinge an. Erfolgt die Ankunft bei Tag, blendet Sonnenlicht die geschwächten Menschen. Ein Arbeitskommando aus Häftlingen räumt aus den Waggons die Leichen und das Gepäck. An der Eisenbahnrampe müssen Frauen und Kinder auf die eine Seite, Männer auf die andere. Familien und Freunde werden gnadenlos auseinandergerissen und müssen sich der „Selektion" stellen. Einzeln müssen sie vortreten, damit ein SS-Arzt sie durch einen flüchtigen Blick und eine kurze Handbewegung nach rechts oder links in „*Arbeitsfähige*" und „*Arbeitsunfähige*" unterteilt. Die als „*arbeitsfähig*" eingestuften Personen werden registriert, in das Lager aufgenommen und es wird ihnen eine Häftlingsnummer auf den linken Unterarm tätowiert.

^ *Mitglieder der SS-Totenkopfverbände nehmen an der Rampe des Vernichtungslagers Auschwitz-Birkenau die Selektion ankommender jüdischer Häftlinge vor. (115)*

Wer als „*arbeitsunfähig*" gilt, ist zum Tode bestimmt und wird nicht registriert, sondern sofort nach der Ankunft ungeachtet von Alter und Geschlecht in den Gaskammern ermordet. Das sind 80 Prozent eines Transports oder mehr. Kinder, ihre Mütter sowie Alte und Kranke werden gleich nach der Selektion in Gaskammern geführt, die als Duschräume getarnt sind, um keine Panik aufkommen zu lassen. So warten die dem Tode Geweihten ahnungslos unter den Bäumen neben der Gaskammer, bis sie an der Reihe sind. Die meisten Opfer gehen so größtenteils völlig ruhig und unwissend in den Tod. Wenige arbeitsfähige Menschen werden zur Aufrechterhaltung des Lagers eingesetzt als Totengräber, Leichenverbrenner, Sortierer der Habseligkeiten oder in den Lagerwerkstätten. In Auschwitz werden im Herbst 1941 erste „*Probevergasungen*" an sowjetischen Kriegsgefangenen durchgeführt. Hierzu verwendet man das Schädlingsbekämpfungsmittel „Zyklon B". Es handelt sich dabei um ein Blausäurekristall, das sich bei einer Temperatur von 26 Grad Celsius in ein hochgiftiges Cyanwasserstoffgas verwandelt. Nach wenigen Atemzügen bekommen die Opfer eine Cyanidvergiftung, die je nach Inhalationsstärke eine mehr oder weniger schnelle, in jedem Falle qualvolle, bis zu 20 Minuten dauernde Erstickung bewirkt. Nachdem sich diese Methode als „effektiv" herausstellt, beginnen nun sofort die Massenvergasungen von Juden. In den ersten provisorischen Mordstätten können Gruppen von bis zu 800 beziehungsweise 1.200 Personen gleichzeitig umgebracht werden. Man braucht nicht viel, hierfür reicht die Menge von vier Kilogramm Zyklon B. Allein in den Jahren 1942/1943 werden 20 Tonnen davon nach Auschwitz geliefert, wobei die Hauptmenge für den ursprünglichen Verwendungszweck, der Ungeziefervernichtung, verwendet wird. Bei einem Kilopreis

^ *Leichen und abgetrennte Köpfe in einem deutschen Vernichtungslager. (115)*

von 4,55 RM (heute 73 Euro), entstehen nur Kosten von umgerechnet heute 30 Cent, um einen Menschen zu töten.

Die Leichen werden anschließend in Krematorien beseitigt. Die Verbrennungsöfen werden von Mitgliedern des *„Sonderkommandos"* bedient, also von denen, die an der Rampe bei der Selektion als *„arbeitsfähig"* gekennzeichnet worden sind. In jedem Ofen werden mehrere Leichen gleichzeitig verbrannt. Die Häftlinge des *„Sonderkommandos"* zerkleinern die letzten Knochenstücke und schütten die Asche der Opfer in nahegelegene Flüsse oder andere Gewässer. Im Winter streut man damit zweckmäßigerweise die vereisten Wege im Lager, es soll ja niemand ausrutschen und sich Knochen brechen. Weil die *„Sonderkommando"*-Häftlinge unmittelbare Augenzeugen des verbrecherischen Massenmordes sind, werden sie in regelmäßigen Abständen getötet und durch neue ersetzt. Der Nachschub an Menschenmaterial geht nicht aus. Zusätzlich lässt die SS in diversen Konzentrationslagern Menschenversuche zu militärischen, medizinischen und anderen Zwecken durchführen. Die Opfer werden zum Beispiel in Druckkammern extrem hohem oder niedrigem Luftdruck ausgesetzt, in Eiswasser unterkühlt, mit Bakterien infiziert oder für chirurgische Versuche missbraucht. Die skrupellosen Täter, promovierte Ärzte, nehmen dabei den Tod oder lebenslange Gesundheitsschäden der Versuchspersonen bewusst und skrupellos in Kauf. Ein wissenschaftlicher Nutzen ist nicht nachweisbar. Zusätzlich werden Experimente an Zwillingspaaren, kleinwüchsigen Menschen und an *„Zigeunern"* durchführt. Viele Opfer werden eigens getötet, nur um ihre inneren Organe untersuchen oder Teile ihres Körpers entnehmen zu können, darunter viele Augen. Eine erhebliche Anzahl der Opfer dieser Menschenversuche sind Kinder. Präparate einzelner

^ *Häftlingsarbeiter mit einem ausgemergelten Leichnam vor einem Verbrennungsofen des Vernichtunglagers Auschwitz-Birkenau. (115)*

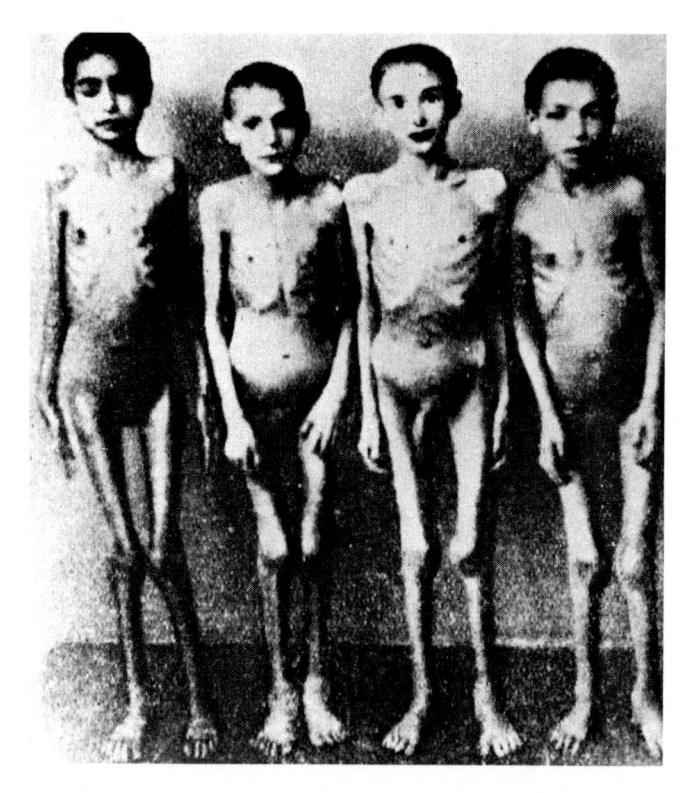

Organe, auch ganze Kinderköpfe, werden für die Medizinische Akademie der Waffen-SS in Graz erstellt. Am Ende muss konstatiert werden, dass jeder Schritt der Menschenvernichtung unter medizinischer Aufsicht stattfindet.

Nachdem den Opfern zuerst ihr Besitz enteignet, beschlagnahmt und weggenommen und sodann die Arbeitskraft ausgebeutet wird, werden abschließend auch die Leichen verwertet. Haare, Goldzähne und Privatgüter der Opfer, wie Kleidung, Schuhe, Brillen, Koffer, lässt die SS finanziell zu ihren Gunsten verwenden. Das gesammelte Zahngold wird eingeschmolzen und zusammen mit dem Bargeld der Reichsbank übergeben, ebenso der Schmuck und andere Wertgegenstände, den die Opfer oft am Körper versteckten. Die Kleidung der Ermordeten wird in einem riesigen Barackenkomplex sortiert, gewaschen und zum Teil nach Deutschland geschickt, um damit ausgebombte deutsche Familien versorgen zu können. Auch Brillen werden wiederverwendet. Menschenhaar, in weiße Säcke verpackt, wird zu Filz verarbeitet, aus dem Schuhe für die U-Boot-Besatzungen hergestellt werden. Versuche im KZ Stutthof bei Danzig, Leichen experimentell zu Seife zu verarbeiten und Lampenschirme aus Menschenhaut sind im Rahmen der Unvorstellbarkeit weitere Beweise dafür, wozu Menschen selbst im 20. Jahrhundert noch fähig gewesen sind. Sogar kurz vor der Befreiung von Auschwitz durch die Sowjets werden im Januar 1945 noch etwa 60.000 Häftlinge von der SS aus dem Gebiet *„evakuiert"*, zum Teil erschossen und größtenteils in Todesmärschen nach Westen getrieben. Eine exemplarische Beschreibung aller Gräuel in Auschwitz-Birkenau gibt Autor Raul Hilberg:

„Nach der Entladung der Deportationszüge erfolgte die Selektion; Alte, Kranke und gelegentlich auch kleine Kinder wurden bereits auf der Rampe aussortiert. Im Stammlager Auschwitz brachte man die Alten und Kranken auf Lastwagen zu den Gaskammern, kräftige Personen kamen zunächst zum Arbeitseinsatz. Die Selektion verlief dabei oberflächlich, die Angekommenen wurden an dem Arzt vorbeigetrieben, der in eine von zwei Richtungen wies: entweder zum Arbeitseinsatz oder sofort in die Gaskammer. Auch in den

^ *Diese vier völlig abgemagerten Kinder gehören zu den Opfern des KZ-Arztes Josef Mengele, der an ihnen Experimente durchführte. Die Aufnahme der zwei Zwillingspaare wurde im Auftrag des Arztes vom SS-Erkennungsdienst in Auschwitz-Birkenau angefertigt. (115)*

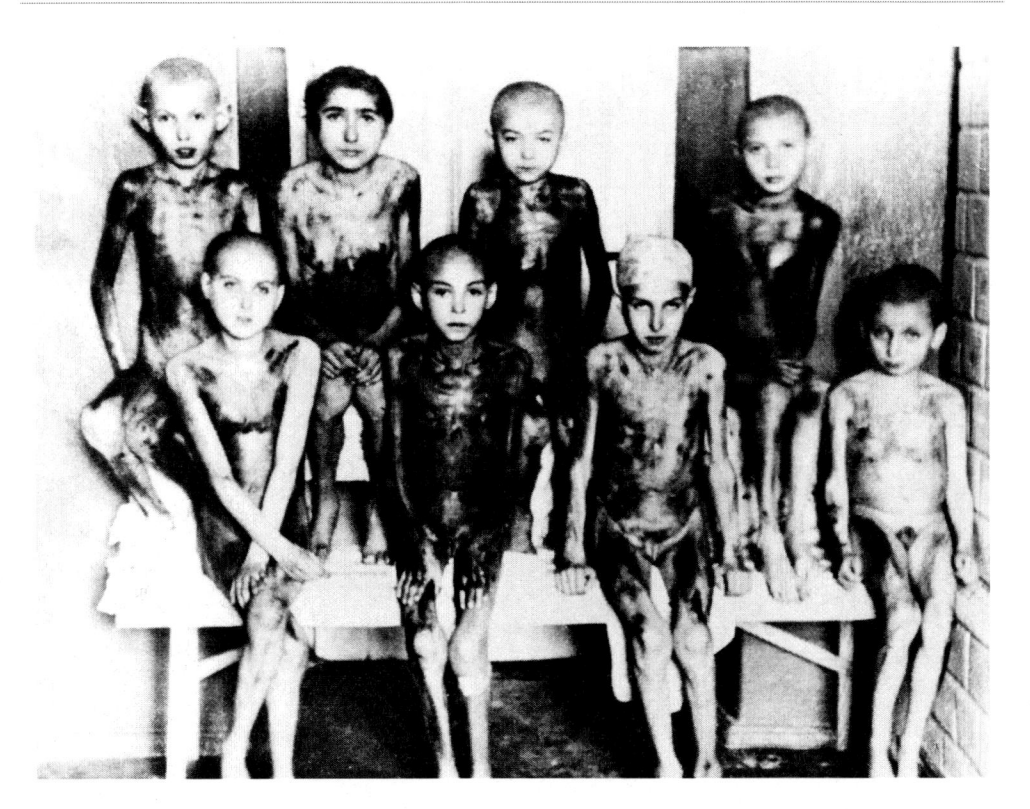

Lagern selbst (zum Beispiel auf dem Appellplatz und im Lager-Lazarett) kam es zu regelmäßigen Selektionen. Die der Gaskammer zugeteilten Männer und Frauen mussten sich entkleiden, wobei der Eindruck erweckt wurde, dass die Kleider nach dem angekündigten gemeinsamen Duschen zurückgegeben würden. Zur Täuschung, zur Vermeidung von Panik und zur Beschleunigung des Ablaufes behauptete die Wachmannschaft beispielsweise, man solle sich beeilen, da sonst das Wasser in den Duschen oder die Suppe nach dem Duschen kalt würde. Es kam gelegentlich auch im Winter vor, dass die entkleideten Menschen stundenlang barfuß im Freien stehen mussten, bis sie an die Reihe kamen, wobei sie in manchen Fällen die Schreie derer hörten, die vor ihnen in die Gaskammern gegangen waren. Die Opfer entdeckten in den Gaskammern, dass die vermeintlichen Duschen nicht funktionierten. Nach dem Schließen der Türen löschte die Wachmannschaft die elektrische Beleuchtung, da das Giftgas in hoher Konzentration leicht entzündlich ist. Ein SS-Mann mit spezieller Gasmaske öffnete den Deckel des Einwurfschachtes an der Decke und schüttete Zyklon-B-Pellets auf den Boden der Gaskammer. Die leicht flüchtige Blausäure gaste aus dem Granulat aus und verteilte sich im Raum. In Panik stießen die stärkeren die schwächeren Menschen nieder, drängten von der Einwurfstelle weg, stellten sich auf Umfallende und Liegende, um giftgasfreie Luftschichten zu erreichen. Bewusstlosigkeit oder Tod trat bei den ersten Opfern nahe der Einwurfstelle nach etwa zwei Minuten ein. Das Schreien hörte auf und die Sterbenden fielen übereinander, sofern genügend Platz war. Nach fünfzehn Minuten waren alle in der Gaskammer tot. Die SS ließ das Gas entweichen

^ *Ein Gruppe Kinder in Auschwitz, an denen medizinische Experimente durchgeführt wurden, sie tragen Brandwunden am ganzen Körper. (115)*

und nach etwa einer halben Stunde öffnete das Häftlings-Sonderkommando die Türe. Die Leichen findet man turmartig angehäuft, manche in sitzender und halbsitzender Position, Kinder und ältere Menschen zuunterst. An der Stelle, wo das Gas eingeworfen worden war, befand sich ein freier Raum, da die Menschen von dort zurückgewichen waren. Eine Häufung von Menschen befand sich gepresst an der Eingangstüre, die sie zu öffnen versucht hatten. Die Haut der Leichen war rosafarben, teilweise stand Schaum vor den Lippen oder es hatte Nasenbluten eingesetzt. Einige Leichen waren mit Kot und Urin bedeckt, bei manchen schwangeren Frauen hatte die Geburt eingesetzt. Jüdische Sonderkommandos mit Gasmasken mussten zunächst die Leichen an der Tür wegräumen, um sich den Weg freizumachen. Dann mussten sie die Leichen abspritzen und auseinanderzerren. Sofern den Frauen das Haar noch nicht geschoren worden war, mussten sie es nun schneiden und vor dem Einpacken in Salmiaklösung waschen. In allen Lagern wurden die Körperhöhlen nach versteckten Wertsachen durchsucht, die Goldzähne gezogen. Abschließend wurden die Leichen zu den Krematorien abtransportiert."

^ *Ein Berg an Schuhen von ermordeten Juden. (115)*

Das Unvorstellbare

^ *KZ-Häftling im Vernichtunsgslager Auschwitz-Birkenau. (115)*

Ein Täuscher. Er war ein Lügner, aber kein Blender – er war ein genialer Täuscher.
Johann Adolf Graf von Kielmansegg
(General, 1906-2006, über Adolf Hitler)

Die letzten Monate
Der Berghof – Die Lieblingsresidenz

Die Geschichte des Obersalzberges ist bereits vielfach beschrieben worden und braucht daher nicht wiederholt zu werden. Hitlers privates Haus „Wachenfeld", welches mehrfach, letztmalig 1936, zum „Berghof" ausgebaut wird, liegt nach Vertreibung vieler Anwohner des Obersalzbergs inmitten eines fast zehn Quadratkilometer großen Führersperrgebietes mit Blick auf den Untersberg und wird von einem zwei Meter hohen Zaun umgeben. Der Berghof selbst liegt zusätzlich im „Hoheitsgebiet", für das besondere Ausweise benötigt werden. Hitler hat hier alles, was er benötigt, inklusive eines Behandlungszimmers seines Leibzahnarztes Prof. Dr. Hugo Blaschke im ersten Stock. Der Ausbau der umliegenden Gebäude (SS-Kasernen, Teehaus, Theaterhalle, Gutshof, Garagen usw.) geht auch im Krieg, als „kriegswichtig" eingestuft, unverändert und ohne Rücksicht auf die anfallenden Kosten und benötigten Ressourcen unter Leitung von Martin Bormann, Hitlers Sekretär, weiter. Nach der verlorenen Schlacht um Stalingrad im Januar 1943 werden zunehmend ausländische Arbeiter eingesetzt. Ab August 1943 trägt man der Verschlechterung der Kriegslage Rechnung und beginnt mit dem Bau von Luftschutzbunkern. Im Durchschnitt arbeiten 3.000 Arbeiter am Ausbau der nun überwiegend unterirdischen Anlagen zum Schutz Hitlers und der Bewohner des Sperrgebietes. Als erstes wird ein 745 Quadratmeter großes Stollensystem unter dem Berghof gebaut. Es kommen Stollen für die Familien von Bormann und Reichsmarschall Hermann Göring, für die Bewohnern des Hotels „Platterhof", für die Soldaten der SS-Kaserne, für die Mitarbeiter des Gutshofes und für die Bewohner der Siedlungen Klaushöhe und Buchenhöhe dazu. Insgesamt sind die Stollengänge 5,7 Kilometer lang, von denen aus die einzelnen Kavernen erreicht werden können. Die meisten Stollen sind

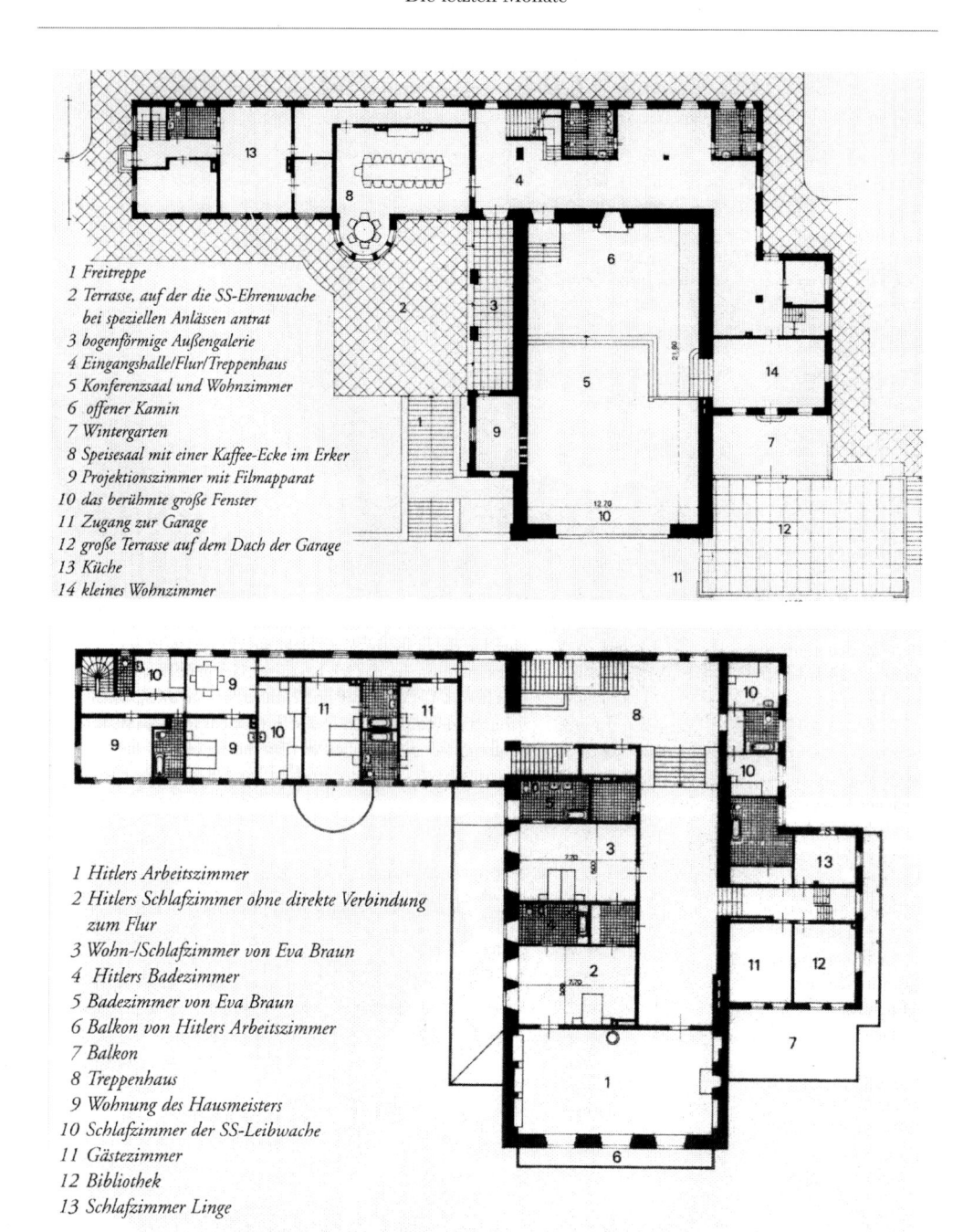

1 Freitreppe
2 Terrasse, auf der die SS-Ehrenwache bei speziellen Anlässen antrat
3 bogenförmige Außengalerie
4 Eingangshalle/Flur/Treppenhaus
5 Konferenzsaal und Wohnzimmer
6 offener Kamin
7 Wintergarten
8 Speisesaal mit einer Kaffee-Ecke im Erker
9 Projektionszimmer mit Filmapparat
10 das berühmte große Fenster
11 Zugang zur Garage
12 große Terrasse auf dem Dach der Garage
13 Küche
14 kleines Wohnzimmer

1 Hitlers Arbeitszimmer
2 Hitlers Schlafzimmer ohne direkte Verbindung zum Flur
3 Wohn-/Schlafzimmer von Eva Braun
4 Hitlers Badezimmer
5 Badezimmer von Eva Braun
6 Balkon von Hitlers Arbeitszimmer
7 Balkon
8 Treppenhaus
9 Wohnung des Hausmeisters
10 Schlafzimmer der SS-Leibwache
11 Gästezimmer
12 Bibliothek
13 Schlafzimmer Linge

1,75 Meter breit, 2,50 Meter hoch und militärisch durch Maschinengewehrstellungen sowie Gasschleusen gesichert.

Während Hitlers letztem Aufenthalt auf dem Obersalzberg bis zum Sommer 1944 wird, da er nicht gerne Treppen steigt, ein Fahrstuhl vom Berghof in seinen Bunker geplant, aber

^ *Der Berghof: Grundriss des Erdgeschosses (o.) (101) und Grundriss des ersten Obergeschosses (u.). (101)*

^ *Haupteingang des Berghofes mit dem Erker des Speisesaals. Im Ersten Obergeschoss (v.r.n.l.) Hitlers Schlafzimmer (zwei Fenster) und Hitlers Bad (mittleres Fenster). (125)*

^ *Der Hauptkorridor des Berghofes: rechts ein Fenster zur Rückseite, daneben die Tür zu den Toiletten. Hinten links (verdeckt) der Zugang zur großen Halle und der Haupteingang, geradeaus die Tür zum Speisesaal. (125)*

^ *Ein Teil der großen Halle mit Haupteingang und Sitzgruppe am Kamin. Hier hält Hitler jede Nacht seine endlosen, ermüdenden Monologe. (142)*

^ *Der Speisesaal im Berghof mit Zirbelholzvertäfelung und Erker, links die Türe zum Hauptkorridor. (143)*

der Einbau nicht mehr begonnen. Seit Anfang 1944 liegt der Obersalzberg im Zielgebiet alliierter Bomber und es werden erste Aufklärungsflüge zur Auskundschaftung möglicher Ziele vorgenommen. Natürlich weiß jeder, wo sich Hitlers Berghof befindet. Das gesamte Gelände ist von 58 Flakgeschützen umgeben und kann von einer SS-Nebelabteilung künstlich eingenebelt werden. Hitler selbst sieht im Frühjahr 1944 von seiner Terrasse aus einer Vernebelungsübung zu, ist mit dem Ergebnis aber nicht zufrieden. Ab Herbst 1944 wird die Anzahl der Flakgeschütze auf 70 erhöht. Neben 2.265 SS-Soldaten sorgen 250 Angehörige des Reichssicherheitsdienstes für die persönliche Sicherheit Hitlers. Im Berghof selbst sind zwischen 30 und 50 Mitarbeiterinnen und Mitarbeiter tätig. Bis Kriegsende sind etwa 2.000 Meter Stollen mit 75 Kavernen und einer Grundfläche von 4.000 Quadratmetern bewohnbar. Nur Hitlers und Eva Brauns Räumlichkeiten werden

^ Ein Teil der großen Halle (Blickrichtung vom Kamin) mit dem großen versenkbaren Fenster, dem Kartentisch und dem Globus. (125)

^ Das Arbeitszimmer im ersten Obergeschoss. Hinten links neben dem Kachelofen die Tür zu Hitlers Schlafzimmer, ganz rechts die Tür in den Flur. (102)

möbliert. Die Küchenräume und Toiletten sind gefliest, die Wohn- und Schlafräume holzgetäfelt, die Fußböden mit Parkett und Teppichen ausgelegt. Es gibt Einbauschränke, in denen für Hitler Uniform und Mütze bereit hängen; Wandbeleuchtungen und Radiogeräte ergänzen die Einrichtung. Hitler besichtigt die Stollen nur ein einziges Mal. Um den Eingang zu erreichen, muss er nur ein paar Meter vom Hinterausgang des Berghofes bis zu einer Metalltür und dann 65 Stufen nach unten gehen. Die Arbeiten gehen trotz seiner Abreise im Juli 1944 bis März 1945 weiter.

Hitlers Schlafzimmer im Berghof ist schlicht, er hat ein *„sehr einfaches* [Einzel-] *Bett"* mit einer *„gewöhnlichen Steppdecke"*, nicht einmal eine *„Daunendecke"*. In Hitlers Bad im Berghof finden die Amerikaner bei Kriegsende alles aus weißem Porzellan vor. Zum Duschen verwendet Hitler ein simples Patent mit Gummischlauch, das einfach an den Wassereinlauf der Badewanne angeschlossen ist. Im Badeschrank befindet sich eine Flasche Castor Öl (Rizinusöl), eine Flasche mit einer Tinktur gegen Rheumabeschwerden und eine Flasche Mundwasser mit dem Hinweis „Muster – nicht für den Handel bestimmt". Im Hitlerschen Haushalt sollte wohl kein Geld verschwendet werden. Im Bunker finden sich Bücher und seine umfangreiche Schallplattensammlung. Die Bevölkerung plündert nach Kriegsende die Räumlichkeiten. Noch heute tauchen in einschlägigen Auktionshäusern Besteck, Tisch- und Bettwäsche und allerlei Einrichtungsgegenstände auf. Eva Braun wohnt im Berghof im zweiten Stock, direkt über Hitlers Arbeitszimmer. Sie hat außer Hitler und der Hausverwalterwohnung die einzige separate Zweizimmerwohnung im Berghof, bestehend aus Wohn- und Schlafzimmer, Bad und Loggia mit Blick auf den Untersberg. Die immer wieder kolportierte Version, sie habe ihr Schlafzimmer im ersten Stock neben dem von Hitler gehabt, ist eindeutig widerlegt. Sie dient wohl nur dem Zweck, zwischen Eva Braun und Adolf Hitler ein eheähnliches Verhältnis oder eine Liebesbeziehung zu suggerieren, die es so niemals gegeben hat.

Das Schicksal des Reiches hängt nur von mir ab.
Adolf Hitler
(Diktator, 1889-1945)

April 1944 – Geburtstagsparade auf der Autobahn

Hitler trägt seit Kriegsbeginn nie mehr die Parteiuniform mit Hakenkreuzarmbinde, sondern einen feldgrauen, vom Atelier Wilhelm Holters in Berlin maßgeschneiderten Uniformrock mit eingeschnittenen übergroßen breiten Schoßtaschen. Dieser Schnitt, die geraden Taschenklappen und die langen Ärmelaufschlägen sind genauso typisch für Hitler wie der feingewebte Stoff. Das Kleidungsstück ist mit goldenen Knöpfen und einem goldgestickten Adler (mit umrandetem Hakenkreuz in seinen Fängen) auf dem linken Oberarm versehen. Der Adler hat die Form, wie ihn die Soldaten des Heeres und der Kriegsmarine auf der rechten Brustseite in Silber tragen. Da die SS-Mitglieder einen etwas abgewandelten Adler in Silber auf dem linken Oberarm tragen, unterscheidet sich Hitler damit auch von dieser Truppe. Das Goldene Parteiabzeichen, das Eiserne Kreuz 1. Klasse aus dem Ersten Weltkrieg und das Verwundetenabzeichen in Schwarz sind die einzigen Auszeichnungen, mit denen er sich schmückt. Dazu trägt Hitler immer schwarze Hosen aus feiner Gabardine, vorne mit zwei eingeschnittenen Taschen (die linke ohne Taschensack, die rechte mit einem großen, hellbraunen, ledernen Taschensack; rückseitig zwei Gesäßtaschen mit Klappen, von denen die rechte ebenfalls im gleichen Leder ausgeführt ist). In der ledernen rechten Hosentasche trägt Hitler seine PPK 7,65 Millimeter, in der Gesäßtasche angeblich die kleinere PPK 6,35 Millimeter. Hitler soll ein trainierter und in jeder Position sicherer Pistolenschütze gewesen sein, sein Begleitkommando nennt ihn einen „Zwölferschützen", auf dessen kaltblütige Reaktion im Attentatsfall jederzeit Verlass sei. Die Kleidung vervollständigen schwarze Halbschuhe, schwarze Socken, ein weißes Hemd, eine schwarze Krawatte und eine Schirmmütze.

Hitler ist Anfang des Monats auf dem schneebedeckten Obersalzberg. Während seine Todesfabriken rund um die Uhr täglich Tausende ermorden, lebt er in einer Landschaft im Berchtesgadener Land, die Ruhe und Frieden ausstrahlt. Vom Krieg ist hier nichts zu spüren, nichts zu hören und nichts zu sehen. Ein schwerer Luftangriff Ende März auf die Stadt der Reichsparteitage, Nürnberg, bringt für die britische Royal Air Force (RAF) hohe Verluste. An der Ostfront ist die Südukraine in sowjetische Hand gefallen. Hitler, der stark gealtert ist – Bart und Schläfen sind grau geworden sowie Anzeichen der Parkinsonerkrankung sind sichtbar – steht wie immer erst am späten Vormittag auf. Es ist Samstag, der 1. April. Nach dem Frühstück beschäftigt er sich mit administrativen Tätigkeiten und ordnet Maßnahmen zur strafferen Zusammenfassung der Exekutivgewalt in einzelnen preußischen Provinzen, in denen die Gauleiter teilweise noch nicht Oberpräsidenten sind, an. Goebbels ernennt er zusätzlich zum Stadtpräsidenten von Berlin.

Mit Erlass der Weisung Nr. 54 (Operationsbefehl Nr. 7) geht Hitler am 2. April auf die weitere Kampfführung der Heeresgruppen A, Süd und Mitte an der Ostfront ein. Er behauptet in Verkennung der wahren Lage: *„Die russische Offensive hat ihren Höhepunkt überschritten. Der Russe hat seine Verbände abgenutzt."* Eine Prognose, die er schon im Herbst 1941 abgegeben hat. Die Erkenntnis daraus ist: *„Es ist jetzt der Zeitpunkt gekommen, dass russische Vorgehen endgültig zum Stehen zu bringen."* Reichsführer-SS Heinrich Himmler besucht ihn am Montag, dem 3. April. Nach dem gemeinsamen Mittagessen gehen beide bei strahlendem Sonnenschein vom Berghof zum unterhalb gelegenen Teehaus am Mooslahnerkopf, der übliche zehn oder 15-minütige Nachmittagsspaziergang, der mit Kaffee und Kuchen endet. Da Hitler kein Sonnenlicht verträgt, trägt er eine runde, schwarze Sonnenbrille. Er geht, auf einen Spazierstock gestützt, mit Himmler vorneweg, gefolgt von acht SS-Offizieren. Sein Fotograf Walter Frentz fertigt Farbfotos an. Länger als etwa eine Stunde dauert der Aufenthalt im Teehaus nicht, dann lässt sich Hitler wieder zum Berghof hochfahren. Er hasst es, bergauf laufen zu müssen. Am nächsten Tag erscheinen 13 Luftwaffenoffiziere auf dem Berghof, denen Orden verliehen werden. Auch Goebbels kommt zu einem Gespräch und fühlt sich danach *„wie nach einer stärkenden Kur"*. So fühlt er sich oft, wenn er aufmunternde Worte seines Herrn und Meisters persönlich zu hören bekommt.

Dieser beschäftigt sich seit Tagen mit der zu erwartenden Invasion der Alliierten, den Luftangriff am 5. April auf München-Riem kommentiert er nicht. Um 01:30 Uhr am 6. April injiziert sein Leibarzt Prof. Theodor Morell wie üblich seine Spritzen und macht Hitler darauf aufmerksam, dass die Zabel'sche Diät seinen Magen von schwerer Kost entwöhnt, weshalb er generell dagegen ist. Hitler reagiert nicht, sondern legt sich schlafen und studiert nach dem Aufwachen wie jeden Morgen die ausländischen Pressemeldungen. Er redet sich die drohende Gefahr einer Invasion schön und hält bestimmte Zeitungsmeldungen für einen Bluff: *„Die ganze Sache, die die Engländer aufführen, kommt mir wie ein Theater vor. Die neuen Nachrichten von den Sperrmaßnahmen, die sie treffen, die Abwehrmaßnahmen usw.; normal macht man das doch nicht, wenn man so eine Geschichte macht. Ich kann mich des Eindruckes nicht erwehren, dass das Ganze am Ende doch ein unverschämtes Theater ist. Ich bin dafür,*

April 1944 – Geburtstagsparade auf der Autobahn

dass wir alle Kräfte hierher bringen. Vor allem die, die wir nicht unbedingt woanders haben müssen." Dabei fährt er mit dem Finger die normannische Küstenlinie auf der Karte nach. Er erkennt auf den Tag genau zwei Monate vor Beginn der Invasion den korrekten Landungsort, die Normandie. Dass er optimistisch ist, die Invasion am Tag X abwehren zu können, ist nicht allein seiner Selbsttäuschung geschuldet, sondern hat auch reale

^ 3. April 1944: Hitler und Heinrich Himmler unterhalb des Berghofes auf dem Weg zum Mooslahner Kopf. Links hinter Hitler gehen Hermann Fegelein und weitere sieben SS-Offiziere. (166)

Hintergründe. Rommel hat ihm das bindende Versprechen gegeben, dass bis zum 1. Mai alle Verteidigungsmaßnahmen fertig gestellt sind. Zu den ihm unterstellten Soldaten in der Normandie hält er für die Wochenschau markige Ansprachen und ist überzeugt: *„Es geht bestimmt gut."* Das ist kein Einzelfall. Hitler wird permanent durch den Übereifer seiner Umgebung über die wahre Lage getäuscht, weil sie sagen, was er ihrer Überzeugung nach hören will. Ian Kershaw stellt fest: *„Selbstbetrug und Täuschung sind Grundzüge des gesamten NS-Regimes."*

An diesem Tag ernennt Hitler Staatssekretär Herbert Backe, den Leiter des Ministeriums für Ernährung und Landwirtschaft, zum Reichsminister ohne Geschäftsbereich. In der Mittagslagebesprechung wehrt er sich energisch gegen das Gerücht, er wolle alte spanische Geschützrohre, die in Frankreich erbeutet worden sind, Francisco Franco als Geschenk geben:

„Überhaupt schenke ich grundsätzlich nichts an historischen Sachen. Automobile verschenke ich. Ich sollte einst Nofretete verschenken. (...) Dann wäre die Nofretete weggekommen. Kunstschätze kann man doch nicht so hergeben." Dieser Satz ist aus dem Munde des größten Kunsträubers der Weltgeschichte schon bemerkenswert. Am 7. April startet eine sowjetische Großoffensive zur Befreiung der Krim. Hitler sieht sich genötigt, sich Gedanken über sein neues Führerhauptquartier „Riese" in Schlesien zu machen. Angesichts des Mangels an deutschem Baupersonal ordnet er an, dass *„die Menschenstellung durch den Reichsführer-SS erfolgen"* soll, auf Deutsch: durch KZ-Häftlinge.

Der Kampf um die Krim tobt in voller Härte. Der Generalstabschef Generaloberst Kurt Zeitzler beschwört ihn am 8. April, dass, wenn er keinen Rückzugsbefehl gebe, *„tausende deutscher Soldaten (...) unnötig verloren"* gehen. Hitler weigert sich von seiner Linie des Haltens um jeden Preis abzugehen und kommentiert zynisch: *„Auf tausend mehr oder weniger kommt es dann auch nicht an."* Er spricht seine Menschenverachtung, auch gegenüber den eigenen Soldaten, damit erneut offen aus. Und schon jetzt äußert er gegenüber seinen Adjutanten, er wolle sich vor der Geschichte nicht ein einziges Mal vorwerfen lassen, in besonders schweren und kritischen Zeiten weich geworden zu sein und den Glauben an den Endsieg in einem Augenblick verloren zu haben, wo er greifbar nahe gewesen sei – so wie das in Deutschland im November 1918 passiert wäre. An dieser Denkweise wird er noch das gesamte vor ihm liegende, letzte Jahr seines Lebens festhalten. Nachdem dieses Thema besprochen worden ist, unterzeichnet er noch eine Verordnung über den Reichsarbeitsdienst für Frauen.

Am 9. April verleiht er das Eichenlaub an mehrere Offiziere. Die Schwerter zum Ritterkreuz erhalten Oberstleutnant Werner Streib und Major Gerhard Barkhorn. Letzterer ist mit 301 bestätigten Abschüssen und 1.104 Feindflügen der zweiterfolgreichste Jagdflieger der Militärluftfahrt. Wie von Zeitzler befürchtet, muss am 10. April Odessa, die für die Nachschublinien zur Krim wichtigste Hafenstadt der Ukraine am Schwarzen Meer, von der Heeresgruppe Kleist aufgegeben werden. Damit ist auch der Hafen, der es ermöglichte, die 17. Armee von General Erwin Jaenecke auf der Krim zu versorgen, verloren. Hitler hatte dieses Gebiet unbedingt halten wollen, um die Türkei als Rohstofflieferanten nicht zu verlieren. Die Hafenanlagen werden zerstört, die Zufahrten vermint. Hitler zeigt sich von den Ereignissen überrascht, da er im Vorfeld angeblich über das wahre Ausmaß der Bedrohung der Krim getäuscht worden sei. Auch von einer anderen Front gibt es schlechte Nachrichten, Generalfeldmarschall Walter Model muss sich aus Bessarabien zurückziehen. Ein aus Sicht Hitlers persönlicher Verlust trifft ihn am 12. April. In Bad Reichenhall stirbt an den Folgen eines Schlaganfalls der „Alte Kämpfer" und Gauleiter von München-Oberbayern Adolf Wagner, mit dem sich Hitler immer sehr gut verstanden hatte – vielleicht auch deshalb, weil Wagner zu Recht den Ruf hatte, ein besonders bösartiger Antisemit zu sein. Für die Ostfront befiehlt Hitler, das gesamte deutsche Personal von der Krim abzuziehen, die Festung Sewastopol, die größte Stadt der Krim, aber zu halten: *„Ich bin entschlossen, den Kampfraum Sewastopol solange wie irgend möglich zu halten, um dadurch möglichst starke Feindkräfte an dieser Front zu binden."*

In der Lagebesprechung vom 14. April will Großadmiral Karl Dönitz eine Rüstungspriorität für Marineprojekte erreichen, was Hitler rundheraus ablehnt. Hintergrund ist ein schwerer Luftangriff auf die kriegswichtige Kugellagerindustrie in Schweinfurt am Vortag. Statt dem Wunsch von Dönitz zu entsprechen, will er nun von Göring konkret wissen, was aus den unterirdischen Jägerfabriken geworden ist. Als Göring keine zufriedenstellende Antwort geben kann (Göring: *„Jedes Mal wenn ich vor dem Führer stehe, rutscht mir das Herz in die Hose."*) und Hitler nur erfährt, in wessen Verantwortungsbereich der Bau liegt, antwortet er sehr erregt: *„Ich habe jetzt genug von diesen Organisationen gehört. Ich verlange, dass die OT* [Organisation Todt] *diese Bauten sofort in Angriff nimmt."* Nach der Besprechung verleiht er noch Eichenlaube an zwölf Offiziere. Der nächste Tag verläuft halbwegs ruhig. Hitler kann sich mit dem Jahresbericht für 1943/1944 von Dr. Hermann Voss, seinem Sonderbeauftragten für die Kunsteinkäufe, beschäftigen. Voss meldet darin den Ankauf von 881 Gemälden, aus denen Hitler die besten für das geplante Führermuseum in Linz auswählt.

Am 16. April weist er Xaver Dorsch, Chef des Zentralamtes der OT, an, zehn bombensichere Hangars („Pilze") für die Jägergeschwader und eine bombensichere Jägerfabrik, die erste ihrer Art, nahe Landsberg am Lech zu bauen. Dorsch erhält dafür alle notwendigen Vollmachten. Da Hitler hierbei Speer übergeht, reagiert dieser auf den vermeintlichen Machtverlust mit einem dicken und beleidigten Brief und droht indirekt mit Rücktritt. Auf den Umstand, dass Dorschs Versprechen, die Bunker bis November fertig zu stellen, unrealistisch ist, geht Speer nicht ein. Im Kampf um die Macht haben die eigenen Interessen der Paladine stets Vorrang vor einer effektiven und der erfolgreichen Kriegführung dienenden Zusammenarbeit aller.

Die Trauerfeier für Adolf Wagner findet am 17. April im Kongresssaal des Deutschen Museums in München statt. Hitler verlässt hierzu erstmals, von Fahrten zum Schloss Kleßheim abgesehen, seit sieben Wochen den Obersalzberg und fährt über Berchtesgaden, Bischofswiesen, Bayerisch Gmain, Bad Reichenhall und die Reichsautobahn nach München. Auf der Isarbrücke nahe dem Deutschen Museum schreitet er die angetretenen Wehrmachtsformationen ab. Während der Trauerfeier selbst legt er einen Kranz nieder und verleiht Wagner posthum das Goldene Kreuz des Eichenlaubes des Deutschen Ordens. Goebbels hält die Gedenkrede. Nachfolger von Wagner als Gauleiter und Bayerischer Ministerpräsident wird Paul Giesler, der in einer feierlichen Zeremonie im Beisein aller Reichsleiter und Gauleiter im Führerbau in sein neues Amt eingeführt wird. Während des gemeinsamen Mittagessens spricht Hitler über die Panzerfestigkeit der deutschen Divisionen gegenüber dem sowjetischen Panzer T34 und gibt zu, dass der T34 überlegen ist, was richtig ist. Zwar stehen die deutschen Panzer für Schnelligkeit, Modernität und Kampfkraft und werden propagandistisch als Symbole der Macht und des Willens zum Sieg hervorgehoben, aber sie sind zu schwer und verschlingen zu viele Ressourcen. Wie die Panzerproduktion in den Holocaust eingebunden ist, zeigt das Beispiel des schweren Panzerkampfwagens VI „Tiger", eine 54 Tonnen schwere Hightech-Maschine. Mit seiner 88-Millimeter-Kanone kann er Ziele in zwei Kilometer Entfernung bekämpfen, doch sein Materialverbrauch ist so groß ist, dass dafür drei andere Panzer gebaut werden könnten. Der Verbrauch im Gelände ist mit 900 Liter/100 Kilometer enorm. Die Räder seines komplizierten Laufwerks sind mit synthetischem Gummi beschichtet, welches von den Buna-Werken erzeugt wird. Dafür wird eigens ein neues Lager errichtet: Auschwitz-III-Monowitz. Für die Herstellung der 1.347 Tigerpanzer verlieren mindestens 25.000 Arbeitssklaven ihr Leben.

Dann kommt Hitler auf die Invasion zu sprechen. Er glaubt fest an eine Landung des Feindes im Westen, sie kommt „*vielleicht noch im Laufe des Monats*". Er ist überzeugt, dass sie misslingt und er den Gegner „*in hohem Stil zurückschlagen*" wird. Dadurch erhofft er sich die Kriegsentscheidung im Westen, um mit seinen Truppen dann konzentriert im Osten losschlagen zu können. Goebbels erzählt ihm dann noch „*vielerlei aus dem Berliner Luftkrieg, auch nette Anekdoten, die ihm sehr viel Freude machen*". Hitler, der unmittelbar nach dem Essen mit dem Wagen wieder zum Obersalzberg zurückfährt, kann dem Luftkrieg also noch Freude abgewinnen. Am Vorabend des Geburtstags des Führers hält Goebbels wie jedes Jahr eine Rundfunkansprache. Dann ruft er ihn *pünktlich um Mitternacht an, um ihm als erster zum 55. Geburtstag zu gratulieren. Er wünscht ihm ein langes, „noch mindestens dreißig Jahre" währendes Leben. Goebbels ahnt nicht, dass Hitler nur noch ein Jahr und zehn Tage beschieden sind. Die Eintragung in seinem Tagebuch über dieses Telefonat schließt der Propagandaminister mit einer Vision: „Ginge dieser Wunsch in Erfüllung, so würde er [Hitler] das Reich zur Weltmacht erheben*

^ 17. April 1944, München, Führerbau: Hitler überreicht dem neuen Bayerischen Ministerpräsidenten Paul Giesler die Ernennungsurkunde. V.l.n.r.: Paul Giesler, Heinz Linge, Robert Ley, Hitler, Martin Bormann. (132)

und es zur Herrscherin über Europa machen." An seinem Geburtstag ernennt Hitler Albert Hoffmann, Stellvertreter Gauleiter von Westfalen-Süd, endgültig zum Gauleiter. Herbert von Karajan leitet zu Hitlers Ehren das Orchester von Radio Paris im Théâtre des Champs-Élysées und eine Abordnung der Waffen-SS überreicht Hitler eine Spende des SS-Panzerkorps Leibstandarte SS Adolf Hitler (LSSAH) zum Kriegswinterhilfswerk in Höhe von fast 2,5 Millionen Reichsmark (heute etwa 40 Millionen Euro). Auf dem Pressefoto sieht man deutlich das große, allgemein bekannte Fenster des Berghofes. Damit ist klar, wo Hitler sich aufhält, die Pressezensur hat versagt. Die deutsche Bevölkerung bekommt ebenfalls Geschenke. Pro Haushalt gibt es eine Dose Dorschleber aus dem besetzten Dänemark, 25 Gramm ungeröstete Kaffeebohnen, 100 Gramm Rosinen und 100 Gramm Kakao.

Zu seinem 50. Geburtstag 1939 fand die größte und längste Militärparade statt, die es in der Welt je gegeben hat. Fünf Jahre später ist das längst Vergangenheit. Nur das Berliner Wachregiment zieht, begleitet von fröhlichen jungen Frauen mit Hakenkreuzfähnchen, durch das Brandenburger Tor und die Straße Unter den Linden entlang. In der Neuen Reichskanzlei liegen Geburtstagslisten aus, in die sich die *„Vertreter der diplomatischen Missionen"* und *„Männer, Frauen und Jugendliche aus allen Schichten des Volkes"* eintragen. Die Wochenschau, für deren Produktion hunderte Kriegsberichterstatter ihr Leben riskieren, büßt spätestens seit der Niederlage in Stalingrad ihre Glaubwürdigkeit und damit auch ihre Effektivität als Propagandamittel stark ein. Sie zeigt in den Berliner Ruinen Schilder mit der Aufschrift *„Unsere Mauern brachen – unsere Herzen nicht"*, *„Die Kriegsstadt Berlin grüßt den Führer"* und *„Führer befiehl – wir folgen"*. Die Berliner Abendausgabe titelt: *„Mit Adolf Hitler zum Sieg!"* Dirigent Hans Knappertsbusch dirigiert in der Staatsoper Beethoven und Goebbels hält auch hier seine übliche Geburtstagsrede: *„Wünschen wollen wir ihm Gesundheit, Kraft und vor allem eine gesegnete Hand. Wissen soll er zu jeder Stunde, dass er sich auf sein Volk verlassen kann; auch in diesem Kampfe auf Leben und Tod ist und bleibt er uns das, was er uns immer war: unser Hitler."* Die anwesenden Parteifunktionäre und Soldaten applaudieren pflichtgemäß, aber nicht mehr enthusiastisch.

Wegen zunehmender Bombenangriffe wird der Bruckner-Chor in Leipzig in das Stift Sankt Florian bei Linz, eines der größten Barockklöster des ehemaligen Österreichs, verlegt.

Hitler will bekanntlich seine Heimatstadt und Patenstadt Linz zur europäischen Kulturmetropole ausbauen und verehrt den Komponisten Anton Bruckner, der in der Stiftsbasilika von Sankt Florian bestattet ist. Kernstück dieser Pläne ist es, dort ein Bruckner-Orchester und einen Bruckner-Chor zu installieren, der eigentlich zu Hitlers 55. Geburtstag erstmals öffentlich auftreten sollte. Hitler flüchtet sich trotz oder gerade wegen des aussichtslos gewordenen Krieges immer wieder in dieses Projekt und legt den Namen „Linzer Reichs-Bruckner-Orchester des Deutschen Rundfunks" persönlich fest. Er ist nicht in der Reichshauptstadt, sein Aufenthaltsort an diesem Donnerstag wird geheim gehalten. Nachdem er auf dem Berghof die Glückwünsche seiner Haushaltsangehörigen entgegen genommen hat, betrachtet er die im Speisesaal aufgebauten Geschenke.

20. April 1944, Obersalzberg: Hitler betrachtet mit seiner übergroßen Lupe eine von Mitgliedern der SS-Leibstandarte SS Adolf Hitler übergebene Fotografie. V.l.n.r.: unbekannter SS-Mann, SS-Standartenführer Max Wünsche, SS-Oberscharführer Balthasar Woll, SS-Obersturmführer Hans Pfeiffer, Hitler, SS-Gruppenführer Hermann Fegelein. (132)

20. April 1944, Obersalzberg: Hitler und Eva Braun betrachten im Speisesaal des Berghofes ein Gemälde. V.l.n.r.: Gretl Braun, Gerda Bormann, Anni Brandt, Heinrich Hoffmann, Hitler, Eva Braun, Johanna Wolf. (132)

April 1944 – Geburtstagsparade auf der Autobahn

^ 20. April 1944, Obersalzberg: Hitler am Marmortisch in der großen Halle des Berghofes beim Betrachten eines wertvollen Geschenkes, Porzellanfiguren aus der Manufaktur Allach. V.l.n.r.: Hitler, Julius Schaub, Heinrich Himmler, Hermann Fegelein. (132)

Dann fährt er mit einer aus sieben Wagen bestehenden Kolonne, allen voran sein Mercedes vom Typ 770 mit geschlossenem Verdeck, den Obersalzberg auf der Salzbergstraße hinunter nach Berchtesgaden, überquert am SS-Postenhaus die Berchtesgadener Ache und biegt rechts ab in die Salzburger Straße, die er hat ausbauen lassen. Die Fahrt geht weiter am Fluss und an Anzenbach vorbei. Die Kolonne passiert die Ersatzzufahrt zum Obersalzberg bei Unterau, fährt durch Marktschellenberg und passiert kurz vor St. Leonhard die ehemalige deutschösterreichische Grenze. Bei Grödig und vor Anif wird die Anschlussstelle Salzburg-Süd der im Bau befindlichen Reichsautobahn Salzburg – Wien erreicht und so Salzburg umfahren. Kurz

^ 20. April 1944, Obersalzberg: Hitler im Speisezimmer des Berghofes. (132)

vor der Ausfahrt zum Schloss Kleßheim, auf Höhe der Gemeinde Siezenheim, hält die langsam ausrollende Wagenkolonne. Göring begrüßt Hitler am Wagen und geht dann mit ihm über den Mittelstreifen der – für den Verkehr gesperrten – Autobahn zu den Aufstellung genommenen Oberbefehlshabern der Wehrmacht, die ebenfalls gratulieren.

Dann unterhält sich Hitler leutselig mit jungen Offizieren sowie einfachen Soldaten und schreitet leicht gebeugt die Front der aufgestellten Jagdpanzer entlang. Hierbei unterhält er sich im Gehen mit Zeitzler, gestikuliert mit dem rechten Arm und ballt die rechte Hand zur Faust, um seinen Worten Nachdruck zu verleihen. Seinen linken Arm hat er konstant angewinkelt und hält ihn fest am Körper, den linken Unterarm hält er zeitweise mit der rechten Hand. Mit seiner Entourage am Mittelstreifen stehend, beobachtet er die Vorbeifahrt neuer Panzer, darunter der neue 38-Tonnen-Jagdpanzer und Vomags Panzerjäger, schwer und sehr niedrig, mit ungewöhnlich langem 7,5-cm-Geschütz. Dazu kommen der „Tiger" und vor allem der „Panther", von dem 5.000 Stück gebaut werden, die das aktuelle Rückgrat der deutschen Panzerwaffe darstellen. Danach fährt Hitler die wenigen hundert Meter zum Schloss Kleßheim und zeichnet am Nachmittag General Hans-Valentin Hube als vierten Soldaten des Heeres mit den Brillanten zum Ritterkreuz aus, gleichzeitig befördert er ihn zum Generaloberst. Er schätzt Hube aufgrund seiner militärischen Leistungen sehr und erwägt, ihn zum Oberbefehlshaber des Heeres zu ernennen.

Während einer anschließenden Unterredung mit Generalfeldmarschall Erhard Milch beschwört dieser Hitler, den in die Kritik geratenen Speer nicht fallenzulassen. Hitler trommelt mit den Fingern an die Fensterscheibe des Schlosses und meint genervt: *„Jawohl, gut! Bestellen Sie Speer, dass ich ihn liebhabe! Genügt Ihnen das?"* Der Tag wird

^ 20. April 1944: Panzer vom Typ Jagdpanzer 38 „Hetzer" rollen auf der ‚Reichsautobahn an Hitler vorbei. Im Hintergrund die Pfarrkirche von Siezenheim. V.l.n.r.: Heinz Guderian (3.v.l.) im Hintergrund im Gespräch mit Heinrich Himmler (5.v.l.). Im Vordergrund Hitler, Max Wünsche, Hermann Göring, Karl-Otto Saur (132)

überschattet von Rückzügen an der Ostfront. Die Folgen des Verlustes der Krim sind, wie von Hitler richtig vorausgesehen, zu spüren. Nachdem die Sowjetunion der Türkei mit Krieg und die Alliierten mit einer Blockade drohen, erklärt die türkische Regierung, sie sei kein neutraler, sondern ein alliierter Staat und werde die für die Rüstungsindustrie wichtigen Chromerzlieferungen an Deutschland einstellen. Der Wehrmachtführungsstab stellt fest, dass die Chromvorräte, unentbehrlich für den Spezialstahl, den die Panzerfabriken benötigen, nur noch für 18 Monate reichen.

Der soeben hochgelobte, beförderte und ausgezeichnete Generaloberst Hube ist am nächsten Tag tot. Das Flugzeug, das ihn von Salzburg nach Berlin bringen soll, stürzt kurz nach dem Start bei Ainring ab. Als Hitler die Nachricht erhält, ist er auffallend still, ruhig und sagt kaum etwas. Es kommen Gerüchte auf, Hitler habe Hube beseitigen lassen. Diese Gerüchte werden genährt durch den Umstand, dass erst am 23. April, als er schon tot ist, die amtliche Meldung über seine Auszeichnung veröffentlicht wird und erst drei Tage später der Tagesbefehl Hitlers über seinen Unfall. In Wahrheit bedeutet Hubes Verlust trotz aller Gerüchte für Hitler einen schweren Schlag. Schon am 22. April fährt

^   20. April 1944: Ein SS-Mann zeigt in Schloss Kleßheim den Hitlergruß vor seinem Führer, im Hintergrund Hermann Göring. (o.) (132); 20. April 1944: Hitler in Schloss Kleßheim. (u.) (132)

Hitler wieder nach Schloss Kleßheim. Sein Verbündeter, der italienische Faschistenführer Mussolini, trifft am zwischen dem Schloss und der Gemeinde Liefering eigens für solche Gelegenheiten errichteten Bahnhof ein. Hitler begrüßt ihn auf dem Bahnsteig. Die erste Besprechung beginnt um 11:00 Uhr und dauert zwei Stunden. Mussolini, der deutsch spricht, gibt hierbei einen Überblick über die Lage in Italien und stellt sich selbst in einem guten Licht dar. Er will nicht nur Rom unbedingt verteidigt wissen, sondern auch eine Anerkennung für die Anstrengungen, die Italien seit seiner Absetzung im September 1943 geleistet hat. Er ist bereit, 1,3 Millionen Italiener für den weiteren Kampf abzustellen. Mussolini tritt selbstbewusst auf und beschwört, dass die Deutschen volles Vertrauen zu ihm haben müssen und man entschlossen sei, bis zum Schluss zu marschieren. Er glaubt, oder zumindest tut er so, dass die Amerikaner und die Engländer den Krieg schon verloren haben. Nach einer Pause geht die Unterredung bis 17:00 Uhr weiter.

Nun redet Hitler in einem seiner gefürchteten langen Monologe auf seine italienischen Gäste ein. Er beklagt, er befinde sich in der *„schwersten Arbeit seines Lebens"*, da sich die Lage immer wieder *„zu schnell geändert"* habe. Er gibt auch hier zu, dass die deutschen Panzer bei schlechtem Wetter dem russischen T34-Panzer unterlegen seien und redet von neuen Formationen, die nun aufgestellt werden: Panzerdivisionen, Panzergrenadierdivisionen und Fallschirmdivisionen. Den verlorenen Feldzug in Nordafrika führt er nicht auf die Überlegenheit der Briten, sondern auf *„Transportschwierigkeiten"* zurück. Der Vorhaltung aus Rumänien, er wolle *„den Krieg von Deutschland fern"* halten, entgegnet er, dass der Krieg bereits *„in seiner schärfsten Form in Berlin, Hamburg, Köln und Frankfurt und anderen Städten"* angekommen sei, die heute *„nur mehr ein Trümmerfeld"* seien. Auf die Gefahr der Invasion eingehend, betont er *„unter keinen Umständen und niemals kapitulieren"* zu wollen. Als Erwiderung auf die Landung wird er *„neue Waffen mit einer Reichweite von 250 bis 300 Kilometern"* einsetzen, die *„London in ein Trümmerfeld verwandeln"* werden.

Doch auch ein bisheriges Tabuthema wird von ihm angesprochen: Giftgas. Er erwähnt ein Gas, ein *„alles vernichtendes Mittel, gegen das wir selber noch keinen Schutz"* haben und will dieses Gas *„rücksichtslos einsetzen, wenn der Feind mit Gasangriffen beginnt"*. Er meint den chemischen Kampfstoff Sarin, der in einer Fabrik in Falkenhagen in Brandenburg hergestellt wird. Sarin ist lautlos, unsichtbar und geruchlos. Schon ein Milligramm des Giftgases hinterlässt eine Schneise der Verwüstung im Körper. Das Nervengift versetzt sämtliche Zellen im menschlichen Organismus in einen Zustand dauernder Erregung, indem es den Mechanismus der Informationsübertragung blockiert; ein Kontakt tötet innerhalb von Minuten. Der Nervenkampfstoff Tabun wird im Großdeutschen Reich bereits seit Jahren produziert, rund 6.000 Giftgasgranaten (ca. 90 Tonnen) liegen heute südlich von Helgoland auf dem Grund der Nordsee.

Neben dem Gas erwähnt er akustische Torpedos und steuerbare Bomben, die ebenfalls zur Kriegswende beitragen sollen. Dann bemüht er die Geschichte. Er habe sich *„viel mit Geschichte beschäftigt und festgestellt, dass die meisten Koalitionen nicht länger als fünf Jahre halten"*. Außerdem geht er davon aus, dass *„der amerikanischen Bevölkerung angesichts der neuen deutschen Waffen die Lust* [!] *am Krieg vergeht"*. Er

April 1944 – Geburtstagsparade auf der Autobahn

gibt zu, dass *„Dresden [!] relativ wenig geschützt"* ist, bringt aber sogleich das Beispiel Friedrich des Großen im Schlesischen Krieg, der am Ende doch erfolgreich war. Das *„Glück werde ihm wieder hold"*, auch *„1923 beim Putsch habe er erst Pech gehabt und sich dann doch durchgesetzt."* Das ist seine Denkweise und Hoffnungsquelle für die ungewisse Zukunft: Es ist früher am Ende alles gut gegangen, also wird auch jetzt wieder alles gut gehen. Trotzdem habe ihn die *„Bombardierung von Florenz und Frankfurt innerlich zum Kochen gebracht."* Verbissen redet er auf Mussolini ein, er warte *„wie eine Spinne im Netz"* auf das Glück. Er müsste wissen, dass man Glück nicht erzwingen kann, aber er sei fest überzeugt, dass die Zeit für ihn arbeite, weil die *„widernatürliche Koalition seiner Gegner"* keinen Bestand haben kann.

Dass die *„widernatürliche Koalition"* seiner Gegner noch intakt ist, erlebt Hamm. Die Stadt am Nordostrand des Ruhrgebiets besitzt den größten Rangierbahnhof im Deutschen Reich. Da die deutsche Rüstungsproduktion von einem großen Netzwerk von Zulieferern abhängt und nur über Rangierbahnhöfe funktionieren kann, kommt diesen eine kriegswichtige Bedeutung zu. In Hamm werden mehr als 10.000 Waggons pro Tag umgeschlagen. Trotzdem wird der Bahnhof erst an diesem 22. April bombardiert. Einen Tag später gehen die Besprechungen in Schloss Kleßheim vom 12 bis 14 Uhr und von 15 bis 17 Uhr weiter. Hitler erkennt an, dass *„in gewissem Grade"* auch *„Churchill ein starker Mann wie Stalin"* sei, sorgt sich um die Arbeiter und deren Verpflegung und hofft *„die Stellungen in Italien halten"* zu können. Die beiden Diktatoren stärken sich also gegenseitig den Rücken. Hitler kommt ins Grübeln und sinniert, dass der Duce und er *„ein gefährliches Leben"* führen und die *„bestgehasstesten Menschen der Welt"* seien. Nach dieser wahren Erkenntnis fährt er mit Mussolini die paar Meter zum Bahnhof und verabschiedet ihn.

^ *23. April 1944: Hitler begleitet Benito Mussolini nach Abschluss der Besprechungen zu dessen Zug. Im Hintergrund rechts das südliche der Empfangs- und Wachgebäude des Bahnhofes von Schloss Kleßheim (heute CTS Container Terminal Salzburg) (siehe auch Bild Seite 72). (168)*

Am 24. April hat er eine Besprechung mit Speer, über dessen Brief er sich zunächst geärgert hat. Da er ihn, aber vor allem sein Organisationstalent, noch braucht, empfängt er ihn förmlich, holt ihn sogar am Wagen ab und schmeichelt so Speers Eitelkeit. Speer wird so wieder „eingefangen" und „abgeholt", denn Hitler braucht ihn zur Oberaufsicht über alle Arbeiten im Bauwesen. Abends fährt der Führer nach Berchtesgaden hinunter, wo er den Führersonderzug besteigt. Die Fahrt geht durch München und Nürnberg, über den Thüringer Wald nach Berlin. Er ahnt nicht, dass er beide für ihn persönlich und für die Partei wichtigen Städte, die „Hauptstadt der Bewegung" und die „Stadt der Reichsparteitage", nie mehr wiedersehen wird. Er bekommt von ihnen auf dieser Fahrt auch nichts mit, da die Vorhänge zugezogen sind und es Nacht ist. Sein Sonderzug hat München noch nicht lange verlassen, als am 25. April um 00:59 Uhr die Luftschutzsirenen heulen. Eine Minute auf- und abschwellender Fliegeralarm kündigen einen Bombenangriff an. Die Royal Air Force (RAF) führt einen schweren Luftangriff durch, 136 Menschen kommen ums Leben. Neben München werden im April auch noch die Städte Augsburg, Schweinfurt, Oranienburg und Friedrichshafen bombardiert.

In Berlin angekommen unterschreibt er am 25. April einen Erlass über die Wehrpflicht und Reichsarbeitsdienstpflicht von Staatenlosen, die nun ebenso wie deutsche Staatsangehörige einberufen werden können. Am nächsten Tag findet im Mosaiksaal der Neuen Reichskanzlei die Trauerfeier für Generaloberst Hube statt. Göring hält die Gedenkrede und Hitler legt einen Kranz nieder. In seinem Tagesbefehl zum Tod von Hube betont Hitler: *„Seinen Soldaten in schwersten Kämpfen hell leuchtendes Vorbild an Tapferkeit und unerschütterlichem Glauben an den Sieg, war er seinem Vaterland ein Schild und Schwert an allen Fronten. (...) Sein begeisternder Glaube an unser nationalsozialistisches Soldatentum wurde zur Kraft und Stärke seiner Männer, die in seiner Person die Einheit von Soldatentum und Nationalsozialismus verkörpert fanden."* Anschließend hält er noch eine Ansprache an eine Gruppe von Generalen, die nicht überliefert ist. Goebbels gegenüber erklärt er, dass *„Stalin sich durchaus nicht so der Sympathie des internationalen Judentums erfreut, wie das allgemein angenommen wird. Er geht ja auch in mancher Beziehung ziemlich rigoros gegen die Juden vor."* Goebbels registriert, dass Hitlers Judenhass *„eher zugenommen als abgenommen"* habe. Schon in den zwanziger Jahren stellte Hitler die einfache Formel auf: *„Demokratie = Mehrheitswille = öffentliche Meinung = Presse = Kapital = Judentum."* Hitler klagt dann auch noch über den Luftkrieg. Goebbels notiert, dass der Luftkrieg ihm *„seelisch schwer zu schaffen macht. Er leidet ungeheuer unter den starken Verlusten, die wir vor allem unter der Bevölkerung und an Kulturwerken zu verzeichnen haben"*. Nach der Unterredung fährt Hitler über die Ost-West-Achse durch Tiergarten, Charlottenburg und Spandau zum Flugplatz Berlin-Staaken, fliegt nach Salzburg und fährt auf den Obersalzberg zurück.

Die Justiz begeht regelmäßig Justizmorde. Der am 23. Juli 1911 geborene Glasarbeiter Jakob Fuchs wird am 26. April wegen Vorbereitung zum Hochverrat in Wien hingerichtet. Er hat als kommunistischer NS-Gegner die Glasproduktion in der Fabrik sabotiert, in der er arbeitete. Am selben Tag lässt Hitler eine Pressemitteilung herausgeben: *„Anlässlich* *meines Geburtstages sind mir so viele Wünsche zugesandt worden, dass es mir unmöglich ist, in jedem einzelnen Falle persönlich zu danken. Ich bitte deshalb auf diesem Wege alle jene, die mir Geburtstagsglückwünsche übersandt haben, meinen herzlichsten Dank entgegenzunehmen. Adolf Hitler."* Dann sieht er sich gezwungen, wieder einmal für Ordnung an der Ostfront zu sorgen. General Jaenecke, der Hitler eindringlich nahe legt, Sewastopol zu räumen, um seiner abgeschnittenen Armee mit 235.000 Soldaten die Rückführung zu ermöglichen, wird von Hitler für die schlechte Frontlage zur Verantwortung gezogen. Er enthebt ihn seines Kommandos und ordnet eine kriegsgerichtliche Untersuchung gegen ihn an, um Klarheit darüber zu gewinnen, warum die Krim so überraschend verloren gegangen ist.

Am 29. April erfolgt ein Luftangriff auf den Berliner Anhalter Bahnhof, den Regierungsbahnhof, dessen Umgebung schwer getroffen wird, und einen Tag später kommentiert Hitler in der täglichen Lagebesprechung die neuesten Rüstungszahlen mit dem Wort *„ausgezeichnet"*. Trotz fast vollständiger Zerstörung der Fabriken wurden 1.859 neue Jäger und mehr als 1.500 gepanzerte Kampfwagen produziert. Die Rüstungsarbeiter schuften bis zu 72 Stunden in der Woche. Am Abend dieses Tages, ein Jahr vor seinem Selbstmord, zieht sich Hitler wegen einer leichten Erkältung früher als sonst zurück.

^ *26. April 1944, Neue Reichskanzlei: Trauerfeier für Generaloberst Hube im Mosaiksaal.* (132)

Schloss Kleßheim – Das Gästehaus

Das in zweijähriger Bauzeit ab 1700 errichtete Schloss Kleßheim nordwestlich von Salzburg wird aufgrund seiner verkehrsmäßig günstigen Lage zum Obersalzberg von 1940 bis 1942 unter Hinzuziehung von Fremd- und Zwangsarbeitern zum „Gästehaus des Führers" ausgebaut. Hierin einbezogen werden vor allem auch die Gartenanlagen, die ihre architektonische Wirkung durch die neue Haupteinfahrt direkt von der Reichsautobahn mit den beiden drei Meter hohen, heute noch vorhandenen Marmoradlern betonen. Als Machtsymbol tragen diese Adler die Weltkugel in ihren Fängen. Ausgedehnte Luftschutzkeller und ein U-Boot-Motor als Notstromaggregat gehören ebenso zur Gesamtanlage wie ein eigens errichteter Bahnhof für die Sonderzüge der Staatsgäste nebst Unterkünften für die Sicherheitskräfte. Der von der Bevölkerung „*Hitlerbahnhof*" genannte Bahnhof besteht aus drei Gleisen, einem Bahnsteig und beiderseits säulenbestückten Empfangshallen. Ein modernes voll elektrifiziertes Stellwerk auf der Lieferinger Seite vervollständigt die Anlage. Hitler hält sich von April 1942 bis Juli 1944

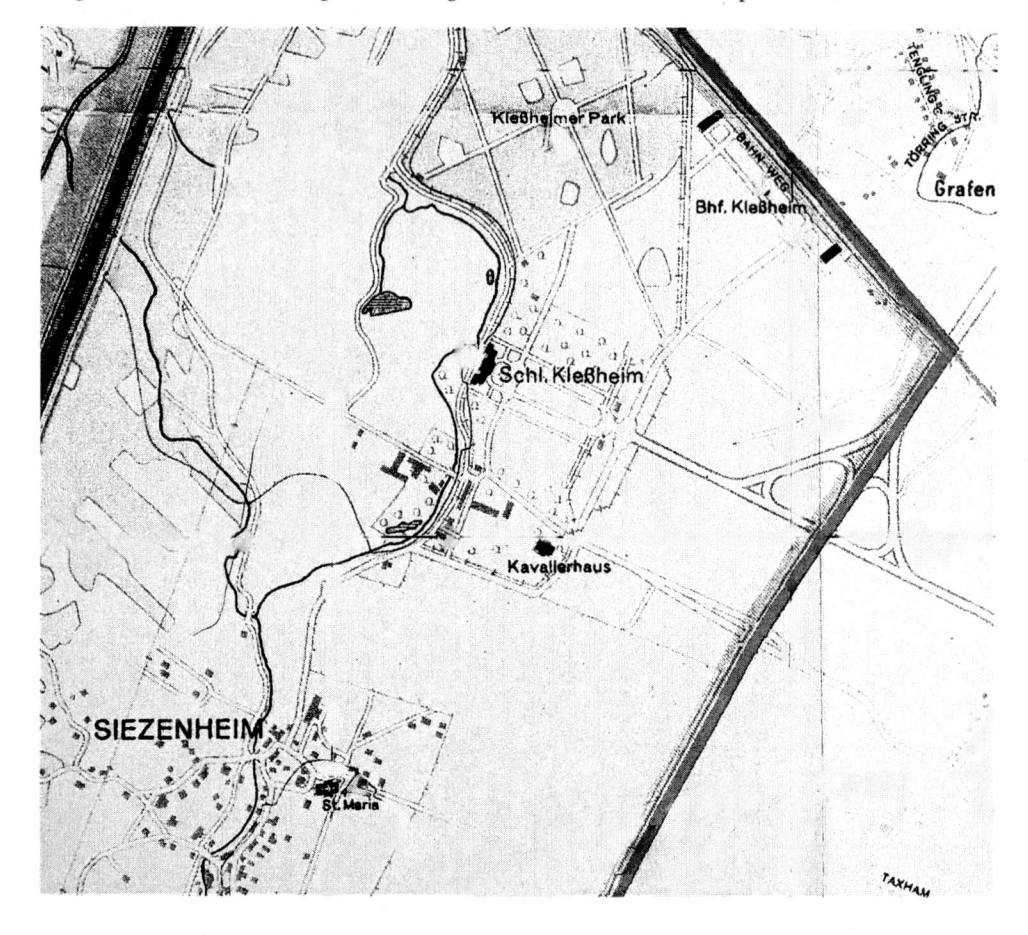

^ *Karte von Schloss Kleßheim mit Park und Bahnhof (rechts oben). Auf dem Autobahnabschnitt zwischen Siezenheim und Schloss Kleßheim nimmt Hitler am 20. April und am 7. Juli 1944 Panzerbesichtigungen vor. (127)*

insgesamt an 33 Tagen in Schloss Kleßheim auf. Für die Zeit nach dem „Endsieg" und der Frage nach dem Schicksal Josef Stalins äußert Hitler – laut Aussage des Reichsjugendführers Baldur von Schirach – gegenüber Heinrich Hoffmann: *„Ich werde dem Mann das Schloss Kleßheim bei Salzburg zur Verfügung stellen. Dort kann er dann, isoliert von der Außenwelt, als gefangenes Staatsoberhaupt sein Leben fristen."*

^ *Schloss Kleßheim heute (116)*

Hitler war besessen von der Ausübung der Gewalt, besonders als ihm klar wurde, dass der Krieg verloren war. Er handelte wie unter einem Todestrieb.
Simon Wiesenthal
(österreichisch-jüdischer Publizist, Holocaustüberlebender, 1908-2005)

Mai 1944 – Höhepunkt des Holocaust

Der Monat Mai wird ein Monat, in dem die Produktion von Rüstungsgütern einen neuen Höhepunkt erreicht. Hitler bestimmt selbst laut Generaloberst Alfred Jodl, dem Chef des Wehrmachtführungsstabes im OKW, monatlich „*Ziel, Richtung und Umfang jeglicher Produktion an Waffen und Munition bis in alle Einzelheiten*". Der Wehrmachtführungsstab muss ihm regelmäßig Statistiken vorlegen, aus denen Bestand, Verbrauch und die aktuelle Fertigung hervorgehen. Dabei entwickelt Hitler selbst Ideen für neue Waffen, wie z.B. die 7,5 cm Panzerabwehrkanone und die Panzer „Panther", „Tiger" und „Königstiger", die auf seine Initiative zurückgehen. Andere Ideen, die von Hitler befürwortet werden, sind mittlerweile auf Eis gelegt, so die überschweren, riesigen Landschlachtschiffe P-1000 „Ratte" und P-1500 „Monster", deren Ressourcenverbrauch gigantisch und deren realer Einsatz unmöglich gewesen wäre. Die Idee eines „Amerikabombers", der die Rüstungsfabriken an der Ostküste der USA und New York in Schutt und Asche legen soll, spukt aber noch immer in seinem Kopf herum. Die Fritz X, die erste in Serienproduktion hergestellte Lenkbombe der Welt, ist dagegen bereits erfolgreich gegen feindliche Schiffsziele im Einsatz.

Der neue Chef des Luftwaffenführungsstabes Generalleutnant Karl Koller legt Hitler Anfang Mai einen Bericht vor, der auf den gefährlichen Niedergang der Produktion von Bombern und der daraus zu ziehenden Konsequenzen hinweist. Hitler hört zu und teilt Göring mit, dass das nicht akzeptabel ist. Göring wiederum informiert seinen Jägerstab, dass eine Verdreifachung der Bomberproduktion notwendig sei, bei gleichzeitigem massivem Anstieg der Jägerproduktion – bei den zur Verfügung stehenden Ressourcen an Menschen und Material ein Ding der Unmöglichkeit. Wer sich lustig macht, verliert sein Leben. Der 49-jährige Journalist Erich Knauf aus Meerane wird am 2. Mai wegen des

Erzählens politischer Witze im Zuchthaus Brandenburg durch Enthaupten hingerichtet. Spanien stellt seine wirtschaftliche und militärische Zusammenarbeit mit Deutschland am 3. Mai ein und Hitler geht es in den nächsten Tagen nicht gut. Er bekommt wieder heftige Magen-Darm-Krämpfe, vor allem am 4. und 5. Mai. Sein Leibarzt Prof. Morell führt am 4. Mai bei „Patient A", wie Hitler in seiner Kartei geführt wird, ein Elektrokardiogramm (EKG) I und II durch. Prof. Morell notiert: *„Ableitung: isoelektrische T-Wellen, starker Muskeltonus. Seither Serie von Injektionen von 20 Prozent Traubenzucker, gelegentlich mit zusätzlichem Jod, Vitamultintäfelchen, täglich 4-6 zu den Mahlzeiten. Vorgeschlagen, aber nicht befolgt: frühes Schlafengehen, längere Aufenthalte an frischer Luft, gebremste Flüssigkeitsaufnahme. Sauerstoffatmen 2-3 x täglich. Traubenzucker-Injektionen. Bei Unwohlsein ohne Zögern einen Schluck Kaffee oder 10 bis 15 Tropfen Cardiazol einnehmen. Er lehnt weiter ab Massage und 10 Stunden Schlaf."* Hitler stimmt immerhin der Reduzierung der Flüssigkeitsaufnahme auf täglich 1200 Kubikzentimeter zu. Leichte Ödeme am Schienbein sind unter Fingerdruck sichtbar.

Am selben Tag kondoliert er telegrafisch zum Heldentod des lettischen Ritterkreuzträgers Voldemar Weiß in Riga. Hitler klagt Prof. Morell gegenüber über Schnupfen, als am 5. Mai der sowjetische Angriff auf Sewastopol beginnt. Am 7. Mai hat Hitler noch immer Schnupfen, auch Ultraseptyl hilft nicht mehr. Es ist Sonntag und der Feiertag zum „Tag der nationalen Arbeit", der zu Friedenszeiten am 1. Mai begangen worden ist, wird angesichts der Kriegslage völlig ignoriert. Während es früher ein groß zelebrierter Festtag mit Massenveranstaltungen und einer Rede Hitlers war, wird nun nicht einmal mehr geflaggt und es gibt keinerlei Veranstaltungen. Am 8. Mai, genau ein Jahr vor der deutschen Kapitulation, muss Hitler eine Personalentscheidung treffen. Es geht um die 27-jährige Marlene von Exner aus Wien, sie ist seit knapp einem Jahr seine Diätköchin und er ist mit ihr zufrieden. Sein Sekretär, der notorische Fremdgeher Martin Bormann, stellt der schönen Frau in der Vergangenheit erfolglos nach. Nun verlobte sie sich mit einem SS-Adjutanten, Verbindungen zwischen Hitlers weiblichem Umfeld und seiner SS-Garde sind nicht unüblich, und wird routinemäßig auf nicht arische Vorfahren untersucht. Die Abstammung einer ihrer Großmütter kann zunächst nicht nachgewiesen werden, da sie ein Findelkind gewesen ist. Bei weiteren Nachforschungen kommt schließlich heraus, dass sie eine jüdische Urgroßmutter hat. Als Hitler das erfährt, spricht er mit ihr und drückt sein Bedauern aus, dass er sie entlassen muss: *„Es tut mir außerordentlich leid um Sie, aber Sie werden verstehen, dass mir nichts übrig bleibt, als Sie aus meinem Dienst zu entlassen. Es ist mir unmöglich, für mich persönlich eine Ausnahme zu machen und meine eigenen Gesetze umzustoßen."* Er verspricht ihr, ihre ganze Familie arisieren zu lassen, um ihr weitere Unannehmlichkeiten zu ersparen.

Abends gesteht Hitler die Niederlage auf der Krim endlich ein und erteilt den Befehl, die 17. Armee auf dem See- und Luftwege aus Sewastopol abzutransportieren. Hitler ist sehr wütend über diesen Gebietsverlust, obwohl er selbst Mitverantwortung trägt, da er der Räumung über die See zu spät zugestimmt hat. Die Bilanz ist düster: 75.000 deutsche und rumänische Soldaten sind gefallen. 30.000 Deutsche und 7.000 Rumänen gehen in Gefangenschaft. Hitler ist nun auch unzufrieden mit den eigenen

Soldaten. Kriegsgefangenschaft ist für Hitler der *„Weg der Charakterlosigkeit"*. Er befiehlt Zeitzler, die *„kümmerlichen Reste dieser Armee"* nach Deutschland zu schaffen, wo sie als Rüstungsarbeiter eingesetzt werden sollen, denn *„als Soldaten sind sie unbrauchbar"*. Generaloberst Ferdinand Schörner, der zwischenzeitlich Generalfeldmarschall Ewald von Kleist abgelöst hat, stößt in dasselbe Horn, beklagt sich über diesen und moniert den *„Verlust der militärischen Zucht und Ordnung mit kurzen Arbeitstagen und dem reichlichen Genuss von Krimwein"*. Hitler lässt seiner nicht abklingenden Wut freien Lauf und beschimpft den Generalstab, den er für den fehlenden Nachschub verantwortlich macht. Wie üblich sind alle schuld – nur er nicht.

Am 9. Mai, Sewastopol wird von deutschen Truppen geräumt und Hitler lässt ein Glückwunschtelegramm an den Komponisten Prof. Hans Pfitzner zum 75. Geburtstag senden, fängt sein linkes Bein plötzlich an stark zu zittern. Ist es der Ärger über den Verlust der Krim oder die Aufregung über die bevorstehende Invasion? Prof. Morell wird umgehend gerufen. Er stellt einen linksseitigen Kopfdruck fest. Das linke Bein kommt auch dann nicht zur Ruhe, wenn er im Bett liegt. Der zuvor wochenlange Föhn störte Hitler nicht, jetzt belasten ihn Schnee, Schneeregen und Regen auf dem Obersalzberg. Prof. Morell lässt ihn zwei bis drei Mal täglich reinen Sauerstoff atmen und spritzt weiterhin das Sexualhormonpräparat Testoviron, dazu gibt er Tonophosphan und Traubenzucker. Er verabreicht zusätzlich Herz- und Leberextrakte sowie Vitamultin-Tabletten, die Pervitin und Coffein enthalten. Auch die Kola-Dallmann-Tabletten gegen Ermüdungserscheinungen

^ *Hitler begrüßt in der Eingangshalle des Berghofes einen Postboten. V.l.n.r.: SS-Ordonnanz, Martin Bormann, Hitler, Heinrich Hoffmann, Postbote, SS-Ordonnanz. (132)*

lutscht Hitler oft und gerne. Wie unterschiedlich die Umgebung Hitlers seine Krankheiten wahrnimmt, zeigt die Aussage von Dr. Richard Weber, Vertreter Prof. Morells, im Jahre 1967: *"Als ich damals (...) Hitler sah, machte er auf mich einen frischen und gesunden Eindruck. Von all den Symptomen, die heute besonders herausgestellt werden, habe ich damals nichts bemerkt. Weder war sein Blick verschwommen oder starr, noch seine Gesichtsfarbe unnatürlich, noch zitterte er mit der Hand, noch zog er ein Bein nach."*

Hitler besichtigt am 11. Mai mit Prof. Giesler und dem Gauleiter von Oberdonau, August Eigruber, ein Architekturmodell, als die alliierte Offensive gegen Rom beginnt. Der Luftkrieg tritt am 12. Mai in eine neue Phase. Die Alliierten beginnen nun mit der gezielten Bombardierung derjenigen deutschen Fabriken, die der Treibstoffproduktion dienen. Es erfolgen Bombenangriffe auf chemische Werke und Hydrierwerke, wie die Leuna-Werke bei Merseburg, die synthetischen Treibstoff herstellen. Insgesamt besitzt Deutschland 91 Hydrierwerke, davon sind aber nur drei Großhydrierwerke, die klopffestes Flugmotorenbenzin produzieren. Die Herstellung gründet sich auf der Synthese der Gewinnung von Treibstoffen aus Kohle; die Reifenproduktion auf Großsynthesen zur Herstellung von Buna (synthetischer Kautschuk). Auch der Bereich des Obersalzberges bleibt vom Luftkrieg nicht länger verschont. Die Hausangestellte des Berghofs Johanna Herzog berichtet: *"Wir hatten ab 1944 fast jede Nacht gegen elf Uhr Fliegeralarm, darauf konnte man schon warten. So etwa zwei Stunden saßen wir dann unten im Bunker. Alle waren dabei (...) Nur der Führer blieb immer oben, der hatte scheinbar keine Angst."*

Hitler empfängt an diesem 12. Mai auf Schloss Kleßheim den slowakischen Staatspräsidenten Dr. Jozef Tiso und dessen Außenminister Vojtech Tuka. Er lässt sie

^ *12. Mai 1944, Schloss Kleßheim: Hitler im Gespräch mit Josef Tiso. V.l.n.r.: Josef Tiso, Franz von Sonnleithner, Hitler, Vojtech Tuka. (132)*

nicht groß zu Wort kommen, sondern legt seine Ansichten umgehend und beschönigend dar. Er sieht den Krieg wie eine „*Völkerkrankheit*" und wie bei jeder Krankheit gibt es auch hier „*Krisen*". Man muss „*manchmal schwere Krisen überstehen*". Er behauptet allen Ernstes, die „*Zeit des Rückzuges im Osten ist vorbei*" und er sei dabei, in „*Ungarn klare Verhältnisse*" zu schaffen. Warum muss er dort klare Verhältnisse schaffen? Er liefert die Antwort gleich nach: Das „*Ausmaß der Verjudung ist überraschend*". Über eine Million Juden leben noch in Ungarn. Es herrsche in Ungarn „*eine schreckliche Korruption und in der Mitte jedes Korruptionsnestes sitzt wie eine Made der Jude*". Die Invasion betreffend erklärt er, dass er „*bestens vorbereitet*" und der „*Westwall gegenüber dem Atlantikwall eine Spielerei [!]*" sei. Wenn die Invasion vorbei, das heißt erfolgreich abgewehrt sei, werde „*Churchill verschwinden*".

Diese Ausführungen sind reine Augenwischerei seinen Verbündeten gegenüber. Der Atlantikwall, das System der Küstenbefestigung, wird in der Propaganda als „*das modernste Befestigungssystem der Welt*" vom Nordkap bis zu den Pyrenäen bezeichnet. Das „*größte Bauvorhaben im 20. Jahrhundert*" soll nach Fertigstellung auf einer Länge von 5.000 Kilometern Küste (das doppelte der Ostküste der USA) aus 15.000 Bunkern bestehen, für die 40 Millionen Tonnen Beton verbaut werden. Es wird als ein Wunderwerk deutscher Technik und Verteidigungskunst gefeiert. In Wahrheit ist es ein System lockerer, weit verstreuter, mehr oder weniger gut ausgebauter Stützpunkte mit unsicherer und uneinheitlicher, nur teilweise vollendeter Vorstrandsicherung. Ähnlich dürftig sieht es bei der Zwischenstrandverteidigung durch Bunkerketten aus. Drahtverhaue und Minenfelder ergänzen die Anlagen. Hitler hat den Plan, die Küstenverteidigung durch automatisch auslösbare Flammenwerferbatterien zu verstärken, die bei einer feindlichen Landung brennendes Öl auf die offene See schleudern sollen. Die Massenfertigung solcher ortsfester und beweglicher Flammenwerfer stößt jedoch bald auf unüberwindliche Produktionsschwierigkeiten.

Zur Unterstreichung seiner Worte lässt er die Slowaken an der täglichen Lagebesprechung teilnehmen. Sind, wie in diesem Falle, Gäste anwesend, spiegeln die Lagebesprechungen niemals das reale Bild der militärischen Lage an den Fronten wider. Es ist eine „*Schaulage*", in der natürlich über für die Wehrmacht negative Entwicklungen nicht berichtet wird. Sofort danach geht die Besprechung weiter. Hitler meint in Bezug auf das Ausscheiden Italiens im Jahre 1943 aus dem Krieg, dass dadurch erst „*der Krieg interessant [!] geworden*" sei. Vorher sei „*alles ganz selbstverständlich von sich gegangen*".

^ *Ein deutsches 38 cm Küstenartilleriegeschütz am Atlantikwall. (115)*

Über das Treffen wird ein Kommuniqué veröffentlicht: *„(...) gab der Führer seiner Entschlossenheit Ausdruck, den uns von den Feinden des Reiches und seinen Verbündeten aufgezwungenen Krieg im Osten und Westen bis zum siegreichen Ende kompromisslos durchzuschlagen und dann jene Grundsätze zu verwirklichen, die den großen und kleinen Völkern ein anständiges, gesichertes Leben, frei von jüdischen Volksaussaugern und von kapitalistischer und bolschewistischer Unterdrückung gewährleisten."* Ein für den 14. Mai geplanter Putsch von Offizieren, der Hitlers Verhaftung mit anschließender Gerichtsverhandlung vorsah, wird nicht ausgeführt. An diesem Tag gibt der OKW-Bericht den Verlust der Krim offiziell zu. Noch Anfang des Jahres hat Hitler den Besitz der Krim als *„unerlässlich"* bezeichnet. Nun wird, um wenigstens etwas positiv melden zu können, die erzwungene Aufgabe des Territoriums propagandistisch als *„einzigartige Absetzbewegung"* gefeiert.

Wenn schon die Lage an der Ostfront von Rückzug geprägt ist, so setzt Hitler alles daran, sein Hauptlebensziel, die *„Endlösung der Judenfrage"*, voranzubringen. Ab dem 15. Mai beginnt auf seine Veranlassung die Deportation der Juden aus Ungarn, das Land ist seit März von deutschen Truppen besetzt. Zunächst werden aus Nordostungarn täglich zwei- bis dreitausend Personen nach Auschwitz deportiert. Parallel läuft die Deportation in fünf zentrale Zonen, die als Zwischenstation dienen. Bis zum 9. Juli werden so insgesamt 437.402 Juden erst in diese Zonen und dann nach Auschwitz transportiert. Die Masse, 320.000 Personen, wird sofort der Vergasung zugeführt. Ihren grausamen Höhepunkt erreicht die industrielle Vernichtung menschlichen Lebens in diesem Mai. In 31 Tagen kommen 228.674 Personen an der neuen Rampe in Birkenau an. Hier selektieren SS-Ärzte und auch ganz einfache Wächter, wer sofort zu den Gaskammern geschickt und wer als Häftling, also Sklavenarbeiter, ins eigentliche KZ eingewiesen wird. 90 Prozent der in diesem Monat Ermordeten sind aus Ungarn, wo eine Gruppe von SS-Spezialisten unter Leitung von Adolf Eichmann regelrechte Menschenjagden organisiert. Im Mai 1944 wird so häufig gemordet, dass sowohl die Gaskammern als auch die Krematorien bald überlastet sind. Hitler weiß, die Vernichtung läuft. Sein Hauptinteresse wendet er daher nun wieder rüstungstechnischen Fragen zu. Er äußert zu seinem Luftwaffenadjutanten Nicolaus von Below: *„Wenn wir jetzt besonders wichtige Rüstungsgüter brauchen, dann ist Speer der einzige, der das schnell durchführen lassen kann."* Auch Hitler glaubt also dem Blendwerk seines Rüstungsministers, denn die angebliche Wirksamkeit der von Speer in Auftrag gegebenen Rationalisierungsmaßnahmen lässt sich widerlegen, da die ihm zugeschriebenen Reformmaßnahmen zum Teil wesentlich früher, andere wieder sehr spät und wieder andere nicht konsequent umgesetzt wurden.

Doch nicht nur Juden, sondern auch harmlose Zeugen Jehovas werden Opfer des NS-Regimes, wenn sie das Falsche sagen. Am 15. Mai wird Heinrich Bayer, geboren am 30. September 1909 in Uchtelfangen, Landkreis Neunkirchen im Saarlannd, wegen der Bekundung, den Krieg abzulehnen, im Zuchthaus Brandenburg hingerichtet. Während am 16. Mai den Alliierten in Italien der Durchbruch durch die Cassino-Stellung der Gustav-Linie (deutsche Stellung an der Benediktinerabtei Montecassino in der mittelitalienischen Provinz Frosinone) gelingt, unterzeichnet Hitler die Weisung Nr. 55 über den Einsatz der

Fernwaffen gegen England ab Mitte Juni. Hauptziel ist die britische Hauptstadt London, die nach einer *„schlagartigen Feuereröffnung"* mit einem *„ununterbrochenen nächtlichen Störungsfeuer"* terrorisiert werden soll. Am 17. Mai versichert er dem Stabschef der SA Wilhelm Schepmann in einem Telegrammwechsel: *„Die SA wird bei Erfüllung der ihr von mir gestellten Aufgaben stets meine volle Unterstützung finden."* In Wahrheit ist die SA schon lange nur ein Hilfsinstrument, die seit der Liquidierung der SA-Führung im Jahre 1934 (sogenannter Röhm-Putsch) keine reale Macht mehr hat.

Nach äußert hartem Kampf nehmen Truppen der United States Army (U.S. Army) am 18. Mai die Benediktinerabtei Montecassino ein. Mit vier Monaten Dauer war die Schlacht um diese Abtei eine der längsten und blutigsten des Zweiten Weltkrieges. Die Verluste sind schwer: 55.000 Soldaten auf alliierter Seite, 20.000 auf Seiten der Achsenmächte Deutschland und Italien. Das historische Kloster wurde dabei völlig zerstört. Doch Hitler wäre nicht Hitler, wenn er nicht auch in dieser Niederlage etwas Positives sehen würde. In der abendlichen Lagebesprechung meint er trocken: *„Wenn er [der Feind] trotzdem 50 Prozent der angreifenden Infanterie verliert, dann ist das ein Beweis dafür, dass er es miserabel macht. Denn das Verfahren, das er anwendet, ist wenigstens bei den jetzigen Stellungen ein ziemlich billiges Verfahren: Er schießt mit einem riesigen Munitionsaufwand die nicht vorhandenen Deckungen zusammen. Es ist ja nichts da. Die paar Deckungen im Felsen sind lächerlich. Den Monte Cassino hätten sie nie bekommen, wenn nicht südlich der Durchbruch entstanden wäre."* Selbstverständlich wagt keiner der anwesenden Generale zu widersprechen. De facto ist die Einnahme von Montecassino der Beginn des deutschen Rückzuges in Mittelitalien.

Berlin erlebt am Nachmittag des 19. Mai einen schweren, mit 495 Bombenflugzeugen durchgeführten Luftangriff. Auch im Osten häufen sich die Hiobsbotschaften. Obwohl Hitler aufgrund der täglich stattfindenden Lagebesprechungen ein klares Bild der Lage inklusive der Kräfteverhältnisse hat, versagt er sich der sinnvollen Maßnahme, die Front auszudünnen, um eine operative Reserve zu schaffen. Zuvor war aufgrund von Fehlinformationen der Abteilung Fremde Heere Ost die Heeresgruppe von Generalfeldmarschall Ernst Busch im Frühjahr von nahezu allen beweglichen und gepanzerten Einheiten mit Ausnahme der 20. Panzerdivision entblößt worden. Als nun Busch auf einer Besprechung am 20. Mai 1944 in seiner misslichen Lage versucht, von Hitler eine Genehmigung zum Rückzug zu erhalten, fragt ihn dieser

^ *Ein typisches Durchhalteplakat, das den Führer als Garant des Endsieges propagiert. (140)*

kalt, ob er „*jetzt auch zu den Generalen*" gehöre, „*die nach hinten blicken*". Unterstützung erhält Busch keine und nimmt tief getroffen von den Rückzugsplänen Abstand. Trotz energischen Protests seiner Armeebefehlshaber vor Ort setzt er sie nicht um. Stattdessen werden die von Hitler definierten und in Weißrussland gelegenen *„Festen Plätze"* Witebsk, Orscha, Mogilew (heute Mahiljou) und Bobruisk weiter befestigt. Diese Plätze sollen bis zum letzten Mann verteidigt werden in der Hoffnung, der Feind werde sich an diesen *„Wellenbrechern"* abnutzen und zerschellen.

Die in Graz geborene 41-jährige Anna Maria Hölzlsauer, Arbeiterin bei den Bayerischen Leichtmetallwerken Lochau, wird wegen Verunglimpfung Hitlers als *„Lump und Gauner"*, der das Volk *„ins Elend"* ziehe, in der Strafanstalt Berlin-Plötzensee hingerichtet. Am 22. Mai hat der so Verunglimpfte anlässlich des 5. Jahrestags der Unterzeichnung des deutsch-italienischen Freundschafts- und Bündnispaktes einen Telegrammwechsel mit Mussolini.

Rüstungsfragen stehen bei der Besprechung am 23. Mai auf der Tagesordnung. Es geht auch um das erste in Serie gebaute Flugzeug mit Strahltriebwerken, die Messerschmidt Me 262. Seit Ende 1943, als das Flugzeug Hitler erstmals vorgestellt wurde, stimmte er der Massenproduktion zu, allerdings unter der Voraussetzung, dass das Flugzeug hauptsächlich als Bomber (sogenannter *„Blitzbomber"*) eingesetzt werden soll. Er will ihn bei der Abwehr der erwarteten Landung der Alliierten einsetzen. Diese Entscheidung entpuppt sich als strategischer Fehler, weil durch das eingeschränkte Sichtfeld des Piloten auf das Gelände nur eine schlechte Treffsicherheit beim Bombenabwurf erzielt werden kann. Die Kontroverse, die Me 262 als Jagdbomber oder Jäger zu konzipieren, hält an. Alle Versuche, Hitler zu überreden, der Jägerversion den Vorrang zu geben, sind bisher gescheitert. Dazu kommt erschwerend, dass die Produktion der Maschine im Jahre 1943 keine Priorität mehr besitzt, nachdem Hitler von ihrem hohen Treibstoffverbrauch erfahren hat. Dadurch wird wertvolle Zeit verloren. Andererseits verzögert diese Entscheidung Hitlers den Einsatz der Me 262 als Jäger nur um wenige Wochen, da erst im August die Lebensdauer der Turbinen gesteigert werden kann.

Während der Besprechung berichten Göring, Milch und Karl-Otto Saur, Staatssekretär im Reichsministerium für Rüstung und Kriegsproduktion, über die aktuelle Flugzeugproduktion. Hitler hört, aus dem großen Fenster der Halle des Berghofes auf den Untersberg schauend, zunächst schweigend zu. Als die Zahlen des Jägerstabsproduktionsprogramms verlesen werden und die Rede auf den Strahljäger Me 262 kommt, hakt er nach: *„Ich denke, die 262 kommt als Schnellbomber? Wieviel der fertiggestellten 262 können Bomben tragen?"* Diesen Befehl hatte er im Herbst 1943

∧ *Startvorbereitungen an einer Messerschmitt Me 262 V3. (115)*

erteilt. Milch antwortet: *„Keine, mein Führer, die Me 262 wird zur Zeit noch ausschließlich als Jagdflugzeug gebaut."* Es folgt betretenes Schweigen bei den Lageteilnehmern. Hitler hat seine ganzen Hoffnungen zur Abwehr der Invasion auf dieses Flugzeug gesetzt. Milch rechtfertigt sich und erklärt, dass *„umfangreiche Verstärkungen des Rumpfes und des Fahrgestells"* notwendig seien. Hitler wird wütend: *„Das ist mir egal, ich verlange nur eine 250-kg-Bombe!"* Er fragt vorwurfsvoll in die Runde: *„Wer achtet überhaupt auf meine Befehle? Ich habe das rückhaltlos befohlen und nie einen Zweifel daran gelassen, dass die Maschine als Jagdbomber herauskommt."* Hitler erneuert nun seinen Befehl, das Flugzeug als *„Schnellstbomber"* zu bauen und bleibt damit entgegen dem Rat der Fachleute stur bei seiner Meinung. Alles *„überflüssige Zeug"* soll soweit wie möglich aus dem Flugzeug ausgebaut und dafür eine 250-Kilo-Bombe eingebaut werden, obwohl das Mitführen von Außenlasten zur Folge hat, dass die Me 262 in den Geschwindigkeitsbereich der alliierten Jäger zurückfällt und damit ihren entscheidenden Vorteil verliert. Am nächsten Tag rückt dann Göring mit der Wahrheit heraus: Da Bewaffnung und Panzerung der Maschine vor dem Schwerpunkt liegen, würde das eine monatelange Neukonstruktion nach sich ziehen.

Wie Hitler in diesen Tagen auf seine Umgebung wirkt, zumindest auf diejenigen, die den Nationalsozialismus bejahen, beschreibt Generalfeldmarschall Wolfram von Richthofen in seinem Privattagebuch: *„Älter geworden, gut aussehend, sehr ruhig, sehr bestimmt über militärische und politische Lage denkend, alles sehr ruhig und positiv betrachtend. Man hat immer wieder den Eindruck, dass er blind von seiner Berufung gezogen, ganz sicher den ihm vorgeschriebenen Weg geht und nicht die geringsten Zweifel über Richtigkeit hat. (…) Die Zeit arbeite für sie, politisch habe Deutschland den Krieg längst gewonnen."* Prof. Morell schlägt nach der Aufregung um die Me 262 am 23. Mai eine neue Therapie vor: *„Vitamultin-Täfelchen, Glyconrom, Luizym und Euflat bzw. Antigas-Pillen. Intravenöse Traubenzucker-Injektionen und Testoviron-Spritzen intramuskulär. Bis zu 15 Tropfen Cardiazol."* Massagen und Aufenthalte an frischer Luft sowie früheres Schlafengehen lehnt Hitler erneut ab.

Die „Special Operation Executive" in London entwickelt in dieser Phase des Krieges die Operation „Foxley": ein Attentat auf Hitler auf dem Obersalzberg. Hintergrund sind detaillierte Kenntnisse der Patrouillenwege, Hitlers Tagesablauf und exakte Karten des Führersperrgebietes, die die Briten von einem deutschen Kriegsgefangenen erhalten haben. Es kommen drei Optionen in die engere Wahl: Hitler soll von zwei britischen Scharfschützen in deutscher Gebirgsjäger- oder SS-Uniform mit spezieller Explosionsmunition auf seinem täglichen Spaziergang zum Teehaus auf dem Mooslahner Kopf erschossen werden oder während eines Luftangriffes abgesprungene Fallschirmjäger sollen seine Unterkunft stürmen oder sein Wagen soll beim Verlassen des Obersalzberges an einer kurvigen und unübersichtlichen Stelle im Wald mit einer Panzerfaust beschossen werden. Der Plan ist ausgearbeitet, aber der britische Premierminister Winston Churchill gibt niemals den Befehl dazu. Er ist der Meinung, dass man Deutschland auf dem Schlachtfeld schlagen müsse und man das Schicksal nicht in die Hände eines Scharfschützen legen sollte.

Am Freitag, dem 26. Mai fährt das Attentatsziel die wenigen Meter bergauf zum Hotel „Platterhof", um eine Ansprache vor Generalen und anderen höheren Offizieren zu halten. Sinn der Rede ist die weitere Erziehung des Offizierskorps der Wehrmacht im Sinne der NS-Ideologie. Hitler lobt hierin ausdrücklich die *„eindeutigen Verhältnisse"* im bolschewistischen Russland. Er geht auch in brutaler Offenheit auf das Schicksal der Juden und die Bombenangriffe auf deutsche Städte ein:

„Ich habe das Judentum aus seinen Stellungen herausgedrängt, und zwar rücksichtslos herausgedrängt. Ich habe auch hier so gehandelt, wie es die Natur macht, nicht grausam, sondern vernunftmäßig, um das Bessere zu erhalten (...) und dadurch Hunderttausenden von tüchtigen Kindern diese Stellungen verfügbar gemacht. Man kann mir natürlich sagen: Ja, hätten Sie das nicht einfacher – oder nicht einfacher, denn alles andere wäre komplizierter gewesen –, aber humaner lösen können? Meine Herren Offiziere, wir stehen in einem Kampf auf Leben und auf Tod. Wenn in diesem Kampf unsere Gegner siegen, würde das deutsche Volk ausgerottet werden. Der Bolschewismus würde Millionen und Millionen und Millionen unserer Intellektuellen abschlachten. Was nicht durch Genickschuss stürbe, würde abtransportiert. Die Kinder höherer Schichten würden wegkommen und beseitigt werden. Diese ganze Bestialität ist von Juden organisiert worden. Heute werden auf unsere Städte Brandbomben und andere Bomben geworfen, obwohl der Gegner weiß, dass er nur Frauen und Kinder trifft. Man schießt in ganz gewöhnliche Züge hinein, man schießt auf den Bauern auf dem Felde. In einer Nacht haben wir in einer Stadt wie Hamburg über 40.000 Frauen und Kinder verloren, die verbrannt sind. Erwarten Sie nichts anderes von mir, als dass ich das nationale Interesse hier rücksichtslos vertrete, und zwar so vertrete, wie ich glaube, den größten Effekt und Nutzen für die deutsche Nation herbeizuführen [langanhaltender lebhafter Beifall]. *Humanität wäre gerade hier wie überhaupt überall höchste Grausamkeit gegen das eigene Volk. Wenn ich mir schon den Hass der Juden zuziehe, dann möchte ich wenigstens nicht die Vorteile eines solchen Hasses vermissen. (...) Ich habe auch hier eingegriffen und auch dieses Problem wird nun gelöst werden, wie ich überhaupt sagen muss: Der Jude hat als Programm aufgestellt die Ausrottung des deutschen Volkes. Ich habe am 1. September 1939 im Deutschen Reichstag erklärt: Wenn jemand glaubt, durch einen solchen Weltkrieg die deutsche Nation auszurotten, dann irrt er sich; wenn das Judentum das wirklich arrangiert, dann wird derjenige, der ausgerottet sein wird, das Judentum sein* [Lebhafter Beifall]. *(...) Denn auch hier kennen wir nur ein Prinzip, nämlich Erhaltung unserer Rasse. Was diesem Prinzip dient, ist richtig. Was davon abweicht, ist falsch."*

Hitler kommt also mit seinen offenen, schonungslosen Aussagen beim Publikum an. Er betont erneut, auf die Invasion – die er in der Bretagne und der Normandie erwartet –

^ *26. Mai 1944: Obersalzberg, Hotel „Platterhof": Das Nebengebäude des Hotels, in dem Hitler seine Ansprache hält (1988). (112)*

Die Zweigstelle der Reichskanzlei. Rechts das Kanzlerhaus, in dem Hitler Hans-Heinrich Lammers gratuliert (2015). (112)

vorbereitet zu sein. Danach, er geht selbstverständlich von einer erfolgreichen Abwehr aus, wird er die *„übrigen Divisionen sofort nach dem Osten werfen"*. Er gibt zu, dass der Ausfall Italiens *„90 Divisionen"* gekostet hat. Er empfiehlt, dass die Japaner *„jeden amerikanischen Terrorflieger aufhängen"*, aber nicht erschießen sollen, dann würden sich die Amerikaner solche Angriffe in Zukunft überlegen. Hitler schließt mit dem Hinweis, dass *„wir"* den Krieg gewinnen müssen, wovon er natürlich überzeugt ist, da unsere Völker sonst vernichtet würden. Er endet unter stürmischem Beifall, indem er von der *„Mission"* des deutschen Volkes in Europa spricht. Es gibt für ihn wie üblich nur zwei Alternativen: Eine Niederlage würde *„das Ende unseres Volkes"* bedeuten, ein Sieg dagegen ist *„der Beginn unserer Herrschaft über Europa"*.

Am nächsten Tag, am 27. Mai, fährt Hitler nach einer Generalsbesprechung im Berghof zum Schloss Kleßheim und empfängt von 16:55 bis 18:15 Uhr den japanischen Botschafter Oshima Hiroshi. Die nach außen propagierte herzliche Verbundenheit beider Völker täuscht darüber hinweg, dass es de facto keine deutsch-japanische Zusammenarbeit und Koordination der Kriegsführung gibt. Die Rückfahrt führt ihn nicht wie üblich direkt zum Obersalzberg, sondern durch Berchtesgaden hindurch nach Bischofswiesen. Dort, im Ortsteil Stanggaß, befindet sich im Urbanweg 22 bis 26 eine Zweigstelle der Reichskanzlei. Hier gratuliert er dem Chef der Reichskanzlei Hans-Heinrich Lammers persönlich zum 55. Geburtstag. Die Presse bringt einen Bildbericht.

27. Mai 1944, Bischofswiesen-Stanggaß: Hitler gratuliert in seinem Arbeitszimmer in der Zweigstelle der Reichskanzlei Hans-Heinrich Lammers zum Geburtstag. V.l.n.r.: Unbekannter SS-Offizier, Julius Schaub, Hitler, Hans-Heinrich Lammers, Meerwald. (o.) (132)

Ausnahmsweise unternimmt Hitler am 29. Mai seinen täglichen Spaziergang nicht bergab zum Teehaus auf dem Mooslahnerkopf, sondern bergauf zum Hotel „Zum Türken", dem Sitz des Reichssicherheitsdienstes, sodann vorbei am Modellhaus, dem Verwaltungsgebäude und dem Gewächshaus zur Adjutantur. Am 30. Mai wird er vom Oberbefehlshaber West, Generalfeldmarschall Gerd von Rundstedt, darüber informiert, dass keine Anzeichen für eine bevorstehende Landung der Alliierten zu beobachten sind. Angesichts der seit Monaten laufenden und fast abgeschlossenen Vorbereitungen in Südengland eine fatale Fehleinschätzung und ein totales Versagen der deutschen militärischen Abwehr, des Nachrichtendienstes. Es kann jedoch auch Landesverrat im Spiel sein. Nachdem bereits der langjährige Chef der Abwehr, Wilhelm Canaris, zum Widerstand gehört und von Hitler im März entlassen wurde, ist es unter dem aktuellen Chef Oberst Georg Alexander Hansen nicht anders, auch er gehört zum Widerstand.

Doch die Meldung von Rundstedts beruhigt Hitler, der Generalfeldmarschall Erwin Rommel, der die Verteidigung in Frankreich organisiert, daraufhin nur drei Panzerdivisionen zugesteht, die restlichen behält er in der sogenannten „Führerreserve". Diese Entscheidung wird nach dem Krieg als Fehler angesehen. Das Argument lautet: Die Invasion wäre zurückgeschlagen worden, wenn die Panzerdivision nur nahe genug an der Küste stationiert gewesen wären, Tenor: Hitlers Fehlentscheidung verursacht die Niederlage. Es gibt jedoch auch vor der Invasion Stimmen aus dem Generalstab, die mit Hitler einer Meinung sind. Ihr Argument lautet: Stehen die Panzer zu weit vorne

^ 27. Mai 1944, Bischofswiesen-Stanggaß: Hitler kurz vor der Rückfahrt zum Obersalzberg. V.l.n.r.: Hans-Heinrich-Lammers, Albert Bormann, Hitler, Wilhelm Keitel, Hans Pfeiffer, unbekannt. (132)

Mai 1944 – Höhepunkt des Holocaust

in Küstennähe und es gelingt dem Feind nur an einer Stelle ein Durchbruch, gibt es im Hinterland keine strategische Reserve mehr und der Feind kann ungehindert in Nordfrankreich einfallen.

Es ist der Tag, an dem der Diplomingenieur Werner Holländer, am 2. August 1914 in Köln geboren, in Kassel lebend und bei der Firma Henschel arbeitend, sein Leben verliert. Er wurde evangelisch getauft und hat vor drei Jahren erfahren, dass seine Eltern jüdischer Abstammung sind. Ihm wird vorgeworfen, sich danach in vier Fällen gemäß den Nürnberger Gesetzen der *„Rassenschande"*, also des Geschlechtsverkehrs mit einer Frau *„deutschen oder artverwandten Blutes"*, schuldig gemacht zu haben. Die Richter konstruieren ein Todesurteil, indem sie den bislang unbestraften Angeklagten als *„gefährlichen Gewohnheitsverbrecher"* einstufen und befinden im Urteil: *„Es ist nach deutschem Rechtsempfinden ein Gebot gerechter Sühne, dass der Angeklagte, der während eines Krieges Deutschlands mit den Anhängern des Weltjudentums die deutsche Rassenehre in den Schmutz zu treten wagte, vernichtet wird."* Werner Holländer wird durch Enthaupten hingerichtet.

Die Luftangriffe der Alliierten konzentrieren sich im Mai auf Berlin, Braunschweig, Mannheim und Duisburg. SS-Obergruppenführer Herbert Otto Gille erhält am 31. Mai aus Hitlers Händen das Eichenlaub überreicht. Ende des Monats hat Hitler eine heftige Auseinandersetzung mit Zeitzler, als er erfährt, dass die deutsche Front im Raum Kischinjow-Jassy (heute Chișinău, Hauptstadt Moldawiens) nach Westen abgedrängt

^ *Das Teehaus am Mooslahner Kopf. Rechts hinten der Rundweg mit dem Aussichtspunkt, zu dem Hitlers täglicher Spaziergang führt. (163)*

Eine Familie in Mannheim, die bei den Bombenangriffen in einem Luftschutzkeller verschüttet wurde, wird im letzten Moment von einem Helfer gerettet und in Sicherheit gebracht. Das Entsetzen steht ihnen ins Gesicht geschrieben. (115)

wurde. Er brüllt ihn an, dass man keinerlei Rückzug zulassen und nicht *„einen Meter Gelände"* aufgeben darf. Mit schwacher Stimme fährt er fort: *„Von dort geht es geradewegs nach Ploieşti* [rumänische Großstadt mit kriegswichtigen Ölanlagen]. *Wenn wir das rumänische Erdöl einbüßen, dann haben wir den Krieg endgültig verloren. Dann ist alles zu Ende."* Im März 1944 macht Adolf Hitler seine Idee, Orte zu Festungen, also zu *„Festen Plätzen"* zu erklären, zu seinem festen Konzept. Sie sollen besonders hartnäckig verteidigt werden, auch wenn das ihre Einschließung bedeutet – und oft auch ihre Vernichtung in einer Kesselschlacht. Erfahrene Generale warnen wiederholt vor dieser Idee. Das Konzept bewährt sich nicht und führt zu großen Verlusten der Wehrmacht. Zahlreiche militärisch sinnlose Durchhalteparolen und -befehle bewirken Opfer, die ein rechtzeitiger geordneter Rückzug hätte vermeiden können. Anderseits sind die Verluste der Sowjetunion enorm. Bis Mai 1944 sind 5.165.381 sowjetische Soldaten in deutsche Kriegsgefangenschaft geraten. Zwei Millionen sind bereits tot, zusätzlich haben 280.000 Soldaten die Durchgangslager nicht überlebt und 1.030.157 Gefangene sind *„auf der Flucht erschossen"* worden.

Führerhauptquartier Wolfsschlucht 2 – Quartier für einen Tag

Zehn Kilometer nordöstlich von Soissons/Frankreich an der Bahnlinie nach Laon entstehen ab Herbst 1942 bei Neuville-sur-Margival mehrere bombensichere Wohn- und Arbeitsbunker (sechs Groß- und acht Flachbunker) mit bis zu dreieinhalb Meter starken Wänden und Decken sowie 20 splittersichere ummantelte Baracken und eine größere Anzahl ungeschützter Holzbaracken. Die Nutzfläche des Gesamtprojekts liegt bei 43.000 Quadratmeter. Ein Eisenbahntunnel mit Panzertüren zum Abstellen des Führersonderzuges ergänzt die Anlage. Der Führerbunker hat einen 90 Quadratmeter großen Saal mit Kamin. Der gesamte Verteidigungsbereich erstreckt sich in einem Umkreis von sechs Kilometern auf etwa 90 Quadratkilometern. Für kein anderes bisher fertiggestelltes Führerhauptquartier wird so viel Beton verbaut wie für dieses: etwa 250.000 Kubikmeter, das meiste natürlich für den Bunker Hitlers. Unvorstellbare 24,6 Millionen Arbeitsstunden werden für diese logistische Meisterleistung aufgewandt. Das Führer-

^ *Die Bahnlinie nach Marginval und rechts auf dem Hügel der Führerbunker. (o., 1977) (120); Der Haupteingang des Führerbunkers. (u., 2001) (145)*

hauptquartier ist größer als der Komplex der Wolfsschanze. Dennoch ist es kaum bekannt, da es trotz des enormen Aufwandes von Hitler nur an einem einzigen Tag, am 17. Juni 1944, benutzt wird, da er es wegen der anderen ihm zur Verfügung stehenden Führerhauptquartiere gar nicht benötigt.

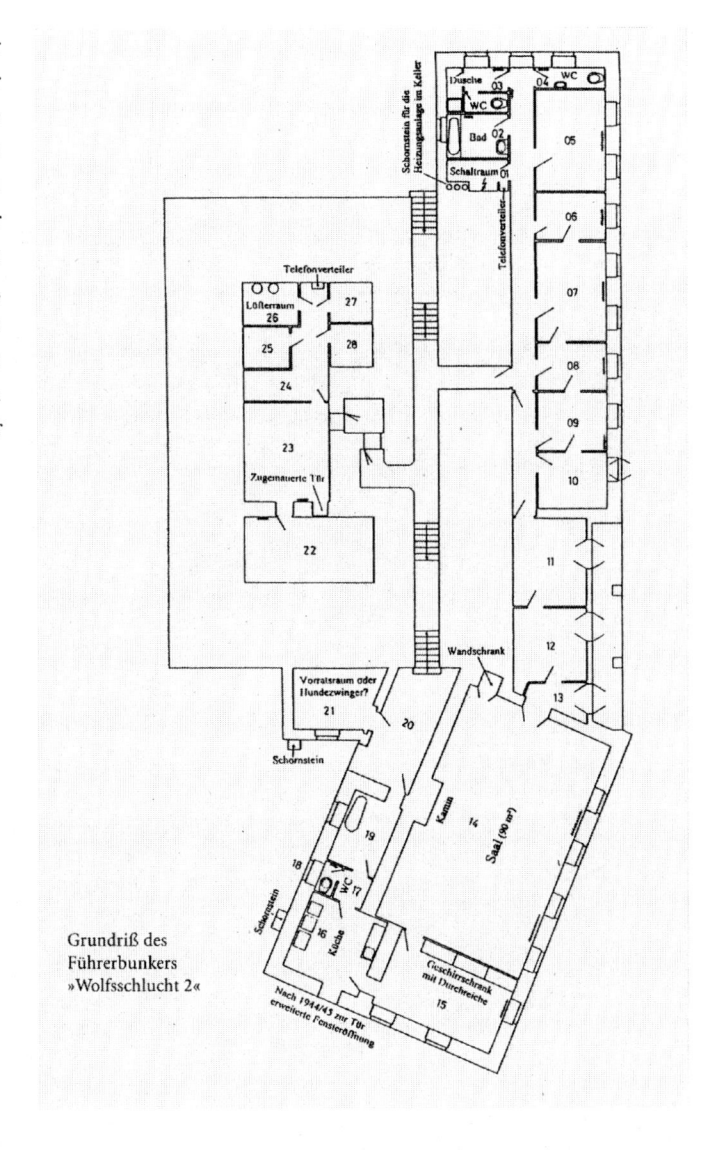

Grundriß des Führerbunkers »Wolfsschlucht 2«

^ *Grundriss von Hitlers Bunker. (104)*

2. Juni 1944, Obersalzberg: Hitler zu Besuch im Landhaus der Familie Göring. V.l.n.r.: Albert Bormann, Emmy Göring, Hitler, Hermann Göring, Karl Bodenschatz. (132)

2. Juni 1944, Obersalzberg: Hitler an der Kaffeetafel im Landhaus der Familie Göring. V.l.n.r.: Hitler, Emmy Göring mit Tochter Edda, Karl Bodenschatz (halb verdeckt), Olga Rigele (Schwester von Hermann Göring), Philipp Bouhler. (132)

Es gilt, die deutsche Bestie zu besiegen, sie zu erwürgen und nie wieder erstarken zu lassen.
Josef Stalin
(Diktator der Sowjetunion, 1878-1953)

Juni 1944 – D-Day in der Normandie

Edda Göring, die durch künstliche Befruchtung erzeugte Tochter des Reichsmarschalls, wird am 2. Juni sechs Jahre alt. Hitler unternimmt aus diesem Anlass einen seiner sehr seltenen Besuche im oberhalb seines Berghofes gelegenen Landhaus der Görings und gratuliert. Göring ist dabei ausnahmsweise in Zivil. Hitler kennt und toleriert die Schwächen und die Süchte seines morphiumsüchtigen *„Alten Kämpfers"* noch immer; seine Sucht nach Ämtern, Orden, Besitztümern und Kunstschätzen. Bei seiner Truppe aber hat er sein gutes Image durch Prunksucht, Phantasieuniformen, feudale Geburtstagsfeiern, Jagden und das Versagen als Oberbefehlshaber der Luftwaffe längst verspielt. Schon am nächsten Tag gibt es wieder etwas zu feiern. Gretl Braun heiratet SS-Gruppenführer Hermann Fegelein, den Verbindungsoffizier der Waffen-SS, in Salzburg. Der einstige Stallbursche, der sportliche und gut aussehende Fegelein ist ein skrupelloser Karrierist, der bei sogenannten *„Säuberungsaktionen"* in den Prypjatsümpfen in Weißrussland fast 14.000 Juden töten ließ. Insgesamt fielen seiner Kavalleriebrigade rund 40.000 jüdische Männer, Frauen und Kinder zum Opfer. In seiner Umgebung fällt er durch Alkoholexzesse und dem Nachstellen aller Frauen, *„die unter achtzig sind"* (Traudl Junge), unangenehm auf. Dieser arrogante, Münchener Dialekt sprechende Mann ist nun der Schwippschwager Hitlers. Eva Braun findet ihn äußerst attraktiv und sie selbst hat ihre Schwester mit ihm verkuppelt. Der notorische Frauenheld Fegelein wiederum liebt weder Gretl noch Eva, sondern gelangt durch die Hochzeit in Hitlers engeren Kreis – ein enormer Karrieresprung. Hitler spendiert das Festessen im 1.834 Meter hoch gelegenen Kehlsteinhaus über dem Obersalzberg, nimmt selbst aber nicht teil. Die Nazielite in Uniform und schönen Kleidern ist in Partystimmung und feiert mit Sekt, gutem Essen und Tanz. Eva Braun meint zuvor: *„Ich möchte, dass die Hochzeit so schön wird, als ob*

^ *3. Juni 1944, Kehlstein: Die letzte Party des Dritten Reiches. Eva Braun tanzt im Kehlsteinhaus mit dem Bräutigam ihrer Schwester, Hermann Fegelein. (l.) (132); Des Führers Freundin beim Fremdflirten. V.l.n.r.: Herta Schneider, unbekannter SS-Obersturmbannführer, Hermann Fegelein und die ihn anhimmelnde Eva Braun. (r.) (132)*

es meine eigene wäre." So verhält sie sich dann auch und flirtet ungeniert und heftig mit dem Bräutigam. Die Bilder der Fotoserie, die sie mit Fegelein zeigen, sprechen auch von seiner Seite die eindeutige Sprache des Gefühlsausdruckes eines Liebespaares.

Nach Rückkehr der Hochzeitsgesellschaft auf den Berghof richtet Hitler einen kurzen Trinkspruch an das Brautpaar und schenkt der Braut ein Handtäschchen mit Platinbesatz. Dann gibt es noch ein offizielles Hochzeitsfoto in der großen Halle. Die Lage an den Fronten ist relativ ruhig, man ist fröhlich und vergisst den Krieg für ein paar Stunden. Was auf dem Obersalzberg unbekannt ist: An diesem Tag schiffen sich die Alliierten an Englands Südküste ein, um die

^ *3. Juni 1944, Obersalzberg: Zusammenkunft für das offizielle Hochzeitsfoto des Ehepaares Hermann und Gretl Fegelein, geb. Braun, mit Hitler in der großen Halle des Berghofes. (132)*

Invasion zu beginnen. Einzig schlechtes Wetter sorgt dafür, dass sie noch nicht zum Einsatz kommen. Die Idylle ist schon am nächsten Tag, dem 4. Juni vorbei. Während Hitler den kroatischen Gesandten Vladimir Kosak empfängt, ziehen die Alliierten in Rom ein. Hitler musste die Stadt räumen lassen, da die militärische Situation südlich von Rom durch den Zusammenbruch der deutschen Abwehr in den Albaner Bergen sich so verschlechtert hat, dass die Hauptstadt Italiens nicht mehr zu halten war. Natürlich wird auch diese schwere militärische und politische Niederlage noch mit einem positiven Effekt für Hitler verkauft. Das OKW teilt mit, dass *„die Gefahr einer Einbeziehung dieses ältesten Kulturzentrums der Welt in direkte Kampfhandlungen bestand"* und der Führer dies vermieden habe. Als ob Hitler sonst Rücksicht auf fremde Kulturgüter genommen hätte. Abends sitzt er wie so oft vor dem Kamin und plaudert mit denjenigen, die zum Zuhören verurteilt sind über Geschichte, alte Zeiten oder Ernährungsfragen.

In diesen sonnigen Tagen sieht er von seiner Terrasse aus die amerikanischen Bombergeschwader auf ihrem Weg von Italien zu Zielen in Süddeutschland. Nachts fliegen die Engländer aus der anderen Richtung nach Österreich. Die Luftschutzsirenen treiben die Bewohner des Berghofes regelmäßig aus dem Hintereingang des Berghofes zu dem stählernen Tor am Eingang zu den Luftschutzstollen. Hitler verabscheut es, die 65 Treppen hinabzusteigen. Er steht deshalb in der Nähe des Einganges und *„passt wie ein Höllenhund auf"*, dass niemand vor der Entwarnung den Bunker verlässt. Er weigert sich nicht nur, in den Bunker zu gehen, sondern auch, die Einrichtung seiner Privatwohnung am Prinzregentenplatz 16 in München auszulagern, obwohl manchmal der Feuerschein

^   *3. Juni 1944, Obersalzberg: Einige der Partygäste im Wohnzimmer des Hausmeisters des Berghofes. V.r.n.l.: Otto Günsche und Rudolf Schmundt im Gespräch mit anderen SS-Offizieren. (132)*

der Brände in München am Nachthimmel zu sehen ist. Zu seiner Haushälterin sagt er: *„Frau Winter, wir können kein schlechtes Beispiel geben."*

Der ungarische Gesandte Alexander Hoffmann von Magyösetag wird am 5. Juni empfangen.

Die unmittelbar bevorstehende Invasion wird noch immer nicht bemerkt. Die Alliierten sind über die deutschen Abwehrmaßnahmen dagegen bestens in Kenntnis, auch durch die Entschlüsselung von Enigma, des deutschen Chiffriersystems, während die deutschen Nachrichtendienste die Hauptsysteme des Feindes und den amerikanischen Code bisher nicht haben brechen können. Die deutsche Führung tappt somit über die strategischen Pläne der Gegner im Dunkeln. Man erwartet die Invasion aktuell an der schmalsten Stelle des Ärmelkanals, am Pas de Calais; zum einen, weil es von dort der kürzeste Weg nach Deutschland ist und zum anderen, weil dort die Abschussbasen der V2-Raketen stehen. Aus diesen Gründen sind dort die Hauptabwehrkräfte versammelt. Hitler hat zwar schon seit zwei Monaten die Intuition, dass die Normandie ein *„nicht minder gut geeignetes Invasionsgebiet"* sei, doch ist er schließlich dem Urteil seiner militärischen Fachleute gefolgt, zumal es durch verschiedene Aktionen und Kriegslisten des Gegners bestätigt zu werden scheint. Auch der für die Abwehr der Landung verantwortliche Erwin Rommel erkennt die Anzeichen der Invasion ebenso wenig wie Gerd von Rundstedt und der Marinebefehlshaber in Frankreich Admiral Theodor Krancke. Auch das Wetter lässt keine Invasion erwarten und die von der SD-Leitstelle in Paris gemeldeten Hinweise werden nicht ernst genommen oder nicht erkannt. So verlässt Rommel am 4. Juni sein Hauptquartier in La Roche Guyon Richtung Deutschland, um mit seiner Frau deren Geburtstag zu feiern und anschließend weiter zum Obersalzberg zu reisen, um bei Hitler noch einmal den Versuch zu starten, ihm die alle im rückwärtigen Gebiet stehenden Panzerdivisionen zu unterstellen.

Am Vormittag kommt Goebbels im Berghof an und sitzt mit Hitler bis in die ersten Morgenstunden des 6. Juni zusammen. Nach dem Essen schauen sie sich die neueste, neunzehnminütige Wochenschau an. Sie handelt vom Beginn der Sommersemester an den Hochschulen und berichtet in schönen Bildern und mit angenehmer Musik unterlegt über das morgendliche Training des deutschen Kunstreiters José Moser in Paris. Es folgt ein Bericht über ein Künstlerpaar, das mit einem Schlangentanz in der Berliner Skala auftritt, und 20.000 tschechischen Arbeitern, die an einer Kundgebung gegen den Bolschewismus teilnehmen. Die Stimme des Sprechers betont: *„Der schaffende Tscheche lehnt es ab, ein Sklave fremder Willkür zu werden."* Angesichts des Umstands, dass bis August etwa 280.000 Tschechen Zwangsarbeit für Deutschland leisten müssen, blanker Zynismus. Dann wird behauptet, die Juden seien als *„Diebe und Hehler"* einst aus ihren Ghettos heraus *„getarnt"* in die USA ausgewandert und haben sich dort schnell den *„eigenen Laden zusammen* [ge]*gaunert"*. Die Musik zu diesem Bericht ist laut, schrill, unangenehm und geht auf die Nerven. Der Gegensatz folgt. Deutsche Soldaten löschen eine französische Kathedrale, die durch einen *„angloamerikanischen Terrorangriff"* getroffen worden ist. In diesem Stil geht es weiter: Speer in einer wieder aufgebauten Rüstungsfabrik, der im Auftrag des Führers Orden verleiht für *„besondere Bewährung der Flakartillerie"* bei *"schweren Abwehrkämpfen an der Ostfront"*, inklusive Ritterkreuzverleihung an einen Obergefreiten. Dieser schreitet an der Seite seines Generals die Front seiner Kameraden ab. Die Bilder sollen vermitteln, dass unabhängig vom Dienstgrad auch höchste Ehren erreichbar sind, wenn nur tapfer genug gekämpft wird.

Ebenso zuversichtlich ist die unterlegte Musik bei dem Bericht über den *"Bau neuer Unterkünfte an der Ostfront"*. Bäume werden gefällt und *"fertigungsgerecht"* mit Schablonen zu transportablen Unterständen zugeschnitten – deutsches genormtes Qualitätshandwerk auch in den Weiten Russlands. Das ist es schon an Neuigkeiten von der Ostfront gewesen, die Wochenschau wendet sich mit der aggressiven Stimme des Sprechers Harry Giese – er wurde von Hitler persönlich ausgewählt – der Schlacht um Rom zu: *"Tag und Nacht hämmert von beiden Seiten die Artillerie."* Man braucht für die Bevölkerung eine Begründung für den permanenten Vormarsch der alliierten Truppen und findet ihn – zu Recht – in deren Luftüberlegenheit: *"Durch den Masseneinsatz von Bombern allein wird es dem Gegner möglich, langsam [!] an Gelände zu gewinnen."* Dann folgt heroische Musik beim Gegenangriff einer Fallschirmjägereinheit. Falls der Gegner doch siegt, dann muss er wenigstens stark bluten: *"Nach wie vor zahlen sie jeden Gewinn mit Strömen von Blut."* 1.839 feindliche Flugzeuge werden im Mai über Deutschland vernichtet, darunter 1.026 viermotorige Bomber und so wird stolz verkündet: Mit *"über 10.000 Mann unersetzbaren fliegenden Personals"* verloren unsere Gegner *"eine Masse wertvollsten Kriegsmaterials"*. Es wird klar ausgesprochen, was Menschenleben sind: im Endeffekt nur Kriegsmaterial. Der Irrtum ist, dass sie unersetzlich sind. Das gilt in dieser Phase des Krieges für Deutschland, aber nicht mehr für den Gegner. Ihm stehen genügend Ressourcen an Menschen und Material zur Verfügung. Mit deutscher

^ *Juni 1944, Mooslahner Kopf: Schnappschuss vom üblichen Nachmittagsspaziergang. V.l.n.r.: Eva Braun, Herta Schneider, Martin Bormann, Otto Günsche, Hitler mit Gitta Schneider, Rudolf Schmundt, Heinrich Hoffmann. Im Hintergrund der 934 Meter hohe Brändlberg. (132)*

Gründlichkeit verwertet man die abgeschossenen feindlichen Flugzeuge, denn *„Berge von Bomberschrott kommen in die Schmelzöfen der deutschen Industrie"*.

Dann sieht das Kinopublikum einen deutschen Helden, Generalmajor Adolf Galland bei der Inspektion von Jagdflugzeugen: *„Der General fliegt selbst eine Jagdmaschine, um sich von der Durchführung befohlener Verbesserungen zu überzeugen."* Sinn des Berichts ist: Auch Generale sind sich nicht zu schade, ihren praktischen Anteil am Endsieg beizutragen. Es schließt sich eine Besprechung mit Galland über *„neue Abwehrmaßnahmen"* an. Gleich darauf zeigt man die sofortige Umsetzung der Besprechungsergebnisse in die Praxis: Kampf gegen einen feindlichen Bomberverband, Beschuss durch Marineflak, Angriffe von Jagdflugzeugen, Abschüsse feindlicher Bomber während der *„Luftschlacht"*, eine sich fast überschlagende Stimme *„Angriff aus der Nähe, Motor in Flammen"* und lauter werdende Musik sollen den Eindruck des Kampfes dem Kinopublikum so realistisch wie möglich vermitteln. Dann folgt der Aufschlag eines feindlichen Bombers und der Hinweis: *„Ein Mann hat bei dem Absturz mit dem Fallschirm sein Leben gerettet."* Der gefangene, sichtlich angeschlagene und verletzte Pilot ist zu sehen. Im Anschluss daran sieht man die Landung des erfolgreichen deutschen Piloten, der lachend seine Maschine verlässt: *„Die Freude über den Luftsieg lässt sie immer wieder vergessen, wie nahe bei jedem Treffen auch ihnen immer wieder der Tod ist."* Das ist ein vorsorglicher Hinweis für die Ehefrauen auf die zukünftige Todesnachricht ihrer Ehemänner. Die Wochenschau endet mit dem Hinweis auf die *„Tapferkeit und Todesverachtung"* des deutschen Soldaten.

Hitler ist mit der Wochenschau zufrieden, früher hat er sie persönlich freigegeben, doch er verlässt sich schon lange auf Goebbels, der weiß, was Hitler seinem Volk zeigen möchte. Die Runde spricht anschließend über Themen aus dem Kulturbereich, Film und Theater, bevor bei angenehmen Temperaturen der Spaziergang zum Teehaus folgt. Goebbels und Hitler diskutieren nach dem Tee über Reichsaußenminister Joachim von Ribbentrop, den Hitler zwar für einen *„eiskalten Taktiker und intelligenten Disponenten"*, aber auch für *„starr"* und *„unelastisch"* hält. Er denkt daran, ihn abzulösen, findet aber keinen geeigneten Nachfolger. Hitler erzählt das Goebbels, wie seinem Tagebuch entnommen werden kann, *„als wir nach dem Tee allein zurückspazieren"*. Das dokumentiert, dass Hitler – es ist die absolute Ausnahme – vom Teehaus am Mooslahnerkopf zum Berghof zurückgegangen ist. Üblich ist, dass er sich zurückfahren lässt, da er ungern bergauf geht. In sein Tagebuch notiert Goebbels weiter: *„Wir sitzen dann noch bis nachts um 2 Uhr am Kamin, tauschen Erinnerungen aus. (...) Kurz und gut, es herrschte eine Stimmung wie in den guten alten Zeiten"*. Doch er stellt auch fest: *„Man meint aus der Entfernung in ihm einen schwergeprüften, tiefgebeugten Mann vorzufinden, dessen Schultern unter der Last der Verantwortung zusammenzubrechen drohen."*

Zeitgleich setzen sich von den Häfen Südenglands aus unbemerkt die Invasionsstreitkräfte in Bewegung, die die Endphase des Zweiten Weltkrieges einleiten. Als Hitler gegen 03:00 Uhr an diesem geschichtsträchtigen Dienstag ins Bett geht, werden einige Kilometer vor der französischen Küste bei heftigem Seegang die ersten Landungsboote der Operation „Overlord" zu Wasser gelassen. Die Leitung der Operation hat Dwight D. Eisenhower, der Oberbefehlshaber der alliierten Streitkräfte in Nordwesteuropa. Bei

Tagesanbruch gegen 06:00 Uhr, Hitler schläft und im Berghof herrscht absolute Ruhe, überfliegen Tausende von Flugzeugen die nordfranzösische Küste und belegen die deutschen Stellungen mit einem dichten Bombenhagel. Gleichzeitig wird das gesamte Landungsgebiet von schwerem Schiffsfeuer eingedeckt. Mit 6.939 Schiffseinheiten (u.a. 4.126 Landungsbooten, fünf Schlachtschiffen, 22 Kreuzern, 93 Zerstörern) landen um 06:30 Uhr etwa 155.000 Amerikaner, Briten, Franzosen, Polen und Kanadier an fünf verschiedenen Landeabschnitten in der Normandie zwischen Cherbourg und Le Havre. An den Flügeln der vorgesehen Landungszonen gehen 13.000 britische und amerikanische Fallschirmjäger nieder. Die Alliierten verfügen insgesamt über 86 Divisionen, 5.112 Bomben-, 5.409 Jagd- und 2.316 Transportflugzeuge. Auf deutscher Seite stehen nur 350 Flugzeuge, drei Zerstörer, 34 Schnellboote und 343 U-Boote, von denen nur sechs in den Ärmelkanal kommen, zur Verfügung. Die Übermacht ist erdrückend und Deutschland befindet sich nun im Dreifrontenkrieg. Obwohl diese Invasion die größte Landeoperation der Kriegsgeschichte ist, ist sich der Verantwortliche nicht sicher, ob sie gelingt. Für den Fall des Misslingens hat Eisenhower ein vorbereitetes Kommuniqué in seiner Manteltasche.

Aufgeschreckt von ersten Meldungen von der Küste beordert von Rundstedt die 12. SS-Panzer-Division „Hitlerjugend" und die Panzer-Lehr-Division gegen 04:30 Uhr sofort nach Saint-Sever-Calados östlich des Küstenortes Granville. Als Jodl davon erfährt, ist er über diesen Befehl verärgert, da beide Divisionen als OKW-Reserve Hitler direkt unterstehen. Er nimmt um 06:30 Uhr, dem Zeitpunkt der Landung, daher den Befehl zurück und entscheidet, erst einmal zu warten, bis Hitler aufgewacht ist. Der „Atlantikwall" – die größten Befestigungsanlagen in der Geschichte, bei dem 17,3 Millionen Tonnen

^ *Hitler in einem KDF-Wagen Cabriolet (später VW-Käfer) auf der Rückfahrt vom Mooslahnerkopf zum Berghof, im Fond Heinrich Himmler. (140)*

Beton und 1,2 Millionen Tonnen Stahl in 12.000 Bunkeranlagen und Geschützständen verbaut wurden – ist dort am stärksten, wo nie ein alliierter Soldat an Land gehen wird: an der engsten Stelle des Kanals im Pas de Calais. Bis zum Invasionstag sind 12.247 der geplanten Verteidigungsanlagen fertig, 500.000 Vorstrandhindernisse und 6,5 Millionen Minen verlegt. So soll der Mangel an Personal und modernen Waffen – eine Folge des verlustreichen rassenideologischen Vernichtungskrieges im Osten – einigermaßen ausgeglichen werden.

Die deutschen Truppen leisten verzweifelten und erbitterten Widerstand. Wegen der Luftüberlegenheit der Alliierten fallen die deutschen Luftangriffe und der Einsatz der Marine gegen den anlandenden Gegner jedoch nicht ins Gewicht. Die Alliierten können den Überraschungseffekt voll ausnutzen und besitzen rasch die absolute See- und Luftherrschaft. Da die Hauptlandung noch immer bei Calais vermutet wird, worauf zahlreiche (gefälschte) Anzeichen hinweisen, gibt das OKW nur zögernd die Panzergruppe West von General Leo Geyr von Schweppenburg für den Kampfeinsatz frei. Die Angreifer haben große Probleme mit dem Wetter. Der Wind schlägt um, die See ist weit stürmischer als angenommen und Sturm drückt das Wasser an die Küste. Somit liegen die deutschen Vorstrandhindernisse nun unter Wasser, sind damit nicht zu sehen. Die anlandenden Soldaten springen hinein, bleiben hängen, werden von Unterwasserminen zerrissen oder von ihrer schweren Ausrüstung in das eisige Wasser gezogen und ertrinken.

^ *Deutsche Soldaten sind während der Kämpfe nach der Invasion in Gefangenschaft geraten und werden unter den Augen französischer Zivilisten abgeführt. Bei den Soldaten auf dem Jeep im Hintergrund handelt es sich um britische Fallschirmjäger oder Commandos, ganz rechts auf der Straße ist ein Humber Scout Car zu erkennen. (115)*

Landungsboote werden aufgeschlitzt und versinken in der tobenden See. Die Amphibienpanzer können nur an zwei Stellen an Land gebracht werden, der Rest versinkt. Die Seekrankheit macht tausenden Soldaten, die noch nie auf einem Schiff waren, zu schaffen. Die Angreifer, insbesondere die U.S. Army, erleiden so schwere Verluste, obwohl die Gesamtverluste unter ihren Erwartungen liegen. Eine der Ursachen ist, dass im Landeabschnitt der U.S. Army an diesem Morgen zufällig die 232. deutsche Infanteriedivision eine Übung abhält und sofort in den Kampf eingreift.

Über Hitler gibt es für diesen Morgen unterschiedliche Angaben: Es gibt erst einmal niemand, der es wagt, ihn zu wecken. Als Speer um 10:00 Uhr erscheint, schläft er noch. Das ist nicht außergewöhnlich, da er ein Spätaufsteher ist. Um 10:15 Uhr weckt ihn sein persönlicher Diener Heinz Linge, weil ihn Jodl dringend am Telefon verlangt. Luftwaffenadjutant von Below berichtet, dass er von der Landung unterrichtet wird und die ersten Einzelheiten bei der Mittagslagebesprechung erhält. Eine halbe Stunde später empfängt Hitler Keitel und Jodl und fragt: *„Am Atlantik ist es also losgegangen, Jodl? Wo genau? Haben Sie präzise Angaben?"* Und meint zufrieden: *„Meine Herren, ich bin froh, dass die Angloamerikaner sich endlich entschlossen haben, in Frankreich zu landen, und zwar dort, wo wir sie erwartet haben. Jetzt wissen wir, woran wir sind."*

An diesem Vormittag stehen die deutschen militärischen Führungsinstanzen nur in telefonischem Kontakt und streiten vornehmlich über die Freigabe der vier Reservedivisionen im Westen. Mittags in der Lagebesprechung sagt Hitler zu Göring in österreichischem Dialekt mit strahlendem Gesicht: *„Also – anganga is. Sie landen hier und hier – genau wo wir es erwartet haben!"* Endlich sei eingetreten, was er sich lange gewünscht habe, jetzt stehe er seinen wirklichen Feinden gegenüber und könne sie schlagen. Hitler beharrt auf einer Verteidigung an der Küste, der Oberbefehlshaber West von Rundstedt möchte dagegen eine bewegliche Operationsführung. Weil man im Oberkommando der Wehrmacht aber nach wie vor glaubt, dass es sich nur um eine Nebenoperation beziehungsweise ein *„Täuschungsmanöver"* handelt und die Hauptlandung doch an der Straße von Dover stattfindet, werden die sechs Divisionen umfassenden Panzerreserven, die sich nur auf Hitlers ausdrücklichen Befehl von der Stelle rühren dürfen, nicht in Bewegung gesetzt. Auch bei der Einnahme des Mittagessens zweifelt Hitler, dass dies die wirkliche Invasion sei und glaubt nun ebenfalls an ein Täuschungsmanöver.

Erst nachmittags stimmt Hitler dem verspäteten Einsatz zweier in Reserve stehender Panzerdivisionen zu, die jedoch noch eine Distanz von über 150 Kilometern bis zum Feind

^ *Nach der erfolgreichen Landung werden die Leichen der getöteten Amerikaner zusammengetragen und vor dem Abtransport notdürftig abgedeckt. (115)*

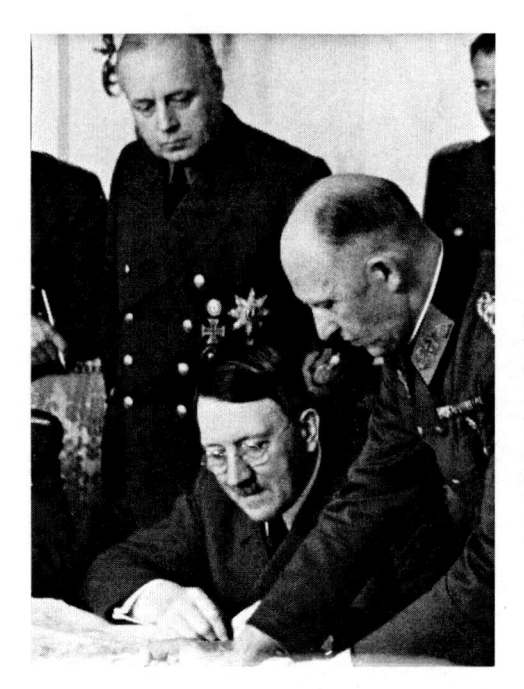

zurücklegen müssen – bei Tag und mit schweren Verlusten durch alliierte Luftangriffe. Dann fährt Hitler zum Schloss Kleßheim, um, wie vorgesehen, den ungarischen Reichsverweser Miklós Horthy zu empfangen. Der Großdeutsche Rundfunk meldet nachts: *„Achtung – wir geben die Luftlagemeldung: Über dem Reichsgebiet befindet sich kein feindliches Flugzeug. Wollen sie bitte die Uhren vergleichen, es ist 22 Uhr und zwei Minuten."* Bezüglich der Lage an der Invasionsfront wird damit suggeriert, dass die deutschen Verteidiger alles im Griff und dem Gegner *„schwere Verluste"* zugefügt haben, die Realität ist jedoch komplexer. Bis zum Abend des ersten Tages gehen trotz schwerer Verluste, vor allem bei den US-Soldaten, 156.000 alliierte Soldaten an Land. Den 10.000 alliierten Flugzeugeinsätzen stehen nur 80 deutsche Jäger gegenüber.

Am 7. Juni gegen 17:00 Uhr erfolgt in Schloss Kleßheim der Empfang des ungarischen Ministerpräsidenten Döme Sztójay. An Hitlers Miene ist nicht abzulesen, was er über den Angriff denkt. Ist es wirklichkeitsfremde Gelassenheit? Ist die Invasion tatsächlich die Invasion? Er glaubt es immer noch nicht und hält erhebliche Kräfte im Gebiet zwischen Seine und Schelde fest, wo sie vergeblich auf die Landung jener Gespensterdivisionen warten, die eine weitere Kriegslist des Gegners (Operation „Fortitude") vorgetäuscht hatte. Gleichzeitig greift er wie üblich selbst auf der unteren Befehlsebene in das Kampfgeschehen ein und trifft Entscheidungen, die mit der 1.000 Kilometer weit entfernten Front nicht vereinbar sind. Goebbels notiert: *„Der Führer ist fest davon überzeugt, dass es ihnen [der zwei in Marsch gesetzten Panzerdivisionen] gelingen wird, die gelandeten Einheiten des Feindes wieder hinauszuwerfen und vor allem die Landungstruppen zu vernichten. Es ist bezeichnend, dass der Führer absolut sicher ist und nicht das geringste Schwächezeichen zeigt. Der Führer ist begeistert über die Tatsache, dass diesmal uns das Wetter einmal zur Hilfe kommt."*

^ *7. Juni 1944, Schloss Kleßheim: Die Lagebesprechung am ersten Tag nach der Invasion. V.l.n.r.: Joachim von Ribbentrop, Hitler (mit Brille), Alfred Jodl, Hermann Fegelein. (l.) (132) Hitler gibt sich trotz der alliierten Landung optimistisch, da der ungarischen Ministerpräsidenten Döme Sztójay anwesend ist. Ganz rechts Hermann Göring. (r.) (132)*

Doch Hitler hat noch anderes im Kopf. Er beklagt Sztójay gegenüber die *„Einschränkung der Handlungsfreiheit der deutschen Behörden"* in Ungarn. Das sind *„Dinge, die man nur als Akte einer völlig feindseligen Haltung"* bezeichnen kann. Schließlich hat er schon vor einem Jahr Reichsverweser Miklós Horthy dazu aufgefordert, gegen die Juden vorzugehen und es ist *„eine Entlastung für die Ungarn, wenn wir die Säuberungsaktion* [!] *durchführen"*. Auch am Tag nach der Invasion ist ihm das Fortschreiten der Judenvernichtung sehr wichtig. An der Invasionsfront geschehen vom ersten Tag an auf beiden Seiten Kriegsverbrechen. Oft werden keine Gefangenen gemacht und reihenweise wird gegen das Völkerrecht verstoßen. Amerikaner erschießen deutsche Soldaten, die im Begriff sind, sich zu ergeben. Soldaten der Waffen-SS sperren verwundete US-Fallschirmspringer in eine Dorfkirche und brennen diese kurzerhand nieder. Dies sind nur wenige Beispiele. An diesen grauenhaften Tatsachen ändern auch filmgerecht in Szene gesetzte US-Sanitäter nichts, die deutsche Verwundete versorgen.

Auf dem Obersalzberg hat Hitler an diesem 7. Juni auch eine Besprechung mit Oberst Claus Schenk Graf von Stauffenberg, ein neuer Teilnehmer an den Lagebesprechungen, zum „Walküreplan". Dieser sieht die Unterdrückung eines möglichen Aufstandes der Zivilbevölkerung oder Zwangsarbeiter und Kriegsgefangener (mittlerweile über sieben Millionen) sowie KZ-Häftlingen durch die schnelle Zusammenführung der in Deutschland befindlichen Truppen vor. Soldaten des Ersatzheeres sollen dabei kriegswichtige Punkte in Berlin und in anderen größeren Städten besetzen und sichern. Die Auslösung durch das Codewort „Walküre" ist nur Hitler persönlich und dem Befehlshaber des Ersatzheeres vorbehalten. Der deutsche Widerstand im Offizierskorps will diesen Plan nun umfunktionieren und zu einem Putsch gegen das NS-Regime nutzen, eine geniale

^ *7. Juni 1944, Schloss Kleßheim: Hitler im Gespräch mit dem ungarischen Ministerpräsidenten Döme Sztójay, auf dem Tisch steht eine Flasche Cinzano. (132)*

Idee. Der Bevölkerung gegenüber soll nach einem erfolgreichen Attentat auf Hitler ein Putsch von Partei und SS suggeriert werden, bei dem das Ersatzheer dann im Innern die Ruhe und Ordnung wieder herstellt.

Graf von Stauffenberg als leidenschaftlicher Patriot ist hierbei die zentrale Figur. Anfangs, wie die meisten Offiziere im Widerstand, vom Nationalsozialismus begeistert und ein fähiger Offizier, erkennt er schon im Jahre 1940: *„Der Vater dieses Mannes* [Hitler] *war kein Kleinbürger. Der Vater dieses Mannes ist der Krieg."* Trotzdem fühlt er sich bis Herbst 1943 an seinen Treueid gebunden. Graf von Stauffenberg ist ein Mann mit großen Gaben und Befähigungen, einst Lehrgangsbester auf der Kriegsschule, und besitzt eine außergewöhnliche charismatische Persönlichkeit. Der elitäre, intelligente und hochdekorierte Offizier aus einem alten, katholischen, schwäbischen Uradelsgeschlecht hat musische und künstlerische Interessen. Er ist ein Idealist und ein religiöser Mensch sowie ein Verehrer des Lyrikers Stefan George. Nun, als 36-Jähriger, hat er aufgrund einer Kriegsverletzung die rechte Hand, sein linkes Auge sowie Ring- und Kleinfinger der linken Hand eingebüßt. Bald schafft er es, mit drei Fingern seine Krawatte und seine Schnürsenkel zu binden. Seine Selbstdisziplin und sein Wille sind außergewöhnlich. Er ist der Überzeugung, dass gegen Hitler vorgegangen werden muss, weil ihm die Judenerschießungen und sonstigen unvorstellbaren Verbrechen im rückwärtigen Heeresgebiet der Ostfront ein Gräuel sind: *„Nachdem die Generale bisher nichts erreicht haben, müssen sich nun die Obersten einschalten."* Auf diesen Offizier, eines für die Ausführung eines Attentats allein schon physisch denkbar ungeeigneten Menschen, setzt die Widerstandsbewegung. Sie wollen Krieg und NS-Terror endlich beenden. Ihnen ist klar, dass sie bei ihren Plänen keinen Rückhalt in der Bevölkerung haben und alleine schon durch die Planung eines Attentats auf das Staatsoberhaupt und den Obersten Befehlshaber höchste Risiken eingehen.

Die Lage an der Invasionsfront ist von erbitterten, verlustreichen Kämpfen gekennzeichnet. Am 8. Juni wird deshalb die SS-Panzerdivison „Das Reich" zur Verstärkung aus Südfrankreich Richtung Normandie in Marsch gesetzt. Der französische Offizier und spätere Staatspräsident Charles de Gaulle ruft von England aus zum Widerstand gegen die deutschen Besatzungstruppen auf. Angriffe der französischen Widerstandsbewegung Résistance im Limousin, die an die 1.000 Gleissprengungen durchführen, sollen verhindern, dass die Division die Normandie erreicht. 60 Prozent der Panzer werden dadurch im Laufe der Strecke ausfallen. Generalfeldmarschall Hugo Sperrle hat die Mitglieder der Résistance schon im Januar als *„Terroristen"* bezeichnet. Die nun nach Norden vorrückende Division war zuvor vor allem an der Ostfront die „Feuerwehr" in kritischen Situationen, ein zutiefst politisch erzogener und militärisch besser ausgebildeter Verband als andere Wehrmachtseinheiten und direkt Himmler unterstellt. Die Soldaten sind hoch motiviert und höchst dekoriert. Neuer Kommandeur ist Heinrich Lammerding, SS-Gruppenführer und Generalleutnant der Waffen-SS. Der intelligente, gelernte Ingenieur hat eine Bilderbuchkarriere hinter sich. Seine Truppe, mit dem Panzer IV der neuesten Generation ausgestattet, verliert bis Sommer 1944 50 Prozent ihres Bestandes an der Ostfront, vor allem in der Panzerschlacht um Kursk. Von den nun 15.000 Soldaten haben 9.000 noch nicht gekämpft. Im Osten wurde im Durchschnitt jeden zweiten Tag ein Dorf (insgesamt 628) ausgelöscht. Die SS-Soldaten gehen dabei mit unfassbarer Brutalität vor. Der sowjetische Film „Komm und sieh" schildert das Grauen sehr realistisch. Unter Lammerding dient als Führer des SS-Bataillons „Der Führer" SS-Sturmbannführer Adolf Diekmann. Er ist es gewohnt, als Vergeltung für Partisanenangriffe Zivilisten erschießen zu lassen, auch Frauen und Kinder fallen den Strafaktionen zum Opfer. Er deckt das nicht nur, sondern erwartet dieses Verhalten geradezu von seinen Männern.

Mit diesem Hintergrund macht sich die Division nun auf den etwa 700 Kilometer langen Weg an die Küste der Normandie. Aufgrund der Sabotageakte gegen Eisenbahnlinien müssen auch die Panzerfahrzeuge auf eigener Achse vorrücken. Noch am 8. Juni erreichen Teile der Division die Stadt Tulle, in der tags zuvor der französische Widerstand 122 deutsche Soldaten getötet hat. Die Leichen der toten Deutschen werden teilweise geschändet. Als Tulle zurückerobert wird, folgt eine massive Vergeltungsaktion. Wahllos werden Bewohner zusammengetrieben und aufgehängt, die Übrigen werden zum Zusehen gezwungen.

SS-Offiziere trinken bei der Hinrichtungsaktion Wein in einem Café und hören laute Musik. Als 99 Bewohner gehenkt worden sind, gehen die Stricke aus, was vielen das Leben rettet. Bis auf zwei Widerstandskämpfer sind alle Opfer unschuldige Zivilisten, deren Leichen pietätlos auf der örtlichen Müllkippe im Bauschutt entsorgt werden. Die SS wählt bewusst die erniedrigende Rolle des Erhängens, eine an der Ostfront bewährte Methode.

^ *8. Juni 1944, Normandie/Frankreich: Menschen und Material strömen zwei Tage nach Beginn der Invasion in einen amerikanischen Landungskopf. (115)*

SS-Sturmbannführer Helmut Kämpfe ist an diesem Tag mit seinem Wagen bereits 100 Kilometer weiter nördlich unterwegs, wo ihn Angehörige der französischen Widerstandsgruppe FTP gefangen nehmen und nach Breuilaufa (Département Haute-Vienne) bringen. Zuvor gelingt es ihm in Limoges, persönliche Unterlagen aus dem Fahrzeug zu werfen, die später gefunden werden. Damit ist klar, was ihm zugestoßen ist. Der Regimentskommandeur befiehlt daraufhin SS-Sturmbannführer Diekmann, im Ort Oradour-sur-Glane 30 Geiseln zum Austausch für Kämpfe gefangen zu nehmen. Zu diesem Zeitpunkt ist Kämpfe jedoch vermutlich bereits tot.

Am 10. Juni umstellen kurz nach 14:00 Uhr rund 150 Soldaten der 3. Kompanie des zur 2. SS-Panzer-Division „Das Reich" gehörenden SS-Panzergrenadier-Regiments 4 „Der Führer" das 30 Kilometer nordwestlich von Limoges gelegene Dorf Oradour-sur-Glane im Département Haute-Vienne (Region Nouvelle-Aquitaine). Der Bürgermeister bietet sich daraufhin selbst mit seinen Söhnen als Geiseln an, doch Diekmann geht darauf nicht ein und befiehlt stattdessen, den Ort niederzubrennen und ohne Ausnahme alle Bewohner zu töten. Die Dorfbewohner werden zunächst auf dem Marktplatz zusammengetrieben und dann, nach über einer Stunde, von der SS in Männer, Frauen und Kinder aufgeteilt. Die über 400 Frauen und Kinder werden in der kleinen Kirche eingepfercht. Nach etwa eineinhalb Stunden quälenden Wartens legen die SS-Soldaten mit einem Brandsatz, den sie in einer Kiste vor dem Altar deponieren und anzünden, Feuer, das umgehend beißenden Qualm erzeugt. Panik bricht aus. Der hölzerne Dachstuhl des Kirchturms geht in Flammen auf und schlägt durch das Dach des Kirchenschiffes auf die eingeschlossene Menge. Zuvor schon waren die Eingeschlossenen von Fenstern und Türen aus beschossen und mit Handgranaten beworfen worden. Währenddessen sind die verbliebenen über 200 Männer und älteren Jungen in Garagen und Scheunen festgesetzt worden. Auf einen Signalschuss hin eröffnen die Soldaten gleichzeitig das Feuer auf sie. Die Leichenberge werden ohne Rücksicht auf verletzte Überlebende mit Hilfe von Stroh angezündet. Dieses Kriegsverbrechen, die Ermordung von mindestens 642 Menschen, darunter mindestens 207 Kinder und 254 Frauen, ist das zahlenmäßig größte Massaker in Westeuropa.

Hitler bekommt davon nichts mit und wenn, würde es ihn nicht interessieren, da die Liquidierung ganzer Dörfer nur eine von vielen Notwendigkeiten für den *„Endsieg"* Deutschlands ist. Er unterhält sich am 8. Juni mit dem Maschinenbautechniker Arno Fischer aus Coburg, Geschäftsführer der Rhein-Main-Donau-Kanalgesellschaft und Inhaber zahlreicher Patente. Fischer hat das erste Unterwasserkraftwerk der Welt gebaut und soll nun am Kanalprojekt mitarbeiten, der Kanal kann Hitler wie üblich gar nicht groß genug sein.

^ *Angehörige des SS-Panzergrenadier-Regiments 4 „Der Führer". (112)*

Eine persönliche Konfrontation mit der Wirklichkeit seines Krieges bekommt Hitler durch Eva Braun mit. Ihr enger Freund, der Kammerschauspieler und Komiker Heini Handschumacher kommt zusammen mit seiner Frau am 9. Juni bei einem Bombenangriff auf München ums Leben. Erst sechs Tage zuvor war er bei Gretl Brauns Hochzeit zu Gast auf dem Obersalzberg. In Tränen aufgelöst kehrt Eva mit ihren Freundinnen von der Beerdigung zurück und schildert erregt und in starken Worten das Elend der von den Angriffen heimgesuchten Bevölkerung. Hitler hört mit düsterem Gesicht zu, schwört Vergeltung und verspricht, mit den neuen Erfindungen der Luftwaffe alles hundertfach heimzuzahlen. In den folgenden Lagebesprechungen schimpft er über das Versagen der Luftwaffe im Allgemeinen und Görings im Besonderen. Er unternimmt aber nichts gegen ihn, weil damit *„die Autorität des Reiches und der Partei schwersten Schaden erleiden"* würde. Hitler macht sich ab jetzt Sorgen um Eva Braun, weil sie es ablehnt, bei Fliegeralarm in den Luftschutzkeller ihres Münchener Hauses zu gehen. Traudl Junge gegenüber klagt er: *„Sie geht nicht in den Bunker, obwohl ich sie dauernd darum bitte, und das kleine Häuschen wird eines Tages zusammenfallen wie ein Kartenhaus."*

Die sowjetische Sommeroffensive in Karelien/Nordosteuropa beginnt am 10. Juni. Am Tag darauf gratuliert Hitler telegraphisch dem Komponisten Richard Strauß zum 80. Geburtstag und begibt sich dann auf den Hof der SS-Kaserne Obersalzberg. Mit einem schwarzen Umhang bekleidet, es regnet leicht, lässt er sich anhand von angetretenen Soldaten neue Ausrüstungsgegenstände erklären und besichtigt eine Artilleriekanone sowie eine Selbstfahrlafette. Mit dabei ist Generalmajor Hellmuth Stieff, einer der

^ *11. Juni 1944, Obersalzberg: Waffenvorführung auf dem Hof der SS-Kaserne. Hinten (2. v. l.) einer der Verschwörer, Generalmajor Hellmuth Stieff, der Hitler bei dieser Gelegenheit hätte erschießen können. (125)*

Verschwörer des Widerstandes. Stieff verwahrt den Sprengstoff, mit dem bereits im November 1943 ein Attentat verübt werden sollte. Auch jetzt kommt er problemlos bis auf zwei, drei Meter an Hitler heran, wie Fotos zeigen. Er lehnt die Durchführung eines Attentates jedoch ab. Am 12. Juni äußert sich Hitler über seinen finnischen Verbündeten und stellt klar: *„Solange der Finne kämpft, wird er unterstützt. Sobald er* [mit den Sowjets] *verhandelt, werden die Lieferungen gesperrt."* Er weiß nicht, dass im Geheimen bereits sowjetisch-finnische Waffenstillstandsverhandlungen laufen. An der neuen Westfront werden an diesem Tag die fünf alliierten Landepunkte in der Normandie zu einer Front vereinigt, die 100 Kilometer lang und 30 Kilometer breit ist. Damit steht fest, dass die Invasion geglückt ist. Verantwortlich hierfür ist die immer noch vorhandene Konfusion innerhalb der deutschen militärischen Führung. Hitler als Obersten Befehlshaber gelingt es nicht, die kontroversen Auffassungen seiner Generale über die zweckmäßigste Art, das Landungsunternehmen abzuwehren, zu einer einheitlichen Konzeption zu verbinden. Die Folge sind unklare Kompromisse, die von Diskussionen über die Zuständigkeiten nur noch verstärkt werden. Diese Diskussionen münden letztlich in Entscheidungssituationen, die die eigenen Operationen mehr lähmen als voranbringen.

Doch Hitler setzt nun auf eine andere, neue Waffe. Es ist die als „Wunderwaffe" gepriesene V1 (Vergeltungswaffe 1), dem ersten fast 600 km/h schnellen Marschflugkörper vom Typ Fieseler Fi 103, von der er sich eine kriegsentscheidende Wirkung erhofft. Ursprünglich hat Speer versprochen, dass sie Anfang April fertig gestellt ist. Milch malt Hitler die totale Zerstörung Londons durch eine Welle von 1.500 Geschossen in zehn Tagen aus, wohl wissend, dass dieser solche Untergangsszenarien liebt. Das Geschoss trägt eine Tonne Sprengstoff und fliegt 250 bis 370 Kilometer weit. Es ist das erste unbemannte Luftfahrzeug, ein Vorläufer der heutigen militärischen Drohnen und dem Marschflugkörper („Cruise Missile") und markiert den Beginn der modernen Kriegführung, wie wir sie heute kennen. Damit erfolgt am 13. Juni um 01:20 Uhr der erste Angriff gegen London. Rommel und von Rundstedt würden die Waffe lieber gegen die feindlichen Landeköpfe einsetzen, doch Hitler bleibt stur, da ihm das politische Ziel London wichtiger ist als das militärische in Nordfrankreich und argumentiert: *„Es wird eine Panik ausbrechen in England. Die Wirkung dieser Waffen geht so unerhört auf die Nerven, dass das kein Mensch auf die Dauer aushalten kann."* Er spricht dabei die lauten röhrenden Geräusche an, die der Motor verursacht. Über dem Ziel schaltet er sich aus und die V1 stürzt lautlos zu Boden. In dem Moment, in dem die betroffene Bevölkerung, die von dem *„deutschen Angriffsroboter"* spricht, also plötzliche Stille wahrnimmt, kommt die Todesangst, getroffen zu werden. Die psychologische Wirkung ist groß, der militärisch durchschlagende Erfolg der ersten Wunderwaffe bleibt aus, nur ein Drittel erreicht ihr Ziel. Ursache sind technische Mängel, falsche Steuerungen oder der Abschuss der Marschflugkörper. Oft wird die V1 auch von Flugzeugen mit einem Stoß der Tragfläche zum Absturz gebracht. Dennoch bringt die V1, von der bis März 1945 12.000 Stück abgefeuert werden, Tod und Verderben nach London, später auch nach Antwerpen. 6.000 Engländer werden sterben, 16.000 verletzt, 23.000 Häuser total zerstört und 750.000 beschädigt.

Als ob Verwaltungsvorschriften etwas gegen die feindlichen Luftangriffe bewirken könnten, ergeht am 14. Juni ein Erlass des Reichsministeriums der Luftfahrt über die Bezeichnung der Luftschutzräume. *„Der Führer hat eine Bezeichnung der Luftschutzräume entsprechend ihrer (...) Schutzwirkung sowie die Änderung irreführender Kennzeichnung befohlen"*, da fehlerhafte Bezeichnungen verwirrend seien. Es wird nun unterschieden zwischen Luftschutzbunker, -stollen, -keller, -deckungsgraben und -rundbau. Die sich zuspitzende Lage an der Invasionsfront zwingt Hitler zu einer Besprechung zu den verantwortlichen Generalen der Westfront nach Frankreich. Am Abend des 16. Juni fährt er zum Flugplatz Salzburg-Maxglan und fliegt nach Metz im Nordosten Frankreichs. Seine Focke-Wulf Fw 200 „Condor", ein viermotoriges Langstreckenflugzeug, wird von drei Begleitmaschinen und Jagdflugzeugen eskortiert. Während des Fluges ist aus Sicherheitsgründen der deutsche Flugbetrieb stillgelegt und jegliches Artilleriefeuer untersagt. Hitler schläft während des Fluges durch eine wolkenlose Nacht. Bei Tagesanbruch des Samstags, 17. Juni, landen die Maschinen auf dem fünf Kilometer südwestlich von Metz gelegenen Flugplatz nahe der Rue de Frescaty. Bewacht vom Führerbegleitbataillon und unter einem Schirm von Jagdflugzeugen fährt Hitlers Wagenkolonne die 250 Kilometer lange Strecke durch das besetzte Frankreich. Die Strecke geht über Gravelotte, Rezonville, Vionville, Mars-la-Tour, Hannonville-Suzémont, Labeuville, Harville, Maizeray, Pintheville, Manheulles, Haudiomont, Verdun, Blercourt, Dombasle-en-Argonne, Récicourt, Clermont-en-Argonne, Les Islettes, St. Menehould, Dampierre, Valmy, Somme-Bionne, Somme-Tourbe, Somme-Suippe, Suippes, Jonchery-sur-Suippe, Saint-Hilaire-le-Grand, Reims, Muizon, Jonchery-sur-Vesle, Sermoise, Soissons, Crouy, Braye, Vuillery und Neuville-sur-Margival in das Führerhauptquartier Wolfsschlucht 2.

Bezeichnenderweise hat er das Gelände durch SS-Einheiten abriegeln lassen. Im Teehaus trifft Hitler den Oberbefehlshaber West von Rundstedt mit seinem Generalstabschef General Günther Blumentritt und den Oberbefehlshaber der Heeresgruppe B Rommel mit seinem Generalstabschef Generalleutnant Hans Speidel. Letzterer versucht seit geraumer Zeit, Rommel für den militärischen Widerstand zu gewinnen. Das Vorhaben ist durchaus erfolgversprechend. Rommel ist nicht mehr hundertprozentig loyal und zweifelt Hitlers Führungsqualitäten an. In einem Gespräch mit dem Stuttgarter Oberbürgermeister Karl Strölin äußert er bereits zuvor: *„Wenn der Hitler nicht abtritt, hat alles andere keinen Wert."* Hitler, der auffallend blass und müde aussieht, hat den Chef des Wehrmachtsführungsstabes Alfred Jodl und seinen Chefadjutanten der Wehrmacht Generalleutnant Rudolf Schmundt dabei.

^ *16. Juni 1944: Hitlers Focke-Wulf Fw 200 „Condor" unmittelbar vor dem Start. (112)*

Die Besprechungen gehen von 09:00 bis 16:00 Uhr im „Vorhaus" zum Führerbunker und werden mehrfach durch Fliegeralarm unterbrochen. Die Beteiligten müssen sich deshalb in den Bunker zurückziehen. Hitler sitzt dabei auf einem Hocker und spielt nervös mit seiner Brille und verschiedenen bunten Bleistiften, während die Offiziere um ihn herum stehen. Zurück im Besprechungsraum beklagt er sich über die ständigen Rückzüge und befiehlt, die Festung Cherbourg um jeden Preis zu halten. Rommel erwidert, dass „*vom Schreibtisch aus befohlene Operationen*" von anderen Voraussetzungen ausgehen als diejenigen, die sich aus einer konkreten Frontlage heraus entwickeln. Er befürchtet, dass die Alliierten bald auf deutschem Boden stehen und deshalb sei es nötig, den Krieg zu beenden. Hitler verbietet sich umgehend seine „*Einmischung in die Politik*" und weist ihn vor den Anwesenden zurecht. Zum Mittagessen im Teehaus wird ein Eintopf aus Reis und Gemüse gereicht, den Hitler im kleinen Kreis einnimmt. Er fängt erst an zu essen, nachdem die Speisen vorgekostet wurden. Während der ganzen Mahlzeit sind hinter seinem Stuhl zwei SS-Posten postiert. Nach dem Essen spricht Hitler im Bunker unter vier Augen mit Rommel, der seine Sicht der Lage erneut realistisch schildert und der versucht, Hitler davon zu überzeugen, dass er den Krieg beenden muss, da er verloren sei. Das Gespräch verläuft zeitweise sehr heftig. Wieder zurück in der großen Runde berichtet von Rundstedt, dass der Feind mit den zur Verfügung stehenden Kräften nicht wieder aus Frankreich herausgeworfen werden kann. Hitler nimmt dies sehr unruhig und unzufrieden zur Kenntnis und spricht von „*Floskeln*". Er setzt für Cherbourg einen „*besonders befähigten Kommandanten*" ein. Es ist wieder der Versuch, durch Austausch des Kommandanten eine Verbesserung der militärischen Lage herbeizuführen. Zusätzlich betont er, dass „*Massen von Turbojägern*" in „*kürzester Zeit*" die amerikanischen und britischen Flugzeuge „*vom Himmel fegen*" werden. Auch die V1-Waffe wird eine „*kriegsentscheidende Wirkung*" haben und die Engländer „*friedenswillig*" werden lassen. Der Hinweis auf „*Turbojäger*" ist reine Propaganda, da die Produktion grade erst angelaufen ist. Die während dieses Treffens offenbar gewordenen Gegensätze steigern das bereits vorhandene Misstrauen Hitlers gegen das Offizierskorps zusätzlich.

Beim Auseinandergehen versuchen die Generale, ihn dazu zu bewegen, sich im Hauptquartier Rommels in La Roche-Guyon den Vortrag einiger Frontkommandeure anzuhören. Widerstrebend sagt er seinen Besuch für den 19. Juni zu. Doch kurz nachdem von Rundstedt und Rommel das Führerhauptquartier verlassen haben, bricht er auch auf und kehrt auf demselben Weg, wie er gekommen ist, mit dem Auto und dem Flugzeug zum Obersalzberg zurück. Angeblicher Grund für die Abreise ist eine in der Nähe abgestürzte V1. Diesen Umstand bestätigt Hitler am 5. August gegenüber dem rumänischen Ministerpräsidenten Ion Antonescu. Er überzeugt sich bei der Abreise von der Wirksamkeit der V1 unweit seines Aufenthaltsortes und findet dort einen Trichter von 34 Metern Durchmesser und fünf bis sechs Meter Tiefe vor. Auf dem Berghof angekommen, äußert er abwertend zu seiner Entourage: „*Rommel hat seine Nerven verloren, er ist ein Pessimist geworden. Heute können nur Optimisten etwas erreichen.*" Wer ihm die Lage also realistisch schildert, ist ein Pessimist, während man den Krieg jetzt schon nur noch mit sehr, sehr viel Optimismus für sich entscheiden kann.

Bis zum 18. Juni hat der britische Oberbefehlshaber Bernard Montgomery 619.000 Soldaten, 95.000 Fahrzeuge und 218.000 Tonnen Material in Frankreich an Land bringen können. Um Saint-Lô auf der Halbinsel Cotentin und vor Caen gibt es dennoch erheblichen deutschen Widerstand. Die Hoffnung der Alliierten, Caen binnen zwei Tagen einnehmen zu können, erweist sich als fataler Trugschluss. Überhaupt geht aus Sicht der Alliierten der Vormarsch enttäuschend langsam voran. Trotzdem können sie bis zum Abend dieses Tages zum Westteil der Cotentin-Halbinsel bei Barneville durch die deutsche Front stoßen. Als diese neue Meldung in der Lagebesprechung auf dem Berghof diskutiert wird, sind die entscheidenden Worte von lakonischer Kürze – Hitler zu Jodl: *„Sie haben jetzt ganz konkret gemeldet, sie [die U.S. Army] seien durch. Sind sie nun durch oder nicht?"* Jodl antwortet: *„Jawohl, sie sind durch."* Da der erwartete alliierte Großangriff im Westen für Jodl bereits in der Vergangenheit einen Wendepunkt des Krieges dargestellt hat, legt er Hitler bereits im Jahre 1943 eine Denkschrift vor: Gelänge diese Invasion, wäre der Krieg endgültig verloren und es wäre Wahnsinn, den Kampf fortzusetzen. Hitler hat seinerzeit seine Ansicht geteilt und hat im November 1943 mit Befehlen zur Verstärkung der Verteidigung im Westen reagiert. Für Hitler hätte also an diesem Tag klar sein müssen, dass der Krieg verloren ist. In einem persönlichen Gespräch mit Freiherr Carl Gustaf Emil Mannerheim hat er zwei Jahre zuvor zugegeben: *„Ich hatte nur den Alpdruck: Da ist noch mehr! Denn ein Zweifrontenkrieg, das wäre unmöglich gewesen. Daran wären wir auch zerbrochen. Das sehen wir heute besser, als wir es damals vielleicht noch erkannten."* Nun befindet sich Deutschland sogar im Dreifrontenkrieg.

Die Stimmung ist schlecht. Als die Lagebesprechung die Ostfront zum Thema hat, lässt Hitler seiner Wut freien Lauf. Über die Tätigkeit der Partisanen, sie zerstören an 9.600 Stellen die Schienennachschubwege der Heeresgruppe Mitte, tobt er: *„Das sind alles Banditen! Feinde der Deutschen und Banditen – das ist ein und dasselbe! Sie müssen alle ausgerottet werden! (...) Übermitteln Sie Generalfeldmarschall Busch, dass er besonders wachsam sein soll. Über seine Heeresgruppe führt der direkte Weg nach Deutschland! Hier dürfen wir keinen Schritt zurückweichen!"* Gegenmaßnahmen erhofft er sich durch die Unterzeichnung des Erlasses über die *„Konzentration der Rüstung und Kriegsproduktion"* am 19. Juni. Einen Tag später hält Speer einen Vortrag über die laufenden Arbeiten an den bestehenden und im Bau befindlichen Führerhauptquartieren. Der Aufwand dafür ist unvorstellbar hoch: 28.000 Menschen sind aktuell damit beschäftigt. Die Kosten belaufen

^ *Juni 1944, Caen/Frankreich: Die zerstörte St. Peter-Kathedrale. (115)*

sich für die Wolfsschanze auf 36 Millionen Reichsmark (heute etwa 576 Millionen Euro), 13 Millionen Reichsmark (heute etwa 208 Millionen Euro) für „Hagen" (Pullach bei München) und 130 Millionen Reichsmark (heute etwa über 2 Billionen Euro) für „Riese" (Eulengebirge). Die Bevölkerung benötigt dringend Luftschutzräume, das hat trotz des verheerenden Luftkrieges, dem kaum mehr etwas entgegengesetzt werden kann, aber keine Priorität. Hitler befiehlt, die Teilanlage im Schloss Fürstenstein („Riese") so voranzutreiben, dass sie ab 1. November bezugsfertig ist. Er legt Wert darauf, dass *„er die Inneneinrichtung der Bunker in einfachster Art wünscht"* und alle Holzverkleidungen wegzulassen seien. Als ob das die enormen Kosten relativieren würde.

Am 20. Juni ist die Zahl der Sabotageakte im Osten, die die sowjetische Offensive vorbereiten sollen, bereits auf 10.500 gestiegen. Man steht dem in der Weite des Landes machtlos gegenüber. Eine Erfolgsmeldung an diesem Tag ist der geglückte Start von Aggregat 4, der weltweit ersten funktionsfähigen Großrakete mit Flüssigkeitstriebwerk. Die unter dem Namen V2 bekannt gewordene ballistische Boden-Boden-Rakete erreicht die Rekordhöhe von 174 Kilometern und ist damit das erste von Menschen konstruierte Objekt, das die Grenze zum Weltraum durchstößt. Im von der SS betriebenen „Mittelwerk Dora" bei Nordhausen im Harz arbeiten 10.000 KZ-Häftlinge am Bau dieser Interkontinentalrakete. Es ist die größte unterirdische Fabrik der Welt. Am Ende der Produktion werden Schätzungen zufolge 16.000 bis 20.000 Menschen an den Folgen der Zwangsarbeit gestorben sein. Der Bau der Waffe wird damit mehr Menschenleben kosten als deren Einsatz. Überlegungen, ob sich eine Neuentwicklung irgendwann einmal amortisiert, stellt Hitler gar nicht erst an. Auch für andere Waffen werden Ressourcen verschwendet, so beispielsweise für ein Gewehr, das um die Ecke schießen kann oder den „Silbervogel" des Ingenieurehepaars Eugen Sänger und Irene Sänger-Bredt. Dieser suborbitale Bomber soll den Atlantik überqueren, eine radioaktive 4.000-Kilogramm-Bombe über amerikanische Städte abwerfen und danach im Gleitflug zurückkommen. Die Technik fand später im US-amerikanischen Shuttleprogramm Verwendung.

Berlin wird am 21. Juni Ziel eines Luftangriffs. Am helllichten Tag greifen 2.500 amerikanische Bomber und Begleitflugzeuge die Stadt an und werfen mehr als 2.000 Tonnen Bomben ab. Dabei werden 44 Bomber abgeschossen. In einem findet man eine Karte, aus der hervorgeht, dass 114 Flugzeuge nach dem Angriff nicht nach England zurückgekehrt sind, sondern zu sowjetischen Flugplätzen in der Ukraine weiterflogen. Hitler befiehlt noch für die Nacht einen Angriff auf diese Flugplätze, bei dem alle amerikanischen Flugzeuge zerstört oder irreparabel beschädigt werden. In der Abendlage ist Hitler über den Entschluss des finnischen Oberbefehlshabers Carl Gustaf Emil Mannerheim, seine vorderen Stellungen aufzugeben, sehr erbittert. Der in Finnland eingesetzte und anwesende Generaloberst Eduard Dietl wird bei der Diskussion immer wütender, schlägt schließlich auf den Tisch und sagt, Hitlers harte Worte sind typisch *„vom grünen Tisch gesprochen"* und *„ohne jede örtliche Sachkenntnis"*. Er kündigt an, nach Finnland zurückzufliegen und Mannerheim in seiner Entscheidung beizupflichten. Als er die Halle verlassen hat, sagt Hitler zu seiner erstaunten Umgebung, die einen erneuten Wutausbruch Hitlers erwarten: *„Meine Herren, so wünsche ich mir meine Generale!"*

An diesem ereignisreichen Tag findet im Bremer Rathaus der von Hitler angeordnete Trauerakt für den Regierenden Bürgermeister SA-Obergruppenführer Heinrich Böhmcker, der einem *„Herzschlag"* erlegen ist, statt. Dann kommt es noch zu einer Besprechung mit Goebbels in der großen Halle des Berghofes. Dieser hat sich gut vorbereitet und redet wie noch nie zuvor Klartext. Er zählt eine Reihe von Missständen auf, die seiner Meinung nach zu *„außerordentlichen Maßnahmen"* führen müssten. Er beklagt sich, dass *„der totale Krieg bei uns nur eine Phrase darstellt und in Wirklichkeit gar nicht vorhanden ist. (…) Vor allem ist es notwendig, eine Reform der Wehrmacht an Haupt und Gliedern vorzunehmen"*. Hitler habe jetzt einen *„Scharnhorst und einen Gneisenau, nicht aber einen Keitel und einen Fromm nötig"* und das *„Führungspersonal der Wehrmacht müsse gewechselt"* werden. Goebbels verspricht, dass er in der Lage sei, eine Million Soldaten zusätzlich zur Verfügung zu stellen. Erreichen will er dies, indem er die *„Wehrmacht sowohl wie das zivile Leben rigoros auskämme, denn es ist nun kurz vor Zwölf"*. Hitler antwortet ausführlich und argumentiert, solange er kein neues Personal habe, könne er das alte nicht auswechseln. Die zusätzlichen Soldaten bringen ihm aktuell nichts, da er sie ausbilden und bewaffnen muss. Dann zieht er wieder einmal über Göring und die Luftwaffe her und beklagt, wie schwer es für ihn sei, sich bei der Luftwaffengeneralität durchzusetzen und Göring nur in *„einem Reich völliger Illusion"* lebe. Was heute aus der Luftwaffe geworden sei, kann nur mit *„eigenem absoluten Versagen"* bezeichnet werden. Goebbels Forderungen zur Intensivierung der Kriegsanstrengungen werden also erst einmal abgelehnt und auf einen späteren Zeitpunkt verschoben. Goebbels notiert: *„Der Führer sieht die Krise noch nicht als so stark und überzeugend an, dass sie ihn veranlassen könnte, die letzten Register zu ziehen."*

Der Kampf um die an der Nordküste der Halbinsel Cotentin direkt am Ärmelkanal gelegenen Stadt Cherbourg geht ihrem Ende entgegen. Hitler funkt an den Festungskommandanten General Karl-Wilhelm von Schlieben: *„Ich erwarte von Ihnen, dass Sie diesen Kampf führen wie einst Gneisenau die Verteidigung Kolbergs."* Bereits in der Nacht fordert der General dringend Luftversorgung an, was Hitler bei der Mittagslage am 22. Juni zu der sarkastischen Bemerkung veranlasst, das man *„zwei Jahre Zeit gehabt"* habe, *„Vorratslager in Cherbourg anzulegen, nun ist man knapp zwei Tage eingeschlossen und schreie schon nach Versorgung aus der Luft"*. Jetzt erst erfährt er, dass in der Festung weit weniger deutsche Soldaten seien, als er angenommen und befohlen habe. Die Dezimierung der betroffenen Divisionen ist auch dadurch zustande gekommen, dass er den Befehl gegeben hat, jeden Meter Boden der Halbinsel in zähem Rückzugskampf zu verteidigen. Verzweifelt werden Gegenmaßnahmen erörtert. Hitler verlangt das Absetzen von 3.000 Fallschirmjägern. Das OKL ist dazu natürlich nicht fähig und Hitler tobt: *„Es muss doch möglich sein, dass 3.000 Mann ins eigene Gebiet abgesetzt werden können!"* Auch Angriffe mit Jägern bringen aufgrund der alliierten Luftüberlegenheit keinen Erfolg und abends meldet Schliebens Funker: *„Letzter Kampf um Cherbourg entbrannt. General kämpft bei der Truppe. Es lebe Führer und Deutschland. Heil dem Führer. Heil Deutschland."*

Zuvor hatte Hitler seine Generale noch zu beruhigen versucht: *„Wenn mir einer sagt: Ja, nun ist der Engländer in Cherbourg gelandet, kann ich nur sagen: Sie sehen damit den Beginn der Rückeroberung von Frankreich, ich sehe es aber nun anders. Wir haben ihn doch* *aus Frankreich hinausgejagt, und das ist der letzte Platz, wo er noch sitzt. Denn als wir den Krieg begannen, waren doch nicht wir in Frankreich, sondern der andere (...) Der andere war an unserer Ostgrenze kaum 150 Kilometer von Berlin entfernt."* Es ist nichts anderes als Schönfärberei, denn am nächsten Tag, am 22. Juni, toben heftige Straßenkämpfe in Cherbourg. Die Wochenschau verklärt den Kampf bis *„zur letzten Patrone"* und bis *„zum letzten Mann"* als *„Blatt in der deutschen Heldengeschichte"*.

Die Sowjets beginnen unter dem Stichwort Operation „Bagration" am selben Tag, dem dritten Jahrestag des deutschen Angriffs, mit ihrer Sommeroffensive gegen den zwischen Bobruisk und Witebsk über den Dnjepr nach Osten vorspringenden Frontbogen der Heeresgruppe Mitte. Ziel ist die Befreiung Weißrusslands. Hitler hat Goebbels gegenüber den Tag des Angriffs vorhergesehen, weil *„der Jahrestag (...) den Feind gewiss reizen"* wird. Der Heeresgruppe Mitte stehen noch 40 Divisionen mit 850.000 Soldaten, 3.236 Geschützen, Mörsern und Raketenwerfern, 570 Panzern und Sturmgeschützen und 602 Flugzeugen zur Verfügung. Damit muss sie einen rund tausend Kilometer langen Frontbogen verteidigen. Die Rote Armee kann dagegen 1.400.000 Soldaten, 31.000 Geschütze, Mörser und Raketenwerfer, 5.200 Panzer und Sturmgeschütze und 5.300 Flugzeuge aufbieten. Beim Material herrscht also ein Verhältnis von eins zu zehn. Zusätzlich stehen im Hinterland der deutschen Front 200.000 Partisanen bereit, um die Offensive durch Sabotageakte zu unterstützen. Die zahlenmäßige Überlegenheit der sowjetischen Streitkräfte sowie die jahrelangen Waffen- und Materiallieferungen der Alliierten sind so überwältigend, dass für die deutschen Truppen ein Halten der Front von vorneherein völlig aussichtslos ist.

Am Ende ist es Hitlers Starrsinn, jeden einmal eroberten Quadratmeter feindlichen Bodens um jeden Preis verteidigen zu müssen, der dazu führt, dass seine Truppen die Front mit nur unzureichenden Reserven verteidigen müssen. Einer Verkürzung der Front um rund 250 km, etwa hinter die Beresina, durch Rückverlegung von Truppen, um mehr Kräfte konzentrieren zu können, hat Hitler trotz wiederholter Anträge der Generale seine Zustimmung verweigert. Selbst der weitere eigenmächtige Ausbau rückwärtiger Linien durch die Armeen wurde von Hitler ausdrücklich untersagt, da dieses seiner Ansicht nach nur *„Rückzugsgedanken"* verstärken würden. Doch auch ohne Hitlers Starrsinn wird im Verlauf der zweiwöchigen Kämpfe aufgrund der Überlegenheit des Gegners die Heeresgruppe Mitte zerschlagen. Auf deutscher Seite sind 399.102 Mann Verluste zu beklagen (26.397 Gefallene, 109.776 Verwundete und 262.929 Gefangene, darunter 22 Generale). Wie erbittert die Kämpfe sind, zeigen die Verlustzahlen der Roten Armee: 765.815 Mann (178.507 Tote und Vermisste, 587.308 Verwundete). Der Zusammenbruch der Heeresgruppe übertrifft das Ausmaß der Katastrophe von Stalingrad allein zahlenmäßig um das Doppelte, 28 deutsche Divisionen sind vernichtet. Es ist die schwerste Niederlage der deutschen Militärgeschichte – ein Umstand, der damals nicht vollumfänglich wahrgenommen wurde, weil man die Ereignisse an der Westfront verfolgte und der bis heute nicht im Bewusstsein der Öffentlichkeit wahrgenommen wird.

Am Nachmittag dieses 22. Juni, während die Ostfront in Flammen steht, fährt Hitler in einem dunkelgrünen VW-Käfer zum oberhalb des Berghofes gelegenen Hotels

Juni 1944 – D-Day in der Normandie

„Platterhof". Auch dieses Gebäude ist mit Tarnnetzen versehen. Hitler geht, begleitet von Dönitz, Göring, Keitel, Bormann und weiteren 14 Personen zu einem länglich-schmalen Nebengebäude mit einer langen Fensterfront an der Südseite. Dort hält er eine Ansprache vor höheren Offizieren über das Wesen von Krieg und Revolution, die nicht veröffentlicht wird, aber in Bormanns Akten erhalten geblieben ist. Tenor seiner Rede ist der von ihm oft vorgenommene darwinistische Vergleich, dass in der Natur *„stets der Stärkere der Sieger"* bleibt und der Schwächere unterliegt. Im Krieg sei dies nicht anders: *„Wenn das Volk dieses ewige Gesetz nicht klar vor Augen als solches hat, wird es ausgerottet wie viele andere (…). Der Jude ist weg* [!]*, und den, der wirklich etwas bei uns kann, der führen kann, habe ich mir längst herausgesucht, der sitzt irgendwo ohne Rücksicht auf seine Herkunft bereits in einer führenden Stelle darinnen."* Hitler droht, dass, wenn sich irgendwer jetzt zum Schaden Deutschlands an die Außenwelt wenden würde, er vom Gerichtshof sofort zum Tode verurteilt werden würde. Die Generale spenden stürmischen Beifall, als er von dem *„kleinen Wurm"* spricht, *„der mit seiner kleinen Faustpatrone in seinem Loch liegt und von 10 oder 12 Panzern angegriffen wird"*, während sogenannte Demokraten in der Heimat die Kapitulation des Landes vorbereiten. Er spielt weiter den Verständnisvollen:

„Denn man kann nicht verlangen, dass der brave, kleine Musketier sich vorn totschießen lässt, während andere Leute im selben Augenblick hier einen Akt begehen, der nichts anderes ist als Verrat am Opfer dieser Menschen. (…) Man sagt mir oft, indem man auf den kleinen Mann da draußen hinweist: Hören Sie, wie wird Ihnen jetzt? Ich kann sagen, ich habe schlaflose Nächte, selbstverständlich, aber keine Sekunde habe ich einen Zweifel, dass wir jede Gefahr am Ende eben trotzdem meistern werden. Ich habe noch nicht meinen letzten

^ 22. Juni 1944, Obersalzberg, Hotel „Platterhof": Hitler auf dem Weg zum Veranstaltungsort, neben ihm Dönitz und Göring. Deutlich sind die Tarnmaßnahmen zu erkennen, rechts im Hintergrund der KDF-Wagen (VW Käfer), mit dem Hitler angekommen ist. (132)

Appell an die deutsche Nation gerichtet! (…) Der Krieg ist das unabänderliche Gesetz des ganzen Lebens, die Voraussetzung der natürlichen Auslese des Stärkeren und zugleich der Vorgang der Beseitigung des Schwächeren. Das, was dem Menschen dabei als grausam erscheint, ist vom Standpunkt der Natur aus selbstverständlich weise. Ein Volk, das sich nicht zu behaupten vermag, muss gehen und ein anderes an seine Stelle treten."

Auf den Berghof zurückgekehrt empfängt er abends trotz der vorangegangenen Auseinandersetzung erneut Generaloberst Dietl und bespricht mit ihm die Lage in Finnland. Dietl stürzt am nächsten Tag beim Rückflug nach Lappland mit seiner Maschine nahe Waldbach in der Steiermark ab und wird tödlich verletzt. Mit Dietl sterben der General der Gebirgstruppen Karl Eglseer *„durch einen tragischen Unfall"* und General Emil von Wickede. Im Verlauf des Krieges kommt es immer wieder zu plötzlichen Todesfällen, oft unter *„Alten Kämpfern"*, meist hohen SA-Führern. SS-Führer erfreuen sich einer deutlichen besseren Gesundheit. Außer Rommel hat unter den deutschen Generalen nur noch Dietl eine gewisse Popularität (*„Der Held von Narvik"*) erreicht. Auffallend ist, dass der Tod Dietls gerade in einem Augenblick erfolgt, wo in Finnland erneut die Gefahr eines Sonderfriedens mit der Sowjetunion spürbar wird. Hitler wird in seiner Trauerrede auch nicht auf Dietls Einsatz in Finnland eingehen, obwohl dieser die letzten drei Jahre in Anspruch genommen hat. Am auffälligsten aber ist, dass sein Tod erst am 30. Juni, also eine volle Woche später, bekannt gegeben wird. Wie bei Hube kommen Gerüchte auf, Hitler habe ihn gewaltsam beseitigen lassen. Auch beim Tode des Generalluftzeugmeisters Ernst Udet, der im Jahre 1941 Selbstmord verübte, wurde offiziell von *„Unfall"* gesprochen.

Am 23. Juni beginnt aufgrund des Vormarsches der Roten Armee die Liquidierung der Ghettos in Litzmannstadt (vormals Lodz). Die Menschen werden in das Vernichtungslager Kulmhof (Chelmno) transportiert und ermordet. Bis zum 14. Juli werden 7.176 Juden aus Litzmannstadt getötet. Danach werden die Verbliebenen aus dem Ghetto ausschließlich nach Auschwitz deportiert. An der Ostfront zeichnet sich am 25. Juni eine Umfassung der Masse der deutschen 9. Armee und der kompletten 4. Armee ab. Trotzdem lehnt Hitler die dringenden Appelle von Busch und Zeitzler ab, seine Taktik der *„Festen Plätze"* aufzugeben.

In der Lagebesprechung widmet er sich stattdessen dem Thema neue Flugzeuge: *„Es kommt in unserer Lage darauf an, Jäger und nochmals Jäger zu bauen. Dazu Schnellbomber. Der Luftschirm über der Heimat und der eigenen Infanterie muss endlich sichergestellt sein. Der damit verbundene langjährige Verzicht auf eine operative Luftwaffe muss in Kauf genommen werden."* In Folge lässt er fast die gesamte Bomberproduktion einstellen, was er dann wieder relativiert, nachdem Generalleutnant Koller aufzeigt, mit welchen militärischen Nachteilen zu rechnen ist. Wie sehr die Entwicklung neuer Waffen auch nach der Methode „trial and error" geprägt ist, zeigt die Entwicklung des Flugbootes Blohm & Voss BV 238. Es ist das schwerste Flugzeug des Krieges, noch einige Tonnen schwerer als die B-29-Bomber der USA. Nach 38 erfolgreichen Testflügen wird der Bau an diesem Tag eingestellt.

In Köln lässt Hitler zur selben Stunde bei der Beisetzung des im Alter von 38 Jahren angeblich an *„Herzschlag"* verstorbenen Oberbürgermeisters Dr. Peter Winkelnkemper einen Kranz niederlegen. Nach der Lagebesprechung gönnt er sich eine Abwechslung und lässt sich in den oberhalb des Berghofes am Fuß des Kehlstein gelegenen Landlerwald (Klingeckkopf) fahren. Dort besichtigt er das Bienenhaus, was er zuletzt im August 1940 getan hat. Hitler geht durch das Gebäude und verlässt es durch einen Seitenausgang. Sein Ziel ist ein frei stehender, gläserner Bienenstock. Er beobachtet die Tiere einige Zeit und meint zu seiner Begleitung: „*Na, wenn es den Bienen schon so gut geht, wie muss es dann erst den Leuten auf dem Obersalzberg gehen.*" Die nächste Ansprache im Hotel „Platterhof" erfolgt bereits am 26. Juni, diesmal im Kaffeesaal. Anlass ist die Tagung der Wehrwirtschaftsführer. Angeblich war für diesen Tag ein Attentat des Direktors des Hotels „Platterhof", Otto Wirth, auf Hitler geplant. Im Rednerpult sollte Sprengstoff versteckt werden. Dokumente und nähere Details sind nicht bekannt. Tatsache ist, dass Wirth im September erst seine Frau erschlagen, seinen Sohn erwürgen und sich dann selbst umbringen wird. Die Hintergründe sind unbekannt.

^ *Das Bienenhaus im Landlerwald des Obersalzberges.* (147)

^ *26. Juni 1944, Obersalzberg, Hotel „Platterhof": Tagung der Wehrwirtschaftsführer im Kaffeesaal, am Rednerpult Albert Speer. V.l.n.r.: Hans Kehrl, Willy Liebel, Erhard Milch, Hitler, Julius Schaub, Karl Brandt, Rudolf Schmundt, Martin Bormann, Walter Buhle, Otto Dietrich.* (132)

Hitler ahnt nicht, dass es seine letzte Rede vor Zivilisten sein wird. Um die 200 Personen sind anwesend, denen er zu verstehen gibt, dass außer ihm niemand mit der aktuellen Situation fertig wird: *„Der Frieden, den können meinetwegen auch andere gestalten; den Krieg, das weiß ich nicht, ob andere mit diesem Krieg so fertig werden, wie ich damit fertig wurde."*

Als er dies sagt, nehmen sowjetische Truppen gerade Witebsk ein. Er gibt zynisch zu, dass er *„Vabanque"* spielt, also immer alles auf eine Karte setzt, schürt Hoffnungen auf die Zeit nach dem Endsieg und zeigt die Alternative auf, nämlich nichts geringeres als den Tod der Anwesenden:

„Wenn dieser Krieg mit unserem Sieg entschieden ist, dann wird die Privatinitiative der deutschen Wirtschaft ihre größte Epoche erleben. Wenn der Krieg verlorenginge, meine Herren, dann brauchen Sie keine Umstellung vornehmen. Dann ist nur noch notwendig, dass jeder einzelne seine private Umstellung vom Diesseits zum Jenseits sich überlegt, ob er das persönlich machen will oder ob er sich aufhängen lassen will oder ob er sich einen Genickschuss geben lassen will oder ob er verhungern will oder in Sibirien arbeiten will. Das sind die einzigen Überlegungen, die dann der Einzelne zu machen braucht."

Drei Wochen nach Beginn der Invasion ahnen die Zuhörer wohl, dass der Krieg verloren ist. Hitler hält einen langen Vortrag über seine Wirtschaftspolitik. Er spricht von Arbeitskraft, Produktion, Deckung der Währung durch Arbeit und wärmt seine alten

^ *26. Juni 1944, Obersalzberg, Hotel „Platterhof": Hitler, dessen Schnurrbart schon recht grau geworden ist, erhält nach seiner Rede pflichtgemäßen Beifall. V.l.n.r.: Erhard Milch, Albert Speer, Unbekannt, Hitler, Rudolf Schmundt. (148)*

Gags wieder auf, so z.B. die Geschichte von dem Stück Fensterglas, das *"vor 400 Jahren einen Seltenheitswert hatte und vor 800 Jahren eine unerhörte Kostbarkeit"* war. Aber so sehr er auch seine Stimme hebt, er bekommt nur ein einziges Mal für 20 Sekunden Beifall. Dieser ist aber eigentlich peinlich, denn der Applaus erfolgt bei den Worten: *"Ich bin der Überzeugung, ein anderer hätte an meiner Stelle nicht das tun können, was ich getan habe. Der hätte doch nicht die Nervenstärke gehabt."* An anderer Stelle erhebt sich dagegen leichte Heiterkeit, als er auf neue Erfindungen zu sprechen kommt, die er genau prüfe. Wenn ihm z.B. jemand ein neues Korsett mit neuer *"Legierung, Fischbein, Steckdose"* usw. anbiete, dann werde er ihm erklären: *"Mein Herr! Ich lasse keine Korsetts machen in Deutschland, weil ich die deutsche Frau nicht kaputt machen lasse!"* Dann schweift er ab zur Zukunft der aktuellen Massenproduktion von Waffen:

"Es ist aber selbstverständlich, dass ununterbrochen nun eingegriffen werden muss, um auf der einen Seite keine Neuerung zu versäumen und auf der anderen nicht den Produktionsboden unter den Füßen zu verlieren – wenn morgen [!] der Friede ausbrechen [!] sollte, dass wir dann unsere gesamte Wirtschaft nach <u>einem</u> Gesichtspunkt allein orientiert und organisiert haben und überhaupt nicht mehr in der Lage sind, Friedensprodukte ohne weiteres zu übernehmen. Meine Herren! Ich habe überhaupt heute keine Sorge über den Frieden, sondern nur eine Sorge für den Sieg. Wenn wir diesen Krieg gewinnen, bekommt die deutsche Wirtschaft derartig gigantische Aufträge, dass sie sowieso auch dann noch mit Massenproduktion eingedeckt sein wird."

Die bis dahin aufgetretenen und aktuell vorhandenen Probleme tut er ab und erklärt tröstend, man werde sie überdauern, denn: *"Schwierigkeiten sind dazu da, dass man sie bewältigt! (…) Wir werden diese Zeit auch überstehen. Und oft kommt es mir vor, als wenn wir durch alle Prüfungen des Teufels und des Satans und der Hölle hindurch müssten, bis wir dann endlich doch den endgültigen Sieg erringen. (…) Wem's nicht ganz schwer wird im Leben, der kann sich auch dessen, was er geleistet hat, nicht sehr freuen. Die Geburtsurkunde eines neuen Reiches wird schon immer am besten im Blut, mit Blut und in der Not geschrieben. Das hält dann erfahrungsgemäß am allerlängsten, am dauerhaftesten. Wir werden das alles fertig bringen."*

Er gesteht einige *"Rückschläge auf technischem Gebiet"* ein und gibt zu, dass es dem Gegner gelungen ist, durch die *"elektrische Strahlenortung [Radar] den U-Bootkrieg, man kann sagen, auszuschalten"*. Als Gegenmaßnahme hat er nur Phrasen, denen schon lange keine Realität mehr zugrunde liegt: *"Der deutsche Soldat ist der Beste! Die Wiederherstellung des völligen technischen Gleichgewichts wird uns wieder die Voraussetzung geben, das ganze Steuer des Krieges herumzureißen."* Die Lage in Frankreich beschwichtigt er:

"Es kann daher dieser Krieg auch nicht nach Tagesereignissen [!] gemessen werden. In einem so gewaltigen weltgeschichtlichem Ringen, da kann mir einer sagen: Ja, sie haben jetzt den [unverständlich] von Cherbourg verloren. Ich kann sagen: sie [die Alliierten] sind schon einmal am Rhein gestanden. Der eine sagt: Sie werden schon ganz Frankreich erobern, und ich sage, wir haben sie bis dorthin zurückgeworfen! Ob sie Frankreich erobern, das wollen wir mal sehen, ja nur [unverständlich] blaue Wunder erleben! Unser Erfindergeist wird uns da mithelfen, in kürzester [!] Frist die Waffen nunmehr herauszubringen, die

notwendig sind, um das technische Gleichgewicht wiederherzustellen. Wir haben allein über 130 Millionen Menschen im Reichsgebiet. Das ganze Europa [!], das heute für uns arbeiten muss, beträgt über 250 Millionen und wir sollen mit dem nichts fertigstellen? Das ist lächerlich!"

Was er nicht erwähnt: Mit der Eroberung von Cherbourg haben die Alliierten einen Hafen, mit dem die Zuführung von Nachschub de facto ungehindert möglich geworden ist. Am Ende beschwört Hitler Gott: *„Die Götter lieben den, der von ihnen Unmögliches verlangt. (...) Ich glaube, dass, wer den Naturgesetzen, die ein Gott geschaffen hat, entsprechend auf dieser Welt tapfer kämpft und nie kapituliert, dass der dann auch von dem Gesetzgeber nicht im Stich* [bei diesen Worten klopfte er mit dem Mittelknöchel der rechten Hand auf die Pultplatte] *gelassen wird, sondern dass endlich er doch den Segen der Vorsehung bekommt."*

Die Vorsehung, das ist Hitlers Umschreibung für Gott. Gott bleibt im Dritten Reich nicht unerwähnt, im Gegenteil. Selbst die SS erwähnt ihn in ihrem Eid: *„Wie lautet Dein Eid?"* – *„Ich schwöre Dir, Adolf Hitler, als Führer und Kanzler des Deutschen Reiches Treue und Tapferkeit. Wir geloben Dir und den von Dir bestimmten Vorgesetzten Gehorsam bis in den Tod. So wahr mir Gott helfe!" „Also glaubst Du an einen Gott?"* – *„Ja, ich glaube an einen Herrgott." „Was hältst Du von einem Menschen, der nicht an einen Gott glaubt?"* Die Antwort lautet: *„Ich halte ihn für überheblich, größenwahnsinnig und dumm; er ist nicht für uns geeignet."* Nach Hitlers Rede erhält er eine halbe Minute pflichtgemäßen Beifall. Dann spricht Speer einige Dankesworte und bringt ein *„Sieg Heil"* aus. So endet der letzte öffentliche Auftritt Hitlers vor Zivilisten. Es ist ein krasser Unterschied zu seinen Reden vor dem Krieg.

Die mit weit überlegenen Kräften geführte sowjetische Sommeroffensive hat bereits am zweiten Tag der Offensive die Frontlinie der Heeresgruppe Mitte durchbrochen. Der verantwortliche Befehlshaber Busch informiert das OKH jedoch nur unvollständig über die tatsächliche Lage und untersagt zunächst jegliche Rückzugsbewegungen. Erst am 26. Juni fliegt er zu Hitler auf den Obersalzberg, um die Genehmigung für eine beweglichere taktische Kriegführung zu erreichen. Hitler lehnte die Bitten Buschs erneut ab, begreift aber erstmals, dass die Heeresgruppe Mitte einer Katastrophe entgegensteuert.

Menschen, die ihn lange nicht gesehen haben, erkennen die vorschnelle Alterung. Seine Münchener Haushälterin Anni Winter sieht ihn nach langer Zeit auf dem Obersalzberg wieder. Er war nach ihren Angaben *„stark abgemagert"*, hatte nur noch *„dünne Ärmchen"* und *„zitterte heftig"*. Einmal, nach einem *„kargen Mittagsmahl, das aus einem Teller Bohnensuppe und einer kleinen Portion Kopfsalat"* besteht, beklagt er sich bei ihr: *„Sie sehen, ich darf fast nichts essen. Lassen sie sich erklären und zeigen, wie Sie für mich zu kochen haben."* Als sie ihm danach eine Apfeltorte vorsetzt, verschlingt er sie mit Heißhunger. An der Ostfront hat man andere Probleme. Busch hat ab dem 27. Juni keinerlei Überblick mehr über die tatsächliche Lage und so bittet er am Morgen des 28. Juni erneut telefonisch das OKH um die Freigabe der *„Festen Plätze"* Bobruisk und Mogilew. An beiden Orten ist die Vernichtung großer Korpsverbände jedoch bereits zu diesem Zeitpunkt unabwendbar. Busch wird als Oberbefehlshaber entlassen und am Abend des 28. Juni durch Generalfeldmarschall Walter Model, einem brillanten Taktiker und strengen Vorgesetzten, ersetzt. Busch empfindet diese Entlassung als persönliche Kränkung, da er immer treu die Befehle Hitlers befolgt hat. Er weiß nicht, dass ihm dies gar nichts nützt, wenn sich die Lage verschlechtert. So verlässt er am 29. Juni verbittert und beleidigt seinen Posten, ohne seinen Nachfolger Model in die gegenwärtige Lage einzuweisen, die ihm ohnehin nur noch lückenhaft bekannt ist. Durch sein unselbstständiges Handeln trägt er eine große Teilschuld am Zusammenbruch seiner Heeresgruppe.

Wegen der Übergabe eines Elektronenmikroskops für Prof. Morell, der das erste von der Firma Siemens & Halkse gebaute Gerät für seine Forschungen benötigt, telefoniert Hitler am 28. Juni persönlich mit dem verantwortlichen Direktor bei Siemens. Die deutschen Truppen in der Festung Cherbourg kapitulieren am 27. Juni. Zu diesem Zeitpunkt haben die Alliierten dank ihrer künstlichen Häfen bereits etwa eine Million Soldaten und 500.000 Tonnen Material an Land gebracht. Zwei Tage später verlangt der über den Verlust von Cherbourg sehr aufgebrachte Hitler bei einer Besprechung mit von Rundstedt und Rommel, dass Generaloberst Friedrich Dollmann, der Oberbefehlshaber der an der Invasionsfront kämpfenden 7. Armee, wegen des Verlustes von Cherbourg vor ein Kriegsgericht gestellt wird. Als sich von Rundstedt dem widersetzt, verlangte Hitler zumindest die Enthebung Dollmanns von seinem Kommando, was wiederum Rommel ablehnt. Hitler diskutiert nicht. Nachdem die Generalfeldmarschälle gegangen sind, ruft er in Le Mans an und ersetzt Dollmann durch SS-Obergruppenführer Paul Hausser.

In dieser Lagebesprechung gibt es zwischen Hitler und Rommel auch über die allgemeine Lage an der Westfront erneut eine schwere Auseinandersetzung. Rommel verweist auf die katastrophale militärische Lage in Frankreich und fordert Konsequenzen. Hitler weist Rommel an, er soll sich nicht um politische Dinge kümmern und verweist ihn des Raumes. Es ist das letzte Treffen zwischen dem Obersten Befehlshaber und seinem einstigen Lieblingsgeneral. Im weiteren Verlauf der Besprechung hält Hitler einen Vortrag über die Wunderwaffen. So wie der Tod der russischen Kaiserin im Siebenjährigen Krieg für Friedrich den Großen die Wende war, so sind jetzt die neuen Waffen das *„Wunder der Kriegswende"*. Da sich diese Waffen mit Ausnahme der V1 noch in der Entwicklungs- und/oder Produktionsphase befinden, sind solche Aussagen nichts als Hirngespinste und dienen nur dem Zweck der Motivation seiner Mitarbeiter. Auf der anderen Seite wird er von den für die Waffenentwicklung Verantwortlichen permanent mit optimistischen statt realistischen Prognosen versorgt. Auch die triumphale Wochenschau anlässlich der Rückeroberung einer unbedeutenden Stadt durch eine SS-Panzerdivision am 29. Juni, die von einer *„Vernichtungsschlacht größten Ausmaßes"* spricht, dient diesem Zweck. Solche Teilerfolge ändern am wesentlichen militärischen Geschehen, das von Rückzügen an allen Fronten geprägt ist, nichts.

Erst an diesem 29. Juni, reichlich drei Wochen nach Beginn der Invasion, erkennt Hitler die reale, von ihm lange unterschätzte Lage in der Normandie und meint erneut, das Problem durch Austausch des Führungspersonals lösen zu können. Von Rundstedt als

Oberbefehlshaber West und Sperrle als Oberbefehlshaber der Luftflotte 3 werden ihrer Postens enthoben. Er gibt wieder einmal den Befehlshabern vor Ort alle Schuld. Hitler ist mit den Leistungen von Generalfeldmarschall Gerd von Rundstedt an der Westfront schon lange unzufrieden und nimmt ihm das Amt mit dem Argument, an der Ostfront erst gar keinen Oberbefehlshaber einzusetzen. Er teilt ihm seine Absetzung in einem Handschreiben mit, die Begründung lautet, er sei *„gesundheitlich behindert"*. Zeitzler befindet sich aktuell beim Stab der Heeresgruppe Süd an der Ostfront. Hitler ruft ihn dort an, die technische Verbindung ist sehr schlecht. Mit heiserer Stimme brüllt Hitler in den Hörer: *„Um jeden Preis halten! Um jeden Preis halten!"* Danach wird ihm unwohl und taumelnd verlässt er die Halle. Prof. Morell wird umgehend gerufen. Hitler kommt ihm aus seinem Schlafzimmer im ersten Stock ohne Jacke, müde und gebeugt entgegen: *„Professor, ich glaube ich vertrage das Gebirgsklima nicht. Das Herz macht nicht mehr mit. Hören sie auf jeden Fall mein Herz ab."*

In den Pressemedien wird der nächste merkwürdige Todesfall gemeldet. Er betrifft den 63-jährigen Generaloberst Friedrich Dollmann. Es wird lapidar bekannt gegeben, er sei *„plötzlich verstorben"*. Über die Todesumstände Dollmanns herrschen bis heute Unklarheiten. Während mehrheitlich von einem Herzinfarkt nach einem Tieffliegerangriff als Todesursache ausgegangen wird, gibt es auch die These, der General habe Selbstmord begangen, weil Hitler ihn für den Verlust von Cherbourg verantwortlich gemacht hat. Am 30. Juni verleiht Hitler dem Generalobersten, den er noch vor kurzem vor ein Kriegsgericht stellen wollte, posthum das Eichenlaub und erlässt einen Tagesbefehl: *„Am 27. Juni* [entweder am 28. oder am 29. Juni] *wurde Generaloberst Dollmann durch einen jähen Tod mitten aus seiner, im schweren Abwehrkampf stehenden tapferen Armee herausgerissen."* Er lobt ihn für seine *„hervorragende persönliche Führung"* und seine Siege im Frankreichfeldzug im Jahre 1940. Doch auch in den letzten knapp vier Wochen hat er Gutes geleistet:

„Durch die hervorragende Führung (...) hat er mit die Voraussetzung für die Abwehr [!] *der Invasion geschaffen und (...) die weit gesteckten Pläne des Feindes vereiteln helfen und damit das erste Ziel der Landung des Gegners zunichte gemacht. Aus diesem Ringen um unser Vaterland hat ihn, den besten und tapfersten Soldaten seiner Armee, dessen Glaube um unser nationalsozialistisches Großdeutsches Reich immer ein Vorbild bei seinen Soldaten bleiben wird, ein jäher Tod herausgerissen. Sein Name wird deshalb in seiner Armee und dem ganzen deutschen Volk unvergessen bleiben. Das Heer senkt in stolzer Trauer vor dem toten Oberbefehlshaber einer tapferen Armee die Reichskriegsflagge. Adolf Hitler."*

Kein Wort vom Verlust von Cherbourg und seiner Absetzung! In der anschließenden Lagebesprechung eskaliert die Situation, da Zeitzler von der Ostfront zurückgekehrt ist und – die reale Lage vor Ort vor Augen – eine Frontbegradigung erreichen will. Er beschwört Hitler, die Heeresgruppe Nord auf die kürzere Frontlinie Dünaburg-Riga zurückzunehmen. Hitler will davon nichts wissen, da er als Folge einen Abfall Finnlands und damit den Verlust der Nickellieferungen fürchtet. Eine Sorge, die begründet ist. Er will nicht mehr diskutieren. Mit äußerster Schärfe sagt er zu Zeitzler: *„Ich trage die*

Verantwortung, nicht Sie!" Kurt Zeitzler lässt sich diesmal aber nicht einschüchtern und betont, dass seiner Meinung nach der Krieg militärisch nicht mehr zu gewinnen ist, solange nicht der totale Kriegseinsatz Wirklichkeit wird. Er schlägt die Ernennung Himmlers zum *„Heimatdiktator"* vor, damit neue Menschen für die Front mobilisiert werden können. Hitlers mit eiskalter Stimme vorgetragene Antwort: *„Also Kritik von unten und keine Kritik von oben!"* Für ihn ist das der schwerste Verstoß gegen das Führerprinzip überhaupt. Er bekommt einen maßlosen Wutanfall, klagt über den Defätismus des Generalstabes, brüllt Zeitzler an und überschüttet ihn mit Vorwürfen: *„Zeitzler, Sie haben die Sache nicht richtig angepackt."* Der läuft krebsrot an und verlässt grußlos die noch nicht beendete Besprechung. Wenige Stunden später erleidet er einen Nervenzusammenbruch, meldet sich krank und wird durch den Leiter der Operationsabteilung des Generalstabs, Generalleutnant Adolf Heusinger ersetzt. Zeitzler wird Hitler nie wiedersehen und äußert nach Kriegsende:

„Hitler bereitete es Freude, die Gefühle von Menschen, die ihm irgendwie opponiert hatten, zu verletzen. Obwohl ich mein ganzes Leben der Armee gewidmet hatte, untersagte er mir das Tragen der Uniform, nahm er meinen Wagen und meinen Burschen und beschränkte meine Bewegungsfreiheit auf ein kleines Dorf. Er dachte wahrscheinlich, ich würde mir das Leben nehmen. Als General Paulus Stalingrad übergab, geriet Hitler in eine sinnlose Wut, die geradezu unmenschlich war. Er kreischte los, dass Paulus nach der Niederlage sich hätte erschießen müssen."

Für Hitler ist das eine Selbstverständlichkeit, wie er mehrfach äußert. Wozu hat er ihn denn in letzter Minute extra zum Feldmarschall befördert? Weil er erwartet, dass Paulus und seine Kommandeure *„die Reihen schließen, sich einigeln und mit ihrer letzten Kugel erschießen sollen"*. Denn warum hätten sie sich nicht erschießen sollen? Das sei *„die Straße, die jeder irgendwann einmal gehen muss"*. Er schiebt noch eine weitere Begründung hinterher: *„Auch im Frieden wählen in Deutschland ungefähr 18.000 bis 20.000 Menschen jährlich den Freitod, ohne in einer solchen Lage zu sein. Wenn alles zusammenbricht, bleibt nichts anderes mehr übrig als einzusehen, dass man die Situation nicht mehr meistern kann, und sich zu erschießen."*

Auch diese eindeutige Ansicht Hitlers sollte den Verschwörungstheoretikern, die an ein Überleben Hitlers glauben, deutlich den Unsinn ihrer Mutmaßungen vor Augen führen. Im zu Ende gehenden Monat Juni werden hauptsächlich Hamburg, Magdeburg, Fallersleben und erneut Berlin von alliierten Bombern angegriffen. Die Gestapo ermordet in Gefängnissen und Lagern in Minsk 6.500 Insassen, bevor sie von der Roten Armee befreit werden können.

Auch die Justiz arbeitet effizient. Bis zum 30. Juni sind 14.262 Verurteilungen wegen des Straftatbestandes der *„Wehrkraftzersetzung"* ergangen.

Führerhauptquartier Wolfsschanze – Die Zentrale

Das bekannteste Führerhauptquartier liegt sechs Kilometer östlich von Rastenburg (heute Ketrzyn) in Ostpreußen (heute Masuren/Polen) an der Bahnlinie Rastenburg-Angerburg (heute Węgorzewo) unter mächtigen masurischen Kiefern. Der einstige Rastenburger Stadtwald umfasst eine Fläche von etwa acht Quadratkilometern, die eigentliche Anlage 2,5 Quadratkilometer. Sie ist mit Drahtzäunen und Stacheldraht gesichert. Dazwischen befindet sich in einer Breite von 50 bis 150 Metern ein aus 54.000 Minen bestehender Tretminengürtel. Weitere Stacheldrahtabsperrungen, Beobachtungstürme, Maschinengewehrstellungen sowie Panzerabwehrkanonen und Fliegerabwehrkanonen vervollständigen den Schutz. Das Gelände hat drei streng bewachte Eingänge: Im Westen aus Richtung Rastenburg, im Osten aus Richtung Angerburg und von Süden in Richtung des Flugplatzes Wilhelmsdorf, der nur für das Führerhauptquartier genutzt wird. Die Befestigungen im Raum Lötzen (heute Giżycko) und Angerburg schützen vor einem Angriff von Bodentruppen. In umliegenden Örtlichkeiten sind die engsten Mitarbeiter untergebracht: der Chef der Reichskanzlei Hans-Heinrich Lammers (Bunkeranlage „Hochwald"), das Oberkommando des Heeres (Bunkeranlage „Mauerwald"), Reichsmarschall Hermann Göring (Goldap), Reichsführer-SS Heinrich Himmler (Bunkeranlage „Hegewald"), Reichsaußenminister Joachim von Ribbentrop (Barockschloss Steinort) und das Oberkommando der Luftwaffe (Johannisburg).

Insgesamt werden etwa 100 Objekte innerhalb der Anlage errichtet, darunter sieben Großbunker. Sonderausweise regeln den Zugang. Alle Straßen sind aus Asphalt, Beton und Kopfsteinpflaster, die Fußwege zwischen den Gebäuden sind nur leicht befestigt. Die Tarnung gegen Luftsicht ist perfekt. Jede Straße und viele Wege sind mit grünen Tarnnetzen überspannt, alle Außenlampen haben dunkelblaue Glühbirnen, künstliche Bäume und Büsche suggerieren einen dichten Wald. Echte Bäume werden an die Bunkerwände versetzt, deren Beton mit einer Spezialmischung aus Seegras versehen ist. Innerhalb der Anlage befindet sich der Bahnhof Görlitz, auf einem verdeckten Gleis ist der Führersonderzug abgestellt. Die Infrastruktur ist ideal und die technischen Anlagen des Führerhauptquartiers entsprechen dem modernsten Stand. Weiter sind eine Zentralheizung, Abwasserklärbecken, eigene Brunnen und eine Spezialstromleitung in Betrieb. Für den Notfall gibt es Strom erzeugende Aggregate. Direkte Telefon- und Funkverbindungen aus dem Nachrichtenbunker stellen die Kommunikation mit den Führungsstellen der Wehrmacht, Botschaften usw. in ganz Europa sicher. Innerhalb des äußeren Ringes gibt es den Sperrkreis III, der mit einem von der SS besetzten Grabensysten mit elektrisch geladenem Stacheldraht gesichert wird. Innerhalb des Sperrkreises 3 befindet sich der Bahnhof und zwei weitere, voneinander getrennte Sperrkreise: der Sperrkreis II mit dem OKW, dem Kommandanten des Führerhauptquartiers, den Stab des Führerbegleitbataillons usw. und den Sperrkreis 1. Letzterer wird durch den Reichssicherheitsdienst bewacht und von einem drei Meter hohen Maschendrahtzaun umschlossen. Hier wohnen und arbeiten Hitler und seine engsten Mitarbeiter und Adjutanten.

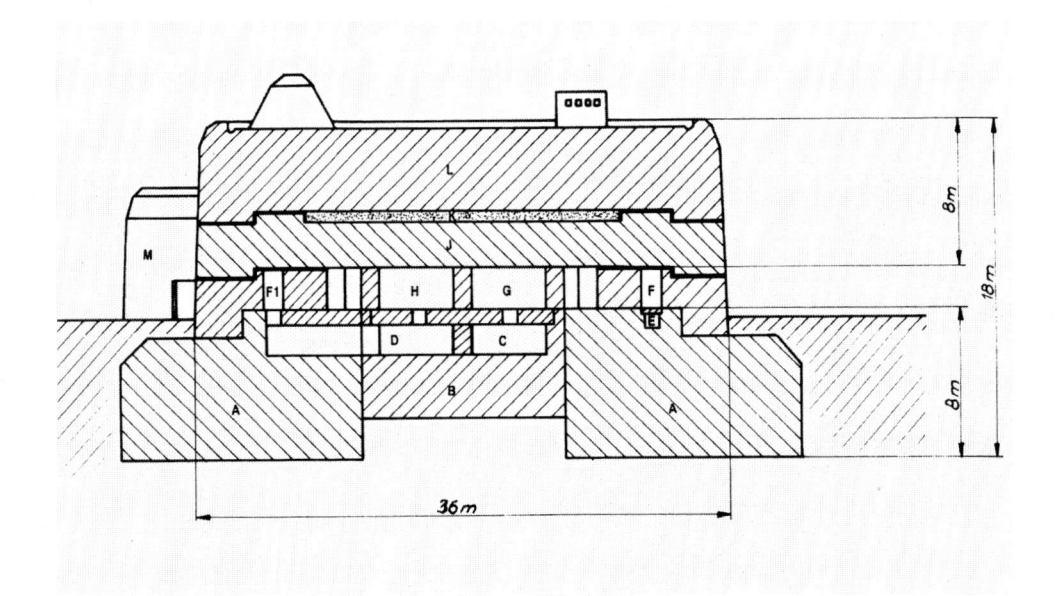

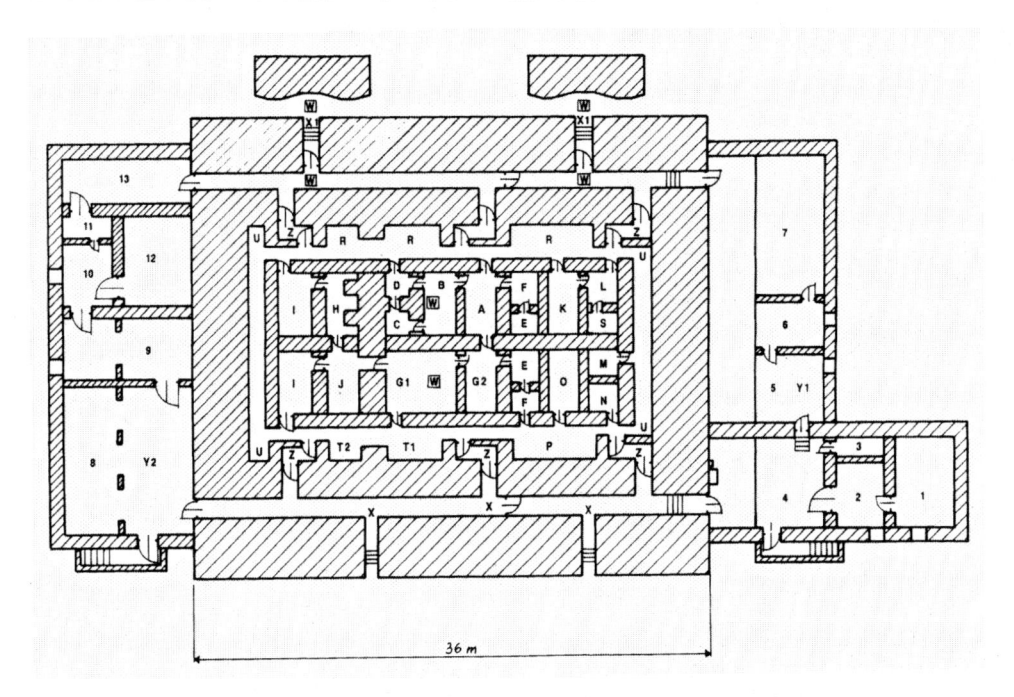

Hitlers Bunker liegt im östlichen Bereich des Sperrkreises I nördlich der Bahnlinie Rastenburg-Angerburg. Sein erster Wohnraum misst 2,80 mal 3,50 Meter, ummantelt

∧ *Querschnitt durch den neuen Führerbunker der Wolfsschanze (o.) (121) und Grundriss (u.). (121)*

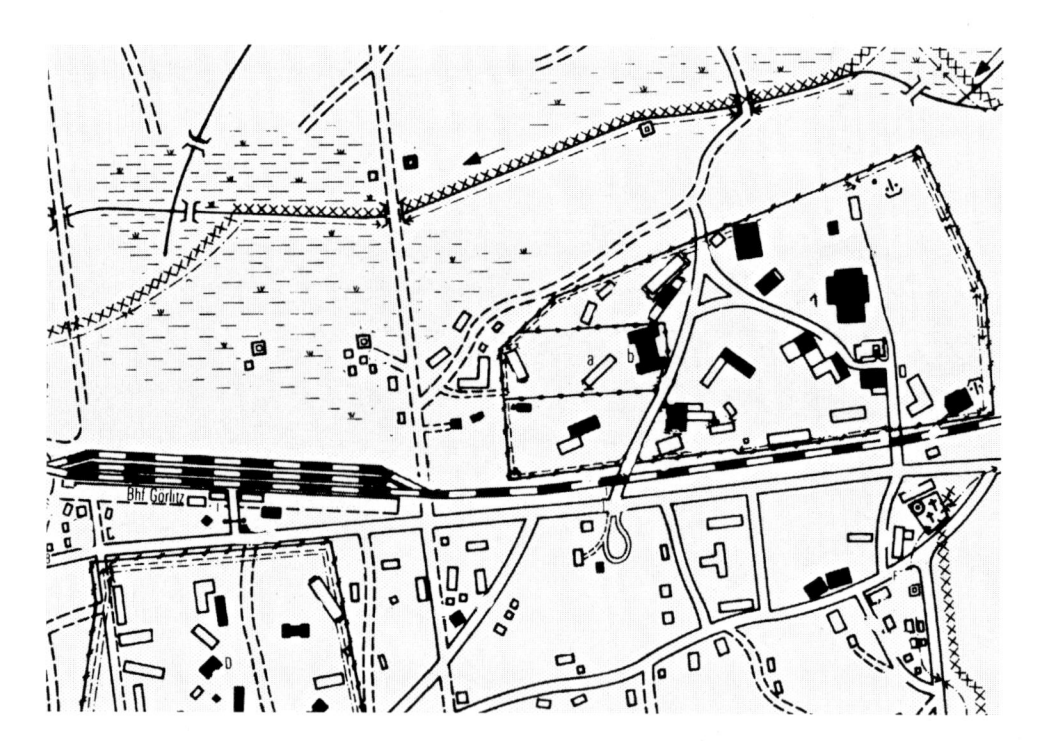

aus drei Metern Beton. Die Arbeitszeit verbringt er oft in einem recht großen Raum im Außenteil mit großen Fenstern und Blick auf Waldwiesen. Sein Bunker wird zwischen Februar und Oktober 1944 durch einen zweiten armierten, kubischen Betonmantel von 3,5 Metern umhüllt, dazwischen liegt eine 50 cm dicke Sandschicht als Puffer bei direkten Treffern. Diese Wand- und Deckenstärke von etwa acht Metern bietet ausreichend Schutz gegen alle damaligen Bomben. Der neue Arbeits- und Schlafraum umfasst 27 Kubikmeter Inhalt. Im Führerbunker befinden sich (die Buchstaben korrespondieren mit dem Grundrissplan): Hitlers Arbeitszimmer (A), Hitlers Schlafzimmer (B), Diener (C), Garderoben (D), Toiletten (E), Badezimmer (F), Besprechungsräume (G), der Raum mit der Chiffriermaschine Enigma (H), SS-Begleitkommando (I), Sekretärinnen (J), Speiseraum (K), Küche (L), Prof. Morell (M), Adjutanten (N), Keitel (O), Wirtschaftsraum (P), SS-Wache (R), Lebensmittelmagazin (S), Fernschreib- und Fernsprechvermittlung (T), Feuerlöschgeräte (U), Notausgänge (W), Personaleingänge (X), Haupteingang (X1), SS-Wache und Gasschleuse (Z). In den beiden Anbauten links und rechts des Bunkers befinden sich: Pumpwerk (1), Stromaggregat (2), elektrische Schaltanlage (3) Ölbehälter (4), Heizkeller (5), Magazin für Holz und Kohle (6), Technik (7), Mannschaftsraum (8), Unteroffiziersraum (9), Stromaggregat (10) Schaltanlage (11) und ein Arbeitsraum (13).

In diesem Sperrkreis I befinden sich außerdem noch der Reichspressechef, die Fahrer der Fahrbereitschaft mit den Garagen, das Kino, das Kasino I, das alte Teehaus, die Häuser und Bunker von Bormann und Göring, der Bunker von Keitel, Hitlers persönliche Adjutantur, das Heerespersonalamt, die Adjutantur der Wehrmacht, Hitlers Verbindungsoffiziere zu den

^ *Führerhauptquartier Wolfsschanze: Bahnhof (links Mitte), Sperrkreis I (1 = Hitler Bunker) mit dem Sondersperrkreis (a = Lagebaracke, Ort des Attentats, b = Gästebunker, zeitweise Hitlers Bunker). (119)*

Wehrmachtteilen (Hewel, Bodenschatz, Wolff, Fegelein), sein Leibarzt Prof. Morell, der Flakbunker und ein Feuerlöschbecken, der Reichssicherheitsdienst, der Stenografendienst, der Wehrmachtführungsstab (Jodl), das Heizwerk und der Nachrichtenbunker. Darüber hinaus gibt es innerhalb des Sperrkreises I den „Sondersperrkreis A" mit der Lagebaracke (Ort des Attentats vom 20. Juli), dem SS-Begleitkommando (SS-Generalmajor Johann Rattenhuber) und dem Gästebunker. Für das Betreten dieses Bereiches sind wiederum Spezialausweise erforderlich, die regelmäßig wechseln und deren Inhaber überprüft werden. Bezogen wird die Anlage von Hitler am 24. Juni 1941, zwei Tage nach Beginn des Angriffskrieges gegen die Sowjetunion. Die Personalstärke beträgt im Jahre 1944 20 Generale, 161 Offiziere, 1.212 Unteroffiziere und 6.308 Mannschaften. Dazu kommen die Angehörigen des Führerbegleitkommandos (der persönlichen Leibwache), des Reichssicherheitsdienstes und das zivile Personal, die in den Versorgungsabteilungen, im Nachrichtenwesen und in der Bedienung arbeiten sowie Sekretärinnen, Stenotypistinnen, Köchinnen und Putzfrauen. Hitler benutzt dieses Hauptquartier an insgesamt 786 Tagen und verbringt damit 18 Prozent seiner gesamten zwölfjährigen Regierungszeit und 38 Prozent der Dauer des Zweiten Weltkrieges an diesem Ort.

Man hat das Gefühl gehabt, er war vom Teufel beschützt.
Hans-Heinrich Herwarth von Bittenfeld
(Diplomat und Botschafter, 1904-1999)

Juli 1944 – Attentat und Militärputsch

Dieser ungewöhnlich heiße Sommermonat beginnt am 1. Juli mit einem Tagesbefehl Hitlers zum Tode Dietls: *„(…) als Tapferstem der Tapferen wurde ihm am 19. Juli 1940 als erstem Soldaten unserer stolzen Wehrmacht das Eichenlaub zum Ritterkreuz des Eisernen Kreuzes verliehen. Als fanatischer Nationalsozialist hat sich Generaloberst Dietl in unwandelbarer Treue und leidenschaftlichem Glauben seit Beginn des Kampfes unserer Bewegung für das Großdeutsche Reich persönlich eingesetzt."* Nachmittags fährt Hitler zum Schloss Kleßheim, um die Trauerrede zu halten. Seine Haltung ist leicht gebeugt, als er zum Rednerpult schreitet und bekundet: *„Es ist für mich sehr schwer, aus einem Anlass zu sprechen, der mir nicht nur einen der besten Soldaten, sondern auch einen der treuesten Freunde* [!] *genommen hat. Die militärischen Leistungen des Generaloberst Dietl werden in die Geschichte eingehen."* Er lobt seine Rolle bei der Besetzung Narviks 1940 über alles und betont, dass Dietl *„eigentlich den Typ des nationalsozialistischen Offiziers"* geschaffen habe:

„Er ist für mich der erste Offizier der Deutschen Wehrmacht, der in meine Gedankenwelt eingedrungen war und sich blind [!] *und ohne Kompromiss zu ihr bekannte. (…) Für mich ist dieser teure und treue Freund eine Stütze gewesen. Ein Stütze vor allem im deutschen Offizierskorps. Er gehörte zu jenen, die in schweren Zeiten mitgeholfen haben, Vertrauen auszustrahlen und andere fest und hart zu machen. Das kann ich ihm nie genug danken. Möge sein Vorbild viele deutsche Offiziere und Generale erfüllen und begeistern. Mögen sie alle lernen, ebenso hart wie im einzelnen gütig zu sein, ebenso rücksichtslos zu fordern wie Verständnis zu besitzen für den Mann und seine Sorgen. Mögen sie vor allem lernen, besonders in Krisenzeiten, unter allen Umständen Vertrauen auszustrahlen, um den einzelnen Mann mit sich emporzuheben und jeden Gedanken von sich weisen, als könnte*

jemals ein Kampf, hinter dem der ganze Fanatismus einer Nation steht, anders als mit dem Sieg enden, ganz gleichgültig wie im Augenblick auch die Situation sein mag. (...) Meine persönliche Freundschaft [!] *zu ihm macht es mir deshalb besonders schmerzlich, seiner zu gedenken. Wenn ich von diesem Freunde heute Abschied nehme, geschieht es deshalb mit den bittersten Empfindungen eines tief getroffenen Mannes, auf der anderen Seite aber mit dem unbeugsamen Fanatismus, dass auch dieses Opfer auf dem Altar des Vaterlandes für uns alle nur eine neue Verpflichtung ist."*

Obwohl er von einer *„persönlichen Freundschaft"* redet, steht fest, dass er keine wirklichen Freunde hat, von Eva Braun einmal abgesehen. Hitler ist seiner Freundin gegenüber tolerant und schützt sie vor Anfeindungen. Auf den ersten Blick sind sie und der 23 Jahre ältere Hitler unterschiedlicher Natur, in Wirklichkeit haben sie gemeinsame Interessen wie Film, Oper und Operette. Eva Braun verbindet mit Hitler absolute gegenseitige Loyalität. Sie ist eine sportliche, schlanke, modebewusste, elegante und hübsche Frau, die raucht, sich schminkt, sich manisch vier- oder fünfmal am Tag umzieht, täglich eine neue Frisur hat und gerne Partys feiert. Sie gibt viel Geld aus, so beispielsweise für eine Rechnung ihrer Schneiderin 500 Reichsmark (heute etwa 8.000 Euro) oder für die geliebten Florentiner Ferragamoschuhe, natürlich auf Hitlers Kosten. Obwohl sie damit aus Sicht der NS-Ideologie nicht dem Idealbild der „deutschen Frau" entspricht, stellt sie für Hitler eine seelische Stütze dar. Sie selbst äußert einmal: *„Herr Frentz, ich bin nur eine Gefangene in einem goldenen Käfig."* Das stimmt und stimmt auch wieder nicht. Ihr geht es so gut wie nie zuvor, sie ist aber auch depressiv und weint oft (Linge: *„Manchmal sah Eva sehr traurig und krank aus."*). Es wird nach Bekanntwerden ihrer Existenz viel über das tatsächliche Verhältnis der beiden spekuliert und kolportiert. Hatten sie Sex oder hatten sie keinen? Es ist eine Beziehung auf Treuebasis. Ein Ver-

^ *1. Juli 1944, Schloss Kleßheim: Hitler begibt sich nach der Trauerfeier für Generaloberst Eduard Dietl mit Martin Bormann und seinen Adjutanten zu seinem Wagen (Kennzeichen IIB - Kreis Oberbayern). Diener Heinz Linge hält die Wagentür auf, im Hintergrund die auf Halbmast gesetzte Reichskriegsflagge. (162)*

sorgungs-, aber kein normales sexuelles Verhältnis. Die gesamte Thematik (sowie andere von Historikern über Hitler in die Welt gesetzte Lügen und Halbwahrheiten) ist nun von Volker Elis Pilgrim bis ins kleinste Detail recherchiert und publiziert („Hitler 1 und Hitler 2") worden. Hitler ist sehr wahrscheinlich ein asexueller Mensch.

In der Lagebesprechung am 2. Juli fragt Hitler, wann *„das erste Einsatzkommando von 15 Me-262-Strahlbomber für die Normandie"* fertiggestellt sei. Nachdem keiner der Anwesenden eine plausible Antwort geben kann, ruft er persönlich Saur an und will die Produktionszahlen der Jägerproduktion wissen. Dieser antwortet mit beruhigenden Zahlen: *„3.000 im Juli"*, *„4.500 im Dezember und danach 6.500 Flugzeuge – im Monat!"* Für Hitler ist damit ganz klar, er muss nur noch so lange durchhalten, bis diese Produktionszahlen Wirklichkeit werden, um damit endgültig die Kriegswende herbeizuführen. Ob diese Zahlen Wirklichkeit werden und ob, sollten sie es werden, das dafür erforderliche Personal und der notwendige Treibstoff zur Verfügung stehen, wird gar nicht hinterfragt.

In der Strafanstalt Brandenburg-Görden wird an diesem Tag der 42-jährige Jurist Hans Wölfel aus Bad Hall/Oberösterreich aufgrund seiner Äußerungen, dass der Zweite Weltkrieg *„von Deutschland nicht gewonnen"* werden könne und Hitler ein *„Wortverdreher"* sei, durch Enthaupten hingerichtet.

Als Generalfeldmarschall Albert Kesselring, der die Front in Italien nach wochenlangen harten Rückzugskämpfen zum Stehen gebracht hat, am 3. Juli erscheint, erklärt ihm Hitler, immer noch die zu erwartenden Produktionszahlen im Kopf, seine aktuelle Strategie. Es muss jetzt um *„jeden Quadratmeter Boden"* gekämpft werden, da in der jetzigen Situation *„Zeitgewinn alles"* sei. Je länger *„der Feind an der Peripherie aufgehalten"* werde, umso besser. Ihm ist klar, dass der einzelne Soldat und die „subalternen Führer" das nicht verstehen, aber die oberste Führung muss es verstehen und ohne Rücksicht auf den einzelnen Soldaten fordern. Die Lufthoheit wird wieder zurückgewonnen, aber dazu braucht er eben erst einmal Zeit und darf den Boden vorher nicht aufgeben. Die Realität lässt ihn auch an diesem Tag Boden verlieren, die Sowjets erobern die weißrussische Hauptstadt Minsk zurück. Ihr Vormarsch geht unaufhaltsam westwärts, in Richtung ihrer Grenze.

In der Lagebesprechung am 6. Juli wird routinemäßig die Besprechung zum Thema „Walküre" fortgesetzt. Neben Keitel und Speer ist auch Oberst Graf von Stauffenberg wieder mit dabei. Er ist seit dem 1. Juli Chef des Stabes beim Chef der Heeresrüstung und Befehlshaber des Ersatzheeres Generaloberst Friedrich Fromm, der ebenfalls anwesend ist. Jetzt hat Graf von Stauffenberg aus dienstlichen Gründen regelmäßig Zutritt zu Hitler und kann die scharfen Sicherheitsvorkehrungen umgehen. Als er den Einsatzplan erläutert, hört Hitler aufmerksam zu und akzeptiert die Mehrzahl seiner Vorschläge. Im weiteren Verlauf der Besprechung weist Hitler erneut den Wunsch Models zurück, durch Zurücknahme der Heeresgruppe Nord vier Divisionen freizubekommen. Er entgegnet ihm, das ist *„eine Illusion, denn man verliert schwere Waffen, Material und ausgebaute Stellungen"*. Hitler wendet sich Heusinger zu und fragt ihn leise nach den Verlusten der Heeresgruppe Mitte. Heusinger teilt ihm unverblümt den Gesamtverlust von 28 Divisionen mit. Die deutsche Wehrmacht hat in den letzten zwei Wochen also

350.000 fronterfahrene Soldaten und Offiziere verloren. Eine der Ursachen war die Indoktrination von führenden Heeresoffizieren durch von Sowjets ausgebildete „Seydlitz-Offiziere" des gefangen genommenen Generals Walther Kurt von Seydlitz-Kurzbach, der nach seiner Gefangennahme Hoch- und Landesverrat begangen hat. Die Wirkung seiner antideutschen Propaganda ist zwar sehr gering, reicht jedoch, um das Misstrauen Hitlers gegenüber seiner Generalität erneut wachsen zu lassen. Die sowjetische Führung sagt Fürsorge für die Verwundeten und gute Behandlung der Gefangenen zu. Millionen von Flugblättern, die von 15 gefangenen genommenen Generalen der Heeresgruppe Mitte unterzeichnet sind, werden über den deutschen Linien abgeworfen. Hitler erkennt den Verrat. Er begreift, *„dass wir in der Mitte furchtbare Dinge erleben mussten, die sich erst heute allmählich klären."* Nach einer weiteren Besprechung spricht Hitler um 16:30 Uhr noch mit Prof. Morell und den Siemensmitarbeitern Dr. Riedel und Müller über das zu beschaffende Elektronenmikroskop.

Hitler ahnt nicht, dass er sich in höchste Lebensgefahr begibt, als er mit einem leichten weißen Mantel bekleidet am 7. Juli die oft benutzte Strecke über Marktschellenberg und durch St. Leonhard zur Reichsautobahn-Anschlussstelle Salzburg-Süd fährt. Die Fahrt

^ *7. Juli 1944, Reichsautobahn bei Siezenheim: Hitler auf dem Mittelstreifen bei einer Panzerbesichtigung. (o.) (132) Hitler inspiziert einen neuen Panzer. (u.) (132)*

endet, wie schon an seinem Geburtstag, kurz vor Schloss Kleßheim. Dort werden ihm neue Panzer und Uniformen vorgestellt. Hitler steigt auf einen Panzer und lässt sich die technischen Details erklären. Der zum Kreis der Verschwörer gehörende Hellmuth Stieff entschließt sich auf Anregung Graf von Stauffenbergs zuvor, anlässlich dieser Vorführung Hitler umzubringen. Es ist geplant, nach den schweren Waffen die neue Kampfuniform der Sturmeinheiten mit Rückengepäck, Sturmgewehr und Handgranaten vorzuführen. Dafür sind drei Feldwebel und Unteroffiziere mit hohen Auszeichnungen und der Nahkampfspange in Gold ausgesucht worden. In einem Sturmgepäck sollte englischer Sprengstoff mit Zeitzünder versteckt werden, der während der Besichtigung detoniert und Hitler tötet. Stieff versagen jedoch im letzten Moment die Nerven. Er fühlte sich, wie andere Attentäter auch, außerstande, das Attentat auszuführen, da entweder der Wille oder die persönliche Fähigkeit dazu fehlen.

Auch dieser Attentatsversuch belegt die Tatsache, dass die Attentäter es nicht wagen, Hitler offen mit der Waffe entgegen zu treten. Sie sind eher bereit, unschuldige Menschen, in diesem Fall Soldaten, zugleich mit Hitler umzubringen, aber sie selbst wollen am Leben bleiben. Die nachträgliche Rechtfertigung, man habe Hitler nicht mit einer Pistole erschießen können, weil er stets von SS-Leuten bewacht werde, ist unglaubwürdig und nicht stichhaltig. Es wird übereinstimmend

^ *7. Juli 1944, Schloss Kleßheim: Hitler verlässt das Kavaliershaus im Park, hinter ihm Angehörige des Begleitkommandos. (o.) (132) Das Kavaliershaus von Schloss Kleßheim. (m.) (131) Zwei mit der Nahkampfspange und dem Infanteriesturmabzeichen ausgezeichnete verletzte Unteroffiziere in Ostpreußen. (u.) (115)*

von der Umgebung Hitlers bezeugt, dass es bei vielen Gelegenheiten durchaus möglich gewesen wäre, ihn zu erschießen, bevor seine Diener oder die Wachen hätten eingreifen können. Sein Diener Schneider sagt hierzu: *„Ich bin der Meinung, dass es einem entschlossenen Manne, der Zutritt zu Hitler hatte, jederzeit [!] möglich gewesen wäre, ihn zu ermorden. (…) Im Grunde genommen kann sich niemand darauf herausreden, ein Attentat bei Tisch sei nicht möglich gewesen, weil baumlange SS-Männer überall herumgestanden hätten. Nirgendwo standen baumlange SS-Männer herum."* Zur Entschuldigung der Personen, die für ein Attentat praktisch in Frage kommen, ist gesagt, dass naturgemäß die wenigsten Menschen in der Lage sind, einen anderen von Angesicht zu Angesicht kaltblütig zu erschießen. Dazu kommen die besonderen Umstände bei der Person Adolf Hitlers und sein Charisma. Goebbels Pressereferent Wilfred von Oven äußert dazu: *„Ein Blick aus diesen Augen war wie ein Energiestoß aus einer anderen Welt."* Nach der Waffenvorführung, die ohne Zwischenfälle zu Ende geht, lässt sich Hitler zum Kavaliershaus von Schloss Kleßheim fahren, welches sich im südöstlichen Bereich des Schlossparks befindet. Was er dort will, ist unbekannt, das Gebäude beherbergt ein Heereserholungsheim und im Garten befindet sich ein großer Bunker. Unversehrt auf den Berghof zurückgekehrt ernennt er Generalfeldmarschall Günther von Kluge, einen intelligenten Heerführer und begabten Taktiker, zum neuen Oberbefehlshaber der Westfront.

Rommel startet am 9. Juli einen neuen und letzten Versuch, seine Truppen aus der Normandie zurückziehen zu dürfen. Wie zu erwarten ist, verbietet es Hitler. Rommel ist nun bereit, einen Militärputsch, wenn auch nicht aktiv daran teilzunehmen, so doch mindestens zu unterstützen. In Erwägung gezogen wird dabei eine Kapitulation der Westfront. All dem wird Rommel nur unter der Voraussetzung zustimmen, dass er nicht mehr an seinen Eid gebunden ist. Im Klartext, dass der Eidträger Hitler nicht mehr am Leben ist. Dieser ahnt nichts von solchen Gedanken seines einstigen Lieblingsgenerals und sieht sich aufgrund der Frontlage gezwungen, zu einem Blitzbesuch in die Wolfsschanze zu fliegen. Am frühen Morgen fliegt er von Salzburg-Maxglan nach Wilhelmsdorf, dem Flugplatz der nur sechs Kilometer entfernten Wolfsschanze. Im Flugzeug dabei sind Keitel, Dönitz, Himmler, Jodl und der Generalstabschef der Luftwaffe, Generalmajor Günther Korten. Der 900 Kilometer lange Flug geht über Oberösterreich, den Böhmerwald, über Budweis und das alte Schlachtfeld von Königgrätz, das dicht bewaldete Riesengebirge, die schlesische Metropole Breslau und den weiten Landschaften des besetzten Polen. In der Wolfsschanze angekommen erwarten Hitler noch immer zahlreiche Baustellen.

Zur Lagebesprechung kommen von der Ostfront Model, Generaloberst Johannes Frießner von der Heeresgruppe Nord und Generaloberst Robert Ritter von Greim. Besprochen wird das schnelle Zuführen neuer Verbände aufgrund der Verluste der Heeresgruppe Mitte. Hitler schließt dabei jede Schwächung der Heeresgruppe Nord aus und verspricht Model bis zum 17. Juli neue Divisionen. Er erklärt, wie er die verloren gegangenen 28 Divisionen ersetzen will. Dabei beschönigt er nichts, gibt die Lage zu und begründet seine sture Festhaltetaktik mit fragwürdigen Argumenten: *„Ich darf wohl sagen: eine größere Krise als die, die wir in diesem Jahr schon einmal im Osten erlebten, kann man sich nicht vorstellen. Als Feldmarschall Model kam, war tatsächlich die Heeresgruppe*

Mitte nur ein Loch. Da war mehr Loch als Front, dann war endlich mehr Front als Loch." Model wird angesichts des Umstands, von Hitler häufig zur Krisenbewältigung eingesetzt zu werden, scherzhaft als *„Hitlers Feuerwehrmann"* bezeichnet. Was Hitler als *„Loch"* bezeichnet, ist die größte Katastrophe der deutschen Militärgeschichte, deutlich dramatischer als das monatelange Massensterben um Verdun im Ersten Weltkrieg oder die verlorene Schlacht in Stalingrad. Dazu kommt, dass die mit dem Rückzug an der Ostfront einhergehende Taktik der *„Verbrannten Erde"* einen Radikalisierungsschub mit sich bringt. Schon aufgrund der besonderen militärischen, räumlichen und organisatorischen Konstellationen handelt es sich hier um ein Großverbrechen, an dem ein ungewöhnlich hoher Anteil der an der Front kämpfenden Soldaten beteiligt ist.

Anschließend meldet Korten, dass die ersten vier [!] Blitzbomber in knapp zwei Wochen den Landekopf der Alliierten angreifen. Hitler wird hellhörig, greift das Thema sofort auf und betont: *„Besonders die Angelsachsen sind gewohnt, nur unter dem Schutz stärksten Lufteinsatzes vorzugehen. Daher kommt alles auf unser Jägerprogramm an. Wir müssen es aufs äußerste geheim halten und gründlich aufstocken. Dann wird der Gegner staunen, wenn sich das Blatt in Bezug auf die Luftherrschaft in etwa vier Monaten zu wenden beginnt."* Trotz der bitteren Erfahrungen, die die deutsche Ostfront mit der starren Strategie des *„Haltens um jeden Preis"* erlebt hat, verweigert Hitler auch weiterhin seine Zustimmung zu den von den Armeeführern dringend vorgeschlagenen Frontrücknahmen, Begradigungen und Verkürzungen. Dabei sind die Truppen längst zermürbt, erschöpft, dezimiert und kämpfen oftmals nur noch aus Kameradschaftssinn, Gehorsam, Dumpfsinn oder Fanatismus. Mit dem ruhigen Gewissen, die notwendigen Entscheidungen zur Stabilisierung der Lage getroffen zu haben, fliegt Hitler am Nachmittag nach Salzburg zurück. Von Below hat den Eindruck, dass er *„die Entwicklung an der Ostfront immer noch positiv beurteilt"*.

Eine erneute Möglichkeit, Hitler zu töten, bietet sich Graf von Stauffenberg am 11. Juli. Er ist erneut zum Vortrag geladen und hat diesmal den Sprengstoff dabei. Da Himmler nicht anwesend ist, der ebenfalls getötet werden soll, fragt Graf von Stauffenberg bei General Friedrich Olbricht in Berlin nach, was er tun soll. Dieser untersagt das Attentat. Er fürchtet, dass Himmler oder Göring, sollten sie überleben, das NS-Regime als Nachfolger Hitlers weiterführen werden. Graf von Stauffenberg berichtet daher befehlsgemäß über 15 neue Sperrdivisionen, die die Bezeichnung Grenadierdivisionen erhalten. Model und Frießner müssen mittlerweile zugeben, dass sie die Lage an der Ostfront bei der Besprechung am 9. Juli Hitler gegenüber zu optimistisch dargestellt haben. Das Attentat wird also erneut verschoben. Man kann sich schwer vorstellen, welche Nervenanspannung in Graf von Stauffenberg vorhanden gewesen sein muss. Letzten Endes ist er eine tragische Persönlichkeit, ehrgeizig und voller Ideale, aber physisch geschwächt. Früher Anhänger des NS-Regimes erkennt er seit langem, dass die Voraussetzung der Beendigung des Krieges der Tod Hitlers ist. Er ist an führender Stelle eingebunden in einen Kreis führender Männer der Widerstandsbewegung. Diese haben zwar große Pläne, was sie alles unternehmen, welche Ministerposten sie vergeben, welche Aufrufe sie veröffentlichen wollen usw., aber diese Pläne haben eben zur entscheidenden Grundlage, dass Hitler nicht mehr existiert.

Sie müssen nun auf einen Mann wie Graf von Stauffenberg zurückgreifen, denn die vergangenen Attentatspläne zeigten, dass es keine wirklichen Alternative zu ihm gibt. Er ist der tatkräftigste unter den Verschwörern und hat regelmäßig Zugang zu Hitler.

Es gibt jedoch ein entscheidendes Problem. Graf von Stauffenberg unterscheidet sich in seinen Methoden nicht von den anderen Attentätern, die bisher Hitler erfolglos nach dem Leben trachteten. Auch er hält es für vertretbar, zusammen mit Hitler auch unschuldige Menschen zu töten. Auch er will am Leben bleiben, da er im Kabinett des Widerstandskämpfers Carl Friedrich Goerdeler, der nach dem Sturz Hitlers das Amt des Reichskanzlers übernehmen soll, Staatssekretär im Kriegsministerium werden möchte. Gleichzeitig ist er rücksichtslos gegenüber sich und seiner Familie. Ihm ist bewusst, dass er als Verräter in die Geschichte eingehen wird, die Alternative, vor der er steht, ist der Verrat an seinem eigenen Gewissen. Ein Attentäter aber, der nicht bereit ist, bei der Durchführung seiner Tat sofort sein eigenes Leben zu opfern oder dies zumindest einzukalkulieren, bringt für sein Vorhaben nicht die erforderliche Voraussetzung mit. Das Leben eines Attentäters ist, das belegen zahlreiche Beispiele aus der Geschichte, normalerweise ohnehin verwirkt: Misslingt das Attentat, wird er entweder auf der Stelle getötet oder gefangen genommen und später hingerichtet. Gelingt es, so werden die fanatischen Anhänger des Ermordeten ihm nach dem Leben trachten, um sich früher oder später zu rächen oder die Mitputschisten werden ihn eines Tages als unliebsamen Mahner und Zeugen selbst beseitigen.

Hitler befiehlt am 12. Juli Details zur Abstimmung von Fragen des Seetransportes innerhalb der Wehrmacht. Sein Verbindungsbeamter zum Auswärtigen Amt, SS-Brigadeführer Walter Hewel, heiratet an diesem Tag. Nachts lässt sich Hitler von Belows Frau Details der Hochzeit erzählen. Sie schildert ihm alles mit viel Humor und erwähnt auch die Rede Ribbentrops, nach der sie und alle anderen Frauen *„nur unzulängliche Erscheinungen"* wären, woraufhin sich Hitler den Text der Rede bringen lässt. Diese letzten Tage auf dem Obersalzberg verlaufen ernst und ruhig. Hitler verschiebt seine Abreise nach Ostpreußen immer wieder, da die Umbauten an seinem Wohnbunker in der Wolfsschanze noch immer nicht abgeschlossen sind. Adjutant von Below hat den Eindruck, dass Hitler *„sich über den* [negativen] *Ausgang des Krieges im Klaren war"*. Wenn dem so ist, äußert er dies jedenfalls nicht. Stattdessen redet er immer wieder von neuen Waffen und wiederholt die alte Leier, dass er niemals kapituliere. Speer unterstützt ihn diesbezüglich mit einer Denkschrift, in der er ebenfalls die Meinung vertritt, dass die gegenwärtige Krise in etwa vier Monaten durch neue Waffen, vor allem die A-4-Rakete (V2) überwunden werden kann. Er erwartet auch, dass neue Rekruten die Wehrmacht aufstocken und zusätzliche Arbeitskräftequellen durch die Freistellung einer großer Zahl von Frauen erschlossen werden können.

Da das alliierte Vordringen im Westen nicht mehr aufgehalten werden kann, muss sich Hitler mit dem Gedanken vertraut machen, dass feindliche Streitkräfte auf deutsches Reichsgebiet eindringen. In einem Erlass vom 13. Juli überträgt er daher die vollziehende Gewalt den militärischen Oberbefehlshabern und behält sich die Bestellung von politischen Reichsverteidigungskommissaren persönlich vor. Ein weiterer Erlass regelt den Fall eines

„*Vordringens feindlicher Kräfte auf deutsches Reichsgebiet*", in dem die Zusammenarbeit von Partei und Wehrmacht in einem „*Operationsgebiet innerhalb* [!] *des Reiches*" festgelegt wird. Hitler vermeidet dadurch, das Reich offiziell zum Operationsgebiet erklären zu müssen und verhindert dadurch, dass die Wehrmacht am Tag X die gesamte Verfügungsgewalt in die Hand bekommt. Der Befehl soll bald die Ursache für das spätere Zuständigkeitswirrwarr zwischen den verschiedenen Dienststellen werden.

Auch eine Reihe von innenpolitischen Verfügungen, die einer Verstärkung des zivilen Kriegseinsatzes dienen sollen, werden von ihm unterzeichnet. Obwohl der totale Krieg nun schon mehrfach proklamiert wurde, sollen nun noch einmal die letzten Reserven zusammengekratzt werden, obwohl die Rüstungsproduktion im Juli für die gesamte Dauer des Krieges ihren Höhepunkt erreicht. Im Erlass über die Erfassung und Verwertung von Lagerbeständen für die Rüstungs- und Kriegswirtschaft heißt es daher: „*Die Kriegslage erfordert den verstärkten Einsatz aller Güter für die Zwecke der Rüstungswirtschaft. Sie bedingt damit besonders die vermehrte Erfassung und Verwertung aller Lagerbestände an gewerblichen Rohstoffen, Halb- und Fertigwaren für vordringliche Kriegsaufgaben.*" Ein weiterer Erlass betrifft die Durchkämmung der ohnehin nur noch spärlich vorhandenen Zivilfahrzeuge: „*Der Reichsverkehrsminister ist berechtigt, über die zivilen Straßenverkehrsmittel* (Straßenbahnen [!], Kraft- und Gespannfahrzeuge) *Einsatzverfügungen zu treffen und hierzu die durch die Kriegführung bedingten Anordnungen zu geben.*" Abschließend unterzeichnet er einen Erlass über die „*Ersetzung der bisherigen Militärverwaltung in Belgien und Nordfrankreich durch eine Zivilverwaltung*". Er will damit beide Gebiete administrativ dem Großdeutschen Reich einverleiben, was angesichts der realen Frontlage grotesk ist. Danach hält er noch eine – nicht erhalten gebliebene – Rede vor Generalen, Kommandeuren und Stabsoffizieren, die für die neuen Divisionen vorgesehen sind, ein Teilnehmerkreis von etwa 160 Personen.

Am Morgen hat der sowjetische Großangriff auf die Heeresgruppe Nordukraine begonnen; Wilna (heute Vilnius), die Hauptstadt Litauens, fällt. Hitler lässt Waffen-SS Verbände auf dem Luftweg zur Verteidigung in die litauische Stadt Kauen (heute Kaunas) bringen, der letzten Stadt vor der Grenze. Er kommt aufgrund der kritischen Lage endlich zu der Einsicht, dass seine persönliche Präsenz im Führerhauptquartier unabhängig vom Fortschritt der Bauarbeiten notwendig ist, und gibt den Befehl, für den nächsten Tag den Flug zur Wolfsschanze vorzubereiten. Er ahnt nicht, dass die Pläne des britischen Special Operations Executive (SOE) zu seiner Ermordung konkret geworden sind. Die Mitarbeiter

^ *13. Juli 1944, München: Am Morgen nach der Bombennacht bringt eine Frau Dinge aus ihrem Haus in der Innenstadt in Sicherheit, darunter ein Kruzifix. (115)*

der britischen Operation „Foxley", die detaillierte Vorbereitungen getroffen haben, wollen am 13. oder 14. Juli auf dem Obersalzberg das Attentat durchführen. Es wird aber, wie schon vermerkt, nicht ausgeführt. Vor einigen Tagen schon hat Hitler mit Eva Braun die Möglichkeit seines Todes besprochen. Er hat die Vorahnung, dass er *„in Kürze in größte Lebensgefahr"* komme. An diesem letzten Abend sind kaum noch Gäste im Berghof anwesend. Hitler geht durch die Große Halle und betrachtet lange alle Gemälde. Dann sagt er zu Anni Rehborn, der Frau seines chirurgischen Begleitarztes, des SS-Gruppenführers und Generalkommissar für das Sanitäts- und Gesundheitswesen Prof. Karl Brandt, und zu Frau Maria von Below *„Gute Nacht"*, küsst ihnen die Hand, geht einige Stufen zum Nachbarzimmer hinauf, kehrt wieder zurück und verabschiedet sich ein zweites Mal von den Damen. Frau Rehborn beginnt zu weinen, während Frau von Below zuversichtlich ist: *„Aber mein Führer, Sie kommen doch in ein paar Wochen wieder her?"* Hitler antwortet nicht und verlässt die Halle, um sich in seine Privaträume im ersten Stock zurückzuziehen.

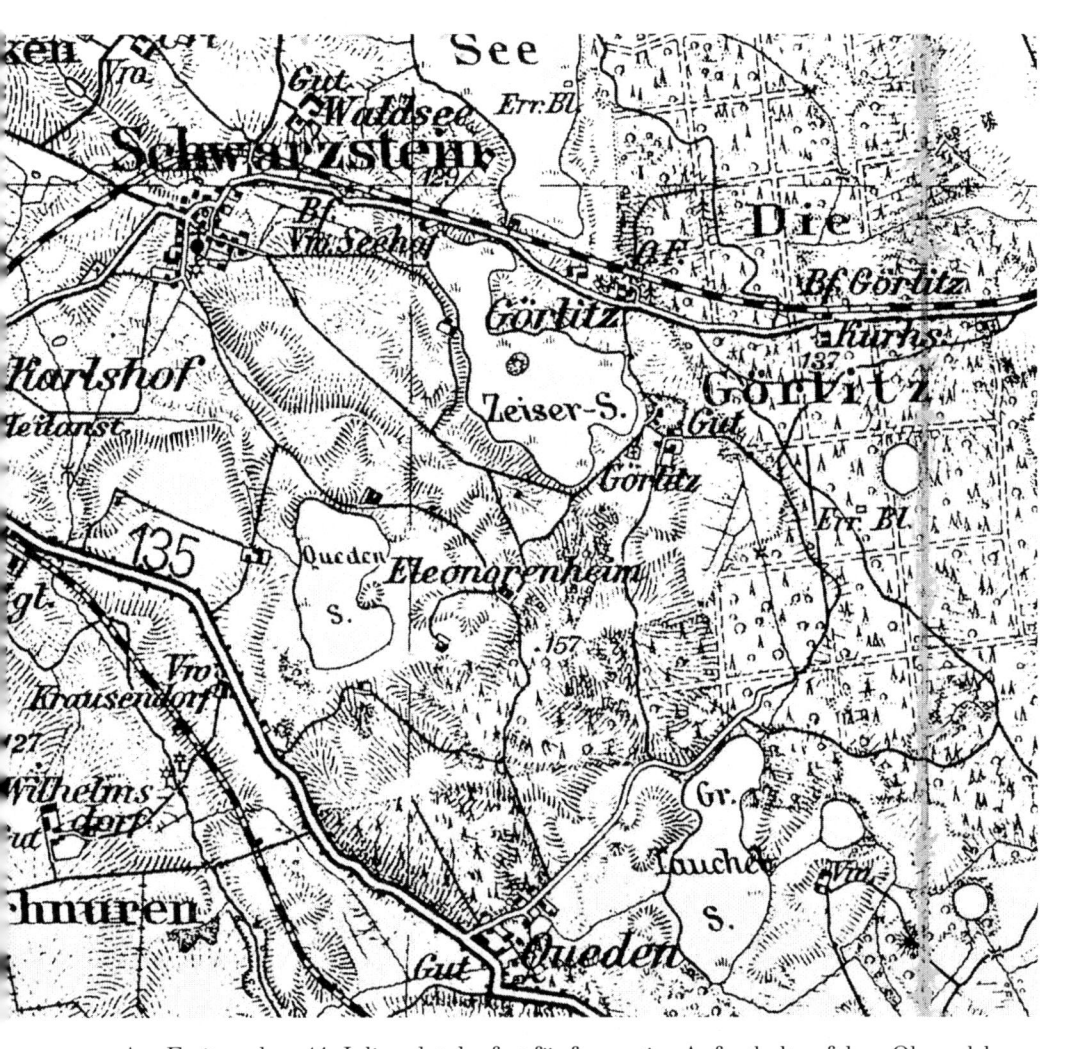

Am Freitag, dem 14. Juli endet der fast fünfmonatige Aufenthalt auf dem Obersalzberg. Hitler betrachtet ein zweites Mal seine Gemälde und fährt dann den Berg hinunter nach Berchtesgaden und über Marktschellenberg nach Salzburg. Es ist, seit er 1923 erstmals hierher kam, der längste zusammenhängende Aufenthalt an seinem Lieblingsort überhaupt gewesen. Insgesamt hat er hier acht Prozent seines gesamten Lebens und fast ein Viertel seiner Regierungszeit verbracht. Der 900 Kilometer lange Flug, es ist der letzte seines Lebens, verläuft über Oberösterreich, den Böhmerwald, über Budweis, Pardubitz, Böhmen, Königgrätz, Breslau, Ostrowo, Kalisch und Kolo. Dann tauchen in der Abenddämmerung die masurischen Wälder auf, es glitzern einsame Seen und der Flugplatz Wilhelmsdorf kommt in Sicht. Die Maschinen landen abends. Nach der Fahrt zur Wolfsschanze lässt sich Hitler von Prof. Morell untersuchen, der eine leichte *„Grippe und Konjunktivitis beiderseits"* bei ihm feststellt. Weiter notiert er: *„Kopfwasser ins linke Auge gelaufen. Verätzung! Kokain-Adrenalinlösung, Targesinlösung."* Da die Bauarbeiten

^ *Karte des Areals und der Umgebung der Wolfsschanze (rechts „Die Görlitz") mit Karlshof (Heilanstalt, Lazarett) und dem Flugplatz Wilhelmsdorf, links die Kreisstadt Rastenburg. (128)*

zur Verstärkung des Führerbunkers noch nicht abgeschlossen sind, bezieht Hitler einen der Großbunker (Maße: 42 mal 28,50 mal 8,50 Meter), den Gästebunker.

Es ist der Tag, an dem der Kommandant des *„Festen Platzes"* Wilna, Generalleutnant Rainer Stahel, namentlich lobend im Wehrmachtbericht erwähnt wird: *„Die tapfere Besatzung der alten litauischen Hauptstadt Wilna unter Führung ihres Kommandanten, Generalleutnant Stahel, durchbrach nach fünftägigem Widerstand gegen überlegene feindliche Kräfte befehlsgemäß den sowjetischen Einschließungsring und kämpfte sich zu den westlich unter Oberst Tolsdorff bereitstehenden Truppen durch."* Es ist eine Bestätigung für Hitler, dass seine Taktik der *„Festen Plätze"* aufgeht, da er für *die „Bindung starker feindlicher Kräfte vor der Festung"* gesorgt hat. Stahel hat sich zuvor mit unerbittlicher Härte als Kampfkommandant von Rom bewährt, ein General nach Hitlers Geschmack.

Für 13:00 Uhr ist am 15. Juli die Mittagslagebesprechung angesetzt. Sie findet in einer der mit grauem Tarnanstrich versehenen, mit Ziegelsteinen ummantelten Holzbaracke statt, die sich etwa 40 Meter westlich des Gästebunkers befindet. An der Stirnseite der Baracke befindet sich der 12,5 mal 5 Meter große Lageraum. Der Raum hat fünf Fenster zu den drei Außenseiten, er ist hell und luftig und man atmet den Duft des Waldes. Da es sehr heiß ist, sind die Fenster geöffnet. Als Hitler nach seiner ersten Nacht im Gästebunker kurz vor 13:00 Uhr mit seinem Marineadjutanten Konteradmiral Karl-Jesko von Puttkamer vor der Lagebaracke eintrifft, trifft er auf Graf von Stauffenberg, den er kurz begrüßt. Dabei wird ein Foto geschossen. Es ist das einzige, das Hitler zusammen mit Graf von Stauffenberg zeigt, der sich starr neben Hitler aufgebaut hat. Graf von Stauffenberg darf teilnehmen, weil es heute über die Verstärkung des Heimatheeres und die Aufstellung von Volksgrenadierdivisionen geht. Den Sprengstoff trägt er erneut bei sich und auch Himmler ist diesmal anwesend. Die Putschisten in Berlin gehen daher fest davon aus, dass er das Attentat diesmal durchführt; sie lösen in Berlin „Walküre" aus. Die Besprechung beginnt um 13:10 Uhr und endet bereits nach einer halben Stunde. Graf von Stauffenberg kann oder will den Sprengstoff nicht aktivieren. Anderen Quellen ist zu entnehmen, dass Graf von Stauffenberg *„die Bombe"* legen will. Als er zurückkommt, ist Hitler aber schon gegangen und kommt nicht mehr zurück. Graf von Stauffenberg selbst muss ab 13:40 Uhr an einer Sonderbesprechung (ohne Hitler) über den Stellungsbau teilnehmen. So oder so, die „Walküre"-Maschinerie muss unter dem Vorwand, es sei nur eine Übung gewesen, gestoppt

∧ *15. Juli 1944, Führerhauptquartier Wolfsschanze: Hitler begrüßt vor der Lagebesprechungsbaracke einen Teilnehmer. Im Hintergrund der Gästebunker, rechts Wilhelm Keitel und links Graf von Stauffenberg. Es ist die einzige Aufnahme, die Hitler und seinen Attentäter gemeinsam zeigt.* (132)

werden. Die Vertuschung gelingt, es ist aber nun klar, dass es einen zweiten derartigen Versuch nicht geben kann, weil zwei kurz hintereinander stattfindende „Übungen" unglaubwürdig sind. Bevor wieder „Walküre" ausgelöst wird, muss hundertprozentig feststehen, dass Hitler tot ist.

Rommel schickt Hitler ein Fernschreiben, in dem er klar schildert, dass *„die Lage in der Normandie von Tag zu Tag schwieriger"* werde. Das Fernschreiben schließt: *„Die Truppe kämpft allerorts heldenmütig, jedoch der ungleiche Kampf neigt sich dem Ende entgegen. Ich muss Sie bitten, die Folgerungen aus dieser Lage unverzüglich zu ziehen. Ich fühle mich verpflichtet, als Oberbefehlshaber der Heeresgruppe dies klar auszusprechen."* Welche Folgerungen erwartet Rommel? Ein Waffenstillstandsangebot von Hitler oder gar seinen Rücktritt? Oder hofft er, dass Generale Hitler gegenübertreten und zur Abdankung zwingen? Kann er ernsthaft erwarten, dass ein deutscher General seinen Obersten Befehlshaber verhaftet? Rückblickend muss festgestellt werden, dass es von den über 3.000 deutschen Generalen und Admiralen keinen einzigen gegeben hat, der es gewagt hat, Hitler mit der Pistole in der Hand gegenüberzutreten. Auch diejenigen Generale, die am 20. Juli in Erscheinung treten sollen, tun dies in der festen Überzeugung, Hitler sei tot.

^ *Die Reste des zeitweise von Hitler benutzten Gästebunkers im Führerhauptquartier Wolfsschanze (2013). (112)*

Mit Himmler diskutiert Hitler die Möglichkeit eines feindlichen Angriffs auf die Wolfsschanze. Dass dieser von innen her erfolgen könnte, steht dabei nicht ansatzweise zur Debatte. Der Gedanke an Verrat in den Reihen der Wehrmachtsführung ist zu diesem Zeitpunkt noch völlig unvorstellbar. Bormann schreibt nach der Rückkehr in die Wolfsschanze an seine Frau: *„Denn es zeigt sich immer deutlicher, dass nur der Führer und seine Getreuen die Träger brutalsten Kampfes- und Widerstandswillens sind."* Bormann kontrolliert den Zugang zu Hitler, verwaltet sein Privatvermögen und ist sein *„treuer Diener"*, der schon lange für Hitler, der sein Organisationstalent sehr schätzt, unentbehrlich ist. Parallel führt er Dossiers über die führenden NS-Funktionäre. So

^ *15. Juli 1944, Führerhauptquartier Wolfsschanze: Hitler mit Blondi vor Beginn der Lagebesprechung im Gespräch mit Prof. Karl Brandt. Im Hintergrund der von Hitler bewohnte Gästebunker. (o.) (132)*

dokumentiert er beispielsweise die Verschwendungssucht von Göring und das sexuell ausschweifende Leben von Goebbels mit Filmschauspielerinnen (Bormann selbst hat eine Affäre mit der Schauspielerin Manja Behrens). Dass er dadurch – und auch aufgrund seines grobschlächtigen Aussehens und dem Fehlen von Charisma – bei allen unbeliebt ist, liegt auf der Hand. Göring sagt über ihn: *„Bormann ist ein kleiner Sekretär, ein großer Intrigant und ein dreckiges Schwein."*

Am Abend des 17. Juli erhält Hitler gleich zwei schlechte Nachrichten. Erwin Rommel wird bei einem Tieffliegerangriff auf der Straße zwischen Livarot in Richtung Vimoutiers bei Ste-Foy-de-Montgommery schwer verletzt und für längere Zeit ausfallen. Dies ist auch für den Widerstand eine schlechte Nachricht, hofften die Putschisten doch auf seine Popularität für ihre Ziele. Die andere schlechte Nachricht: Der sowjetische Diktator Josef Stalin präsentiert der Welt das Ergebnis seines „Blitzkrieges". Rund 55.000 gefangene deutsche Soldaten wurden durch die Straßen Moskaus getrieben. Sie müssen, eskortiert von Rotarmisten mit aufgepflanztem Bajonett und von berittenen Kosaken, zum Kreml marschieren, wobei sie von der Bevölkerung beschimpft und mit Gegenständen beworfen werden. Schlimmere Übergriffe und Misshandlungen werden von den Wachen verhindert. Diese öffentliche Zurschaustellung widerspricht dem Kriegsvölkerrecht. Andererseits hat die Parade wohl zahlreichen Teilnehmern das Leben gerettet, geht es Stalin doch darum, eine möglichst große Zahl von Gefangenen bei seinem Triumphzug vorzuführen und die Chance, an der Front zu überleben, ist im Sommer 1944 gering.

Bei den Vorgeführten handelt es sich um Soldaten der Heeresgruppe Mitte, die mit ihren Resten von 13 Divisionen der Beresina zustrebte, einem Fluss, an dem sich bereits 1812 das Schicksal Napoleons und seiner „Grande Armée" entschieden hat. Nun, im Juli 1944, drängt sich *„eine rund 60 Kilometer lange Fahrzeugkolonne, die Wagen oft zu zweien und dreien nebeneinander, unter starken Stockungen"* zur Brücke von Berezino. *„Alle streben dem Brückenübergang zu. Nur jenseits des Flusses gelangen"*, heißt es in einem Gefechtsbericht. Die Wehrmachtstruppen, die den Übergang geschafft haben, müssen erkennen, dass starke sowjetische Verbände ihnen zuvorgekommen sind: *„Hinter der bezwungenen Stellung bot sich ein Bild des Grauens dar. Die Rollbahn war auf einer Strecke von etwa einem Kilometer mit zusammengeschossenen Fahrzeugen bedeckt, dazwischen lagen niedergemacht verstümmelte Soldaten und halb nackte ermordete russische Frauen"*, berichtet ein Überlebender. Vor allem sogenannte russische Hilfswillige werden von den Rotarmisten umgehend niedergemacht. Schließlich sehen sich die Reste der 4. Armee in drei Kesseln zusammengedrängt, die nach Westen drängen. Bis zu 170 Kilometer sind die Reste der deutschen Front mittlerweile entfernt, mangels Treibstoff hat man das Gros der Geschütze und Panzer bereits gesprengt, um sie nicht in die Hand des Feindes fallen zu lassen. Auch Munition und Verpflegung gehen aus.

Stalin will mit der Zurschaustellung seiner Gefangenen bei seinen westlichen Alliierten ein Zeichen setzen, die nach ihrer Landung in der Normandie weit hinter ihren gesetzten Zielen zurückliegen. Es geht ihm aber auch darum, wankenden deutschen Verbündeten wie Finnland, Rumänien und Ungarn zu signalisieren, welches Schicksal sie zu erwarten haben, wenn sie weiterhin an Hitlers Seite ausharren. In zwei Kolonnen marschieren die deutschen Gefangenen also durch die Stadt, an der Spitze die hohen Offiziere. Viele Soldaten leiden an Durchfall, weil sie nach Tagen mit mangelhafter Verpflegung kurz vor dem Marsch erstmals versorgt worden waren. Während die Generale anschließend in einem Moskauer Gefängnis interniert werden, werden die übrigen Gefangenen auf verschiedene Lager verteilt. Bis zu 25 Prozent erliegen bereits während des Transports den Strapazen. Stalins Sieg verfehlt seine Wirkung auch in Deutschland nicht. Viele Mitglieder des militärischen Widerstands erkennen in Hitlers unsinnigen Befehlen einen Grund für den Zusammenbruch der Heeresgruppe Mitte und wollen vor der endgültigen Niederlage wenigstens ein moralisches Zeichen setzen. In diesem Sinne beschwört der Kopf des militärischen Widerstands, Generalmajor Henning von Tresckow, Graf von Stauffenberg:

„Das Attentat muss erfolgen, coûte que coûte. Sollte es nicht gelingen, so muss trotzdem in Berlin gehandelt werden. Denn es kommt nicht mehr auf den praktischen Zweck an, sondern darauf, dass die deutsche Widerstandsbewegung vor der Welt und vor der Geschichte unter Einsatz des Lebens den entscheidenden Wurf gewagt hat. Alles andere ist daneben gleichgültig."

Hitler schickt, nachdem er trotz dieser Meldungen gut geschlafen hat und auch Prof. Morell *„gutes Befinden"* feststellt, am 18. Juli an Rommel ein Telegramm mit Genesungswünschen. Wie launisch Hitler in diesen Tagen ist, zeigt ein Beispiel nur wenige Stunden später, als sich nachmittags seine Laune rasch verschlechtert. Es gibt einen kleinen Zwischenfall im Besprechungszimmer, als Hitler erfolglos versucht, eine um seinen Kopf schwirrende Fliege zu vertreiben. Er befiehlt seinem Adjutanten SS-Obersturmbannführer Friedrich Darges sie zu vertreiben. Der hat zuvor gelacht und tut nun so, als ob er den Befehl nicht verstanden hat, worauf Hitler wütend wird und schreit: *„Wenn ein Schreiber* [gemeint ist ein Marineangehöriger, der bei ihm als Schreiber arbeitet] *mit einem Ein-Mann-Torpedo einen Kreuzer versenken kann, dann werden Sie ja wohl als Sturmbannführer eine Mücke vertreiben können!"* Darges stand schon einige Zeit bei ihm unter Beobachtung, da er eine Beziehung zu Eva Brauns Schwester Gretl abgebrochen hatte, die sich in ihn verliebt hatte. Darges wird sofort entlassen und an die Ostfront strafversetzt. Als Hitler danach mit seiner Sekretärin Christa Schroeder zu Mittag isst, fühlt er sich nicht wohl und sagt unvermittelt: *„Es darf jetzt nichts passieren: denn es ist kein Mensch da, der die Führung an sich nehmen könnte. Ich merke, es liegt etwas in der Luft."* Hitler wusste seit einem schwedischen Pressebericht vom Februar, dass ein Generalstabsoffizier des Heeres dazu bestimmt worden ist, ihn zu erschießen. Er hatte daraufhin Anweisung gegeben, die Sicherheitsmaßnahmen in der Wolfsschanze zu verstärken, hatte dann jedoch Bedenken, diese zu weit zu treiben.

Am 19. Juli enden einwöchige Großangriffe der USAAF auf die Innenstadt von München. Bei insgesamt rund 5.000 Feindflügen sind 1.471 Tote zu beklagen, 200.000 Münchner werden obdachlos. An der Westfront enden an diesem Tag die schweren Kämpfe um Caen. Die Stadt fällt nach einem schweren Bombenangriff, bei dem etwa 2.000 französische Zivilisten ums Leben kommen. Zeitgleich wird Albert Kesselring von Hitler persönlich empfangen und erhält aus seiner Hand das Eichenlaub mit Schwertern und Brillanten. Er wird damit für das Halten der Stellungen in Italien belohnt. Zusätzlich gratuliert er ihm zum 40-jährigen Militärjubiläum und befiehlt ihm, *„Florenz aus den Kampfhandlungen herauszunehmen"*. Es ist die einzige Stadt, deren Zerstörung ihm nicht gänzlich gleichgültig ist. Danach unterzeichnet er die Weisung Nr. 58: *„Befehl des Chefs OKW betreffend die Vorbereitungen für die Verteidigung des Reiches"*. General Friedrich Hoßbach, dem der Oberbefehl über die 4. Armee übertragen werden soll und den er von früheren Zeiten, als er sein Adjutant war, kennt, sieht ihn abends. Er ist erschrocken über den *„gebückten, früh gealterten Mann"*, der nicht in der Lage ist, *„ein größeres strategisches Ziel zu formulieren"*, und der sich zur taktischen Lage *„oberflächlich"* äußert. Bei der abendlichen Teestunde sagt Hitler zu Christa Schroeder, nachdem sie ihn bereits zuvor nervös und unruhig fand: *„Hoffentlich passiert mir nichts. Ich habe ein ganz schlechtes Gefühl."* Nach einem Schweigen fährt er fort: *„Es darf mir jetzt aber nichts passieren! Ich kann mir nicht einmal erlauben, krank zu werden, denn es ist niemand da, der diese schwierige Situation meistern würde."* Diese Teestunden benötigt Hitler, weil ihn die stundenlangen Lagebesprechungen so sehr beanspruchen, dass er in ihnen die Entspannung findet, um die durch das lange Schauen auf seine Lagekarten verursachten Eindrücke wenigstens für ein paar Stunden aus seinem Gehirn verscheuchen zu können. Für den kommenden Tag ist Mussolini zu einem Besuch angemeldet, die Lagebesprechung wird daher auf 12:30 Uhr vorverlegt.

Alfons Schulz, Soldat und einer der Telefonisten in der Fernsprechvermittlung, hört zur Qualitätskontrolle ab und an in die Gespräche hinein. Dabei hört er, wie sich zwei Offiziere über einen *„Patienten"* unterhalten, der *„schwer krank"* ist und sie nicht wissen, ob *„er den nächsten Tag überleben wird."* Für Schulz ist der Gesprächsinhalt im fünften Jahr des Krieges nichts Außergewöhnliches und er misst dem daher keine Bedeutung zu. Am

^ *Führerhauptquartier Wolfsschanze vor dem Attentat: Hitler und seine Entourage (erste Reihe v.l.n.r.: Albert Bormann, Rudolf Schmundt, Hitler, Heinrich Hoffmann) beim Gang zur Lagebesprechung. (121)*

nächsten Morgen um 07:00 Uhr, es ist Donnerstag der 20. Juli, fliegt Graf von Stauffenberg mit seinem Adjutanten Werner von Haeften vom südlich Berlins gelegenen Flugplatz Rangsdorf aus zur Wolfsschanze. Hitler frühstückt noch, als beide um 10:50 Uhr im Sperrkreis I ankommen. Prof. Morell gibt Hitler um 11:15 Uhr die üblichen stärkenden Injektionen. Hitlers Chefadjutant Julius Schaub erscheint gegen 12:25 Uhr im Gästebunker und meldet Hitler, dass *„die Lage"* beginnen kann. Dieser begibt sich daraufhin wie üblich zu Fuß die 40 Meter zur 45 mal 14 Meter großen Lagebaracke und sieht, dass vor dem Eingang bereits einige Offiziere warten. Pünktlich um 12:30 Uhr beginnen die Vorträge im 12,50 mal 5,00 Meter großen Lageraum. Heusinger gibt einen Überblick über die Lage an der Ostfront. Nach einem Rückzug von über 350 Kilometern findet an diesem Tag die Heeresgruppe Mitte einen vorläufigen Halt auf der Linie Wilkomir – Kowno – Grodno – Memel. Kurz danach kommt Keitel mit General Walter Buhle und Graf von Stauffenberg, der seine gelbe Aktentasche aus Schweinsleder trägt. Keitel stellt Graf von Stauffenberg um 12:37 Uhr Hitler vor, er soll heute für den Stab des Ersatzheeres über die Aufstellung neuer Panzer- und Grenadierdivisionen berichten: *„Mein Führer, darf ich Ihnen Herrn Oberst Graf von Stauffenberg vorstellen, der nachher zur Lage des Ersatzheeres vortragen wird."* Hitler drückt ihm kurz geistesabwesend die Hand.

Man weist Graf von Stauffenberg einen Platz in relativer Nähe rechts von Hitler zu, er hat als Schwerhöriger darum gebeten. Er stellt seine Aktentasche rechts neben dem rechten Tischsockel ab, näher kommt er nicht an Hitler heran. Der Tisch ist ein sechs Meter langer Kartentisch, dessen dicke Eichentafel auf zwei massiven Sockeln ruht. Oft wird betont, dass er die Tasche erst links vom Sockel, auf der Hitler zugewandten Seite, abstellt und ein Teilnehmer sie dann, weil sie ihm im Weg war, nimmt und zur anderen Seite stellt. Dieser Zufall hätte Hitler dann das Leben gerettet, weil die Hauptsprengkraft von Hitler weg gegangen wäre. Der Vorgang ist nicht auszuschließen; obwohl aber damals bereits davon gesprochen wurde, finden die Untersuchungsbeamten später keinen Grund zu dieser Annahme. Dazu kommt, dass Graf von Stauffenberg nicht wissen konnte, in welchem Teil des Raumes Hitler sich im Augenblick der Explosion aufhalten würde, und dass er natürlich auch nicht damit rechnen kann, dass seine nach seinem Weggang zurückgebliebene Aktentasche unter allen Umständen bis zur Explosion unberührt und am Platz bleiben würde. Er muss sogar damit rechnen, dass jemand sie wegstellt, an die Wand oder in eine Ecke. Wenn das Ziel, der Tod Hitlers, jedoch so weit möglich gesichert sein soll, muss aber die in die Besprechung einzubringende Sprengstoffmenge für die Tötung aller Anwesenden berechnet sein, also auch noch den von der Detonation am weitesten entfernt Stehenden erreichen. Graf von Stauffenbergs Absicht, alle Anwesenden zu töten, geht auch aus seinem eigenen Bericht nach der Rückkehr nach Berlin hervor: *„Diese Detonation war so, als ob eine 15-cm-Granate hineingeschlagen hätte, da kann kaum noch jemand am Leben sein."*

Dass die Besprechung kurzfristig *„wegen der sommerlichen Hitze"* in die Lagebaracke verlegt worden ist und Graf von Stauffenberg davon überrascht wird, gehört ebenfalls zu den vielfach kolportierten Legenden. Die mittäglichen Lagebesprechungen finden seit Monaten in einem nicht besonders befestigten leichten Holzanbau am Führerbunker statt. Der Gästebunker, in dem Hitler übergangsweise aktuell wohnt, ist ein Luftschutzbunker mit relativ kleinen, für eine Besprechung ungeeigneten Räumen. Die Baracke, in der Graf von Stauffenberg den Sprengstoff platziert, ist ihm wohl bekannt, erst fünf Tage zuvor nimmt er dort an einer Besprechung teil. Er ist also als fronterfahrener Offizier über die voraussichtliche Sprengwirkung im Bilde, da er sowohl die fünf großen Fenster kennt als auch, vom Klang seiner Schritte, den Hohlraum unter dem Holzfußboden.

Graf von Stauffenberg macht äußerlich einen ruhigen und gefassten Eindruck und verlässt nach dem Absetzen der Aktentasche unter dem Vorwand telefonieren zu müssen den Raum. Auch das ist an sich nichts Ungewöhnliches und fällt daher zunächst nicht auf, da bei den Besprechungen immer ein Kommen und Gehen herrscht. Im Raum befinden sich noch 24 Personen. Hitler sitzt auf seinem mit Strohgeflecht bezogenen Hocker, die Tür zum langen schmalen Korridor im Rücken, die offenen Fenster vor sich. Nach kurzer Zeit fragt er Buhle nach einem Detail, der vorschlägt, Graf von Stauffenberg solle die Frage beantworten. Hitler nimmt ungehalten zur Kenntnis, dass der Oberst nicht mehr da ist. Er ahnt nicht, dass er sich in unmittelbarer Lebensgefahr befindet. Korten gibt dann einen Bericht der Luftaufklärung ab, Hitler steht auf und beugt sich, halb liegend, etwas gebückt und auf den rechten Ellbogen und das Kinn in die Hand gestützt über die Karte – Bleistifte in der rechten und eine Lupe in der linken Hand. Er will sich im Norden der Landkarte etwas ansehen. Auch Korsten beugt sich vor, als Heusinger erklärt: *„Wenn jetzt nicht endlich die Heeresgruppe vom Peipussee zurückgenommen wird, dann werden wir eine Katastrophe....."*

Weiter kommt General Adolf Heusinger nicht. Es ist 12:42 Uhr, als in der Aktentasche Graf von Stauffenbergs, etwa zwei Meter rechts von Hitler, 975 Gramm Plastiksprengstoff in einer gewaltigen, von einer Stichflamme begleitet, Druckwelle detoniert, der eine Detonationsgeschwindigkeit von etwa 7.000 Meter pro Sekunde hat. Der Sprengstoff gehört zu den stärksten für militärische Zwecke verwendeten nichtnuklearen Sprengstoffen. Es ist der Augenblick, von dem an in Hitlers Leben nichts mehr so sein wird wie vordem. Überall schießen Flammen auf, Holzstücke und Glassplitter fliegen durch den Raum, der sich rasch mit dickem Qualm füllt. Die Tischplatte des massiven Eichentisches bricht ungefähr in der Mitte auseinander, die rechte Hälfte fliegt in die Luft. Fensterstöcke werden nach außen gedrückt, ebenso wie ein Großteil der Verbindungswand samt der Tür zur übrigen Baracke. Die Decke wird offensichtlich durch die Tischplatte schwer beschädigt. Schnitzel der Tapeten und der Dichtungswolle bedecken den Raum. Wo die Tasche stand, befindet sich ein Loch von 55 Zentimetern Durchmesser im Boden. Generalmajor Heinz Brandt, Olympiasieger im Springreiten im Jahre 1936, wird der rechte Unterschenkel abgerissen, er stirbt am nächsten Tag im Alter von 37 Jahren. Stenograf Regierungsrat Dr. Heinrich Berger, der erst drei Tage zuvor von einem Familienurlaub zurückgekommen ist, trifft die volle Wucht der Explosion. Er sitzt an der Querseite des Lagetisches und verliert beide Beine. Trotz schneller medizinischer Hilfe stirbt er um 17:00 Uhr im Alter von 39 Jahren. Generaloberst Günther Korten wird buchstäblich auf ein Stück des Tisches aufgespießt und stirbt zwei Tage später, vier Tage vor seinem 46. Geburtstag. General der Infanterie und Chefadjutant Hitlers Rudolf Schmundt wird ebenfalls schwerstverletzt. Er verliert ein Auge und ein Bein, erleidet schwere Verbrennungen im Gesicht und stirbt am 1. Oktober im 47. Lebensjahr. Alle anderen Teilnehmer werden ebenfalls verletzt, darunter zwölf schwer.

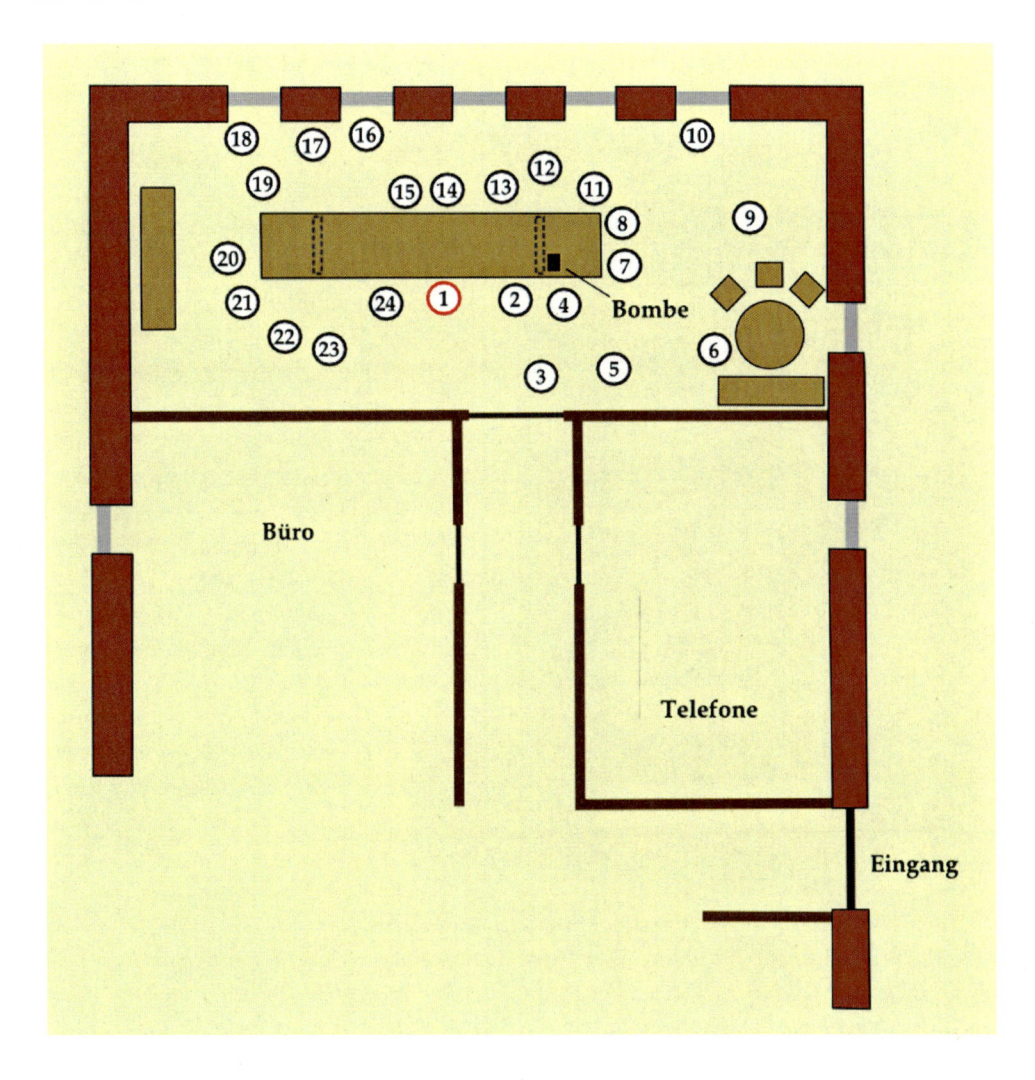

Hitler wird nach seiner Empfindung von einer *„rein blauen Stichflamme ohne gelben Stich"* (alle anderen Anwesenden empfinden sie als gelb) eingehüllt. Deutlich hört er einen *„doppelten Knall"*, vermutlich die Detonation und dann das Platzen der eigenen Trommelfelle, denn dann hört er nur noch dumpfe Geräusche. Hitler wird vom ursprünglichen Standort am Kartentisch bis in die Gegend des linken Türpfostens der Ausgangstür geschleudert, über sich Latten und Balken, die von der Decke herabstürzen. Er spürt Flammen an den Haaren und der Kleidung und empfindet einen starken Schmerz in seinem rechten Ellbogen. Als der Qualm sich etwas verzieht, sehen seine schmerzenden Augen einige Gestalten in den Trümmern liegen, die sich mit schmerzverzerrten Gesichtern auf dem Boden winden. Er sieht es, kann ihre Schreie aber nicht hören.

^ *20. Juli 1944, 12:42 Uhr: Grundriss des Zimmers in der Lagebaracke, in dem das Attentat stattfindet (Hitler = 1). Korten (3), Brandt (4), Schmundt (7) und Berger (11) werden an den Folgen der Explosion sterben. (108)*

Mühsam befreit er sich von den Trümmern, steht auf und stolpert zum Flur, der zum Ausgang führt, die Flammen an der Hose mit den Händen dabei ausschlagend. Er spürt, wie Blut an seinen Beinen herabfließt und auch aus den Ohren sickert. Die vom Staub verklebten Haare stehen zu Berge. Seine Kleidung ist zerfetzt, aber er kann selbstständig gehen und trifft im Flur auf Keitel. Bei der Gauleitertagung am 4. August äußert er: *„Ich glaubte, drei Detonationen zu hören und vermutete von außen herein geworfene Handgranaten. Die Generale sprangen zum Fenster heraus. Ich dachte aber, dass ich dann dem Attentäter direkt in die Arme laufen würde. Ich ging durch die Tür, löschte mein brennendes Haar ab."*

Goebbels notiert drei Tage später Hitlers Äußerungen: *„Er hat zunächst bei sich selber festgestellt, dass er noch im Besitz, wie er sagt, seines Kopfes, seiner Augen, seiner Arme und seiner Beine war. Dann habe er weiter festgestellt, dass er sich bewegen konnte, und dann nach der ersten Schockwirkung versucht, unter allen Umständen ins Freie zu kommen, da er (...) von Flammen eingehüllt war. Das sei ihm auch gelungen. Bei dem Versuch, aus dem Raum herauszugehen, sei Keitel ihm entgegen gestürzt und ihm weinend in die Arme gefallen."* Keitel sucht Hitler mit den Worten: *„Wo ist der Führer?"* Als er ihn entdeckt, umarmt er ihn und ruft: *„Mein Führer! Sie leben, Sie leben!"* Nach knapp zehn Minuten wird er also, gestützt von Keitel und Schaub, aus der Baracke herausgeführt. Verkohlte Papiere flattern im Spiralflug herab und übersäen die Wiese. Von allen Seiten kommen Wachen und Sanitäter herbeigerannt. Von Below erkennt, dass Hitler von Keitel geleitet wird: *„Er ging sicher und aufrecht. Sein Rock und seine Hose waren zerrissen."* In der Tür trifft Hitlers SS-Adjutant, SS-Hauptsturmführer Otto Günsche auf Keitel und Hitler, die sich gegenseitig stützen. Hitlers Haare sind wirr durcheinander und teilweise versengt. Sein rußverschmiertes Gesicht hat rote Flecken. Wachsoldat Kurt Salterberg beobachtet die Szene. Günsche stützt Hitler unter der linken Achsel. Er spricht zu Günsche: *„Ein Anschlag, eine Bombe, was war das? Welch ein Glück – ich bin am Leben. Das war die*

^ *20. Juli 1944, Führerhauptquartier Wolfsschanze: Der mit Trümmern übersäte Flur der Lagebaracke nach dem Attentat. Im Hintergrund der Raum des Anschlages, rechts auf der Hutablage die Schirmmütze Graf von Stauffenbergs. (164)*

Juli 1944 – Attentat und Militärputsch

Hand der Vorsehung." Er vermutet jetzt, dass es eine Zeitzünderbombe war, die die beim Umbau beschäftigten Arbeiter dort deponiert haben und äußert, dass er einen *„grellen Lichtschein, wie ein Blitz"* wahrgenommen habe. Günsche will Hitler zu seinem Bunker begleiten, doch schon nach etwa zehn Metern bleiben die Drei stehen. Hitler dreht sich um und schaut minutenlang wortlos auf die rauchende Baracke. Dann meint Hitler: *„Da muss jemand eine geballte Ladung rein geworfen haben!"*

Ein Diener holt Prof. Morell, während Hitler sich selbst den Puls fühlt, der völlig normal ist. Die rechte Hand schiebt er wie Napoleon zwischen die Knöpfe, um

^   *20. Juli 1944: Göring (links) besichtigt den Ort des Attentats. Die zerstörte massive Tischplatte dokumentiert die Wucht der Explosion. (140)*

die Schmerzen etwas zu lindern. Als seine Sekretärinnen hereinkommen, meint er seelenruhig: *„Na, meine Damen, das ist noch mal gut gegangen."* Dann geht er straff aufgerichtet in sein Zimmer. Der Begleitarzt Dr. Hans-Karl von Hasselbach leistet die ärztliche Erstversorgung. Hitler sitzt an einem runden Tisch, sein rechter Arm hängt schlaff herunter. Er ist absolut unaufgeregt und sogar von einer gewissen Euphorie befallen: *„Jetzt habe ich die Burschen! Jetzt kann ich etwas gegen sie unternehmen."* Der Arzt entfernt die zerfetzte Hose und stellt fest, dass die Haut am unteren Drittel beider Schenkel verletzt ist. Mehr als 100 Eichenholzsplitter werden entfernt, seine Gesichtshaut ist an mehreren Stellen leicht verletzt und ein herabstürzender Dachsparren hat eine Stirnwunde verursacht. Trotzdem ist Hitler von allen 24 (während der Explosion Anwesenden) der am wenigsten verletzte. Hitler äußert während der Erstversorgung, dass er während der Explosion festgestellt hat, dass *„die Stichflamme eine Farbe"* hat, wie sie *„bei deutschen Sprengstoffen nicht vorkommt"*. Man müsse daher *„auf eine englische Herkunft tippen"*. Auch hätte er *„sofort seine Umgebung gemustert"*. Da er damit rechnet, dass auch in seinem Bunker Sprengstoff eingebaut worden ist, gibt er den Befehl, dass der Fußboden und die Wände untersucht werden. Als schließlich Prof. Morell eintrifft, begrüßt er ihn mit den Worten: *„Denken Sie nur, mir ist nichts geschehen! Stellen sie sich das vor!"* Prof. Morell vermerkt später: *„Anscheinend hat er sich auch gar nicht aufgeregt, denn sein Puls ging, als ich ihn auf etwaige innere Verletzungen untersuchte, völlig ruhig und normal* [72/Minute] *wie an jedem anderen Tage."*

Die Sonderkommission, die das Attentat untersucht, stellt fest, dass es sich um eine deutsche Nachbildung eines englischen Plastiksprengstoffes handelt, der im Werk Reinsdorf oder Sythen der WASAG Chemie AG unter dem Namen „Plastit W" hergestellt wird. Die vom Propagandaministerium verbreitete Behauptung, es sei englischer Sprengstoff gewesen, ist eine Erfindung. Die Sonderkommission stellt auch fest, dass Graf von Stauffenberg noch ein zweites Sprengstoffpaket bei sich gehabt hat, welches er nicht benutzt hat und dass bei Verwendung beider Packungen mit Sicherheit keiner der Teilnehmer der Lagebesprechung mit dem Leben davon gekommen wäre. Warum er es nicht benutzt hat, ob die Störung durch Oberleutnant Vogel, eine durch Nervosität bedingte Fehlentscheidung oder andere Umstände die Ursache gewesen sind, bleibt Spekulation. Unter welchen Bedingungen Graf von Stauffenberg den Zünder betätigen muss und weitere Details sind einem Vierteljahresheft für Zeitgeschichte zu

^ *Ein Soldat der Wachkompanie präsentiert dem Fotografen die durch die Explosion zerfetzte Hose Hitlers. (115)*

entnehmen (Jahrgang 32, 1984, Heft 3, Peter Hoffmann). Hitlers Diener Linge erscheint. Hitler sitzt im kleinen Speiseraum des Bunkers und sagt zu ihm, der ihn mit großen Augen fragend anschaut und sein Gesicht mustert, ruhig lächelnd: *„Linge, jemand hat versucht, mich umzubringen."* Als von Below später erscheint, findet er Hitler in seinem Arbeitsraum sitzend vor. Er zeigt den *„lebhaften, fast frohen Gesichtsausdruck eines Menschen, der etwas Schweres erwartet hat, das er aber glücklich überstand."* Er fragt ihn nach seinen Verletzungen und äußert, dass *„alle ein ungeheures Glück gehabt hätten."* Betroffen zeigt sich Hitler über den Tod des Stenografen Berger. Zu den Sekretärinnen äußert er: *„Nun meine Damen, wieder*[!] *ist alles gut für mich ausgegangen; ein weiterer*[!] *Beweis, dass die Vorsehung mich für meine Aufgabe bestimmt hat. Sonst wäre ich nicht mehr am Leben."*

Gegen 13:30 Uhr tritt Hitler wieder in den warmen Sonnenschein hinaus. Er sieht den Chef des Nachrichtenwesens Generalmajor Erich Fellgiebel jenseits des Sondersperrkreiszauns auf und abgehen. Er kann nicht wissen, dass dieser zu den Putschisten gehört. Hitler genehmigt Himmlers Vorschlag, der Gestapo die Vollmacht zur Verhaftung von Wehrmachtsoffizieren zu erteilen. Auch ihm gegenüber äußert er Vermutungen: *„Es war das Attentat eines Feiglings! Wahrscheinlich wurde der Sprengstoff von einem Handwerker der OT* [Organisation Todt] *eingebaut."* Dann ordnet er eine absolute Nachrichtensperre an. Er wird nie die Frage stellen, warum Himmler als Chef der deutschen Polizei und Reichsinnenminister mit seinem an sich effektiv arbeitenden Reichssicherheitshauptamt und dem ihn unterstehenden Behörden nicht in der Lage gewesen ist, die Verschwörung im Vorfeld zu enttarnen um damit das Attentat rechtzeitig zu verhindern. Hitler wird gemeldet, dass der Fußboden des Lageraums nach unten gedrückt ist, die Druckwelle ihren Ursprung also oberhalb des Fußbodens gehabt haben muss. Damit ist seine Theorie obsolet. Er lässt Oberst Sander kommen und fragt, wann frühestens eine Rundfunkansprache aufgenommen werden kann. Beim Mittagessen meint er: *„Ich habe ein unerhörtes Glück."* Zudem erklärt er, wie ihn das schwere Tischbein geschützt habe: *„Aber habe ich es nicht schon die ganze Zeit über geahnt, dass so etwas kommen wird?"*

Das Flugzeug mit Graf von Stauffenberg und von Haeften landet etwa um 15:00 Uhr in Rangsdorf. Von Haeften eilt sofort zum Telefon und versichert den Putschisten in der Zentrale des OKW und des OKH, dem sogenannten Bendlerblock, dass Hitler tot sei. Jetzt erst gehen die Befehle über die Fernschreiber, die den Militärputsch unter dem Deckmantel von „Walküre" einleiten. Sie beginnen mit den unvorstellbaren Worten: *„Der Führer Adolf Hitler ist tot."* Bis zu diesem Zeitpunkt haben die Verschwörer in Berlin nichts zugunsten des Staatsstreiches unternommen. Sie haben auf Graf von Stauffenberg gewartet und wie üblich in der Kantine zu Mittag gegessen. Ein Plan B für den Fall, dass Hitler das Attentat überlebt, wurde erst gar nicht ausgearbeitet. Als Stauffenberg im Bendlerblock auf das künftige Staatsoberhaupt, Generaloberst a. D. Ludwig Beck trifft, fragt ihn dieser: *„Sie bringen gute Nachricht?"*, Stauffenberg antwortete: *„Jawohl. Nach menschlichem Ermessen ist Hitler tot."* Der Totgesagte ernennt gegen 16:00 Uhr Himmler zum Befehlshaber des Ersatzheeres, also sämtlicher im Reich stationierten Heereseinheiten. Die Ernennungsurkunde wird sofort abgetippt und Hitler unterschreibt sie umgehend. Himmler ist nun de facto zweiter Mann im Staat, Göring zwar de jure, sein Einfluss ist aber längst Makulatur. Es wird nun deutlich, dass das Attentat der Auftakt für einen militärischen und politischen Aufstand ist, der das Ziel hat, das NS-Regime zu stürzen. Hitler verbietet Himmler, irgendwelche Konflikte zwischen Waffen-SS und dem Heer zuzulassen, der für ihn den Schritt in den Bürgerkrieg darstellen würde und befiehlt: *„Erschießen Sie jeden, der Widerstand leistet, ganz gleich, wer es ist. Es geht um das Schicksal der Nation. Seien sie unerbittlich!"* Hintergrund ist, dass die Waffen-SS nicht zur Wehrmacht gehört, sondern eine eigene Hierarchie und eigene Befehls- und Meldewege besitzt.

Dann lässt er sich zum Bahnhof Görlitz fahren, er trägt einen weiten schwarzen Umhang, da es zu regnen begonnen hat. Der Regen bringt an diesem schwül-heißen Tag keine richtige Erfrischung. Mussolinis Sonderzug fährt verspätet gegen 15:00 Uhr auf dem Bahnhof ein und er wird zu seinem Erstaunen von Hitler mit erhobener linken Hand begrüßt, die bei der Begrüßung von Mussolinis Begleitung *in gleicher Haltung verharrt.* Er beginnt sofort zu sprechen: *„Duce, man hat eben eine Höllenmaschine auf mich losgelassen. Vor wenigen Stunden habe ich das größte Glück meines Lebens erfahren!"* Sie gehen vom Bahnhof aus direkt zum Ort des Attentats. Hitler unterhält sich dabei mit Himmler und Bormann, der überraschte Mussolini geht hinter ihnen. Bei Hitler sind d*eutliche Einschränkungen von Mit- und Willkürbewegungen sichtbar, links mehr als rechts, obwohl sich ein größerer Bluterguss in der rechten Ellenbogengegend befindet. Sein linker Arm hängt bewegungslos am Körper, die Finger sind gekrümmt. Seine Haltung ist gebeugt, die Mimik starr.* Im Besprechungsraum angekommen geht Hitler zu seinem Platz und erklärt: *„Hier ist es geschehen. Hier an diesem Tisch habe ich gestanden. So habe ich mich mit dem rechten Arm auf den Tisch gelehnt, um auf der Karte etwas nachzusehen, als mir plötzlich die Tischplatte entgegenflog und meinen Arm nach oben riss. Hier, unmittelbar vor meinen Füßen, ist die Bombe explodiert."*

Er zeigt ihm die angesengten Haare an seinem Hinterkopf. Dann setzt sich Hitler auf eine umgekehrte Kiste und SS-Standartenführer und Dolmetscher Paul-Otto Schmidt muss für Mussolini einen der wenigen noch benutzbaren Stühle herbeiholen. So sitzen sich die beiden Diktatoren inmitten der Trümmer gegenüber und sprechen eine zeitlang kein Wort. Jeder hängt seinen Gedanken nach. Dann sagt Hitler ganz ruhig:

„Wenn ich mir alles noch einmal vergegenwärtige, so ergibt sich für mich aus meiner wunderbaren [!] *Errettung, während andere im Raum Anwesende schwere Verletzungen davongetragen haben und einer* [Generalmajor Walter Scherff und SS-Sturmbannführer Otto Günsche, die am offenen Fenster gestanden haben] *sogar durch den Luftdruck zum Fenster hinausgeschleudert wurde, dass mir eben nichts passieren soll, besonders da es ja nicht das erste Mal ist, dass ich auf wunderbare Weise dem Tode entronnen bin. Nach meiner heutigen Errettung aus der Todesgefahr bin ich mehr denn je davon überzeugt, dass es mir bestimmt ist, nun auch unsere gemeinsame große Sache zu einem glücklichen Abschluss zu bringen!"*

Mussolini antwortet ergriffen: *„Nachdem ich das hier gesehen habe, bin ich absolut Ihrer Meinung. Das war ein Zeichen des Himmels!"* Sein anwesender Sohn Vittorio Mussolini schildert im Jahre 1984:

20. Juli 1944, kurz vor 15:00 Uhr, Führerhauptquartier Wolfsschanze, Bahnhof: Hitler steht im Regen auf dem Bahnsteig, als der Sonderzug mit Mussolini eintrifft, 2.v.l. Theodor Morell. (132)

Die letzten Monate

^ 20. Juli 1944, Führerhauptquartier Wolfsschanze: Hitler und Mussolini auf dem Weg zum Ort des Attentats. V.l.n.r.: Julius Schaub, Martin Bormann, Albert Bormann, Hitler, Benito Mussolini, Rudolf Rahn, Eugen Dollmann. (132)

^ 20. Juli 1944, Führerhauptquartier Wolfsschanze: Hitler mit schmerzverzerrtem Gesicht nach der Besichtigung des Attentatsortes. V.l.n.r.: Benito Mussolini, Martin Bormann, Hitler, Hermann Göring, Joachim von Ribbentrop. (132)

„Hitler war ungeheuer ruhig, selbstsicher – mein Vater und ich waren beeindruckt von seiner Beherrschung, die uns fast unmenschlich [!] vorkam. Hitler erklärte: Ich stand hier neben dem Tisch und hatte die Hand erhoben, um auf der Karte etwas zu zeigen. Die Explosion hat mir die rechte Hand in die Höhe gerissen, deshalb kann ich sie jetzt auch nur mit Schwierigkeit bewegen. Nachdem einige Minuten vergangen waren, wurde mir klar, dass die Bombe unter einem Stuhl nur wenige Zentimeter von meinen Füßen entfernt angebracht gewesen war."

Hitler lässt Mussolini lächelnd seine Uniform zeigen und scherzt: „Schauen Sie, Duce, sie ist in Fetzen. Durch den Luftdruck der Explosion wurde ich praktisch ausgezogen. Gott sei Dank waren keine Frauen anwesend." Dann erscheint Bormann in Begleitung des Wachtmeisters Arthur Adam, der die Telefonleitung der Lagebaracke bedient hat. Adam fiel auf, dass Koppel und Dienstmütze des Obersten Claus Schenk Graf von Stauffenberg noch an der Garderobe im Vorzimmer der Lagebaracke hingen. Er erinnert sich, dass „der Offizier mit einem Arm" die Lagebesprechung „ohne Mütze, Koppel und Aktentasche eilig und vorzeitig" verlassen hat. Es ist nun klar, dass der Attentäter nur Graf von Stauffenberg sein kann. Der Verdacht gegen ihn erhärtet sich im Laufe des Nachmittags, als Reste seiner gelben Aktentasche gefunden werden. Adam wird zum Oberwachtmeister befördert, erhält 20.000 Reichsmark (heute etwa 320.000 Euro) und ein kleines Häuschen nahe der Reichshauptstadt.

Um 16:15 Uhr schickt Keitel Blitzfunksprüche an alle Wahlkreise, nachdem klargeworden ist, wer hinter dem Staatsstreich steckt: „Der Führer lebt! Völlig gesund! Reichsführer SS Oberbefehlshaber Ersatzheer, nur seine Befehle gelten. Befehle von Generaloberst Fromm, Feldmarschall von Witzleben, Generaloberst a.D. Hoepner nicht ausführen!" Im Berchtesgadener Land erhält Eva Braun beim Baden im Königssee die Nachricht vom Attentat – und bricht zusammen. Ihrem Fahrer Wilhelm Mittlstrasser teilt sie fassungslos mit: „Auf den Chef ist ein Attentat verübt worden. Packen Sie die Sachen zusammen, wir fahren nach Berlin." Er erwidert: „Das geht nicht, der Führer hat gesagt, dass Sie auf dem Berghof bleiben müssen." Zurück auf dem Berghof versucht sie daraufhin vergeblich, ihren Freund telefonisch zu erreichen. Sie kommt nicht durch und schreibt ihm angeblich einen Brief: „Geliebter, von unserer ersten Begegnung an habe ich mir geschworen, Dir überall hin zu folgen – auch in den Tod. Du weißt, dass ich nur lebe für Deine Liebe." Die Echtheit des Briefes ist nicht bewiesen. Biografin Heike Görtemaker ist der Überzeugung, dass sie sich bei einem Tod Hitlers „mit großer Sicherheit" in München das Leben genommen hätte.

Gegen 17:00 Uhr begibt sich die Gesellschaft in der Wolfsschanze ins Kasino. Zunächst wird natürlich über die Rettung des Führers gesprochen, doch bald kippt die

^   Juli 1944: Führerhauptquartier Wolfsschanze: Hitler empfängt Wachtmeister Arthur Adam, der den ersten Verdacht gegen Graf von Stauffenberg äußert, links Julius Schaub. (140)

Diskussion und man macht sich gegenseitig Vorwürfe, warum der Krieg noch nicht gewonnen ist. Die Stimmen werden lauter, Ribbentrop ist beleidigt: *„Ich bin noch immer Außenminister und mein Name ist <u>von</u> Ribbentrop."* Hitler, der zusammengesunken in seinem Stuhl sitzt, und Mussolini hören schweigsam zu. Schließlich verfällt Hitler in tiefes Grübeln und sagt, er fange an, *„zu bezweifeln, dass das deutsche Volk überhaupt meiner würdig"* sei. Seine Entourage erschrickt und versichert umgehend das Gegenteil. Dann fängt sich Hitler wieder und trumpft Mussolini gegenüber wieder mit neuen Produktionszahlen auf. Bald werden *„5.000 Jäger im Monat"* produziert, und dass *„1.200 dieser neuen Strahljäger"* mit dem Feind in der Normandie *„aufräumen"* werden. Er versichert ihm, die V1 sei fertig, die V2 komme bald und betont, dass er entschlossen sei, London *„völlig dem Erdboden gleichzumachen"*. Sein Vernichtungswille bricht sich wieder Bahn. Es werde *„so lange auf London geschossen werden, bis die ganze Stadt zerstört"* ist. Die Welt befände sich in einer *„technischen Umstellung ersten Ranges"*, neue U-Boote werden *„ab August, September oder Oktober"* kommen. Mehrfach werden die Anwesenden durch aktuelle Nachrichten aus Berlin unterbrochen. Nach einer Weile ruft Adjutant Alwin-Broder Albrecht aus der Reichskanzlei an und berichtet, eine Abteilung des Wachbataillons habe gerade versucht, diese zu besetzen und das ganze Viertel sei von Truppen abgeriegelt. Goebbels ruft ebenfalls an und berichtet, dass das Wachbataillon „Großdeutschland" unter Major Otto Ernst Remer Befehl habe, dass Regierungsviertel zu besetzen. Keiner der Putschisten hat zuvor daran gedacht, einem für das NS-Regime so wichtigen Mann wie Goebbels einfach die Telefonleitung zu kappen.

Als die Putschisten ein neues Fernschreiben herausgeben, in dem u.a. steht, dass die Gauleiter verhaftet werden sollen, gewinnt Hitler den Eindruck, dass die Ereignisse in Berlin außer Kontrolle geraten. Er ruft gegen 18:00 Uhr Goebbels an und fragt, wann die Sondermeldung mit der Nachricht seines Überlebens gesendet wird. Goebbels erwidert, er habe sie noch nicht freigegeben, weil er erst noch *„einen Kommentar"* schreiben wolle. Hitler putzt nun auch seinen treuen Paladin Goebbels herunter: *„Ich habe nichts von Kommentar befohlen. Ich will lediglich, dass diese Meldung durchkommt und zwar sofort!"* Um 18:32 Uhr werden die laufenden Programme des Großdeutschen Rundfunks schließlich unterbrochen und alle Reichssender verbreiten die sensationelle, von Richard Baier gesprochene, Sondermeldung: *„Mordanschlag gegen den Führer. Der Führer unverletzt! Auf den Führer wurde heute ein Sprengstoffanschlag verübt. (...) Der Führer selbst hat außer leichten Verbrennungen und Prellungen keine Verletzungen erlitten. Er hat unverzüglich darauf seine Arbeit wieder aufgenommen und – wie vorgesehen – den Duce zu einer längeren Aussprache empfangen."* Damit ist klar, das Attentat ist missglückt; einem erfolgreichen Putsch damit die Grundlage entzogen.

Bei Goebbels erscheint Major Otto Ernst Remer, der Kommandeur des Wachbataillons in Berlin, und will von Goebbels wissen, wie die Lage ist. Von seiner drohenden Verhaftung sagt er ihm nichts. Nachdem Goebbels ihm mitteilt, dass Hitler lebt, verlangt der verunsicherte Remer von ihm ein Ehrenwort, dass das wirklich stimmt. Um es beweisen zu können, stellt Goebbels die Telefonverbindung zu Hitler her. Der schreit ins Telefon (er kann sehr schlecht hören), warum Himmler noch nicht in Berlin ist. Goebbels gibt Remer den Hörer und der meldet sich vorschriftsmäßig: *"Major Remer, Kommandeur des Wachregiments"*. Hitler fragt: *"Hören Sie mich, verstehen Sie mich? Remer, erkennen Sie meine Stimme? Ich lebe also."* Da Remer ihm bei einer Ordensverleihung einmal persönlich begegnet ist, erkennt er die Stimme sofort und bestätigt das. Hitler befiehlt das aus seiner Sicht richtige: *"Major Remer, man hat versucht, mich umzubringen, aber ich lebe. Major Remer, ich spreche als Oberster Befehlshaber der Wehrmacht. Nur meine Befehle sind zu befolgen. Sie haben Berlin für mich zu sichern. Wenden Sie alle Mittel an, die Sie für notwendig halten. Erschießen Sie jeden, der versucht, meinen Befehlen nicht zu gehorchen!"* Remer erhält alle Vollmachten zur Herstellung der Sicherheit des Regierungsviertels. Hitler fragt nach: *"Haben Sie verstanden? Wiederholen Sie exakt was ich gesagt habe."* Und Remer wiederholt.

Der Besuch Mussolinis dauert bis gegen 19:00 Uhr, als Hitler zu seinem Diener sagt: *"Den Mantel für den Duce."* Es hat aufgehört zu regnen und Hitler geleitet Mussolini zum Bahnhof. Er reicht dem im Zugfenster stehenden Mussolini zum Abschied die linke Hand. So endet die letzte persönliche Zusammenkunft der beiden „Freunde". Auf dem Rückweg passiert Hitler an einem Zaun eine Gruppe Bauarbeiter, die anfangs verdächtigt worden sind, den Sprengstoff unter dem Holzboden der Baracke gelegt zu haben. Als sie grüßen, lässt Hitler den Wagen anhalten, geht zu ihnen an den Maschendrahtzaun und sagt:

"Ich habe von Anfang an gewusst, dass ihr das nicht gewesen seid. Es ist mein tiefer Glaube, dass meine Feinde die ‚Von's' sind, die sich Aristokraten nennen." Prof. Morell untersucht seinen Patienten um 20:00 Uhr. Hitlers rechter Arm hängt steif herab, die rechte Hand ist verstaucht. Beide Trommelfelle sind beschädigt. Die Gehörgänge bluten, das rechte Ohr ist taub, das linke Ohr schwerhörig. Ein herabfallender Balken hat den Rücken gequetscht. Prof. Morells Befund:

"Puls kräftig und regelmäßig, aber mit 100 erhöht. Blutdruck 165 bis 170 mmHg, rechter Unterarm stark geschwollen, Umschläge mit essigsaurer Tonerde. Rechter Unterschenkel Bluterguss, der 3. und 4. Finger der linken Hand an der Rückseite große Brandblasen, Verband. Haare am Hinterkopf teilweise, die in den Ohren vollständig weggebrannt. Beide Trommelfelle sind zerrissen, die Wade handtellergroße Brandwunde 2. Grades. Linker Unterarm durch inneren Bluterguss stark angeschwollen und schlecht beweglich. Vielzahl offener Hautstellen und Holzsplitter. Wundversorgung Penicillin-Puderung, vor dem Schlafengehen 2 Esslöffel Brom-Nervacit."

^ *20. Juli 1944 nachmittags: Hitler unterhält sich mit Bauarbeitern der Organisation Todt. (140)*

Die abendliche Lagebesprechung zwischen 21:00 und 22:00 Uhr beginnt Hitler mit dem Ausdruck seines tiefen Mitgefühls gegenüber den beiden Stenographen anlässlich des Todes ihres Kollegen Berger. Dann befiehlt er einen *„besonders starken"* V1-Einsatz gegen London. Aus Berlin kommt die Meldung, dass es sich um einen Militärputsch handelt, man die Lage aber im Griff hat. Tatsächlich ist um diese Zeit bereits kein Panzer der Putschisten mehr im Regierungsviertel zu sehen. Seine Sekretärin Gertraud „Traudl" Junge stellt fest, er habe sich *„aufgerichtet und straff wie lange nicht mehr"* bewegt. Probleme mit dem linken Arm hat er seit dem Putsch im Jahre 1923, als ihm dieser ausgekugelt wurde. Beim Laufen kann man beobachten, wie Hitler die Mitnahmebewegung des linken Armes nicht mehr ausführt, er hängt schlaff am Körper herab. Das Zittern der linken Hand hat laut Aussage seines Dieners Linge Ende 1942 begonnen, als *„die Schlacht* [um Stalingrad] *in ein bedrohliches Stadium trat."* Jetzt ist es verschwunden und er äußert ihm gegenüber: *„Sie haben nichts von Revolutionären, diese Verschwörer, sie sind nicht einmal Rebellen. Wenn Stauffenberg eine Pistole gezogen und mich niedergeschossen hätte, dann wäre er noch ein Mann gewesen. Was er getan hat, war feige."*

Hitler hat schon früher mit seinem eigenen Leben gespielt. Er will eine Jahrtausendmission erfüllen und die Maßnahmen zu seinem persönlichen Schutz werden permanent verbessert. Er selbst durchbricht sie jedoch regelmäßig, seine Spielernatur des „Alles oder Nichts" drängt ihn geradezu und er ist felsenfest überzeugt, dass ihm nichts passiert. Wie in der Wagneroper Lohengrin fordert er das Gottesurteil nach dem Motto heraus: Wenn ich umkomme, will die Vorsehung meinen Tod; wenn ich die Gefahr überlebe, ist das ein Zeichen, dass ich weiterleben und mein Werk vollenden soll. Er bekräftigt das schon im Jahre 1936 in einer öffentlichen Rede: *„Weder Drohungen noch Warnungen werden mich von meinem Weg abbringen. Ich gehe mit traumwandlerischer Sicherheit den Weg, den mich die Vorsehung gehen heißt."* Auch nach dem Attentat durch Georg Elser im November 1939 meint er: *„Dass ich den Bürgerbräu* [Bürgerbräukeller in München] *früher als sonst verlassen habe, ist mir eine Bestätigung, dass die Vorsehung mich mein Ziel erreichen lassen will."* Nun rettet ihn ein Kartentisch sein Leben, weil das massige Möbelstück die Wucht der Sprengstoffexplosion merklich abgeschwächt hat.

Während die Zentrale der Verschwörung, der Bendlerblock, von staatstreuen Truppen besetzt wird, die ihre Kameraden mit der knappen Frage *„Für oder gegen den Führer?"* binnen Sekunden vor die Wahl über ihr weiteres Schicksal stellen, bereitet man sich in der Wolfsschanze auf die Ansprache vor. Um 23:30 Uhr geht Hitler zum Teehaus und man wartet dort auf das Eintreffen des Übertragungswagens. Der Putsch ist zu diesem Zeitpunkt bereits zusammengebrochen. Oberst Graf von Stauffenberg, General Olbricht, Oberst Merz von Quirnheim und Oberleutnant von Haeften werden zwischen 00:15 und 00:30 Uhr am 21. Juli im Hof des Bendlerblocks in Berlin durch ein Sonderkommando unter Führung von Leutnant Werner Schady standrechtlich erschossen. Graf von Stauffenbergs letzte Worte sind: *„Es lebe das heilige Deutschland!"* Fast zur gleichen Zeit lässt Hitler seiner Wut abermals freien Lauf:

„Diese Feiglinge! Genau das sind sie. Hätten sie wenigstens den Mut gehabt, auf mich zu schießen, dann könnte ich noch Achtung vor ihnen haben. Aber sie wollten ihr Leben

nicht aufs Spiel setzen! Diese Strohköpfe wissen nicht, was für ein Chaos entsteht, wenn ich die Fäden aus der Hand gebe. Aber ich werde ein Exempel statuieren, dass jedem die Lust vergeht, ähnlichen Verrat am deutschen Volk zu begehen."

Als der Übertragungswagen eingetroffen ist, spricht Hitler zum ersten Mal seit dem 30. Januar zum deutschen Volk. Die Rede wird um 01:00 Uhr gesendet:

„Deutsche Volksgenossen und -genossinnen! Ich weiß nicht, zum wievielten Male nunmehr ein Attentat auf mich geplant und zur Ausführung gekommen ist. Wenn ich heute zu Ihnen spreche, dann geschieht es aus zwei Gründen. Erstens: Damit Sie meine Stimme hören und wissen, dass ich selbst unverletzt und gesund bin. Zweitens damit Sie aber auch das Nähere erfahren über ein Verbrechen, das in der deutschen Geschichte seinesgleichen sucht. Eine ganz kleine [!] Clique ehrgeiziger, gewissenloser und zugleich verbrecherischer, dummer Offiziere hat ein Komplott geschmiedet, um mich zu beseitigen und zugleich mit mir den Stab praktisch der deutschen Wehrmachtführung auszurotten. Die Bombe, die von dem Oberst Graf von Stauffenberg gelegt wurde, krepierte zwei Meter an meiner rechten Seite. (...) Ich selbst bin völlig unverletzt bis auf ganz kleine Hautabschürfungen, Prellungen oder Verbrennungen. (...) Der Kreis, den diese Usurpatoren darstellen, ist ein denkbar kleiner [!]. Er hat mit der deutschen Wehrmacht (...) nichts zu tun. Es ist ein ganz kleiner [!] Klüngel verbrecherischer Elemente, die jetzt unbarmherzig ausgerottet werden. (...) Es hat jeder Deutsche, ganz gleich wer es sein mag, die Pflicht, diesen Elementen rücksichtslos entgegenzutreten, sie

^ *21. Juli 1944, kurz nach Mitternacht, Führerhauptquartier Wolfsschanze, Teehaus: Hitler bei der Aufnahme seiner Rundfunkansprache. V.l.n.r.: Hitler, Martin Bormann, Karl Dönitz, Julius Schaub, Alfred Jodl, Hermann Fegelein, Freytag von Loringhoven, Traudl Junge, Christa Schröder. (132)*

entweder sofort zu verhaften oder – wenn sie irgendwie Widerstand leisten sollten – ohne weiteres niederzumachen. (...) ich darf besonders Sie, meine alten Kampfgefährten, noch einmal freudig begrüßen, dass es mir wieder vergönnt war, einem Schicksal zu entgehen, das nicht für mich Schreckliches in sich barg, sondern das den Schrecken für das deutsche Volk gebracht hätte. Ich ersehe darauf auch einen Fingerzeig der Vorsehung, dass ich mein Werk weiter fortführen muss und daher weiter fortführen werde!"

Die Rede wird nachmittags wiederholt. In den frühen Morgenstunden wird die Wolfsschanze von SS-Einheiten hermetisch abgeriegelt. Hitler verbringt wegen eines Schwindelgefühls den Tag teilweise im Bett. Sein rechtes Ohr ist noch immer taub und er hat einen Blutgeschmack im Mund. Der „Völkische Beobachter" wartet mit der Schlagzeile „*Es lebe unser Führer!"* auf: „*Der Führer selbst hat außer leichten Verbrennung und Prellungen keine Verletzungen erlitten. Das deutsche Volk steht in Treue zum Führer bis zum Sieg. Zum zweiten Male in seinem langen Kämpferleben hat das Schicksal den Mann mit Haaresbreite vor einem tückischen Tode bewahrt, der der Inbegriff unserer Vorstellung von Deutschlands Größe und Deutschlands Zukunft geworden ist. Nun erst recht hart bleiben!"*

Treuebekenntnisse und Glückwünsche treffen reihenweise ein. So schreibt beispielsweise das kirchliche Amtsblatt für die Evangelisch-lutherische Landeskirche Hannover, unterzeichnet von Landesbischof August Marahrens:

„*Dank für die gnädige Errettung des Führers. Tief erschüttert von den heutigen Nachrichten über das auf den Führer verübte Attentat ordnen wir an, dass (...) in folgender Form gedacht wird: Heiliger barmherziger Gott! Von Grund unseres Herzens danken wir dir, dass Du unserm Führer bei dem verbrecherischen Anschlag Leben und Gesundheit bewahrt und ihn unserem Volke in einer Stunde höchster Gefahr erhalten hast. In Deine Hände befehlen wir ihn. Nimm ihn in Deinen gnädigen Schutz. Sei und bleibe Du sein starker Helfer und Retter."*

Beide großen Konfessionen verurteilen das Attentat, bemerkenswerteweise sogar noch nach Kriegsende. Auch das „Deutsche Adelsblatt" verabscheut das „*verruchte Verbrechen"* und begrüßt in „*tiefster Dankbarkeit"* dessen Misslingen. Im engeren Kreis der Verschwörer beträgt der Anteil der Adligen fast 50 Prozent. Keine andere deutsche Gruppe ist beim Putsch mehr beteiligt als der deutsche Adel. Das darf jedoch nicht charakteristisch für das Verhalten des Adels im Dritten Reich insgesamt gedeutet werden, denn die Widerständler bilden innerhalb des Adels nur eine winzige Minderheit. Die Mehrheit befindet sich in Schlüsselrollen von Partei und Wehrmacht, allen voran der Präsident des Deutschen Roten Kreuzes, der Repräsentant der Reichsregierung im Ausland, SA-Obergruppenführer und NSKK-Obergruppenführer Carl Eduard Herzog von Sachsen-Coburg und Gotha („Hitlers Herzog").

Sind das heuchlerische Glückwünsche, die man erwartet, wenn die Absender keine Nachteile befürchten müssen? Der Sicherheitsdienst stellt fest, dass nach dem Bekanntwerden der Nachricht über das Attentat, die sich wie ein Lauffeuer verbreitet hat, die Reaktion der Bevölkerung folgende war: „*Schockartig stärkste Bestürzung, Erschütterung, tiefe Empörung und Wut."* In einigen Orten sind Frauen in Tränen ausgebrochen. Eine sehr weit verbreitete Bemerkung lautet: „*Gott sei Dank, dass der*

Führer lebt." Man sieht ihn ihm, die Propaganda entfaltet ihre Wirkung, immer noch den einzigen Garanten für den Sieg gegen den Bolschewismus und ist der Überzeugung, dass sein Tod den Untergang Deutschland bedeutet.

Viele Menschen übernehmen daher folgerichtig Hitlers Version und betrachten sein Überleben als Zeichen der Vorsehung. Es gibt auch unter den Frontsoldaten Treuebekundungen, sogar unter den von den Alliierten gefangenen Soldaten, wo zwei Drittel ihren Glauben an Hitler zum Ausdruck bringen. Manche reißen sich aus Scham und Empörung, dass ein Offizier das Attentat ausführte, die Schulterstücke von der Jacke und wollen sich freiwillig zur SS melden – in Kriegsgefangenschaft! Die allgemeine Wut über die Tatsache, dass das Attentat kein Werk feindlicher Agenten gewesen ist – was plausibel und nachvollziehbar gewesen wäre –, sondern von eigenen, deutschen Offizieren begangen worden ist, ist sehr groß. Die allgemeine Meinung im Offizierskorps ist die, dass es *„unehrenhaft"* gewesen sei, eine *„Bombe"* zu legen, anstatt Hitler mit der Waffe in der Hand entgegenzutreten. Oberstleutnant Ulrich de Maizière äußert: *„Die Frontoffiziere hatten keinerlei Verständnis für dieses Attentat und das muss man auch verstehen. Sie sagten, wir kämpfen hier und versuchen die Front zu halten und da kommen Leute und legen unseren Obersten Befehlshaber um. Das ist ein Dolchstoß in die Kampfkraft der Truppe."*

In der Militärführung ist also die absolute Mehrheit der am Militärputsch nicht beteiligten höheren Offiziere der Meinung, dass ein Attentat auf das Staatsoberhaupt und den Obersten Befehlshaber im Krieg scharf zu verurteilen sei. Sie fühlen sich ein Stück mit betroffen, weil ihnen die (früheren) Kameraden ehrlos in den Rücken gefallen seien. Es ist das Wiederaufleben der Legende des Dolchstoßes am Ende des Ersten Weltkrieges, als suggeriert worden ist, nicht die Armee an der Front habe den Krieg verloren, sondern Ursache sein ein Dolchstoß, hinterrücks ausgeführt aus der eigenen Heimat. Auch Offiziere, die dem Nationalsozialismus nicht nahe stehen, weil sie klassische Berufssoldaten sind, sind entsetzt über das Geschehene. Sie empfinden den Putsch als unpatriotisch, als Verrat am Treueid auf das Staatsoberhaupt und moralisch zutiefst verwerflich. An erster Stelle steht dabei Jodl, der *„die Defaitisten, Putschisten und Attentatsvorbereiter rücksichtslos zur Strecke"* bringen will. Er schlägt sogar vor, den Generalstab aufzulösen. Selbst beim Attentat am Kopf verletzt erklärt er: *„Der 20.7. war der schwärzeste Tag, den die deutsche Geschichte bisher gesehen hat. (...) Einmalig in seiner Ungeheuerlichkeit."*

Gerüchte kursieren und Forderungen nach rücksichtsloser Säuberung und drakonischen Vergeltungsmaßnahmen folgen. Diejenigen, die das Überleben Hitlers bedauern, äußern dies natürlich in den seltensten Fällen öffentlich, sie müssen mit der Todesstrafe rechnen. De facto aber belebt das Scheitern des Attentats die Zustimmung für Hitler in Volk, Partei und Wehrmacht und nährt den Glauben, den Krieg doch noch gewinnen zu können. Seine wieder gewachsene Popularität ist somit auch trotz der katastrophalen Rückschläge im militärischen Bereich eine Stütze für das NS-Regime.

Franz Jaindl-Haring, geboren am 2. Oktober 1895 in Graz und von Beruf Dreher, hat einen realistischen Blick auf die Lage gehabt. Er erklärt einem Bekannten, Deutschland werde *„den Krieg nach dem amerikanischen Kriegseintritt verlieren"* und *„Hitler wird sich erschießen"*. Er wird nicht mehr erleben, dass seine Prophezeiung wahr werden wird, denn sein Bekannter hat ihn denunziert und Jaindl-Haring wird am 21. Juli in der Strafanstalt Berlin-Plötzensee geköpft.

An diesem 21. Juli empfängt Hitler den ungarischen Feldmarschall-Leutnant Miklós Dálnoki. Ihm gegenüber sieht er sich *„als Steuermann des Schiffes ‚Europa'"* und betont, deswegen in Ungarn so *„handeln zu müssen, wie er es vor seinem Gewissen* [!] *für nötig"* befindet. Danach fertigt er eine Liste mit etwa 60 Personen an, die zukünftig ohne Leibesvisitation zu ihm dürfen, alle anderen müssen ab sofort und ausnahmslos ihre Aktentaschen und Waffen ablegen. Gegen Mittag empfängt er Heinz Guderian, den Nachfolger von Zeitzler als Chef des Generalstabes des Heeres und bezeichnet Generalfeldmarschall Günther von Kluge als *„Mitwisser des Attentats"*, obwohl dieser bereits (verdächtig schnell) ein Ergebenheitstelegramm gesandt hat. Dieses Telegramm dient jedoch nur dazu, sein Wissen über den Widerstand, das er pflichtwidrig nicht gemeldet hat, zu vertuschen. Bereits im März 1943 wusste von Kluge über die Attentatspläne im Hauptquartier der Heeresgruppe Mitte Bescheid. Als ihm ein Offizier seinerzeit meldet, Hitler werde den Besuch an diesem Tag nicht überleben, nickt er nur. Nach dem Attentat fragt er bei Beck auch erst wieder telefonisch nach: *„Ist Hitler tot oder nicht?"* Als er keine eindeutige Antwort bekommt, legt er auf.

Ein anderer Verschwörer, General Carl-Heinrich von Stülpnagel, der beim Putsch in Paris die wichtigsten 1.200 Partei- und SS-Funktionäre verhaftet hat, schießt sich eine Kugel in den Kopf, erblindet aber nur. Er wird später im Lazarett verhaftet und hingerichtet.

In der Lagebesprechung, sie findet in einem Zelt vor Hitlers Bunker statt, kommt Hitler auf Stalin zu sprechen. Beide bewundern sich insgeheim gegenseitig: *„Heute sehe ich ein, dass Stalin durch seinen Prozess gegen Tuchatschewski* [Michail Nikolajewitsch Tuchatschewski, Marschall der Sowjetunion, 1937 hingerichtet] *den entscheidenden Schritt für eine erfolgreiche Kriegführung getan hat. Indem er den Generalstab liquidierte, hat er frischen Kräften Platz gemacht."* Als weitere Einzelheiten der Verschwörung bekanntwerden, bestätigt sich sein seit längerem tief sitzendes Misstrauen. Es ist nun klar, dass auch General Fellgiebel zu den Putschisten gehört. Hitler wundert sich, weil dieser nicht versucht hat, ihn niederzuschießen, als er die Gelegenheit dazu gehabt hat: *„Und da läuft dieser Hammel noch seelenruhig auf und ab, als wäre er an dem Attentat völlig unbeteiligt! Nun habe ich endlich die Schweinehunde, die seit Jahren meine Arbeit sabotieren. Jetzt habe ich den Beweis: der ganze* [!] *Generalstab ist verseucht!"* Die Ursache der schlechten Lage an der Front ist jetzt ebenfalls glasklar: *„Jetzt weiß ich, warum in den letzten Jahren alle meine großen Pläne in Russland scheitern mussten. Alles war Verrat! Ohne die Verräter wären wir längst Sieger! Hier ist meine Rechtfertigung vor der Geschichte! (…) Wieder einmal habe ich Recht gehabt!"* Dann verfällt er in Zorn. Er werde die Verräter *„ausmerzen und ausrotten"*.

Auch *„Heß wird erbarmungslos aufgehängt, genau wie diese Schweine, diese Offiziersverbrecher. Er hat damals den Anfang gemacht, er hat das Beispiel des Verrats gegeben."* Die logische Schlussfolgerung lautet: die Verräter sind endlich enttarnt und werden liquidiert, damit wird der Sieg wieder real greifbar. Einer der *„Verräter"*, Generalmajor

Henning von Tresckow („*Ich halte Hitler nicht nur für den Erzfeind Deutschlands, sondern auch für den Erzfeind der Welt.*") fährt an diesem Morgen an die Front nahe Ostrów Mazowiecka (Bezirk Białystok/Polen). Ihm ist bewusst, dass ihn Verhaftung und Folter erwarten und er will auf keinen Fall dabei die Namen weiterer Beteiligter preisgeben und seine Familie vor der Sippenhaft schützen. Einen Partisanenüberfall vortäuschend, nimmt er sich mit einer Gewehrgranate, die ihm den Kopf wegreißt, das Leben.

Bei einem kurzen Abendspaziergang kommt Hitler plötzlich zweimal vom Weg ab. Seine Augen fangen an zu flackern, der Gleichgewichtssinn ist gestört. Er hat ständig das Gefühl, „*nach rechts zu fallen*". Kurz vor dem Nachttee schenkt er Prof. Morell eine goldene Uhr zum 58. Geburtstag. In der Nacht zum 22. Juli bekommt Hitler eine Blutung im rechten Gehörgang und heftige Ohrenschmerzen. Vormittags erscheint Hals-, Nasen- und Ohrenarzt Oberstabsarzt Dr. Erwin Giesing. Er bemerkt sofort, dass Hitler zum Hören das linke Ohr nach vorne schiebt und auf seine Lippen schaut. Der Führer klagt über Blutgeschmack im Mund, starke Ohrenschmerzen und Schlaflosigkeit. Goebbels trifft im Laufe des Tages ein, bespricht sich intensiv mit Hitler, dem es wieder etwas besser geht, und hält dessen wütende Reaktion im Tagebuch fest:

„*Der Führer ist außerordentlich aufgebracht gegen die Generalität, insbesondere die des Generalstabs. Er ist fest entschlossen, nun ein blutiges Beispiel zu statuieren und eine Freimaurerloge auszurotten, die uns seit jeher feindlich gesonnen ist und nur auf den Augenblick gewartet hat, um uns in der kritischsten Stunde des Reiches den Dolch in den Rücken zu stoßen. (...) Der Führer ist entschlossen, den ganzen Generalsclan, der sich gegen uns gestellt hat, mit Stumpf und Stiel auszurotten [!], um damit die Wand niederzubrechen, die von dieser Generalsclique künstlich zwischen dem Heer einerseits und Partei und Volk andererseits aufgerichtet worden ist.*"

Von so viel Tatkraft ist Goebbels schwer beeindruckt, sieht aber, da er zu den Intelligenten in der NS-Führung gehört, auch die klaren Folgen: „*Ich habe ihn nie von so einer innerlichen Wärme gesehen wie an diesem Tage. Man muss ihn direkt lieb haben. Er ist das größte geschichtliche Genie, das in unserer Zeit lebt. Mit ihm werden wir zum Siege kommen, oder mit ihm werden wir heroisch untergehen.*" Einen Tag später erscheint Prof. Carl Otto von Eicken wegen der nicht endenden Ohrblutung. Hitlers Puls ist am Abend 84, der Blutdruck 133 mmHg. An der Lagebesprechung vom 23. Juli wendet Hitler sich wieder der Ostfront zu und ernennt Generaloberst Schörner zum Oberbefehlshaber der Heeresgruppe Nord. Er erlässt dazu die Weisung Nr. 59: „*Neuregelung der Befehlsverhältnisse im Bereich der Heeresgruppe Nord*". Es ist die alte Methode, durch Austausch der Befehlshaber die Front stabilisieren zu wollen. Göring führt an diesem Tag den „Deutschen Gruß" in der Wehrmacht als „*Zeichen unverbrüchlicher Treue zum Führer und engster Verbundenheit zwischen Wehrmacht und Partei*" ein. Damit endet die alte Tradition der Ehrenbezeugung durch Anlegen der rechten Hand an die Kopfbedeckung. Hitler lässt eine Danksagung an das deutsche Volk, die Partei und die Wehrmacht für die Glückwünsche zum Misslingen des Attentats veröffentlichen.

Mit Speer, Göring, Himmler, Goebbels und Bormann führt er eine Besprechung wegen des nunmehr erforderlichen totalen Kriegseinsatzes. Er sagt zu Koller: „*Ich bin heil aus dem Weltkrieg gekommen, ich habe so manchen schweren Flug, auch gefährliche Autofahrten mitgemacht und mir ist nichts geschehen. Aber dieses ist jetzt das größte Wunder. Es ist wirklich ein Wunder."* Dieses aus seiner Sicht „Wunder" bestärkt ihn fortan, so lange durchzuhalten, wie es irgendwie geht. Göring widerspricht während der Sitzung gegen eine weitere Beschneidung seiner Kompetenzen zugunsten Himmlers, doch Hitler lässt sich auf keine Diskussion ein. Auch Speer zeigt keine Skrupel, als es um den Umgang mit ausländischen Zwangsarbeitern geht, die unmenschlich behandelt werden. Himmler schlägt anschließend vor, die Verschwörer in einem öffentlichkeitswirksamen Prozess zu verurteilen. Hitler ist sofort dagegen und schüttelt den Kopf: *„Nein, nein, Himmler, das wollen wir nicht, denn wenn wir einen großen öffentlichen Prozess machen, dann muss ich die Leute ja reden lassen und dann könnte ja dann einer dabei sein, der gut redet und so gut erklärt, warum sie das gemacht haben, das könnte dann gefährlich werden."*

Gesundheitlich geht es ihm an diesem Tag nicht viel besser. Sowjetische Truppen befreien das Vernichtungslagers Majdanek und informieren die Weltpresse über das Ungeheuerliche.

Dr. Giesing nimmt eine Ätzung des Trommelfellrandes vor, damit die Blutung aufhört. Sein Bulletin lautet: *„Sprengstoffattentat. Prellung am rechten Ober- und Unterarm. Brandwunden am Oberschenkel beiderseits. Beide Trommelfelle zerrissen. Rechts viel Blut im Gehörgang. Etwas Blut im Nasenrachen. Flüsterzahlen: rechts 10 cm, links*

^ 23. Juli 1944, das Vernichtungslager Lublin (Majdanek): Bei der Befreiung durch die Rote Armee werden auf einem Anhänger Leichen ermordeter KZ-Häftlinge gefunden. (115)

mehr als 5 Meter. Kein Nystagmus, kein Schwindel." Hitler scherzt: "*Es müsste ja bald aufhören mit der Bluterei, vielleicht bin ich ja doch ein Bluter.*" Mit Goebbels, Göring, Fegelein und anderen besichtigt er am 24. Juli nochmals den zerstörten Lageraum. Die Kriminalpolizei hat akribisch den Tatort untersucht und einen Bericht angefertigt. In der Lagebesprechung unterzeichnet er die Weisung Nr. 57 ("*Vorbereitungen für die Verteidigung des Reiches*"), mit der das öffentliche Leben in Deutschland zum Erliegen kommt. Dann fährt er trotz heftiger Kopfschmerzen über Görlitz und Schwarzstein in das wenige Kilometer westlich der Wolfsschanze gelegene Karlshof, in deren Heilanstalten ein SS-Lazarett eingerichtet worden ist. Er besucht die Verletzten, spricht mit Schmundt über den Putsch ("*Sie wissen ja gar nicht, welche Kreise das zieht.*") und mit Admiralstabsoffizier Heinz Assmann. Hitler setzt sich zu ihm aufs Bett und betont, dass es ihm leid tue, dass sie die Opfer sind: "*Allein auf mich hatten es die Herren abgesehen, einzig und allein auf mich.*" Nur durch ein Wunder habe er überlebt: "*Sagen Sie selbst, muss ich dies nicht als einen Wink des Schicksals ansehen, dass es mich für die mir gestellte Aufgabe erhalten will?*" Einer derjenigen, die es auf ihn "*abgesehen*" haben, Carl-Hans Graf von Hardenberg, bekommt in seinem Schloss Neuhardenberg (heute Landkreis Märkisch-Oderland) in dieser Stunde Besuch von der Gestapo und versucht, sich durch Schüsse in die Brust das Leben zu nehmen.

Bei Hitler wird eine zweifache Ätzung des Randes des rechten Trommelfells vorgenommen. Er lehnt eine örtliche Betäubung ab, obwohl der Vorgang sehr schmerzhaft ist. Er will die Prozedur so durchstehen: "*Der Schmerz ist auch dazu da, um einen Menschen hart zu machen.*" Selbstverständlich hält er die Schmerzen aus, bekommt aber am nächsten Tag eine Mittelohrentzündung und Kopfschmerzen. Seine Verletzungen sind vergleichsweise leicht: eine *leichte Gehirnerschütterung mit kurzfristigen typischen Erscheinungen wie Schwindel, Kopfschmerzen, Gedächtnis- bzw. Konzentrationsstörungen, Trommelfellrissen beidseits sowie oberflächliche Verletzungen an den Extremitäten.* Das Besondere an diesem Aufenthalt in Karlshof aber ist, dass er vier Tage nach dem Attentat offensichtlich unangemeldet und im offenen Wagen, ohne sichtbare strengere Sicherheitsmaßnahmen, an dem langen, vierstöckigen Backsteingebäude vorfährt. Als er aus dem Auto steigt, wird er sofort von spazieren gehenden Patienten, einige auf Krücken, umringt. Er spricht mit ihnen, mehrere haben Kameras und fertigen Aufnahmen von Hitler an, der sich lächelnd den Fotografen zuwendet. Als er das Lazarett verlässt, ist die Menschenmenge noch größer, da sich sein Aufenthalt herumgesprochen hat. Verwundete und verkrüppelte Soldaten, Krankenschwestern und Zivilisten jubeln ihm

^ *Das Gebäude in den Karlshofer Heilstätten, in dem die Verletzten des Attentats liegen und auch Hitler behandelt wird (2013). (112)*

zu. Sie kommen bis auf zwei Meter an seinen Wagen heran. Hitler geht zu ein paar Kindern, die mit Blumensträußen auf ihn warten, und nimmt dann ausnahmsweise im Fond des Wagens neben Bormann Platz. Er grüßt wiederholt mit der linken Hand, während Schaub auf seinem Platz neben dem Beifahrer Platz nimmt.

Am Morgen des 25. Juli hat sich das Wetter an der Westfront gebessert und die Alliierten beginnen die Operation „Cobra". Über 1.000 leichte und schwere Bomber werfen mehr als 3.300 Tonnen Bomben auf das 15 Quadratkilometer große Zielgebiet, in dem sich eine geschwächte deutsche Panzerdivision aufhält. Getroffen werden dabei auch eigene Stellungen, es gibt 111 tote US-Soldaten und mehrere hundert Verletzte. Der Angriff dient dem Ausbruch aus dem Normandiebrückenkopf und kennzeichnet den Übergang vom material- und infanterielastigen Stellungskrieg hin zum motorisierten Bewegungskrieg in Nordfrankreich. Hitler lässt nun noch mehr Kräfte mobilisieren, alle Ressourcen sollen aktiviert werden. Er ernennt Goebbels zum Reichsbevollmächtigten für den totalen Kriegseinsatz, der lange auf dieses Ziel hingearbeitet hat. Endlich hat er auch formal die Anerkennung von Hitler, der ihn zwar aufgrund seiner Fähigkeiten schon lange schätzt, aber mit dem er nie eine engere Bindung eingeht. Goebbels triumphiert, da dies eine faktische Schwächung von Speer sowie ein Affront gegen Göring ist, der sich mehrere Wochen beleidigt nach Carinhall zurückzieht. Doch auch Goebbels muss Abstriche seiner neu hinzugewonnenen Kompetenzen hinnehmen. Auf Hitlers ausdrückliche Anweisung werden das Personal der Reichskanzlei, der Präsidialkanzlei, der Parteikanzlei, der Generalinspekteur des Führers für das Kraftfahrwesen und diejenigen Behörden, die mit der Planung des Umbaus von Berlin, München und Linz beschäftigt sind, dem

^ *24. Juli 1944, Lazarett Karlshof: Hitler wird bei der Abfahrt umjubelt. Er sitzt ausnahmsweise im Fond des Wagens. Mit im Wagen Martin Bormann, Karl Brandt und Julius Schaub. Man kann die schusssicheren Scheiben des Mercedes erkennen, trotzdem sind die Sicherheitsmaßnahmen eindeutig ungenügend. (115)*

Zugriff von Goebbels entzogen. Das Attentat legt im NS-Regime längst lahmgelegte Handlungspotentiale frei. Goebbels, Himmler und Bormann bekommen mehr Macht, die deutsche Gesellschaft im Sinne der nationalsozialistischen Ideale und Ziele weiter zu radikalisieren, um doch noch irgendwie den Endsieg zu erringen. Insofern ist das Scheitern des Attentats aus Sicht der Verschwörer absolut kontraproduktiv gewesen.

Prof. von Eicken kommt erneut in die Wolfsschanze und wird von Hitler herzlich begrüßt. Er vermutet in Hinblick auf seine Zukunft, mit *„all meinem Kummer und Ärger"* habe er ohnedies *„nur noch zwei bis drei Jahre zu leben"*. Es gebe jedoch den Trost, dass er seine *„Aufgabe"*, das heißt den Krieg zu gewinnen, bis dahin gelöst haben wird. Die U.S. Army erobert am 26. Juli die toskanische Stadt Pisa und rückt unaufhaltsam weiter nach Norden vor. Hitler, der bei der Trauerfeier für Reichsleiter Wilhelm Grimm (*„auf einer Dienstfahrt verunglückt"*) einen Kranz niederlegen lässt, beschwert sich, dass sein Innenohr noch blutet und verlangt, es solle noch einmal ausgeätzt werden. Seinem Arzt gegenüber auf die Putschisten eingehend, meint er, er werde sie *„mit Stumpf und Stiel ausrotten"*. Graf von Stauffenberg verhöhnt er erneut als Feigling: *„Hätte der wenigstens den Schneid gehabt und wäre mit seiner Aktentasche neben mir stehen geblieben. Aber so war die Kugel, die ihn traf, viel zu schade."*

Am 27. Juli beginnt im Generalgouvernement südöstlich von Warschau die Abwehrschlacht gegen die anstürmende Rote Armee. Hitler erteilt die Weisung Nr. 60: *„Befehl zum Ausbau der Voralpenstellung"*. Zu Prof. Morell und Giesing klagt er, dass sein Ohr noch zeitweise blutet und möchte, dass bei ihm Blut abgelassen wird. Da sein Blutdruck aber normal ist, ist diese Maßnahme medizinisch unnötig. In einem Gespräch äußert er: *„Wer kein Organ für Geschichte hat, ist wie ein Mensch, der kein Gehör oder kein Gesicht hat."* Ein Führerbefehl legt fest: *„Ganz Ostdeutschland muss unverzüglich eine einzige tief gegliederte Festung werden."* Nun ist es also plötzlich eilig, Verteidigungsstellungen auszubauen. Hitler gibt zu, dass die – von ihm zu verantwortende – Ausdehnung des besetzten Gebietes *„verhängnisvoll"* gewesen und das Schrumpfen des Ostreiches *„keineswegs ohne Vorteile"* sei. Hunderttausende von alten und jungen Männern und Frauen beginnen aufgrund dieses Befehls südlich des nahe an der Ostsee in Pommern liegenden Stolp Panzergräben auszuheben, quer durch reifende Felder und Gehöfte. Alleine in Pommern schanzen rund 70.000 Frauen, graben Panzerfallen und -gräben und errichten Straßensperren. Insgesamt verrichten etwa eine halbe Million Deutsche, neben polnischen Zwangsarbeitern, in den Ostgebieten eine harte Arbeit, die militärisch nur eine sehr beschränkte Wirkung hat. Eine Besprechung mit Speer wegen der Zerstörung der Hydrierwerke und deren Folgen findet am 28. Juli statt. Dr. Giesing gegenüber klagt er anschließend über Schlaflosigkeit. Als Dr. Giesing empfiehlt, auf die nächtlichen Teestunden, die sich teilweise bis in den Morgen hinziehen, zu verzichten, rechtfertigt er sich:

„Ich habe das schon versucht, aber dann kann ich noch weniger gut einschlafen. Ich muss mich vorher noch entspannen und von etwas anderem reden, ich sehe sonst im Dunkeln dauernd die Generalstabskarten vor mir und mein Gehirn arbeitet weiter und es dauert Stunden, bis ich davon loskomme. Wenn ich dann Licht mache, kann ich genaue Karten von jeder Heeresgruppe zeichnen, ich weiß dann, wo jede Division steht und so geht

das stundenlang weiter, bis ich schließlich gegen fünf oder sechs Uhr einschlafe. Ich weiß, dass das für meine Gesundheit schlecht ist, aber ich kann es nicht ändern."

Wenn Hitler alleine ist, liest er die Verhörprotokolle der Putschisten. Zu Diener Linge meint er kalt: *„Ich will, dass sie gehängt werden, aufgehängt wie Schlachtvieh."* Die Kugel durch ein Erschießungskommando verweigert er als besondere Demütigung auch den Offizieren. Als er von Prof. Morell untersucht wird, stellt dieser erfreut fest, dass seit dem Attentat noch immer das Zittern der Beine verschwunden ist und die Hand nur minimal zittert. Der 29. Juli bringt einen Bombenangriff mit verheerender Wirkung auf die nur 65 Kilometer nördlich der Wolfsschanze gelegene Stadt Insterburg, einer der wichtigsten Eisenbahnknotenpunkte in Ostpreußen. Hitler erlässt die Weisung Nr. 60a: *„Änderungen und Ergänzungen zu Weisung Nr. 60"*. In der Normandie sind die deutschen Truppen, auch die SS-Einheiten, mittlerweile am Ende ihrer Kräfte. SS-Sturmbannführer Diekmann, der das Massaker im Ort Oradour-sur-Glane durchgeführt hat, fällt im Gefecht, er wird enthauptet. Die deutschen Soldaten, abgekämpft, ohne Nachschub und dem Gegner zahlen- und materialmäßig unterlegen, geben aber nicht auf und kämpfen mit dem Mut der Verzweiflung. Dabei werden regelmäßig Kriegsverbrechen begangen. Gefangene US-Soldaten werden oft nur aufgrund des Umstandes auf der Stelle exekutiert, weil sie einem *„jüdischen Typ"* entsprechen. Solche Verbrechen werden, wie auch auf alliierter Seite, bis auf Ausnahmen nicht strafverfolgt. Hitler unterstützt dies mit seinem Terror- und Sabotageerlass vom 30. Juli. In den besetzten Gebieten gibt es für Widerstandsdelikte keine Zuständigkeit der Wehrmachtgerichtsbarkeit. Die sofortige *„Erledigung"* der Opfer an Ort und Stelle oder Übergabe an die Sicherheitspolizei ist das Gebot der Stunde. Der neue Generalstabschef Guderian, ein sehr erfahrener und erfolgreicher Panzergeneral, bringt den Generalstab im Sinne Hitlers auf Vordermann. Er befiehlt am 29. Juli, dass jeder Generalstabsoffizier ein Nationalsozialistischer Führungsoffizier zu sein hat – eine massive Indoktrination des Generalstabs im Sinne der NSDAP.

Nach dem Attentat übertreffen sich Bormann und Himmler, ihre Ergebenheit zu demonstrieren und das Leben des Diktators zu schützen, auch vor einem möglichen Giftanschlag. Bormann weist an, dass die Lebensmittel für Hitlers Diät in großen Mengen eingekauft, eingelagert und ständig überprüft werden und alle Personen, die damit zu tun haben, politisch besonders zuverlässig zu sein hätten. Himmler übertrumpft das noch, indem er den Reichsarzt SS und Polizei, SS-Obergruppenführer und General der Waffen-SS Ernst-Robert Grawitz, Stellvertreter von Carl Eduard Herzog von Sachsen-Coburg und Gotha als Präsident des Deutschen Roten Kreuzes, anweist, dass alle Lebensmittel und Arzneien Hitlers *„durch ewig sich ändernde, niemals aussetzende Stichproben"* getestet würden. Am 30. Juli schreibt Bormann an Himmler zum Thema *„Maßnahmen für die Sicherheit des Führers"*: *„Sämtliche Dinge, die zum Verbrauch in Hitlers Wohnungen auf dem Berghof, in München, in Berlin, in der Wolfsschanze und im Führersonderzug gekauft"* werden, sind *„einer eingehenden Nachprüfung unterzogen worden. Dabei ergab sich, dass (...) unter den gegenwärtigen Umständen Änderungen in der Art des Bezuges und der Beförderung der Waren vom Hersteller bzw. Händler zur Küche vorgenommen werden müssen."* Gemüse, Früchte und Kartoffeln für Hitlers Diätküche werden nun entweder in Treibhäusern der Verwaltung

Obersalzberg gezogen oder in solchen Mengen eingekauft, *„dass nach menschlichem Ermessen Gefahrenquellen nicht bestehen."* Künftig wird die Sanitätszeugmeisterei der Waffen-SS die fraglichen Waren in größeren Mengen (Arznei- und Heilmittelbezüge) besorgen und lagern, bei Bedarf von der Diätküche anfordern und von Kurieren abholen. So werden für einen Monat von Bormann bei Himmler angefordert: 20 Pakete Knäckebrot, 20 Pakete Knusperbrot, drei Pakete Weizenflocken, drei Pakete Haferflocken, drei Pakete Keimdiät, 15 Pakete B-Tropon-Traubenzucker, zwei Gläser Vitamin A und R, ein Glas Philozythin (Hefewürze), zwei Pakete endokrines Vollsalz, zwei Pakete getrocknete Hagebutten oder Hagebuttenschalen, vier Pakete Basica (basenüberschüssiger Mineralstoff), ein Kilo Leinsamen, Kamillentee und zwei Pakete Titrosalz. Geschenkte Nahrungsmittel – beispielsweise Schokolade und Kaviar, beides isst Hitler gerne – werden aus Sicherheitsgründen sofort vernichtet.

Hitler vertraut niemandem mehr und Verrat ist die einfache Erklärung für seine Niederlagen. Als bei zwei Armeen in Frankreich zu wenig Panzerfäuste vorhanden sind, fragt er zornig nach: *„Wer macht eigentlich die Munitionsverteilung? Wer ist verantwortlich dafür?"* Als er erfährt, dass das Generalquartiermeister General Eduard Wagner war, ist der Fall sofort klar:

„Aha, das Schwein, der Landesverräter! Wagner! Er hat gut daran getan, sich zu erschießen. Ich hätte ihn sonst aufgehängt. In der Ukraine, in dem offenen Gelände sind Panzerfäuste in Hülle und Fülle! Und in der Normandie, wo sich in dem durchschnittenen Gelände die Truppe nur mit Hilfe der Panzerfäuste gegen die Überzahl der englischen und amerikanischen Panzer wehren könnte, da fehlen sie! Das ist Absicht! Ist gemeiner Verrat!"

Die deutsche Front bei Avranches in der Normandie wird am 31. Juli durch die 12. US-Heeresgruppe, die mit bis zu 1,3 Millionen Soldaten der größte Heeresverband in der amerikanischen Geschichte ist, unter ihrem Oberbefehlshaber General Omar N. Bradley durchstoßen, den Alliierten steht damit Nordfrankreich offen. Das sofortige Umschlagen der Kämpfe in einen Bewegungskrieg und Absetzbewegungen der deutschen Truppen sind die unmittelbare Folge. Die deutsche Defensivtaktik, die von der Unüberwindlichkeit des Atlantikwalls und des Haltens bis zum letzten Mann geprägt ist – de facto der Versuch, wie im Ersten Weltkrieg einen Stellungskrieg zu erreichen – wird vom Gegner fast mühelos überwunden. Die deutschen Truppen erleiden nun dasselbe Schicksal, das sie den feindlichen Armeen durch die Blitzkriege der Jahre 1939 bis 1941 zugefügt haben. Diese Niederlage ist mit rund 60.000 Mann Verlusten eine der größten für die Deutschen im Zweiten Weltkrieg. Die Verluste seit Beginn der Invasion belaufen sich nun auf mehr als 400.000 Soldaten, 1.500 Panzer und Lafettenfahrzeuge, 25 vollständige Divisionen. Die U.S. Army stößt in drei Richtungen vor: nach Westen in die Bretagne, südwärts bis zur unteren Loire und nach Osten Richtung Reichsgrenze. Bei Falaise/Département Calvados wird die 5. deutsche Panzerarmee eingekesselt und vernichtet.

Beim Staatsakt im Reichsehrenmal Tannenberg bei Hohenstein (heute Olsztynek/Polen) für den beim Attentat schwerverletzten und am 23. Juli verstorbenen Generalstabchef der Luftwaffe Korten lässt er am 31. Juli durch Göring einen Kranz niederlegen. Vor der abendlichen Lagebesprechung, die aufgrund der sich verschlechternden Lage länger dauert als üblich, meint er zu Jodl: *„Bei mir ist das Wunder eingetreten, dass durch diesen Schlag* [das Attentat] *mein Nervenleiden fast verschwunden ist, das Zittern im linken Bein ist fast völlig weg. Wobei ich nicht sagen möchte, dass ich das für die richtige Kur halte."* Er betont aber, dass er aktuell nicht in der Lage sei, in der Öffentlichkeit zu sprechen. Er kann nicht lange stehen, fürchtet einen plötzlichen Schwindelanfall und hat auch noch Probleme beim Geradeausgehen. Ständig leidet er unter Anfällen von Unwohlsein. Während dieser Lagebesprechung äußert er erneut, dass das Vorrücken des Feindes auch Vorteile hat:

„Jodl, wenn ich die großen Sorgen heute betrachte, so ist zunächst das Problem der Stabilisierung der Ostfront – zu mehr kann man im Moment ja nicht kommen – und ich frage mich, ob nicht angesichts der ganzen Lage es wirklich so schlimm ist, dass wir verhältnismäßig eng zusammengepresst sind. Es hat nämlich nicht nur Nachteile, sondern auch Vorteile. Wenn das Gebiet, dass wir jetzt besitzen, gehalten wird, dann ist das ein Gebiet, das uns immerhin das Leben ermöglichen kann, und wir haben nicht diese riesigen Etappen."

Im Gegensatz zu dieser Meinung von Juli 1944 hatte er am 8. November 1942 dagegen noch erklärt: *„Es ist deshalb besser, 1.000 und wenn notwendig 2.000 Kilometer von der Heimat entfernt eine Front zu halten, als eine Front an der Grenze des Reiches zu haben und halten zu müssen."* Er argumentiert stets so, wie es ihm aktuell passt und lässt nun auch gegen die Familien der Soldaten, die des Verrats bezichtigt werden, vorgehen. Die Leichen Graf von Stauffenbergs und den anderen Erschossenen lässt er exhumieren, verbrennen und die Asche auf Rieselfelder bei Berlin streuen. Hitler fährt fort:

„Denn es ist so: wenn das Nachrichtenwesen und wenn das Quartieramt von Leuten [gemeint sind General Erich Fellgiebl und General Eduard Wagner] *besetzt sind, die absolute Landesverräter sind, bei denen man gar nicht weiß, wie lange sie schon mit dem Gegner oder den Leuten drüben konspirieren, kann man nicht erwarten, dass von da der Geist kommt, der notwendig ist, um eine solche Sache zu stoppen. Es ist wahrscheinlich gar nicht die Erkenntnis der Russen, sondern permanenter Verrat, der von einer verfluchten kleinen Clique laufend getrieben worden ist. (…) Es muss ein Ende nehmen. Das geht nicht. Man muss diese gemeinsten Kreaturen, die jemals den Soldatenrock in der Geschichte getragen haben, dieses Gesindel, das sich aus der einstigen Zeit herübergerettet hat, abstoßen und austreiben. Das ist die oberste Pflicht."*

In Bezug auf die Westfront meint er:

„Es ist vielleicht das Wichtigste fast: die Zerstörung sämtlicher Lokomotiven, sämtlicher Bahnanlagen, sämtlicher Pumpen, sämtlicher Sachen, als nur die Streckenzerstörung allein. Das ist vielleicht noch wichtiger. Das sind allein die Dinge, die uns letzten Endes Zeit geben können. Ich kann nicht selber operieren, aber ich kann dem Gegner natürlich dadurch das Operieren in die Tiefe des Raumes kolossal erschweren. Ich führe ihn in einen Krieg – ich möchte sagen: einer versengten Erde, die eine andere ist als die deutsche. Das muss dann tatsächlich hier aber auch rücksichtslos durchgeführt werden."

Es ist der vorweg genommene Zerstörungsbefehl vom März 1945. In Bezug auf die Putschisten im Amt der Abwehr unter ihrem Leiter Admiral Wilhelm Canaris (auch er hielt Hitler einmal für den *„denkbar besten Staatschef"*) sagt er:

„Es ist sicher hier ein laufender Verrat geübt worden, schon auch zum Teil durch unser Verschulden selber. Wir sind immer zu spät gegen Verräter – aus Rücksicht auf das sogenannte

Heer – vorgegangen oder überhaupt nicht vorgegangen, obwohl wir seit langer Zeit, schon seit zwölf Jahren, wissen, dass es Verräter sind; in der Meinung, man würde damit das Heer kompromittieren. (…) Denn der Akt ist nicht als Einzelakt aufzufassen, sondern dieser Akt, der hier stattfand, ist ja nur (…) ein Symptom für eine innere Kreislaufstörung [!], *für eine innere Blutvergiftung, die bei uns stattgefunden hat. Was wollen Sie letzten Endes von einer gesamten Front erwarten in ihrer oberen Führung, wenn, wie man jetzt sieht, rückwärts die wichtigsten Stellen von absoluten Destrukteuren – nicht Defätisten, sondern Destrukteuren und Landesverrätern – besetzt sind (…), weil heute die Revolution – statt wie im Jahre 1918 von Soldaten – von Generalen gemacht wird."*

Wieder zieht er medizinische Vergleiche der Probleme des Staates mit einem kranken Körper.

Er wird alles Zukünftige nur noch vor dem Hintergrund des Attentats sehen. Überall wird er nun Verrat wittern: *„Was hier morgen schon an operativen Absichten, die wir hier durchgeben, sofort durchsickert und den Engländern bekannt ist, wissen wir nicht."* Er weiß nicht, dass weniger der reale Verrat ausschlaggebend ist, als vielmehr die Tatsache, dass der Feind durch Abhören und Entschlüsseln der Kommunikation bereits weit besser informiert ist. Als er vom Geständnis des Berliner Polizeipräsidenten und SS-Obergruppenführer Wolf-Heinrich von Helldorff erfährt, eines verdienten Parteigenossen, ist er betroffen:

„Ja, ich hätte nicht gedacht, dass der Helldorf solch ein Lump ist. Ein leichter Vogel war er ja schon immer mit seinen Spielschulden. Wie oft habe ich ihn ausgelöst, wohl sicher vier- oder fünfmal und selten unter 100.000 Mark! Ein solcher Spieler wie der fällt ja sofort der Gegenspionage in die Hände (…) Es tut mir leid um seine Frau und seine netten Kinder. Aber dieser Augiasstall muss mit eisernem Besen ausgefegt werden und es gibt da kein Pardon. Wenn ich diese Verräter nicht alle mit Stumpf und Stiel ausrotte [!], *passieren eventuell mehrere solche Schweinereien, und der arme deutsche Soldat vorne im Schützengraben muss die Torheit dieser Leute mit seinem Leben bezahlen. Ich bin dem Remer ja so dankbar, dass er in Berlin so schnell die Sache gemeistert hat. Ich bräuchte nur noch mehr solcher hervorragender und politisch kluger Offiziere (…) Aber dieses feige Pack schickt mir aus Berlin diesen noch feigeren Stauffenberg. Hätte der wenigstens den Schneid gehabt und wäre mit seiner Aktentasche neben mir stehengeblieben. Aber so war die Kugel, die ihn traf, viel zu schade. Ich habe mir schon oft überlegt, was diese Leute eigentlich wollten. Den Krieg aufgeben und Frieden machen und dann mit diesen Hanswürsten in der Regierung mit der Feindseite Friedensverhandlungen anfangen? Denn den Krieg weiterzuführen war das Pack ja doch zu feige und auch gar nicht fähig. (…) Die Russen wären in acht Tagen in Berlin gewesen und dann wäre es mit Deutschland für immer aus gewesen!"*

Dann beklagt er seinen persönlichen gesundheitlichen Zustand und tut so, als wollte er an die Westfront, könne aber nicht: *„Ich wollte ja so gerne nach dem Westen hinüber* [an die Front], *aber ich kann es jetzt mit dem besten Willen nicht, wenigstens die nächsten acht Tage werde ich in kein Flugzeug einsteigen können wegen meiner Ohren. Aber natürlich, wenn alle Stricke reißen, mache ich alles. Dann ist mir alles wurscht – dann gehe ich in ein einmotoriges Flugzeug hinein und mache vorn den Zielschützen, damit ich schnell hinkomme."* Fegelein gegenüber gibt er zu, dass es ihn stärker getroffen habe, als alle denken:

„Ich stehe natürlich und kann auch eine gewisse Zeit sprechen, aber dann muss ich mich plötzlich wieder niedersetzen. Ich würde mich heute nicht trauen, vor 10.000 Menschen zu sprechen. Eine Rede, wie ich sie neulich noch auf dem Obersalzberg gehalten habe, würde ich mir heute nicht getrauen, weil ich unter Umständen doch plötzlich einen Schwindelanfall kriege und zusammenklappe. Auch beim Gehen kann plötzlich ein Moment kommen, wo man sich ganz zusammenreißen muss, dass man nicht ausschert.

Schwerpunkt der Luftangriffe der Alliierten im zu Ende gehenden Monat bilden München und Stuttgart, die gleich vier- bzw. dreimal bombardiert werden. Gegen Monatsende wird auch Prof. Giesler in die Wolfsschanze befohlen, er soll Hitler mit Architekturplänen ablenken: *„Ich habe Sie erwartet und freue mich Sie zu sehen."* Beim Tee lässt er von Linge seine zerstörte Uniform holen und zeigt sie ihm stolz. Er lässt sie anschließend zu Eva Braun auf den Berghof schicken, die sie später in ihrem Münchner Haus in der Wasserburger Straße 12 (heute Delpstraße) aufbewahrt. Die U.S. Army findet sie bei Kriegsende. Hitler setzt auch Prof. Giesler auf die Liste der Personen, denen er noch vertraut und die nicht durchsucht werden müssen, bevor sie zu ihm vorgelassen werden. Über Bormann äußert er fast entschuldigend: *„Giesler, ich brauche Bormann und seine Arbeitskraft, er entlastet mich, er ist standfest, unerschütterlich, und er setzt sich durch – ich kann mich auf ihn verlassen."* Generalfeldmarschall Model versucht mit einer Verlautbarung am 31. Juli, die Moral und Disziplin der zerschlagenen Heeresgruppe Mitte wieder herzustellen. *„Der Feind steht an Ostpreußens Grenzen"*, trotzdem seien seine Soldaten in der Lage *„den heiligen Boden des Vaterlandes zu verteidigen"* und *„Mord, Brand, Plünderung von deutschen Dörfern und Städten"* fernzuhalten. So erwartet das der Führer. Er droht: *„Feiglinge haben keinen Platz in unseren Reihen. Wer wankt, hat sein Leben verwirkt."* Er schließt mit einem Treuebekenntnis: *„Kein Soldat der Welt darf gerade besser sein als wir Soldaten unseres Führers Adolf Hitler! Heil unserem geliebten Führer!"*

^ *Ende Juli 1944, Führerhauptquartier Wolfsschanze: Hitler, sich den schmerzenden rechten Arm haltend, mit seiner Entourage beim Spaziergang. V.l.n.r.: Otto Günsche, Wilhelm Keitel, Hermann Göring, Hitler, Hans-Heinrich Lammers, Martin Bormann. (132)*

Man muss die eigenen Rückzugslinien selbst abschneiden, dann kämpft man leichter und entschlossener.
Adolf Hitler
(Diktator, 1889-1945)

August 1944 – Die Rache

Der Sommermonat beginnt mit einer menschlichen Enttäuschung für Hitler. Am 1. August erhält er die Aussage des Oberstleutnant d.R. Caesar von Hofacker über Rommel. Er erfährt, dass dieser zwar ein Attentat ablehnt, aber den Putschisten zur Verfügung stehen wollte, falls Hitler verhaftet und abgesetzt oder tot ist. Er denkt nun über das Schicksal seines einstigen Lieblingsgenerals nach, der aufgrund seiner schweren Verletzung nach wie vor nicht wieder im aktiven Dienst ist. Am Morgen hat in Warschau unter Führung des polnischen Generals Tadeusz Komorowski ein überraschender Aufstand der Polnischen Heimatarmee AK (Armia Krajowa) gegen die deutschen Besatzer begonnen. Bis zu 45.000 Polen erheben sich, ermutigt durch den Umstand, dass die Rote Armee mittlerweile bis vor die Stadt vorgerückt ist und man mit ihrem Angriff rechnet. Polens gesamte Untergrundarmee ist mit über 300.000 Soldaten die größte in Europa. Doch Stalin lässt die Aufständischen, die ihm suspekt sind und nicht in sein politisches Kalkül passen, kaltblütig im Stich. Ein Sieg des Widerstands und damit ein Triumph des polnischen Freiheitswillens würde nicht in die Strategie der kommunistischen Expansion passen. Er stoppt seine Truppen, lässt Wehrmacht und SS den Aufstand niederschlagen und sieht dem Blutbad zu. Er verweigert sogar US-Transportmaschinen, die Nachschub liefern möchten, die Landung. Das alles wissen die Aufständischen nicht, als sie gut vorbereitet in den Kampf ziehen. Gefangene Deutsche werden in der Regel sofort niedergemacht. Als Hitler vom Aufstand erfährt, befiehlt er umgehend, *„Warschau dem Erdboden gleichzumachen"* und die Bevölkerung zu *„liquidieren"*.

Die Verfolgung seiner innerpolitischen Gegner dehnt er auf die überwiegend unschuldigen Familienangehörigen aus. Er ordnet Sippenhaft für sie an, eine reine Terrormaßnahme gegen politische Gegner und deren Familien. Den Chef der Leib-

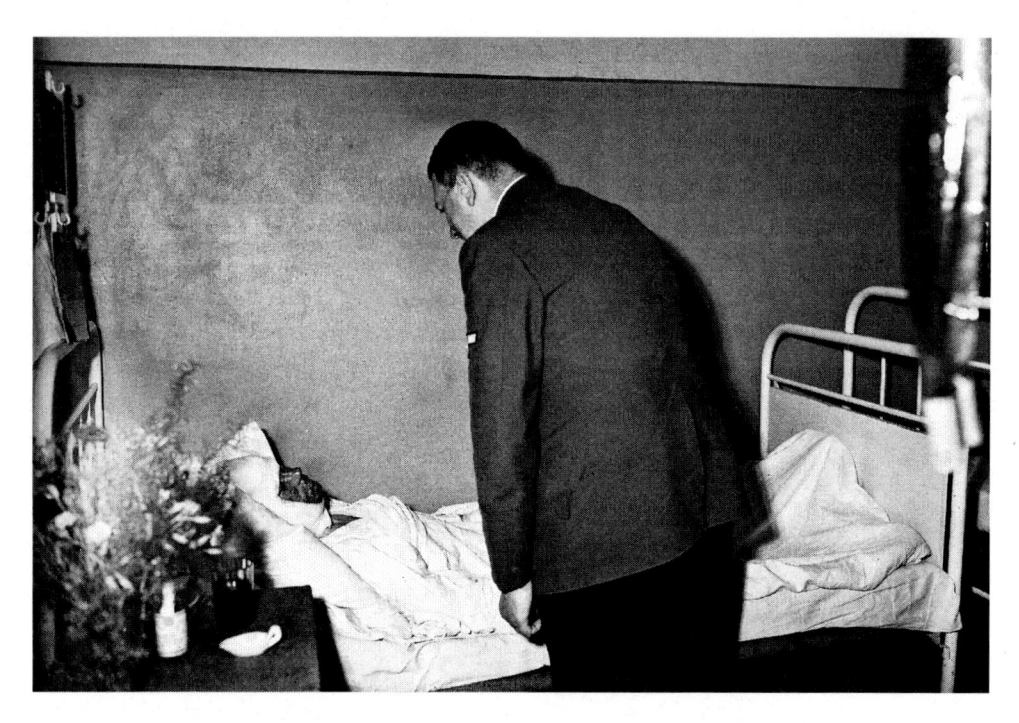

^   1. August 1944, Lazarett Karlshof: Hitler unterhält sich mit dem schwer verwundeten Oberstleutnant Heinrich Borgmann. (132)

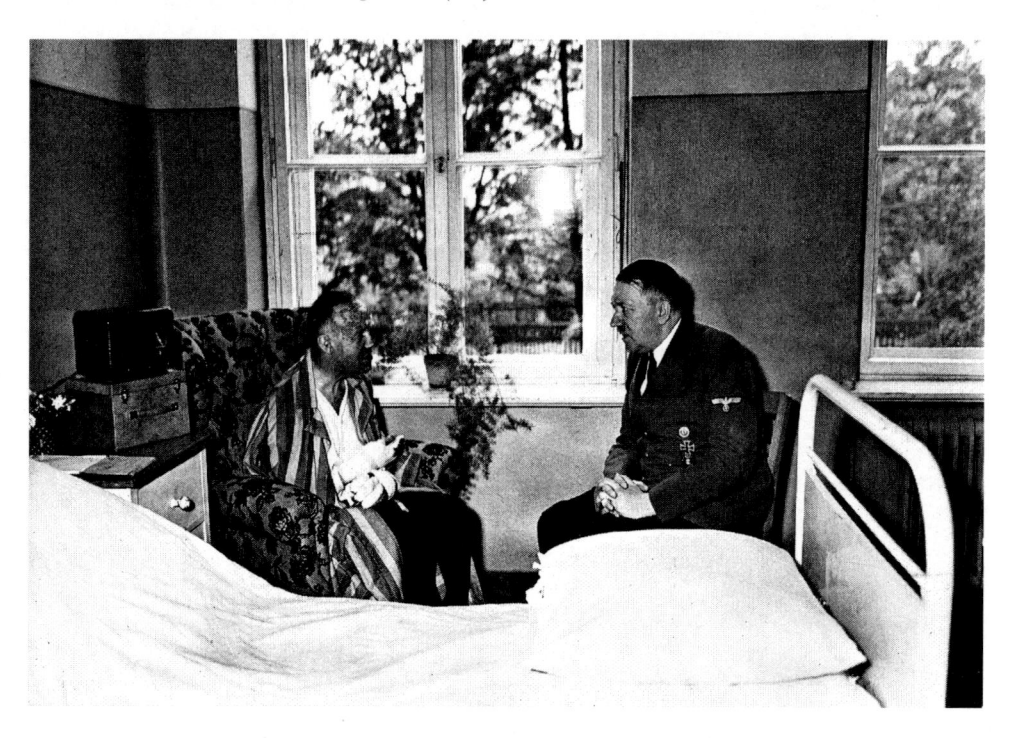

^   1. August 1944, Lazarett Karlshof: Hitler im Gespräch mit dem von schweren Verbrennungen gezeichneten Generalmajor Walter Scherff. (132)

standarte SS Adolf Hitler Sepp Dietrich und den SS-General Paul Hausser befördert er zu SS-Oberst-Gruppenführern und Generalobersten der Waffen-SS. Anschließend fährt er nach Karlshof, um erneut seine verletzten Mitarbeiter zu besuchen. Die Wochenschau filmt und zeigt bei ihm eine deutlich gebeugte Haltung. Sein l*inker Arm ist relativ starr, der rechte teilweise ebenfalls. Bei längerer Gehstrecke zieht er sein linkes Bein deutlich nach.* Prof. Morell stellt bei seiner Untersuchung an diesem Tag den Befund: *„Leukoplaststellen zeigen Blutdurchdringung der Haut sowohl am Arm wie auch am Gesäß. Über dem Steißbein handgroße, jetzt abgeschwollene, aber in allen Regenbogenfarben gefärbte Stelle. Allgemeinzustand gut. 1,74 cm groß, 73 kg."* Hitler klagt besonders über starke Stirnschmerzen. Prof. Morell behandelt den rechten Ellbogen mit scharfen, in Aluminiumazetat getränkte Bandagen, die Juckreiz und Dermatitis hervorgerufen haben. Der Arm ist daraufhin so angeschwollen, dass Hitler keine Dokumente mehr unterzeichnen kann. Prof. Morell gibt ihm außerdem hohe Dosen von Ultraseptyl, einer Sulfonamidtablette.

In Hitlers Schlafzimmer steht seit langem eine stetig zischende Sauerstoffflasche. Er kann nur sehr schwer einschlafen, hat aber auch Angst, zu wenig Luft zu bekommen. Eines Nachts geht, nachdem er endlich eingeschlafen ist, plötzlich und grundlos die Notbeleuchtung an. Hitler wird wach und versucht sie auszuschalten. *„Ich bin da heute Nacht herumgeturnt wie ein Affe und habe versucht, das Licht auszumachen"*, beschwert er sich bei seinem Diener. *„Die Lampe war natürlich hoch oben an der Decke und dann auch so fest in einer Drahtglasglocke eingeschraubt, dass ich Arbeit hatte, sie überhaupt herauszuschrauben."*

Telefonist Alfons Schulz hat einmal Gelegenheit, das Schlafzimmer heimlich zu betreten. Über dem *„einfachen Feldbett"* befindet sich *„ein Regal mit zwei, drei Büchern"*. Schulz ist neugierig, was sein oberster Kriegsherr nachts liest – er findet zwei Bücher über Magenkrankheiten. Major Remer erhält am nächsten Tag seine Belohnung für die Niederschlagung des Putsches. Am 2. August wird bekannt gegeben: *„Der Führer beförderte den Kommandeur des Wachbataillons ‚Großdeutschland', Berlin, Eichenlaubträger Major Remer, wegen seiner am 20. Juli bewiesenen entschlossenen Haltung zum Oberst."* Remer wird seine Gesinnung auch nach Kriegsende niemals ablegen, betätigt sich als rechtsextremistischer Politiker, der wegen Volksverhetzung verurteilt wird und schließlich nach Spanien flieht.

An diesem Tag beschließt die türkische Nationalversammlung, wie von Hitler befürchtet, den Abbruch der Beziehungen zu Deutschland. Hitler lässt zum zehnjährigen Todestag des ehemaligen Reichspräsidenten Paul von Hindenburg im Reichsehrenmal Tannenberg an dessen Sarkophag einen Kranz niederlegen und befiehlt die Einrichtung eines Sondertribunals für die Putschisten des 20. Juli. Er gibt außerdem den Befehl zum Ausbau einer Abwehrlinie von der Somme über die Marne bis zum Jura. Der rasche Vormarsch der Alliierten lässt seine Pläne jedoch sofort zu Makulatur werden. Ihm bleibt die Verteidigung einiger Häfen, um den Nachschub des Gegners zu erschweren und um feindliche Truppen zu binden: *„Ich kann nicht selber operieren, aber ich kann dem Gegner natürlich dadurch das Operieren in der Tiefe des Raumes kolossal* [!] *erschweren."*

Von einer „*kolossalen*" Erschwerung kann natürlich keine Rede sein, die Übermacht ist viel zu groß. Um weitere Anlandungen feindlicher Truppen, Waffen, Munition und Versorgungsgüter zu verhindern, ist er sofort bereit, „*bestimmte Truppen einfach zu opfern [!], um überhaupt das andere retten zu können*". Er will und muss Zeit gewinnen. Die Häfen müssen „*unter allen Umständen*" gehalten werden, auch „*unter absolutem Verzicht [!] auf die Menschen dort, damit es dem Gegner unmöglich gemacht wird, überhaupt unbegrenzt Menschen nachzuschieben*". Gelingt dies nicht, darüber ist er sich im Klaren, kommt es „*sehr bald zu einem Durchbruch*". Die Konsequenz eines derartigen Durchbruchs ist ihm bewusst: Zerstörung aller Eisenbahnanlagen, inklusive Schienen, Lokomotiven und Brücken. Wenn es notwendig ist, sind auch die Häfen zu zerstören. Darüber hinaus sollen bei Bedarf lang gediente Generale ohne Rücksicht auf die Rangordnung durch junge Offiziere ersetzt werden, zumal bei seiner Strategie taktisches sinnvolles Operieren ohnehin nicht mehr gefragt ist: „*Wenn ein Napoleon mit 27 Jahren Erster Konsul werden konnte, so sehe ich nicht ein, warum bei uns nicht ein 30-jähriger Mann General oder Generalleutnant sein soll.*"

In der Annahme, dadurch wieder etwas zur Stabilisierung der Westfront getan zu haben, besucht er die beim Attentat leichter verletzten Offiziere und mimt den loyalen Obersten Befehlshaber, der über alle Seiten des Attentats genau nachgedacht und sowieso nur das Wohl des deutschen Volkes im Blick hat. Er stellt auch Überlegung zum Tyrannenmord an. Gegenüber dem General der Flieger Karl-Heinrich Bodenschatz, der schwer verletzt und dienstuntauglich ist, äußert er:

„*Ja, wissen Sie, Bodenschatz, man fragt mich heute viel darüber, was ich denn zum Attentat sage, was ich denn vom politischen Mord halte. Ich lehne ihn nicht hundertprozentig ab! Verstehen kann ich auch, dass es nötig ist, einen Staatsmann zu entfernen, wenn es die Lage einer Nation erfordert und ein Volk nach Beseitigung des Herrschers eine bessere Zukunft vor sich haben kann. Ich weiß, Stauffenberg, Goerdeler und Witzleben haben geglaubt, das deutsche Volk durch meinen Tod zu retten. Aber bisher hat man nur das eine ermitteln können: Diese Leute hatten überhaupt keinen festen Plan darüber, was sie nachher tun wollten. Sie hatten keine Ahnung, welche Armee ihren Putsch unterstützt, welches Wehrkreiskommando ihnen helfen würde! Selbst das Naheliegendste, eine Verbindung mit dem Feind, hatten sie nicht zuwege gebracht.* [Bei anderer Gelegenheit warf er ihnen vor, sie hätten „*permanent Verbindung zum Feind*" gehabt.] *Ja, ich habe sogar erfahren, dass die Gegner Verhandlungsangebote abgelehnt haben. Bedenken Sie doch, Bodenschatz, an der Ostfront stehen deutsche Soldaten in erbittertem Kampf. Fast neun* [die Zahlenangabe ist maßlos übertrieben] *Millionen! Und stellen Sie sich nun einmal die Wirkung vor! Es wäre ein Krieg jeder gegen jeden geworden, ein Bruderkrieg im deutschen Heer. Der Russe allein wäre der lachende Dritte gewesen. Denn er hätte schreckliche Beute gemacht. Sehen Sie, Bodenschatz, darin, allein darin, besteht in meinen Augen das Verbrechen der Attentäter!*"

Als Prof. Morell Hitlers verletzte Trommelfelle behandelt, klagt dieser über einen Druck über dem rechten Auge. Prof. Morell notiert: „*15:30 Uhr Patient A, Blutdruck 160 mmHg, Jod-Injektion wegen Ohrblutung nicht möglich. Trommelfell links fast zu.*

200 Kubikzentimeter Aderlass. Erleichterung sehr groß." Später fragt Hitler Dr. Giesing über die Anatomie des Ohres aus, zieht sich einen weißen Arztkittel an und versucht, mit einem an seinem Kopf befestigten Spiegel (Orthoskop) in Linges Ohr zu sehen. In der Nacht zum 3. August befiehlt Hitler einen großangelegten Gegenangriff in Nordfrankreich. Er erhofft sich dadurch, die Initiative zurück zu gewinnen, und will dazu acht seiner neun in der Normandie befindlichen Panzerdivisionen einsetzen, dazu 1.000 Jagdflugzeuge. Sein Motto für diese Offensive: *"Terror bricht man nur durch Terror. Man muss zu Gegenangriffen kommen, alles andere ist Quatsch!"*

Tagsüber empfängt er eine Abordnung von NS-Führungsoffizieren, die eine politisch-weltanschauliche Erziehungsaufgabe im nationalsozialistischen Sinn innerhalb der Wehrmacht wahrnehmen. Zeitgleich hält Himmler auf einer Gauleitertagung in Hitlers Arbeitszimmer im Posener Schloss eine flammende, zweistündige Rede, in der er seinem aufgestauten Hass gegen die Wehrmacht, die sich noch seinem Zugriff entzieht, freie Fahrt lässt. Die Ansprache ist nicht für die Öffentlichkeit bestimmt und so zügelt sich Himmler nicht, eine Weltuntergangsstimmung zu verbreiten, falls das Attentat geglückt wäre. Den versammelten Naziführern berichtet er von der Einführung der Sippenhaft und dass sie bereits angewandt werde. Seine Begründung: *"Wenn erfolgreiche Offiziere eine Dotation erhalten, profitiert ja auch die ganze Familie"* und *"wenn wir das nach der positiven Seite tun, sind wir meines Erachtens absolut verpflichtet, es ebenso nach der negativen Seite zu tun"*. Diese Sitte ist darüber hinaus schon sehr alt: *"Sie brauchen bloß die germanischen Sagas nachzulesen. Bei der Blutrache wurde ausgelöscht bis zum letzten Glied in der ganzen Sippe."* Und unter dem Beifall der versammelten Gauleiter fügt er hinzu: *"Die Familie Graf Stauffenberg wird ausgelöscht werden bis ins letzte Glied!"*

Die Reichsleiter und Gauleiter, die in Personalunion nun auch Reichsverteidigungskommissare sind – und damit auch zuständig für Fragen über die Evakuierung der Zivilbevölkerung – werden am 4. August von Hitler empfangen. Er kann sie noch immer nur mit der linken Hand begrüßen. Zeitgleich wird Anne Frank mit ihrer Familie in Amsterdam verhaftet, doch das wird erst nach Kriegsende ein offensichtliches Beispiel des Leids hunderttausender jüdischer Familien. Hitler geht bei der Besprechung selbstverständlich auch auf die Ereignisse des 20. Juli, laut Goebbels sein *"Lieblingsthema"*, ein. Er gibt zu, dass die *"Clique"* zwar *"zahlenmäßig begrenzt, aber einflussmäßig bedeutend"* gewesen sei und empfindet es als *"Schicksalsfügung und persönliche Entlastung"*, dass jetzt *"endlich dieser bisher nie greifbare innere Widerstand aufgedeckt und die Verbrecher-Clique beseitigt"* worden ist. Jetzt gilt es, die Konsequenzen zu ziehen:

^ 3. August 1944: Empfang nationalsozialistischer Führungsoffiziere. Hitler, dessen Porträt an der Wand hängt, grüßt mit der linken Hand. V.l.n.r.: Martin Bormann, Julius Schaub, Wilhelm Keitel, Georg von Hengl, Hitler. (132)

„Den Kampf gegen diese Feinde scheue ich nicht. Mit diesen werden wir am Ende trotz allem fertig. Ich muss nur das Bewusstsein haben, dass im Rücken absolute Sicherheit, gläubiges Vertrauen und treue Mitarbeit herrschen. Das ist die Voraussetzung! (…) Durch den Einsatz der gesamten militärischen und inneren Kraft der Nation werden wir alle Schwierigkeiten meistern. Ich bin dem Schicksal dafür, dass es mich am Leben ließ, nur deshalb dankbar, weil ich den Kampf weiterführen kann. Denn ich glaube, dass ich für die Nation nötig bin, dass sie einen Mann braucht, der unter keinen Umständen kapituliert, sondern unentwegt die Fahne des Glaubens und der Zuversicht hochhält, und weil ich glaube, dass kein anderer es besser machen würde, als ich es tue. Was immer für Schicksalsschläge kommen mögen, immer werde ich als Träger der Fahne geradestehen! Ich habe gerade durch den 20. Juli eine Zuversicht bekommen, wie vordem noch nie in meinem Leben. Wir werden diesen Krieg am Ende deshalb siegreich bestehen."

Dann äußert er intern noch den Wunsch, dass sein Schloss in Posen in nächster Zeit fertiggestellt werde. Er ahnt wohl, dass die Wolfsschanze bald bedroht sein wird. Seinen nicht mehr zu verbergenden körperlichen Niedergang versteht er geschickt zu nutzen. Nicht die Folgen des Attentats, sondern die Querelen mit der *„Generalstabsclique"*, welche hinter dem Attentat gestanden hat, sind verantwortlich. Er ist nicht durch den Kampf mit den äußeren Feinden alt geworden, sondern durch die unablässige Auseinandersetzung *„mit dieser Clique, die nie zu fassen war"*. Wie Friedrich der Große seine Gesundheit im ständigen Kampf mit renitenten Generalen ruiniert hat, so muss er sich nun darin verzehren, gegen inneren Widerstand und Sabotageversuche seiner eigenen militärischen

^ 4. August 1944, Führerhauptquartier Wolfsschanze: Begrüßung von Gauleitern, Hitler kann nur die linke Hand geben. V.l.n.r.: Karl Wahl, Artur Axmann, Erich Hilgenfeldt, Martin Mutschmann, Hitler, Hartmann Lauterbacher, Julius Schaub, Robert Ley, Joseph Goebbels. (132)

Ratgeber anzugehen. Hitler bedauert sich daher selbst: *„Sie werden mich nicht falsch verstehen, wenn ich Ihnen versichere, dass ich während der vergangenen achtzehn Monate fest davon überzeugt gewesen bin, eines Tages von jemanden aus meiner unmittelbaren Umgebung erschossen zu werden."* Voller Selbstmitleid fordert er die Anwesenden auf sich vorzustellen, wie *„schrecklich"* es sei, wenn *„man erkennt, dass man jeden Augenblick mit einem gewaltsamen Tod rechnen"* müsse.

Eine heute oft zitierte Ergänzung zu dem in den Medien verbreiteten offiziellen Textauszug gibt Speer nach dem Krieg unter Berufung auf Baldur von Schirach als weiteren Zeugen an; Hitler habe noch geäußert: *„Wenn das deutsche Volk in diesem Kampf unterliegen muss, dann ist es zu schwach gewesen, es hat seine Probe vor der Geschichte nicht bestanden und war daher zu nichts anderem als zum Untergang bestimmt."* Ein Teilnehmer notiert: *„Der Führer kam sehr langsam in sehr verkrampfter Haltung, gab nur die linke Hand, wurde aber später beim Sprechen lebhaft und frei. (...) Der Führer sagte, am meisten kränke es ihn, dass sein Nachfolger ein solcher Strohkopf, wie der Goerdeler ist, werden sollte."* Er höhnt über *„Stauffenbergs Stümperarbeit"*. Die Bevölkerung erfährt über den Zusammentritt des „Ehrenhofs des deutschen Heeres", welcher zur Aufgabe hat, die verhafteten Offiziere aus der Wehrmacht auszuschließen, damit sie problem- und widerstandslos abgeurteilt werden können. Die Mitglieder bestehen natürlich aus Hitler loyal ergebenen Männern: Keitel, von Rundstedt, Guderian, General Walter Schroth und Generalleutnant Karl-Wilhelm Specht. Natürlich wird das Ganze als Wunsch der Wehrmacht und nicht als Befehl Hitlers verkauft: *„Das Heer hat dem Führer den Wunsch unterbreitet, zu sofortiger Wiederherstellung seiner Ehre schnellstens durch eine rücksichtslose [!] Säuberungsaktion auch von den letzten am Anschlag am 20. Juli 1944 beteiligten Verbrechern befreit zu werden. Es möchte die Schuldigen sodann der Volksjustiz überantwortet sehen. Der Führer hat diesem Wunsch entsprochen."*

Unter den etwa 200 Personen, die als vermeintliche oder tatsächliche Putschisten oder Mitwisser hingerichtet oder anderweitig in den Tod getrieben werden, sind drei Generalfeldmarschälle, 19 Generale, 26 Oberste, zwei Botschafter, sieben Diplomaten, ein Minister, drei Staatssekretäre, der Chef der Reichskriminalpolizei, mehrere Oberpräsidenten, Polizeipräsidenten und Regierungspräsidenten. Über 600 Personen werden verhaftet und durch die Gestapo grausam gefoltert, um Geständnisse und Namen weiterer Mitwisser zu erhalten.

An diesem Augusttag lässt Hitler an den norwegischen Dichter Knut Hamsun zum 85. Geburtstag ein Glückwunschtelegramm senden, während die Wehrmacht Florenz, das zur offenen Stadt erklärt wurde, räumt. Hitlers ursprüngliches Verbot der Zerstörung wird wieder zurückgenommen und der Befehl zur Sprengung sämtlicher Brücken über den Arno – außer der Ponte Vecchio – und einer ganzen Häuserzeile der historischen Altstadt gegeben. Partisanen, die das verhindern wollen, werden mitsamt den Häusern in die Luft gesprengt.

Hitler befiehlt am 5. August SS-Obergruppenführer und General der Waffen-SS Erich von dem Bach-Zelewski die Niederschlagung des Aufstandes in Warschau. Eine Bitte Guderians, die Stadt in die Operationszone der Wehrmacht einzubeziehen, lehnt er ab. Bach-Zelewskis Methoden sind von Anfang an brutal und unmenschlich. So setzt er auch ehemalige russische Kriegsgefangene, Kriminelle und ehemalige KZ-Insassen ein, die mit äußerster Brutalität vorgehen, weil sie selbst nichts mehr zu verlieren haben. Verwundete Aufständische werden mit Benzin übergossen und bei lebendigem Leibe verbrannt. Frauen und Kinder werden an deutsche Panzer gekettet, um Heckenschützen abzuschrecken und systematische Vergewaltigungen sind an der Tagesordnung. Mit Flammenwerfern, Rauchkerzen und dem Desinfektionsmittel Kreosot, welches in hoher Konzentration zum Erstickungstod führt, wird die Kanalisation *„gesäubert"*. Im Marie-Curie-Krebskrankenhaus werden kranke Frauen und hier tätige Schwestern vergewaltigt und zusammen mit den Ärzten ermordet und anschließend in Brand gesteckt. Eine derartig unbeschreiblich grausame Vorgehensweise veranlasst Hitler zu der Äußerung: *„Dieser Bach-Zelewski ist einer der geschicktesten [!] Menschen."* Er wird ihm das Ritterkreuz verleihen. Von dem Bach-Zelewski erhält auch Hilfe von der aus russischen Kriegsgefangenen bestehenden Truppe des weißrussischen SS-Brigadeführers Bronislaw Kaminski. Letztlich ist das Vorgehen des Letztgenannten auch der Wehrmacht ein Dorn im Auge und Hitler lässt Kaminski später als *„einen nicht einwandfreien Zeugen"* vor ein Standgericht stellen und erschießen.

Goebbels Pressereferent von Oven sieht Hitler an diesem Tag und stellt fest: *„Er ist ein alter Mann geworden. Er geht langsam und tief gebeugt wie unter einer schweren Last. (...) Seine Hände zittern, was er dadurch – vergeblich – zu verbergen sucht, dass er sie ständig tief in seinen Rocktaschen vergräbt."* An diesem Tag kommt noch Besuch eines Verbündeten. Der rumänische Marschall Antonescu erscheint zum Frühstück. Hitler redet mit Hilfe eines Dolmetschers mit ihm über das Attentat und dass er täglich *„120 bis 350 Schuss [V1]"* auf London abfeuern lasse. Auch gebe es *„gewisse Kampfstoffe"*, die *„der deutschen Waffenwissenschaft bekannt"* seien und deren Anwendung sich *„in Vorbereitung"* befinde, die jedoch *„wegen mangelnder Abwehrmittel"* noch nicht eingesetzt

^ 5. August 1944, Führerhauptquartier Wolfsschanze: Empfang des rumänischen Marschall Antonescu. V.l.n.r.: Ion Antonescu, Paul Otto Schmidt, Hitler, Mihail Antonescu verdeckt durch Wilhelm Keitel, Joachim von Ribbentrop. (132)

werden können. Das ist aber nur eine Waffe, eine andere, ein *„neuer Sprengstoff"*, sei *„im Experimentierstadium"* und habe eine so gewaltige Wirkung, dass in einem *„Umkreis von drei bis vier Kilometern von der Einschlagstelle alles menschliche Leben vernichtet"* werde. Er meint damit die V3 und V4; von der V2 führt ihm Speer abends noch einen Farbfilm vor.

Nach dem Frühstück beginnt die offizielle Besprechung und Hitler geht erneut ausführlich auf das Attentat und die Hintergründe ein. Er betont, er sei jetzt entschlossen, mit *„allen defätistischen Elementen"* Schluss zu machen. Er wird *„ein derartiges Exempel statuieren, dass in Zukunft auch nicht einmal der Gedanke an ein solches Komplott mehr auftauchen"* werde. Was den Frontverlauf betrifft, gibt er zu, dass die Materialverluste an der Ostfront *„empfindlich"* seien, aber es kommen *„neue Waffen"*. Er liefert auch gleich die Erklärung mit, warum diese nur angekündigt seien, jedoch noch nicht eingesetzt werden. Sie werden *„erst dann eingesetzt (…), wenn sie so zahlreich zur Verfügung stehen, dass man sicher sein kann, mit ihrer Hilfe einen Wendepunkt im Krieg herbeiführen"* zu können. Hitler operiert so mit Zahlen aller Art, dass sein Gegenüber Antonescu sich ermüdet beim Abendessen entschuldigen lässt. Als Hitler später diesen an der Wagentür verabschiedet, fährt er nicht mit zum Flugplatz, geht aber der sich in Bewegung setzenden Fahrzeugkolonne nach und ruft: *„Antonescu, Antonescu, fahren Sie nicht ins Schloss! Setzen Sie nie einen Fuß ins Königsschloss, Marschall!"* Antonescu versteht ihn nicht, merkt aber, dass etwas nicht stimmt und lässt den Wagen anhalten. Hitler wiederholt: *„Fahren Sie nicht ins Schloss!"* Er befürchtet, dass dieser dasselbe Schicksal wie Mussolini erleidet, der bei einem Besuch im Königsschloss verhaftet wurde. Am 6. August beginnt der Gegenangriff der deutschen 5. Panzerarmee unter General der Panzertruppen Heinrich Eberbach in der Normandie. In einem Tagesbefehl an die Truppe baut Hitler Druck auf: *„Von dem Gelingen des Angriffs (…) hängt die Entscheidung der Schlacht in Frankreich ab. Eine nie wiederkehrende, einmalige Gelegenheit ist dem Ob. [Oberbefehlshaber] West in die Hand gegeben, in einen vom Gegner stark entblößten Raum hineinzustoßen und dadurch die Lage völlig zu wenden. Äußerste Kühnheit, Entschlossenheit und Phantasie muss die Führung von oben bis zur untersten Einheit beflügeln. Jeder Mann muss an den Sieg glauben!"*

Der Angriff misslingt letztlich, auch weil von Kluge diesen Angriff mit weniger Kräften beginnt als ursprünglich vorgesehen. Am 8. August muss er dem OKW melden, dass aufgrund der feindlichen Luftüberlegenheit der Angriff gescheitert ist. Als das in der Lagebesprechung thematisiert wird, schneidet Hitler dem Vortragenden barsch das Wort ab. Er spricht so unheildrohend wie die Urteile, die der Volksgerichtshof (das Sondergericht zur Aburteilung von Hoch- und Landesverrates im Kammergericht Berlin in der Potsdamer Straße 186) zwei Tage später gegen Erwin von Witzleben und Erich Hoepner verhängt. Hitler sagt nur einen Satz: *„Der Angriff ist misslungen, weil der Feldmarschall von Kluge ihn misslingen lassen wollte* [!]*."* General Dietrich von Choltitz erscheint befehlsgemäß am 7. August bei Hitler und dieser schickt den verdienten General nach Paris. Choltitz ist erschüttert: *„Nun stand ich also vor ihm und sah einen alten, gebeugten, aufgeschwemmten Mann mit dünnem grauen Haar, einen zitternden, körperlich erledigten Menschen."* Hitler bittet darum, ihm nicht *„zu sehr die Hand zu drücken"*. Der Dank ist ein Lächeln.

Um 22:30 Uhr in der Nacht des 7. August schlägt das erste sowjetische Artilleriegeschoss auf deutschem Boden ein. Über die Lage am 8. August vermerkt Koller: *„Bei jeder Lage beschäftigte sich der Führer stundenlang nur mit der Luftwaffe. Er erhebt die schwersten Vorwürfe."* Konsequenzen gibt es keine. Unruhe entsteht durch den Abwurf sowjetischer Flugblätter über der Wolfsschanze. Durch Soldaten, die von ihrem Dienst im Führerhauptquartier an die Front gekommen und dort gefangenen genommen worden sind, kennen die Sowjets nicht nur die genaue Lage, sondern auch wer dort arbeitet. Viele Offiziere aber auch einfache Soldaten werden im Flugblatt, verbunden mit der Drohung, dass sie *„alle zur Rechenschaft gezogen"* werden, namentlich aufgeführt. Hitler ordnet an, dass aus der Wolfsschanze niemand mehr an die Front versetzt werden darf.

Der Volksgerichtshofprozess gegen die Putschisten dient vor allem der Demütigung der Angeklagten, die Urteile stehen von vorneherein fest. Die Verhandlungen werden gefilmt (Titel: *„Verräter vor dem Volksgericht"*) und die Angeklagten werden ohne Hosenträger und Gürtel, teils auch ohne Gebiss, vorgeführt, natürlich in Zivil. Der Zweck ist klar: Es soll ihnen die Würde genommen werden. Man erkennt an ihnen Anzeichen von Folter. Als Angehöriger des Reichsluftfahrtministeriums wird auch Oberleutnant Helmut Schmidt, der spätere Bundeskanzler, als Zuschauer zu den Schauprozessen abkommandiert. Er ist vom Verhalten des Vorsitzenden des Volksgerichtshofes Richter Roland Freisler angewidert und lässt sich von der Zuhörerschaft entbinden. Hitler äußert sich angeblich negativ über die Prozessführung durch Freisler. *„Er benimmt sich wie ein Schauspieler. Anstatt diese gemeinen Verbrecher schnellstens abzuurteilen, spielt er einem Theater vor"*, sagt er grollend zu Schaub. Andere Quellen zeigen ein anderes Bild, ein Bild der gnadenlosen Vergeltung. Hitler will, dass *„diese Kriminellen"* keine ehrenhafte Hinrichtung durch ein Erschießungskommando bekommen: *„Die müssen sofort hängen ohne jedes Erbarmen!"* Und bezüglich der Schauprozesse vor dem Volksgerichtshof meint er: *„Freisler wird schon die richtige Tonart finden, um mit ihnen fertig zu werden."* Ziel ist, dass die Angeklagten bei ihrer Verteidigung *„keine Zeit zu langen Reden"* haben. Er hat offensichtlich Angst vor deren Aussagen.

Die Hinrichtungen erfolgen im Gefängnis Plötzensee in Charlottenburg-Nord durch Erhängen an einem Stahlträger, an dem acht Fleischerhaken mit dünnen Klaviersaiten angebracht sind, damit der Todeskampf durch langsames Erdrosseln hinausgezögert wird. Hitler verweigert so den Offizieren die Kugel und allen die Sterbesakramente. Der Vorgang beginnt innerhalb von 20 Sekunden, nachdem der Delinquent hereingeführt wird. Der Hinrichtungsraum ist von Scheinwerfern hell erleuchtet, damit die Filme und Bilder qualitativ gut werden. Die Henker heben die Verurteilten in die Schlinge und reißen ihnen im Todeskampf oft die Hosen herunter. Sie haben Spaß daran und es wird im Verlauf des grauenhaften Geschehens kräftig gesoffen. Der Todeskampf endet manchmal schnell, manchmal dauert er aber auch mehr als 20 qualvolle Minuten. Graf Helldorf wird gezwungen, der Hinrichtung seiner Kameraden zuzusehen, bevor er selber an die Reihe kommt. Hitler hat den Film nicht gesehen, ihm werden aber Fotografien vorgelegt wie Major Bernd Freytag von Loringhoven, der ab Juli als Adjutant des Generalstabschef des Heeres die tägliche militärische Lagebesprechung vorbereitet, beobachtet. Er trifft erstmals auf Hitler und beschreibt den Eindruck als *„grauenhaft".* Ich sah *„einen gekrümmten alten Mann, der nur kurze Schritte machte. Sein Aussehen war bleich, und seine Augen (...) diese Augen waren stumpf, ohne irgendwelchen Glanz. Als ich ihn begrüßte, hob er schwächlich seinen linken Arm nur ein klein wenig; dabei hielt er die Finger nicht zusammen, sondern gespreizt."* Hitler wendet sich wieder den Fotografien zu. Dazu von Loringhoven: *„Ich sah wie Hitler, Grausamkeit und Schadenfreude im Gesicht, eines dieser Fotos nahm."* Zu seinem eigenen Entsetzen handelt es sich um seinen persönlichen Freund Peter Graf Yorck von Wartenburg.

Mitte August verliert Hitler bei einer Besprechung mit Speer in Gegenwart des Generalleutnants und Kommandeur der Jagdfliegerkräfte Adolf Galland über den Einsatz von Jagdflugzeugen zur Bekämpfung von einfliegenden Bombern die Beherrschung. Die Alliierten haben mit 1.000 Bombern erfolgreich Angriffe auf die Einsatzplätze der deutschen Nachtjäger geflogen. Hitler ist wütend: *„Operative Maßnahmen sind meine Angelegenheit! Kümmern Sie sich gefälligst um ihre Rüstung! Das geht Sie gar nichts an! (...) Ich habe keine Zeit mehr für Sie."* Am folgenden Tag wird der Zurechtgewiesene erneut zu Hitler befohlen: *„Ich will überhaupt keine Flugzeuge mehr produziert haben. Die Luftwaffe wird aufgelöst. Stellen Sie die Flugzeugproduktion ein! Sofort einstellen, verstehen Sie? Sie klagen doch immer über Mangel an Facharbeitern. Holen Sie sie sofort hinüber in die Flakproduktion. Alle Arbeiter an die Flak! Das Material auch! Ich gebe Ihnen den Befehl dazu. (...) Wir werden hunderttausende von Arbeitern in die Flakproduktion hinübernehmen."*

Für Hitler erfolgt in diesen Wochen auf seinen Wunsch hin – er ist vom Potenzial des Flugzeuges beeindruckt – der Umbau einer Junkers Ju 290. Vier Motoren mit je 1.800 PS bringen die stark bewaffnete Maschine – auch mit einem Autopiloten – in einem Radius von 6.000 Kilometer bei einer normalen Reisegeschwindigkeit von 350 km/h (bei Vollgas 500 km/h) an jeden gewünschten Ort. Hitlers Platz ist mit 12 Millimeter starken Panzerplatten und Scheiben aus 50 Millimeter dickem, beschusssicherem Glas geschützt. Zusätzlich sind Panzerplatten am Boden und der Decke angebracht. Eine ein Quadratmeter große Öffnung für seinen Sessel, in dem ein Fallschirm eingebaut ist, kann hydraulisch geöffnet werden.

Während am 9. August die französische Stadt Le Mans an den Feind verloren geht und im Bayreuther Festspielhaus als letzte Oper „Die Meistersinger von Nürnberg" aufgeführt wird, überreicht Hitler die Schwerter an Generalleutnant Rainer Stahel. Einen Tag später bekommt Sepp Dietrich das Eichenlaub mit Schwertern und Brillanten überreicht. Über welches Charisma Hitler zu dieser Zeit noch verfügt, zeigt ein Bericht von Prof. Giesler: *„Besorgnis und Zweifel überkamen auch mich (...). Aber jedes Mal, wenn ich dann mit Adolf Hitler sprach, verfielen die Besorgnis und der Zweifel durch die außergewöhnliche Faszination und Ausstrahlung seiner Persönlichkeit."* Anders dagegen ist der Eindruck des neuen Chefs des Generalstabes der Luftwaffe General Werner Kreipe am 11. August: *„Der Führer ist sehr krumm geworden, Watte in den Ohren, häufig zitterte er stark. Die Hand durfte man ihm nur leicht geben."* Hitler schiebt für den *„Zusammenbruch und das Versagen"* der Luftwaffe Görings Mitarbeiter Ernst Udet, Hans Jeschonnek und

Erhard Milch die Verantwortung zu, die *„mit voreiligen Versprechungen bezüglich Güte und Anzahl der neuen Muster gearbeitet"* und ihn zu *„verhängnisvollen strategischen Entscheidungen"* veranlasst hätten. Er fordert Kreipe auf, dafür zu sorgen, dass wieder *„Klarheit und Wahrheit"* innerhalb der Luftwaffe herrsche. Kreipe verspricht, ihm hinfort *„nur die reine Wahrheit"* zu sagen.

An diesem 11. August gestattet Hitler angesichts der zunehmenden Gefahr der Einkesselung einen Rückzug aus dem Gebiet von Mortain im Département Manche. Es ist das Ende des Unternehmens „Lüttich", das mit einem Sieg der Alliierten endet. Einen Tag später zeichnet sich aufgrund dieses Sieges die Bildung des Kessels von Falaise in der Normandie ab. In der Toskana begeht an diesem Tag die 16. SS-Division im Dorf Sant'Anna di Stazzema in der Provinz Lucca ein Kriegsverbrechen. Die Bewohner, die nicht rechtzeitig fliehen können, überwiegend Frauen, Kinder und ältere Männer, werden zunächst in mehreren Ställen und Höfen gefangen gehalten. Die SS-Männer werfen Handgranaten und schießen mit Handfeuerwaffen auf die Opfer. Zusätzlich werden etwa 130 Menschen auf dem Kirchplatz zusammengetrieben und dort erschossen. Die Leichen werden angehäuft, mit Benzin übergossen und angezündet. Alle Häuser der verschiedenen Ortsteile werden ebenfalls in Brand gesteckt. Die Anzahl der Opfer ist bis heute unsicher, die Angaben schwanken zwischen 400 und 560 Menschen, darunter etwa 130 Kinder. Verantwortlich hierfür ist Kesselring, der diese *„Säuberungsmaßnahmen"* durch den von ihm herausgegebenen *„Bandenbefehl"* legitimiert. Hitler geht an diesem Tag derweil einer seiner Lieblingsbeschäftigungen nach und stiftet einen neuen Orden, das goldene Eichenlaub zu den Treudienstehrenzeichen für 50- bzw. 40-jährige Dienstzeit im öffentlichen Dienst und bei Polizei und Feuerwehr.

^ *10. August 1944, Führerhauptquartier Wolfsschanze: Ordensverleihung an Sepp Dietrich. V.l.n.r.: Hinz Linge, Sepp Dietrich, Hermann Fegelein (verdeckt), Otto Günsche, Erik von Amsberg, Hitler. (132)*

Sein persönlicher Adjutant von 1941 bis 1943, SS-Hauptsturmführer Hans Pfeiffer, kommt in der Normandie in den Flammen eines brennenden Panzers ums Leben. Hitler ist wegen dieses Ereignisses, nicht wegen des tausendfachen Sterbens an den Fronten, niedergeschlagen. Ob er die deutschen Verluste während des Warschauer Aufstandes zur Kenntnis nimmt, die ungefähr so hoch sind wie beim gesamten Polenfeldzug im Jahre 1939, ist unklar. Die von ihm befohlene Niederschlagung hat ihren Höhepunkt zwischen dem 5. und 7. August. Neben individuellen Brutalitäten kommt es vielfach zu Massenexekutionen. Die Zahl der bis zum 12. August ermordeten polnischen Zivilisten wird auf bis zu 50.000 Einwohner geschätzt. Das unter der Bezeichnung „Massaker von Wola" bekannte Unvorstellbare ist, gemessen an den Opferzahlen, das größte Kriegsverbrechen in Europa. Der Stadtkommandant von Warschau, Generalleutnant Stahel, erhält aus der Hand Hitlers die Schwerter überreicht.

Der ehemaligen Reichskanzler Franz von Papen kommt zum Ende seiner Dienstzeit als Botschafter in der Türkei in die Wolfsschanze. Es ist ein Besuch aus einer längst vergangenen Zeit, als von Papen im Jahre 1933 Hitlers Vizekanzler gewesen ist. Das Verhältnis ist dann rasch abgekühlt und umso überraschter ist er, als ihn Hitler mit ausgesuchter Liebenswürdigkeit empfängt, ihm das Ritterkreuz zum Kriegsverdienstkreuz überreicht und anerkennend äußert: *„Sie haben dem Lande viele gute Dienste geleistet und es ist gewiss nicht Ihre Schuld, dass Ihre Mission in der Türkei jetzt beendet ist. Sie haben dort auch an der Kriegsfront gestanden, das beweist das russische Attentat auf Ihr Leben."* Der hocherfreute von Papen bietet seine Dienste an, um mit den *„Westalliierten zu sondieren"*. Die Antwort ist so vorhersehbar wie eindeutig: *„Dieser Krieg muss ohne jeden Kompromiss bis zum Ende durchgekämpft werden. Wenn die neuen Waffen fertig sind, werden wir den Amerikanern zeigen, was sie in Europa zu suchen haben. Mit diesen Leuten ist ein Kompromiss nicht möglich."* Nach der Unterredung fährt Hitler nach Karlshof, um die Verletzten zu besuchen und General Schmundt zum Geburtstag zu gratulieren. Beim Verlassen des Gebäudes erwarten ihn wieder zahlreiche Schaulustige und diesmal wird er dabei auch gefilmt.

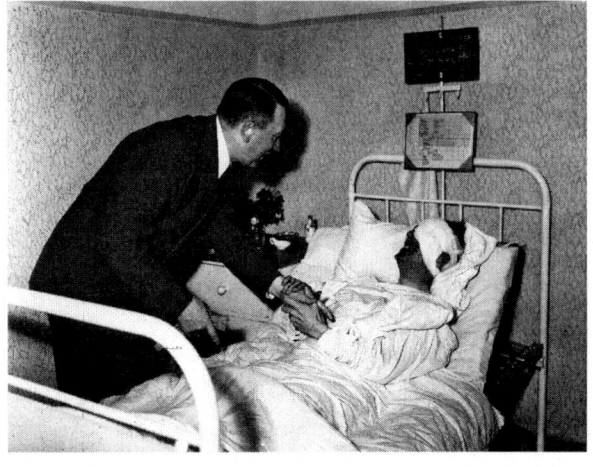

Am Nachmittag des 14. August konferiert Hitler unter vier Augen mit Himmler in der inzwischen wieder hergestellten Lagebaracke und legt neue Beweise vor, dass von Kluge und Rommel von dem Militärputsch gewusst haben. Er denkt in seiner Rachsucht nun aber auch an alte Gegner und ordnet die Ermordung von Ernst Thälmann, dem ehemaligen Vorsitzenden der KPD, an. Sein nächster Befehl betrifft die Zerstörung der

^ *13. August 1944, Lazarett Karlshof: Hitler gratuliert dem schwerverletzten Rudolf Schmundt zum 48. Geburtstag. Schmundt stirbt am 1. Oktober. (132)*

Industrieanlagen in Paris. Der folgende Tag, der 15. August, beginnt routinemäßig mit dem Empfang des rumänischen Generalstabschef Ilie Șteflea. Es folgt eine Besprechung mit Model. Hitler motiviert ihn mit der Überreichung des Eichenlaubs mit Schwertern und Brillanten und befiehlt ihm, sofort die Heeresgruppe West (bisher von Kluge) zu übernehmen. Er informierte von Kluge über dessen Absetzung nicht, da er ihm nicht mehr traut und nicht vorab informieren will. Stattdessen gibt er Model ein Handschreiben an von Kluge mit, das dessen Abberufung enthält. Die Begründung darin lautet, von Kluge sei *„infolge der Belastung in den vorangegangenen Wochen den Anforderungen der Führung gesundheitlich nicht mehr gewachsen".* Hitler äußert später zu Prof. Giesler: *„Es war mir unvorstellbar: Verrat im Kriege, Verrat am Volk und am kämpfenden Soldaten!"* Formal hat er mit dem Vorwurf des Hochverrates Recht, sein Misstrauen ist nachvollziehbar.

In Berlin steht der Diplomat und Widerstandskämpfer Hans-Bernd von Haeften vor dem Volksgerichtshof und erklärt: *„Nach der Auffassung, die ich von der weltgeschichtlichen Rolle des Führers habe, nehme ich an, dass er ein großer Vollstrecker des Bösen ist."* Präsident Freisler rastet ob solcher Äußerungen aus und brüllt dermaßen, dass die Tonaufnahme fast unbrauchbar wird. Dann platzt die Meldung einer zweiten Invasion in Frankreich herein. Die 7. US-Armee ist in Südfrankreich bei Saint Tropez südwestlich von Cannes nach vorangegangenen schweren Schiffsartillerie- und Luftbombardements gelandet. An der Operation sind 880 alliierte Seeschiffe, darunter neun Flugzeugträger, sechs Schlachtschiffe, 21 Kreuzer und über 100 Zerstörer, 34 französische Schiffe und 1.370 Landungsboote sowie etwa 5.000 Flugzeuge beteiligt. Diese Invasion ist damit fast halb so groß wie die Operation „Overlord" am 6. Juni in der Normandie, sie ist jedoch nicht mehr im Bewusstsein der Öffentlichkeit. Etwa 180.000 alliierte Soldaten gelangen an Land und stoßen dabei nur auf geringen deutschen Widerstand. Nur an einem Strandabschnitt, dem „Camel Beach" nahe Saint-Raphaël, gibt es Widerstand. Bei den kurzen Gefechten fallen 95 US-Soldaten und 385 werden verwundet, viele davon durch Minen.

Das OKW hat seine Verteidigungsstrategie auf der Hypothese aufgebaut, es sei den Alliierten nicht möglich, zwei Landeoperationen in Frankreich gleichzeitig vorzubereiten und durchzuführen. Nun wird man eines Besseren belehrt, denn an allen drei Landungsabschnitten können die Truppen schnell Fuß fassen. Diese Invasion meint Hitler nicht, als er später vom 15. August als *„schlimmste*[n] *Tag meines Lebens"* spricht. Auslöser hierfür ist eine andere Meldung in der Morgenlagebesprechung: Die U.S. Army hat ihren Angriff auf den Kessel von Falaise begonnen, das Schicksal der Panzerdivisionen Eberbachs ist unklar und der Oberbefehlshaber Generalfeldmarschall von Kluge ist nirgends aufzufinden. Angeblich ist er unterwegs zu Eberbach, trifft dort aber nicht ein. Abends erfährt Hitler, dass von Kluges fahrbare Funkstelle sich um 09:30 Uhr zum letzte Mal gemeldet hat. Um 19:30 Uhr betraut er SS-Oberstgruppenführer Hausser mit der Führung der 5. Panzerarmee und der Gruppe Eberbach. Hausser soll den feindlichen Vorstoß nördlich der Kleinstadt Sées im Département Orne aufhalten. Etwa 50.000 Soldaten können aus dem Kessel von Falaise entkommen, ebenso viele werden jedoch gefangen genommen, 10.000 fallen. So wird dieser Tag zum Beginn des allgemeinen

Rückzuges in Nord- und Südfrankreich, obwohl die deutschen Soldaten taktisch geschickt und fanatisch gegen den zahlenmäßig vielfach überlegenen Feind kämpfen.

Trotz dieser Lage kommt die Entscheidung Hitlers am 17. August überraschend, Südfrankreich schrittweise zu räumen. Hier ist er in der Lage, einmal besetztes Gebiet aufzugeben, an der Ostfront nicht. Mit Ausnahme der ausgebauten „*Festungen*" an der Atlantikküste (vor allem Brest, Lorient, La Rochelle und St. Nazaire) und am Mittelmeer (Toulon und Marseille) sollen sich alle deutschen Truppen, einschließlich der Besatzungsverwaltungen und der Sicherungseinheiten, aus Südfrankreich zurückziehen. Dieser Befehl betrifft etwa insgesamt zwischen 250.000 und 300.000 Mann. Die Alliierten nutzen trotz ihrer deutlichen Überlegenheit und dem Vorrücken die Rhône und Saône nordwärts, nach Marseille westwärts und Richtung Nizza ostwärts die Landung strategisch nicht aus. Sie schaffen es nicht, die deutschen Truppen in Südfrankreich großräumig einzukesseln und zu schlagen bzw. massenhaft gefangen zu nehmen. So können diese nach Norden gelangen und formieren sich neu. Wütend über die zweite Invasion und der teilweisen Beteiligung französischer Einheiten befiehlt Hitler die Verhaftung des französischen Ministerpräsidenten Pierre Laval, dem Hauptverantwortlichen für die Kollaboration mit der deutschen Besatzungsmacht.

Zeitgleich stößt nördlich der Kleinstadt Schirwindt (heute Kutusowo) im Kreis Königsberg/Ostpreußen in Höhe des Dorfes Schillehnen ein Stoßtrupp der 184. Schützendivision der Roten Armee erstmals über die Reichsgrenze vor. In Saint-Malo, einer kleinen befestigten Seestadt am Ärmelkanal und an der Mündung der Rance, auf der Avoninsel gelegen und mit dem Festland nur durch einen Damm verbunden,

^ *August 1944: Hitler besichtigt einen neuen Schützenpanzerwagen vom Typ Sd.Kfz.251/21 (Sonderkraftfahrzeug) mit 1,5 cm Flak MFG-Drilling. (132)*

heute beliebtes Touristenziel, kämpfen die deutschen Besatzer einen sinnlosen Kampf. Hitler telegrafiert dem Kommandanten von Saint-Malo, Oberst Andreas von Aulock: *„Sie kämpfen mit Ihrer Besatzung in St. Malo einen heldenhaften Kampf, der auch Ihren Gegnern höchste Anerkennung einflößt. Ich spreche Ihnen und Ihren tapferen Soldaten meine höchste Anerkennung aus. Jeder Tag, den Sie länger aushalten, ist für die Führung des Krieges ein Gewinn. Adolf Hitler."* Er bekommt, als Dank oder als Trost, das Eichenlaub. Oberst von Aulock antwortet am 18. August, am Vortag ist Orléans gefallen: *„Mein Führer! Der Kampf um St. Malo wird heute oder morgen sein Ende nehmen. Unter schwerstem Beschuss fällt ein Werk nach dem anderen in Trümmern zusammen. Gehen wir unter, so soll es nur nach Kampf bis zum Letzten sein. Der Herrgott halte schützend seine Hand über Sie! Es lebe unser Führer!"* Kommandanten diesen Typus sind Hitler recht und so folgt seine Antwort rasch: *„An den Festungskommandanten von St. Malo, Oberst von Aulock. Ich danke Ihnen und Ihren heldenhaften Männern in meinem und im Namen des deutschen Volkes. Ihr Name wird für immer in die Geschichte eingehen. Adolf Hitler."* Wer kennt heute noch diesen Namen?

Der bisherige Oberbefehlshaber West, Generalfeldmarschall Günther von Kluge, verfasst am 19. August noch einen Brief an Hitler, in dem er sich gegen die Vorwürfe, die Niederlage im Westen durch falsche Maßnahmen mitbewirkt zu haben, wehrt. Er beteuert, ihm immer treu geblieben zu sein, und er somit die Selbsttötung als einzigen Ausweg zu seiner Ehrerhaltung sieht. Eine Niederlage Deutschlands sei unvermeidlich. Am Ende seines Briefes rät er Hitler:

„Mein Führer, ich habe stets ihre Größe, ihre Haltung in diesem gigantischen Kampf und ihren eisernen Willen, sich und den Nationalsozialismus zu erhalten, bewundert. Wenn das Schicksal stärker ist als ihr Wille und ihr Genie, so ist das Fügung. Sie haben einen ehrlichen, ganz großen Kampf geführt. Die Geschichte wird ihnen das bescheinigen. Zeigen Sie nun auch die Größe, die notwendig sein wird, wenn es gilt, einen aussichtslos gewordenen Kampf zu beenden. Ich scheide von Ihnen, mein Führer, der ich Ihnen innerlich näher stand, als Sie vielleicht geahnt, in dem Bewusstsein, meine Pflicht bis zum Äußersten getan zu haben. Heil mein Führer (gez.) Kluge Generalfeldmarschall."

Auf der Fahrt Richtung Deutschland nimmt er sich am Stadteingang von Metz/Lothringen (andere Quellen sprechen von Verdun) mit einer Giftkapsel das Leben. Ihm ist klar, dass ihm ein Schauprozess und die Hinrichtung drohen. Dennoch ist Hitler misstrauisch und befiehlt eine Sezierung der Leiche. Der Öffentlichkeit wird der Tod durch *„Herzschlag"* gemeldet.

Während von Kluge Gift nimmt, wird im KZ Buchenwald bei Weimar Hitlers Befehl ausgeführt und Ernst Thälmann durch Genickschuss ermordet. In Paris, die Stadt steht kurz vor dem Fall, verlässt noch ein Zug mit Juden den Bahnhof in Richtung Auschwitz. Hitler lässt sich derweil erneut durch Prof. von Eicken untersuchen. Dieser stellt fest, dass beide Trommelfelle geheilt sind und er Flüsterzahlen beiderseits aus mehr als vier Metern Entfernung versteht. Nur beim Gehen im Dunkeln ist Hitler noch ziemlich unsicher. Sein Allgemeinbefinden ist aber jetzt wesentlich besser als am 23. Juli. Die erwartete Erhebung des französischen Widerstands in Paris beginnt am 19. August. Die

Bevölkerung ist sich noch nicht lange sicher, wie sie sich verhalten soll. Noch vor nicht allzu langer Zeit gab es Übergriffe französischer Zivilisten auf alliierte Kriegsgefangene. Dessen ungeachtet informiert Hitler die Lageteilnehmer, dass er im November eine Offensive im Westen starten wolle. Keitel und Jodl sollen die materiellen Grundlagen für ein neues Heer im Westen schaffen, benötigt werden 25 Divisionen. Es ist die Geburtsstunde der Ardennenoffensive.

Der Feind rückt unaufhaltsam weiter vor. Am 20. August überschreitet die U.S. Army die Seine beiderseits von Paris und die Rote Armee startet ihre Spätsommeroffensive gegen die Heeresgruppe Südukraine an der rumänischen Grenze; von den Karpaten bis an das Schwarze Meer befinden sich die deutschen Truppen im Abwehrkampf. Rumänische Soldaten desertieren massenhaft, laufen über und kämpfen dann auf Seiten der Roten Armee, indem sie Flussübergänge über die Donau abriegeln. Die Folge ist der Verlust von 18 deutschen Divisionen, die der Roten Armee weder standhalten noch ausweichen können. Innerhalb von 14 Tagen fallen über 350.000 deutsche und rumänische Soldaten oder geraten in Gefangenschaft. Hitler reagiert mit dem Befehl zum Ausbau der Weststellungen. Die Bevölkerung wird dazu mit herangezogen. Schon bald sind 211.000 Frauen und Jugendliche sowie Männer, die für den Militärdienst zu alt sind, zusammen mit der Reichsarbeitsfront und HJ-Einheiten mit schweren Arbeiten am Westwall beschäftigt. Zuvor wurden schon Stellungen in Oberitalien und Ostpreußen ausgebaut, nun ist der Westen an der Reihe. Um Finnland weiterhin bei der Stange zu halten, schickt Hitler Keitel nach Helsinki und lässt dem Marschall von Finnland, Carl Gustaf Freiherr von Mannerheim, das Eichenlaub überreichen.

Am nächsten Tag beginnt der Einsatz der Schüler der Adolf-Hitler-Schulen im Bergbau und in der Rüstungsindustrie, weil immer mehr reguläre Arbeitskräfte fehlen. San Marino erklärt Deutschland den Krieg, ein Vorgang, der nicht ernst genommen, wenn überhaupt registriert wird. Am 22. und 23. August werden von der Gestapo in der „Aktion Gitter" alle früheren Reichs- und Landtagsabgeordneten sowie Stadtverordneten der SPD und der KPD sowie ehemalige Funktionäre und Mandatsträger einiger Parteien der Weimarer Republik (Sozialdemokraten, Gewerkschafter, Liberale, Kommunisten, Mitglieder des Zentrums und der Bayerischen Volkspartei) festgenommen und in das nächstgelegene KZ eingewiesen, insgesamt über 5.000 Personen, von denen viele auf Grund der unmenschlichen Behandlung in den Lagern sterben werden. Der Historiker Sebastian Haffner macht klar, dass diese Aktion nicht in direktem Zusammenhang mit dem Putsch vom 20. Juli steht, was nur naheliegend ist:

^ *Angesichts der heranrückenden Truppen der Roten Armee wird die Bevölkerung Ostpreußens zum Bau von Stellungen herangezogen. Hier wird ein Panzergraben ausgehoben. (115)*

„Die Aktion, damals unveröffentlicht, ist auch in den Geschichtsdarstellungen merkwürdig unbeachtet geblieben; sie wird meist mit der Verfolgung der 20.-Juli-Verschwörer in Zusammenhang gebracht, mit der sie nichts zu tun hatte. Sie war vielmehr das erste Anzeichen, dass Hitler jeder möglichen Wiederholung des seiner Meinung nach vorzeitigen Kriegsabbruchs von 1918 vorbeugen wollte, dass er entschlossen war, auch ohne sichtbare Chance bis zum bitteren Ende weiterzukämpfen – in seinen Worten: ‚bis fünf Minuten nach zwölf' – und sich darin durch niemanden stören zu lassen."

Am 22. August hat Hitler die unangenehme Aufgabe, seiner Sekretärin Traudl Junge die Nachricht vom Tode ihres Mannes, des SS-Obersturmbannführer Hans-Hermann Junge (Hitlers ehemalige Ordonnanz), zu überbringen. Er fiel am 13. August in der Nähe von Dreux in Nordfrankreich. Als nun die Bestätigung eintrifft, zögert Hitler erst, überbringt aber dann doch seiner Sekretärin persönlich die traurige Nachricht: *„Ach, mein Kind, es tut mir so leid. Ihr Mann war ein prächtiger Kerl."* Laut Prof. Morell steht Hitler schon zwei bis drei Tage unter ständigen seelischem Druck, dessen Ursache der Betroffene selbst nicht ergründen kann. Angesicht der unmittelbaren Bedrohung von Paris lässt Hitler am 23. August vom OKW folgenden Befehl herausgeben:

„Die Verteidigung des Brückenkopfes Paris ist von entscheidender militärischer und politischer Bedeutung. Sein Verlust reißt die gesamte Küstenfront nördlich der Seine auf und nimmt uns die Basis für den Fernkampf gegen England. In der Geschichte bedeutete der Verlust von Paris aber auch bisher immer den Fall von ganz Frankreich. Der Führer wiederholt daher seinen Befehl, dass Paris im Sperrgürtel vorwärts der Stadt verteidigt werden muss. (…) Innerhalb der Stadt muss gegen erste Anzeichen von Aufruhr mit schärfsten Mitteln eingeschritten werden, z.B. Sprengung von Häuserblocks, öffentliches Exekutieren der Rädelsführer, Evakuierung des betroffenen Stadtteils, da hierdurch eine weitere Ausbreitung am besten verhindert wird. Die Seine-Brücken sind zur Sprengung vorzubereiten. Paris darf nicht oder nur als Trümmerfeld [!] in die Hand des Feindes fallen."

Was den Einsatz der V2 betrifft, ist Hitler ebenso rigoros: *„Schickt sie nach Paris!"* Und später fragt er noch nach: *„Brennt Paris?"* Bei seiner Teestunde am Nachmittag wird Hitler zum Telefon gerufen. Ihm wird mitgeteilt, dass Marschall Antonescu soeben verhaftet worden sei, nachdem er bei König Michael von Rumänien um eine Audienz im Schloss nachgesucht habe. *„Warum hat er nicht auf mich gehört? Ich habe es geahnt!"*, resümiert Hitler wütend. Innerhalb weniger Stunden dreht sich die Lage in Rumänien durch die zwei Tage später erfolgende Kriegserklärung an Deutschland zuungunsten Hitlers. In den Abend- und Nachtstunden sucht Hitler Ablenkung von diesem Dilemma durch Prof. Giesler und bespricht mit ihm Details der Planung der Neugestaltung der Stadt München. Städtebauliche Probleme zu erörtern ist für ihn eine Art *„geistige Erholung"*, eine wirkliche Entspannung. Er spricht über den neuen Hauptbahnhof mit der größten Stahlskelettkonstruktion der Welt und sinniert und grübelt über kreuzungsfreie Straßenachsen in zwei Ebenen, darunter noch als dritte Ebene die U-Bahn, über Tiefgaragen und deren Entlüftung, die Beheizung von Straßendecken, den Autobahnring um die Stadt und die unmittelbare Übergangsmöglichkeit vom parkenden Auto zur U-Bahn. Hitler will die Münchner Altstadt vom Verkehr befreien. Es dürfe nur noch *„mit* *entsprechender Kennzeichnung"* hineingefahren werden. *„Das entspricht der zukünftigen Entwicklung der Motorisierung"*, stellt er ebenso zutreffend und vorausschauend fest: *„Wir können heute schon voraussehen, dass der Individualverkehr, das Auto, in einem jetzt noch nicht geahnten Ausmaß den Straßenraum beansprucht."* Er sollte Recht behalten.

Am 24. August sieht sich Hitler gezwungen, einen Befehl zum Ausbau der deutschen Weststellung zu erlassen. In der Weisung Nr. 61 (*„Befehl über den Ausbau der deutschen Weststellung"*) wird das betroffene Gebiet definiert: von der *„Schelde-Albert-Kanallinie bis westlich Aachen"* und weiter die Mosellinie südwestlich von Trier bis Belfort. Auch der Ausbau der deutschen Bucht, das heißt der *„gesamten Küste von der dänischen bis zur holländischen Grenze sowie der (...) Nord- und Ostfriesischen Inseln"* ist befohlen. Verboten dagegen ist der Ausbau von Verteidigungslinien östlich [!] des Rheins. Hitler gibt weiter den Befehl zur Bombardierung von Bukarest und für Angriffe auf den Flugplatz. Die rumänischen und die einrückenden sowjetischen Truppen sind aber bald Herren der Lage. Die 16 deutschen Divisionen müssen sich als Folge gefangen geben. Darüber hinaus unterschreibt Hitler einen Erlass über den Kriegseinsatz der Bauverwaltungen, der Speer entsprechende Befugnisse überträgt. Truppen der 2. französischen Panzerdivision des Generalmajors Jacques-Philippe Leclerc de Hauteclocque dringen an diesem Tag in Paris ein und die Alliierten starten ihren dritten Großangriff auf die deutschen Hydrierwerke. Zeitgleich gehen die Erdölfelder und Raffinerien der rumänischen Stadt Ploieşti, eine der wichtigsten Rohstoffquellen der Wehrmacht, an die Rote Armee verloren. Gegenüber Freiherr Carl Gustaf Freiherr von Mannerheim sagte Hitler schon im Jahre 1942: *„Wenn nun Russland die rumänischen Petroleumquellen besetzt hätte, dann wäre ja Deutschland verloren gewesen."* Erinnert er sich daran? So oder so, er zieht keine Konsequenzen. Nun ist das Hydrierwerk Leuna noch kriegswichtiger geworden, mehr als 12.000 ausländische Arbeitskräfte arbeiten in dem südlich von Halle (Saale) gelegenen Großbetrieb.

Mit einem Erlass vom 24. August (gültig ab 1. September) legt Goebbels mit wenigen Ausnahmen das ganze kulturelle Leben in Deutschland still. Der Erlass „Totaler Kriegseinsatz der Kulturschaffenden" hat die Schließung fast aller deutschen und österreichischen Theater und Kulturbetriebe zur Folge. Ausnahmen sind Künstler, die auf der sogenannten Gottbegnadetenliste stehen. Diese 36 Seiten umfassende Liste, in der 1.041 Künstler (der 140.000 Mitglieder umfassenden Reichskulturkammer) aufgeführt sind, die vom Kriegsdienst oder der Rüstungsindustrie ausgenommen sind, wird von Goebbels und Hitler geführt. Goebbels benennt vor allem Schauspieler, die er noch für seine Propagandafilme benötigt (280 Schauspieler, 227 Schauspielerinnen, 78 Filmautoren, 18 Filmautorinnen und 35 Filmregisseure). Hitler wählte für seine „Führerliste" die in seinen Augen unverzichtbaren Schriftsteller, Komponisten, Musiker, bildenden Künstler und weitere Schauspieler. Darauf aufbauend erstellt Hitler zusätzlich mehrere Sonderlisten, in denen er die unverzichtbaren und in seinen Augen bedeutendsten Künstler unter den „Gottbegnadeten" nennt.

Es ist der Tag, an dem durch einen amerikanischen Luftangriff auf die Rüstungsanlagen des KZ Buchenwald der sozialdemokratische Politiker Rudolf Breitscheid ums Leben kommt.

Prinzessin Mafalda von Hessen, Tochter des Königs von Italien, stirbt wenige Tage später an den bei diesem Angriff erlittenen Verletzungen. Die NS-Presse wird diesem Bombenangriff auch den Tod Thälmanns zuordnen, der jedoch bereits liquidiert worden ist. Nicht nur die Künstler werden verstärkt zum Kriegsdienst eingezogen. Goebbels verfolgt darüber hinaus einen rigorosen Sparkurs. Firmen, die Waren produzieren, welche als nicht kriegswichtig eingestuft sind, werden kurzerhand geschlossen. Viele Zeitungen erscheinen nicht mehr. Durch Einschränkungen bei der Beschäftigung eigener Hausangestellten werden 400.000 Frauen freigesetzt, ebenso durch die Vereinfachung von Verwaltungsabläufen und dem Serviceabbau bei Reichspost und Reichsbahn. Die generelle Arbeitszeit wird auf 60 Stunden pro Woche angehoben. Bei diesen Maßnahmen wird Goebbels aber teilweise durch Hitler selbst ausgebremst. Er fürchtet eine zu negative Stimmung im Volk. So lehnt Hitler beispielsweise die Einstellung der Produktion von Bier und Süßwaren ab und erklärt Goebbels, dass *„selbst die Bolschewisten die Produktion von Bonbons"* nicht eingestellt haben. Wenn Goebbels kein Bier mehr brauen lässt, fürchtet er *„vor allem schwere Rückschläge psychologischer Art in Bayern"* und *„Volksmurren"*. Um solchen Bestrebungen gleich entgegen zu steuern, lässt er Bombengeschädigten im Westen über die NS-Volkswohlfahrt 190.000 Flaschen Eierkognak (heute Eierlikör) zukommen – als ob das das Leid erträglicher machen würde.

Wehrmachtbefehlshaber von Groß-Paris ist, erst seit 9. August, General Dietrich von Choltitz. Dieser verfügt jedoch nicht annähernd über die benötigten militärischen Ressourcen, um Frankreichs Hauptstadt zu verteidigen. Er ist eventuell auch gewarnt worden, dass er als Kriegsverbrecher angeklagt werden würde, sollte er Paris verteidigen. So oder so, er erklärt Paris zur offenen Stadt, kapituliert und übergibt die Metropole am 25. August an Generalmajor Leclerc. In Folge zieht General Charles de Gaulle am nächsten Vormittag mit U.S. Army und französische Einheiten unter dem Jubel von über 100.000 Parisern die Champs-Élysées heruntermarschierend in die Innenstadt ein, hinter ihm führende Widerstandskämpfer und kommende politische Größen der IV. französischen Republik. Alle Kirchenglocken läuten und es breitet sich das erlösende Gefühl der Befreiung nach über vierjähriger deutscher Besatzung aus. Die von Hitler vorgesehene Beschießung der Stadt durch V2-Raketen findet nicht statt. Er ernennt in dieser Stunde einen seiner Ärzte, Prof. Karl Brandt, zum Reichskommissar für das Sanitäts- und Gesundheitswesen und ordnet die Vorbereitung der Räumung von Griechenland an.

^   *26. August 1944, Paris: Ein amerikanischer Sergeant der 4. Nachrichtenkompanie der 4. US-Division umarmt beim Einzug seiner Einheit vor Freude eine ihm unbekannte Französin. (115)*

In Paris und in den übrigen befreiten französischen Gebieten brechen unterdessen hemmungslose Hassgefühle im herrschenden politischen Vakuum auf. Unterschiedlichste Gruppierungen sind daran beteiligt: Kollaborateure, heimgekehrte Ostfrontfreiwillige und ihre Angehörigen, ehemalige französische Mitarbeiter der deutschen Abwehr und des Sicherheitsdienstes; Mädchen und Frauen, die mit Deutschen eine Liebesbeziehung oder ein sexuelles Verhältnis hatten; Angehörige der früheren Zivilverwaltung sowie jeder, der in irgendeiner Form mit den Deutschen zusammengearbeitet hat oder von dem es schlichtweg einfach nur behauptet wird, fällt der brutalen Verfolgung anheim. Es wird verprügelt, misshandelt, Menschen werden in Zookäfige gesperrt oder sofort getötet. Illegalen „*Säuberungsaktionen*" fallen so zwischen 10.000 und 11.000 Menschen zum Opfer. Etwa 20.000 Frauen werden öffentlich gedemütigt und kahl geschoren. Die legalen Anklagen umfassen später mehr als 300.000 Fälle, die in 127.000 Fällen zu Verurteilungen durch die französische Justiz mit 97.000 Verurteilten führen. In Maillé, etwa 30 Kilometer südlich von Tours im Département Indre-et-Loire gelegen, verüben dagegen deutsche Soldaten an diesem Tag ein Massaker an der Zivilbevölkerung. Grund ist die Vergeltung eines Anschlages französischer Widerstandstruppen. Von etwa 500 Einwohnern werden 124, darunter 43 Kinder unter 12 Jahren, getötet. Danach wird das Dorf durch Artilleriebeschuss zerstört. Das Massaker von Maillé gilt nach dem in Orodour als das schwerste Kriegsverbrechen deutscher Truppen in Frankreich.

An diesem ereignisreichen 26. August findet ab 17:30 Uhr bei Hitler eine dreistündige Besprechung mit Göring statt. Zuvor widmet sich Hitler der Dressur seiner Schäferhündin Blondi, indem sie über einen 20 cm breiten und acht Meter langen Laufsteg balancieren oder unter erschwerten Bedingungen, sie muss eine zwei Meter hohe Bretterwand überwinden, apportieren muss. Er äußert gegenüber seiner Sekretärin, die Beschäftigung mit seinem Hund sei seine beste Entspannung, was er auch über seine Beschäftigung mit Architekturplänen behauptet. Der Jurist und Protokollführer von Hitlers Tischgesprächen Henry Picker notiert, dass er den Eindruck habe, es „*nicht mit einem Hund, sondern mit einer Maschine [!] zu tun zu haben*" und er stellt sich die Frage, „*ob Hitler bei der Dressur (…) nicht im Grunde von der Absicht beherrscht wurde, selbst in diesem Tier den eigenen Willen auszulöschen*". Nachts, es findet gerade ein Luftangriff auf Königsberg statt, hält Hitler einen seiner üblichen langatmigen Monologe. Seine Sekretärin Christa Schroeder berichtet: „*Es waren immer wieder die gleichen Gespräche: seine Jugendzeit in Wien, die Kampfzeit, die Geschichte der Menschheit, der Mikrokosmos und der Makrokosmos usw. Bei den meisten Themen wussten wir schon im Voraus, was er sagen würde, und so wurden die Abende oft zu einer recht anstrengenden Angelegenheit. (…) Alles was mit dem Krieg zusammenhing, war tabu.*"

Einen Tag später verleiht er die „Goldene Nahkampfspange" an 14 Soldaten des Heeres und der Waffen-SS. Die zu Ehrenden werden zuvor auf Waffen und Sprengstoff untersucht. Sie werden darauf hingewiesen, dass er zum ersten Mal wieder die rechte Hand gibt, die nicht stark gedrückt werden darf. Hitler spricht leise und längere Zeit über „*diese einzigartige Kriegsauszeichnung, deren wahre Bedeutung man erst nach dem Kriege schätzen lernen*" werde wird und die er für wertvoller als das Ritterkreuz hält, obwohl mehr als fünfmal so viel davon verliehen werden. Er ist überzeugt: *„Ich weiß genau, dass wir am Ende den Krieg doch gewinnen werden."*

Eine weitere Auszeichnung, das Eichenlaub, geht an diesem 27. August an den Wallonen Léon Degrelle, Führer der belgischen faschistischen Rexistenbewegung. Degrelle wird damit zu einem der höchstdekorierten Ausländer in der Wehrmacht. Einen Tag später wird Hitler vom Reichssicherheitshauptamt der dritte Obduktionsbefund von Kluges überreicht: Vergiftung durch Zyankali. Hitler unterzeichnet an diesem Tag die Weisung Nr. 62: *„Befehl über den Ausbau der deutschen Bucht"*. Der Stellungsbau hat nun auch im Norden zu erfolgen. Dann stiftet er das „Verwundetenabzeichen 20. Juli 1944". Dass für die relativ wenigen Toten und Verletzten eine eigene Auszeichnung in den Abstufungen Schwarz, Silber und Gold geschaffen wird, unterstreicht, dass Hitler

^ *Das Verwundetenabzeichen des 20. Juli 1944 in Gold mit dem Faksimile von Hitlers Autogramm. (111)*

^ *27. August 1944, Führerhauptquartier Wolfsschanze: Hitler bei der Verleihung der Nahkampfspange. V.l.n.r.: Oberstleutnant Erik von Amsberg, Hitler, Hauptmann Rudolf Becker, SS-Obersturmführer Julius Weck, SS-Untersturmführer Wilhelm Schasche, Soldat Georg Aniol, Soldat Franz Ingenbrand, Soldat Kurt Buschbeck (mit Krücken), Soldat Karl Hornberger. (132)*

das Attentat in einer historischen Dimension sieht. Eine Veröffentlichung der Bestimmungen und der Stiftungsurkunde in den Medien unterbleibt dennoch.

Auf Königsberg erfolgt am 29. August erneut ein schwerer Luftangriff. General Kreipe bittet Hitler an diesem Tag um Aufhebung des Befehls, das Düsenflugzeug Me 262 nur als Blitzbomber zu bauen. Das ist ein erneuter Versuch, das Flugzeug mit seinen optimalen Möglichkeiten zum Einsatz zu bringen. Zehn Minuten lang hört sich Hitler seine Argumente kommentarlos an, dann unterbricht er ihn brüsk und wirft ihm vor, dass nun auch er *„ihm in den Rücken"* falle und niemand *„eine Ahnung"* habe, wie man die Me 262 am besten verwendet. Es ist die stetige Überzeugung, besser Bescheid zu wissen als seine Fachleute. Er wendet sich dann einem anderen Thema zu und gibt den Befehl zur Herstellung der Verteidigungsbereitschaft des 630 Kilometer langen Westwalls. Schon wieder Befehl über einen Stellungsbau! Deutschland verschanzt sich somit in alle Himmelsrichtungen. Ende August meldet sich Adjutant von Below bei Hitler in dem Besprechungszimmer, in dem der Sprengstoff explodiert ist, zur Kur ab. Hitler überreicht ihm noch das neue Verwundetenabzeichen, da der Geehrte zur offiziellen Verleihung nicht anwesend sein kann. Um das Monatsende herum wird Hitler von seinem Zahnarzt Prof. Blaschke ein Zahn gezogen. Sein Gebiss ist seit Jahren schadhaft, Kronen, Brücken und Füllungen ergänzen die wenigen noch vorhandenen natürlichen Zähne. Im Oberkiefer sind neun Zähne aus Gold und Porzellan, alle Schneidezähne, beide Eckzähne und der linke erste und der erste und zweite rechte Backenzahn sind durch eine Goldbrücke verbunden. Von den 15 Zähnen im Unterkiefer sind nicht weniger als zehn künstlich.

^ *27. August 1944, Führerhauptquartier Wolfsschanze: Hitler überreicht das Eichenlaub an Léon Degrelle, den Führer der belgischen faschistischen Rexistenbewegung. V.l.n.r.: Hitler, Felix Steiner, Léon Degrelle. (132)*

Braunschweig, Rüsselsheim, Darmstadt, Kiel, Königsberg und Stettin sind im August Schwerpunkte der alliierten Bomberoffensive gewesen. Am 30. August überreicht Ribbentrop als Reaktion darauf Hitler eine Denkschrift, in der er darum bittet, ihn zu ermächtigen, nach allen Seiten wegen eines Friedensschlusses sondieren zu dürfen. Hitler lehnt das Ansinnen natürlich sofort ab. Die Rote Armee besetzt am 31. August die rumänische Hauptstadt Bukarest. Hitler, der noch acht Monate zu leben hat, zeigt in einer Besprechung mit Keitel und anderen Generalen seinen Ärger über von Kluge und Rommel: *„Sie wissen, dass Feldmarschall Kluge Selbstmord begangen hat. Es bestehen sehr schwerwiegende Verdachtsmomente, dass er, wenn er nicht Selbstmord verübt hätte, ohnehin sofort verhaftet worden wäre."* Er behauptet, von Kluge habe am 15. August Verhandlungen mit England beginnen wollen, um *„eine Wende des Schicksals dadurch herbeizuführen, dass man womöglich vor den Engländern kapituliert und dann mit den Engländern gegen Russland geht – eine völlig idiotische Auffassung. Vor allem unter einer geradezu verbrecherischen Preisgabe des deutschen Landes im Osten. (…) Der 15. August war der schlimmste Tag meines Lebens. Es ist nur einem Zufall zu verdanken, dass dieser Plan nicht zur Ausführung gekommen ist. Dass ich auch in der Lage bin, politische Erfolge zu erzielen, habe ich, glaube ich, in meinem Leben genügend bewiesen. Dass ich eine solche Gelegenheit nicht vorübergehen lassen werde, brauche ich niemandem zu erklären. Aber im Moment schwerer militärischer Niederlagen auf einen günstigen politischen Moment zu hoffen, um irgendetwas zu machen, ist natürlich kindisch und naiv. Solche Momente können sich ergeben, wenn man Erfolge hat. (…) Ich lebe nur der einzigen Aufgabe, diesen Kampf zu führen, weil ich weiß: Wenn nicht eine eiserne Willensnatur dahinter sitzt, kann der Kampf nicht gewonnen werden. Ich mache dem Generalstab den Vorwurf, dass er, anstatt immer diesen eisernen Willen auszustrahlen, Frontoffiziere schwach gemacht hat oder (…) Pessimismus verbreitet hat (…)."*

Dann verfällt er in Selbstmitleid: *„Ich habe ihn [von Kluge] persönlich zweimal befördert, habe ihm die höchsten Auszeichnungen gegeben, habe ihm eine große Dotation [250.000 Reichsmark, heute etwa 3.860.000 Euro] gegeben, um ihn sesshaft zu machen und habe ihm einen großen Zuschuss zu seinem Gehalt als Feldmarschall gegeben. Es ist also für mich das Bitterste und Enttäuschendste, was es überhaupt gibt."* Anschließend wird er wieder verbissen:

„Wir werden uns schlagen, wenn nötig sogar am Rhein. Das ist völlig gleichgültig. Wir werden unter allen [!] Umständen diesen Kampf so lange führen, bis, wie Friedrich der Große gesagt hat, einer unserer verfluchten Gegner es müde wird, noch weiter zu kämpfen, und bis wir dann einen Frieden bekommen, der der deutschen Nation für die nächsten fünfzig oder hundert Jahre das Leben sichert und der vor allem unsere Ehre nicht ein zweites Mal so schändet wie es im Jahre 1918 geschehen ist." Doch das Selbstmitleid überwiegt. Er wartet darauf, *„wie ein Handwerker den Abend herbeisehnt, an dem er die rauen Hände ruhen lassen"* kann und denkt an den Tod:

„Denn dass dieser Krieg für mich nichts Angenehmes ist, kann sich jeder vorstellen. Ich bin seit fünf Jahren hier von der anderen Welt abgeschlossen, ich habe kein Theater besucht, kein Konzert gehört, keinen Film mehr gesehen. Wenn mein Leben beendet worden wäre, wäre es für mich persönlich – das darf ich sagen – nur eine Befreiung von Sorgen,

schlaflosen Nächten und einem schweren Nervenleiden [!] *gewesen. Es ist nur der Bruchteil einer Sekunde, dann ist man von allem erlöst und hat seine Ruhe und den ewigen Frieden."*

Seine Schlaflosigkeit wird natürlich zu einem großen Teil durch die stetige Verschiebung der Nacht zum Tage und umgekehrt von ihm selbst verursacht. Aus dem Dienstkalender Linges lassen sich die Zeitverschiebungen in seinem Lebensrhythmus errechnen. Die Durchschnittszeiten betragen für das Wecken 11:30 Uhr (März 1943), 12:45 Uhr (Oktober 1944) bis schließlich 12:50 Uhr (Februar 1945). Das Mittagessen verschiebt sich in diesen Zeiträumen von 15:00 Uhr über 15:15 Uhr bis 16:00 Uhr. Den wiederholten Empfehlungen von Prof. Morell, längere Spaziergänge zu unternehmen, verweigert er sich hartnäckig. Seine Ernährung besteht zum Frühstück überwiegend aus Apfel-, Pfefferminz- und Kamillentee (bei Erkältung mit einem Schuss Cognac) – sowie gelegentlich Käse, vor allem Gervaiskäse.

Zunehmend nimmt er viel Kuchen mit Schokolade oder einen Brei, der aus in Milch eingeweichten Haferflocken, einem geriebenen Apfel und einigen Nüssen, Zitrone und einer Keimdiät zubereitet ist, zu sich. Mittags gibt es Obst, Gemüsesuppe, Bohnen, Karotten und anderes Gemüse, Kartoffeln und stets (nur mit Zitrone zubereiteten) Salat. Er isst gerne Eintopf, am liebsten weiße Bohnen, gelbe Erbsen und Linsen. Er liebt Pellkartoffeln, die er nach dem Schälen in Butter taucht. Auf Fleisch und Schlachtfett verzichtet er grundsätzlich. Das Gemüse wird wegen der Butterknappheit mit Schmalz verarbeitet. Gerne isst er auch Spiegeleier und Brot (ohne Sauerteig gebacken und ohne Rinde). Semmelknödel gibt es oft an mehreren Tagen hintereinander, allerdings immer anders zubereitet. Abends stehen oft gekochte Eier, Pellkartoffeln und Weißkäse auf dem Speiseplan. Seine spätere Köchin Constanze Manziarly wird notieren: *„Ich backe ziemlich viel, stundenlang, aber abends ist immer alles weg."*

Schloss Posen – Residenz in neoromanischem Stil

Kurz nach dem deutschen Überfall auf Polen beauftragt Hitler Albert Speer mit dem Ausbau der Posener Kaiserpfalz zu einer repräsentativen Führerresidenz mit einer Repräsentationswohnung. Das steinerne Symbol für den Herrschaftsanspruch des Deutschen Reiches über Polen, erbaut von Kaiser Wilhelm II., soll dadurch neu belebt werden, obwohl Hitler die Kaisertradition grundsätzlich ablehnt. Vom Frühjahr 1940 an fließen Millionenbeträge in die aufwändige Umgestaltung des 600 Zimmer umfassenden Gebäudes, das zugleich als Amtssitz für den Reichsstatthalter und Gauleiter des Warthelandes Arthur Greiser gedacht ist. Dieser möchte mit Hitler in die ehemalige Kaiseretage ziehen, wird aber in die zweite Etage verbannt. Dennoch ist dies der einzige Fall, in dem Hitler ein von ihm persönlich genutztes Gebäude mit einem seiner Funktionäre zu teilen bereit ist. Gauleiter Greiser organisiert von hier aus und dem unmittelbar dahinter liegenden Polizeipräsidium ab Dezember 1943 die Massendeportation von Juden und Polen einerseits und die Umsiedlung von Reichsdeutschen andererseits.

Über 600 polnische Zwangsarbeiter schuften Tag und Nacht auf der Großbaustelle, die den deutschen Herrschaftsanspruch im annektierten Reichsgau Wartheland symbolisieren soll.

Der Chef der Reichskanzlei SS-Obergruppenführer Hans Heinrich Lammers äußert am 10. Mai 1943: *„Der Führer hat mir bestätigt, dass in dem Schloss in Posen für ihn eine Führerwohnung, die jederzeit beziehbar ist, bereitstehen soll."* Hitler treibt den Innenausbau seiner Prachträume noch bis zum Sommer 1944 voran und kümmert sich persönlich um Details, beispielsweise den Standort der Garderoben. Er will klare Linien und einheitliche Strukturen. Eine der wesentlichen Veränderungen ist die Umwandlung der ehemaligen Privatkapelle Wilhelms II. in das mit Marmor ausgekleidete Arbeitszimmer Hitlers. Es weist eine Grundfläche von etwa 130 Quadratmetern auf und lehnt sich in der Ausführung an seine Arbeitszimmer in Berlin (Neue Reichskanzlei) und München (Führerbau) an. Der Standort der ehemaligen Kapelle zeigt, dass nun das Allerheiligste, das Arbeitszimmer des Führers, eine christliche Kapelle ersetzt. Am 7. April 1941 genehmigt Hitler den Entwurf des Führerbalkons, der vom Arbeitszimmer aus betreten werden kann. Der Weg dorthin ist für potenzielle Besucher 150 Meter weit. Der lange Fußweg zum Führer ist, ebenso wie die installierten Lichteffekte, ebenfalls bereits aus der Neuen Reichskanzlei bekannt.

Dass Hitler das Schloss für sich persönlich zu nutzen beabsichtigt, wird streng geheim gehalten. Nur wenige, zum Schweigen verpflichtete Eingeweihte wissen Bescheid, wie die Büroleiterin des Baubüros Böhmer in Posen, Martha Castan, die vom einzigen bekannten Besuch Hitlers berichtet. Während eines Stopps bei der Zugfahrt von der Wolfsschanze nach München am 23. Februar 1944 besichtigt er es unangekündigt. Er durchschreitet die Räume im Eiltempo, äußert – obwohl in seinem Arbeitszimmer nur bestes Material verbaut wird – Kritik über den Ausbau und fährt umgehend weiter. Die Ausbauarbeiten gehen weiter, obwohl die Verschwendung von Ressourcen anderswo wegen der totalen Kriegsmobilisierung gestoppt wird. Insgesamt werden 20 Millionen RM (heute etwa 320 Millionen Euro) ausgegeben, darunter zwei Millionen aus Hitlers Privatvermögen (heute etwa 32 Millionen Euro). Diese Gelder wären für den Luftschutz der Bevölkerung dringender benötigt und sinnvoller verwendet worden. Ein großer Teil der verbauten Natursteine kommt aus einem Steinbruch in der Nähe des KZ Groß-Rosen. Tausende Häftlinge sterben hier bei deren Abbau. Hitler lehnt im Laufe der Bauphase immer mehr die Pläne des Architekten Franz Böhmer ab, der sich schließlich entnervt freiwillig an die Ostfront meldet.

Noch Anfang des Jahres 1945 werden extra neu angefertigte Möbel für die Führerwohnung angeliefert, bis das Schloss in die Kämpfe einbezogen, aber nicht zerstört wird. Nach dem Jahre 1945 werden Pläne, es von deutschen Kriegsgefangenen Stein für Stein abtragen zu lassen, nicht verwirklicht. Stattdessen wird es instandgesetzt. Zunächst zieht die Universität, dann die Stadtverwaltung von Poznan (Posen) ein, bevor es in den sechziger Jahren zum Kulturzentrum wird. Die original erhaltenen Räume werden bis heute genutzt.

^ *Der Turm des Posener Schlosses mit dem Führerbalkon und der Einfahrt für Hitlers Wagen (2016). (112)*

Sicher ist, nur einer hat den Krieg begonnen, einer allein, der absolute Hitler. Vielleicht war nur ihm klar, dass er den Krieg im Ganzen wohl auch würde verlieren können. Aber dieses Vabanquespiel, dieses Alles oder Nichts, das liebte er ja. Es entsprach seiner atavistisch blutgierigen, seiner auf Zerstörung und Vernichtung angelegten Natur.
Rudolf Augstein
(deutscher Publizist, 1923-2002)

September 1944 – Rückzug an allen Fronten

Am ersten Tag des neuen Monats empfängt Hitler den Staatssekretär der französischen Vichy-Regierung Fernand de Brinon und versucht ihm gegenüber seinen Optimismus für ein gutes Ende des Krieges mit den Naturgesetzen zu begründen: *„Die Kraft der gegnerischen Welle nimmt gemäß den Naturgesetzen bestimmt nicht zu, je mehr sich diese Welle ausdehnt und sich in immer weitere Gebiete verläuft."* Er übersieht, dass dieses Naturgesetz auch für den deutschen Angriff im Osten gegolten hat, sondern glaubt, er hätte dies durch seinen *„eisernen Willen"* außer Kraft setzen können. Dann scherzt er und bedauert es sehr, dass er *„die Pariser Weltausstellung 1937 nicht persönlich besuchen"* konnte. Er hätte sich aber damals sowieso *„nur mit einem Vollbart in Paris sehen lassen"* können. In der anschließenden Lagebesprechung trägt er der sich verschlechternden militärischen Lage an der Westfront (die Verluste seit Juli belaufen sich auf 349.000 Mann) mit seinen Weisungen Nr. 63 *„Befehl über die Herstellung der Verteidigungsbereitschaft des Westwalls"* und Nr. 63a *„Befehl für die Sicherung der deutschen Weststellung und des Westwalls"* Rechnung. Er gibt mit diesen Befehlen das Eingeständnis, dass *„mit dem Auftreten feindlicher Panzerspitzen vor der deutschen Weststellung und dem Einsatz feindlicher Luftlandetruppen (…) in nächster Zeit gerechnet werden"* muss. Die Soldaten stehen überwiegend noch fanatisch hinter ihm. Einer schreibt angesichts seiner aussichtslosen Lage einen letzten Brief an seine Frau in die Heimat: *„Ich habe meinen Beitrag geleistet und meinem Führer Adolf Hitler das gegeben, was man nur einmal geben kann. Der Führer wird es schaffen, das weiß ich. Ich bin als Soldat Adolf Hitlers gefallen."*

Einen weiteren Rückschlag gibt es, als am 2. September Finnland die russisch-englischen Friedensbedingungen annimmt, die Beziehungen zu Deutschland abbricht und die deutschen Truppen auffordert, bis zum 15. September vollständig das Land zu verlassen. Nun wendet die Wehrmacht auch in Finnland die Taktik der *„verbrannten Erde"* an. Dabei werden auf dem Rückzugsweg einzelne Häuser, fast alle Dörfer, Straßen und Brücken zerstört oder vermint. Durch ein Feuer, ausgelöst durch die Explosion eines Munitionszuges, brennt die Stadt Rovaniemi in Lappland restlos nieder. Eine weitere Weisung für die Kampfführung im Westen soll den Feind aufhalten:

„Die stark verbrauchten [!] *eigenen Kräfte und die Unmöglichkeit, rasch ausreichende Verstärkungen zuzuführen, lassen es nicht zu, schon jetzt eine Linie zu bestimmen, die gehalten werden muss und sicher gehalten werden kann. Es kommt daher darauf an, möglichst lange Zeit für Aufstellung und Heranführen neuer Verbände und für den Ausbau der Weststellung zu gewinnen und durch Teilschläge Feindkräfte zu vernichten."*

Es geht also nur noch um Zeitgewinn. Hierzu werden dem Generalfeldmarschall Gerd von Rundstedt als Oberbefehlshaber West umfangreiche Vollmachten gegeben. Derartige Befehle verhindern natürlich nicht, dass am 3. September Brüssel durch britische Truppen eingenommen wird. Eine weitere europäische Hauptstadt fällt damit in Feindeshand. Hitler versucht, durch Erlass der Weisung Nr. 64 (*„Weitere Kampfführung Oberbefehlshaber West"*) gegenzusteuern. Sogar Goebbels, der aufgrund seiner Behinderung keine militärische Ausbildung bekommen hat, durchschaut das Spiel, wie er am 2. September seinem Tagebuch anvertraut: *„Ich fürchte, dass der Führer mit Divisionen operiert, die praktisch nicht mehr oder nur zum Teil vorhanden sind."* Ins Gesicht sagt er ihm das natürlich nicht. In der nächsten Lagebesprechung wird gemeldet, dass die Situation bei den Treibstoffvorräten mittlerweile so ernst ist, dass alle Bomber- sowie einige Jäger- und Stukaverbände nur noch eingeschränkt operieren können. Hitler reichen die Hiobsbotschaften aus dem Bereich der Luftwaffe und er denkt an Konsequenzen: *„Ich gehe mit dem Gedanken um, die Fliegertruppe nunmehr ganz abzuschaffen und dafür die Flakartillerie zu verdreifachen."*

Einen Tag später, am 4. September, fällt auch die belgische Großstadt Antwerpen in britische Hand. Dies nützt jedoch den Briten noch nicht viel, da sich die vorgelagerten Inseln noch in deutscher Hand befinden und damit der kriegswichtige Hafen nicht genutzt werden kann. Es ist aus Sicht der US-Oberbefehlshaber eine erneute militärische Fehlleistung des arroganten britischen Generalfeldmarschalls Bernard Montgomery. Hitler empfängt unterdessen den japanischen Botschafter Oshima Hiroshi und verbreitet nach dem Treffen in seiner Umgebung geheimnisvolle Andeutungen, als ob wichtige, *„kriegsentscheidende"* Dinge besprochen worden sind. Die Lage zu Monatsbeginn ist an allen Fronten sehr besorgniserregend. In Rumänien, im Baltikum, Frankreich, Belgien, Bulgarien, Italien, zur See und in der Luft werden die deutschen Verbände geschlagen, befinden sich in schwersten Abwehrkämpfen oder auf dem Rückzug. Hitler, der über Himmler nun zusätzlich auch allen Deserteuren die Sippenhaft androhen lässt, erhält in dieser Situation über Hiroshi eine Information, die ihn wieder Hoffnung schöpfen lässt. Es ist die Andeutung, dass Stalin zögert, Deutschland zu vernichten, da er das Industriepotenzial für den aus seiner Sicht unweigerlich kommenden Krieg mit England und Amerika benötigt. Ein Hinweis auf die Richtigkeit dieser Information sei das Stoppen

September 1944 – Rückzug an allen Fronten

der sowjetischen Offensive kurz vor der Grenze von 1940 und die Nichtbeteiligung der Sowjets an den Flächenbombardements deutscher Städte. Japan hat daran Interesse, da Deutschland bei einem „*Sonderfrieden*" mit der Sowjetunion alle Kräfte gegen die Alliierten einsetzen kann, was wiederum den militärischen Druck auf Japan verringert.

Das Thema wird erörtert und Guderian unterstützt Hitler in seinen Gedanken: „*Entscheidend hierfür ist unbedingtes Halten der Fronten.*" Die Zeit dafür hat er aber nicht und Durchhalteparolen sind reine Propaganda. De facto hebt die Bevölkerung in Ost- und Westpreußen in Erwartung des sowjetischen Ansturms mit Spaten und Pickeln Panzergräben aus. Die Normandie ist bereits fest in der Hand der Alliierten, die damit rechnen, dass Deutschland bis Weihnachten kapituliert. Die Bevölkerung feiert die alliierten Truppen als Helden. Mitglieder der Résistance jagen weiterhin Kollaborateure. Bis Ende August sind 250.000 deutsche Soldaten in Kriegsgefangenschaft geraten. Sie werden in eilig errichteten Lagern, das erste entsteht in Cherbourg, notdürftig untergebracht. Doch für sie ist der Krieg keineswegs zu Ende. Die vorherrschende Meinung unter den Soldaten lautet: „*Der Sieg muss unser sein. Man tut seine Pflicht und es wäre Feigheit, nicht bis zum Ende zu kämpfen. Wir geben die Hoffnung* [auf den Endsieg] *nicht auf. Alles hängt an unserer Führung* [Hitler, Himmler usw.]. *Es wird etwas ganz anderes passieren als das, was alle erwarten* [Einsatz der Wunderwaffen]. *Wenn wir nicht gewinnen, dann hört Deutschland auf. Darum werden wir gewinnen.*"

Wirtschaftlich sind die Aussichten ebenfalls schlecht. Am 5. September nimmt Hitler eine Ausarbeitung von Speer zur Kenntnis, dass die Stahlproduktion unter den

^ *4. September 1944, Führerhauptquartier Wolfsschanze: Hitler begrüßt den japanischen Botschafter Oshima Hiroshi zu einer Unterredung. (132)*

aktuellen Umständen am 31. August 1945, also spätestens in einem Jahr, enden wird. Speer prognostiziert weiter, dass die gesamte Rüstungsproduktion Ende des Jahres 1945 zum Stillstand kommt. Hitler bleiben also rüstungstechnisch noch maximal eineinviertel Jahre. Zwar hat die Rüstungsproduktion im August erneut einen neuen Höhepunkt erreicht (auch im September werden zweieinhalb Mal so viele Jagdflugzeuge produziert wie im Januar), aber das täuscht viele über die reale Lage hinweg. Die Bestände an Treibstoffen schrumpfen rapide. Speers unermüdlicher Einsatz zur Aufrechterhaltung der Rüstungsproduktion, seine Durchhaltereden und Propagandafiktionen von Rüstungsrekorden und Wunderwaffen dienen letztlich nur der Erweckung neuer Hoffnung und der Verlängerung des Krieges. Wenn er in seinen Denkschriften auf die sich verschlimmernde Lage hinweist, dient dies seinem Bestreben, möglichst keine Macht abgeben zu müssen. Mit seinen Fachkenntnissen und seiner Intelligenz muss er wissen, dass der Krieg sicher verloren ist und jede Verlängerung nur Folgendes bedeutet: mehr Elend, mehr Tote, mehr Verwundete, mehr Zerstörung. Das interessiert Speer aber nicht.

Hitler ernennt am 5. September von Rundstedt als Nachfolger von Model erneut zum Oberbefehlshaber West, obwohl er ihn acht Wochen zuvor abgelöst hat, weil er mit seinen Leistungen nicht zufrieden war. Man versucht zeitgleich im ganzen Reich, alles an kampffähigen Männern zu rekrutieren, welchen man irgendwie habhaft werden kann. So wird der Zollgrenzschutz – eine bewaffnete Truppe, die bisher dem Reichsfinanzministerium unterstellt war – nun dem Reichssicherheitshauptamt unter Himmler angegliedert. Alliierte Truppen erreichen an diesem Tag die niederländische Grenze. Hitler hat schlechte Laune, zitiert Göring zu sich und überschüttet ihn und die Luftwaffe erneut mit heftigen Vorwürfen.

Sein Tenor lautet: Die Luftwaffe leistet nichts, seit Jahren fällt sie mehr und mehr ab, er ist ständig bezüglich der Produktionszahlen und der technischen Leistungsfähigkeit belogen worden. In Frankreich hat die Luftwaffe völlig versagt. Göring lässt die Kritik über sich ergehen, Gegenargumente hat er ohnehin nicht.

Im Anschluss an die Abkanzelung von Göring empfängt Hitler die Buchhalterin und Luftnachrichtenhelferin Helene Schwärzel, die einen der führenden Köpfe der Widerstandsbewegung, Carl Friedrich Goerdeler, in einem Gasthaus in Konradswalde (heute Koniecwałd) Kreis Stuhm/Westpreußen erkannt und umgehend anzeigt hat. Hitler dankt ihr und überreicht ihr einen Scheck über eine Million (heute etwa 16 Millionen Euro) Reichsmark. Am 6. September verleiht er in einer offiziellen Zeremonie das „Verwundetenabzeichen 20. Juli 1944" an die beteiligten Personen, an drei von ihnen posthum. Er selbst nimmt die Auszeichnung ebenfalls an, trägt sie aber nie. Seine Weisung Nr. 64a („*Wehrmachtsbefugnisse Oberbefehlshaber West*") wird am 7. September herausgegeben. Von Rundstedt erhält darin die Vollmacht, „*jede notwendige Maßnahmraume zu treffen*". Hitler überträgt ihm am 9. September mit der Weisung Nr. 64b mit Wirkung zum 11. September „*den Befehl über die deutsche Weststellung (einschließlich des Westwalls) mit allen darin befindlichen Sicherungskräften*".

Der nächste Tag, der 8. September, soll gemäß der deutschen Propaganda endlich eine Wende im Kriegsverlauf bringen. Die unter der Bezeichnung „Aggregat 4" durch Walter

Dornberger und Wernher von Braun entwickelte V2-Rakete stellt eine revolutionierende technische Neuentwicklung dar. Sie fliegt mit 5.500 km/h in den Weltraum und kann 300 Kilometer in fünf Minuten zurücklegen. Eine Warnung der betroffenen Bevölkerung gegen vor der mit 738 Kilogramm Sprengstoff gefüllten Rakete ist unmöglich. Sie fliegt schneller als der Schall, der Tod kommt lautlos. Da die Rakete militärisch sinnlos ist, die Trefferquote ist für exakte Ziele viel zu ungenau, handelt es sich um eine reine Terrorwaffe. Aufgrund des plötzlichen Einschlages (es entsteht ein zehn Meter tiefer und 15 Meter breiter Krater) verursacht sie neben den „üblichen" Schäden massive psychologische Auswirkungen. Bis Kriegsende werden etwa 3.200 Raketen abgeschossen. Unterdessen fällt auf dem Balkan ein weiterer Verbündeter von Deutschland ab. Sowjetische Truppen marschieren in Bulgarien ein, nachdem die dortige Lage unhaltbar geworden ist und das Land zwei Tage nach der sowjetischen Kriegserklärung kapitulieren muss. Nun erklärt Bulgarien auf sowjetischen Druck hin Deutschland den Krieg.

Elisabeth Adelheid Hildegard von Thadden, geboren am 29. Juli 1890 in Mohrungen/Ostpreußen, wird als Widerstandskämpferin und als Mitglied der Solf-Gruppe wegen Wehrkraftzersetzung in Berlin-Plötzensee enthauptet.

^ *6. September 1944: Verleihung des Verwundetenabzeichens „20. Juli 1944" an Oberstleutnant Heinz Waizenegger, ganz links Wilhelm Keitel, ganz rechts Otto Günsche. (o.) (132) Eine ballistische Boden-Boden-Großrakete vom Typ V2 wird zum Start vorbereitet. (u.) (118)*

Am 9. und 10. September werden in Saßnitz im Nordosten der Insel Rügen verwundete deutsche Soldaten an Land gebracht, die über Schweden mit den westlichen Feindmächten ausgetauscht worden sind. Es ist ein seltener und außergewöhnlicher Vorgang in dieser Phase des Krieges. Den Soldaten wird bei ihrer Ankunft ein Grußtelegramm ihres Führers vorgelesen:

„Meine Kameraden! Im Namen des deutschen Volkes begrüße ich Euch in der Heimat auf das Herzlichste. Unsere Freude verbindet sich mit der Euren, dass Ihr als schwerverwundete deutsche Soldaten aus der Kriegsgefangenschaft endlich wieder nach Hause kommen könnt. Als Euer Oberster Befehlshaber danke ich Euch an diesem Tage für euren tapferen Einsatz im Freiheitskampf unseres Volkes und für all die Opfer, die ihr Tapferen bringen musstet. Die Heimat ist Eurer nicht unwürdig. Sie hat selbst in diesem Schicksalskampf unseres Volkes um Sein oder Nichtsein schwere Leiden zu erdulden. Sie erträgt sie in einer Haltung, die der des Frontsoldaten ebenbürtig ist. Sie wird alles tun, um Euch, die Ihr nun seelisch wieder aufgerichtet werdet, auch körperliche Leiden der Verwundungen lindern zu helfen. Die heimkehrenden Angehörigen des Sanitätsdienstes begrüße ich ebenso und spreche ihnen meine Anerkennung aus für ihren pflichttreuen Einsatz zur Pflege unserer verwundeten Kameraden. Adolf Hitler."

Neben diesen schönen Worten schlägt Keitel andere Töne im Sinne Hitlers an, indem er *„äußerste Rücksichtslosigkeit"* befürwortet, um jegliche Anzeichen der *„Untergrabung der Moral"* zu unterbinden. Auf Hitlers Weisung erlässt er kurze Zeit darauf Direktiven, um *„Auflösungserscheinungen in der Truppe"* mit *„äußerster Strenge"* zu begegnen. Eine der Maßnahmen ist der Einsatz von Schnellgerichten, die Todesurteile aussprechen und sofortige Hinrichtungen vornehmen, zur Abschreckung meist vor den Augen der Truppe.

Der durch die Befreiung Mussolinis bekanntgewordene Waffen-SS-Offizier Otto Skorzeny sieht Hitler am 10. September: *„Er kam gebeugt und zog ein Bein nach. Seine linke Hand zitterte so stark, dass er sie manchmal mit der rechten festhalten musste. Seine Stimme klang verschleiert und brüchig."* Die ehemalige österreichische Hauptstadt Wien, in der Hitler in den Jahren 1906 bis 1913 lebte und in der er sein erstes Scheitern hat hinnehmen müssen, wird am 10. September Ziel eines schweren Luftangriffes.

An der Westfront überschreiten um 18:55 Uhr des 11. September die ersten US-Soldaten, eine Patrouille, bei Stolzembourg/Luxemburg (südliche Eifel nördlich von Trier) die deutsche Reichsgrenze, ohne auf Widerstand zu stoßen. Beim Rückzug aus Frankreich hat die Wehrmacht bisher 600.000 Soldaten verloren, die nun an der deutschen Westgrenze fehlen. Für Aachen, die erste Großstadt Deutschlands, die von den alliierten Truppen bedroht ist, sind bereits Evakuierungspläne ausgearbeitet worden, denen Hitler nun zustimmt.

Zeitgleich wird der Priester Joseph Müller, geboren am 19. August 1894 in Salmünster/Hessen, wegen des Erzählens eines regimekritischen Witzes im Zuchthaus Brandenburg-Görden mit dem Fallbeil hingerichtet.

In der Nacht auf den 12. September geht die südhessische Stadt Darmstadt in Bombenangriffen unter. Die britische RAF wendet hier erstmals die Taktik des Fächerangriffs an, der die Stadt buchstäblich an vier Ecken anzündet. Zuerst werden tausende Sprengbomben in der Form eines Viertelkreises sowie mehrere hundert Luftminen abgeworfen. Durch die Druckwellen der Explosionen werden die Dächer aufgerissen. Danach werden mehr als eine Viertel Million Elektron-Thermitstäbe abgeworfen, die nun in die offenen Dachstühle der Häuser fallen und diese innerhalb kürzester Zeit in Brand setzen. Aus dem Odenwald einsetzende Fallwinde fachen die Feuer weiter an. 99 Prozent der Alt- und Innenstadt werden vernichtet, während potenzielle Ziele von militärischer oder industrieller Bedeutung kaum in Mitleidenschaft gezogen werden. Die Mehrheit der Einwohner, die in Kellern Zuflucht suchen, ersticken oder verbrennen darin. Eine Flucht aus den Kellern über die Straßen ist nur selten möglich, da die Hitzeentwicklung so groß ist, dass sich stellenweise der Teer des Straßenbelages entzündet. Dem Angriff fallen 11.500 Menschen zum Opfer. Rund 66.000 von 110.000 Einwohnern werden obdachlos. Rund 20 Prozent der Opfer sind Kinder unter 16 Jahren. Unter den Toten sind auch 368 ausländische Kriegsgefangene und 492 Zwangsarbeiter. Ob Hitler solche Meldungen aus einzelnen deutschen Städten überhaupt noch zur Kenntnis nimmt, ist nicht überliefert. Er gibt am 12. September den Befehl zum Ausbau einer Grenzstellung in den Gauen Kärnten und Steiermark, die Weisung Nr. 65 („*Befehl über den Ausbau im Südosten*") und empfängt danach den ungarischen Generalstabschef General János Vörös.

Hitler, der am 12. September nach einer schmerzlindernden Kokainpinselung seiner Nasenschleimhaut einen leichten Schwächeanfall erleidet, bespricht, als er wieder bei Kräften ist, mit Jodl die Details zur geplanten Offensive in den Ardennen. Zeitgleich marschieren um 14:30 Uhr die ersten regulären US-Kampfverbände bei dem Weiler Schwerzfeld in die deutsche Kleinstadt Roetgen südöstlich von Aachen ein. Als die Evakuierung der Stadt beginnt, setzen Luftangriffe und schwerer Artilleriebeschuss ein. Panik bricht aus und Tausende versuchen irgendwie aus der Stadt zu kommen. Die Parteifunktionäre, Gestapo-Beamte und Polizisten fliehen aus der Stadt und überlassen die Bevölkerung, für die sie Verantwortung tragen, ihrem Schicksal. Der eintreffende General der deutschen 116. Panzerdivision Gerd Graf von Schwerin versucht die Ordnung durch Sofortmaßnahmen wieder herzustellen. Für die U.S. Army lässt er eine auf Englisch verfasste Nachricht entwerfen, dass er die Evakuierung gestoppt hat. Als die Besetzung des Ortes durch einen deutschen Gegenangriff verhindert wird und den zurückgekehrten NS-Funktionäre die Nachricht in die Hände fällt, sehen sie eine Chance, ihr eigenes peinliches Versagen zu verschleiern. Der Sachverhalt wird wahrheitswidrig Hitler vorgetragen, der General Graf von Schwerin sofort mit der Begründung „*Wiederherstellung seiner Gesundheit*" entlässt und äußerste Radikalität bei der Verteidigung von Aachen befiehlt. Durch das häufige Absetzen der im Volksmund aufgrund der goldbetressten Uniform „*Goldfasane*" genannten NS-Parteifunktionäre verliert die NSDAP nicht wieder herzustellendes Prestige.

Hitler empfängt am nächsten Tag, Trier liegt bereits unter feindlichem Artilleriebeschuss, ungarische Offiziere. Sein Gesundheitszustand lässt zu wünschen übrig, er hat Stress. Prof. Morell verzeichnet „*nach großer Aufregung*" einen Blutdruck „*schwankend zwischen 146 und 150 mmHg*". Nach einer Woche kann er kaum noch schlafen, er leidet unter einer

Stirnhöhlenentzündung und Magenkrämpfen. Die linke Kopfseite schmerzt unaufhörlich, er hat Ausbrüche mit kaltem Schweiß. Eine neue Diätköchin wird eingestellt, um ihn wunschgemäß versorgen zu können. Es handelt sich um die 24-jährige Constanze Manziarly, deren Vater Grieche, die Mutter Österreicherin ist. Hitler meint: *„Ich habe eine Köchin mit einem Mozartnamen."* Trotz seiner gesundheitlichen Beschwerden kommt Hitler nicht von den städtebaulichen Planungen los. Mit Prof. Giesler bespricht er Details des Denkmals der Partei in München. Dennoch kann er nicht völlig abschalten und kommt immer wieder auf das Attentat vom Juli zu sprechen:

„(...) so versucht ein Aristokrat, ein Oberst (...) mich hinterhältig aus der Welt zu schaffen. Dabei muss ich feststellen, dass mich die Heuchelei, Feigheit und Heimtücke, dass mich der Eidbruch, der Hoch- und Landesverrat wirkungsvoller getroffen haben als die Explosion der Höllenmaschine mit englischem Sprengstoff, die dieser Aristokrat mir unter den Arbeitstisch gestellt hat. (...) Keiner hat den Mut gehabt, mir offen mit der Waffe gegenüberzutreten. Statt ihren Weg in die Geschichte mit einer männlichen Tat zu beginnen, haben sie versucht, ihren Obersten Befehlshaber durch Heimtücke zu fällen."

Er ist nun häufig leicht gereizt. Als er aus seinem Wohnbunker tritt, um zur Lagebaracke zu gehen, findet er seinen SS-Adjutanten SS-Sturmbannführer Richard Schulze-Kossens vor, der draußen wartet, um ihn zu begleiten. Unvermittelt fährt er ihn an. *„Herrgott"*, tobt er los, *„muss immer jemand um mich herum sein!? Kann man nimmer allein sein!?"* Hitler ist auch noch immer wütend über Generaloberst Friedrich Fromm. Fromms eigenmächtige Entscheidung, die greifbaren Hauptattentäter des 20. Juli sofort standrechtlich erschießen zu lassen, erzürnt Hitler sehr. Zum einen war dies nach militärischem Ehrenkodex eine ehrenvolle Hinrichtungsart, zum anderen blieb ihnen so das Verhör unter Folter durch die Gestapo erspart und es konnten keine zusätzlichen Informationen über Mitverschwörer gesammelt werden. Zudem wird bekannt, dass Fromm auch Kenntnis von den Umsturzplänen gehabt hat und dieser wird deshalb am 14. September auf Geheiß Hitlers aus dem Heer entlassen, um ihn vom Volksgerichtshof aburteilen zu können.

Mitte des Monats, am 15. September, konferieren in Quebec/Kanada Roosevelt und Churchill, um ihren Angriff auf Deutschland noch besser zu koordinieren. In Nordeuropa kommt es zu Kampfhandlungen zwischen deutschen und finnischen Truppen. Grund ist Hitlers Weigerung, der finnischen Aufforderung zum Truppenabzug nachzukommen. Die Folge ist die Kriegserklärung Finnlands an Deutschland, ein erneuter Aufreger. Um 18:00 Uhr lässt er Prof. Morell rufen. Sein Blutdruck liegt bei 150 mmHg, die Herztöne sind rein. Er klagt über Schwindel, Kopfdruck und Wiederbeginn des Zitterns der Beine (besonders des Linken) und der Hände. Der linke Fuß zeigt eine Knöchelschwellung und Prof. Morell empfiehlt: *„Reichliche Sauerstoffzufuhr entweder durch acht bis zehn Tage Berghof oder jeden zweiten Tag Spazierfahrt in offenem Wagen mit oder ohne Unterbrechung durch halbe Stunde Spaziergehen unterwegs. Massage wegen Schaffung besserer Durchblutung. Linkes Bein soll häufig hochgelegt werden."* Wie üblich werden die Empfehlungen nicht umgesetzt. Die langfristige Verschlechterung seines Gesundheitszustandes und deren psychische Auswirkungen lassen sich auch mit den täglichen Dosen von Spritzen und

Tabletten nicht mehr aufhalten. Die Lage am 16. September bringt nicht nur schlechte Nachrichten vom Balkan, die bulgarische Hauptstadt Sofia fällt in sowjetische Hand, sondern auch aus dem Westen. Die französische Hafenstadt Brest in der Bretagne wird von den Alliierten erreicht und eingeschlossen. Mit ihrem Hafen und dem U-Boot-Bunker ist die Küstenstadt strategisch wichtig. Der Krieg unterscheidet auch an der Westfront schon lange nicht mehr zwischen Kombattanten und Nichtkombattanten. Bei Homburg/Saar wird an diesem Tag ein Sonderzug des Deutschen Roten Kreuzes, der als solcher eindeutig gekennzeichnet ist, von einem Tiefflieger beschossen. Fünf Rotkreuz-Schwestern und ein Soldat kommen ums Leben.

Der Widerstand der deutschen Truppen lässt insgesamt aber nicht nach und wächst teilweise noch, je näher sich die Alliierten der Reichsgrenze nähern. Nach der regulären Lagebesprechung gibt es eine Sonderbesprechung in kleinerem Kreis. Hitler berichtet den ausgesuchten Teilnehmern von der geplanten Ardennenoffensive: *„Halt! Ich habe eine wichtige Entscheidung getroffen. Ich werde wieder in die Offensive gehen. Hier – von den Ardennen aus!"* Bei diesen Worten schlägt er mit der linken Faust auf die Landkarte. *„Über die Maas und dann nach Antwerpen"* will er *„die Nahtstelle zwischen Engländern und Amerikanern aufreißen"* und der englischen Armee *„ein neues Dünkirchen"* bereiten, um *„so den Krieg zu gewinnen"*. Er glaubt, die Ressourcen dafür zusammenziehen zu können. Sein Reich hat noch etwa neun Millionen Soldaten unter Waffen, eine beachtliche Zahl. Diese sind jedoch über Europa verteilt und im fünften Kriegsjahr abgekämpft und häufig auch abgestumpft, von den Fanatikern, die hauptsächlich in der Waffen-SS zu finden sind, abgesehen. Strategisch bleiben ihm nur zwei Alternativen: Er kann die Masse der verbliebenen Kräfte im Osten sammeln und so die langgezogene Abwehrfront verstärken oder aber noch einmal zu einem Schlag im Westen ausholen. Seit Sommer 1943 steht die Frage im Raum, ob sich im Westen oder eher im Osten eine Chance zu einer Kriegswende ergibt. Guderian äußert immer wieder schwere Bedenken wegen der Lage an der Ostfront und Jodl warnt eindringlich vor der Luftüberlegenheit des Gegners. Hitler ignoriert beide Hinweise und entscheidet sich letztlich für die Offensive im Westen. Damit nimmt er eine Schwächung der schwer bedrängten Ostfront in Kauf und setzt alles auf eine Karte – wie so oft in seinem Leben. Bezüglich der Ostfront meint er lapidar: *„Die Ostfront muss sehen, wie sie zurechtkommt."* Fertigstellungstermin der Ausarbeitung der neuen Angriffspläne ist der 1. November. Die beteiligten Mitarbeiter werden unter Androhung der Todesstrafe verpflichtet, den Geheimplan für sich zu behalten. Zusätzlich gibt es einen Geheimbefehl an die betroffenen Kommandeure, der nur mündlich weitergeben werden soll:

„Der Kampf im Westen hat auf weiten Abschnitten auf deutschen Heimatboden übergegriffen, deutsche Städte und Dörfer werden Kampfgebiet. Diese Tatsache muss unsere Kampfführung fanatisieren und unter Einsatz jedes wehrfähigen Mannes in der Kampfzone zur äußersten Härte steigern. Jeder Bunker, jeder Häuserblock in einer deutschen Stadt, jedes deutsche Dorf muss zu einer Festung werden, an der sich der Feind entweder verblutet oder die ihre Besatzung im Kampf Mann gegen Mann unter sich begräbt. Es gibt jetzt kein großzügiges Operieren mehr, sondern nur Halten der Stellung oder Vernichtung."

Am 17. September werfen 690 Flugzeuge der RAF 3.400 Tonnen Bomben auf Boulogne-sur-Mer am Ärmelkanal ab. Montgomery startet an diesem Tag die Operation „Market Garden", um die strategisch wichtigen Brücken über den Rhein handstreichartig einzunehmen. Er versucht, durch massive Luftlandungen alle Rheinbrücken von Eindhoven bis Arnheim zu besetzen, um in Folge den Westwall nördlich umgehen zu können. Starke Brückenköpfe rechts des Rheins sollen dann die Voraussetzung für den Vorstoß in die norddeutsche Tiefebene schaffen. In der größten Luftlandeoperation der Geschichte werden im niederländischen Raum Arnhem (Arnheim) und Nijmegen (Nimwegen) drei Divisionen mit etwa 40.000 Soldaten mit 1.500 Transportmaschinen und 500 Lastensegler abgesetzt. Als Hitler von der britischen Großoperation erfährt, gerät er in heftige Erregung. Er ordnet an, dass die Bekämpfung der Landung absolute Priorität hat und delegiert die Befehlsgewalt für alle Luftwaffeneinheiten, etwa 300 Kampfflugzeuge, an Model. Erneut überschüttet Hitler die Luftwaffe in der Lagebesprechung, bei der Göring nicht anwesend ist, mit schweren Vorwürfen. Die gesamte Luftwaffenführung ist *„unfähig, feige und lässt mich im Stich"*. Als Kreipe widerspricht, schneidet er ihm barsch das Wort ab und kanzelt den General vor den anderen Anwesenden ab: *„Ich verzichte auf eine weitere Unterhaltung mit Ihnen. Morgen will ich den Reichsmarschall sprechen. Das werden Sie wohl noch fertig bekommen."* Dann fällt dem Feind bei Nimwegen eine relativ unbedeutende, aber unzerstörte Brücke in die Hand. Hitler tobt über *„die Idiotie, dem Feind unzerstörte Brücken in die Hand fallen zu lassen"*.

Dabei hat er keinen Grund, wütend zu sein, denn durch Zufall werden die alliierten Landungspläne gefunden. Die deutschen Abwehrmaßnahmen werden sofort und energisch an den richtigen Stellen eingeleitet. In der Nähe der Landezonen liegen zwei Divisionen des II. SS-Panzerkorps von SS-Obergruppenführer Wilhelm zur Auffrischung. Dadurch sind in wenigen Tagen die 1. britische Luftlandedivision und die 1. polnische Fallschirmbrigade aufgerieben. Auch die 9. SS-Panzerdivision greift in den Kampf ein. Alliierte Fallschirmjäger werden wie Tontauben abgeschossen. Das britische Unternehmen schlägt fehl. Bis zum Ende der Schlacht am 26. September fallen über 17.000 alliierte Soldaten (bei 8.000 deutschen Verlusten), 6.450 gehen in Gefangenschaft. Montgomerys Kredit ist, natürlich nur intern, bei der US-Führung endgültig verspielt. Trotz dieses Defensivtriumphs gibt Hitler der britische Angriff sofort zu denken. Was ist, wenn Derartiges bei ihm passiert? Abends sinniert er über die Möglichkeit, dass die Wolfsschanze aus der Luft angegriffen werden könnte:

„Die Möglichkeit – wir wollen jetzt nicht mehr leichtfertig sein –, dass sie hier eine ähnliche Schweinerei machen, muss man absolut ins Auge fassen. Die Sache ist immerhin so gefährlich, dass man sich klar sein muss: Wenn hier eine Schweinerei passiert – hier sitze ich, hier sitzt mein ganzes Oberkommando, hier sitzt der Reichsmarschall, es sitzt hier das OKH, es sitzt hier der Reichsführer-SS, es sitzt hier der Reichsaußenminister! Also, das ist der Fang, der sich am meisten lohnt, das ist ganz klar. Ich würde hier ohne weiteres zwei Fallschirmdivisionen riskieren, wenn ich mit einem Schlag die ganze russische Führung in die Hand kriegte!"

Hitler reagiert und befiehlt: *„Bei Fallschirmjägerabsprung in den Kern der Anlage werden Abwehrwaffen auch mit Schussrichtung nach innen eingesetzt. Das*

Führerhauptquartier wird bis zum letzten Mann verteidigt." Die Aliierten werden jedoch, obwohl ihnen die Lage des Führerhauptquartiers längst bekannt ist, weder einen Fallschirmjägerangriff noch einen Bombenangriff durchführen. Der kroatische Diktator Ante Pavelic wird am 18. September empfangen. Hitler spricht mit ihm über die Partisanenbekämpfung und dass es *„entscheidend"* sei, dass die *„deutsche Stellung in Ungarn gehalten werden"* könne. *„Entscheidend"* ist nach den Worten Hitlers aber auch, die *„Westfront und die deutschen Rüstungszentren im Ruhrgebiet und an der Saar"* zu halten. Er unterstreicht nun die Bedeutung des Westwalls, der zuvor noch als *„Spielerei"* bezeichnet wurde. Pavelic kommt seinerseits immer wieder auf die erbetenen deutschen Waffenlieferungen zu sprechen, die bis dahin ausgeblieben seien. Hitler kontert mit der Anforderung von kroatischen Arbeitskräften und außerdem gelte für die jetzige Krise das alte österreichische Sprichwort: *„Es muss etwas geschehen, damit etwas geschieht."*

Nach der Verabschiedung von Pavelic überreicht Hitler die Schwerter an den General der Waffen-SS Felix Steiner. Die Feierstimmung wird durch die Meldung beeinträchtigt, dass in der Bretagne Brest gefallen ist. Bei der Lagebesprechung, Göring ist befehlsgemäß erschienen, verlangt Hitler unter vier Augen von ihm, den Generalstab der Luftwaffe und die Luftwaffenakademie aufzulösen. Darüber hinaus sagt er ihm, dass er mit Kreipe nicht einverstanden sei. Er begründet dies damit, dass er *„keinen Glauben"* an ihn habe und bezeichnet ihn als *„typischen Generalstabsoffizier und kalten Rechner, defätistisch und unzuverlässig"*. Hitler hat gegen Kreipe nur noch Bedenken und verbietet ihm sogar den Zutritt zur Wolfsschanze. Göring gegenüber versichert Hitler jedoch ausdrücklich erneut

^ *Bei der Schlacht um die Rheinbrücke von Arnheim gefangen genommene britische Fallschirmjäger. (115)*

sein persönliches Vertrauen. Dann bekommt er plötzlich starke Magenschmerzen und erleidet einen körperlichen Zusammenbruch.

In der Lagebesprechung am 19. September sind der Waffenstillstand zwischen Finnland und der Sowjetunion und die sich anschließende Kriegserklärung von Finnland an Deutschland die Hauptthemen. Um 18:30 Uhr fährt Hitler, eskortiert von nur zwei weiteren Begleitfahrzeugen, in Karlshof vor. Die Röntgenabteilung wurde vorab nach Bomben durchsucht, SS-Posten stehen an jedem Ausgang. Es werden vier Röntgenbilder von seinem Kopf angefertigt, nachdem im rechten Gehörgang erneut viel Blut festgestellt wurde. Die Aufnahmen zeigen die Stirnhöhle (Nase-Kinn-Position), die Keilbeinhöhle (Mund-Kinn-Position) und die Kiefer-, Siebbein- und Stirnhöhle (Kinn-Nase-Position). Die vierte, nicht mehr auffindbare Aufnahme ist eine seitliche, linke Aufnahme des Schädels. Die Auswertung zeigt eine Entzündung in der linken Kieferhöhle und in den zu den Nasennebenhöhlen gehörenden Siebbeinzellen. Eine Spülung ist medizinisch angezeigt, wird aber nicht durchgeführt. Stattdessen schüttelt Hitler den katholischen Krankenschwestern die Hand und bittet seinen Arzt Dr. von Hasselbach, ihn durch die Stationen zu führen, wo die Opfer des Attentats liegen. Frau Schmundt empfindet den Besuch des Führers bei ihrem im Sterben liegenden Mann, er hat Wundbrand und hohes Fieber, aufbauend: *„Wirkt wie Medizin!"* Beim Anblick des von ihm sehr geschätzten, sterbenden Schmundt kommen Hitler die Tränen. Das ist eine Ausnahme, denn Lazarettbesuche sind Hitler ein Gräuel, wie sein Leibwächter und Telefonist Rochus Misch bestätigt. Ebenso vermerkt Adjutant Nicolaus von Below: *„Auch Hitler betrachtete sie [die Lazarette] so wenig, wie er widerwillig die Aufnahmen zerstörter Städte zur Kenntnis nahm, geschweige denn, dass er imstande gewesen wäre, eine brennende Stadt (...) nach einem Bombenangriff zu besuchen. Er verschloss buchstäblich die Augen vor den Konsequenzen seiner Befehle und war ja auch nicht zu Lararettbesuchen – außer in einigen Ausnahmefällen – zu bewegen."*

Von Loringhoven berichtet das Gleiche: *„Wenn er nach Bayern auf den Berghof oder in sein Führerhauptquartier reiste, dann geschah das im Zug und nachts bei verdunkelten Fenstern, damit er die Verwüstungen durch die Bombenangriffe nicht zu Gesicht bekam."* Die Besuche in Karlshof sind also wirklich eine Ausnahme. Als Hitler das Gebäude verlässt, warten schon mehrere hundert Menschen – Zivilisten, Schwestern, aber auch Soldaten und Verwundete (teils mit Amputationsverletzungen), die ihn mit *„Sieg Heil"*-Rufen begrüßen. Zurück in der Wolfsschanze bemerkt er gegenüber einer Sekretärin: *„Wenn ich meinen treuen Prof. Morell nicht hätte, wäre ich ganz aufgeschmissen. Und diese Idioten von Ärzten wollten ihn beseitigen."* Außer Prof. Morell zählen zu seinen Ärzten in dieser Zeit Prof. Dr. Karl Weber (Direktor des Bad Nauheimer Institutes für Herzforschung), Prof. Dr. Werner von Eicken (Halsspezialist des Berliner Krankenhaus Westend), der Militärarzt Dr. Erwin Giesing sowie der Chirurg Prof. Dr. Karl Brandt und dessen Stellvertreter Dr. Hans Karl von Hasselbach. Am 19. und 20. September beschäftigt sich Hitler wieder mit dem *„Fall eines Vordringens feindlicher Kräfte auf deutsches Reichsgebiet"* und ändert seine Erlasse vom 13. Juli in Details ab. Die Gauleiter haben nun für ihr jeweiliges Operationsgebiet die Exekutivgewalt in zivilen Angelegenheiten, inklusive des Erstellens juristisch bindender Erlasse. Unterzeichnet wird auch ein *„Gesetz zur Änderung der Vorschriften gegen Landesverrat"*. Einen Tag später trifft Generaloberst Robert Ritter von Greim ein. Hitler ergeht sich ihm gegenüber in eineinhalbstündigen Vorwürfen gegen die Luftwaffe und bietet ihm an, stellvertretender Oberbefehlshaber zu werden. Auch Speer meldet sich wieder zu Wort und übergibt eine Denkschrift, in der er den Versuch der Einflussnahme der Partei in das Rüstungsressort ausspricht und postwendend neue Vollmachten verlangt.

Nicht nur Speer, sondern auch Goebbels schickt am 21. September eine Denkschrift, in der den Versuch unternimmt, das Reich doch noch irgendwie retten zu können. Er betont erstaunlich realistisch, dass Deutschland *„noch nie einen Zweifrontenkrieg* [aktuell sind es sogar drei] *gewonnen"* habe: *„Wir können weder mit beiden Seiten gleichzeitig Frieden schließen noch auf die lange Dauer gegen beide Seiten erfolgreiche Kriege führen."* Dann kommt er auf das Angebot Oshima Hiroshis zurück und meint, ein Arrangement mit Stalin würde neue Aussichten im Westen eröffnen: *„Was wir damit erreichten, wäre nicht der Sieg, wie wir uns ihn im Jahre 1941 erträumt haben, aber es wäre trotzdem der größte Sieg der* [deutschen] *Geschichte. Die Opfer, die die deutsche Nation in diesem Kriege gebracht hat, wären damit vollauf gerechtfertigt. Zwar ist die Gefahr aus dem Osten nicht beseitigt, aber wir ständen ihr für die Zukunft gewappnet gegenüber."* Da er weiß, wie Hitler generell über Verhandlungen denkt, versucht er ihm gleich den Wind aus den Segeln zu nehmen. *„Sie, mein Führer, werden das alles vielleicht als Utopie ablehnen"*,

^ *21. September 1944, Führerhauptquartier Wolfsschanze: Gruppenfoto vor dem Gästebunker. V.l.n.r.: Hermann Göring, Eckhard Christian, Robert Ritter von Greim, Hitler (mit einer Zeitung). (132)*

aber würde man das erreichen, wäre *„die Kriegslage mit einem Schlage umgekehrt"*. Deutschland würde wieder Raum zum Atmen gewinnen, Bewegungsfreiheit, könne sich regenerieren und wenn nötig später *„Hiebe austeilen, die die Kriegsentscheidung herbeiführen würden"*. Auch Goebbels hat Angst vor Hitlers Misstrauen und betont, damit erst gar keine Zweifel an seiner Loyalität aufkommen, dass er nur Hitler dienen will, dessen *„Genie* [!] *bei der Durchführung dieses größten Krieges in unserer Geschichte bis zum Sieg und zur Sicherung einer glücklichen Zukunft für das deutsche Volk er niemals auch nur eine Sekunde bezweifelt habe"*.

Hitler liest die Denkschrift, äußert sich aber nicht dazu. Er müsste dann ja zugeben, dass Goebbels zumindest teilweise Recht habe. Er sagt auch nichts zu derjenigen Speers, in der dieser sich über die Einmischung der Partei in seine Kompetenzen beschwert. Speer hat stets Angst, seine Kompetenzen könnten in irgendeiner Form beschnitten werden. Hitler kümmert sich stattdessen wieder um seine persönliche Gesundheit. Er lässt sich am 22. September durch Prof. von Eicken untersuchen. Dieser stellt zwei Schleimeiterbatzen in der linken Kieferhöhle fest und Prof. Morell führt eine Kieferhöhlenspülung durch. Hinsichtlich der Lage in Ungarn und wie man Horthys unheilvollen Einfluss auf seine Generale unschädlich machen könne, berät sich Hitler tagelang mit SS-Obersturmführer Otto Skorzeny. Seine Verbündeten, denen er nun nicht mehr traut, haben sich in der Burg von Budapest verschanzt. Hitler studiert stundenlang die Baupläne der Burg und überlegt, wie Horthy am besten verhaftet werden könne. Es ist ein weiteres Beispiel, wie er sich bis in das letzte Detail einer Operation einliest und einmischt. Nachdem er erfahren hat, dass Horthy in Italien und der Schweiz Friedensfühler zu den westlichen Alliierten ausgestreckt hat, erklärt er am 25. September ganz Ungarn zum deutschen Operationsgebiet.

An der Westfront gibt es einen neuen Rückschlag. Die Verteidiger von Boulogne-sur-Mer unter Generalleutnant Ferdinand Heim müssen am 23. September vor der kanadischen 1. Armee kapitulierten. Die anderen deutschen *„Festen Plätze"* Lorient (Region Bretagne), Saint-Nazaire (Region Pays de la Loire), La Rochelle (Département Charente-Maritime) und Gironde (Region Nouvelle-Aquitaine) werden sich noch bis Kriegsende halten, aber dennoch nicht die von Hitler gewünschte Anzahl an Feindkräften binden, die er sich erhofft. Neben dieser schlechten Nachricht regt er sich über neue Berichte auf, die ihm über die Putschisten vorgelegt werden. Durchgeführte Hausdurchsuchungen belegen ein Luxusleben derselben. So werden beispielsweise im Keller von General Olbricht über 1.000 Flaschen Wein gefunden. Der Theologe und Widerstandskämpfer Dietrich Bonhoeffer schildert, wie die Nachricht vom Tode Hitlers mit Sekt gefeiert worden ist. Generaloberst Fromm entpuppt sich als leidenschaftlicher Jäger, der regelmäßig mit seinem Dienstflugzeug zur Jagd geflogen ist. Graf von Stauffenbergs Fahrer ist täglich 100 Kilometer für private Zwecke gefahren und in der Wohnung seines Chefs findet man Alkohol und andere Mangelware vom Schwarzmarkt. Diese und ähnliche Berichte evozieren aufgrund der unter Versorgungsengpässen leidenden Bevölkerung einen sehr negativen Eindruck bei Hitler.

Er bekommt das nicht aus dem Kopf. Nach einer schlaflosen Nacht zum 24. September wird Prof. Morell um 04:00 Uhr wegen eines *„Spasmus nach großer Aufregung"* gerufen.

Er setzt eine Eukodal-Eupaverin-Injektion, das Herz ist ohne Befund, der Blutdruck bei 153 mmHg.

Das rechte Auge zeigt im Augenwinkel geplatzte Äderchen. Prof. Morell verordnet Kokain-Adrenalin-Augentropfen. Am Tag hat Hitler eine letzte Besprechung mit dem Chef der Reichskanzlei Lammers. Zunächst kann Hitler nicht aufstehen, als Lammers in den Raum tritt, was äußerst selten vorkommt. Nach der Unterredung unterschreibt er noch ein neues Reichsgesetz, das *„Gesetz zur Änderung und Ergänzung des Wehrgesetzes".* Dadurch müssen Wehrmachtsangehörigen ihre Mitgliedschaft in der rund acht Millionen Mitglieder umfassenden NSDAP während ihrer Dienstzeit nicht mehr ruhen lassen. Er ahnt nicht, dass es sein letztes Reichsgesetz ist, das er unterschreibt. Danach empfängt er noch den SS-Hauptsturmführer Léon Degrelle. Kaum hat sich Degrelle verabschiedet, ruft er erneut nach Prof. Morell, da er sich zunehmend unwohl fühlt. Er klagt über Herzbeschwerden, Magenkrämpfe und Halsschmerzen. Prof. Morell lässt sicherheitshalber ein EKG anfertigen, das durch den Herzspezialisten Prof. Weber in Bad Nauheim ausgewertet wird. Die Diagnose ist klar: Neben einer Verkalkung der Herzkranzgefäße ist sowohl eine Störung der Reizbildung als auch eine Hypertrophie (Vergrößerung) und Schädigung der linken Herzkammer vorhanden, also eine fortschreitende Arteriosklerose ohne Gefahr einer Angina pectoris. Eventuell hat Hitler einen leichten Herzanfall erlitten. Nach neuesten wissenschaftlichen Untersuchungen zeigt sein EKG die normale Ausprägung eines Mannes seines Alters mit Bluthochdruck, jedoch keine ernsthafte Herzerkrankung.

Hitler erfährt am 25. September von dem nach seinem Verfasser, dem US-amerikanischen Finanzminister Henry Morgenthau, benannten Entwurf zur Umwandlung Deutschlands in einen Agrarstaat nach Kriegsende. Goebbels verschweigt das der deutschen Bevölkerung gegenüber nicht, im Gegenteil. Er greift das Thema sofort als Plan des *„Weltjudentums"* zur *„Versklavung der Deutschen"* auf und hat damit eine neue Basis für seine Durchhalteparolen. Im Morgenthauplan ist die Umsetzung von 14 Punkten inklusive der Teilung Deutschlands, die totale Entmilitarisierung, die Abtretung von Gebieten größeren Umfangs, die Demontage der Schwerindustrie, die Entnazifizierung und die Kontrolle der deutschen Volkswirtschaft durch die Vereinten Nationen in den nächsten zwanzig Jahren vorgesehen. Auch für Hitler ist klar: Dazu darf es niemals kommen. An diesem Tag wird erneut der Wallone Léon Degrelle empfangen und einen Tag später spricht Hitler mit Himmler über neue Erkenntnisse des Ausmaßes des Verrats. Dabei stellt sich heraus, dass Goerdeler, Generalmajor Hans Oster, General a.D. Ludwig Beck und vor allem Canaris bereits seit dem Jahre 1939 Hitlers Sturz geplant und Angriffstermine dem Feind verraten haben. Hitler trifft dies besonders und er findet es empörend, dass sie den Angriffstermin für den „Fall Gelb", den Angriff im Westen, verraten haben. Es ist ein eindeutiger Fall von Hoch- und Landesverrat. Hitler unterzeichnet anschließend die Weisung Nr. 66: *„Zweiter Erlass über die Befehlsgewalt im Operationsgebiet innerhalb des Reiches".*

Am 26. September folgt schon der nächste Befehl: *„Erlass zur Bildung des Deutschen Volkssturms."* Nun sind alle waffenfähigen Männer im Alter von 16 bis 60 Jahren aufgefordert, ihren Heimatboden mit allen Waffen und mit allen Mitteln zu verteidigen.

Die deutsche Führung erhofft sich durch diese Maßnahme sechs Millionen Männer. Da jedoch sowieso schon die meisten der 17- bis 45-Jährigen eingezogen sind, bleiben für diese neue Einheit überwiegend nur Minderjährige und ältere Männer übrig. Zudem braucht man eine Begründung für diese Maßnahme:

„Nach fünfjährigem schwersten Kampf steht infolge des Versagens aller unserer europäischen Verbündeten [!] der Feind an einigen Fronten in der Nähe oder an den deutschen Grenzen. Er strengt seine Kräfte an, um unser Reich zu zerschlagen, das deutsche Volk und seine soziale Ordnung zu vernichten. Sein letztes Ziel ist die Ausrottung [!] des deutschen Menschen. (...) Dem uns bekannten totalen Vernichtungswillen unserer jüdisch-internationalen Feinde setzen wir den totalen Einsatz aller deutschen Menschen entgegen."

Wer ist also schuld an dieser notwendigen Maßnahme? Natürlich die unzuverlässigen Verbündeten, die versagt haben. Bisher haben Italien, Rumänien, Finnland und Bulgarien *„versagt"* und nur die Slowakei, Kroatien und Ungarn halten noch zum Deutschen Reich. De facto ist die Bildung des Volkssturms das Eingeständnis der eigenen Fehleinschätzung, denn Hitler hat erklärt, *„wir haben jede Möglichkeit von vorneherein einkalkuliert"* (30. Januar 1941) und *„es gibt in der Geschichte keine Entschuldigung für ein Versehen, eine Entschuldigung, die etwa darin besteht, dass man nachträglich erklärt, ich habe das nicht gemerkt, oder ich habe nicht daran geglaubt"* (3. Oktober 1941).

Jeder Volkssturmmann, der nach dem Wehrgesetz Soldat ist, muss einen Eid leisten, dass er *„dem Führer des Großdeutschen Reiches, Adolf Hitler, bedingungslos treu und gehorsam sein und lieber sterben werde, als die Freiheit und damit die soziale Zukunft seines Volkes preiszugeben"*. Für die Ausbildung, die interne Organisation und die Bewaffnung ist Himmler verantwortlich. Er hat sich schon profiliert, indem er 160.000 versprengte Soldaten hat aufgreifen lassen, um sie wieder an die Front zu schicken. Er erklärt den Wehrkreiskommandeuren, was die Zukunft bringen wird: *„Wenn irgendwo der Feind einbrechen sollte, wird er auf ein so fanatisches, verrückt bis zum Letzten kämpfendes Volk stoßen, dass er ganz bestimmt nicht durchkommt."* Militärisch sind diese Volkssturmabteilungen größtenteils wertlos, da sie meist nur aus militärischer Sicht untauglichen Männern bestehen und unzulänglich ausgerüstet sind. Die Panzerfaust und die Raketenpanzerbüchse 54 („Panzerschreck") ersetzen die Artillerie. Von diesen Waffen werden zwischen zwei und drei Millionen Stück gefertigt.

Die Volkssturmeinheiten, die ausgebildete Soldaten ersetzen sollen, was illusorisch ist, legen manuell und ohne schweres Gerät Panzersperren an. Diese sind jedoch meist dilettantisch ausgeführt und ohne militärischen Wert. Gleichzeitig wird die notwendige Räumung frontgefährdeter Gebiete verboten, weil dies einer übersteigerten Endsiegpropaganda widerspricht. Die frisch Eingezogenen müssen sowohl ihre eigene Kleidung stellen, als auch die Ess- und Trinkutensilien, Decken und Rucksäcke. Die Munitionsausgabe geht nur schleppend voran. Der Volkssturm wird im deutschen Volk rasch unpopulär, da auch die Verluste an den Fronten sehr schnell sehr hoch werden. Bereits im Oktober sind schwere Verluste zu verzeichnen, 175.000 Volkssturmmänner werden den Einsatz nicht überleben und auch die Wehrmacht verliert zwischen Juni und September über eine Million Soldaten (Tote, Gefangene oder Vermisste). In der

Wirtschaft muss man immer mehr auf ausländische Arbeitskräfte zurückgreifen. Im Spätsommer sind etwa ein Viertel der Arbeitskräfte in der gesamten deutschen Wirtschaft Zwangsarbeiter. Neben diesen Zwangsarbeitern sind zahlreiche deutsche Frauen dienstverpflichtet. Sie müssen 48 Stunden pro Woche arbeiten, die Männer 60 Stunden. Was den Zustand des Verursachers all dessen betrifft, schreibt Rüstungsminister Speer nach dem Krieg:

„Ich hatte den Eindruck, dass er in diesem Stadium, ab Herbst 1944, keine Gespräche mehr führen wollte. Alles was gesprochen wurde, war sehr blass, ohne jede Eindringlichkeit und bewusst ohne jedes geistige Niveau. Wie auch dieser Kreis sicher so ausgesucht war, dass er sich keinesfalls dazu eignete, irgendwie an die schweren und nicht mehr zu meisternden Probleme zu erinnern. Er war zu einem Verächter der Menschen geworden. Er betonte das auch oft genug. Nur noch Fräulein Braun und sein Schäferhund seien ihm treu und gehörten zu ihm."

Da Albert Speer, wie Magnus Brechtken nachgewiesen hat, Hitler in seinen „Erinnerungen" bewusst herabwürdigt, sind derartige Aussagen jedoch mit Vorsicht zu genießen. General der Panzertruppen Nikolaus von Vormann, der vor einigen Tagen als Oberbefehlshaber der 9. Armee abgelöst werden soll, schildert später ebenfalls seinen Eindruck, den er erhält, als er zu Hitler befohlen wird. Er wird auf verborgene Waffen untersucht und dann in einen kleinen Raum von etwa drei Metern im Quadrat geführt, ausgestattet nur mit einem kleinen runden Tisch und ein paar Sesseln. Aus einem Nebenraum, der durch einen Vorhang abgetrennt ist, kommt Hitler ohne Begleitung herein. Von Vormann berichtet von seinen Eindrücken:

„Mich begrüßte ein müder, gebrochener Mann, der schleppenden Schrittes mit hängender Schulter einem der Sessel zustrebte und mich aufforderte, Platz zu nehmen. Ohne abzuwarten, was ich eigentlich wollte, begann er sofort von dem doch noch kommenden Endsieg mit Hilfe der neuen Waffen zu reden. Auf meinen Versuch, die unhaltbare Lage an der Weichsel und in Warschau zu schildern, ging er nicht ein und unterbrach mich schon nach wenigen Worten. Er sprach leise und stockend, dass ich Mühe hatte, ihn zu verstehen. Die Hände zitterten ihm derartig, dass er sie zwischen die Knie klemmen musste."

Als Prof. Morell Hitler danach außerhalb des Bunkers sieht, fällt ihm auf, dass seine Haut gelblich ist. Nachts bekommt Hitler starke Schmerzen und am nächsten Morgen ist das Unvorstellbare eingetreten: Hitler kann das Bett nicht mehr verlassen, was noch nie vorkam.

Sekretärin Traudl Junge erinnert sich:

„(...) blieb der Führer eines Tages im Bett liegen. Das war die größte Sensation. Niemand hatte Hitler jemals im Bett liegen sehen. (...) Es war ein verzweifeltes Gefühl zu sehen, wie der einzige Mann, der alle Not mit einem einzigen Federstrich hätte beenden können, fast teilnahmslos in seinem Bett lag und mit müden Augen vor sich hin blickte, während ringsum die Hölle los war. Mir schien, als hätte plötzlich der Körper die Sinnlosigkeit aller Bemühungen des Geistes und des starken Willens eingesehen und gestreikt (...). Dieser Ungehorsam war Hitler vorher nie begegnet und nun hatte er sich überrumpeln lassen."

Hitler ist völlig ermattet, will niemand sehen und nichts essen. Als Prof. Morell um 21:00 Uhr des 27. September bei ihm ist, sagt er zu ihm, dass er *„etwas gelblich"* aussehe und er ihn untersuchen wolle. Hitler lehnt ab, er will seine Ruhe haben. Am 28. September, in Südosteuropa beginnt eine sowjetische Offensive und das KZ Theresienstadt (Terezín) südlich von Leitmeritz (heute Litoměřice) wird aufgelöst, bestellt Hitler Prof. Morell ab. Nach dem Mittagessen hat Hitler erneut starke kolikartige Bauchschmerzen mit Brechreiz. Trotzdem bestellt er ihn erst um 18:30 Uhr zu sich. Der stellt nun eine eindeutige Gelbfärbung der Haut sowie eine *„sehr starke Bauchdruckspannung"* und *„viele Gase"* fest. Hitlers Mageneingang ist sehr stark druckempfindlich, der Urin ist bierbraun. Hitler benutzt ein Heizkissen und trinkt heißen, ungesüßten Tee. Prof. Morell verbietet ihm Milch und Alkohol; sein Puls ist normal bei 66. Er verordnet ihm strikte Bettruhe. Das bedeutet: Der Führer ist offiziell krank.

Josef Bürckel, Reichsstatthalter der Westmark und Chef der Zivilverwaltung in Lothringen, stirbt am 28. September in seiner Heimat Neustadt an der Weinstraße im Alter von 49 Jahren. Er hat sich zuvor durch Judendeportationen hervorgetan, aber die lothringische Stadt Metz nicht mit seinem Leben verteidigt, was ihm zur Last gelegt wird und zur Folge hat, dass ihm alle Vollmachten entzogen worden sind. Nun ist Bürckel tot. Die amtliche Bekanntmachung lautet, er sei *„an den Folgen einer Lungenentzündung"* gestorben. Gerüchte über einen Selbstmord verstummen nie, können aber nicht bewiesen werden.

In der Nacht zum 29. September ist Prof. Morell von 00:15 Uhr bis 01:30 Uhr bei Hitler. Dieser klagt immer noch über Übelkeit und Magendarmkrämpfe, ist blass und schweißgebadet. Nach dieser Visite schläft er nur bis 03:00 Uhr, dann wacht er durch quälende Blähungen auf und schimpft über das Versagen der Luftwaffe. Prof. Morell ist an diesem Tag viermal bei ihm. Die verordnete Bettruhe hält Hitler zu seiner Überraschung ein.

Sein Patient schwitzt stark, ist sehr müde, die Temperatur ist normal. Er hat *„quälende Blähungen durch sehr viel Ärger, sein Leib ist ziemlich angespannt. Zeitweise immer wieder Krampf in den Gedärmen (Zusammenziehen) und noch immer größere Schmerzen"* sowie Schmerzen in der Gallenblasengegend. Hitler nimmt etwas Haferschleimsuppe mit drei Esslöffel Rizinus zu sich und um 16:00 Uhr zwei Calomelpulver. Daraufhin muss er sich sofort übergeben. Dieses Prozedere wiederholt sich um 19:00 Uhr. Hitler trinkt dann heißen Tee und legt sich ein Wärmekissen auf den Bauch. Von 21:00 Uhr bis 22:30 Uhr lässt die Spannung etwas nach, seit mittags hatte er keinen Spasmus mehr. Prof. Morell gegenüber klagt er, dass er *„noch keine Entleerung"* hatte und *„durch quälende Winde"* geplagt wird. Er nimmt zwei Esslöffel Rizinus und Zitronenstücke gegen den Brechreiz. Von 23:45 Uhr bis 01:30 Uhr hat er nach einem Kamilleneinlauf (1 Liter) Stuhlgang mit *„einer Menge kleiner fester Bröckel"*. In diesen Tagen besucht ihn der immer willkommene Prof. Giesler:

„Adolf Hitler lag auf einem Feldbett in einer fensterlosen Zelle seines Bunkers. Am Kopfteil des Bettes stand ein niedriger Tisch, darauf ein Stapel von Berichten, einige Bücher, ein Telefonapparat. Darüber strahlte eine bewegliche Wandlampe, die weißgrauen Betonwände reflektierten das Licht und gaben dem kleinen Raum die Unwirklichkeit einer

Grabkammer. Die Frischluft der leise surrenden Ventilation kämpfte gegen den typischen Betongeruch des Bunkers."

Hitler begrüßt ihn:

"Tag, Giesler, nehmen Sie dort den Stuhl und setzen Sie sich zu mir. Sie sehen mich in einem jämmerlichen Zustand, aber auch das habe ich überstanden, morgen kann ich wieder aufstehen." Dann erkundigt er sich wieder nach dem Modell von Linz: *"Doch erzählen Sie mir jetzt von Linz! Ihre Zeichnungen sehe ich mir die nächsten Tage an, wenn ich wieder auf bin. Richten Sie sich darauf ein, dass Sie einige Zeit hier bleiben – es ist die einzige Ablenkung, die ich habe!"*

Er macht sich auch Gedanken um seine Alpenresidenz und meint, sich Giesler gegenüber – oder vor sich selbst – unerwartet offen rechtfertigen zu müssen: *"Mag der Berghof zerbombt werden – umso wichtiger ist das Stollensystem, es darf nicht nur als Luftschutzmaßnahme gesehen werden. Abgesehen davon, nicht Furcht zwingt mich in den Bunker, und nicht Furcht hält mich von Frontbesuchen ab, sondern die Gewissheit, dass kein anderer die Standhaftigkeit aufbringt, die nötig ist, diesen Krieg durchzustehen, um ihn zu gewinnen."*

Die aus Bernburg (Saale) stammende 41-jährige Hausfrau Marianne Latoschinski wird wegen ihrer Äußerung, dass nach dem Krieg mit den *"Nazischweinen abgerechnet"* werde und diese *"erschossen werden"*, wegen Wehrkraftzersetzung, Vorbereitung zum Hochverrat und Feindbegünstigung in der Strafanstalt Berlin-Plötzensee durch das Fallbeil hingerichtet.

Der kranke Hitler nimmt vom 28. bis 30. September drei Kilo ab. Die Lagebesprechung fällt aus und die Wolfsschanze ist wie gelähmt, der Motor fehlt. Hitler ist apathisch, nimmt von neuen Nachrichten, die er sonst kaum erwarten konnte, keine Notiz und liegt teilnahmslos im Bett. Auf seinem Nachttisch liegt eine geladene Pistole. In diesen Tagen begehen Einheiten der 16. SS-Panzergrenadier-Division „Reichsführer SS" und der deutschen Wehrmacht in der Apenninengemeinde Marzabotto in der Nähe der italienischen Stadt Bologna ein weiteres Kriegsverbrechen. Sie zerstören den Ort und töten über 770 Zivilisten – laut einigen Quellen sogar bis zu 1.836 Personen – vor allem alte Männer, Frauen und Kinder. Die Opfer haben keine Verbindung zu den Partisanen gehabt.

Hitler bekommt das nicht mit, er ist mit seinem Stuhlgang beschäftigt. Am 30. September, zwischen 01:30 Uhr und 05:00 Uhr macht er einen weiteren Kamilleneinlauf und hat eine *"Entleerung und Stuhl von weiter oben nachkommend"*. Sein Puls ist bei 96. Von 12:00 bis 14:30 Uhr notiert Prof. Morell erneut *"viele Beschwerden durch Gase, da keine Entleerung. Angabe es sei nicht besser, sondern viel schlimmer als zuvor"*. Hitler nimmt einen weiteren Irrigatorkamilleneinlauf selbst vor *"und zwar in der Art, dass Patient sich auf das Klosett dabei setzte. Ich* [Prof. Morell] *musste draußen bleiben (er schloss sogar ab)"*. Prof. Morell verordnet *"Heizkissen auf feuchten Mager-Leber-Aufschlag"* und das wirkt. Von 16:00 Uhr bis 18:00 Uhr hat er vier Mal Stuhlgang und informiert Prof. Morell über die Details: *"Stuhl teilweise sehr stark stinkend."* Gegen Mitternacht geht es Hitler besser, er trinkt ein Glas Karlsbader Wasser, hat kein Fieber und Puls 88. Bormann schreibt an seine Frau, Hitler leide an *"unglaublich schmerzhaften Magenkrämpfen"* und hat durch Prof. Morells Behandlung mit Rizinus in drei Tagen sechs Pfund an Gewicht verloren. Über die weitere Vorgehensweise bei Hitlers ärztlicher Behandlung brechen ein Streit und ein Machtkampf unter seinen Ärzten aus. Letztlich setzt sich Prof. Morell durch und Hitler hält an ihm fest. Er vertraut jetzt nur noch ihm. Die Ärzte Brandt, Hasselbach und Giesing werden nicht mehr herangezogen.

Im Herbst nimmt der Bombenkrieg gegen deutsche Städte weiter zu. Darmstadt, Stuttgart, Frankfurt am Main, Kiel, Kassel und Köln haben schwere Schäden und zahlreiche Opfer unter der Zivilbevölkerung zu beklagen. Vier von ihnen sind der SS-Gruppenführer Richard Kaselowsky, seine Frau Ida und ihre Töchter Ilse und Ingeborg, die am 30. September bei einem Luftangriff auf die Stadt Bielefeld im Privatbunker ihrer Villa ums Leben kommen. Kaselowsky hat zum Freundeskreis des Reichsführer-SS gehört und ist deutscher Unternehmer (Dr. Oetker) gewesen. Die Zukunftsaussichten zu Beginn des letzten Quartals des Jahres 1944 sind in jeglicher Hinsicht düster.

Führerhauptquartier Riese – Sinnbild der Verschwendung

Planungen für dieses im Eulengebirge (südwestlich von Breslau) und südöstlich von Bad Charlottenbrunn gelegene Führerhauptquartier laufen seit Herbst 1943. Es soll die größte und aufwändigste Anlage werden, wird aber nicht mehr fertig und von Hitler auch nie benutzt oder besichtigt. Neben ihm sollen die Oberkommandos des Heeres und der Luftwaffe, der Reichsaußenminister und der Reichsführer-SS beherbergt werden. Eine unterirdische Industrieanlage, nach Mittelbau Dora bei Nordhausen die zweitgrößte der Welt, rundet die aus kilometerlangen Stollensystemen bestehende Anlage, in der etwa 20.000 Menschen unterkommen sollen, ab. Mittelpunkt ist das für Hitler vorgesehene Schloss Fürstenstein zwischen Freiburg in Schlesien und Waldenburg. Im Jahr 1944 verbraucht der Bau dieses Führerhauptquartiers mehr Stahlbeton, als der deutschen Bevölkerung für ihre Luftschutzbauten zugeteilt werden. Für Hitler und seine Entourage sind 3.200 Quadratmeter vorgesehen. Ein Fahrstuhl soll Hitler bei Gefahr 50 Meter tief in den Bunker bringen. Wirtschaftliche Gesichtspunkte spielen beim Ausbau des Projekts Riese wie üblich keine Rolle.

^ *Südansicht von Schloss Fürstenstein, dem zentralen Gebäude des Führerhauptquartiers. (157)*

Ein Diktator, der etwas von der Macht verstand, der bereit war, die notwendige Brutalität, die Grausamkeiten einzusetzen und der eine kolossale Konsequenz in der Ausnutzung dieser Macht bewerkstelligt hat.
Ewald-Heinrich von Kleist
(Oberleutnant, Widerstandskämpfer und Verleger, 1922-2013)

Oktober 1944 – Der Feind auf deutschem Boden

Die militärische Lage zu Beginn des Monats ist aus deutscher Sicht katastrophal. Seit August sterben Tag für Tag mehr als 5.000 deutsche Soldaten, mehr als 200 pro Stunde, alle 20 Sekunden einer – Männer, Söhne, Brüder, Neffen, Freunde. Die Alliierten und die Sowjets besitzen die uneingeschränkte Lufthoheit, der U-Boot-Krieg ist de facto verloren und die deutschen Städte werden Tag und Nacht durch Bombenangriffe mehr und mehr zerstört. Die alliierten Geleitzüge gelangen fast ungestört an ihre Zielhäfen und bringen Nachschub für die Sowjetunion, für Großbritannien und für die eigenen Truppen. Hitler, der aufgrund des Attentats wieder in das Bewusstsein der Öffentlichkeit zurückgekehrt ist, verschwindet langsam wieder aus dem Blickpunkt des Interesses. Die Bevölkerung hat andere Sorgen, nämlich den täglichen Kampf ums Überleben und das Bangen um die Verwandten an der Front oder in anderen bombengefährdeten Städten. Der innere Zusammenhalt der Deutschen wird stark durch die Furcht vor dem Bolschewismus, vor den „Russen", genährt. Gleichzeitig gibt es erste Anzeichen von Zersetzung, Apathie, Resignation und Fatalismus. Man sieht keine Möglichkeit etwas zu ändern und arbeitet mit deutscher Pflichterfüllung weiter wie gewohnt. Die Unterdrückung und Bespitzelung durch das NS-Regime, welches in Folge des Militärputsches in seine radikalste Phase eintritt, ist allgegenwärtig.

Nur in Warschau gibt es scheinbar einen Erfolg zu verbuchen. Angesichts seiner aussichtslosen Lage entscheidet sich der Oberbefehlshaber der polnischen Heimatarmee Tadeusz Komorowski zur Kapitulation. Am 1. Oktober wird ein Waffenstillstand vereinbart. Während der Unterdrückung des Aufstandes sind etwa 15.000 polnische

Kämpfer und 200.000 Zivilisten ums Leben gekommen. Auf deutscher Seite gibt es bis zu 26.000 Tote, Verwundete oder Vermisste, 90 Prozent der polnischen Hauptstadt liegen in Trümmern, 60.000 Einwohner werden in Konzentrationslager deportiert und 100.000 als Zwangsarbeiter nach Deutschland verschleppt. Deutsche Sprengkommandos ebnen die noch stehen gebliebenen Gebäude systematisch ein. Baudenkmäler, Wahrzeichen, Bibliotheken, Handschriftensammlungen und Archive werden ebenso konsequent zerstört wie die Infrastruktur. Was verwertbar ist, unabhängig ob es sich um Rohstoffe, Kunstgegenstände, Gold oder Devisen handelt, wird zuvor geplündert. Am Ende des Aufstands ist die einstige Millionenstadt Warschau fast menschenleer. Nach der Kapitulation der letzten Kämpfer und der Vertreibung der Bevölkerung leben nur noch knapp tausend Menschen in der Trümmerlandschaft. Das einstige *„Paris des Nordens"* gleicht einer lebensfeindlichen Mondlandschaft.

Am ersten Tag des neuen Monats wird bei Hitler (laut einer Aussage des Arztes Dr. Giesing gegenüber John Toland) das einzige Mal ein *„psychologischer Test"* durchgeführt. Der Test ist, wie vieles andere, was nach Kriegsende kolportiert wird, frei erfunden. Der Hinweis hier erfolgt, da ebenfalls laut Dr. Giesing Hitler während einer ärztlichen Behandlung in seinen Privaträumen einen Kreislaufkollaps erleidet und das Bewusstsein verliert. Hitler liegt im Nachthemd (weiß, mit roter oder blauer Borte) im Bett. Er klagt über die seit langem bestehenden Darmkrämpfe: *„Es sind eben die dauernden Sorgen und Aufregungen, die mich keinen Augenblick zur Ruhe kommen lassen, und Tag und Nacht arbeite und denke ich nur für das deutsche Volk."* Er bestreitet, eine Gelbsucht zu haben, lässt sich aber angeblich untersuchen, wobei Giesing auch festgestellt haben will, dass die Gerüchte über anormal ausgebildete Sexualorgane nicht den Fakten entsprechen, obwohl er sie nicht untersucht hat. Da wir seit der Veröffentlichung der Aufzeichnungen des Landsberger Gefängnisarztes Dr. Josef Brinsteiner aus dem Jahre 1923 wissen, dass dies nicht stimmt, ist klar, dass Giesings Aufzeichnungen auch in diesem Punkt nicht der Wahrheit entsprechen. Hitler wird angeblich ohnmächtig und Giesing will nicht mehr, *„dass ein solcher Mann weiter existiert und weiter in seiner rein subjektiven Art Todesurteile bestätigt oder begnadigt"*. Giesing taucht einen Tupferträger in das Kokainfläschchen, eine *„zweite Dosis hätte tödlich"* sein können. Hitler äußert angeblich: *„Wenn sich diese Spasmen laufend wiederholen, hat mein Leben keinen Sinn mehr; dann mach' ich kurzen Prozess."* Wahrscheinlich entsprechen die nüchternen Aufzeichnungen Prof. Morells eher der Realität:

„13:00 Uhr zweimal Stuhl inzwischen und zwar mit bröckeliger Substanz, gutes Aussehen, aber matt, Blutdruck 140 mmHg, Puls 96, gelbliche Farbe fast weg. Als Essen Haferschleimsuppe mit Wasser angemacht, gedünstetes Obst, Äpfel, dazu eine Tablette Acidol-Pepsin versuchsweise. Weiterhin Bettruhe. Massage mit Franzbranntwein abgelehnt. Die gute Wirkung der Kamilleeinläufe wird eingesehen und Patient will diese auch künftig selbständig wiederholen. Außer dem Irrigator habe ich eine Klistierspritze in Aussicht gestellt, damit dosierte Anwendung auch im Bett selbständig ausgeführt werden kann. Nochmals dringende Luftveränderung (Berlin) vorgeschlagen. Berghof wird ganz abgelehnt, Berlin sei ungeeignet, weil er (Patient) dann immer in den Bunker müsse, und er

könne jetzt nicht viel gehen, sei zu schwach. Beim Weggehen Führer sich seitlich aufgerichtet. Angeblich quälende Gase und Druck nach dem Herzen. 22:00 Uhr Führer verlangte nach Saccharin als Süßstoff."

Am 2. Oktober ist die Gelbfärbung der Haut fast verschwunden. Nachts erhält Hitler die Nachricht, dass sein Chefadjutant Schmundt an den schweren Verletzungen, die er bei dem Attentat erlitten hat, gestorben sei. Er zieht sich wieder an, bleibt aber in seinem kleinen Schlafzimmer. Um 14:00 Uhr nimmt er als Frühstück Haferschleimsuppe, angemacht mit Wasser und ein wenig Salz, Birnenstücke, Trauben und Vitamultin-Forte-Tabletten zu sich. Er weigert sich, das angesetzte Karlsbader Wasser zu trinken, da es ihm nicht schmecke. Dann werden seine Arme und Beine mit Franzbranntwein eingerieben, was ihm gut tut. SS-Adjutant Richard Schulze-Kossens findet ihn auf der Bettkante sitzend vor, nur mit schwarzer Hose, weißem Hemd ohne Kragen und Hosenträgern bekleidet. Es ist Schulze-Kossens 30. Geburtstag und Hitler müht sich ein Lächeln ab. Er überreicht ihm eine goldene Uhr aus dem Glashütter Uhrenbetrieb und ist realistisch: *„Das wird wohl noch eine der letzten Uhren sein, die ich verschenke."*

Nach der Lagebesprechung kommt um 17:00 Uhr Prof. Morell und stellt eine *„wesentliche Besserung"* fest. Erfreut notiert er, dass er *„auch alleine aus dem Bett und sich selbständig anziehen"* könne. Prof. Morell schickt eine Stuhlprobe nach Berlin-Zehlendorf in das Reserve-Lazarett 127 an die chemische Untersuchungsstelle des Wehrkreises III. Eine weitere Probe geht nach Freiburg im Breisgau an Prof. Alfred Nißle. Beide Proben sind für ein verwertbares Ergebnis jedoch zu lange unterwegs. Das Abendessen nimmt Hitler mit Constanze Manziarly ein, es gibt Haferschleim, Obstbrei und Trauben. Hitler, der noch völlig entkräftet ist, verlangt fünf Orangen, da er *„im Moment Lust darauf"* habe und bittet, ob *„er welche vom Berg oder aus Berlin haben"* könne. Es ist die Stunde, in der ein Großangriff auf München, der „Hauptstadt der Bewegung", erfolgt.

Bei der Visite am 3. Oktober klagt Hitler seinem Arzt gegenüber über die *„qualvolle Zeit"* seit dem 20. Juli; es sei die *„schlimmste seines Lebens"* gewesen und er habe *„ein Heldentum durchgemacht, wie es sich niemand, kein Deutscher, träumen lässt"*. Trotz *„großer Beschwerden, stundenlangem Schwindel und üblem Befinden"*, worüber er auch trotz Befragung nie etwas mitteile, habe er sich *„aufrecht gehalten und mit eiserner Energie"* gegen all dies angekämpft. Häufig hat die *„Gefahr des Zusammenbruchs"* bestanden, aber er habe *„durch seinen Willen stets den Zustand beherrscht"*. Als Prof. Morell um 02:00 Uhr die üblichen Injektionen setzt, wird er plötzlich sehr müde, die Schmerzen sind verschwunden. Prof. Morell lässt sich noch eine Urinprobe geben und muss sich anhören, dass Hitler nicht bereit sei, ein Schlafmittel einzunehmen, sondern lieber eine Injektion möchte.

Über die Art und Weise wie Hitler zu behandeln sei, bespricht sich Prof. Morell mit Prof. Brandt. Der wirft ihm vor, dass *„der Führer täglich 16 Antigaspillen"* genommen habe, die *„so viel Strychnin"* enthalten, dass dies *„nahe an die Höchstdosis"* herankomme. Prof. Brandt schlussfolgert, dass die jetzige und die ganzen vorherigen Erkrankungen durch *„eine chronische Strychninvergiftung"* verursacht worden seien. Prof. Morell rechtfertigt sich, indem er erklärt, dass er *„dies hochgradige Einnehmen von Antigaspillen"* nicht angeordnet und es erst *„dieser Tage mit Entsetzen"* gehört habe. Brandt droht ihm mit angeblichen Beweisen der Strychninvergiftung. Prof. Morell geht in seiner Verzweiflung, Schuld an den Krankheiten des Staatschefs zu sein, direkt zu Hitler und beklagt sich über die Vorwürfe wegen fehlender Röntgenaufnahmen und Mageninhaltsuntersuchungen. Hitler wird wütend: *„Dann sollen solche Herren einmal zu mir kommen! Sie haben wie oft diese Vorschläge gemacht, und ich habe mich geweigert. Was will denn diese blöde Gesellschaft?"* Letztlich hat er, wie Hans-Joachim Neumann und Henrik Eberle in ihrem Buch „War Hitler krank?" nachweisen, nur eine absolut unbedenkliche Menge an Strychnin zu sich genommen.

Doch wenn es nur irgendwie geht, arbeitet Hitler weiter. Der Kartentisch ist sein militärisches Gehirn, ohne ihn ist er hilflos. Er lässt sogar während seiner Erkrankung einen Kartentisch in seinem Schlafzimmer aufbauen. Von dort erteilt er den Rückzugsbefehl aus Griechenland, Südalbanien und Südmazedonien. Die griechische Hauptstadt Athen wird zur offenen Stadt erklärt. Nachts erfolgt ein schwerer Bombenangriff auf Nürnberg. Hitlers bevorzugtes Hotel „Deutscher Hof", in dem er von 1920 bis kurz vor Kriegsbeginn regelmäßig gewohnt hat, wird dabei schwer beschädigt. Goebbels versucht an diesem 3. Oktober die Belegschaft eines Kölner Betriebes – und wahrscheinlich auch sich selbst – zu weiteren Anstrengungen und Hoffnungen zu motivieren:

„Das wird der Feind in den nächsten Wochen und Monaten zu verspüren bekommen: Dass es etwas anderes ist Paris und Bukarest und dass es etwas anderes ist, Köln und Königsberg zu besetzen! [Bravo-Rufe, Beifall] *Es ist etwas anderes, durch ein Land zu fahren, dessen Bevölkerung im Eroberer auch einen Befreier sieht, oder durch ein Land zu fahren, dessen Bevölkerung im Eroberer auch den Unterdrücker sieht. Und das zu beweisen, wird die Aufgabe der rheinisch-westfälischen Bevölkerung in den nächsten Wochen sein."*

Wieder bei Kräften, unterzeichnet Hitler am 4. Oktober die Weisung Nr. 67 (*„Befehle den Stellungsbau und Verteidigungsmaßnahmen in Westdeutschland betreffend"*) und diskutiert am nächsten Tag erneut mit Prof. Morell über die Antigaspillen. Prof. Morell hat Zukunftsangst und bittet ihn um ein ihn entlastendes Schriftstück. Hitler, der gerade von der Landung der Alliierten in Griechenland erfahren hat, widmet seine Aufmerksamkeit der Witwe seines Chefadjutanten, Anneliese Schmundt, die ihn besucht. Schmundt wird posthum zum General der Infanterie befördert und am 6. Oktober mit einem Staatsakt im Reichsehrenmal Tannenberg geehrt. Hitler ist noch sehr von diesem Verlust ergriffen und beginnt zu weinen, als sie hereinkommt. Er sagt, dass er *„seinen besten Mann"* verloren habe: *„Sie erwarten wohl, dass ich Sie tröste. Aber Sie müssen mich* [!] *trösten, denn es ist mein Verlust."* Sie bittet Hitler, die Privattagebücher ihres Mannes in Verwahrung zu nehmen. Er kümmert sich darum: *„Jawohl, genügt Ihnen das, wenn das Tagebuch in der Reichskanzlei eingeschlossen wird und ein Schlüssel von Puttkamer und ein Schlüssel Ihnen gegeben wird?"* Anneliese Schmundt ist damit einverstanden.

General Walter Schroth, Mitglied des „Ehrenhofes des deutschen Heeres" kommt am 6. Oktober bei einem Verkehrsunfall unter nicht näher bekannten Umständen bei Bad Nauheim ums Leben. An diesem Vormittag beginnt mit dem Vormarsch der zur

1. US-Armee gehörenden 9. US-Infanteriedivision gegen die deutsche 275. Infanterie-Division einer der härtesten Schlachten des Krieges, bekannt geworden unter dem Namen „Schlacht im Hürtgenwald". In diesem, nahe der gleichnamigen Gemeinde südwestlich von Düren liegendem Waldgebiet gelingt es der alliierten Artillerie und Luftwaffe nur sehr schwer, geeignete Ziele aufzufinden. Die Beschaffenheit des Geländes verhindert den Einsatz ihrer schweren Fahrzeuge fast ganz, es ist sehr kalt und nass. Ein weiteres Hindernis für die U.S. Army ist die genaue Ortskenntnis der Wehrmacht und deren sorgfältige Vorbereitungen von Feuerstellungen für die Artillerie, die Mörser und die Maschinengewehre. Die Wehrmacht ist durch das bergige und waldige Gelände so stark im Vorteil, dass die amerikanische Überlegenheit an Kriegsgerät und relativ frischen Truppen kaum zur Geltung kommt. Zusätzlich bieten die Befestigungen des Westwalls mit dem unübersichtlichen Stellungssystem gute Verteidigungsmöglichkeiten. Die US-Soldaten sind bald gezwungen, einen für beide Seiten sehr kräftezehrenden Grabenkrieg zu führen. Dabei wirkt sich erschwerend aus, dass die Amerikaner keine praktische Erfahrung im Gebirgskrieg besitzen, während die Deutschen durch die Erfahrungen der vergangenen Kriegsjahre damit bestens vertraut sind. Viele ältere deutsche Offiziere haben sogar noch Erfahrungen aus dem Stellungskrieg im Ersten Weltkrieg.

Die Wehrmacht verwandelt den dichten Wald mit unzähligen Schützenlöchern, Gräben und dem massiven Einsatz von Minen in eine Festung. In den Bäumen versteckte Scharfschützen („Baumschützen") fordern einen stetigen Blutzoll und Baumkrepierer (Artilleriegranaten, die so eingestellt werden, dass sie in Baumwipfelhöhe detonieren und somit die vorrückenden Truppen mit Holzsplittern übersähen) erweisen sich als sehr gefährlich für die ohne ausreichende Deckung vorgehenden Angreifer. Die deutschen Verteidiger schießen mit ihrer Artillerie auch mit Granaten, die einen Doppel- oder Zeitzünder besitzen und noch in der Luft detonieren, was die Splitterwirkung im Vergleich zu herkömmlichen Granaten mit Aufschlagzündern um das Anderthalbfache erhöht. So bleibt der überwiegend von US-Infanterietruppen vorgetragene Angriff bald im Wald liegen. Die Deutschen leiden ihrerseits unter Nachschubschwierigkeiten, die kämpfenden Verbände haben auf dem Rückzug durch Frankreich schwere Verluste erlitten und Ersatz ist kaum mehr verfügbar. Durch den Mangel an Fahrzeugen und vor allem Treibstoff muss der Nachschub im unwegsamen Gelände oft mit Trägerkolonnen

^ *Von einem amerikanischen Kriegsberichterstatter im wochenlang umkämpften Hürtgenwald aufgenommes Foto. Es zeigt die in ihren Kampfstellungen gefallenen Kindersoldaten von Hitlers letztem Aufgebot. (115)*

an die Front gebracht werden. Nach zehn Tagen schwerer Kämpfe sind beide Seiten so geschwächt, dass die Kampfhandlungen abflauen. Am Ende der erfolglosen Offensive beträgt der Geländegewinn der Amerikaner 2,7 Kilometer – bei Verlusten von bis zu 33.000 Mann; bei den Deutschen 28.000 Mann, davon auf beiden Seiten rund 12.000 Tote. Insgesamt verliert die U.S. Army seit der Invasion durch Tod, Verwundung oder Gefangenschaft fast eine Viertelmillion Mann.

Mit 3.000 Bombern werden die noch produzierenden deutschen Hydrierwerke vom 7. bis 14. Oktober angegriffen. Die Produktionsleistung an Flugzeugbenzin sank durch Luftangriffe bereits von 175.000 Tonnen (April) auf 30.000 (Juli) und schließlich auf 5.000 Tonnen (September). Schwerpunkt der Bombardements sind nun die Raffinerien in Merseburg (Leunawerke), Hannover-Misburg, Hamburg-Harburg, Rhenania-Ossag, Scholven-Buer, Tröglitz, Böhlau, Pölitz bei Stettin, Brüx bei Prag, Fallersleben-Ostermoor und Bremen-Gröpelingen. Am selben Tag, dem 7. Oktober, beginnt ein sowjetischer Großangriff. Es besteht die Gefahr des Eindringens in Ostpreußen, da Truppen der Roten Armee die Grenze überschreiten. Der Generalstab bedrängt Hitler, die Wolfsschanze zu verlassen, doch dieser lehnt sofort ab: *„Die Ostpreußen würden dann mit Recht denken, dass ich sie verlassen habe und sie den Russen überlasse. Wenn das auch noch so geheim geschieht, erfahren tun es doch die Leute irgendwie und es gibt eine unnötige Missstimmung in Ostpreußen. Die armen Leute hier haben 1914 und 1915 schon einmal die russische Schreckensherrschaft kennengelernt und ich will sie ihnen ein zweites Mal ersparen."* Er überlegt sich ernsthaft, das Führerhauptquartier als Festung zu deklarieren und dort das Schicksal eines Festungskommandanten zu suchen. Die Pressemedien melden am *„Wehrertüchtigungstag"* der Hitlerjugend (8. Oktober), dass sich im ganzen Land angeblich 70 Prozent des Jahrgangs 1928 *„freiwillig zu den Waffen gemeldet"* haben, also der 17-Jährigen. Grund genug für Hitler, einen Aufruf zu erlassen:

„Meine Hitler-Jugend! Mit Stolz und Freude habe ich eure Meldungen als Kriegsfreiwillige des Jahrgangs 1928 entgegengenommen. In der Stunde der Bedrohung des Reiches durch unsere hasserfüllten Feinde habt ihr ein leuchtendes Beispiel kämpferischer Gesinnung und fanatischer Einsatz- und Opferbereitschaft gegeben. (...) Wir kennen die erbarmungslosen Vernichtungspläne unserer Feinde. Deshalb werden wir immer fanatischer diesen Krieg für ein Reich führen, in dem ihr einmal in Ehren arbeiten und leben werdet. Ihr aber als junge nationalsozialistische Kämpfer müsst unser ganzes Volk an Standfestigkeit, zäher Beharrlichkeit und unbeugsamer Härte noch übertreffen (...)."

Ab dem 9. Oktober wird, nach Evakuierung der letzten Bevölkerung, auf ausdrücklichen Befehl Hitlers damit begonnen, Warschau fast vollständig zu zerstören. Es ist der Tag, an dem der Chirurg und SS-Obersturmbannführer Dr. Ludwig Stumpfegger in seine Dienste tritt und ihm Einsatzpläne für die Ardennenoffensive vom OKW zur Genehmigung vorgelegt werden. Zuvor haben in einer internen Besprechung die betroffenen militärischen Befehlshaber ausnahmslos das Ziel der Offensive, die Eroberung Antwerpens, für unrealistisch erklärt. Die eigenen Kräfte reichen hierfür nicht aus. Jodl weist das mit dem Argument zurück, Hitler erwartet, dass als Ergebnis der Offensive *„die Westmächte verhandlungsbereit"* werden. Einen Tag später, die Heeresgruppe Nord wird in Kurland eingeschlossen, gibt Hitler an, seit dem 20. August noch *„nie so einen klaren Kopf"* und *„befreiendes Gefühl"* gehabt zu haben. Seine Truppen in Kurland, etwa eine viertel Million Soldaten, haben kein solches „befreiendes Gefühl", sondern werden bis Kriegsende eingeschlossen und fehlen so an anderen Fronten. Aber wenigstens von seinem Arzt bekommt Hitler gute Nachrichten, das Ergebnis seiner Urinprobe ist gut, er hat nach der durchlittenen Gelbsucht keine Leberschäden und auch der Mandelabstrich zeigt einen negativen Befund. Körperlich wieder gestärkt überlegt er, wie er etwas zur Motivation der Arbeiter am Westwall beitragen kann. Die Lösung: Er ordnet die *„Wiederaufnahme der Verleihung des ‚Deutschen Schutzwallehrenzeichens'"* an.

Nun interessiert ihn auch sein eigener Bunker in der Wolfsschanze wieder. Am 11. Oktober besichtigt er die Baustelle und ist bei dieser Gelegenheit zum ersten Mal seit einiger Zeit wieder an der frischen Luft, muss sich jedoch *„ab und zu immer wieder zum Ausruhen"* hinsetzen. Speer kommt am nächsten Tag und Hitler unterschreibt ihm einen Entwurf von Ernst Heinkel zur Massenproduktion des Heinkel He 162, eines „Volksjäger" genannten Düsenjägers. Damit diese neue Wunderwaffe auch praktisch produziert werden kann, unterzeichnet er einen Erlass zur sofortigen Produktionssteigerung der neuen Hochleistungsflugzeuge und gibt Speer den Befehl zum Aufbau einer 80.000 Mann starken „Sonderbautruppe der Organisation Todt" für kriegswichtige Geheimobjekte.

Die Lagebesprechung am 13. Oktober wird von den Meldungen überschattet, dass die lettische Hauptstadt Riga von den deutschen Truppen geräumt werden muss. Außerdem wird nach zwei Wochen heftiger Gefechte in der Umgebung Aachen von der U.S. Army eingekreist. Die westdeutsche Großstadt liegt nun unter direktem Beschuss, teilweise von bis zu 5.000 Granaten in der Stunde. Kurz vor Mitternacht, um 23:45 Uhr, ruft Hitler Prof. Morell an und fragt, ob er *„dünne Schokolade und Karlsbader Mühlbrunnen"* zu sich nehmen dürfe, denn er habe acht Kilo abgenommen. Dann hat er noch eine beruhigende Mitteilung für seinen Leibarzt. Er teilt ihm mit, dass er die Antigaspillen untersuchen ließ und dass sie ungefährlich seien, wenn zwei bis vier Stück zu den Mahlzeiten eingenommen werden, da sie nur in winzigen Dosen Belladonna und Strychnin enthalten. Prof. Morell fällt ein Stein vom Herzen. Dem so rehabilitierten Arzt wird von seinem Patienten am 14. Oktober um 12:50 Uhr mitgeteilt, dass *„alles gut"* sei. Hitler bespricht sich um 13:20 Uhr mit Goebbels, um 14:25 Uhr kurz mit Keitel, nimmt sein Mittagessen ein und hält um 15:00 Uhr die Lagebesprechung ab. Darin wird ihm knapp gemeldet, dass Rommel *„an den Folgen seines Autounfalls"* gestorben sei. Hitlers Kommentar ist kurz und lapidar: *„Wieder einer von den Alten!"* Er befiehlt, dass vorerst keine Meldung an die Presse gegeben werden darf.

Natürlich weiß er, dass Rommel nicht an den Folgen seines Unfalls verstorben ist. Er selbst hat seinen neuen Chefadjutanten General Wilhelm Burgdorf und den Chef für Ehrenangelegenheiten im Heerespersonalamt Generalleutnant Ernst Maisel zu Rommel in die Wippinger Steige 13 (heute Erwin-Rommel-Steige) nach Herrlingen (heute Blaustein-Herrlingen) geschickt. Er befahl ihnen, dass sie verhindern sollen, dass er seinen Selbstmord durch Erschießen begeht, damit der Tod auf eine Hirnverletzung als Folge des Unfalls dargestellt werden könne. Die Beweise gegen Rommel waren zu erdrückend. Oberstleutnant von Hofacker hat vor seiner Hinrichtung schriftlich bezeugt, dass Rommel Goerdeler gegenüber versichert habe, sie könnten sich auf ihn verlassen, falls der Putsch gelänge. Rommel war zudem äußerst populär; ein Volksheld, der durch den Propagandaapparat jahrelang systematisch aufgebaut worden ist und der die Deutschen vielleicht dazu hätte bringen können, mit dem Weiterkämpfen aufzuhören. So jemand darf natürlich weder überleben noch in einem öffentlichen Schauprozess auftreten, wo er seine Argumente hätte vorbringen können. Die beiden Generale zwingen ihn zum Selbstmord, indem sie ihm eröffnen, dass Hitler ihn als Teilnehmer der *„Generalsverschwörung"* betrachtet und ihm großzügigerweise aufgrund seiner früheren Verdienste den Tod durch Gift anbietet. Rommel hat folgende Alternativen: Pension für die Familie und Staatsbegräbnis für ihn oder Sippenhaft und Volksgerichtshof. Ein weiteres Beispiel für den Zynismus des NS-Regimes ist dies: Rommel lebt noch, als bereits Stunden vorher der Kranz Hitlers für seine Trauerfeier auf dem Ulmer Hauptbahnhof eintrifft. Da Rommel das Gift wählt, lautet die Pressemeldung: *„Generalfeldmarschall Rommel ist an den Folgen seiner schweren Kopfverletzung, die er als Oberbefehlshaber einer Heeresgruppe im Westen durch Kraftfahrzeugunfall erlitten hat, verstorben. Der Führer hat ein Staatsbegräbnis angeordnet."* Rommels Witwe Lucie Maria erhält von Hitler ein mitfühlendes Beileidstelegramm.

Nachdem auch dieses Problem erledigt ist, begibt sich Hitler um 17:15 Uhr auf einen Spaziergang, trifft eine halbe Stunde später General Müller und lässt sich danach durch Prof. Blaschke die Zähne behandeln. Für 18:45 Uhr hat er Speer zu sich befohlen und um 19:00 Uhr Keitel. Ab 19:15 Uhr zieht er sich zurück und isst um 21:30 Uhr zu Abend. Um 23:00 Uhr, es findet gerade ein schwerer Luftangriff auf Braunschweig statt, erhält Prof. Morell plötzlich einen Anruf, er solle sofort zu Hitler kommen. Dieser klagt, dass seine Drüse an der linken Halsseite wieder geschwollen sei und er eine Behinderung am Kehlkopf habe. Die Untersuchung ergibt, dass seine linke Mandel gerötet ist, offenbar wegen zu geringer Pinselung mit Jod-Jodkali-Glycerin. Prof. Morell setzt den Inhalator in Betrieb, muss aber enttäuscht feststellen, dass leider *„nur einige Minuten Anwendung möglich"* ist. Hitler jammert zwar, lehnt aber lindernde Halsumschläge ebenso ab wie heiße Milch mit Bienenhonig, weil er Angst vor Blähungen hat. Prof. Morell verordnet das längere Einwirken von Zitronensaft auf die Mandeln und zwei Dragees Chineurin. Die Injektionen werden auf den nächsten Tag verschoben.

Hitler hat noch immer Sorgen wegen der unklaren Lage in Ungarn, nachdem Horthy die aussichtslose Lage erkannt hat und diese durch einen Waffenstillstand mit der Sowjetunion beenden will. Hitler arbeitet nachts, beruft um 01:30 Uhr des 15. Oktober eine Lagebesprechung ein, trinkt danach um 03:45 Uhr Tee mit seinen Sekretärinnen und geht um 05:00 Uhr in seine Privaträume. Nach eigenen Angaben schläft er nur drei Stunden. Um auf Horthy Druck auszuüben, lässt Hitler von Mussolinibefreier Skorzeny kurz nach 10:00 Uhr Horthys Sohn Nikolaus entführen und – mit einem Sack über dem Kopf und gefesselt – nach Deutschland ausfliegen. Von Schlägen blutüberströmt wird er in das KZ Mauthausen eingeliefert. Daraufhin sucht Horthy den deutschen Gesandten SS-Brigadeführer Edmund Veesenmayer auf, um sich zu beschweren. Dieser eröffnet ihm zynisch, dass Horthy von jetzt ab „*unter Hitlers Schutz steht*". Horthy wird mit seiner übrigen Familie nach Schloss Hirschberg am Haarsee bei Weilheim in Oberbayern gebracht. Dort wird er gezwungen, seine Abdankungsurkunde zu unterschreiben. Dadurch erreicht Hitler Einfluss auf das Land in der Pannonischen Tiefebene, das wegen seiner Erdöllieferungen an Deutschland kriegswichtig ist. Er lässt Horthy drohen, dass das Leben seines Sohnes von seinem weiteren Verhalten abhänge. Beim „*ersten Anzeichen von Verrat*" wird dieser sofort erschossen. Der ungarische faschistische Politiker Ferenc Szálasi wird von Hitler für den noch nicht sowjetisch besetzten Teil zum neuen Ministerpräsidenten erklärt.

Kaum ist er halbwegs wieder fit geworden, fühlt sich Hitler gesundheitlich schon wieder angeschlagen. Er hat sich durch seinen Friseur August Wollenhaupt, der seit vierzehn Jahren alle zwei Wochen seine Haare mit der fallenden Strähne schneidet und den Schnurrbart stutzt, eine Infektion eingefangen. Wütend schimpft er: „*Der Kerl hat seit fünf Tagen einen Schnupfen gehabt und er hat mir nichts davon gesagt. Ich habe gestern Abend schon mit Prof. Morell gesprochen, der mir wieder Ultraseptyl-Tabletten gegeben hat.*" Eine Erkältung käme ihm ungelegen. Am 16. Oktober geht Hitler um 04:00 Uhr ins Bett und frühstückt um 12:45 Uhr. Es wird erneut ein ereignisreicher Tag. Zum einen ist das in unmittelbarer Nähe zum Obersalzberg gelegene Salzburg Ziel eines schweren Bombenangriffes. Zielgebiet ist die historische Altstadt, 245 Menschen kommen ums Leben. Zum anderen stoßen sowjetische Truppen mit zwei großen Panzerspitzen wie befürchtet in die Ostflanke Ostpreußens, treiben ihre Stoßkeile auf Gumbinnen und Goldap und überschreiten die deutsche Reichsgrenze. In der Bevölkerung bricht Panik aus. Eine der größten Flüchtlingsströme der Geschichte setzt ein und die ersten Flüchtlingstrecks ziehen an der Wolfsschanze vorbei Richtung Westen. Bormann hat starke Bedenken, da „*60 oder 80 Kilometer für gepanzerte Fahrzeuge keine Distanz*" darstellen. Da Hitler die Wolfsschanze jedoch nicht verlassen will, fordert er zusätzlich zwölf schwere Flakbatterien zum Schutz des Führerhauptquartiers an.

In dieser Zeit wird sein Adjutant von Below, der sich wieder zum Dienst zurückgemeldet hat, meist abends zum Gespräch gerufen und findet Hitler „*ruhig und einigermaßen frisch*" vor. Hitler teilt ihm seine Gedanken mit, wartet auf einen Bruch zwischen den „*Amerikanern und England*" und dass seinen Gegnern „*die Puste ausgeht*". Zum Attentat meint er: „*Ich wusste es schon seit längerer Zeit, dass die ‚besseren Kreise' unseres Volkes gegen mich standen. Aber die Kunst, in Krisenzeiten nicht wankelmütig*

^ *15. Oktober 1944, Aachen: Flüchtlinge ziehen mit ihren letzten Habseligkeiten aus der evakuierten Stadt. (115)*

zu werden, ist ein unversiegbarer Kraftquell."Am 17. Oktober tritt eine neue Verordnung in Kraft. Für männliche Jugendliche unter 18 Jahren ist der „soldatische Haarschnitt" nun obligatorisch. Allen Friseuren, die diese Regelung nicht beachten, wird mit dem Entzug ihrer Arbeitskräfte gedroht. Am Tag darauf notiert Dr. Giesing: „Spülung des linken Oberkieferknochens von Prof. von Eicken durchgeführt, da Untersuchung zwei Eiterpartikel zeigte. Bei abschließender Untersuchung Nase auf beiden Seiten frei. Keine Klagen. Eine leichte Laryngitis [Kehlkopfentzündung] ist ebenfalls abgeklungen. Die Nebenhöhleninfektion beidseits, bedingt durch eine Erkältung, die sich der Patient beim Friseur zugezogen hatte, ist vollständig verschwunden." Hitlers Schlaf ist gut. Um 16:35 Uhr unternimmt er einen Spaziergang zu Göring und trinkt in dessen Reichsmarschallhaus Tee, bevor er abends noch eine kurze Unterredung mit Himmler hat.

In den Medien wird anlässlich der Trauerfeier für Rommel Hitlers Tagesbefehl veröffentlicht: „Mit ihm ist einer unserer besten Heerführer dahingegangen. (...) Sein Name ist in die Geschichte des deutschen Volkes eingegangen." Es ist eine verlogene Proklamation. Hitler hat viele solcher erhebenden Nachrufe verfasst und es ist zu vermuten, dass viele von ihnen nur dazu gedient haben, einen staatlich angeordneten Mord zu verschleiern. Im Fall Rommel sind die wahren Begleitumstände ans Tageslicht gekommen. Hitler lässt sich beim Staatsakt im Ulmer Rathaus durch von Rundstedt vertreten. Dieser verkündet in seiner Trauerrede, Rommels „Herz gehörte dem Führer" und erklärt zynisch: „Mein lieber Rommel, unser Führer und Oberster Befehlshaber übermittelt Ihnen durch mich seinen Dank und seinen Gruß." Den Dank für den befehlsmäßig ausgeführten Selbstmord?

^ *Sowjetische Panzer und Infanterie dringen in ein ostpreußisches Dorf ein. (115)*

Am Abend dieses symbolbehafteten 18. Oktober, dem Jahrestag der Völkerschlacht bei Leipzig, lässt Hitler seinen Erlass vom 25. September über die Bildung des deutschen Volkssturms im Rundfunk verlesen.

Sein Schlaf am Morgen des 19. Oktober ist gut, nur die Halsdrüse an der linken Mandel ist noch dick. Er klagt über eine leichte, bis neben den Kehlkopf herabziehende Schwellung. Abends ruft er Prof. Morell an und teilt ihm mit, dass er Ultraseptyl nicht weiter nehmen könne, da er *„nach drei Tabletten ähnliche Magenblähungen"* habe wie neulich und er glaube, dass der kürzliche Zustand mit der Einnahme der großen Menge Ultraseptyl zu tun habe. Doch schon am nächsten Tag fällt mit Belgrad eine weitere Hauptstadt in die Hand des Feindes. Nun klagt er erneut über stärkere Mandel- und Drüsenschwellungen links. Erst morgens hat er einige Stunden geschlafen. Von Injektionen sieht Prof. Morell ab, damit die bisherigen häufigen Stichstellen gut abheilen können. Die linke Armbeuge sieht schon gut aus, in der rechten zeigen sich noch rote Pünktchen. Hitler bemerkt, dass *„dies früher nicht der Fall"* gewesen sei. Während sich Hitler mit roten Pünktchen auf seiner Haut beschäftigt, rückt am 21. Oktober das nur 65 Kilometer nordöstlich der Wolfsschanze befindliche Nemmersdorf (heute Majakovskoje) ins Licht der Weltöffentlichkeit. Das kleine Dorf besitzt die einzig befahrbare Betonbrücke über die Angerapp und hat somit plötzlich strategische Bedeutung erlangt. Flüchtlingstrecks stauen sich an der Brücke, hinzu kommen deutsche Militärfahrzeuge, die sich auf dem Rückzug vor der 25. sowjetischen Panzerbrigade befinden. Gegen 06:30 Uhr erreichen die ersten sowjetischen Soldaten die Brücke, die rasch eingenommen wird. Die Vorfälle, die in den nächsten zwei Tagen geschehen, lassen sich nur schwer rekonstruieren. Letztlich kommen etwa 23 bis 30 Zivilisten ums Leben, im Vergleich zu anderen ein Kriegsverbrechen relativ geringen Ausmaßes, welches als „Massaker von Nemmersdorf" bekannt wird.

Dreizehn einheimische Zivilisten, die sich vor den Kampfhandlungen zwischen der Wehrmacht und den sowjetischen Truppen in einen Bunker geflüchtet haben, werden

^ *Vergewaltigte und erschlagene Frauen und Babys in Nemmersdorf, wie sie nach der Rückeroberung durch die Wehrmacht aufgereiht wurden. (115)*

darin erschossen. Frauen, alte Männer und Kinder werden auf bestialische Art umgebracht und angeblich auch an Scheunentoren mit dem Kopf nach unten gekreuzigt. Alte Männer werden mit der Zunge auf dem Tisch festgenagelt, während sie zusehen müssen, wie ihre Angehörigen vergewaltigt und dann umgebracht wurden. Säuglingen und Kleinkindern wird der Schädel zertrümmert. Inwieweit derartige Gräuel tatsächlich geschehen sind oder durch Gerüchte und die NS-Propaganda verbreitet werden, lässt sich in diesem Fall nicht mehr sicher feststellen. Nachdem sich die Rote Armee aus dem Ort zurückgezogen hat, wird Nemmersdorf für die deutsche Propaganda zum Paradebeispiel einer *„bestialischen Bluttat"* der *„bolschewistischen Bestie"*. Der Hintergrund ist eindeutig: Goebbels ist der Stimmungsumschwung in der deutschen Bevölkerung bekannt, die angesichts der fortgesetzten Niederlagen deutscher Truppen an der Ost- und Westfront der eigenen Führung zunehmend skeptisch gegenübersteht. Er lässt in seinem Ministerium intensiv an Gegenmaßnahmen arbeiten, um die Kriegsmoral der Deutschen wiederherzustellen. Das Reichsministerium für Volksaufklärung und Propaganda schlachtet die Geschehnisse im Sinne des NS-Regimes aus. Man will damit die Reserven der deutschen Bevölkerung gegen die vorrückenden Sowjettruppen mobilisieren, indem man diese als grausame Invasoren darstellt. Zu diesem Zweck werden nachträglich Aufnahmen mit Erschossenen unbekannter Herkunft angefertigt und Berichte verbreitet, die von methodischen Folterungen, Vergewaltigungen und Morden sprechen. Der „Völkische Beobachter" subsumiert alle Toten unter dem Stichwort *„Nemmersdorf"*, um die propagandistische Wirkung zu verstärken. Wochenschauaufnahmen zeigen Bilder der Propagandakompanie, auf denen mehrere Frauen mit hochgezogenen Röcken und ein vollständig zerstörtes Dorf zu sehen sind. Letztlich verfängt die inländische Pressekampagne nicht. Die später eingesetzte internationale Untersuchungsmission erweist sich sogar als kontraproduktiv, da Fragen nach den Ursachen des sowjetischen Vorstoßes und der NS-Evakuierungspolitik in der Bevölkerung aufkommen.

Psychologisch für die deutsche Bevölkerung wesentlich negativer wirkt sich an diesem 21. Oktober jedoch die Besetzung der – fast menschenleeren und zerbombten – ersten deutschen Großstadt Aachen durch alliierte Truppen aus. 80 Prozent der historischen Altstadt liegen in Trümmern. Zeitgleich empfängt Hitler Skorzeny und gratuliert ihm zu seinem Erfolg in Budapest, also der Entführung von Horthys Sohn. Hitler hat gerade ein Ergebenheitstelegramm des ungarischen Ministerpräsidenten Ferenc Szálasi erhalten und umgehend beantwortet:

„Sie bringen (…) zum Ausdruck, dass die ungarische Nation in unerschütterlichem Glauben an die Ideale eines neuen und gerechten [!] *Europa und eingedenk der traditionellen deutsch-ungarischen Waffenbrüderschaft an der Seite des Großdeutschen Reiches ihre ganze Kraft gegen die gemeinsamen Feinde einsetzen wird."* Als Skorzeny gehen will, hält er ihn zurück: *„Nein, bleiben Sie, Skorzeny! Ich habe Ihnen heute den vielleicht wichtigsten Auftrag Ihres Lebens zu erteilen. Bisher wissen nur einige wenige Leute um die Vorbereitungen zu einem geheimen Plan, in dem Sie eine große Rolle übernehmen sollen. Deutschland startet im Dezember eine große, für das weitere Schicksal des Landes entscheidende Offensive."*

Dann gibt er ihm einen Überblick über die Planungen zur Ardennenoffensive. Skorzeny erhält den Befehl, eine Sondertruppe aufzubauen, die mit amerikanischen Uniformen, Panzern, Jeeps und Waffen ausgerüstet ist, um so handstreichartig wichtige Maasbrücken zwischen Lüttich und Namur besetzen und hinter der Front Verwirrung stiften zu können. Dass dies nach dem humanitären Völkerrecht verboten ist, interessiert Hitler nicht. Der Zweck heiligt die Mittel.

Mittags erscheinen Prof. Morell und Prof. von Eicken zur Untersuchung: *„Führer kam mir matt und blass vor."* Gegen 18:00 Uhr lässt sich dieser zum Röntgen in das Lazarett Karlshof fahren. Dr. Stumpfegger begleitet ihn, der Chefarzt und Dr. Brinkmann sind zugegen, als zwei Aufnahmen angefertigt werden. Die Diagnose lautet: *„Stirnhöhlen frei, Kiefernhöhle rechts frei, links eine geringe Verschattung seitlich. Wiederholung notwendig."* Nach der Rückkehr in die Wolfsschanze spricht Hitler mit Gauleiter Koch über die kurz vor der Katastrophe stehende Situation in Ostpreußen. Keitel plädiert deshalb am 22. Oktober für einen Umzug nach Berlin. Hitler lehnt erneut ab, weigert sich auch an die Front zu fahren, er sei gesundheitlich zu angeschlagen. Immer öfter fällt nun die abendliche oder nächtliche Lagebesprechung aus, damit er sich schwankend und *„halb ohnmächtig vor Schmerzen"* hinlegen könne.

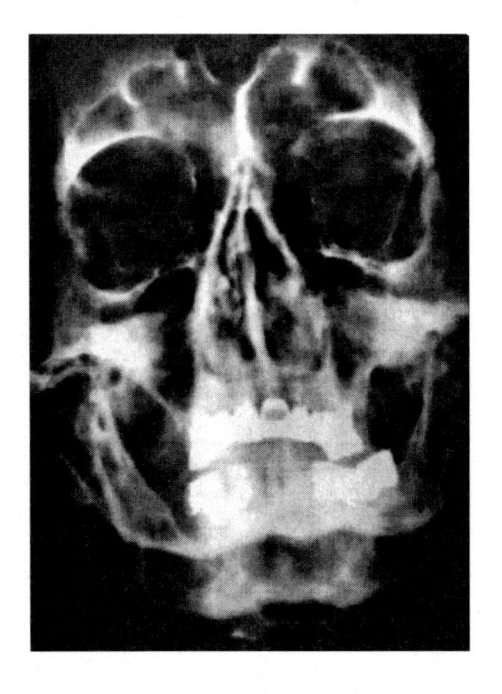

Seine Sekretärinnen sitzen abends mit Hewel an seinem Bett. Um Mitternacht kommt ein Adjutant, um die kurz zusammengefasste Lage zu verlesen. Auch ein höherer Offizier, der die Schlachtfelder in Ostpreußen persönlich in Augenschein genommen hat, beschreibt Hitler, am Fußende seines Bettes stehend, was er gesehen hat. Die Russen sind mittlerweile in die nordöstlich von Goldap (heute Gołdap/Polen) gelegene Rominter Heide eingefallen. Hitler sagt am 22. April 1945 rückblickend zu Keitel und Jodl, dass er, als die Sekretärinnen gegen 05:00 Uhr zu Bett gegangen seien, in der Dunkelheit seines Bunkers beschlossen habe, in der Wolfsschanze zu bleiben und an der deutschen Grenze im Kampf zu fallen, anstatt Ostpreußen zu verlassen und nach Berlin zu gehen. Auch Jodl gegenüber, als dieser bei einer Diskussion über die Ursachen des Krieges vorschlägt, das Hauptquartier nach Berlin zu verlegen, äußert Hitler, er verlasse Ostpreußen nicht mehr, der Krieg sei verloren.

Doch es sollte anders kommen: General Friedrich Hoßbach, Oberbefehlshaber der 4. Armee, hält dem sowjetischen Ansturm westlich von Ebenrode (vormals Stallupönen, heute Nesterow/Russland) und an der Angerapp auf und führt einen Gegenangriff. Gumbinnen (heute Gussew/Russland) wird zurückerobert. Dann schwenkt Hoßbach

∧ *21. Oktober 1944, Lazarett Karlshof: Eine der Röntgenaufnahmen von Hitlers Schädel. (o.)*
  (115)

nach Süden, um Goldap anzugreifen. Hier werden erstmals die Verwüstungen und Grausamkeiten sichtbar, die die 11. Gardearmee des Generalobersten Galitzki angerichtet hat. Diese Gräueltaten an der Zivilbevölkerung beeindrucken Hitler tief. Seine Laune ist schlecht, er blickt finster; schwört Rache und steigert sich in seinen eigenen Hass hinein: *„Das sind keine Menschen mehr, das sind die Bestien der asiatischen Steppe, und der Kampf, den ich dagegen führe, ist der Kampf um die Würde des europäischen Menschen. Kein Preis ist zu hoch für den Sieg. Wir müssen hart sein und kämpfen mit allen Mitteln, die uns zur Verfügung stehen."*

Goebbels notiert am 23. Oktober, Hitler verleihe nachmittags noch Schwerter und Eichenlaube. Im Führerhauptquartier seien *„bereits alle Akten gepackt"*, obwohl Hitler *„kategorisch verboten"* habe, von *„Aufbruch und Verlassen des Führerhauptquartiers überhaupt zu sprechen"*, da er der Meinung sei, die *„Lage im ostpreußischen Raum"* ist in *„einigen Tagen zu meistern"*. Trotzdem packt Schaub vorsorglich die persönlichen Dinge Hitlers ein, die dieser nicht unbedingt täglich benötigt. Von den Kämpfen an der Westfront schreibt an diesem Tag ein Oberleutnant an seine Frau: *„Alles Menschsein hat aufgehört."* Hitler schläft in der Nacht auf den 24. Oktober nur zwei Stunden. Am 25. Oktober betont er gegenüber Bormann erneut, er werde *„unter keinen Umständen Ostpreußen verlassen"*, solange die Krise andauere. Die Front ist nur noch 60 Kilometer entfernt. Seine Sekretärinnen fragen, ob sie das Pistolenschießen lernen sollen, um sich verteidigen zu können. Hitler scherzt: *„Nein, meine Damen, ich möchte nicht durch die Hand einer Sekretärin fallen."*

Oberstleutnant Erik von Amsberg, seit Juli Adjutant der Wehrmacht bei Hitler, gibt seine Stellung auf und fragt Hitler bei der Verabschiedung, was er den Offizieren seiner

^ *22. Oktober 1944, Münster: Die Westfassade des völlig zerstörten Rathauses. Eine der schönsten gotischen Fassaden ist damit unwiederbringlich verloren. (115)*

Einheit sagen solle. Dieser hat nichts Positives zu vermelden: *„Sie wissen, wie es aussieht. Sagen Sie, dass ich Tag und Nacht nur für das deutsche Volk denke und kämpfe und dass meine Gedanken immer bei meinen deutschen Soldaten sind. Ich habe mir immer Mühe gegeben und werde mir weiter Mühe geben, den Krieg zu einem glücklichen Ende zu führen. Sie kennen ja die Situation in der Luftwaffe und da gibt es nichts mehr zu verbergen."* Die Situation ist tatsächlich besorgniserregend, wenn nicht gar katastrophal. Zwar stehen 3.000 Tagjäger zur Verfügung, aber die Treibstoffversorgung ist unzureichend und die neuen Piloten können somit auch schlecht ausgebildet werden, da sie die benötigten Flugstunden nicht absolvieren können. Hitler spricht Göring zwar mehrfach auf diese Lage an und überlegt, ihn durch von Greim zu ersetzen, letztlich überwiegt aber die Loyalität gegenüber dem *„Alten Kämpfer"*. Zudem stellt Göring in der Öffentlichkeit eine Schlüsselfigur des NS-Regimes dar. Hitler ist sich dessen bewusst, dass eine Absetzung als Zeichen der Schwäche ausgelegt würde – und zwar im In- und Ausland. Schwäche aber ist das letzte, dass Hitler zeigen möchte und so bleibt alles beim Alten, zu Lasten des Wehrmachtteils Luftwaffe und der unter den Bombenangriffen leidenden Zivilbevölkerung.

Hitlers Freundin Eva Braun verbringt ihre Zeit mittlerweile hauptsächlich auf dem Obersalzberg. Sie durfte noch nie in eines der Führerhauptquartiere. Den Kontakt zu Hitler hält sie aufrecht, sie telefoniert regelmäßig mit ihm. Der Gesprächsinhalt ist meist belanglos, wie Telefonist Alfons Schulz bestätigt. *„Sie gab die charmante Dame und war froh, mit ihm zu sprechen"*, während er *„sachlich"* bleibe und beispielsweise auf den Dank für ein Geschenk mit den Worten reagiert: *„Ach, Hauptsache es gefällt Dir, schön, schön."* Für Ian Kershaw ist klar: *„Hitler wirkte bemerkenswert kühl und geschäftsmäßig bei seinen Telefonaten aus der Wolfsschanze und zeigte Eva Braun gegenüber nicht einmal freundschaftliche Gefühle."* Aus den Medien, Eva Brauns Cousine Gertraud Weisker hört im Teehaus am Mooslahner Kopf heimlich Feindsender, ist ihr der Ernst der Lage jedoch klar. Sie ist ein Luxusleben gewöhnt und sieht beispielsweise nicht ein, einen ihrer wertvollen Pelzmäntel als Spende an die Front abzugeben oder auf das Ansehen von bis zu vier Filmen am Tag zu verzichten. Auch ihre geliebte Schildkrötensuppe und Orangen bleiben ihr erhalten – im Gegensatz zum normalen Volksgenossen. Nun sieht sie das Ende nahen, fährt am 26. Oktober nach München und setzt ihr Testament auf. Sie vermacht alles ihrer Familie. Ihrer Cousine Gertraud Weisker teilt sie mit, dass sie eine Kette und ein Armband bekommt: *„Schau, das ist für Dich. Ich hab das so veranlasst, denn ich brauch' das nicht mehr."* Ein weiterer Grund ihres Verhaltens ist der durch die

^   *23. Oktober 1944, Westfront: Ein mit einem MG-Gurt behängter deutscher Unteroffizier weist Soldaten seiner Gruppe in eine Stellung ein. (115)*

Hochzeit mit Fegelein verursachte Weggang ihrer geliebten Schwester Gretl, mit der sie jahrelang zusammengelebt hat.

Ihr Freund Adolf sorgt sich am 27. Oktober dagegen um seine Führungsmannschaft und erlässt eine *„Verfügung zur Vermeidung von Auto- und Flugzeugunfällen führender Persönlichkeiten"*. Darin stellt er fest: *„Das Leben und die Gesundheit gehören nicht ihm* [Hitler], *sondern alleine dem Vaterland."* Natürlich geht es ihm nicht um den Menschen als Person, sondern nur um die Human Resource, sein Humankapital: *„Es ist daher ein Zeichen der Verantwortungslosigkeit gegenüber Volk und Vaterland, wenn jemand seine Dienst- und Arbeitsfähigkeit leichtfertig aufs Spiel setzt."* Er wünscht, dass *„keine leichtfertigen Dienstfahrten und -flüge"* unternommen werden dürfen und dass man sich stets vor Augen zu halten habe, dass *„es besser ist, das Ziel etwas später zu erreichen, als überhaupt nicht anzukommen."*

Obwohl sein Appetit zurückgekommen ist, er isst an diesem Tag um 14:20 Uhr, um 18:00 Uhr und um 22:00 Uhr, hat er schlechte Laune. Der Grund ist nicht die schlechte Lage an den Fronten oder das Schicksal der ostpreußischen Bevölkerung, sondern seine Stimme. Er klagt darüber, dass seine Stimme nicht gut sei und er *„nicht vor dem deutschen Volk sprechen"* könne, was er sowieso nicht vorhat. Die Ursache seiner Beschwerden sind bereits identifiziert: *„Was hilft mir die Durchblutung, wenn die Bakterien nicht abgetötet werden. Auf die kommt es doch an!"* Er diskutiert mit Prof. Morell, der langsam, aber sicher an seinem Patienten verzweifelt. Er notiert, dass dieser *„ungeduldig"* ist, *„gute Ratschläge nicht befolgt"*, ihm *„ständig hinein"* redet, nur *„10-15 Minuten täglich an die Luft"* gehe und sonst *„stets im Bunker ohne Tageslicht"* lebe. Zudem herrscht dort eine *„kalte Luftströmung durch den Exhaustor* [ein Ab- bzw. Ansaugapparat]" und Hitler lässt sich weder Halsumschläge verordnen noch wendet er Inhalationen an, so dass *„der langsame Heileffekt nicht verwunderlich"* sei. Von Prof. Morell auf die Notwendigkeit größerer Vitaminzufuhr zur Erhöhung der Widerstandsfähigkeit (er soll dreimal täglich je zwei Vitamultin-A nehmen) hingewiesen, hat Hitler sofort wieder Bedenken und befürchtet Stuhlverstopfung wegen des Kakaozusatzes. Trotzdem nimmt er ab sofort zwei Stück pro Tag und Prof. Morell verordnet *„versuchsweise 2 x 2 Stück"*. Prof. Morell hat natürlich Recht. Tatsächlich hält sich Hitler im Bunker ohne Tageslicht auf und kommt nun täglich höchstens noch 15 Minuten an die frische Außenluft. In den 13 Tagen vom 14. bis 26. Oktober war er acht Mal spazieren, durchschnittlich 45 Minuten. Ab dem 27. Oktober verzeichnet Linge bis zur Abreise aus der Wolfsschanze keinerlei Spaziergänge mehr.

Am 27. Oktober erhält Hitler die Meldung, dass die Sowjets das KZ Majdanek bei Lublin gefunden haben, wo bis zur Auflösung im Juli 78.000 Menschen, darunter 59.000 Juden, ums Leben kamen. Erste Zahlenangaben nach der Befreiung belaufen sich hingegen auf 1.700.000 Opfer. Hitlers Pressesekretär Heinz Lorenz tut Hitler gegenüber diese Meldung ärgerlich als *„Feindpropaganda"* ab, genauso so wie ja *„seinerzeit 1914 den deutschen Truppen vorgeworfen worden war, sie hackten belgischen Kindern die Hände"* ab. Hitler zeigt keinerlei Gefühlsregung und äußert sich nicht. Nachdem die Sowjets in die östliche Slowakei eingedrungen sind und Verbindung mit aufständischen Slowaken und Tschechen hergestellt haben, haben vier deutsche Divisionen einen Gegenangriff gestartet und an diesem 27. Oktober Banská Bystrica (deutsch Neusohl/Slowakei) zurückerobert. Grund genug, diesen – inzwischen selten gewordenen – Erfolg in einem Telegrammwechsel zwischen Tiso und Hitler zu würdigen, indem Hitler betont: *„Je größer die Gefahr scheint, umso entschlossener und unerbittlicher wird unser Widerstand gegen die gemeinsamen Feinde sein. Trotz vorübergehender* [!] *Rückschläge, die wir erlitten haben, zweifle ich keinen Augenblick daran, dass der Sieg schließlich auf die Seite des Rechts und damit auf die unsrige fallen wird."*

Alfred Jodl befiehlt am 28. Oktober im Rahmen des Unternehmens „Nordlicht" die vollständige und rücksichtslose Deportation der norwegischen Bevölkerung und die Zerstörung aller Unterkünfte ostwärts des Lyngenfjords. Ziel des Unternehmens ist der erfolgreiche Rückzug der 20. Gebirgsarmee von der Petsamofront nach Nordnorwegen. Das Unternehmen eskaliert zu einem Kriegsverbrechen, da der Befehl an den meisten Orten mit Härte und deutscher Gründlichkeit durchgeführt wird, die größte Wanderungsbewegung auslöst und massive Zerstörungen auf norwegischem Boden bewirkt. Hitler geht es an diesem Tag trotz Erkältung besser, vor allem ist er wieder mit seiner Stimme zufrieden. Er überreicht das Eichenlaub an Generaloberst Johannes Blaskowitz und schickt zum 22. Jahrestag des Marsches auf Rom seinem Freund Mussolini ein weiteres Durchhaltetelegramm: *„(...) in dem der unerschütterliche Glaube zum Ausdruck kommt, dass die nationalsozialistische und die faschistische Revolution im Kampf gegen die plutokratischen, jüdischen und bolschewistischen Systeme die gemeinsamen Feinde überwinden und den Endsieg erringen werden."* Es sind sinnfreie Worthülsen, die mit der Realität nichts zu tun haben. Auch kleinere Probleme werden gelöst. Hitlers Fahrer Kempka muss sich von seiner Frau scheiden lassen, weil der Vorwurf erhoben worden ist, sie habe vor ihrer Ehe im *„halbseidenen Gewerbe"* gearbeitet.

Nach dem Abendessen unterhält sich Hitler mit Prof. Morell über ein weiteres, ihn beschäftigendes Thema. Es geht um das Wasser in der Wolfsschanze, es sei *„hart und voller nichtpathogener, aber stoffwechselstörender Bakterien"*. Hitler befürchtet, dass auch sein Urin *„sicher wieder bakterienhaltig"* sei. Unvermittelt wechselt er das Thema und diskutiert dann über Hypospadie, einer angeborenen Entwicklungsstörung der Harnröhre, wobei deren Mündung weiter auf der Unterseite gelegen ist als beim gesunden Mann. Es ist unklar, warum ausgerechnet er dieses Thema anschneidet. Als Prof. Morell entlassen ist, spricht Hitler noch mit dem Gesandten Franz von Sonnleithner, dem Vertreter des Auswärtigen Amtes, bevor um Mitternacht bereits die nächste Lagebesprechung folgt. Der 29. Oktober verläuft ereignislos, in der Nacht zum 30. kann Hitler aber nicht schlafen. Um 06:10 Uhr morgens lässt er Prof. Morell rufen. Ihm gegenüber klagt er über nächtliche Magendarmkrämpfe und gibt an, wegen der Planung der Ardennenoffensive durchgearbeitet zu haben. Er weist Prof. Morell an, dass dieser Eupaverin mitbringen solle und ist *„innerlich stark aufgeregt"*. Diese Aufregung hätte sich *„immer mehr potenziert"* und dann sei der Krampf eingetreten. Prof. Morell will ihn untersuchen, was Hitler jedoch ablehnt, da *„diese* [Untersuchung] *den Schmerz nur erhöht"*.

Prof. Morell schlägt ihm vor, einige Tage fast nicht zu sprechen. Das wird von Hitler umgehend als *„unmöglich"* abgetan. Prof. Morell bemüht sich weiter und schlägt vor,

„die gereizten Schleimhäute des Kehlkopfes zu besänftigen durch herab fließen lassen von Hühnereiweiß oder Paraffin". Jetzt wird Hitler wütend und weist diesen Vorschlag *„sehr heftig zurück"* mit der Begründung, dass *„nicht gereizte Schleimhäute, sondern Bakterien die Ursache"* seien. Natürlich weiß er es wieder besser als sein Arzt. In der sich steigernden Diskussion wird er noch wütender und fährt Prof. Morell an, er *„ist kein kleines Kind mehr und in früherer Zeit hatte er genug Katarrhe gehabt und weiß, dass nur Bakterien in Frage kommen. Früher sind solche immer nach ein paar Ultraseptyl-Tabletten im Keime erstickt worden und jetzt dauert das schon monatelang ohne Abheilung."* Letztlich muss Prof. Morell Eupaverin spritzen, der Schmerz verschwindet und Hitler bedankt sich. Er ahnt nicht, dass er in einem halben Jahr freiwillig aus dem Leben scheidet. Während dieser überflüssigen Diskussion geht aus Theresienstadt ein letzter Transport nach Auschwitz ab. Der Großteil der Deportierten wird sofort vergast.

Am letzten Oktobertag steht Hitler schon um 11:40 Uhr auf, denn es gibt Wichtiges zu besprechen. Während in Auschwitz-Birkenau die letzten Opfer vergast werden und Griechenland von deutschen Truppen geräumt ist, lässt er sich die Pläne für die Ardennenoffensive vorlegen. Die Abendlagebesprechung wird in den einfachen, halbdunklen Schlafraum Hitlers verlegt. Der Stenograf Karl Thöt muss in dieser Nacht von 22:50 bis 23:21 Uhr eine Besprechung mit General Buhle und Gruppenführer Fegelein aufnehmen. Er notiert: *„Der Führer lag im Bett, war aber nicht weniger munter als sonst, und ich saß hinter den beiden Besuchern an einem runden Tisch mit Lampe."*

Während Woche für Woche vergeht und die deutschen Verluste steigen – seit August beziffern sie sich im Westen auf 1.178.000 Tote und Verwundete – überlegt Hitler, wie es weitergehen könnte. Generalmajor Reinhard Gehlen, Leiter der Abteilung Fremde Heere Ost im Generalstab des Heeres, hat ihm den Floh ins Ohr gesetzt, dass aus amerikanischer Sicht nur Deutschland *„dem sowjetrussischen Anspruch auf Europa militärisch und politisch Einhalt gebieten"* könne. Seitdem spukt in Hitlers Kopf die fixe Idee, die Kriegskoalition der Alliierten könne jederzeit zerfallen und der Untergang wäre abgewendet. Die Realität sieht anders aus. Im Oktober bombardieren die United States Army Air Forces (USAAF) und die RAF unter anderem die Städte Nürnberg, Köln (viermal), Berlin, Duisburg, Wilhelmshaven, Mainz, Mannheim, Stuttgart und Essen. Besonders Köln wird am 30. Oktober so schwer bombardiert, dass ein Zeuge den Angriff als *„Todesstoß"* für die Großstadt am Rhein bezeichnet. Die Versorgung mit Gas, Strom und Wasser funktioniert nicht mehr. Tausende Bewohner versuchen mit ihren wenigen Habseligkeiten von den Rheinbrücken aus evakuiert zu werden, doch die Transportkapazitäten reichen hinten und vorne nicht. Goebbels notiert lakonisch und zynisch, man müsse *„diese schöne rheinische Metropole wenigstens vorläufig abschreiben"*.

Sollte Hitler in unsere Hände fallen, werden wir ihn töten. Dieser Mann ist die treibende Kraft des Bösen.
Winston Churchill
(britischer Premierminister, 1874-1965)

Moral Bombing – Legitimer Terror?

Die Flächenbombardements der Westalliierten auf deutsche Städte sollen durch gezielte Angriffe auf die Zivilbevölkerung (insbesondere bei der Industriearbeiterschaft) deren Widerstandswillen brechen, Chaos verursachen und den moralischen Zusammenbruch herbeiführen. Dadurch sollen im Endeffekt verlustreiche Bodenkämpfe verhindert und der Sturz der NS-Führung herbeigeführt werden. Die Deutschen sind gezwungen, Menschen und Material darauf zu verwenden, die Zivilbevölkerung zu schützen, Schäden zu reparieren und Ausgebombte zu versorgen. Diese Ressourcen stehen für die Kriegführung demnach nicht zur Verfügung. Dennoch wird das alliierte Ziel spektakulär verfehlt. Zum einen werden durch die riesigen Anstrengungen auch auf alliierter Seite enorme Ressourcen aufgewandt und gebunden, um Deutschland weitgehend zu zerstören, die an anderer Stelle wirkungsvoller hätten eingesetzt werden können; zum anderen zerbricht der Widerstandswille der Deutschen genauso wenig wie der der englischen Bevölkerung bei den deutschen Bombenangriffen des Jahres 1940.

„Moral bombing" heißt die Strategie des Oberbefehlshabers des britischen „Bomber Command", Arthur Harris. Die Vorgehensweise ist meist gleich: Erst werden Sprengbomben abgeworfen, die Dächer und Fenster zerstören. Danach folgen Brandbomben, die einen Feuersturm entfachen sollen, der das Ziel zerstört. Das hat bei den Angriffen auf Hamburg im Jahre 1943 hervorragend funktioniert. In Berlin geht dieses Konzept wegen der zu breiten Straßen nicht auf. Darüber hinaus gibt es noch Bomben mit Zeitzündern – sie sollen die Feuerwehr davon abhalten, die Brände zu löschen. Harris begründet im Herbst 1942 seine Bombenangriffe und warnt in vier Millionen Flugblätter vor der Zukunft: *„Wir bomben Deutschland, eine Stadt nach der anderen, immer schwerer, um euch die Fortführung des Krieges unmöglich zu machen. Das ist unser Ziel. Wir werden* *es unerbittlich verfolgen. (...) Es steht nun bei euch, mit Krieg und Bomberei Schluss zu machen. Stürzt die Nazis und ihr habt Frieden!"*

Rückblickend sind die Angriffe aus Sicht der Briten nicht legal, aber legitim. Den Begriff des Kriegsverbrechens zu verwenden, greift hier ins Leere, da es juristisch bezüglich des Luftkrieges keine entsprechenden Regelungen gegeben hat. Das alliierte Standardargument ist, dass die Deutschen mit den Bombardements auf Warschau, Rotterdam, Coventry und London begonnen haben. Der Vergleich hinkt jedoch, da die Briten keine taktischen Ziele auswählen, sondern eine grundsätzlich andere Logik anwenden, nämlich eindeutig die überwiegend zivilen Ziele erreichen wollen. In Casablanca treffen sich im Januar 1943 die Regierungschefs und die militärischen Führer der westlichen Alliierten, um die Richtlinien für die gemeinsame Kriegführung zu beschließen. Auf den ersten Dringlichkeitsstufen steht u. a. die Zerstörung der Ölindustrie. Dazu gibt es unter den Alliierten unterschiedliche Meinungen und sie entwickeln den Plan eines koordinierten Tag-Nacht-Bombardements Berlins. Die Engländer bevorzugen die ungezielten Flächenbombardements, die US-Luftwaffe beharrt auf Tagesangriffen, bei denen sie konkrete Ziele treffen können.

Am Beispiel Berlin wird das Ausmaß der Angriffe deutlich. Berlin als politisches und wirtschaftliches Zentrum des Großdeutschen Reiches ist mit 4,3 Millionen Einwohnern zu Kriegsbeginn nach New York, Tokio und London die viertgrößte Stadt der Welt. Hier haben die Machtorgane des NS-Regimes, die Gestapo, das Reichssicherheitshauptamt, die Reichsministerien und die Kommandozentralen der Wehrmacht ihren Sitz. Hitlers gesamter Macht- und Terrorapparat wird von hier aus geleitet und geführt. Berlin ist darüber hinaus ein bedeutendes Industriezentrum. Knapp ein Zehntel der deutschen Arbeitskräfte erwirtschaften hier etwa 14 Prozent der gesamten Wirtschaftsleistung, vor allem auch für die Rüstungsindustrie. Dazu ist die Stadt ein Verkehrsknoten- und Güterumschlagpunkt von europäischem Rang. Aus diesen Gründen ist die Stadt vom Luftkrieg betroffen wie keine andere und verzeichnet die häufigsten Luftangriffe: 310 wirkliche Angriffe, darunter 40 schwere und 29 Großangriffe. Insgesamt werden 45.517 Tonnen Bomben abgeworfen aus 29.379 amerikanischen und britischen Flugzeugen. Die Luftschlacht um Berlin dauert vom November 1943 bis zum März 1944. Mindestens 11.367 Menschen verlieren dabei ihr Leben. Von den Gebäuden sind 13,5 Prozent völlig zerstört, 12 Prozent schwer und 9 Prozent mittelschwer. Von 1.562.000 Wohnungen sind nur noch 380.000 als unbeschädigt bzw. bewohnbar zu bezeichnen. Die Stadt fällt immer mehr in Trümmer, Leben und Existenzen werden ausgelöscht, unabhängig ob Nazi, Parteifunktionär, Widerstandskämpfer oder Jude.

Trotzdem geht das Konzept des britischen Bomberkommandos nicht auf. Sie halten die Luftangriffe auf Berlin für gescheitert, obwohl die Zahl der eingesetzten Flugzeuge stetig wächst. Man hat auf eine Revolte der gequälten und geschundenen Menschen gehofft, die ihre Regierung zwingen würde, in Friedensverhandlungen einzutreten – eine Illusion. Am 6. März 1944 beginnen die Amerikaner ihre Luftangriffe auf Berlin, sie kommen am Tag, die Briten nachts. Der Fliegeralarm, ein auf- und abschwellender Heulton, wird von zwei auf eine Minute verkürzt. Dafür gibt es zuvor die so genannte

Moral Bombing – Legitimer Terror?

„Fliegerwarnung": dreimal Dauerton von je zwölf Sekunden. Der Schwerpunkt der Zerstörungen befindet sich etwa in dem Gebiet zwischen dem Halle'schen Tor und der Weidendammer Brücke in Nord-Süd-Richtung und zwischen dem Strausberger Platz und Hansa-Viertel in Ost-West-Richtung. In diesem Gebiet liegen neben den Wohngebäuden, dem Regierungsviertel mit Ministerien und Verwaltungen vor allem zahlreiche Kulturgüter und Baudenkmale Berlins. Eine große Anzahl dieser Gebäude, Palais, Kirchen, Museen und Bibliotheken, fällt diesen Angriffen oft innerhalb weniger Minuten zum Opfer. Spreng- und Brandbomben zerstören, was in Jahrhunderten an Wertvollem erbaut und zusammengetragen wurde.

Im August 1944 stellen die britischen Führungsgremien, nach dem Einsetzen der deutschen V1-Angriffe, einen Operationsplan auf. Man fürchtet um die *„zivile Moral"* der eigenen Bevölkerung und notiert über die deutsche Zivilbevölkerung: *„Diese ist angesichts der jahrelangen Indoktrination, der festen Kontrolle und des Fehlens einer wirksamen Führung schwierig zu beeinflussen. Nur wenn die Kontrolle durch die Regierung nachlässt, kann es irgendeine Hoffnung auf einen wirklichen Bruch der zivilen Moral geben. Propaganda und Terror halten die Bevölkerung zusammen."* Ein Trugschluss, denn für ausgebombte Familien steht das eigene Weiterleben an erster Stelle, man hat gar keine Energie und keinen Geist für einen Aufstand. Im Gegenteil: Man ist froh um jede Hilfe des Staates und der Partei, beispielsweise bei der Kinderlandverschickung. Ein deutscher Zeitzeuge schreibt über die letzten Monate der Naziherrschaft:

„Aber niemand glaubt mehr an die Phrasen der Propaganda. Auch die aktiven Nazis nicht. Doch zwingt die terroristische Maschinerie der Diktatur, die die Nazis selbst in Gang setzten, eben gerade diese Nazis dazu, mit dem furchtbaren Spiel der Lüge fortzufahren. Weder die Nähe der Ostfront noch die Nähe der Westfront bewirken eine eigentliche

^ Eine Formation von amerikanischen Boeing B-17 Flying Fortress (Fliegende Festung) auf dem Zielanflug über Deutschland. (175)

Panik unter der Zivilbevölkerung. Was die äußeren Feinde angeht, so sind die meisten Berliner apathisch und stoisch. In Wirklichkeit fürchten sie nur den inneren Feind: die Nazimachthaber. Man weiß, dass der Bosheit dieser Machthaber keine Grenzen gesetzt sind. Man hat wohl Angst, aber man handelt nicht, es fehlt die Kraft."

Prof. Laurenz Demps hat in seinem Werk „Luftangriffe auf Berlin" die Werte ermittelt, nüchterne Zahlen, die keinen Eindruck vom Leid der Opfer geben: In der Zeit vom 22. bis 24. November 1943 in Berlin verlieren mehr als 450.000 Menschen ihre Unterkunft. Fünf Tage später waren noch immer 350.000 ohne eine feste Unterkunft. Es gibt etwa 1.700.000 Obdachlose, die Mehrzahl davon hat Wohnung und Hausrat verloren, das entspricht 39 Prozent der gesamten Berliner Bevölkerung (in Hamburg sind etwa 44 Prozent der Wohnungen zerstört und 900.000 Hamburger obdachlos). In den vier Kriegsmonaten des Jahres 1945 gibt es auf Berlin 64 Mosquitoangriffe der RAF. 3.747 Flugzeuge kommen über dem Ziel an und werfen 4.472 Tonnen Bomben ab. Das entspricht einem Durchschnitt pro Angriff von 70 Tonnen Bomben und 59 Flugzeugen. Die eigenen Verluste sind marginal und bewegen sich im Bereich von einem Prozent. Im gleichen Zeitraum führt die 8. US Air Force vier Angriffe mit 3.667 Flugzeugen und einer Bombenlast von 5.780 Tonnen Spreng- und 3.692 Tonnen Brandbomben durch. Das entspricht von einem Durchschnitt von 2.368 Tonnen pro Angriff mit 917 Flugzeugen. Die NS-Führung kann einigermaßen gesicherte Schutzräume nur für etwa vier bis fünf Prozent der Bevölkerung im Laufe der ersten Kriegsjahre schaffen. Dies liegt auch daran, dass für Hitler der Luftkrieg ein Stück weit abstrakt erscheint. Seine Informationen liefern ihm die Generalstabskarten. Den Luftkrieg dagegen kann man nur bedingt kartographisch durch sich schnell verändernde und nicht greifbare Pfeile einfliegender Bomberverbände darstellen. Über den Wolken endet der visuelle Gestaltungsanspruch und das Vorstellungsvermögen des Festungsbaumeisters Hitler.

Goebbels sieht das alles im Januar 1944 pragmatisch und zynisch zugleich: *„Der Ausgebombte wird schon deshalb Anhänger unserer Siegeshoffnungen, weil er sich auf eine andere Weise eine Wiederherstellung seines Eigentums nicht vorstellen kann (...) auch scheint es klar zu sein, dass eine Behebung des Schadens nur durch eine Gemeinschaftsleistung möglich ist; dies kann aber nur im Zeichen des Nationalsozialismus vor sich gehen."* So wird auch die Realität des längst verlorenen Luftkrieges noch schön geredet. Hitler geht am 14. März 1945 in einem Gespräch mit ihm noch weiter:

„Der Führer ist der Überzeugung, dass, so schlimm der feindliche Luftterror augenblicklich, insbesondere für unserer mittelalterlichen Städte, ist, er doch auch insofern etwas Gutes [!] *hat, als er diese Städte überhaupt für den modernen Verkehr aufschließt. Eine Stadt wie Regensburg beispielsweise würde doch in absehbarer Zeit ein Museumsstück werden. Es ist beglückend, einige* [!] *solcher Städte erhalten zu können; aber in ihrer Vielzahl würden sie einer gesunden Entwicklung unseres modernen Verkehrs- und Wirtschaftslebens nur immer wieder hindernd in den Weg treten. Im Übrigen ist nur einiges an dem, was an Kunstwerten zerstört wird, unersetzlich. Wenn beispielsweise von der mittelalterlichen Schönheit des Kölner Doms gesprochen und geschrieben wird, so vergisst man meist, dass der Kölner Dom ja erst im 19. Jahrhundert das geworden ist, was er heute ist."*

Moral Bombing – Legitimer Terror?

Angesichts der Bombenopfer und dem Leid, welches über hunderttausende Familien gebracht wird, sind seine Aussagen an Zynismus nicht zu überbieten. Tatsächlich ist der in den Jahrzehnten nach dem Zweiten Weltkrieg durchgeführte Aus- und Umbau deutscher Städte zur *„verkehrsgerechten Stadt"* (kein Verkehr mehr über den Marktplatz, Anlage von Innenstadtringen usw.) bereits eine vage Idee aus den zwanziger Jahren, die von den Nationalsozialisten aufgegriffen und noch während des Krieges detailliert geplant wird. Im „Arbeitsstab für den Wiederaufbau bombenzerstörter Städte" unter Speer werden auch bereits Städte einbezogen, die noch gar nicht zerstört sind. Kein Wort geht Hitler dagegen über die zigtausend Opfer unter seiner Zivilbevölkerung über die Lippen. Doch auch in seinem Denken gibt es Ausnahmen. Er bringt dem Dirigenten Wilhelm Furtwängler große Hochachtung entgegen, da er sich *„in nationalen Fragen tadellos"* benommen habe und er sein künstlerisches Talent schätzt. Es ist für ihn eine *„schreckliche Vorstellung, dass Furtwängler einem Bombenangriff zum Opfer fallen könne"*. Hitler lässt ihm einen Bunker bauen.

Die Bombenangriffe dienen dem NS-Regime nicht nur für die zukünftige Planung der städtischen Infrastruktur, sondern auch zur Beschleunigung der Deportation der jüdischen Bevölkerung. Die noch unversehrt gebliebenen Wohnungen der nach Osten abgeschobenen Juden werden mitsamt Inhalt unbürokratisch ausgebombten deutschen Familien zur Verfügung gestellt. Auch aus dem Ausland wird Mobiliar aus ehemals

^ *19. Mai 1944: Einer US-amerikanischen B-17 wird durch die Bomben eines darüber fliegenden eigenen Flugzeuges das Backbord-Höhenleitwerk zertrümmert. (176)*

jüdischem Besitz massenweise mit Speditionen nach Deutschland transportiert, alleine aus Paris Hausrat aus 50.000 Wohnungen. Die Verteilung von Eigentum, das den Juden im Rahmen ihrer Deportation geraubt wird, ist logistischer Alltag. Regelmäßig transportieren Züge und Schiffe das fremde Eigentum zu den *„Bombengeschädigten"* im Reich. Sie werden von den Stadtverwaltungen und der Nationalsozialistischen Volkswohlfahrt, teilweise sogar von Privatfirmen, zur Weitergabe entgegengenommen und verteilt. So partizipieren Teile der deutschen Bevölkerung am Holocaust und werden auf diese Weise zu indirekten Mittätern.

Von Januar bis April 1945 werden 471.000 Tonnen Bomben auf Deutschland abgeworfen, doppelt so viele wie im gesamten Jahr 1943. Allein im März 1945 fallen fast dreimal so viele Bomben wie im gesamten Jahr 1942. Dutzende deutscher Städte, darunter Berlin, Magdeburg, Dresden, Nürnberg, Gelsenkirchen, Würzburg, Bottrop, Ludwigshafen, Essen, München, Dortmund und Mainz versinken in Schutt und Asche. Man schätzt die Zahl der auf Deutschland abgeworfenen Bomben auf zwei Millionen. Betroffen sind 161 Städte und mehr als 850 mittlere und kleine Gemeinden. Allein die USAAF lassen fast zwei Millionen Tonnen Bombenlast über Europa ab. Bei Kriegsende werden mehr als anderthalb Millionen Häuser und 20 Prozent des gesamten Wohnraumes vernichtet und unersetzliche Kunst- und Kulturgüter zerstört sein, und dies, obwohl über die Hälfte der auf Deutschland abgeworfenen Bomben mehr als 300 Meter neben dem eigentlich Ziel einschlagen. Der Historiker Sven Felix Kellerhoff hat den Logistikhistoriker Richard Vahrenkamp zur Frage interviewt, warum die Briten so lange auf das „moral bombing" setzen, anstatt die Achillesferse der deutschen Kriegswirtschaft, die Rangierbahnhöfe, anzugreifen. Dazu Richard Vahrenkamp:

„Nachdem es im Jahre 1940 misslungen war, Punktziele anzugreifen, schienen Flächenbombardements der einzige Weg zu sein, dem Gegner Schaden zuzufügen. Nicht erkannt hatten die Briten die Bedeutung der Eisenbahn für die Rüstungsproduktion. Unbeschadet vom Luftkrieg kamen täglich 25.000 leere Eisenbahnwaggons in das Ruhrgebiet, die am Folgetag beladen abgefahren wurden. Anstatt der drei Angriffswellen des ‚moral bombings' auf Städte des Ruhrgebiets in den ersten Halbjahren 1942, 1943 und 1944 hätten die zehn Rangierbahnhöfe angegriffen werden können, die das Ruhrgebiet kreisförmig umschließen. Dieses hätte die Rüstungsproduktion empfindlich getroffen."

Kellerhoff fragt nach, ob es eine Möglichkeit gegeben hätte, durch Angriffe auf Bahnanlagen den Zweiten Weltkrieg schon früher zu beenden. Die Antwort erstaunt:

„Erst Ende 1944 haben die Alliierten konzentriert Bahnanlagen bombardiert. Mit den Angriffen auf Bahnanlagen wurde zum Beispiel die Kohleversorgung aus dem Ruhrgebiet vollständig unterbunden. Der auf Kohle als Brennstoff angewiesene Eisenbahnverkehr sank augenblicklich auf ein Minimum ab. Hitler befahl 15.000 Zwangsarbeiter ins Ruhrgebiet zum Aufräumen der zertrümmerten Bahnanlagen, Albert Speer noch einmal 95.000. Mit der Strategie, das Ruhrgebiet abzuschnüren, hätte der Zweite Weltkrieg ein oder gar zwei Jahre früher beendet werden können."

Zum Zeitpunkt des Erscheinens dieses Buches liegen noch etwa 100.000 Blindgänger in deutschem Boden und sorgen regelmäßig für die Evakuierung tausender Menschen.

Er hatte einen scharfen Verstand, wirklich einen scharfen Verstand – den er aber fast immer ohne Vernunft anwendete.
Johann Adolf Graf von Kielmansegg
(General, 1906-2006)

November 1944 – Umzug nach Berlin

Hitler verleiht am ersten Tag des neuen Monats Reichspostminister Dr. Wilhelm Ohnesorge *„in Würdigung seiner besonderen Verdienste um Aufgaben der Kriegführung"* das Ritterkreuz des Kriegsverdienstkreuzes mit Schwertern. Ohnesorge hat in seinem Privatdomizil, der Hakeburg in Kleinmachnow/Brandenburg, nicht nur gern Besuch junger Frauen und eine Kunstsammlung, sondern betreibt auf dem Gelände auch ein Versuchszentrum, um Flugabwehrraketen, Infrarotnachtsichtgeräte oder Kleinbildkameras für Raketen zu entwickeln. Das Reichspostministerium arbeitet darüber hinaus erheblich in der Atomforschung. Ohnesorge ist einer der treibenden Köpfe beim „Uranprojekt", der Entwicklung einer deutschen Atombombe. Mehrfach hat er Hitler das Thema vorgetragen. Die gleiche Auszeichnung erhält der Präsident der Forschungsanstalt der Deutschen Reichspost, Dipl.-Ing. Heinrich Gerwitz.

Als Prof. Morell nach der Ordensverleihung zu seiner üblichen Visite kommt, hat „Patient A" schlechte Laune. Der Hals ist rauh und Hitler meint, dass er *„wohl am 8. nicht reden"* könne in München. Hitler hatte sowieso nicht vor, anlässlich der längst unbedeutend gewordenen Gedenkfeier zum 21. Jahrestag seines Putsches in München zu sprechen. Obwohl er mit Schlafmittel gut bis 13:30 Uhr geschlafen hat, wird Prof. Morell mit ernstem Gesicht gerügt, weil er beim intravenösen Einstich glaubt, er *„reibt ihn nicht genügend lange mit Alkohol"* ein und deshalb bekäme er *„in der letzten Zeit an der Einstichstelle oft ein kleines rotes Pustelchen"*. Zudem befürchtet er, überhaupt durch die Injektionen Bakterien in den Körper zu bekommen. Während täglich Tausende durch Geschosse, Bomben, Granaten, Feuer, Verhungern und an Operationsfolgen sterben, stören ihn kleine Pustelchen. Die Stimme ist wieder da, als er um 17:30 Uhr eineinhalb Stunden mit Generaloberst Ritter von Greim spricht. Aufzeichnungen sind nicht erhalten, doch dürfte es wieder einmal um das Versagen und die Zukunft der Luftwaffe gegangen sein. Hitler erwägt, Ritter von Greim zum Chef der Luftkriegführung zu ernennen. Am nächsten Tag lässt er sich durch Speer ein „Volksgewehr" vorführen und empfängt abends noch Dönitz. Der Gedanke, von Greim zu befördern, redet Göring ihm am 3. November wieder aus und alles bleibt beim Alten.

Am 3. und 4. November konferiert Hitler dreimal mit Speer und Saur über diverse Rüstungsfragen. Die Folge ist ein Befehl zur Steigerung des Flak- und Munitionsprogramms. Mit Prof. Morell führt er über eine Stunde eine Diskussion darüber, dass sein *„Zittern allmählich wieder gekommen"* und *„teilweise sehr stark"* sei. In der Lagebesprechung am 5. November wird intensiv über die deutsche Offensive im Westen diskutiert. Die 89. Infanteriedivision führt mit Artillerieunterstützung einen Gegenangriff auf die Alliierten durch. Die Unterstützung durch Panzer der 116. Panzer-Division ist durch die Geländebeschaffenheit nicht möglich. Dennoch muss die U.S. Army nach heftigen Gefechten und unter schweren Verlusten den Rückzug antreten, der sich streckenweise zur unkontrollierten Flucht auswächst. Die Nachschubroute der U.S. Army ist durch einen gleichzeitigen Angriff auf Vossenack in der Gemeinde Hürtgenwald bedroht und viele der im Rückzug begriffenen US-Soldaten fallen oder geraten in Gefangenschaft. In den folgenden Tagen drängt die Wehrmacht die US-Armee in ihre Ausgangsstellungen zurück, wobei die Amerikaner erneut schwerste Verluste erleiden. Die Kämpfe sind von äußerster Härte gekennzeichnet, zuweilen nehmen beide Seiten keine Gefangenen mehr, sondern liquidieren den gefangen genommenen Gegner an Ort und Stelle. Allein der Kampf um die kleine Ortschaft Schmidt/Kreis Monschau (heute Nideggen) kostet die US-Armee 6.184 Mann, die deutschen Verluste liegen bei etwa der Hälfte.

Galland meldet am 6. November 3.700 Jäger einsatzbereit und glaubt, er überbringe damit eine gute Nachricht. Dem ist nicht so. Hitler ist immer noch unzufrieden mit der Luftwaffe: *„Es ist also Wahnsinn, dass man die Maschinen dauernd weiter produziert, nur damit die Luftwaffe mit Zahlen operieren kann."* Er beschäftigt sich auch mit der Situation in Finnland und dem Rückzug der dort stationierten Truppen nach Norwegen: *„Man müsste tatsächlich jetzt bei uns ein finnisches Freiheitskampfkorps aufstellen, und das müsste einen Appell richten: nicht dass wir ihn machen, sondern die selber."* Die Meldung, dass am elften Tag der Schlacht gegen Schörners Heeresgruppe in Kurland *„bei wenigen eigenen Verlusten"* insgesamt 522 sowjetische Panzer abgeschossen worden sind, bestätigt ihn in seiner Meinung, verbissen um jeden Meter Boden zu kämpfen. *„Geringe Verluste, das stimmt, wenn wir stehen! Unsere ganzen Verluste sind alle durch die ‚glorreichen' Rückzüge entstanden, diejenigen Rückzüge, die man macht, um die ‚operative Freiheit' zu bekommen!"* In Schörner hat er einen Armeeführer, der der Überzeugung ist, dass nicht nur durch taktische Maßnahmen der Krieg gewonnen werden kann, sondern dass auch *„Glaube, Loyalität und Fanatismus"* erforderlich seien. Schörner, Spitzname *„blutiger Ferdinand"*, gilt als brutal und geht in seinem Befehlsbereich radikal gegen die geringsten Anzeichen von Feigheit und Defätismus vor. Regelmäßig reißt er zurückweichenden Offizieren Orden und Rangabzeichen von der Uniform und verurteilt versprengte Soldaten zum Tode. Doch auch an der Westfront werden über hundert Soldaten beim Versuch zu desertieren von SS-Einheiten erschossen.

Franklin D. Roosevelt wird am 7. November zum vierten Male zum US-Präsidenten gewählt, in Zeiten des Krieges keine Überraschung, die Bevölkerung der Vereinigten Staaten setzt auf Kontinuität. Hitler nimmt es zur Kenntnis, unterzeichnet einen Befehl über den Führernachwuchs der Waffen-SS und zeigt Prof. Morell bei der Visite im Stehen, wie stark seine Bauchpartie abgenommen habe (*„Unter den Rippen war direkt eine tiefe Grube"*). Abends erhält er von Prof. Blaschke eine Zahnbehandlung. Prof. Morell wird um 00:00 Uhr am 8. November zu Hitler gerufen, es gehe ihm nicht gut. Eine halbe Stunde später bekommt er einen *„Spasmus im Sternalwinkel mit starker Gasauftreibung des Leibes"*. Nach mehrmaligen Brechversuchen kommen verschluckte Luft und Gase nach oben und es tritt vollständige Entspannung ein. Die Ursache für seine heftigen, kolikartigen Schmerzen im Oberbauch ist Hitler klar: *„Ich habe die schwersten Entscheidungen meines Lebens zu treffen."* Bereits um 02:10 Uhr, deutlich früher als üblich, verabschiedet er sich und lässt sich um 13:00 Uhr wecken. Prof. Morell ist um 14:20 Uhr wieder bei ihm und Hitler fordert Sympatol, da ihm dies *„von den Herzmitteln am besten"* bekommt, denn: *„Neo-Pyocyanase bildet beim Schütteln der zweiten Flasche Schaum und hat nicht die starke Wirksamkeit."* Er sorgt vor und erteilt Schaub den Auftrag, Prof. Morell einen Eisschrank zu besorgen, damit er *„genügend große Mengen vorrätig"* halten kann. Für eine Röntgenaufnahme von Magen-Darm-Gallenblase und Herz-Lunge bei einem eventuellen Berlinaufenthalt gibt er *„halb und halb"* seine Einwilligung. Für eine gleichzeitige Mageninhaltsuntersuchung ist er dagegen *„weniger zu haben."* Er fragt, ob nicht *„Frau Krause wieder einmal kommen kann für Blutentnahmen zwecks Blutsenkung"*. Bei dieser Gelegenheit lobt er Prof. Morell und erzählt, wie sehr er sich über die Intrige gegen Morell geärgert habe:

„Dass diese Blödels sich dabei gar nicht überlegt haben, was die dadurch mir angetan hätten! Ich hätte doch dann plötzlich ohne Arzt dagestanden und dann mussten diese Menschen doch wissen, dass Sie mir in den acht Jahren, die Sie bei mir sind, schon mehrfach das Leben gerettet haben. Und wie ging es mir zuvor! Alle Ärzte, die herangeschleppt wurden, versagten. Ich bin kein undankbarer Mensch, mein lieber Doktor. Wenn wir beide glücklich durch den Krieg kommen, dann sollen Sie einmal sehen, wir groß ich Sie nach dem Kriege entlohnen werde!"

Im Lagevortrag wird der Beginn einer amerikanischen Offensive bei Metz in Lothringen gemeldet. Der Jahrestag des Putsches von 1923 wird in den Medien ignoriert, da er aus wirtschaftlichen Gründen im Rahmen des *„totalen Kriegseinsatzes"* auf Sonntag, den 12. November, verlegt worden ist. Einzig Goebbels hält auf dem Berliner Wilhelmplatz eine Durchhalterede an Mitglieder des Volkssturms. Parallel finden alleine in Berlin zehn weitere Vereidigungen von 100.000 Mann Volkssturm statt. Der OKW-Bericht meldet den bereits seit September laufenden Einsatz der Wunderwaffe V2. Dass auch Belgien beschossen wird, wird zunächst noch verschwiegen: *„Nachdem seit dem 15. Juni der Großraum von London mit nur kurzer Unterbrechung und in*

247

wechselnder Stärke unter dem Feuer der ‚V1' liegt, wird dieser Beschuss seit einigen Wochen durch den Einsatz eines noch weit wirksameren Sprengkörpers, der ‚V2' verstärkt." Göring legt während der Lagebesprechung eine Ausarbeitung vor, die Hitler verächtlich beiseite legt: *„Das brauche ich gar nicht durchzulesen, da ist doch kein wahres Wort daran."* Er lässt sich täglich die Abschusszahlen der V2 vorlegen, die 20 bis 30 Mal am Tag in London einschlagen. Seinen Sekretärinnen gegenüber ergeht er sich darüber in seinen Fantasien:

„Keine Bevölkerung hält diesen ununterbrochenen Beschuss aus. Ihre Nerven müssen versagen, denn hier gibt es keine Vorwarnung durch Fliegeralarm. Jeden Moment kann die Bombe einschlagen. Eine Panik wird die Bevölkerung ergreifen und sie in Scharen aufs flache Land hinaustreiben. Aber man muss sich das vorstellen, was das heißt, wenn die vielen Millionen dieser Stadt, die fast doppelt so groß wie Berlin ist, plötzlich dahin strömen, wo sie weder Quartier noch Obdach finden können (…) Das Elend wird lawinenartig anwachsen, denn auch in den Orten, wo die Leute hinkommen, wird man sie als Plage empfinden. Das überlebt kein parlamentarisches Regime! Es wird sich ein solcher Sturm des Unwillens und der Kriegsmüdigkeit im Volke erheben, dass die Regierung gestürzt wird. Das wird auch der Friede sein."

Er irrt sich diesbezüglich genauso wie die Alliierten. Während der Todesmarsch von 76.000 Juden aus Budapest nach Österreich und Bayern beginnt, zieht Hitler um. Der neue Führerbunker in der Wolfsschanze ist nach monatelanger Bautätigkeit endlich fertig. Die gewaltigen Maße betragen nun 36 mal 36 mal 11 Meter. Dieser Sarkophag mit Wänden aus sieben Meter dickem Stahlbeton besitzt Pressluft- und Sauerstoffvorräte sowie eine – mit starkem Geräuschpegel verbundene – Kreislaufbelüftung durch einen U-Boot-Motor, die das Gebäude gegen die damals bekannten Bomben und einen Giftgasangriff sichert. Hitlers Arbeitsraum ist mit 27 Kubikmetern Inhalt deutlich größer als im alten Bunker und hat keine Zugluft mehr. Er arbeitet in einem *„recht großen Raum im Außenteil mit großen Fenstern und Blick auf Waldwiesen"*. Die Kosten für die Verstärkung bzw. Ummantelung des alten Führerbunkers in dem riesigen Betonklotz stehen wie üblich in keinem Verhältnis zum Nutzen. Hitler wird nur die nächsten 13 Tage darin leben, was den gesamten Aufwand ad absurdum führt.

Ob er an seine Errettung vor fünf Jahren denkt, als Georg Elser ihn im Münchner Bürgerbräukeller bei seiner jährlichen Gedenkrede fast getötet hätte? Die Explosion der

^ *Die Ruine des neuen Führerbunkers in der Wolfsschanze im Jahre 2013. (112)*

Bombe hat ihn damals nur um 13 Minuten verfehlt. Hitler hat seinerzeit deutlich eher den Saal verlassen als sonst üblich. Wegen einsetzenden Nebels hat er den Zug anstelle des Flugzeugs genommen. Schon damals ein Zeichen der Vorsehung? Der Zweite Weltkrieg wäre relativ schnell beendet gewesen und die Weltgeschichte wäre anders verlaufen. So unterzeichnet der oberste Kriegsherr jedoch am 10. November den Befehl zur Vorbereitung der Ardennenoffensive. Er stellt in dem geheimen Aufmarschbefehl klar: *„Ich bin entschlossen, an der Durchführung der Operation unter Inkaufnahme des größten Risikos auch dann festzuhalten, wenn der feindliche Angriff beiderseits Metz und der bevorstehende Stoß auf das Ruhrgebiet zu großen Gelände- und Stellungsverlusten führen sollten."* Termin für den Angriff ist der 27. November. Gegen den Rat des Generalstabs ist Hitler der Meinung, die größere Erfolgschance für eine Offensive bestehe an einem konkreten Punkt der Westfront anstatt irgendwo an der langen Ostfront. Aus seiner Sicht bringt ein Erfolg seiner Offensive die Wende des Krieges. Noch einmal wird alles auf eine Karte gesetzt.

Speer informiert Hitler am 11. November über die sich verschärfende Lage im Ruhrgebiet, vor allem aufgrund wachsender Transportprobleme. Trotzdem und trotz der Bombenangriffe läuft die Rüstungsproduktion nach wie vor auf Hochtouren. Das Gesamtvolumen liegt in den letzten vier Monaten des Jahres 1944 noch über dem der ersten vier Monate und um ein Vielfaches höher als zu Kriegsbeginn. Das Hauptproblem bleibt die Versorgung mit Öl und Treibstoff. Darüber hinaus gibt es zu oft Neuentwicklungen, die sich als nicht fronttauglich erweisen. Ein Beispiel ist der zehn Meter lange Panzerkampfwagen VIII „Maus", ein von dem Unternehmen Porsche produzierter überschwerer Panzer, von dem bis Ende 1944 nur zwei Prototypen fertiggestellt werden können. Nachteil dieses Ungetüms aus 188 Tonnen Stahl ist sein enormer Benzinverbrauch von 3.800 Litern auf 100 Kilometer im Gelände. Überdies passt dieser rollende Bunker nur auf einen speziellen 14-achsigen Eisenbahntransportwagen und kann dadurch weder Tunnel noch Eisenbahnbrücken passieren. Selbst wenn er produziert worden wäre, wäre es dadurch fast unmöglich gewesen, ihn in größeren Stückzahlen an die Front zu transportieren. Doch die Bevölkerung hält weiter durch, inspiriert von Unterhaltungsfilmen wie „Die große Liebe" und den darin von Zarah Leander gesungenen Liedern „Davon geht die Welt nicht unter" und „Ich weiß, es wird einmal ein Wunder gescheh'n", deren Texte auf den Lebensalltag im Krieg adaptiert werden.

Um 20:40 Uhr erfolgt durch Prof. Blaschke eine größere Zahnbehandlung bei Hitler. Er zieht ihm einen bereits vereiterten Zahn und erneuert die Goldbrücke im Oberkiefer. Sie ist im Jahre 1933 in den Oberkiefer eingesetzt worden und muss nun wegen einer Zahnfleischentzündung von elf auf neun Glieder verkürzt werden. Prof. Blaschke braucht Tage, bis er endlich die Erlaubnis zum Ziehen dieses Zahnes erhält, denn Hitler hat ihm zunächst seine Zahnschmerzen verschwiegen. Nach dem Eingriff äußert er unvermittelt zu ihm: *„Ich habe nur noch zwei bis drei Jahre zu leben."* Eine weitere Zahnbehandlung folgt am 11. November um 17:00 Uhr. Am nächsten Tag, es ist ein Sonntag, geht Hitler um 05:10 Uhr zu Bett und lässt sich um 13:00 Uhr wecken. Zwei Stunden später hat er eine Besprechung mit dem Höheren Kommandeur der Kriegsschiffbaulehrabteilung Admiral Hans Voß. Die „Tirpitz", Schwesterschiff der „Bismarck" und das größte in Europa gebaute

Schlachtschiff, ist nach mehreren vergeblichen Angriffen der RAF im Sandnessund, einer Meerenge südwestlich der Insel Tromsøya, von britischen Sechs-Tonnen-Bomben getroffen und zum Kentern gebracht worden. 1.204 Besatzungsmitglieder finden dabei den Tod.

Die zeitgleich in München stattfindende Gedenkfeier zum Jahrestag des Putsches von 1923 besteht nur noch aus dem Verlesen einer längeren Proklamation Hitlers durch Himmler. Goebbels hätte es aus propagandistischen Gründen natürlich lieber gesehen, wenn Hitler direkt zum deutschen Volk sprechen würde, doch der hat keine Erfolgsmeldungen mehr zu verkünden und schiebt erneut seine angegriffene Stimme vor. Prompt verbreiten sich Gerüchte, Hitler sei tot oder schwer erkrankt, habe einen Nervenzusammenbruch erlitten oder sei geflüchtet und Himmler oder Goebbels haben jetzt die Macht in ihren Händen. Himmler wählt für seinen Vortrag das Zirkusgebäude am Marsfeld in München. Hitler rechtfertigt sich in seiner Proklamation sogleich, warum er, nachdem er dreizehn Mal zu diesem Anlass in München anwesend gewesen ist und gesprochen hat, diesmal nicht nach München fahren konnte:

„Ebenso gestattet mir die Arbeit im Hauptquartier nicht, es zur Zeit auch nur auf einige Tage zu verlassen. (…) Denn genau so wie in der Zeit der Krise des Jahres 1923 bewegt mich auch jetzt nur ein einziger, alles andere beherrschender Gedanke: Nun erst recht alles einzusetzen für den notwendigen Erfolg!" Er beruft sich einmal mehr auf die Vorsehung, d.h. auf Gott: *„(…) nämlich die Erkenntnis, dass die Vorsehung am Ende nur demjenigen hilft, der selbst unverzagt starken und gläubigen Herzens den Kampf mit den Widerwärtigkeiten der Zeit aufnimmt und dadurch am Ende zum Herrn seines Schicksals wird."*

Der Gedanke an die Vorsehung ist für ihn Gefühlsauftrieb und gibt ihm die Gewissheit, beschützt zu werden, um seinen Weg bis zum am Ende erfolgreichen Sieg durchzustehen. Sein Überleben ist doch gerade der göttliche Beweis, dass er seine historische Mission erfüllen muss und wird. Er denkt in der Kategorie des puren Messianismus: Seine Aufgabe als Heilsbringer schaltet von vorne herein jede Möglichkeit eines Gedankens an eine weitere Kapitulation Deutschlands aus. Nur er steht zwischen Deutschland und der absoluten Katastrophe, nur er ist der Garant des Endsieges. Eigentlich hat er nichts mehr zu verlieren: Siegt er, ist alles gut; geht er unter, kann er sich innerhalb von Sekunden durch Selbstmord die Erlösung verschaffen. Hitler wird aber so oder so die Wiederholung der Schmach der Kapitulation im Jahre 1918 nicht mehr erleben. Er erkennt, dass der Endkampf näher rückt und dass dieser sehr wahrscheinlich, wenn nicht in letzter Minute noch ein Wunder geschieht, in der Vernichtung seiner Armeen endet. Sein Drang nach historischer Größe, nach dem was von ihm einmal übrig bleibt, also trotz allem nicht kapituliert zu haben, treibt ihn an, auch wenn das Reich und das Volk in diesem Prozess untergehen. Hitler droht denen, die nicht bereit sind, sich und ihr Leben einzusetzen, unverhohlen mit dem Ende ihrer selbst:

„Soweit uns der Allmächtige das Auge geöffnet hat (…), erkennen wir die unbestechliche Gerechtigkeit, die das Leben als letzten Preis nur denjenigen zuspricht, die gewillt und bereit sind, Leben für Leben zu geben. Ob der Mensch dieses harte Gesetz nun bejaht oder verneint, ist völlig belanglos. (…) Wer sich dem Kampf um dieses Leben zu entziehen versucht, beseitigt nicht das Gesetz, sondern nur die Voraussetzung seiner eigenen Existenz."

In einem längeren Abschnitt über die Entstehung und Entwicklung der NSDAP vergleicht er die damaligen Feinde im Inneren und Äußeren mit der aktuellen Lage. Ein Vergleich, der aufgrund der herrschenden Umstände nicht ansatzweise eine historische Parallele begründet. Er, der angeblich immer nur das Beste wollte, stellt sich und das deutsche Volk als stets vom Feinde verfolgt dar:

„Seit dem Tag der Machtübernahme haben sich die alten Feinde erst recht nicht gewandelt, sondern ihren Hass verstärkt. (...) Als letzte inspirative und antreibende Kraft aber hat das Judentum (...) seit dem Jahre 1933 keine Möglichkeit vergehen lassen, um seinen satanischen Verfolgungs- und Zerstörungswillen (...) zum Ausdruck zu bringen. (...) das Ziel unserer Feinde: die Vernichtung unseres Volkes, die Ausrottung und damit die Beendigung seines Daseins."

Er betont, dass dies *„keine Thesen der NS-Propaganda"* seien, sondern permanent genauso von der *„jüdischen Presse"* im Ausland verbreitet werde. Realistischer und vorausschauender sind seine Gedanken über die Zukunft nach dem Sieg des Bolschewismus. Er sagt klar das Ende der betroffenen Demokratien voraus, wie es später in der DDR, der Tschechoslowakei, Ungarn usw. – entweder durch Installation von linientreuen Regierungen oder durch die direkte sowjetische Besatzung – auch eingetroffen ist: *„Dass die heutigen Demokratien nach dem Sieg des Bolschewismus sofort ihr eigenes Grab fänden, die demokratischen Staaten samt ihren Ideen an die Wand geschmettert würden, ändert ebenso wenig an der Wirklichkeit ihres derzeitigen Verfahrens."*

Ein Gegenmittel gegen diese Gefahr bietet, wie könnte es anders sein, ausschließlich das nationalsozialistische Großdeutsche Reich. Dann kommt er zu den eigentlich Schuldigen an den deutschen Niederlagen der letzten Jahre: *„Seit dem Durchbruch russischer Armeen durch die rumänische Front am Don im November 1942, seit dem sich daran schließenden völligen Auseinanderfallen der italienischen und ungarischen Verbände mit allen so schweren Folgeerscheinungen, die damit für unsere Kriegführung eintraten, hat Verrat um Verrat unser Volk betroffen."* Er geht selbstverständlich auf den deutschen Widerstand ein, diese *„(...) charakterlosen Subjekte, eine Mischung von feudaler Arroganz, bürgerlicher Unzulänglichkeit und ehemaliger parlamentarischer Korruption. (...) Sie haben allerdings in einem völlig recht gesehen. Solange ich lebe, wird Deutschland das Schicksal der vom Bolschewismus überfluteten europäischen Staaten nicht erleiden. Solange in mir noch ein Atemzug vorhanden ist, werden mein Körper und meine Seele nur dem einen Gedanken dienen, mein Volk stark zu machen in der Abwehr und zum Angriff gegen die ihm drohende tödlichste Gefahr."*

Die Botschaft ist klar: Das Schicksal des gesamten Staates ist mit seinem persönlichen Schicksal untrennbar verbunden. Dann droht er eventuell noch vorhandenen, noch nicht gefassten Widerstandskämpfern und sagt ihr todsicheres Ende voraus: *„Wer aber heute den Dolch oder die Bombe gegen Deutschland erhebt, wird unbarmherzig und rücksichtslos vernichtet."* Es folgt ein näheres Eingehen auf die Ereignisse des 20. Juli, deren Hintergründe und Folgen, bevor er mit Durchhalteparolen, bei sich zuerst beginnend, endet:

„Mein eigenes Leben kann dabei keine Rolle spielen, d. h. ich werde weder meine Gesundheit noch dieses Leben selbst irgendwie schonen in der Erfüllung der mir als erstem

Deutschen übertragenen Pflicht." Er ist überzeugt, dass *„am Ende (...) die Stunde sich dann nähert, da uns der Allmächtige wieder seinen Segen genauso schenken wird, wie in langen Zeiten vordem. Wir haben damals die größten Siege der Weltgeschichte erfochten und sind trotzdem nicht übermütig geworden. Die Zeiten der Rückschläge werden uns niemals beugen (...)."*

Mit diesen Aussagen muss dem letzten Volksgenossen klar sein, dass der Krieg, solange Hitler lebt, weitergeht. Dr. Stumpfegger und Zahnarzt Prof. Blaschke erscheinen am 13. November zur Untersuchung. Hitler klagt nun über einen wunden Hals, er kann nur mit Schwierigkeiten essen. Die längst fälligen Röntgenaufnahmen schiebt er erneut hinaus, weil er Angst hat, es würde Krebs entdeckt werden. Mehrfach täglich wird nun als vorübergehende Vertretung für Prof. Morell Dr. Weber gerufen, das erste Mal um 05:00 Uhr, eine reichliche Stunde, nachdem Hitler versucht hat einzuschlafen, dann um 09:15 Uhr und erneut um 15:45 Uhr. Um 18:00 Uhr erfolgt die nächste Zahnbehandlung. In diesen Tagen kursieren in der deutschen Bevölkerung immer wieder Gerüchte über Hitlers Sturz, eine Erkrankung oder seinen Tod – natürlich nur hinter vorgehaltener Hand.

Als Hitler am 14. November um 01:45 Uhr Dr. Weber kommen lässt, hat er kurz zuvor zum ersten Mal stark erbrochen beim Auftreten eines kolikartigen Anfalls. Es ist der Tag, an dem die alliierte Offensive gegen das Elsaß beginnt. Am nächsten Tag muss Dr. Weber gleich vier Mal erscheinen, doch am 16. November ist Prof. Morell wieder da. Dieser bekommt umgehend eine gewaltige Abfuhr, nachdem er Hitler vorgeschlagen hat, nach Berlin zu fahren, um dort eine Röntgenuntersuchung vornehmen zu lassen. Prof. Morell notiert betroffen: *„Sehr heftig wie in den ganzen acht Jahren* [seit seinem Dienstantritt bei Hitler] *noch nicht. Er* [Hitler] *sei kein dummer Schuljunge und wisse, was er zu tun habe. Er sieht schlecht aus. Unfreundlich, keine Fragen. Gesicht eingefallen, matt."* Um 19:30 Uhr empfängt der gereizte Hitler Heinz Lorenz, der die Wortprotokolle der Lagebesprechungen stenografiert. Die Alliierten werfen zur gleichen Zeit Bombenteppiche auf kleinere Städte des Ruhrgebiets: 2.700 Tonnen auf Düren, 1.917 Tonnen auf Jülich, 1.020 Tonnen auf Heinsberg.

Prof. von Eicken untersucht am 17. November Hitlers Stimmbänder und stellt einen kleinen Polypen auf dem rechten Stimmband fest. Einen Tag später gibt Hitler den Befehl zur Verlagerung des Führerhauptquartiers in die Reichskanzlei und fährt über Görlitz und Schwarzstein zum letzten Mal nach Karlshof, um sich von Prof. Morell und Prof. von Eicken

∧ *Ein trauernder Mann am Grab seiner Ehefrau Maria, eines von 3.106 Opfern des Luftangriffs auf Düren vom 16. November 1944, bei dem über 90% der Stadt zerstört wurden. (115)*

untersuchen zu lassen. Die angefertigte Röntgenaufnahme zeigt die *"linke Kieferhöhe verschattet"* und *"zerklüftete Mandeln, rechts kleiner Herd"*. Die linke Kiefernhöhle wird umgehend gespült, der Stimmbandpolyp wird gemessen, er ist 2 Millimeter groß. Am 19. November unterhält sich Hitler erneut über das alte Thema Antigaspillen und Strychnin und will ausnahmsweise keine Injektion. Der Tag verläuft relativ ruhig, Hitler isst um 23:00 Uhr zu Abend und empfängt dann kurz Botschafter Hewel, bevor um 00:00 Uhr die Nachtlagebesprechung beginnt.

Bereits um 11:00 Uhr am 20. November lässt er sich wecken. Die Lagebesprechung, es ist die letzte in der Wolfsschanze, beginnt um 13:40 Uhr und endet schon um 14:50 Uhr, dann isst Hitler zu Mittag. Er erteilt im Anschluss daran die Genehmigung für weitere Umbauarbeiten in der Anlage, obwohl er wahrscheinlich genau weiß, dass er niemals wiederkehren wird. Kurz darauf, um 15:15 Uhr, fährt Hitler mit seiner Entourage die kurze Strecke zum Bahnhof der Wolfsschanze und besteigt den Führersonderzug. Nach der Abfahrt in Richtung Rastenburg und Allenstein nimmt er einen Tee zu sich und legt sich hin. Wie üblich fährt eine einzelne Lokomotive etwa 80 Meter vor dem Führerzug, um Bombenanschläge auf Hitlers Zug zu verhindern. Hitler durchfährt letztmalig ein Gebiet außerhalb der Grenzen des Deutschen Reiches von 1937. Die Fahrt geht über Thorn (heute Toruń/Polen), Bromberg (heute Bydgoszcz/Polen), Schneidemühl (heute Piła/Polen) und Landsberg an der Warthe (heute Gorzów Wielkopolski/Polen). Nachdem er geruht hat, nimmt er um 20:30 Uhr mit Bormann, Prof. Morell, Constanze Manziarly, Julius Schaub, Reichsbühnenbildner Benno von Arent und zwei seiner Sekretärinnen im Speisewagen das Abendessen ein. Die Wagenfenster sind gegen feindliche Flugzeuge verdunkelt. Traudl Junge berichtet:

"Ich habe Hitler nie so niedergedrückt und geistesabwesend gesehen wie an diesem Tag. Seine Stimme war nur noch ein leises Flüstern; seine Augen waren entweder auf seinen Teller oder auf einen Fleck auf dem weißen Tischtuch geheftet. Eine drückende Atmosphäre lastete über dem engen schaukelnden Käfig. Plötzlich sprach er von der Operation." Er habe *"großes Vertrauen zu Prof. Eicken. Er hat eine große Verantwortung, aber er ist der einzige, der es schaffen kann. So eine Stimmbandoperation ist nicht gerade lebensgefährlich, doch es ist gut möglich, dass ich meine Stimme verliere, und dann......"*

Er spricht den Satz nicht aus. Man sitzt zusammen und redet wenig. Um 01:30 Uhr, der 21. November ist angebrochen, verabschiedet er sich und geht in seine Schlafkabine. Über Küstrin (heute Kostrzyn nad Odrą/Polen) rollt der Zug noch in der Dunkelheit auf die Reichshauptstadt zu. Hitler wird um 04:50 Uhr geweckt. Der sonst übliche Anhalter Bahnhof oder der Schlesische Bahnhof werden diesmal nicht angefahren. Der Zug fährt im Süden um Berlin herum und über Potsdam von Südwesten aus zum Bahnhof Berlin-Grunewald, der um 05:30 Uhr erreicht wird. Als Hitler aussteigt, empfängt ihn ein wolkenverhangener Berliner Himmel. Bei nur sechs Grad Celsius regnet es leicht. Die Wagenkolonne, die Verdecke sind geschlossen, erreicht unbemerkt von der Öffentlichkeit die Reichskanzlei. Während sonst die Führerstandarte in dem Moment aufgezogen wird, in dem Hitler das Gelände erreicht, unterbleibt das jetzt. Niemand soll wissen, dass der Führer Ostpreußen verlassen, de facto aufgegeben hat und wieder in der Reichshauptstadt weilt. Hitler legt sich um 09:00 Uhr drei Stunden schlafen, nimmt dann an der Lagebesprechung teil und begrüßt zum Essen um 16:40 Uhr Eva Braun, die ebenfalls – vom Berghof kommend – in Berlin eingetroffen ist. Die Stimmung ist, auch wegen der bevorstehenden Operation, gedrückt. Prof. von Eicken nimmt um 18:00 Uhr bei Hitler assistiert von Schwester Maria eine Kieferhöhlenspülung links vor. Nach der Entfernung eines dicken Eiterpropfens erfolgt eine Nasen- und Tonsillenbehandlung.

Am 22. November besetzen französische Truppen Belfort und Mülhausen im Elsaß. Hitler lässt sich bereits um 09:45 Uhr wecken. Die Lagebesprechung ist wegen der bevorstehenden Operation auf 11:00 Uhr vorverlegt worden und dauert nur eine knappe Stunde. Dann kommt Prof. Morell und gibt ihm ein Milligramm Morphium. Die lange befürchtete Operation wird um 12:30 Uhr von Prof. von Eicken in der Krankenstation der Neuen Reichskanzlei durchgeführt. Dr. Stumpfegger assistiert und hält die Schale. Der Eingriff verläuft routinemäßig und der Stimmlippenpolyp wird entfernt. Einem derartigen Eingriff hat sich Hitler im Mai 1935 schon einmal unterziehen müssen. Anschließend begibt sich Hitler erstmals in seinen Schlafraum im Führerbunker und schläft von 13:00 Uhr bis 20:30 Uhr. Das Reich ist siebeneinhalb Stunden führerlos. Prof. Morell wird gegen 21:00 Uhr gerufen, er trifft dabei auf Eva Braun. Hitler fragt, ob Haferschleimsuppe erlaubt sei, was Prof. Morell bejaht. Um 22:00 Uhr wird er erneut gerufen (*„sofort kommen"*), da Hitler blutig eingefärbten Auswurf aushustet. Er bekommt zwei Optalidon zum Schlafen.

Hitler ist um 00:00 Uhr am 23. November schon wieder auf den Beinen und bespricht sich mit Puttkamer. Die Lagebesprechung, ihm wird die Besetzung von Metz und Straßburg durch die 6. US-Heeresgruppe unter General Jacob Devers gemeldet, dauert nur 35 Minuten. Die feindlichen Truppen stehen nun vor dem Westwall. Der besitzt der eigenen Bevölkerung gegenüber eine große propagandistische Wirkung, ist militärisch jedoch so gut wie nutzlos, da die Soldaten fehlen, um die zahlreichen Bunker besetzen und halten zu können. Den Rest des Tages verbringt Hitler alleine mit Eva Braun und zwischendurch mit seinen Sekretärinnen. Linge vermerkt in seinem Kalender: „17:00 Uhr: Frl. Braun – 17:50 Uhr: Privat – 21:45 Uhr: Wecken [!]"

Am nächsten Tag wird eine zweite Kieferhöhlenspülung vorgenommen und nachmittags geht er kurz im Garten spazieren, der Appetit beim Essen ist auch wieder gut. Hitler hat sich nach der zwei Stunden dauernden Teestunde gerade zurückgezogen, als im Radio die bekannte Meldung *„Feindliche Bomberverbände sind im Anflug auf die Reichshauptstadt"* durchgegeben wird und schließlich um 18:57 Uhr Luftalarm ertönt. Der 45 Minuten dauernde Bombenangriff der RAF hat als Schwerpunkt die Stadtteile Mitte, Tiergarten, Friedrichshain, Kreuzberg, Charlottenburg und Lichtenberg. Die Suchscheinwerfer der Flak ragen wie helle dünne Finger in den Nachthimmel und kreuzen unaufhörlich auf der Suche nach einem feindlichen Flugzeug hin und her. Wenn sich vier oder fünf Scheinwerfer kreuzen, ist klar, dass ein Flugzeug geortet, in einem Lichtkreis gefangen wird und nicht mehr entkommen kann. Die Flak hat dann leichtes Spiel. Vom Boden aus scheint die Maschine fast stillzustehen, umringt von einem Kranz explodierender Granaten, bis sie schließlich getroffen wird und – eine Rauchfahne hinter sich herziehend – zur Erde trudelt und in einer Explosion auf dem Boden oder in einem Gebäude zerschellt. Trotzdem ist es nicht einfach, ein Flugzeug abzuschießen. Die Flak braucht je nach Kaliber der eingesetzten Waffen statistisch zwischen mehr als 3000 und bis zu 16.000 Schuss für einen einzigen finalen Treffer.

Hitler folgt endlich einmal dem Rat seines Arztes und geht am 25. November eine Stunde lang allein im Garten der Reichskanzlei spazieren, nachdem er mit *„sehr gutem Appetit"* (er *„fühlt sich wohl"*) mit Eva Braun zu Mittag gegessen hat. Er unternimmt diesen Spaziergang von jetzt ab fast täglich. Anschließend gibt er einen Geheimbefehl *„über standhaftes Ausharren"* auch in *„aussichtslos erscheinenden Lagen"* heraus. Er ordnet damit an, dass die Befehlsgewalt dort auch auf einfache Soldaten übergehen kann, wenn der verantwortliche Kommandant kapitulieren will: *„Der Krieg entscheidet über Sein oder Nichtsein des deutschen Volkes. Er fordert rücksichtslosen Einsatz jedes einzelnen. (...) Führer deutscher Soldaten kann nur sein, wer mit allen Kräften des Geistes, der Seele und des Körpers seinen Männern täglich die Forderungen vorlebt, die er an sie stellen muss. (...) Glaubt ein Truppenführer, der auf sich selbst gestellt ist, den Kampf aufgeben zu müssen, so hat er erst seine Offiziere, dann Unteroffiziere, danach die Mannschaften zu befragen, ob einer von ihnen den Auftrag erfüllen und den Kampf fortführen will."*

Dann beendet er eine längere Diskussion um eine *„kleine oder große Lösung"* der Ardennenoffensive. Die kleine Lösung, von Model und Rundstedt favorisiert, sieht nur die Vernichtung der U.S. Army zwischen Aachen und der Maas vor. Die Generalfeldmarschälle sind der Meinung, dass die Kräfte für die große Lösung, den Vorstoß bis nach Antwerpen und die Ausschaltung des kriegswichtigen Nachschubhafens der Alliierten, nicht ausreichen. Hitler hält, wie nicht anders zu erwarten, an der von ihm einmal konzipierten großen Lösung fest. Sein Argument: Die kleine Lösung *„kann den Krieg verlängern, die große kann ihn jedoch beenden, zumindest im Westen"*. Er prognostiziert, dass Antwerpen am siebten Tag des Angriffs fällt. Persönlich überwacht er auch die kleinsten Details der Planung. Das beginnt bei der Frage, wie viele Schlafdecken der Infanterist tragen kann, bis hin zur Entscheidung, an welchen Stellen die „Tiger" mit ihren 12,8 Zentimeter-Kanonen eingesetzt werden sollen.

Am 26. November überträgt er Himmler den Oberbefehl im Gebiet des Oberrheins und die Verantwortung über Armee, Waffen-SS und sogar der dort stationierten Luftwaffeneinheiten. Göring hat es längst aufgegeben, gegen derartige Beschneidungen seiner Befugnisse zu widersprechen. Er ist froh, wenn er in Ruhe gelassen und nicht kritisiert wird. Es ist der Jahrestag der Gründung der Organisation „Kraft durch Freude". Hitler bekommt telegrafisch ein *„Treuebekenntnis des deutschen Arbeiters"* von Robert Ley übermittelt und betont in seiner Antwort: *„Nach siegreicher Beendigung unseres schicksalhaften Ringens werden wir den sozialistischen [!] Aufbau des Reiches mit Konsequenz vollenden. Denn diesem Ziel einer wahrhaft sozialistischen Zukunft allein entsprechen der Kampf und die Opfer des Ringens, dem alle unsere Anstrengungen gelten."* Als möglichen Angriffstermin im Westen nennt er nun den 10. Dezember. Um 19:00 Uhr erscheinen Prof. Morell und Prof. von Eicken. Die medizinische Assistentin Ruth Krause entnimmt Hitler mehrere Blutproben. Dann entfernt Prof. von Eicken aus beiden Mandeln je zwei Eiterpröpfe und ätzt die Nasenhöhlen *„mit einer 5 Prozent Arg. Nitr.* [Silbernitrat] *Lösung"* aus. Die Ärzte haben gute Nachrichten, sie bestätigen die Gutartigkeit des entfernten Polypen: *„Es handelt sich nicht um eine echte Geschwulst, sondern um eine Verdickung der Schleimhautdecke. Ein Frühstadium des sogenannten Sängerknötchens."* Ob dieser Nachricht notiert Prof. Morell über den Appetit seines Führers: *„Sehr gut gegessen."*

Hitlers gute Laune ist bereits am 27. November schon wieder dahin, als er um 12:30 Uhr aufsteht und sich beschwert, dass er *„nur zwei Stunden geschlafen"* habe wegen Türenschlagens, Lärm in der Küche und wegen des Luftalarms. Ab sofort sorgen Posten für entsprechende Ruhe. Nur eine halbe Stunde bevor er geweckt worden ist, schlägt eine V2 in eine um diese Zeit sehr belebte Kreuzung der Avenue de France in Antwerpen ein. Unter den Passanten fordert der Terrorangriff 128 Tote sowie 196 Verletzte. Erst an diesem Tag können die Alliierten die Scheldemündung sichern und damit den Hafen von Antwerpen für ihre Nachschublieferungen endlich nutzen. Hitler muss um 18:43 Uhr erneut in den Bunker. Schwerpunkte des Angriffes der RAF bilden diesmal Kreuzberg, Wilmersdorf und Schöneberg. Auch Freiburg im Breisgau wird bombardiert, die gesamte Altstadt wird dabei zerstört, obwohl die Stadt keinerlei strategische oder industrielle Bedeutung hat. Fast 3.000 Menschen kommen ums Leben.

Am 28. November verbreitet das OKW den Führerbefehl vom 25. November, der *„alsbald Allgemeingut jedes Soldaten"* werden soll. De facto setzt Hitler damit die streng hierarchische Rangordnung innerhalb der deutschen Armeen für den Ernstfall außer Kraft. In einem weiteren Führererlass befiehlt er die Gründung eines Wehrmachtshelferinnenkorps, das weitere 150.000 Soldaten aus den Schreibstuben und Nachrichtenstellen nach dem Ersatz durch Frauen für die Front freisetzen soll. Bormann notiert: *„Der Führer verspricht sich eine entsprechende Rückwirkung auf die Haltung der Männer."* Hitler geht nachmittags mit General Bodenschatz *„eine Stunde stramm spazieren"*. Es wird auch um Karl Koller gegangen sein, der von Göring zum General der Flieger befördert und zum neuen Chef des Generalstabes der Luftwaffe ernannt worden ist. Hitlers Stimme ist wieder gut und bestimmend, ebenso der Appetit. Nach dem Essen empfängt er Oberst Remer. Der folgende Tag läuft routinemäßig, abgesehen von einer weiteren Kieferhöhlenspülung, die durch Eiterfluss notwendig geworden ist, sowie intensiven Besprechungen und einem Abendessen mit Speer und Saur. Seinen wichtigsten Rüstungsfachleuten gegenüber gibt er zu, dass die Offensive sein *„letzter Versuch"* sei:

„Gelingt er nicht, sehe ich keine Möglichkeit mehr zu einer günstigen Beendigung des Krieges. (…) Aber wir werden durchkommen. Ein einziger Durchbruch an der Westfront! Sie werden sehen! Das führt zu einem Zusammenbruch und zur Panik bei den Amerikanern. Wir werden in der Mitte durchstoßen und Antwerpen nehmen. Damit haben sie ihren Nachschubhafen verloren. Und ein riesiger Kessel um die ganze englische Armee wird entstehen mit Hunderttausenden von Gefangenen. Wie früher in Russland!"

Neue Versprechungen gibt er Speer gegenüber und sagt *„100.000 bis 150.000 Mann"* zur Hilfe im Ruhrgebiet zu. Arbeiter sollen zu diesem Zweck aus anderen Gebieten zurückgeholt werden. Für die Bevölkerung verspricht er eine Verbesserung der Schuhversorgung. In einem seiner fast alltäglichen nächtlichen Monologe, die der kleine, fast immer aus den gleichen Personen bestehende Kreis über sich ergehen lassen muss, äußert sich Hitler in dieser Nacht über Jesus und das Judentum. Er ist der Meinung, dass Jesus *„sicher kein Jude"* gewesen sei, denn *„einen der ihren hätten die Juden nicht den Römern ausgeliefert"*. Er spekuliert, dass es *„aber möglich gewesen"* sei, dass seine Mutter Jüdin gewesen ist. Diese Gedanken gehen Hitler Ende November durch den Kopf, in einem Monat, in dem Köln, Düsseldorf, Bochum, Wanne-Eickel, Hamburg, Harburg, Dortmund, Düren, Münster, Aschaffenburg, München, Freiburg und Essen bombardiert werden. Der letzte Tag des trüben Novembers endet mit *„sehr großem Appetit"* beim Essen mit Eva Braun. Seine Umgebung findet ihn *„sehr energievoll"*.

Für den Architekten Erich Gloeden (geborener Loevy) endet dieser letzte Tag im November dagegen mit dem Tod. Er ist am 23. August 1888 in Berlin geboren und der Sohn des bekannten Bronzegießereibesitzers Siegfried Loevy, dessen Firma die Inschrift *„Dem Deutschen Volke"* am Reichstagsgebäude angebracht hat. Gloeden hat mit seiner Ehefrau nicht nur einer Vielzahl von Juden geholfen, sondern auch General Fritz Lindemann – der zum engsten Verschwörerkreis des 20. Juli gehört – wochenlang bei sich versteckt. Lindemann ist zu diesem Zeitpunkt bereits tot, gestorben an den Schüssen, die er bei seiner Verhaftung erlitten hat. Zusammen mit seiner Frau Elisabeth und seiner Schwiegermutter Elisabeth Kuznitzky wird Gloeden in Berlin-Plötzensee enthauptet.

Führerhauptquartier Adlerhorst – Der vergessene Ort

In den östlichen Ausläufern des Taunus, im Wetteraukreis in Hessen, in Ziegenberg (heute Langenhain-Ziegenberg) wird im Jahre 1940 für den Frankreichfeldzug ein Führerhauptquartier um das Schloss Ziegenberg gebaut, welches von Hitler nie genutzt wird. Er fürchtet das Unverständnis seiner Volksgenossen und lehnt das Schloss als zu luxuriös ab. Erst im Rahmen der Ardennenoffensive 1944 bezieht er nördlich der alten Anlage in Wiesental (heute Stadtteil der Stadt Butzbach) sein neues, aus wenigen Bunkern und Baracken bestehendes Quartier. Mit 35 Tagen ist es nach der Wolfsschanze (786 Tage) und Werwolf (105 Tage) das am drittlängsten von den elf benutzten Führerhauptquartieren. In der Öffentlichkeit ist dieser Umstand bisher unbemerkt geblieben, da in den Publikationen neben der Wolfsschanze vor allem das im Frankreichfeldzug an 25 Tagen benutzte Felsennest hervorgehoben wird – auch weil es hiervon verhältnismäßig viele Foto- und Filmaufnahmen gibt und die Ardennenoffensive häufig nur als Fußnote des Zweiten Weltkrieges in Erscheinung tritt. Filmaufnahmen aus dem Adlerhorst sind dagegen nicht bekannt. Das

^ *Aufriss des Gebäudes I mit Hitlers Schlaf- und Arbeitszimmer sowie Bad und Toilette (Zimmer 1, 2, 11, 12 und 13, siehe auch Seite 260). (137)*

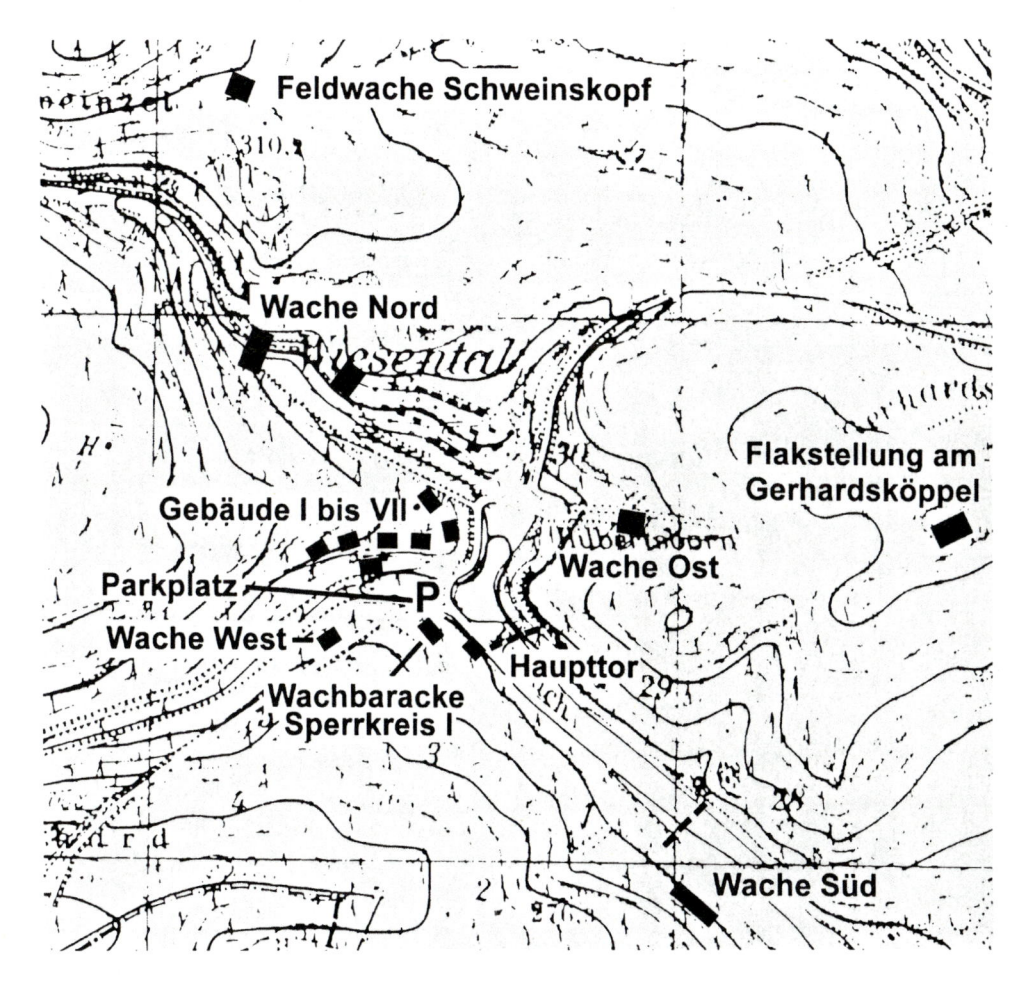

für Hitler in Wiesental errichtete Gebäude I besitzt einen Ruheraum, einen 24 Quadratmeter großen Arbeitsraum, ein Bad und eine Garderobe. Weitere Räume sind für Diener und Adjutanten eingerichtet. Des Weiteren existieren ein 38,5 Quadratmeter großer Kartenraum und ein Aufenthaltsraum, der wohl den ständigen persönlichen Wachen Hitlers dient. Das Führerhaus, das oberirdisch wie ein Holzhaus aussieht, besitzt in sechs Metern Tiefe einen unterirdischen Bunker mit einer 3,20 Meter starken Stahlbetondecke.

^ *Karte des Führerhauptquartiers Adlerhorst in Wiesental (o.) (137) und der neu bebaute Standort von Hitlers Haus heute (u.) (112).*

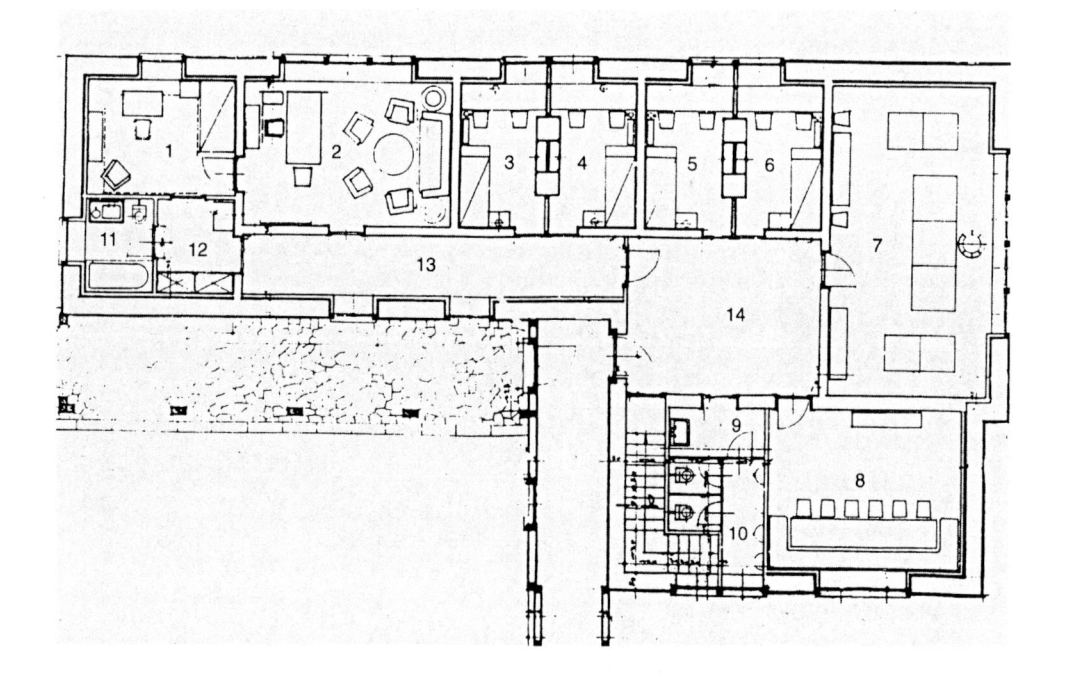

Die Räume im Einzelnen (siehe Abbildung):

Raum 1: Ruheraum (14 Quadratmeter, Nussbaumausführung, Metallbett, Nachttisch, Polstersessel, Arbeitstisch, niedriger Schreibsessel, Regal, hoher Spiegel mit kleiner Kommode, ein Teppich, eine dreiflammige Deckenleuchte, eine Wandleuchte über dem Spiegel und eine Nachttischlampe).

Raum 2: Arbeitszimmer (24 Quadratmeter, Arbeitstisch, hoher und niedriger Schreibsessel, Aktenbock, Telefontisch, Regal, Kommode, runder Couchtisch, Sofa mit vier Sesseln, überwiegend in Nußbaum. Beleuchtung achtflammiger Deckenleuchter. Das dreiteilige Fenster war vier Meter breit. Am Türrahmen ist ein Thermometer befestigt, da Hitler tiefere Temperaturen in seinen Räumen bevorzugt).

Raum 3 bis 6: Wohnräume für Diener und Adjutanten. Raum 7: Kartenraum (38,5 Quadratmeter, Ausführung in Eiche, zwei Kommoden, große Tische und zwei Stehlampen).

Raum 8: Aufenthaltsraum (24,8 Quadratmeter und Wachlokal der persönlichen Wachen).

Raum 9 und 10: Allgemeine Herrentoilette und Vorraum mit Waschbecken.

Raum 11: Bad und Toilette Hitlers.

Raum 12: Vorraum mit Schrank.

^ *Führerhauptquartier Adlerhorst: Grundriss des Erdgeschosses von Hitlers Haus. (Siehe auch Seite 258) (137)*

Raum 13:   Flur; die Räume Hitlers sind durch einen eigenen Flur vom Rest des Gebäudes getrennt.
Raum 14:   Vorraum (23,6 Quadratmeter, zentraler Raum, von hier aus sind alle Funktionsbereiche des Gebäudes – auch der Luftschutzbunker – zugänglich. An der Wand zwischen Eingangstür und der Tür zum Privatflur Hitlers hängt ein Spiegel, an dem die Offiziere den korrekten Sitz der Uniform prüfen können).

In den Luftschutzbunker führt eine 1,10 Meter breite und zweimal nach links geknickte Treppe mit 36 Stufen. Auf halber Treppe geht ein Notausstiegsschacht ins Freie. Die Räume im Bunker ähneln in ihrer Funktion denen des Erdgeschosses. Für Hitler sind ein Schlafraum, ein Bad mit Vorraum und ein Aufenthaltsraum vorhanden. Daneben liegt der Lageraum, ein Raum für Adjutanten, der Lüfter- und Filterraum und eine Eingangsschleuse am gemeinsamen Flur. Die anderen Gebäude sind: Gebäude II Kasino, Gebäude III Pressehaus, Gebäude IV Generalshaus, Gebäude V Reichsleiterhaus, Gebäude VI OKW und Gebäude VII Wachhaus. Die Wege zwischen den Gebäuden sind mit Tarnnetzen überspannt sowie mit aufgenagelten Fichtenbäumchen und geschwungenen Tarnmatten versehen. Von oben gewinnt man den Eindruck, es handle sich um einen dicht bewachsenen Wald.

^   *Luftaufnahme des Areals im Wiesental. Hitlers Haus ganz rechts (siehe auch die Karte des Areals Seite 259). (137)*

Er glaubte, wenn man einen Soldaten mit seiner Ideologie inspirierte, sie ihn infiltrierte, dass er dann jedes Hindernis, auch jedes technische oder logistische Hindernis zu überwinden in der Lage war.
Ulrich de Maizière
(Generalstabsoffizier im Oberkommando des Heeres, 1912-2006)

Dezember 1944 – Alles auf eine Karte

Hitler beginnt den letzten Monat des Jahres 1944 um Mitternacht mit einem Essen. Am Nachmittag kommt erst Magda Goebbels zu ihm, nach dem Mittagessen ihr Mann Joseph. Man diskutiert über die Me 262, das altbekannte Dauerthema. Wie vorher auch setzt Hitler anstatt auf die Version als Jagdflugzeug lieber auf die Verbunkerung der Industrie, auf riesige Flakstellungen und auf Vergeltungsschläge mit Wunderwaffen gegen Großbritannien, am liebsten auch gegen die USA. Der Flugzeugkonstrukteur Ernst Heinkel verschwendet deshalb viel Energie darauf, die Fehlkonstruktion He 177 mit ihren zwei Doppeltriebwerken als Langstreckenbomber einsatzreif werden zu lassen, was sich jedoch nie amortisiert.

Erst im vergangenen Monat hat Speer endlich bei Hitler durchgesetzt, dass die Me 262 jetzt ausschließlich als Jäger Verwendung findet. Goebbels notiert darüber erfreut: *„Das war auch höchste Zeit."* Doch nun erfährt Goebbels, dass Hitler noch immer nicht überzeugt ist: *„Ich bin äußerst bestürzt, als der Führer mir eröffnet, dass er auf die Me 262 als Jäger keine großen Hoffnungen setzt. Die Me 262 hat eine Geschwindigkeit bis zu 1.000 Kilometern, und der Führer glaubt, dass eine solche Geschwindigkeit nicht mehr im Kampf selbst zur Auswirkung kommen könne."* Der Schuldige ist offensichtlich: Es ist einzig und allein Hermann Göring. Man zieht gemeinsam über ihn her. Goebbels notiert:

„Über das Versagen Görings, und zwar sowohl menschlich als auch sachlich, ist jetzt der Führer außerordentlich traurig. Er kann es nicht verstehen, dass er bei der jetzigen Härte des Krieges immer noch seinen alten luxuriösen Lebensstil pflegt. (...) Der Führer ist (...) diesen Dingen gegenüber außerordentlich empfindlich geworden. (...) Der Führer ist es nun leid, Göring ewig Vorhaltungen zu machen. Er pflegt jetzt mit der Luftwaffe und mit

Göring nur noch auf dem Befehlsweg zu verkehren. Er gibt Göring klare Anordnungen und ersucht um Vollzugsmeldungen."

Derartige Klagen über die Luftwaffe im Allgemeinen und über Göring im Besonderen haben in der NS-Prominenz eine lange Tradition. Sie haben eine reale Grundlage, dienen aber ganz klar auch der sozialen Gruppenintegration. Wirkliche Konsequenzen ergeben sich für Göring daraus bis kurz vor Kriegsende nicht. Goebbels bleibt die ganze Nacht, bis 05:00 Uhr früh am 2. Dezember. Er schafft es immer wieder, Hitler abzulenken, was dieser sehr an ihm schätzt:

„Ich erzähle dem Führer einige Einzelheiten aus dem Familienleben, lese ihm aus dem Tagebuch von Helmut einen Aufsatz über den 9. November 1918 vor, über den wir Tränen lachen. Es ist für mich direkt beglückend zu sehen, wie der Führer sich schüttelt vor Heiterkeit. (...) Wir tauschen dann im Auf- und Abgehen durch das Arbeitszimmer des Führers wieder alte Erinnerungen aus, freuen uns der gemeinsamen Kampfzeit, sind glücklich, dass wir uns im Kern nicht geändert haben. Er machte einen gesunden Eindruck, die Aussicht auf eine neue Offensive wirkt wie berauschend. Er ist nach Berlin gekommen, um den bevorstehenden Angriff im Westen vorzubereiten. Alles ist für den großen Schlag vorbereitet, der nicht nur militärisch, sondern auch politisch einen Erfolg verschaffen wird. Auch während seiner Krankheit hat er Tag und Nacht für diesen Plan gearbeitet. (...) Sein Plan, in acht bis zehn Tagen Antwerpen erobern, die gesamte feindliche Streitmacht nach Norden und Süden abzudrängen und dann zu einem gewaltigen Raketenangriff auf London überzugehen. Er erhofft sich eine starke psychologische Wirkung positiv für die eigene Bevölkerung, negativ für die des Feindes."

Am Sonntag, dem 3. Dezember, es ist der erste Advent, unterschreibt Hitler eine Verfügung über die militärischen Aufgaben des Reichsarbeitsdienstes, der ab sofort *„einen bestimmten Teil der bisher vom Ersatzheer durchgeführten militärischen Ausbildung"* übernehmen muss und empfängt anschließend Großadmiral Dönitz. Die Behauptung des Goebbelsbiografen Prof. Longerich und anderer Historiker, dass Hitler an diesem Tag Goebbels auf dessen Landsitz Bogensee in Wandlitz, Ortsteil Lanke, besucht hat, ist nicht richtig. Richtig und sowohl durch den Kalender Linges als auch durch das Tagebuch von Goebbels selbst nachweisbar ist Folgendes: Hitler lässt sich an diesem Tag um 12:00 Uhr wecken, beordert um 13:05 Prof. Morell zu sich und unternimmt um 13:50 Uhr einen Spaziergang. Um 14:30 Uhr hat er eine zehnminütige Unterredung mit SS-Gruppenführer Albert Bormann, gefolgt von der Einnahme des Mittagessens. Ab 15:20 Uhr empfängt er mehrere Besucher. Die Lagebesprechung schließt sich um 16:30 Uhr an und danach spricht er, wie schon erwähnt, mit Dönitz. Anschließend lässt er sich um 18:45 Uhr, wahrscheinlich über den Wilhelmplatz und die Voßstraße, zum Haus der Familie Goebbels südlich des Brandenburger Tores (Hermann-Göring-Straße, heute Friedrich-Ebert-Straße) fahren. Er bringt sich eine Thermoskanne Tee mit, wirkt auf die Familie wie in *„guter Verfassung"* (er hat mittags einen Erbsensuppeneintopf gut vertragen) und mimt den guten Onkel. Anwesend ist auch der persönliche Referent von Goebbels, Staatssekretär Werner Naumann. Hitler hat also gar nicht die Zeit, bis nach Lanke und wieder zurück zu fahren. Er hätte für diese 70 Kilometer lange Strecke etwa zwei Stunden gebraucht, den Aufenthalt noch nicht mit berücksichtigt. Es fehlt schlicht das Zeitfenster für eine solche Fahrt. Goebbels selbst geht in seinem Tagebuch auf diesen außergewöhnlichen Besuch, es ist der letzte der seltenen Privatbesuche Hitlers, detailliert ein:

"Es bereitet uns allen die größte Freude, dass der Führer am späten Nachmittag zu uns zu einem Teebesuch erscheint. Das wirkt geradezu wie eine Sensation [!]*, da der Führer seit Jahren keine Hausbesuche mehr durchgeführt hat. Aber der Führer ist gleich auf die Einladung von Magda eingegangen und freut sich wieder einmal in unserem Familienkreise zuhause zu sein. (...) Er wird wie ein Mitglied der Familie empfangen, und die Kinder sind in ihren langen Kleidern angetreten, um ihn zu begrüßen. Der Führer freut sich sehr über die noch unverhältnismäßig weite Unzerstörtheit unseres Hauses* [auch dies ist ein Beweis, dass es sich nicht um den Landsitz Bogensee gehandelt hat, der mitten im Wald liegt und kein Ziel von Bombenangriffen ist] *und ist begeistert über die Kinder, die er nun seit fast vier Jahren nicht mehr gesehen hat. Er wundert sich über sie alle, insbesondere über Helga und Hilde, die ja auch schon kleine Damen geworden sind, und besonders Hedda beansprucht sein Interesse und seine Sympathie. (...) Und dann schließt er besonders Helmut in sein Herz, der ja auch ein famoser Junge geworden ist. Der Führer bleibt zwei Stunden bei uns zum Tee, die wir mit Plaudereien und Erinnerungen ausfüllen. Er verbreitet sich ausführlich über Probleme der entarteten Kunst im Anschluß an einige Gemälde besserer Qualität, die wir zu seinen Ehren in den Zimmern aufgehängt haben. Auch Probleme der Musik werden besprochen. Der Führer ist tief beeindruckt* [!] *von der Wucht des feindlichen Luftkriegs, und die Verluste, die wir dabei erleiden, bereiten ihm große Schmerzen. Aber er betont wieder einmal, daß er alles getan habe, um diese Art der Kriegführung zu vermeiden. Das entspricht auch völlig den Tatsachen* [entspricht es nicht, da die deutsche Luftwaffe bereits am 25. September 1939 einen Vernichtungsangriff auf das Stadtgebiet von Warschau durchführte und in über 1700 Einsätzen durch Bombenflugzeuge 560 Tonnen Spreng- und 72 Tonnen Brandbomben abwarfen]. *Er hat kein Mittel unversucht gelassen, den Krieg sich in humanen Formen abspielen zu lassen. (...) Sehr erfreut ist der Führer über die leichtsinnigen Ausführungen, die die Engländer über die gegenwärtige Kriegslage von sich geben. Er sieht darin eine gute Voraussetzung für das Gelingen seiner kommenden Pläne. Von der Offensive* [Ardennenoffensive] *spricht er im Beisein der vielen Zuhörer nur in Andeutungen, aber ich verstehe natürlich genau, was er meint.*

Wieder verbreitet er sich über den 20. Juli, der zu einer Art von Lieblingsthema [!] *bei ihm geworden ist. (...) Was den Luftkrieg anlangt, so ist der Führer entschlossen, die wesentlichsten Kulturdenkmäler, die zerstört worden sind, wieder aufzubauen; von den*

^ 3. Dezember 1944, Berlin: Die Villa der Familie Goebbels unweit des Brandenburger Tores. Es handelt sich um eine Nachkriegsaufnahme des zerstörten Gebäudes. (179)

Kirchen nur diejenigen, die einen kulturhistorischen Wert haben; die allerdings sollen dann nicht einzelnen Konfessionen zur Verfügung gestellt werden, sondern zu einer Art von Nationalbesitz erklärt werden. (…) Helmut wird vom Führer in ein Examen über den Krieg und seine Ursachen genommen, das er großartig besteht. Er gibt zwar naive, aber durchaus zutreffende Antworten, und der Führer ist hocherfreut darüber, bei einem so kleinen Jungen schon ein so weitgehendes Verständnis für politische Fragen anzutreffen. Helga ist dem Führer gegenüber schon vollendete kleine Dame, was dem Führer sehr imponiert, während Helmut sich natürlich mehr als deutscher Junge gebärdet. Jedenfalls ist der Führer bei den Gesprächen mit den Kindern außerordentlich lebendig. Der Führer sagt uns, er würde bald den Besuch bei uns wiederholen. (…) Naumann, der auch beim Führerbesuch mit zugegen war, ist ganz begeistert über die körperliche, geistige und seelische Frische [!], die der Führer jetzt wieder an den Tag legt."

Um 20:30 Uhr kehrt Hitler wieder in die Reichskanzlei zurück und trinkt mit den Sekretärinnen und Eva Braun Tee. Um 21:00 Uhr hat er noch eine Unterredung mit Fegelein und Burgdorf. Als der Tag zu Ende geht, haben die Alliierten bei Saarlautern (heute Saarlouis) einen Einbruch in den Westwall, den sie *„Siegfried Line"* nennen, erzielt.

Die neue Woche beginnt im Arbeitszimmer der Neuen Reichskanzlei um 13:30 Uhr mit einem Diplomatenempfang für den slowakischen Gesandten Bohdan Galvánek. Es folgen der ungarische „Führer der Nation" Ferenc Szálasi und der ungarische Gesandte Andras Mecser.

Mit den Ungarn hat er eine längere Unterredung *„im Geiste der alten traditionellen und bewährten Waffenbrüderschaft und Freundschaft"*. Er eröffnet das Gespräch gleich mit den aktuellen Problemen. Deutschland befindet sich *„augenblicklich [!] in der Defensive"*, weil *„hintereinander Verrätereien einzelner Bundesgenossen die Lage zu unseren Ungunsten"* verändert habe. Für ihren erstrebten Sieg über Deutschland haben die Gegner damit gerechnet, das deutsche Volk mürbe werden zu lassen. Völker halten *„aber immer solange aus, wie ihre Führung aushält"*. Deshalb sind die auf den November gesetzten Hoffnungen der Feinde zunichte geworden, ganz abgesehen davon, dass der November sein *„Glücksmonat"* sei. Hitler spielt hier auf seinen Putsch von 1923 und das misslungene Attentat von Georg Elser vom November 1939 an. Er versucht, eine positive Stimmung hervorzurufen: *„Durch einzelne Tiefpunkte darf man sich nicht beeindrucken lassen"*. Zudem betont er, *„dass wir niemals und unter keine Umständen kapitulieren werden"*. Aufmerksame Zuschauer der Wochenschau können bei Hitler eine eingeschränkte Schrittlänge bei längerer Gehstrecke, ein minimales Nachziehen des linken Beines und fehlende Mitbewegungen des linken Armes bemerken.

^   *4. Dezember 1944, Berlin, Neue Reichskanzlei: Hitler in seinem Arbeitszimmer im Gespräch mit dem ungarischen „Führer der Nation" Ferenc Szálasi. (132)*

Es ist am Ende alles eine Sache der Nerven: *„Die gegenwärtige Kriegführung ist ein kolossales Nervenproblem für diejenigen, die Entscheidungen zu treffen haben."* Ungarn muss natürlich gehalten werden und er glaubt, dass *„die Russen in nächster Zeit mit einem Riesengetöse große Offensiven gegen Ostpreußen und Oberschlesien"* beginnen würden. Er bekräftigt noch einmal seinen *„festen Entschluss, das ungarische Gebiet wieder zu befreien"*.

Dann resümiert er über sein Leben, das *„vom normalen Standpunkt des Privatmenschen aus gesehen eigentlich verpfuscht"* sei. Vor dem Ersten Weltkrieg sei er zu arm gewesen, im Krieg stand er immer an der Front, dann habe er sich mit Leib und Seele seinem politischen Kampf gewidmet. Der neue Krieg nun hindert ihn, sich der Schaffung des Schönen zu widmen. Nun habe er nur noch den Wunsch, den Krieg so zu beenden, dass *„mindestens 100 Jahre lang in Europa keine kriegerische Auseinandersetzung"* mehr stattfindet. Ebenso wie Friedrich II. sich den Namen *„der Große"* nicht deshalb verdient hat, weil er siegreich gewesen ist, sondern weil er im Unglück nicht verzagt hat, so werde die Nachwelt auch seine Bedeutung darin sehen, dass er auch nach schweren Niederlagen nie kapituliert habe. Als er sich um 21:30 Uhr zurückzieht, erfolgen schwere britische Luftangriffe auf Karlsruhe und Heilbronn. In Heilbronn herrscht gerade Feierabendverkehr, als die Stadt stark zerstört wird. Innerhalb der halben Stunde des Bombenangriffs sterben über 6.500 Menschen, darunter etwa 1.000 Kinder unter 10 Jahren. Die genaue Anzahl der Opfer ist unbekannt, denn Hunderte verbrennen oder sind durch die Hitze der Feuer auf etwa der Hälfte ihrer normalen Körpergröße zusammengeschrumpft. An diesem Tag verfassen Dr. Jutta Rüdiger, die Reichsreferentin des BDM, zusammen mit der Reichsfrauenführerin Gertrud Scholtz-Klink einen Aufruf, der die Frauen zur verstärkten Kriegshilfe auffordert: *„Heute nun, wo jeder wehrfähige deutsche Mann sich seinem Vaterlande stellt, wollen wir Frauen und Mädels alles tun, um Soldaten des Heimatgebietes restlos den Fronteinsatz zu ermöglichen."*

In der Nacht zu Beginn des 5. Dezember spricht Hitler mit Generalleutnant Wolfgang Thomale, der am 20. Juli mit seiner Panzerersatzbrigade mitgeholfen hat, den Militärputsch niederzuschlagen, bevor Hitler sich um 04:50 Uhr zurückzieht und noch bis 07:00 Uhr über den Plänen der Ardennenoffensive brütet. Drei Stunden später, um 10:15 Uhr, wird er geweckt, da sich US-Bomber im Anflug befinden. Um 10:28 Uhr erfolgt

^ *4. Dezember 1944, Berlin, Voßstraße 6: Heinz Guderian betritt die Neue Reichskanzlei, im Hintergrund Trümmer eines zerstörten Hauses (siehe auch Bild auf Seite 488). (132)*

Luftalarm. Der 70-minütige Angriff mit 404 Flugzeugen der USAAF konzentriert sich auf die Industrieanlagen im Norden Berlins. Getroffen werden Siemensstadt, Pankow, Spandau und Neukölln. Als der Angriff vorbei ist, besichtigt er im Hof der Reichskanzlei Waffen und unternimmt anschließend einen Spaziergang. Generalfeldmarschall August von Mackensen vollendet am 6. Dezember sein 95. Lebensjahr. Hitler schickt ihm ein persönliches Handschreiben, in dem er ihn als *„einzigartigen Repräsentanten deutscher Mannes- und altpreußischen Soldatentums"* würdigt. Als besondere Ehrung verleiht er dem Kavallerieregiment 5, dessen Chef der Feldmarschall ist, das Ärmelband „Feldmarschall von Mackensen". Seinen Zerstörungsbefehl revidiert Hitler an diesem Tag. Er ordnet an, dass *„Industrieanlagen, die im Bereich der Heeresgruppe G vom Feind bedroht werden, nur zu lähmen, nicht jedoch zu zerstören sind"* und lässt dem entgegen stehende Befehle aufheben.

Um 20:11 Uhr an diesem Tag, Hitler sitzt mit seinen Sekretärinnen beim Tee zusammen und monologisiert, erfolgt wieder Luftalarm. Ausgelöst diesmal durch die RAF, die die Stadtteile Mitte, Tiergarten, Kreuzberg und Steglitz angreift. Im Gegensatz zu den Aufenthalten in der Wolfsschanze ist Hitler nun direkt mit dem Bombenkrieg konfrontiert, auch wenn ihm im Bunker nichts geschehen kann. Auch die kriegswichtigen Leuna-Werke südlich von Halle werden an diesem Tag und in der darauffolgenden Nacht Ziel von Luftangriffen. Diese Taktik ist besonders verheerend, da beim zweiten Angriff unerwartet die in großer Zahl arbeitenden Bergungs-, Lösch- und Instandsetzungskräfte getroffen werden. Gleichzeitig treffen diese Angriffe Merseburg sehr schwer.

Am Tag darauf genehmigt Hitler endgültig den Plan zur Ardennenoffensive. Es ist der „Tag des deutschen Eisenbahners 1944". Die Bahnmitarbeiter geben ihm gegenüber ein schriftliches Treuegelöbnis ab. Dann kommt Besuch aus früheren, besseren, längst vergangenen Zeiten. Wieland Wagner, der von Hitler stets bevorzugte Wagnerenkel, erscheint und Hitler geht mit ihm eine knappe Stunde spazieren. Wieland sieht wohl das Ende kommen und bittet Hitler, dass er nicht mehr im Bayreuther Außenlager des KZ Flossenbürg arbeiten muss. Wagner leistet dort Kriegsdienst als stellvertretender ziviler Leiter am „Institut für physikalische Forschung", wo viele Häftlinge zur Herstellung von Steuerungssystemen für Raketen zur Zwangsarbeit verpflichtet werden. Man arbeitet dort an der Weiterentwicklung der *„sehenden Bombe"*, die mit Hilfe von Fernsehtechnik (als erste derartige Waffe weltweit) in das Ziel gelenkt werden kann. Hitler geht auf den Wunsch Wagners nicht ein. Der Tag verläuft ansonsten wie gewohnt und mittags gibt es Feldsalat. Prof. Morell stellt erfreut fest, dass der Führer *„ohne nachfolgende Beschwerden"* sei. Während das deutsche Volk bereits daran gewohnt ist, ihren Führer nicht mehr zu hören – die letzte Ansprache liegt viereinhalb Monate zurück – oder in der Wochenschau zu sehen, kommt dies den Alliierten mittlerweile seltsam vor. Um 21:00 Uhr verbreitet Radio New York über die BBC in deutscher Sprache folgende Meldung: *„Hitler ist unauffindbar. Niemand weiß, wo er ist. Und selbst die deutschen Soldaten fragen sich, ob ihr Treuegelöbnis sie noch an einen Führer bindet, der verschwunden ist."* Letzteres ist reines Wunschdenken, über den Treueeid wird in der Wehrmacht nicht diskutiert und die Soldaten führen die ihnen erteilten Befehle aus.

Die Gäste aus Bayreuth, Wieland und Gertrud Wagner und das Ehepaar Bodo und Verena Lafferentz, sind am 8. Dezember um 00:30 Uhr bei Hitler zum Abendessen eingeladen. Man plaudert über alte Zeiten, der Festspielbetrieb ist längst eingestellt. Hitler hat offensichtlich über die Zukunft Wieland Wagners nachgedacht und legt ihm nahe, im Jahre 1945 die Leitung der Festspiele zu übernehmen. Ein kurzer Lagevortrag um 01:30 Uhr unterbricht das gemütliche Zusammensein, bevor man sich wieder zum Tee zusammensetzt. Die Runde geht um 03:00 Uhr auseinander. Hitler lässt jedoch schon um 06:15 Uhr Prof. Morell rufen. Er klagt über einen Spasmus und fürchtet eine Gallenkolik, nachdem er beim Abendessen Blattsalat zu sich genommen hat. Er führt das auf die *„momentan stärksten Belastungen seines ganzen Lebens"* zurück. Er habe *„allergrößte Nervenanspannung durch bevorstehende Ereignisse und die ständigen Terrorangriffe auf deutsche Städte"*. Er ist sich darüber klar, dass er *„am Darm nichts hat"*, denn er hat noch *„nie Blut im Stuhl gehabt"* oder erbrochen. Der Stuhl sei *„einmal am Tage normal gefärbt und weder dünn noch sehr hart"*. Um 07:15 Uhr darf Prof. Morell wieder gehen. Am Abend geht es Hitler besser, das linke Bein zittert nicht mehr, aber der linke Arm und die linke Hand.

An diesem 8. Dezember, als sich Hitler wieder einmal um seine Gesundheit sorgt, wird die Diakonissin Ehrengard Frank-Schultz, geboren am 23. März 1885 in Magdeburg, wegen der Äußerung gegenüber einer Bekannten, dass sie es bedaure, dass das *„Attentat vom 20. Juli 1944 nicht geglückt"*, und dass *„eine alliierte Herrschaft"* über Deutschland *„der NS-Herrschaft vorzuziehen"* sei, wegen Wehrkraftzersetzung in der Strafanstalt Berlin-Plötzensee mit dem Fallbeil hingerichtet. In der Nacht auf den 9. Dezember schläft Hitler ausnahmsweise sehr lange, elf Stunden, was von seinem Leibarzt freudig notiert wird: *„Sehr wohl, sieht sehr gut aus. Gibt an, sein Leib sei völlig weich."* Der letzte Tag in Berlin mit routinemäßigem Ablauf beginnt um 10:45 Uhr mit dem Wecken, es folgt die Visite durch Prof. Morell, Frühstück, Spaziergang und Mittagessen mit Eva Braun. Vor der Lagebesprechung spricht Hitler mit General Burgdorf, anschließend mit Bormann. Danach folgt um 18:20 Uhr ein Termin mit SS-Sturmbannführer Lindermann. Ab 19:00 Uhr vermerkt Linge: *„Tee mit Eva Braun, ab 19:45 Uhr: Privat"*. Um 21:36 Uhr muss er in den Bunker, denn die RAF greift mit Flugzeugen vom Typ „de Havilland D.H.98 Mosquitos" die Stadtteile Tiergarten, Wedding und Mitte an.

Es bricht der Sonntag, der 10. Dezember, an. An diesem zweiten Advent zeigt das Thermometer nur knapp über Null Grad. Nachdem Hitler die letzten fünfeinhalb Stunden alleine verbracht hat, nimmt er um 01:10 Uhr mit Eva Braun das Abendessen ein. Eine halbe Stunde später spricht er mit Major Johannmeyer, bevor um 2:30 Uhr die nächtliche Teestunde beginnt. Um 04:00 Uhr wird unvermittelt Prof. Morell gerufen, denn Hitler hat wieder einen Spasmus. Als es ihm etwas besser geht, zieht er sich um 05:30 Uhr zurück, schläft aber schlecht; die Abfahrt in Richtung Westfront steht bevor und er kann nicht abschalten. Er verbindet die Abfahrt mit *„wichtigen Nachrichten"* und will sie eventuell um einen Tag verschieben. Nach nur viereinhalb Stunden lässt er sich um 10:00 Uhr wecken, vertrödelt aber Zeit. Seit seiner Rückkehr aus der Wolfsschanze vergeht im Durchschnitt eine reichliche Stunde zwischen Wecken und einer ersten Aktivität. Heute nimmt er sich zwei Stunden Zeit, bevor er Prof. Morell kommen lässt und anschließend bei bewölktem Himmel seinen Spaziergang im Garten unternimmt. Während der nachmittäglichen Lagebesprechung stiftet er das „Warschauschild", ein Ärmelschild zur Auszeichnung an Personen, die an der Niederschlagung des Warschauer Aufstandes beteiligt gewesen sind. Zur Verleihung wird es nicht mehr kommen. Zusätzlich stiftet er das Ärmelband „Hitlerjugend" für die 1. Sturmbootflottille:

„In Anerkennung der vortrefflichen Leistungen der jungen Einzelkämpfer der Kriegsmarine verleihe ich der 1. Sturmbootflottille des Kommandos der Kleinkampfverbände, die sich durch besonderen Schneid und jugendliches Draufgängertum ausgezeichnet hat, den Namen ‚Hitlerjugend' mit der Berechtigung, ein entsprechendes Ärmelband zu tragen. In gleicher Weise gilt meine Anerkennung der Hitlerjugend, die durch ihre freiwillige Meldung zum Wehrdienst höchste Einsatzbereitschaft und Wehrfreudigkeit beweist. Der kämpferische Einsatz der Jugend ist der Garant für den endgültigen Sieg und Deutschlands glückliche Zukunft. Adolf Hitler."

Danach unterschreibt er einen von Goebbels gewünschten Erlass, der es diesem ermöglicht, die Wehrmacht nach zusätzlichem Personal *„auszukämmen"*, um sie an die Front schicken zu können. Eva Braun packt derweil ihre Koffer. Sie muss zum Obersalzberg zurück, Hitler will sie wie üblich nicht mit im Führerhauptquartier haben und verabschiedet sich von ihr. Unmittelbar nach der Lagebesprechung, die Sonne ist bereits untergegangen, fährt Hitlers Wagenkolonne zum Bahnhof. Laut den Tagebüchern von Prof. Morell erfolgt die Abfahrt vom *„Bahnhof Sonnenwald"*, während Linge in sein Tagebuch notiert *„Fahrt vom Bahnhof nach Adlerhorst."* Obwohl ein *„Bahnhof Sonnenwald"* in Berlin oder Umgebung nicht existiert, wird die Ortsangabe gleich mehrfach ungeprüft in anderen Werken über Hitler übernommen. Da bereits für die letzte Zugfahrt, der Rückkehr aus der Wolfsschanze und für die Rückfahrt vom Führerhauptquartier Adlerhorst nach Berlin der Bahnhof Grunewald benutzt worden ist, weil die Ankunft am Regierungsbahnhof „Anhalter Bahnhof" in Berlin-Kreuzberg nicht hätte geheim gehalten werden können, ist von der Abfahrt dasselbe anzunehmen.

Aus Geheimhaltungsgründen gibt es schon seit Jahren keine Veröffentlichung von Hitlers allgemeinen Aufenthaltsorten mehr und so wird an diesem wolkigen und kalten Dezembertag für die Abreise ebenfalls die Dunkelheit genutzt, Sonnenuntergang ist um 16:52 Uhr. Die genaue Fahrtstrecke ist nicht bekannt. Von den zwei der am wahrscheinlichsten Optionen über Voßstraße, Potsdamer Platz, am Bendlerblock vorbei, Kurfürstendamm, Königsallee und Fontanestraße bzw. über Wilhelmstraße, Brandenburger Tor, Ost-West-Achse bis Kaiserdamm, Messedamm, Halenseestraße (über die Gleisanlagen des Westkreuzes) und Trabener Straße ist letztere etwa zwei Kilometer länger, aber für beide Strecken braucht man eine knappe halbe Stunde. Wahrscheinlich wurde die letztere genommen, die vom Sicherheitsstandpunkt und der relativen Nähe zu Passanten als die sicherere von beiden gilt. Auch vom Bahnhof Grunewald reisten seit dem Jahre 1941 zahlreiche Deportationszüge in die osteuropäischen Ghettos, ab Ende 1942 waren fast nur noch das Vernichtungslager Auschwitz-Birkenau und das KZ Theresienstadt die Fahrtziele. Allein in die „Todesfabrik Auschwitz" fuhren etwa 35 Züge mit 17.000 Juden vom Bahnhof Grunewald ab. Hitlers Zug steht bereits unter Dampf, als die Wagenkolonne ankommt und der Zug rasch bestiegen wird. Er fährt sofort ab, es ist 17:00 Uhr. Diese Reise – sowie die beiden letzten – Fahrten Hitlers werden hier erstmals dargestellt.

Hitler benutzt seit 1937 innerhalb des Führersonderzugs seinen persönlichen Salonwagen (Nr. 10206), einen modernen Schnellzugwagen. Der Eingangsbereich ist als kleiner Salon gestaltet, dem der große Salon in Länge von drei Fensterachsen folgt. Die Möblierung besteht aus einem langen Tisch und sechs Sesseln. Eingebaut sind ein Plattenspieler und ein Radiogerät. Beide Räume nehmen die ganze Wagenbreite ein. Dem schließt sich ein Seitengang an, der sich über die restliche Länge des Fahrzeugs erstreckt. Entlang des Seitengangs befindet sich das Hauptabteil mit dem Schlafsofa, einem rundem Beistelltisch und zwei Sesseln. Das Abteil hat Lautsprecher und auch von hier können Plattenspieler und Radiogerät des Salons bedient werden. Das Hauptabteil hat einen Durchgang zu einer anschließenden großen Nasszelle mit Toilette, Waschtisch und Badewanne. Badewanne, Waschbecken und Boden sind aus braunem, gemasertem Marmor gefertigt, die Armaturen vergoldet. Der Sonderzug hat seinen Heimatstandort im Bahnbetriebswerk Anhalter Bahnhof.

Bereits zehn Minuten nach der Abfahrt Richtung Südwesten beginnt die Lagebesprechung. Um 18:50 Uhr zieht sich Hitler zurück und nimmt am Montag, 11. Dezember um 01:30 Uhr das Abendessen ein. Die Fahrtstrecke des Zuges ist nicht überliefert. Die Fahrt dauert laut Linge bis 3:00 Uhr, laut Prof. Morell bis 2:42 Uhr („*Nachts, 2.42 Uhr an einem Bahnhof an der Werra angekommen und in Autos weiter nach Adlerhorst*"). Da mindestens zwei Züge unterwegs sind, kam es bei Historikern (Zeigert, Joachimsthaler u.a.) und auch bei Zeitzeugen zu Verwechslungen. Letztlich kommt die Entourage Hitlers (Göring, Generale usw.) am mittelhessischen Bahnhof Hungen/Kreis Gießen an, während der Führersonderzug am Bahnhof beim Kloster Arnsburg in Nähe der Stadt Lich abgestellt wird, nachdem Hitler jedoch zuvor ausgestiegen ist. Hier wurde in Hinblick auf das Führerhauptquartier in Ziegenberg, welches für den Westfeldzug vorgesehen war, schon im Jahre 1939 von der Bahnstrecke Lich-Butzbach ein Nebengleis mit einer speziellen Abzweigung zu einem sogenannten Führerbahnhof gebaut. Im Sommer 1944 werden zusätzliche Gleise verlegt, Baracken errichtet und ein Meldekopf geschaffen. Bahnamtlich läuft die Anlage unter dem Begriff „Sonderbetriebsstelle Klosterwald".

In seinem Tagebuch fasst Prof. Morell die Fahrt erneut zusammen: „*6.30 Uhr morgens Ankunft in Adlerhorst nach Bahnfahrt von nachmittags 17 Uhr bis nachts gegen 3 Uhr und anschließend Autofahrt bis morgens 6.30 Uhr.*" Da Prof. Morell hier von „*gegen drei Uhr*" schreibt, während sein erster Eintrag exakter „*2:42 Uhr*" lautet, dürfte diese Uhrzeit die korrekte sein. Der Zug ist also neun Stunden und 42 Minuten unterwegs. Auch um die Ankunftszeit gibt es Differenzen in den Aufzeichnungen von Linge („*7:30 Uhr*") und Prof. Morell („*6:30 Uhr*"). Linge ist es zwar gewohnt, täglich die Stationen in Hitlers Leben aufzuzeichnen (sämtliche Protokolle abgedruckt in „Hitler – Das Itinerar"), hat jedoch manchmal, wenn auch selten, falsche Daten und Namen eingetragen. Linge dürfte mit 03:00 Uhr die konkrete Abfahrtszeit ab dem Bahnhof gemeint haben und hat sich die exakte Ankunftszeit des Zuges gespart. Der Bahnhof, an dem Hitler ankommt, ist bis auf den Tagebucheintrag Prof. Morells („*an einem Bahnhof an der Werra angekommen*") nicht dokumentiert. Wenn Prof. Morell durch einen Namenszusatz am Bahnhofschild auf die Ortsbezeichnung „Werra" gekommen ist, was wahrscheinlich ist, kommen Buchenau (Werra), Creuzburg (Werra), Pferdsdorf (Werra), Berka/Werra, Heringen (Werra) und Wartha (Werra) westlich von Eisenach in Frage. Alle diese Orte liegen an der Werratalbahn (Eschwege)-Schwebda-Mihla-Wartha-Gerstungen-Berka/Werra-Heringen (Werra)-Vacha. Die Werrabahn Eisenach-Bad Salzungen-Meiningen-Coburg scheidet aus, da sie zu weit südlich liegt. Da Hitler die Thüringer Bahn (Berlin)-Halle (Saale)-Naumburg-Weimar-Erfurt-Eisenach benutzt haben dürfte, kommen die Orte Wartha (Werra), Berka/Werra oder Heringen (Werra) als Zielbahnhof in Betracht.

Bekannt ist, dass aus Sicherheitsgründen, der Feind hat die uneingeschränkte Luftherrschaft, nachts gefahren wird. Für die Fahrzeugkolonne Hitlers ist es praktisch, wenn der Bahnhof über eine Kopframpe zur Entladung der Wagen verfügt (wie beispielsweise Gerstungen). Dies ist jedoch nicht unbedingt notwendig, da mobile Laderampen installiert werden oder (was wahrscheinlicher ist) die Fahrzeugkolonne mit den Mercedes-Geländewagen vom Typ G4 vorausgeschickt wurde und am Bahnhof auf die Ankunft des Führersonderzuges wartet.

Geht man von der Ankunftszeit nach Prof. Morell aus (06:30 Uhr), beträgt die Fahrtzeit zum Führerhauptquartier mit dem Pkw drei Stunden 30 Minuten. Man kann von einer Durchschnittsgeschwindigkeit (nachts, im Winter, als Kolonne und mit abgedunkelten Scheinwerfern) von 40 Stundenkilometern auf Landstraßen und von 50 Stundenkilometern auf der Autobahn ausgehen. Die Fahrtzeit nach Linge beträgt eine Stunde länger, was mit der angenommen Durchschnittsgeschwindigkeit und der Entfernung Raum Gerstungen bis zum Adlerhorst nicht übereinstimmen würde. Der Autobahnabschnitt zwischen Weimar und dem Kirchheimer Dreieck wurde erst ab 1938 von beiden Seiten aus als Bau in Angriff genommen. Der teilweise provisorische Lückenschluss zwischen Sorga bei Bad Hersfeld und Eisenach erfolgte – auch unter Einsatz von Zwangsarbeitern – 1943 als letzte Maßnahme vor Kriegsende. Dieser Abschnitt ist seit dem 1. Juli 1943 als letzte Eröffnung einer Reichsautobahn vor der kriegsbedingten Einstellung aller Autobahnarbeiten im Reichsgebiet für den Verkehr freigegeben. Auf der Trasse ist jedoch nur eine Richtungsfahrbahn betoniert. Die Weihetalbrücke bei Gerstungen sowie die Talbrücke Wommen konnten nicht mehr fertiggestellt werden.

Von Wartha (Werra), Berka/Werra oder Heringen (Werra) bis in das Führerhauptquartier Adlerhorst sind es etwa 126 Kilometer Autobahn und 35 Kilometer Landstraße. Bei den angenommenen Durchschnittsgeschwindigkeiten ergibt das eine Fahrtzeit von drei Stunden und 23 Minuten. Damit bestätigen sich die Dauer der Fahrt nach Prof. Morell (dreieinhalb Stunden) und der wahrscheinliche Ankunftsort des Zuges. Folgende Fahrtstrecke dürfte somit aller Wahrscheinlichkeit nach benutzt worden sein: Vom Ankunftsbahnhof fährt die Kolonne bis zur Anschlussstelle Wildeck-Obersuhl der Reichsautobahn Kirchheimer Dreieck – Weimar (heute Bundesautobahn 4) und auf dieser Autobahn weiter Richtung Westen, vorbei an den Anschlussstellen Friedewald und

Sorga (heute Bad Hersfeld) bis zum Kirchheimer Dreieck und weiter zum (heutigen) Hattenbacher Dreieck. Die Fahrt geht weiter auf der heutigen Autobahn 5 Richtung Gießen bzw. Frankfurt am Main. Die Kolonne passiert die Anschlussstellen Alsfeld, Homberg (Ohm) und Gießen-Ost. An der Ausfahrt Ober-Mörlen wird die Autobahn verlassen. Von hier ab sind es nur noch wenige Kilometer durch Ober-Mörlen und Langenhain bis Ziegenberg. Vor dem Schloss, welches Hitler im Jahre 1940 als zu luxuriös abgelehnt hat, biegt die Wagenkolonne rechts von der Hauptstraße ab und fährt, noch immer bei Dunkelheit, durch das schmale Wiesental zum Führerhauptquartier Adlerhorst.

Die Sonne geht über dem zugeschneiten Taunus um 08:15 Uhr auf. Hitler legt sich eine Stunde später schlafen und lässt sich um 13:00 Uhr wecken. Er hat keine Beschwerden, bemerkt Prof. Morell gegenüber jedoch, dass sein *„Urin gestern und heute bierbraun"* sei. Nach dem Mittagessen beginnt die erste Lagebesprechung im neuen Quartier, es folgen Verleihungen des Ritterkreuzes und des Eichenlaubs. Generalfeldmarschall Model wird anschließend zu einem Vieraugengespräch gebeten, bevor Hitler um 17:40 Uhr eine Ansprache an die etwa 50 Generale und Kommandeure richtet, die die Ardennenoffensive leiten werden. Die Offiziere müssen zuvor ihre Waffen und Aktentaschen abgeben und werden durch ein Spalier von SS-Soldaten zu Hitler geführt. General von Manteuffel sieht in Hitler *„eine gebeugte Gestalt mit blassem, aufgedunsenem Gesicht, im Stuhl zusammengesunken mit zitternden Händen, den linken, heftig zuckenden Arm nach Möglichkeit verbergend. (...) Hinter jedem Stuhl stand ein bewaffneter Leibwächter und „keiner von uns hätte auch nur gewagt, sein Taschentuch zu ziehen"*. Tatsächlich hat das Zittern der linken Hand Hitlers noch mehr zugenommen.

Hitler erklärt den Anwesenden den Sinn des Unternehmens „Wacht am Rhein" (später umbenannt in „Herbstnebel"), der Ardennenoffensive, und gibt unumwunden zu, dass er sich *„des Risikos bewusst"* ist, doch gibt es *„aus seiner Perspektive keinen anderen Ausweg. Die Alternative wäre weiterer Rückzug, Kampf um jeden Meter bis zur*

^ 11. Dezember 1944: Mit einer Wagenkolonne aus solchen Mercedes-Benz vom Typ G 4 Tourenwagen fährt Hitler in das Führerhauptquartier Adlerhorst. (174)

Niederlage[!]". Er betont nochmals, dass ihm das klar ist und daher ist es *"wichtig, von Zeit zu Zeit dem Gegner seine Siegessicherheit zu nehmen, indem ihm durch offensive Schläge klargemacht wird, dass ein Gelingen seiner Pläne von vornherein unmöglich ist. Das wird durch eine erfolgreiche Defensive nie so möglich sein wie durch erfolgreiche offensive Schläge."*

Psychologisch betrachtet kommt es auch darauf an, *"unaufhörlich dem Gegner klarzumachen, dass, ganz gleich, was er auch tut, er nie auf eine Kapitulation rechnen kann, niemals, niemals. (…) Ich habe die Überzeugung besessen, dass in den nächsten zehn, zwanzig, dreißig, vielleicht fünfzig Jahren in Deutschland kein Mann mit mehr Autorität, mehr Einwirkungsmöglichkeit auf die Nation und mehr Entschlussfreudigkeit, als ich sie habe, kommen wird"*. Da sich sein Verfolgungswahn stetig steigert, er niemandem mehr traut und überall Verrat wittert, ist die Drohung des Diktators eindeutig: *"Wer mir von Frieden ohne Sieg spricht, der verliert seinen Kopf, ganz gleichgültig, wer er ist oder wo er steht."* Nach der Ansprache redet er noch kurz mit Fegelein und Prof. Morell, bevor er sich schon um 22:20 Uhr zurückzieht und bis 01:30 Uhr ruht.

In der Lagebesprechung am 12. Dezember weist Generalstabschef Guderian zu Recht auf den Druck der Sowjets auf die Ostfront hin und warnt davor, noch mehr Truppen von der Ost- an die Westfront zu verlagern. Umgehend fährt ihn Hitler brüsk an: *"Sie brauchen mich nicht zu belehren! Ich führe seit fünf Jahren die deutschen Heere im Felde und habe in dieser Zeit so viel praktische Erfahrungen gesammelt, wie die Herren im Generalstab sie nie sammeln können. Ich habe Clausewitz und Moltke studiert und alle Aufmarschpläne Schlieffens* [Alfred von Schlieffen, Chef des preußischen Generalstabs] *gelesen. Ich bin besser im Bilde als Sie!"* Unmittelbar danach, um 17:00 Uhr, folgt die zweite Ansprache mit dem gleichen Inhalt, diesmal vor den Divisionskommandeuren. Auch hier verbreitet er Optimismus: *"Wenn hier noch ein paar ganz schwere Schläge erfolgen, so kann es jeden Augenblick passieren, dass diese künstlich aufrechterhaltene gemeinsame Front* [der Alliierten] *plötzlich mit einem riesigen Donnerschlag zusammenfällt."* Er redet sich die Situation schön und betont, niemals aufzugeben: *"Man darf nicht vergessen, dass die Gesamtsumme der eingesetzten Menschen auf unserer Seite immerhin so groß ist wie auf der Seite unserer Gegner."* Dieser Vergleich hinkt gewaltig, da die Alliierten vergleichsweise über relativ frische Truppen und ausreichend Reserven an Menschen und Material verfügen. Er fährt fort, dass es nun gilt, wieder in die Offensive zu gehen:

"Trotzdem muss man sich darüber klar sein, dass zu lange Perioden einer nur defensiven Standfestigkeit auf die Dauer zehren. (…) Es war daher mein Bestreben, von Anfang an den Krieg, wenn irgend möglich, offensiv zu führen, ihn operativ zu führen, sich nicht in eine Art Weltkriegssituation hineinmanövrieren zu lassen. Wenn das trotzdem kam, dann hing es einfach mit dem Abfallen von Verbündeten zusammen. (…) Entschieden werden aber die Kriege endgültig durch die Erkenntnis bei dem einen oder anderen, dass der Krieg als solcher nicht mehr zu gewinnen ist. Diese Erkenntnis dem Gegner beizubringen, ist daher die wichtigste Aufgabe. Am schnellsten wird ihm diese Erkenntnis durch die Vernichtung seiner lebendigen Kraft, durch Besetzung seines Territoriums beigebracht. Ist man selbst zur Abwehr, zu Defensive gezwungen, dann ist es erst recht die Aufgabe, von Zeit zu Zeit

durch rücksichtslose Schläge dem Gegner wieder klarzumachen, dass er trotzdem nichts gewonnen hat, sondern dass der Krieg unentwegt weitergeführt wird. Ebenso ist es wichtig, diese psychologischen Momente dadurch noch zu verstärken, dass man keinen Augenblick vorübergehen lässt, um dem Gegner klarzumachen, dass, ganz gleich, was er auch tut, er nie auf eine Kapitulation rechnen kann, niemals, niemals."

Er bemüht erneut den Vergleich mit der Situation Friedrichs des Großen im Siebenjährigen Krieg und dass *„doch am Ende das Wunder einer Wende eintrat"*. Er erinnert an den erfolgreichen Frankreichfeldzug im Jahre 1940 und behauptet, die Chancen seien fast so günstig wie damals und versucht, seinen Kritikern den Wind aus den Segeln zu nehmen: *„Man könnte nun entgegenhalten, der Unterschied zwischen 1940 und jetzt sei ein gewaltiger: damals eine noch nicht erprobte feindliche Armee und jetzt eine uns schon bekannte, im Kriege befindliche feindliche Armee. Das stimmt, meine Herren. Aber kräftemäßig gesehen, hat sich doch wenig [!] geändert, wenn ich von der Luftwaffe absehe. Wir haben viele abgekämpfte Truppen, der Gegner hat auch abgekämpfte Truppen und hat schwere Blutverluste erlitten. Wir haben jetzt die erste offizielle [!] Mitteilung von den Amerikanern, dass sie doch in der Zeit von knapp drei Wochen etwa 240.000 Mann* [die Zahl ist deutlich übertrieben] *verloren haben. Das sind Zahlen, die einfach gigantisch sind, die weit über dem liegen, was wir selber glaubten, dass sie würden verlieren können. Auch er ist also abgekämpft. Technisch sind wir auf beiden Seiten ziemlich gleich [!]. In der Panzerwaffe mag der Gegner mehr Panzer zur Verfügung haben; aber wir haben in unseren neuesten Typen die besseren Panzer."*

Diese auf deutscher Seite eindeutig besseren Panzer nützen wenig, wenn der Treibstoff ausgeht, mit dem sie fahren sollen. General der Panzertruppe Hasso von Manteuffel hat das Gefühl, dass die Ansprachen einen positiven Eindruck hinterlassen haben: *„Als Positives nahmen die Kommandeure aus der Besprechung (...) die Schilderung des Gesamtfeindbildes mit. Von der Stelle, die allein in vollem Umfange die militärische Lage übersehen konnte, erhielten sie eine Beurteilung der Lage, die (...) günstige Voraussetzungen zu gewähren schien."* Hitler beweist damit seine Fähigkeit, das scheinbar Unmögliche als doch möglich erscheinen zu lassen. An diesem 12. Dezember verliert die NSDAP eines ihrer Parteimitglieder. Der Belgier Raymond Dombret, Jahrgang 1889, Werkmeister und NSDAP-Ortsgruppenschulungsleiter, wird im Gefängnis Frankfurt-Preungesheim hingerichtet. Er ist mit der Aufgabe betraut gewesen, angesichts des alliierten Vormarsches Milchvieh reichseinwärts zu treiben. Dabei ist er beim Diebstahl von Wertgegenständen aus dem Gepäck einer Flüchtlingsfamilie in Aachen erwischt und wegen Plünderung umgehend zum Tode verurteilt worden.

Der nächste Tag ist natürlich von der Erwartung der kommenden Ereignisse gekennzeichnet. Nachmittags geht Hitler mit dem Reichshauptamtsleiter Albert Bormann, dem jüngeren Bruder von Martin Bormann, im Wiesental entlang Richtung Ziegenberg spazieren. An den in Wien tagenden „Kongress der Union nationaler Journalistenverbände" lässt Hitler ein Grußtelegramm senden. Der Spaziergang durch die schneebedeckte Landschaft und die sauerstoffhaltige Luft tun ihm gut. So geht er auch am 14. Dezember mit Prof. Morell über eine Stunde in dem *„reizvollen Wald- und Wiesental langsam mit*

Adjutant Bormann und Dr. Stumpfegger" spazieren. Blondi muss dabei ständig eine Holzhantel apportieren. Die Spannung steigt und nachdem Hitler auch am letzten Tag vor der Offensive mit Albert Bormann eineinhalb Stunden spazieren geht, findet um 15:00 Uhr eine letzte Lagebesprechung vor dem Angriff statt. Himmler, von Rundstedt und die Oberbefehlshaber der im Westen eingesetzten Heeresgruppen Walter Model, Sepp Dietrich, Hasso von Manteuffel sind anwesend, als der Stabschef beim Oberbefehlshaber West, General Siegfried Westphal, einen Vortrag hält. Hitler entscheidet daraufhin um 15:30 Uhr, dass der Angriffstermin nicht verschoben wird. Der Angriffszeitpunkt wird auf 05:30 Uhr des folgenden Tages festgelegt. Hitlers Wohlbefinden ist gut und *„sehr energisch"*. Zu Manteuffel und Dietrich äußert er: *„Wenn es uns gelingt, werden wir die halbe Feindfront zusammenschlagen, dann werden wir einmal sehen, was passiert!"*

Er ernennt noch den stellvertretenden Gauleiter Karl Oerland (Kassel) zum Gauleiter von Kurhessen und verbringt dann den Abend erst mit Himmler alleine, später noch mit Himmler, Jodl und General Buhle zusammen. Bereits um 22:00 Uhr zieht er sich zurück und ruht etwas bis zur Lagebesprechung am 16. Dezember um 01:10 Uhr. Um 05:00 Uhr legt sich Hitler schlafen. Laut Prof. Morell kann er nicht schlafen, sein Blutdruck ist bei 147 bis 153 mmHg, wechselt aber ständig. Prof. Morell vermerkt *„ständig Handtremor links stark"*. Die nervliche Anspannung überträgt sich auf den Körper.

Eine halbe Stunde später, mit deutscher Pünktlichkeit um 05:30 Uhr, beginnt die Ardennenoffensive im nördlichen Luxemburg und in Südbelgien, zwischen Monschau und Echternach. Wie üblich greift Hitler an einem Wochenende, es ist ein Samstag, an. Zweitausend Geschütze jeden Kalibers tragen den Tod in die amerikanischen Stellungen. Der Artilleriebeschuss dauert eine Stunde. Dann tritt die Infanterie hinter der Feuerwand zum Angriff an. Dicht hinter ihr fahren Panzerdivisionen heran, die sich bereithalten, Durchbrüche durch die gegnerische Front sofort operativ auszunutzen. Vierzehn deutsche Infanteriedivisionen mit 200.000 Soldaten und 600 Panzern neuester Bauart greifen vier Divisionen des 8. US-Amerikanischen Korps mit 80.000 Soldaten und 400 Panzern auf einer Frontlinie von 120 Kilometer an. Insgesamt überfliegen 170 Kampfflugzeuge, 90 Schlachtflieger und 1.500 Jäger die Front. Das Dröhnen und Rumpeln der Panzer, Sturmgeschütze und Lastkraftwagen wird von V1-Geschossen überdröhnt, die auf ihrem Flug nach Lüttich und Antwerpen in Salven niedrig über die Truppen hinwegfliegen.

^ *Deutsche Infanterie stürmt während der Ardennenoffensive an einem brennenden amerikanischen Panzer vorbei. (115)*

Beteiligt sind die Heeresgruppe B (Model), die 6. SS-Panzerarmee (Dietrich), die 5. Panzerarmee (Manteuffel) und die 7. Armee (Brandenberger) sowie Divisionsgruppen von Skorzeny, den Jagdverband „Friedenthal". Sie landen, teils in US-Uniformen, hinter der feindlichen Front. Sie sabotieren das Nachrichtennetz, manipulieren Verkehrsschilder und sorgen so für zusätzliche Verwirrung und Panik. Als Hitler um 11:30 Uhr geweckt wird, er hat um 13:00 einen Zahnarzttermin, steht die deutsche Infanterie 12 bis 16 Kilometer im Feindgebiet. Die Überraschung des Feindes ist vollkommen gelungen, die Aufklärung der Alliierten hat völlig versagt. Die Amerikaner können ihre überdehnten Frontabschnitte nicht halten, ein ungeordneter Rückzug unter teilweiser Zurücklassung von Waffen, Gerät und Material setzt ein. Unterstützt wird der deutsche Angriff vom schlechten Wetter, denn

^ *Eine Kolonne deutscher Kampfpanzer vom Typ V „Panther" auf einer Straße in den Ardennen. (115)*

^ *Bei Kämpfen im Gebiet der Ardennen in Gefangenschaft geratene amerikanische Soldaten werden unter Bewachung hinter die Front geführt. Rechts am Bildrand steht eine deutscher Panzer. (o.) (115)*

die alliierte Lufthoheit spielt somit keine Rolle. Weite Teile des Armeekorps der 1. US-Armee werden überrannt. Darüber hinaus schlägt in der Nähe des Hauptbahnhofes von Antwerpen eine V2-Rakete in das Lichtspieltheater „Rex" ein. 271 Menschen sind sofort tot, 97 schwer verletzt.

Während die Offensive rollt, geht Hitler wieder seinem gewohnten Tagesrhythmus nach, als wäre nichts Außergewöhnliches passiert, nur die Lagebesprechung dauert länger. Er geht spazieren, oft im Schnee um seinen Bunker herum, isst zu Mittag, lässt sich die ersten Erfolgsmeldungen von der Front geben und zieht sich zufrieden um 19:00 Uhr zurück. Dass das nur etwa 60 Kilometer entfernte Siegen zu diesem Zeitpunkt durch einen Luftangriff zu 75 Prozent zerstört wird, dürfte er nicht einmal mitbekommen haben. Am 17. Dezember ruft Hitler Goebbels an. Dieser erkennt schon an seiner Stimme, dass er „*durch die bereits errungenen Erfolge eine grundlegende Wandlung seiner ganzen Mentalität erfahren hat. Er ist überzeugt, dass die 1. USA-Armee* [First United States Army des Generals Courtney H. Hodges] *als völlig zerschlagen angesehen werden kann. Die bisher gemachte Beute ist unübersehbar.*" Nun bekommt auch die Luftwaffe, die sich dem Feind mit „*unerhörtem Schneid entgegengeworfen*" hat, ein hohes, seltenes Lob; Göring darf es während der Lagebesprechung persönlich entgegennehmen. Am Ende des Gesprächs gratuliert Hitler Goebbels Ehefrau Magda zum 13. Hochzeitstag. Er irrt sich hier um zwei Tage, denn die Hochzeit fand am 19. Dezember statt.

Um 13:30 Uhr geht Hitler mit Albert Bormann spazieren, bleibt am Waldrand stehen und beobachtet bei hellem Sonnenschein einen großen Verband einfliegender feindlicher Bomberverbände. Auch München wird an diesem Tag bombardiert. Die wertvollen Gemälde in seiner Privatwohnung am Prinzregentenplatz 16 im Stadtteil Bogenhausen hat er schon im April 1943 auf den Obersalzberg in Sicherheit bringen lassen. Die Lücken in seiner Wohnung hat er dann mit 21 zeitgenössischen Ankäufen aus der „Großen Deutschen Kunstausstellung" auffüllen lassen, damit die Wände nicht kahl sind. Am 9. November 1943 hat er zum letzten Mal in der Wohnung, die formal seit dem Jahre 1929 sein Hauptwohnsitz ist, übernachtet. Es überrascht nicht, dass während der militärischen Erfolge dieser Tage Prof. Morell Hitler kaum Injektionen verabreichen muss. Plötzlich kann er wieder ohne Schlafmittel schlafen und isst mit gutem Appetit, auch die Magenkrämpfe lassen nach. Auch am 18. Dezember gibt es von der Westfront nur gute Nachrichten, obwohl es an einzelnen Stellen bereits Probleme mit dem Treibstoffnachschub gibt. Die Vorräte waren viel zu gering bemessen worden, nämlich nur für etwa 100 Kilometer. Die Panzer verbrauchen im Gebirge der Ardennen jedoch mehr Treibstoff als in dem relativ flachen Gelände an der Ostfront, was bekannt ist, aber nicht berücksichtigt worden ist. Dass in diesen Tagen ein Großteil der Innenstadt von Ulm zerstört wird, nimmt Hitler wahrscheinlich gar nicht mehr wahr.

Die deutsche 6. Panzerarmee durchbricht an diesem Tag den linken Flügel der feindlichen Front und erkämpft sich den Übergang über den Fluss Amel jenseits der belgischen Stadt Stavelot in der Provinz Lüttich. Der rechte Flügel wird jedoch durch die zähe Abwehr der U.S. Army schon bei Monschau aufgehalten. Dadurch und wegen des unzulänglichen Nachschubs an Treibstoff bleibt auch der 45 Kilometer vorgedrungene linke Flügel weit vor Lüttich liegen. Hitler steht nachmittags mit seinen Sekretärinnen Gerda Christian und Christa Schroeder unter den Bäumen im Freien, als im hellen Sonnenschein erneut „*Pulke von englischen oder amerikanischen Bombern ins Reich*" ungehindert von der deutschen Luftwaffe einfliegen. Hitler schätzt die Gegenwart der beiden Damen. Frau Christian, geborene Daranowski – Hitler kürzt ihren polnischen Familiennamen auf „*Dara*" ab – wurde schnell zu Hitlers engster Vertrauten unter den Sekretärinnen, er lobt sie oft für ihre attraktive Erscheinung. Christa Schroeder fragt ihn: „*Glauben Sie denn, mein Führer, dass wir den Krieg überhaupt noch gewinnen können?*" Die Antwort ist knapp: „*Wir müssen.*"

An der Lagebesprechung vom 19. Dezember, Göring ist nun laut Kriegstagebuch bis kurz vor Weihnachten wieder täglich anwesend, trinkt Hitler seit langem einmal wieder Tee mit ihm. Der in letzter Zeit ständig kritisierte Göring freut sich über diese Auszeichnung. Am nächsten Tag entlässt Hitler den seit 1932 in seinen Diensten stehenden SS-Obersturmbannführer Bruno Gesche, Kommandant des Führerbegleitkommandos (eine Einheit, die für seinen Personenschutz zuständig ist). Gesche hat sich eine abermalige Alkoholverfehlung zuschulden kommen lassen und wird um elf Ränge zum SS-Unterscharführer degradiert. Da Hitler den Einsatz von Mitgliedern seiner Leibwache an der Ostfront untersagt hat, wird Gesche bis Kriegsende an der Italienfront eingesetzt.

Weiter im Westen ist die SS-Panzerdivision „Das Reich", die eine blutige Spur durch Frankreich gezogen hat, endlich besiegt. Bei der Ardennenoffensive erholt sich die U.S. Army langsam, obwohl bereits 25.000 amerikanische Soldaten in Kriegsgefangenschaft gegangen und 350 Panzer vernichtet worden sind. Kriegsverbrechen an US-Soldaten, die an Ort und Stelle liquidiert werden, sind an der Tagesordnung. Das SS-Panzerregiment I unter SS-Obersturmbannführer Joachim Peiper beispielsweise ermordet bei Malmédy über 80 amerikanische Kriegsgefangene. Hitler ist aufgrund der Erfolge seiner Truppen guter Stimmung und ahmt den Sprachfehler Churchills nach und lispelt: „*Herr Churchill, Sie müssen jetzt einen ganzen Entschluss fassen!*" Einen Tag vor Heiligabend, die deutschen Truppen sind 60 Kilometer vorgedrungen, klart der Himmel auf und die Luftherrschaft der Alliierten beginnt sich sofort zu ihren Gunsten auszuwirken. Hitler geht ins Freie, steht unbewegt vor seinem Gebäude und beobachtet 2.000 feindliche Bomber, die in der schwachen Wintersonne glitzern und nach Osten Richtung Mitteldeutschland fliegen. Beim Mittagessen stellt Christa Schroeder erneut eine unangenehme Frage: „*Aber mein Führer, der Krieg ist doch verloren, nicht wahr?*" Hitler erwidert mit steinerner Miene, das sei nicht der Fall und lässt sich auf keine weitere Diskussion ein. Einem Panzergeneral gegenüber erklärt er seine Motive zum Durchhalten. Wenn seine Soldaten ihn jetzt fragen „*wofür haben wir die ganzen Opfer gebracht*", würde er Folgendes antworten:

„*Noch einmal so lange, wie der Krieg gedauert hat, dauert er nicht mehr. Das ist ganz sicher. Das kann kein Mensch aushalten; wir nicht, die anderen auch nicht. Es ist nur die Frage, wer es länger aushält. Derjenige muss es länger aushalten, bei dem alles auf dem Spiel steht. Bei uns steht alles auf dem Spiel. Wenn der andere eines Tages sagt, jetzt haben wir es satt, passiert ihm nichts. Wenn Amerika sagt: Aus, Schluss, wir geben keine Jungens mehr für Europa! passiert ihm nichts. New York bleibt New York, Chicago bleibt Chicago,*

Detroit bleibt Detroit, San Franzisco bleibt San Franzisco. Es ändert sich gar nichts. Wenn wir heute sagen würden, wir haben es satt, wir hören auf, dann hört Deutschland auf zu existieren."

Er weigert sich schlicht *„aufzugeben und einzupacken"*, genauso wenig wie Stalin es im Herbst 1941 getan hat – der damit Erfolg hatte. Wer nicht so lange durchhält, dem droht der Tod. Die 52-jährige Krankenschwester Helene Knothe wird wegen Beschimpfung Hitlers und der Ankündigung, dass ein Sturz der Nationalsozialisten bevorstehe, wegen Wehrkraftzersetzung und Feindbegünstigung am 20. Dezember in der Strafanstalt Berlin-Plötzensee hingerichtet. Dass Hitler das Leben anderer völlig gleichgültig ist, bestätigt er an diesem Tag auch noch einmal gegenüber Guderian: *„Glauben Sie, die Grenadiere Friedrichs des Großen wären gerne gestorben? Sie wollten auch leben und dennoch war der König berechtigt, das Opfer ihres Lebens von ihnen zu verlangen. Ich halte mich gleichfalls für berechtigt, von jedem deutschen Soldaten das Opfer seines Lebens zu fordern."*

Der letzte Heiligabend in Hitlers Leben beginnt um 00:00 Uhr mit einem kurzen Lagevortrag, gefolgt von der üblichen Teestunde. Nach dem Wecken, einer Besprechung mit Albert Bormann, einem Spaziergang und dem Mittagessen redet er kurz mit Fegelein, bevor die Lagebesprechung beginnt. Sie erbringt schlechte Nachrichten. Während sich die Ardennenoffensive endgültig festläuft, sind in Budapest 70.000 deutsche und ungarische Soldaten von der Roten Armee eingeschlossen. Als Hitler um 18:00 Uhr ausnahmsweise mit seinen Generalen Tee trinkt, schreibt ein deutscher Soldat resigniert nach Hause: *„Der Heiligabend ist trost- und hoffnungslos, die anderen wurden noch halbwegs gefeiert."*

^ 22. Dezember 1944, Berlin: Eine Volkssturmeinheit des Nationalsozialistischen Kraftfahrkorps marschiert nach ihrer Vereidigung durch Jospeh Goebbels durch die Stadt. Die Männer tragen Luftschutzhelme und sind mit Panzerfäusten bewaffnet. (115)

Bereits um 20:00 Uhr zieht sich Hitler zurück und nimmt um 23:00 Uhr alleine das Abendessen ein. Was geht ihm durch den Kopf? Es ist offensichtlich, dass die Offensive endgültig zusammengebrochen ist, obwohl die Alliierten fast 77.000 Mann an Verlusten zu verzeichnen haben, darunter US-Brigadier-General Frederick W. Castl, der an diesem Heiligabend bei einem Fronteinsatz in Belgien fällt. Die Alliierten können diese Verluste jedoch wieder ausgleichen, die Deutschen nicht.

An den Weihnachtsfeiertagen, aus den deutschen Radiostationen erklingt das beliebte Lied „Lili Marleen" von Lale Andersen, diktiert Hitler Christa Schroeder einen Redetext. Kulinarisch lebt er bescheiden wie immer. Die Speisekarte des 25. Dezembers verzeichnet zum Frühstück Müsli und Multivitamintee, mittags Nudelsuppe, Blumenkohl sowie Kartoffelbrei und nachmittags Schokolade und Gebäck. Der geliebte Apfelkuchen ist immer greifbar. Das Wetter ist nun gleichbleibend klar, die Alliierten halten ihre Stellungen und gehen mancherorts bereits zu Gegenoffensiven über. Guderian verlangt beim Lagevortrag am 26. Dezember Truppenverstärkungen für die Front in Ungarn. Hitler hat während der Unterredung eine offene Auseinandersetzung mit Göring, der in einem Anfall von Mut vorschlägt, Waffenstillstandsverhandlungen aufzunehmen. Das kommt für Hitler natürlich nicht in Frage. Trotzdem lässt er Göring als „Alten Kämpfer", in falsch verstandener, irrationaler und oft unerträglicher Loyalität – die für die Kriegführung mehr als kontraproduktiv ist – nicht fallen. Er gibt zu, dass es „unerwartete Rückschläge" gibt, aber nur, „weil mein Plan nicht aufs Wort genau befolgt wurde". Wieder sind die anderen schuld, die seine Befehle nicht ordnungsgemäß umsetzen. Doch sofort gibt er sich wieder optimistisch: „Noch ist jedoch nicht alles verloren", es gelte nun, „den Feind in eine Abnutzungsschlacht" zu bringen. In den Tagen zwischen Weihnachten und Jahresende, als die Alliierten ihre Lufthoheit uneingeschränkt ausnutzen können, ist klar zu erkennen, dass der erwartete Erfolg ausbleibt und die letzte Karte verspielt ist. An einem späten Abend hinterlässt Hitler auf von Below einen „völlig verzweifelten Eindruck". Er spricht davon, sich „jetzt das Leben zu nehmen, denn die letzte Aussicht, einen Erfolg zu erringen, sei zunichte gemacht worden." Nun erhebt er erneut Vorwürfe gegen die Luftwaffe und die „Verräter" im Heer. Gegenüber von Below gibt er unumwunden zu:

„Ich weiß, der Krieg ist verloren. Die Übermacht ist zu groß. Ich bin verraten worden. Nach dem 20. Juli ist alles herausgekommen, was ich nicht für möglich gehalten habe. Es waren gerade die Kreise gegen mich, die am meisten vom Nationalsozialismus profitiert haben. Ich habe sie alle verwöhnt und ausgezeichnet. Das ist der Dank. Am liebsten schieße ich mir jetzt eine Kugel durch den Kopf. Es fehlen die harten Männer. Model und Dietrich sind solche. Und Rudel. Das wäre mal ein Nachfolger für mich. Intelligent. Wie steht er zu Kunst und Kultur? Er soll herkommen."

Da fängt er sich wieder und fällt in die Rolle zurück, die er seit mehr als zwanzig Jahren verinnerlicht hat: „Wir kapitulieren nicht, niemals. Wir können untergehen. Aber wir werden eine Welt mitnehmen!" Von nun an steht für ihn fest, dass er nicht mehr siegen kann, bis zum Letzten kämpft und bis zum Untergang so viel wie möglich zerstören wird. Die Parolen lauten nun: „Sein oder Nichtsein!" – „Endsieg oder Untergang!" So äußert er bereits zu Rommel: *"Ihren Truppen können Sie nur einen Weg zeigen, den zum Sieg oder zum Tod."* Damit wird suggeriert, dass es keinen Waffenstillstand und keinen Friedensschluss geben wird und sie stattdessen zum *"fanatischen Durchhalten"* bereit sein müssen. Die Goebbelssche Propaganda zeichnet die Gefahren, die den Deutschen im Fall der Niederlage drohen, in denkbar dramatischer Weise: Die Feinde sind entschlossen, das deutsche Volk *"auszurotten"*. So wird die eigene, seit langem praktizierte Vernichtungspolitik auf die alliierten Kriegsgegner übertragen. Christa Schroeder sagt nach dem Krieg über sein damaliges Verhalten: *"Er beteuerte seinen Glauben an den Endsieg mit solcher Sicherheit, dass, wer zu ihm kam, weiter an ein Wunder glaubte. Er sprach ständig von neuen Waffen."* Und sie zitiert ihn: *"Wenn dieser furchtbare Krieg vorüber ist, dann werden wir alles wieder aufbauen, schöner als zuvor. Wir müssen nur ausharren."* Ausharren, Zeit gewinnen – das ist von nun ab das Entscheidende.

Himmler erscheint am 27. Dezember im Adlerhorst und nimmt an der Lagebesprechung teil. Es wird gemeldet, dass die deutschen Truppen in Budapest eingeschlossen sind. Die provisorische ungarische Regierung erklärt Deutschland den Krieg. Einen Tag später trägt Generaloberst Blaskowitz, der seit Heiligabend das Kommando der Heeresgruppe G am Südflügel der Westfront innehat, die Lage vor. Danach versucht Hitler bei einer längeren Ansprache vor den Korps- und Divisionskommandeuren diese noch einmal auf die Fortführung der, de facto gescheiterten, Ardennenoffensive einzuschwören. Er spricht auch von der neuen, bevorstehenden Angriffsoperation im Unterelsass. Zunächst holt er weit aus, bis zurück zur berühmten Schlacht bei Cannae, als 216 vor Christus das karthagische Heer unter Hannibal die zahlenmäßig deutlich überlegenen Römer besiegte. Er betont erneut, dass eine Niederlage auch zugleich das Ende Deutschlands bedeutet: *"(...) Deutschland, das sich entweder rettet oder im Falle eines Verlustes dieses Krieges zugrunde gehen wird."* Auch die gescheiterte Ardennenoffensive wird schöngeredet, er tut so, als ob sie erst der Anfang gewesen sei:

"Schon der jetzige erste [!] Akt der Westoffensive hat dazu geführt, dass der Amerikaner alles in allem immerhin von anderen Fronten etwa 50 Prozent heranholen musste. Ich möchte gleich betonen: Das Ziel aller dieser Offensiven, die Schlag auf Schlag erfolgen werden – im Augenblick bereite ich bereits wieder einen dritten Schlag vor – ist zunächst, die amerikanischen Teile der südlichen Einbruchstelle völlig zu beseitigen. Stück um Stück zu zerschlagen, Division um Division auszurotten [!]. Dieser zweite Angriff hat also ein ganz klares Ziel: Vernichtung der feindlichen Kräfte. Es handelt sich hier nicht um Prestigeprobleme. Es handelt sich nicht darum, dass wir Raum gewinnen. Es handelt sich ausschließlich darum, dass wir die feindlichen Kräfte, wo wir sie finden, vernichten und auslöschen."

Bedenken der Generale wegen der angespannten Nachschubsituation wischt er beiseite, ohne klar zu benennen, wie die Probleme praktisch gelöst werden sollen: *"Wir werden diese Dinge alle hinkriegen, da ist gar kein Zweifel."* Er muss aber zugeben: *"Das einzige, was diesmal nicht zu unseren Gunsten wirkt, ist die Luftlage. Aber gerade sie zwingt uns, unter allen Umständen jetzt das schlechte Wetter, den Winter auszunutzen."* Als ob das schlechte Wetter monatelang anhalten und die totale Luftüberlegenheit der

Alliierten auch nur annähernd ausgleichen würde. Sorge bereitet ihm auch, wie stets seit Kriegsbeginn, die Stimmung im Volke:

„Das deutsche Volk hat in diesen Tagen aufgeatmet. Es muss vermieden werden, dass aus dem Aufatmen wieder eine Lethargie – Lethargie ist falsch, sondern: eine Betrübtheit eintritt. Es hat aufgeatmet. Schon die bloße Vorstellung, dass es überhaupt wieder offensiv vorgeht, hat auf das deutsche Volk eine beglückende Wirkung ausgeübt. Und wenn diese Offensive weitergeführt wird, (...) können sie überzeugt sein, dass das deutsche Volk alle Opfer bringen wird, die überhaupt menschenmöglich sind."

Er will die Kriegsmüdigkeit, die Verzweiflung des Weiterkämpfens, die Angst, was danach kommt, nicht wahrhaben. Was den feindlichen Vormarsch und seine Person betrifft, ist er der Meinung: *„Vielleicht hat auch die Überzeugung mitgewirkt, dass ich an sich bereits tot bin, oder jedenfalls irgendwo an Krebs leide und nicht mehr leben und nicht mehr trinken kann, so dass also an sich auch diese Gefahr ausgeschaltet ist."* Entscheidend ist, wie bei der Ardennenoffensive, die unbedingte Geheimhaltung: *„Wer von der Sache nichts wissen muss, braucht es nicht zu wissen. Wer von der Sache etwas wissen muss, darf nur das erfahren, was er wissen muss. Wer von der Sache etwas wissen muss, darf es nicht früher erfahren, als er es wissen muss. Das ist das Entscheidende. Und niemand darf in die Stellung nach vorn geführt werden, der von der Sache etwas weiß, und der eventuell geschnappt wird. Das ist das Entscheidende."*

Diener Linge hat den Eindruck: *„Hitler schien noch einmal aufzuleben. (...) Doch sein Gesicht blieb grau, sein Rücken stark gebeugt, der Gang schleifend-schleppend. Seine ganze linke Körperhälfte zitterte. (...) Bei kurzen Begegnungen war er in der Lage, einige der gravierenden Schwächen und Leiden zu verbergen, und er tat es."* Am 28. Dezember gibt Hitler sein Einverständnis für das Unternehmen „Nordwind", einer Offensive in Elsass und Lothringen. Hitler verbindet mit der neuen Offensive nicht nur die Aussicht auf einen weiteren Teilerfolg an der Westfront, sondern will damit auch die festgefahrene Ardennenoffensive wieder ins Rollen bringen. In einer Ansprache vor den beteiligten Befehlshabern und Kommandeuren betont er:

„Ich bin mit den Maßnahmen völlig einverstanden, die getroffen worden sind. Ich hoffe, dass es uns gelingen wird, besonders den rechten Flügel [Raum Bitsch (heute Bitche, Département Moselle)] *schnell vorwärtszubringen, um die Eingänge nach Zabern* [heute Saverne/Frankreich] *zu öffnen, dann sofort in die Rheinebene hineinzustoßen und die amerikanischen Divisionen zu liquidieren. Die Vernichtung dieser amerikanischen Divisionen muss das Ziel sein. (...) Ich möchte daher anschließend an Sie nur den Appell richten, dass Sie mit Ihrem ganzen Feuer, mit Ihrer ganzen Energie und mit Ihrer ganzen Tatkraft hinter diese Operation treten. Das ist mit eine entscheidende Operation. Ihr Gelingen wird absolut automatisch das Gelingen der zweiten* [in den Ardennen] *mit sich bringen. (...) Wir werden das Schicksal dann doch meistern."*

Himmler lädt Hitler am 29. Dezember zu einem Festessen in sein Quartier, Schloss Kransberg bei Usingen, ein, dieser nimmt die Einladung nicht an. Stattdessen empfängt er in der Nacht auf den 30. Dezember den Chef der Generalinspektion der Panzertruppen Generalleutnant Thomale und spricht mit ihm über die bevorstehende Neujahrsoffensive.

Er meint zu ihm, dass sich die soldatischen Qualitäten *„in der moralischen Qualität des Durchstehens, in der Zähigkeit und Beharrlichkeit"* zeigen. Erneut verknüpft er sein Schicksal mit dem des Staates: *„Wenn wir heute sagen würden: wir haben es satt, wir hören auf, dann hört Deutschland auf zu existieren."* Trotz der katastrophalen Lage an allen Fronten hat er die Muße, sich mit dem Erlass neuer Ordenssatzungen zu beschäftigen: Am 29. Dezember unterzeichnet er einen Erlass über die Stiftung des „Ritterkreuz des Eisernen Kreuzes mit dem Goldenen Eichenlaub mit Schwertern und Brillanten". Diese *„höchste Tapferkeitsauszeichnung"* sollte nur zwölfmal verliehen werden, um *„höchstbewährte Einzelkämpfer"* besonders zu ehren. Darüber hinaus gibt er eine mehrseitige Verordnung über die Klassen, Trageweise usw. des Eisernen Kreuzes heraus, die er fein säuberlich in eine Sonderausgabe binden lässt.

Am 30. Dezember, er diktiert seine Neujahrsaufrufe, zieht er eine positive Zwischenbilanz der Offensive: *„Wir haben dem Gegner mindestens sechs- bis siebenhundert Panzer kaputtgemacht. Etwa sechs bis sieben Divisionen, kann man sagen, sind wirklich zerschlagen."* Gesundheitlich geht es ihm wieder schlechter, seit zwei Tagen hat er *„Unbehagen im Darm mit Gasansammlungen, angeblich wegen grüner Erbsensuppe"*, wie Prof. Morell notiert. Nachmittags kommen Prof. von Eicken und Dr. Stumpfegger zur Nachuntersuchung. Der Letztgenannte ist von Hitlers Zustand positiv überrascht: *„(...) spricht wieder normal, wirkt gekräftigt und habituell zuversichtlich."* Seine Stimme ist kräftig genug für die Aufzeichnung der Rundfunkansprache, wenn auch der aggressive Humor und bissige Nachdruck von früheren Reden fehlt. Die nun auch offizielle Kriegserklärung der ungarischen Gegenregierung, die sich im russisch besetzten Teil Ungarns unter General Miklos gebildet hat, nimmt er nur am Rande zur Kenntnis. Das Großdeutsche Reich befindet sich am Jahresende 1944 mit 58 Staaten im Kriegszustand.

Silvester, der letzte Tag des Jahres beginnt. Um 00:10 Uhr wird Hitlers Neujahrsansprache zum Jahreswechsel auf Schallplatte aufgezeichnet. Er hört sie ab und genehmigt die Ausstrahlung. In der Küche des Führerhauptquartiers werden für die Bewohner und Soldaten 3.000 Berliner Krapfen gebacken. Um 05:00 Uhr zieht sich Hitler zurück, wird aber durch feindliche Flugzeuge gestört. Er begibt sich in seinen Bunker, um weiterschlafen zu können.

Prof. Morell stellt fest, dass er *„ganz ruhig"* und das *„Zittern nur noch ganz gering"* sei. Um 15:00 Uhr, Hitler lässt gerade von Christa Schroeder ein Diktat aufnehmen, strahlen die Rundfunkanstalten die Meldung aus, dass am Neujahrstag um 00:05 Uhr das Staatsoberhaupt über das Radio sprechen wird. In der Lagebesprechung fordert Guderian erneut Truppen nachdrücklich für die Ostfront. Hitler genehmigt ihm nur vier Divisionen, die dann jedoch nicht an die Ostfront verlegt werden, sondern nach Ungarn umgeleitet werden sollen, weil Hitler eine Offensive zum Entsatz von Budapest anordnet. Auch im Winter lassen die alliierten Bombenangriffe, sobald einigermaßen klares Wetter herrscht, nicht nach.

Im Dezember bringen sie Tod und Verderben über Duisburg, Hagen, Heilbronn, Karlsruhe, Soest, Gießen, Frankfurt am Main, Darmstadt, Essen, Ludwigshafen, Ulm,

München, Pölitz und Scholven-Buer. Im ablaufenden Jahr hat der Feind einhundert Mal mehr Bomben auf Deutschland abgeworfen als Deutschland im Jahre 1940 auf England. Hitlers Reaktion: Es erfolgt der Befehl für das Unternehmen „Bodenplatte" am Neujahrstag.

Die Rüstungsindustrie verzeichnet im abgelaufenen Jahr durch rigorosen Einsatz aller Arbeitskräfte, der Erhöhung der Wochenarbeitszeit auf 60 Wochenstunden und der Mobilisierung der letzten Rohstoffreserven eine beträchtliche Leistungssteigerung. Im gesamten Jahr hat die Produktion kontinuierlich zugenommen und im Dezember für praktisch alle Waffenarten ihren absoluten Höhepunkt erreicht. Neben 28,4 Millionen deutscher Frauen und Männer schuften 7,1 Millionen Zwangsarbeiter und Kriegsgefangene, die nach Deutschland verschleppt wurden. Parallel sind ein bis eineinhalb Millionen Menschen mit der Behebung von Bombenschäden im Reich beschäftigt. Der Ausländeranteil der gesamten Arbeitskräfte in der Landwirtschaft beträgt ein Drittel, etwa die Hälfte von ihnen sind Mädchen und Frauen. Noch nie sind so viele Flugzeuge produziert worden wie im Spätsommer 1944. Das alles nützt jedoch nur bedingt. Bereits jetzt muss die Heeresleitung auf die Treibstoffreserven zurückgreifen, die nun fast aufgebraucht sind. Die Werksanlagen der Schwermaschinenindustrie und der Flugzeugindustrie in Köln, Dortmund, Essen, Gladbeck, Oberhausen, Braunschweig, Stuttgart, Kassel, Berlin, Leipzig, Augsburg, München und Rüsselsheim sind nur noch eine Trümmerwüste; die Öltanks sind leer oder zerstört. Dazu kommt, dass die technisch weit weniger fortschrittlichen, aber massenhaft zur Verfügung stehenden, britischen und amerikanischen Jäger am Boden und in der Luft mehr als 700 der neuen Flugzeuge zerstören können und so um die Jahreswende endgültig die absolute Luftherrschaft über Deutschland erringen. Die Statistiken, die Hitler vorgelegt werden, sind durchweg positiv und daraus schöpft er Siegeszuversicht. Die deutsche Rüstungsindustrie fertigt im Jahr 1944: 4.732.000.000 Stück Gewehrmunition, 46.363.000 Handgranaten, 3.096.496 Gewehre, 276.639 Maschinengewehre, 4.818 leichte Infanteriegeschütze, 10.070 leichte Haubitzen, 3.019 schwere Feldhaubitzen, 89.069 Lastkraftwagen, 8.339 Panzerkampfwagen und 38.122 Kriegsflugzeuge. Allein im Dezember werden 218.000 Gewehre und 1.840 gepanzerte Fahrzeuge hergestellt, ein Vielfaches des Jahres 1941. Nie stehen der kämpfenden Truppe mehr Waffen zur Verfügung als jetzt. Doch die Truppe ist geschwächt, es werden zunehmend Jüngere eingezogen, die nur noch eine schlechte Ausbildung bekommen und die über keinerlei Kampferfahrung verfügen.

Alte Reichskanzlei – Zurück zu den Anfängen

Die Alte Reichskanzlei wird im Jahre 1739 als Palais des Grafen von der Schulenburg in der Wilhelmstraße 77 in Berlin-Mitte errichtet. Im Jahre 1796 kauft es die Familie Radziwill, die es im Jahre 1875 dem Deutschen Reich verkauft. Nach einem Umbau zieht der erste Reichskanzler Otto von Bismarck dort ein. Die Wilhelmstraße – zwischen dem Belle-Alliance-Platz (heute Mehringplatz) und dem Pariser Platz gelegen – ist in ihrem nördlichen Teil mittlerweile Teil des Regierungsviertels. Nachdem Hitler am 30. Januar 1933 zum 13. Reichskanzler ernannt worden ist, erfolgte ein erneuter Umbau mit einer umfangreichen technischen Modernisierung. Im ersten Stock (Obergeschoss) des Reichskanzler-Palais, seit dem Bau der Neuen Reichskanzlei „Alte Reichskanzlei" genannt, befindet sich an der Gartenseite Hitlers Arbeitszimmer, ein Botschaftersaal und ein Zimmer für die Adjutanten. Zentral liegt der Kabinettsitzungssaal, nördlich davon, ebenfalls auf der Gartenseite befinden sich Hitlers kleines privates Arbeitszimmer, sein Wohnzimmer mit kleiner Bibliothek und sein Schlafzimmer mit einer anschließenden Dachterrasse. Hitler wohnt hier seit Mai 1934.

In seinem etwa fünf mal sechs Meter großen Schlafzimmer steht ein Messingbett mit einer Rosshaarmatratze. Darüber hängt, genau mittig platziert, ein Bild von Hitlers Mutter. Links neben dem Bett befindet sich ein stummer Diener, zudem gibt es einen runden Tisch mit zwei Cocktailsesseln, einen Kleider- und einen Schuhschrank. Vom Schlafzimmer aus gelangt man in ein schmales, grün gekacheltes Bad, die Wände sind in einem Eierschalenfarbton gestrichen. Alles ist einfach, fast spartanisch. Im Garten lässt Hitler einen großen Empfangssaal errichten, der über einen Wintergarten mit dem Palais verbunden ist. Unter diesem Saal liegt der Luftschutzkeller, ein quadratischer Betonklotz von 21 Meter Seitenlänge. Er ist von drei

^ *Der Haupteingang der Alten Reichskanzlei. (129)*

∧ *Alte Reichskanzlei: Speisezimmer (102)*

∧ *Alte Reichskanzlei: Das private Arbeitszimmer Hitlers, Fensterfront (102)*

∧ *Alte Reichskanzlei: Das private Arbeitszimmer Hitlers mit Bismarckportät. (102)*

∧ *Alte Reichskanzlei: Wohnzimmer mit Tür zum Schlafzimmer. (102)*

∧ *Alte Reichskanzlei: Wohnzimmer mit Kamin und Tür zum privaten Arbeitszimmer. (103)*

Eingängen über jeweils acht Stufen vom Keller unter dem Festsaal und dem Wintergarten aus erreichbar. Schleusen mit gasdichten Eisentüren vervollständigen die Zugänge.

An die Alte Reichskanzlei schließt sich, die gesamte Länge der Voßstraße einnehmend, die Neue Reichskanzlei an. Als Verwaltungsbau ist das Gebäude architektonisch eine

Die letzten Monate

Park der Reichskanzlei

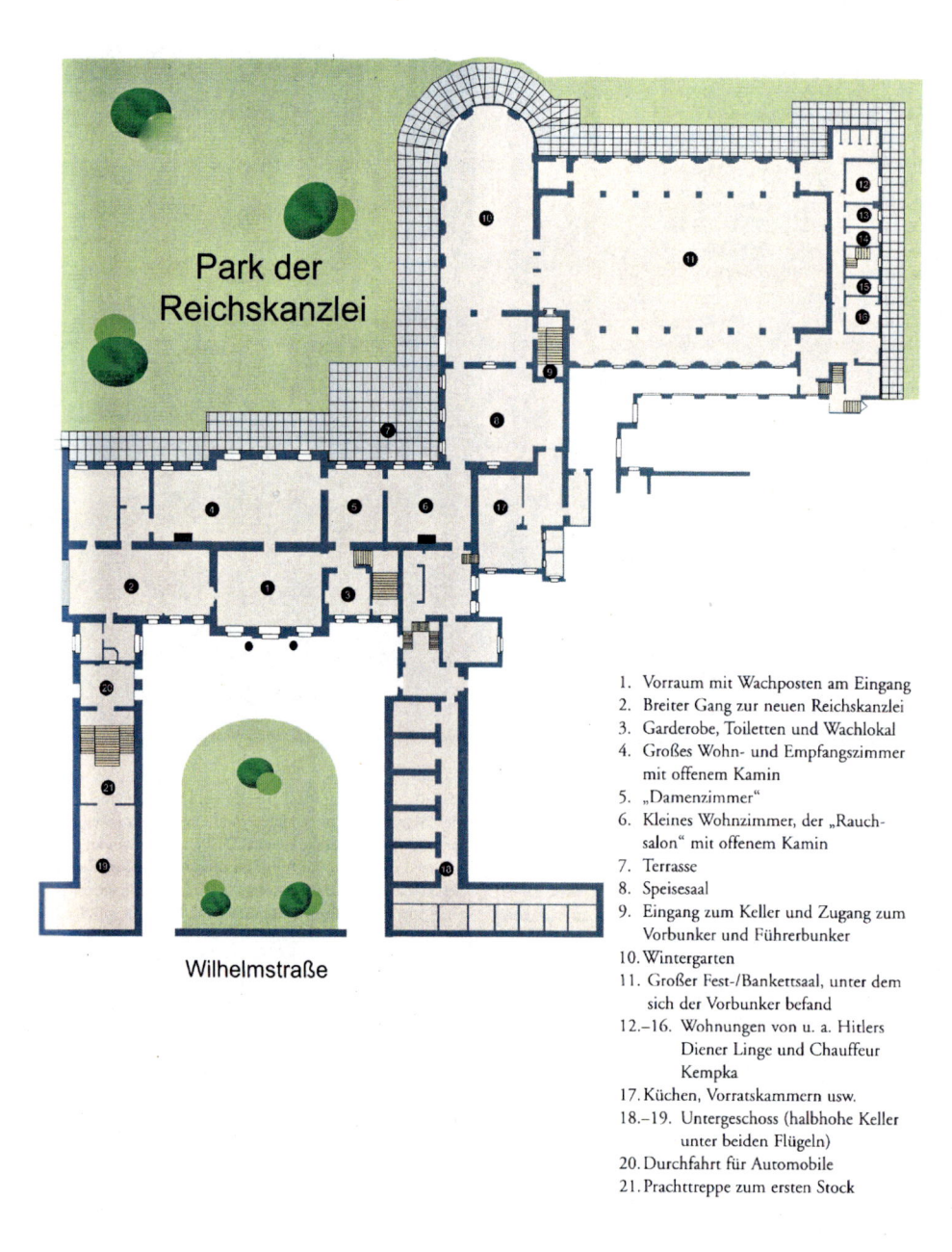

Wilhelmstraße

1. Vorraum mit Wachposten am Eingang
2. Breiter Gang zur neuen Reichskanzlei
3. Garderobe, Toiletten und Wachlokal
4. Großes Wohn- und Empfangszimmer mit offenem Kamin
5. „Damenzimmer"
6. Kleines Wohnzimmer, der „Rauchsalon" mit offenem Kamin
7. Terrasse
8. Speisesaal
9. Eingang zum Keller und Zugang zum Vorbunker und Führerbunker
10. Wintergarten
11. Großer Fest-/Bankettsaal, unter dem sich der Vorbunker befand
12.–16. Wohnungen von u. a. Hitlers Diener Linge und Chauffeur Kempka
17. Küchen, Vorratskammern usw.
18.–19. Untergeschoss (halbhohe Keller unter beiden Flügeln)
20. Durchfahrt für Automobile
21. Prachttreppe zum ersten Stock

Fehlplanung, denn entscheidend ist nur der äußere Eindruck, nicht die Funktionalität. Das Gebäude dient Staatsempfängen, der Repräsentation und der Einschüchterung, aber nicht der Arbeit. Es gibt kein Foto, auf dem Hitler an seinem fünf Meter breiten Schreibtisch, den der römische Kriegsgott Mars ziert, sitzt. Hitlers Arbeitszimmer umfasst

^ *Erdgeschoss der Alten Reichskanzlei mit Festsaal, Speisesaal und Wintergarten. (106)*

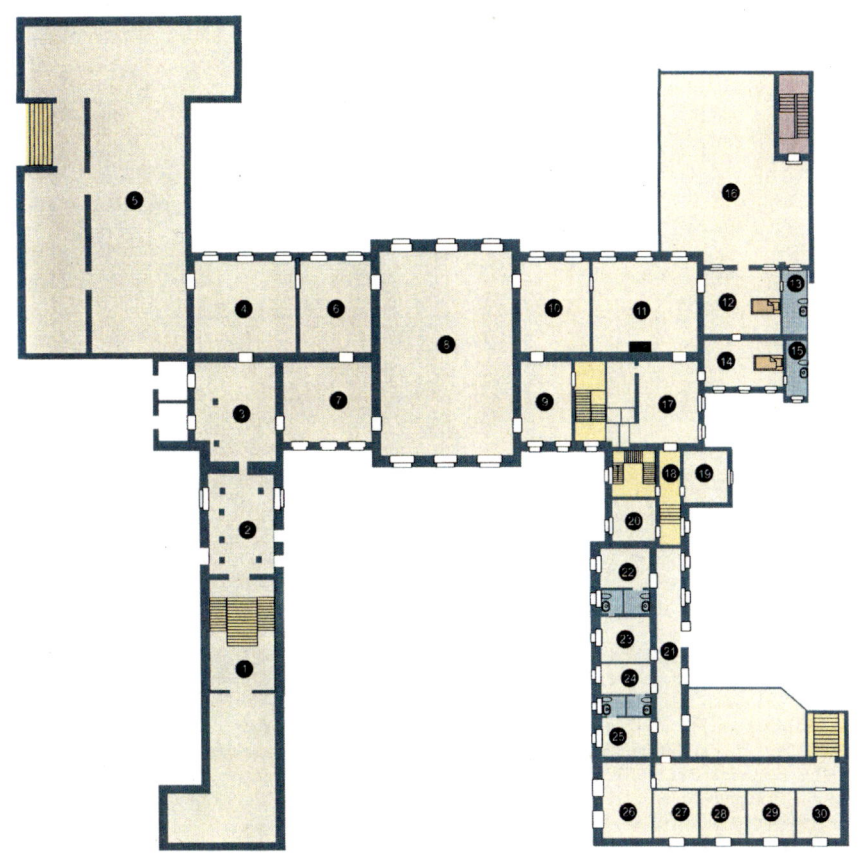

1. Große Prunktreppe, der „Diplomatenaufgang"
2. Säulenhalle zu Hitlers Arbeitszimmer
3. Warteraum für Besucher
4. Adjutant vom Dienst
5. Hitlers offizielles Arbeitszimmer im roten Saal
6. Sekretariat
7. Adjutanten
8. Kongress-/Empfangssaal
9. Frühstückszimmer
10. Hitlers privates Büro
11. Hitlers privates Wohnzimmer/Bibliothek mit offenem Kamin
12. Hitlers Schlafzimmer
13. Hitlers Bad und Toilette
14. Wohn-/Schlafzimmer von Eva Braun
15. Bad und Toilette von Eva Braun
16. Hitlers Dachterrasse über dem Speisesaal
17. Vorhalle zu Hitlers Privatgemächern
18. Beginn des Flurs zum Adjutantenflügel
19. Aufenthaltsraum für Hitlers Kammerdiener
20. „Treppenzimmer"
21. Langer Flur im Adjutantenflügel
22. Wohn-/ Schlafzimmer mit eigenem Bad/Toilette des Chefadjutanten Schaub
23. Gleiches für Pressechef Dr. Dietrich
24. Gleiches für SS-General Sepp Dietrich
25. Gleiches für Adjutant Bruckner
26.–29. Wohn-/Schlafzimmer u. a. für Hitlers Leibärzte Brandt, Morell und Fotograf Hoffmann
30. Zentrales Badezimmer und Toiletten

400 Quadratmeter Grundfläche und ist 10 Meter hoch. Weitere wichtige Elemente sind der marmorne Kartentisch und der überdimensionale Globus, der Hitlers Blick und Anspruch auf die Welt symbolisiert. Neben dem Globus in Berlin stehen noch je ein weiterer im Berghof auf dem Obersalzberg und im Führerbau in München.

^ *Erstes Obergeschoss der Alten Reichskanzlei mit Hitlers Wohnung, Dachterrasse und Treppenhaus in die Bunker (rechts oben). (106)*

Der Krieg kann dauern, solange er will – das letzte Bataillon aber auf dem Felde wird ein deutsches sein!"
Adolf Hitler
(Diktator, 1889-1945, Rede vom 8. November 1941)

Januar 1945 – Die Russen kommen

Die deutsche Wehrmacht hat zu Beginn des neuen Jahres mit etwa 10 Millionen Mann immer noch mehr als doppelt so viele Soldaten unter Waffen wie zu Kriegsbeginn im Jahre 1939 und ein Drittel mehr als auf dem Höhepunkt der militärischen Siege im Jahre 1941. Davon sind 910.000 Soldaten Mitglieder der Waffen-SS, die über einige der am besten ausgerüsteten Panzerdivisionen verfügt. Strategisch ist seit Anfang des Jahres 1943 die deutsche Wehrmacht kontinuierlich auf dem Rückzug. Jeder Tag des Krieges fordert mehr Tote und sinnlose Zerstörung an Werten, Wirtschaftsgütern, Kulturdenkmälern und persönlichen Gegenständen. Die Alliierten warfen 900.000 Tonnen Bomben auf Deutschland und allein im zweiten Halbjahr des vergangenen Jahres hatte die Wehrmacht 1,2 Millionen Mann an Verlusten zu verkraften. In den Weltmeeren wurden im abgelaufenen Jahr 241 U-Boote mitsamt ihrer Besatzung versenkt. Die Gebietsverluste und der damit einhergehende Verlust von Rohstoffen waren ebenfalls dramatisch. Dennoch kümmert sich der Oberste Kriegsherr nachtragend und rachedurstig noch um Einzelpersonen. So lässt er den in Ungnade gefallenen Generaloberst a.D. Kurt Zeitzler aus der Wehrmacht ausstoßen und verweigerte ihm das Tragen der Uniform.

Das neue Jahr, es ist ein Montag, beginnt für Hitler um 00:00 Uhr mit einer Teestunde, einem zwanzigminütigen Lagevortrag und erneut drei Stunden mit Tee, Gebäck und Plaudereien. In seiner Neujahrsproklamation zu Beginn des Jahres 1944 hatte er prophezeit, dass das *„ungeheure Kriegsgeschehen"* sich in diesem Jahr *„der Krise"* nähert und das *„volle Vertrauen"* gegeben sei, dass *„wir sie erfolgreich überstehen"*. Nun ist das Jahr 1944 Vergangenheit und ein neues, ungewisses steht bevor. Um 00:10 Uhr erfolgt die Ausstrahlung seiner Neujahrsansprache an das deutsche Volk und aus den

Sendeanstalten in die noch von deutschen Truppen besetzten Gebiete. Sie steht unter dem Motto: *„Wir müssen und werden das Schicksal meistern."* Der Diktator richtet sich nicht mehr an die Parteigenossen, die ihm in dieser Funktion schon lange nicht mehr wichtig sind. Er spricht davon, dass seine einzige Aufgabe der *„Schicksalskampf meines Volkes"* sei. Er beklagt die *„jüdisch-internationale Weltverschwörung"* und die zahlreichen Prophezeiungen der Gegner von einer deutschen Niederlage seit 1939, unsere *„sichere Vernichtung"*, die dann doch nicht gekommen sei: *„Mit schlafwandlerischer Sicherheit bezeichnete man den August 1944 als den Monat der bedingungslosen Übergabe und vereinbarte dann kurze Zeit darauf ein gemeinsames Treffen der führenden Staatsmänner vor Weihnachten in Berlin."* Dann erheitert er sich über *„immer neue Kommissionen für die Behandlungen europäischer Fragen nach dem Kriege, die Gründung von Gesellschaften zur Reglung der Lebensmittelversorgung nach dem deutschen Zusammenbruch und (...) idiotischen Gesetzen zur Behandlung des deutschen Volkes"*. Er sagt bei einer Niederlage die klare Konsequenz voraus: *„Völlige Zerreißung des Deutschen Reiches, den Transport von 15 oder 20 Millionen Deutscher in das Ausland, die Versklavung des Restteils unseres Volkes, die Verderbung unserer deutschen Jugend"* und *„das Verhungern unserer Millionenmassen"*. Da das nicht geschehen dürfe und nicht geschehen werde, betont er den Widerstandswillen: *„Die Welt muss wissen, dass daher dieser Staat niemals kapitulieren wird (...)"*

Selbstverständlich hat das Staatsoberhaupt auch Mitgefühl mit seinem Volk, zumindest suggeriert er das: *„Ich weiß, meine lieben Volksgenossen, was dieser Krieg von euch fordert. (...) All den deutschen Städten, die heute zertrümmert werden, bin ich nicht nur geschichtlich, sondern auch persönlich so unendlich lebensnahe gekommen."* Doch das ist nicht das Ende, denn *„dereinst als Abschluss dieser Zeit auch die deutschen Städte sich wieder aus ihren Trümmerhalden erheben werden zu neuen Plätzen deutscher Städteherrlichkeit"*. Er erwähnt nichts von der Wirkung der vielgepriesenen Wunderwaffen, die Lage an den Fronten und Maßnahmen zur Bekämpfung des Luftterrors. Er bedauert aber die vielen Kunst- und Kulturdokumente die *„unwiederbringlich verloren"* seien und die *„Opfer an unzähligen teuren Menschen"* sowie den *„Verlust der von ihnen angesammelten und ihnen im Laufe eines langen Lebens liebgewordenen Erinnerungen"*. Doch er hat auch Trost parat, denn die Entschädigung dafür ist die *„gemeinsame Erinnerung unseres Volkes an die Zeit des härtesten Schicksalskampfes, den ein Volk jemals tragen musste (...)"*. Er ist der Überzeugung, dass nur das Volk überlebt, das eine Gesellschaftsordnung besitzt, die *„mit allen Vorrechten aufräumt"*, die den *„gesellschaftlichen Wahngebilden einer überlebten Zeit einen unerbittlichen Kampf ansagt"*.

Die *„Einsicht in den moralischen Wert dieser unserer Überzeugung (...) geben uns und vor allem mir selbst die Kraft, diesen Kampf in den schwersten Stunden mit stärkstem Glauben und einer unerschütterlichen Zuversicht weiterzuführen. Diese Überzeugung bindet gerade das Volk in solchen Stunden aber auch an seine Führung"*. Er lobt die *„deutschen Arbeiter und Arbeiterinnen"*, die in den Fabriken *„Einmaliges"* geleistet haben. In Hinblick auf die Millionen nach Deutschland verschleppten Zwangsarbeiter klingt es zynisch, wenn er sagt:

„Ihnen [den deutschen Arbeitskräften] (...) schließen sich immer mehr jene denkenden Menschen anderer Völker an, die als Arbeitskräfte in Deutschland das Wesen unserer sozialen Gemeinschaft erfassen." Er dankt *„aus übervollem Herzen"* den Deutschen für alles, was sie *„erlitten, geduldet, getan und geleistet"* haben und fordert sie auf, auch *„in Zukunft nicht zu erlahmen, sondern der Führung der Bewegung zu vertrauen und mit äußerstem Fanatismus diesen schweren Kampf (...) durchzufechten"*.

Er rechtfertigt sich, dass er nun so selten zu seinem Volk spricht und begründet dies damit, dass er damit beschäftigt sei, die *„Widerstandskraft unserer Armee zu erhöhen, bessere Waffen einzuführen, neue Verbände auszustellen und aus meinem Volk an Kräften zu bilden, was mobilisiert werden kann"*. Am Ende beschwört er Gott und seine Rolle, die Gott ihm dabei gegeben hat: *„Wem die Vorsehung so schwere Prüfungen auferlegt, den hat sie zu Höchstem berufen!"* Er dankt *„dem Herrgott"* für die Hilfe, auch seine eigene Rettung und legt als *„Sprecher Großdeutschlands gegenüber dem Allmächtigen das feierliche Gelöbnis"* ab, dass wir *„treu und unerschütterlich unsere Pflicht auch im neuen Jahr erfüllen werden"*, bis sich der Sieg *„endgültig dem zuneigen wird, der seiner am würdigsten ist: dem Großdeutschen Reiche"!* Da Hitler nicht auf konkrete Ereignisse, wie den Kämpfen an der Westfront und den Einsatz der Wunderwaffen, eingeht und sich seit dem 17. April 1944 nicht mehr in der Öffentlichkeit gezeigt hat, glauben nicht wenige, die Rede sei in der Vergangenheit produziert worden oder sei eine Fälschung. Doch sie ist echt und aktuell. Nach Ausstrahlung der Rede gibt es eine kleine Feier. Speer trifft um 02:00 Uhr ein und trifft auf eine lockere Szenerie: *„Adjutanten, Ärzte, Sekretärinnen, Bormann – sie alle (...) waren bei Champagner um Hitler versammelt. In der von Alkohol aufgelockerten, aber gleichwohl gedämpften Stimmung schien Hitler als der einzige, auch ohne stimulierendes Getränk, trunken und von einer chronischen Euphorie erfasst."*

Auch in seinem Neujahrstagesbefehl an die Wehrmacht redet der Oberste Befehlshaber Klartext: *„Soldaten! Die weltentscheidende Bedeutung des Krieges, in dem wir uns befinden, ist dem deutschen Volke heute klar: Ein unbarmherziges Ringen um Sein oder Nichtsein, das heißt um Leben oder Tod! (...) Ziel der jüdisch-internationalen Weltverschwörung ist die Ausrottung unseres Volkes. Schuld an der Krise sind die Verbündeten und Verrat."* Er kennt das *„Leiden und die Opfer der Soldaten"*, aber das ist alles nichts gegenüber dem, was er erleiden muss, denn das Schicksal habe ihm die *„schwerste Aufgabe gestellt, die für einen Menschen denkbar ist"*. Hitler räumt ein, dass *„die Festung Europa im einstigen Umfang von deutschen Kräften allein nicht verteidigt werden kann"* und dass es notwendig sei, als *„Opfer des Verrates unserer Verbündeten ganze Fronten einzuziehen und andere zu verkürzen"*. Wenn aber dies schon unvermeidlich ist, dann soll es wenigstens mit größtmöglichem Leid für den Gegner verbunden sein: *„Ich habe aber keinen Schritt nach rückwärts getan, ohne auf das Äußerste Widerstand zu leisten. Unsere Gegner müssen wissen, dass jeder Kilometer gegen Deutschland mit steigender Blutlast verbunden ist."*

Er erwartet, *„dass ihr mehr noch als bisher gerade im sechsten Jahre des Kampfes auf Leben und Tod eure Pflicht erfüllt, dass sich Offiziere und Männer der gesamten Wehrmacht, des Heeres, der Marine, der Luftwaffe und der Waffen-SS, dessen bewusst sind, dass von ihrem Einsatz Sein- oder Nichtsein unseres Volkes abhängen"*. Mit der nächsten

Feststellung soll er Recht behalten: *„Denn das Jahr 1945 wird von uns das Äußerste an Mut und Tatkraft fordern, allein es wird auch zugleich das Jahr einer geschichtlichen Wende sein."* Auch wenn bald ein halbes Jahr vergangen ist, kommt er auf den 20. Juli zu sprechen: *„Dazu kam im abgelaufenen Jahre ein hinterhältiger Angriff im Innern selbst durch ehrlose Verbrecher, die allerdings in wenigen Stunden niedergeschlagen und seitdem nun rücksichtslos erledigt worden sind."*

Als der Tag angebrochen ist, beginnt das Unternehmen „Bodenplatte" um 09:20 Uhr mit dem Einsatz von 1.035 Flugzeugen: der Angriff gegen die alliierten Flugplätze in den Niederlanden, Belgien und Frankreich. Dabei werden 305 alliierte Flugzeuge zerstört und 190 beschädigt. Vor dem Angriff musste in verschiedenen Depots Flugzeugbenzin gesammelt werden. Die eigenen Verluste sind mit 92 Maschinen zwar relativ gering, da die deutschen Flugzeugführer jedoch zumeist unerfahren und für Luft-Boden-Einsätze kaum ausgebildet sind, kann der geglückte Überraschungseffekt kaum ausgenutzt werden. Wegen Hitlers steigendem Misstrauen sind die ohnehin strengen Geheimhaltungsvorschriften für dieses Unternehmen nochmals verschärft worden. Die katastrophale Folge ist, dass die zurückfliegenden Maschinen in das verheerende Flakfeuer der eigenen, besonders gesicherten V1-Stellungen kommen, die über das Unternehmen nicht informiert worden sind. Etwa 200 Maschinen fallen so dem eigenen Flakfeuer zum Opfer. Die Luftwaffe hat 143 Tote, 21 Verwundete und 70 Verluste durch Kriegsgefangenschaft zu verzeichnen. Da hierunter auch erfahrene Flugzeugführer sind, ist dies eine Katastrophe für die ohnehin schon angeschlagene Luftwaffe, von der sie sich nicht wieder erholen wird. Zeitgleich

^ *1. Januar 1945, Führerhauptquartier Adlerhorst: Hitler begrüßt Karl Dönitz. Im Hintergrund die Tür zu Hitlers Schlafzimmer, rechts sein Schreibtisch. (132)*

mit diesem Angriff startet das Unternehmen „Nordwind", die letzte Offensive deutscher Streitkräfte im Westen, im Elsass und in Lothringen.

Hitlers Entourage gratuliert um 13:20 Uhr zum neuen Jahr und Hitler bittet um 14:00 Uhr Göring, Keitel, Bormann, von Rundstedt, Dönitz, Jodl, Ribbentrop, Burgdorf, Guderian, Speer und Scherff zur Neujahrstafel. Nach der Lagebesprechung steht um 17:20 Uhr ein besonderer Termin an. Oberst Hans-Ulrich Rudel erhält am Nachmittag im Lageraum für 519 Panzerabschüsse mit dem Sturzkampfflugzeug (Stuka) Junkers Ju 87 die höchste Tapferkeitsauszeichnung, das Ritterkreuz des Eisernen Kreuzes mit dem goldenen Eichenlaub mit Schwertern und Brillanten. Hitler reicht ihm die Hand und sagt: *„Sie sind der größte und tapferste Soldat, den das deutsche Volk hat und je gehabt hat: Ich habe mich daher entschlossen, eine neue – nun allerhöchste – Tapferkeitsauszeichnung zu schaffen, das Goldene Eichenlaub mit Schwertern und Brillanten zum Ritterkreuz des Eisernen Kreuzes. Ich verleihe es ihnen hiermit und befördere sie gleichzeitig zum Oberst."* Als Hitler erwähnt, dass er nicht mehr fliegen dürfe, um der *„deutschen Jugend"* erhalten zu bleiben, widerspricht Rudel und setzt sich (vorläufig) damit sogar durch. Anschließend geht Hitler mit Rudel in seinen angrenzenden Privatbereich, erkundigt sich nach persönlichen Dingen und beginnt dann, über Flugzeugdetails zu sprechen. So erwähnt er, dass er erproben lassen will, statt der zwei Drei-Zentimeter-Kanonen vier in die Tragflächen einzubauen, weil er sich hiervon eine Verbesserung der aerodynamischen Eigenschaften des Flugzeuges verspricht. Derartige Gedanken sind angesichts der aktuellen Frontlage völlig unrealistisch. Dass er Rudel für höhere Aufgaben vorsieht, erwähnt er auch Prof. Giesler gegenüber:

^ *Neujahr 1945, Führerhauptquartier Adlerhorst: Lagebesprechung mit (v.l.n.r.) Hermann Göring, Karl Koller, Hermann Fegelein, Hitler (mit Brille), Hans-Ulrich Rudel, Heinz Guderian. (132)*

„Als Vertrauter sollte er mir zur Seite stehen, ich wollte ihn einführen in alle Aufgabengebiete und ihm meine Sicht vermitteln. Dabei hätte ich dann die Möglichkeit gehabt, ihn noch genauer kennenzulernen, um sicher zu sein, dass er in die Führung des Reiches hineinwächst. Ich musste feststellen, er hat mehr Standhaftigkeit, als ich erwarten konnte (...). Ich gehöre an die Front! Solange gekämpft wird, ist dort mein Platz!, sagte er mir. Bislang ist es mir nicht gelungen, ihn hier an mich zu binden. Ich kann ihm ja nicht sagen, ‚als meinen Nachfolger will ich Sie zu mir nehmen'!"

Dann klagt er: *„Es ist schwer für mich, Schlaf zu finden. Schlafmittel – sicher – aber sie machen mich nur müde, den Schlaf bringen sie mir nicht – nur nach langem Wachliegen, meist erst um 5 oder 6 Uhr. Auch im Dunkel und der Stille, an das Summen der Klimaanlage habe ich mich gewöhnt – ich komme nicht zum Einschlafen. Ich habe die Lagekarten der Fronten vor Augen, von den Armeen zu den Divisionen und Regimentern – mit Besorgnis tasten meine Gedanken die Fronten ab: Hier könnte etwas geschehen, hier muss etwas geschehen."* Er kann die Welt nur noch kartographisch erschließen. Zu seinem Adjutanten Richard Schulze-Kossens äußert er Ähnliches: *„Sonst sehe ich im Dunkeln immer noch die Generalstabskarten vor mir und mein Gehirn arbeitet weiter und es dauert Stunden, bis ich davon loskomme. Mache ich dann Licht, kann ich genaue Karten von jeder Heeresgruppe zeichnen."*

Seiner aus München zurückgekehrten Sekretärin Traudl Junge, die ihm die Auswirkungen der schweren Luftangriffe in der Bayerischen Landeshauptstadt erklärt, entgegnet er optimistisch: *„Mit diesem Alptraum wird in wenigen Wochen schlagartig Schluss sein. Unsere neuen Düsenjäger kommen jetzt in Massen aus den Fabriken und dann werden die Alliierten sich hüten, über Deutschland zu fliegen."* In Sachsen wird der aktuellen Lage Rechnung getragen und Dresden zur Festung erklärt, die Rote Armee ist nur noch 100 Kilometer entfernt. Hitler zieht sich, nachdem er die neueste Wochenschau für die Veröffentlichung freigegeben hat, recht früh zurück und lässt sich um 00:00 Uhr am 2. Januar zum Lagevortrag wecken. Am Tage stellt Prof. Morell fest, dass er sich wohl fühlt und *„wegen Beseitigung Zittern der linken Hand"* nachfragt. Es sind Beruhigungsmittel notwendig, die aber *„wegen der ständigen intensiven Denkprozesse nicht gegeben"* werden können. Am Abend findet ein schwerer Luftangriff auf Nürnberg statt. Ziel sind nicht die Industrieanlagen oder das Reichsparteitagsgelände, sondern die Altstadt, die vollständig vernichtet wird. Es gibt 1.794 Tote, 29.500 Wohnungen werden zerstört.

Am 3. Januar beginnt die alliierte Gegenoffensive in den Ardennen, dem die deutsche Wehrmacht nicht mehr viel entgegenzusetzen hat. Hitler muss zugeben *„dass die Fortsetzung der ursprünglich geplanten Operation keine Aussicht auf Erfolg mehr hat"*. Die Verluste (Tote, Gefangene, Vermisste, Verwundete) auf alliierter Seite betragen insgesamt 87.000 Soldaten, auf deutscher Seite 68.000 Soldaten. 1.230 alliierte Panzer sind vernichtet und 400 Geschütze von der Wehrmacht erbeutet. Es ist die verlustreichste Schlacht der US-Armee im Zweiten Weltkrieg und dennoch ist klar: Die Ardennenoffensive ist gescheitert. Die deutschen Streitkräfte verlieren die letzten intakten und vollausgestatteten Panzergroßverbände. Diese Kampfkraft würde aber dringend zur Abwehr der erwarteten sowjetischen Großoffensive im Osten benötigt werden und fehlt jetzt.

Der Mangel an Treibstoff tritt immer mehr zutage und die militärischen Operationen werden dadurch stark beeinträchtigt. Gerade auch der angestrebte Zuwachs in der Rüstung, die stetige Produktion von neuen Flugzeugen, Panzern und U-Booten erhöht den Bedarf an Treibstoff. Die Heeresführung überlegt notgedrungen, nur noch Panzerbrigaden voll motorisiert auszustatten, also *„die Panzergrenadiere nur noch zu Fuß oder per Rad zu bewegen"*. Nach dem Ende der Ardennenoffensive verfügt die deutsche Wehrmacht nur noch über 50.000 Tonnen Benzin, gegenüber 185.000 Tonnen im August 1944. Bei klopffestem Flugzeugbenzin sind nur noch 12.000 Tonnen (Mai 1944: 198.000 Tonnen) vorhanden, ein Restbestand von 6 Prozent. Durch konzentrierte Angriffe auf den IG-Farben-Konzern mit seinen Industriewerken in Leuna, Marl, Leverkusen und Ludwigshafen treffen die Alliierten auch die Ammoniak-Synthese-Anlagen, notwendig für die Pulverproduktion. Sehr negativ wirken sich auch die Angriffe auf das Werk in Pölitz/Westpommern (heute Police/Polen), das modernste und größte Hydrierwerk Deutschlands, aus. Der Gauleiter von Pommern, Franz Schwede-Coburg, hat sich um die Ansiedlung dieses Industriezweiges an die untere Oder (die ab dem Jahre 1944 problemlos von alliierten Bombenflugzeugen erreicht werden kann) bemüht und so ist es im Jahre 1938 errichtet worden, um die deutsche Wirtschaft von Benzinimporten aus dem Ausland unabhängiger werden zu lassen.

Hitler ist an der Niederlage der Offensive nicht unschuldig, greift er doch schon lange aktiv in Details im Frontgeschehen ein, wo eigentlich flexible, individuelle und eigenverantwortliche Entscheidungen viel effektiver wären. Schon zu Beginn seiner politischen Laufbahn, beim Entwurf der NS-Insignien, kümmert er sich um jedes Detail. Sein bald einziges Rezept zur Stabilisierung der Front ist *„Halten um jeden Preis"*. Eine bewegliche Operationsführung wäre angebrachter gewesen als seine Strategie des Austauschens der Befehlshaber und Kommandeure vor Ort. Bis Kriegsende sterben oder scheiden in Ungnaden alle drei Oberbefehlshaber des Heeres, 14 von 18 Feldmarschällen des Heeres und 21 von 37 Generalobersten aus. Eine traurige Bilanz, die zeigt, in welchem Maße der *„Größte Feldherr aller Zeiten"* (Wilhelm Keitel) militärischen Sachverstand verschleißt. Alles nur auf Hitler zu schieben, greift jedoch auch zu kurz. Das Institut für Zeitgeschichte hat schon im Jahre 1974 in einer Studie dargestellt, wie heftig die Fehlurteile der Experten im OKW bezüglich der Roten Armee gewesen sind. Die Abteilung unter General Reinhard Gehlen, nach dem Krieg Gründungspräsident des Bundesnachrichtendienstes (BND), gilt als guter Nachrichtendienst, versagt aber in den Prognosen des Kriegsverlaufes seit Stalingrad zunehmend – mit dramatischen Folgen. Noch in einer Denkschrift vom 31. Dezember 1944 hält Gehlen die Ostfront für *„stabilisierbar"*.

Am Abend des 4. Januar hat Hitler eine Unterredung mit Speer. Dieser erhebt schwere Vorwürfe gegen Göring, den Hitler, um ihn gegen seine Kritiker zu stützen, noch immer mit *„Herr Reichsmarschall"* anredet. Bormann wiederum schießt gegen Speer und legt Beweise vor, dass seine Ausstoßzahlen der Waffen- und Flugzeugfabriken geschönt werden – womit er Recht hat. Der Streit verläuft ergebnislos. Einen Tag später lässt Hitler die Produktion des Messerschmitt Me 263 Raketenabfangjägers einstellen, nachdem damit nur fünf feindliche Bomber abgeschossen werden konnten. Der Aufwand zur Produktion steht auch hier in keinem Verhältnis zum Nutzen beim Einsatz des Flugzeuges. Am frühen Abend des 6. Januar fliegt ein – wahrscheinlich vom Kurs abgekommener – alliierter Bomber über Langenhain (Langenhain-Ziegenberg), in unmittelbarer Nähe des Führerhauptquartiers. Um 19:05 Uhr wirft das Flugzeug eine einzelne Luftmine im nördlichen Ortsbereich ab. Mehrere Häuser stehen nach der enormen Detonation in Flammen, fast alle im Ort werden beschädigt. Sieben Höfe sind total zerstört, es gibt vier Tote.

Bei der Lagebesprechung am 7. Januar bittet Generalfeldmarschall von Rundstedt, das 47. Panzerkorps von der Front zurücknehmen zu dürfen. Hitler genehmigt es ohne Widerspruch oder Diskussion, ein weiteres Eingeständnis von ihm, dass die Offensive gescheitert ist. Am Abend wird die Parteizentrale der NSDAP, das „Braune Haus" in München, bei einem Luftangriff völlig zerstört. Die Parteiorganisation wird dadurch nicht gestört, denn sie ist durchorganisiert in 42 Gaue, 808 Kreise, 28.376 Ortsgruppen, 89.378 Zellen und 397.040 Blockwarten. Dennoch ist die Zerstörung ein Symbol. Der in unmittelbarer Nähe gelegene Führerbau wird nicht getroffen.

Das Führerhauptquartier liegt am 8. Januar unter tiefen Schneeverwehungen, es sind 6 Grad unter Null. Hitler geht nur 15 Minuten um sein Blockhaus herum im Schnee spazieren. Als er zurückkommt, ordnet er zum wiederholten Male an, den Me 262-Düsenjäger für eine 500-Kilo-Bombe herzurichten, um das „*Eisenbahnnetz und die Häfen des Feindes*" angreifen zu können. Die 6. SS-Panzerarmee von Sepp Dietrich lässt er aus den Ardennen zurückziehen, um eine Reserve zu schaffen. Am 9. Januar kehrt Guderian von einer Inspektionsreise von der Ostfront zurück und warnt vor einer sowjetischen Offensive. Er verlangt die Verlegung der 6. SS-Panzerarmee an die Ostfront. Hitler meint lakonisch: „*Wenn der Russe nicht antritt, tritt er aus politischen Gründen nicht an.*" – Und lehnt Guderians Wunsch ab. Seine Begründung: Es sei „*zu spät, jetzt noch eigene Reserven zu aktivieren*". Hitler ist außerdem der Meinung, dass Guderian mit neun Panzer- und drei Panzergrenadierdivisionen genug Reserven habe: „*Der Osten muss sich allein helfen und mit dem auskommen, was er hat.*" Außerdem hält er nach wie vor viel von den befestigten Stellungen, die die Gauleiter in ihrer Funktion als Reichsverteidigungskommissare haben anlegen lassen. Nach einer weiteren Besprechung mit Guderian ordnet Hitler schließlich an, die 6. Panzer-Armee zur Verfügung von Rundstedts zu belassen, „*damit wir dort die Initiative behalten*". Eine Initiative, die es schon seit über zwei Wochen nicht mehr gibt. Hitler betont, dass die Ostfront nicht verstärkt und er selbstverständlich auch keine Rückzüge zulassen werde.

Die deutsche Wehrmacht hat aktuell rund 3.000 Panzer und Sturmgeschütze an der Ostfront. Hitler rechnet damit, dass Stalin eine dreifache Überlegenheit braucht, um eine Offensive starten zu können und so rechnet er hoch: „*Neuntausend Panzer hat er zunächst jedenfalls nicht.*" Die Massen von Divisionen, die der Generalstab aufzählt, erinnert Hitler in einem Anflug von Realismus an „*chinesische Divisionen*", jede hat sicher „*nur ein paar tausend Mann*". Als Guderian den Munitionsmangel beklagt, kontert er: „*Wenn wir Munition jetzt bekommen, kann man kolossal etwas machen. Jetzt beginnt sich das allmählich zu rächen, was man vorher nie wahrhaben wollte, nämlich unser Weggehen aus dem Osten. Jetzt hätten wir bereits vielleicht eine Monatsdotierung von zwei bis drei Millionen Schuss für die Ostfront von unseren Werken hier* [er zeigt auf das Donezbecken]. *Damals hat man gesagt, was hat das für einen Sinn, ein paar Eisengruben! Dabei war die Front kürzer als sie jetzt ist."* Fazit ist: Wieder hat Hitler nachträglich mit der Beurteilung der Situation Recht behalten.

Guderian lässt sich durch solche Allgemeinplätze und dem Zitieren alter Aussagen nicht beeindrucken und trägt die Überlegenheit der Roten Armee an der Weichselfront nüchtern vor: Infanterie 11 zu 1, Panzer 7 zu 1, Artillerie 20 zu 1 und Flugzeuge 20 zu 1. Hitlers Reaktion ist barsch: *„Das ist der größte Bluff seit Dschingis Khan!"* Er zeigt auf die grafische Darstellung und kann sich gar nicht beruhigen: *„Wer hat diesen Blödsinn ausgegraben? Das ist ja völlig idiotisch, wer hat das angefertigt? Der Mann gehört ins Irrenhaus."* Guderian lässt sich unabhängig von Hitlers Wutanfall immer noch nicht davon abhalten, eindringlich vor den überlegenen Kräften der Sowjets zu warnen. Hitler wiegelt ab: *„Wissen Sie, lieber Generaloberst, ich glaube nicht, dass die Russen überhaupt angreifen. Das ist alles nur ein Riesenbluff. Die Zahlen Ihrer Abteilung ‚Fremde Heere Ost' sind maßlos übertrieben. Sie machen sich viel zu viel Gedanken. Ich bin fest überzeugt, dass im Osten nichts passiert."*

Am 10. Januar unterzeichnet Hitler eine „Verordnung zum Schutz der Sammlung von Kleidung und Ausrüstungsgegenständen für die Wehrmacht und den Deutschen Volkssturm": *„Wer sich an gesammelten oder vom Verfügungsberechtigten zur Sammlung bestimmten Sachen bereichert oder solche Sachen sonst ihrer Verwendung entzieht, wird mit dem Tode bestraft. Diese Verordnung tritt mit ihrer Verkündigung durch den Rundfunk in Kraft. Sie gilt im Großdeutschen Reich, im Generalgouvernement und in den von deutschen Truppen besetzten Gebieten. Führerhauptquartier, 10. Januar 1945, Der Führer Adolf Hitler."* Gegenüber einem Adjutanten äußert er zum Thema Rückzug, er könne es nicht mehr hören: *„Ich kriege immer einen Horror, wenn ich so etwas höre: dass man sich irgendwo absetzen muss, um dann ‚operieren' zu können. Das kenne ich jetzt seit zwei Jahren, das hat immer verheerend gewirkt."*

Der Donnerstag, 11. Januar, ist der letzte relativ ruhige Tag an den Fronten. Hitler geht seinem gewohnten Tagesablauf nach, legt sich um 21:30 Uhr hin und lässt sich zwei Stunden später wecken. Die sowjetische Offensive steht unmittelbar bevor. Stalin braucht dafür strengen Frost, damit seine Panzer nicht in den masurischen Sümpfen einsinken. Nun sind die Temperaturen im Osten auf über zwanzig Grad Minus gefallen, ideale Voraussetzungen. Stalin verfügt über enorme Ressourcen an Waffen, die von den USA kontinuierlich und massenweise geliefert werden. Diese Materialüberlegenheit kann die deutsche Industrie nicht ansatzweise ausgleichen. Zusätzlich lässt Stalin seine Soldaten psychologisch gezielt auf den Angriff vorbereiten. Ausgesuchte sowjetische Politkommissare zeigen Filme über die Untaten der *„faschistischen Imperialisten"*, die Verwüstung russischer Städte und Dörfer beim Rückzug der deutschen Wehrmacht und der Anwendung von Hitlers Befehl der *„Verbrannten Erde"*. Es steht kein Feldzug der Roten Armee gegen die deutsche Wehrmacht bevor, sondern ein Hassfeldzug gegen alle

Deutschen, vom Säugling bis zum Greis, egal ob Mann oder Frau, ob Soldat oder Zivilist. Jede Nacht werden von sowjetischen Flugzeugen Flugblattzeitungen und Flugblätter in russischer Sprache über der deutschen Hauptkampflinie abgeworfen. Der Titel der ersten Seite ist rot unterlegt mit dem Vermerk *„Laut vorlesen: Rotarmist: Du stehst jetzt auf deutschem Boden – die Stunde der Rache hat geschlagen! Wir vernichten den Feind! Wir werden alle totschlagen! Die Deutschen sind keine Menschen! Wir werden nicht sprechen! Wir werden uns nicht aufregen! Wir werden töten! Brenne, verfluchtes Deutschland!"*

Um 00:00 Uhr beginnt am Freitag, 12. Januar, der Lagevortrag. Um 01:40 Uhr spricht Hitler mit Walter Hewel und trinkt Tee, um 04:20 Uhr zieht er sich zurück und geht zu Bett. Hitler ist gerade eingeschlafen, als 40 Minuten später an der etwa 2.400 Kilometer langen Ostfront die Hölle losbricht. Die sowjetische Großoffensive beginnt mit ca. 2,25 Millionen Soldaten. Die 1. Belorussische und die 1. Ukrainische Front stehen mit 35.000 Geschützen, Granat- und Geschosswerfern, etwa 6.500 Panzern und Selbstfahrlafetten sowie 4.500 Kampfflugzeugen der deutschen Heeresgruppe A gegenüber. Diese Heeresgruppe, die an Personal und Material nicht mehr voll einsatzbereit ist, verfügt über einen Kampfbestand von 93.000 Mann, 1.813 Geschützen, 793 Panzerabwehrkanonen, 318 Panzern und 616 Sturmgeschützen. Diese Kräfte müssen nun eine 700 Kilometer lange Front gegen eine vielfache feindliche Übermacht verteidigen. Die gesamte 1.200 Kilometer lange Ostfront zwischen der Ostsee und den Karpaten kommt in Bewegung. Hitler wird um 12:00 Uhr, als er geweckt wird, über den Beginn des Angriffs informiert. Er nimmt ihn zur Kenntnis, spricht, als wäre es ein Tag wie jeder andere, um 13:15 Uhr mit Schaub, um 13:30 Uhr mit Oberstleutnant Heinz Waizenegger und geht um 13:35 Uhr wie immer im Wiesental spazieren, bevor er um 14:00 Uhr das Mittagessen einnimmt. Zu diesem Zeitpunkt ist durch das sowjetische Trommelfeuer das Hauptquartier der 4. Panzerarmee zerstört, zwei Drittel der Artillerie außer Gefecht gesetzt und ein Viertel der Soldaten getötet oder verwundet worden. Hitler spricht derweil mit Oberst Nicolaus von Below und von General Burgdorf lässt er sich um 17:10 Uhr die aktuelle Lage vortragen.

Nach sowjetischen Quellen beträgt die Überlegenheit der Roten Armee bei Personal das Fünfeinhalbfache, bei gepanzerten Fahrzeugen das Sechsfache, bei der Artillerie das fast Neunfache und bei Flugzeugen das Viereinhalbfache. Andere Quellen zeigen folgende Kräfteverhältnisse zwischen Sowjets und Deutschen: Soldaten 1.500.000 zu 569.000 (3:1), Geschütze 28.000 zu 8.230 (3,5:1), Panzer 3.300 zu 700 (5:1), Flugzeuge 10.000 zu 1.300 (7,5:1). An diesem Beispiel wird die Problematik derartiger Zahlenangaben deutlich. Der Historiker Sven Felix Kellerhoff meint, exakte Zahlen fehlen, weil es auch auf die Sichtweise ankommt: Zählt man nur die Fronttruppen oder auch die Reserven hinzu? Wie stark sind die Einheiten, haben sie ihre Sollstärke oder nicht? Hat eine Division alle Brigaden und Regimenter usw.? So oder so, Hitler hat also nicht unrecht, wenn er die Zahlen des Generalstabs, die ihm Guderian vorgetragen hat, anzweifelt, da sie nicht der Realität entsprechen und übertrieben sind. Realität ist aber auch, dass die Übermacht der sowjetischen Truppen gegenüber den abgekämpften und unter Nachschubmangel leidenden deutschen Truppen immer noch sehr hoch ist. Dazu ist zu berücksichtigen, dass dieser Vergleich nur ein quantitativer ist, da die Wehrmacht nur noch über wenig

Treibstoff und Munition verfügt und somit das ihr zur Verfügung Stehende nicht nutzen kann.

Der Baranow-Brückenkopf an der Weichsel (heute Baranów Sandomierski/Polen) wird von den Sowjets durchstoßen, sie können 15 Kilometer vordringen. Während bei eisigen Temperaturen im Osten heftigst gekämpft wird, gratuliert Hitler persönlich Göring zum 52. Geburtstag und antwortet nach der Frage seine Arztes, wie sein Befinden sei: *„Sehr gut!"* Dabei klopft er dreimal auf Holz. An diesem Tag stiftet er seinen letzten Orden, das „Tieffliegervernichtungsabzeichen": *„Der Abschuss feindlicher Tiefflieger mit allen zur Verfügung stehenden Mitteln ist von besonderer Wichtigkeit. Ich ordne daher die Einführung eines Tieffliegervernichtungsabzeichens für den Abschuss von Flugzeugen durch Handwaffen [!] oder kleinkalibrige [!] Maschinenwaffen an."* Im Anschluss hat er noch eine Unterredung mit dem General der Panzertruppe, Walther Wenck.

Am 14. Januar gesteht das OKW ein, dass *„die Initiative in den Angriffsräumen an den Gegner übergegangen"* ist. Die Sowjets stehen bereits vor Kielce, etwa rund 180 Kilometer südlich der polnischen Hauptstadt. Aus den Ostgebieten setzt eine unkontrollierte Massenflucht Hunderttausender ein. Die Befehle zur Erlaubnis der Evakuierung werden viel zu spät gegeben, aus Angst, wegen Defätismus verdächtigt zu werden. Mitten zwischen den flüchtenden Deutschen werden russische Kriegsgefangene Richtung Westen verlagert. Bei 12 Grad Celsius unter Null weht ein eisiger Wind. Die Wehrmacht verliert Unmengen an Waffen, die Personalreserven sind so gut wie aufgebraucht. Aus den Vernichtungs- und Konzentrationslagern im Osten beginnen nun auch die Todesmärsche der ausgemergelten Insassen ins Reichsinnere. Die sowieso schon unterernährten Häftlinge erleiden unterwegs den Tod durch Erschöpfung oder sie werden, selbst wenn sie nur kurz anhalten, um austreten zu wollen, von den Wachmannschaften sofort mit Kopfschuss exekutiert. Hitler kümmert sich an diesem Tag um die Frage, warum sein Bunker eigentlich keinen Notausgang hat. Er lässt den Erbauer des Bunkers, Diplom-Ingenieur Werr, kommen und besteht auf einen Einbau, obwohl er am nächsten Tag das Führerhauptquartier für immer verlassen wird, da er die katastrophale Lage an der Ostfront nicht mehr ignorieren kann und nach Berlin zurück muss. Abends ruft er General Georg-Hans Reinhardt an der Ostfront an, um die Lage vor Ort zu erfahren, beendet aber das Gespräch abrupt, bevor der General seine Sorgen schildern kann. Stunden später erreicht ihn Hitlers Befehl, zwei eigentlich unentbehrliche Panzerdivisionen an die schwer im Abwehrkampf stehende Heeresgruppe A abzugeben.

Es ist Montag, der 15. Januar, Hitlers letzter Tag im „Adlerhorst". Weiter im Westen, bei Bad Münstereifel, sprengen deutsche Pioniere das ehemalige Führerhauptquartier „Felsennest".

Die Zahl der KZ-Häftlinge beläuft sich aktuell auf rund 714.000, die der SS-Wachmannschaften auf 40.000 Personen. Die gesamte Ostfront steht in Flammen. Eine zweite sowjetische Offensive richtet sich gegen Ostpreußen, diesmal von der Südflanke aus. Die deutschen Verteidigungslinien brechen zusammen, Panik bricht aus. Auf die Leuna-Werke wird durch die Alliierten ein erneuter „Doppelschlag" vorgenommen, um das Werk vollständig zu zerstören. Hitler lässt sich um 00:15 Uhr und um 03:05

Uhr einen Lagevortrag geben, bevor er sich schlafen legt. Nach dem Mittagessen hat er eine Besprechung mit Model, bevor um 16:10 Uhr die letzte Lagebesprechung beginnt. Wegen der Gefahr im Raum Kielce ordnet Hitler an, unverzüglich das Panzerkorps „Großdeutschland" aus Ostpreußen in den Raum Kielce zwischen Warschau und Krakau zu verlegen. Es ist ein völlig unsinniger Befehl, denn alleine der Transport hätte die Division für eine Woche kampfunfähig gemacht. Es ist unter den vor Ort herrschenden Zuständen und aufgrund der Entfernung alleine technisch unmöglich, diesen Befehl überhaupt durchzuführen, von der Geschwindigkeit des russischen Vormarsches, der neue Situationen schaffen kann, ganz zu schweigen. Guderian verweigert deshalb die Weitergabe des Befehls. Wegen des *„Russeneinbruchs bei Barenowice Richtung Krakau"* im oberschlesischen Industriegebiet herrscht Aufregung unter den Lageteilnehmern.

So endet die letzte Lagebesprechung in einem Führerhauptquartier außerhalb der Reichshauptstadt im unkontrollierten Durcheinander.

Ian Kershaw schreibt in seinem Standardwerk „Hitler" über die nun folgenden Ereignisse: *„Hitler bestieg am Abend des 15. Januar in Ziegenberg, dem Hauptquartier im Westen, seinen Sonderzug (...). Mit herab gezogenen Fensterblenden fuhr Hitlers Zug an jenem Abend in die Hauptstadt ein."* Sowohl der Abfahrtsbahnhof als auch die Ankunftszeit sind falsch.

Hitler und seine Entourage besteigen die aus dreiachsigen, schweren Geländewagen vom Typ Mercedes-Benz G4 bestehende Wagenkolonne. Es ist bereits dunkel und sehr kalt. Der Himmel ist sternenklar. Mit abgedunkelten Scheinwerfern fährt die Kolonne, unbemerkt von der Öffentlichkeit, durch Ziegenberg, Langenhain, Ober-Mörlen, unter der Reichsautobahn hindurch, Nieder-Mörlen, Bad Nauheim, Schwalheim, Dorheim, Melbach, Wölfersheim und Berstadt bis nach Hungen in mittelhessischen Landkreis Gießen.

Werner Wagner aus Büdingen ist damals elf Jahre alt und wohnt mit seinen Eltern am Beginn der Bahnhofstraße in der Bahnhofstraße 2 (heute Raiffeisenstraße 2), Ecke Gießener Straße.

Er erinnert sich: *„Zum frühen Morgen hin postierten sich zu jeden Seiten der Bahnhofstraße Ketten Uniformierter. Eine Wagenkolonne fuhr unter unseren Fenstern vorbei. Das alles vollzog sich rasch und ohne viel Lärm."* Georg Müller ist als Soldat am 22. Dezember 1944 vom Westwall in seine Heimatstadt Hungen zurückgekehrt. Er erinnert sich, dass *„in der Bahnhofstraße eine größere Anzahl von schwarzen Autolimousinen, die von SS bewacht wurde, gehalten hat."* Ein damals als Reichsbahnlehrling Beschäftigter am Bahnhof Hungen berichtet, dass er vier Holzkeile herstellen musste. Diese Keile dienen zum Offenhalten der Türen, damit Hitler rasch das Bahnhofsgebäude durchqueren kann.

Der Führersonderzug steht auf Gleis 2. Hilde Bindinghaus ist 16 Jahre alt und lebt in Steinheim. Sie absolviert in Hungen eine Lehre und benutzt den Bahnhof täglich. Sie erinnert sich, dass sie am Spätnachmittag allein in der Unterführung auf den Zug aus Gießen wartet, der wie so oft in letzter Zeit Verspätung hat. Plötzlich hat es von Militär gewimmelt: *„Auf dem Rangiergleis in Richtung Laubach stand damals ein Waggon, auf dem ein Fliegerabwehrgeschütz mit vier Rohren montiert war. Die Besatzung wohnte in einem*

Mannschaftswaggon." Da ihr Zug nicht kommt, will sie zu Fuß nach Steinheim gehen, als *„plötzlich ein größerer Trupp Soldaten die Treppe der Unterführung heruntergerannt kommt und blitzschnell vor dem Aufgang zu den Gleisen zwei und drei Aufstellung genommen hat."* Sie wird in den Teil des Tunnels abgedrängt, der heute zugemauert ist und *„einer der Soldaten sagte mir, ich werde jetzt gleich etwas sehen, worüber ich schweigen muss"*. Dann ist Hitler an dem Spalier vorbei geeilt: *„Er kam mit fünf bis sechs Personen die Treppe hinunter. Die Soldaten und ich machten den typischen Hitlergruß und er grüßte zurück. Hier ist er die Treppen hochgegangen und auf Gleis 2 eingestiegen."* In Begleitung Hitlers haben sich *„zwei Frauen, einige hohe Militärs und zwei Schäferhunde befunden. Keitel habe ich erkannt"*.

Die Bahnfahrt führt über die Nebenbahn Hungen-Mücke, denn in der Wetterfelder Pfarrchronik ist vermerkt, dass an diesem Tage die Strecke von *„einem D-Zug mit 13 Wagen und zwei Lokomotiven sowie Vierlingsflak, vorne und hinten"* befahren wird. Der unter Dampf stehende Zug fährt sofort ab. Um 19:15 Uhr lädt Hitler zu einer Zwischenlagebesprechung. Dabei ruft Guderian an und bittet, alles was an Truppen verfügbar ist, *„nach dem Osten zu werfen"*. SS-Brigadeführer Otto Günsche bemerkt in Hitlers Hörweite geradezu prophetisch: *„Berlin ist sehr praktisch als Hauptquartier. Man*

^ *Der Bahnhof in Hungen, rechts der Ausgang der von Hitler benutzten Unterführung (2013) (o.) (112). Die Unterführung des Bahnhofs Hungen (2013) (u.) (112)*

kann dort bald mit der S-Bahn von der Ostfront zur Westfront fahren." Während der Zug durch die kalte Winternacht Richtung Osten fährt, isst Hitler um 21:00 Uhr zu Abend, spricht danach eine halbe Stunde mit Fegelein, bevor um 23:10 Uhr der nächste Lagevortrag folgt. Nach der Teestunde geht er um 03:40 Uhr zu Bett. Als der Zug am Morgen durch Brandenburg fährt, wird Hitler um 09:00 Uhr geweckt, die Sonne scheint bereits und lässt den Schnee auf den Feldern glitzern. Die letzte Zugfahrt seines Lebens nähert sich dem Ende, um 09:40 Uhr an diesem Dienstag hält der Führersonderzug am Bahnhof Berlin-Grunewald.

Als Hitler an diesem kalten Wintertag, dem 16. Januar, wieder Berliner Boden betritt, nimmt er die Stadt seit fast neun Monaten erstmals wieder bei Tageslicht wahr. Es herrscht Frost, minus sieben Grad. Auf der Fahrt zur Reichskanzlei, die ruhig verläuft und laut Junge *„der Weg für die Autos vom Bahnhof zur Reichskanzlei durch Straßen führte, die relativ [!] wenig zerstört waren"*, sieht er rechts und links der Straßen Häusergerippe, nur noch Mauern ohne Fassade und Dachstuhl. Obwohl Schneewehen die Ruinen teilweise verdecken, ist Hitler überrascht und deprimiert über das Ausmaß der Zerstörungen, das er offenbar zum ersten Mal bewusst wahrnimmt. Während der Fahrt spricht niemand ein Wort. Nach 10:00 Uhr wird die Alte Reichskanzlei erreicht. Die Führerstandarte wird aus Geheimhaltungsgründen erneut nicht gehisst. Junge sagt nach dem Krieg aus: *„Das Bewusstsein, dass Hitler wieder in der Stadt war, mag bei manchen Bürgern besondere Furcht ausgelöst haben wegen der gesteigerten Wahrscheinlichkeit von Luftangriffen (...)."* Das ist eine Fehleinschätzung, weil Hitlers Ankunft geheim gehalten wird und Berlin so oder so das bevorzugte Ziel für Bombenangriffe ist, unabhängig von seiner An- oder Abwesenheit. Die Alliierten wollen die Reichshauptstadt zerstören und sie wissen, dass sie Hitler nicht durch einen Bombenangriff töten können. Ob Zufall oder nicht, sie bombardieren an diesem Tag den Bahnhof in Hungen und auch Hitlers spätere letzte Ruhestätte Magdeburg. Bei zwei Angriffen britischer und amerikanischer Bomber werden 80 Prozent der Innenstadt zerstört, rund 1.900 Menschen kommen ums Leben.

In der Regierungszentrale – die Reichskanzlei ist mit Hitlers Ankunft nun Führerhauptquartier – ist man überrascht, niemand ist auf sein Kommen vorbereitet. Bormann notiert: *„Große Teile der Innenstadt und des Regierungsviertels liegen in Trümmern. Der Festsaal [der Alten Reichskanzlei] mit dem Wintergarten, das Musikzimmer und das Raucherzimmer sind nicht mehr zu benutzen. Der nördliche Teil mit der Wohnung [Hitlers] ist ganz."* Kaum angekommen, lässt Hitler Prof. Morell rufen, da er sich bei der gestrigen Autofahrt durch die Kälte einen rauen Hals zugezogen hat. Hitler gurgelt mit einer

^ *16. Januar 1945: Berlin-Grunewald: Der Bahnhof, an dem Hitlers letzte Zugfahrt endet. (112)*

Januar 1945 – Die Russen kommen

Das Arbeitszimmer in der Neuen Reichskanzlei mit Hitlers Schreibtisch und dem Kartentisch (links). Siehe auch Bild Seite 489 (107)

Salzwasser-Glycerin-Lösung. Um 11:00 Uhr findet die Lagebesprechung in Hitlers 400 Quadratmeter großem Arbeitszimmer in der Neuen Reichskanzlei statt. Hier steht an der Wand mit sechs bis zum Boden reichenden, zehn Meter hohen Fenstern ein riesiger marmorner Kartentisch. Hitler hat dieses Arbeitszimmer bis zu seiner Rückkehr nach Berlin im November 1944 kaum genutzt, da er nie wie ein herkömmlicher Regierungschef Akten bearbeitet. Es ist bezeichnend, dass dieses Arbeitszimmer erst jetzt wirklich genutzt wird, als Hitler nun seine eigentliche Funktion ausübt. Für das Führen eines Krieges benötigt er schließlich keinen Schreibtisch, sondern nur einen großen Kartentisch.

Generaloberst Guderian, Chef des Generalstabs des Heeres, stellt die Frontlage nüchtern dar. Er und seine Offiziere müssen von jetzt an täglich von Wünsdorf bei Zossen, 35 Kilometer südlich von Berlin, anreisen. Ferdinand Schörner wird zum neuen Oberbefehlshaber der Heeresgruppe Mitte ernannt und die 6. SS-Panzer-Armee nach Ungarn verlegt. Um 13:20 Uhr erhält SS-Obergruppenführer Walter Krüger die Schwerter, nach dem Mittagessen Generaloberst Schörner die Brillanten. Um 16:30 Uhr schaut man gemeinsam die neue Wochenschau an. Sie berichtet über den 100. Geburtstag von Carl Benz, neuen Notunterkünften für das Reichsbahnpersonal sowie neuen praktischeren Waggons („*Kriegsschlafwagen*") der Reichsbahn für 56 Personen. Dann werden fröhliche Menschen bei „*Textilspenden für den Volkssturm und die Volksgrenadierdivisionen*" gezeigt: „*Jetzt ist es notwendig geworden, sich von dem zu trennen, was man nicht unbedingt zum Leben braucht*". Dann wird verschämt über vom Feind eingeschlossene Einheiten berichtet. Der Sprachgebrauch lautet hierbei: „*(...) die Versorgung von Truppeneinheiten, die auf dem Landwege nicht zu erreichen sind*". So kann man es auch ausdrücken.

Berlin, Neue Reichskanzlei: Der Haupteingang zu Hitlers Arbeitszimmer mit seinen Initialen über der fünf Meter hohen Tür. (112)

Die Wochenschau berichtet weiter vom *„Kampfraum Südosteuropa, in dem der Krieg unbarmherzig"* weiter geht. Arbeitsmänner auf Sturmgeschützen fahren zur Front und *„hier schlugen deutsche Schlachtflieger sowjetische Kolonnen zusammen"*. An der Westfront werden Überschwemmungen gezeigt, die dem deutschen Soldaten aber nichts ausmachen, denn *„der Landser ist erfinderisch"*. Dann folgt Leutnant Heinrich Zubrod, der *„in drei Wochen elf feindliche Panzer knackte"*. Er ist der erfolgreichste Soldat der Wehrmacht in der Nahbekämpfung von Panzerkampfwagen. Zwei Abschüsse werden ihm nach Ausstrahlung der Wochenschau noch vergönnt sein, bevor er am 27. Januar fällt. Dass der Krieg schon im Saarland ausgefochten wird, erfährt der Zuschauer durch Bilder einzelner Soldaten in einem zerstörten saarländischen Industriebetrieb, die *„den vorrückenden Feind"* beschießen: *„Wiederholte Gegenangriffe der Amerikaner werden abgewiesen. In der Stadt entwickelt sich der Häuserkampf."* Dann folgen, Monate nach dem Beginn ihres Einsatzes, erste Aufnahmen der V2 auf *„ihrem Flug nach England"*. Man sieht nicht viel: *„Sie [die Filmaufnahmen] wurden aus Gründen der Geheimhaltung aus größerer Entfernung gemacht (...) In rasender Geschwindigkeit steigt der Stahlleib in die Stratosphäre."* Die Bilder werden musikalisch vom „Ritt der Walküren" aus der Wagneroper „Die Walküre" unterlegt. Das ist nicht das erste Mal, dass diese Melodie von der deutschen Propaganda als Hintergrundmusik verwendet wird, so im Mai 1941 bei Aufnahmen der Luftlandeschlacht um Keta und später beim Bombardement der Bahnstrecke Sankt Petersburg – Moskau. Das hat der US-Regisseur Francis Ford Coppola im Jahre 1979 in seiner wohl bekanntesten Szene aus dem Antikriegsfilm „Apocalypse Now" wiederholt, als die US-Army einen Hubschrauberangriff auf ein vietnamesisches Dorf fliegt.

Die folgenden Wochen verbringt der Diktator vor allem in der Alten Reichskanzlei. Er wohnt dort bis etwas Mitte Februar in der Führerwohnung, Mahlzeiten nimmt er dort noch bis Mitte März ein. Die Alte Reichskanzlei ist schwer getroffen, der rechte Flügel, wo Hitler wohnt, ist aber noch recht gut erhalten. Durch den Explosionsdruck sind zwar alle Fensterscheiben zerborsten und Mörtel ist von den Decken und Wänden gefallen, aber nach einer Reparatur sind die Räume wieder für ihn bewohnbar. In Hitlers Arbeitszimmer in der Neuen Reichskanzlei werden nun die täglichen militärischen Lagebesprechungen abgehalten.

Am 17. Januar hat die Rote Armee alles niedergewalzt, was ihr auf dem Vormarsch im Weg stand, der Weg nach Berlin ist frei. Generalgouverneur Hans Frank flieht aus Krakau, natürlich nicht ohne Lastwagen voller Kunstschätze und Lebensmittel mitzunehmen. Um 16:20 Uhr betritt Hitler sein Arbeitszimmer, in dem die Teilnehmer der Lagebesprechung versammelt sind. Mit gebeugten Schultern und einem wie leblos herabhängenden linken Arm begrüßt er einige Anwesende mit einem schlaffen Händedruck. Guderian berichtet ungeschönt über die katastrophale Lage an der Ostfront. Hitler erfährt, dass Warschau nicht gehalten werden kann und befiehlt trotzdem, die *„Stadt unter allen Umständen zu halten"*. Sie ist zwar bereits zerstört, aber selbst dieses Trümmerfeld, in dem 88% der Bevölkerung nicht mehr leben, will Hitler nicht preisgeben. Doch dazu ist es zu spät. Warschau muss letztlich geräumt werden. Da Hitler zuvor eine Karte zu sehen bekommen hat, auf der Warschau schon nicht mehr in deutscher Hand ist, obwohl der dortige Kommandant noch einen Funkspruch absetzt und sich in der Stadt hält, gerät er in großen Zorn. Generalleutnant Friedrich Weber ist ab Dezember 1944 der Kommandeur der Festungsdivision „Warschau". Entgegen einem nicht mehr ausgeführten Führererlass, die eingeschlossene Festung zu halten, führt er die Besatzung unter Mitnahme aller Verwundeten und nach Durchbrechung der bereits 60 Kilometer entfernten russischen Front zur deutschen Hauptkampflinie zurück. Er wird dafür vom Reichskriegsgericht zu drei Jahren Festungshaft verurteilt. Die Strafe wird zur *„Frontbewährung"* ausgesetzt.

Wieder fühlt sich Hitler bestätigt, dass Feigheit und Verrat im Spiel sind und tobt: *„Die Generalstabsclique muss ausgerottet werden!"* Gegenüber Guderian, den er zur Rede stellt und der sich wiederum vor seine Untergebenen stellen will, äußert sich Hitler: *„Nein, ich will nicht Sie treffen, sondern den Generalsstab. Mir ist unerträglich, dass eine Gruppe von Intellektuellen sich anmaßt, ihre Ansichten ihren Vorgesetzten aufzureden. Das aber ist das System des Generalstabes und mit diesem System will ich aufräumen."* In der folgenden Nacht befiehlt er Generalleutnant Maisel, der bereits im Falle Rommel tätig gewesen ist, die verantwortlichen Generalstabsoffiziere Bogislaw von Bonin, Georg von dem Knesebeck und Major Hans-Henning von Christen *„mit vorgehaltenen Maschinenpistolen"* zu verhaften. Sie werden stundenlang durch den Chef des Reichssicherheitshauptamtes SS-Obergruppenführer Ernst Kaltenbrunner und Gestapochef Heinrich Müller verhört. Dann fällt Hitler plötzlich gedanklich in die Vergangenheit und erzählt von seinen Erfahrungen im Ersten Weltkrieg. Militärische Entscheidungen werden an diesem Tag nicht mehr getroffen.

Am 17. Januar telefoniert General Reinhardt eine Stunde lang mit Hitler, um eine Verlegung der 4. Armee zu erreichen, damit diese die 2. Armee unterstützen kann. Wie zu erwarten ist, lehnt Hitler sein Ansinnen mit dem Argument ab, Rückzüge sparen keine Truppen ein, *„weil der Feind einfach in günstigere Stellungen vorrückt und diese Art von Rückzug hat in der Vergangenheit immer wieder zu Katastrophen an der Ostfront geführt"*. In Ostpreußen spielen sich derweil chaotische Szenen ab. Tausende versuchen, nach Westen fahrende Züge zu besteigen. Vor dem Königsberger Hauptbahnhof werden einfache Flüchtlinge durch Bewaffnete zurückgehalten, während Parteifunktionäre und Personen mit Beziehungen durchgelassen werden. Darüber hinaus haben Wehrmachtssoldaten Vorrang, den sie oft rücksichtslos mit Gewalt durchsetzen. Für die meisten bleibt so nur die Flucht im Treck, bei eisiger Kälte und dem Beschuss sowjetischer Tiefflieger ausgesetzt. Ziel der Trecks ist meist Pillau am Frischen Haff (heute Baltijsk/Russland), wo man hofft, durch ein Schiff nach Westen transportiert zu werden. Der Weg mit den schwer beladenen Pferdewagen, Kutschen und Kinderwagen, auf denen das wichtigste Hab und Gut der Familien notdürftig verstaut ist, geht über zugeschneite, oft noch durch Wehrmachtsfahrzeuge blockierte Landstraßen. Durch die extreme Kälte sterben Kleinkinder und Ältere zu Tausenden. Oftmals versinken die Wagen durch Spalten oder Bombentrichter im Eis im eiskalten Wasser des Haffs. Militärpolizei und SS-Soldaten durchkämmen die Flüchtlingstrecks nach wehrfähigen Männern. Diejenigen, die Pillau erreichen, warten stunden- und oft tagelang auf ein Schiff, um dann festzustellen, dass bevorzugt Verwundete und kinderreiche Familien durchgelassen werden.

Die SS treibt am 18. Januar 56.000 Häftlinge aus dem Vernichtungslager Auschwitz. Rund 6.000 Menschen, die zu schwach zum Gehen sind, werden im Lager ihrem Schicksal überlassen. Sogar kurz vor der Evakuierung gibt es noch 14 Neuzugänge im Lager. Der Todesmarsch geht 250 Kilometer lang Richtung Westen, Ziel ist das KZ Groß-Rosen in Niederschlesien (heute Rogoźnica, Gemeinde Strzegom/Polen). Es ist ein eiskalter Winter. Viele der kranken, schwachen und ausgemergelten Menschen halten die Strapazen nicht durch und werden an Ort und Stelle durch einen Kopfschuss ermordet, alleine bei einem dieser Märsche kommen 800 Gefangene ums Leben. Die Todesrate ist auch dadurch enorm hoch, weil es kaum Verpflegung gibt. Gegen den Durst wird Schnee gegessen. Wer es bis Groß-Rosen schafft, mittlerweile vegetieren dort 80.000 Menschen, hat mit ansteckenden Krankheiten und Hunger zu kämpfen. Mehr als 1.000 Menschen hausen in einer für 200 Personen errichteten Baracke. An Nahrung gibt es Brot mit einem Löffel Marmelade sowie einen halben Liter Suppe aus Steckrüben – dreimal in der Woche. Nach einem dreiwöchigen Aufenthalt gehen die Transporte, insgesamt sind über 113.000 Menschen betroffen, weiter nach Westen. Das Morden geht dabei unaufhörlich weiter, entlang der Bahngleise liegen manchmal hunderte Leichen.

Hitler befiehlt an diesem Tag, die Hälfte der Me 262 wieder zu Bombenwerfern umbauen. Es ist das alte Thema, er kommt nicht davon los und berücksichtigt nicht, dass auch der Umbau wieder Ressourcen und vor allem Zeit kostet. Oberst Hubertus Freiherr von Humboldt-Dachroeden bekommt mit, wie er nachts um 01:00 Uhr Saur anruft und fragt, wieviel Me 262 im nächsten Monat an die Front kommen können. Dieses Flugzeug ist letztlich nur ein Strohhalm, an den er sich klammert. Auf dem Wilhelmplatz wird, während die Rote Armee Warschau besetzt und Budapest erreicht, der Berliner Volkssturm vereidigt.

Es ist Hitlers letztes Aufgebot, ausgestattet mit hunderten Panzerfäusten. Goebbels hält eine Durchhalterede, aber die Gesichter der Männer sprechen Bände. Währenddessen ernennt Hitler Generaloberst Ferdinand Schörner nun zum Oberbefehlshaber der Heeresgruppe A. Am nächsten Tag wird selbst Guderian wegen der Warschauaffäre im Reichssicherheitshauptamt verhört, während Hitler ein längeres Abendessen mit Eva Braun genießt, die mit ihrer schwangeren Schwester Gretl nach Berlin gekommen ist.

Hans-Heinrich Lammers fragt in diesen Tagen Bormann, ob Hitler bereit sei, *„die Frage der Nachfolge nochmals zu erwägen"*, da Görings Image das wohl nicht mehr zulasse. Bormann erwidert: *„Wäre die Frage nicht bereits geregelt, so würde der Führer, glaube ich, jetzt den Reichsmarschall* [Göring] *nicht mehr ernennen; aber ich glaube nicht, dass er die einmal gemachte Ernennung ändern wird. Lassen wir die Sache fallen."* Es folgt an diesem 19. Januar ein Fernschreiben an sämtliche militärischen Befehlshaber bis hinunter zu den Divisionskommandeuren. Um überall an den Fronten noch rechtzeitig eingreifen zu können, befiehlt Hitler darin, dass ihm wesentliche Unternehmungen, vor allem auch *„Absetz- oder Rückzugsbewegungen"* und die *„beabsichtigte Aufgabe einer Stellung eines Ortsstützpunktes oder einer Festung so frühzeitig gemeldet wird, dass mir ein Eingreifen in diese Entschlussfassung möglich ist und ein etwaiger Gegenbefehl die vorderste Truppe noch rechtzeitig erreicht"*. Damit glaubt er, wirklich alle Fäden bis hinunter auf die kleinste militärische Ebene in der Hand halten zu können. Da er die konkrete Situation vor Ort oftmals gar nicht kennen und nicht einschätzen kann, hat dieser Befehl fatale Folgen. Hitler erwartet und droht:

„*Die Oberbefehlshaber, Kommandierenden Generale und Divisionskommandeure, die Chefs der Generalstäbe und jeder einzelne Generalstabsoffizier oder in Führungsstäben eingesetzte Offiziere sind mir dafür verantwortlich, dass jede an mich unmittelbar oder auf dem Dienstweg erstattete Meldung die ungeschminkte Wahrheit enthält. Ich werde künftig jeden Versuch einer Verschleierung, sei sie absichtlich oder fahrlässig oder durch Unachtsamkeit entstanden, drakonisch bestrafen.*"

Abschließend betont er die Wichtigkeit, des Haltens der Nachrichtenverbindungen „*nach oben und unten*" und „*unter Ausschöpfung a l l e r* [!] *Mittel*". Seine Logik hierbei: Er baut hierbei auf seine persönliche Auslegung des Endes des Ersten Weltkrieges. Hätten die Deutschen im Jahre 1918 ein paar zusätzliche Panzer und Munition gehabt und wäre ihre Moral nicht zusammengebrochen, dann hätten sie den Krieg nicht verloren, weil der Feind mindestens ebenso erschöpft gewesen ist. Wenn dieser schließlich den Sieg errungen hat, dann nur wegen seines längeren Atems. Die scheinbar logische Konsequenz daraus: Man muss jetzt neue Waffen produzieren und Zeit gewinnen. De facto sind solche neuen Waffen militärisch in dieser Phase des Krieges bereits bedeutungslos; Krakau fällt an diesem Tag in sowjetische Hand. Auch in einer Konferenz am 20. Januar mit den Konstrukteuren Willy Messerschmidt und Prof. Walter Blume sowie Speer, Saur und Göring besteht Hitler nun wieder auf die Konstruktion eines schweren Bombers. Er berücksichtigt auch jetzt nicht die Zeit, die ein derartiges Projekt kostet und die er nicht mehr hat. Zur selben Stunde überschreiten Rotarmisten die deutschen Grenzen in der Gegend von Posen und in Schlesien. Der Warthegau muss geräumt werden, feindliche Panzerspitzen stehen bei Kattowitz (heute Katowice) in Schlesien.

Ziel von Hitlers wiederholter Forderung ist die Wiederherstellung der Überlegenheit der Luftwaffe, ein völlig unrealistisches Unternehmen. Zusätzlich fordert er erneut die Massenproduktion schwerster Bordkanonen und der „R4/M-Bordrakete" (Rakete 4 Kilogramm Minenkopf), genannt „Orkan", einer einsatzfähigen Luft-Luft-Rakete, die bereits produziert wird. Das Düsenjägerprogramm erhält Dringlichkeitsstufe eins. Außerdem soll ein „*Hochgeschwindigkeits-Großbomber mit Strahlantrieb*" entwickelt werden. Göring wird, obwohl er formal zuständig ist, während der Besprechung ignoriert. Hintergrund dieser Forderungen ist die Tatsache, dass sich beispielsweise Kohle in Massen auf den Halden des Ruhrgebiets stapelt, aber nicht mehr mit der Eisenbahn in die Fabriken transportiert werden kann. Die Stahlproduktion hat sich aufgrund des Verlustes von Frankreich und Belgien schon um 30 Prozent reduziert. Vorgefertigte Teile des geheimen neuen Elektro-U-Boots vom Typ XXI, dem modernsten U-Boot seiner Zeit, können nicht mehr zu den Montagewerften geschafft werden, weil die Binnenschifffahrtswege durch die feindlichen Luftangriffe unpassierbar sind, obwohl die neuen U-Boote im März auslaufen und zum Einsatz kommen sollen.

Beim nächsten Thema der Besprechung geht es wieder einmal um eine Elitetruppe, die 6. SS-Panzerarmee, die endlich an die Ostfront verlegt werden soll. Doch Hitler hat einen vermeintlich strategisch besseren Plan. Gegenüber dem Kommandeur Dietrich äußert er:

„Ich werde den Russen dort angreifen, wo er es nicht erwartet. Die 6. Panzerarmee kommt in den Raum Budapest! Wenn wir in Ungarn aktiv werden, muss der Russe auch dorthin!" Er will in einem Zangenangriff am Plattensee die Bedrohung der Erdölfelder beseitigen und den ganzen Südflügel der russischen Front zerschlagen. Die Panzerarmee soll an das Nordende des Plattensees. Guderian wendet ein, er brauche die Armee zur Verteidigung Berlins, doch Hitler erwidert ironisch: *„Sie wollen ohne Öl angreifen. Gut, wollen wir sehen, was dabei herauskommt."* Der Gedankenansatz Hitlers hat eine reele Grundlage. Der strategische Schwerpunkt soll das ungarische Ölgebiet sein, da ohne dieses Öl, welches 80 Prozent des deutschen Bedarfs deckt, eine weitere Kriegführung auf Dauer nicht mehr möglich ist. Er berücksichtigt jedoch nicht, dass die Kräfte insgesamt mittlerweile zu schwach sind, um auch in der Danziger Bucht als Voraussetzung für die Weiterführung des U-Boot-Krieges und im oberschlesischen Industriegebiet als Wehrwirtschafts- und Kohlezentrum eingesetzt zu werden. Zudem lässt die Realität des Kriegsgeschehens solche Gedankengänge bald obsolet werden. Die Sowjets haben neben Krakau nun auch Litzmannstadt (Lodz) erobert. Erneut müssen menschliche Reserven zusammengekratzt werden. Dönitz stellt 20.000 Marinesoldaten für das Heer zur Verfügung, die mangels entsprechender Ausbildung einem Selbstmordunternehmen gleichkommen. Unabhängig davon befiehlt Hitler, dass alle verfügbaren Kräfte an die Front geworfen werden und erschwert das Ausstellen von Unabkömmlichbescheinigungen (UK-Stellung) drastisch.

Der 21. Januar beginnt um 00:30 Uhr mit der sogenannten kleinen Lage, in der die ersten Ergebnisse des vergangenen Tages – meist durch jüngere Generalstabsoffiziere – vorgetragen werden. In der „großen" Lagebesprechung erlässt Hitler die Weisung Nr. 69 (*„Führerbefehl über das Meldewesen"*), empfängt den norwegischen Ministerpräsidenten Vidkun Quisling sowie den Reichskommissar Josef Terboven und gibt nach deren Weggang den Befehl zum Rückzug aus Ostpreußen. In diesem Zusammenhang wird auf seinen Befehl hin das „Reichsehrenmal Tannenberg" bei Hohenstein gesprengt. Dann erscheint Speer und legt Hitler angeblich Fotos von Flüchtlingen vor. Er soll die Bilder *„energisch zur Seite"* geschoben haben. Am Vormittag gibt es wieder eine lange telefonische Unterredung mit General Reinhardt, der erneut die Genehmigung für einen Rückzug zur Masurischen Seenplatte bekommen möchte, seiner Meinung nach die einzige Chance, den Zusammenbruch der Front zu verhindern. Hitler gibt nach fast zwei Stunden nach, doch die Ereignisse an der Front lassen diese Entscheidung unnötig werden, die Sowjets sind bereits zu weit vorgerückt, die Stellungen teilweise überrannt. Mit Dönitz kommt Hitler überein, dass die noch zur Verfügung stehenden Kohlereserven *„für die militärischen Aufgaben vorbehalten werden müssen und nicht für den Abtransport von Flüchtlingen eingesetzt werden dürfen."*

Der sowjetische Generalstabschef Marschall der Sowjetunion Georgi Konstantinowitsch Schukow gibt in einem Tagesbefehl die Parole aus: *„Tod den Deutschen! (…) Die Stunde für die Rote Armee hat geschlagen, wo sie an den ‚hitlerischen Menschenfressern' Rache nehmen können. Wir werden uns rächen für die in den Teufelsöfen Verbrannten, für die in den Gaskammern Erstickten, für die Erschossenen und Gemarterten. Wir werden uns grausam rächen für alles! (…) Wehe dem Land der Mörder! (…) Diesmal werden wir* *das deutsche Gezücht endgültig zerschlagen!"* Sein Armeekollege Marschall Konstantin Rokossowski versucht mit einem Befehl gegenzusteuern, in dem er zwar *„Hassgefühle im Kampf gegen den Feind auf dem Schlachtfeld"* als legitim bezeichnet, jedoch für *„Plünderung, Gewalt, Raub und unnötige Zerstörung"* harte Strafen ankündigt. Dennoch arten diese Exzesse aus. Massenweise vergiften sich Rotarmisten durch selbst gebrauten oder erbeuteten Alkohol. Andere sind so betrunken, dass sie eigene Kameraden und selbst Offiziere erschießen, so auch den Kommandeur Oberst Gorelow, Held der Sowjetunion. Die Rotarmisten sind auch die aus ihrer Sicht vergleichsweise luxuriös ausgestatteten Häuser und Höfe nicht gewohnt und zerstören mutwillig und sinnlos alles Wertvolle.

Der norwegische Ministerpräsidenten Vidkun Quisling und der Reichskommissar Josef Terboven werden am 22. Januar erneut von Hitler empfangen, während das Oberkommando des Heeres in seinem Hauptquartier Mauerwald nordöstlich der Wolfsschanze damit beginnt, wichtige Unterlagen zu vernichten, nachdem sowjetische Truppen in Insterburg eingedrungen sind. Die deutsche Besatzung in Hohenstein kapituliert an diesem Tag und der Rundfunk meldet am 23. Januar:

„Wie der OKW-Bericht meldet, ist der Feind gestern nach schweren Kämpfen in Allenstein [heute Olsztyn] eingedrungen. Um das Nationaldenkmal bei Tannenberg nicht in die Hand der Bolschewisten fallen zu lassen, wurde es von den deutschen Truppen gesprengt. Die Särge des Generalfeldmarschalls von Hindenburg und seiner Gemahlin sowie die Fahnen der ruhmreichen ost- und westpreußischen Regimenter waren vorher geborgen worden. Der Feind fand nur noch die Trümmer des Denkmals vor. Das Tannenbergdenkmal wird, wenn dieses Gebiet durch die deutschen Truppen wieder befreit ist, an der gleichen Stelle erneut aufgebaut werden."

Die Reichsbahn stellt an diesem Tag den zivilen Schnell- und Eilzugverkehr im Reich komplett ein. Zugfahrten sind wegen zerstörter Strecken und permanenten Beschuss durch Tiefflieger nicht mehr möglich, es finden nur noch Militärtransporte und Kurierfahrten statt.

Goebbels vermerkt am 23. Januar: *„An seiner Unterkunft in der Reichskanzlei reizt den Führer vor allem die Möglichkeit, dass er endlich einmal im Bunker in Ruhe schlafen kann."*

Es ist der Tag, an dem der Begründer der Widerstandsgruppe „Kreisauer Kreis", Helmuth James von Moltke, im Gefängnis Plötzensee gehängt und die Wolfsschanze von deutschen Pionieren zur Sprengung vorbereitet wird. Moltke sagte im Oktober 1944: *„Ich habe mein ganzes Leben lang, schon in der Schule, gegen einen Geist der Enge und der Gewalt, der Überheblichkeit und der mangelnden Ehrfurcht vor anderen, der Intoleranz und des Absoluten, erbarmungslos Konsequenten angekämpft, der in den Deutschen steckt und der seinen Ausdruck in dem nationalsozialistischen Staat gefunden hat."* Als tief religiöser Mensch war er einerseits entschieden gegen das NS-Unrechtsregime, aber auch gegen ein Attentat auf Hitler. Nicht nur von Moltke wird hingerichtet, sondern auch der im Widerstand tätige Erwin Planck. Sein Vater, der bedeutende Physiker Max Planck (er gilt als Begründer der Quantenphysik), bittet Hitler *„als Dank des deutschen Volkes für seine Lebensarbeit"* um Gnade für seinen Sohn und um die Umwandlung der Todesstrafe in eine Freiheitsstrafe. Hitler reagiert nicht, Erwin Planck wird ebenfalls gehängt.

Die Rote Armee erreicht die Oder in Niederschlesien zwischen Oppeln und Ohlau, Posen ist eingekreist. Während Hitler endlich und viel zu spät die Erlaubnis zur Einleitung groß angelegter Räumungsaktionen über die Ostsee aus Ostpreußen gibt, ist der Reichsstatthalter und Gauleiter des Warthegaus Arthur Greiser mit seiner Familie bereits geflohen. Der selbst unter NS-Funktionären als unerträglicher Rassist Verrufene denkt an sich selbst zuerst. Dringend benötigte Lastwagen transportieren seine Akten und sein persönliches Eigentum. Da dies geschieht, als es der Bevölkerung noch verboten ist, zu fliehen, ist der Imageschaden für die Partei enorm. Die Nachricht von seiner Flucht verbreitet sich wie ein Lauffeuer. Sogar innerhalb der Parteiführung wird Greiser, der sich mit einem angeblichen Führerbefehl zu rechtfertigen sucht, massiv kritisiert. Die Bevölkerung hat sowieso nur noch Zorn und Verachtung für diesen und andere Parteifunktionäre, die sie als *„Goldfasane"* bezeichnet, übrig. Diese wissen genau, was ihnen blüht, sollten sie in die Hände des Gegners fallen. So beginnt die Evakuierung von über zwei Millionen deutscher Flüchtlinge aus dem Osten durch die Marine über die Ostsee und das zugefrorene Haff. Aufgrund der Bombenangriffe waren in den letzten Monaten 170.000 Berliner nach Ostpreußen geflüchtet. Gauleiter Erich Koch bewirkt bei Hitler seine Zustimmung zur Beschränkung der Evakuierung auf 55.000 Frauen und Kinder, während er selbst mit Phrasen die Bevölkerung seines Gaues zum Durchhalten und Weiterkämpfen bis zum Letzten auffordert und auch seine Flucht bereits vorbereitet. Seine Ehefrau hat sich bereits nach Bayern abgesetzt. Koch lässt tausende Zivilisten Schützengräben ausheben, ohne sich vorher mit der Wehrmachtführung abzustimmen, wo diese militärisch am sinnvollsten anzulegen sind.

Auf den Trecks und durch sonstige Kriegshandlungen kommen von den etwa 2,4 Millionen Bewohnern Ostpreußens ungefähr 300.000 unter elenden Bedingungen ums Leben. Sie sterben durch Hunger und Kälte, werden von Panzern überrollt und von Tiefliegern zusammengeschossen. Hunderttausende Zivilisten werden zu jahrelanger Zwangsarbeit nach Russland und in die Ukraine deportiert. Es ist eine unsagbare und unbeschreibliche Katastrophe für die Zivilbevölkerung. Alles drängt sich Richtung Westen, in den Häfen und Anlegestellen des Haffs und der Halbinsel Samland, in der Hoffnung auf eine Evakuierung durch die Kriegsmarine. Das Panzerschiff „Deutschland", Fahrgastschiffe wie das Passagierschiff „Steuben", der Luxusdampfer „Cap Arcona" und die Kreuzfahrtschiffe „Robert Ley" und „Wilhelm Gustloff" werden neben Kreuzern und Zerstörern eingesetzt und bringen pro Fahrt bis zu 10.000 Menschen in Sicherheit.

Am 24. Januar richtet Hitler ein Telegramm an 5.000 mit dem Feind ausgetauschte verwundete deutsche Soldaten in Oberbayern, welches von Gauleiter Paul Giesler in zwei oberbayerischen Kreisstädten verlesen wird. Es ist fast wortgleich mit dem vom 10. September, also eine vorgefertigte Textkonserve. Noch immer werden neue Waffen erprobt, so startet ein Aggregat 4b, eine geflügelte Version der V2. Daraus soll eine A9 als Oberstufe in einer zweistufigen Rakete mit interkontinentaler Reichweite entwickelt werden. An diesem Tag gibt Hitler die Slowakei auf und zieht sich schon um 20:00 Uhr mit Eva Braun zum Abendessen und dann „privat" zurück. Abends sucht ein zunehmend verzweifelter Guderian von Ribbentrop auf, um mit ihm angesichts der katastrophalen militärischen Lage die Einleitung von Friedensverhandlungen zu diskutieren. Guderian weiß nicht, an wen er sich sonst wenden soll. Als treuer Gefolgsmann des Führers lehnt von Ribbentrop sofort ab, er erkennt die Gefahr des Gesprächsinhalts. Natürlich denunziert er Guderian nach dessen Weggang sofort bei Hitler. Als Guderian zur nächsten Lagebesprechung erscheint, empfängt ihn Hitler mit kalten Worten: *„Wenn also der Chef des Generalstabs den Reichsaußenminister aufsucht und ihn über die Ostlage informiert mit dem Ziele, dadurch zum Waffenstillstand mit den Westmächten zu kommen, so begeht er Landesverrat."* Er droht unmittelbar, um derartige Ungeheuerlichkeiten für die Zukunft zu unterbinden: *„Verallgemeinerungen und Schlussfolgerungen über die Gesamtlage verbitte ich mir auf das Entschiedenste! Das bleibt meine Angelegenheit! Wer in Zukunft einem anderen gegenüber behauptet, dass der Krieg verloren ist, wird als Landesverräter behandelt, mit allen Folgen für ihn und seine Familie. Ich werde ohne Rücksicht auf ihn und andere durchgreifen!"* Ab sofort sitzt nun schweigsam und als Drohung der Chef der Sicherheitspolizei, Ernst Kaltenbrunner, mit im Raum der Lagebesprechungen. Himmler wird zur Überraschung nicht weniger als neuer Führer der Heeresgruppe Weichsel vorgestellt. Als inkompetenter und militärischer Dilettant wird er in seiner neuen Aufgabe völlig versagen. Für Hitler endet erneut ein Tag mit Aufregungen. Nachts stellt Prof. Morell einen *„starken Tremor linker Arm und Bein"* fest.

Beim Unternehmen „Nordwind" findet ein wesentlicher Teil der Kampfhandlungen bis zum 20. Januar 1945 im Elsass im Raum zwischen Hagenau (heute Haguenau/Frankreich) und Weißenburg (heute Wissembourg/Frankreich) sowie am Vogesenkamm um einen neu gebildeten Brückenkopf am Oberrhein statt. Die Schlacht endet nach dem Rückzug der amerikanischen Truppen auf die Moderlinie nahe Hagenau und ihrem Abwehrerfolg gegen die letzten deutschen Angriffe am 25. Januar. Im Gegensatz zur durch Treibstoffmangel behinderten Ardennenoffensive gelten ungenügende Aufklärung, unzureichende Artillerieunterstützung und vor allem Personalmangel sowie der hartnäckige alliierte Widerstand als entscheidende Gründe für das Scheitern der deutschen Offensive. Die in diesem Frontabschnitt eingesetzten, durch die vorangegangenen Rückzugskämpfe geschwächten Verbände werden nur unzureichend personell aufgefrischt. Notwendige Reserven kommen zu spät. Die operative Führung wird zusätzlich dadurch erschwert, dass der Operationsraum nicht allein im Bereich der Heeresgruppe G liegt, sondern zwischen ihr und der neu gebildeten Heeresgruppe Oberrhein unter dem Kommando von Himmler.

Am 25. Januar werden einige Umbesetzungen in hohen SA-Führerstellen bekannt gegeben, die erneut zeigen, wie misstrauisch Hitler noch immer gegenüber der SA ist, obwohl diese Parteiorganisation seit zehn Jahren bedeutungs- und machtlos ist. Ein besonderes Indiz ist, dass überwiegend die SA-Gruppen ausgewechselt werden, die um die Reichshauptstadt liegen. Er kann sich auch nicht zu einem Nachfolger für den hingerichteten SA-Obergruppenführers Graf Helldorf entschließen. In Ostpreußen ist durch den sowjetischen Vorstoß zur Ostsee mittlerweile der größte Teil des Gebietes vom Großdeutschen Reich abgeschnitten. Deutsche Pioniere sprengen das Führerhauptquartier Wolfsschanze in die Luft. Aufgrund der Massivität der Großbunker gelingt das nur teilweise, die Überreste werden heute von hunderttausenden Touristen aus aller Welt besichtigt.

Umbesetzungen in der Führung der Heeresgruppe Nord stehen am 26. Januar auf der Tagesordnung. Aus der Heeresgruppe A wird die Heeresgruppe Mitte, diese wird die Heeresgruppe Nord und diese wird die Heeresgruppe Kurland – ein Durcheinander ohne militärischen Nutzen. Das ist jedoch nicht das Wichtigste für Hitler. Ungeachtet der militärischen Situation erteilt er den Auftrag zur Anfertigung einer Bestandsaufnahme der Gemälde für den „Sonderauftrag Linz". Dieser Sonderauftrag wird durch eine ihm direkt unterstellte informelle Organisation ausgeführt, indem Kunstwerke für ein in Linz an der Donau geplantes Museum („Führermuseum") durch Beschlagnahmung und Ankauf zusammengetragen und NS-Raubkunst auf die Museen des Großdeutschen Reiches verteilt werden.

Der zunehmenden Disziplinlosigkeit bei manchen Wehrmachtssoldaten steuert Hitler dadurch entgegen, dass er mitteilen lässt, falls Offiziere Befehle nicht bedingungslos ausführen und zuverlässige Berichte von der Frontlage abliefern, er die *„rücksichtsloseste Bestrafung der Schuldigen"* verlangen werde und dabei erwarte, dass *„die Gerichte die Todesstrafe verhängen"*. Am folgenden Tag speist Hitler um 14:00 Uhr mit Eva Braun zu Mittag, während die sowjetischen Truppen die letzten Überlebenden des Vernichtungslagers Auschwitz-Birkenau befreien. Etwa 6.000 menschenähnliche, zu Skeletten abgemagerte apathische Wesen werden von den Befreiern vorgefunden. Als der erste Schock überwunden ist und die sowjetischen Offiziere langsam begreifen, was sie sehen, rufen sie sofort alles verfügbare medizinische Personal herbei. Dennoch kommt für viele jede Hilfe zu spät. Neben Bergen von Brillen, Zahnbürsten, Schuhen, Prothesen werden sieben Tonnen Menschenhaar gefunden. In den überquellenden Depots liegen 368.820 Herrenanzüge, 836.244 Mäntel und Kleider, 5.525 Paar Frauenschuhe, 13.964 Decken und Kinderkleidung. Über 1,1 Millionen Menschen, hauptsächlich Juden, haben ihren Aufenthalt im Vernichtungslager nicht überlebt. Seit dem Jahre 1996 ist der 27. Januar der *„Tag des Gedenkens an die Opfer des Nationalsozialismus"*, ein bundesweiter, gesetzlich verankerter Gedenktag.

Als Auschwitz befreit wird, stehen die sowjetischen Truppen nur noch 160 Kilometer vor Berlin. Als letztes natürliches Hindernis gibt es jetzt nur noch die Oder, 70 Kilometer vor der Reichshauptstadt. Unruhe greift um sich und panisch erhalten 17-jährige eine Schnellausbildung am Karabiner und der Panzerfaust. Farbaufnahmen von Soldaten an der Oderfront in heroischen Posen sollen Optimismus ausstrahlen. Die Kinos, in denen sie vorgeführt werden sollen, sind längst zerbombt. Die um 16:00 Uhr beginnende Lagebesprechung ist von endlosen Diskussionen, wie man die Situation verbessern kann, geprägt. Hitler redet die Situation wieder einmal schön: *„85.000 Mann haben die Amerikaner in diesem Monat verloren. Das sind 50 Prozent dessen, was sie im ganzen* [Ersten] *Weltkrieg verloren haben."* Das stimmt nicht, die Zahl ist diesmal untertrieben, es sind etwa 72%. Tatsächlich bestätigt Linge zwar: *„Brachten Adjutanten oder höhere Militärs Statistiken oder Aufstellungen anderer Art, brauchte er sie nur zu überfliegen, um sie auswendig vortragen zu können, sobald es sich als notwendig erwies. Sein unglaubliches*

Gedächtnis ließ ihn auch in dieser Phase seines Lebens ebenso wenig im Stich wie seine Energie". Doch er benutzte falsche Zahlen auch bewusst, um seine Umgebung zu überzeugen. So kündigt er ein *„großes Rüstungsprogramm"* an, *„900.000 Sturmpistolen* [Maschinenpistolen]*"* pro Monat, von dem neuen „Volksgewehr" ganz zu schweigen. Das sind Wunschträume, denn der Krieg spielt im Hier und Jetzt. Als es konkret wird, indem die Abkommandierung von 6.000 SS-Soldaten aus der Kaserne Lichterfelde an die Ostfront vorgeschlagen wird, lehnt er dies kategorisch ab. Er braucht die Leibstandarte zu seinem persönlichen Schutz in seiner Nähe.

Im weiteren Verlauf der Diskussion richtet sich Hitlers Hoffnung darauf, *„dass mit jedem Schritt der Russen näher an Berlin heran die Westmächte einen Schritt näher zu einem Kompromiss gebracht würden".* Es entstehen völlig unrealistische Wunschträume auf ein Kapitulationsangebot der Engländer angesichts des Vordringens der Russen. Hitler (*„Ich weiß ja nicht. Glauben Sie, dass die Engländer immer noch mit innerer Begeisterung der ganzen russischen Entwicklung zusehen?"*) fantasiert über ein Zusammengehen mit Deutschland: *„Ich habe befohlen, dass ihnen* [den Engländern] *jetzt eine Sache zugespielt wird: Nämlich die Meldung, dass die* [Russen] *200.000 Mann von uns aufstellen unter Führung von deutschen Offizieren, völlig kommunistisch infiziert, dass sie die dann losmarschieren lassen wollen.(...) Das ist etwas, was auf sie wirkt, wie wenn man da mit einer Schusterahle hineinsticht."* Da es nicht um die Luftwaffe geht, sagt Göring auch einmal wieder etwas: *„Die sind in den Krieg eingetreten, dass wir nicht nach dem Osten kommen, aber nicht, dass der Osten bis an den Atlantik kommt."* Hitler entgegnet: *„Das ist ganz klar. Das ist etwas Abnormes. Englische Zeitungen schreiben schon ganz verbittert: Was hat der Krieg für einen Sinn?"* Seine alte Lieblingsidee von der Freundschaft mit England und ein gemeinsames Vorgehen gegen Russland lebt in diesen Tagen wieder auf.

In der Realität muss Ferdinand Schörner zur selben Zeit das oberschlesische Industrierevier räumen lassen. Als Sofortmaßnahme wird der Berliner Volkssturm an die Ostfront verlegt, um an der Oder die neue Front zu festigen. Von der Westfront werden dazu mehr als die Hälfte der Panzerdivisionen abgezogen. Nun gibt Hitler der Ostfront auch in der Produktion wieder den Vorrang: Im Februar 1945 gehen *„1.675 neue oder reparierte Panzer und Sturmgeschütze"* an die Ostfront, an die Westfront hingegen in derselben Zeit nur 67. Durch diese drastische Neuverteilung hofft er, die Ostfront zu stabilisieren, ehe die britisch-amerikanischen Armeen sich von der Ardennenoffensive erholen und eine neue Gegenoffensive zum Rhein beginnen können. Dass bei Hitler, wenn er will, durchaus keine Hinweise auf Einbußen beim kombinatorischen Denken und bei der Urteilsfähigkeit zu finden sind, zeigt seine am 27. Januar getroffene Aussage:

„Ich habe gleich gesagt, es hat gar keinen Sinn, dass man sich in etwas hineinhypnotisiert und sagt: Ich brauche es hier, folglich muss es auch so kommen. Letzten Endes muss ich mit den Dingen rechnen, wie sie sind. Der Aufmarsch einer wirklich beachtlichen Kraft vom Westen ist nun einmal vor sechs bis acht Wochen nicht denkbar, weil es nicht geht. Wer etwas anderes sagt, der träumt, lebt in einem Wunschzustand, aber nicht in der Wirklichkeit. (...) Es ist so: Wenn man in einen Gegner hineinstößt, der massiert ist, dann nützt der Begriff

Panzerdivision gar nichts. Praktisch ist eine Panzerdivision dann nichts anderes als eine schlechte Infanteriedivision mit Sturmgeschützunterstützung und Panzerunterstützung. Sie ist gepanzerte Begleitartillerie, weiter ist sie nichts. (...) Diese Division kann man leider nicht rechnen, das ist eine Illusion."

Mit dieser Aussage stellt er seine Fähigkeit, die militärische Lage nüchtern und objektiv zu sehen, unter Beweis. Als er das ausspricht, beginnt der Kampf um die Festung Posen. Prof. Morell vermerkt, dass die *„angespannte militärische Lage"* ihre Auswirkung in einem *„stärkeren Tremor des linken Armes und des linken Beines"* zeigt, sonst sei Hitler *„gänzlich ohne Beschwerden"*. Der letzte größere Diplomatenempfang, unter anderem mit dem norwegischen Ministerpräsidenten Vidkun Quisling, findet um 15:00 Uhr des 28. Januar statt. Hitler gibt sich Norwegen gegenüber großzügig, wie die Pressemeldung verkündet: *„Der Führer bekräftigte erneut seinen (...) Entschluss, dass Norwegen nach dem siegreichen Ende des europäischen Schicksalskampfes in voller Freiheit und Selbstständigkeit wiederhergestellt werden wird unter Übernahme der Verpflichtungen, die dem norwegischen Staate aus der gemeinsam wahrzunehmenden Sicherung der europäischen Völkergemeinschaft erwachsen."* Die zweite Hälfte des Satzes führt diese Zusicherung sofort ad absurdum. In der sich anschließenden Lagebesprechung unterzeichnet Hitler die Weisung Nr. 70 *„Führerbefehl den Einsatz des Volkssturms betreffend"*, die die Realitäten einmal klar benennt: *„Betr. Einsatz des Volkssturms. Die Erfahrungen im Osten zeigen, dass Volkssturm-, Alarm- und Ersatzeinheiten, auf sich allein gestellt, nur geringe Kampfkraft haben und schnell zerschlagen werden können. Die Kampfkraft dieser zahlenmäßig meist starken, aber für das neuzeitliche Gefecht nicht ausreichend bewaffneten Einheiten ist ungleich hier, wenn sie im Rahmen von Truppen des Feldheeres eingesetzt werden."* Er befiehlt daher die Bildung *„gemischter Kampfgruppen (Brigaden) unter einheitlicher Führung"*. Um 19:30 Uhr spricht er zwei Stunden mit Goebbels, muss aber wegen Fliegeralarms mit ihm um 20:04 Uhr in den Bunker. Nach dem Abendessen mit Eva Braun empfängt er noch den Reichskommissar für die Niederlande Arthur Seyß-Inquart zu einer kurzen Unterredung.

Königsberg wird am 29. Januar von der Roten Armee eingeschlossen. Die Stadt wird von Hitler, ohne Rücksicht auf die Bewohner, zur Festung erklärt. In der Wochenschau wird berichtet, wie Zivilisten im Umgang mit der Panzerfaust ausgebildet werden. Der Sprecher verbreitet Zuversicht: *„Es ist genauso einfach wie es aussieht. Auch Frauen können die Waffe mit Leichtigkeit bedienen!"* Das klingt wie die Bedienung eines neuen Handwerkzeuges oder eines Küchengeräts. Mit keinem Wort wird auf die eigene Lebensgefahr eingegangen, in der sich diejenigen, die eine Panzerfaust abfeuern,

^ 28. Januar 1945, Berlin, Neue Reichskanzlei: Hitler begrüßt den norwegischen Ministerpräsidenten Vidkun Quisling in seinem Arbeitszimmer, rechts verdeckt Martin Bormann. (167)

Januar 1945 – Die Russen kommen

Die völlig zerstörte Altstadt von Frankfurt/Oder. (115)

begeben. Im Jahre 1945 werden noch zwei Millionen Stück produziert. Fast zwei Drittel der in der letzten Kriegsphase abgeschossenen Feindpanzer gehen auf den Einsatz dieser Waffe zurück. Gauleiter Koch hat am Vortag die Hauptstadt Ostpreußens verlassen und angeordnet, dass kein NS-Funktionär eine Evakuierung anordnen darf. Die Menschen fürchten um ihr Leben und haben Angst vor der Zukunft, das Image der Partei ist auf dem Nullpunkt. Auf der noch in deutscher Hand befindlichen Halbinsel Samland drängen sich rund 200.000 Menschen und hoffen auf Rettung in letzter Minute. Mittlerweile erreichen täglich 40.000 bis 50.000 Menschen aus den Ostgebieten die Reichshauptstadt. Um 19:07 Uhr muss Hitler in den Bunker, 53 Feindflugzeuge bombardieren das Berliner Stadtzentrum.

Der 30. Januar, der 12. Jahrestag der Ernennung Hitlers zum Reichskanzler, bricht an. Die Rote Armee erreicht zwischen Küstrin und Frankfurt/Oder die Oder, bildet Brückenköpfe und steht damit nur noch 80 Kilometer vom Zentrum Berlins entfernt. Ihre Streitmacht besteht aus 2,2 Millionen Soldaten, 41.600 Geschützen, 6.260 Panzern und Sturmgeschützen, 7.500 Flugzeugen und 1.000 Katjuscha (Raketenwerfer), im Volksmund *„Stalinorgeln"* genannt. Den deutschen Verteidigern stehen nur rund 250.000 Soldaten, 850 Panzer, 500 Flakbatterien und 300 Flugzeuge zur Verfügung. Eine große, von Russen gefertigte Papphand weist mit dem Zeigefinger in Richtung Deutschland. Darunter stehen in Kyrillisch die Worte: *„Das ist das verfluchte Deutschland."* Die sowjetische Propaganda erklärt, alle Deutschen seien *„reißende Bestien"*, nachdem die deutsche

Propaganda jahrelang suggerierte, alle Slawen seien „*Untermenschen*". Die sowjetische Propaganda zielt schon lange in die gleiche Richtung und bereitet die Soldaten mit Flugblättern auf ihren Kampf auf deutschem Boden vor:

„Übt unbarmherzig Rache an den faschistischen Kindermördern und Henkern, zahlt ihnen für das Blut und die Tränen sowjetischer Mütter und Kinder heim. Tötet, tötet! Es gibt nichts, was an den Deutschen unschuldig ist, die Lebenden nicht und die Ungeborenen nicht! Folgt der Weisung des Genossen Stalin und zerstampft für immer das faschistische Tier in seiner Höhle. Brecht mit Gewalt den Rassehochmut der germanischen Frauen. Nehmt sie als rechtmäßige Beute. Tötet, ihr tapferen, vorwärts stürmenden Rotarmisten!"

Dieses Zitat wurde jahrzehntelang dem russischer Schriftsteller und Journalisten Ilja Ehrenburg zugeschrieben. Er hat nach dem Krieg gegenüber dem SPIEGEL seine Urheberschaft an derlei Aufrufen mehrfach bestritten: *„Wenn jemand beweist und zeigt, wo ich das geschrieben habe – die Frauen zu vergewaltigen –, bin ich bereit, mich auf die Knie zu werfen, ich weiß nicht vor wem, selbst vor den Überresten Hitlers. Ich habe das niemals geschrieben. Ich bin kein umgekehrter Rassist."* Ob diese Aussage stimmt, ist zweitrangig, denn er schrieb bereits im Juli 1942:

„Wir wissen alles. Wir erinnern uns an alles. Wir haben verstanden: Die Deutschen sind keine Menschen. Von nun an ist das Wort ‚Deutscher' für uns wie ein entsetzlicher Fluch. Von jetzt an lässt das Wort ‚Deutscher' das Gewehr von allein losgehen. Wir werden nichts sagen. Wir werden uns nicht empören. Wir werden töten. Wenn du nicht pro Tag wenigstens einen Deutschen getötet hast, war es ein verlorener Tag. (...) Wenn du den Deutschen nicht tötest, tötet er dich. Er nimmt deine Nächsten und quält sie in seinem verfluchten Deutschland. (...) Wenn du den Deutschen leben lässt, hängt er den russischen Mann auf und schändet die russische Frau. Wenn du einen Deutschen getötet hast, töte einen zweiten – nichts stimmt uns froher als deutsche Leichen. Zähle nicht die Tage. Zähle nicht die Werste [altes russisches Längenmaß]. *Zähle nur eins: die von dir getöteten Deutschen. Töte den Deutschen! bittet dich die alte Mutter. Töte den Deutschen! fleht dich das Kind an. Töte den Deutschen! schreit die Heimaterde. Ziel nicht vorbei. Triff nicht daneben. Töte!"*

Diese Propaganda und die Rache für die von der deutschen Wehrmacht im Heimatland angerichteten Gräueltaten fordern ihre Opfer. Frauen und Mädchen, teilweise noch Kinder, werden – oft im Angesicht ihrer eigenen Familienangehörigen – vergewaltigt. Das Alter der Opfer spielt kaum keine Rolle, die jüngsten sind 12, die ältesten um die 80 Jahre alt. Entscheidend ist die maximale Demütigung des besiegten Feindes durch die Entehrung der Ehefrauen und Töchter. Kein Ort ist sicher. Vergewaltigt wird selbst in Krankenhäusern, in Kirchen und auf Friedhöfen. Selbst befreite sowjetische Mädchen, die zur Zwangsarbeit nach Deutschland verschleppt wurden und oft nur 14 bis 18 Jahre alt sind, fallen dem hemmungslosen Treiben ihrer Landsleute zum Opfer. Man ist der Meinung, sie hätten es nicht anders verdient, da sie sich an die Deutschen verkauft haben. Hans Graf Lehndorf, der als Arzt die Einnahme der Stadt Königsberg durch die sowjetischen Truppen in einem Krankenhaus erlebt, notiert in seinem Tagebuch, dass Krankenschwestern, Ärztinnen und Patientinnen immer wieder brutal vergewaltigt werden:

„*Bald hatte keine von den Frauen mehr Kraft zum Widerstand. Innerhalb weniger Stunden ging eine Veränderung mit ihnen vor sich, ihre Seele starb, man hörte hysterisches Gelächter, das die Russen nur noch wilder machte. Diese Teufelei wird wohl nie aufhören. Immer wieder dieselbe Rufe: „Uri, Uri!"* [Uhr!] *und „Davai suda!"* [Frau, komm!]. *Es stört sie gar nicht, dass sie manchmal halbe Leichen vor sich haben. Emma Korn beispielsweise wurde am ersten Tag von 12 Soldaten vergewaltigt, in den folgenden Nächten noch sechs, drei- und achtmal. Betrunkene Rotarmisten verstümmeln nicht selten Frauen mit Flaschen, weil sie nicht in der Lage sind, den Akt auszuführen. Im gleichen Atemzug weigern sich beleidigt sowjetischen Soldaten, deutsche Frauen auf deren Wunsch hin zu erschießen: ,Russische Soldaten schießen nicht auf Frauen, das tun nur Deutsche'.*"

Die Leiden der vergewaltigten ostpreußischen Frauen und Mädchen werden noch dadurch verschärft, dass die Opfer häufig nicht nur einmal von einem Täter gequält werden, sondern nicht selten viele Male von vielen Tätern. Dabei werden sie oft mit Geschlechtskrankheiten angesteckt oder schwanger. Die Hygiene der verdreckten und verlausten Soldaten ist katastrophal. Augenzeugen berichten, dass die Vergewaltiger „*Schlange standen*". So erwähnt Anneliese Kreutz das Schicksal einer Frau in dem Dorf Wernsdorf (im Landkreis Samland), die dort in ein geschlossenes Kraftfahrzeug geschleppt worden war, „*das nur oben ein kleines Fenster hatte. Der Motor wurde angelassen, damit ihr Schreien nicht zu hören war, die Russen standen draußen Schlange*". Über solche grausamen Mehrfachvergewaltigungen existieren auch Berichte von sowjetischen Militärs:

„*Sowjetische Soldaten halten nichts von Verhältnissen zu einzelnen deutschen Frauen. Neun, zehn, zwölf Mann zur gleichen Zeit – vergewaltigt wird im Kollektiv.*" Es kann nicht überraschen, dass solche Gruppenvergewaltigungen zu schweren körperlichen und seelischen Verletzungen des Opfers führen, bis hin zu dessen Tod. Ingeborg Jacobs berichtet aus Königsberg: „*Eine 16-Jährige verblutete, nachdem sie nächtelang von Dutzenden Soldaten vergewaltigt worden war.*" Frauen, die schreien, werden auch dadurch zum Schweigen gebracht, dass man ihnen in den Mund uriniert. Wenn sie die Qualen überleben, werden ihnen oft Hakenkreuze in die Haut geritzt. Vor solch unbeschreiblichem Elend bringen nicht wenige Mütter erst ihre Kinder und dann sich selber um, meist in dem sie sich erhängen oder die Pulsadern aufschneiden. Nur wenige haben Glück und werden nicht entdeckt, weil sie sich ihr Gesicht mit Ruß oder Asche eingerieben haben, ansteckende Krankheiten vortäuschen oder sich mit Männerkleidung tarnen.

Männer werden wahllos und willkürlich misshandelt und oft auch an Ort und Stelle erschossen. Jeder Uniformträger, selbst wenn er keiner Parteiorganisation, sondern beispielsweise nur der Bahn, der Post oder der Feuerwehr angehört, muss mit seiner sofortigen Liquidierung rechnen. Man geht von etwa 100.000 derartigen Opfern aus. Die deutsche Propaganda geht dazu über, diese Vorgänge nicht etwa zu verschweigen, sondern als Waffe zur Unterstützung des Kampfeswillen zu benutzen: „*So wüten die Sowjets in Ostdeutschland! Augenzeugen berichten über die grauenhaften Ausrottungsmethoden der Bolschewisten.*" Jedem muss klar gemacht werden, dass es außer Kampf keine Alternative gibt.

Besondere Veranstaltungen zu Hitlers Jubiläum entfallen. Hitler verleiht Eichenlaube an SS-Kommandeure, die im Raum Budapest kämpfen, namentlich SS-Obergruppenführer und General der Waffen-SS Karl Pfeffer-Wildenbruch und SS-Brigadeführer und Generalmajor der Waffen-SS Joachim Rumohr. In der Lagebesprechung überträgt er dem übergelaufenen sowjetischen General Andrej Wlassow das Oberkommando über alle auf Seiten Deutschlands kämpfenden sowjetischen Truppen, obwohl er ihm insgeheim nicht traut. Er bezeichnet ihn intern als *„undankbares Schwein"*. Speer übergibt Hitler eine Denkschrift, in der er nüchtern feststellt: *„Die deutsche Rüstung wird nach dem Verlust von Oberschlesien nicht mehr in der Lage sein auch nur im entferntesten die Bedürfnisse der Front an Munition, Waffen und Panzern, die Verluste an der Front und den Bedarf für die Neuaufstellungen zu decken. Das materielle Übergewicht des Gegners ist danach auch nicht mehr durch die Tapferkeit unserer Soldaten auszugleichen."* Es wird ihm verboten, das Memorandum an Dritte weiterzugeben, Goebbels hat es jedoch zuvor bereits gelesen. Hitler betont erneut, dass nur einer, nämlich er, Schlussfolgerungen aus der Rüstungslage zieht. Natürlich ist ihm längst klar, dass der Krieg verloren ist. Otto Ernst Remer fragt ihn, warum er trotz eingestandener Niederlage den Kampf fortführen will. Die Antwort lässt keine Kompromisse zu: *„Aus der totalen Niederlage erwächst die Saat des Neuen."*

Um 18:45 Uhr korrigiert Hitler mit seiner Sekretärin ein letztes Mal die Rede, die er zum Jahrestag der *„Machtergreifung"* an das deutsche Volk halten will. Dann begibt er sich in das Studio der Reichskanzlei und hält um 19:15 Uhr dieses Dienstagabends seine Rede, die nicht direkt gesendet, sondern aufgezeichnet wird. Es ist seine erste Rede seit dem 21. Juli und seine letzte Rundfunkansprache, genau drei Monate vor seinem Tode. Sie dauert nur neun Minuten und 45 Sekunden. Die Deutschen erfahren darin nicht, wo sich ihr Staatsoberhaupt aktuell aufhält. In seiner Rede fordert er die Deutschen zum Durchhalten und Weiterkämpfen auf und beschwört den endgültigen Sieg, aber dafür muss er das deutsche Volk zu *„unerbitterlichem"* Widerstand aufrufen. Er beginnt mit der Behauptung, dass im Jahre 1933 die Lage in Deutschland *„im Innern vor der gleichen Situation stand wie heute in weltpolitischer Hinsicht nach außen."* Damit wird suggeriert, dass die Probleme gelöst werden können, da sie ja damals auch gelöst worden seien. In den sechs Jahren bis 1939 sei es zudem gelungen, mit *„übermenschlichen Anstrengungen den deutschen Volkskörper wehrmäßig zu sanieren"*.

Er geht auf die Opfer in den deutschen Ostgebieten ein: *„Das grauenhafte Schicksal, das sich heute im Osten abspielt und das in Dorf und Mark, auf dem Lande und in den Städten die Menschen zu Zehn- und Hunderttausenden ausrottet, wird mit äußersten Anstrengungen von uns am Ende trotz aller Rückschläge und harten Prüfungen abgewehrt und gemeistert werden."* Damit beschwört er erneut die Gefahr des jüdisch-asiatischen Bolschewismus, der Europa zerstören und unter seine Kontrolle bringen will. Aber es gibt ein Gegenmittel, denn nur durch den Nationalsozialismus ist die *„Widerstandskraft unserer Nation"* so ungeheuer gewachsen: *„Die Aufrechterhaltung dieser inneren Widerstandskraft aber ist zugleich der sicherste Garant für den endgültigen Sieg!"* Er vergleicht den europäischen Kontinent mit einem kranken Körper und beruft sich auf Gott:

„Wenn Europa heute von einer schweren Krankheit ergriffen ist, dann werden die davon betroffenen Staaten sie entweder unter Aufbietung ihrer ganzen und äußersten Widerstandskraft überwinden oder an ihr zugrunde gehen. (...) Es ist deshalb aber erst recht unser unabänderlicher Wille, in diesem Kampf der Errettung unseres Volkes vor dem grauenhaftesten Schicksal aller Zeiten vor nichts zurückzuschrecken. (...) Der Allmächtige hat unser Volk geschaffen. Indem wir seine Existenz verteidigen, verteidigen wir sein Werk."
Unverhohlen droht er Verrätern: *„Wer ehrenhaft kämpft, kann damit das Leben für sich und seine Lieben retten, wer der Nation aber feige oder charakterlos in den Rücken fällt, wird unter allen Umständen eines schimpflichen Todes sterben. Dass der Nationalsozialismus diesen Geist in unserem deutschen Volk erwecken und erhärten konnte, ist seine größte Tat."*
Was die Zukunft Ost- und Südosteuropas betrifft, beweist Hitler erstaunliche Weitsicht:
„Die Geister, die die Demokratien aus den Steppen Asiens gerufen haben, werden sie selbst nicht mehr los. All die kleinen europäischen Nationen, die im Vertrauen auf alliierte Zusicherungen kapitulieren, gehen ihrer völligen Ausrottung entgegen. Ob sie dieses Schicksal etwas früher oder etwas später trifft, ist – gemessen an seiner Unabwendbarkeit – völlig belanglos. Dieses Schicksal aber wird Deutschland niemals erleiden. Einer ganzen feindlichen Umwelt zum Trotz habe ich einst im Innern meinen Weg gewählt und bin ihn als unbekannter Namenloser gewandert bis zum endgültigen Erfolg. Oftmals totgesagt und jederzeit tot gewünscht, abschließend doch als Sieger."
Die Botschaft ist klar, egal wie schlimm es ist, am Ende triumphiert er, denn er hat einen Auftrag von Gott bekommen, den dieser vor einem halben Jahr bestätigte: *„Es lag in der Hand der Vorsehung, am 20. Juli durch die Bombe, die eineinhalb Meter neben mir krepierte, mich auszulöschen und damit mein Lebenswerk zu beenden. Dass mich der Allmächtige an diesem Tag beschützte, sehe ich als eine Bekräftigung des mir erteilten Auftrages an."* Dann ruft er zu noch mehr Widerstand gegen die Feinde auf und bringt seine Erwartungen an jeden Einzelnen zum Ausdruck:
„Ich appelliere in dieser Stunde deshalb an das ganze deutsche Volk (...) sich mit einem noch größeren härteren Geist des Widerstandes zu wappnen. Ich erwarte von jedem Deutschen, dass er deshalb seine Pflicht bis zum Äußersten erfüllt, dass er jedes Opfer, das von ihm gefordert wird und werden muss, auf sich nimmt. Ich erwarte von jedem Gesunden, dass er sich mit Leib und Leben einsetzt im Kampf. Ich erwarte von jedem Kranken und Gebrechlichen oder sonst Unentbehrlichen, dass er bis zum Aufgebot seiner letzten Kraft arbeitet. Ich erwarte von den Bewohnern der Städte, dass sie die Waffen schmieden für diesen Kampf und ich erwarte vom Bauern, dass er unter höchstmöglicher eigener Einschränkung das Brot gibt für die Soldaten und Arbeiter dieses Kampfes. Ich erwarte von allen Frauen und Mädchen, dass sie diesen Kampf, so wie bisher, mit äußerstem Fanatismus unterstützen. Ich wende mich mit besonderem Vertrauen dabei an die deutsche Jugend. (...) Denn mehr kann ein Volk nicht tun, als das jeder, der kämpfen kann, kämpft und jeder, der arbeiten kann, arbeitet und alle gemeinsam opfern."
Das Entscheidende, so glaubt er noch immer, ist allein der Wille, sein Wille und des Volkes Wille. Man muss nur fest genug daran glauben und unter Aufbietung aller Kräfte wollen:

„Wie schwer auch die Krise im Augenblick sein mag, sie wird durch unseren unabänderlichen Willen, durch unsere Opferbereitschaft und durch unsere Fähigkeiten am Ende trotzdem gemeistert werden! Wir werden auch diese Not überstehen! Es wird auch in diesem Kampf nicht Innerasien siegen, sondern Europa – und an der Spitze jene Nation, die seit eineinhalbtausend Jahren Europa als Vormacht gegen den Osten vertreten hat und in alle Zukunft vertreten wird: unser Großdeutsches Reich, die deutsche Nation!"

Die Rede beweist, dass er sein rednerisches Talent nach wie vor aufbringen kann. Durch den Einsatz starker Adjektive und treffender Verben, die oft durch eine Dopplung verstärkt werden, wirkt seine Rede sehr emotional. Mit Anaphern (*„Ich erwarte ..."*) unterstreicht er die Dringlichkeit seines Appells. Durch die häufige Wiederholung der Worte *„Pflicht,"* *„Verteidigung",* *„Opfer"* und *„Nation"* brennen sich die Kernaussagen seiner Rede ins Gedächtnis der Zuhörer ein. Er wendet rhetorische Mittel geschickt an, um sie zu manipulieren, die Wahrheit zu verschleiern und somit die Situation insgesamt zu verharmlosen. Die Bevölkerung sieht aber täglich die Realität und so sinkt, selbst bei Parteimitgliedern, trotz dieser Rede seine Glaubwürdigkeit. Die Rede wird um 22:00 Uhr über alle deutschen und angeschlossenen Sender in den noch besetzten Gebieten ausgestrahlt. Während dies geschieht, ereignet sich in der Ostsee eine unvorstellbare menschliche Tragödie. Um 21.15 Uhr, Hitler beginnt in dieser Minute mit Eva Braun zu Abend zu essen, feuert ein sowjetisches U-Boot drei Torpedos auf das in der Ostsee fahrende und mit Flüchtenden vollgestopfte Kreuzfahrtschiff „Wilhelm Gustloff" ab. Zwei davon schlagen im Vorderschiff ein, der dritte mittschiffs in den Maschinenraum. Die Flüchtlinge und Verwundete, die sich schon fast in Sicherheit sahen, geraten sofort in Panik. Rasch strömt eiskaltes Wasser in den aufgerissenen Rumpf und es ist schnell klar, dass der Dampfer sinken wird. Menschen drängen sich von den unteren Kabinen nach oben an Deck. Die Luft an Deck ist bei minus 18 Grad Celsius schneidend kalt. Da die meisten Rettungsboote festgefroren sind, können nur wenige zu Wasser gelassen werden. Verzweifelte Flüchtlinge prügeln sich um Schwimmwesten und den Platz in einem der Rettungsboote. Hunderte Menschen springen über Bord in das eisige Meer – viele nur mit dünnen Nachthemden bekleidet – oder in eines der wenigen zu Wasser gelassenen Boote, die daraufhin teilweise kentern. Im Inneren des Schiffs stecken Tausende fest, die es nicht mehr an Deck schaffen. Sie bleiben eingeschlossen und ertrinken.

Nach einer Stunde und zwei Minuten versinkt das Schiff in der Ostsee, es ist 22:17 Uhr. Exakt zur selben Minute endet die Übertragung der Rede Hitlers und schneidige Marschmusik ertönt aus den Volksempfängern in die Haushalte. Tausende Menschen zieht der Dampfer auf den Meeresgrund, sie erfrieren rasch im eisigen Wasser. Nur wer dicker angezogen ist, nicht erschöpft und körperlich gesund ist sowie einen Platz auf einem Rettungsboot oder Floß ergattert hat und schnell gerettet wird, hat eine Überlebenschance. 1.239 Flüchtlinge und Besatzungsmitglieder haben dieses Glück, doch zwischen 7.000 und 9.000 Menschen sterben an diesem späten Abend in der Ostsee. Nie zuvor und nie danach hat der Untergang eines einzelnen Schiffes mehr Menschen das Leben gekostet. In der Reichskanzlei läuft, während sich in der Ostsee die Katastrophe ereignet, die Erstaufführung von Goebbels ehrgeizigstem Farbfilm „Kolberg". Es ist die Geschichte einer der aufregendsten Schlachten im Siebenjährigen Krieg (1756 bis 1763). Ein Film, der die Kampfmoral der Soldaten und der Bevölkerung stärken soll und zeitweise mit 187.000 vorübergehend aus dem aktiven Dienst entlassenen Soldaten gedreht wurde. Der Film wird mit Jagdflugzeugen in die noch verbliebenen Atlantikfestungen geschickt und über der deutschen Besatzung von La Rochelle mit dem Fallschirm abgeworfen. Hitler sieht ihn sich nicht an.

In der Nacht zum 31. Januar wird Hitler um 01:00 Uhr die Lage vorgetragen. Für die Nachtlage dauert sie mit zwei Stunden außergewöhnlich lange. Danach setzt sich Hitler noch für zwei Stunden mit seinen Sekretärinnen zum Tee zusammen und geht um 05:30 Uhr zu Bett. Während seiner Teestunden geschieht in Palmnicken (heute Jantarny/Russland) in Ostpreußen ein Massaker. Es ist das letzte große Massaker an Juden. Die aus Nebenlagern des KZ Stutthof östlich von Danzig auf Todesmärsche gezwungenen Häftlinge werden über Königsberg nach Palmnicken getrieben. Diesen Marsch überleben von über 7.000, überwiegend aus Polen und Ungarn stammenden, jüdischen weiblichen Häftlingen nur etwa 3.000. Am 28. Januar liegen in den Straßen des kleinen Ortes bereits Dutzende erschossene und erschlagene Frauen in Häftlingskleidung herum, vielfach furchtbar entstellt. In der Nacht zum 31. Januar treibt die SS die Gefangenen an den Strand und jagt sie unter Maschinengewehrfeuer in die Ostsee. Es gibt nur 15 Überlebende. In dieser Nacht gibt es noch ein zweites Massaker, das größte an Inhaftierten in der Endphase des Zweiten Weltkriegs. Auf Befehl des Staatssekretärs Herbert Klemm erschießen Gestapobeamte aus Frankfurt/Oder unter dem Kommando von SS-Hauptsturmführer Wilhelm Nickel 819 Häftlinge des KZ Sonnenburg bei Küstrin an der Oder, darunter 91 Luxemburger. Der gesamte Innenhof des ehemaligen Zuchthauses ist von Leichen übersät.

Am 31. Januar um 12:00 Uhr mittags wird Hitler mit der Meldung geweckt, dass die Russen die zugefrorene Oder zwischen Küstrin und Wriezen überquert haben. Die Lagebesprechung wird daher auf 13:00 Uhr vorgezogen. Doch auch das verhindert nicht, dass die in diesen Besprechungen ausgegebenen Befehle teilweise erst am nächsten Tag die Front erreichen – oft zu spät. Volkssturmbataillone aus Mitteldeutschland, der Ostmark und Berlin halten die Front. 300 schwere Flakbatterien aus der Luftverteidigung werden als Panzervernichtungswaffe an der Oderfront einsetzt. So kommt der sowjetische Vormarsch vorerst zum Stehen. Hitler unterzeichnet noch verschiedene Befehle, die den Ausbau von Feldbefestigungen sowie die Unterstellung und den Einsatz der V-Waffen betreffen. Goebbels beobachtet dabei, wie Hitler in den auf dem Rücken gefalteten Händen einen Bleistift hält, *„der vom Zittern seiner Hände wie ein Grashalm im Winde geflattert"* habe.

Die wirtschaftliche Lage im zu Ende gehenden ersten Monat des neuen Jahres hat sich erneut gegenüber dem Vormonat verschlechtert. Die noch halbwegs intakten Raffinerien konnten nur noch 50.000 Tonnen Benzin und 12.000 Tonnen Flugzeugtreibstoff produzieren. Hitler hat für dieses Problem keine andere Lösung als die, dass die Westfront auf Treibstoff und Munition zugunsten der Ostfront verzichten muss. Seit Monatsmitte haben die alliierten Bombenangriffe auf deutsche Städte nachgelassen. In der ersten Monatshälfte werden im Wesentlichen „nur" Nürnberg, Hannover, Köln-Kalk, Hanau, München, Magdeburg und Paderborn angegriffen. Hanau wird dabei zu fast 89, Paderborn zu 95 Prozent zerstört. Bis zu einem schweren Bombentreffer in der

Alten Reichskanzlei hat Hitler noch immer in seiner Wohnung im ersten Stock gegessen und geschlafen. Selbst bei Fliegeralarm sucht er den Führerbunker oft nicht auf, meist nicht einmal den Luftschutzkeller – und wenn, hat er ihn sofort nach Entwarnung wieder verlassen. Nicht selten aber zieht es ihn gerade bei Alarm in die oberen Räumlichkeiten. Er erklärt, dass er dann ein *„besseres Bild"* über den Angriff vermittelt bekomme. Einmal tritt er zufällig mit dem Wachsoldaten Joseph Graf während des Fliegeralarms ins Freie und erklärt ihm auf seine Bedenken hin: *„Ach was, mir passiert schon nichts."*

An der Ostfront geht die „Weichsel-Oder-Operation" zu Ende. Die Kämpfe waren für beide Kriegsparteien sehr verlustreich. Die Rote Armee verlor nach eigenen Angaben 193.125 Soldaten (davon 43.251 Tote und Vermisste sowie 149.874 Verwundete), 1.267 Panzer, 374 Geschütze und 343 Flugzeuge. Schörners Heeresgruppe meldet 1.356 abgeschossene Panzer, eine ähnliche Zahl meldet die Heeresgruppe in Ostpreußen. Kulm, Thorn und Marienwerder müssen geräumt werden. Die Festung Posen hält noch stand, obwohl deutschsprechende Offiziere in deutschen Uniformen die Posten zu überlisten versuchen. Dennoch ist dies nicht kriegsentscheidend. Kriegsentscheidend ist, dass die Sowjets trotz der immensen Verluste immer wieder relativ rasch Nachschub heranführen können, vor allem auch dank der Waffenlieferungen aus den USA.

Man wusste, dass man einem absurden Regime dient, aber gleichzeitig wollte man gegenüber dem Land seine Pflicht als Soldat erfüllen.
Helmut Schmidt
(deutscher Bundeskanzler, 1918-2015)

Unteroffizier Paul Laufenburg – Ein Soldatenschicksal

Anhand der Vita von Paul Laufenburg soll stellvertretend für rund 5.185.000 gefallener deutscher Soldaten ein Einzelschicksal dokumentiert werden, um den Wahnsinn des Krieges im Allgemeinen und die Kämpfe in Ostpreußen Anfang 1945 im Besonderen wenigstens etwas nachvollziehbar werden zu lassen. Paul Laufenburg wird am 29. April 1914, drei Monate vor Ausbruch des Ersten Weltkrieges, in der an Rhein und Ruhr gelegenen Großstadt Duisburg geboren. Seine Eltern sind Johann Wilhelm Laufenburg (geboren am 18. Februar 1872 in Duisburg) und Johanna Laufenburg, geborene Holl (geboren am 16. August 1874 in Duisburg). Sie heiraten am 21. September 1897 in der Paulskirche in Duisburg und ziehen in die Bungertstraße 43. Diese Straße wird im Verlaufe des Zweiten Weltkrieges komplett ausgebombt und das Wohnhaus der Familie Laufenburg nicht wieder aufgebaut (heute befindet sich hier das Firmengelände der Stadtwerke Duisburg).

Das Ehepaar bekommt sechs Kinder, die alle römisch-katholisch getauft werden: August (22.07.1898 bis 28.04.1903), Friedrich (07.02.1901 bis 19.04.1986), Johannes (17.07.1902 bis 1987), Auguste (01.01.1904 bis etwa 1988), Karl (21.02.1905 bis 26.07.1905) und eben Paul. Es fällt auf, dass bei Pauls jüngeren vier Geschwistern der Zeitabstand zwischen den Geburten im Durchschnitt ein Jahr und acht Monate beträgt, während der Abstand zwischen ihm und dem zuvor Geborenen neun Jahre und zwei Monate beträgt. Seine Mutter Johanna bekommt ihren Sohn Paul also relativ spät im 39. Lebensjahr. Es ist wahrscheinlich, dass seine Eltern zu diesem Zeitpunkt nicht mehr mit einer Schwangerschaft gerechnet haben dürften. Pauls Vater Johann verstirbt nach schwerer Krankheit am

08. September 1948 in Duisburg. Seine Mutter Johanna überlebt ihren Mann um mehr als 23 Jahre und stirbt am 30. November 1971 ebenfalls in Duisburg – friedvoll zuhause im Kreise ihrer Familie, im Alter von fast 100 Jahren.

Seine ersten vier Lebensjahre verbringt Paul in der Zeit des Ersten Weltkrieges, geprägt durch die Hungersnot des sogenannten Kohlrübenwinters 1916/1917. Trotz dieser frühen Entbehrungen absolviert er Jahre später erfolgreich die Volks- und Mittelschule mit dem mittleren Bildungsabschluss. Als Jugendlicher erlernt er in einem kleinen Betrieb in Duisburg-Hochfeld den Beruf des Malers, als der er bis zum Jahre 1936 arbeitet. Bis dahin wohnt er bei seinen Eltern in der Bungertstraße 43 und trägt zum Familieneinkommen bei. Paul wird von seinen Verwandten als sehr ausgeglichen und gerecht charakterisiert. An einen Streit oder ein böses Wort kann sich niemand erinnern, auf sein Wort ist einfach Verlass. Sein Motto *„ein Mann, ein Wort"* zieht sich durch sein ganzes Leben.

Am 15. Oktober 1936 tritt er in Braunsberg/Ostpreußen (heute Braniewo) zur Ableistung seines Wehrdienstes in das Infanterie-Regiment 24 ein. Die Stadt liegt rund 60 km südwestlich von Königsberg (heute Kaliningrad). Auf dem Gelände des Standortübungsplatzes befindet sich auch der von der in Heiligenbeil stationierten Flugzeugführerschule genutzte Feldflugplatz. Im Verlaufe seiner Wehrdienstzeit führt es ihn zum ersten Mal nach Elbing. Diese Stadt wird er unter tragischen Umständen noch ein zweites Mal in seinem Leben betreten. Paul ist vom Naturell her kein typischer Berufssoldat und strebt zunächst keine militärische Karriere an, er erfüllt aber gewissenhaft und kontinuierlich seine Pflicht. Der im Dritten Reich einzig zugelassenen Staatspartei NSDAP oder einer ihrer Gliederungen gehört er nicht an und fällt im Familienkreis nicht durch politische Äußerungen auf. Auch als sogenannter „Mitläufer" tritt er nicht in Erscheinung.

Wahrscheinlich ist daher, dass er relativ schnell mit Leib und Seele Soldat wird und nicht mehr in seinen erlernten Beruf zurückkehrt. Kameradschaft und gegenseitige Treue stehen für ihn wohl an oberster Stelle, es könnte auch ein wenig Kadavergehorsam mit im Spiel gewesen sein. Wie alle Soldaten muss auch Paul Laufenburg seinen Eid nicht auf den Staat als Allgemeinwesen, sondern auf das Staatsoberhaupt persönlich leisten: *„Ich schwöre bei Gott diesen heiligen Eid, dass ich dem Führer des Deutschen Reiches und Volkes, Adolf Hitler, dem Obersten Befehlshaber der Wehrmacht, unbedingten Gehorsam leisten und als tapferer Soldat bereit sein will, jederzeit für diesen Eid mein Leben einzusetzen."*

^ *Die Bungertstraße in Duisburg heute. Hier stand das Elternhaus von Paul Laufenburg.* (141)

Paul gefällt es im Heer zunehmend besser und er entschließt sich, Berufssoldat zu werden. Am 25. März 1939 kommt er nach Duisburg zurück und tritt in die 227. Infanterie-Division (Erkennungsmarke: -65- Radf.Schwa.A.A.227) in Krefeld ein. Als Europa aufgrund der Streitfrage um Danzig im Sommer 1939 auf einen Krieg zusteuert, erhält Laufenburg am 21. August 1939, nachdem der Angriffstermin gegen Polen festgelegt ist, scharfe Munition. Acht Tage später wird er zur 1. Schwadron der Aufklärungsabteilung 227 zugeteilt und am 1. September 1939 beginnt mit dem deutschen Überfall auf Polen der Zweite Weltkrieg. Am 7. Februar 1940 wechselt Paul Laufenburg in die Abwicklungsstelle der Aufklärungabteilung 227 (Radfahraufklärungsschwadron 227) und danach in die Stabskompanie des Infanterie-Regiments 412, die in Krefeld am Niederrhein (in Sichtweite seiner Heimatstadt Duisburg) stationiert ist. Von dort wird er wieder zu den Frontverbänden der 227. Infanterie-Division in die Eifel versetzt. Das Frühjahr 1940 vergeht für ihn in relativer Ruhe mit Dienstalltag und ohne Feindberührung. Das ändert sich am Freitag, den 10. Mai 1940. Vom ersten Tag an nimmt Paul Laufenburg an dem Angriffskrieg gegen die Niederlande, Belgien, Luxemburg und Frankreich teil und überlebt den Westfeldzug unverletzt. Nach dem siegreichen Ende der Kämpfe und der Kapitulation Frankreichs wird die 227. Infanterie-Division zur Küstensicherung in der Normandie bei Le Havre eingesetzt. Er wird zum Unteroffizier befördert, das genaue Datum steht aufgrund der fehlenden Dokumente nicht fest.

Ein Vierteljahr nach dem Beginn des deutschen Angriffs auf die Sowjetunion wird die Division von Oktober bis Dezember 1941 an der Ostfront im Raum Tschudowo (Kreis Nowgorod im Nordwesten Russlands) eingesetzt und soll dort bei der Belagerung Leningrads (heute Sankt Petersburg) mitwirken. Tschudowo wird am 20. August 1941 von deutschen Truppen besetzt und 29. Januar 1942 von der Roten Armee zurückerobert. Anschließend kämpft Paul von Januar bis Mai 1942 in der Schlacht am Fluss Wolchow. Die Rote Armee eröffnet dort am 7. Januar eine Gegenoffensive in einem schwierigen, teils bewaldeten und tief verschneiten Gelände, um die deutschen Truppen, die starke Verteidigungsstellungen bei Kirischi und am linken Ufer der Wolchow bezogen haben, einzuschließen und damit die Sprengung der Blockade von Leningrad einzuleiten. Die Angriffe richten sich zunächst gegen die deutsche 126. und 215. Infanterie-Division und der Roten Armee gelingt es erst am 17. Januar, die erste deutsche Verteidigungslinie zu durchbrechen.

Bis Ende Januar stoßen sowjetische Truppen der 2. Stoßarmee etwa 75 Kilometer vor und erreichen die Eisenbahnstrecke Nowgorod – Leningrad sowie den Zugang nach Ljuban. Der 54. Armee der Roten Armee wird es erst Ende März gelingen, die deutschen Linien westlich von Kirischi zu durchbrechen, um 22 Kilometer vorzurücken. Inzwischen hat die Wehrmacht elf Divisionen und eine Brigade in den Bereich ihrer 18. Armee verlegt und geht zur Gegenoffensive über, in deren Verlauf am 19. März die sowjetische 2. Stoßarmee abgeschnitten wird. Am 27. März gelingt es der 52. und 59. Roten Armee, die deutsche Einkesselung zu durchbrechen. Die Sowjets haben zwar Geländegewinne erzielt, jedoch unter unverhältnismäßig hohen Verlusten (95.000 Tote und Gefangene, 213.000 Verwundete). Das Ziel ihrer Offensive wird nicht erreicht. Einen Eindruck von der

Härte der Kämpfe vermitteln einige Zahlen: Im genannten Zeitraum verschießen allein die leichten Feldhaubitzen der deutschen 215. Infanterie-Division 140.000 Granaten und die schweren Feldhaubitzen 30.000 Granaten. Paul Laufenburg übersteht die Kämpfe erneut unverletzt.

Die russische Großstadt Leningrad wird am 8. September 1941 durch die deutsche Wehrmacht von sämtlichen Versorgungslinien abgeschnitten. Der Nachschub in die Millionenstadt ist nur noch über den Ladogasee möglich. Hitler verbietet, die Stadt einzunehmen. Er will sie stattdessen aushungern und zerstören, damit er die Bevölkerung – was er nach einer Einnahme hätte tun müssen – nicht versorgen muss. Das Schicksal Leningrads gilt als herausragendes Beispiel der deutschen Hungerpolitik im Osten. Bereits von Juni 1941 bis Juni 1942 sterben etwa 470.000 Menschen, die meisten davon sind unschuldige Zivilisten. Schätzungen gehen von insgesamt etwa 1,1 Millionen zivilen Bewohnern der Stadt aus, die infolge der deutschen Blockade ihr Leben verlieren. Die meisten dieser Opfer verhungern, obwohl alles gegessen wird, was organischen Ursprungs ist, wie Klebstoff, Schmierfett und Tapetenkleister. Lederwaren werden ausgekocht und schon im November 1941 gibt es in Leningrad keine Katzen, Hunde, Krähen und Ratten mehr – sie sind aufgegessen. Der durch die deutsche Führung gezielt herbeigeführte Massentod ist eine der schrecklichsten Hungersnöte in der Geschichte der Menschheit und in diesem Ausmaß ein weltweit beispielloses Kriegsverbrechen der deutschen Wehrmacht.

Hitler und mit ihm die militärische Führung schaffen es mit diesem Vorgehen, die operative Kriegführung für die NS-Ideologie zu instrumentalisieren, denn die Belagerung der viertgrößten Stadt Europas ist allein aus militärischen Gründen nicht zu rechtfertigten. Vielmehr hat die deutsche Führung die Offensive der Heeresgruppe Nord

^ *Unteroffizier Paul Laufenburg, Portätaufnahme vom Frühjahr 1942. (141)*

mutwillig angehalten, um eigene Kräfte zu schonen und die drei Millionen Bewohner der Metropole langsam verhungern zu lassen. Als Mittel der taktischen Kriegführung ist die Aushungerung damals zwar nicht verboten, doch geht es hier um mehr: Hier verbinden sich nüchterne militärische Überlegungen mit der zielgerichteten NS-Ideologie des Genozids. Zum Handlanger und Vollstrecker dieser verbrecherischen Kriegführung wird die an dieser Stelle eingesetzte deutsche 18. Armee. Wie weit ist dies ihren Angehörigen, darunter Paul Laufenburg, wirklich bewusst? Eine klare Antwort kann nicht gegeben werden. Diese Soldaten werden im Rahmen einer großangelegten Operation eingesetzt, die nach außen wie üblich als eine rein militärische erscheint. In den deutschen Akten ist auch mehrfach davon die Rede, dass es für die Truppe eine *„unerträgliche Zumutung"* sei, bei *„wiederholten Ausbrüchen immer wieder auf Frauen und Kinder und wehrlose alte Männer zu schießen"*. Die Horrorszenarien, die die Soldaten anrichten, bekommen sie oft nicht zu sehen, aber auch ihr Einsatz am Rande von Leningrad hat katastrophale Folgen. Die Rote Armee unternimmt natürlich zahlreiche Anstrengungen, die deutsche Blockade zu durchbrechen, um ihre Landsleute in Leningrad wieder versorgen zu können. Am Newa-Abschnitt vor Leningrad kämpft Paul Laufenburg von Mai bis August 1942 und hilft so, den Durchbruch der Roten Armee – und damit die Befreiung Leningrads – zu verhindern.

Paul Laufenburg wird in allen drei Ladogaschlachten eingesetzt (19. August bis 10. Oktober 1942, 12. bis 30. Januar 1943, 22. Juli 1943 bis 25. September 1943) und übersteht sie alle drei unverletzt an vorderster Front. In den für beide Seiten verlustreichen und sehr hart geführten Kämpfen – teilweise im Nahkampf Mann gegen Mann – schafft es die Rote Armee erneut nicht, Leningrad zu befreien. In Folge verhungern weitere hunderttausend Zivilisten. Nach einem Heimaturlaub in Duisburg besucht Laufenburg im Lazarett Bethel (heute Bielefeld) seinen Bruder Friedrich („Fritz") Laufenburg (mittlerweile Soldat im Grenadier-Ersatzbataillon 18 in Paderborn), der nach einer Verwundung dort auf seine Genesung hinarbeitet. Beide tauschen sich über das bisherige Kriegsgeschehen aus und glauben nicht mehr an den *„Endsieg"*. Paul übergibt seinem Bruder sein Eisernes Kreuz zur Aufbewahrung – als ob er ahnen würde, dass es das einzige ist, was einmal von ihm übrig bleiben wird. Anna, die Ehefrau von Friedrich Laufenburg, nimmt das Eiserne Kreuz an sich und bewahrt es bis zu ihrem Tode ehrenvoll auf.

^ *Paul Laufenburg blickt im Jahre 1943 an der Front vor Leningrad durch ein Scherenfernrohr. Hinter ihm zwei Kameraden mit einem Maschinengewehr. (140)*

Das letzte Foto von Paul Laufenburg, aufgenommen wahrscheinlich im Sommer 1944 in einem Lazarett in Elbing. (141)

Ab Januar 1944 ist Paul Laufenburg an der Front vor Sinjawino. Er kämpft nun 58 Kilometer östlich von Leningrad um die Sinjawinohöhen. Im Rahmen der Leningrad-Nowgoroder Operation greift die Rote Armee am 14. Januar die deutschen Stellungen an und durchbricht die Blockade von Leningrad. Die deutschen Truppen müssen zurückweichen. Paul überlebt – wieder einmal, doch im fünften Kriegsjahr erwischt es ihn schließlich. Am 26. Januar 1944 kämpft er mit seiner Einheit in der 227. Infanterie-Division und wird bei Gatschina, etwa 45 Kilometer südlich von Leningrad bei Abwehrkämpfen gegen die Rote Armee durch einen Infanteriegeschosssplitter am linken Oberschenkel schwer verwundet. Er wird nach der ärztlichen Erstversorgung zum Hauptverbandplatz abgegeben. Von dort aus wird er in ein Lazarett nach Elbing/Ostpreußen (heute Elbląg/Polen) verbracht und weiter versorgt. Hier sieht Paul diese Stadt, die nun bereits zu großen Teilen zerstört ist, zum zweiten Mal.

Anfang Mai 1944 ist Paul soweit wieder hergestellt, dass er einen Heimaturlaub antreten kann. Während dieses Urlaubes stellt er seiner Jugendliebe Agnes („Anni") Anna Albrecht einen Heiratsantrag, den diese annimmt. Sie heiraten am 27. Mai 1944 in der St. Norbert Kirche in Duisburg-Hamborn und ziehen in die Grillostraße 46. Aus dieser Ehe entstehen keine Kinder.

Paul Laufenburg wird aufgrund seiner Tapferkeit und seines Einsatzes mehrfach ausgezeichnet. Er be-

Duisburg-Hamborn, Grillostraße 46: Hier lebten Agnes („Anni") und Paul Laufenburg. (141)

sitzt das Eiserne Kreuz II. Klasse, welches „*ausschließlich für besondere Tapferkeit vor dem Feind und für hervorragende Verdienste in der Truppenführung*" verliehen wird. Ferner trägt er das Infanteriesturmabzeichen, welches als „*sichtbares Zeichen der Anerkennung des im Sturmangriff bewährten Infanteristen*" verliehen wird. Voraussetzung für die Verleihung sind mindestens „*drei Sturmangriffe*", „*in vorderster Linie*", „*mit der Waffe in der Hand einbrechend*" und an „*drei verschiedenen Kampftagen*". „*Erfolgreiche gewaltsame Erkundungen sowie Gegenstöße und Gegenangriffe*" des Feindes „*sind als Sturmangriffe zu werten, sofern sie zum Nahkampf geführt haben*". Darüber hinaus ist er Träger der Medaille „Winterschlacht im Osten 1941/42" (Ostmedaille). Sie wurde ihm in Würdigung „*des heldenhaften Einsatzes gegen den bolschewistischen Feind während des Winters 1941/42*" verliehen. Voraussetzungen waren „*eine mindestens 14-tägige Teilnahme an Gefechten*" oder „*Bewährung in einem sonstigen ununterbrochenen Einsatz von mindestens 60 Tagen*".

Fest steht, dass seine Einheit bis Juli in permanente Rückzugskämpfe verwickelt ist, zunächst bei Wolossowo (85 Kilometer südwestlich von Leningrad), dann in oder bei Kingissepp (137 Kilometer südwestlich von Leningrad). Die Stadt wird am 1. Februar von der Roten Armee zurückerobert. Es geht unaufhörlich weiter zurück nach Westen. Nächste wesentliche Stationen sind die estnische Stadt Narva, zwischen dem Finnischen Meerbusen und dem Peipussee und Madona in Lettland. Er kehrt, abgestellt vom Grenadier-Ersatz-Bataillon 412 in Bonn, nach seiner Genesung am 21. Juli 1944 zurück an die Front in die soeben frisch aufgestellte 3. Kompanie des Grenadier-Regiment 1093. Es ist der Tag nach dem Militärputsch und dem gescheiterten Attentat auf Hitler. Paul Laufenburg befindet sich nur 120 Kilometer vom Ort der dramatischen Ereignisse in der Wolfsschanze entfernt und erfährt am Abend des 20. Juli aus dem Radio die Nachricht vom Überleben Hitlers. Als pflichtbewusster Soldat dürfte er, wie die absolute Masse der Soldaten, das Attentat als unpatriotisch und moralisch verwerflich angesehen haben und froh darüber gewesen sein, dass es missglückte. Es ist auch wahrscheinlich, dass er in der Nacht des 21. Juli mit seinen Kameraden die Rundfunkansprache Hitlers gehört hat.

Sicher ist, dass Paul ab diesem Zeitpunkt der 546. Volks-Grenadier-Division (die in Kalvarija/Litauen, etwa 140 km westlich von Vilnus, steht) zugeteilt ist. Das letzte

^ *Das erhalten gebliebene Eiserne Kreuz II. Klasse von Paul Laufenburg. (141)*

Lebenszeichen von ihm stammt vom Januar 1945. Er schreibt einen – leider nicht erhalten gebliebenen – Feldpostbrief nach Hause, der ihn als Angehörigen der Einheit mit der Feldpostnummer 40581 D = 3. Kompanie Grenadier-Regiment 1093 der 546. Grenadier-Division (ab Oktober Volks-Grenadier-Division) ausweist. Zu Weihnachten 1944 schreibt ein Soldat in sein Tagebuch:

„Nach Tagen gab es wieder Feldpost von zu Hause. Mit klammen Fingern und im Schein einer Hindenburgkerze, wurden die Weihnachtspäckchen geöffnet. Vom Nachbarloch kamen die Männer zu uns herüber gekrochen. Jeder gab dem anderen von seiner Körperwärme ab – es waren minus 23 Grad! Das Gefühl der Kameradschaft milderte das Heimweh in jenen Stunden. Der Verpflegungsfahrer brachte für jeden Mann eine Feldflasche voll mit Wein und einen Weihnachtsstollen. Alles wurde gemeinsam verzehrt."

Pauls Einheit ist in Rückzugsgefechte bei Rozan am Narew (südlich von Ostpreußen) bis kurz vor Johannisburg (heutiges Pisz/Polen) verwickelt. Anfang Januar 1945 steht die 546. Volks-Grenadier-Division, links flankiert von der 562. Volks-Grenadier-Division, rechts flankiert von der 102. Infanterie-Division (alle gehören zum IV. Armeekorps) in der Hauptstoßrichtung der zweiten Weißrussischen Front Richtung Westen. Hauptgegner ist die 49. russische Armee, die dort den Frontalangriff ausführt. Die Soldaten werden von Läusen geplagt und es gibt keinen Sold. Das ist jedoch nicht das Schlimmste. Schlimmer ist, dass seit Weihnachten keine Post mehr von zuhause angekommen ist. Ab dem 12. Januar startet die sowjetische Großoffensive an der Weichselfront. Die 546. Volks-Grenadier-Division, in der Unteroffizier Paul Laufenburg dient, wird aus dem Raum Gumbinnen-Goldap als Reserve herangezogen und kann die Rote Armee zunächst bei Kolno, 20 Kilometer nördlich von Nowogród aufhalten.

Die nächsten Tage sind von schweren Kämpfen geprägt, bis sich die Division ab dem 23. Januar in einer Absetzbewegung, ständig vom nachrückenden Gegner verfolgt, zurückziehen muss. So gelangt sie in den Raum Johannisburg, dann entlang der Masurischen Seen über Sensburg, Lötzen und Rössel bis Domnau, 35 Kilometer südöstlich von Königsberg. Erst am 21. Januar genehmigt Hitler endlich den Rückzug der schwer bedrängten 4. Armee des Generals Hoßbach auf die Seenlinie beiderseits der starken Festungsanstalt Lötzen und in die Masuren-Kanal-Stellung. Es müssen bei minus 20 Grad Gewaltmärsche vorgenommen werden. Die NSDAP-Parteiführung hat, außer für ihre eigenen Familien, keinerlei Vorbereitungen für die Bevölkerung getroffen. Das Schanzen von Panzergräben, in der Propaganda groß herausgestellt, kommt nun viel zu spät und ist militärisch völlig bedeutungslos. Zwischen den deutschen Armeen in Ostpreußen, der Heeresgruppe Mitte und Schörners Heeresgruppe A hat die Rote Armee eine gewaltige Bresche geschlagen, in der zwischen ihrer Front und der Ostsee praktisch keine deutschen Kräfte mehr stehen.

Der verantwortliche General Hoßbach hat drei Optionen: Entweder er gehorcht den Befehlen Hitlers, die Armee bleibt im Raum Lötzen und bindet Feindkräfte, sieht aber ihrer eigenen Umklammerung entgegen. Seine Armee mit 350.000 Mann kann nicht aus der Luft versorgt werden. Er wäre abhängig von den Vorräten der Festung Lötzen (die nur für eine Division und für sieben Wochen ausreichen). Dies bedeutet in Größe und

Umfang ganz klar ein ähnliches Schicksal wie für die Bewohner Stalingrads. Oder er kann zurückweichen, wenn Hitler es genehmigt, und zwar auf die Linie Frischling-Alle-Deime. Die Deimelinie löst sich aber bereits auf, ein Anschluss an die 3. Panzerarmee ist fraglich, alles hängt vom Hafen Pillau ab, dessen Kapazitäten jedoch nicht ausreichen. Außerdem würde seine Armee durch die fliehende Bevölkerung behindert werden. Eine dritte Möglichkeit besteht darin, dass er die noch intakte Armee mit der Masse der in Mittel-Ostpreußen auf der Flucht befindlichen Bevölkerung kehrtmachen lässt und die Angriffsspitzen sofort nach Westen wirft. Die sowjetischen Truppen müssten durchbrochen werden. Die Zeit drängt, da diese täglich stärker werden. Hoßbach könnte so einen Korridor nach Westen bilden, sowohl für seine Armee als auch für die Flüchtlinge. Er ruft seine Kommandierenden Generale am 22. Januar nach Borken und spricht klar aus, dass Hitler dem niemals zustimmen wird. De facto ist dies unter den gegebenen Umständen jedoch die einzig sinnvolle Lösung. Diese so überlieferten Ereignisse müssen kritisch gesehen werden, da Hoßbach nach dem Krieg behauptet, der Grund für die Fortsetzung des Kampfes war, dass er *„die Zivilbevölkerung retten"* wollte. In der Realität ist jedoch stets die Rettung der Soldaten vorrangig. So ordnet General Reinhardt am 22. Januar an, dass *„Trecks, die auf den Hauptstraßen die Bewegungen der Truppen stören, von diesen Straßen zu entfernen* [!] *sind. (...) Es ist schmerzlich, die Lage verlangt es aber"*. Die Flüchtenden, die nichts für die von Deutschen verübten Verbrechen in der Sowjetunion können, sind nun im eigenen Land ein ärgerlicher Störfaktor. Und auch Hoßbach selbst erklärt seinen Befehlshabern: *„Die Zivilbevölkerung muss zurückbleiben. Das klingt grausam, ist aber leider nicht zu ändern, denn es geht jetzt darum, so hart es ist, nach dem Verlust Ostpreußens die dortigen militärischen Kräfte mit einiger Schlagkraft noch zur Heimat zurückzubringen."* Ostpreußen ist also von der militärischen Führung vor Ort bereits abgeschrieben.

Am 23. Januar erreichen erste Panzerspitzen der Rote Armee Elbing und drohen damit, Ostpreußen vom übrigen Reichsgebiet abzuschneiden. Einen Tag später beschließt Hoßbach auf eigene Faust mit der 4. Armee nach Westen auszuweichen und gibt die Festung Lötzen kampflos auf. Er will damit der ostpreußischen Bevölkerung den Weg nach Westen freikämpfen, in dem er die auf Elbing vorgedrungenen Angriffsspitzen des Feindes durchdringt. Er handelt eigenmächtig. Hitler wird zuvor nicht gefragt und auch nicht informiert. Als er es schließlich erfährt, explodiert er. Der Fall ist klar: *„Der Hoßbach steckt mit den Russen unter einer Decke!"* Der General wird sofort entlassen, General Reinhardt ebenfalls. Generaloberst Rendulic wird neuer Oberbefehlshaber. Jodl vergleicht den *„Verrat von Lötzen"* mit dem *„Fall Avranches"* vom August 1944, der letztlich den Verlust ganz Frankreichs einläutete. Am 25. Januar muss auf Befehl der Heeresgruppe die 546. und die 558. Volks-Grenadier-Division zur Unterstützung nach Norden in das Samland abgegeben werden.

Die Truppe leidet unter den Schneestürmen, es herrscht eine schneidende Kälte wie lange nicht, Wege und Straßen sind schneebedeckt. Endlose Trecks versuchen zu entkommen. Sobald sich die Wolken lichten, greifen sowjetische Tiefflieger die Trecks an. Tote bleiben einfach am Straßenrand liegen. Der deutsche Durchbruch beginnt am

Abend des 26. Januar. Als der Ort Sommerfeld im Nachtangriff zurück erobert wird, finden die Soldaten noch 80 Russen in den Betten der von ihnen vergewaltigten Frauen. Greise Deutsche, aber auch französische Kriegsgefangene, die zur Arbeit auf den Höfen eingesetzt sind, werden von den Sowjets erschlagen. Es sind Bilder des Schreckens. Die nationalsozialistische Propaganda charakterisiert die sowjetischen Soldaten als Vergewaltiger, die deutsche Mädchen und Frauen in unvorstellbarer Zahl schändeten, um *„das Bild der Roten Armee als einer asiatischen Horde zu verstärken"*. Es ist aber keine Propaganda, sondern Realität. Paul Laufenburg hätte, wäre Hoßbachs Idee mit dem Durchbruch nach Westen von Erfolg gekrönt gewesen, die Chance gehabt, nach Westen durchgekommen und zu überleben. So aber erreicht die Rote Armee am 26. Januar Tolkemit am Frischen Haff und Ostpreußen ist eingeschlossen. General Reinhardt befiehlt am 26. Januar ein Absetzen auf die Alle-Stellung. Noch am selben Abend wird er deshalb von Hitler seiner Funktion enthoben. Er unterstellt ihm, Ostpreußen sollte gegen seinen Willen geräumt werden. Hitler aber will das noch feindfreie Gebiet unbedingt halten, um die Bevölkerung vor dem Zugriff der Sowjets zu bewahren.

Am 27. Januar erreicht die Rote Armee Elbing. Die Falle Ostpreußen schnappt nun endgültig zu. Es gibt nur noch einen Notausgang, der in Richtung Heiligenbeil und über das zugefrorene Frische Haff führt. Die Flüchtlingstrecks rollen Tag und Nacht, ohne Rast, ohne Verpflegung. Es gibt keine NS-Volkswohlfahrt mehr, nirgendwo gibt es einen Teller heißer Suppe für die Kinder. Die NS-Funktionäre kümmern sich nicht um die Flüchtlinge und versagen völlig. Güterzüge werden oft umgeleitet, damit man sich nicht um die flüchtenden Volksgenossen kümmern muss. Hitler selbst erwägt, wie ein Beamter erklärt, auch hier eine pragmatische Lösung, nämlich die Abschiebung in das Protektorat Böhmen und Mähren: *„Der Führer ist der Auffassung, dass die Tschechen, wenn sie das Elend sehen, nicht zu Aufstandsbewegungen neigen."* Als einzige NS-Einrichtung funktioniert nur noch das Standgericht für vermeintliche oder tatsächliche Deserteure und Defätisten. Auch der weiße Tod greift sich die Menschen massenweise. Wer nicht mehr aus eigener Kraft aufstehen kann, erfriert. Der Frost macht sich zum Auftragsmörder der Sowjets. Man wickelt die kleinen Toten in Zeitungspapier, legt sie beiseite, oft zehn, zwanzig in einer Reihe. Die Bestattung übernimmt der einen halben Meter hoch liegender Schnee, der sich wie ein riesiges Leichentuch über die Landschaft Ostpreußen ausgebreitet hat (Will Berthold: „Die große Flucht").

Bei den NS-Parteifunktionären liegen die Nerven blank. Der Bürgermeister von Breslau, Wolfgang Spielhagen, wird auf Befehl von Gauleiter Hanke verhaftet und tags darauf standrechtlich erschossen, sein Leichnam in die Oder geworfen. Da die Rote Armee sich der Stadt nähert, fordern Lautsprecherwagen die Bevölkerung auf, die Stadt zu verlassen. Chaos bricht aus. Menschen werden bei dem Versuch, die letzten Züge zu erreichen, zu Tode getrampelt. Diejenigen, die keinen Zug erreichen, machen sich zu Fuß auf – bei bitterer Kälte und 50 Zentimeter Neuschnee. Erreichen Sie ein Dorf, werden die Türen meist nicht geöffnet, weil die Häuser bereits überfüllt oder verlassen sind. Kleinkinder erfrieren zu hunderten. Eva Brauns Schwester Ilse schafft es noch in einen Zug nach Berlin, wo sie Eva beim Abendessen in der Reichskanzlei über die Zustände in Breslau informiert und die Fassung verliert, als sie merkt, dass Eva nicht den Hauch einer Ahnung hat. Eva schreit zurück: *„Du bist ja verrückt, wahnsinnig. Wie kannst Du so vom Führer sprechen, der so großzügig ist und mir gesagt hat, dass ich dich einladen soll, bei ihm auf dem Obersalzberg zu wohnen!"* Die Realitätsverweigerung hat auch Hitlers Freundin mittlerweile fest im Griff.

Aufgrund der zunehmenden Flüchtlingsströme nehmen die Behörden Schätzungen vor und kommen zu dem Ergebnis, dass etwa vier Millionen Menschen in Richtung des Reichsinneren unterwegs sind. Zwei Wochen später spricht man schon von sieben Millionen. Hoßbach befiehlt die Fortsetzung des Angriffs für den 30. Januar. In der Nacht auf den 30. Januar ruft Generaloberst Rendulic Hoßbach an, um ihn einen Führerbefehl zu übermitteln: *„Der Angriff nach Westen ist sofort einzustellen! Die Panzer und Panzergrenadier-Divisionen sind nach Königsberg zur 3. Panzerarmee in Marsch zu setzen! Die 4. Armee verteidigt sich, wo sie ist!"* General Hoßbach tritt in die Führerreserve ein, ist also entlassen. Den Oberbefehl über die 4. Armee wird noch in der Nacht der aus dem Führerhauptquartier mit dem Flugzeug eintreffende General der Infanterie Friedrich-Wilhelm Müller übernehmen. Hoßbach gibt gegen 04:00 Uhr den Oberbefehl über die 4. Armee ab. Unterstützt wurde das Misstrauen Hitlers durch ein Telegramm von Gauleiter Erich Koch mit dem Tenor, die 4. Armee sei auf der Flucht ins Reich. Hoßbach versuche, sich feige nach Westen durchzuschlagen und Koch verteidige Ostpreußen mit dem Volkssturm weiter. Daraufhin verdächtigt Hitler Hoßbach, *„mit den Seydlitz-Offizieren zusammen zu arbeiten"*.

Als der Februar anbricht, haben sowjetische Truppen die Oder erreicht und stehen damit 350 Kilometer westlich von Ostpreußen. In Ostpreußen sind die Festung Königsberg, die restliche Samlandküste mit den Kreisen Braunsberg, Heiligenbeil, Preußisch Eylau und der Kreis Zinten noch in deutscher Hand. Am 10. Februar erobert die Rote Armee im Einbruchsraum Preußisch Eylau – und nach sehr schweren Kämpfen mit der 2. Fallschirm-Panzergrenadier-Division – Wittenberg, Tharau, Arnsberg, Kreuzburg, Cavern, Glauthienen, Maraunen und den Stadtwald südlich von Zinten. In den Ortschaften und auf den Straßen herrscht überall die gleiche Not. Gebäude und Gehöfte liegen voller Zivilisten, niemand weiß wohin. Die Straßen und Wege sind zugeschneit, von Wagenkolonnen verstopft, von zerbrochenen oder umgestürzten Fuhrwerken versperrt. Stundenlang müssen die Flüchtlingstrecks warten, bis es weitergeht. Erschütternde Szenen spielen sich bei Temperaturen von minus 22 Grad ab. Es ist selbst für ostpreußische Verhältnisse ein überaus kalter Wintermonat. Am diesem 10. Februar, einem Samstag, steht die 546. Volks-Grenadier-Division mit Unteroffizier Paul Laufenburg im Kessel von Heiligenbeil/Zinten. Sie sind eingeschlossen und werden heftig bedrängt, sind aber noch nicht geschlagen. In der Nacht zum 14. Februar versucht die Rote Armee, die deutsche Front zwischen Zinten und Kreuzburg von Osten her einzudrücken, aber auch hier verhindern die Kampftruppen die Absicht des Gegners. Bei dem schweren Artilleriebeschuss wird die Stadt Zinten in ein Trümmerfeld verwandelt.

Bis zum 23. Februar können die Feindeinbrüche an der Autobahn Berlin-Königsberg durch Gegenstöße wieder bereinigt werden. Die vierte Schlacht im Kreis Heiligenbeil im

Raum Zinten kostet die deutschen Verteidiger in fünf Tagen schwerster Abwehrkämpfe 22 Offiziere und 825 Mann an Unteroffizieren und Mannschaften, durchschnittlich am Tag 169 Soldaten.

Die Gefallenen können vielfach nicht geborgen werden, sondern werden binnen kurzem durch den Schneefall verdeckt und nie wieder aufgefunden. In der Nacht zum 29. Februar versuchen die Kampfgruppen auszubrechen. Nach ersten Erfolgen erlahmen die Kräfte aber immer mehr, bis sich schließlich die Verbände in kleinste Gruppen auflösen, die sich bis Domnau und Preußisch Eylau durchschlagen, ständig von russischen Verfolgungskommandos gejagt.

Die regulären Einheiten sind noch immer stark. Sie haben Disziplin und Kampfgeist, geraten nicht wie die hastig zusammengewürfelten Einheiten beim Anblick der Russen in Panik und laufen auch nicht davon. Da Feuerschein oder Rauch die Aufmerksamkeit von Scharfschützen auf sich zieht, unterlassen das die Soldaten bald. Die Rationen werden immer spärlicher. Meist bekommen sie pro Tag ein halbes steinhartes Kommissbrot, Brei oder Suppe aus der Feldküche, was meist kalt oder gar gefroren in den vordersten Linien ankommt. Ab und an gibt es Schnaps und ein *„Frontkämpferpäckchen"* mit Süßigkeiten, Kuchen und Schokolade.

Ein deutscher Leutnant schreibt an seine Braut: *„Offizier zu sein bedeutet heute, wie ein Pendel zwischen dem Ritterkreuz, einem Birkenkreuz und dem Kriegsgericht hin und her zu schwingen."* Was motiviert die Soldaten in dieser Zeit? Einer hat es beschrieben: *„Die ungeheure Angst, die hier in der Bevölkerung vor den Bolschewisten herrscht, der Aufschrei, von uns Soldaten nicht verlassen zu werden in dieser Stunde, das trifft mich und andere tief in der Seele. Irgendwie fühlen wir so etwas wie eine Verpflichtung, ihnen zu helfen. Aber wir können ja nicht. Wir erklären ihnen, dass das nicht geht, dass wir in den Kampf gehen. Alles, was uns übrigbleibt, ist ihnen zu raten, wenn die Russen kommen, in den Wald zu laufen. Die Häuser, so sagen wir ihnen, werden als erstes in Brand geschossen, das wissen wir. Wieder haben wir den Krieg gespürt bei 22 Grad minus, diesmal nicht an uns selbst, sondern deutlich und greifbar nahe am Schicksal der anderen, der armen Zivilisten."*

Die Propaganda der Bestialitäten in Nemmersdorf verfehlen ihre Wirkung nicht. Es geht nun um die Verteidigung der deutschen Menschen, der Lieben zuhause. Viele Soldaten sind sich darüber im Klaren, was sie selbst oder ihre Kameraden im Osten in den letzten drei Jahren angerichtet haben. Die Angst vor einer Gefangennahme durch die Rote Armee ist also mehr als verständlich. Friedrich Laufenburg berichtet von einer eindeutigen Aussage Pauls: *„Ich gehe nicht in russische Gefangenschaft!"* Dazu kommt die Gewissheit, die Heimat sehr wahrscheinlich niemals wiederzusehen, wenn der Krieg verloren geht. Dies stärkt trotz aller Entbehrungen und Härten die Kampfmoral. Dazu kommt, dass bei den Kämpfen und auch in den Kampfpausen, als man völlig erschöpft Kräfte sammeln muss, nicht viel Zeit zum Nachdenken bleibt. Vieles erscheint zudem unwirklich, wie in einem Alptraum. Die Pflichterfüllung ist ein automatisierter physischer und psychischer Zwang, für den es keine wirkliche Alternative gibt.

Ein Aufgeben oder gar ein Ergeben kommt für die Soldaten, auch für Paul Laufenburg, nicht in Frage. Sie sehen das Elend auf den Straßen. Hunderte von Fahrzeugen, gezogen von Pferden, die vor Hunger bereits die hölzernen Sprossen der Leiterwagen anfressen. Verzweifelte Menschen flüchten zu Fuß, auf dem Schlitten oder ziehen an einer Schnur einen Koffer mit der letzten Habe hinter sich her. Viele wanken einfach zur Seite, lassen sich irgendwo auf einem Schneehaufen nieder, als würden sie noch über ihr Leben nachdenken. Die Mütter leisten Übermenschliches. Wenn sie einen Becher Milch ergattern, wärmen sie ihn an einer Kerze im Wagen, oder sie temperieren die Milch im Mund und flößen sie schluckweise ihrem Baby ein, so wie Vögel ihre Jungen füttern. Es gibt kein Durchkommen, die Trecks müssen über Feldwege weiterziehen. Steifgefrorene Leichen werden vom Wagen hinausgeworfen. Jeder ist zu schlapp, um Platz zu machen. Wie sich die Situation zwischen Domnau und Preußlich Eylau im Februar 1945 darstellt, schildert dieser Bericht:

„Unsere Kompanie hat Versprengte aufgenommen und mit ihnen ihren Mannschaftsbestand ergänzt. Seit langem ist die Einheit wieder voll bewaffnet. Aus den Benzinlagern der Partei in Domnau, hat sich die 11. Sturmgeschütz-Abteilung, so gründlich mit Treibstoff versehen, dass sie mit aufgeschnallten Spritfässern in den Angriff (…) rollt. (…) Eine feindliche Bereitstellung in Bataillonsstärke wird an der Kirche in Bekarten östlich von Preußisch Eylau erkannt und mit Infanterie-Feuer und Artillerie zerschlagen. Die Hauptlast dieses schweren Kampfes liegt auf den Grenadieren. Die schweren Waffen können infolge Munitionsmangels fast nicht zum Einsatz kommen. Die Standhaftigkeit der Grenadiere und der wendigen Führung ist es zu verdanken, dass alle sowjetischen Angriffe vor der eigenen Linie abgeschlagen werden. Solange die Massenflucht der Zivilbevölkerung noch eine Chance hat zu entkommen, solange müssen wir die Sowjets aufhalten. Mit oder ohne Befehl, sagte unser Kommandeur. (…) An diesem Tage wurden 83 Feindtote gezählt. Auch unsere Verluste sind, durch die Härte des Nahkampfes bedingt, hoch."

Zinten muss am 25. Februar aufgegeben werden, zahlreiche Soldaten der 546. Volks-Grenadier-Division werden seit diesen Kämpfen vermisst. Viele sind in dem von Wäldern und Seen durchzogenen Gelände gefallen, *„ohne dass es von Kameraden bemerkt werden konnte"*. Ein Soldat erinnert sich:

„Nach unseren großen Verlusten zwischen Zinten und Kreuzburg bekamen wir als Ersatz eine Kompanie Soldaten aus den Schreibstuben, Küchen und Wehrmachtsbeamten. Hitlerjugend und Volkssturm hatten Straßen und Wege der Ortseingänge aufgerissen, Panzersperren gebaut und hoben jetzt noch Schützengräben aus. Keiner vom Ersatz hatte jemals ein Gewehr in der Hand gehabt, es sei denn ein Luftgewehr. Ohne geschossen zu haben, ohne militärische Ausbildung kamen sie zu uns in Uniform ohne Waffen. Dem Wahnsinn nahe, kopflos geworden, warfen viele Soldaten vom Ersatz ihre Waffe fort, sprangen aus ihren Löchern, liefen zu den Russen über. Im Glauben damit ihr Leben retten zu können, rannten sie ins offene Feuer der sowjetischen MP's [Maschinenpistolen]. *Ein Wehrmachtsbeamter im Majorsrang war längst über alle Berge"*.

Was ist über die Einheit Paul Laufenburgs bekannt? Das Zentrum für Militärgeschichte und Sozialwissenschaften der Bundeswehr in Potsdam teilt mit:

„In den geheimen Tagesberichten der Wehrmachtführung wird für den 28.01.1945 durch die Heeresgruppe Nord gemeldet, dass die 546. Volks-Grenadier-Division schon vor dem Angetreten zum eigenen Vorgehen schwer attackiert und in die Abwehr gedrängt wurde, wobei auch mehrere Einbrüche gelangen. Zuvor war es aufgrund von Wegeschwierigkeiten im Bereich Mühlhausen (heute Gwardeiskoje) im Rajon Bagrationowsk, Oblast Kaliningrad zu Verzögerungen bei der Bereitstellung gekommen. Am Folgetag griffen die sowjetischen Truppen weiter aus dem Raum Uderwangen an und konnten den Ort Mühlhausen einnehmen. Anfang Februar 1945 wird gemeldet, dass die 546. zusammen mit der Fallschirm-Panzergrenadierdivision 2 ‚Hermann Göring' in Abwehrkämpfe im Raum Kreuzburg verwickelt wurde, ihre Stellungen jedoch weitgehend halten konnte. Am 7. Februar 1945 wurde die Front der Division durch starke sowjetische Angriffe durchbrochen. Am 8. Februar 1945 wird berichtet, dass es der Division gelang, eine neue Verteidigungslinie zu errichten. Die 546. Volks-Grenadier-Division wurde schließlich im Februar im Bereich Zinten zerschlagen und die Reste an andere Einheiten abgegeben. Die Infanterie wurde in die 170. Infanterie-Division übernommen (Unterstellung der 546. Volks-Grenadier-Division im August und September 1944: XXVII, 4 Armee, Mitte Osten Litauen, ab Oktober ebenso; November XXXIX 4 Armee Mitte Ostpreußen, Dezember LV 4. Armee Ostpreußen, Januar 1945 LV 4 Armee Ostpreußen; Februar 1945 Reste XXXXI 4 Armee Nord Ostpreußens; März zur Verfügung 2. Armee Weichsel)."

Im letzten Kriegsjahr sind die Soldaten der deutschen Wehrmacht abgekämpft. Sie haben hohe, nicht mehr ausgleichbare Verluste. Neuzugänge sind durchweg viel zu schnell und schlecht ausgebildet und ausgerüstet. Die US-Army hat später ein Bild auf die Kriegsteilnehmer geworfen und stellt fest, dass die Ergebnisse der Gefechte nur möglich waren, wenn die Soldaten der deutschen Wehrmacht *„um 20 bis 30 Prozent effektiver"* sind als die der britischen und amerikanischen Kräfte, die ihnen gegenüber stehen. Rechnet man die einzelnen Soldaten gegeneinander auf – und obwohl die Wehrmacht zahlenmäßig weit unterlegen ist – so fügen die deutschen Bodentruppen den Westalliierten unter allen Gefechtsbedingungen Verluste zu, die um etwa 50% höher liegen als ihre eigenen. Dies trifft unter allen Bedingungen an der Front zu. An der Ostfront ist sogar in den Jahren der Niederlagen die deutsche Kampfwertüberlegenheit noch ausgeprägter. Der Potsdamer Militärhistoriker Rolf-Dieter Müller kommt zu folgendem Urteil: *„Im rein militärischen Sinne (…) kann man in der Tat sagen, dass der Eindruck von einer überlegenen Kampfkraft zu Recht besteht. Die sprichwörtliche Tüchtigkeit war sogar größer als bisher angenommen, weil die Überlegenheit des Gegners wesentlich höher gewesen ist, als dies damals deutsche Offiziere vermuteten."* Diese Überlegung beurteilt das Thema nicht aus emotionaler, sondern aus rein militärischer Sicht.

Im Jahre 1944 beträgt diese Überlegenheit noch immer etwa 2:1 und der deutsche Frontsoldat verursacht durchschnittlich fast acht sowjetische Verluste für einen eigenen Soldaten. Diese Zahlen müssen dem Umstand Rechnung tragen, dass die Wehrmacht zu dieser Zeit sich fast immer in der Verteidigung befindet, eine vergleichsweise höhere Beweglichkeit hat und zu diesem Zeitpunkt die deutschen Waffen besser sind als die der Roten Armee. Die Faktoren eingerechnet, ist das Verhältnis bei der Zufügung von

Verlusten mehr als 4:1 und die deutsche Kampfkraft ist im Gefecht Mann für Mann über 50 Prozent größer. Die Tatsache, dass die entscheidenden strategischen Fehler von Hitler und seinem Generalstab verursacht werden, beeinträchtigt diese nicht. Die Soldaten der Wehrmacht kämpfen ungebrochen noch Jahre weiter, nachdem alle reale Hoffnung auf einen „Endsieg" längst vergangen ist. Selbst im April 1945, so eine alliierte nachrichtendienstliche Übersicht, kämpfen die deutschen Truppen überall dort ungebrochen weiter, wo immer die örtliche taktische Lage überhaupt noch erträglich ist. Auch der israelische Militärhistoriker Martin van Creveld hat die Kampfkraft der Wehrmacht untersucht. Er kommt zu dem Schluss: *„Das deutsche Heer war eine vorzügliche Kampforganisation. Im Hinblick auf Moral, Elan, Truppenzusammenhalt und Elastizität war ihm wahrscheinlich unter den Armeen des zwanzigsten Jahrhunderts keine ebenbürtig."* Bezeichnend ist ein kurzes Gespräch zwischen Hitler und Model über die aus Hitlers Sicht nachlassende Kampfkraft seiner Soldaten. Er beschwert sich: *„Der deutsche Soldat von 1943 ist nicht mehr der des Jahres 1941."* Model stellt sich schützend vor seine Soldaten und erwidert: *„Mein Führer. Der Soldat von 1941 ist tot. Ja, er ist tot. Irgendwo in Russland gefallen. Aber der Soldat den wir heute haben ist ebenso gut. Zwischen beide geht nicht einmal eine Speckschwarte. Der Unterschied kommt daher, dass der Gegner besser geworden ist."*

Ein Mitglied des deutschen Heeres ist Unteroffizier Paul Laufenburg. Wo ist er? Die Deutsche Dienststelle (WASt) für die Benachrichtigung der nächsten Angehörigen von Gefallenen der ehemaligen deutschen Wehrmacht in Berlin meldet ihn mit dem fiktiven Datum 1. Januar 1945 im *„Raum Rozan, Brückenkopf Narew Fluss"*, als vermisst. Laut Auskunft des Deutschen Rotes Kreuzes ist er seit Februar 1945 vermisst und der Volksbund Deutscher Kriegsgräberfürsorge meldet ihn ebenfalls im Raum Rozan seit Januar 1945 als vermisst. Der Suchdienst des DRK findet weder ihn noch jemand anderes aus seiner gesamten Einheit. Es scheint, als sei diese vollständig aufgerieben worden. Es ist eine hohe Wahrscheinlichkeit, dass Paul Laufenburg bei den Kämpfen, die von Mitte Januar bis Ende Februar 1945 während des Rückzuges aus dem Raum Kolno in Richtung Preußisch Eylau – Zinten geführt worden sind, gefallen ist. Eine Vermissten- oder Todesmeldung liegt nicht vor.

Paul Laufenburg wird drei Monate vor Beginn des Ersten Weltkrieges geboren und stirbt drei Monate vor Ende des Zweiten Weltkrieges. Er wird nur 30 Jahre alt. Die Ironie der Geschichte: Sein Oberster Befehlshaber Adolf Hitler sagt am 22. April 1945 zu Keitel und Jodl, dass er – als die Sekretärinnen am 23. Oktober 1944 gegen 05:00 Uhr zu Bett gegangen sind – in der Dunkelheit seines Bunkers beschlossen hat, in der Wolfsschanze zu bleiben und an der deutschen Grenze im Kampf zu fallen, anstatt Ostpreußen zu verlassen und nach Berlin zu gehen. Doch dann hält die 4. Armee unter General Hoßbach den russischen Ansturm westlich Ebenrode und an der Angerapp auf und führt einen erfolgreichen Gegenangriff, der die Gefahr abwendet. Ausgerechnet die 4. Armee, in der auch Paul Laufenburg kämpft, ist es, die diese Erfolge erringt und Hitler von seinem Entschluss zum Selbstmord vorläufig abhält, was wiederum Paul Laufenburg und hunderttausenden anderen Soldaten und Zivilisten das Leben kosten wird.

Es ist das Verdienst seines Großneffen Michael Laufenburg, der von ihm als zweiten Vornamen den Namen Paul trägt, seine Vita vor der Vergessenheit zu bewahren und an die nächste Generation weitergeben zu wollen. Michael Paul Laufenburgs Vater Heinz Laufenburg berichtet über seinen Patenonkel immer, Paul sei *„eine Frontsau"* gewesen, eine Frontsau im wahrsten Sinne des Wortes, ein *„harter Knochen"*. Der Großvater Friedrich sagt über seinen Bruder Paul, dass dieser in der Militärhierarchie nicht weiter aufsteigen wollte, weil er seine Kameraden nicht im Stich lassen wollte. Das ist ein Verhalten, das auch Hitler im Ersten Weltkrieg nachgesagt wird. Diese Loyalität seinen Kameraden und seinen Untergebenen gegenüber ist sicher sein Hauptmotiv zum Handeln und erklärt, warum Paul Laufenburg, wie Hunderttausende andere auch, jahrelang und teils bei Eiseskälte immer wieder weiterkämpfte, stoisch, wie eine menschliche Maschine, der gar nichts anderes mehr in den Sinn kommt. Während von den Westalliierten die Kampfqualitäten der Deutschen Wehrmacht an der Westfront oft nur widerwillig zugegeben

^ *Pauls Großneffe Michael Paul Laufenburg steht symbolisch zu Ehren aller Kriegstoten mit Pauls Eisernem Kreuz auf dem Soldatenfriedhof Niersenberg in Kamp-Lintfort. (141)*

werden, ist dort fanatischer Widerstand in erster Linie bei den Einheiten der Waffen-SS anzutreffen. Anders an der Ostfront, hier ist Fanatismus unter den Wehrmachtssoldaten verbreiteter, da vom Feind weder bei den Kämpfen noch bei einer Gefangennahme Rücksicht erwartet werden kann. Es gibt in den Augen der meisten Soldaten daher nur die Möglichkeit des Weiterkämpfens, um die drohende totale Niederlage abzuwenden. Ein weiteres Motiv dürfte der Wille gewesen sein, angesichts des Flüchtlingselends und die dadurch hervorgerufene Wut, die eigene Bevölkerung, in der Regel Frauen, Kinder und Alte, vor „den Russen" zu beschützen.

Charakterlich von Pflichtbewusstsein und Verlässlichkeit geprägt, waren das für Paul Laufenburg Selbstverständlichkeiten. Die Befehle seiner Vorgesetzten nicht auszuführen, kam ihm mit Sicherheit nie in den Sinn. Er hatte einen Eid geleistet und solange der Eidträger lebt, fühlt er sich an ihn gebunden. Hitler hat es deutlich bereits vor dem Kriege ausgesprochen: *„Es kann nur einer befehlen! Einer befiehlt und die anderen müssen gehorchen! Wieso, wieso muss ich gehorchen? Wieso? Weil nur auf dem Weg etwas zu erreichen ist und weil wir Männer genug sind einzusehen, dass das, was notwendig ist, auch zu geschehen hat."* So hat auch der spätere Bundeskanzler Helmut Schmidt in einem Interview auf die Frage, warum er als Offizier bis zum Ende weiterkämpfte und die Befehle seiner Vorgesetzten nicht in Frage stellte, geantwortet: *„Ich war kein Nazi, aber Hitler war nun einmal der Oberste Befehlshaber."* Laufenburg kämpft, weil er ein Soldat ist; er kämpft um seine Selbsterhaltung, den Ruhm seiner Gruppe, seiner Kompanie, seines Regiment, für die Ehre der Wehrmacht. Er kämpft nicht wissentlich für eine Person, für die er seine Gesundheit und sein Leben riskiert: für Adolf Hitler.

Ein anderer deutscher Unteroffizier äußert im Januar 1945: *„Wir sind verloren, aber wir werden kämpfen bis zum letzten Mann."* Kapitulation würde Tod oder Kriegsgefangenschaft in einem Arbeitslager in Sibirien bedeuten. Ein anderer Soldat schreibt später: *„Wir kämpften nicht mehr für Hitler, für den Nationalsozialismus oder für das dritte Reich, nicht einmal für unsere Bräute, Mütter oder Familien, auf die in deutschen Städten Bomben fielen. Wir kämpften aus purer Angst. Wir kämpften für uns selbst, um nicht in Löchern voller Schlamm und Schnee wie Ratten verrecken zu müssen."* Der sozialistische französische Staatspräsident François Mitterrand geht ebenfalls auf das Motiv des Kampfes in seiner Rede zum 50. Jahrestag des Kriegsendes ein:

„Ich bin nicht gekommen, um den Sieg zu feiern, über den ich mich 1945 für mein Land gefreut habe. Ich bin nicht gekommen, um die Niederlage herauszustellen, weil ich wusste, welche Stärken das deutsche Volk hat, welche Tugenden, welchen Mut, und wenig bedeutet mir seine Uniform und auch die Vorstellung in den Köpfen dieser Soldaten, die in so großer Zahl gestorben sind. Sie waren mutig. Sie nahmen den Verlust ihres Lebens hin. Für eine schlechte Sache, aber ihre Taten hatten damit nichts zu tun. Sie liebten ihr Vaterland. Das muss man sich klar machen."

Es gibt nur wenige Bilder von Paul. Sein Hochzeitsbild, im Stil der Zeit selbstverständlich in Uniform mit Schützenschnur, existiert nicht mehr. Durch Zufall ist ein Foto von ihm von der Front, mit seinen Kameraden im Schützengraben, entdeckt worden. Wesentlich sind die beiden erhalten gebliebenen Porträtaufnahmen, die von großer Aussagekraft sind. Auf dem älteren Foto (siehe Seite 328) erkennen wir eine eindeutig gestellte und inszenierte Darstellung. Sein Blick ist erhoben und er lächelt, es ist von den Augen her gesehen ein echtes Lächeln. Er wirkt damit freundlich, vielleicht auch unternehmungslustig und stolz. In dem Bild geht es um den Menschen, von dem man den Kopf und die Hände erkennen kann. Mehr Raum nimmt aber die Uniform als Ganzes ein. Es ist die tadellos sitzende Ausgehuniform mit Schiffchen und dem Dienstgrad an den Schulterklappen. Er ist bereits Unteroffizier und trägt das Ordensband der Medaille Winterschlacht im Osten. Das Foto muss also nach dem 26. Mai 1942, als Hitler den Orden stiftete, aufgenommen worden sein. Die Koppelschnalle fällt auf und bildet eine Linie mit den Knöpfen, dem Kragen, Mund, Nase und dem Schiffchen. Neben der Schnalle wird der Hintergrund sichtbar. Der Mensch tritt etwas hinter der Uniform zurück. Fast genauso viel Fläche nehmen die beiden Hände ein, die den Menschen darstellen. Die rechte Hand ruht auf dem rechten Oberschenkel, auf dem Handgelenk liegt die linke Hand so auf, dass der Verlobungsring gut sichtbar ist. Obwohl das Foto inszeniert ist, strahlt es eine gewisse Natürlichkeit und Gelassenheit aus, da Mann und Uniform in keinem Widerspruch stehen, sondern sich natürlich wirkend ergänzen. Laufenburg schaut selbstbewusst in die Kamera. Die Aufnahme drückt insgesamt eine selbstsichere Ruhe und Kraft aus, die von Siegesgewissheit geprägt ist. Dies ist besonders bemerkenswert, da er zu dieser Zeit schon fast drei Jahre Krieg hinter sich hat.

Das zweite und zugleich letzte Bild (siehe Seite 330) jedoch sagt mehr als tausend Worte. Man erkennt eindeutig den Mann des ersten Bildes wieder. Laufenburg blickt nun direkt in die Kamera und damit den Betrachter an. Er wirkt trauriger, ernster, fast als sei der Blick erloschen. Durch die geschwollenen unteren Augenlider werden jedoch die Augen betont; der Blick gewinnt dadurch aber auch etwas Herausforderndes. Das Bild ist nicht sorgfältig gestellt, denn die Uniformjacke sitzt nicht mehr perfekt und wirkt vernachlässigt, die Kopfbedeckung fehlt. Die Haare sind akkurat nach hinten gekämmt und er schaut wieder in die Kamera, diesmal frontal.

Dadurch dass der oberste Knopf der Uniformjacke geöffnet ist, sieht man den Hals des Mannes, was ihm etwas Verletzliches gibt. Im gesamten Bild gibt es keine Linien mehr, so dass man als Betrachter auf Details achtet. Der Soldat hat im Gesicht rechts neben der Nase eine Verletzung oder Narbe, die neben dem Auge beginnt und sich bis zum Nasenflügel erstreckt. Der lächelnde Stolz des Mannes wurde zerbrochen, übrig blieb ein verletzter Mensch, dessen Blick nur noch ausdrückt: Ich lebe noch. Der Gesichtsausdruck und die Augen spiegeln das nur sehr schwer zu beschreibende Grauen des Krieges wider. Er wirkt desillusioniert, leblos. Aus den Augen blickt eine zutiefst traumatisierte tote Seele in einem Körper, der nur noch mechanisch funktioniert. Laufenburg ist ein Täter, aber er ist zugleich auch ein Opfer – wie alle Soldaten aller kriegführenden Mächte.

Michael Paul Laufenburg bekommt, nachdem er im Internet eine Seite (http://www.michael-laufenburg.de) für seinen Großonkel Paul eingerichtet hat, eines Tages eine E-Mail mit der Endung „ru". In ihr stehen nur drei Worte: „Paul Laufenburg tot". Der Absender der Mail ist nicht mehr ermittelbar. Irgendjemand hat durch irgendetwas, eventuell durch Fund der Erkennungsmarke, Kenntnis vom Tod Laufenburgs erhalten.

Michael Laufenburg hat Paul zu Ehren auf dem Soldatenfriedhof Pulawy nahe Lublin in Ostpolen einen Gedenkeintrag erstellen lassen.

Paul Laufenburgs Ehefrau Anni wartet vergeblich auf die Rückkehr der Liebe ihres Lebens. Erst vier Jahre, nachdem die Sowjetunion die letzten deutschen Kriegsgefangenen, die sogenannten Heimkehrer, in die Bundesrepublik Deutschland hat ausreisen lassen, gibt sie die Hoffnung auf. Am 19. Februar 1959 lässt sie ihn vom Amtsgericht Duisburg für tot erklären und richtet den Blick nach vorne. Die Spur zu ihr und ihrem weiteren Lebensweg verliert sich genau an diesem Tage. Das einzige, was von Paul Laufenburgs Leben jedoch wirklich übrig geblieben ist, ist sein Eisernes Kreuz II. Klasse mit einem Hakenkreuz in der Mitte. Ein Stück Eisen, an den Rändern versilbert, 43 Millimeter mal 43 Millimeter groß und 20 Gramm schwer. Der geschätzte Sammlerpreis liegt bei etwa 80 Euro.

Der Führerbunker – Das letzte Hauptquartier

Es gibt in den Führerhauptquartieren stets einen „Führerbunker", doch nur der nordwestlich hinter der Alten Reichskanzlei liegende Bunker ist bis heute in der Bevölkerung der Führerbunker schlechthin. Im Garten der Alten Reichskanzlei, tatsächlich aber hinter dem Auswärtigen Amt, wird ein zweigeschossiges Gebäude mit einem großen Festsaal und Wintergarten errichtet, unter dem bereits vor dem Zweiten Weltkrieg ein Luftschutzbunker angelegt wird. Am 18. Januar 1943, dem Tag, an dem Goebbels im Berliner Sportpalast den *„Totalen Krieg"* ausruft, wird der Auftrag zum Bau des Führerbunkers gegeben. Eventuell ist der nur zwei Tage zuvor stattgefundene – und bislang schwerste – Luftangriff auf Berlin der aktuelle Anlass. Der Führerbunker wird anschließend an den Luftschutzbunker gebaut und mit diesem durch eine nach unten führende Treppe verbunden. Dadurch wird der Luftschutzbunker durch den Anbau des tiefer gelegenen Führerbunkers nun zu einem Vorbunker.

Der Führerbunker steht auf einer 2,50 Meter starken Bodenplatte, hat eine Innenhöhe von 3,05 Metern und ist von oben durch eine vier Meter starke Decke aus Stahlbeton und Eisenträgern und 90 Zentimeter Erdreich geschützt. Die Innenwände haben eine Stärke von 0,50 Metern, die Außenwände von dreieinhalb bis vier Metern. In Nord-Süd-Richtung beträgt die Ausdehnung 28 Meter und in Ost-West-Richtung 30 Meter. Die Räume haben eine nutzbare Innenhöhe von 2,85 Metern. Da das Grundwasser in Berlin in etwa drei Meter Tiefe beginnt, sorgen mehrere Pumpen unablässig für das Abpumpen des um den Bunker befindlichen Wassers in die Kanalisation. Auf persönliche Anordnung Hitlers werden beim Bau des Bunkers auf die Decke Stahlträger und Stahlplatten in um 90 Grad versetzten Gruppen gelegt, die sich bei einem direkten Bombentreffer verbogen und so die Aufschlagsenergie reduziert hätten. Dadurch wird verhindert, dass sich an der Decke im Inneren des Bunkers eine sogenannte Sprenglinse bildet, die die Anwesenden verletzt hätte.

Hitlers privater Bereich nimmt mehr als ein Drittel der Nutzfläche des Führerbunkers ein. Dieser Bereich kann vom Inneren her nur durch eine Tür betreten werden. Im Vorraum zum Arbeitszimmer Hitlers und zum Schlafzimmer von Eva Braun befinden sich ein kleiner Tisch, ein Stuhl, ein Hocker, eine Standuhr und ein Garderobenständer. An ihm hängen Hitlers feldgrauer Mantel, seine Schirmmütze sowieso seine hellen Wildlederhandschuhe und die Hundeleine. Hitlers Arbeitszimmer misst 3,37 auf 3,17 Meter und besitzt je eine Tür zum Vorraum, zum Schlafzimmer und zur Toilette. Neben dem einfachen Schreibtisch (mit bronzener Lampe) rechts der Eingangstür ist das Sofa (aus Kiefernholz mit blau-weiß gemustertem Leinenstoff bezogen; das Muster wird von hell- und dunkelblauen Blumen gebildet) das größte Möbelstück im Raum (Maße: Länge 1,94 Meter, Breite 79,5 Zentimeter und Höhe 80 Zentimeter, jeweils mit Lehne gemessen, mit fünf Zentimeter breiten Armlehnen).

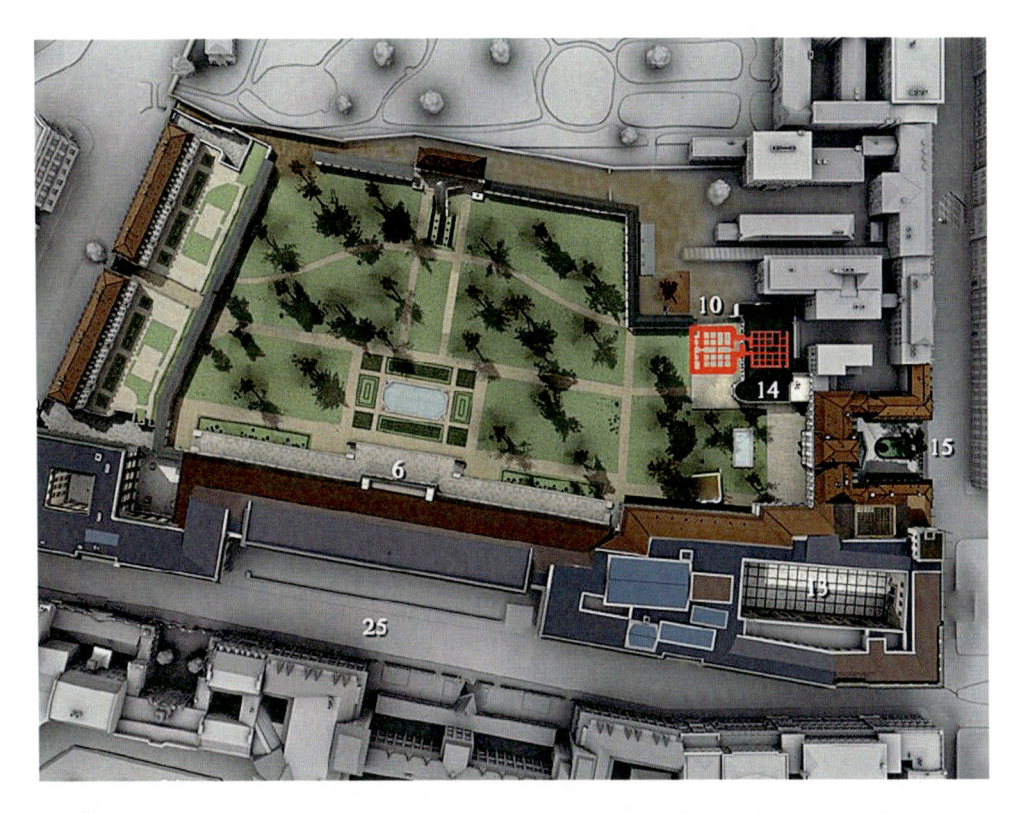

Über dem Sofa, das in der Ausführung eher an eine Sitzbank erinnert, hängt ein Stilleben, an der rechten Wand ein wertvolles Bild von Lucas Cranach und gegenüber ein Bild von Hitlers Mutter Klara. Über dem Schreibtisch befindet sich sein Lieblingsbild, welches er in seinen Hauptquartieren immer dabei hat, das Porträt Friedrichs II. von Anton Graff. Drei Sessel und rechts ein Tischchen mit einem Radio runden die Einrichtung ab. Mit 10,7 Quadratmeter ist der Raum 37 Mal kleiner als sein Arbeitszimmer in der Neuen Reichskanzlei und bildet einen denkbar deutlichen Gegensatz zu Hitlers Vorliebe für helle, hohe, lichtdurchflutete Räume. Sein letzter Arbeitsraum muss ihn an den Beginn seiner politischen Karriere im Jahre 1920 im „Sterneckerbräu" in München erinnern, der als *„kleiner, finsterer, gewölbeartiger Raum von bedrückender Enge und Stille ohne Tageslicht"* in seinem Gedächtnis verhaftet ist und der auf ihn *„mehr den Eindruck einer Gruft als den eines Büro"* vermittelt. Sein Betonwohntrakt ähnelt nach Größe und Grundriss beinahe einem Leichenkeller

^ *Porträtbild Friedrich des Großen von Anton Graff. (153)*

^ *Lageplan der Alten (15) und der Neuen Reichskanzlei mit Hitlers Arbeitszimmer (6) an der Voßstrasse (25), dem Vorbunker (14) und dem Führerbunker (10). (150)*

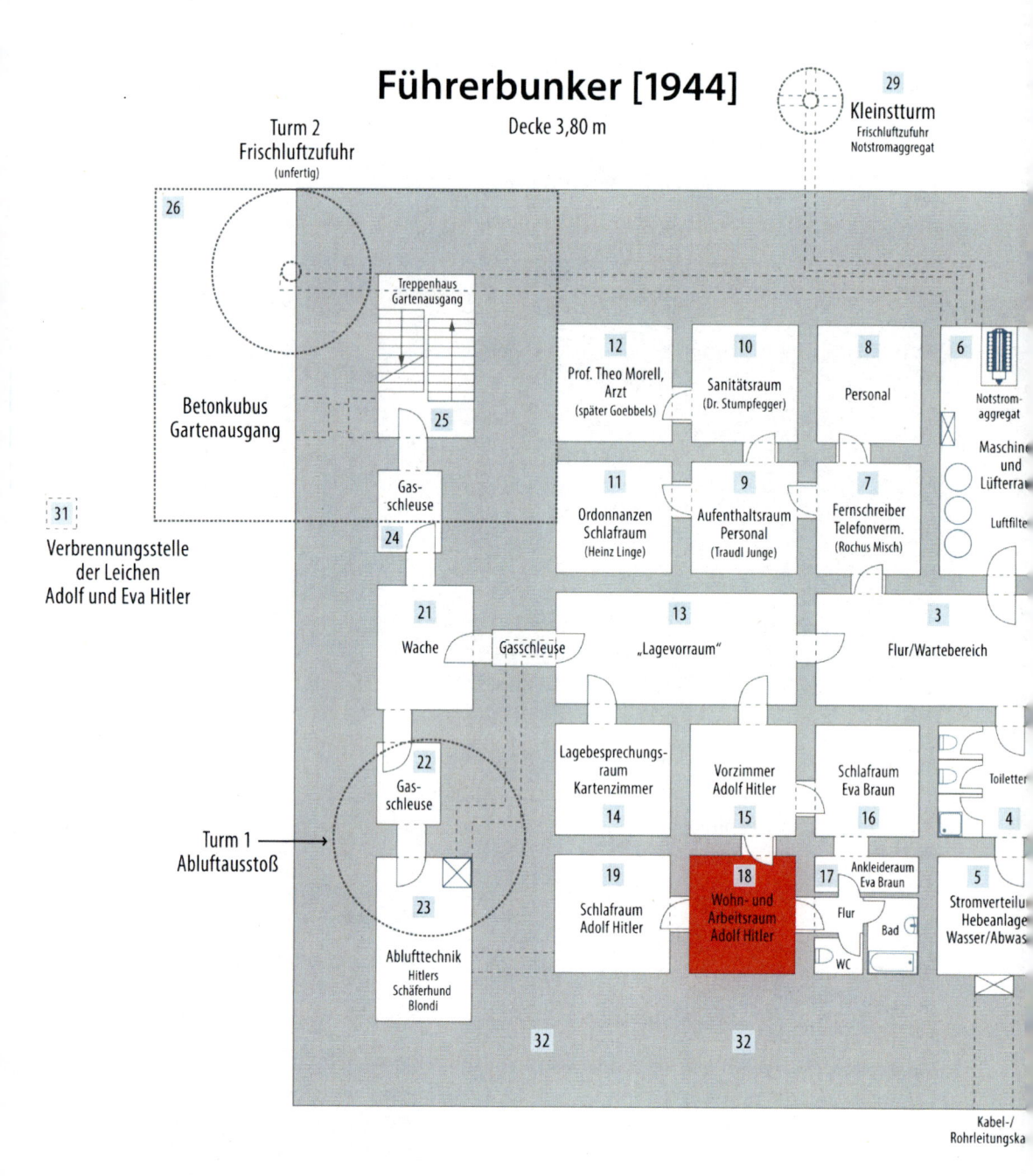

Führerbunker [1944]

Decke 3,80 m

Turm 2 Frischluftzufuhr (unfertig)

29 Kleinstturm Frischluftzufuhr Notstromaggregat

26

Treppenhaus Gartenausgang

Betonkubus Gartenausgang

25

12 Prof. Theo Morell, Arzt (später Goebbels)

10 Sanitätsraum (Dr. Stumpfegger)

8 Personal

6 Notstromaggregat

Maschinen- und Lüfterraum

Luftfilter

24 Gas-schleuse

11 Ordonnanzen Schlafraum (Heinz Linge)

9 Aufenthaltsraum Personal (Traudl Junge)

7 Fernschreiber Telefonverm. (Rochus Misch)

31 Verbrennungsstelle der Leichen Adolf und Eva Hitler

21 Wache

Gasschleuse

13 „Lagevorraum"

3 Flur/Wartebereich

22 Gas-schleuse

14 Lagebesprechungs-raum Kartenzimmer

15 Vorzimmer Adolf Hitler

16 Schlafraum Eva Braun

Toiletten

4

Turm 1 Abluftausstoß

23 Ablufttechnik Hitlers Schäferhund Blondi

19 Schlafraum Adolf Hitler

18 Wohn- und Arbeitsraum Adolf Hitler

17 Ankleideraum Eva Braun

Flur Bad WC

5 Stromverteilung Hebeanlage Wasser/Abwasser

32

32

Kabel-/ Rohrleitungskanal

Vorbunker [1935/36]
Decke 1,60 m

Grundriss des Führerbunkers und des Vorbunkers. (151)

der Auschwitzer Krematorien. Julius Schaub vergleicht den Bunker mit *"einem U-Boot, das in der Tiefe des Berliner Häusermeeres ruht"*. Auch der Lagebesprechungsraum ist mit 3,5 Mal 3,5 Metern, einem kleinen Tisch und einem Stuhl für Hitler sehr beengt. Größte Räume sind der Flur bzw. Warteraum und der Lagevorraum mit drei Mal sieben Metern.

In Hitlers Schlafzimmer stehen ein einfaches Bett, ein Kleiderschrank, ein Nachttisch und ein Tresor (1,60 Mal 0,75 Meter), in der Ecke eine Sauerstoffflasche. Über dem Nachttisch befindet sich ein Klingelknopf, mit dem er jederzeit nach seinem Diener Linge läuten kann. Da es Hitler in seinen Räumen kalt mag, muffelt der noch nicht richtig durchgetrocknete Bunker. Ständig tuckert ein 60-Kilowatt-Dieselgenerator, der eine eigene Heizung, die Wasserpumpe für den Tiefbrunnen und die permanent surrenden Ventilatoren antreibt. Unter der Haube eines Luftstutzens im Garten ist ein Mikrofon verborgen, das Geräusche von außen in den Bunker überträgt. In relativer Nähe, im Keller der Neuen Reichskanzlei, befinden sich fast 100 Räume, in denen verwundete Soldaten, bald auch Zivilisten Unterschlupf finden. Hier ist auch die Wehrmachtnachrichtenstelle mit dem Mittel- und Langwellensender untergebracht, später auch SS-Brigadeführer Wilhelm Mohnke mit seinen Soldaten.

Sven Felix Kellerhoff hat in seinem Buch „Mythos Führerbunker" diesen detailliert beschrieben. Sehr anschauliche Eindrücke vermittelt heute auch der Geschichtsbunker der „Berlin Story" am ehemaligen Anhalter Bahnhof (Schöneberger Str. 23a, 10963 Berlin), der ebenfalls im Jahre 1943 fertiggestellt wird. Darin befindet sich neben einer Ausstellung über die gesamte Geschichte Berlins und der Dokumentation „Hitler – Wie konnte es

^ *Mai 1945, Berlin, Führerbunker: Aufnahme des Lagevorraums, links die Tür zum Lageraum, geradeaus die Tür zur Gasschleuse, die in das Treppenhaus und zum Gartenausgang führt. (149)*

geschehen?" im Rahmen einer Dokumentation über den Führerbunker auch ein Modell des Führerbunkers und ein Nachbau des Arbeitszimmer Hitlers in Originalgröße mit zeitgenössischer Einrichtung. Beide Ausstellungen stoßen auf überregionales Interesse. Erst seit dem Jahre 2006 steht auf dem Areal des ehemaligen Führerbunkers, heute der Mieterparkplatz an der Gertrud-Kolmar-Straße, eine Informationstafel.

^ *5. Juli 1945, Berlin, Führerbunker: Der US-Soldat Peter Saltz aus Brooklyn (New York City) an Hitlers Bett. Links der Kleiderschrank, rechts im Vordergrund der aufgeschweißte leere Stahlschrank. (149)*

Die letzten Monate

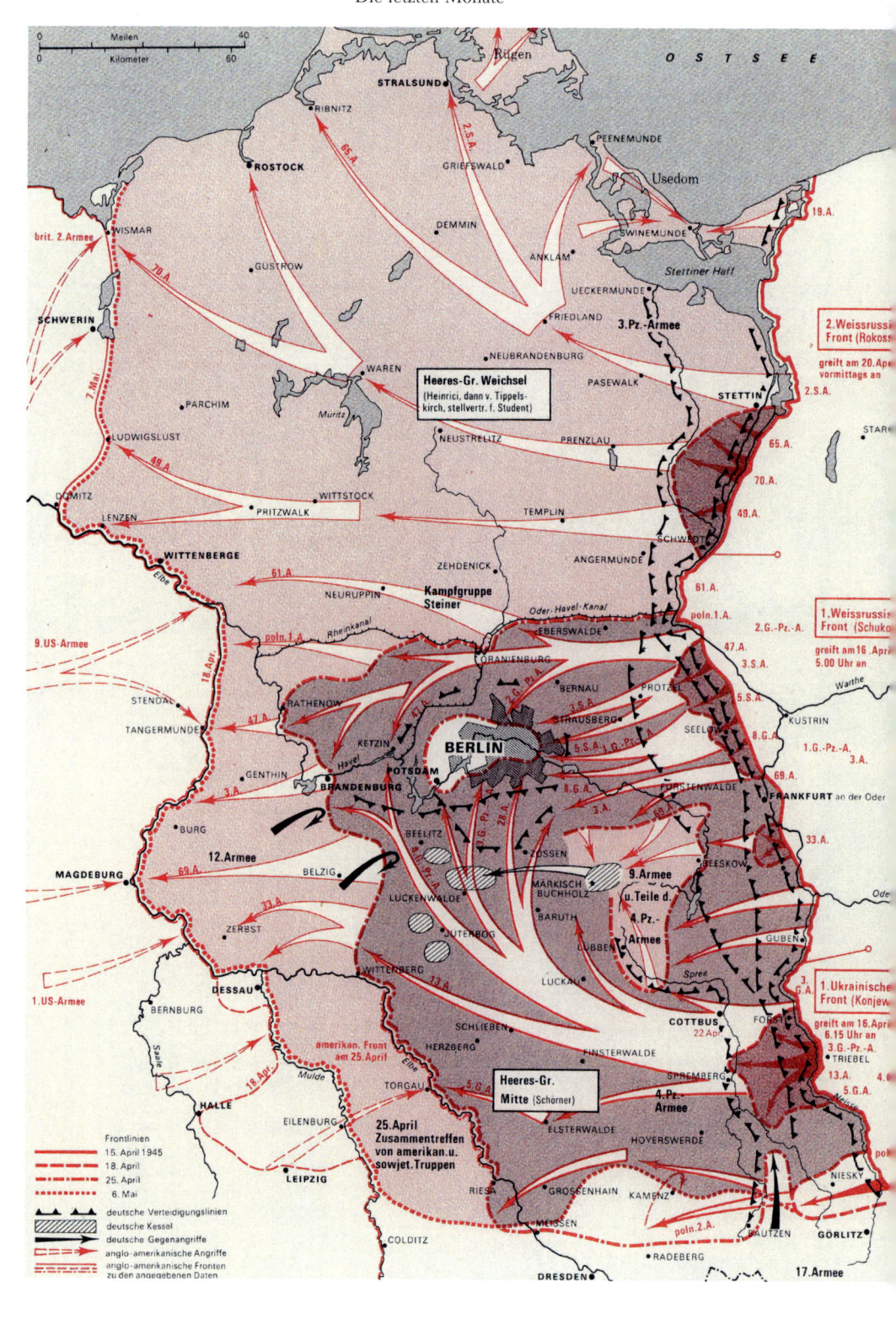

Aber dafür sind die jungen Leute doch da.
Adolf Hitler
(Diktator, 1889-1945, im Frühjahr 1945 zum Massensterben junger Offiziere an der Front)

Februar 1945 – Flucht aus der Realität

Zu Beginn des kalten Wintermonats Februar ist ein Drittel aller deutschen Streitkräfte, die sich an der Westfront im Einsatz befunden haben, aufgerieben: 60.000 Soldaten sind tot oder verwundet, 293.000 befinden sich in Kriegsgefangenschaft. Auf gegnerischer Seite stehen im Westen etwa zwei Millionen amerikanische, britische, kanadische und französische Soldaten für den Sturm auf Deutschland bereit. Unter diesen Umständen empfiehlt von Rundstedt, das Gebiet links des Rheins kampflos aufzugeben und dafür den Rhein als natürliche Verteidigungslinie zu halten. Erwartungsgemäß lehnt Hitler den Vorschlag ab. Dennoch ist sich Eisenhower nicht siegessicher, denn der US-Geheimdienst OSS hat auch bei der Ardennenoffensive versagt und diese nicht vorhergesehen. Seit Wochen geht das Gerücht von der „National Redoubt" („Alpenfestung") um.

In den Ruinen Berlins, die Stadt wird nun offiziell zur „*Festung*"erklärt, stehen Schilder mit den Aufschriften „*Unsere Mauern brachen, aber unsere Herzen nicht*" und „*Die Kriegsstadt Berlin grüßt den Führer*". Die Versorgungslage passt sich einer „*Kriegsstadt*"an: Milch wird jetzt nur noch an Schwangere und Säuglinge abgegeben. Über solche und andere Mängel, wie beispielsweise die häufigen Stromsperren und die extreme Knappheit bei Textilien und Schuhen wird aus Angst vor Denunziation kaum offen gesprochen. Wer Alteisen, Papier und Winterbekleidung für die Ostfront sammelt, bekommt Punkte. Sind einhundert Punkte zusammen, erhält man einen Bezugsschein und kann einkaufen. Ein Taschentuch erfordert zwei Punkte, ein Unterhemd bis zu dreißig, ein Rock oder Kleid manchmal bis zu fünfhundert. Die Bevölkerung muss rechnen und abwägen. Soll der „Völkische Beobachter" (10 Pfennig) gekauft werden oder doch lieber ein Ei (3 Pfennig) oder ein Liter Vollmilch (11 Pfennig)? Wer bei Dunkelheit unterwegs ist, muss sich wegen der allgemeinen Verdunklung in Brusthöhe eine Leuchtplakette anheften. Auch die

< *1945: Grafische Darstellung des Vormarschs der sowjetischen Truppen in Mitteldeutschland mit Einschließung der Reichshauptstadt. (105)*

Bordsteinkanten sind mit Leuchtfarbe gekennzeichnet. Der Alltag wird neben der schlechten Versorgungslage immer mehr durch persönliche Schicksalsschläge geprägt, wenn beispielsweise ein Familienangehöriger fällt. Briefe an ihn kommen dann von der Post zurück, abgestempelt mit dem Vermerk: *„Gefallen für Führer und Vaterland. An Absender zurück."*

Die ebenfalls zur Festung erklärte Stadt Thorn (heute Toruń/Polen) fällt am 1. Februar in sowjetische Hand. Wichtig erscheint Hitler an diesem Tag die Ernennung von Willi Stöhr zum Gauleiter der Westmark. Da die täglichen Lagebesprechungen nun, außer bei Luftalarm, in einem besseren Rahmen stattfinden als in den Baracken und Bunkern des Führerhauptquartiers, hat sich die Zahl der Teilnehmer stark erhöht. Meist beginnt die Lagebesprechung um 15:00 Uhr mit dem üblichen Ruf *„Der Führer kommt!"*, woraufhin alle den Arm zum „Deutschen Gruß" erheben, und dauert zwei bis drei Stunden. Göring, Dönitz, Keitel, Jodl, Guderian usw. müssen oft mehrfach am Tag und bzw. oder mitten in der Nacht erscheinen. Es spielt für Hitler keine Rolle, dass mehrere Teilnehmer einen teilweise langen und wegen der Luftangriffe zunehmend gefährlicheren Anfahrtsweg haben. Die Neue Reichskanzlei selbst ist beschädigt, zahlreiche Fenster sind durch Pappe oder Holz ersetzt, aber insgesamt ist das Gebäude noch voll funktionsfähig. Hitler dürfte den Weg von seiner Wohnung in der Alten Reichskanzlei durch den Flur nördlich des Ehrenhofs der Neuen Reichskanzlei, durch den Speisesaal, zwei weitere Flure nördlich der Marmorgalerie und einige Vorräume gegangen sein, um sein Arbeitszimmer durch die in der nordöstlichen Ecke vorhandenen Tür zu betreten.

Die Generalstabsoffiziere benutzen den Eingang Voßstraße 4. An jedem Durchgang stehen SS-Wachen, bei denen sich Besucher immer ausweisen müssen. In der Nähe von Hitlers Arbeitszimmer ist der Boden sauber und glänzend gebohnert, an den Wänden hängen Gemälde und es gibt Teppiche. Vor dem Vorraum werden die Offiziere von mehreren SS-Leuten in feldgrauen Uniformen empfangen und müssen ihre Waffen ablegen. Zwei SS-Leute durchsuchen die Aktentaschen auf das Sorgfältigste, eine Leibesvisitation wird jedoch nicht vorgenommen. Es wäre also immer noch möglich gewesen, eine Pistole hinein zu schmuggeln und Hitler zu erschießen. Im Vorraum stehen drei SS-Ordonnanzen, die für Erfrischungen sorgen und an der Tür zum Arbeitszimmer stehen weitere Wachen in feldgrauen SS-Uniformen. Generalstabsoffizier Gerhard Boldt berichtet im Jahre 1947 über die Umstände, in denen die Besprechungen in der Neuen Reichskanzlei stattgefunden haben:

„Bilder, Teppiche und Gobelins sind verschwunden, der Weg zum Arbeitszimmer muss auf Umwegen erfolgen. Die Mosaikhalle ist zerstört. An jedem Durchgang stehen SS-Wachen, die Räumlichkeiten um das Arbeitszimmer [Hitlers] sind gänzlich unbeschädigt. Vor dem Vorzimmer zum Arbeitszimmer stehen mehrere SS-Offiziere und mit Maschinenpistolen bewaffnete Wachmannschaften. Die Waffen müssen abgegeben werden, die Aktentaschen werden gründlich nach Sprengstoff untersucht. Nach ‚Der Führer lässt bitten' gehen die Lageteilnehmer hinter Göring der Rangordnung nach hinein. Hitler steht allein in der Mitte des großen Raumes, dem Vorzimmer zugewandt und begrüßt die meisten mit Handschlag, stumm, ohne Begrüßungsworte."

Kapitän zur See Heinz Assmann berichtet über den Eindruck, den Hitler auf ihn hinterlässt:

„Langsam, stark vornüber geneigt kommt er schlurfenden Schrittes auf mich zu. Er streckt mir die rechte Hand entgegen und sieht mich mit einem seltsam durchdringenden Blick an. Sein Händedruck ist schlaff und weich, ohne jede Kraft. Sein Kopf wackelt leicht. (...) Sein linker Arm hängt schlaff herunter und die Hand zittert stark. In seinen Augen liegt ein unbeschreiblich flackernder Glanz, der geradezu erschreckend und vollkommen unnatürlich wirkt. Sein Gesicht und die Partie um die Augen machen einen verbrauchten, völlig abgespannten Eindruck. Alle seine Bewegungen sind die eines Greises."

Unangenehme Meldungen und die bis ins Kleinste ausgearbeiteten Lagekarten und Fakten ignoriert Hitler oft: *„Hitler sagt kein Wort. Er stiert vor sich auf die Karten, als ob er nichts höre und nichts sehe. Seine Hände sind nervös ineinander verkrampft."* Auch Goebbels notiert: *„Jemand, der ihn zwei oder drei Jahre lang nicht gesehen hat, würde entsetzt sein, ihn heute wieder zu treffen. Nicht nur, daß er körperlich erschreckend gealtert und verfallen ist, daß er einen gebückten Rücken wie ein Greis hat, daß er mühsam und zittrig geht, daß ihm die Hände flattern, selbst wenn er sie in den Rocktaschen vergraben hat."* Boldt beschreibt, wie der Lagevortrag Jodls in den Formulierungen oft darauf abzielt, Hitler bei Laune zu halten, was nicht immer gelingt. Hitler fragt dann Göring: *„Wie steht es mit dem Einsatz der neuen Jagdmaschinen?"* Göring stottert verlegen, im Endeffekt spricht dann ein anderer, damit Hitler überhaupt eine Antwort bekommt: *„Mein Führer, es haben sich gewisse Produktionsschwierigkeiten ergeben, die Eisenbahnverbindungen werden immer schlechter, ich....."* Weiter kommt er nicht, denn Hitler unterbricht den Vortragenden mit einer unwirschen Handbewegung und sagt dumpf und heiser: *„Weiter..."* Hitler erhebt im Folgenden immer wieder schwere Vorwürfe gegen die Luftwaffe, weil sie die U-Boote des Feindes nicht erfolgreich bekämpft. Göring versucht seine restliche im Schwinden begriffene Reputation dadurch zu retten, indem er reihenweise Todesurteile gegen Luftwaffenoffiziere wegen Feigheit vor dem Feind, Korruption, Spionage und anderer Gründe unterzeichnet. Um die Rückführung der Truppen in Kurland gibt es Differenzen mit Dönitz. Hitler ist erregt, steht auf und geht mit hinter dem Rücken verschränkten Händen im Zimmer auf und ab. Dann dreht er sich brüsk um und sagt in sehr scharfem und lautem Ton: *„Ich habe schon einmal gesagt, dass eine Rückführung der Kurlandtruppen nicht in Frage kommt."* Und am Ende fordert er kurz und knapp: *„Ich danke Ihnen meine Herren. Bormann, bitte bleiben Sie hier."*

Um 20:06 Uhr ertönen die Sirenen. Schwerpunkt des von der RAF mit 116 Flugzeugen durchgeführten Luftangriffs ist diesmal Tempelhof und der Südosten Berlins. Die Alliierten fliegen nun verstärkt Angriffe auf die Infrastruktur, um den Nachschub zu stören. Die schwersten Schäden, bezogen auf die Einwohnerzahl, tragen nicht die Großstädte, sondern 158 Klein- und Mittelstädte. Diese werden nun bevorzugt wegen ihrer Bahnhöfe angegriffen und allein können die Betroffenen die Brände nur schwer löschen. Die örtlichen Feuerwehren, die modern ausgestattet sind, sind mit ihren Löschzügen in den Großstädten zusammengezogen worden. Dort kommen die eingesetzten Feuerwehrmänner häufig ums Leben, wenn sie nach einem Luftangriff die Verschütteten bergen und dabei selbst Opfer der zweiten Angriffswelle, von Blindgängern oder Bomben mit Zeitzündern werden. Ohne Flakschutz und ausreichenden Luftschutz muss Koblenz 37 Luftangriffe wegen seiner Mosel- und Rheinbrücken über sich ergehen lassen. Dabei werden 63 Prozent der Stadt zerstört. Die längst rechtzeitig ausgelagerte Rüstungsindustrie produziert mit voller Leistung unter Einsatz von tausenden Zwangsarbeitern weiter. Vor den Stolleneingängen der unterirdischen Produktionsstätten stapeln sich die Fertigteile. Auch die Weiterentwicklung neuer Waffen geht ungeachtet der Kriegslage weiter. Am 2. Februar erfolgt der offizielle Erstflug der „Horten H IX", der ersten Nurflügelkonstruktion der Welt. Das Flugzeug ist als Vorläufer des Tarnkappenbombers technisch gesehen revolutionär, kommt aber nicht mehr zum Einsatz.

Während Hitler mit seinen Sekretärinnen Tee trinkt, erfolgt um 03:38 Uhr am 2. Februar Luftalarm. Ziele in Treptow und Köpenick werden bombardiert. Mittags geht Hitler spazieren und hält dann Besprechungen mit General Wenck und General Burgdorf ab. Beim Lagevortrag sind Göring und Dönitz anwesend. Sowjetische Truppen besetzen zeitgleich Posen und das als Führerresidenz vorgesehene Schloss. Die Kriegserklärung von Ecuador wird an diesem Tag gar nicht erst zur Kenntnis genommen. Ebenfalls nicht in die Meldungen der Lagebesprechung gelangt das Schicksal des Offiziers Gustav Heisterman von Ziehlberg, geboren am 10. Dezember 1898 in Hohensalza. Er hat den Befehl erhalten, einen ihm unterstehenden Offizier zu verhaften – und diesen nicht ausgeführt. Daraufhin wird er vom Reichskriegsgericht wegen Ungehorsams im Felde zum Tode verurteilt und in der Erschießungsstätte Ruhrleben hingerichtet.

Die deutschen Truppen versuchen verzweifelt, sowjetische Brückenköpfe an der Oder zu zerstören. Allein ein Mörserbataillon feuert in den nächsten drei Tagen und Nächten 14.000 Granaten auf die feindlichen Stellungen. Von überall wird Verstärkung herangeführt. Selbst das Wachregiment der Division „Großdeutschland" wird nach Seelow transportiert, mangels anderer Transportmöglichkeiten mit Berliner Stadtbussen. Hitler befiehlt auch die Aufstellung einer „Panzer-Jagddivision", die sich den sowjetischen Panzerbrigaden entgegenstellen soll. Diese Truppe besteht aus Kompanien mit Hitlerjungen auf Fahrrädern, an deren Lenker jeweils zwei Panzerfäuste befestigt sind (siehe auch Bild S. 361). Abends hat Hitler noch eine einstündige Besprechung mit Goebbels, bevor er mit Eva Braun zu Abend isst und sich um 22:15 Uhr hinlegt. Über zwei Stunden später, am 3. Februar um 00:30 Uhr, lässt er sich zur Nachtlage wecken. Es folgt die obligatorische Teestunde und er geht um 04:45 Uhr schlafen. Mit der Nachtruhe ist es jedoch schon gegen 10:00 Uhr vorbei. An diesem klaren sonnigen Wintertag werden US-Bomber gemeldet, die in Formation Berlin anfliegen. Die Vermutung bestätigt sich, um 10:27 Uhr wird Voralarm gegeben und bereits um 10:39 Uhr erfolgt Vollalarm.

Hitler begibt sich aus seiner Wohnung durch sein Schlafzimmer auf die Dachterrasse über dem Speisesaal. Er geht die wenigen Meter unter freiem Himmel zum schräg rechts vor ihm liegenden Treppenhaus, vorbei an der rechts auf sein Geheiß hin erbauten Sichtschutzwand zum Auswärtigen Amt. Durch eine Tür gelangt er in das Treppenhaus. Die Treppe ist aus Stahlbeton gefertigt, mit Steinstufen und einem roten Läufer bedeckt. Er geht acht Stufen nach unten, dann knickt die Treppe zweimal nach links, einmal kürzer, einmal länger, bis Hitler an den Türen zum Großen Festsaal und zum Wintergarten vorbeikommt. Hier weist ein Schild mit einem langen roten Pfeil nach links „Zum Luftschutzraum". Eine weitere gefliese Treppe (ohne Läufer) führt nach unten. Hier angekommen, läuft Hitler um eine Wand herum und sieht vor sich ein nach rechts weisendes Schild „Zum Luftschutzraum". Durch die Türöffnung, deren grün gestrichene doppelte Stahltüren offen stehen, geht er quer über den um den Vorbunker herumführenden Kellergang. Spätestens hier, unmittelbar vor dem Haupteingang des Vorbunkers, trifft er auf weitere Schutzsuchende, die die Berechtigung haben, den Bunker aufsuchen zu dürfen. Die Stahltüren des Haupteingangs stehen ebenfalls offen. Von seiner Wohnung bis hierhin braucht er in durchschnittlichem Tempo etwa zwei Minuten.

Nachdem er den Haupteingang betreten hat, begibt er sich geradeaus die Treppe hinab und durchquert die Gasschleuse und den Wachraum. Vom Wachraum aus wendet er sich nach links in den Speiseraum, mit dem Maschinenraum der größte Raum im Vorbunker. Vom Speiseraum zweigen der Maschinenraum, die Duschen, die Küche und der Aufenthaltsraum für die Wache ab. Hitler geht geradeaus durch einen Warteraum und durch die ehemalige Gasschleuse, die nun ihre Funktion verloren hat, da sich das Treppenhaus zum Führerbunker anschließt. Hitler betritt durch einen engen Durchgang (die ehemalige Außenwand des Vorbunkers) das Treppenhaus, wendet sich nach rechts, fünf Stufen hinab, dann nach links und weitere sieben Stufen hinab. Er gelangt in den Wachraum des Führerbunkers, geht nach links und durchquert dann rechts die relativ kleine neue Gasschleuse. Er befindet sich nun im eigentlichen Führerbunker und zwar im Flur- bzw. Wartebereich. Linker Hand geht es in die Toiletten, rechter Hand befinden sich der Maschinen- und Lüfterraum mit der Luftfilteranlage und dem Notstromaggregat und eine weitere Tür führt in den Fernschreibraum und die Telefonvermittlung. Hier sitzt Rochus Misch und geht seiner Arbeit nach. Durch diesen Raum gelangt man in die nicht zu Hitlers Bereich gehörenden Räume, in denen sich Prof. Morell, Heinz Linge, Traudl Junge und weitere Personen aufhalten. Hitler muss den Flur- bzw. Warteraum jedoch geradeaus durchqueren, um endlich nach einer weiteren Türe in seinen Privatbereich zu kommen. Er wendet sich nach links und geht durch einen Vorraum in sein Wohn- und Arbeitszimmer.

Was bis zur Vorentwarnung um 12:05 Uhr (endgültige Entwarnung um 12:16 Uhr) folgt, ist der schwerste Bombenangriff auf Berlin. Die USAAF greift mit 939 Bombenflugzeugen, die von 431 Jagdflugzeugen geschützt werden, die Reichshauptstadt an. 2.267 Tonnen Bomben werden abgeworfen. Ziel ist Mitte und das Regierungsviertel, also das Zentrum zwischen Alexanderplatz und Brandenburger Tor. Der Schwerpunkt liegt um den Spittelmarkt, den Moritzplatz und das (heutige) Heinrich-Heine-Viertel. Es sind mindestens 2.540 Tote, 714 Vermisste und 1.688 Verwundete zu beklagen, 119.057 Menschen werden obdachlos. Telefon und Heizung fallen tagelang aus. Ein Auszug aus dem Bericht des OKW vom 4. Februar 1945 stellt die Lage so dar:

„Die Reichshauptstadt war am gestrigen Tage das Ziel eines Terrorangriffs der Nordamerikaner. Es entstanden vorwiegend in der Stadtmitte Schäden an Wohnhäusern und Kulturstätten sowie Verluste unter der Zivilbevölkerung. Auch im westlichen und südwestlichen Reichsgebiet trafen die Angriffe angloamerikanischer Tiefflieger und kleine-

rer Bomberverbände wieder vorwiegend die Zivilbevölkerung. Britische Terrorflieger warfen in den Abendstunden Bomben auf Orte im rheinisch-westfälischen Raum. Luftverteidigungskräfte brachten 49 angloamerikanische Flugzeuge, darunter 43 viermotorige Bomber, zum Absturz."

Der detaillierte Bericht der Hauptluftschutzstelle der Stadtverwaltung Berlin lässt das Ausmaß des Angriffs erahnen:

„Starke amerikanische Jagd- und Bomberverbände unternahmen in den Vormittagsstunden des 3.2.1945 bei klarem Himmel einen Angriff auf die Reichshauptstadt. Etwa 700 – 800 Maschinen überflogen in 4 Wellen das Stadtgebiet und warfen, zumeist in dichter Massierung, eine große Anzahl von Spreng- und Brandbomben ab. Nach den bisherigen Feststellungen sind etwa 4.000 Sprengbomben, 150.000 Stabbrandbomben, 500 Flüssigkeitsbomben niedergegangen. Der Schwerpunkt des Angriffs lag innerhalb des Stadtbahnringes. Am schwersten betroffen wurden die Bezirke Kreuzberg, Mitte, Horst Wessel, Wedding. Schadenslage im Einzelnen:

Verwaltungsbezirk Mitte. Fast in seiner gesamten Ausdehnung schwer getroffen. Die durch besonders dichte Bombenteppiche betroffenen Gebiete erstrecken sich von der Südwest-Ecke des Bezirks (Gegend Potsdamer Platz – Leipziger Platz – Hermann-Göring-Str.) in breiter Fläche nach Nordosten über die Gegend Bahnhof Alexanderplatz hinweg mit Ausläufern nach Nordwesten (Gegend Stettiner Bahnhof) und Südosten (Gegend Köpenicker Str., Melchiorstraße). Bisher 506 Gefallene [!], 141 Vermisste, 265 Verwundete. 58.000 Verpflegungsteilnehmer, davon 25.000 echte Obdachlose in 10 Sammelunterkünften.

Verwaltungsbezirk Tiergarten. Im südlichen Teil des Verwaltungsbezirks in der Gegend Potsdamer Platz – Lützowplatz sind 30 Sprengbomben niedergegangen. Mehrere Luftschutzkeller sind getroffen worden. Bisher 21 Gefallene, 24 Verwundete. 1.000 Verpflegungsteilnehmer, davon 526 echte Obdachlose in 1 Sammelunterkunft.

Verwaltungsbezirk Wedding. Ein ziemlich abgegrenztes, schwer betroffenes Schadensgebiet erstreckt sich etwa von der Mitte des Bezirks ab in nordöstlicher Richtung. Es ist durch die Seestr. (Nordwesten), Müllerstraße (Südwesten), durch den Verlauf des Nordringes (Südosten) und durch die Badstraße, Exerzierstraße und Iranische Str. (im Nordosten) begrenzt. Nach Nordosten geht ein Ausläufer in die Gegend Stettiner Straße, Prinzenallee, Soldiner Straße. Der westliche Teil des Bezirks und seine Südostecke sind von Bombenabwürfen verschont geblieben. Bisher 32 Gefallene, 32 Vermisste, 107 Verwundete. 20.000 Verpflegungsteilnehmer, davon 12.000 echte Obdachlose in 9 Sammelunterkünften.

Verwaltungsbezirk Prenzlauer Berg. Der Bezirk wurde nur in einem Teilgebiet, welches etwa von der Landsberger Allee, vom Friedrichshain, von der Bötzowstr. und von der Thorner Str. begrenzt wird, durch eine erhebliche Zahl von Spreng- und Brandbomben angegriffen. Bisher 4 Gefallene, 2 Vermisste, 3 Verwundete. 4.000 Verpflegungsteilnehmer, davon 3.370 echte Obdachlose in 4 Sammelunterkünften."

Prominentes – und wenig betrauertes – Opfer des Angriffs ist der Präsident des Volksgerichtshofes Roland Freisler. Der gnadenlose Richter (alleine im Jahre 1944 hat er 2.100 Todesurteile gefällt, mindestens sechs pro Tag) wird um 11:08 Uhr von herabstürzenden Trümmern erschlagen – wahrscheinlich als er Prozessakten retten wollte. In der Umgebung der Reichskanzlei schlagen 58 schwere Sprengbomben ein. Betroffen sind Eingangshalle, Speisesaal, Wintergarten und die Parteikanzlei. Die Bibliothek der Alten Reichskanzlei ist durch Brandbomben unbrauchbar geworden. Die Führerwohnung wird beschädigt, kann aber später wieder instand gesetzt werden. Das Arbeitszimmer der Neuen Reichskanzlei bleibt unbeschädigt. Der im Grundwasser liegende Bunker schwankt, das Licht flackert und die Kommunikationsverbindungen sowie die Strom- und Wasserversorgung sind unterbrochen. Vor der Reichskanzlei versorgt ein Wasserwagen die Bewohner. Im Garten der Reichskanzlei befinden sich tiefe Krater, umgestürzte Bäume und Trümmer blockieren die Wege. Auch der Wintergarten und der Speisesaal werden getroffen. In der Voßstraße sind Krater zu sehen, in der Hermann-Göring-Straße ausgebrannte Häuser.

Kershaw schreibt: *„Hitlers Wohnräume in der Reichskanzlei waren weitgehend ausgebrannt. Daher zog er sich nun unter die Erde zurück, er musste die anscheinend endlosen, steinernen Treppen (...) hinuntergehen. Während Hitlers Aufenthalt (...) im Westen war die Anlage massiv verstärkt worden."* Letzteres stimmt nur insofern, als dass die Decke des Vorbunkers verstärkt wird. Richtig ist, dass Hitler bei Luftalarm in den Bunker geht und sich dort auch aufhält, aber nicht nur. Der Adjutantenflügel mit dem Treppenzimmer ist unbeschädigt. Hitler isst dort bei zugezogenen Vorhängen und elektrischem Licht zu Mittag, an diesem Tag um 15:30 Uhr mit Eva Braun. Das Abendessen nimmt er dann im Arbeitszimmer des Führerbunkers ein.

^ *Die zerstörte Leipziger Straße in Berlin-Mitte. (115)*

Es gibt nun beinahe täglich Luftalarm. Zu den britischen und amerikanischen Bombern kommen die russischen dazu, die nun über Flugfelder im Osten verfügen. Dem ist so gut wie nichts mehr entgegenzusetzen. Jodl sieht sich aufgrund von Treibstoff- und Personalmangel gezwungen, die rücksichtslose Beschränkung aller Einsätze der Luftwaffe anzuordnen. Hitler hält sich bei Luftalarm selten im Vorbunker auf und kommt nach der Entwarnung sofort wieder nach oben, oft noch während des Alarms. Einmal geht er mit Joseph Graf während eines Alarms sogar ins Freie. Diesem Verhalten widerspricht der spätere Bericht von Speer, der beobachtet haben will, dass er bei nahen Bombeneinschlägen zusammenzuckt: *„Ein Wrack, ein Nervenbündel, das seine Reaktionen nicht mehr verbergen kann."* Hitler äußert: *„Das war in der Nähe, die Bombe hätte uns treffen können."* Goebbels hetzt angesichts der Zerstörungen: *„(...) ist der Bolschewismus die Kampfansage des von Juden geführten internationalen Untermenschentums gegen die Kultur an sich."*

Am 4. Februar nimmt die U.S. Army die NS-Ordensburg Vogelsang in der Eifel ein. Wichtiger an diesem Tag ist der Beginn der alliierten Konferenz von Jalta. In der Lagebesprechung versucht Hitler wieder einmal und viel zu spät mit einem Befehl über Rücktransporte aus dem Osten nach Dänemark auf die andauernde Massenflucht aus den von der Roten Armee bedrohten Ostgebieten zu reagieren: *„Zur sofortigen Entlastung der Transportlage im Reich befehle ich: Aus dem Osten des Reichs vorübergehend* [!] *rückgeführte Volksgenossen sind außer im Reich auch in Dänemark unterzubringen."* Es sind vor allem diejenigen betroffen, die von der Kriegsmarine über See transportiert werden können oder *„in den westlichen Häfen der Ostsee einschl. Stettin und Swinemünde angelandet sind und von hier mit der Bahn weiterbefördert werden müssen"*. Es ist der Beginn der Massenvertreibung der deutschen Bevölkerung aus den außerdeutschen Gebieten und den östlichen Reichsteilen. Ein weiteres Problem sind die vielen Fremdarbeiter und Kriegsgefangenen, die im ganzen Land untergebracht sind, sie stellen etwa ein Viertel aller Beschäftigten und bieten damit ein Sicherheitsrisiko. Um für den Fall innerer Unruhen die Sicherheitslage zu gewährleisten, werden Anweisungen zur Verteidigung des Regierungsviertels herausgegeben: *„Führerbefehl: Verteidigung der Reichskanzlei bei inneren Unruhen."* Obwohl diese Unruhen nicht ausbrechen, werden jetzt schon als reine „Vorsichtsmaßnahme" regelmäßig Zwangsarbeiter sowie Insassen von Strafanstalten und Konzentrationslagern massenhaft exekutiert.

Hitlers Nerven sind angespannt und Görings Anwesenheit im engen Bunkerraum nervt ihn. Göring und sein Adjutant Dr. Ramon Ondarza verwenden zu starkes, nicht zueinander passendes Parfüm. Hitler äußert gereizt zu Göring: *„Sagen Sie diesem Ondarza, diesem stinkendem Sündenpfuhl, er solle so parfümiert mein Haus nicht betreten."* Als Guderian Einzelheiten über die Stärke der russischen Armeen vorträgt, erwidert Hitler nichts, sitzt eine Zeit lang still auf seinem Stuhl und rührt sich nicht. Dann steht er langsam auf, geht einige schleppende Schritte und blickt ins Leere. Plötzlich bleibt er stehen und verabschiedet die Offiziere *„sehr schnell und sehr kühl"*. Anderen gegenüber ist er freundlicher. Reichsaußenminister von Ribbentrop kommt mit seinem Sohn, dem Chef des Panzerregiments der SS-Division „Hitlerjugend", SS-Hauptsturmführer Rudolf von Ribbentrop, vom Reichsaußenministerium die Wilhelmstraße hinunter zur

Reichskanzlei. Ribbentrop geht in den Führerbunker, sein Sohn wird später dazu geholt. Unvermittelt sieht der sich dann Hitler gegenüber, der ihn in einer für ihn typischen Geste mit beiden Händen an seine Rechte greift und schüttelt. Er äußert sich lobend über seine Division. Rudolf von Ribbentrop ist entsetzt über Hitlers Erscheinung, er hat ihn fünf Jahre lang nicht gesehen. Hitler fängt ungefragt an, über Generalfeldmarschall Erich von Manstein zu sprechen, den er selbst entlassen hat. Er erklärt, dass von Manstein sein *„bester Kommandeur"* gewesen sei, der aber *„eine zum Laufen gekommene Truppe nicht zum Stehen bringen"* könne. Dann wechselt er wieder zur Gegenwart und behauptet, dass nun *„jeden Tag ein neues Regiment"* an die Front geworfen werden wird. Eine Behauptung, von der der zwar junge, aber erfahrene SS-Offizier sofort weiß, dass es schon rein logistisch unmöglich ist, Derartiges durchzuführen.

Nach dem Abendessen mit Eva Braun zieht sich Hitler um 21:45 Uhr mit Bormann zurück. Er führt mit ihm ein erstes von mehreren längeren Gesprächen, die später unter dem Titel „Die Bormann-Diktate – Hitlers politisches Testament" veröffentlicht werden. Sie sind nicht unumstritten, da weder das Original noch eine Kopie des Originaldokuments existieren und die Aufzeichnungen letztlich eine *„Rückübersetzung ins Deutsche aus dem Französischen, durchgeführt durch einen Holländer und geschrieben zwischen den Zeilen eines zweiten deutschen Textes in der Handschrift von Francois Genoud"* darstellen. Dennoch beinhalten die Texte die bekannten Denkweisen und Ansichten des Diktators. Auch an diesem Abend beherrscht das Thema Judentum sein Denken: *„Mein unerschütterlicher Wille, das Weltjudentum und seine Macht in ihren Wurzeln auszurotten (...)."* Und er freut sich, denn *„wie auch immer dieser Krieg ausgehen mag, das Ende des britischen Weltreiches lässt sich heute mit Sicherheit voraussagen"*. Damit sollte er Recht behalten. Natürlich ist nicht er der Kriegstreiber, sondern seine Gegner, die von den Juden dazu aufgestachelt werden: *„So waren wir zum Krieg verurteilt. Das einzige, was ich noch selbst bestimmen konnte, war die Wahl des günstigsten Augenblicks. Ein Zurück aber gab es für uns nicht."*

Zur selben Stunde und am nächsten Tag wird Heilbronn erneut angegriffen, die Stadt ist mittlerweile zu 82 Prozent zerstört. Ein Bombenangriff vernichtet am 5. Februar auch das Gebäude des Berliner Volksgerichtshofes. Hitler ordnet daher zwei Tage später an, den Volksgerichtshof nach Potsdam auszulagern und die für Hoch- und Landesverrat zuständigen Senate nach Bayreuth zu verlegen. Des Weiteren befiehlt Hitler die Androhung der Sippenhaft für Angehörige von deutschen Kriegsgefangenen, die dem Feind gegenüber Angaben über die Truppenstärke ihrer Einheit und andere Informationen preisgeben. Die meisten deutschen Soldaten in Kriegsgefangenschaft geben keine derartigen Angaben weiter. Nicht wenige werden auf dem Weg in das Kriegsgefangenenlager, besonders von Soldaten der Ersten Polnischen Armee, unterwegs erschossen.

An diesem 5. Februar empfängt er Speer und Saur im Arbeitszimmer der Kanzlerwohnung, um über eine erneute Denkschrift Speers zu reden. Er wird dabei sehr deutlich: *„Sie können mir zwar schreiben, wie Sie die Lage in der Rüstung beurteilen, aber ich verbiete es Ihnen, irgendwem sonst darüber Aufschluss zu geben. Es ist Ihnen auch nicht gestattet, von dieser Denkschrift jemandem eine Abschrift zu geben. Was aber Ihren letzten*

Absatz betrifft [hier wird die Stimme schneidend und kühl] *so etwas können Sie auch mir nicht schreiben. Diese Schlussfolgerungen hätten Sie sich sparen können. Sie haben es mir zu überlassen, welche Konsequenzen ich aus der Rüstungslage ziehe!"* Als sich Hitler um 22:15 Uhr zurückzieht, er schläft mittlerweile im Bunker, feiert Eva Braun in der Nacht zum 6. Februar in ihrem Wohnzimmer im ersten Stock der Alten Reichskanzlei ihren 33. Geburtstag.

Eventuell noch beeindruckt vom Bombenangriff vor drei Tagen spricht Hitler bei Bormann am 6. Februar davon, dass es *„fünf Minuten vor Zwölf"* sei: *„Die Lage ist ernst, sehr ernst, sie scheint sogar verzweifelt."* Aber schnell fängt er sich wieder: *„Nur solange man kämpft, besteht Hoffnung."* Dann bemüht er den spartanischen König Leonidas I. und spielt auf die Schlacht bei den Thermopylen (480 vor Christus) und die Niederlage Spartas an: *„Und wenn allen verzweifelten Anstrengungen zum Trotz das Schicksal es will, dass wir noch einmal im Laufe unserer Geschichte von übermächtigen Gegners erdrückt werden, dann wollen wir aufrechten Hauptes und in dem stolzen Gefühl untergehen, dass kein Flecken den Ehrenschild der deutschen Nation trübt."* Hoffnung gibt ihm sein Vorbild: *„Wie der große Friedrich, so stehen auch wir einer Koalition mächtiger Feinde gegenüber. Aber auch Koalitionen sind Menschenwerk, gehalten von dem Willen weniger einzelner."* Außerhalb dieser Scheinwelt trifft die Meldung von Generaloberst Walter Weiß, Oberbefehlshaber der 2. Armee, ein: Elbing in Ostpreußen sei nicht länger zu halten. Für Hitler sind das keine Tatsachen: *„Der Weiß lügt wie alle Generale!"*

Am 7. Februar spricht der höchstdekorierte Hans-Ulrich Rudel mit Speer über die Lage. Speer äußert sich hierbei – im Gegensatz zu seinen Nachkriegsäußerungen – *„hymnisch über Hitler"* und ist überzeugt: *„Wenn überhaupt jemand, kann nur Hitler die Lage noch meistern."* Er glaubt mit Sicherheit selbst nicht mehr an das, was er sagt. Der so Gelobte hat derweil eine lange Besprechung mit dem General der Waffen-SS Karl Wolff. Wolff behauptet nach dem Krieg, er hätte Hitler hierbei auf *„die in der Zwischenzeit konkret gewordenen Friedensfühler der Alliierten aus der Schweiz"* hingewiesen. Hitler nimmt das angeblich zur Kenntnis und spricht kein Verbot aus. Daraufhin beginnt Wolff in der Schweiz mit dem US-Politiker John Foster Dulles mit Geheimverhandlungen. Hitler weiß dagegen, dass es einen Frieden mit ihm zu seinen Lebzeiten niemals geben wird. Das weiß auch einer der intelligentesten NS-Führer, Joseph Goebbels, der durch diverse Maßnahmen unermüdlich an der Verlängerung des Krieges arbeitet und im Jahre 1945 durch öffentliche Auftritte und Artikel das eigentliche „Gesicht" des NS-Regimes darstellt. Er verbreitet Siegesgewissheit und Optimismus, wo und so oft er nur kann, aber seiner Frau gegenüber gibt er zu: *„Ja, Süßing, wir sind fertig, ausgeblutet, am Ende. Da hilft alles nichts."*

Nach einem Spaziergang mit Himmler schenkt Hitler nachmittags Generalfeldmarschall Hugo Sperrle zu dessen 60. Geburtstag ein Gemälde des Genremalers Eduard von Grützner im Wert von 95.000 RM (heute etwa 1,4 Millionen Euro). Es ist das letzte Geschenk in einer langen Reihe von Zuwendungen an die militärische Elite, die diese immer sehr gerne entgegengenommen hat. Vor dem Anschauen der neuen Wochenschau findet noch eine Besprechung mit Gauleiter Koch, Guderian und General Wenck statt. An der Oder beginnt das Eis zu tauen. Hitler lässt dies durch Eisbrecher und Sprengungen beschleunigen, um dem Feind einen Übergang zu erschweren. Am 8. Februar ist die unmittelbare Gefahr für Berlin vorerst einmal abgewendet. Trotzdem werden wichtige Führungsstellen der Wehrmacht aus der Reichshauptstadt ausgelagert und Vorbereitungen für die Reichsministerien getroffen, im Notfall sofort folgen zu können. Bormann bereitet für Hitler einen Ausweichgefechtsstand in Schloss Stolpe auf der Insel Usedom zwischen Stettin und Stralsund vor. Bereits im Jahre 1941 will Bormann auf dem Reiherberg in der Feldberger Seenlandschaft eine Führerresidenz errichten. Aus beiden Plänen wurde nichts. In Schweizer Zeitungen erscheint an diesem Tag die Nachricht, dass Himmler zwei Tage zuvor 1.200 im KZ Theresienstadt eingesperrte Juden in die Schweiz hat ausreisen lassen. Er hat sie für 1.000 Dollar pro Kopf verkauft, auch um sich bei den Westmächten in einem besseren Licht dastehen zu lassen. Als Hitler davon erfährt, ordnet er wutentbrannt an, dass jeder Deutsche, der Juden zur Flucht verhilft, sofort hingerichtet wird. Himmler hebt daraufhin eilig alle Erleichterungen für Juden wieder auf.

Um 21:45 Uhr lässt Hitler seinen Friseur kommen. Nach dem Haarschnitt und dem Stutzen des berühmten, zunehmend ergrauten Bartes will er sich ablenken und lässt Prof. Giesler anrufen: *„Wann ist das Modell* [der Neugestaltung von Linz] *fertig, wann können Sie es dem Führer vorlegen?"* Prof. Giesler interpretiert diese Versessenheit nach dem Krieg so: *„Es ging ihm (...) nur um die Gestaltung. (...) Er wollte durch Konzentration auf eine schöpferische Arbeit Abstand gewinnen, um der Klarheit militärischer Entscheidungen willen."* Ablenkung ist auch dringend notwendig, denn im Raum Kleve am Niederrhein beginnt die zweiwöchige, erbittert geführte Schlacht im Reichswald zwischen der 21st Army Group der USA und Verbänden der deutschen 1. Fallschirm-Armee. Im Verlauf der Schlacht fallen über 10.000 alliierte und deutsche Soldaten. Auch die Zivilbevölkerung erleidet schwere Verluste. Die Schlacht bildet den Auftakt des Rheinfeldzuges, der bis zum 10. März auf der ganzen Länge des westlichen deutschen Rheinufers zur Vertreibung der deutschen Truppen führen wird. Am 8. Februar beginnt dann auch die britische Offensive am Unterrhein. Die 1. Kanadische Armee greift südlich von Nijmwegen an, kommt aber aufgrund des harten Widerstands, der in heftige Kämpfe ausartet, nur langsam voran. Zeitgleich greift der sowjetische Marschall Iwan Stepanowitsch Konew über die Oder hinweg an. Ziel seines Großangriffs ist die Einschließung von Breslau. Die Gleichzeitigkeit der Offensive deutet auf eine gezielte Absprache zwischen den Verbündeten der Anti-Hitler-Koalition hin.

^ *Hitlerjungen mit Fahrrädern und Panzerfäusten vor dem Kampfeinsatz im eingeschlossenen Breslau. (115)*

Während die Zeitungen noch immer Artikel über den gescheiterten Attentatsversuch vom Juli 1944 bringen – Tenor: die Soldaten stehen bedingungslos hinter dem Führer – fällt an diesem Tag der kleine Ort Schmidt in der Nordeifel endgültig, womit die Kämpfe im Hürtgenwald enden. Die Schlacht im Hürtgenwald wird als Reihe von drei Abwehrschlachten der Wehrmacht gegen die US-Army in die Geschichte eingehen. Die Kämpfe zählen zu den schwersten Kämpfen des Zweiten Weltkrieges überhaupt. Beteiligt waren auf alliierter Seite etwa 32.000 Soldaten und auf deutscher Seite etwa 28.000 Soldaten. Auf beiden Seiten fallen jeweils etwa 12.000 Mann. Die Schlacht gilt – nach der Einnahme von Aachen – als erste größere Feldschlacht der Amerikaner auf deutschem Boden überhaupt, wird als längste Schlacht der US-Army bezeichnet und hinsichtlich der Verluste mit der Schlacht von Gettysburg im Jahre 1863 verglichen. Militärisch betrachtet war der Versuch der U.S. Army, die Eifel zu durchqueren, eine Katastrophe und ist nur schwer nachvollziehbar. Die Topographie bevorteilt die Verteidiger massiv, ein effektiver Einsatz von gepanzerten Truppenteilen ist in den dichten Wäldern und auf den engen und steilen Wegen fast unmöglich. In den Generalstabslehrgängen der US-Armee wird diese Schlacht bis heute als *„Verdun in der Eifel"* und als *„größtes Desaster der amerikanischen Truppen im Zweiten Weltkrieg"* bezeichnet.

Hitler sitzt bis weit in die Nacht mit Bormann, Speer, Prof. Giesler, dem Ehepaar Fegelein und Eva Braun beim Tee zusammen. Die Kriegserklärung von Paraguay hat er kaum zur Kenntnis genommen. Dann ist es endlich soweit, das Warten hat sein Ende. Das Modell der Neugestaltung von Linz, aus Gips und Sperrholz hergestellt, ist fertig. Prof. Giesler führt Hitler um 04:00 Uhr am 9. Februar stolz durch den etwa 60 Meter langen unterirdischen Verbindungsgang zwischen dem Vorbunker und den Bunkern unter der Neuen Reichskanzlei (dem sogenannten Kannenberggang) in einen großen, hell getönten Kellerraum unter der großen Halle der Neuen Reichskanzlei, in dem das Modell aufgestellt ist. Hitler steht lange, überwältigt vom Gesamteindruck, davor. Dann schaut er mit ernstem Gesicht Prof. Giesler an, geht zu Modellbauer Mehringer und dankt ihm für seine Leistung. Hitler setzt sich und das Modell wird auf einen Sonnenstand von Nachmittag eingestellt, so dass das Scheinwerferlicht den Stadtteil Urfahr (in dem Hitler einst gelebt hat) und die Neubebauung, wie sie von seinem geplanten Alterssitz aussehen würde, anstrahlt. Prof. Giesler erlebt Hitler, der sich dort zwei Stunden aufhält, *„lange schauend und ernst, wie nie zuvor, entrückt und bewegt zugleich"*. Es ist eine Flucht aus der Realität und in die Simulation. Dieses Sichversenken in eine nach seinen Vorstellungen gestaltete Architekturvision ist Ausdruck seiner Passion für die Baukunst und zeugt zugleich von seinem Bestreben, die reale Welt maßstabsgetreu zu verkleinern. Wie Hitler sein Wunschbild vom Kriegsgeschehen auf die Karte projiziert, so bewegt er sich in seiner Phantasie nun in einer idealen Stadtlandschaft und saugt den Raumeindruck förmlich in sich ein, um die brutale Realität ausblenden zu können.

Mit diesen lange herbeigesehnten Eindrücken geht er schlafen und lässt sich um 12:00 Uhr wecken. Eine seiner Lieblingsstädte, Weimar, wird in dieser Stunde bombardiert. Das Hydrierwerk Pölitz, die letzte Treibstoffquelle für die Luftwaffe, wird bereits in der Nacht zuvor zerstört. Eine Stunde später kommt Prof. Morell. In diesen Tagen bekommt

Hitler nur jeden zweiten Tag eine Injektion. Er nimmt zweimal täglich Medizinalwein, Pepsinwein oder Pepsintabletten als Verdauungshilfe ein, ab dem 15. Februar reines Vitamin B. Nach dem Spaziergang gibt es um 14:10 Uhr ein vorläufig letztes Mittagessen mit Eva Braun. Sie kehrt mit ihrer Schwester Ilse auf Wunsch Hitlers mit dem Zug nach München bzw. den Obersalzberg zurück. Schon um 19:15 Uhr zieht es Hitler erneut zum Linzer Modell. Er betrachtet die geplanten Bauten, die Konzerthalle für 35.000 Menschen, den 160 Meter hohen Glockenturm mit dem Grab seiner Eltern in der Krypta, den neuen Stadtkern, die Prachtstraße vom Bahnhof zur Stadtmitte, das Kunstmuseum, die neue Oper, die Bibliothek. Er redet dabei vom Wiederaufbau von Linz nach dem Krieg. Prof. Giesler später: *„Gleich zu welcher Zeit, ob Tag oder Nacht, sobald sich ihm in diesen Wochen die Möglichkeit bot, saß er vor dem Modell. Am längsten verweilte er in der Betrachtung des linken Stromufer-Prospektes, der Bebauung des Stadtteils Urfahr. Von der Linzer Seite sah er die wie von der Sonne beleuchteten Fassaden."* Das Modell wird von Hitler nun von der Blickrichtung aus betrachtet, wie sich die Stadt an der Donau von seinem geplanten Alterssitz darbietet. Er erscheint immer *„gleich nachmittags nach dem Mittagessen und in den Nachtstunden"*. Zunächst gibt es ein *„langes versunkenes traumhaftes Schauen zu Beginn, dann eine Unterhaltung über Details"*.

Der Samstag, 10. Februar, beginnt gegen 00:55 Uhr mit einer neuen menschlichen Katastrophe. Das mit etwa 2.800 Verwundeten, etwa 900 Flüchtlingen, medizinischen und anderem Personal übervoll besetzte Passagierdampfschiff „Steuben" wird südlich der Stolpe-Bank auf der Höhe von Stolpmünde in der Ostsee von zwei sowjetischen Torpedos getroffen und sinkt innerhalb von nur etwa 15 Minuten. Beim Untergang kommen der

^ *9. Februar 1945, Berlin, Neue Reichskanzlei: Hitler betrachtet das Modell der Urfahrseite der neuen Donauuferbebauung. Im Hintergrund die Linzer Altstadt mit dem Schloß, im Vordergrund das Kdf-Hochhaus-Hotel, rechts die Halle der Volksgemeinschaft mit Turm, in dessen Krypta Hitlers Eltern ruhen sollen. (165)*

größte Teil der an Bord befindlichen Personen in den eiskalten Fluten ums Leben, nur etwa 660 Schiffbrüchige können vom Begleitschiff des Transporters und einem zu Hilfe kommenden Boot gerettet werden. Bis zu 4.200 Menschen verlieren bei der drittgrößten Schiffskatastrophe der Geschichte ihr Leben. Es ist nicht überliefert, wie Hitler auf diesen Untergang reagiert. Bekannt ist, dass er drei Stunden später bereits wieder beim Linzer Modell weilt. Als der in Linz geborene Ernst Kaltenbrunner alarmierende Nachrichten über die Kampfmoral der eigenen Truppen meldet, zieht ihn Hitler in den Modellraum, beschreibt den Neuaufbau der Stadt und spricht von der Gründung einer „Medizinischen Akademie". Er manipuliert Kaltenbrunner: *„Mein lieber Kaltenbrunner, glauben Sie, dass ich Ihnen so von diesen Plänen sprechen könnte, wenn ich nicht im tiefsten Herzen felsenfest überzeugt wäre, dass wir den Krieg gewinnen."* Es ist der Tag, an dem Elbing, wie von Generaloberst Weiß vorhergesagt, von der Roten Armee eingenommen wird.

In der Lagebesprechung, auch Himmler ist anwesend, gibt es erneut Differenzen mit Guderian. Guderian möchte in einer Zangenbewegung, die südlich von Berlin und aus Pommern vormarschieren soll, die sowjetischen Angriffsspitzen einkesseln. Die eingeschlossenen Truppen in Kurland und die in Norwegen und Italien will er darüber hinaus zurückholen, um sie gegen die Rote Armee einsetzen zu können. Als Hitler diese Idee ablehnt, platzt dem geduldigen Guderian der Kragen: *„Glauben Sie nicht, dass mich meine Dickköpfigkeit verleitet, Ihnen immer wieder die Räumung Kurlands vorzuschlagen. Ich sehe keine andere Möglichkeit mehr, uns Reserven zu verschaffen, und ohne diese können wir die Verteidigung der Reichshauptstadt nicht führen. Ich tue das wirklich nur für Deutschland."* Damit hat er das Unwort *„Räumung"* ausgesprochen und Hitler direkt angegriffen. Dieser läuft rot an, springt zitternd auf und brüllt ihn an: *„Wie können Sie mir so etwas sagen? Glauben Sie, ich kämpfe nicht für Deutschland? Mein ganzes Leben ist ein einziger Kampf für Deutschland!"* Vielleicht ist Hitlers schlechte Laune an der Eskalation schuld, denn zuvor hat Prof. Morell bei ihm mit einer sehr dicken Nadel erfolglos einen Aderlass versucht. Obwohl der Blutdruck nur 154 mmHg beträgt, hat Hitler diesen ausdrücklich gewünscht. Als er sich wieder beruhigt hat, telefoniert Hitler um 21:10 Uhr mit Eva Braun und erkundigt sich, ob die Reise gut verlaufen ist. Telefonist Rochus Misch hört manchmal in das Gespräch hinein, um die Verbindung zu prüfen.

Die ungarische Hauptstadt Budapest, seit Weihnachten 1944 vom 9. SS-Gebirgskorps unter General der Waffen-SS Karl Pfeffer-Wildenbruch und dem 1. ungarischen Armeekorps unter Generaloberst Iván Hindy (zusammen 70.000 Soldaten) hartnäckig verteidigt, fällt am 11. Februar, nachdem drei Entsatzversuche gescheitert sind und Hitler am Vortag jede Anfrage zu einer Kapitulation der verbliebenen Truppen abgelehnt hat. Die Belagerung von Budapest war einer der längsten und blutigsten Stadtkämpfe des Zweiten Weltkriegs. Bei einem Ausbruchsversuch erreichen nur 785 Mann die rückwärtigen deutschen Linien. Plünderungen, sinnlose Zerstörungen und Vergewaltigungen durch die Rote Armee beherrschen nun auch den Alltag in Budapest. Die sowjetischen Truppen stoßen nun fast ungehindert in Richtung Wien vor. Hitler ist wütend, in der Lagebesprechung kritisiert er erneut seine Mitarbeiter und Guderian, dem er sein Gespräch mit Ribbentrop vom Januar noch immer nicht verziehen hat:

„Jeder Defätismus ist in einer solchen Lage glatter Verrat. Auch solche Besprechungen, wie sie neulich der Generaloberst Guderian mit Ribbentrop führte, sind nichts anderes (…). Gerade von meinen Mitarbeitern muss ich verlangen, dass sie umso fester zu mir stehen, je gefährlicher die Krise wird. Man muss sich darüber klar sein, was das heißt, wenn ich jeden armen Arbeiter, der in einem Luftschutzbunker defätistische Äußerungen tut, ins KZ bringe oder aufhängen lasse! Das gleiche geschieht mit einem Soldaten, der die Nerven verliert und ausreißt. Da hören jetzt alle falschen Rücksichten auf! Von Ihnen muss ich mindestens eben so viel verlangen. Diese Brunnenvergiftung muss aufhören!"

Der 12. Februar bringt Deutschland die Kriegserklärung von Peru. Deutlich schwerwiegender sind massive Bombardierungen der Verkehrsverbindungen im gesamten Reichsgebiet. Hitler lässt sich gleich nach dem Frühstück 230 Kubikzentimeter Blut abnehmen, wieder auf seinen Wunsch, denn eine medizinische Notwendigkeit besteht noch immer nicht. Seine rechte Hand zittert dabei stark. Danach ordnet er an, dass *„alle verfügbaren Frauen und Mädchen"* zum Hilfsdienst für den Volkssturm aufgerufen werden. Um 19:00 Uhr hat er eine Besprechung mit Goebbels, die *„im großen Arbeitszimmer der Reichskanzlei stattfindet, das übrigens noch völlig unzerstört ist"*. An diesem Tag gibt Hitler noch sein Einverständnis zur Evakuierung der Gold- und Devisenvorräte des Reiches nach Thüringen. Zufrieden ist er über die Angriffe der V2 auf England, denn in dieser Woche werden 180 Raketen abgeschossen.

Nachdem Hitler kurz vor 13:00 Uhr am 13. Februar geweckt worden ist, ist der erste Besucher Prof. Morell. Er findet Hitler in schlechter Laune vor: *„Führer ist etwas eigenartig zu mir, kurz und in verärgerter Stimmung."* Prof. Morell weiß nicht warum, traut sich aber auch nicht nachzufragen. Um 18:45 Uhr besichtigt Hitler erneut das Modell von Linz, um sich in seine Traumwelt zu flüchten. Während er es in sich gekehrt betrachtet, erscheint der stellvertretende Reichspressechef Helmut Sündermann und überbringt Berichte der zu Ende gegangenen Konferenz von Jalta. Die Alliierten haben dabei die Grundzüge einer gemeinsamen Politik gegen die Achsenmächte definiert, ihre militärischen Maßnahmen koordiniert und das Nachkriegsschicksal Deutschlands und Österreichs (Abtrennung von Gebieten, Zerstückelung in vier Besatzungszonen) sowie die Verschiebung Polens nach Westen festgelegt. Hitler diktiert umgehend Richtlinien und Weisungen für die Presse und bestimmt Termine, *„wobei sich sein Blick kaum von dem Modell löste"*. Ihm ist nun klar, dass er auf ein Zerfallen der Kriegskoalition nicht mehr hoffen kann. Trotzdem zeigt er sich wenig beeindruckt: *„Diese Bande will das deutsche Volk nur von seiner Führung trennen. Ich habe immer gesagt: Eine Kapitulation kommt nicht noch mal in Frage. Die Geschichte wiederholt sich nicht."* Dann flüchtet er sich sofort wieder in seine Phantasiewelt. Sein Verhalten erinnert an den 4. April 1943, als er – zwei Monate nach der verlorenen Schlacht in Stalingrad – das Augustinerchorherrenstift Sankt Florian bei Linz besucht, sich durch das Kloster führen, Kammermusik und die Brucknerorgel vorspielen lässt und sich in die Stiftsbasilika setzt, um gedankenverloren auf den Hauptaltar zu blicken.

Hitler hat es zugelassen, dass durch Angehörige des Auswärtigen Amtes in Stockholm inoffiziell Friedensfühler zu den Westalliierten ausgestreckt werden. Er kennt jedoch das

Ergebnis schon im Voraus: *„Herauskommen wird dabei nichts, aber wenn Sie durchaus wollen, können sie einen Versuch machen."* Die Antwort ist eindeutig, man besteht auf der bedingungslosen Kapitulation und aus Hitlers Ausscheiden aus der Regierung. Der Staatssekretär im Auswärtigen Amt Gustav Adolf Steengracht von Moyland und Adjutant Albert Bormann teilen ihm mit: *„Die Engländer lehnen jedes Abkommen ab, solange Sie nicht abgesetzt sind."* Hitler springt auf, schlägt auf den Tisch und schreit wie ein Irrsinniger: *„Es darf keine Verhandlungen geben! Wenn Verhandlungen stattfinden sollen, dann leite ich sie!"* Selbst sein Diener Linge erinnert sich später nicht, jemals bei ihm einen solchen Wutausbruch erlebt zu haben. Sofort schaltet Hitler wieder in den Kampfmodus und erklärt am 13. Februar:

„Was diese Kaffeehausdiplomaten und Politiker vom Auswärtigen Amt faseln! Hier hat man es schwarz auf weiß! Wenn wir diesen Krieg verlieren, wird Deutschland zu bestehen aufhören. Es kommt darauf an, die Nerven zu behalten und nicht nachzugeben. In jedem Krieg kommt eine Krise oder ein Wendepunkt, den man nicht vorhersehen kann. Man muss nur so lange aushalten, bis diese Wende eintritt. Wenn man vorher aufgibt, verpasst man die Chance. Jedes Betteln um Verhandlungen wird nur als Zeichen der Schwäche gewertet."

Beim nächtlichen Tee erfährt Hitler von einem schweren Luftangriff auf Dresden. Von 800 Lancansterbombern der RAF wurden 650.000 Brandbomben abgeworfen. Er hört mit versteinertem Gesicht die Meldungen, sagt aber noch nichts. Eine halbe Stunde nach

^   14. Februar 1945, Dresden: Blick vom Dach des Rathauses auf die Häuserskelette der Innenstadt. Die Skulptur weist anklagend auf die Ruinen. (115)

Februar 1945 – Flucht aus der Realität

Beginn der Lagebesprechung erfährt Hitler gegen 01:30 Uhr von einem zweiten Angriff. Als er um 13:00 Uhr geweckt wird, erhält er die Nachricht, dass aktuell auch US-Bomber vom Typ Boeing B-17 Dresden angreifen. Hitler wird wütend und brüllt: *„Jetzt haben sie*

^ *Leichenverbrennung auf dem Altmarkt in Dresden. Die Zahl der Opfer ist so groß, dass sie auf den öffentlichen Plätzen zusammengetragen werden, wo man sie mit Benzin und Öl übergießt und verbrennt, um die Seuchengefahr einzudämmen. (115)*

die Dresdner Oper zerstört und Flüchtlinge umgebracht, aber den mit Truppentransportern vollgepfropften Stettiner Hafen haben sie in Ruhe gelassen!" Und zu Prof. Giesler äußert er: *„Dieser erneute Angriff gilt denen, die aus der Hölle noch flüchten konnten – dem bedrückenden Tag folgt die Nacht der Erkenntnis: Es droht die erbarmungslose Vernichtung!"* Das Ausmaß der Zerstörungen in der historischen, „Elbflorenz" genannten Stadt ist enorm. Ein Feuersturm entsteht und lässt Menschen auf 60 cm Körpergröße schrumpfen. Viele Schutz Suchende ersticken in den Luftschutzkellern, weil die darüber lodernden Brände den Kellern den Sauerstoff entziehen oder sie sterben, weil sie heiße Luft einatmen. Bis zu 25.000 Menschen, überwiegend Zivilisten, kommen ums Leben. Der psychologische Schock bei den Überlebenden ist groß, der Glauben an die Führung und an eine Kriegswende verloren. Hitlers in Dresden lebende Halbschwester Angela Raubal, die bis zum Jahre 1934 bei ihm auf dem Obersalzberg wohnte, schreibt ihm einen von Zorn und Empörung sprühenden Brief.

Eines der Opfer des Luftangriffs auf Dresden ist der am 15. Mai 1911 in Bayreuth geborene Hauptfeldwebel Hans Hacker. Als viertes Kind eines Musikalienhändlers gilt seine Leidenschaft der Musik. Bereits als dreizehnjähriger Gymnasiast bietet er seine Dienste als Berufsmusiker an. Da nach dem Jurastudium eine musikalische Ausbildung nicht zustande kommt, meldet sich Hans Hacker bei der Wehrmacht. So gelangt er nach Coburg, wo er wahrscheinlich im Jahre 1936 seine spätere Ehefrau Irene kennen lernt (Tochter Christa Sieglinde wird im November 1940 geboren). Hacker gehört ursprünglich somit zum Musikkorps der Stabskompanie des Infanterie-Regiments 95 (Coburg) und wird im Rahmen der 17. Infanterie-Division seit Kriegsbeginn in Polen und in Frankreich eingesetzt. Beim Angriffskrieg auf die Sowjetunion ist er von Beginn an mit dabei. Im Frühjahr 1944 erfriert er sich beide Füße und kämpft im Herbst in der 4. Kompanie des überschweren Festungsmaschinengewehrbataillon 814 in Westpreußen. Mit einem Truppentransport kommt er am 13. Februar nach Dresden und sendet an sein in Coburg lebendes kleines Töchterchen noch eine Postkarte. Diese wird, bevor die Bomben fallen, noch abgestempelt und erreicht ihre Empfängerin in Coburg. Die

^ *Hans, Irene und Christa Sieglinde Hacker im Jahre 1942. (180)*

Reichspost funktioniert also noch, als zu diesem Zeitpunkt Hans Hacker bereits tot ist und nach seiner Identifizierung in einem Sammelgrab auf dem Heidefriedhof bestattet wird.

Bei all dem Leid und den Opfern darf nicht übersehen werden, dass dieser Angriff bis heute zu kontroversen Diskussionen führt. Es geht dabei um die bis dahin unzerstörte, schöne Stadt, die zahlreiche Flüchtlinge beherbergt und mangels militärischer Ziele einem sinnlosen Angriff zum Opfer fällt. Dieses Bild der Goebbelschen Propaganda, sein letzter diesbezüglicher Erfolg, wirkt bis heute, vor allem in rechten Kreisen, nach. Tatsächlich ist Dresden, die siebtgrößte Stadt des Reiches, Garnison- und Rüstungsstandort und steht seit langem ganz oben auf der Liste alliierter Kriegsziele. Die Stadt lag nur lange außerhalb der Reichweite alliierter Bomber. Tatsache ist auch, dass in Dresden weniger Menschen ums Leben kommen als in Hamburg. Am Abend um 19:45 Uhr spricht Hitler mit Goebbels 45 Minuten lang über das Thema. Die ersten Angaben über die Zahl der Opfer liegen (weit übertrieben) bei 250.000, später wird die Zahl halbiert. Man diskutiert als Reaktion offen den Einsatz von Giftgas (eine Idee, die wegen der fehlenden eigenen Luftflotte wieder fallengelassen wird) oder die massenhafte Exekution alliierter Kriegsgefangener für jeden getöteten Zivilisten. Die massenweise Fahnenflucht deutscher Soldaten an der Westfront ärgert Hitler ebenfalls. Er wütet:

„Dieses ewige Gefasel von Humanität kostet uns den Sieg! Weder der Russe im

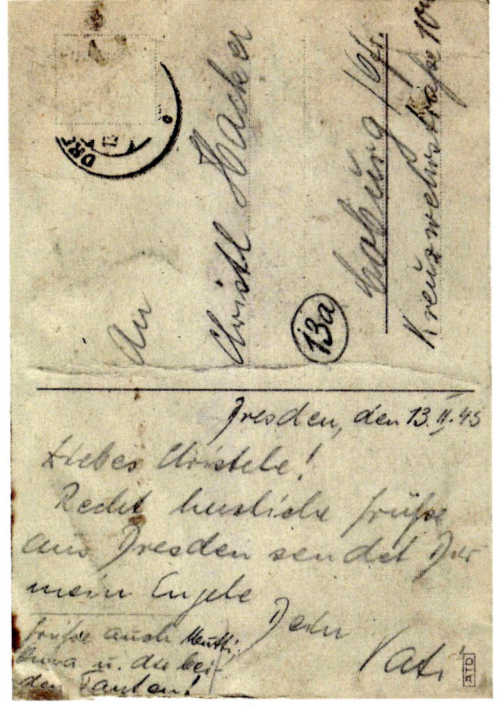

^ *Vorderseite der Postkarte, die Hans Hacker am 13. Februar 1945, wenige Stunden vor seinem Tode, an sein liebes „Christele" nach Coburg sendet (o.) (180). Text der Postkarte, die mit der letzten Sendung der Reichspost Dresden vor dem Bombenangriff verlässt (u.) (180).*

Osten noch diese Heuchler im Westen halten sich an die Genfer Konvention, das sieht man bei ihrem Vorgehen gegen die Zivilbevölkerung. Wir müssen jetzt auch unsererseits aus der Konvention austreten. Schon durch die Gegenmaßnahmen, die wir damit beim Gegner auslösen, muss der Nebel der Illusionen über gute Behandlung in der Kriegsgefangenschaft zerreißen. Dann werden sich die Soldaten bis zum Äußersten wehren und nicht mehr in die Gefangenschaft gehen oder überlaufen."

Keitel, Dönitz und Jodl sind gegen diese Idee, sie fürchten eine harte Gegenreaktion. Was Hitler nicht weiß: Himmler hat an diesem Tag in Hohenlychen heimlich Folke Bernadotte Graf von Wisborg, den Vizepräsident des schwedischen Roten Kreuzes, getroffen. Der Mann mit dem Spruch *„Meine Ehre heißt Treue"* auf dem Koppelschloss springt also als erster aus dem innersten Führungskreis ab. In der Lagebesprechung hat Hitler erneut einen scharfen Zusammenstoß mit Generalstabschef Guderian. Auslöser ist diesmal – in Anwesenheit Himmlers – die zutreffende Bemerkung Guderians: *„Der Reichsführer* [Himmler] *besitzt weder die notwendige Erfahrung noch den Stab, um einen Gegenangriff an der Oder zu führen."* Guderian hat natürlich völlig Recht, Hitler sieht sich aber in seiner Entscheidung für Himmler kritisiert und antwortet erregt: *„Ich verbiete Ihnen, mir vorzuwerfen, dass der Reichsführer seiner Aufgabe nicht gewachsen ist."* Während das Thema mit Hitlers Satz eigentlich hätte beendet sein müssen, beharrt Guderian darauf, dass sein eigener Stellvertreter, General Walter Wenck, den Befehl über die Operation erhalten müsse. Der Streit zieht sich über zwei Stunden hin. Hitler versucht es erneut mit klaren Worten: *„Wie können Sie es wagen......"* Doch Guderian gibt diesmal nicht nach und besteht weiterhin auf seinen Argumenten und erreicht das Unvorstellbare: Hitler knickt ein. Er stellt sich vor Himmler und sagt zu diesem in ruhigem Ton: *„Also Himmler, der General Wenck tritt noch heute Nacht zu ihrem Stabe und leitet den Angriff."* Dann setzt er sich sichtlich erschöpft auf einen Stuhl und sagt mit einem liebenswürdigen Lächeln zu Guderian: *„Bitte fahren Sie in Ihrem Vortrag fort. Der Generalstab hat heute eine Schlacht gewonnen."* Die Diskussion ist ein Musterbeispiel, was seitens der führenden Generale hätte erreicht werden können, wenn mehr Offiziere Hitler so entgegen getreten wären wie Guderian. Doch es bleibt die absolute Ausnahme. Die Generale tauschen ihre – von Hitlers abweichende – Meinung zwar untereinander aus, sind ihm gegenüber jedoch scheinbar niemals illoyal.

Auch die Reichshauptstadt ist an diesem Tag Ziel eines Angriffes. Die Stadtteile Mitte, Tiergarten, Wedding, Kreuzberg, Treptow, Köpenick und Lichtenberg werden getroffen. Nach der Entwarnung um 21:35 Uhr trifft Hitler in der Halle den Oberstabsarzt Dr. Giesing. Dieser erinnert sich nach Kriegsende: *„Hitler und ich nahmen auf einer Eckbank Platz in der großen Halle oben* [damit kann sowohl der Große Festsaal über dem Vorbunker als auch der Empfangssaal im ersten Stock der Alten Reichskanzlei gemeint sein]. *Als ich das Gesicht Hitlers jetzt im Tageslicht etwas besser sehen konnte, war ich erstaunt über die Veränderungen. Er schien mir gealtert und noch mehr gebeugt als sonst. Seine Gesichtsfarbe war unverändert blass und er hatte starke Säcke unter den Augen. Seine Sprache war zwar klar, aber sehr leise."* Zweimal fragt ihn Hitler zerstreut, wo seine Familie sei. Er sei ziemlich geistesabwesend und unkonzentriert gewesen. Zudem fragt

Hitler ihn zweimal, in welchem Lazarett er arbeite. Die Hände des Führers sind blass, die Fingernägel blutleer. Dann fängt er unvermittelt an zu sprechen:

„*Ja, Deutschland ist in einer schweren Lage, aber ich* [!] *werde sie meistern. (...) In allerkürzester* [!] *Zeit werde ich meine Siegwaffen einsetzen und dann wird der Krieg ein glorreiches Ende nehmen. Das Problem der Atomzertrümmerung ist seit langem gelöst, und es ist soweit ausgearbeitet, dass wir diese Energie für Rüstungszwecke nutzen können und dann wird den Herren hören und sehen vergehen. Dieses ist die Waffe der Zukunft und damit ist auch die Zukunft Deutschlands gesichert.*"

Während des ganzen Gesprächs hat Hitler seinen Blick auf einen Punkt am Boden gerichtet. Dann fragt er Dr. Giesing erneut, wo seine Familie sei und nachdem er die Antwort bekommen hat, äußert er:

„*Da kann ihnen nichts passieren, das ist sicher. Der Westwall hält mit absoluter Sicherheit und unsere Siegwaffe hat in ganz kurzer Zeit den Krieg entschieden. Und wenn der Krieg dann doch schlecht ausgehen sollte, dann müssen wir eben alle anständig zugrunde gehen und ich stelle mich an die Spitze meiner Truppen und falle. Aber die Vorsehung hat mich bisher sicher geführt und ich werde unbeirrt von allen Zwischenfällen meinen vorgeschriebenen Weg weiter gehen.*"

Trotz dieses Hinweises auf eine Atombombe ist und bleibt Hitler ein Militärführer der Landstreitkräfte. Das Heer hat bei ihm immer Vorrang vor Luftwaffe und Marine und die Kriegführung in die Hände von Naturwissenschaftlern zu legen, ist ihm schon immer suspekt gewesen. In den Bunker zurückgekehrt, spricht er mit Bormann erneut über die Juden, die aus seiner Sicht schuld an diesen Angriffen sind: „*Es ist das Verdienst des Nationalsozialismus, dass er zum ersten Mal die jüdische Frage realistisch angepackt hat.*" Den Holocaust bezeichnet er als äußerst wichtig: „*Es handelte sich dabei für uns um eine lebensnotwendige und in allerletzter Minute unternommene radikale Entgiftungskur* [!]*, ohne die wir jämmerlich zugrunde gegangen wären.*" Denn „*noch kein Krieg bisher war ein so ausgesprochen und so ausschließlich jüdischer Krieg wie dieser. (...) Wenn ich diesen Krieg gewinne, dann setze ich der jüdischen Weltmacht ein Ende, ich versetze ihr den Todesstreich. Verliere ich diesen Krieg, dann ist der jüdische Triumph noch lange nicht berechtigt, denn die Juden würden darüber außer sich geraten und den Verstand verlieren. (...) Ich habe ihnen* [den Juden] *bei Kriegsausbruch eine letzte Warnung zukommen lassen. Ich habe sie nicht im Ungewissen darüber gelassen, dass sie (...) diesmal nicht verschont würden – dass das Ungeziefer* [!] *in Europa endgültig ausgerottet* [!] *wird*".

Das ehemalige Führerhauptquartier Wolfsschanze ist längst verlassen, als am 14. Februar nach fast zweiwöchiger Suche Spezialeinheiten der Roten Armee mit einem Militärkonvoi erstmals in die verlassene und zerstörte Anlage fahren. Sie wissen, wo sie sich befinden, nehmen genaue Inspektionen vor und fertigen einen Bericht für Stalin an. Die Lage im Osten verschlechtert sich täglich. Am 15. Februar wird Breslau eingeschlossen, 40.000 Soldaten und doppelt so viele Zivilisten befinden sich in akuter Gefahr. Das nahezu unzerstörte oberschlesische Industriegebiet befindet sich nun weitgehend in sowjetischer Hand. Hitler erlässt eine neue Verordnung über die Einrichtung von Standgerichten: „*Wer versucht, sich seinen Pflichten der Allgemeinheit gegenüber zu ent-*

ziehen, insbesondere wer dies aus Feigheit oder Eigennutz tut (...) wird mit dem Tode bestraft." Er versucht dadurch, den Kampfeswillen aufrecht zu erhalten. Abends erzählt er gegenüber Bormann das alte Märchen, dass er im Jahre 1941 einem sowjetischen Angriff nur „zuvorgekommen" sei. Bormann schreibt in einem Begleitschreiben: *„Der Führer erwartet, dass die Gauleiter die ihnen damit gestellte Aufgabe mit der erforderlichen Härte und Folgerichtigkeit durchführen und rücksichtslos jede Auflösungserscheinung, Feigheit und Defätismus mit den Todesurteilen und Standgerichten niederhalten. Wer nicht für sein Volk zu kämpfen bereit ist, sondern ihm in ernstester Stunde in den Rücken fällt, ist nicht wert, weiter zu leben und muss dem Henker verfallen."* Die Brutalität des mit dem Rücken an der Wand stehenden Regimes steigert sich von Monat zu Monat, am Ende von Woche zu Woche.

Mit Venezuela erklärt ein weiterer südamerikanischer Staat am 16. Februar Deutschland den Krieg, es interessiert nicht. Wichtiger ist Wencks Pommernoffensive, das Unternehmen „Sonnenwende", welches zwar nicht den erhofften Erfolg bringt, aber dazu beiträgt, den geplanten sowjetischen Angriff auf Berlin zu verzögern. Bormann zieht an diesem Tag ebenfalls zu seinem Herrn in den Führerbunker. Am nächsten Tag ist Prof. Morell nur fünf Minuten bei seinem Patienten. Er notiert: *„Seit 4-5 Tagen ist er äußerst nachdenklich und macht einen müden, unausgeschlafenen Eindruck. Er will versuchen, ohne Beruhigungsmittel auszukommen."* Hitler sinniert gegenüber Bormann über Fehler der Vergangenheit: *„Bei nüchterner Betrachtung der Ereignisse – wenn ich einmal das Gefühl ausschalte – muss ich zugeben, dass mir meine unverbrüchliche Freundschaft mit dem Duce (...) als Fehler angerechnet werden könnte."* Er lamentiert, dass er die Italiener besser aus dem Krieg herausgehalten hätte und schlussfolgert: *„Das Leben verzeiht keine Schwäche!"*

Die Wochenschau vom 17. Februar berichtet über das *„Volksopfer"*. Tausende Deutsche spenden freiwillig für die Rüstung. Textilien, Wolldecken und Uniformstoffe werden für Wehrmacht und Volkssturm abgegeben. Dann folgt ein Bericht von der Westfront: *„Zwischen Niederrhein und Maas haben Engländer und Kanadier eine neue Offensive eingeleitet. Dank der Standhaftigkeit unserer Westkämpfer blieb ihnen auch diesmal der erwartete Durchbruch versagt."* Man sieht deutsche Soldaten in weißen Tarnanzügen, gelassen rauchend. Die Botschaft ist klar: Der Feind wird aufgehalten und man hat alles im Griff. Dann werden deutsche Fallschirmjäger gezeigt, die den Niederrhein überqueren: *„Jedes Dorf in diesem Kampfraum ist ein Stützpunkt, der die Angreifer schwerste blutige Verluste kostet."*

Grundsätzlich werden eigene Verluste, tote Deutsche oder eigene abgeschossene Panzer sowie zerstörtes Material nicht gezeigt. Immerhin wird nun zugegeben, dass der Feind „menschen- und materialmäßig weit [!] überlegen" sei, was selbstverständlich die eigene – real vorhandene – Abwehrleistung zusätzlich unterstreichen soll.

Es folgen Bilder der Ostfront mit Soldaten in eisigen Schneestürmen und bei der Evakuierung von Zivilisten über die Ostsee. Einen Schwerpunkt der Berichterstattung bildet die Festung Breslau: Barrikaden am Stadtrand und ein jovial lächelnder, optimistischer Gauleiter Karl Hanke, der Stellungen besichtigt. Hanke verspricht, Breslau *„bis zum Letzten"* zu halten. Um *„übersichtliche Kampfräume"* herzustellen, lässt er Villen, Kirchen und unersetzliche Bibliotheken einfach sprengen. Breslaus Bürgermeister wehrt sich dagegen und so lässt ihn Hanke öffentlich hinrichten – einer von über 1.000 hingerichteten Personen während Hankes Amtszeit. In der Bevölkerung kursierende Gerüchte sprechen davon, dass sich der Gauleiter in seinem Bunker mit Frauen und Champagner vergnüge. Dann hat er eine wahnsinnige Idee: ein Rollfeld soll in die Altstadt gesprengt werden, 300 Meter breit, eineinhalb Kilometer lang. Hitler fordert es, damit Soldaten und Material in die Festung eingeflogen werden können. Hanke lässt die Schneise sprengen, die Breslauer nennen sie „*Blutbahn*". Jungen ab zehn, Mädchen ab zwölf Jahren werden zwangsverpflichtet. Sowjetische Tiefflieger jagen sie jedoch wie die Hasen. Der Wochenschaukommentar ist an Zynismus schwer zu überbieten: „*Voller Vertrauen sehen die Verteidiger der Festung der Zukunft entgegen.*"

Auch über die Ostfront wird, wie stets mit martialischer Musik untermalt, Optimismus verbreitet. Volkssturmmänner bei Frankfurt/Oder werden auf einem Verladebahnhof mit „*modernsten Waffen versehen*", so mit Sturmgewehren und dem „*vom Feind gefürchteten Goliath*". Der „Goliath" ist ein Vorläufer des Militärroboters, der durch Funk- oder Kabelsteuerung Sprengladungen in feindliche Stellungen lenken kann. Die Einheiten „*beziehen die westlichen Oderdämme bis zum Eintreffen militärischer Reserven*". Die Nennung der Verlustzahlen des Gegners soll ebenfalls über die wahre Situation hinwegtäuschen: „*In den vier Wochen des ersten Ansturms verloren die Sowjets an die achttausend Panzer, mehr als zehntausend Fahrzeuge und hunderte von Geschützen. Unsere Reserven machen jeden weiteren Schritt der Bolschewisten zu einem blutgetränkten Unternehmen.*" Das ist zwar nicht falsch, ändert aber nichts an der Tatsache, dass die Sowjets unaufhaltsam vorrücken. Dann wird suggeriert, dass es noch eine funktionierende Luftwaffe gäbe: „*An den hohen Verlusten der Sowjets hat unsere Luftwaffe starken Anteil.*" Auch hier werden nur feindliche Gefallene gezeigt, keine eigenen. Die Realität dagegen spiegelt der Bericht von Pfarrer Walter Laßmann wider:

„*Bei über zwanzig Grad Kälte ziehen Tausende von jungen und alten Frauen mit Kinderwagen, Schlitten und kleinen Ziehwagen auf verschneiten Landstraßen in die Winternacht hinaus. Zurückkehrende geben grausige Berichte über diesen Todesmarsch. Für Hunderte von Kleinkindern war diese Nacht die letzte. In den Straßengräben liegen in den nächsten Tagen massenhaft Säuglingsleichen, erfroren, zurückgelassen von den in panischer Angst Flüchtenden. In Neumark* [heute Nowe Miasto Lubawskie/Polen] *wurden allein über vierzig Kinderleichen gezählt, säuberlich auf Stroh auf dem Marktplatz niedergelegt. Koffer, Bettenbündel, Kleidungsstücke liegen in den Gräben der Chausseen.*"

Seit dem frühen Morgen am 18. Februar geht der Kampf um die 230 Kilometer östlich der Reichskanzlei gelegenen Festung Posen in eine neue Runde. Vier Stunden lang schießen 1.400 Geschütze, Mörser und Katjuschas auf die Stadt. Die Verteidigung bricht teilweise zusammen. Deutsche Soldaten, die sich ergeben wollen, werden von den eigenen Offizieren erschossen. Das verhindert nicht, dass die Sowjets in die Stadt eindringen. Mit Sprengladungen und Flammenwerfern kämpfen sie sich Haus für Haus vorwärts. In der Lagebesprechung erwägt Hitler erneut, sich von der Genfer Konvention zu lösen, „*um dem Gegner zu bekunden, dass wir entschlossen sind, mit allen Mitteln bis zum Äußersten um unser Dasein zu kämpfen (...)*". Um 18:30 Uhr empfängt er Speer.

Eine Stunde später, sie sitzen noch zusammen, wird das Berliner Zentrum und die nahe gelegene Stadt Bernau bombardiert. Bormann notiert Äußerungen Hitlers, dass *„der Krieg mit Amerika unvermeidlich"* gewesen sei und das Judentum schon im Jahre 1933, *„in der Geburtsstunde des Dritten Reiches"* ihm den Krieg erklärt hätte. Die Vereinigten Staaten in den Krieg einzuspannen, ist für Hitler *„ein jüdischer Meistertrick"*. Er fabuliert weiter: *„Hätten die Japaner schon 1941 Russland angegriffen, hätten wir gemeinsam den Bolschewismus vor dem Winter 1941 ausgerottet."*

Die Wehrmacht erringt am 19. Februar einen kleinen Erfolg, sie kann eine Landverbindung nach Pillau freikämpfen. Am Vortag hat eine deutsche Granate Iwan Tschernjachowsk, den jüngsten Armeegeneral in der Geschichte der Roten Armee und Befehlshaber der 3. Weißrussischen Front in der Nähe von Mehlsack/Ostpreußen (heute Pieniężno/Polen) getötet. Beides wirkt sich militärisch natürlich in keinster Weise aus. Hitler verleiht zeitgleich Generalfeldmarschall von Rundstedt das Eichenlaub mit Schwertern und gratuliert dem schwedischen Schriftsteller Sven Hedin mit herzlichen Worten zum 80. Geburtstag. Als Schörner einen Generalstabsoffizier in die Lagebesprechung mitbringt, der Hitler zuletzt im Jahre 1941 gesehen hat, vermerkt dieser über seinen Eindruck: *„Gealtert, gebeugt, eine etwas ungesunde zarte Röte im etwas aufgeschwemmten Gesicht. Seine Augen sahen dagegen sehr klar und ruhig, etwas härter aus, als ich sie in Erinnerung hatte. Die Stimme war die gleiche, tiefe, sichere. Er stellte sehr ruhig seine Fragen und hörte mich ganz an."*

^ *Flüchtlinge aus Ostdeutschland auf der Flucht vor der Roten Armee kommen in überfüllten Zügen in Berlin an. (115)*

An diesem Tag trifft Heinrich Himmler in Hohenlychen erneut Folke Bernadotte. Himmler versucht mit diesem Treffen Verbindungen zu den Westalliierten aufzunehmen, um einen separaten Waffenstillstand zu erreichen. Während der Besprechung verweigert er die Freilassung von Gefangenen, stimmt aber zu, die skandinavischen politischen Gefangenen im KZ Neuengamme bei Hamburg zusammenzuführen und dort vom Schwedischen Roten Kreuz betreuen zu lassen. Für diese geheimzuhaltenden Transporte werden jedoch von deutscher Seite keinerlei Fahrzeuge, Kraftstoffe und Personal bereitgestellt. Sie sollen allein von den Schweden organisiert werden. Folke Bernadotte kümmert sich um die Versorgung skandinavischer KZ-Häftlinge durch das Rote Kreuz. Hitler, der angeblich davon weiß, hält von solchen Aktionen nichts: *„In einem totalen Krieg kann man mit einem solchen Blödsinn nichts erreichen."*

Der 20. Februar verläuft relativ ruhig, abgesehen vom Luftalarm um 19:50 Uhr. Hitler bespricht sich gerade mit SS-Obergruppenführer Hans Kammler, dem Leiter für das Bauwesen der SS und damit verantwortlich für alle KZ-Bauten. Am folgenden Tag geht Hitler einmal wieder mit dem seit langem unpopulären von Ribbentrop spazieren. Dieser versucht während der 40-minütigen Unterredung vergeblich Hitlers Zustimmung zu erhalten, um durch Vermittlung Stockholms und des Vatikans mit den Alliierten in Verbindung treten zu dürfen. Es gelingt ihm aber wenigstens, Hitler die Idee des Austritts aus der Genfer Konvention wieder auszureden. Hitler verbietet allerdings, dass von Ribbentrop über deutsche Botschafter Friedensfühler zu den Alliierten ausstreckt. Nach der Lagebesprechung redet Hitler noch einzeln mit Fegelein und Kammler und verleiht die Schwerter an General Friedrich-Wilhelm Müller. Es folgt die Verleihung der „Goldenen Nahkampfspange" an einige Soldaten. Himmler hat seit diesem Tag erneut Kontakt zu Folke Bernadotte, er gestattet dabei dem Internationalen Roten Kreuz, Nahrungspakete an KZ-Insassen zu senden.

Auf dem Altmarkt von Dresden, die Stadt steht mittlerweile unter Kriegsrecht und Plünderer werden an Ort und Stelle erschossen, werden unterdessen die Opfer der Luftangriffe auf Rosten aus Eisenträgern verbrannt, immer etwa 500 gleichzeitig. Beißender Geruch und schwarzer Qualm liegen über der Stadt. Während zu Beginn des Luftkrieges für die relativ wenigen Opfer noch Trauerfeiern auf Marktplätzen abgehalten wurden, bei denen jeder einzelne Sarg mit einer Hakenkreuzfahne geschmückt ist, werden nun über 10.000 Tote in Massengräber am Stadtrand bestattet. Noch Jahrzehnte später werden bei Bauarbeiten menschliche Überreste gefunden, Frauen und Kinder haben teilweise noch ihre Faschingskostüme an. Hitler werden Fotografien aus Dresden vorgelegt, aber er kommentiert sie nicht. Das Vertrauen der Bevölkerung in die Führung schwindet reichsweit rapide, da es weder die Partei noch das Militär schaffen, solche verheerenden Angriffe zu verhindern. Offene und direkte Kritik an Hitler ist jedoch immer noch selten.

Am 22. und 23. Februar legen die Alliierten mit der Operation „Clarion" das gesamte Eisenbahnnetz in Mittel- und Süddeutschland lahm. Über 9.000 US-Bomber bombardieren systematisch mittlere und kleinere Eisenbahnknotenpunkte. Hitler wird um 11:29 Uhr geweckt, als 437 Flugzeuge der USAAF das Stadtzentrum angreifen. Um 19:50 Uhr folgen 70 weitere Flugzeuge, die erneut das Zentrum und den Norden Berlins bombardieren. Die 9. US-Armee beginnt mit 300.000 Soldaten zeitgleich mit ihrer Operation „Grenade", der Überquerung des Flusses Rur und dem Vorstoß zwischen Neuss und Rheinberg in Richtung Rhein.

Um 00:30 Uhr am 23. Februar holt Hitler Traudl Junge zum Diktat einer Rede zum Parteigründungstag, die noch zweimal von Hitler korrigiert wird. An der Westfront startet beiderseits von Köln eine alliierte Großoffensive. An der Ostfront fällt die zur Festung erklärte Stadt Posen endgültig in sowjetische Hand. Zu den *„Festen Plätzen"*, die seit März 1944 unter keinen Umständen preisgegeben werden dürfen und bis zum Untergang zu halten sind, gehören Königsberg, Breslau, Gnesen (heute Gniezno/Polen) und die Festung Posen. In der Hauptstadt des damaligen Warthegaus standen im Januar 1945 noch etwa 15.000 schlecht ausgebildete deutsche Soldaten. Als Zweifel aufkamen, ob Generalmajor Ernst Mattern die Festung wie gefordert *„bis zum letzten Mann"* verteidigen wird, löste der Befehlshaber des Ersatzheeres, Heinrich Himmler, ihn ab und ersetzte ihn durch den Obersten Ernst Gonell, der die Garantie dafür zu bieten scheint, dass eine Kapitulation nicht infrage kommt. Ein Entsatz oder ein Ausbruch wären zuvor die einzigen Rettungsmöglichkeiten für die von der Roten Armee eingeschlossenen Soldaten. Da das Führerhauptquartier aber keinen Ersatz sendet und Hitler wie üblich Kapitulation und Ausbruch untersagt, kommen in den Endkämpfen um die Festung Posen mehr als zehntausend Männer, Soldaten und Zivilisten, ums Leben. Kurz bevor Soldaten der Roten Armee seinen Gefechtsstand erobern, tötet sich der vom Nationalsozialismus überzeugte 42-jährige Generalmajor Ernst Gonell selbst. Er breitet auf dem Boden seines Befehlsstandes eine Hakenkreuzfahne aus, legt sich darauf und schießt sich eine Kugel in den Kopf. Wenigstens das war die Pflichterfüllung bis zuletzt, wie Hitler sie sich vorstellt und wie er sie von seinen Offizieren erwartet. Pommern und Schlesien sind nun de facto verloren und die Sowjets stehen nur noch 65 Kilometer vor Berlin.

Unter diesen Umständen wird die Kriegserklärung von Uruguay und der Türkei (per 1. März) nur noch routinegemäß zur Kenntnis genommen. Im SS-Hauptamt, genauer gesagt im „Amt für Weltanschauliche Erziehung", sieht man an diesem Tag die Notwendigkeit, die Durchhaltemaßnahmen zu optimieren. Es geht um die *„Betreuung der Bevölkerung über den Drahtfunk, der nicht durch ausländische Rundfunksender gestört"* werden kann und dadurch besser zur Verbreitung der Naziideologie geeignet ist. Ein Anpeilen und Orientieren an den Rundfunksender durch die einfliegenden Feindflugzeuge soll ebenfalls unterbunden werden. Dass die technische Qualität besser ist und das Ausland nicht mithören kann, *„wird vorgeschlagen, den Drahtfunk noch mehr als bisher auszunutzen und in den Zwischenpausen statt des Weckers Kampflieder der Partei und Marschmusik spielen zu lassen. Die revolutionäre Stunde, in der besonders die Hitlerjugend gestaltend auftritt, soll unter dem Motto ‚Kampf um Berlin – Kampf um das Reich – Kampf um Europa' erscheinen. Diese Sendungen müssen von revolutionären Schwung getragen sein und eine wirklich revolutionäre Auseinandersetzung, vor allem mit dem Bolschewismus darstellen".*

Dieser Theorie steht an diesem 23. Februar 1945 die Realität entgegen: Marie Schäfer, geboren am 2. September 1880, wird wegen antinazistischer Äußerungen (sie hat erklärt, das Volk müsste gegen die NS-Regierung aufstehen und die einfachen Leute hätten es im Falle einer Kriegsniederlage nicht schlecht; außerdem bedauerte sie das Misslingen des Attentats vom 20. Juli 1944) wegen Wehrkraftzersetzung in der Strafanstalt Berlin-Plötzensee mit dem Fallbeil hingerichtet.

Die traurige Realität an diesem Abend ist ein schwerer Luftangriff auf Pforzheim. Insgesamt 368 Bomber entfachen mit 730 Tonnen Spreng- und 820 Tonnen Brandbomben einen Feuersturm in der dicht bebauten Altstadt. Schätzungsweise etwa 17.600 Menschen, das sind 31,4 Prozent der Bevölkerung, sterben. Keine andere deutsche Stadt hat, in Relation zur Einwohnerzahl, höhere Verluste erlitten.

Der 24. Februar bricht an, ein für die NSDAP sehr denkwürdiger Tag. Nicht weil die Sowjets nun die Neiße erreichen, sondern weil vor 25 Jahren im Münchner Hofbräuhaus das Parteiprogramm verkündet wurde. Für Hitler beginnt der Tag wie alle anderen in dieser Zeit: 01:00 Uhr Lagevortrag, 02:30 Uhr Tee, 05:40 Uhr Hitler geht schlafen, 12:30 Uhr: Wecken, 13:10 Uhr: Frühstück. Vor einem Jahr war er selbst noch persönlich bei der Feier im Hofbräuhaus anwesend und hielt eine Rede. Nun lässt er Staatssekretär Hermann Esser eine Proklamation verlesen. Er verschweigt darin, dass er sich in Berlin befindet und nennt das *„Hauptquartier"* als seinen Aufenthaltsort. Nach den üblichen längeren, sich ständig wiederholenden Abhandlungen über die Anfänge der Partei kommt er auf die aktuelle Lage zu sprechen. Das ist es natürlich, was die Anwesenden „Alten Kämpfer" interessiert: *„Was der Bolschewismus ist, das erleben nun einzelne Gebiete im Osten unseres Reiches am eigenen Leibe. Was dort unseren Frauen, Kindern und Männern von dieser jüdischen Pest zugefügt wird, ist das grauenhafteste Schicksal, das ein Menschengehirn sich auszudenken vermag."* Die Konsequenz ist klar, jetzt erst recht kämpfen:

„Keine Macht der Welt wird uns im Herzen schwach machen. (...) Da man uns so viel vernichtet hat, kann uns das nur im fanatischen Entschluss bestärken, die Feinde mit tausendfachem Maß als das anzusehen, was sie sind: Zerstörer einer ewigen Kultur und damit Vernichter der Menschheit! Und aus diesem Hass kann uns nur ein heiliger Wille erwachsen: Mit allen Kräften, die uns ein Gott gegeben hat, diesen Vernichtern unseres Daseins entgegenzutreten und sie am Ende niederzuschlagen."

Er bemüht die Geschichte und erwähnt die Punischen Kriege: *„Als selbst der zweite Punische Krieg den afrikanischen Vorstoß nicht endgültig beseitigen vermochte, beendete ihn der dritte."* Er weist umgehend Goebbels an, in der deutschen Presse längere Abhandlungen über den Punischen Krieg zu veröffentlichen, denn er sei *„neben dem Siebenjährigen Krieg das große Beispiel, an dem wir uns heute ausrichten können"*, als ob das irgendjemand noch interessieren könnte. Auf sich persönlich bezogen, meint er: *„Mein eigenes Leben hat dabei nur den Wert, den es für die Nation besitzt."* Er will sich selbst auch zu den *„Ausgebombten"* zählen: *„Ich habe in diesen Tagen in den britischen Zeitungen gelesen, dass man die Absicht habe, meinen Berghof zu vernichten. Ich bedaure fast, dass dies nicht schon geschehen ist, denn was immer ich selbst mein Eigen nenne, ist nicht mehr wert, als was meinen Volksgenossen gehört."* Am Ende prophezeit er den Sieg des Deutschlands: *„Vor 25 Jahren verkündete ich den Sieg der Bewegung! Heute prophezeie ich (...) am Ende den Sieg des Deutschen Reiches!"*

Hitlers Auftritt vor den zum Jubiläum in der Neuen Reichskanzlei versammelten Reichs- und Gauleitern ist für 14:00 Uhr vorgesehen. Eine halbe Stunde vorher lässt er sich von Prof. Morell Aufputschmittel spritzen und bespricht sich noch kurz mit Bormann und Schaub. Bormann hat zuvor an die Gäste klare Verhaltensmaßregeln ausgegeben: Es gibt eine Führerrede, aber es dürfen keine Fragen gestellt werden. Es soll auch keine Beratung mit Hitler stattfinden, auch nicht beim gemeinsamen Mittagessen, denn *„der Führer befindet sich in wichtigen, um nicht zu sagen, wichtigsten Besprechungen und er darf in der augenblicklichen Situation nicht abgelenkt werden."* So werden eventuell aufkommende unangenehme Fragen zur Kriegslage von vorneherein unterbunden. Als sich die großen schweren Flügeltüren öffnen und *„Der Führer"* angekündigt wird, hätte man unter den etwa 60 bis 70 Anwesenden eine Stecknadel fallen hören. Die meisten haben Hitler seit Juli nicht mehr gesehen. Sein Aussehen und seine Erscheinung schockieren die Anwesenden. Gauleiter Karl Wahl (Schwaben) schildert später seine Eindrücke. Hitler schlurft schwerfällig gebeugt auf die erste Reihe der an drei Seiten des Saales Stehenden zu, ein Bein hinter sich herziehend. Sein Gesicht ist farblos, die Augen blutunterlaufen und mit Tränensäcken. Aus dem Mundwinkel entweicht gelegentlich Speichel. Als Hitler auf die Gauleiter zugeht, fällt Wahl auf *„wie er seine linke Hand schüttelte und schlenkerte; ich dachte erst, er mache dies absichtlich"*. Als er erkennt, dass Hitler tatsächlich ein körperliches Wrack ist, treten ihm Tränen in die Augen: *„Das war für mich der Weltuntergang."* Hitler treibt die Analogie mit dem späteren Erscheinungsbild Friedrich des Großen auf die Spitze.

Nachdem er jedem Einzelnen die Hand gegeben und lange in die Augen gesehen hat, lädt er sie um 14:15 Uhr zu einem Eintopfessen ein. Danach gibt es echten Bohnenkaffee. Ab und an erhebt Hitler während des Essens seine Stimme und gibt einen Fehler zu: *„Wir haben die linken Klassenkämpfer liquidiert, aber leider haben wir dabei vergessen, auch den Schlag gegen rechts zu führen. Das ist unsere große Unterlassungssünde."* Gegenüber Gauleiter Rudolf Jordan (Sachsen-Anhalt) bemerkt er, dass der Zweite Weltkrieg *„nur eine Art Ausscheidungskampf für die schon jetzt sich abzeichnende dritte große Auseinandersetzung"* sei. Die *„Allianz des Wahnsinns wird zerbrechen und die heutigen Sieger in zwei unversöhnliche Fronten zwingen. In dieser unaufhaltsamen Entwicklung ist jeder gewonnene Tag von politischer Bedeutung. Das heutige militärische Entgegenmarschieren* [der Alliierten] *unter den Fanfaren eines scheinheiligen Kreuzzuges* [gegen den Nationalsozialismus] *ist bereits ein Gegeneinandermarschieren."* Im Kreise der versammelten Parteiführerschaft überreicht er anschließend dem Reichsarbeitsführer Konstantin Hierl an dessen 70. Geburtstag als erstem lebenden Deutschen die höchste deutsche Auszeichnung, das „Goldene Kreuz des Deutschen Ordens mit Eichenlaub und Schwertern".

Um 15:30 Uhr verliest Hitler sitzend 90 Minuten lang seine Rede zum Parteigründungsjubiläum. Es ist seine letzte Ansprache in einem größeren Kreis. Sinn und Zweck ist es, seine alten Mitkämpfer zu einer letzten Anstrengung anzufeuern und zu begeistern, sie sollen mit ihm bis zum Ende kämpfen. Er will ihre Moral so festigen, dass sie wiederum in der Lage sind, die Bevölkerung in ihren Gauen zu selbstloser Opferbereitschaft, unermüdlicher Verteidigung und konsequenter Verweigerung der Kapitulation anzustacheln. Er spricht vom Endsieg, der aufgrund neuer Waffen doch noch errungen werden wird, und sagt (richtigerweise) den Kalten Krieg voraus. Karl Wahl sitzt in der zweiten Stuhlreihe unmittelbar vor ihm und ist erschüttert:

„Was sich da meinen Augen bot, war beklemmend und kaum zu ertragen (...). Er machte den Eindruck eines Menschen, der sichtlich krank und am Ende seiner Kräfte war. Sein linker Arm zitterte so heftig, dass dadurch der ganze Oberkörper in vibrierende Bewegung geriet. Das war eigentlich kein Zittern mehr, das waren starke, gleichmäßig Schüttelbewegungen. Was er auch unternahm, um diese ihm vor versammelter Führerschaft sehr peinlichen unwillkürlichen Bewegungen zu unterdrücken oder weniger auffällig zu machen – es gelang ihm nicht. Verschränkte er, wie er das wiederholt tat, die Arme über der Brust, dann war es noch schlimmer, dann kam der ganze Oberkörper in Bewegung. (...) Er saß dabei an einem kleinen Tisch, auf dem seine Notizen lagen. Ein alter Mann, der Rücken gebeugt, die linke Hand heftig zitternd."

Seine Stimme gewinnt noch einmal an Kraft, aber die eigentliche Botschaft, die die Parteigenossen in Hinblick auf die Zukunft erwartet hatten, ein wirklicher Hoffnungsschimmer, bleibt aus. Es fällt kein Wort mehr über die *„Atomzertrümmerung"*. Stattdessen gedenkt er des toten Panzergenerals Hube und betont, er wünsche sich mehr Generale wie ihn, die *„aus demselben Holz geschnitzt"* seien. Er ruft die Partei zu einer letzten und höchsten Anstrengung auf, damit der Endsieg errungen werden kann: *„Die Partei hat die Pflicht, das ganze deutsche Volk mit einem heiligen Zorn auf den Feind zu erfüllen. Gibt das Volk jetzt auf, dann wird es damit einen totalen Mangel an ethischem Wert beweisen und dann verdient es, vernichtet zu werden."*

^ 24. Februar 1945, Berlin, Neue Reichskanzlei: Begrüßung von Reichs- und Gauleitern. V.l.n.r.: Hitler, Franz Hofer, Friedrich Rainer, Karl Kaufmann, Paul Wegener, Otto Thierack, Keller (?), Joseph Grohé. (132)

Hitler spricht in hohen Tönen über den Westwall, die neuen U-Boote und Flugzeuge mit Strahlantrieb. Er prophezeit, dass England bis zum Schluss an seinem Bündnis mit Russland festhält, es aber bald zu einem ernsthaften Konflikt zwischen Russland und den Vereinigten Staaten kommt. Zum Schluss erwähnt er seine angegriffene Gesundheit. Die visuelle Vorlage des „Alten Fritz" gestattet es ihm, seine verunsicherten Parteifunktionäre wieder einzufangen, indem er seinen Gesundheitszustand von sich aus zur Sprache bringt:

„Wie Sie sehen, befinde ich mich zur Zeit [!] *nicht in bester gesundheitlicher Verfassung. Mein linker Arm zittert. (...) Jetzt erst verstehe ich so recht Friedrich den Großen, der nach Beendigung seiner Feldzüge als ein kranker, gebrechlicher Mann nach Hause kam. So wie Friedrich der Große mit gebeugtem Oberkörper und geplagt von Gicht und allen möglichen anderen Leiden seine letzten Jahre verlebt hat, so hat auch bei mir der Krieg seine tiefen Spuren hinterlassen."*

So wie Friedrich der Große beginnt auch er jetzt „die Last zu spüren". Er versucht behutsam, ein Glas Wasser an die Lippen zu führen, zittert aber so sehr, dass er den Versuch aufgibt. Vielleicht ist die Szene vom ihm absichtlich herbeigeführt worden, denn er lächelt und versucht Mitleid zu erwecken: *„Ich hatte dieses Zittern im Bein. Nun zittert mein Arm. Vielleicht wird eines Tages auch mein Kopf wackeln. Eines kann ich Ihnen aber versichern: Mein Herz wackelt nie."* Dann rechtfertigt er sich für seine Befehle, die er in der Zukunft noch erteilen muss und warnt schon einmal, dass er *„in den kommenden Wochen möglicherweise gezwungen sein* [wird], *einige harte Maßnahmen zu ergreifen, die*

^ 24. Februar 1945, Düren: Soldaten der US-Armee (1st Patrol, 8. Infanteriedivision) beim Vormarsch durch die zerstörte Stadtmitte. (115)

Sie vielleicht nicht verstehen werden". Dann bittet er die Anwesenden, zu keinem falschen Urteil über ihn zu gelangen.

Hitlers zur Schau gestellter Optimismus wird von den Parteigenossen kaum noch geteilt. Seine rhetorische Kraft reicht nicht mehr aus, um die mit dem täglichen Kriegsgeschehen Konfrontierten durch eine Ansprache zu überzeugen. Als Hitler seine Rede beendet, erfolgt pflichtgemäßer Applaus, aber nicht mehr. Er steht auf, schaut stumm auf die Anwesenden und verabschiedet sich mit einem Gruß. Gauleiter Rudolf Jordan äußert: *„Wir erheben uns still zum Gruß – und wissen eines: Das war nicht mehr unser Hitler, wie wir ihn gekannt hatten, sondern ein vom Schicksal (…) gezeichneter und fast schon gebrochener Mann – ein dem Tode Verfallener, ein Einsamer, ein Verlassener, der bereits auf den Trümmern seines Werkes stand, ohne dass es ihm schon voll zum Bewusstsein gekommen war."* Ein anderer sagt beim Hinausgehen vor sich hin: *„Um Gotteswillen!"* Der Gauleiter von Wien, Baldur von Schirach, wird von Hitler mit dem Befehl, als Reichsverteidigungskommissar die Stadt Wien bis zum Letzten zu verteidigen, nach Hause geschickt.

Unabhängig von der skurrilen Versammlung in der Reichskanzlei werden zeitgleich in Berlin Flugblätter verteilt, die auf die notwendig werdende Verteidigung der Stadt vorbereiten: *„An die Verteidiger von Berlin! (…) Jedes Haus eine Festung, jeder Straßenzug ein Massengrab für die roten Horden. Hass gegen Hass! Kampf bis zum Äußersten! Blutige Rache und tausendfache Vergeltung für die bolschewistischen Gräueltaten in unserer Heimat."* Dass diese, unbestreitbar vorhandenen Gräueltaten die Antwort auf die eigenen Taten auf dem Gebiet der Sowjetunion seit dem Jahre 1941 sind, bleibt selbstverständlich unerwähnt. Um 18:00 Uhr findet die Lagebesprechung in Anwesenheit von Göring und Himmler statt.

Hitler erklärt erneut, er bedaure, dass sein *„Berghof noch nicht vernichtet ist"*. Die Sowjets greifen in Pommern an, der Angriff im Westen über die Röhr östlich von Aachen geht trotz der Öffnung der Röhr- und Urfttalsperre weiter unaufhaltsam voran. Auch die Einschließung von Breslau und die Rolle von Gauleiter Hanke (Hitler: *„Hanke ist ein Mordskerl."*) ist ein Hauptthema. Hitler schickt Hanke und Koch, beide Gauleiter sind von den Russen eingeschlossen, ein Telegramm:

„Ich gedenke mit der Führerschaft der Bewegung, die am Jahrestag unserer Parteigründung im Hauptquartier um mich versammelt ist, Ihrer in unlösbarer Verbundenheit. Möge unsere Siegeszuversicht Sie und Ihre Männer in Ihrer Kraft bestärken, im Glauben an unseres Volkes Zukunft an Ihrem schweren Posten auszuharren bis zum endgültigen Sieg. Adolf Hitler."

Um 20:00 Uhr geht er zum Abendessen und bereits eineinhalb Stunden später legt er sich hin, es ist ein anstrengender Tag gewesen. Die Ruhephase dauert nicht lange, denn bereits um 22:40 Uhr wird er wegen Fliegeralarms geweckt. Major Josef Heichele nimmt am 25. Februar für seine Verdienste bei den Kämpfen im Brückenkopf Rozan (heute Różan/Polen) aus Hitlers Hand das Eichenlaub entgegen. Auf die „Führerstädte" München und Linz erfolgen Luftangriffe, auch Hitlers ehemaliger Wohnort Leonding bei Linz, wo seine Eltern begraben sind, wird getroffen. Aber auch die Reichshauptstadt wird nicht verschont. Erfahren die Radiohörer von Feindflugzeugen im Raum *„Hannover-Braunschweig"*, ist die Wahrscheinlichkeit, dass Berlin das Ziel ist, sehr groß. Ab Brandenburg/Havel ist es Gewissheit: *„Achtung, Achtung! Hier spricht der Großdeutsche*

Rundfunk. Feindliche Bomberverbände sind im Anflug auf die Reichshauptstadt! Achtung, Achtung!"* Mit 1.112 Flugzeugen kommt die USAAF und wirft 2.879 Tonnen Bomben ab. Unter den Bomben befinden sich auch Luftminen, zynisch als *„Wohnblockknacker"* bezeichnet, da sie mit Wucht bis in die Fundamente der Häuser eindringen und dann explodieren. Die in den Kellern Schutz suchende Bevölkerung stirbt oft schon durch die Druckwelle, da ihre Lungen platzen. Tatsächlich pflügt dieser Angriff nur noch die Trümmer um und die Brandbomben, Brandflaschen und Phosphorbomben verbrennen alles noch übrig gebliebene Brennbare.

Hitler sitzt im bombensicheren Bunker und klagt derweil Bormann gegenüber in einem Monolog über die Zeit, die ihm fehle: *„Nur weil wir immer übereilt und unter Zwang handeln mussten, ist vieles fehlgeschlagen. (...) Wofür die anderen die Ewigkeit haben, dafür bleiben mir nur ein paar armselige Jahre."* Dann beklagt er, dass er keinen geeigneten Nachfolger habe und widerspricht sich einmal mehr selbst, denn das Volk ist am Ende:

„Das Werk, das ich mir vorgenommen habe, um dem deutschen Volk den Platz an der Sonne zu erobern, ist zu viel für einen einzelnen Mann, zu gewaltig umfassend für eine Generation! Ich habe dem deutschen Volk aber das Wissen um seine Sendung vermittelt und ihm die Empfindung eingeimpft der ungeheuren Möglichkeiten der Vereinigung aller Deutschen in einem Großdeutschen Reich. So habe ich die beste Saat gelegt. (...) Nichts wird verhindern können, dass eines Tages (...) die Saat reift und die Ernte eingebracht wird. Das deutsche Volk ist jung und stark. Ein Volk, dessen Zukunft noch vor ihm liegt!"

Ein Teil dieses jungen und starken Volkes, die aus jungen Frauen und Mädchen bestehenden Wehrmachthelferinnen, werden in diesem Monat im Wehrmacht-Helferinnen-Korps zusammengefasst. Die *„Blitzmädel"* genannten Frauen übernehmen oft die Arbeitsplätze von Soldaten und werden neben administrativen Tätigkeiten auch bei der Luftverteidigung, der Flugabwehr an Flakscheinwerfern, im Sanitätsdienst, als Funkerinnen usw. eingesetzt. Von den etwa 500.000 Helferinnen melden sich etwa die Hälfte freiwillig, die anderen werden dienstverpflichtet. Die sich freiwillig melden, sehen neben der Tatsache, etwas fürs Vaterland zu tun, oft auch einen banalen modischen Aspekt. Die Werbeplakate für den Dienst als Luftnachrichtenhelferin verfehlen ihre Wirkung nicht, denn die Uniform mit Schiffchen sieht schick aus. Natürlich werden auch sie auf Hitler vereidigt: *„Ich gelobe, ich werde dem Führer und Obersten Befehlshaber der Wehrmacht, Adolf Hitler, treu und gehorsam sein."*

Am 26. Februar wird Hitler erneut zu früh geweckt. Der nächste Großangriff mit 1.184 Flugzeugen beginnt um 11:10 Uhr auf die Stadtteile Tiergarten, Wedding, Kreuzberg, Weißensee, Köpenick, Treptow und Prenzlauer Berg. Hierbei wird auch die Parteikanzlei schwer getroffen. Nach Ende des Angriffes geht Hitler um 14:15 Uhr eine halbe Stunde spazieren, Brandgeruch und Rauch hängen in der Luft. Die RAF fliegt um 19:55 Uhr noch einen kleineren Angriff auf Berlin und einen großen auf Bergisch-Gladbach. Hitler unterhält sich gerade mit Reichsminister Herbert Backe und erklärt: *„Ich bin für Europa die letzte Chance!"* Mit Ägypten und Syrien kommen zwei weitere Staaten hinzu, die sich ab diesem Tag mit Deutschland im Kriegszustand befinden. Aufgrund der massiven Angriffe fürchtet man einen Gasangriff auf den Bereich der Reichskanzlei. Am 27. Februar um 15:15 Uhr werden deshalb vorsorglich an alle Bewohner der Reichskanzlei Gasmasken verteilt und eine Dichtigkeitsprobe durchgeführt. Sicherheitshalber wird auch Hitler eine Gasmaske angepasst, obwohl ein System von Filtern den Bunker gegen einen Kampfstoffangriff schützt. In der Lagebesprechung trudelt eine neue Kriegserklärung ein, diesmal vom Libanon.

Deutlich schwerwiegender ist an diesem Tag der massive Einbruch der Truppen von Marschall Schukow in Himmlers gut ausgebaute Pommernstellung. Zwei sowjetische Panzerarmeen rücken nun unaufhaltsam Richtung Köslin (heute Koszalin/Polen) und die Ostseeküste vor. Die deutschen Soldaten wehren sich mit dem Mut der Verzweiflung. Seit Mitte Januar hat die Wehrmacht etwa 7.000 russische Panzer vernichtet. Das klingt viel und ist viel, doch die Nachschubressourcen, über die die Sowjetunion an Menschen und Material verfügt, gleichen das problemlos wieder aus. Hitler befiehlt, die Land- und Eisenbahnverbindung nach Danzig *„um jeden Preis"* zu halten. Derartige Befehle bewirken nur noch eine weitere Steigerung der Opferzahlen, denn es fehlt an Soldaten, die diese Befehle umsetzen könnten. Nachmittags trifft ein Blitzfernschreiben von Gerd von Rundstedt ein, in dem er sich darüber beschwert, dass er von den ihm zugesagten 52.215 Mann nur 12.902 erhalten hat – also nicht einmal ein Viertel. Verzweifelt werden andere Methoden gesucht, um die Fronten irgendwie halten zu können. Es herrscht blinder Aktionismus. Bormann versucht, die Öffentlichkeit gegen die *„Feigheitsseuche"* zu mobilisieren und will Fahnenflüchtige kurzerhand aufhängen lassen. Hitler empfiehlt Himmler eine radikale Lösung, um nicht mehr kampfbereite Soldaten zu beschämen und zur Rückkehr zu ihrer Einheit zu bewegen: Es soll ein Frauenbataillon aufgestellt und darüber hinaus 6.000 Jungen des Jahrgangs 1929 zur Verstärkung der rückwärtigen Verteidigungslinien herangezogen werden.

Hitler schläft ab jetzt dauerhaft im Führerbunker im Garten hinter der Alten Reichskanzlei. Die Luftalarme fast in jeder Nacht nerven ihn. Während er am 28. Februar mit seinen Sekretärinnen beim Tee sitzt, werden um 02:28 Uhr das Zentrum und der Osten Berlins bombardiert. Um 20:48 Uhr erfolgt erneut ein Angriff auf Berlin-Mitte. Es ist der Tag, an dem Saudi-Arabien sich der Koalition gegen Deutschland anschließt. Ob Hitler an diesem Tag mit Mussolini telefoniert, kann nicht definitiv gesagt werden. Fakt ist, dass die beiden Diktatoren regelmäßig miteinander sprechen und dass die Gespräche von deutscher Seite aufgezeichnet werden. Dadurch ist bekannt, dass er neben den üblichen Durchhalteparolen und nichtssagenden Floskeln ihm gegenüber auch von *„neuen Waffen"* spricht, die auf Grundlage von *„schwerem Wasser"*, welches für die Nuklearforschung von Bedeutung ist, *„bald zum Einsatz kommen und alles Leben in einem weiten Umkreis vernichten"*. Für das deutsche Uranprojekt ist die Verwendung von schwerem Wasser als Moderator eines Versuchsreaktors vorgesehen, mit dem unter anderem waffenfähiges Plutonium, wichtig für den Bau von Kernwaffen („Atombombe") hätte hergestellt werden können.

Die Idee der Aufstellung eines Frauenbataillons wird von Hitler an diesem Tag probeweise genehmigt, er *„verspricht sich eine entsprechende Rückwirkung auf die Haltung der Männer"*. In der Schlussphase des Krieges zwingt das NS-Regime alte Männer, Frauen und Kinder zu *„freiwilligen"* Kriegs- und Kriegshilfsdiensten. Hintergrund ist, dass alleine an der Ostfront in den letzten beiden Monaten 450.000 Mann Verluste zu verzeichnen sind. Die Militarisierung der nationalsozialistischen *„Volksgemeinschaft"* erlebt ihren Höhepunkt. Viele bisher von der Einberufung verschont Gebliebene werden nun herangezogen und – nur notdürftig ausgebildet – unverzüglich an die Front geworfen. Man versucht *„Drückebergern"* habhaft zu werden. Drakonische Strafen werden in großer Zahl verhängt. Die Kriegsgerichte verhängen etwa 30.000 Todesurteile gegen deutsche Soldaten, 20.000 werden auch vollstreckt. Zum Vergleich: Alle Westalliierten richten nur 289 ihrer Soldaten hin. Gleichzeitig wird die Kriegsführung selbst immer radikaler. Gegen jede sinnvolle Notwendigkeit erzwingt die politische und militärische Führung die Verteidigung des Reiches und damit zugleich die Verlängerung ihrer Herrschaft. Hass soll den Menschen die Kraft verleihen, den Feind *„überall mit aller Unnachgiebigkeit und Unerbittlichkeit"* zu bekämpfen, natürlich *„bis zum letzten Atemzug"*. Der Chef der NSDAP-Parteikanzlei und Reichsleiter Martin Bormann, Hitlers rechte Hand, gibt die unmissverständliche Devise aus: *„Siegen oder fallen!"* Und Goebbels stößt in das gleiche Horn: *„Es gibt nur Tod oder Sieg für uns! Entweder auf dem Gipfel des Ruhmes oder vernichtet!"*

Doch auch an diesem Tag geht der Rückzug trotz dieser Durchhalteparolen unaufhaltsam weiter. Die U.S. Army stößt auf den Rhein zwischen Düsseldorf und Venlo vor. Hitler befiehlt, alle verfügbaren Düsen- und Propellerflugzeuge gegen diesen Vormarsch einzusetzen. Fast alle Rheinbrücken zwischen Duisburg und Koblenz werden gesprengt. Der Kampfeswille der Zivilbevölkerung jedoch ist Hitler nicht entschlossen genug. Er regt sich über den mangelnden Widerstand der linksrheinischen Bevölkerung auf, deren Moral und Widerstandkraft deutlich sinkt. Volkssturmeinheiten werfen ihre Waffen und Munition reihenweise in Seen und Flüsse. Viele sind des Kampfes müde, zumal die Bombengriffe nicht nachlassen. Der relativen Ruhe in der zweiten Januarhälfte folgen im Februar massive Angriffe auf Berlin (zweimal), Magdeburg (zweimal), Bonn, Regensburg (zweimal), Dresden (zweimal), Chemnitz (zweimal), Nürnberg, Worms, Duisburg und Pforzheim. Ende Februar sind von 23 Millionen Wohnungen in Deutschland 6 Millionen zerstört und die planmäßige Evakuierung der Berliner Bevölkerung in *„Aufnahmegaue"* bricht zusammen. Aufgrund des raschen Vormarsches der Roten Armee werden diese Gaue nun selbst *„Entsendegaue"*, da die Bewohner und vormals Evakuierten nun selbst zu Flüchtlingen werden. An eine organisierte Flucht ist dabei nicht mehr zu denken. Trotzdem fliehen viele Berliner auf eigene Faust aus der Stadt. Die Furcht vor weiteren Bombenangriffen und der stetig näher kommenden Roten Armee führt zu einem Massenexodus. Mehr als eine Million Menschen sind bereits in die Aufnahmegaue innerhalb des Reiches geflohen. Behörden und Partei können die Vorgänge kaum noch steuern, geschweige denn kontrollieren und überwachen. Öffentliche Bekanntmachungen, aus denen die ratlose Bevölkerung erfahren hätte, was sie tun sollen, erfolgen nicht. Jeder ist auf sich alleine gestellt und wer kann, versucht die Stadt zu verlassen. Das Rote Kreuz stellt eine minimale Versorgung mit Getränken sicher und viele Menschen können in den Bunkern an den Bahnhöfen, beispielsweise in dem – nach den Flaktürmen größten Bunker –, Reichsbahnbunker am Anhalter Bahnhof, übernachten. Die Behörden haben in ihm Bänke und Tische aus Kiefernholz aufgestellt. Lebensmittelvorräte sind nicht vorhanden und

Wasser muss unter Artilleriebeschuss an der Pumpe am Bahnhofsportal geholt werden. Der große Vorteil dieses Bunkers ist die direkte Verbindung zur U-Bahn. Die Wege der flüchtenden Menschen überschneiden sich nun mit den aus dem Osten zurückflutenden Massen und Flüchtlingstrecks. Transportzüge können nicht mehr eingesetzt werden. Durch Polizeibefehl wird verboten, die aus dem Osten kommenden Menschen in die Stadt zu lassen. Um dies sicherzustellen, werden die Menschkolonnen an der Dorfkirche in Berlin-Marzahn im Osten der Reichshauptstadt geteilt, um sie um die Stadt herum zu führen. Das Chaos ist vollkommen – und das menschliche Leid unvorstellbar.

Gelingt es Flüchtlingen dennoch, in die Reichshauptstadt zu kommen, hören die Einheimischen oft schier Unglaubliches. Der 15-jährigen Waltraud Süßmilch, die für die NS-Volkswohlfahrt Dienst am Stettiner Bahnhof verrichtet, fällt auf dem Bahnsteig eine völlig apathisch wirkende Frau auf, die ohne Gepäck angekommen ist. Auf Fragen wiederholt sie die ihr gesagten Wörter, ohne auf sie eine sinnvolle Antwort zu geben. Als das Wort „*Schwester*" fällt, zuckt sie wie unter einem Peitschenhieb zusammen und fängt dann monoton an zu reden: „*Schwester. Schwester. Annemarie. Schwanger. Geschlachtet. Sie haben sie geschlachtet. In der Scheune. Wie bei einem Schlachtfest, auf die Leiter gebunden und aufgeschlitzt. Alles fiel heraus, so viel Blut, und die Leibesfrucht bewegte sich noch eine Weile.*" Ein anderer Fluchtweg ist die Ostsee. Bis Kriegsende bringt die Marine über etwa 680.000 Flüchtlinge, 345.000 Verwundete und 182.000 Soldaten über die Ostsee in Sicherheit. Die Wehrmacht setzt dort ihren Widerstand bis zum 24. April fort. Pillau muss dann aufgeben werden, die Hafenanlagen werden gesprengt. In Ostpreußen fliehen 1,75 Millionen Flüchtlinge nach Westen, davon machen sich 900.000 Menschen bei klirrendem Frost zu Fuß auf den Weg über das Frische Haff und die Frische Nehrung. Auf den Flüchtlingstrecks kommen etwa 30.000 Menschen ums Leben, bis Ende des Monats können jedoch fast eine halbe Million Menschen fliehen.

Was macht der Verursacher all dieses Chaos? Es wird immer wieder geschrieben, und auch Hitler äußert sich mehrfach selbst darüber, dass er schlecht bzw. zu wenig schlafe. Für den Januar und Februar liegen die täglichen Aufzeichnungen Linges vor, die noch nicht im Detail ausgewertet sind. Linges Aufzeichnungen belegen: Im Durchschnitt vergehen täglich zwischen dem Zeitpunkt, an dem sich Hitler in seine Privaträume zurückzieht und dem Wecken im Januar acht Stunden und im Februar sieben Stunden und 20 Minuten. Selbst wenn anzunehmen ist, dass er nicht unmittelbar zu Bett geht und sofort einschläft und man hierfür 30 Minuten veranschlagt, kann eine Ruhezeit von mindestens siebeneinhalb bzw. sechs Stunden und 50 Minuten angenommen werden. Legt man Hitlers Angaben zugrunde, dass er meist erst gegen „*fünf oder sechs Uhr*" einschläft (und hierbei wiederum den spätestens Zeitpunkt, also sechs Uhr, veranschlagt), ergibt sich für Januar eine reine Schlafzeit von fünf Stunden und 45 Minuten und für Februar von sechs Stunden und 25 Minuten. Diese Werte weichen zwar deutlich von den von Prof. Morell geforderten – jedoch unrealistischen – zehn Stunden ab, sind aber im Durchschnitt auch nicht dramatisch. Im Erwachsenenalter liegt die Richtlinie zwischen sieben und neun Stunden. Sechs Stunden bilden daher die untere Linie, die bei Hitler in den ersten beiden Monaten des Jahres 1945 eindeutig eingehalten wird.

Führerhauptquartier Jonastal – Der geheimnisvolle Ort

Das Jonastal ist ein Geländeeinschnitt, der sich von Crawinkel (südlich von Gotha) bis nach Arnstadt im zentralen Thüringen zieht. Durchflossen wird das Tal von der Wilden Weiße, die sich teilweise tief in den Muschelkalk eingefressen und dadurch steile Abbrüche geschaffen hat. In diesen Steilhängen wird im September 1944 mit ersten Bauarbeiten begonnen. An der Bauleitung beteiligt ist Heinrich Lübke, der spätere Bundespräsident. Das Jonastal eignet sich wegen seiner geologischen und geographisch zentralen Lage gut für militärische Einrichtungen. Bereits in den Jahren bis 1938 ist am Rande des Truppenübungsplatzes Ohrdruf eine verbunkerte Nachrichtenanlage mit den Tarnbezeichnungen „Amt 10" bzw. „Olga" errichtet worden, ein hochmodernes, unterirdisches Fernmeldezentrum. Anfang November ist die Verbindungsstraße zwischen Crawinkel und Arnstadt fertiggestellt, ab dem 10. November werden zehntausende Häftlinge aus dem Konzentrationslager Buchenwald eingesetzt, die in einem eigens errichteten Außenlager (S III) untergebracht sind.

Als die Russen an der Oder stehen, befiehlt Hitler am 9. März 1945 Vorbereitungen für die Verlegung des Führerhauptquartiers nach Mitteldeutschland. General Wilhelm Burgdorf schreibt dazu: *„Auf Befehl des Führers hat Reichsführer SS im Raume Ohrdruf den Ausbau einer neuen Unterkunft FHQ übernommen. Mit der Durchführung ist SS-Obergruppenführer Kammler beauftragt worden."* Termin für den Bezug ist der 20. April, Hitlers Geburtstag. Der Brandleitetunnel unterhalb von Oberhof ist für den Führersonderzug vorgesehen. Auch andere Dienststellen des Reiches werden in der näheren Umgebung angesiedelt, so der Großdeutsche Rundfunk in Luisental, der Oberbefehlshaber West Kesselring in Friedrichroda, Stellen der Reichskanzlei in Oberhof. Ab 1. Februar 1945 wird Schloss Reinhardsbrunn bei Friedrichroda von Carl Eduard Herzog von Sachsen-Coburg und Gotha an die Reichskanzlei vermietet. Das Schloss liegt etwa 20 Kilometer vom Jonastal entfernt und erhält den Decknamen *„Wolfsturm"*, ein Indiz, dass es für Hitler persönlich vorgesehen ist, der den Namen Wolf für sich persönlich und für seine Hauptquartiere mehrfach und seit langem benutzt. Angeblich gibt es am 4. März 1945 auf dem Truppenübungsplatz Ohrdruf Atomversuche. Das Vorhandensein einer deutschen Atombombe wird seitdem in Fachkreisen diskutiert. Die Frage, ob einer der Wunderwaffen tatsächlich eine Atombombe gewesen ist, hat der Historiker Sven Felix Kellerhoff, basierend auf einem Buch von Rainer Karlsch, untersucht. Dies ist hier auszugsweise wiedergegeben:

„Der Nachweis, dass es 1944/45 keine explosionsfähige deutsche Atombombe gegeben hat, ist auf drei Ebenen möglich: Erstens gab es in Deutschland damals nicht genügend spaltbares Material, die unverzichtbare Voraussetzung jeder Nuklearwaffe. (...) Zweitens gibt es keinen konkreten Hinweis, dass Hitler oder seine Entourage 1944/45 ernsthaft an eine Kernwaffe geglaubt hätten. (...) Drittens gibt es keinen Beleg für die Kernwaffentests

selbst. Zwar müht sich Karlsch (...) dem Leser das Gegenteil zu vermitteln. Doch die im Anhang publizierten nuklearphysikalischen Indizien aus Rügen und Thüringen sind genau betrachtet schwach (...). Karlschs drei zentrale Zeitzeugenberichte über die Ereignisse von 1944/45 sind erkennbar unglaubwürdig. In zweifelsfrei echten, zeitgenössischen Dokumenten dagegen findet sich keine Spur von den Versuchen und in einem Fall sogar ein starkes Indiz gegen [!] einen Atomtest in Thüringen. (...) Im März 1945 hätte nur eine monströse Wunderwaffe Hitler vor dem Untergang bewahren können. Auch Rainer Karlsch räumt ein, dass das deutsche Atomprogramm noch nicht so weit war, eine Bombe vom Kaliber des Hiroshima-Typs zu bauen. Doch sein Buch kann nicht belegen, dass es überhaupt deutsche Kernwaffentests gegeben hat."

Für Kellerhoff ist klar, warum solche Behauptungen immer wieder auf ein breites Medienecho stoßen: *„Knallige Thesen zu Hitler verkaufen sich mitunter einfach glänzend. Wenn dabei die Seriosität auf der Strecke bleibt, ist das nur ein Kollateralschaden."* Tatsache dagegen ist, dass die Entdeckung des Zwangsarbeiterlagers Ohrdruf südlich von Gotha bei den Amerikanern Hass, Wut und Abscheu auslöst. Manche Überlebende wiegen nur noch 44 Kilogramm. Tatsache ist auch, dass Ohrdruf am 5. April von der U.S. Army besetzt wird, das Jonastal aber erst am 12. April. Es gibt über diese Tage sehr wenige Quellen, Unterlagen über das Jonastal wurden in US-Archiven gezielt „gesäubert". Der Vorgang der Besetzung im Jahre 1945 spiegelt sich noch Anfang der 1990 Jahre in den US-Akten nicht wider. Luftbilder und Akten sind verschwunden. In den Memoiren Eisenhowers und anderer Generale finden sich keine Hinweise über dieses letzte Führerhauptquartier. Zeugen berichten, dass die Stollen unterschiedliche Ausbaustufen hatten, vom Rohbau bis holzvertäfelt. Nach der Wende in der DDR wird auch im Jonastal erfolglos nach dem Bernsteinzimmer gesucht.

^ *In diesen Muschelkalkfelsen im Jonastal bei Arnstadt in Thüringen werden die Stollen für das Füherhauptquartier getrieben. (160)*

Kurz gesagt ist es doch so, dass einer, der für sein Haus keinen Erben hat, sich am besten mit allem, was darin ist, verbrennen lässt – wie auf einem großartigen Scheiterhaufen.
Adolf Hitler
(Diktator, 1889-1945, im Februar 1942)

März 1945 –
Die letzte Fahrt

Der Frühlingsmonat beginnt mit einer unverändert schlechten Lage an allen Fronten. Die Westalliierten unterstützen die Sowjets weiterhin mit Waffen und Geräten, Panzern und Artillerie. Die Kampfkraft der an der Westfront stehenden deutschen Soldaten, häufig sind es junge, unerfahrene Rekruten, ist jetzt nur noch halb so groß wie zu Beginn des Krieges. Sie stehen einem Feind gegenüber, der über eine schier unbegrenzte Ausrüstung sowie einen unablässig laufenden Nachschub verfügt. Das Zentrum und der Westen Berlins werden zwischen 19:52 Uhr und 22:08 Uhr bombardiert. An diesem 1. März erfolgt auch der erste bemannte Raketenstart der Welt. Der Flugzeugführer Lothar Sieber startet um 17:45 Uhr mit einer „Bachem Ba 349 Natter" vom Großen Heuberg bei Stetten am kalten Markt (Baden-Württemberg). Die Natter erreicht eine Höchstgeschwindigkeit von 1.000 Stundenkilometern. Als Termin für umfangreichere Einsätze ist der Führergeburtstag, der 20. April, vorgesehen, doch Sieber stürzt sieben Kilometer weiter nahe Nusplingen tödlich ab. Das Projekt verzögert sich.

Hitler geht täglich eine halbe Stunde mit seinem Hund im Garten spazieren. Er wohnt nun dauerhaft im Führerbunker. Der endgültige Übergang von seiner Wohnung in den Bunker vollzieht sich fließend, erst wegen der ständigen Luftangriffe, dann werden nach und nach alle Aktivitäten verlagert. Hitler hat Bücher über Opernhäuser, Architektur, Gemälde und sein Skizzenbuch mit Aquarellen mitgenommen, Themen, die ihm nach wie vor am Herzen liegen. Er fertigt im Laufe seines Lebens etwa 2.000 bis 3.000 Zeichnungen, Aquarelle und Ölbilder an. Auch im Bunker legt er Wert auf Kunst. Über sein Sofa lässt er das aus dem 17. Jahrhundert stammende Bild „Stillleben mit Landschaft" des holländischen Meisters Jan Davids hängen. Hitler zeigt Kaltenbrunner stolz das Modell von Linz, während 12-jährige Hitlerjungen an Flakgeschützen eingesetzt werden, Mönchengladbach als zweite westdeutsche Großstadt in alliierte Hand fällt und die Sowjets tiefer nach Pommern hinein vorstoßen.

Obwohl die Propaganda noch immer veröffentlicht wird (*„Unsere Mauern brachen – unsere Herzen nicht. Auf zum heiligen Volkskrieg. Für die deutsche Heimat und unsere Zukunft! Unser unbeugsamer Wille: niemals Sklaven des angloamerikanischen Kapitalismus, niemals als bolschewistische Zwangsarbeiter nach Sibirien."*) und die Bevölkerung zu Spenden aufruft (*„Der Führer erwartet Dein Opfer Für Wehrmacht und Volkssturm"*), wird Hitlers Schutz weiter verstärkt. Ab Anfang des Monats ist SS-Sturmbahnführer Otto Günsche „Kampfkommandant der Reichskanzlei". Eine Kompanie des Führer-Begleit-Bataillons wird in die Reichskanzlei verlegt, das Führerbegleitbataillon wird verstärkt und die „Wache Reichskanzlei" der „LSSAH" steht auch noch zur Verfügung. Die Sicherung des Außenbereichs des Reichskanzleikomplexes (Hermann-Göring-Straße, Voßstraße, Wilhelmstraße) übernehmen schwer bewaffnete Wehrmachtseinheiten. Nachdem sich Hitlers Sekretärinnen bei ihm über die ihrer Meinung nach zu raue Behandlung durch die Wachen beschweren, äußert Hitler zu Günsche, dass so viel Schutz nicht nötig sei, da sein Schutz *„in anderen Händen"* liege. Er ist noch immer davon überzeugt, dass die *„Vorsehung"* eine schützende Hand über ihn hält!

Hitlers Charisma wirkt noch, nicht bei jedem, aber bei den meisten. Als Generalfeldmarschall Ernst Busch zermürbt, verärgert und aufgebracht im Bunker erscheint, um Hitler einmal *„unverblümt die Meinung zu sagen"*, verlässt er ihn nach der Unterredung, wie sein Adjutant Eberhard von Breitenbuch berichtet, *„wie umgewandelt"* und glaubt ernsthaft an einen deutschen Endsieg. Hitler hat ihn binnen kurzem von der Richtigkeit seiner Argumente überzeugt, obwohl diese mit der Realität nichts mehr zu tun haben. Die Wirklichkeit holt ihn schnell zurück. In der Lagebesprechung am 2. März, Krefeld ist soeben gefallen und die Amerikaner erreichen südlich von Düsseldorf den Rhein, äußert er, beunruhigt über mangelnde Information von der Westfront: *„Ich traue Meldungen überhaupt nicht. Meldungen werden abgegeben, damit man einem Sand in die Augen streut. Es wird alles erklärt und hinterher stellt sich heraus, dass gar nichts geschehen ist."*

Er befürwortet nun auch den Einsatz von Frauen im Kampf, ein Thema, das jahrelang in der NS-Ideologie absolut tabu war: *„(…) unter Zusammenkratzen von allem, was es in Deutschland gibt, eine Front aufbauen von allem, was es gibt, meinetwegen von Weibern. Das ist mir völlig gleichgültig. Es melden sich jetzt so viele Weiber, die schießen wollen, dass ich auf dem Standpunkt stehe: Auch die muss man sofort nehmen. Die sind tapferer. Wenn wir sie in die zweite Linie hineinnehmen, laufen die Männer zum mindesten nicht davon."* Während abends das Berliner Zentrum bombardiert wird, stellen sich bei Hitler erste Anzeichen einer beginnenden Erkältung ein. Prof. Morell verhindert diese durch Gaben von Strophantose I und Betabion forte. Hitler muss fit bleiben, denn er hat sich endlich dazu durchgerungen, eine Fahrt zu Divisionsgefechtsständen hinter der nahe liegenden Ostfront zu unternehmen.

Datum, Örtlichkeiten und Verlauf dieser letzten Reise Hitlers werden sehr oft falsch wiedergegeben. Die Fahrt führt laut Ian Kershaw nach Wriezen am westlichen Rand des Oderbruchs, er hat das offenbar ungeprüft von Prof. Morell (*„Auf der Frontfahrt nach*

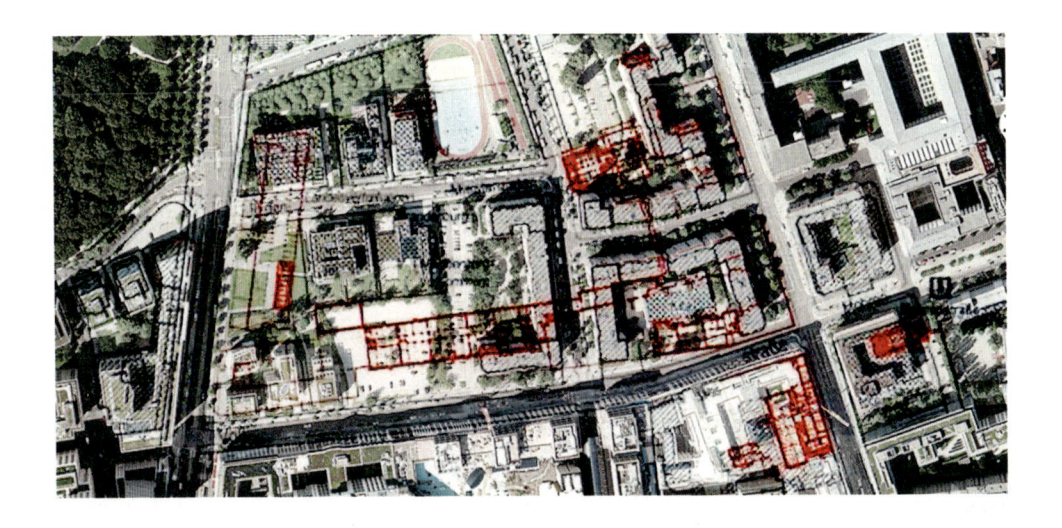

Wriezen") übernommen, bei der *„ihm angeblich* [!] *Soldaten zujubelten".* Hitler wird, das belegen die Wochenschaubilder eindeutig, tatsächlich auf dieser Fahrt umjubelt. Rochus Misch meint: *„Am 11. März besuchte Hitler das Hauptquartier der 9. Armee in Bad Saarow."* Er hat dieses Datum wohl aus der Wochenschau, die den Besuch auf den 11. März datiert, dem Heldengedenktag, um Hitlers Abwesenheit bei der obligatorischen Kranzniederlegung am Ehrenmal Unter den Linden zu entschuldigen. Heinz Linge dagegen behauptet, die *„letzte Frontfahrt unternahm Hitler nach Stettin."*

Tatsache ist, dass die letzte Frontfahrt am Samstag, dem 3. März, stattfindet. Die Reise wird vormittags angetreten, da dann voraussichtlich keine Luftangriffe zu befürchten sind. Sechs große, schwere, dreiachsige, geländegängige Wagen vom Typ Mercedes Benz G4 stehen abfahrtbereit im Ehrenhof der Neuen Reichskanzlei, die Verdecke sind geschlossen. Bormann, Burgdorf, Fegelein, Prof. Morell, Stumpfegger, Hewel, Lorenz und die Adjutanten warten schon, als Hitler erscheint und sie mit Händedruck begrüßt. Dann hilft ihm Diener Linge beim Einsteigen. Bormann, Burgdorf, Fegelein und Linge sind bei Hitler im Wagen, Kempka fährt. Adjutant Major Willy Johannmeyer hat am Tag zuvor die Fahrtstrecke kontrolliert und dem Befehlshaber der 9. Armee General Theodor Busse den Besuch unter dem Siegel strengster Verschwiegenheit angekündigt.

Hitler verlässt zum ersten Mal seit sechs Wochen wieder den Komplex der Reichskanzlei. Vor der Kälte, das Thermometer zeigt nur zwei Grad, schützt ihn sein dicker Ledermantel.

Prof. Morell hat ihn für diese Reise durch eine weitere Strophantinspritze und die Injektion eines Vitaminpräparates gestärkt. Hitler sitzt wie immer im ersten Wagen, gefolgt von zwei Wagen mit dem Begleitkommando, dann das Fahrzeug mit den Adjutanten und Prof. Morell. Es folgt der Wagen mit Stumpfegger, Hewel und Lorenz und zum Schluss ein Ersatzfahrzeug. Die Wagenkolonne biegt in die Wilhelmstraße ein und fährt über Unter den Linden zum Alexanderplatz, durch die Frankfurter Allee in die Arbeiterviertel des Berliner Nordostens. Hitler wird während der Fahrt zunehmend nervöser und rutscht

^ *Karte aus dem Jahre 2015 des Berliner Areals Friedrich-Ebert-Straße (links), Voßstraße (unten) und Wilhelmstraße (rechts) mit den in rot eingezeichneten Bunkern unter der Neuen Reichskanzlei und dem Führerbunker (oben rechts). (151)*

unruhig auf seinem Sitz hin und her. Seine Gesichtsmuskeln zucken vor Anspannung, im Wagen herrscht Grabesstille. Unvermittelt wirft er dem hinter ihm sitzenden Linge seine grauen Glacéhandschuhe zu: *„Geben Sie mir bitte Handschuhe, die etwas loser sitzen! Die hier drücken und schnüren mir das Blut ab."* Linge reicht umgehend, aber schweigend, ein anderes Paar gleicher Größe, denn er hat keine anderen dabei, doch Hitler findet sie nun passend und raunzt ihn an: *„Warum haben Sie mir die nicht gleich gegeben?"* Nachdem die Berliner Stadtteile Prenzlauer Berg, Weißensee und Hohenschönhausen passiert worden sind, wird freies Gelände erreicht. Gesprochen wird kein weiteres Wort. Über Ahrensfelde, Blumberg, Seefeld, Werneuchen, Wertpfuhl und Sternebeck erreicht die Wagenkolonne nach 90-minütiger Fahrt Harnekop. Linge berichtet über diese Fahrt: *„Als wir uns in aller Frühe durch einen Acker durchquälten, um zu einem Kommandostand der Luftwaffe zu gelangen, standen plötzlich alte Bauern mit ihren Frauen um uns herum. Hitler winkt ihnen jovial zu."* Die Fahrzeuge halten schließlich vor dem Divisionsgefechtsstand des 101. Armeekorps der 9. Armee von General Busse im Schloss Harnekop (vormals Schloss Monchoix) in Harnekop (heute Ortsteil der Gemeinde Prötzel im Landkreis Märkisch-Oderland in Brandenburg).

Linge hilft Hitler aus dem Wagen, dessen Haltung leicht gebeugt ist. Sein Gang ist von weitem nicht sicher auffällig, beim Näherkommen aber deutlich kleinschrittig und leicht hinkend. Er wird von Busse begrüßt. Im größten Raum des Schlosses filmen Kameramänner der Wochenschau die Begrüßung der vor der Fensterfront angetretenen Offiziere und Teile der 30-minütigen Besprechung. Hitlers linker Arm hängt starr herab. An der linken Hand sind während dieser Einstellung in 2,7 Sekunden bei üblicher Aufnahmegeschwindigkeit (soweit nach den Bewegungsabläufen der Umstehenden zu schließen ist) elf grobe Tremorausschläge deutlich zu erkennen. Demnach beträgt die Tremorfrequenz rund vier pro Sekunde, ein eindeutiger Hinweis auf die Parkinsonsche Krankheit. Der Zensur ergeht das. Bei der Begrüßung geht seine rechte Hand nicht mehr im Handgelenk abgewinkelt, sondern nur noch leicht zum Gruß vertikal nach oben. Beim Hinsetzen an den Kartentisch ist seine Bewegung nur wenig beeinträchtigt. Er gestikuliert mit der rechten Hand, sein linker Arm bleibt dabei unter dem Tisch. Davon werden auch Fotos, teilweise in Farbe, angefertigt. Sie zeigen Hitler, am Lagetisch sitzend, auf Busse einredend, während ein Dutzend Offiziere hinter ihm stehen und andächtig zuhören. Busse beschreibt Hitler später: *„So habe ich mir immer Friedrich den Großen nach der Schlacht von Kunersdorf vorgestellt."* Ein anwesender Offizier berichtet später, sein *„körperlicher Zustand hat einige Erschütterung hervorgerufen"*. Ein anderer sagt nach dem Kriege aus, dass sein *„Händedruck schlaff und weich"* gewesen sei, nur *„die*

^ *3. März 1945, Harnekop: Das Schloss, in dem der Divisionsgefechtsstand des 101. Armeekorps der 9. Armee von General Busse untergeracht ist. (146)*

blitzenden Augen" hätten noch fasziniert. Für einen weiteren Offizier sieht Hitler aus wie jemand, *„der dem Grab entstiegen ist"*.

Hitler fordert, dass der sowjetische Ansturm auf Berlin so lange aufgehalten werden muss, bis die neuen Waffen einsatzbereit sind. Beim Abschied sagt er: *„Jeden Tag und*

^ 3. März 1945, Harnekop: Hitler im Schloss während der Lagebesprechung. V.l.n.r.: Wilhelm Berlin, Robert Ritter von Greim, Franz Reuß, Job Odebrecht, Theodor Busse (o.) (155). Hitler verlässt, von Soldaten umjubelt, das Schloss (u.) (140).

jede Stunde sind kostbar, um die fürchterlichen Waffen fertigzustellen, welche die Wende bringen." Details verrät er natürlich nicht. Auch beim Verlassen des Schlosses wird Hitler gefilmt, er grüßt freundlich lächelnd. Vor der Abfahrt wirkt sein Gang leicht asymmetrisch, die linke Hand steckt in der Manteltasche, dann ballt er sie zur Faust. Die Soldaten jubeln ihm frenetisch zu. Die Wochenschau spricht zu diesen Bildern von einem *„Treuebekenntnis an den Mann, der Deutschlands und Europas Schicksal in den Händen hält und meistern wird."* Erst in Harnekop hat sich Hitler spontan entschlossen, auch die Gefechtsstände der zugehörigen Divisionen aufzusuchen. Der Kommandeur der Division „Döberitz" erhält kurz vor der Ankunft die telefonische Ankündigung, dass *„hoher Besuch"* unterwegs sei. Die Fahrt geht also weiter über Haselberg, Lüdersdorf, Kunersdorf, Metzdorf und Gottesgabe nach Neuhardenberg zum Divisionsgefechtsstand der 303. Division „Döberitz" unter Führung von Generalleutnant Rudolf Hübner. Die Fahrt dauert nur 20 Minuten. Ob Hitler bewusst ist, dass der Schlossherr, Carl-Hans Graf von Hardenberg, wegen Verbindungen zum Widerstand (er hat sich oft mit Graf von Stauffenberg getroffen) im KZ sitzt, ist nicht bekannt. Die Wagenkolonne hält vor dem Kriegerdenkmal

^ *3. März 1945, Neuhardenberg: Das Schloss, in dem der Divisionsgefechtsstand der 303. Division „Döberitz" untergebracht ist. (139)*

^ *3. März 1945, Harnokop: Hitler nach der Lagebesprechung auf dem Weg zu seinem Wagen. Links hinter ihm Hermann Fegelein. (o.) (115)*

aus dem Ersten Weltkrieg. Die Offiziere mit Generalleutnant Rudolf Hübner an der Spitze haben davor Aufstellung genommen und salutieren, als Hitler aus dem Wagen steigt. Hübner sieht Hitler erst jetzt und ist sehr überrascht, denn niemand hat mit seiner Ankunft gerechnet. Hitler hält eine kurze Ansprache, spricht laut vom doch noch zu erwartenden Sieg und drückt allen die Hand. Während der einstündigen Besprechung befiehlt er eine neue Frühlingsoffensive. Von diesem und dem nächsten Aufenthalt sind keine Foto- und Filmaufnahmen angefertigt worden oder erhalten geblieben.

Die Fahrt geht weiter über Platkow, Gusow, Seelow und Friedersdorf nach Dolgelin. In der Nähe des dortigen Bahnhofs besucht er noch kurz den Divisionsgefechtsstands der 309. Division „Groß-Berlin" unter Führung von Generalmajor Heinrich Voigtsberger.

Während der Rückfahrt über Friedersdorf und Seelow, dann weiter die Reichsstraße 1 entlang über Diedersdorf, Müncheberg, Herzfelde, Rüdersdorf, Vogelsdorf und Hoppegarten nach Berlin sitzt Hitler erneut schweigend und *„gedankenverloren"* neben seinem Fahrer. Durch die Berliner Stadtteile Mahlsdorf und Lichtenberg erreicht die Kolonne gegen 17:00 Uhr nach etwa 170 Kilometern Fahrt die Reichskanzlei. Es war Hitlers letzte Autofahrt. Im Bunker angekommen, erreicht ihn die Nachricht, dass die U.S. Army schon vor zwei Tagen Trier eingenommen hat. Drei Stunden nach seiner Ankunft werden die Stadtteile Tiergarten und Wilmersdorf bombardiert. Es ist der Tag, an dem der Chef des Reichskriminalpolizeiamtes SS-Gruppenführer Arthur Nebe wegen Verbindungen zum Widerstand in Berlin-Plötzensee durch Erhängen hingerichtet wird. Goebbels notiert:

„Der Besuch galt vor allem der Division ‚Döberitz' und ‚Berlin'. Die Wirkung des Führerbesuches an der Front war bei Offizieren und bei der Truppe enorm. Ich bin abends zu einem längeren Vortrag beim Führer. Ich finde ihn im Gegensatz zum letzten Mal etwas niedergedrückt. (...) Auch ist er gesundheitlich etwas behindert; sein Nervenzittern an der linken Hand hat sehr zugenommen, was ich mit Entsetzen bemerke. Sein Besuch an der Front (...) ist sehr gut verlaufen. (...) Aber leider weigert sich der Führer, über seinen Besuch an der Front eine Pressenotiz herauszugeben."

Diese wurde dann doch noch erteilt, aber die „New York Times" ist mit einer kurzen Pressemeldung am 5. März deutlich schneller. Ob Hitler bewusst ist, dass es seine letzte Reise gewesen ist? Er braucht den Führersonderzug, der in einer unterirdischen Gleisanlage in Tempelhof steht, aktuell auf jeden Fall nicht mehr. Damit dieser keinem Bombenangriff zum Opfer fällt, wird er von Berlin nach Bruck an der Großglocknerstraße und

^ *3. März 1945, Dolgelin: Der abgelegene Bahnhof im Oderbruch (1998) (l.) (112). Das Gebäude in der Nähe des Bahnhofes, in dem der Divisionsgefechtsstands der 309. Division „Groß-Berlin" untergebracht ist (1998) (r.) (112).*

später weiter nach Mallnitz bei Spittal an der Drau in Kärnten in Sicherheit gebracht. Am 4. März erreichen sowjetische Truppen zwischen Köslin und dem zur Festung erklärten Kolberg die Ostsee. Die Wohnung und das Arbeitszimmer der Alten Reichskanzlei hat Hitler angeblich bis zu diesem Tage benutzt. Rochus Misch berichtet, dass er, wenn es *„die Luftlage zuließ"*, die *„22 Stufen nach oben in seine Wohnung ging und auch lange oben noch geschlafen"* hat. Auch Hitler wird nun in Berlin „ausgebombt". Eine Bombe zerstört Anfang März den Speisesaal der Alten Reichskanzlei. Bis zu diesem Tag mussten bereits 17 Millionen Deutsche aufgrund von Kriegseinwirkungen Haus und Hof verlassen. Einen Tag später fällt die zur Festung erklärte Stadt Graudenz (heute Grudziądz/Polen) in sowjetische Hand und im Reich werden wie geplant die Jugendlichen des Jahrgangs 1929 eingezogen. Teenager, die noch nicht einmal eine Lehre begonnen haben, müssen nun um ihr Leben kämpfen. Am Abend ist das Zentrum Berlins erneut Schwerpunkt eines Bombenangriffs.

Goebbels notiert in sein Tagebuch: *„Als Ziel schwebt dem Führer vor, eine Möglichkeit der Verständigung mit der Sowjetunion zu finden und dann den Kampf gegen England mit brutalster Energie weiter fortzusetzen."* Mit Schaub zusammen besucht Hitler Prof. Morell, sein Arzt ist krank. Er ist fürsorglich und meint, Morell solle *„bei größeren Frontfahrten"* nicht mehr mitkommen. Wenn ihm etwas passiere, hätte er keinen Arzt mehr. Viel wichtiger sei ihm unterwegs zu wissen, dass er ihn stets zuhause für sich bereit vorfinden würde. Es wird jedoch keine Frontfahrt mehr geben, weder eine größere noch eine kleinere. Am 6. März gibt er, dem Kunstgüter stets mehr am Herzen liegen als Menschen, den Befehl zur Auslagerung der Kunstschätze aus Berlin. Vieles davon gelangt in das Salzbergwerk Altaussee im Salzkammergut. Gegen Kriegsende umfasst das gesamte Depot rund 6.500 Gemälde sowie zahlreiche wertvolle Statuen, Möbel, Waffen, Münzen und Bibliotheken. Der Wert dieser Kulturgüter wird nach dem Krieg auf ungefähr 3,5 Milliarden US-Dollar (heute etwa 51 Milliarden Euro) geschätzt. Viele der sehr großen und wertvollen Gemälde aus den Staatlichen Museen Berlins werden in den Flakbunker Friedrichshain eingelagert – und verbrennen dort unmittelbar nach Kriegsende. Nach Angaben der Museen handelt es sich um den größten Verlust an Kunstschätzen im 20. Jahrhundert.

In der völlig zerstörten Stadt Köln rücken zeitgleich alliierte Truppen ein, nachdem der harte Widerstand regulärer deutscher Truppen gebrochen und die schwach ausgerüsteten und unerfahrenen Volkssturmeinheiten überrannt worden sind. Um 17:00 Uhr ist für die in der Rheinmetropole verbliebenen Kölner der Krieg zu Ende.

^ *Die völlig zerstörte Alte Reichskanzlei. (178)*

Durch weiße Omnibusse, die mit Rot-Kreuz-Zeichen markiert sind und unter schwedischer Flagge fahren, werden ab März etwa 15.000 überwiegend norwegische und dänische Häftlinge aus deutschen Konzentrationslagern nach Skandinavien in Sicherheit gebracht – so wie zwischen Folke Bernadotte und Heinrich Himmler vereinbart. In Ungarn beginnt am 6. März durch die 6. SS-Panzerarmee die letzte deutsche Offensive. Hitler setzt viel Hoffnung in den Angriff, der am Plattensee zunächst auch erfolgreich verläuft. Einen weiteren, kleineren örtlichen Erfolg gibt es an der Ostfront: Lauban in Niederschlesien (heute Lubań/Polen) wird zurückerobert. Über 100 sowjetische T-34-Panzer werden dabei abgeschossen. Der Ort ist zwar strategisch relativ unbedeutend, dennoch feiert die Wochenschau vom März 1945 die Einnahme als großen Sieg.

^ *6. März 1945, Köln: Infanteristen der 104. Division (1st US Army) stehen unweit eines Panzers des 415. US-Infanterieregiment und spähen um eine Hausecke. Rechts im Bild verweist an einer teilweise zerstörten Hausfassade ein Schild auf ein Postamt. (115)*

Goebbels fährt persönlich sofort hin, um auf dem Marktplatz Schörner zu treffen und die Front der angetretenen Soldaten abzuschreiten. Unter ihnen steht der 16-jährige – auch sie werden nun schon eingezogen – Wilhelm Hübner, ein HJ-Angehöriger, der sich selbst eine Uniform und einen Stahlhelm besorgt hat, um neben *„richtigen Soldaten"* mitkämpfen zu können. Goebbels hält eine kurze Ansprache und begibt sich dann sogar in die vorgeschobene Stellung einer Sturmgeschützabteilung.

Dann kommt der 7. März, ein Mittwoch. An der Westfront wird sich an diesem Tag ein kriegsentscheidender Vorgang ereignen, der laut einer Studie den Krieg um zwei bis drei Monate verkürzt. Erste Truppen der U.S. Army, die 1. US-Armee unter General Courtney H. Hodges, überqueren den Rhein. Es ist ihnen gelungen, die Ludendorff-Brücke bei Remagen unversehrt in ihre Hand zu bekommen, die geplante Sprengung missglückt. Sie ist als einzige noch intakte Rheinbrücke strategisch für die Alliierten enorm wichtig. Eisenhower reagiert sofort und leitet fünf Divisionen um, damit diese ebenfalls übersetzen können. In den folgenden zehn Tagen werden 25.000 Soldaten übergesetzt. Seit Napoleon (Anfang des 19. Jahrhunderts) haben keine fremden Truppen mehr den Rhein überschritten. Hitler ist natürlich maßlos außer sich: *„Ich habe doch befohlen, die Rheinbrücken rechtzeitig zu sprengen! Die Brücke von Remagen hat man den Amerikanern absichtlich überlassen! Das ist Sabotage und Verrat!"* Er ordnet umgehend die Erschießung der verantwortlichen Offiziere an. Sofort werden Gegenmaßnahmen eingeleitet. Flugzeuge versuchen die Brücke durch Bomben zu zerstören, ohne Erfolg. Hitler zieht dann notgedrungen auch daraus noch Optimismus, denn das *„Vorrücken des Gegners"* biete *„beste Gelegenheit, um ihn hier in eine Falle zu locken"*. Im Osten wird der von der Propaganda im Film verklärte Ort Kolberg von sowjetischen Truppen eingeschlossen.

In den Niederlanden schaffen Flugblätter des Widerstands Verwirrung, die Unruhe bei den deutschen Truppen schaffen sollen: *„AUFRUF an die Offiziere und Mannschaften der Wehrmacht. Kameraden! Der Führer hat einen Schlaganfall erlitten und liegt im Sterben. Der Reichsführer SS, Reichsminister Heinrich Himmler, hat den Engländern und Amerikanern bereits bedingungslose Übergabe angeboten.(...) Legt die Waffen nieder (...). Nieder mit den Kriegsverlängern! Hoch Deutschland!"* Das einzig Erfreuliche an diesem Tag ist die Ankunft von Eva Braun, sie trifft um 20:14 Uhr mit dem Zug aus München ein. Rochus Misch behauptet, dies geschieht gegen den Willen Hitlers. Es ist jedoch davon auszugehen, dass die Rückkehr mit Hitler abgesprochen wurde, er bekräftigt dies am Ende auch in seinem Testament (*„aus freien Willen"*). Auch Bormann weiß im Voraus von der Ankunft. Er notiert: *„Am Abend ist Eva Braun mit einem Kurierzug nach Berlin abgereist."* Für Eva Braun gibt es nur die Alternative des Lebens ohne Hitler oder mit ihm untergehen. Sie will als Frau des Führers in die Geschichte eingehen. Eine knappe Stunde nach ihrer Ankunft werden das Berliner Stadtzentrum, Zehlendorf und Steglitz bombardiert. In ihrem Gepäck hat sie ein schlichtes Fotoalbum mit Schnappschüssen aus Friedenszeiten. Das Album wird im Jahre 2017 für 34.000 Euro versteigert. Eva hat nicht viel von ihrem Freund und dürfte sich mehr an Fegelein gehalten haben. Ansonsten nimmt sie an den üblichen nächtlichen Teestunden teil. Wenn Hitler nach der Lagebesprechung seine Sekretärinnen empfängt, liegt er meist ermattet auf dem kleinen

Sofa, zur Begrüßung steht er auf. Nach einer Weile lässt er sich wieder auf das Sofa nieder, wobei ihm der Diener die Füße hoch bettet. Die Gespräche werden seit Wochen immer einseitiger, es ist nur noch die monotone Wiederholung der alten, dutzendfach gehörten Geschichten.

Sehr oft sagt er auch jeden Morgen dasselbe: *„Blondi, dieses Biest, hat mich heute Morgen wieder einmal geweckt. Sie kam wedelnd an mein Bett, und als ich sie fragte: Musst du Geschäftchen machen, zog sie den Schwanz ein und verkroch sich wieder in ihre Ecke. Sie ist schon ein schlaues Tier."* Aus Zuneigung zu diesem Tier ist Hitler also sogar zum Schlafverzicht bereit, denn es *„stürze sich auf ihn und mache ihm durch kräftiges Schlagen mit den Pfoten die wildesten Liebeserklärungen".* Oder er geht in den belanglosen Gesprächen auf seine Gesundheit ein: *„Sehen Sie mal, meine Hand bessert sich. Das Zittern ist nicht mehr so stark, ich kann sie schon ganz ruhig halten."* Er spricht jetzt nur noch über Hundedressur, Ernährungsfragen und die Dummheit und Schlechtigkeit der Welt. Der Morgentee nimmt etwa zwei Stunden in Anspruch. Dann geht er kurz zur Hundebox, in der Blondi untergebracht ist. Sie wirft im März Junge, von denen Hitler sich einen Rüden aussucht. Mit ihm setzt er sich oft in den Vorraum, nimmt ihn auf den Schoß und streichelt das Tier unaufhörlich, während er *„immerzu zärtlich seinen Namen ‚Wolf' wiederholte".*

Wenn Hitler aus diesen Tagträumen wieder in die Realität der Lagebesprechung zurückkehrt, ist er ständig gereizt, manchmal aber auch überheblich. Als ihn General Reinhard Gehlen mit unwiderlegbaren Tatsachen über die Stärke des Feindes und seine Überlegenheit auf allen Gebieten aufwartet, steht Hitler einfach auf und erklärt: *„Ich lehne eine solche Arbeit des Generalstabes ab. Die Absichten des Feindes erkennen und darauf führungsmäßige Schlüsse ziehen, können nur Genies [!]; und ein Genie wird sich niemals mit derartig handwerksmäßiger Kleinarbeit abgeben."* Er verbittet sich *„eine derart einseitig [!] gefärbte Art des Vortrages".* Für ihn besteht der Krieg schon lange nur noch aus Zahlen und blauen und roten Strichen auf den Generalstabskarten. Filmvorführungen von den Zerstörungen in den Städten vermeidet er nach wie vor. Sein schleppender Gang veranlasst Eva Braun zu der Bemerkung: *„Du musst nicht versuchen, in allem wie der Alte Fritz auszusehen."* Äußerlich ähnelt er tatsächlich immer mehr seinem Vorbild Friedrich dem Großen und ahmt ihn bewusst oder unbewusst, unterstützt durch seine tatsächlich fortschreitende Gebrechlichkeit, habituell so sehr nach, dass er auch dessen Abgang aus der Geschichte versucht nachzuahmen.

Hitler ist es zunehmend ein Dorn im Auge, wenn Soldaten Fahnenflucht begehen oder nicht genügend Kampfeinsatz zeigen. Er lässt durch das OKW am 8. März einen

^ *Hitler begrüßt Ferdinand Schörner im Führerbunker, im Hintergrund Julius Schaub. Das genaue Datum der Aufnahme ist unbekannt. Es ist die einzige Aufnahme, die Hitler im Führerbunker zeigt. (141)*

Befehl herausgegeben, dass jeder *"der in Gefangenschaft gerät, ohne verwundet zu sein oder nachweisbar bis zum Äußersten gekämpft zu haben, seine Ehre verwirkt hat und aus der Gemeinschaft (...) ausgeschlossen wird. Für ihn haften seine Angehörigen, die keinen Anspruch mehr auf Unterstützung haben."* Danach hat Hitler eine Unterredung mit Staatssekretär Werner Naumann vom Propagandaministerium. Er trägt ihm das Thema *"Evakuierung der obersten Führungsstellen des Reiches und der Wehrmacht aus Berlin"* vor und notiert: *"Der Führer ist der Meinung, dass man eine solche wenigstens vorbereiten sollte."* Naumann ist *"von der Unterredung mit dem Führer stark beeindruckt. Der Führer hat sich in bester und festester Form gezeigt"*. Die Mitarbeiter des Propagandaministeriums sind noch in Berlin, die der anderen Ministerien werden bereits nach Süddeutschland verlegt. Aus Pommern fahren an diesem Tag 34 Züge, sie transportieren in Viehwaggons Zivilisten in Richtung Mecklenburg.

Der nächste Besucher ist der Befehlshaber der 3. Panzerarmee, General Erhard Raus, der versucht, seinem Obersten Befehlshaber die Niederlagen seiner Armee in Pommern zu erklären. Er konnte die letzten deutschen Brückenköpfe ostwärts der Oder letzten Endes nicht halten. Er weist darauf hin, dass die acht Divisionen [!] seiner Armee mit nur 70 Panzern eine Front von 250 Kilometern gegen acht sowjetische Armeen [!] mit 1.600 Panzern gehalten hat. Hitler, der die genauen Zahlen natürlich im Kopf hat, unterbricht ihn pedantisch: *"1.400!"* Als ob das einen Unterschied bieten würde. In der Schlacht um Pommern werden 580 sowjetische Panzer zerstört, davon 360 im Nahkampf mit der Panzerfaust. Diese Abschüsse reichen trotzdem nicht aus, um den Feind entscheidend aufzuhalten. Hitler schickt General Raus aus dem Zimmer und entschließt sich, ihn zu entlassen, denn er ist *"zu unbestimmt, verliere sich zu sehr in Details."* Das sagt ausgerechnet Hitler, der selbst detailversessen ist! Zur gleichen Zeit besucht Goebbels Görlitz und verteilt Kriegsverdienstkreuze an *"bewährte Kämpfer gegen den Bombenterror"*. Der Wochenschausprecher kommentiert die Bilder: *"Berlin lässt sich durch die britisch-amerikanischen Luftgangster und Wohnblockknacker nicht beeindrucken."* Dann hält Goebbels in der Stadthalle seine letzte öffentliche Rede. Sie ist von Fanatismus geprägt und er spricht wider besseres Wissen von Offensiven, von denen er weiß, dass sie niemals kommen werden:

"Dass unsere Soldaten, wenn sie jetzt an diesem oder jenen Teil der Ostfront zur Offensive antreten werden, keinen Pardon mehr kennen und keinen Pardon mehr geben [stürmischer Applaus]. Jene Divisionen die jetzt schon zu kleinen Offensiven angetreten sind und in den nächsten Wochen und Monaten zu Großoffensiven [!] antreten werden, werden in diesen Kampf hineingehen wie in einen Gottesdienst. Und wenn sie ihre Gewehre schultern und ihre Panzerfahrzeuge besteigen, dann haben sie nur ihre erschlagenen Kinder und ihre geschändeten Frauen vor Augen und ein Schrei der Rache wird aus ihren Kehlen emporsteigen, vor dem der Feind erblassen wird! So wie der Führer die Krise der Vergangenheit bewältigt hat, so wird er auch diese bewältigen. Er ist fest davon überzeugt. Noch vorgestern sagte er mir: Ich glaube so fest daran, dass wir diese Krise bewältigen werden, und ich glaube so fest daran, dass wenn wir unsere neuen Offensivarmeen hineinwerfen, dass wir den Feind schlagen und zurückjagen werden und ich glaube so fest

daran, dass wir eines Tages des Sieg an unsere Fahnen heften werden, wie ich je in meinem Leben an etwas fest geglaubt habe."

Es folgt erneut stürmischer Applaus, die Zuschauer zeigen frohe Gesichter und bringen ein dreifaches *„Sieg Heil"* auf Hitler aus. Seiner Sekretärin Brunhilde Pomsel kann Goebbels dagegen schon lange nichts mehr vormachen. Ihr ist klar, er *„weiß genau Bescheid, dass das Spiel verloren ist."* Am Abend des 8. März, Berlin wird gerade bombardiert, wird Unkel auf der östlichen Rheinseite eingenommen. Bisher haben rund 8.000 Soldaten die Brücke von Remagen überquert. Hitler befiehlt deren Zerstörung. Bis zum nächsten Tag werden 8.000 Granaten, darunter elf 60 Zentimeter-Granaten des überschweren Mörsers „Karl", auf die Brücke abgefeuert – erfolglos. Nebelwerfer versuchen den Vormarsch der Alliierten ebenfalls aufzuhalten.

Generalleutnant Rudolf Hübner kommt am 9. März in den Führerbunker. Er erhält von Hitler den Vorsitz über die „Fliegenden Standgerichte", mit denen er Auflösungserscheinungen bei der Truppe entgegenwirken will. Hitler betont: *„Das Gericht untersteht mir unmittelbar (…). Das Gnadenrecht entfällt."* Die Standgerichte, oftmals mit jungen fanatischen SS-Männern besetzt, haben unbegrenzte örtliche und sachliche Zuständigkeiten sowohl für Militärs als auch für Zivilisten und sind *„zuständig für strafbare Handlungen von Angehörigen aller Wehrmachtteile und der Waffen-SS ohne Unterschied des Ranges"*. Der dienstälteste Offizier leitet als Gerichtsherr die Ermittlungen, führt den Vorsitz bei der Hauptverhandlung und trifft die Vollstreckungsentscheidung. In einer Besprechung fragt ihn Goebbels, warum er keine strikten Befehle gibt. Hübners Antwort lautet, *„dass mir das nicht viel nützt, denn selbst wenn ich klare Befehle gebe, so würden sie durch heimliche Sabotage immer wieder inhibiert."* Überall wird Verrat und Sabotage gewittert. Auch Hitler beschuldigt mittlerweile Himmler des Ungehorsams, weil er den Verlust von Pommern nicht hat verhindern können. Im Westen entlässt er (zum dritten Mal) Gerd von Rundstedt als Oberbefehlshaber West und ersetzt ihn durch Albert Kesselring.

Hitler trägt an diesem Tag der näher rückenden Ostfront Rechnung und gibt einen *„Grundsätzlichen Befehl"* heraus. Berlin wird darin in Verteidigungsabschnitte (A bis H) aufgeteilt. Ein Äußerer Sperrring und eine Äußere Sperrzone, gefolgt von einer Äußeren und Inneren Verteidigungszone umschließen die sogenannte Zitadelle rund um das Regierungsviertel. Es soll mit *„Fanatismus, Phantasie und Hinterlist"* gekämpft werden.

Hitler erwägt auch die Möglichkeit, das Führerhauptquartier in das Jonastal zwischen Arnstadt und Crawinkel zu verlagern. Abends ist Goebbels mehrere Stunden bei Hitler, der täglich *„Unmengen an Kuchen"* in sich hineinstopft. Goebbels ist zufrieden: *„Der Führer macht auf mich einen außerordentlich sicheren und festen Eindruck und auch gesundheitlich scheint er mir in bester Form zu sein."* Er schenkt Hitler das Buch „Friedrich der Große" von Thomas Carlyle, das ihm große Freude bereitet. Hitler kennt zwar das Buch, aber Goebbels liest ihm daraus vor. Er wählt bewusst das Kapitel, in dem *„der große König selbst keinen Ausweg mehr sieht, keinen Rat mehr weiß, wie alle seine Generale und Staatsmänner von seiner Niederlage überzeugt sind"* und er sich selbst eine letzte Frist gesetzt hat. Tritt bis zum Ablauf der Frist keine Wendung ein, will er Gift nehmen. Carlyle schreibt: *„Tapferer König, warte noch eine kleine Weile, dann sind die*

Tage deines Leidens vorbei, schon steht hinter den Wolken die Sonne deines Glücks und wird sich dir bald zeigen." Hitler bezieht dies auf sein Schicksal und betont in der Unterredung, dass es ihm wichtig sei, *„ein Beispiel für spätere Geschlechter"* abzugeben. Er überlegt, Ritterkreuzträger aus dem Mannschaftsstand zu Offizieren ausbilden zu lassen. Klar ist ihm auch, wie er mit der drohenden Niederlage umgeht, da auch *„Friedrich der Große die feste Absicht verfolgt hat, aus dem Leben zu scheiden, wenn das Kriegsglück sich nicht zu seinen Gunsten wendet"*.

Am 10. März sind bei Wesel am unteren Niederrhein neun deutsche Divisionen chancenlos eingekesselt, 53.000 Soldaten marschieren in Gefangenschaft. Einzelne Verbände schaffen es gerade noch, sich über den Rhein zurückzuziehen und sprengen die Brücken hinter sich in die Luft. In der Lagebesprechung kommt die Frage der Verlegung des Führerhauptquartiers aus der Reichskanzlei in den Bunker der Luftflotte „Reich" am Wannsee oder in das Lager „Zeppelin" bei Zossen zur Sprache. Hitler ist nicht einverstanden und äußert sich ironisch über die angeblichen Vorzüge der dortigen Bunker. Er entschließt sich, in Berlin zu bleiben und beschäftigt sich mit Projekten über einen verstärkten Arbeitseinsatz:

„Wenn es auch noch so schlechte Arbeitskräfte sind, ich brauche 800.000 Arbeiter allein zusätzlich, um die Eisenbahn in Ordnung zu bringen. Wir können uns das gar nicht erlauben, das ist heller Wahnsinn. Die Leute kommen und sagen: Wir wollen damit anfangen. Wenn ich das nicht in Ordnung kriege, dann lasse ich überhaupt alles liegen und stehen. Letzten Endes ist Arbeitskraft heute mit einer der entscheidendsten Faktoren: ob Mädchen oder Frauen, ist ganz wurscht: eingesetzt muss alles werden."

Um 20:15 Uhr werden die Stadtteile Wedding, Prenzlauer Berg, Kreuzberg und Tempelhof bombardiert. Hitler erteilt Eva Braun die Anweisung, dass sie bei Luftalarm *„parat stehen"* muss. Sobald in den Morgenstunden feindliche Flieger über Funk gemeldet werden, zieht Hitler sich an und rasiert sich, da er fürchtet, ein Einschlag könnte Grundwasser in den Bunker laufen lassen. Selbstverständlich will er nicht unrasiert vor seinen Untergebenen erscheinen. Speer bestätigt dies:

„Er hat trotz seines schlechten gesundheitlichen Zustands sich bis zum Ende fest in der Hand. Diese Selbstbeherrschung ist ein wesentliches Moment seines Einflusses und eine außerordentliche Leistung seiner unübertroffenen Energie. Wie viele Augen betrachteten ihn seit Jahren, wenn ein kritisches Ereignis gemeldet wurde, und welche Mutlosigkeit wäre wellenförmig davon ausgegangen, wenn er nur einmal die Fassung verloren hätte?"

Das widerspricht Speers später geäußerten Eindruck mit der angeblich verschmutzten Uniform, wovon auch kein anderer Zeuge berichtet hat. Hitler hat schon im Jahre 1944 nicht am Heldengedenktag teilgenommen, er befindet sich auf dem Berghof. Doch auch jetzt, am Heldengedenktag 1945, dem 11. März, verspürt er keine Lust, sich der

∧ *Ein junger Offizier der 95. Infanterie-Division wird von General Joachim-Friedrich Lang mit dem Ritterkreuz ausgezeichnet. Der Mann fällt nur wenige Tage später. Auch Lang stirbt am 16. April bei Pillau während eines sowjetischen Luftangriffes. (115)*

Öffentlichkeit im Zeughaus und am Ehrenmal Unter den Linden zu zeigen. Göring muss ihn bei der Kranzniederlegung vertreten. Stattdessen erlässt er eine Proklamation aus dem *„Hauptquartier"*. Er erinnert darin an die Wiedereinführung der Wehrpflicht als Grundlage für Deutschlands *„Selbstbehauptung"* und vergleicht die aktuelle Lage mit der von Rom im zweiten Punischen Krieg gegen die Karthager sowie Preußen im Siebenjährigen Krieg gegen Europa und verkündet seinen Willen: *„Es ist deshalb mein unabänderlicher* [!] *Entschluss (...) der Nachwelt kein schlechteres Beispiel zu geben, als es die Vorwelt uns gegenüber getan hat. (...) Vom Siegesrausch trunken, haben es unsere Gegner klar bekannt gegeben: Ausrottung der deutschen Nation!"* Er beruft sich nun direkt auf Gott, und betont, dass Gott nur dem hilft, der sich selbst hilft:

„Es fällt in der Geschichte nur, was als zu leicht befunden wird, und der Gott der Welten hilft nur dem, der sich selbst zu helfen entschlossen ist! Was unserem Volke bevorsteht, erleben wir schon jetzt in großen Teilen des Ostens und in vielen Gebieten des Westens. Was wir daher zu tun haben, ist jedem klar: So lange Widerstand zu leisten und auf die Feinde zu schlagen, bis sie am Ende müde werden und doch zerbrechen! Es erfülle deshalb jeder seine Pflicht!"

Überall im Reich finden Feiern statt, so auch in Marktschellenberg zwischen Berchtesgaden und Salzburg, einem Ort, durch den Hitler oft gefahren ist, nur wenige Kilometer vom Berghof entfernt. Als der Führer der Wehrmachtseinheit am Schluss seiner Ansprache ein *„Sieg Heil"* auf den Führer ausbringt, wird der Gruß weder von der Wehrmacht, noch vom Volkssturm und auch nicht von der Zivilbevölkerung erwidert. Die Polizei registriert: *„Das Schweigen der Menge wirkte geradezu erdrückend und spiegelt wohl am besten die Einstellung des Volkes."* In anderen Teilen des Volkes ist der Glaube an Hitler dagegen immer noch ungebrochen. Tenor der vorherrschenden Volksmeinung ist,

^ *Auf dem Mittelstreifen der Reichsautobahn bei Gießen marschieren tausende Soldaten der Wehrmacht an vorrückenden amerikanischen Truppen vorbei in die Kriegsgefangenschaft.* (115)

dass er von den militärischen Stellen bestimmt *"nicht über die wahre Lage unterrichtet"* werde, denn sonst hätte es ja *"nicht zu so einer schweren Krise kommen"* können.

In der nachmittäglichen Lagebesprechung konzentriert man sich auf den Höhepunkt der Schlacht um die Brücke von Remagen. Am 12. März werden 91 deutsche Flugzeuge eingesetzt, darunter der erste strahlgetriebene Bomber der Welt vom Typ Arado Ar 234, um die Brücke zu zerstören; 26 davon werden abgeschossen. Auch elf V2-Raketen werden auf die Brücke abgeschossen. Der Erfolg bleibt aus, da die Alliierten um die Brücke 672 Flugabwehrkanonen aufgestellt haben, die dichteste Konzentration auf alliierter Seite im gesamten Kriegsverlauf. Zur Besprechung wird General Dietrich von Saucken befohlen, der Generaloberst Weiß als Oberbefehlshaber der 2. Armee ablöst. Er erscheint pflichtgemäß und lässt sich die Lage im Raum Danzig erklären. Abschließend teilt Hitler ihm mit, dass Gauleiter Albert Forster ihm gegenüber weisungsberechtigt ist. Das stößt bei dem hochdekorierten, konservativen, preußischen Offizier sofort auf Ablehnung. Ohne die Anrede *"Mein Führer"* zu gebrauchen, erwidert er knapp: *"Ich habe nicht die Absicht, von einem Gauleiter Befehle entgegenzunehmen."* Die Teilnehmer der Lagebesprechung sind ob solch offenen Widerspruchs überrascht, noch mehr aber über Hitlers Reaktion: *"In Ordnung Saucken, behalten Sie das Kommando."* Das Beispiel zeigt erneut, dass Hitler bei Widerspruch durchaus nicht immer mit einem Wutausbruch oder der Absetzung des Betroffenen reagiert hat.

An diesem Tag wird der ehemalige Befehlshaber des Ersatzheeres Generaloberst Friedrich Fromm, der vier Hauptverschwörer des 20. Juli hat erschießen lassen, um seine eigene Beteiligung zu decken, wegen Feigheit vor dem Feind auf dem Schießplatz des Zuchthauses Brandenburg-Görden erschossen. Der größte Bomberverband der RAF des Zweiten Weltkrieges greift mit 1.108 Maschinen Dortmund an, Ziel sind die Eisen- und Stahlwerke von Hoesch. Goebbels notiert zeitgleich, dass sich Hitler *"körperlich, seelisch und geistig in einer so außerordentlich frischen und widerstandsfähigen Form befindet"* wie lange nicht.

Am 13. März beginnt die sowjetische Offensive gegen die in Ostpreußen eingeschlossenen deutschen Truppen. Die Kesselschlacht von Heiligenbeil ist eine der letzten großen Kesselschlachten der Ostfront. Im Westen wird derweil oberhalb des 190-Seelen-Ortes Rimbach Major Hans Scheller von einem Erschießungskommando hingerichtet. Als Kommandant zusammengewürfelter Truppen in Remagen gilt er als Hauptschuldiger dafür, dass die U.S. Army die strategisch bedeutsame Brücke unversehrt hat erobern können, vier andere Offiziere bezahlen dafür ebenfalls mit ihrem Leben.

^ *Ostpreußische Flüchtlinge und Soldaten der Wehrmacht, die auf der Flucht vor der Roten Armee Vieh und Pferdefuhrwerke durch das eisige Wasser eines Flusses treiben. (115)*

Die Verlagerung der Gold- und Devisenvorräte in das sichere Thüringen endet an diesem Tag. In einem Spezialzug mit vierundzwanzig Eisenbahnwaggons ist der wesentlichste Teil aus Berlin abtransportiert worden und befindet sich nun im Schacht Kaiseroda II/III der Wintershall AG bei Merkers (heute Krayenberggemeinde/Wartburgkreis). Auch die Berliner Staatlichen Museen lagern ihre wertvollsten Schätze in den Kalischächten von Merkers ein. Hitler ist die Wehrmacht noch immer nicht nationalsozialistisch genug und er gibt Befehl zur Aktivierung der NS-Führungsarbeit in der Wehrmacht. An diesem Tag hat Staatssekretär Otto Meißner Geburtstag. Hitler gratuliert und versichert ihm dabei, dass er auch über seinen 65. Geburtstag im Amt bleiben kann, um *„den friedlichen Wiederaufbau Deutschlands"* mitzuerleben: *„Erst wenn Sie das siebzigste Jahr erreicht haben, kann ich Sie entlassen."* Das wäre im Jahre 1950. Meißner erlebt Hitler anders als Goebbels und hat von ihm den Eindruck *„eines geistig völlig zusammengebrochenen Staatsführers".* Er soll *„in schreiendem Tone"* immer wieder die Worte wiederholt haben: *„Ich kapituliere nicht! Niemals!"* Am Abend hat Hitler noch eine Besprechung mit Georg Buchner, der zahlreiche monumentale Kreisforen mit Verwaltungszentrum und Aufmarschplatz entworfen hat. Zur selben Zeit werden ab 20:24 Uhr die Stadtteile Mitte, Tiergarten, Wedding, Kreuzberg und Lichtenberg bombardiert. Das gegenüber der Alten Reichskanzlei liegende Propagandaministerium wird dabei völlig zerstört. Die Neue Reichskanzlei wird von einer Sprengbombe getroffen. Auch am 14. März ist das Berliner Zentrum Ziel eines Bombenangriffs, Hitlers Fotograf Walter Frentz fotografiert den völlig zerstörten Mittelteil der Alten Reichskanzlei (siehe Bild S. 396). Bei Bielefeld erfolgt der erste Einsatz einer alliierten 10-Tonnen-Bombe, eine weitere Steigerung des Luftkrieges.

Es gibt kein genaues Datum, aber viele Indizien, dass Eva Braun nach ihrer Ankunft am 7. März nach *„ein bis zwei Wochen"* nochmals von Hitler zum Berghof geschickt wird und Berlin verlässt. Mitte März werden im Raum Oppeln (heute Opole/Polen) fünf deutsche Divisionen eingekesselt und vernichtet. An die 30.000 Soldaten fallen, 15.000 gehen in sowjetische Gefangenschaft. Auch auf dem Balkan ist die Frontlage katastrophal. Am 15. März muss die deutsche Offensive in Ungarn abgebrochen werden. Aus Berlin erfolgt eine Anordnung zur besseren Versorgung der eingeschlossenen Stadt Breslau aus der Luft und an der Maas und an der Mosel beginnt eine neue alliierte Offensive. Berlin wird von 576 Flugzeugen der USAAF bombardiert, abends folgen noch 48 Flugzeuge der RAF, die Bomben über dem gesamten Stadtgebiet abwerfen.

In der Telefonhauptvermittlung des Führerbunkers – die Telefone in Berlin funktionieren erstaunlicherweise noch weitestgehend – rufen Berliner an und berichten von Vergewaltigungen durch die Rote Armee, selbst in Geburtskliniken und Waisenhäusern. Sie fragen, wann die Wehrmacht zu Hilfe kommt, eine Antwort gibt es nicht. Der Raum ist mit Fernschreibern ausgestattet, die Wände mit einer Deutschlandkarte und einem Stadtplan von Berlin drapiert, jede mit einer Zelluloidscheibe bedeckt, auf der ein Fünf-Mann-Kommando mit blauer Kreide rund um die Uhr stündlich den Weg feindlicher Bomberströme ins Reich markiert. Hier verbringt Hitler die Stunden der großen Alarme und verfolgte mit müden Augen die Pfeile, die sich unaufhaltsam Berlin nähern. Er hat dabei nicht das Leid der Berliner Bevölkerung im Sinn, sondern seine eigene Sicherheit: *„Ich* *habe es zweimal erlebt, bei mir sind zwei Bomben direkt* [auf das Gelände des Führerbunkers] *herein. Wenn die Decke nicht so stark wäre, hätte es die absolut zusammengepresst, dabei waren das noch leichte Bömbchen mit 250 Kilo höchstens. Ich glaube nicht, dass es Fünfhunderter waren. Wenn hier eine 2.000-Kilo-Bombe hereingehe, hätte es uns wahrscheinlich schon schwere Risse hineingebracht. Selbst die Zweihundertfünfziger haben genügt, solche Risse hineinzubringen, dass schon Wasser hineingelaufen ist."* So zieht er sich auch nie zurück, bevor er nicht nach Linge klingelt und fragt, ob feindliche Einflüge gemeldet wurden. Er will sich erst schlafen legen, wenn er die Bestätigung hat, dass das Reichsgebiet feindfrei ist. Damit Linge überhaupt mal zur Ruhe kommen kann, meldet er einzelne Maschinen oder Störverbände schon gar nicht mehr. Hitlers Sorgen sind unbegründet, der Bunker wird standhalten. Tag und Nacht sind hier unter der Erde nicht mehr zu unterscheiden. Regelmäßige Mahlzeiten gibt es nicht mehr.

Als sich am 15. März Generalfeldmarschall Kesselring bei ihm meldet, spricht Hitler von einem bevorstehenden *„großen Abwehrerfolg im Osten"*. Er verspricht ihm, dass er ihm danach 800 neue Panzer schicken kann, davon 400 für die Ostfront. Es sind hohle, durch nichts begründete Phrasen: *„Es muss unser Ehrgeiz sein, dafür zu sorgen, dass unser Zeitalter genauso als ein ruhmvolles und unerschütterliches in die Geschichte der Menschheit eingeht wie etwa der Zweite Punische oder der Siebenjährige Krieg."* Speer gibt an diesem Tag Hitlers Adjutanten von Below eine Denkschrift zur Wirtschaftslage, er soll sie Hitler weiterleiten. Speer stellt darin nüchtern fest, dass nach dem Verlust von Oberschlesien *„in vier bis acht Wochen mit dem endgültigen Zusammenbruch der deutschen Wirtschaft mit Sicherheit zu rechnen"* sei. Hitler nimmt sie entgegen und behauptet später zu Guderian, er habe sie *„ungelesen"* in den Panzerschrank am Fußende seines Bettes gelegt – was nicht stimmt, da Hitler alle Denkschriften liest, wie von Below bestätigt. Speer ist der Überzeugung, dass der Krieg verloren ist. Die feindlichen Luftangriffe und der Verlust der Braunkohlegebiete lassen den endgültigen Zusammenbruch der deutschen Wirtschaft tatsächlich unausweichlich werden. Ihm ist klar: *„Nach diesem Zusammenbruch kann der Krieg auch militärisch nicht fortgeführt werden."* Die Stadt Pirmasens geht in der Nacht in einem Feuersturm unter, 350 Tote sind zu beklagen.

Die 6. SS-Panzerarmee ist in Ungarn zum Stehen gekommen, die Offensive scheitert an Treibstoffmangel und am harten Widerstand der Sowjets. Die Truppe zieht sich nach dem sowjetischen Großangriff nahe Stuhlweißenburg kämpfend Richtung Ostmark zurück, um nicht völlig vernichtet zu werden. Hitler hat einen Sieg vorausgesetzt, es handelt sich schließlich um die Elitetruppe, die seinen Namen trägt. Umso enttäuschter und wutentbrannt reagiert er jetzt. Der Kommandeur der „Leibstandarte SS Adolf Hitler" Sepp Dietrich, ist nicht mehr würdig, seinen Namen zu tragen: *„Ich befehle: Da die Leibstandarte meinen Auftrag nicht erfüllt und nicht den Kampfgeist gezeigt hat, den ich von ihr erwarte, ist sie unwürdig, den Namen ‚Adolf Hitler' zu tragen."* Auch der Generalstabschef bekommt seine Wut zu spüren. Der latent vorhandene Konflikt eskaliert erneut. Er schreit mit geballten Fäusten Guderian an und wirft dem Befehlshaber der Heeresgruppe Süd, General Otto Wöhler, mangelnden Fanatismus vor: *„Wöhler hat dem Nationalsozialismus immer mit ablehnender Arroganz gegenübergestanden. Er ist nicht* *begeisterungsfähig. Wie kann ich von einem solchen Menschen erwarten, dass er größere Belastungsproben aushält?"* Schon vor Monaten hat Hitler eine Beförderung Wöhlers zum Generaloberst mit der Begründung abgelehnt, er *„ist zwar ein guter General, aber ein schlechter Nationalsozialist."* Am nächsten Tag hat er sich noch immer nicht beruhigt und meint zu Himmler: *„Die Leibstandarte existiert nicht mehr! Sie ist nicht würdig, meinen Namen zu tragen! Himmler, Sie fahren persönlich zu Dietrich! Ich erkenne allen SS-Divisionen ihre Namen ab. Runter mit den Ärmelstreifen! Auch bei Dietrich! Sagen Sie Dietrich, wenn die SS-Divisionen weiter zurückgehen, dann nehme ich ihnen alle Banner ab, den Offizieren und Soldaten auch die Orden!"*

Seine Sekretärinnen Johanna Wolf und Christa Schroeder sind gerade beim Mittagessen im noch intakten Flügel der Alten Reichskanzlei. Die Vorhänge sind zugezogen, damit man die zerstörten Gebäude des Hotels „Kaiserhof" und des Propagandaministeriums nicht sehen kann. Gegen 14:30 Uhr öffnet Linge die Tür: *„Der Chef kommt."* Hitler küsst ihnen wie üblich die Hand und fängt sofort an zu reden:

„Ich habe mich eben sehr über Albrecht [Adjutant Alwin-Broder Albrecht] *geärgert. Die Eva hat schon Recht, wenn sie ihn nicht mag. Sobald ich mich nicht um alles selbst kümmere, geschieht nichts. Ich habe ausdrücklich angeordnet, dass die neuen verwinkelten Eingänge zum Bunker in der Voßstraße Eisenverstrebungen erhalten sollen. Ich habe Albrecht gefragt, ob das geschehen ist. Er sagte ja. Nun habe ich gerade eben gesehen, dass die Eingänge nur mit Beton zugeschüttet wurden, was ja sinnlos ist. Ich kann mich wahrhaft auf keinen Menschen mehr verlassen. Von allen Seiten werde ich belogen, ich kann mich wahrhaftig auf keinen Menschen verlassen, alle verraten mich. Das macht mich ganz krank. Wenn mir etwas passiert, ist Deutschland führerlos, denn einen Nachfolger habe ich nicht. Der erste ist wahnsinnig geworden* [Rudolf Heß], *der zweite hat sich die Sympathien des Volkes verscherzt* [Hermann Göring] *und der dritte wird von den Parteikreisen abgelehnt* [Heinrich Himmler]. *Also gut, dann zerbrechen Sie sich mal weiter den Kopf darüber, wer mein Nachfolger werden soll. Ich tue es schon die ganze Zeit über und komme zu keinem Ergebnis."*

Auch in anderer Hinsicht gibt es Auflösungserscheinungen der Disziplin: Während früher, wenn Hitler einen Raum betreten hat, sich alle Anwesenden erhoben haben, bis er selbst Platz genommen hat, werden in den letzten Wochen bei seinem Eintreten Gespräche manchmal sitzend weitergeführt oder Diener unterhalten sich in seiner Gegenwart ungeniert mit Gästen, was früher undenkbar gewesen wäre. Von Below berichtet: *„Die Zeit, dass wir gewissermaßen nur in offizieller Haltung vor Hitler standen, war lange vorbei. Die Gespräche* [mit Hitler] *fanden in sehr zwangloser Form statt."* Die Wochenschau verbreitet an diesem 16. März wieder eine Mischung aus „Sozialkritik am Feind" und Durchhalteparolen. Sie zeigt, wie Arbeiter, die in einer amerikanischen Industriestadt demonstrieren, zusammengeschlagen werden und behauptet allen Ernstes: *„Seit der Machtübernahme ist in Deutschland der Polizeiknüppel verschwunden."* Dann sieht man einen General der U.S. Army am Rhein. Der Sprecher betont, dass ein *„Cannae"* (eine vernichtende Niederlage) gegen die deutschen Truppen nicht gelingen werde. Erneut wird die Panzerfaust gelobt, das *„handlichste Geschütz der Welt"*. Man gibt zu, dass der

Gegner zwar vorankomme, doch nur unter dem Preis immenser Verluste: *„Auch in dieser Offensive büßte der Gegner hunderte von Kampfwagen ein."* Zudem ist Verstärkung in Sicht: *„Wlassow* [Andrej Wlassow, Führer der russischen Befreiungsarmee] *übernimmt weitere Einheiten der russischen Freiwilligenverbände* [die auf deutscher Seite kämpfen]*"*. In Kurland tobt schon die fünfte Abwehrschlacht, mit bisher *„ungeheuren Verlusten an Menschen und Material"*, man meint natürlich diejenigen auf sowjetischer Seite.

Bilder von deutschen Verwundeten, die mit dem Segelschlitten über die Eisfläche der Ostsee abtransportiert werden, sollen Zuversicht der Rettung signalisieren, aber auch verdeutlichen, wer Schuld hat. Man zeigt Trecks, die mit Hunderttausenden und mit riesigen Viehherden über das Eis ziehen, wie sie dazu *„von Bolschewisten (...) gezwungen wurden"*. Die Zuschauer in den wenigen noch intakten Kinos sehen die Marienburg (heute Malbork/Polen), die heftig verteidigt wird. In Wahrheit ist sie schon am 8. März aufgegeben worden, was natürlich verschwiegen wird. Dann bemüht man einen Helden. *„Skorzeny kämpft im Osten"* und überreicht Panzervernichtungsabzeichen, denn *„auch der Iwan ist zu schlagen"!* Aus dem Kampfraum Guben meldet man: Die Stadt *„wird wieder freigekämpft. Der SS-Unterscharführer springt vor, um die Besatzung eines angeschossenen T34 unschädlich zu machen"*. Über den Kampf um Görlitz wird Folgendes berichtet: Die Russenpanzer stoßen auf der Autobahn nach Dresden vor, der Krieg ist nun *„Sache des ganzen Volkes"*. Nach der Befreiung der Stadt Lauban wird über tote und geschändete deutsche Frauen berichtet, über das *„viehische Treiben dieser Untermenschen"*. Diese *„Mordtaten von einem grauenhaften Sadismus haben dem deutschen Soldaten gezeigt, dass es gegen diesen Gegner kein Wanken und kein Pardon mehr geben darf"*. Man zeigt abschließend eine an Ketten zu Tode geschleifte Frau.

In der Festung Akershus in Oslo/Norwegen wird um 16:02 Uhr an diesem Tag der Matrose Walter Gröger wegen des Vorwurfes der Fahnenflucht von einem Erschießungskommando der Wehrmacht hingerichtet. Den Antrag dazu hat der Marinestabsrichter Hans Filbinger, später Ministerpräsident in Baden-Württemberg, gestellt. Goebbels kommt an diesem Tag in einer Unterredung mit Hitler zu der nüchternen Erkenntnis, dass *„wir mit der Führerauswahl der Sowjetunion überhaupt nicht konkurrieren können. Ein Großteil der eigenen Generale will nicht einmal den Sieg des Nationalsozialismus"*. Hitler ist ganz seiner Meinung und *„entschlossen, die Wehrmacht noch im Krieg so weit zu reformieren, dass sie mit nationalsozialistischer Grundhaltung aus dem Krieg herauskommt"*. Während sich die beiden solchen unrealistischen Gedanken hingeben, werden am Abend mit 1.127 Tonnen Bomben innerhalb von nur 17 Minuten 89 Prozent der Altstadt von Würzburg zerstört, etwa 5.000 Menschen kommen ums Leben.

Am folgenden Tag, dem 17. März, stürzt die Brücke von Remagen endlich ein, von selbst. Doch das hat keine Bedeutung mehr, denn im Brückenkopf auf der östlichen Rheinseite befinden sich bereits 25.000 US-Soldaten und auch Koblenz fällt in amerikanische Hand. Während Hitler sich mit Gauleiter Karl Kaufmann (Hamburg) und Dönitz bespricht, überschreiten die Sowjets südlich von Stettin (heute Szczecin/Polen) die Oder. Gauleiter Franz Schwede-Coburg, ein *„Alter Kämpfer"*, hat Stettin (flächenmäßig die drittgrößte deutsche Stadt) zur Festung erklärt. An diesem Tag läuft das erste U-Boot der Klasse XXI aus, das sogar Japan erreichen kann. Das Boot ist technisch allen anderen U-Booten voraus, eine neue Wunderwaffe, die jedoch nicht mehr effektiv zum Einsatz kommt. Mit dem Stahl für diese 170 neuen Boote hätte man 5.100 dringender benötigte Panzer bauen können.

Fanatiker und mutige Männer, die die Sinnlosigkeit des Weiterkämpfens erkannt haben, treffen nun täglich aufeinander. Drakonische Maßnahmen werden ergriffen. In Ingelheim am Rhein beispielsweise lässt der Volkssturmkommandant Hermann Berndes am 18. März Aufrufe verteilen, die dazu auffordern, die Waffen niederzulegen und abzuliefern, um weitere unnötige Opfer zu verhindern. Bereits errichtete Panzersperren lässt Berndes beseitigen. Er wird daraufhin durch ein Schnellgericht standrechtlich abgeurteilt und auf dem Rathausplatz in Nieder-Ingelheim öffentlich gehängt. Seine letzten Worte lauten: *„Ich sterbe, weil ich meine Heimat liebe."* Er bekommt ein Schild mit der Aufschrift *„So stirbt jeder, der sein Vaterland verrät!"* um den Hals gehängt. Die Presse berichtet darüber unter der Überschrift *„Feiglinge verfallen dem Tod"* und betont: *„Wer in der Entscheidungsstunde dem Vaterland das Herz verweigert, der muß ausgestoßen werden."* Der moralische Zusammenbruch in Westdeutschland lässt sich durch solche Maßnahmen nicht aufhalten.

Der Bombenkrieg geht ebenso unaufhaltsam weiter. Am 18. und 19. März gibt es 2.000 Tote in der Stadt Hanau und Berlin erlebt, gemessen an der Bombenlast, an einem strahlend schönen Vorfrühlingstag den schwersten Bombenangriff des Krieges: 1.221 US-Flugzeuge werfen von 10:52 Uhr bis 12:45 Uhr über Siemensstadt, Prenzlauer Berg, Mitte und Kreuzberg über 3.000 Tonnen Spreng- und Brandbomben ab. Zusätzlich werden Flugblätter (im gesamten Krieg fast 50 Millionen Stück) und gefälschte Lebensmittelkarten abgeworfen, um Verwirrung zu stiften. Trotzdem produzieren noch 75 Prozent der Berliner Industriebetriebe. An der Ostfront erobern sowjetische und polnische Truppen Kolberg, nachdem die Stadt unter unaufhörlichem Beschuss der feindlichen Artillerie lag. Trotz hoher Ausfälle hat die schwache deutsche Besatzung die Stadt verteidigt, um den Abtransport von etwa 75.000 Zivilisten, Verwundeten und noch kampffähigen Soldaten zu ermöglichen. Goebbels untersagt aus psychologischen Gründen, den Fall von Kolberg im Wehrmachtbericht zu erwähnen.

Hitler regt sich unterdessen über einen aus seiner Sicht unmöglichen Zustand auf. Er liest alliierte Zeitungsberichte, wonach deutsche Soldaten deutsche Zivilisten daran gehindert haben, die abgesprungene Besatzung eines abgeschossenen amerikanischen Flugzeuges zu lynchen. Hitler befiehlt, die Kriegsgefangenen nicht mehr in Schutz zu nehmen, sondern sofort durch den Sicherheitsdienst liquidieren zu lassen. Zu Keitel sagt er wutentbrannt: *„Diese Leute morden nur deutsche Frauen und Kinder. Es ist unerhört von deutschen Soldaten, zum Schutz dieser Mörder gegen die in berechtigtem Hass handelnde eigene Bevölkerung vorzugehen!"* Er ruft Kaltenbrunner: *„Ich befehle hiermit, sämtliche in den letzten Monaten angefallenen Bomberbesatzungen und alle künftig noch anfallenden Besatzungen sind von der Luftwaffe sofort an den SD [Sicherheitsdienst] zu übergeben und durch den SD zu liquidieren! Jeder, der meine Befehle nicht ausführt oder gegen die Bevölkerung vorgeht, wird mit dem Tode bestraft und erschossen!"* Draußen einigen sich Keitel, Koller und Kaltenbrunner, den Befehl zu ignorieren. Sie fürchten die Konsequenzen nach Kriegsende. Hitlers Autorität beginnt zu bröckeln, auch wenn dies vor ihm verheimlicht wird. Weitere Aufregung gibt es um kursierende Gerüchte, Göring wolle mit dem Ausland Verbindung aufnehmen. Der allseits unbeliebte und als unfähig bekannte Ribbentrop meint dazu, Deutschland gewinne *„den Krieg um eine Nasenlänge"*. Dann erscheint zu allem Überfluss am späten Abend auch noch Speer und will mit Hitler über seine letzte Denkschrift reden. Hitler sagt, um Zeit zu gewinnen, eine schriftliche Antwort zu und äußert bei Speers Verabschiedung:

„Wenn der Krieg verloren geht, wird auch das Volk verloren sein. Es ist nicht notwendig, auf die Grundlagen, die das deutsche Volk zu seinem primitivsten Weiterleben braucht, Rücksicht zu nehmen. Im Gegenteil, es ist besser, selbst diese Dinge zu zerstören. Denn das deutsche Volk hat sich als das schwächere erwiesen und dem stärkeren Ostvolk gehört ausschließlich die Zukunft. Was nach diesem Kampf übrig bleibt, sind ohnehin nur die Minderwertigen, denn die Guten sind gefallen."

Diese Denkweise passt zu Hitler. Dennoch muss berücksichtigt werden, dass sämtliche Reaktionen Hitlers auf Denkschriften Speers nur indirekt überliefert sind. Die oft in der Literatur kolportierten Zitate sind Nachkriegsformulierungen. Was Speer und andere oft behauptet haben, passt bestens, damit Hitler als der wahnsinnige Hauptverantwortliche erscheint, während die Überlebenden wie vernünftige Befehlsempfänger wirken, die unsinnige Befehle auszuführen haben. Fakt ist, dass Hitler noch an diesem Tag befiehlt, die gesamte Zivilbevölkerung der bedrohten Gebiete im Westen zwangsweise zu evakuieren. Wenn keine Transportmittel zur Verfügung stehen, sollen die Betroffenen eben zu Fuß gehen: *„Wir können auf die Bevölkerung nicht länger Rücksicht nehmen."* Fakt ist auch, dass Hitler am 19. März mit Erlass der Weisung Nr. 72 (*„Zerstörungsmaßnahmen im Reichsgebiet"*), dem sogenannten *„Nerobefehl"*, reagiert. Damit soll dem deutschen Volk die Lebensgrundlage entzogen werden: *„Alle Möglichkeiten, der Schlagkraft des Feindes (…) den nachhaltigsten Schaden zuzufügen, müssen ausgenutzt werden. (…). Ich befehle daher: 1. Alle militärischen Verkehrs-, Nachrichten-, Industrie- und Versorgungsanlagen sowie Sachwerte innerhalb des Reichsgebietes, die sich der Feind für Fortsetzung seines Kampfes irgendwie sofort oder in absehbarer Zeit nutzbar machen kann, sind zu zerstören."* Im Klartext bedeutet das die Zerstörung nicht nur von Industrie- und Versorgungswerken, sondern aller Einrichtungen, die zur Aufrechterhaltung des Lebens erforderlich sind: Brücken, Bahnanlagen, Kanalsysteme, Autobahnen, Wasserwege, Schiffe, Lokomotiven, Lebensmittellager, Kanalisationssysteme, Verstärkerämter, Fernkabel- und Sendemasten, Telefonzentralen, Schaltpläne, Ersatzteillager, Akten von Einwohnermeldeämtern und Standesbehörden, Kontounterlagen der Banken usw. Im Ruhrgebiet wird die Demolierung der Schächte und Förderanlagen, die Unbrauchbarmachung der Wasserstraßen durch Versenkung von mit Zement beladenen Schiffen und die Evakuierung der Bevölkerung ins Landesinnere vorbereitet. Die zurückgelassenen Städte sollen in Brand gesteckt werden.

Die Evakuierung bringt logistische Schwierigkeiten mit sich, da die Versorgung mit Kohle deutlich zurückgegangen ist – die Hälfte aller Reichsbahnzüge muss mit Braunkohle befeuert werden. Hitler antwortet auf die Bitte, die Berliner Zivilisten evakuieren zu lassen, kalt: *„In diesem Krieg gibt es keine Zivilisten."* Dann erscheint der Gauleiter von Danzig, Albert Forster, im Bunker. Er befindet sich in einer hilflosen Situation. Tausend russische Panzer sind im Anmarsch und er hat zur Verteidigung nur noch vier Panzer vom Typ „Tiger". Unter diesen Umständen ist er entschlossen, Hitler *„die ganze unheilvolle Wirklichkeit der Lage"* darzustellen und ihn zu *„einer klaren Entscheidung zu zwingen"*. Hitlers Sekretärin erinnert sich: *„Er kam durch mein Büro, völlig verzweifelt über die Ereignisse. Forster war entschlossen, mit seiner Auffassung nicht zurückzuhalten."* Als Forster aus der Besprechung kommt, ist er *„völlig verwandelt"* und fabuliert davon, der Führer habe ihm *„neue Divisionen versprochen"*, *„Hitler hat mir erklärt, dass er Danzig retten wird, und da gibt's nichts mehr zu zweifeln"*. Diener Linge bestätigt: *„Er konnte jemanden von einer Sache überzeugen und einem anderen unmittelbar danach das Gegenteil als Wahrheit suggerieren, und beide glaubten am Schluss, dass sie ihn falsch verstanden hätten; denn dass er die Unwahrheit sprach, wollte niemand annehmen."*

Am 20. März beginnt die Bombardierung, diesmal trifft es die Stadtteile Wedding, Pankow und Schöneberg, schon um 03:44 Uhr. Weitere Luftalarme an diesem Tag finden um 15:54 Uhr und um 20:51 Uhr statt. Es ist relativ mildes Wetter, die Sonne zeigt sich bei zehn Grad und im Garten verheißen erste Krokusse und Märzenbecher neues Leben und den Beginn des Frühlings. Das Gelände der Reichskanzlei wird seit diesem Morgen zusätzlich gesichert. Im Garten der Reichskanzlei, am linken Aufgang zur Terrasse vor Hitler Arbeitszimmer, sind 20 Hitlerjungen angetreten, die bis vor kurzem noch im Kampfeinsatz standen. Nun tragen sie alle saubere Uniformen. Die Tür des Gartenausganges des Führerbunkers öffnet sich. Hitler betritt mit seiner Entourage das Freie und geht geradeaus in Richtung der Kasernen der Begleitmannschaften. Als er am Wasserbassin vorbei ist, biegt er zweimal nach links und schreitet auf die Hitlerjungen zu. Die Kamera der Wochenschau beginnt zu filmen, es sind die letzten Filmaufnahmen von Hitler. Sein Mantelkragen ist

^ *Der Beobachtungsturm des Führerbunkers und im Hintergrund die Gartenfassade der Neuen Reichskanzlei mit der Säulenfront vor Hitlers Arbeitszimmer und der Terrassenmauer, vor der die letzten Filmaufnahmen Hitlers entstanden. (110)*

hochgeschlagen, die Mütze tief ins Gesicht gezogen. Er hebt die Rechte kurz zum Gruß und lächelt gequält. In seiner Nähe befindet sich Reichsjugendführer Arthur Axmann, dessen Befehlsstelle gegenüber im Keller der Parteikanzlei in der Wilhelmstraße 64 untergebracht ist. Hitler lässt sich eine Gruppe „*kampfbewährte*" Hitlerjungen melden, die sich im Kampf hervorgetan haben. Die Wochenschau berichtet: „*Jugendführer Axmann ist mit 20 Hitlerjungen vom Führer in seinem Hauptquartier* [noch immer wird verschwiegen, dass sich Hitler in Berlin aufhält] *empfangen worden. Symbolisch ist die Deutsche Jugend angetreten. Der Führer lässt sich ihre Erlebnisse schildern.*"

Hitler schreitet langsam die Reihe ab und streichelt maskenhaft lächelnd einen Kopf, tätschelt eine Wange oder legt die Hand auf eine Schulter. Er wirkt geistesabwesend, körperlich ein Greis, erschöpft und unkonzentriert. Unter den blutunterlaufenen und glanzlosen Augen sind starke Tränensäcke. Das Gesicht ist aufgedunsen. Aus den Mundwinkeln, die Lippenhaut ist gerissen, tropft Speichel. Die Hände sind blass, die Fingernägel blutleer. Jedem gibt er die Hand, wobei er seine linke Hand, den rechten Handschuh haltend, auf den Rücken gelegt hat. Offenbar infolge der jetzt nachlassenden Aufmerksamkeit der Zensur und des bei Hitler nun konstant vorhandenen Tremors ist dieses Symptom in den Wochenschauausgaben eindeutig dokumentiert. Der jüngste der Angetretenen ist der 12-jährige Jungvolkführer Alfred Czech. Über ihn wird berichtet:

„*Der tapfere Junge hatte bei den Kämpfen um seinen Heimatort zusammen mit seinem kriegsversehrten Vater*

^ *20. März 1945, Berlin, Neue Reichskanzlei: Hitler schreitet mit Artur Axmann im Garten die Front der angetretenen Hitlerjungen entlang. Im Hintergrund Wilhelm Burgdorf (o.) (132). Der zwölfjährige Alfred Czech mit dem Eisernen Kreuz II. Klasse im Garten der Reichskanzlei (u.) (123).*

beobachtet, wie ein Grenadier sich mühsam zurück arbeitete. Sein Vater sagte ihm, dass der Mann wohl verwundet sei. Da spannte der Zwölfjährige seine beiden Pferde vor seinen Schlitten, lud noch einen Handschlitten auf und holte, während er das Gespann in Deckung stehen ließ, mit seinem Handschlitten nacheinander zwölf verwundete deutsche Soldaten aus schwerem feindlichem Feuer. Alfred Czech wurde gleichzeitig mit einer Uhr beschenkt, weil er die Verhaftung eines feindlichen Spions veranlasst hatte. Dem aufgeregten Jungen war aufgefallen, dass ein Obergefreiter, der in seinem Heimatort photographische Aufnahmen machte, den Winkel auf dem rechten Arm trug. Er folgte dem Verdächtigen solange, bis dieser durch Polizeibeamte festgenommen und überführt wurde."

Hitler fragt ihn: *„Schon verletzt, mein Junge?"* Einer der Jungen berichtet der Wochenschau, dass er sich freiwillig als Melder zur Verfügung gestellt und auch Panzerfäuste mit Karren unter feindlichem Beschuss in die Hauptkampflinie gebracht habe. Ein Älterer gibt stolz an, dass er die Straße von Gleiwitz nach Hindenburg gesprengt hat. Rolf Noll erinnert sich: *„Aufstellen. Nach kurzer Zeit öffnet sich die Bunkertür (...). Hitler spricht leise, man versteht ihn kaum, dann geht er von Mann zu Mann, ein alter zitternder Mann, ein Wrack."* Auch der knapp 17-jährige Wilhelm Hübner, der Jugendliche, der bereits in der Wochenschau aus Lauban gezeigt worden ist, ist dabei. Hitler tätschelt ihm die Wange und sagt: *„Brav, mein Junge."* Hübner berichtet nach dem Krieg:

„Da war an der Rückseite ein Hof. Hitler ist gekommen, hat jeden der Zwanzig begrüßt, jeder hat Meldung gemacht und sagen müssen, wo er war im Einsatz. Nach meiner Meldung hat er mir so die Wange gestreichelt und hat so ungefähr gesagt, ich kann es jetzt nicht mehr genau wiederholen: ‚Brav, mein Junge'. Er hat 'ne kurze Ansprache gehalten und ist wieder gegangen mit seinem Schäferhund, seinem Stab. Und wir sind wieder ins Gästehaus. Natürlich waren wir alle furchtbar aufgeregt – ich meine, als Hitlerjunge mal

^ *20. März 1945, Berlin, Neue Reichskanzlei: Hitler im Garten, als er die Front der angetretenen Hitlerjungen abschreitet. (132)*

dem Führer gegenüberstehen und die Hand geben, das war einfach das höchste, was es überhaupt gegeben hat in der damaligen Zeit, und momentan vor Aufregung hat man da gar nichts denken können. Nur im Nachhinein, viel später dann, habe ich im Innern so ungefähr denken müssen, unser Adolf ist ein alter Mann geworden, man hat gesehen, dass er ein gebrochener Mann war."

Hübner wird das Foto, welches ihn mit Hitler zeigt, zeitlebens in seiner Wohnung aufstellen. Nach dem Krieg, seinen Orden konnte er retten, gibt er an, *"stolz auf seine Auszeichnung"* gewesen zu sein und dass sein Einsatz damals ihm sinnvoll erschienen ist. Er hat fest daran geglaubt: *"irgendetwas Gewaltiges kommt noch."* Bevor Hitler wieder in den Bunker hinabsteigt, richtet er noch ein paar Worte an die Angetretenen: *"Ihr kennt den Kampf jetzt schon aus eigener Erfahrung und wisst, dass wir in einem Ringen um Sein oder Nichtsein des deutschen Volkes stehen. Ich bin trotz aller Schwere der Zeit fest davon überzeugt, dass wir in diesem Kampf den Sieg erringen werden, vor allem auch im Hinblick auf die deutsche Jugend und besonders Euch, meine Jungen."* Dann wird noch ein Gruppenfoto angefertigt. Es zeigt Hitler, die Hände auf dem Rücken, ausdruckslos in die Kamera blickend. Als er wieder im Bunker verschwunden ist, diskutieren die Jungen über das Gesehene. Hitler kommt ihnen *"schon alt und gebrechlich"* vor und sie geben dem Krieg daran die Schuld. Was damals Alltag unter den an der Front eingesetzten, teilweise fanatischen Hitlerjungen ist, zeigt das Beispiel eines Jugendlichen, der in einem Schützenloch von einem Panzer überrollt wird. Der Panzerfahrer bemerkte dies und dreht sich über das Schützenloch, um ihn zu zermalmen. Der Hitlerjunge nimmt seine Panzerfaust und drückt ab. Er stirbt, der Panzer wird zerstört.

^ *20. März 1945: Hitler am Ende seines kurzen Auftritts im Garten der Reichskanzlei. V.l.n.r.: Arthur Axmann, Hermann Fegelein, Julius Schaub, Hitler, Otto Günsche (halb verdeckt), Wilhelm Burgdorf, Heinz Linge. (132)*

Im Bunker angekommen, gibt Hitler Generaloberst Gotthard Heinrici den Auftrag, Himmler als Oberbefehlshaber der Heeresgruppe Weichsel zu ersetzen. Dieser hatte in seinem Hauptquartier „Objekt Birkenwald" bei Haßleben (heute Boitzenburger Land) eine luxuriös ausgestattete Baracke bewohnt, sich nie bei seiner Nachtruhe stören lassen und erst spät am Vormittag begonnen zu „arbeiten". Nun soll Heinrici die Front in Pommern halten, da Himmler bei dieser Aufgabe völlig versagt hat. Der Generalstab weckt bei Hitler in der Lagebesprechung am 21. März nue Hoffnung. Man teilt ihm mit, dass in den ersten drei Wochen des Monats 5.452 sowjetische Panzer abgeschossen worden seien. Man rechnet ihm vor, dass die sowjetischen Reserven daher bald aufgebraucht seien, da sie im Februar nur 4.000 neue Panzer produziert haben. Trotz dieser beeindruckenden Abschusszahlen ist dies natürlich eine Milchmädchenrechnung, der den permanenten feindlichen Vormarsch und die damit verbundenen eigenen Gebietsverluste, die zusammenbrechende Rüstungsindustrie und den Nachschub der Alliierten für die Sowjetunion völlig außer Acht lässt. Dazu kommt der Umstand, dass Hitler mit Streitkräften operiert, die verbraucht sind und maximal nur noch über 25 bis 50 Prozent ihrer ursprünglichen Kampfkraft verfügen. Man suggeriert sich selbst Hoffnung, da es reale Hoffnung nicht mehr gibt. Die ganzen Planspiele gründen sich auf Faktoren, die es nur noch in Hitlers Gehirn gibt.

Nach der scheinbar erfolgversprechenden Unterredung geht Hitler in den Garten. Guderian kommt etwas später hinzu und sieht Himmler *„im Spaziergang zwischen Trümmern mit Hitler"*. Hitler lässt beide allein und geht in den Bunker. Guderian redet nun, da er mit Himmler unter vier Augen ist, Klartext. Er erklärt ihm ohne Umschweife, dass der Krieg verloren ist und bittet ihn, zu Hitler zu gehen, um sich für Waffenstillstandsverhandlungen einzusetzen, damit das sinnlose Morden aufhört. Himmler sieht sich dazu natürlich außer Stande, er kennt die Antwort und fürchtet sich. Man geht ergebnislos auseinander. Abends wird das Zentrum Berlins von 136 Flugzeugen bombardiert.

Am folgenden Tag, der 22. März beginnt um 03:31 Uhr mit der Bombardierung der Stadtteile Mitte, Tiergarten, Treptow und Köpenick, hat Hitler eine Besprechung mit Luftwaffenoberst Werner Baumbach, der laut Goebbels den Führer *„sehr ermuntert"* hat. Was Hitler nicht weiß: Baumbach hat schon vor Monaten erkannt, dass Hitler nur noch auf Kosten des Volkes den Krieg weiterführen will, und hat seine Ämter und Orden zurückgegeben. Anfang des Monats wurde er von Hitler mit der Leitung von Brückenzerstörungseinsätzen an Oder und Neiße beauftragt. Hitler setzt jetzt *„die größten Hoffnungen auf die neuen Düsenflugzeuge"* und betont: *„In diesem Monat werden wir schon 500 und im nächsten Monat 1.000 produzieren."* Goebbels notiert: *„Immer wieder kreist das Denken des Führers um die Frage, ob diese Flugzeuge, wenn sie wirklich durchschlagen sollten, nicht zu spät kommen werden."*

Darüber hinaus jammert Hitler, dass er keinen geeigneten Nachfolger für Göring findet.

Die Bevölkerung hat an diesem Tag zum letzten Mal Gelegenheit, sich die deutsche Wochenschau anzusehen, die Produktion wird eingestellt. So wie der Tag begann, endet er um 22:55 Uhr mit einem Bombenangriff auf Berlin-Mitte. Zur selben Zeit ruft Hitler Prof. Morell und klagt, dass er mit dem rechten Auge nur sehr wenig sehe. Eine Augenschutzklappe kommt für ihn natürlich nicht in Frage. Auch die linke Hand und der linke Knöchel, manchmal auch der Unterschenkel, sind etwas geschwollen. Prof. Morell diagnostiziert eine Bindehautentzündung, die sich Hitler wahrscheinlich am 20. März bei seinem Aufenthalt in der staubhaltigen Berliner Luft zugezogen hat: *„Links Konjunktivitis, wahrscheinlich durch Wind und Staub verursacht, da im Hofe viel Gebäudetrümmer liegen."*

^ *23. März 1945, Schlesien: Bei Nacht kniet ein deutscher Soldat in der verschneiten Landschaft und feuert eine Panzerfaust auf einen angreifenden sowjetischen Panzer ab (l.) (115). Deutsche Infanterie führt, unterstützt durch einen Spähpanzerwagen Sd.Kfz 234/2 „Puma", im oberschlesischen Kampfraum einen Gegenstoß gegen die Rote Armee durch (r.) (115).*

Im Osten fällt Zoppot (heute Sopot/Polen), Hitler hat hier während des Polenfeldzuges ein paar Tage verbracht, in sowjetische Hand. Auch die Verteidigungslinie zwischen Danzig und Gotenhafen (früher Gdingen, heute Gdynia/Polen) wird durchbrochen. Im Westen verschlechtert sich die Lage durch einen weiteren waghalsigen Rheinübergang der U.S. Army unter Befehl von US-General George S. Patton bei Nierstein und Oppenheim südlich von Mainz weiter. Mainz selbst wird an diesem Tag besetzt. Die von Hitler angeordneten Evakuierungen im Westen werden nicht befolgt. Die meisten Menschen bleiben in ihren Häusern und sind froh, dass der Krieg vorbei ist. Weiße Fahnen hängen aus vielen Häusern. Der Spitzeldienst des SD muss vermerken: *„Das Volk hat kein Vertrauen zur Führung mehr."* Das ist, vor allem im Westen, kein Einzelfall. Die Menschen sind froh, dass der Krieg vorbei ist und sie von den Amerikanern anstatt von den Russen besetzt werden. Wer allerdings zu früh protestiert, kapituliert oder die weiße Fahne aus seinem Haus hängt, riskiert sein Leben. Hunderte Deutsche werden Opfer des Regimes, das *„Defätisten"* oder Hitlergegner erschießt, damit sie den abzusehenden Untergang auch nicht überleben. So werden auch Gefängnisinsassen, Zwangsarbeiter oder mutmaßliche Fahnenflüchtige noch liquidiert, oftmals nur wenige Stunden vor ihrer bevorstehenden Befreiung.

Wesel am Niederrhein wird im Zuge der Vorbereitung für die Operation „Plunder" unter Befehl von Montgomery mit über 3.000 Geschützen angegriffen. Zusätzlich bombardieren 80 Bomber vom Typ Lancaster die Stadt. Wesel wird bei diesen Angriffen zu 97 Prozent zerstört. Um 22:00 Uhr beginnt die Überquerung des Rheins zwischen

Emmerich und Wesel. Der Hauptangriff erfolgt im britischen Abschnitt zwischen Wesel und Rees durch das 46. Royal Marine Commando, gefolgt von der britisch-kanadischen 21. Heeresgruppe. Zusammen mit dem amerikanischen Vormarsch aus dem Brückenkopf bei Remagen wird dadurch die Grundlage zur Bildung des Ruhrkessels geschaffen. Um die selbe Zeit, die Stadtteile Mitte, Wedding und Prenzlauer Berg werden gerade bombardiert, schlägt von Below vor, die Vernebelung auf dem Obersalzberg auszusetzen, wenn Hitler nicht anwesend ist, um Nebelsäure einzusparen. Hitler antwortet:

„Ja, aber dann ist natürlich alles weg, darüber muss man sich klar sein. Das ist eine der letzten Ausweichen, die wir haben. Dem Bunker geschieht nichts aber die ganze Anlage wird weg sein. Wenn hier eines Tages Zossen [Sitz des OKH] *zusammengeschlagen wird, wo gehen wir dann hin? Sicher an sich ist natürlich gar nichts, das ist ganz klar; aber gegen Bomben bis zu 1.000 kg im Allgemeinen sicher sind die Bunker hier. Hier kann also ein Teil jederzeit untergebracht werden. Ich kann ja hier noch andere Sachen herauswerfen. Das kann man an sich machen. Da kann ein Teil untergebracht werden. Zossen draußen ist nicht sicher, und zwar nicht deswegen, weil es an sich nicht sicher sein könnte, sondern weil es vom Heer gebaut worden ist, nicht von einer Baufirma. Wenn es die Organisation Todt und eine richtige Baufirma gebaut hätten, würden ein Meter starke Betonwände so weit halten, dass wenigstens nicht die unter der Erde ohne weiteres durchgeschlagen werden. Aber ich habe gesehen, dass seitwärts eine Bombe hereingegangen ist und ein Meter unter der Erde sofort durchgeschlagen hat. Nun habe ich auch die Armierung gesehen: außen eine Armierung mit höchstens zwei Schichten. Das ist natürlich ein Witz, das heißt nur, dass man eben Betonbauten gemacht hat. Die früheren Bauten von Speer sind auch nicht ganz vorzüglich, darüber muss man sich klar sein. Selbst die Bauten hier sind nur sehr massiv, weil die riesigen Gebäude darüber stehen und weil die Gebäude einen Schutz geben, der an sich ungeheuer ist. Aber ganz sicher ist das nicht."*

Hitlers Optionen schwinden. Bei einem Luftangriff auf München wird am Abend des 24. März auf dem Flugplatz München-Riem sein persönliches neues Langstreckenflugzeug vom Typ Junkers Ju 290 zerstört. Die Briten setzen unbehindert bei Wesel über den Rhein, der alliierte Vormarsch in das Innere Deutschlands geschieht nun auf breiter Front. Hitler klagt erneut über die schwindende Kampfmoral seiner Soldaten: *„Es ist hier* [an der Westfront bei Darmstadt] *nach den Schilderungen der Amerikaner so gut wie kein Widerstand. Sie melden pro Tag 16.000, 7.000, 9.000 Gefangene."* Am Nachmittag des 24. März bespricht Hitler mit Gauleiter Koch die Lage in Ostpreußen. Marschall Konstantin Rokossowski hat eine Kapitulationsaufforderung an die Garnisonen von Danzig und Gotenhafen gerichtet. In der Nacht zum 25. März lehnt Hitler eine Kapitulation kategorisch ab und befiehlt: *„Jeder Quadratmeter des Raumes Danzig/Gotenhafen ist entscheidend zu verteidigen."* Doch woher die Truppen nehmen? Hitler fragt, was noch an *„fremdländischen Aufstellungen"* da sei, bezeichnet solche Legionen als *„Witz"*, räumt aber ein: *„Ich will natürlich nicht behaupten, dass man mit diesen Fremdländischen nichts machen kann. Damit kann man schon etwas machen. Aber man braucht Zeit dazu."* Zeit ist eines der Dinge, die er nicht mehr hat. In der NS-Propaganda wird letztmalig der – bereits mehrfach durchbrochene und militärisch obsolete – Westwall erwähnt.

Die von der Propaganda angekündigten Guerillaaktionen der deutschen Partisaneneinheit „Werwolf" in den besetzten Gebieten laufen an. Die angeblich aus kriegserfahrenen Soldaten bestehenden „Werwolf"-Einheiten sollen hinter den feindlichen Linien Verkehrsverbindungen zerstören, Attentate ausführen und Unruhe stiften. Tatsächlich bestehen sie in der Masse aber aus jungen, frisch von der Heeresschule kommenden Rekruten oder Hitlerjungen. Es sind oftmals Freiwillige, die mit der NSDAP wenig verbindet, sondern deren Vorbilder – ihre Helden – die „harten" Frontkämpfer sind. Mit einer spektakulären Aktion will man den Feind beeindrucken. In Aachen wird der von der amerikanischen Besatzungsmacht eingesetzte neue Chef der Stadtverwaltung, der Rechtsanwalt Dr. Franz Oppenhoff, am 25. März vor seiner Kellertür in der Eupener Straße 251 durch einen Schuss in die linke Schläfe ermordet. Goebbels lässt ausgiebig die Presse berichten: *„Der von den Amerikanern gekaufte ‚Bürgermeister von Aachen' wurde von deutschen Freiheitskämpfern erschossen."* Tatsächlich waren es Angehörige der SS und der Luftwaffe, wahrscheinlich auf direkten Befehl Himmlers, die mit Fallschirmen hinter den feindlichen Linien abgesprungen sind. An der Tat beteiligt war auch die 24-jährige BDM-Führerin Ilse Hirsch. Nach dem Mord inszeniert Goebbels persönlich die weitere „Werwolf"-Propaganda in Rundfunk und Presse. Dazu lässt er den „Sender Werwolf" einrichten, der ab Ostern 1945 auf einer eigenen Frequenz flammende Appelle ausstrahlt. Eine flächendeckende Aufbruchsstimmung oder gar Fanatisierung für den Untergrundkampf stellt sich dadurch jedoch nicht mehr ein.

Im Westen rücken die Alliierten weiter vor, Kaiserslautern und Worms werden besetzt und die Rüstungswerke des Saarlandes sind ebenfalls verloren. Während Hitler sich den linken Arm *„galvanisieren"* lässt, eine Behandlung, die ihm gut tut, besuchen Winston Churchill und Bernard Montgomery das Hauptquartier von Dwight D. Eisenhower. Beide setzen mit weiteren US-Generalen und einem halben Dutzend amerikanischer Soldaten bei Wesel mit einem Infanterielandungsboot über den Rhein und halten sich 30 Minuten im quasi noch feindlichen deutschen Gebiet auf. Hitler erfährt davon nichts. In der Lagebesprechung schlägt ihm Generaloberst Heinrici vor, das strategisch wichtige Küstrin dem Feind zu überlassen, nachdem sein Gegenangriff drei Tage zuvor gescheitert war. Er möchte nun die noch vorhandenen Vorräte an Munition und Treibstoffe für die bevorstehende Abwehrschlacht sparen. Hitler besteht dagegen auf eine sofortige Wiederholung des Angriffes. Seine Begründung lautet: Ein Zustand der reinen Verteidigung verschafft dem Feind die Möglichkeit, *„ganz nach seinem Belieben Schwerpunkte"* zu bilden. Damit müssten die deutschen Reserven dann in *„hastiger Abriegelung der Feindeinbrüche verbraucht"* werden und schon *„nach wenigen Tagen werde Heinrici nach immer neuen Reserven rufen"*.

An der Ostfront geht unterdessen auch die Kesselschlacht von Heiligenbeil ihrem katastrophalen Ende entgegen, Heiligenbeil wird in schweren Kämpfen eingenommen. Die Reste der deutschen 4. Armee und viele Flüchtlinge werden zusammengedrängt und fast pausenlos von Artillerie beschossen. Die deutschen Soldaten harren weiter aus, um möglichst viele Flüchtlinge noch per Schiff über die Ostsee evakuieren zu können. Doch auch jedes anlegende Schiff wird von den Sowjets beschossen. Die deutsche

Kriegsmarine wiederum beschießt die sowjetischen Stellungen mit den Kreuzern „Prinz Eugen" und „Leipzig" sowie dem alten Schlachtschiff „Schlesien". Zeitgleich mit den letzten schweren Kämpfen spielt sich ein unbeschreibliches Drama unter den flüchtenden Zivilisten ab, die verzweifelt versuchen, einen Platz auf den Fähren zur Übersetzung nach Pillau zu ergattern. Sowjetische Schlachtflieger machen das Chaos durch Tieffliegerbeschuss perfekt. Tote und Verletzte werden ihrem Schicksal überlassen, nur überlebende Kinder werden eingesammelt. In einer Besprechung mit Gauleiter Fritz Sauckel sagt Hitler, er fürchte zum ersten Male, dass der Krieg verloren sei. Ein Generalstabsoffizier, der Hitler am 25. März nach vielen Jahren wiedersieht, war von seinen Kameraden vorgewarnt worden – doch der reale Anblick übertrifft seine Befürchtungen. Der ihm von früher bekannte Hitler *„war in nichts mit dem Wrack eines Menschen zu vergleichen, (...) der mir müde eine kraftlose, zitternde Hand entgegenstreckte"*.

Die U.S. Army überquert am 26. März bei Worms den Rhein. Hitler reagiert mit dem Befehl, dass *„alle Heimatkräfte an die Front geworfen"* werden sollen und gegen das Zeigen weißer Tücher *„energisch vorzugehen"* sei. Über die Ostfront sinniert er: *„Man stelle sich vor, der Feind hätte unsere Kraftwerke alle gleichzeitig angegriffen, was das bedeutet hätte. Ich verzichte dann lieber vorerst* [!] *auf die Weichselbrücken, die können dann etwas später gemacht werden."* An diesem Tag fällt auch Gotenhafen. Das Wüten, Brandschatzen, Plündern und Vergewaltigen der Offiziere und Soldaten der Roten Armee wird selbst den sowjetischen Befehlshabern mittlerweile zu viel und sie melden die Vorkommnisse nach Moskau. Die Politoffiziere versuchen daraufhin gegenzusteuern und organisieren Versammlungen zu den Themen: *„Die Ehre und Würde des Kämpfers der Roten Armee"* und *„Wie das Problem der Vergeltung richtig zu verstehen ist"*. Der gut gemeinte Ansatz ändert nichts an den unbeschreiblichen Vorgängen. In Extremfällen werden sowjetische Soldaten von ihren eigenen Vorgesetzten erschossen. Das alles beeinflusst nicht das Funktionieren der deutschen Bürokratie: Jede Frau, die einen Arzt um eine Abtreibung bittet, muss sich einem Verhör eines Kriminalbeamten [!] unterziehen, der feststellen muss, ob die Betroffene tatsächlich aufgrund einer Vergewaltigung oder einvernehmlichen Geschlechtsverkehrs schwanger geworden ist.

Der 27. März bringt die Kriegserklärung von Argentinien (per 1. April). Hitler geht an diesem schönen Frühlingstag eine Stunde auf der Terrasse vor seinem Arbeitszimmer spazieren. Er hat zuvor Hans-Heinrich Lammers, der einen Nervenzusammenbruch erlitten hat, zu einem Erholungsurlaub nach Berchtesgaden geschickt. Die Dienste des Chefs der Reichskanzlei werden von ihm sowieso nicht mehr benötigt. An diesem Tag endet der Einsatz der V2 gegen London. Alleine von der V1 wurden insgesamt über 10.500 Stück auf London abgeschossen, rund 5.000 Menschen fanden dabei den Tod. Der Raum Antwerpen wurde mit 2.448 V1 und 1.265 V2 terrorisiert, ohne jeglichen militärischen Nutzen. Nach der Rückkehr in den Bunker lässt Hitler seiner Wut darüber freien Lauf, dass in Ungarn selbst die Waffen-SS *„sich miserabel gehalten"* habe. Auch an diesem Abend werden die Stadtteile Mitte und Tiergarten bombardiert. In Hildesheim werden zeitgleich 70 Prozent der Stadt zerstört, 1.645 Menschen kommen ums Leben.

Der 28. März beginnt um 10:04 Uhr mit einem Angriff von 405 Flugzeugen der USAAF, die das gesamte Stadtgebiet bombardieren. Im Westen zeichnet sich die komplette Einschließung des gesamten Ruhrgebiets durch den Feind deutlich ab. Vollständige deutsche Kompanien werfen angesichts der erdrückenden Übermacht ihre Waffen weg und laufen geschlossen zum Feind über. Hitler setzt auf Aktivitäten deutscher Partisanen und verfügt die Aufstellung eines „Freikorps Adolf Hitler". Im Osten fällt Danzig. Der von Hitler befohlene neue Angriff auf Küstrin endet nach Anfangserfolgen mit einer weiteren Niederlage. Die Panzer erreichen zwar den Stadtrand, doch die Infanterie bleibt zurück, die Panzer fahren zurück und werden auf freiem Feld zusammengeschossen. Gegen Hitlers ausdrücklichen Befehl bricht die Besatzung von Küstrin nach Westen aus und durchschneidet die zuvor von Heinrici und Busse als *„undurchdringlich"* bezeichneten russischen Linien mit Leichtigkeit. Das Thema ist natürlich Gegenstand der Lagebesprechung um 14:00 Uhr. General Busse, Oberbefehlshaber der 9. Armee, ist anwesend und versucht sich zu rechtfertigen. Hitler unterbricht ihn bald, wirft ihm *„mangelnde Vorbereitung"* vor und teilt ihm seine Missbilligung mit. Dann schaltet sich Guderian in die Debatte ein und verteidigt Busse. Guderian, der laut wird und vor Zorn dunkelrot anläuft, argumentiert, dass die Truppe ihre Pflicht erfüllt habe, das würden alleine schon die hohen Verluste beweisen. Hitlers Stimmung wird durch die zwischenzeitlich hereingereichte Meldung, US-Panzerspitzen haben die Vororte von Frankfurt am Main erreicht, noch schlechter. Er will wissen, warum der Angriff fehlgeschlagen ist und beginnt mit einer Tirade gegen den Generalstab und über die Unfähigkeit des Offizierkorps. Busse wirft er vor, seine Artillerie nicht eingesetzt zu haben. Guderian verteidigt ihn erneut und erklärt, dass Busse alle Granaten verschossen habe. Natürlich ist so etwas kein Argument für Hitler, der tobt: *„Dann hätten Sie eben dafür sorgen müssen, dass er mehr davon hat!"*

Zuerst werden seine Befehle missachtet, dann wird ihm auch noch widersprochen, es reicht. Hitler bittet schroff, dass alle bis auf Guderian und Keitel den Raum zu verlassen haben, und legt dann sofort los: *„Generaloberst Guderian! Ich sehe, Ihr Herzleiden hat sich verschlimmert. Ihre Gesundheit erfordert einen sofortigen Erholungsurlaub von sechs Wochen!"* Guderian erklärt, er habe keinen Vertreter. Während der anschließenden Diskussion wird gemeldet, dass Speer Hitler sprechen möchte. Der lehnt unumwunden ab: *„Immer, wenn jemand mich unter vier Augen sprechen will, hat er etwas Unangenehmes zu sagen. Ich kann keine Hiobsbotschaften mehr vertragen. Seine Denkschriften fangen mit dem Satz an ‚Der Krieg ist verloren!', und das will er mir nur wiederholen. Ich lege seine Denkschriften schon immer in den Panzerschrank, ohne sie zu lesen."* Als sich Guderian abmelden will, meint Hitler: *„Bitte bleiben Sie doch bis zum Ende des Vortrages hier."* Nach der Besprechung sagt er, mittlerweile wieder in normalem Ton, zu ihm: *„Bitte, sorgen Sie für die Wiederherstellung Ihrer Gesundheit. In sechs Wochen wird die Lage sehr kritisch sein, dann werde ich Sie dringend brauchen."* Als ob die Lage nicht schon kritisch genug wäre. Nachfolger als Generalstabschef wird General Hans Krebs.

Mit Goebbels geht Hitler danach über eine Stunde durch den mit Bombentrichtern zerstörten Garten und über die Terrasse vor seinem Arbeitszimmer. Es ist eine Szene von kafkaeskem Ausmaß: Hitler, das zitternde Wrack mit hochgeschlagenem Kragen und tief in die Stirn gezogener Mütze, ein Bein hinter sich herziehend, und sein wegen des Klumpfußes hinkender, kleiner, schmächtiger Propagandaminister. Während bereits um den Frankfurter Bahnhof gekämpft wird, will Goebbels ihn zu einer wenigstens zehn- bis 15-minütigen Rundfunkansprache überreden. Er ist der Meinung, Hitler befindet sich *„in guter körperlicher Verfassung, was bei ihm immer der Fall ist, wenn es kritisch wird."* Er stellt jedoch auch fest, dass er *„immer stärker gebeugt"* ist. Hitler lehnt den Gedanken an eine Ansprache ab, *„weil er im Augenblick nichts Positives vorbringen"* kann und betont, es sei *„zwei Sekunden vor 12"*. Goebbels verzweifelt und vermerkt: *„Man hat manchmal den Eindruck, als lebte er in den Wolken. Der Führer hat jetzt eine mir gänzlich unverständliche Scheu vor dem Mikrophon. Der SD hat ihm mitgeteilt, das Volk habe ihn kritisiert, da er in seiner letzten Rede nicht Neues gebracht hat."* Er erkennt die Lage klar: *„Wir geben hier in Berlin Befehle, die unten praktisch überhaupt nicht mehr ankommen. (...) Ich sehe darin die Gefahr eines außerordentlichen Autoritätsschwundes."*

Dann erfährt Hitler, dass sein ehemaliger Lieblingsarchitekt Speer in den Westen gefahren ist und seinen Befehl der *„verbrannten Erde"*, die Zerstörung der Infrastruktur, sabotiert hat. Er äußert zu Goebbels in starker Verbitterung, er will *„lieber in einem Behelfsheim sitzen oder unter die Erde kriechen, als sich Paläste bauen lassen von einem Mitarbeiter, der in der kritischen Phase versagt."* Der Versager ist am Abend bei ihm, wird kalt empfangen und erhält den Befehl, seinen Posten als Rüstungsminister zu verlassen und seinen Rücktritt mit schlechtem gesundheitlichem Zustand zu begründen. Speer hätte nicht den erforderlichen Glauben, dass sich alles doch noch zum Guten wenden könne. Speer widerspricht, aber Hitler hakt nach: *„Hoffen Sie noch auf die erfolgreiche Weiterführung des Krieges oder ist Ihr Glaube erschüttert?"* Einen Tag später hat Speer noch immer nicht klar geantwortet und Hitler setzt ihn ab. Auch dieser Dialog ist nur von Speer überliefert. Goebbels versucht seinen enttäuschten Führer durch ein Horoskop aufzubauen. Es sagt aus, dass ab Mitte April eine Verbesserung der militärischen Lage zu erwarten sei, der Krieg werde im August enden.

Ostern steht vor der Tür. Am Gründonnerstag, den 29. März, fallen das zur Hälfte total zerstörte Frankfurt am Main, Mannheim, Ludwigshafen und Wiesbaden in Feindeshand. Der Weg nach Mitteldeutschland und Bayern ist für die US-Army frei, während 200.000 kampferprobte deutsche Soldaten aufgrund eines Führerbefehls in Kurland festsitzen, um dort sowjetische Kräfte zu binden. Aus diesem Grunde lässt er auch die Besatzungstruppen in Skandinavien, Italien und den Niederlanden nicht abziehen. Der Widerstandswille wird stattdessen

^ *29. März 1945, Frankfurt/Oder: Männer der Verwaltungspolizei sind bewaffnet worden und beziehen zur Abwehr der russischen Truppen einen Graben. (115)*

durch die Hinrichtung von Deserteuren aufrechterhalten, die mit Schildern um den Hals (*„Ich glaubte nicht an den Führer"*, *„Ich bin ein Feigling"* usw.) an Bäumen und Laternenpfählen aufgehängt und zur Abschreckung hängen gelassen werden. Es ist kein deutsches Phänomen, denn auch in der Roten Armee werden Soldaten und Offiziere, denen es an *„Disziplin"* fehlt, hart bestraft, in der Regel mit Verbannung in einen Gulag.

Im Taunus wird am 30. März das Führerhauptquartier „Adlerhorst" von der U.S. Army besetzt und in Ostpreußen Danzig von der Roten Armee. Ostpreußen ist damit komplett vom Reich abgeschnitten, die übrig gebliebenen Soldaten sitzen auf der Kurischen Nehrung und der Halbinsel Samland fest. Hitler befiehlt seinem Heeresadjutanten Johannmeyer, sich selbst von der Lage vor Ort zu überzeugen. Als dieser zurückkehrt, meldet er das Drama der tausenden Flüchtlinge auf dem schmalen Küstenstreifen. Hitler zeigt sich unbeeindruckt: *„Ich ziehe von dort keinen einzigen Soldaten ab. Ich muss die Festung Königsberg um jeden Preis halten. Solange Königsberg in unserer Hand ist, kann ich dem deutschen Volk sagen: In Ostpreußen stehen wir und nicht die Russen."* In Königsberg werden mittlerweile massenweise Hitlerjungen zum Kampf eingesetzt und, überleben sie ihren Kampfeinsatz, mit Orden ausgezeichnet. Die Bevölkerung flieht in Massen, was vielen den Tod bringt, doch Hitler meint dazu knapp: *„Darauf kann ich keine Rücksicht nehmen!"*

Marschall Schukow hat unterdessen an der Oder mehr als 750.000 Soldaten zusammengezogen, an der Neiße steht Marschall Konew mit 500.000 Soldaten.

Hitler verlangt von der Heeresgruppe Weichsel einen mit *„fanatischer Entschlossenheit"* geführten Abwehrkampf, *„nachdem es nicht gelungen ist, durch Angriff die feindlichen Vorbereitungen zu zerschlagen"*. Er befiehlt Heinrici, etwa drei bis sechs Kilometer hinter der jetzigen vorderen Linie *„eine Großkampf-HKL* [Hauptkampflinie]*"* auszubauen. Sobald zu erkennen ist, dass der russische Großangriff bevorsteht, soll er auf die zweite Linie zurückgehen; das feindliche Artilleriefeuer wird dann die leeren Gräben treffen. Heinrici soll außerdem seine Artillerie weiter hinten in Stellung gehen lassen, damit sie dann den freien Raum zwischen der vorderen Linie und der Hauptkampflinie im Augenblick des russischen Angriffes mit Sperrfeuer belegen können. Die Befehle zeigen, dass Hitlers Verstand durchaus noch analytisch und scharf arbeiten kann. Jodl hat sich mittlerweile den Duktus von Hitler angewöhnt. Er appelliert an die Befehlshaber der Westfront, dass dem Feind mit *„fanatischem Kampfeswillen"* begegnet wird. Rücksicht auf die Zivilbevölkerung könne *„zum gegenwärtigen Zeitpunkt nicht mehr genommen"* werden.

Hitler entlässt Reichspressechef Dr. Otto Dietrich, es gibt nicht mehr viel zu berichten. Dann relativiert er seinen Befehl über die Zerstörung der Industrieanlagen und Versorgungsbetriebe. Sie müssen nun nicht mehr unbedingt zerstört werden, da *„durch nachhaltige Lähmung der gleiche Zweck"* erreicht wird. Trotz Voranschreiten der alliierten Fronten werden im März neben Berlin und Würzburg noch Dresden, Ulm, Scholven-Buer, Essen, Dortmund, Hildesheim, Hannover, Münster, Osnabrück, Bremen, Hamburg und Wilhelmshaven bombardiert. Im zu Ende gehenden Monat werden 67.000 Tonnen Bomben auf Deutschland abgeworfen, fast so viele wie in den ersten drei Kriegsjahren zusammen.

Der letzte Tag des März bricht an. In Schlesien fällt als letzte Industriestadt Ratibor (heute Racibórz/Polen). Die deutschen Truppen ziehen sich auf das Gebiet westlich der Neiße und in das Sudetenland zurück. In Deutschlands Mitte erreichen Panzereinheiten des XII. US-Corps die Westgrenze Thüringens und stehen bereits zehn Kilometer westlich von Eisenach. Auf der Reichsstraße Kassel-Eisenach nähern sich ihre Spitzen der hessisch-thüringischen Grenze in der Rhön. Die Operationsdirektiven für Pattons Armee zielen auf die Eroberung des von den Amerikanern im Herzen Thüringens vermuteten deutschen Nachrichtenzentrums im Raum Ohrdruf – Gotha – Erfurt – Weimar ab und sehen außerdem einen raschen Vormarsch auf die thüringische Landeshauptstadt Weimar vor, die Sitz der obersten Behörden des Landes wie auch der entscheidenden militärischen Kommandostellen des Reichsverteidigungskommissars für Thüringen sind.

In dieser Situation legt Reichsfinanzminister Lutz Graf Schwerin von Krosigk Pläne für eine Steuerreform vor, die Goebbels auch noch durcharbeitet und kommentiert: *„Dieser Entwurf ist mir zu unsozial."* Bormann überschüttet weiter ungezügelt Parteifunktionäre mit dutzenden Rundschreiben, die die Gauleiter oft nicht einmal mehr lesen können, geschweige denn sie umsetzen. In der Realität müssen viele Postämter ihren Betrieb einstellen, die staatlichen Strukturen funktionieren zwar noch leidlich, aber mit immer größeren Einschränkungen. Die meisten Löhne werden noch gezahlt, doch der Alltag – sofern man überhaupt davon reden kann – ändert sich zunehmend: 60 Prozent der Tageszeitungen und 90 Prozent der Illustrierten und Zeitschriften erscheinen nicht mehr. Die notwendigen Informationen erhält die Bevölkerung über das Radio und diese sind erschreckend genug. Die Anzahl der Selbstmorde nimmt ständig zu. Der Sicherheitsdienst stellt fest: *„Die Nachfrage nach Gift, nach einer Pistole und sonstigen Mitteln, dem Leben ein Ende zu bereiten, ist überall groß."*

Es liegen keine detaillierten Aufzeichnungen über Hitlers Tagesablauf für den März und April vor. Es kann jedoch aufgrund seiner Äußerungen, den zunehmenden Luftangriffen und der dramatischen Verschlechterung der militärischen Lage davon ausgegangen werden, dass er in den letzten sechs bis acht Wochen seines Lebens zu wenig Schlaf bekommen hat, das heißt deutlich unter der Marke von sechs Stunden (für Männer in seinem Alter) geblieben ist. Prof. Morell will seine Krankengeschichte aufschreiben, doch Hitler weist ihn brüsk ab: *„Ich war nie krank. Es gibt darüber nichts aufzunotieren."* Als General Josef Kammhuber Hitler mutig darauf hinweist, dass seiner Meinung nach der Krieg verloren sei, antwortet dieser nicht mit einem Wutausbruch, sondern lapidar: *„Das weiß ich selbst."* Ein älterer Generalstabsoffizier schildert seinen Eindruck Ende März in offensichtlich erheblich überzogener Form:

„Er bot körperlich ein furchtbares Bild. Er schleppte sich mühsam und schwerfällig, den Oberkörper vorwärtswerfend, die Beine nachziehend, von seinem Wohnraum in den Besprechungsraum des Bunkers. Ihm fehlte das Gleichgewichtsgefühl; wurde er auf dem kurzen Weg (20 bis 30 Meter) aufgehalten, musste er sich auf eine der hierfür an beiden Wänden bereitstehenden Bänke setzen oder sich an seinem Gesprächspartner festhalten. Er hatte die Gewalt über den linken Arm verloren, die linke Hand zitterte ständig. (…) Aus den Mundwinkeln troff häufig der Speichel – ein Bild des Jammers und des Grausens."

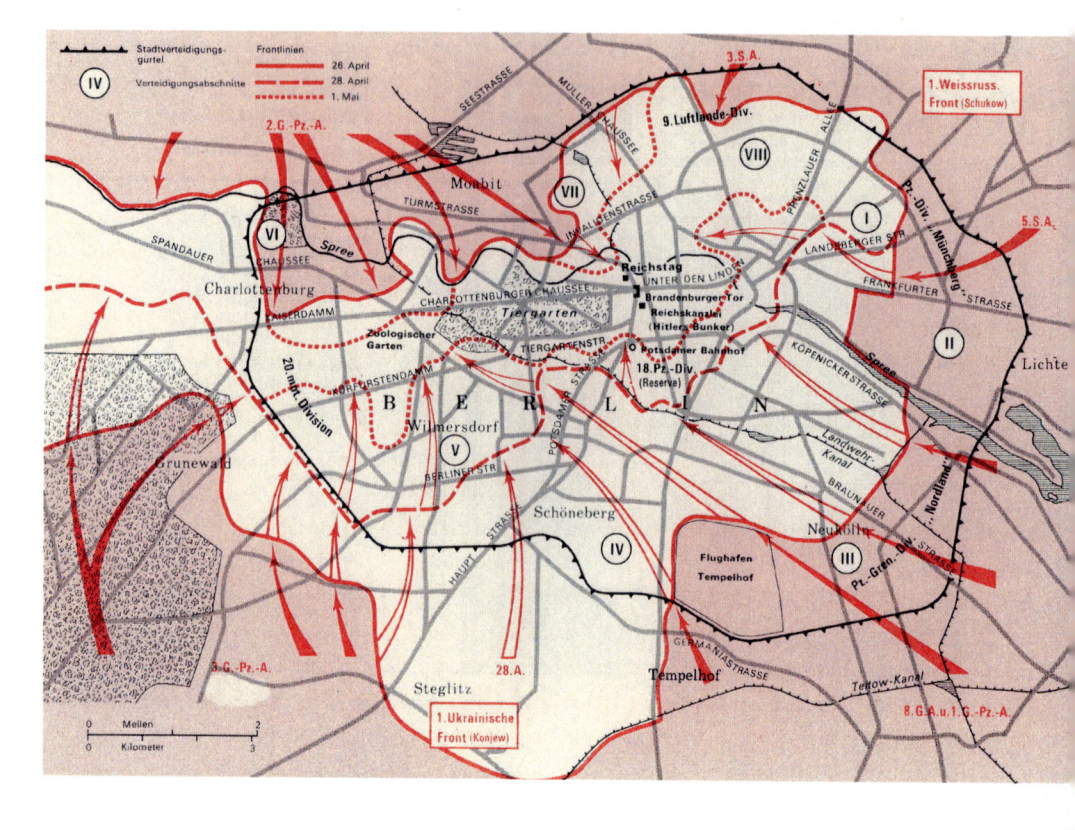

Die Eroberung von Berlin im April 1945, Stoßrichtung und Frontverläufe (105)

Wenn wirklich dieser Krieg jemals verloren gehen sollte, dann werden Sie mich an der Spitze des letzten kämpfenden Bataillons unseres Heeres finden, und ich werde dann kämpfen bis zum letzten Atemzuge.

Adolf Hitler
(Diktator, 1889-1945, im Dezember 1941 vor Gauleitern)

April 1945 – Der Untergang

Hitlers letzter Monat bricht an, es ist Ostersonntag, der 1. April. In Berlin geht um 05:42 Uhr bei diesigem Wetter die Sonne auf. Der Terror des Regimes eskalert weiter in einer Orgie aus Gewalt und Tod. In den letzten Monaten wurden etwa 8.000 deutsche Soldaten als *„Fahnenflüchtige"* erschossen. In Berlin gibt es dafür besondere Richtplätze, ein paar in den Boden gerammte Pfähle, an die die Delinquenten festgebunden und nach Verlesung des Todesurteils erschossen werden. Einer dieser Pfähle liegt in der Nähe der Murellenschlucht westlich des Reichssportfeldes. Allein hier auf dem Erschießungsplatz V werden über 230 Todesurteile vollstreckt. Auch die ehemaligen Gegner kommen ins Visier, denn sie sollen den Untergang nicht überleben. Die eigenen Reserven verbrauchen sich rapide, über 5.000 U-Boot-Männer sind in den letzten Wochen gefallen. Amerikanische Truppen schließen bei Lippstadt ihren Ring um das Ruhrgebiet und bilden so den Ruhrkessel. Die sechs Korps der kampfkräftigen Heeresgruppe B (Model) mit zusammen 340.000 Mann sind nun im Gebiet zwischen Ruhr, Rhein und Sieg eingeschlossen. Die 1. und 9. US-Armee (Courtney H. Hodges und William Hood Simpson) versuchen, den Ruhrkessel einzudrücken.

Von der US-Army gefangen genommene deutsche Soldaten werden in verschiedenen Rheinwiesenlagern westlich des Flusses notdürftig untergebracht. Die Ernährung und die hygienischen Verhältnisse in diesen Lagern – eingezäunten verschlammten Wiesen unter freiem Himmel, auf denen die Gefangenen mangels Baracken in offenen Erdlöchern leben – sind schlecht bis katastrophal. Versuche des Internationalen Komitees des Roten Kreuzes, den Gefangenen zu helfen, werden von den Amerikanern abgeblockt. Gemessen an der Lebensmittelration der deutschen Zivilbevölkerung (ungefähr 1.000 kcal) ist die Versorgung der Soldaten noch relativ gut (ungefähr 1.500 kcal), dennoch sterben Tausende von ihnen. Den Gefangenen werden Wertgegenstände abgenommen, es gibt nur eine unzureichende medizinische Versorgung und keine sanitären Anlagen. Die amerikanischen Wachmänner töten willkürlich. Die Lager mit der höchsten Sterblichkeit sind Bad Kreuznach (Lager Galgenberg und Lager Bretzenheim), Sinzig bei Remagen, Rheinberg, Heidesheim am Rhein, Wickrathberg und Büderich. In diesen sechs Lagern sind etwa 5.000 von 500.000 Insassen ums Leben gekommen. Rechnet man diese Zahlen auf die etwa 1.000.000 Gefangenen hoch, ergibt sich eine mögliche, aber nicht belegte Zahl an Gesamtverlusten von ungefähr 10.000 Menschen. Bei vielen deutschen Offizieren stellen Verhörer der US-Army eine „*ungeheure Überheblichkeit*" fest; es herrscht vielfach die Meinung, dass der Krieg noch gewonnen werden könne.

Hitler erlässt die Weisung Nr. 73 („*Antrag des Oberbefehlshaber West auf Wehrmachtsbefugnisse*") und gibt in der Lagebesprechung die Parole aus: „*Wer in der Ostmark* [Österreich] *zurückgeht, wird erschossen.*" Unterdessen denken die Westalliierten an die Zukunft und legen „Eclipse" vor, das Endprodukt des Morgenthau-Planes. Darin enthalten sind Karten über die spätere Aufteilung Deutschlands und Berlins in vier Besatzungszonen. Auch Stalins Befehl Nr. 5 zielt in diese Richtung: „*Das deutsche Volk ist zu vernichten. Alle deutschen Fabriken und das Eigentum der Deutschen sind zu zerstören. Das deutsche Tier muss in seiner Hundehütte zerschlagen werden.*" Gegenüber Wolff äußert Hitler: „*Es ist jetzt nicht nötig, die Verteidigung aufzugeben. Man muss einfach durchhalten. Im Osten kann man noch zwei Monate gegen die Russen Widerstand leisten und auch die italienische Front muss gehalten werden. In dieser Zeit muss es zu einem Bruch der Allianz zwischen den Russen und den Angelsachsen kommen. Wer von den beiden zuerst an mich gelangt, mit dem werde ich mich gegen den anderen verbünden.*" Dann lässt er über Bormann seinen Parteimitgliedern eine unmissverständliche Botschaft zukommen:

„*Jetzt ist die höchste Stunde der Bewährung gekommen: die Gefahr erneuter Versklavung, vor der unser Volk steht, erfordert unseren letzten und höchsten Einsatz. Von jetzt an gilt: Der Kampf gegen den ins Reich eingedrungenen Gegner ist überall mit aller Unnachgiebigkeit zu führen. Gauleiter und Kreisleiter, sonstige politische Leiter und Gliederungsführer kämpfen in ihrem Gau und Kreis, siegen oder fallen. Ein Hundsfott, wer seinen vom Feind angegriffenen Gau ohne ausdrücklichen Befehl des Führers verlässt, wer nicht bis zum letzten Atemzug kämpft. (…) Jetzt gilt nur noch die Parole: Siegen oder fallen. Es lebe Deutschland. Es lebe Adolf Hitler.*"

Die eingeschlossene Stadt Breslau wird unterdessen mit tausenden Bomben belegt. Um 20:00 Uhr an diesem ersten Apriltag sendet erstmals das „Radio Werwolf" aus Nauen in Brandenburg Hetztiraden gegen die Alliierten, droht Verrätern in den eigenen Reihen und berichtet stolz über erfolgreiche Sabotageakte. Der Sender strahlt einen Appell an das deutsche Volk über den Rundfunk aus, sich dem „Werwolf" unter dem SS-Obergruppenführer und General der Waffen-SS Hans-Adolf Prützmann anzuschließen: „*Jeder Bolschewik, jeder Engländer, jeder Amerikaner auf unserem Boden muss Ziel unserer Bewegung sein. (…) Jeder Deutsche (…) der sich in den Dienst des Feindes stellt und mit ihm zusammenarbeitet, wird unsere rächende Hand zu spüren bekommen. (…) Wir haben nur eine Devise: Siegen oder Sterben.*" Weitere Parolen lauten „*Lieber tot als rot*" und „*Hass ist unser Gebet, Rache unser Feldgeschrei"*. Der Ersatz der deutschen Truppenverluste durch Kindersoldaten – die letzten „Werwölfe" sind Hitlerjungen mit einer Panzerfaust – ist jedoch völlig sinnlos.

Eisenhower ist dennoch beunruhigt und fürchtet einen langandauernden Guerillakrieg, vor allem auch wegen der „*Alpenfestung*", die in Wahrheit gar nicht existiert. Doch die auch von US-Medien geschürten Gerüchte um Hitlers letztes Rückzugsgebiet lässt die Alliierten an der Elbe stehenbleiben und in Richtung Süden vorstoßen. Stalin bestärkt ihn in seinen Gedanken und tut so, als ob er an Berlin als strategischem Ziel nicht interessiert sei. So gibt Eisenhower am 2. April aufgrund der Gerüchte um die „*Alpenfestung*" entscheidende Befehle, die das Nachkriegseuropa maßgeblich beeinflussen werden.

An diesem 2. April gibt Prof. Brandt einen Bericht ab, in dem er darauf hinweist, dass 20 Prozent der unentbehrlichen medizinischen Versorgungsgüter nicht mehr beschafft werden können und dass in zwei Monaten 40 Prozent der Vorräte vollständig erschöpft seien. Auch die Anzahl der noch zur Verfügung stehenden Krankenbetten ist dramatisch niedrig. Hitler macht sich am Rand Vermerke: „*Lüge, Verräter, Schwein*". Er hat andere Sorgen, denn Wien ist bedroht und die Parteifunktionäre und auch Hitler werden heftig kritisiert. Deshalb erklärt er die Stadt zum Verteidigungsgebiet, befiehlt, die Stadt zu halten und überträgt die Verteidigung dem SS-Oberst-Gruppenführer Sepp Dietrich. Der Oberbefehlshaber der Heeresgruppe G, SS-Oberst-Gruppenführer Paul Hausser, will den Rückzug aus Süddeutschland nach Süden antreten. Das außerordentliche Vertrauen, das Hitler stets in Hausser gesetzt hat, erleidet so eine deutliche Trübung und Hitler entlässt ihn. Der Nachfolger Haussers, General Friedrich Schulz, greift besser im Sinne Hitlers durch. Er befiehlt die Anwendung „*schärfster Mittel*", um Soldaten an der Flucht zu hindern. Kurz vor Mitternacht erfolgt ein Luftangriff auf die Stadtteile Mitte, Tiergarten und Wedding. Hitler bespricht sich gerade mit Bormann. Es ist ein letztes, sogenanntes Bormanndiktat, nachdem im März keines erfolgt ist oder die Unterlagen nicht erhalten geblieben sind. Darin wird vermerkt, dass ihm Folgendes klar ist: „*Wenn wir in diesem Krieg unterliegen müssen, dann wird es sich nur um eine totale Niederlage für uns handeln können. (...) Jeder Gedanke an eine Niederlage ist unerträglich.*" Und über die Zeit danach denkt er: „*In einer moralisch mehr und mehr durch das jüdische Gift verseuchten Welt muss ein gegen dieses Gift immunes Volk schließlich und endlich die Oberhand gewinnen. So gesehen, wird man dem Nationalsozialismus ewig dafür dankbar sein, dass ich die Juden aus Deutschland und Mitteleuropa ausgerottet* [!] *habe.*" Er erkennt die zukünftige Machtaufteilung in zwei Blöcke: „*Nach einer Niederlage des Reiches wird es (...) nur noch zwei Mächte in der Welt geben, die einander ebenbürtig gegenübertreten können: die Vereinigten Staaten und Sowjetrussland.*" Denn seiner Meinung nach ist der „*verjudete Amerikanismus*" nicht imstande, sich vom „*Joch der New Yorker Juden*" zu lösen – und damit können die USA auch nicht zu einer alleinigen Weltmacht werden und Sowjetrussland überbieten.

Am 3. April endet eine erbitterte 20-tägige Abwehrschlacht an der tschechisch-slowakischen Grenze für die Wehrmacht erfolgreich. Das Industriegebiet von Mährisch-Ostrau wird gerettet und Generaloberst Schörner zum Generalfeldmarschall befördert.

In einer Besprechung mit Gauleiter Kaufmann kritisiert dieser Hitler gegenüber die geplante Verteidigung Hamburgs angesichts der großen Anzahl von 680.000 Frauen und Kindern, die in der Großstadt leben. Hitler verfügt daraufhin dessen sofortige Absetzung als Reichsverteidigungskommissar für die Deutsche Bucht. Es folgt eine Besprechung mit SS-Obergruppenführer Hans Kammler. Himmler erlässt in Hitlers Auftrag den sogenannten „Flaggenbefehl", der besagt, dass aus einem Haus, aus dem eine weiße Fahne erscheint, alle männlichen Bewohner sofort zu erschießen sind. Der schon obligatorische Bombenangriff trifft um 23:02 Uhr die Stadtteile Pankow, Mitte und Wedding. Es gibt nicht mehr viel, das zerstört werden kann.

Am nächsten Tag, dem 4. April, überprüft Hitler mit Generaloberst Heinrici auf der Karte Kilometer um Kilometer die Abwehrstellungen an der Oder. Er weist vor dem zu erwartenden Großangriff der Sowjets darauf hin, an den offensichtlichen Schwerpunkten tödliche Minenfelder zu legen. Er kümmert sich um Details und unterstellt Heinrici sämtliche Heeres- und Luftwaffenflakeinheiten, zudem warnt er ihn vor den „*Seydlitz-Verrätern*" und befiehlt, tausende Bäume zu fällen und tiefe Panzergräben auszuheben. Zum Abschied gibt er ihm einen Rat mit auf den Weg, er müsse „*Glauben und Zuversicht an die Truppe ausstrahlen. Wenn jeder diesen Glauben besitzt, wird diese Schlacht zur blutigsten Niederlage für den Feind und zum größten Abwehrerfolg dieses Krieges werden*".

Ungarn wird von den deutschen Truppen verlassen und in Thüringen befreit die U.S. Army das KZ-Außenlager Ohrdruf. Sie erleben erstmals mit eigenen Augen das Geschehen in den Todeslagern. Kaum einer der 11.700 Insassen hat das unbeschreibbare Grauen überlebt. Der Anblick ist so schockierend, dass befohlen wird, möglichst viele Soldaten des VII. und des XX. Corps der US-Army, die nicht unmittelbar in Kampfhandlungen eingebunden sind, dorthin zu fahren, damit sie mit eigenen Augen sehen, weshalb und wofür sie überhaupt in Deutschland kämpfen. Die Überlebenden sind menschliche Skelette, überall liegen Tote herum, die verhungert sind oder beim Abzug der SS-Wachen erschossen wurden. Als die US-Soldaten die Baracken genauer untersuchen, finden sie weitere Tote sowie in einem grob gezimmerten Schuppen eine provisorische Leichenkammer, in der die völlig abgemagerten Körper gestapelt sind. Die Fotos der verhungerten, erschossenen und verbrannten Menschenleiber prägen bis heute das Bild der nationalsozialistischen Verbrechen.

Goebbels stellt zeitgleich nüchtern fest: „*Das Verhalten unserer Gau- und Kreisleiter im Westen hat zu einem starken Vertrauensschwund innerhalb der Bevölkerung geführt. (...) Infolgedessen hat die Partei im Westen ziemlich ausgespielt.*" Das ist nicht verwunderlich, folgen die meisten Parteifunktionäre nur selten dem von ihnen selbst propagierten Beispiel des Widerstandes und setzen sich mit ihren Familien kurz vor Herannahen des Feindes rechtzeitig ab, ihre Bevölkerung im Stich lassend. In der Nacht auf den 5. April erfolgt ein weiterer Schlag gegen die deutsche Treibstoffindustrie. Das in Teilen notdürftig wieder aufgebaute Leunawerk wird durch 327 Lancasterbomber, die 1.406 Tonnen Bomben abwerfen, nahezu vollständig zerstört – die Produktion erlischt. Himmler sorgt sich um Hitlers Zukunft und wendet sich an den Direktor der Psychiatrischen und Nervenklinik der Charité, Prof. Max de Crinis. Der hat keinen Zugang zu Hitler, vermutet aber: *„Ich habe den Eindruck, auf Grund der völlig gelähmten Bewegungen Hitlers – ich stellte das an den Bildern einer Wochenschau fest –, als ob hier die sichtbaren Anzeichen der Parkinsonschen Krankheit vorlägen."*

Marschall Schukow hält in seinem Hauptquartier in Landsberg an der Warthe (heute Gorzów Wielkopolski/Polen) ab dem 5. April letzte Lagebesprechungen für die geplante Großoffensive gegen Berlin ab. Die 7. US-Armee steht mittlerweile vor Würzburg und Crailsheim und am Nachmittag setzt sich General Otto Wöhlers Heeresgruppe Süd entgegen dem Befehl Hitlers um 80 Kilometer nach rückwärts ab. Hitler löst ihn umgehend ab und ersetzt ihn durch Generaloberst Lothar Rendulic, der den Ansturm gegen die Heeresgruppe Kurland erfolgreich zurückgeschlagen hat und in seinen Augen noch Reputation genießt.

Interessant ist ein Zufallsfund im OKH in Zossen: die Tagebücher von Wilhelm Canaris. Sie werden sofort Hitler vorgelegt, der sie liest und so vom Verrat und den Kontakten zur Widerstandsbewegung erfährt. Das ist das Todesurteil für Wilhelm Canaris, Hans Oster und Hans von Dohnanyi. Hitler befiehlt auch die Liquidierung von Georg Elser, dem Attentäter des 8. November 1939, und des Widerständlers und Theologen Dietrich Bonhoeffer, sie werden am 9. April hingerichtet.

Am 6. April befiehlt Hitler die Verteidigung seines letzten verbliebenen Erdölgebietes, Zistersdorf nordöstlich von Wien. Dann bekommt er seit langer Zeit wieder einmal Besuch von Heinrich Hoffmann. Es ist ihr letztes Zusammenkommen und Hitler ordnet ein letztes Mal den Ankauf von Kunstobjekten an, eine Tätigkeit, der Hoffmann seit Jahren für ihn nachgekommen ist. Noch immer glaubt Hitler, durch Befehle und Weisungen, durch Umgliederungen und Neubesetzungen von Kommandostellen die Kriegslage in den Griff zu bekommen. Er erlässt am 7. April die Weisung Nr. 73a (*„Neue Befehlsgliederung auf dem Westkriegsschauplatz"*): *„Die Entwicklung der Lage im Westen und der Ausfall zahlreicher operativer Nachrichtenverbindungen macht eine Anpassung der Befehlsgliederung auf dem Westkriegsschauplatz an die veränderten Verhältnisse erforderlich."* Es folgt eine weitere Modifizierung des Nero-Erlasses, denn *„operativ wichtige Brückenbauwerke (...) müssen so zerstört werden, dass eine Benutzung durch den Gegner unmöglich wird"*.

Während aus den Volksempfängern der Volksdeutschen Rudi Schuricke erklingt (*„Heimat deine Sterne, sie strahlen mir auch am fernen Ort. Was sie sagen, deute ich ja so gerne, als der Liebe zärtliches Losungswort...."*), beginnt der Todesmarsch der Insassen des KZ Buchenwald bei Weimar. Etwa 47.500 Menschen sind noch im Lager. Auf etwa 60 Routen verlassen 28.000 Menschen das Stammlager und mindestens 10.000 Häftlinge die Außenlager in Richtung der KZ Dachau, Flossenbürg und Theresienstadt. Auf diesen völlig sinnlosen Todesmärschen sterben zwischen 12.000 und 15.000 Menschen, entweder durch Entkräftung oder durch willkürliche Erschießungen durch die SS, den Volkssturm oder die Hitlerjugend. Die Bevölkerung zeigt nur selten Beispiele von Mitgefühl, sie interessieren sich meist nur für ihr eigenes Schicksal. Auch in Berlin wird die Versorgungslage immer angespannter. Etwa 200 Personen stürmen in Berlin-Rahnsdorf zwei Bäckerläden. Zwei Rädelsführer werden am nächsten Tag vom Volksgerichtshof zum

Tode verurteilt und noch in der Nacht enthauptet. Goebbels lässt von der *„Tatsache der Verurteilung und Liquidierung der beiden Rädelsführer"* die Rahnsdorfer Bevölkerung durch Plakate unterrichten und ist überzeugt: *„Ich glaube, dass das sehr ernüchternd wirken wird. So muss man vorgehen, wenn man in einer Millionenstadt Ordnung halten will."*

Mit dem Mut der Verzweiflung findet derweil über dem Steinhuder Meer westlich von Hannover eine außergewöhnliche Luftschlacht, die letzte des Krieges, statt. Die deutsche Luftwaffe wendet die Rammtechnik an. Die Piloten sollen sich aber, da es kaum noch gut ausgebildete gibt, möglichst nicht selbst opfern, sondern mit dem Fallschirm in Sicherheit bringen. Die Teilnahme ist freiwillig, aber es haben sich über 2.000 Piloten mehr gemeldet, als benötigt werden. Zumeist handelt es sich um junge Männer, fanatische Nationalsozialisten. Die deutschen Piloten leeren die Magazine ihrer Kanonen im Direktanflug auf die US-Bomber und rammen sie dann, um sie zum Absturz zu bringen. Insgesamt können nur 23 US-Bomber durch Rammen zum Absturz gebracht werden, weitere 28 Bomber werden durch Me 262 abgeschossen. Die eigenen Verluste liegen bei 133 Jagdflugzeugen, 40 davon bei versuchtem oder erfolgreichem Rammen. Mehrere der deutschen Piloten springen mit dem Fallschirm ab und werden von amerikanischen Jagdfliegern erschossen. Es fallen 77 erfahrene Kampfflieger. Die Überlebenden werden nach Berlin beordert und als Infanteristen eingesetzt.

Noch katastrophaler wirkt sich aus, was vormittags US-Soldaten in den stillgelegten Minen von Merkers vorfinden. Sie werden mit der unglaublichsten Entdeckung ihres Lebens konfrontiert: Hunderte von Säcken und Kisten mit dem Hakenkreuz, im Inneren befinden sich Goldzähne, Goldbarren und Münzen, Wertpapiere, Geldnoten und Kunstobjekte. Der Wert der Beute beträgt 238,5 Millionen damaliger US Dollar (heute etwa 3,5 Milliarden Euro). Die Goldreserven des Reiches sind damit in Feindeshand. Abends lässt sich Hitler erneut durch Prof. Löhlein seine gereizten Augen untersuchen. Sein linkes Auge ist durch Anschwellung des Oberlides behindert, welches drückt und ihn zum Reiben zwingt. Beide Augen sondern in letzter Zeit Flüssigkeit ab, was bei der staubigen Luft im Berliner Zentrum verständlich ist. Löhlein stellt fest: *„Der Führer verlässt den Bunker nur für kurze Zeit, für täglich eineinhalb bis zwei Stunden und geht dann in den Garten der Reichskanzlei, der wenig [!] zerstört ist, aber auch natürlich bei Wind staubig ist. Er ist dann gegen Licht und staubigen Wind sehr empfindlich. (...) Da er das Glas kaum trägt, empfindet er das schlechte Sehen rechts unverhältnismäßig stark. Es besteht beiderseits eine mäßige chronische Konjunktivitis."* Prof. Löhlein verordnet Tropfen. Bemerkenswert ist, dass Hitler während der Augenhintergrunduntersuchung die linke Hand völlig ruhig gehalten hat. Prof. Morell weist Dr. Stumpfegger diskret darauf hin.

Eine Besprechung mit Gauleiter Koch am 8. April bringt keine wesentlichen neuen Erkenntnisse. Mit Ausnahme des Bombenangriffes um 23:26 Uhr auf die Stadtteile Mitte, Wedding, Prenzlauer Berg und Friedrichshain verläuft der Tag verhältnismäßig ruhig. Am Morgen des 9. April versuchen die deutschen Truppen, sich von Königsberg nach Westen durchzuschlagen, der Ausbruch wird verhindert. Auch der Angriff der deutschen 5. Panzer-Division vom Samland aus blieb erfolglos. Nach langem Beschuss greift die sowjetische 11. Gardearmee, unterstützt von 1.500 Flugzeugen, das Stadtzentrum an. Der

Kommandant der Garnison, General Otto Lasch kapituliert erst, als sowjetische Soldaten vor seinem Befehlsbunker auftauchen. An die 42.000 deutsche Soldaten sind gefallen, weitere 27.000 gehen in Kriegsgefangenschaft, darunter fünf Generale und 1.800 weitere Offiziere. 2.000 Geschütze, 1.652 Mörser und 128 Flugzeuge werden von den Sowjets erbeutet. Während der Kämpfe haben auch 25.000 Zivilisten ihr Leben verloren. Hitler lässt Lasch in Abwesenheit degradieren und wegen Feigheit vor dem Feind zum Tode verurteilen: *„General Lasch ist als Landesverräter sofort zu erschießen."* Seine Frau und die beiden Töchter werden verhaftet und in Sippenhaft genommen.

Hitler bespricht sich mit dem Tiroler Gauleiter Franz Hofer, während die US-Luftwaffe die Flugplätze Fürstenfeldbruck, München-Riem, Lechfeld, Leipheim und Oberpfaffenhofen bombardiert. Damit sind die letzten Start- und Landebahnen der Fliegerhorste Süddeutschlands zerstört. Bei einem anderen alliierten Luftangriff auf Celle spielt sich ein Drama ab. Zwei Züge mit etwa 4.500 Häftlingen aus den KZ Buchenwald und Neuengamme, besetzt mit Menschen aus Russland, der Ukraine und Polen – unter den Gefangenen sind auch 1.200 Frauen und Mädchen – werden zufällig auch Ziel des Angriffes. Im Bahnhofsgelände wird ein Zug mit Munition getroffen, der in die Luft fliegt und 150 Häuser schwer sowie hunderte leicht beschädigt. Auch die Häftlingszüge werden getroffen, etwa 800 Menschen verbrennen bei lebendigem Leib. Während die SS-Wachmannschaften in Deckung gehen, versuchen die Überlebenden, sich in Sicherheit zu bringen. Sofort eröffnet die SS das Feuer. Es folgt ein Massaker, zynisch als „Celler Hasenjagd" bekannt geworden. Das Schlimme daran ist, dass sich nicht nur SS-Männer an der Verfolgung der Fliehenden beteiligen, sondern auch Soldaten, Polizisten, SA- und Volkssturmmänner sowie etliche Celler Zivilisten. Sie töten mindestens 170 Häftlinge, andere Schätzungen sprechen von bis zu 1000 Toten.

Hitler zieht sich immer mehr zurück und geht nicht mehr nach draußen. Die Berichte über ihn sind widersprüchlich und genaue Aufzeichnungen seines Dieners liegen für diesen Zeitraum nicht vor. Prof. Morell notiert: *„Führer ist seit ungefähr zehn Tagen nicht mehr nach außen gekommen, nur zum Essen einmal pro Tag nach einem oberen Stockwerk, sonst stets im Bunker verblieben. Auch die große Lage wird seit längerer Zeit im Bunker abgehalten."* Mit dem *„oberen Stockwerk"* meint Prof. Morell wahrscheinlich das sogenannte *„Treppenzimmer"*. Direkt gegenüber der Tür zu Hitlers Arbeitszimmer in der Alten Reichskanzlei führen ein paar Stufen zu einem langen Gang, dem sogenannten Adjutantenflügel, von dem aus man in die Räume von Hitler gelangt. Das erste Zimmer ist das Treppenzimmer. Der Raum ist sehr hoch, es gibt nur ein Waschbecken mit darüber hängendem Spiegel, eine chintzbezogene Couch, einen Kleider- und einen Panzerschrank sowie einen Schreibmaschinentisch. Eine Stehlampe und ein achteckiger Tisch mit aus Stroh geflochtenen Stühlen runden die Einrichtung ab. Hitler fühlt sich dort immer sehr wohl. Das Teetrinken mit seinen Sekretärinnen ist ihm hier zur Gewohnheit geworden.

Zurück im Bunker kann Hitler den Zerstörungen in den Städten sogar noch etwas Positives abgewinnen: *„In Ruinen kann man sich besser festsetzen und verteidigen."* Um die Reichskanzlei ordnet er das Gießen von Betonschutzlöchern an, lässt Granatwerfer einbauen und Panzerfäuste im Garten lagern. Zusätzlich lässt er Mauern schleifen, um

Schussfelder für Panzerabwehrkanonen zu schaffen. Die Balustrade des Führerbalkons am Erweiterungsbau der Alten Reichskanzlei, von dem aus er sich in besseren Zeiten den auf dem Wilhelmplatz jubelnden Menschenmassen gezeigt hat, wird mit langen Holzbohlen erhöht, um Schutz gegen Granatsplitter und Beschuss zu erreichen. Prominente KZ-Häftlinge, wie die Familie Schuschnigg, Captain S. Payne Best, Generalleutnant Georg Thomas und andere, werden in das KZ Dachau gebracht, in Richtung der „Alpenfestung". Man braucht sie eventuell noch als Faustpfand. Der Bombenangriff auf Berlin-Mitte erfolgt an diesem Tag um 22:06 Uhr. Zehn Tage vor seinem letzten Geburtstag, am 10. April, schläft Hitler von 07:30 bis 14:00 Uhr. Eine halbe Stunde später erfolgt der letzte große Tagesangriff der USAAF auf Berlin, 1.232 Flugzeuge nehmen daran teil. Es ist die größte Anzahl jemals zugleich über Berlin eingesetzter Maschinen. Aus dem letzten Erdölgebiet Zisterdorf meldet Skorzeny am 10. April entrüstet in den Führerbunker, dass seinen Panzern der Sprit ausgeht, während Luftwaffeneinheiten *„Mädchen und Möbel"* auf Lastwagen laden. Er selbst hat veranlasst, dass *„drei Verräteroffiziere auf der Floritzdorfer Brücke gehängt werden"*. Während Essen und Hannover besetzt werden, befiehlt Hitler Saur, designierter Nachfolger Speers als Rüstungsminister, die Möglichkeit einer unabhängigen Rüstungsproduktion in den Alpen zu prüfen.

Die Lage am 11. April wird durch die Meldung bestimmt, dass US-Panzerspitzen bei Magdeburg die Elbe erreicht haben. Sie könnten weiter in Richtung Berlin vorstoßen. Das erwägen die Amerikaner auch, sie wollen entlang der Autobahn vorgehen. Zwischen ihnen und Berlin stehen jetzt nur noch einige Einheiten der Waffen-SS. Doch die Eroberung der Reichshauptstadt hat man Stalin überlassen – auch weil dieser immer betont, der Vorstoß nach Süden, in Richtung der „Alpenfestung" sei strategisch wichtiger. Eisenhower überschätzt nach der Ardennenschlacht die Truppenstärke der Wehrmacht. Weiter südlich wird Coburg, die erste nationalsozialistisch regierte Stadt Deutschlands, von der U.S. Army eingenommen, die weiter in Richtung Bamberg und Bayreuth vorstößt. Coburg war zuvor zum *„Eckpfeiler der Mainfront"* erklärt worden und sollte laut Führerbefehl *„bis zum letzten Mann"* verteidigt werden. Mutige Männer haben die Stadt vor der sinnlosen Zerstörung übergeben. In der Burg, der Veste Coburg, sitzt der Präsident des Deutschen Roten Kreuzes, NSKK-Obergruppenführer Carl Eduard Herzog von Sachsen-Coburg und Gotha. Er ist der herausragende Unterstützer Hitlers aus dem europäischen Hochadel gewesen, manche bezeichnen ihn sogar als Freund Hitlers. Beim Verhör durch die Amerikaner erklärt er, die Idee des Nationalsozialismus sei *„wundervoll"*. Auf die Grausamkeiten in den KZ angesprochen meint er lapidar: *„Ja, dafür bin ich nicht verantwortlich. Ich bin ja nur ein kleiner* [!] *Mann."* Sein Verhalten ist typisch für die Funktionäre der NSDAP, die angesichts der Strafverfolgung ihre Täterschaft leugnen oder relativieren.

In dem auf dem Ettersberg bei Weimar gelegenen KZ Buchenwald sind an diesem Tag 21.000 Menschen sich selbst überlassen, die Masse der SS-Wachmannschaften hat sich abgesetzt, 76 SS-Leute konnten gefangen genommen werden. Die Meldung hat den Führerbunker jedoch noch nicht erreicht. Generell stellt sich dort aufgrund des Vormarsches der Alliierten zunehmend das Problem, wie man mit den Konzentrationslagern und deren Insassen umgehen soll. Göring rät, sie intakt und unter Bewachung den westlichen Alliierten zu übergeben. Sein Argument: Dadurch wird verhindert, dass *„Horden von Häftlingen das Land durchstreifen und über die Bevölkerung herfallen"*. Hitler antwortet zunächst nicht und weist nach der Lagebesprechung, ganz zwanglos halb auf der Kante des Kartentisches sitzend, den Vertreter des Reichsführer SS an, dafür zu sorgen, dass alle Insassen der Lager *„vor Eintreffen der feindlichen Truppen liquidiert oder evakuiert"* werden. Das Schicksal der Berliner Bevölkerung ist ihm ebenfalls egal, noch leben über drei Millionen Einwohner in der Stadt. Als er auf einer Besprechung auf das wachsende Ernährungsproblem dieser Menschen angesprochen wird, ist er über diese Frage erstaunt und erklärt: *„Kinder dieses Alters sind nicht mehr in Berlin."* Damit ist die Diskussion beendet. Die RAF bombardiert um 22:19 Uhr mit 104 Flugzeugen die Stadtteile Mitte, Prenzlauer Berg, Kreuzberg und Lichtenberg.

In Norddeutschland beginnt an diesem Tag ein weiteres, unglaubliches Kriegsverbrechen. Der 19-jährige Gefreite und Fallschirmjäger Willy Herold ist von seinen Kameraden getrennt worden und findet eine Kiste mit einer Hauptmannsuniform. Er zieht sie an, sammelte ein Dutzend ebenfalls versprengter Soldaten um sich und trifft mit seiner kleinen Truppe an diesem 11. April im Strafgefangenenlager Aschendorfermoor (heute Stadt Papenburg) nahe der niederländischen Grenze ein. Dort übernimmt er mit den Worten *„Der Führer persönlich hat mir unbeschränkte Vollmachten erteilt"* das Kommando und errichtet sofort ein Schreckensregiment. Wenige Tage später sind 172 Häftlinge tot, erschossen mit einem Flakgeschütz, zerfetzt von Handgranaten und verscharrt in Massengräbern, die sie selbst ausheben müssen, einige ermordet er eigenhändig. Der *„Henker vom Emsland"* genannte Herold wird später enttarnt, von der Wehrmachtsjustiz aber nicht verfolgt. Herold ist das traurige Musterbeispiel dafür, wie der Krieg Menschen verderben kann. In diesen Zeiten gelingt mithilfe einer Uniform und eines angeblichen Führerbefehls unkompliziert und binnen kurzem der Massenmord. Seine Motive sind unklar. Ist er ein Sadist oder hat er bei der Schlacht um das Kloster Montecassino einen psychischen Schaden erlitten? Herold wird nach dem Krieg hingerichtet.

Während die U.S. Army am 12. April Erfurt und Weimar besetzt und versucht, bei Schönebeck die Elbe zu überqueren, setzt an der Oder sowjetisches Störfeuer mit Artillerie ein. Krebs teilt Heinrici telefonisch mit, daraus *„schließt der Führer instinktiv, dass der Angriffstermin in ein bis zwei Tagen, also am 13. oder 14. sein wird"*. Ungeachtet dessen wird im Hof der Reichskanzlei eine Ausstellung der neuestens Waffenmodelle vorbereitet für die übliche Inspektion an Hitlers Geburtstag. Hitler verleiht Gauleiter Hanke für seinen persönlichen Einsatz bei der Verteidigung Breslaus das Goldene Kreuz des Deutschen Ordens, die höchste Auszeichnung des NS-Staates. In der Lagebesprechung fährt er unvermittelt Generalleutnant Gerhard Engel an: *„Ihr Generale habt mir seit 1934 widersprochen, aber ich habe schließlich immer recht behalten."* In Berlin geben die Berliner Philharmoniker ihr letztes Konzert, passenderweise am Ende das Finale aus Richard Wagners „Götterdämmerung". Das OKW gibt einen Befehl heraus, dass jede Stadt *„bis zum letzten Mann zu verteidigen"* sei. Auf Nichtbefolgung steht die Todesstrafe. Abends hat Hitler eine lange Besprechung mit Kesselring. Der berichtet nach dem Krieg seinen Eindruck: *„Hitler hatte eine optimistische Auffassung. Inwieweit er dabei schauspielerte* ist schwer zu ergründen. Rückblickend möchte ich sagen, dass er von der Idee irgendeiner Rettungsmöglichkeit geradezu besessen war, dass er sich daran klammerte wie ein Ertrinkender an einen Strohhalm."

Dann trifft, kurz nachdem sie durch US-Medien verbreitet worden ist, eine Nachricht im Bunker ein, die einschlägt wie eine Bombe: Franklin D. Roosevelt, 32. Präsident der Vereinigten Staaten von Amerika, ist im Alter von 63 Jahren an einer Hirnblutung in Warm Springs (Georgia/USA) gestorben. Der Stenograf Gerhard Herrgesell berichtet, dass es nach der nächtlichen Lagebesprechung war:

„Mit mir war noch ein anderer Stenograf anwesend, Dr. Hagen oder Dr. Buchholz. Es waren immer zwei Stenografen da. Hitler war noch mit uns im Lageraum. Plötzlich kam Heinz Lorenz, ein Mitarbeiter vom Reichsleiter Dr. Dietrich, ungestüm durch die Tür. Herr Lorenz sagte laut: ‚Mein Führer, Roosevelt ist tot'. Hitler, der schon eine Weile still und nachdenklich über eine Karte gebeugt dagesessen hatte, wurde plötzlich – wie soll ich sagen – man kann nur sagen: wild. Er sprang auf, mit großer Freude ging er einige Schritte und sagte dann: ‚Ich habe es immer gesagt, ich hatte so eine Ahnung.' Es berührte mich damals unangenehm, dass ein Staatsmann so die Fassung verlieren und in einer direkt kindlichen Freude aufspringen kann."

Roosevelt, für Hitler der *„Auserwählte des Weltjudentums"*, der die USA jüdischen Interessen unterstellt hat, ist tot. Die Vorsehung hat Hitlers Bitten wieder einmal erhört. Für die USA kann es nun keinen Grund mehr geben, den Krieg fortzusetzen. Goebbels erfährt die Nachricht auch, ruft Hitler an und gratuliert ihm, denn das Schicksal habe seinen größten Feind niedergestreckt. Gott habe sie nicht vergessen, sagte er pathetisch, um anschließend mit ekstatisch verklärter Stimme von einem *„Wunder"* zu sprechen. Er denkt sofort an das von ihm für Hitler in Auftrag gegebene Horoskop: *„Es steht ja schon in den Sternen, dass die zweite Aprilhälfte die große Wende bringt!"* Goebbels meint, dass jetzt *„die widernatürliche Koalition der Feinde Deutschlands zerbrechen"* wird, analog den Vorgängen nach dem Tod der Zarin Elisabeth im Siebenjährigen Krieg. Für ihn ist klar: *„Die Geschichte ist dabei, sich zu wiederholen!"* Hitler hat zwar erst am 13. Februar geäußert, seiner Meinung nach wiederholt sich die Geschichte nicht, aber in diesem Falle war das ja eine positive Meldung. Das Beispiel seines Vorbildes Friedrich des Großen vor Augen, schöpft Hitler sofort wieder Hoffnung auf einen glücklichen Ausgang des Krieges. Wie der auf Selbstmord gestimmte Friedrich im Jahre 1762 in Breslau nur noch auf das Eingreifen der Türken wartet, bis die Nachricht vom Tode der Zarin eintraf, so wartet Hitler im Jahre 1945 auf die Geisterarmee des Generals Wenck, ein Konglomerat aus Ersatzeinheiten zusammengewürfelter Truppen aus etwa 50.000 Soldaten, die nur schwach bewaffnet sind.

Nach dem Tode Roosevelts hoffen die beiden potenziellen Selbstmordkandidaten Hitler und Goebbels nun allen Ernstes, hier sei es nun: Das auch ihnen zustehende *„Mirakel des Hauses Brandenburg"*, die Rettung in letzter Sekunde durch den Tod eines großen Kriegsgegners. Nun ist der Zufall, der die Änderung des Laufes der Geschichte herbeiführen sollte, tatsächlich eingetreten. Hitler hat immer betont, dass Deutschland nur so lange wie möglich durchhalten muss, damit er beim Bruch der Koalition des Feindes wieder in die Verhandlungsposition gerät. Der völlig euphorische Hitler empfängt Speer mit dieser Meldung in der Hand: *„Hier, lesen Sie! Hier! Sie wollten es nie glauben. Hier! Hier haben wir das große Wunder, das ich immer vorhergesagt habe. Wer hat nun Recht? Der Krieg ist nicht verloren. Lesen Sie! Roosevelt ist tot!"* „Wie besessen", so bezeugt Albert Speer, habe Hitler immerzu gestammelt: *„Hier haben wir das große Wunder, das ich immer vorhergesagt habe, der Krieg ist nicht verloren."* Diese Schilderung kann zweifelhaft sein, da Speer nach dem Krieg vieles erfand und in manchen Fällen bewusst log. Hitlers Adjutant von Below erinnert sich im Gegensatz dazu, dass Hitler die Nachricht nüchtern und ohne großen Optimismus aufgenommen hat: *„Aber er schloss doch nicht aus, dass dieser Tod politische Folgen für uns haben könnte."* So oder so, zwanzig Tage später sind Hitler und Goebbels auch tot.

Es ist kein Zufall, dass ein Gemälde Friedrich des Großen über Hitlers kleinem Schreibtisch im Arbeitszimmer des Führerbunkers hängt. Das Gemälde hat er auf seinen Reisen und in seinen Hauptquartieren stets mitgeführt. Rein optisch, schon hinfällig, gebeugt und oft unkonzentriert, scheint er zunehmend mit Friedrich zu verschmelzen. Das Gemälde dient dem greisenhaft wirkenden Hitler zum stummen Zwiegespräch, was er offen zugibt: *„Vor diesem Bilde hole ich mir immer neue Kraft, wenn die schlechten Nachrichten mich niederzudrücken drohen."* Die Stimmung wird schon am 13. April wieder gedämpft. Nach schweren Kämpfen, die Sowjets unter Marschall Fjodor Iwanowitsch Tolbuchin haben drei Armeen mit fast einer halben Million Soldaten aufgeboten, fällt Wien. Die deutschen Verteidiger haben keine Chance, das Kräfteverhältnis liegt bei eins zu zehn. Die Wehrmacht hat 20.000 Tote zu verzeichnen, 130.000 wandern in die Kriegsgefangenschaft.

Joachim Albrecht Eggeling, Gauleiter von Halle-Merseburg, spricht angesichts der feindlichen Übermacht persönlich mit Hitler über die Sinnlosigkeit der Verteidigung von Halle/Saale. Hitler befiehlt, die Stadt *„bis zum letzten Mann"* zu verteidigen und schickt Eggeling zurück nach Halle. Sein Stellvertreter Georg Tesche schickt ein Telegramm in die Reichskanzlei und schlägt vor, dem *„Parteigenossen Eggeling soll befohlen werden, sich abzusetzen"*, da er nicht mehr kampfbereit sei. Hitler reagiert auf diese *„Zumutung"* umgehend: *„Wegen der feigen Gesinnung, die durch Ihren heutigen Anruf nachgewiesen wird, degradiere ich Sie und stoße Sie wegen Feigheit vor dem Feind aus der Nationalsozialistischen Deutschen Arbeiterpartei aus. Nur durch äußerste Bewährung im sofortigen Fronteinsatz können Sie Ihre Ehre wiedergewinnen. Adolf Hitler."* Eggeling weiß, was das bedeutet und erschießt sich zwei Tage später in der Moritzburg in Halle. In Gardelegen ereignet sich eines der zahlreichen Endphaseverbrechen. In der einen Kilometer nordöstlich der Stadt gelegenen Isenschnibber Feldscheune werden 1.016 KZ-Häftlinge mit Maschinengewehren, Handgranaten, Panzerfäusten, Signalmunition und Phosphorgranaten ermordet.

Bei der Lagebesprechung wird Hitler gemeldet, dass Weimar, einer seiner Lieblingsorte, und Jena besetzt worden sind. Hitler fragt sofort: *„Was ist aus dem KZ Buchenwald geworden?"* Keiner kann die Frage beantworten. Hitler fragt barsch nach dem Verbindungsoffizier zur SS: *„Wo ist Fegelein?"* Auch der kann nicht gefunden werden. Schließlich telefoniert er mit Himmler und fragt nach den Gefangenen. Als er erfährt, dass einige „*aus technischen Gründen*" nicht mehr abtransportiert worden sind, wird er blass. Mit überschnappender Stimme schreit er in den Hörer: „*Was? Nicht abtransportiert? Technisch unmöglich? Warum sind sie nicht rechtzeitig liquidiert worden? Die werden sich doch jetzt voller Lust auf die Nationalsozialisten stürzen!*" In einem leiseren, aber scharfen Ton ermahnt er den Reichsführer-SS: „*Himmler, sorgen Sie dafür, dass Ihre Leute nicht sentimental werden! Von Ihnen habe ich mehr erwartet!*" Dann knallt er den Hörer auf die Gabel und verlässt den Raum. Er geht zu einer Sekretärin und diktiert seinen letzten Tagesbefehl („*Proklamation für den Fall des russischen Großangriffes*") an die Soldaten der Ostfront. Dieser soll der Truppe verlesen werden, wenn der Angriff beginnt:

„*Zum letzten Mal ist der jüdisch-bolschewistische Todfeind mit seiner Masse zum Angriff angetreten. Er versucht, Deutschland zu zertrümmern und unser Volk auszurotten. Ihr Soldaten aus dem Osten wisst zu einem hohen Teil bereits selbst, welches Schicksal vor allem den deutschen Frauen, Mädchen und Kindern droht. Während die alten Männer und Kinder ermordet werden, werden Frauen und Mädchen zu Kasernenhuren erniedrigt. Der Rest marschiert nach Sibirien. Wir haben die Stunde vorausgesehen und es ist seit Januar dieses Jahres alles geschehen, um eine starke Front aufzubauen. Eine gewaltige Artillerie empfängt den Feind. Die Ausfälle unserer Infanterie sind durch zahllose neue Einheiten ergänzt. (...) Der Bolschewist wird dieses Mal das alte Schicksal Asiens erleben, d.h. er muss und wird vor der Hauptstadt des Deutschen Reiches bluten. Wer in diesem Augenblick seine Pflicht nicht erfüllt, handelt als Verräter an unserem Volk. Das Regiment oder die Division, die ihre Stellung verlassen, benehmen sich so schimpflich, dass sie sich vor den Frauen und Kindern, die in unseren Städten dem Bombenterror standhalten, werden schämen müssen. (...) Achtet vor allem auf die verräterischen wenigen Offiziere und Soldaten, die, um ihr erbärmliches Leben zu sichern, im russischen Solde, vielleicht sogar in deutschen Uniformen, gegen uns kämpfen werden. Wer euch Befehl zum Rückzug gibt, ohne dass ihr ihn genau kennt, ist sofort festzunehmen und nötigenfalls augenblicklich umzulegen, ganz gleich welchen Rang er besitzt.*"

Abschließend beteuert er: „*Berlin bleibt deutsch! Wien wird wieder deutsch und Europa wird niemals russisch! (...) Im Augenblick, in dem das Schicksal den größten Kriegsverbrecher aller Zeiten dieser Erde weggenommen hat, wird sich die Wende dieses Krieges entscheiden.*" Er scheint aber selbst nicht so recht an seine Worte zu glauben, denn am Abend erteilt er von Ribbentrop die Erlaubnis zur Abreise des Diplomatischen Korps nach Süddeutschland.

Nach dem Rüffel durch Hitler weist Himmler am 14. April die KZ-Kommandanten an, dass kein Häftling lebend in die Hände des Feindes fallen darf. Nach den Verhandlungen mit dem schwedischen Diplomaten Graf Folke Bernadotte revidiert Himmler diesen Befehl jedoch eigenmächtig. An der Ostfront führen die Sowjets vereinzelte Angriffe durch, von 200 ihrer eingesetzten Panzern wird die Hälfte abgeschossen. Hitler lässt seine Schwester Paula von zwei SS-Männern nach Berchtesgaden in Sicherheit bringen. Nachts wird Potsdam durch einen schweren, militärisch nutzlosen Luftangriff fast völlig zerstört. 512 britische Flugzeuge, schwer beladene Lancaster-Bomber, werfen 1.700 Tonnen Sprengstoff ab, es gibt 1.593 Tote und etwa 60.000 Obdachlose.

Hitler verlässt den Bunker nun kaum noch, auch nicht mehr zum Essen. Seine Diätköchin Constanze Manziarly betreibt im Vorbunker eine Küche und eine kleine Kantine. In den letzten Tagen sterben zunehmend mehr Menschen in der unmittelbaren Umgebung und im Lazarett der Reichskanzlei. Amputierte Arme und Beine werden, wie die Toten (bis Kriegsende etwa 70 bis 80 Personen), einfach im Garten vergraben. Einige, durch Bombenangriffe und Artilleriebeschuss ums Leben Gekommene, werden rund um die Reichskanzlei verbrannt. Die Überreste werden wahllos in Bomben- oder Granattrichter geworfen, da Hitler bei seinen kurzen Aufenthalten im Garten keine Leichen herumliegen sehen möchte. Der 15. April ist ein herrlicher sonniger Tag. Hitler geht mit Hans Baur im Garten spazieren und erteilt weitere Anweisungen zur Verteidigung des Areals. Ihm stehen zur Flucht die letzten acht viermotorigen Condor-Flugzeuge zur Verfügung, die auf dem Flugplatz Gatow am westlichen Stadtrand stationiert sind. Auf der Ost-West-Achse, zwischen dem Brandenburger Tor und der Siegessäule (heute Straße des 17. Juni), lässt er eine provisorische Landebahn anlegen.

Bayreuth, ein weiterer Lieblingsort Hitlers, wird durch die 3. US-Armee besetzt. Zeitgleich befreien britische Truppen das KZ Bergen-Belsen im Kreis Celle, es wird kampflos übergeben. Den Briten bietet sich ein grauenhaftes Bild, denn das Lager ist völlig überbelegt. Etwa 50.000 Menschen sind bereits zu Tode gekommen. Durch Unterernährung und Krankheit werden noch weitere 14.000 Insassen sterben.

An diesem 15. April trifft Eva Braun endgültig in Berlin ein und zieht zu Hitler in den Führerbunker. Auf die drohende Spaltung Deutschlands antwortet Hitler mit seinem letzten Führerbefehl. Er erlässt die Weisung Nr. 74: *„Führerbefehl die Befehlsgliederung im getrennten deutschen Nord- und Südraum betreffend"*. Für den Fall, dass er persönlich sich südlich der *„unterbrochenen Verbindung"* befindet, wird als Oberbefehlshaber für den nördlichen Teil Großadmiral Karl Dönitz bestimmt. Sollte sich Hitler im nördlichen Raum aufhalten, wird für den Süden Generalfeldmarschall Albert Kesselring bestimmt. Unter allen Umständen will er die Befehlsgewalt niemals aus der Hand geben: *„Die Tätigkeit des Oberbefehlshabers eines abgetrennten Raumes beginnt erst auf meinen besonderen Befehl (...)."* Über Bormann lässt er zusätzlich über ein Rundschreiben an die Gauleiter mitteilen: *„Der Führer erwartet, dass Sie in Ihren Gauen jede Lage meistern, wenn notwendig, blitzschnell mit äußerster Härte."* Es ist seine alte illusorische Vorstellung, dass alles nur vom eigenen Willen abhängt.

Während im Gefängnis Plötzensee durch Johann Reichhart die letzten Hinrichtungen – insgesamt richtet der Henker 3.010 Personen hin – durchgeführt werden, stellt Prof. Morell endlich Hitlers Zittern als *„Abart einer Schüttellähmung"* fest. Die Diagnose ist zutreffend, Hitler leidet an Parkinson. Er hat die eindeutigen Symptome im fortgeschrittenen Stadium: Steifheit in Muskulatur und Gelenken, Ruhetremor (Zittern der Hände im entspannten Zustand) und vermehrten Speichelfluss. Prof. Morell gibt seinem Patienten als Versuch der vorübergehenden Beeinflussung Harmin s.c. und Homburg 680. Dann erfährt Hitler durch das Verhör eines russischen Gefangenen (vor dem Angriff gibt es einen sprunghaften Anstieg sowjetischer Deserteure), dass der sowjetische Großangriff am nächsten Morgen beginnt. Sofort befiehlt er Busse, die 9. Armee auf die zweite

Großkampf-Hauptkampflinie zurückzuziehen. Um Mitternacht wird Hitler eine Bitte von Heinrici vorgetragen. Der Generaloberst will seinen Heeresgruppengefechtsstand verlegen – und zwar an einen Ort, den Hitler erst nach langem Suchen auf der Karte westlich von Berlin findet, damit also hinter seinem eigenen Hauptquartier! Heinrici hat den Entschluss gefasst, im Falle des Zusammenbruches der Oderfront Berlin dem Feind zu überlassen – ohne Kampf und ohne Rücksicht auf die 2,5 bis 3 Millionen Zivilisten in der Stadt. Hitler ist fassungslos. Ein Teil seiner Wut trifft unvermittelt den ehemaligen Inspekteur des Luftschutzes, Ministerialdirigent Dr. Ing. Kurt Knipfer. Dieser hatte einmal vom *„Gefreiten Hitler"* gesprochen, was ihm zu Ohren gekommen ist. Nun verlangt er nach ihm, obwohl Dr. Knipfer bereits vor fünf Monaten entlassen wurde: *„Wo ist das Schwein von Knipfer?"* Er befiehlt, dass ein Flugzeug nach ihm geschickt wird und er in die „Dirlewanger Brigade" kommt – eine SS-Sondereinheit, in der die Überlebensquote relativ niedrig ist.

Es ist Montag, der 16. April. Dieser Tag wird die letzte Phase der Schlacht um Berlin einleiten. Die Lagebesprechung endet erst gegen 03:30 Uhr, dann zieht sich Hitler mit seinen Sekretärinnen zum Tee zurück. Um 03:00 Uhr Mitteleuropäischer Sommerzeit steigen an den Flüssen Oder und Neiße rote Leuchtkugeln gegen den Himmel. Die Rote Armee eröffnet ihre Großoffensive. Die letzte große Schlacht des Zweiten Weltkrieges, die Schlacht um Berlin, beginnt. Ziel ist, Berlin am 22. April, Lenins Geburtstag, zu erobern. Unter den sowjetischen Befehlshabern Georgi Schukow, Iwan Konew und Nikolai Bersarin greifen 2,5 Millionen Soldaten mit 6.150 Panzern und 7.500 Flugzeugen die deutschen Stellungen an. Stalin bietet damit für die Eroberung der deutschen Hauptstadt mehr Panzer und Flugzeuge auf als Deutschland am Beginn des Feldzuges gegen die gesamte Sowjetunion und dies, obwohl die deutschen, schlecht ausgerüsteten, sich teilweise seit Jahren im Kampf befindlichen Verteidiger dem nur rund eine Million Soldaten, 1.500 Panzer und 3.300 Flugzeuge – von denen die meisten wegen Mangels an Treibstoff und Piloten erst gar nicht starten können – entgegensetzen können. Die Sowjets beginnen den Angriff mit dem stärksten Artilleriefeuer der Kriegsgeschichte; statistisch kommt entlang der Oderfront auf fünf Meter ein Geschütz. 23.000 Artilleriegeschütze und Raketenwerfer konzentrieren ihr Feuer auf vier Kilometer Frontlinie der Seelower Höhen und verschießen am ersten Tag 1.236.000 Granaten. Hier stehen eine Million Rotarmisten 120.000 Deutschen gegenüber. Die Höhen bilden das letzte natürlich Hindernis vor Berlin. Der Beschuss ist jedoch weitgehend wirkungslos, da gemäß Befehl Hitlers die vorderen Stellungen im Bereich des Hauptangriffs auf die Seelower Höhen zurückgenommen worden sind. Die sowjetischen Soldaten werden durch ihren Wunsch nach Rache und die Anfeuerungsrufe ihrer Kommandeure angetrieben: *„Für alles Blut und Leid unseres Volkes – Feuer! Auf den Wahnsinnigen Hitler – Feuer!"*

Nach diesem gewaltigen, mehrstündigen Trommelfeuer beginnt der Vormarsch. Um 06:30 Uhr versucht die Rote Armee mit 143 großen Scheinwerfern die deutschen Verteidiger zu blenden. Diese Maßnahme ist kontraproduktiv, da der Rauch des Schlachtfeldes das Licht auf die sowjetischen Angreifer reflektiert. Dann überqueren sie beiderseits Frankfurt/Oder den Fluss. Zeitgleich greifen 2.000 Flugzeuge mit Bomben und Bordwaffen an. 60 deutsche Selbstmordpiloten versuchen mit Sprengstoff die noch intakten Brücken zu zerstören, mit nur mäßigem Erfolg. Um 05:00 Uhr meldet Burgdorf an Hitler *„Mein Führer! Eben ist ein Anruf von Krebs eingegangen. Um vier Uhr morgens hat die Offensive der Russen an der Oder begonnen."* Hitler zuckt zusammen und fragt mit gepresster Stimme: *„Wo?"* Seine Hände umklammern eine Sessellehne, er bemüht sich seine Aufregung zu verbergen. Doch in seinem Gesicht zuckt es krampfhaft, er beißt sich auf die Lippen, bei ihm ein typisches Zeichen höchster Anspannung. Er fragt nach der Uhrzeit und verlangt umgehend neue Einzelheiten. Er legt sich hin, schläft aber nicht, sondern läutet regelmäßig bei Linge um nachzufragen, ob es Neuigkeiten gebe.

In der Lagebesprechung um 14:30 Uhr steht für Hitler fest: *„Wir müssen die ersten Attacken der Russen aufhalten, koste es, was es wolle! Wenn die Front in Bewegung kommt, ist alles verloren!"* Generaloberst Heinrici sieht es als notwendig an, westlich von Küstrin zurückzugehen, um eine Erweiterung des Durchbruchs zu verhindern. Solche Vorschläge will Hitler erst gar nicht hören, auch wenn sie militärstrategisch sinnvoll sind. Seine Augen quellen aus den Höhlen, die Adern auf seiner Stirn treten hervor: *„Nein! Wir gehen keinen Meter zurück! Wenn wir uns an der Oder nicht halten, wo dann? Den Durchbruch bei Küstrin sofort liquidieren! Geben Sie diesen Befehl unverzüglich durch!"* Er schimpft über Heinrici, der seinen Befehlsstand zurückverlegen will: *„Wenn es noch einmal jemand wagt, wer es auch sei, um die Verlegung seines Befehlsstandes nach rückwärts zu bitten oder zurückzuweichen, dann lasse ich ihn auf der Stelle erschießen!"* Trotz der gewaltigen sowjetischen Übermacht hält Weidlings 56. Panzerkorps die Seelower Höhen in viertägigem erbitterten Kampf. Schukow ist über so viel Widerstand überrascht. Besonders wirkungsvoll ist der Einsatz des deutschen Maschinengewehrs 42. Die deutschen Soldaten geben der Waffe Spitznamen wie *„Hitlersäge"*, *„Knochensäge"* und *„Hitlersense"*. Diese Bezeichnung ergibt sich aufgrund der Ähnlichkeit zwischen der angewendeten Schusstechnik der MG-Schützen und der schwingenden Bewegung eines Bauern. Weiterhin kursiert in Anlehnung an die *„Stalinorgel"* der Begriff *„Hitlergeige"*. Herrscht Kampfpause, kommen auf beiden Seiten die Scharfschützen zum Einsatz. Von den Sowjets aus deutscher Haft befreite Kriegsgefangene werden von ihren Kameraden der Feigheit verdächtigt, da sie nicht im Kampf gefallen sind. Stalins Misstrauen gegen seine eigenen Landsleute ist enorm. Vielfach werden sie, obwohl sie jahrelang unter unmenschlichen Bedingungen in deutscher Gefangenschaft waren, festgenommen und nach Sibirien in die Verbannung geschickt.

In Berlin selbst, die Front ist nur noch 65 Kilometer entfernt, stehen 44.630 Soldaten und 42.531 Volkssturmmänner mit knapp 100 Panzern zur Verteidigung bereit: Diese werden vom Hauptquartier der Berliner Verteidigung am Hohenzollerndamm dirigiert. Dazu kommen 3.532, jedoch nur zur Hälfte mit Gewehren bewaffnete Hitlerjungen und das „Freikorps Adolf Hitler" aus Parteifunktionären und fanatischen Frauen, die mit dem Strick in der Hand gegen Deserteure vorgehen. Die Aktionen des Freikorps und der Partisanenorganisation „Werwolf" haben keine Bedeutung. Im Gegenteil, sie sind nicht für den Feind gefährlich, sondern für diejenigen Deutschen, die deren willkürlichen Racheakten zum Opfer fallen, wenn tatsächliche oder vermeintliche Anzeichen von Defätismus zu erkennen sind. Die Propaganda von einer flächendeckenden und schlagkräftigen Truppe ist ein Mythos, die allenfalls Unruhe stiften. So warnen die Alliierten ihre Soldaten vor dem Verzehr deutscher Lebensmittel, nachdem das Gerücht umgeht, der „Werwolf" vergiftet die Kaffeesorte Nescafé.

Beim Mittagessen fragt Christa Schroeder, ob sie alle in Berlin bleiben. Hitlers Antwort darauf lautet: *„Natürlich bleiben wir in Berlin. Sie brauchen keine Angst zu haben. Beruhigen Sie sich. Berlin bleibt deutsch, wir müssen nur Zeit gewinnen."* Diese Zeit fehlt ihm jedoch. Auch sein wiederholt geäußerter Hinweis, dass seit dem Jahre 1806 keine fremden Truppen mehr in Berlin einmarschiert seien, ist keine Garantie dafür, dass dies nicht im Jahre 1945 geschieht. Im Ruhrkessel kapitulieren die Bürgermeister von Duisburg, Essen, Solingen, Bochum und Mülheim an der Ruhr. Um Hamm und Dortmund dagegen wird heftigst gekämpft, diese Kämpfe gehen jedoch ihrem Ende entgegen. In Bayern dringt die U.S. Army in Nürnberg ein, der Stadt der Reichsparteitage. Seinen ehemaligen Begleitarzt SS-Gruppenführer Prof. Karl Brandt lässt Hitler an diesem Tag verhaften, weil dieser die Frauen seines Stabes, seine eigene Frau und seinen Sohn nach Bad Liebenstein geschickt hat, damit sie dort in die Gefangenschaft der U.S. Army gehen können. Er wird von Hitler persönlich zum Tode verurteilt. Eva Braun bezeichnet Brandts Verhalten als *„tolle Schweinerei"*. Himmler verzögert die Hinrichtung und so überlebt Brandt das Kriegsende. Am Abend haben die Sowjets bei Wriezen in Brandenburg einen acht Kilometer tiefen Einbruch erzielt, ansonsten wird die Front aber gehalten. Es herrscht der Glaube vor, man habe dem Feind eine schwere Niederlage zugefügt.

Um 23:52 Uhr wird der völlig mit Menschen überfüllte Frachter „Goya" auf der Rückfahrt von Hela nach Swinemünde vom sowjetischen Garde-U-Boot L-3 unter Kapitänleutnant Wladimir Konowalow mit vier Torpedos beschossen, von denen zwei treffen. Der erste Treffer verursacht einen Bruch des Kiels im Bereich des Vorschiffs, der zweite trifft mittschiffs. Da der Frachter über keine baulichen Sicherungsmaßnahmen verfügt, wie sie für Passagierschiffe üblich sind, sinkt er innerhalb von nur sieben Minuten in die drei Grad kalte Ostsee. Es gibt mehr als 7.000 Opfer, nur 183 Passagiere überleben. Hitler lässt sich derweil sein rechtes Auge mit Kokaintropfen behandeln. Der Kampf im Ruhrkessel ist zu Ende. Die letzten kämpfenden Truppen der Heeresgruppe B kapitulieren am 17. April. Etwa 325.000 deutsche Soldaten (darunter 30 Generale), die Reste von 21 Divisionen, gehen in amerikanische Kriegsgefangenschaft. Damit ist der stärkste deutsche Verband im Westen ausgeschaltet. Für Generalfeldmarschall Walter Model ist der Gedanke an Kapitulation unvorstellbar. Seinen unterstellten Kommandeuren hinterlässt er die Botschaft: *„Unter dem Druck der Kriegsereignisse zeigt sich, dass noch immer weite Kreise des deutschen Volkes und damit auch der Truppe vom jüdischen und demokratischen Gift der materialistischen Denkweise verseucht sind. Das Vorbild des Offiziers ist entscheidend, um den Sieg der nationalsozialistischen Idee zu erzwingen."* Er erschießt sich unter einer Gruppe Eichen im Spee'schen Wald bei Duisburg, zwischen Wedau und Lintorf.

Um zu verhindern, dass der Feind Cottbus erreicht, befiehlt Hitler, die Autobahnbrücken der Reichsautobahn Berlin-Breslau zu sprengen und jedes verfügbare Flugzeug einschließlich der Me 262 einzusetzen. In der Lagebesprechung mittags ist er noch zuversichtlich: *„Die Russen werden sich vor Berlin die blutigste Niederlage holen, die es überhaupt gibt."* Heinrici nennt er einen *„langsamen, unentschlossenen Pedanten, dem es am notwendigen Enthusiasmus mangelt."* An diesem Tag wird der Gefreite Matthäus Hetzenauer aus Tirol mit dem Ritterkreuz ausgezeichnet. Der Scharfschütze ist mit 345 bestätigten Treffern der erfolgreichste der Wehrmacht. Er hat in Summe *„zwei kampfkräftige feindliche Kompanien außer Gefecht gesetzt"* und dabei *„ohne Rücksicht auf eigenes oder feindliches Artilleriefeuer oder feindliche Angriffe"* gehandelt. Er liegt damit vor Ljudmila Pawlitschenko (309 Treffer) und Wassili Saizew (beide Rote Armee) mit 292 Treffern.

In der Nacht zum 18. April teilt SS-Gruppenführer Fegelein mit, dass man sich in den Geheimverhandlungen zwischen SS-Obergruppenführer Wolff und dem US-Spionagechef Allen Dulles in Bern auf einen Waffenstillstand an der italienischen Front geeinigt hat. Zur Sprache ist dabei auch die kampflose Übergabe der *„Alpenfestung"* gekommen. Um 03:00 Uhr morgens lässt Hitler Wolff kommen und sagt im Korridor zu ihm: *„Ach, Sie sind hier, Wolff. Gut. Warten Sie bitte, bis die Morgenlage vorbei ist."* Eine Stunde später gratuliert er ihm: *„Ich höre hier, dass es Ihrer Geschicklichkeit gelungen ist, zum ersten Mal einen offiziellen Kontakt zu höchsten amerikanischen Stellen herzustellen. (...) Ich bin Ihnen dankbar, dass es Ihnen gelungen ist, zum ersten Mal die Tür nach dem Westen und zu Amerika aufzubekommen. Die Bedingungen sind natürlich sehr schlecht."* Eine Kapitulation kommt für Hitler selbstverständlich nicht in Frage. Hitler verdeutlicht auch, welche Konsequenzen es hat, sollten diese Verhandlungen publik werden: *„Dann hätte ich sie genauso fallen lassen müssen wie Heß."* Diese Aussage, von Wolff nach dem Krieg geäußert, deutet darauf hin, dass Hitler vom Flug seines Stellvertreters Rudolf Heß im Jahre 1941 nach Schottland Bescheid wusste. Am Nachmittag reden die beiden nochmals miteinander und Hitler bestimmt: *„Verhandeln Sie zunächst dilatorisch weiter, versuchen Sie wesentlich bessere Bedingungen zu erreichen. Grüßen Sie mit besten Wünschen meinen Freund, den Duce und Vietinghoff* [Heinrich von Vietinghoff, Generaloberst, Oberbefehlshaber der Heeresgruppe C in Italien]*."* Eine andere Quelle gibt an, dass Hitler nur von einer Begegnung zwischen Wolff und Allen Dulles Kenntnis bekommen hat, die angeblich Fragen von Gefangenenaustausch gegolten habe.

Am Morgen treffen schlechte Nachrichten ein. Alarmierende Einbrüche der Roten Armee sind zu verzeichnen, obwohl unter schweren Opfern 424 Panzer an der Oder und 233 an der Neiße abgeschossen worden sind. Im Oderbruch toben chaotische Kämpfe, die oft gnadenlos im Nahkampf stattfinden. Die Gegend ist eine einzige Schädelstätte. Auf einen gefallenen Deutschen kommen drei gefallene Sowjets. Manchmal beschießt die Rote Armee ihre eigenen Truppen. Auf beiden Seiten herrscht ein psychologischer Druck und oft pure Angst ums Überleben. Selbstverstümmlungen, die dafür sorgen sollen, dass man in ein rückwärts gelegenes Lazarett verlegt wird, nehmen ebenfalls auf beiden Seiten zu. Vorausabteilungen der Roten Armee erleiden schwere Verluste, als sie auf der Straße von Dolgelin nach Friedersdorf (Hitler benutzt die Straße am 3. März) durch

"Tiger"-Panzer der SS-Panzerabteilung 502 beschossen werden. Wriezen und Bad Freienwalde gehen verloren und bei Guben wird die "Hardenbergstellung" durchbrochen. Sowjetische Panzer nähern sich Cottbus und der Spree bei Spremberg, Gegenangriffe sind erfolglos. Panzerspitzen der Roten Armee brechen bei Diedersdorf durch die deutsche Front und rollen auf der Reichsstraße 1 auf Müncheberg zu. Auf dieser Straße ist das Chaos am größten. Bei Rüdersdorf drängen sich Hunderte von Fahrzeugen, die versuchen, irgendwie nach Westen zu kommen. Zusammengeschossene Fahrzeuge blockieren den Weg, erschöpfte und ausgehungerte Soldaten brechen auf der Suche nach Essbarem in leer stehende Häuser ein. Es gilt das Recht des Stärkeren.

Linge erscheint: *"Mein Führer, darf ich gehorsamst an den Beginn der Lagebesprechung erinnern."* In dieser wird gemeldet, dass die U.S. Army Halle/Saale erreicht hat, Magdeburg gefallen ist und sie in Oberitalien in die Po-Ebene vorstößt. Amerikanische Truppen dringen auch in Leipzig ein. Der Oberbürgermeister von Leipzig, SS-Gruppenführer Alfred Freyberg, begeht im Neuen Rathaus Selbstmord. Im eigentlichen Amtszimmer Freybergs wird sein Stellvertreter, der Stadtkämmerer Kurt Lisso, mit seiner Ehefrau und seiner Tochter tot aufgefunden, alle drei haben sich vergiftet. Diese Szenerie wird in den Medien weit verbreitet. Freybergs Vorgänger Walter Dönicke bringt sich ebenfalls im Neuen Rathaus um. Bis zum 20. April, dem Tag der Kapitulation der Stadt, gibt es Kämpfe in Stadtteilen oder um einzelne wichtige Gebäudekomplexe, wie den Hauptbahnhof, das Rathaus oder das Völkerschlachtdenkmal. Zuvor hatten SS-Truppen Massaker an 300 Zwangsarbeitern verübt und im Hof des Leipziger Gefängnisses über 100 politische Häftlinge, die Mehrzahl aus Frankreich, hingerichtet. Gegen 17:00 Uhr äußert Hitler trocken: *"Ich will noch acht Wochen die Front halten und warten, bis die Sache zwischen Ost und West auseinanderbricht."* Es ist die alte Hoffnung auf ein Zerfallen der Feindkoalition. Stenograph Herrgesell fällt auf:

"Während dieser ganzen Zeit haben sich die Teilnehmer dieser Konferenz ständig verändert. Hitler selbst war im Allgemeinen beherrscht. Jedes Mal, wenn er wirklich anfing, wütend oder aufgeregt zu werden, hatte er sich schnell wieder unter Kontrolle. Sein Gesicht war jedoch rot und rot, und er ging fast ständig auf dem Boden herum und ging hin und her, manchmal schlug er mit der Faust in die Hand. Aber von allen Teilnehmern aller

^ *19. April 1945, Leipzig, Neues Rathaus: Die Leiche des Volkssturm-Bataillonsführers Walter Dönicke mit einem zerstörten Hitlerbild nach seinem Suizid. (130)*

Konferenzen war der Führer im Allgemeinen derjenige, der seine Nerven am besten unter Kontrolle hielt."

Dann gehen Hitler (mit Spazierstock) und Wolff von 17:10 bis 17:55 Uhr auf der Terrasse der Neuen Reichskanzlei auf und ab. Die Bombenangriffe haben aufgehört, dafür ist andauernder Geschützlärm zu hören. Hitler wiederholt: *„Zwischen Russen und Amerikaner kommt es zum Streit um die Zonengrenzen, ich werde dann mit meinen restlichen Divisionen als Zünglein an der Waage die Seite unterstützen, die am meisten bietet."* Es ist reines Wunschdenken. Die von Hitler vorhergesagten Differenzen zwischen West und Ost, die in den Kalten Krieg münden, werden erst nach seinem Tode entstehen. Als er in den Bunker zurückkehrt, erfährt er, dass sich die Seelower Höhen in sowjetischer Hand befinden. Sein Wutanfall trifft nicht den Feind, sondern seine eigene Generale: *„Sie sind untauglich, sind Verräter und Schurken! Wenn sie nicht einmal einen Fluss verteidigen können, dann ist das der positive Beweis dafür, dass sie überhaupt nicht verteidigen wollen. Jeder kann doch einen Fluss verteidigen!"* Zu Generaloberst Carl Hilpert, dem neuen Oberbefehlshaber der Heeresgruppe Kurland äußert er: *„Wenn das deutsche Volk den Krieg verliert, hat es sich meiner als nicht würdig erwiesen."* Dann erfährt er auch noch, dass Goebbels fünf völlig ungeeignete Volkssturmbataillone an die Oderfront geschickt hat. Die Folge ist ein weiterer Zornesausbruch.

Am 19. April um 05:00 Uhr wird die deutsche Front um Berlin an zwei Stellen durchbrochen. Erste sowjetische Panzerverbände stehen bei Oranienburg, 30 Kilometer nördlich von Berlin. Bis jetzt sind 12.000 deutsche und 70.000 sowjetische Soldaten gefallen. Stalin werden nur 33.000 Gefallene gemeldet, man fürchtet den Zorn des Diktators. 760 Panzer und Geschütze der Roten Armee sind vernichtet - viele, aber doch zu wenig. Die Luft im Kampfgebiet ist rauchgeschwängert, es riecht nach verbranntem Fleisch von verbranntem Vieh. Die Feldlazarette sind hoffnungsvoll überfüllt. Es werden nur noch die Verwundeten behandelt, bei denen Aussicht besteht, dass sie weiterkämpfen können. Überall im rückwärtigen Kampfgebiet hat die Feldgendarmerie Straßensperren errichtet und zwingt aufgegriffene Soldaten in schnell aufgestellte Notkompanien. Der Versuch der Heeresgruppe „Weichsel", die bedrängte 9. Armee aus dem Raum Frankfurt/Oder – Guben zurückzunehmen, wird von Hitler untersagt. Er befiehlt stattdessen General Weidling, sich mit den Resten seiner Verbände vom Feind zu lösen, um die Verteidigung Berlins zu unterstützen.

Unbeeindruckt von diesen militärischen Ereignissen leitet Axmann am Nachmittag im Reichssportfeld eine Feierstunde, in der Zehnjährige als Mitglieder des Jungvolks und der Jungmädel in die Hitlerjugend aufgenommen werden. In seiner Rede betont er, dass der Krieg gewonnen werden muss und *„dass die älteren Kameraden der Hitlerjugend in Verbänden aller Wehrmachtsteile als Soldaten und Volkssturmmänner, besonders als Panzerknacker, bereits im Einsatz sind"*. Ihr *„fanatischer Widerstandswille bezeugt das Bekenntnis der gesamten deutschen Jugend zum Führer, in unbeirrbarer Treue und Liebe an seiner Seite das schwere Ringen unseres Volkes bis zum Sieges durchzukämpfen"*. Abschließend erklärt er: *„Unsere Jungen und Mädel werden nie kapitulieren. In den Panzervernichtungseinheiten und Jagdkommandos treten sie entschlossen den feindlichen Pan-*

zermassen entgegen." Einer der Angesprochenen sitzt in der ersten Reihe: der 16-jährige Hitlerjunge Armin Lehmann, der mittlerweile in die Waffen-SS aufgenommen worden ist. Er hat trivialere Sorgen und fragte sich, ob denn die Vorschriften für HJ-Angehörige immer noch für ihn gelten. Diese besagen, dass er nicht rauchen, keine intimen Beziehungen zu Mädchen eingehen und keine Bordelle besuchen darf. Er ist längst zum Kettenraucher geworden und hat ein Verhältnis mit der 19-jährigen Krankenschwester Anne-Maria, die ihn im Lazarett gepflegt hat.

In der Nähe des Grenzlandhotels Herzogau bei Waldmünchen wird der Gauleiter der Bayerischen Ostmark, SS-Obergruppenführer Fritz Wächtler, wegen angeblich vorzeitigen Verlassens seiner Befehlsstelle in Bayreuth von einem SS-Kommando erschossen. Sein Stellvertreter hat ihn bei Hitler denunziert. Wächtler wollte zuvor Bayreuth als Lazarettstadt ausweisen, da er die Verteidigung für sinnlos hält. Während in Berlin der letzte britische Luftangriff des Krieges erfolgt, werden unter Bormanns Regie Reisevorbereitungen für die Fahrt zum Obersalzberg durchgeführt. Er hat bei Hitler erreicht, dass der Leiter des Kraftfahrzeugparks, Erich Kempka, eine Liste von Fahrzeugen (Personenkraftwagen, Lastwagen, Busse, geländegängige Autos und gepanzerte Begleitfahrzeuge) und eine Liste der zu befördernden Personen erstellen darf. Zur selben Zeit rüsten sich im Reichssportfeld, der Stätte der Olympischen Spiele, Hitlerjungen zur Verteidigung des Areals. Sie sollen bereit sein, sich für das Vaterland zu opfern.

Gegen 18:00 Uhr trifft die Meldung ein, dass die Rote Armee bei Müncheberg und Wriezen endgültig den Durchbruch durch die Oderfront geschafft und offenes Gelände erreicht hat.

Die Nachricht schlägt wie eine Bombe ein, die Front ist in Bewegung gekommen. Hitler leidet unter starken, stechenden Kopfschmerzen und klagt über *"Blutstau"* im Kopf. Prof. Morell soll einen Aderlass machen. Hitler setzt sich auf seine Bettkante, krempelt den linken Hemdärmel hoch und beklagt, dass er sehr wenig geschlafen habe und sich völlig zerschlagen fühle. Prof. Morell bindet den rechten Arm ab und führt die Kanüle in die Vene ein, es fließt jedoch kein Blut. Er muss eine stärkere Nadel nehmen, die er nur mit Mühe einführen kann. Linge hält ein großes Glas, in das das Blut dick hineinfließt und recht schnell gerinnt. Er kann sich die Bemerkung nicht verkneifen: *"Mein Führer, jetzt genügt es, Ihrem Blut etwas Fett zuzusetzen und wir können es als ‚Führerblutwurst' anbieten."* Nachts erzählt Hitler diesen Scherz seinen Sekretärinnen.

Goebbels spricht, wie üblich seit dem Jahre 1933, am Vorabend zu Hitlers Geburtstag über den Rundfunk. Er behauptet ernsthaft, dass die deutschen Soldaten dort, wo sie in Europa in Erscheinung treten, *"Wohlstand und Glück, Ruhe, Ordnung, gefestigte Verhältnisse, Arbeit in Hülle und Fülle und als Folge davon ein menschenwürdiges Leben"* gebracht haben. Hitler wird *"wahrhaft säkulare [!]"* Größe zugeschrieben. Er sei *"Deutschlands tapferstes Herz und unseres Volkes glühendster Wille"*, die *"Standfestigkeit selbst"* und wird *"seinen Weg bis zum Ende gehen. Wenn Deutschland heute noch lebt, wenn Europa und mit ihm das gesamte Abendland mit seiner Kultur und Zivilisation noch nicht ganz im Strudel des finsteren Abgrundes (…) versunken ist, sie haben es ihm allein zu verdanken. (…) Denn er wird der Mann dieses Jahrhunderts sein."* Das stimmt zwar, aber anders als von Goebbels gemeint. Die Pressemedien schreiben: *„Die Person des Führers erhebt sich heute klarer und reiner denn je als die eines Ritters ohne Furcht und Tadel inmitten einer Welt, die Gefahr läuft, von den plutokratischen und jüdisch-bolschewistischen Kriegsverbrechern in ein Chaos von Zerstörung, Hunger, Seuchen und Sklaverei gestürzt zu werden."*

Oberst Hans-Ulrich Rudel trifft im Führerbunker ein und steht gegen 23:00 Uhr Hitler gegenüber. Zweck der Zusammenkunft ist die Übernahme der Me 262 Staffeln. Hitler betont die Wichtigkeit dieser technischen Entwicklung, in der Deutschland einen großen Vorsprung besitzt, der nun bis zum Ende geführt werden muss, um noch die positive Wendung zu bringen. Dass kaum noch intakte Rollbahnen für die Flugzeuge zur Verfügung stehen, wird ignoriert. Allein auf dem Flugplatz von Oranienburg gibt es 250 Bombentrichter, deren Beseitigung Zeit und Ressourcen in Anspruch nehmen. Für Hitler ist das kein Argument, er hört gar nicht richtig zu: *„Ich befehle, dass jeder bombardierte Flugplatz über Nacht [!] wieder instandgesetzt wird."* Über das drohende Kriegsende äußert er laut Rudel:

„Sie haben leicht reden, seit 1943 versuche ich ununterbrochen Frieden zu schließen, aber die Alliierten wollen es nicht, sie fordern von Anfang an bedingungslose Kapitulation. Mein persönliches Schicksal spielt natürlich keine Rolle, aber dass ich bedingungslose Kapitulation für das deutsche Volk nicht annehmen konnte, wird jedem vernünftigen Menschen einleuchten. Auch jetzt schweben noch Verhandlungen, an deren Erfolg ich aber nicht mehr glaube. Darum müssen wir diese Krise auf jeden Fall überstehen, damit entscheidende Waffen uns noch den Sieg bringen können."

Bei dem herrschenden Treibstoffmangel würden auch neue Waffen nichts nutzen und von einer *„Krise"* kann angesichts des unwiderruflich verlorenen Krieges nun keine Rede mehr sein. Angeblich hat sich Hitler am Vorabend seines Geburtstages eine Diaschau präsentieren lassen. Grandiose Farbaufnahmen von Wandmalereien in Kirchen, Klöstern und Schlössern, die er angesichts drohender Zerstörung wohlweislich ab Sommer 1943 hat anfertigen lassen, führen ihm die Schönheit der deutschen Kulturgüter vor Augen, eine Schönheit, deren Zerstörung er selbst zu verantworten hat.

Freitag, 20. April

Es ist Hitlers letzter Geburtstag, er wird 56 Jahre alt. Um 00:00 Uhr versammeln sich im Vorraum Burgdorf, Fegelein, Schaub, Albrecht, Günsche, Hewel und Lorenz. Hitler lässt ausrichten, dass er keine Zeit habe, er spricht noch mit Oberst Rudel. Eva Braun bringt ihn dann doch dazu, widerwillig und mit einem erschlafften, ausdruckslosen Gesicht in den Vorraum zu gehen und kurze Glückwünsche entgegenzunehmen. Gegen 01:00 Uhr verabschiedet sich Oberst Rudel. Später kommen noch Hans Baur, der zweite Pilot Betz, Rattenhuber, Högl und Schädl. Hitler hält eine kurze Nachtlagebesprechung ab und zieht sich dann zum Tee zurück, diesmal ohne Sekretärinnen, nur allein mit Eva Braun. Dann legt er sich hin, kann aber nicht einschlafen. Die deutsche Bevölkerung, die noch Interesse am Kauf des Völkischen Beobachters hat, liest die Schlagzeile: *„Deutschland steht standhaft und treu zum Führer. Gebot der Pflicht am 56. Geburtstag Adolf Hitlers."* Zu seinem letzten Geburtstag kommen weniger als einhundert Gratulanten, die sich im Gästebuch der Neuen Reichskanzlei eintragen. Goebbels lässt auch in andere Zeitungen, die noch erscheinen, große Gratulationsartikel setzen: *„Der Führer ist Deutschlands tapferstes Herz. Wir stehen zu ihm in germanischer Gefolgschaftstreue – Sie können uns quälen, aber nicht demütigen und zerbrechen"* („Berliner Morgenpost"). Doch solche Botschaften hinterlassen keinen Eindruck mehr, denn die meisten sind mit sich selbst und ihrem Überleben beschäftigt. Die Hitler gegenüber skeptische Journalistin Ursula von Kardorff hält fest: *„Hitlers Geburtstag! Fragte mich bei der Rede von Goebbels, die ich mir zum ersten Mal freiwillig anhörte, ob dies schon Irrsinn oder einfach Raffinesse ist, ob er kaltblütig eine Doppelrolle spielt?"* Anlässlich des Geburtstags des Staatsoberhauptes werden nicht etwa, wie sonst üblich, Verurteilte begnadigt, sondern 28 zum Tode Verurteilte im Zuchthaus Brandenburg an der Havel hingerichtet. Die Soldaten am Flughafen Tempelhof erhalten zwei Tafeln Fliegerschokolade und eine Flasche Rotwein als Sonderration, die sie im Keller mit Stabshelferinnen leeren, mit denen sie sich auf den Feldbetten vergnügen.

Linge weckt Hitler bereits um 09:00 Uhr, sowjetische Truppen haben zwischen Guben und Forst (Lausitz) die Front durchbrochen und stoßen Richtung Cottbus vor. An den Seelower Höhen gibt es keine deutschen Soldaten mehr, die Front löst sich praktisch auf. Hitler kommt Linge im Nachthemd an der Schwelle seines Schlafzimmers entgegen und teilt ihm mit: *„Linge ich habe noch nicht geschlafen. Wecken sie mich eine Stunde später, um zwei Uhr mittags."* Nach dem zweiten Wecken erfolgt von Burgdorf die Meldung, die Russen haben die Front beiderseits Spremberg in der Niederlausitz durchbrochen. Hitler nimmt das zur Kenntnis, geht in den Korridor und spielt mit seinem Lieblingswelpen namens Wolf. Dann injiziert Prof. Morell Hitler Traubenzucker, anschließend isst er mit Eva Braun (sie trägt ein knöchellanges Seidenkleid), Johanna Wolf und Christa Schroeder zu Mittag. Die Mahlzeit wird schweigend eingenommen. Nach dem Essen gehen sie durch den Kannenberggang, sie müssen wegen eingedrungenen Wassers über Lattenroste steigen, zum Bunker unter der Neuen Reichskanzlei. Dort zeigt ihnen Hitler das Modell von Linz und das Haus, in dem er seine Jugend verbracht hat.

Die lautesten Glückwünsche kommen aus sowjetischen Geschützen. Ab 11:30 Uhr nehmen schwere Kaliber des 79. Schützenkorps der Dritten Stoßarmee das Berliner Regierungsviertel unter Feuer. Teilweise werden die Geburtstagswünsche mit Kreide auf die Granaten geschrieben. Nun warnen keine Sirenen mehr vor möglicherweise tödlichen Treffern, die Einschläge kommen ohne Vorwarnung. Die meisten Berliner verlassen die Luftschutzkeller oder Bunker nicht mehr und erwarten bedrückt das Brummen der Bomber und das Pfeifen der fallenden Bomben. Die massiven Betonklötze der öffentlichen Bunker sind drei- bis viermal stärker belegt als eigentlich vorgesehen. Lebensmittel gibt es kaum noch, auch die Hygiene ist stark eingeschränkt. Eine 17-jährige Berlinerin vermerkte in ihrem Kalender: *„Alarm! Wenig Wasser, kein Strom, bei Fliegerangriffen ertönen keine Sirenen mehr."* Eine gleichaltrige Schülerin hält fest: *„Wieder im Keller. Heute ist Führergeburtstag, aber keiner hat geflaggt, obwohl Goebbels in seiner Rede darauf hingewiesen hat."*

Sie glaubt zu wissen, warum: „*Die meisten Leute haben ihre Fahnen schon verbrannt, auch Parteiabzeichen und dergleichen weggeschmissen. Weil alle Angst vor den Russen haben.*" So geht es auch der 21-jährigen Friederike Grensemann. Die junge Frau aus Berlin-Wilmersdorf bekommt von ihrem Vater, der zum Volkssturm einberufen wurde, zum Abschied eine Pistole in die Hand gedrückt: „*Es ist aus, mein Kind, versprecke mir, dass du dich erschießt, wenn die Russen kommen, sonst habe ich keine ruhige Minute mehr.*"

Speer berichtet über Hitler in diesen Tagen: „*Seine Hautfarbe war fahl, sein Gesicht aufgedunsen, seine Uniform, sonst tadellos sauber gehalten, war in dieser letzten Zeit seines Lebens oft verwahrlost und von den Mahlzeiten beschmutzt, die er mit zitternder Hand eingenommen hatte.*" Es ist eine typische Legende Speers. Rochus Misch äußert dagegen: „*Hitler war höchst selten etwas anzumerken. Die Disziplin, die er dabei an den Tag legte, wollte er weiterhin aufrechterhalten.*" Auch Otto Günsche sagt nach dem Krieg aus: „*Ich habe ihn in der ganzen Zeit im Bunker nicht irgendwie gesehen, dass er sich hat gehenlassen, dass er unrasiert war, dass er schlecht angezogen gewesen wäre. Wenn er draußen war, war er immer genauso wie sonst: ruhig, sauber, rasiert und nicht etwa in einer Panikstimmung – gar nicht daran zu denken. Er sprach sehr klar mit nüchternen Abwägung.*" Panik herrscht zwischen Zossen und Berlin-Wannsee. Dort bombardieren Kampfflugzeuge der deutschen Luftwaffe eine Wagenkolonne, jedoch nicht – wie vermutet – die Angriffsspitze der Roten Armee, sondern den flüchtenden Wehrmachtführungsstab, also die zentrale Abteilung des eigenen Oberkommandos der Wehrmacht (OKW).

Die Situation im Führerbunker ist vollends gespenstisch geworden. Traudl Junge notiert: „*Die ersten russischen Panzer standen vor Berlin. Der Donner der Infanteriegeschütze drang bis in das Gebiet der Reichskanzlei. Der Führer empfing die Glückwünsche seiner Getreuen.*" Tatsächlich sind alle führenden Repräsentanten des NS-Regimes in den vergleichsweise kleinen Bunker gekommen. Der Bunker war nie als Befehlszentrale vorgesehen und erweckt nach Ende der Lagebesprechungen den Eindruck eines „*toten Betonsarges*" (Rochus Misch). Der größte Raum hat nicht einmal 25 Quadratmeter Nutzfläche. Es erscheinen Göring, Himmler, Speer, Saur, Ley, Goebbels, Rosenberg, Axmann (ab jetzt regelmäßiger Lageteilnehmer), Kaltenbrunner und von Ribbentrop. Die Wehrmachtsspitze findet sich komplett ein: Keitel, Jodl, Dönitz, Burgdorf und Krebs. Prof. Morell und Bormann sind sowieso immer da, wo sich ihr Führer aufhält. Saur hat das Modell eines 35-Zentimeter-Munitionswerfers mitgebracht. Hitler spricht gegenüber Goebbels und Ley von seiner Entschlossenheit, die Alpenfestung, Böhmen und Mähren im Süden sowie Norwegen im Norden zu verteidigen. Traudl Junge erinnert sich: „*Alle drückten ihm die Hand, gelobten Treue und versuchten, ihn zum Verlassen der Stadt zu bewegen. Sie alle versuchten es umsonst. Hitler wollte bleiben und abwarten.*" Sie fragt ihren Chef, wie lange der Krieg noch dauert. Hitlers Antwort ist kurz und knapp: „*Bis wir gesiegt haben.*"

Hitler nimmt die Geburtstagsglückwünsche kühl und unwillig entgegen. Er äußert: „*Wie soll ich die Truppen zum entscheidenden Kampf um Berlin bewegen, wenn ich mich im gleichen Augenblick in Sicherheit bringe? Ich überlasse es dem Schicksal, ob ich in der Hauptstadt sterbe oder ob ich noch im letzten Augenblick nach dem Obersalzberg fliege.*"

(…) Ich werde Berlin nie verlassen – nie! Das Ende ist da, ich kann nicht mehr weiter, mir bleibt nur der Tod. Ich werde auf den Stufen der Reichskanzlei fallen." Den letzten Satz wiederholt Hitler bis zu zwanzigmal. In der Neuen Reichskanzlei tragen sich noch einige Diplomaten in das Gratulationsbuch ein, der letzte Eintrag stammt vom thailändischen Gesandten. Christa Schroeder erinnert sich: *„Die Gratulationscour des persönlichen Stabes und der Militärs am Vormittag war im Vergleich zu früheren Jahren in sehr gedämpfter Atmosphäre erfolgt. Umso aufdringlicher war die Gratulationscour der Alliierten, indem sie fast unentwegt vom frühen Morgen bis zwei Uhr nachts rollende Luftangriffe auf Berlin flogen. Wir kamen aus dem Bunker nicht mehr heraus."* Hans Baur schlägt noch vor, mit drei in Rechlin stationierten Flugzeugen vom Typ Junkers Ju-390 auszufliegen; non-stop nach Argentinien, Japan, Grönland oder zu einem der Scheiche im Nahen Osten – diese könnten Hitler dann in der Sahara verstecken. Hitler will davon nichts wissen. Während zu seinem 50. Geburtstag vor sechs Jahren die größte Militärparade aller Zeiten abgehalten und Hitler gottgleich verehrt wurde, ist er jetzt, fast an selber Stelle, nur noch eine Gespenstererscheinung.

Am Nachmittag um 17:00 Uhr verlässt Hitler seine Bunkerwohnung durch die Gasschleuse, betritt den Wachraum, wendet sich nach rechts und gelangt durch eine weitere Gasschleuse in das Treppenhaus. Er steigt, gefolgt von Goebbels, im grauen Mantel mit hochgestelltem Kragen die 36 Stufen zum Gartenausgang hoch. Das Treppenhaus besteht aus vier Treppen mit jeweils neun Stufen, die einen Meter lang und 19 Zentimeter breit sind. Um nach oben zu kommen, geht Hitler geradeaus auf die erste Treppe und muss dann dreimal sich jeweils nach links wenden, bis er in den Betonkubus gelangt, von dem aus er in den Garten gehen kann. Der Kubus ist nicht mit dem Bunker verbunden, sondern stellt ein eigenes Bauwerk mit einer drei Meter dicken Decke und ebenso starken Außenwänden dar. Als die Stahltüre geöffnet wird, empfängt ihn ein stark bewölkter Himmel und er riecht den Staub, den Rauch und die Brandgase, die von hunderten Bränden in der Luft liegen. Die Straßenfassade der Neuen Reichskanzlei ist von Geschosseinschlägen übersät, während die Gartenseite, insbesondere der Bereich um Hitlers Arbeitszimmer, noch unbeschädigt ist.

Mehrere Abordnungen sind *„im Garten der Reichskanzlei unmittelbar neben dem Bunkerausgang"* angetreten: Axmann mit 20 Hitlerjungen, der Stabschef der Heeresgruppe Mitte mit einigen Offizieren und SS-Obersturmführer Heinrich Doose vom Führerbegleitbataillon mit einigen Männern. Hitler befindet sich in Begleitung von Puttkamers und Linges. In der Nähe der Tür zum Musiksalon stehen: Himmler, Martin Bormann, Burgdorf, Fegelein, Hewel, Lorenz, Prof. Morell, Stumpfegger, Schaub, Albert Bormann, Johannmeyer, Below und Günsche. Auch eine aus fünf Offizieren bestehende Abordnung der 10. SS-Division „Frundsberg" aus Kurland ist angetreten. Himmler tritt zu Hitler und gratuliert, dann schreitet Hitler langsam, tief gebeugt und mit schlurfendem Gang die Front ab. Hitler gibt jedem die Hand und wechselt kurz einige Worte. Sein Anblick ist noch schlimmer als noch vor vier Wochen, Fotos und Filmaufnahmen werden nicht angefertigt. Der Kommandant der SS-Division, SS-Obersturmführer Erwin Bachmann, überreicht Hitler einen Scheck über eine Million Reichsmark (heute etwa

16 Millionen Euro) als Spende für das Winterhilfswerk. Hitler nimmt den Scheck mit zitternder Hand entgegen, schaut ihn an und bemerkt, dass die *„Stiftung nicht so groß ist wie die letztjährige in Höhe von zwei Millionen Mark"* und reicht ihn an Schaub weiter. Hitlerjunge Armin Lehmann, der als Bote für Axmann eingesetzt ist, berichtet:

„Obwohl wir den Kopf nicht bewegen durften, schaute ich so weit nach rechts wie möglich und musterte den unfehlbaren, von der Vorsehung auserkorenen Führer unserer Nation an seinem 56. Geburtstag. Er wirkte viel älter. Nun saß sein Kopf tiefer zwischen den Schultern, als wäre er geschrumpft. Seine Schritte kamen mir unsicher vor und sein ganzer Körper schien zu zittern. Mit seiner stark bebenden linken Hand hielt er seinen Rockschoß fest, um sie unter Kontrolle zu bringen. Aus der Nähe sah Hitler noch älter aus als meine beiden Großväter, die über 70 waren."

Axmann meldet mit hocherhobenem linken Arm (den rechten hat er durch eine Kriegsverletzung verloren):

„Mein Führer! Für den Endkampf steht Ihre Jugend bereit. Im Namen der Hitlerjugend gratuliere ich Ihnen zum Geburtstag. Ich bin stolz, Ihnen wieder eine Abordnung der tapfersten Jungen vorzustellen, deren Mut und Treue typisch sind für die Einsatzbereitschaft der deutschen Jugend. Alle haben großen Mut und Opferbereitschaft bewiesen und gehören zu den Jüngsten, die mit dem Eisernen Kreuz ausgezeichnet wurden. Sie sind mit eisernem Willen dazu entschlossen, den Endsieg zu erringen!"

Hitler antwortet: *Danke, danke Axmann! Wenn im Kampf nur alle so tapfer wären wie diese Jungen!"* Hitler tritt auf Lehmann zu:

„Er hat keinen Mantel an, nur ein Militärjacket und hinten am Zipfel hatte er den linken Arm und hielt sich dann an seinem Rock fest. Hitler zitterte unheimlich und dann kam er und sah mir in die Augen und dann sah ich dass sie verträntwaren. (...) Der Führer packte meinen linken Oberarm mit der rechten Hand und hielt ihn ein oder zwei Sekunden lang fest. (...) Ich zitterte und Hitlers ganzer Körper schüttelte sich unwillkürlich. Er ließ meinen Arm los, um meine ausgestreckte Rechte mit beiden Händen zu umschließen. Er stand nur 30 oder 40 Zentimeter von mir. Seine kalten Augen waren feucht, eine Folge der eingenommen Medikamente, und glänzten. Dunkle Tränensäcke unter den Augen ließen sein runzliges, aschfahles Gesicht noch greisenhafter wirken."

Lehmann nennt seinen Namen und Hitler will wissen: *„Wo hast Du gekämpft?"* Er will die genaue Position der Kämpfe wissen und fragt dann: *„Und mutig warst Du und hast Dir das Eiserne Kreuz verdient?"* Lehmann erwähnt, dass er verwundet wurde. Sofort will Hitler wissen: *„Was für eine Verwundung?"* Nachdem er es erfahren hat, packt er nochmal seinen linken Oberarm und sagt zu Axmann: *„Wieder ein mutiger Junge!"* Anschließend geht er zu den Offizieren der Division „Frundsberg", spricht mit ihnen und begibt sich dann in die Mitte der Formation. Alle müssen sich im Halbkreis versammeln. Hitler sagt, er kann nicht laut reden, verspricht aber, dass der Sieg kommt und dass sie dann ihren Kindern sagen können, dass auch sie an seiner Erringung teilgehabt hätten. Auch Botenjunge Lehmann hört Hitlers Ansprache: *„Er redet vom Land als einem ‚todkranken Patienten', aber das ‚Medikament ist bald fertig und rettet' ihn."* Das bestätigt ein anderer Augenzeuge, der Hitlers Worte ebenso hört:

„An allen Fronten sind schwere Kämpfe in vollem Gange. Hier in Berlin stehen wir jetzt vor der großen Entscheidungsschlacht. Das Schicksal des Deutschen Reiches hängt vom Schicksal des deutschen Soldaten ab, seiner vorbildlichen Standhaftigkeit und seinem unbeugsamen Kampfeswillen. Ihr seid Zeugen dafür, dass der Feind mit hartnäckigem Widerstand trotz großer Übermacht zurückgeschlagen werden kann. Unser Glaube, dass die Schlacht in Berlin gewonnen werden kann, muss ungebrochen bleiben. Die Lage lässt sich mit der eines todkranken Patienten vergleichen. Er muss nicht sterben, denn er kann mit einem Medikament gerettet werden, das noch rechtzeitig erfunden worden ist. Es wird jetzt hergestellt. Nun müssen wir bereit sein, bis zur Anwendung dieses Medikaments durchzuhalten, um den Endsieg zu erzwingen. Darauf kommt es an: mit eisernem Willen durchzuhalten! Heil Euch!"

Sekundenlang ist es völlig ruhig, niemand erwidert seinen Gruß, ein ungeheurer, zuvor nie dagewesener Vorgang. Hitler grüßt kurz und geht um 17:20 Uhr in den Bunker hinab. Auf dem Weg nach unten trifft er auf seinen Zahnarzt Prof. Blaschke (er hat neben der Diätküche eine Zahnstation) und meint resigniert: *„Blaschke, es sind schwere Zeiten, wir werden uns schon durchsetzen."* Vor der Lagebesprechung nimmt Hitler noch in seinem Arbeitszimmer Glückwünsche von Göring, Himmler, Goebbels, Speer, Ribbentrop, Dönitz, Keitel und Jodl entgegen. Einzeln werden sie von Linge in den kleinen Wohnraum geführt. Mit Keitel ist er besonders leutselig: *„Ich werde Sie nie vergessen, dass Sie mich bei Gelegenheit des Attentats retteten und dass Sie mich aus Rastenburg herausbrachten."* Wenn Hitler das wirklich gesagt hat, dann nur, um Keitel zu schmeicheln, denn er hat ihn nicht gerettet, sondern nur gestützt und Hitler selbst hat den Befehl gegeben, aus Rastenburg wegzugehen. Keitel möchte, dass er Berlin verlässt, doch Hitler lehnt ab: *„Keitel, ich weiß, was ich will. Ich werde mich vor, in oder hinter* [!] *Berlin schlagen."*

Während der Lagebesprechung genehmigt Hitler eine sofortige Aufteilung der Wehrmachtsführung in einen Nord- und einen Südbereich. Dabei lässt er den Eindruck aufkommen, er wolle später nach Süden, also zum Berghof, folgen. Göring bittet darum, jetzt schon nach Berchtesgaden fahren zu dürfen. Gegen 18:00 Uhr fällt Spremberg, nur noch wenige Kilometer von der Autobahn, die von Berlin nach Süden führt, entfernt. Aus dem hart umkämpften Nürnberg kommt per Telegramm ein Kampfgelöbnis: *„Mein Führer! Der Endkampf um die Stadt der Reichsparteitage beginnt."* Absender ist der Gauleiter von Franken Karl Holz. Hitler antwortet:

„Ich danke Ihnen für Ihr vorbildliches Verhalten. Nicht nur die Volksgenossen ihres eigenen Gaues, denen sie alle vertraut sind, richten Sie dadurch auf, sondern auch viele Millionen anderer Deutsche. Es beginnt jetzt jener Kampf des Fanatismus, der an unser eigenes Ringen um die Macht erinnert. Wie groß auch immer im Augenblick die Übermacht unserer Feinde sein mag, am Ende wird sie – genauso wie einst – trotzdem zerbrechen. Ich würdige Ihr heldenhaftes Wirken in herzlicher Dankbarkeit durch die Verleihung des Goldenen Kreuzes des Deutschen Ordens. Gez. Adolf Hitler."

Karl Holz kommt kurz darauf bei den Kämpfen im Bunker des Nürnberger Polizeipräsidiums ums Leben. Die Verleihung des Deutschen Ordens der NSDAP war wohl ein letzter Ansporn, sein Leben zu opfern. Um der drohenden Einschließung Berlins etwas entgegensetzen zu können, befiehlt Hitler einen von Westen beginnenden Angriff auf die Armee von Marschall Konew, der sich wiederum einen – von Stalin initiierten – Wettlauf mit Schukow um die Eroberung der Reichshauptstadt liefert. Im Gegensatz zu Karl Holz will die Masse der Parteifunktionäre gerne am Leben bleiben und versucht feige, sich ihrer Verantwortung durch Flucht zu entziehen. Ein Beispiel ist Franz Schwede-Coburg, „Alter Kämpfer" seit dem Jahre 1922. Eine aus Stralsund Flüchtende, Christel Marlow, berichtet:

„Als wir uns am 20. April in Ueckermünde aufhielten, hörten wir im Rundfunk eine Rede des Propagandaministers Goebbels, der Hitler zu seinem 56. Geburtstag gratulierte. Der Krieg war längst entschieden, aber sein Gehirn war immer noch im Siegen begriffen. Von den Volksgenossen forderte er nach der Devise ‚Du bist nichts, dein Volk ist alles' totale Bereitschaft zum Durchhalten. (…) Laut Anweisung des Seeamtes sollten wir noch einen

^ 20. April 1945: Einmarsch amerikanischer Truppen der 7. US-Armee in das völlig zerstörte Nürnberg. Im Hintergrund die Kaiserburg (115) (o.). Jubelnde Soldaten der 7. US-Army schwenken auf Hitlers Rednertribüne in der Luitpoldarena des Reichsparteitagsgeländes amerikanische Fahnen (115).

mit Flüchtlingen und Soldaten überfüllten großen Kahn, der am Bollwerk lag, mit raus schleppen. Die Fahrer einiger privater Sportboote (...) diskutierten noch mit Vater, als in forschem Tempo ein Auto angebraust kam, Staub aufwirbelte und geräuschvoll stoppte. Ein Mann stieg aus, ging selbstbewusst auf Vater zu, klopfte ihm auf die Schulter und stellte sich vor: ‚Herr Marlow, ich bin der Gauleiter Schwede-Coburg und weise Sie an, jenen Kahn, wenn der fertig beladen ist, ebenfalls mitzunehmen. Zwei Soldaten fahren zur Bewachung mit. Sie haben den Hafen in Lauterbach auf Rügen anzufahren. Dort erwarte ich Sie!' Der Mann, der Vater diesen Auftrag erteilte, war seinerzeit der Gauleiter von Pommern. In seiner Funktion als Reichsverteidigungskommissar trug er die Verantwortung für all die Not, unter der die Menschen jetzt zu leiden hatten. In seiner Macht hätte es gestanden, den Frauen und Kindern die winterliche Flucht aus Pommern schon zu einem früheren Zeitpunkt zu erlauben. Dadurch hätten viele Menschen nicht erfrieren müssen. Für seine eigene Flucht steht ihm ein Auto und das notwendige Benzin zur Verfügung und für die Mitnahme seiner Güter beauftragte er uns.

Das Verladen seiner Kisten und Kästen zog sich vom Morgen bis in die Mittagsstunden hin. Auf unserem Flüchtlingsschiff kam Unruhe auf, weil sich durch den Gauleiter die Abfahrt verzögerte. (...) Ein Uniformierter gab (...) Auskunft. (...) Von ihm erfuhren wir, dass Schwede-Coburg auf uns gewartet, aber inzwischen Lauterbach wieder verlassen hätte. Der Kahn von Schwede-Coburg gewann ihre Aufmerksamkeit. Mit großem Interesse untersuchten sie den Inhalt. Unsere Neugier aber war weitaus größer, wussten wir doch auch um die Person des Besitzers. Uns gingen die Augen über! Wurst, Butter, Wein, Sekt und andere Lebensmittel hatten wir gerettet! Und nun ließen auch die Russen zwei Bewacher auf dem Kahn des Gauleiters zurück. Täglich schickte der russische Kommandant einige seiner Leute, um Lebensmittel aus dem Kahn zu holen. Auch ihre zwei Bewacher wurden reichlich von ihnen mit Esswaren versorgt, sie erhielten alle paar Tage Eimer voll Eier und auch frisches Fleisch. Die zwei russischen Bewacher wiederum gaben auch Lebensmittel an uns weiter. Überhaupt kamen wir mit den Russkis gut aus."

Auch im Führerbunker zeigen sich Auflösungserscheinungen. Nach den Glückwünschen verlassen die längst nicht mehr durchweg treuen Vasallen den Bunker. Bormann hat ein Abflugvorauskommando nach Salzburg angeordnet. Der Abflug erfolgt vom Flugplatz Gatow. Bis zum 23. April werden 20 Einzelflüge nach München, Salzburg und Ainring durchgeführt, die Hitlers Ärzte, Sekretärinnen, Offiziere und seinen Diener Wilhelm Arndt mit Kisten mit persönlichen Unterlagen ausfliegen. Dann beauftragt Bormann Kempka, eine Fahrzeugkolonne aus 15 bis 20 Mercedes G4, mehrere Busse, zehn Lkw und zwei Panzerwagen zusammenzustellen. Constanze Manziarly verpackt für Hitler bereits Diätlebensmittel. Die Spitzen der Reichsbehörden und die Minister verlassen Berlin, meist in Autokolonnen. Jeder versucht irgendwie, schnell wegzukommen. Schaub erinnert sich: „*Hitler war von dem Wunsch seiner Paladine, ihn jetzt zu verlassen, tief enttäuscht, ja erschüttert. Er hat lediglich mit dem Kopf genickt und verabschiedete sich von den Männern, die er einst mächtig gemacht hatte.*" Hitler und seine Entourage bleiben zurück: Eva Braun, die Sekretärinnen und Adjutanten, Goebbels und einige weitere. Traudl Junge notiert: „*Abends saßen wir zusammengepfercht im kleinen Arbeitszimmer. Hitler war schweigsam und starrte vor sich hin. Auch wir fragten ihn, ob er Berlin nicht verlassen wollte. ‚Nein, das kann ich nicht', antwortete er ‚Ich muss hier in Berlin die Entscheidung herbeiführen – oder untergehen!'"* Betreten schweigen seine Zuhörer, *„der Sekt, den wir auf Hitlers Wohl tranken, schmeckte fade".*

Nachdem sich Hitler in sein Schlafzimmer zurückgezogen hat, lädt Eva Braun alle Mitglieder des engsten Kreises hinauf in die Wohnung der Alten Reichskanzlei. Sie wollte noch einmal feiern. Traudl Junge blickt zurück: *„Vielleicht, um die Angst zu betäuben, die in ihrem Herzen wach geworden war. Sie wollte noch ein einziges Mal feiern, wo es nichts zu feiern gab, tanzen, trinken, vergessen. Ich ließ mich nur zu gerne anstecken. Es wurde Champagner getrunken und schrill gelacht und ich lachte mit, weil ich nicht weinen wollte."* Es wird eine Platte aufgelegt: „Glutrote Rosen" von Tenor Rudi Schuricke: *„Glutrose Rosen erzählen mir von dir, Märchen der Liebe – von Sehnsucht – und sie verraten so viel von dir. Ihr süßer Duft ist wie ein sehnsuchtsvoller Ruf – ein Ruf aus weiter Ferne. Glutrosen Rosen – weit über Land und Meer....."*

Ab 21:30 Uhr erfolgen neue Luftangriffe, die Hitler aus seiner Lethargie reißen. Er lässt die beiden älteren Sekretärinnen kommen und teilt mit, dass sich *„die Lage in den letzten vier Tagen"* so sehr verändert hat, dass er *„sich gezwungen sieht, seinen Stab aufzulockern. In einer Stunde geht ein Wagen Richtung Süden. Zwei Koffer können sie mitnehmen, das Weitere sagt ihnen Bormann".* Schroeder bittet darum, bleiben zu dürfen und Hitler lehnt ab: *„Nein, ich will später eine Widerstandsbewegung [!] gründen und dazu brauche ich Euch beide. Ihr seid mir die Wertvollsten. Wenn es zum Äußersten kommt, werden die Jungen immer noch durchkommen. Frau Christian wird sich auf jeden Fall durchschlagen, und wenn wirklich eine der Jungen draufgeht, so ist das eben Schicksal."* Er drückt ihr die Hand: *„Wir sehen uns bald wieder, ich komme in einigen Tagen nach."* Als sie gerade packen, ruft sie Hitler an: *„Kinder, das Loch ist bereits geschlossen. Ihr kommt dort mit dem Wagen nicht mehr durch und müsst nun morgen früh fliegen."* Nach Mitternacht ruft er erneut an: *„Kinder Ihr müsst Euch fertig machen, beeilt Euch, die Maschine startet sofort nach der Entwarnung."* Christa Schroeder erzählt: *„Seine Stimme klingt unendlich traurig und matt und mitten im Gespräch hörte er auf. Ich fragte nochmal zurück, aber obwohl er den Hörer nicht aufgelegt hat, gab er keine Antwort mehr."* Wer kann, hat Berlin bereits verlassen, wie zum Beispiel Hitlers Halbbruder Alois, der am Wittenbergplatz 3 ein gut gehendes Restaurant betrieben hat.

Als die Dunkelheit hereinbricht, äußert Hitler zu den zwei Sekretärinnen, angesprochen auf eine mögliche Flucht: *„Ich käme mir vor wie ein Lamapriester, der eine leere Gebetsmühle betätigt. Ich muss hier in Berlin die Entscheidung suchen – oder untergehen!"* Dann fährt eine lange Kolonne von Personen- und Lastkraftwagen aus der Zufahrt Hermann-Göring-Straße in Richtung Flugplatz Gatow. Etwa 80 Mitglieder des Stabes und ihre Angehörigen fliegen in der Nacht nach Süden. Darunter sind Albert Bormann, von Puttkamer, Hugo Blaschke, Oberleutnant Frentz, die Sekretärinnen Wolf und Schroeder, der Diener Wilhelm Arndt sowie die Stenografen. Mit dabei haben sie 30 bis 40 Kisten mit persönlichen Sachen von Hitler und 40 bis 50 Kisten aus dem Militärarchiv. Der Flug einer Maschine wird im Jahre 1983 Schlagzeilen führen. Eine Ju 352 KT+VC „Herkules" aus der Fliegerstaffel Hitlers, geflogen von dem erfahrenen Piloten Major Friedrich Gundelfinger, hebt in den Morgenstunden des 21. April vom Flugfeld Schönwalde ab, um etwa gegen 06:00 Uhr in einem Waldgrundstück in der Nähe von Börnersdorf/Sachsen bei einer versuchten Notlandung zu zerschellen. Es ist ein Absturz wie so viele andere in den letzten Tagen des Krieges gewesen. Alle Passagiere und Besatzungsmitglieder, darunter Hitlers Diener Arndt, kommen dabei ums Leben. Dieser Absturz wird 38 Jahre später vom Fälscher der „Hitler-Tagebücher", Konrad Kujau, als (erlogener) Vorwand genutzt, dort seien die Originale gefunden worden, die es nie gab. Das Magazin STERN und der Reporter Gerd Heidemann stellen sie im Jahr 1983 einer staunenden Weltöffentlichkeit vor – bis die Bombe platzt, da die Fälschung nachgewiesen wird.

Nachts bombardieren 700 sowjetische Flugzeuge den Norden Berlins. Die Stadt hat im Laufe des Krieges 143 Luftwarnungen und 389 Luftalarme ausgelöst und hat 310 Angriffe über sich ergehen lassen müssen, bei denen 45.517 Tonnen Bomben abgeworfen worden sind; 49.600 Berliner sind ums Leben gekommen. Keine andere europäische Stadt ist so oft angegriffen worden, 100 Millionen Tonnen Schutt liegen in den Straßen. Am Abend von Hitlers Geburtstag hat sich die Erste Weißrussische Front durch den Äußeren Verteidigungsring Berlins gekämpft und bereitet sich zum Angriff auf die nördlichen Stadtteile vor. Um Berlin wirkungsvoll verteidigen zu können, bräuchte man zehn kampferprobte Divisionen, man verfügt aber nur über eine Division, neun Kompanien und insgesamt an die 30 Polizei-, Pionier- und Volkssturmbataillone. In der Nacht auf den 21. April bittet Walter Hewel Hitler um Befehle für den Reichsaußenminister, dessen Verbindungsmann er ist. Hitler kann das alles nicht mehr hören: *„Politik? Ich mache keine Politik mehr. Das widert mich so an. Wenn ich tot bin, werdet ihr noch genug Politik machen müssen."*

Samstag, 21. April

Der neue Tag beginnt um 00:22 mit den letzten Luftalarmen. Sowjetische Flugzeuge greifen die Stadt an, gefolgt von einem Bombardement der RAF um 02:43 Uhr. Zu dieser Zeit, exakt ab 02:30 Uhr, findet auf dem Gut Hartzwalde bei Wolfsruh südlich von Stechlin ein zweistündiges, konspiratives Treffen statt. Die Teilnehmer könnten unterschiedlicher nicht sein: der Reichsführer der SS Heinrich Himmler und Norbert Masur, Vertreter der Schwedischen Sektion des Jüdischen Weltkongresses in New York. Ort des Treffens ist das Haus von Himmlers Leibarzt und Masseur Felix Kersten. Himmler, der gerade vom Führergeburtstag kommt, versichert, dass keine Juden mehr ermordet und die KZ intakt an die Alliierten übergeben werden. Das stimmt nur bedingt, da in den KZ Ravensbrück und Mauthausen noch Menschen durch Giftgas sterben. Masur weiß genau, wie fanatisch Himmler Adolf Hitler ergeben ist und wie sehr er ihn zugleich fürchtet. Er weiß aber auch, dass der Herr über die deutschen Konzentrationslager keineswegs untergehen möchte, sondern hektisch nach Wegen sucht, um die eigene Haut zu retten. Himmlers absurde Lieblingsidee ist, mit den Westalliierten Frieden zu schließen, um an ihrer Seite dann gegen die Sowjetunion ins Feld zu ziehen. Die Freilassung von KZ-Häftlingen passt da zur Aufbesserung des eigenen Images durchaus in sein Kalkül. Deshalb weist Himmler an, dass mehr als eintausend jüdische Frauen aus dem KZ Ravensbrück freigelassen und weitere 7.000 Frauen verschiedener Nationalitäten durch das schwedische Rote Kreuz nach Schweden geholt werden dürfen. Norbert Masur charakterisiert in seinem Bericht Himmler als *„Zyniker und Rationalisten"*. Zum Abschluss des Treffens hätte er sich beim Gastgeber Felix Kersten mit folgenden Worten verabschiedet: *„Der wertvolle Teil des deutschen Volkes geht mit uns unter, und was mit dem Rest geschieht, ist ohne Bedeutung."*

Bernau nordöstlich von Berlin fällt in den frühen Morgenstunden. Um die nördlichen Außenbezirke Berlins wird auf beiden Seiten mit maßloser Erbitterung gekämpft. Dass auch Freiburg im Breisgau in Feindeshand fällt, wird im Bunker schon gar nicht mehr registriert. Die sowjetischen Truppen überqueren den Berliner Autobahnring und erreichen die Außenbezirke. Sofort beginnen sie mit dem direkten Artilleriebeschuss der Innenstadt, wo ohne Vorwarnung die ersten Granaten explodieren. Bis Kriegsende werden sie etwa 1,8 Millionen Granaten auf Berlin abfeuern. Den Sowjets ist bekannt, dass sich Hitler noch in der Reichshauptstadt aufhält. Soldaten der Dritten Stoßarmee haben eine junge Krankenschwester aufgegriffen, die Verwundete in das Notlazarett in die Neue Reichskanzlei bringt. Sie fragen sie nach Hitlers Versteck und sie gibt an, dass sie vom Personal gehört habe, dass Hitler noch im Bunker sei. Dieser wird um 09:30 Uhr von Granateneinschlägen im Regierungsviertel geweckt. Linge klopft an die Schlafzimmertür und meldet, dass russisches Artilleriefeuer auf der Berliner Innenstadt liegt. Nach zehn Minuten hastet Hitler, angezogen, aber unrasiert ins Vorzimmer: *„Was ist los? Woher kommt diese Schießerei?"*

Burgdorf meldet, es handelt sich vermutlich um eine Eisenbahnbatterie nordöstlich von Zossen, die über die Oder gekommen ist. Hitler wird bleich: *„Sind die Russen schon so nah?"* Er lässt sich sofort mit dem Chef des Generalstabs der Luftwaffe Koller verbinden und schreit ihn an: *„Wissen Sie, dass Berlin unter Artilleriebeschuss liegt? Das Stadtzentrum!?! Die Luftwaffe hat die Batterie sofort auszumachen und zu bekämpfen!"* Koller versichert: *„Der Feind hat keine Eisenbahnbrücke über die Oder."* Und verspricht, dass Thema zu klären und zurückzurufen. Nach einigen Minuten meldet er, dass der Divisionsgefechtsstand auf dem Zoobunker beobachtet hat, dass *„der Feind am Morgen eine Batterie bei Marzahn in Stellung"* gebracht hat. Berlin-Marzahn liegt 12 Kilometer vom Stadtzentrum entfernt. Hitler befiehlt, dass die *„Strahljäger* [Me 262] *in Prag"* sofort starten sollen. Koller meldet nach einiger Zeit, dass die Flugzeuge wegen der feindlichen Luftüberlegenheit nicht starten können. Hitler tobt: *„Dann braucht man auch die Strahler nicht mehr, die Luftwaffe ist überflüssig!"* Noch mehr erbittert über ein Schreiben eines Saarindustriellen mit weiteren Enthüllungen über die Luftwaffe ruft er Koller noch einmal an und beschimpft ihn sofort: *„Was der alles schreibt, das genügt mir. Man müsste die ganze Luftwaffenführung sofort aufhängen!"* Und wirft wütend den Hörer auf die Gabel.

Das OKH in Zossen ist zu diesem Zeitpunkt akut vom Feind bedroht. General Krebs ruft im Führerbunker an und bittet darum, sein Hauptquartier verlegen zu dürfen – Hitler lehnt ab.

Goebbels hält aus dem Arbeitszimmer seiner Villa am Brandenburger Tor seine letzte, knapp dreiminütige, Rede. Er versucht damit, die öffentliche Ordnung aufrecht zu erhalten und erteilt Verhaltensanweisungen. Während der Rede schlägt in seinem Garten eine Granate ein, das Fenster zersplittert, Staub und Mörtel fallen bis auf den Schreibtisch und auf die Blätter mit seinem Redetext. Goebbels wischt den Dreck kurz mit der rechten Hand weg und setzt seine Rede fort:

„Am vergangenen Sonntag begannen die Bolschewisten ihre Großoffensive an der Oderfront. Berlin ist ihr Ziel. Die Eroberung der Reichshauptstadt soll Stalin eine wichtige Trumpfkarte im politischen Spiel der Alliierten in die Hand geben. Damit ist der Kampf um die Reichshauptstadt ein Kampf um Deutschland und um Europa geworden. In heldenhafter Abwehr haben unsere tapferen Divisionen und Volkssturmmänner in den vergangenen Tagen den Sowjets schwerste Verluste zugefügt. Ihr aufopferungsvoller Einsatz hat jedoch nicht verhindern können, dass die Bolschewisten an die äußeren Verteidigungslinien der Reichshauptstadt herangekommen sind. Damit ist Berlin zur Frontstadt geworden. Aus dieser Tatsache ergeben sich folgende Folgerungen: 1. Alle zur Verteidigung der Reichshauptstadt eingeteilten Soldaten und Volkssturmmänner haben die ihnen befohlenen Plätze besetzt und nehmen, sobald sowjetische Panzer oder Truppen sich zeigen, sofort den Kampf auf. 2. Die Zivilbevölkerung hat allen Anforderungen, die von zivilen und militärischen Stellen getroffen werden, unbedingt Folge zu leisten. Neugieriges Herumstehen ist zu vermeiden. Die Bewegungen der Wehrmacht und des Volkssturms sind durch größte Verkehrsdisziplin zu unterstützen. Die Fahrbahnen müssen von Fußgängern und vor allem von spielenden Kindern freigehalten werden. 3. Rüstungsbetriebe, Versorgungsbetriebe und die für die Führung der Reichshauptstadt verantwortlichen Behörden und Dienststellen arbeiten weiter. 4. Der Werkschutz sorgt für die äußere und innere Sicherheit der Betriebe. Provokateure oder aufsässige Ausländer sind sofort festzunehmen oder besser noch unschädlich zu machen. 5. Sollten Provokateure und verbrecherische Elemente versuchen, durch das Hissen von weißen Fahnen oder sonstiges feiges Verhalten in die zur Verteidigung der Stadt entschlossene Bevölkerung Unruhe zu tragen und ihren Widerstand zu lähmen, so ist dagegen sofort mit allen Mitteln einzuschreiten. Jeder Berliner ist für sein Haus und seine Wohnung selbst verantwortlich. Häuser und Wohnungen, die weiße Fahnen zeigen, haben kein Recht mehr auf Schutz und Gemeinschaftshilfe und werden dementsprechend behandelt werden. Die Bewohner solcher Häuser sind dabei verantwortlich zu machen. Der örtliche Hoheitsträger der Partei hat eisern darüber zu wachen und demgemäß zu handeln. Solche Häuser werden Krankheitsbazillen am Körper unserer Stadt. Ihre rücksichtslose Bekämpfung ist daher ein Gebot der Stunde.

Mit diesen Anordnungen ist die Reichshauptstadt in den Zustand der aktiven Verteidigung eingetreten. Von nun an werden wir gemeinsam mit der zur Verfügung stehenden bewaffneten Macht der bolschewistischen Soldateska zeigen, dass Berlin sich auf ihren Angriff vorbereitet hat und fanatisch, hart und rücksichtslos zuschlagen wird. In den zurückliegenden Wochen ist in der Reichshauptstadt ein beachtliches Verteidigungswerk geschaffen worden, das von den Außenbezirken bis in die Stadtmitte reicht. Viele tausend Panzersperren, Barrikaden, Straßensperren sind entstanden, Erdbefestigungen wurden rund um Berlin errichtet und die Reichshauptstadt in einen Zustand höchster Verteidigungsbereitschaft gesetzt. Das wird der Feind nunmehr zu spüren bekommen. Alle Anstrengungen und Mühen der Berliner Bevölkerung, die Ausbildung des Volkssturmes und die Ausbildung und Bewaffnung zahlreicher Wehrmachtverbände dienten dem einzigen Zweck, uns in die Lage zu versetzen, unsere Reichshauptstadt und ihre Bewohner erfolgreich verteidigen zu können. Ich erwarte jetzt von jedem Berliner und jeder Berlinerin eiserne Disziplin, höchstes Selbstvertrauen und bereitwillige Unterordnung unter die Befehle der mit der Verteidigung der Reichshauptstadt betrauten Männer.

An die Verteidiger Berlins richte ich in dieser Stunde namens der Frauen und Kinder, ja namens des ganzen Vaterlandes den dringenden Appell, wachsam zu sein und in dem uns aufgezwungenen Kampf um Dasein und Freiheit unseres Reiches, um das Leben unserer Mütter, Frauen und Kinder, den Feind nicht zu fürchten, sondern ihn schonungslos zu vernichten. Die Sowjets wollen in Deutschland ein für uns unvorstellbares Schreckensregiment errichten. Sie sind hemmungslos in ihrer Vernichtungswut gegenüber allem, was deutsch ist. Diesem neuen Mongolensturm gegenüber darf es keine Schwäche und keine Weichheit geben. Wir führen jetzt einen Krieg ohne Gnade gegen jene, die deutsche Frauen schänden oder in sowjetische Frontbordelle schicken wollen, die unsere Kinder quälen und morden, Millionen Männer durch Genickschuss liquidieren und den Rest als Arbeitssklaven in die Zwangsarbeitslager der Sowjetunion verschleppen wollen.

Verteidiger Berlins! Auf Euch sind die Blicke Eurer Frauen, Eurer Mütter und Eurer Kinder gerichtet. Sie haben Euch ihr Leben, ihr Glück, ihre Gesundheit und ihre Zukunft anvertraut. Ihr kennt jetzt Eure Aufgabe, und ich weiß, Ihr werdet sie vorbildlich erfüllen. Die Stunde Eurer Bewährung ist da! Mit der militärischen Verteidigung der Reichshauptstadt wurde Generalleutnant Hellmuth Reymann beauftragt. Der Träger des Eichenlaubs zum Ritterkreuz des Eisernen Kreuzes wird nun Kampfkommandant von Berlin. Seiner in diesem Kriege oft bewährten Führung können sich alle Soldaten und Volkssturmmänner bedingungslos anvertrauen.

Ich bleibe mit meinen Mitarbeitern selbstverständlich in Berlin. Auch meine Frau und meine Kinder sind hier und bleiben hier. Mit allen Mitteln werde ich die Verteidigung der Reichshauptstadt aktivieren. Mein Denken und Handeln gilt Eurem Wohl und der Abwehr unseres gemeinsamen Feindes. An den Mauern unserer Stadt wird und muß der Mongolensturm gebrochen werden. Unser Kampf wird das Fanal sein für den entschlossensten Kampf der ganzen Nation. Vom fanatischen Willen erfüllt, die Hauptstadt des Reiches nicht in die Hände der Bolschewisten fallen zu lassen, sind wir solidarisch zu Kampf und Arbeit angetreten. Unser Ziel ist die Freiheit unseres Volkes und ein Reich der sozialen Gerechtigkeit in einer kommenden glücklichen Zukunft."

Dass die Straßensperren häufig nur aus mit Steinen und Trümmerschutt gefüllten Straßenbahnwagen bestehen, wird verschwiegen. So wie einst die Kiewer, Moskauer, Leningrader und Stalingrader Barrikaden errichteten, so errichten jetzt die Berliner welche. Ebenfalls von der Masse der Bevölkerung unbemerkt wimmelt es in General Reymanns Gefechtsstand im Stellvertretenden Generalkommando des III. Armeekorps am Hohenzollerndamm von hohen NS-Funktionären, die um die Ausnahmegenehmigung bitten, Berlin verlassen zu dürfen. Etwa 2.000 Passierscheine werden ausgegeben, man ist froh, die Parteibonzen los zu werden. Der Artilleriebeschuss auf das Stadtzentrum geht ab jetzt fast ununterbrochen weiter. Das noch unbeschädigte Hotel „Adlon" am Pariser Platz wird Feldlazarett mit einigen hundert Verletzten. Im Friseurladen im Keller werden Notoperationen durchgeführt. Tote werden hinter die Rückseite des Gebäudes (in Richtung des Führerbunkers) gelegt. Hitler findet trotzdem noch die Zeit, an Mussolini ein Danktelegramm für die Glückwünsche zu seinem Geburtstag zu senden: *„Der Kampf, den wir um unsere nackte Existenz führen, hat seinen Höhepunkt erreicht. (...) Im Geiste zäher Todesverachtung wird das deutsche Volk (...) diesen Ansturm zum Halten bringen (...) und durch ihren einzigartigen Heldenmut den Verlauf des Krieges ändern. In diesem historischen Augenblick, in dem das Schicksal Europas auf Jahrhunderte hinaus entschieden wird, sende ich Ihnen meine herzlichsten Grüße."*

Hitler ist nervös, wie Stenograph Herrgesell beobachtet: *„Er ging fast ununterbrochen auf dem Flur herum, ging hin und her und schlug manchmal mit der Faust in die Hand."* In der Lagebesprechung um 14:30 Uhr wird deutlich, dass die Sowjets mittlerweile bis Baruth und bis Zossen südlich Berlins vorgestoßen sind und die Anlagen des OKH (Amt 500) sowie den Bunker „Wünsdorf Zeppelin" in der Nähe besetzt haben. „Zeppelin" war während des ganzen Krieges der wichtigste, größte und zu jener Zeit modernste Fernmeldeknoten im Verbindungssystem der Wehrmacht. Der Bunker und die Fernmeldeanlagen fallen weitestgehend unzerstört in die Hände der Sowjets. Auf den Lagekarten ist deutlich die Absicht der sowjetischen Armeen zu erkennen: Eine riesige Zangenbewegung im Norden und Süden Berlins mit dem Ziel, sich westlich von Berlin zu vereinigen und so die Stadt einzukesseln. Hitler befiehlt auch Heinrici (Schörner greift bereits an) anzugreifen, um die Frontlücke zwischen der 4. und der 9. Armee zu schließen. Heinrici telefoniert mit dem Generalstab und meint, Hitlers Befehl ist *„unerfüllbar und aussichtslos"*. Er lässt die 9. Armee nach Westen durchstoßen, obwohl sie im Raum Görlitz und Bautzen noch Teilerfolge erringen konnte. Durch die neue Stoßrichtung wird die Lücke zwischen den beiden deutschen Armeen noch mehr verbreitert und das Schicksal Berlins damit besiegelt. Hitler wird in dem Glauben belassen, dass seine Befehle ausgeführt werden. Als ihm schließlich von Generalmajor Erich Dethleffsen gemeldet wird, dass sich die Lücke in der 4. Panzerarmee noch mehr ausgeweitet, tobt Hitler: *„Die ganzen Misserfolge im Osten sind nur auf Verrat zurückzuführen."*

Oberst Günther Reichhelm meldet, dass die Heeresgruppe B keine Munition mehr hat und die Panzer stehen, weil kein Treibstoff mehr vorhanden ist. Hitler hört zu und schweigt lange. Er hat vom Selbstmord des Generalfeldmarschalls Model erfahren und äußert resigniert: *„Der Model war mein bester Feldmarschall."* Dann wendet er sich zu Reichhelm: *„Sie sind jetzt der Stabschef der Zwölften Armee. Sie müssen sich von den törichten* [!] *Weisungen des Generalstabs frei machen. Sie müssen von den Russen lernen, welche die Deutschen vor Moskau mit schierer Willenskraft besiegt haben."* Es ist typisch für ihn: Starker Wille beeindruckt ihn sogar vom Feind. Um Pattons Panzer aufzuhalten, verlangt er, im Harz Bäume zu fällen und zum Partisanenkrieg überzugehen. Er lässt sich eine Karte im Maßstab 1:25.000 bringen und erklärt, was er damit im Detail meint. Jodl traut sich, einen Versuch zu starten, ihm das auszureden, doch Hitler beharrt auf seiner Idee und meint, er kenne den Harz gut. Jodl wird bestimmter und erwidert ironisch: *„Ich kenne zwar das Gelände nicht, aber die Lage."*

Dann wird der Tod eines Gauleiters gemeldet. Karl Gerland, Gauleiter von Kurhessen, hat sich zur kämpfenden Truppe gemeldet und ist bei einem Gegenangriff an der Oderfront gefallen. Neben Karl Holz ist er der einzige von 43 Gauleitern, die *„kämpfen bis zum Schluss"*, eine traurige Bilanz. Hitler versucht, die breiter werdende Lücke in Heinricis Front zwischen Eberswalde und Werneuchen nordöstlich von Berlin zu stopfen. Eine Kampfgruppe unter SS-Obergruppenführer Felix Steiner soll in der Nacht mit *„allen verfügbaren Kräften zu einem Entsatzangriff auf Berlin antreten"*. Er soll sich von Eberswalde nach Werneuchen vorkämpfen, um Schukows nördlich von Berlin vorgehende Truppen abzuschneiden. Um 17:35 Uhr geht der Angriffsbefehl an Steiner heraus. Hitler kann ihm nur noch massiv drohen:

„Offiziere, die sich dieser Anordnung nicht bedingungslos fügen, sind festzunehmen und augenblicklich zu erschießen. Sie selbst mache ich mit Ihrem Kopf für die Durchführung dieses Befehls verantwortlich. Von dem Erfolg Ihres Auftrages hängt das Schicksal der deutschen Reichshauptstadt ab." Es kommt erneut die Frage auf, ob er in Berlin bleibt. Hitler lehnt Vorschläge eines Umzuges auf den Obersalzberg ab, er sieht *„keine unmittelbare Gefahr, die den Abzug des Hauptquartiers aus Berlin erforderlich"* werden lässt. Er sinniert: *„Außerdem kann ich ja Berlin noch immer mit einem Fieseler Storch über die Ost-West-Achse verlassen."* Gegenüber Jodl stellt er klar: *„Ich werde so lange kämpfen, solange ich noch einen Soldaten habe. Wenn mich der letzte Soldat verlässt, werde ich mich erschießen."* Um 21:00 Uhr erfährt er, dass ein Bataillon der Division „Hermann Göring" noch immer das längst verlassene Karinhall, Görings Privatanwesen in der Schorfheide nördlich von Berlin, verteidigt. Er befiehlt wütend, die Truppe sofort Steiner zu unterstellen.

Hitler weiß, dass die Inszenierung eines gemeinsamen Untergangs als Massenselbstmord nach seinem Tode nicht befolgt werden wird. Er spürt instinktiv, dass man sich innerlich von ihm abwendet. Keitel und Jodl handeln im Interesse der Truppe, nicht mehr in seinem Interesse. Ihm ist klar, dass er in seiner letzten Stunde allein sein wird. Nibelungentreue kann er nicht erwarten, das war ihm schon am 14. Oktober 1923 bewusst, als er bei einem Treffen der Nürnberger NSDAP-Ortsgruppe sagte: *„Und wenn mich alles verlässt, wenn selbst Führer ihr Treuegelöbnis brechen, wenn einer nach dem anderen von Euch von mir abfällt, und wenn ich schließlich ganz allein dastehe, ich bleibe mir selbst treu und meinem deutschen Volk."* Nicht nur die engere Umgebung setzt sich ab; bereits den ganzen Tag bricht eine allgemeine Massenflucht aus Berlin aus, alles strebt in Richtung Westen, größtenteils zu Fuß. Mitarbeiter der Ministerien vernichten hektisch ihre Unterlagen, werfen sie aus dem Fenster und verbrennen sie im Hof.

Am Spätnachmittag, es herrscht eine Feuerpause, läuft Hitler, Blondi an seiner Seite, sehr langsam an der Telefonzentrale von Rochus Misch vorbei. Er geht *„zusammen mit einigen Kameraden vom Begleitkommando"* nach oben, verlässt in Begleitung von Adjutant Schaub den Tiefbunker und geht durch den Vorbunker in das Treppenhaus hinauf in das Erdgeschoss der Alten Reichskanzlei. Im zerstörten (kleinen) Speisesaal wird ein

Foto angefertigt. Das letzte Bild des lebenden Hitler zeigt ihn, wiederum mit Schaub, an der Eingangstür zum sich anschließenden Wintergarten – sein bevorzugter Aufenthaltsort bis weit über den Kriegsbeginn hinaus –, während Schaub auf ihn einredet (siehe Bild S. 461). Hitler dürfte sich dann durch den Garten und den Garteneingang wieder in den Führerbunker begeben haben. Prof. Morell kommt um 21:00 Uhr mit Dr. Stumpfegger zu Hitler, er will ihm eine Koffeinspritze geben. Unvermittelt und für Prof. Morell völlig überraschend springt er auf und schreit: *„Denken Sie, ich bin verrückt? Sie wollen mir wahrscheinlich Morphium geben?"*

Linge erinnert sich: *„An jenem Abend sagte Hitler: Gehen Sie weg, Morell! Sie beabsichtigen, mir Morphium zu geben! Und wenn ich bewusstlos bin, werden Sie mich wegtransportieren."* Hitler beschimpft ihn, droht, ihn erschießen zu lassen und sagt: *„Sie werden den Bunker sofort verlassen, ich will Sie hier nicht mehr sehen! Ziehen Sie Ihre Uniform aus und werden Sie wieder der Arzt vom Kurfürstendamm."* Er gibt ihm noch den Rat, *„sich so verhalten, als hätten Sie mich nie gesehen."* Prof. Morell erleidet einen Schock und kurz darauf einen Schlaganfall, von dem er sich bis zu seinem Tode im Jahre 1948 nie wieder erholen wird, und fliegt noch in der Nacht nach München.

Um 22:30 Uhr ruft Koller an und Hitler befiehlt: *„Jeder verfügbare Mann der Luftwaffe im Gebiet zwischen Berlin und der Küste, von Stettin bis Hamburg, wird dem Angriffsplan unterstellt."* Dann legt er auf. Koller ruft nun Krebs an und fragt diesen nach Einzelheiten. Er meldet ihm auch, dass der Angriff noch nicht begonnen habe und Steiner es *„vor Anbruch der Nacht"* auch nicht wagen wolle. Unvermittelt schaltet sich Hitler in das Gespräch ein und Koller hört seine erregte Stimme: *„Haben Sie noch einen Zweifel an meinem Befehl? Ich glaube, ich habe mich klar genug ausgedrückt: Alle Kräfte der Luftwaffe im Nordraum, die für den Einsatz auf der Erde verfügbar gemacht werden können,*

^ 21. April 1945, Berlin, Alte Reichskanzlei: Hitler und Julius Schaub im zerstörten Speisesaal der Alten Reichskanzlei. Im Hintergrund an der Wand zwei der runden hölzernen Tischplatten. (132)

müssen sofort Steiner zugeführt werden." Hitler schreit ihn an, dass *„der letzte Mann eingesetzt werden muss"* und droht: *„Jeder Kommandeur, der Truppen zurückhält, hat binnen fünf Stunden sein Leben verwirkt. Das müssen die Kommandeure auch erfahren. Sie selbst haften mir mit Ihrem Kopf, dass der letzte Mann eingesetzt wird!"* Um 23:50 Uhr ruft Hitler Koller erneut an: *„Sie werden sehen, der Russe erleidet die größte Niederlage, die blutigste Niederlage seiner Geschichte vor den Toren der Stadt Berlin."* Dann lässt er sich zum letzten Mal von August Wollenhaupt die Haare schneiden.

Sonntag, 22. April

Hitler wird um 10:00 Uhr von Artillerieeinschlägen wach und fragt sofort nach: *„Mit welchem Kaliber wird geschossen?"* Als ob diese Frage noch wichtig wäre! Die Berliner erhalten an diesem Morgen eine neue Zeitung, eigentlich mehr ein Flugblatt namens „Der Panzerbär", in Anlehnung an das Wappentier Berlins. Es ist eine Frontzeitung des Deutschen Verlages (ehemals Ullstein Verlag). Der Untertitel lautet: *„Kampfblatt für die Verteidiger Berlins."* Das Blatt enthält Durchhalteparolen wie: *„Hitler ist bei euch!"*.

^ *21. April 1945, Berlin, Alte Reichskanzlei: Das letzte Foto des lebenden Hitler. Julius Schaub redet auf ihn ein, im Hintergrund die Eingangstür zum Wintergarten. (115)*

Die "Berliner Morgenpost" und "Das 12 Uhr Blatt" stellen ihr Erscheinen ein. Im Südwesten übergibt der NS-Oberbürgermeister von Stuttgart, Karl Strölin, seine Stadt kampflos einem französischen General. Die einrückenden französischen Truppen, vielfach Farbige, plündern und vergewaltigen. Sowjetische Truppen erreichen den Teltowkanal, Lichterfelde und Zehlendorf. Sie dringen weiter Richtung Schöneberg vor und es entbrennt ein unerbittlicher Häuserkampf. In den umkämpften Stadtteilen werden die Toten häufig in Parks und oft auch direkt neben den Gehwegen notdürftig bestattet. Der Himmel über Berlin gehört den Schlachtfliegern mit dem roten Stern.

Das OKW, ein Teil ist bereits in Berchtesgaden, weicht von Berlin-Wannsee in die Kavallerie- und Panzertruppenschule nach Potsdam-Krampnitz aus. Die Straßen Richtung Westen sind von Flüchtlingen verstopft, jeder der kann und darf, flieht in Richtung der Amerikaner. Einer der letzten Fluchtwege ist die Glienicker Brücke nach Potsdam. Mittels "Der Panzerbär" wird ein Führerbefehl verbreitet, der die sofortige Erschießung von Personen anordnet, die die deutsche *"Widerstandskraft"* beim Kampf um Berlin schwächen: *"Eine ernste Mahnung des Führers! Merkt Euch! Jeder, der Maßnahmen, die unsere Widerstandskraft schwächen, propagiert oder gar billigt, ist ein Verräter! Er ist augenblicklich zu erschießen oder zu erhängen! Das gilt auch dann, wenn angeblich solche Maßnahmen im Auftrag des Gauleiters, Reichsminister Dr. Goebbels oder gar im Namen des Führers befohlen werden sollten. Führerhauptquartier, den 22.4.1945 gez. Adolf Hitler."*

Goebbels erlässt einen weiteren Aufruf an die Berliner, um *"alle nicht eingesetzten Soldaten und Männer"* zum Kampf zu motivieren: *"Soldaten und Verwundete, die noch eine Waffe führen können, melden sich sofort freiwillig [!] auf der Kommandantur Berlin, Johannisstr., Nähe Bahnhof Friedrichstraße. (...) Ich bin über-*

^ *Russsische Mehrfachraketenwerfer vom Typ Katjuscha feuern vom Asternplatz in Berlin-Lichterfelde aus auf das Regierungsviertel (115) (o.). April 1945, irgendwo in Deutschland: eine Flüchtlingsfamilie kocht im Freien, im Hintergrund Häuserruinen (115) (u.).*

zeugt, dass sich jeder Mann, der ein tapferes Herz besitzt und entschlossen ist, unsere geliebte Reichshauptstadt gegen den grausamen bolschewistischen Weltfeind bis zum äußersten zu verteidigen, nach meinem Appell richtet (...)."

Dann wird unter dem Kommando von SS-Brigadeführer Wilhelm Mohnke eine aus 3.500 Mann bestehende Kampftruppe aufgestellt, die das Regierungsviertel verteidigen soll. Die Kampfgruppe besteht aus dem Wachbataillon der „LSSAH" unter SS-Sturmbannführer Kaschulay, aus dem Ausbildungs- und Ersatzbataillon der „LSSAH" unter SS-Obersturmbannführer Arthur Klingemeyer, aus der Führerbegleitkompanie sowie aus Versprengten aller Wehrmachtteile und französischen Mitgliedern der Waffen-SS, die besonders rücksichtslos und brutal kämpfen. Um möglichst viele *„Drückeberger"* aufzugreifen, zieht die Geheime Feldpolizei, im Volksmund *„Kettenhunde"* genannt, durch die Straßen und führt Razzien in Bahnhöfen, Zügen und Lokalen durch. Wer keinen gültigen Urlaubsschein oder Marschbefehl vorweisen kann, wird umgehend als Deserteur abgeführt. Sie handeln nach der von Hitler ausgegebenen Parole: *„Der Soldat kann sterben, der Deserteur muss sterben."* Auch die SS sucht nach Deserteuren und hängt diese beim geringsten Anzeichen von Fahnenflucht am nächsten Baum auf, darunter zahlreiche Hitlerjungen.

Die Lagebesprechung beginnt scheinbar wie immer, es ist gegen 15:30 Uhr. Anwesend sind Keitel, Dönitz, Jodl, Krebs, Burgdorf, Buhle, Winter, Christian, Voss, Fegelein, Bormann, Hewel, Lorenz, Below, Günsche, Johannmeyer, John von Freyend und von Loringhoven. Letzterer hat den Eindruck, dass Hitler trotz *„einer gewissen Erstarrung seine geistigen Kräfte voll unter Kontrolle"* habe. Berlin ist zu mittlerweile zu drei Viertel von der Roten Armee eingeschlossen, die auf Spandau vorstößt und in Köpenick kämpft. Die Festung Frankfurt/Oder muss dem Feind überlassen werden. Südlich von Stettin sieht es auch nicht besser aus. Hitlers Hauptinteresse gilt jedoch dem Fortschritt des Gegenangriffs von Steiner im Norden der Stadt. Die SS hat Hitler versichert, dass der Angriff begonnen hat, aber der misstrauische Hitler befiehlt, dass die Luftwaffe den Fortschritt der Truppenbewegungen kontrolliert. Keitel fällt auf, dass er *„gelbgrau im Gesicht"* sei und sowieso eine *„steinerne Miene"* aufgesetzt habe. Er sei *„äußerst nervös, teilweise mit Gedanken abwesend"* und verlässt zweimal den Besprechungsraum, um sich kurz in seine Privaträume zu begeben. Wieder zurückgekehrt, geht es wieder um den Angriff Steiners, der eine zusammengewürfelte, demoralisierte, schlecht bewaffnete und unter Munitionsmangel leidende Truppe führt. Tatsächlich hat er keine Chance, erfolgreich in die Offensive gehen zu können.

Hitler fragt nach, ob die Luftwaffeneinheiten Steiner unterstellt worden seien und der Angriff noch laufe, wie er es befohlen habe. General Christian antwortet, sie haben von Steiner noch keinen Befehl erhalten und Steiner habe noch nicht angegriffen. Aus Sicht Hitlers ist es ein erneuter Verrat, seine Befehle werden missachtet. Er hat den Eindruck, dass er vor vollendete Tatsachen gestellt werden soll, eventuell um ihn zum Verlassen Berlins zu veranlassen und so bringt diese Meldung das Fass endgültig zum Überlaufen. Hitlers Kopf beginnt zu zucken; er atmet schwer, doch noch hat er sich im Griff. Es ist ein weiteres überzeugendes Indiz für seine selbst in den letzten Lebenstagen noch erhaltene Steuerungsfähigkeit. Ehe er zu toben beginnt, schickt er alle Personen, außer Keitel, Jodl, Krebs und Burgdorf und den beiden Stenografen Herrgesell und Hagen, aus dem Besprechungszimmer: *„Es bleiben im Raum...."*.

Als der letzte des Raumes Verwiesene die Tür hinter sich schließt, springt Hitler auf und beugt sich über den Tisch. Mit zitternden Händen fährt er über die Karte, richtet sich auf und wirft seine Farbstifte auf den Tisch. Es ist sein psychischer Zusammenbruch. Jahrelang hat er seine Gefühle unterdrückt, riesige seelische Spannungen angestaut und sein Nervensystem teils bis zum Äußersten beansprucht. Dazu kommt der jahrelange Medikamentenmissbrauch. Ist das Szenario seelischen Versagens eine demonstrative Schauspielerei – er lässt sich erst dann gehen, als er die meisten hinausgeschickt hat – und somit ein theatralischer Effekt? Eher nicht: Es ist das Endstadium der völligen Erschöpfung. Hitlers Gesicht läuft dunkelrot an, seine weit aufgerissenen Augen treten hervor. Mit dem rechten Arm wild gestikulierend schreit er: *„Der Angriff Steiner war ein Befehl!"* Er tobt, dass er nur *„von Lügnern und Verrätern"* umgeben, *„das Opfer von Feigheit"* sei und im Stich gelassen werde: *„So was hat es überhaupt noch nicht gegeben! Das gibt es doch überhaupt nicht! Unter diesen Bedingungen bin ich nicht mehr in der Lage, zu kommandieren. Der Krieg ist verloren!"* Sein Gesicht wird weiß, der Körper zittert krampfartig: *„Aber wenn Sie, meine Herren, glauben, dass ich Berlin verlasse, dann haben Sie sich sehr getäuscht! Eher jage ich mir eine Kugel durch den Kopf."* Alle starren ihn an, keiner wagt etwas zu sagen. Er hat nun ausgesprochen, worauf seine Umgebung seit Monaten gewartet hat: Das Eingeständnis, dass der Krieg verloren ist. Jetzt wird allen klar, dass sein Tod bevorsteht, denn Kapitulation und Gefangenschaft kommen selbstverständlich nicht in Frage. Hitlers Tobsuchtsanfall wird von den draußen Wartenden gehört. Auch im Korridor fällt kein Wort, Entsetzen greift um sich.

Hitler hat mehrfach mit Selbstmord gedroht. Er besitzt seit November 1921 einen Waffenschein und ist ein geübter und sicherer Pistolenschütze. Nach dem gescheiterten Putsch versuchte er sich am 11. November 1923 in Uffing am Staffelsee zu erschießen und am 8. Dezember 1932 kündigte er seinen Mitarbeitern gegenüber an: *„Wenn die Partei einmal zerfällt, mache ich in drei Minuten mit der Pistole Schluss."* Als nun Jodl am 22. April 1945 einen Vorschlag äußert, sagt Hitler nur: *„Meine Herren, es ist zu Ende. Ich werde in Berlin bleiben und mich erschießen, wenn es soweit ist. Wer gehen will, kann gehen, es steht jedem frei. Tun Sie, was Sie wollen."* Dann verlässt er den Lageraum, blickt niemanden der Umstehenden an und schlurft in den Vorraum vor seinem Arbeitszimmer. Die Tür bleibt auf, Hitler bleibt regungslos stehen. Traudl Junge erinnert sich: *„Sein Gesicht hat jeden Ausdruck verloren, die Augen sind erloschen. Er sieht aus wie seine eigene Totenmaske. Sein Blick erfasst nichts."* Er sagt leise zu ihr: *„Ziehen Sie sich sofort um. In einer Stunde geht ein Flugzeug, das Sie nach Süden bringt. Es ist alles verloren, hoffnungslos verloren."* Nachdem Eva Braun ihm versichert, aber *„Du weißt doch, dass ich bei Dir bleibe"*, versucht er ein Lächeln und küsst sie, zum ersten Mal vor Dritten, auf den Mund. Traudl Junge sagt: *„Ich bleibe auch."* Hitler erwidert: *„Ich wollte, meine Generale wären so tapfer wie Sie!"* Dann zieht er sich in seine Privaträume zurück. Keitel, Bormann, Burgdorf und Fegelein sind konsterniert und wollen ihn sprechen. Linge betritt sein Schlafzimmer und findet ihn mit offener Jacke, völlig entkräftet, auf dem Bett liegen. Schwach sagt er zu ihm: *"Ich lasse bitten."* Als Keitel eintritt, wartet Hitler nicht, bevor er etwas sagt:

"Ich weiß schon, was Sie sagen wollen: Es muss jetzt ein ganzer Entschluss gefasst werden. Diesen ganzen Entschluss habe ich bereits gefasst: Ich gehe aus Berlin nicht mehr hinaus; ich werde die Stadt bis zum Letzten verteidigen. Entweder ich befehle diesen Kampf um die Reichshauptstadt, wenn Wenck mir die Amerikaner vom Halse hält und hinter die Elbe zurückschlägt, oder ich gehe in Berlin mit meinen Soldaten unter und falle im Kampf um das Symbol des Reiches."

Er denkt an den letzten Herbst zurück und sinniert, wenn er *"im November in Ostpreußen geblieben"* wäre, hätten *"die Russen dort niemals ihren Durchstoß erzielt"*. Zu Günsche sagt Hitler gegen 17:00 Uhr: *"Verbinden Sie mich sofort mit Goebbels."* Er wütet am Telefon über Feigheit, Verrat und Betrug und diktiert ihm eine Bekanntmachung, dass er sich entschlossen habe, in Berlin zu bleiben und bis zum Ende zu kämpfen. Goebbels soll mit seiner Familie in den Bunker kommen. Kurze Zeit nach dem Gespräch erscheint Goebbels mit Frau und Kindern, eine Aktion, auf die sie sich bereits seit längerem vorbereitet haben. Die gläubige Nationalsozialistin Magda Goebbels sagte vorab zum Mitarbeiter ihres Mannes, Wilfred von Oven: *"Wir müssen jetzt alle in den Führerbunker. Wir müssen uns jetzt alle vergiften."* Hitler hält das nicht für richtig, aber für bewundernswert. So kommt das Ehepaar mit seinen sechs Kindern im Vorbunker an. Die Mädchen und der Junge sind ängstlich und durch die dunklen Mäntelchen treten die bleichen Gesichter im Kunstlicht besonders hervor. Zu Ehren Hitlers hatten sie alle Vornamen erhalten, die mit „H" beginnen: Helga, Hilde, Helmut, Holde, Hedda und Heide. Sie werden später von „Onkel Adolf" mit belegten Broten und Kuchen verwöhnt und dürfen sogar sein Badezimmer benutzen. In dieser Stunde erobert die Rote Armee den Schlesischen Bahnhof im Bezirk Friedrichshain.

Dann ruft er Schaub: *"Schaub, wir müssen sofort alle wichtigen Dokumente, die sich hier befinden, vernichten. Besorgen sie sich Benzin! Es muss alles sofort verbrannt werden, alles (...) was sich in meinen Stahlschränken befindet. Hier in Berlin, in München und in Berchtesgaden müssen Sie alles vernichten (...) hören Sie (...) alles, alles!"* Es darf davon *"kein Fetzen in feindliche Hände gelangen"*. Er fingert an seinem Schlüsselring herum und gibt ihn Schaub, der den Panzerschrank leert. Hitler hilft ihm dabei und stopft den Inhalt in große Koffer: *"Es darf nichts übrig bleiben, Schaub. Das ist hier der letzte Dienst, den wir unseren Freunden erweisen."* Hitler nimmt die leichte, 6.35-Millimeter-Pistole aus seiner Hosentasche und ersetzt sie durch die schwerere 7.65-Millimeter-Walther-PKK, die immer auf seinem Nachtisch liegt. Diese Waffe trägt er ab sofort durchgeladen und gesichert

^ *Ein Modell der späteren Tatwaffe vom Typ Walther PPK Kaliber 7,65 mm. (114)*

immer bei sich. Die Papiere auf Hitlers Schreibtisch packt Schaub auch noch in einen Koffer und trägt sie dann nach oben, insgesamt vier volle Koffer. Er kippt alles in einen etwa 20 bis 25 Meter vom Gartenausgang entfernten Bombentrichter, schüttet Benzin über die persönlichen Unterlagen Hitlers und zündet sie an. Nach kurzer Zeit steht Hitler plötzlich neben ihm, starrt wortlos in die Flammen und schaut zu, wie seine privaten Aufzeichnungen, Skizzen, Notizen, Denkschriften und seine Korrespondenz in Flammen aufgehen. Dann verabschiedet er sich von Schaub, der seit über zwanzig Jahren in seinen persönlichen Diensten steht. Schaub räumt dann noch fünf Panzerschränke in den Privaträumen der Alten Reichskanzlei aus und fliegt nach München.

General Karl Koller sagt über ein Gespräch aus: *„Er hat gesagt, kämpfen könnte er nicht aus körperlichen Gründen, kämpfen würde er persönlich auch nicht, weil er nicht Gefahr laufen könne, vielleicht verwundet in Feindeshand zu fallen. Wir haben alle nachdrücklich versucht, ihn davon abzubringen."* Als ihm erwidert wird, es *„gibt keinen einzigen deutschen Soldaten, der unter dem Reichsmarschall kämpfen würde"*, meint er trocken: *„Was heißt kämpfen? Da ist nicht mehr viel zu kämpfen und wenn's aufs Verhandeln ankommt, das kann der Reichsmarschall besser als ich!"* Die letzte Entwicklung der Lage hat ihn stark beeindruckt, er spricht überall von Verrat und Versagen, Korruption in der Führung und bei der Truppe. Auch die SS lüge ihn jetzt an, so auch Sepp Dietrich; Steiner ist gar nicht erst angetreten, und das hat Hitler zutiefst erschüttert: *„Die Truppen kämpfen nicht, die Panzersperren in Berlin sind auf."*

Keitel will zu Wenck, um mit ihm den Entsatzangriff auf Berlin zu koordinieren, doch Hitler besteht darauf, dass er bleiben und etwas essen soll, es ist mittlerweile 20:00 Uhr. Er ruft nach einem Diener und bestellt eine Mahlzeit für Keitel. Als sie eintrifft, setzt er sich hin und schaut Keitel beim Essen zu. Er ist jetzt vollkommen ruhig und sorgt noch dafür, dass Keitel belegte Brote, eine halbe Flasche Kognak und Schokolade mit auf den Weg bekommt. Nun können alle in Hitlers Umgebung offen, nicht mehr nur hinter vorgehaltener Hand, reden, wie sie aus Berlin entkommen wollen. Rochus Misch muss bleiben, denn zu ihm sagt Hitler: *„Misch, Sie werden natürlich noch gebraucht."* Ausgerechnet Bormann ergreift nun Partei für das Militär und versucht Hitler einzureden, dass die Lage noch nicht ganz hoffnungslos sei, Steiner stehe im Norden, Schörner im Süden. Hitler telefoniert dann auch mit Schörner.

Darüber hinaus verbietet er kategorisch die Vernichtung von Kunstschätzen. Er lässt an die Parteikanzlei in München einen Funkspruch absetzen, dass *„die Vernichtung der Kunstsammlungen nicht stattfinden darf; dagegen ist die Lähmung der Bergungsorte gegebenenfalls durchzuführen"*. Auch angesichts totaler Zerstörung sind ihm Kunstschätze immer noch am Wichtigsten. Er gilt als der größte Kunstkäufer (er gibt etwa 150 Millionen RM aus (heute etwa 2,4 Billionen Euro) und als der größte Kunsträuber der Geschichte, der den größten staatlichen Kunstraub aller Zeiten zu verantworten hat. Zu Beginn seiner politischen Karriere im Jahre 1919 hat Hitler einen Kontostand von 15,75 RM (heute etwa 25 Euro). Am Ende seines Lebens hat der Multimillionär Hitler rund 10.000 Gemälde und Kunstgegenstände mit einem unschätzbaren Wert gehortet. Dabei sind Gobelins, alte Waffen und Möbelstücke noch gar nicht mitgerechnet. Hitler besitzt die größte Kunstsammlung, die je ein einzelner Mensch besessen hat. Bevorzugt wird das 18. und frühe 19. Jahrhundert, und so ist ein Bild des Genremalers Grützner für Hitler so wertvoll wie eines von Rembrandt. Die besten Stücke sollten in das geplante Führermuseum in Linz, wo er seinen Ruhestand verbringen wollte. An ihre Freundin Herta Schneider schreibt Eva Braun:

„Mein liebes Hertalein! Wir kämpfen hier bis zum Letzten, aber ich fürchte, das Ende rückt bedrohlich näher und näher. (...) Ich kann nicht verstehen, wie alles so kommen konnte, aber man glaubt an keinen Gott mehr! (...) Ich bin sehr glücklich gerade jetzt in seiner Nähe zu sein. Was ich persönlich um den Führer leide, kann ich Dir nicht schildern. Der Führer hat seinen Glauben verloren. (...) Grüße alle Freunde, ich sterbe so, wie ich gelebt habe. Schwer fällt es mir nicht. Das weißt Du."

Auch Axmann gegenüber versichert Eva Braun, die im Bunker hinter vorgehaltener Hand „*Todesengel*" genannt wird, dass sie nach Berlin gekommen ist, um *„an der Seite des Führers zu sterben"*. Ihrer Schwester schreibt sie: *„Vernichte meine ganze Privatkorrespondenz und vor allem die geschäftlichen Sachen. (...) Es dürfen unter keinen Umständen Rechnungen von der Heise* [Eva Brauns Schneiderin] *gefunden werden. Vernichte auch ein Kuvert, das an den Führer adressiert ist und sich im Bunker* [Obersalzberg] *im Safe befindet. Die Briefe des Führers und meine Antwortentwürfe (Blaues Lederbuch) bitte ich wasserdicht zu verpacken und eventuell zu vergraben. Bitte nicht vernichten!"* Sie will, dass die Nachwelt von ihrer „Beziehung" zu Hitler erfährt, aber nicht, wie extravagant sie sich auf Kosten Hitlers eingekleidet hat. Ihr Hinweis auf *„Briefe des Führers"* ist eine Täuschung. Sie will damit der Nachwelt eine engere und geistige Verbindung mit Hitler suggerieren, die es so nie gegeben hat. Als sie Hitler kennenlernt, hat dieser schon lange keine längeren Briefe mehr geschrieben, weil er dies generell ablehnt.

Abends wird ein kleiner, übernächtigter und völlig verstörter Hitlerjunge in den Bunker geführt. Seine Jacke ist ihm viel zu groß, das Gesicht verdreckt, der linke Arm steckt in einem blutbefleckten Verband. Der Zwölfjährige hat in Nähe des Potsdamer Platzes einen russischen Panzer mit einer Panzerfaust abgeschossen. Hitler heftet ihm mit viel Pathos ein Eisernes Kreuz an die schmächtige Brust, streicht ihm langsam über den Kopf – und schickt ihn wieder hinaus in den Straßenkampf. Regelmäßig anwesend ist nun auch der Erste Generalstabsoffizier Oberstleutnant Ulrich de Maizière. Als de Maizière zum ersten Mal im Bunker erscheint, es herrscht *„relative Ruhe"*, trifft er im Lageraum auf Hitler, Bormann, Krebs und Burgdorf. Sie stehen um einen großen Stadtplan von Berlin und lesen sich gegenseitig Meldungen über Straßenkämpfe vor. Für de Maizière eine absurde Situation, die bildlich den bevorstehenden Zusammenbruch ausdrückt. Sein Sohn Thomas wird in der Bundesrepublik Deutschland mehrmals Minister. Ulrich de Maizière hat die undankbare Aufgabe, die aktuellen Nachrichten von der Front Hitler mitzuteilen. Von Below erinnert sich:

„Die klarsten und nüchternsten Lagevorträge in diesen entscheidenden Tagen hielt der Oberstleutnant i. G. de Maizière. Er fasste in der Regel nachts die letzten Ereignisse des Tages ohne jede Beschönigung knapp und deutlich zusammen. Die meisten Zuhörer waren beeindruckt, und auch Hitler fand an seiner präzisen Ausdrucksweise Gefallen. Gute Nach-

richten konnte er nach Lage der Dinge von der Ostfront nicht mehr erwarten. Umso mehr schätzte er de Maizières sicheres und unpathetisches Auftreten."

Umgekehrt beobachtet de Maizière natürlich auch Hitler: *„Aber so hinfällig Hitler auch zunächst erschien, das Bild änderte sich mit Beginn des Vortrages. Er hörte aufmerksam zu, griff oft und lebhaft in die Vorträge ein, stellte ergänzende Fragen. Wenn er zu sprechen begann, belebten sich Augen und Sprache. Sie bekamen Farbe, Energie, oft auch Schärfe."*

Nach dem Krieg fragt sich Ulrich de Maizière selbstkritisch, ob er und die anderen Generalstabsoffiziere angesichts des im Juli 1944 durch das Attentat und den Militärputsch sichtbar gewordenen Widerstands und der Lage an den Fronten überhaupt noch Dienst hätten leisten dürfen. Seine Antwort ist eindeutig: *„Für neuen Widerstand war es zu spät und man musste seine Pflicht den Kameraden an der Front gegenüber tun. Zudem: Egal was man in dieser Lage getan hätte, man hätte sich so oder so immer schuldig gemacht."* Als Hitler beispielsweise gebeten wird, die Zivilisten aus Berlin zu evakuieren, ist die knappe Antwort: *„In diesem Krieg gibt es keine Zivilisten."* Niemand hat den Mut zu widersprechen.

Der Berliner Kampfkommandant Generalleutnant Hellmuth Reymann wird von Hitler seines Postens enthoben. Erich Kaether wird zu seinem Nachfolger ernannt und zum Generalleutnant befördert. Doch bevor dieser seine neue Stelle antreten kann, überlegt es sich Hitler anders und übernimmt erst einmal persönlich die Verteidigung von Berlin. Gegen 23:00 Uhr erscheint Himmlers Begleitarzt Generalmajor der Waffen-SS Karl Gebhardt, der reihenweise medizinische Menschenversuche an KZ-Häftlingen vorgenommen hat, und beschwört Hitler, Berlin zu verlassen. Zugleich will er zum Präsidenten des Deutschen Roten Kreuzes ernannt werden. Präsident ist formal noch immer Carl Eduard Herzog von Sachsen-Coburg und Gotha, der sein Amt aber nicht mehr ausüben kann, da er in Coburg unter amerikanischem Hausarrest steht. Hitlers Reaktion ist so vorhersehbar wie eindeutig: *„Präsident des Deutschen Roten Kreuzes – ja, ja. Das interessiert mich alles nicht mehr. Belästigen Sie mich doch nicht mit diesen unwichtigen Sachen."*

Hitler erfährt, dass Gebhardts Chef Himmler, der sich nicht mehr in den Bunker traut, zu seinem persönlichen Schutz ein Begleitbataillon von 600 SS-Männern außerhalb Berlins stationiert hat. Er befiehlt, die Männer umgehend zur Verteidigung Berlins einzusetzen und weist mit dem Finger auf den Stadtplan an dem Ort, an dem die Einheit eingesetzt werden soll: im Tiergarten nahe der Reichskanzlei. Zudem ordnet er an, prominente Gefangene zu verlegen, damit sie noch kurz vor dem Zusammenbruch ermordet werden können. Dann kommt noch der Chef des SS-Hauptamtes General Gottlob Berger, der *„militärische Bevollmächtigte des Führers für Bayern"*. Hitler wiederholt ihm gegenüber seine Vorwürfe wegen der Untreue der SS und fordert Berger auf, die *„Separatistenbewegungen"* zu zerschlagen, die in Württemberg und Österreich entstanden seien. Jeder habe ihn getäuscht, niemand habe ihm die Wahrheit gesagt: *„Alle haben mich getäuscht! Niemand hat mir die Wahrheit gesagt! Die Wehrmacht hat mich belogen!"* Berger sieht, wie sein Gesicht blaurot anläuft:

„Ich dachte, er würde jeden Augenblick vom Schlag gerührt werden. Ich hatte den Eindruck, dass er schon einen Schlaganfall gehabt hat, linksseitig – aber das wurde natürlich

geheim gehalten. Sein Arm, (...) war plötzlich leblos und er stellte seinen linken Fuß niemals richtig auf den Boden. Er stützte auch seine linke Hand nicht, wie er es gewöhnlich getan hatte, richtig auf; er stützte nur seine rechte Hand auf den Tisch."

Dann besprechen sie die Situation prominenter Gefangener sowie britischer und amerikanischer Kriegsgefangener mit guten Beziehungen, die als Geiseln dienen sollen. Sein Befehl an Berger lautet, er solle *„so viele britische und amerikanische Offiziere wie möglich"* sammeln und sie als *„Geiseln zur Alpenfestung* [!]*"* bringen. Als Berger geht, erhebt sich der am Tisch sitzende Hitler. Berger erinnert sich: *„Seine Hand hat gezittert, sein Bein hat gezittert und sein Kopf hat gezittert. Und alles, was er immer wieder gesagt hat, war: Alle erschießen! Alle erschießen!"* Bei diesen geschichtsträchtigen Ereignissen gehen Kriegsverbrechen, die mittlerweile Alltag geworden sind, im Nachrichtenchaos unter. So wird an diesem Tag im heutigen Bautzener Ortsteil Niederkaina eine Scheune, in der sich etwa 200 Volkssturmangehörige befinden, von sowjetischen und/oder polnischen Soldaten niedergebrannt – alle kommen ums Leben. Fast zeitgleich bringen deutsche Truppen in Guttau nordöstlich von Bautzen das gesamte Personal sowie alle Verwundeten und Kranken eines polnischen Feldlazaretts um.

Montag, 23. April

Nach dem Zusammenbruch Hitlers am Vortag ist die Stimmung im Führerbunker, manche bezeichnen ihn als *„Todesgruft mit Bewohnern eines Leichenschauhauses mit lebendigen Toten"*, schlecht. Die Anwesenden bewegen sich wie Marionetten und befinden sich im Schockzustand. Rochus Misch schaut nur noch in *„traurige und halbtote Gesichter"*. Es sind im Schnitt noch etwa 20 Personen mehr oder weniger oft anwesend. Hitler ordnet an, dass sich ab sofort Axmann täglich bei ihm melden muss. In manchen nördlichen und östlichen Stadtteilen, wie beispielsweise in Weißensee, ist bereits die Zeit nach Hitler angebrochen. Die Rote Armee verteilt Brot und Suppe und russische Sanitäterinnen nehmen sich nach der Versorgung ihrer eigenen Verwundeten auch deutscher Soldaten an. Als Hitler erfährt, dass in dem Arbeiterviertel Weißensee rote und weiße Fahnen aus den Fenstern hängen und an einigen Stellen deutsche Soldaten kampflos zurückgewichen sind, befiehlt er Günsche, eine SS-Abteilung hinzuschicken, um diese standrechtlich zu erschießen.

Beispielhaft für viele Hingerichtete ist an diesem Tag Otto Meyer. Er schafft es, dem Hexenkessel der Schlacht vor Berlin zu entkommen und schlägt sich nach Hause durch, wo ihn seine junge Frau bittet, zuhause zu bleiben. Von Hausbewohnern denunziert, zwingt ihn die SS vor den Augen seiner Frau und seines Kindes mit zittrigen Händen ein Schild zu schreiben: *„Ich, Otto Meyer, war zu feige für Frau und Kind zu kämpfen. Deshalb hänge ich hier. Ich bin ein Schweinehund."* An elektrischen Kabeln, die tief in das Fleisch einschneiden, wird er an einem Laternenpfahl hochgezogen und erdrosselt; seine Frau fällt in Ohnmacht, die SS-Männer ziehen weiter zum nächsten Opfer. Um 00:56 Uhr erreicht ein vom Obersalzberg gesandtes Fernschreiben Görings den Führerbunker:

„Mein Führer: General Koller hat mir heute aufgrund von Mitteilungen, die ihm Generaloberst Jodl und General Christian gemacht hatten, eine Darstellung gegeben, wonach Sie in gewissen Entscheidungen auf mich verwiesen hätten und dabei betonten, dass ich, falls Verhandlungen notwendig würden, dazu leichter in der Lage wäre als Sie in Berlin. Die Äußerungen waren für mich derart überraschend und ernst, dass ich mich verpflichtet fühlte, falls bis 22:00 Uhr keine Antwort erfolgt, nehme ich an, dass Sie Ihrer Handlungsfreiheit beraubt sind. Ich werde dann die Voraussetzungen ihres Erlasses [Erlass vom 29. Juni 1941, Hitler überträgt Göring die Führernachfolge mit allen Vollmachten für den Fall, dass er selbst *„seiner Handlungsfähigkeit beraubt"* sei] *als gegeben ansehen und zum Wohle von Volk und Vaterland handeln. Was ich in diesen schwersten Stunden meines Lebens für sie empfinde, dass wissen Sie und kann ich durch Worte nicht ausdrücken. Gott schütze Sie und lasse Sie trotz alledem baldmöglichst hierher kommen. Ihr getreuer Hermann Göring."*

Hitler reagiert zunächst nicht. Das sogenannte *„Göring-Telegramm"*, eines der wichtigsten Dokumente der letzten Kriegstage in Deutschland, wird im Jahre 2015 für 54.675 Dollar (etwa 50.000 Euro) in den USA versteigert. Im Stadtteil Pankow ist nach der Besetzung durch die Rote Armee eine traurige Bilanz zu verzeichnen: 450 getötete Zivilisten, 510 gefallene Soldaten liegen auf den Straßen, 450 Personen haben Selbstmord begangen, darunter 200 Frauen und Mädchen. Vergewaltigungen erfolgen pausenlos, die Sieger schonen weder Greisinnen, noch Teenager und auch nicht Kinder. Es sind meist nur Befehle zu hören: *„Frau komm"* und das Verlangen nach Uhren *„Uri Uri."* Während der Schlacht um Berlin nehmen sich insgesamt 3.881 Menschen das Leben, im Jahre 1945 insgesamt 7.057, darunter 3.996 Frauen, die sich meist aus Angst vor einer Vergewaltigung oder danach umbringen. Auch eine hohe Zahl von NS-Funktionären suizidiert sich aus Angst vor den Konsequenzen einer Gefangennahme. In Demmin/Vorpommern verüben innerhalb von nur drei Tagen 900 Menschen Selbstmord, auch hier meistens Frauen. Viele binden sich mit Seilen zusammen und springen in den kalten Fluss. Als die russischen Panzer durch den Ort rollen, erschießt ein Einwohner erst seine Frau und seine drei Kinder, feuert dann noch eine Panzerfaust ab und erhängt sich anschließend.

Wer nicht im Kampf fällt, durch Suizid endet oder einem Bombenangriff zum Opfer fällt, wird eventuell Opfer eines der *„Fliegenden Standgerichte"*. Sie machen mit Fahnenflüchtigen kurzen Prozess, selbst 15-jährige, kaum kampffähige Hitlerjungen werden aufgehängt. Sogar in den Kellern der Neuen Reichskanzlei streift ein Gestaposcherge im braunen Ledermantel und einem Tirolerhut umher, der unter den Schutzsuchenden nach Deserteuren sucht und einen kurzerhand im Garten erschießt. Das Morden unter den Gegnern des Regimes geht ebenfalls weiter: 16 Insassen des Gefängnisses an der Lehrter Straße werden von SS-Leuten abgeholt und auf dem nahen ULAP-Ausstellungsgelände durch Genickschuss ermordet. Um 12:00 Uhr findet eine kurze Lagebesprechung statt. Die Teilnehmerzahl und die Dauer reduzieren sich, dafür gibt es nun der Situation geschuldet mehrfach täglich eine. Karten von der Westfront werden nicht mehr gezeigt, das ist nun unerheblich. Es gibt nur noch eine Karte von Berlin und Umgebung sowie eine andere für ganz Deutschland. Hitler fragt nach der Armee Wenck und erhält keine zufriedenstellende Antwort. Keitel erscheint kurz, gibt einen Treueschwur ab und geht gleich wieder.

Die Kommunikationsmöglichkeiten der Regierungszentrale verschlechtern sich, nachdem Major Lohse, der Chef des Führernachrichtenbataillons, sich ohne Genehmigung mit seiner Truppe spurlos aus der Reichskanzlei absetzt. Daraufhin wird auf dem Dach des gegenüberliegenden Propagandaministeriums eine Richtfunkstrecke zum Funkturm eingerichtet. Von dort werden die Nachrichten über 10-Zentimeter-Kurzwellen zum OKW nach Rheinsberg gesendet, wo sie einen 100 bis 200 Meter hoch aufsteigenden Fesselballon, an dem Sender und Empfänger befestigt sind, erreichen. Erschwerend kommt hinzu, dass die Tonqualität sehr schlecht ist und der Bote vom Führerbunker unter Granatbeschuss zum Propagandaministerium und zurück laufen muss.

Die Sowjets stellen unterdessen Überlegungen um Deutschlands Führungsriege an. Marschall Schukow lässt einen *„Sondertrupp mit 25 Panzer"* einsetzen, um Hitler, Himmler und Goebbels zu schnappen oder wenigstens an der Flucht zu hindern. Sie wissen aber nicht, wo er sich konkret aufhält. Hitler ist klar, dass der letzte Tag des Krieges sein Todestag sein muss; die Zehntausenden, die in den Häuserschluchten verbluten, interessieren ihn nicht. Goebbels gibt bekannt, dass Hitler sich in der Reichshauptstadt befindet und den *„(...) Oberbefehl über alle zur Verfügung Berlins angetretenen Kräfte übernommen hat. (...) Es geht um eine Entscheidung von allergrößter Bedeutung, nicht nur für uns, sondern für Europa. Darum hat der Führer von Berlin aus alles, was Deutschland an militärischen Kräften zur Verfügung steht, eingesetzt, damit es sofort gegen den Bolschewismus geworfen wird"*. Durch die Straßen der Stadt fahren Lautsprecherwagen, die stereotyp verkünden: *„Volksgenossen haltet durch! Panzerstoßtrupp Mohnke drängt den Feind zurück. Unser Führer ist in Berlin."* Als ob das die fehlenden Armeen, die fehlende Munition und den fehlenden Treibstoff ersetzen könnte.

Um 12:40 Uhr verkündet der Großdeutsche Rundfunk aus dem Funkhaus in der Masurenallee: *„Der Führer ist in Berlin. Die Führung ist entschlossen, in Berlin zu bleiben und die Reichshauptstadt bis zum Letzten zu verteidigen."* Hitler verhält sich jetzt wie Stalin, der sich während der deutschen Bedrohung im Winter 1941 ebenfalls weigerte, Moskau zu verlassen, obwohl die Wehrmacht nur noch etwa 25 Kilometer vom Roten Platz und dem Kreml entfernt war. Lorenz gegenüber teilt Hitler seine realitätsfernen Gedanken mit:

„Der Gegner weiß, dass ich hier bin. Der Gegner wird alles tun, um sich hier zu konzentrieren. Das kann die beste Gelegenheit für uns geben, um ihn hier in eine Falle [!] zu locken. Das setzt aber voraus, dass man sich bei uns endgültig über die Bedeutung dieser Stunde im Klaren ist und wirklich gehorsam nach dem von oben befohlenen Plan arbeitet. Es muss aufrichtig gearbeitet werden! Das hier oben [er zeigt auf die Armeegruppe Steiner] *ist nicht ehrlich! Steiner hat zu viele Bedenken angesichts der vor ihm stehenden Abwehrfront. (...) In vier Tagen muss die Sache entschieden sein."*

Die „*Falle*" war der Plan, die Armee Wenck an der Elbe- und Muldefront herumzuschwenken, um sich südlich von Berlin mit Busses 9. Armee zu vereinigen und dann nach Norden in Richtung Potsdam und Berlin anzugreifen. Wencks Ziel soll die Autobahnschleife bei Ferch sein. Das 41. Panzerkorps unter Generalleutnant Rudolf Holste soll über die Elbe zurückgeholt werden, um zwischen Spandau und Oranienburg zum Gegenangriff überzugehen und Hitler, laut Keitel, *„wenn nötig mit Gewalt"* aus Mitte herauszuholen. De facto wären 20 bis 30 kampfkräftige Divisionen nötig gewesen, die aber nicht existieren. Doch selbst wenn dieser Plan gelungen wäre, was dann? Wohin hätte Hitler gehen sollen? Während der Lagebesprechung räumen Eva Brauns Kammermädchen Liesl und Hitlers Ordonnanz, SS-Unterscharführer Wauer, Hitlers Zimmer auf. Eva vertreibt sich die Zeit mit Gesprächen mit Magda Goebbels. Hitler ist nach Keitels künstlich zur Schau gestelltem Optimismus wieder etwas gefasster.

Unerwartet erscheint Speer noch einmal. Sein letztes Zusammentreffen mit Hitler ist ebenfalls nur durch ihn überliefert. Die vielfach kolportierte Szene, in der Speer Hitler schildert, dass er seinen Zerstörungsbefehl nicht befolgt und Hitler daraufhin Tränen in den Augen hat, ist nachträglich von Speer erfunden worden. An anderer Stelle soll Hitler in einem Unterton von Selbstmitleid, aber erstaunlich ruhig gesagt haben:

„Ich werde nicht kämpfen. Die Gefahr ist zu groß, dass ich nur verwundet werde und lebend in die Hände der Russen falle. Ich möchte auch nicht haben, dass meine Feinde mit meinem Körper Schindluder treibt. Ich habe angeordnet, dass ich verbrannt werde. Fräulein Braun will mit mir aus dem Leben gehen und Blondi werde ich vorher erschießen, Glauben Sie mir, Speer, es fällt mir leicht, mein Leben zu beenden. Ein kurzer Moment und ich bin von allem befreit, von diesem qualvollen Dasein erlöst."

In einer weniger dramatisch klingenden und wahrscheinlicheren Version sagt Speer aus: *„Er hat nur gesagt ‚Auf Wiedersehen'. Ich weiß nicht mehr, was er sagte. Jedenfalls ganz kurz, ohne mir die Hand zu geben. Das war ganz kurz und bündig erledigt, und dann flog ich raus bzw. ‚Also, Sie fahren? Gut. Auf Wiedersehen'."* Hitler ist, das bestätigen mehrere Zeugen, entspannt wie lange nicht. Acht Meter über der Erde geht bei starker Bewölkung und Regen der Beschuss durch Artillerie und Tiefflieger weiter. Das Stromnetz, die Gas- und Wasserversorgung brechen zusammen, während das Telefonnetz noch funktioniert. Die Telekommunikation nach Berchtesgaden, dem Obersalzberg und in die Kaserne von Krampnitz ist also noch sichergestellt. Der Fuhrpark der Reichskanzlei, etwa 60 Wagen, die in den unterirdischen Garagen der Kaserne an der Hermann-Göring-Straße untergebracht sind, wird durch den ständig zunehmenden Artilleriebeschuss beschädigt und vernichtet. Die 90 Mann der Fahrbereitschaft und das technische Personal werden in einer im Garten aufgestellten Baracke untergebracht. Auf dem Obersalzberg erhält Gerda Bormann von ihrem Mann Martin mehrere versiegelte Kurierkoffer mit Aufzeichnungen von Hitlers Tischgesprächen, den letzten Manuskripten aus den nächtlichen Beratungen, einigen von Hitlers selbst gemalten Aquarellen und mit anderen Dingen.

Die Wortlaute der um 15:00 Uhr beginnenden Lagebesprechung werden ab sofort durch DNB-Referent Heinz Lorenz aufgenommen, denn Hitler hat die letzten beiden Stenografen vom Dienst fortgeschickt und befohlen, dass sie das in der Vergangenheit Aufgenommene *„nach außen"* bringen. Keitel und Jodl sind kurz zuvor vom Schlachtfeld zurückgekehrt. Das 56. Panzerkorps mit General Weidling ist nicht mehr auffindbar. Steiner hat sich nördlich Berlins mit seiner 25. Panzergrenadier und 7. Panzerdivision nicht vom Fleck gerührt. Die Rote Armee hat zwischen Oranienburg und Spandau die Havel überschritten und es wird heftigst um jedes Haus gekämpft. Die Schulenburg- und die Charlottenbrücke in Spandau wechseln mehrfach den Besitzer. Über die Landsberger Straße im Osten Berlins wälzen sich schwere Panzer vom Typ IS-2 (Iossif Stalin – Josef Stalin) in Richtung Stadtmitte. Verzweiflungsstimmung breitet sich aus.

Auszüge aus den Wortprotokollen (Teilnehmer: Hitler, Keitel, Krebs, Burgdorf, Fegelein, Generalleutnant Ernst Kaether)

Erste Lagebesprechung
Hitler: *„Bis wann ist damit zu rechnen, dass die Hilfskräfte hierherkommen?"*
Krebs: *„Die Frage ist noch ungelöst."*
Hitler: *„Es ist sehr spät. Bis dorthin kann er [die Sowjets] in der Innenstadt bereits stehen. Von einer wirklichen Verteidigung kann nicht die Rede sein, wenn keine Truppe da ist. Ich habe wieder eine erschütternde Nachricht gehört: An einer Stelle ist die Truppe zurückgegangen (…) Ein ganzes Korps ist völlig verschwunden. Nur die SS-Division Nordland allein ist da. Alles Übrige ist verschwunden, einschließlich dem Kommandeur des Korps. (…) Es ist so schandbar! Wenn man sich alles überlegt, warum dann überhaupt noch leben? Ich hätte den Entschluss, den wichtigsten meines Lebens, schon im November 1944 fassen sollen und das Hauptquartier in Ostpreußen nicht mehr verlassen dürfen."*
Das bestätigt er Jodl gegenüber noch einmal. Er sagt ihm, dass er vor Verlassen des Führerhauptquartiers Wolfsschanze seinem Leben ein Ende haben setzen wollen.

Zweite Lagebesprechung
Hitler: *„Es müssen Kräfte hereingeführt werden nach Berlin mit allen Mitteln, um den Grunewald abzudecken. Berlin ist nun einmal jetzt der Hauptanziehungspunkt für den Gegner. Der Gegner weiß, dass ich hier bin. Der Gegner wird alles tun, um sich hier zu konzentrieren. Das kann die beste Gelegenheit für uns geben, um ihn hier in eine Falle zu locken."*
Krebs: *„Ich glaube, dass wir noch vier Tage Zeit haben."*
Hitler: *„In vier Tagen muss die Sache entschieden sein."*

Dritte Lagebesprechung
Hitler: *„Es sollen zugeführt werden im Laufe des heutigen Nachmittags wenn irgend möglich: zwei Bataillone von Division ‚Großdeutschland'. (…) Im Regierungsviertel sind an Reserven: die Führerbegleitkompanie außer zwei Zügen, die bereits eingesetzt sind. Volkssturm-Bataillon des Propagandaministeriums mit drei Kompanien. Volkssturm-Kompanie der Reichskanzlei. Zusammen eine Stärke von rund 3500 Mann. (…) Hier oben an der Havel [nordwestlich Berlins] ist eine schwierige Lage entstanden. (…) Die Luftwaffe muss hier oben alles konzentrieren, was man überhaupt noch hat, und zwar schnell! Es handelt sich um Minuten. Auch hier zwischen Treuenbrietzen und Schwielowsee muss man alles vorwerfen, um das hier abzuschneiden. Auch das oben an der Havel muss schleunigst in Ordnung gebracht werden."*

Kaether: *„Soeben kommen neue Meldungen. An der Landsberger Straße stehen ostwärts der Hauptkampflinie zehn bis zwölf schwerste Feindpanzer, angeblich Typ Stalin. Dahinter eine unzählbare Menge von weiteren Panzern. Nicht nur die angegebenen 40, sondern erheblich mehr."*

Hitler: *„Man muss mit Bombern tief heruntergehen und sie tatsächlich kaputtmachen. Unsere Sturmgeschütze sind diesen Sachen gegenüber etwas zu schwach."*

Da Hitler auf Görings Telegramm nicht reagiert hat, schickt dieser nachmittags ein Zweites, kürzer und eindeutiger verfasstes: *„Mein Führer, sind Sie einverstanden, dass ich nach Ihrem Entschluss, in Berlin zu bleiben und Berlin zu verteidigen, auf Grund des Gesetzes vom 29. Juni 1941 nunmehr die Gesamtführung des Reiches übernehme?"* Und weiter: *„Wenn ich bis 22 Uhr keine Antwort erhalte, nehme ich an, dass Sie Ihrer Handlungsfreiheit beraubt sind und werde ich nach eigenem Ermessen handeln."* Was soll er auch anderes tun? Ihm liegen keine Informationen vor. Nach der Lagebesprechung erscheint Bormann mit diesem Telegramm. Ribbentrop und Speer, wie Bormann ebenfalls Feinde Görings, sind anwesend. Bormann interpretiert den Text als Unverschämtheit, obwohl beide Telegramme keinen Anhaltspunkt für Illoyalität oder Verrat ergeben, und hackt auf der angegebenen Uhrzeit herum. Der Tenor lautet: Das ist ein Ultimatum und das geht gar nicht. Hitler springt auf die allgemeine Empörung sofort an und tobt: *„Ein krasses Ultimatum! (…) Nichts bleibt mir erspart! Keine Treue wird gehalten, keine Ehre! Es gibt keine Bitterkeit, keinen Verrat, der nicht auf mich gehäuft worden wäre (…) das ist das Ende!"*

Hitler knüllt den Funkspruch zusammen. Zu Günsche: *„Funken Sie sofort an Göring! Schreiben sie mit! Ich verfüge wie stets über die ganze Macht und fühle mich in meiner Bewegungsfreiheit absolut nicht eingeschränkt. Ich verbiete Ihnen jegliche Eigenmächtigkeit. Adolf Hitler."* Schließlich wird geschrieben: *„Der Führererlass vom 29.6.1941 ist hiermit für ungültig erklärt. Ihr Verhalten und Ihre Maßnahmen sind Verrat an meiner Person und der nationalsozialistischen Sache. Ich bin in vollem Besitz meiner Handlungsfreiheit und verbiete jede weitere Maßnahme."* Bormann stachelt Hitlers Wut noch an, der trommelt mit den Fäusten auf den Tisch: *„Bormann, geben Sie unserer Kriminalpolizei auf dem Obersalzberg den Befehl, Göring sofort zu verhaften! Funken Sie das sofort! Wenn er fliehen will, auf der Stelle erschießen!"* So fasst Hitler nach ungeduldigem Drängen von Bormann, der endlich gegen seinen Intimfeind vorgehen kann, den seit langem überlegten Entschluss, Göring zu entlassen. Er vermutet, dass Göring zu Eisenhower fliegen möchte, um ihn um Waffenstillstandsbedingungen zu ersuchen. In einem Telegramm betont Hitler, dass er den Zeitpunkt des Inkrafttretens des Gesetzes selbst regelt und stellt klar: *„Auf Ihre Handlungsweise steht die Todesstrafe. Wegen Ihrer großen früheren Verdienste sehe ich von der Durchführung eines Verfahrens ab, wenn Sie auf Ihre Ämter und Würden freiwillig verzichten. Andernfalls andere Schritte getan werden müssen."* Im Bunker verbreitet sich der *„Hochverrat"* Görings wie ein Lauffeuer und führt bei den meisten zur einhelligen Meinung, dies sei eine Unverschämtheit. Hitler ordnet weiter an, dass Generaloberst Robert Ritter von Greim und Fliegergeneral Josef Kammhuber sofort nach Berlin kommen sollen.

Im Notlazarett unter der Neuen Reichskanzlei leiden und schreien hunderte Verwundete, die Anzahl erhöht sich permanent. Der SS-Obersturmbannführer und Arzt Prof. Ernst-Günther Schenck, er war als SS-Arzt im KZ Mauthausen an tödlich verlaufenden Menschenversuchen beteiligt, hat für die Kriegsopfer Lebensmittel herbeigeschafft, Säcke mit Mehl, Dauerbrot, Hülsenfrüchte und Fleischdosen. Der Auftrag lautete: Proviant für 30 Tage und 3.000 Menschen. Es wechseln sich Lebensmittel- und Munitionstransporte von den Depots in die Reichskanzlei ab. Als Prof. Schenck zuvor, das genaue Datum lässt sich nicht mehr ermitteln, von einem Soldaten durch die Neue Reichskanzlei geführt wird, landen sie zufällig in Hitlers Arbeitszimmer. Er schaut durch die großen, bis zum Boden reichenden Fenster in den Garten – und sieht dort zu seiner Überraschung den Diktator in etwa 20 Meter Entfernung im Kreise von Generalen. Prof. Schenck hilft dem schwer lungenkranken Dr. Werner Haase, ein früherer Leibarzt Hitlers, der im Kellerlazarett pausenlos mit Notoperationen beschäftigt ist. Die Krankenschwestern haben Verstärkung von 20 BDM-Mädchen aus Steglitz bekommen, die vor den einrückenden Russen geflohen sind. Bis zur Kapitulation am 2. Mai werden im Lazarett der Neuen Reichskanzlei 350 Operationen durchgeführt. Das Personal setzt sich neben Dr. Gertrud Huhn und den Krankenschwestern überwiegend aus 14- bis 18-jährigen Schwesternhelferinnen zusammen, die sich selbst um schwere Verwundungen kümmern. Die Toiletten unter der Alten und Neuen Reichskanzlei sind in einem erbärmlichen Zustand, nur jene im Führerbunker wird instand gehalten und ist noch sauber.

Die Situation im Lazarett ist denkbar schlecht, die Vorräte an Material und Medikamenten sind bald aufgebraucht. Ein Depot für besondere Notfälle ist in der gesamten Reichskanzlei nicht vorhanden. Zwei Sanitäter kommen aus dem großen Reichsbahnbunker am Anhalter Bahnhof (heute Berlin Story Bunker) und erhoffen sich ebenfalls Nachschub. Die Zustände bei ihnen sind aber noch katastrophaler. Der einen Kilometer entfernte Anhalter Bunker, der ursprünglich für Reisende und die Reichsbahnführung gebaut wurde und 3.500 Personen Platz bieten sollte, beherbergt mittlerweile 12.000 Personen. Alle Räume, Gänge und die Treppenhäuser sind mit Menschen im wahrsten Sinne des Wortes vollgepropft. Als die Entlüftungsanlage ausfällt, steigt die Temperatur auf tropische Grade. Öffnen die im feuchten Bunkerboden verzweifelt um Abkühlung und frische Luft Ringenden die eisernen Schutzblenden, begeben sie sich in die Gefahr durch russischen Granatbeschuss. Das Allerschlimmste aber ist, dass es kein Wasser mehr gibt. Das Wasserholen an Pumpen außerhalb des Bunkers ist mit Lebensgefahr verbunden. Zahlreiche Frauen werden dabei Opfer des Artilleriebeschusses. Es nützt nichts, dass Frauen mit Bettüchern und Lippenstiften eine große provisorische Rotkreuzfahne für den Bunker angefertigt haben. Die Kinder, Verwundeten, Alten und Kranken im Bunker leiden naturgemäß am meisten. Teilweise stehen sie knöcheltief in Fäkalien, da sämtliche Toiletten verstopft sind. Es herrscht akute Seuchengefahr. Mutige, die mit weißer Fahne oder einer Rot-Kreuz-Flagge mit Eimern zum nahegelegenen Spreekanal rennen, um wenigstens etwas verschmutztes Wasser zu holen, werden von den Russen, die das gegenüberliegende Ufer bereits besetzt halten, erschossen. Im gesamten Bunker ist nur ein Arzt tätig, der am Ende seiner Kräfte ist. In anderen Schutzräumen, so den Kellern unter dem U-Bahnhof Gesundbrunnen, halten sich oft dreimal so viel wie die maximale Belegungszahl von 1.500 Personen auf.

Gegen 18:00 Uhr meldet sich der Kommandierende General des 56. Panzerkorps, Helmuth Weidling, um sich zu rechtfertigen. Hitler hat ihn am Vortag wegen eines Missverständnisses – er hat angeblich ohne Befehl den Gefechtsstand nach Döberitz verlegt – zum Tode verurteilt. Weidling schildert:

„Erneut ein langer Marsch durch einen unterirdischen Gang zum Führerbunker, der etwa zwei Stockwerke tief unter der Erde lag. Erneut eine Kontrolle nach der anderen. Bei einem der letzten Posten wurden mir Pistole und Koppel abgenommen. Durch die Küche gelangten wir in eine Art von Kasino, in dem viele SS-Führer zu Abend aßen. Krebs und Burgdorf führten mich rasch in das Zimmer des Führers. Hinter einem Tisch mit Landkarten saß der Führer des Deutschen Reiches. Bei meinem Eintritt wandte er mir den Kopf mit den Augen eines Fieberkranken zu. Der Führer versuchte aufzustehen. Dabei bemerkte ich zu meinem Entsetzen, dass seine Hand und eines seiner Beine unaufhörlich zitterten. Er sitzt tief eingesunkenen in einem Stuhl, die Hände zittern auf der Karte, seine Stimme ist kaum hörbar und er ist menschlich am Ende. Mit großer Mühe gelang es ihm, sich zu erheben. Mit verzerrtem Lächeln gab er mir die Hand, sein Gesicht glich einer lächelnden Maske. Hierauf setzte sich der Führer wieder mit Mühe in den Sessel. Sogar beim Sitzen war sein linkes Bein in unaufhörlicher Bewegung, das Knie bewegte sich wie ein Uhrpendel, nur etwas schneller."

Hitler fragt Weidling mit kaum wahrnehmbarer Stimme, ob er ihm früher schon einmal begegnet sei. Als dieser bejaht, bemerkt Hitler: *„Ich erinnere mich an den Namen, aber an das Gesicht kann ich mich nicht mehr entsinnen"*. Beeindruckt vom Mut Weidlings und nach Klärung des Missverständnisses sowie seinem Vortrag wird Weidling zum Kampfkommandanten von Berlin ernannt und ihm wird die Verteidigung des Ost- und Südostabschnittes übertragen. Hitler suggeriert Zuversicht: *„Ich bin gewillt, mit diesen starken Kräften dem Russen vor den Toren Berlins die größte Vernichtungsschlacht zu liefern!"* Weidling selbst stehen nur notdürftig und hastig zusammengestellte Einheiten zur Verfügung: 44.600 Soldaten, 42.500 Volkssturmmänner, 2.700 Hitlerjungen (weitere etwa 3.000 verteidigen das Reichssportfeld), Reichsarbeitsdienstmänner und Angehörige der Organisation Todt für die Verteidigung der Brücken. Das ist alles: *„Ich konnte gehen. Wieder versuchte der Führer sich zu erheben, aber es gelang ihm nicht. Sitzend gab er mir die Hand. Ich verließ das Zimmer, tief erschüttert über den körperlichen Zustand des Führers."* Weidling macht sich sofort an die Arbeit. Er organisiert den Verteidigungsbereich, verbessert die Funkverbindungen und tauscht Führungspersonal aus. Es ist jedoch unmöglich, diese Aufgabe zu bewältigen. Mengen an Munition und Vorräten gingen vorab an die Oderfront, das fehlt jetzt in Berlin. Erschwerend kommt hinzu, dass das letzte große Munitionslager bei Krampnitz voreilig und grundlos gesprengt worden ist.

Die letzten in Berlin gefangen gehaltenen Juden sind teils sogenannte Schutzjuden, ausländische Juden aus neutralen Staaten, Halbjuden oder Prominente. In einem ehemaligen jüdischen Krankenhaus in der Schulstraße 79 in Wedding sind auf zwei Etagen etwa 600 Personen eingepfercht. Die Ernährung ist wie in den Lagern menschenunwürdig:

Wassersuppe, Kartoffelschalen und rote Rüben. Der Lagerkommandant, SS-Obersturmbannführer Doberke, geht auf einen Vorschlag des Häftlingssprechers ein. Alle unterschreiben ein Papier, welches ihm bescheinigt, dass sie ihm ihr Leben verdanken. Im Gegenzug führt er seinen Befehl, alle Gefangenen zu erschießen, nicht aus und zieht mit den SS-Wachen ab. Als die Rotarmisten auf dem Gelände eintreffen, werden die befreiten jüdischen Frauen und Mädchen von ihnen vergewaltigt.

Zum nächtlichen Tee bei Hitler darf jetzt auch Else Krüger, Bormanns Sekretärin, erscheinen. Hitler trinkt auch Schokolade mit den Kindern von Goebbels. Helmuth liest ihm seinen Schulaufsatz vor, den er extra zum Führergeburtstag geschrieben hat, und Hitler bringt noch ein Lächeln zustande.

Dienstag, 24. April

Das Areal der Reichskanzlei liegt seit 05:00 Uhr unter unaufhörlichem, starkem Artilleriebeschuss, der erst gegen 06:00 Uhr nachlässt, dafür am Teltowkanal umso stärker einsetzt. Im Führerbunker sind die Einschläge durch leichte Erschütterungen zu spüren. Hitler registriert es kaum noch, er verbringt viel Zeit mit den Welpen seiner Hündin Blondi, dann legt er sich schlafen. Gegen 10:00 Uhr beginnt der Beschuss erneut. Es gibt nun mehrere Treffer auf dem Dach des Bunkers, wodurch die Lüftung zeitweise ausfällt. Hitler zuckt bei jedem Einschlag zusammen und blickt besorgt zur Decke. Von Busse fehlt bis jetzt jede Nachricht, da die Nachrichtenverbindungen unterbrochen sind. Hitler muss sich nun schon um Kleinigkeiten kümmern. Er befiehlt, Waggons mit Waffen- und Ausrüstungsgegenständen, die seit über einer Woche auf Bahnhöfen stehen, zu entladen und den Truppen zu übergeben. Der Häuserkampf geht mit brutaler Härte weiter, Straße für Straße, Haus für Haus, teilweise Stockwerk für Stockwerk werden von der Roten Armee unter hohen Verlusten von den sich teils fanatisch wehrenden deutschen Verteidigern erobert. Die Rote Armee macht dabei denselben Fehler wie die Wehrmacht in Stalingrad: Sie dringt mit Panzern in eine Großstadt ein. Wehrmachtssoldaten feuern aus Wohnungen mit Maschinengewehren, Hitlerjungen schießen aus Kellern und Granattrichtern mit Panzerfäusten auf russische Panzer, Scharfschützen der Waffen-SS

^ *Ein junger und ein älterer Soldat mit Panzerfäusten in einem Graben an einem Berliner Straßenrand, den sowjetischen Angriff erwartend. Im Hintergrund ein Berliner Doppeldeckerbus. (115)*

morden aus Verstecken heraus mit tödlicher Präzision. Vierzig Kameramänner der Roten Armee filmen unter Lebensgefahr das Kampfgeschehen. Die meisten Szenen, die heute zu sehen sind, wurden jedoch nachgestellt. Während des Kampfes war es durch Rauch oft schlichtweg zu dunkel. „Der Panzerbär" meldet heroisch: *„Der Führer in Berlin – Schlacht um Berlin mit voller Heftigkeit."*

Hitler fasst an diesem Tag wieder Hoffnung und Zuversicht, auch wenn sie rational nicht zu begründen sind, nach dem Motto: Es ist noch nicht alles verloren. Er befreit sich zeitweise aus seiner monatelangen Erstarrung, wirkt gelegentlich sogar heiter und ist Argumenten gegenüber offen. Sein Verhalten ist typisch für potentielle Selbstmörder, Lebenswille und Todeswille konkurrieren miteinander. Die Armee Wenck befindet sich nur noch 60 km von Berlin entfernt; Hitler gibt weiter Befehle und verlegt Truppen. Er operiert mit Geistereinheiten, die fast nur noch theoretisch existieren. Ein Beispiel ist die gerade erst aufgestellte Volkssturmdivision „Scharnhorst". Hauptmann der Reserve Peter Rettich, Kommandeur des 2. Bataillons erhält von Hitler den Befehl zur Verlegung der Einheit. Nominell besteht sie aus 500 Soldaten, Rettichs Bataillon zählt aber gerade einmal zwei Dutzend kampffähige Männer. Trotzdem wird die „Division" von Barby an der Elbe nach Beelitz südlich von Berlin beordert, also weg von den Kämpfen gegen die US-Armee und hin zum Einsatz gegen sowjetische Truppen. Die Truppe muss 90 Kilometer zurücklegen und soll dann noch eine Lücke in der Verteidigung Berlins im südlichen Brandenburg schließen.

Die Reste der 9. Armee, die sich nach drei Tagen aussichtsloser Verteidigung von den Seelower Höhen und aus dem Raum Cottbus abgekämpft und kaum noch einsatzbereit zurückziehen mussten, sind von den Stoßtruppen der 1. Ukrainischen Front umgangen worden. Sie stecken chancenlos in einem kleinen Waldgebiet zwischen Märkisch Buchholz und Halbe in dem sich schließenden Zangengriff der Roten Armee. Heinrici hat das vorausgesehen, aber Hitler schlug seine Bedenken in den Wind. Entscheidend für die Schließung des Kessels sind also seine Befehle, die einen rechtzeitigen Rückzug nicht erlaubt haben. Diese Verzögerung ermöglicht es der sowjetischen Armee, den Kessel zu schließen. Daher befinden sich nun etwa 60.000 Mann, der Rest von 15 Wehrmachts-, Waffen-SS- und Volkssturmdivisionen, in einem Wald bei der Ortschaft Halbe westlich des Spreewaldes fest. Das Kommando im Kessel hat General Theodor Busse. Weder er noch Walther Wenck, der Befehlshaber der 12. Armee im südlichen Sachsen-Anhalt, scheren sich noch um Hitlers immer hysterischere Befehle. Beiden geht es in dieser Lage nur noch darum, so viele ihrer Soldaten, Verwundeten und Versprengten wie möglich zu sammeln und in US-Kriegsgefangenschaft zu bringen, anstatt sich der Roten Armee ergeben zu müssen. Auf diesen beiden Armeen ruht nun Hitlers Hoffnung. Immer wieder fragt er nach, wann die beiden Großeinheiten mit dem Entsatzangriff auf Berlin beginnen. Jedem, der halbwegs einen Überblick über die Situation hat, ist klar, dass diese Hoffnung aussichtslos ist. Hitler aber sieht es nicht – oder will es nicht mehr sehen.

Um 10:30 Uhr ruft er zur Lagebesprechung und tobt: *„Steiner muss spätestens morgen handeln! Am Abend muss er in Berlin sein!"* Während französische Truppen Ulm besetzen, zieht das OKH nach Fürstenberg. Olaf Groehler beschreibt die Situation in Berlin:

„Die Verbindung zur 9. Armee, die am Abend des 23. schon einmal verlorengegangen war, reißt jetzt infolge der Befreiung Bohnsdorfs durch die Rote Armee endgültig ab. In den südöstlichen Stadtbezirken vereinigen sich die Truppen der 1. Belo-russischen mit denen der 1. Belorussischen Front. Im Norden Berlins stoßen die sowjetischen Truppen über Kremmen und Velten nach Nauen vor. Die Berliner Bezirke Tegel, Wittenau und Reinickendorf im Norden und Rudow im Südosten der Stadt werden befreit. SS-Truppen fliehen aus Niederschöneweide. In Zehlendorf, Tempelhof und Neukölln entbrennen Straßenkämpfe. Aus dem Brückenkopf Schöneweide stoßen sowjetische Truppen bis zum Bahnhof Rummelsburg vor. Die erbittertsten Kämpfe entwickeln sich am Friedrichshain, in der Frankfurter Allee, am Küstriner Platz und am Schlesischen Bahnhof."

Die Sowjets haben Angst, Hitler könnte über Tempelhof ausfliegen. Diese Option ist theoretisch noch gegeben. Verfügbare Kräfte sind in die Alpen befohlen und ein Großteil seines nicht zerstörten Wagenparks ist schon im Raum Berchtesgaden. Der Führersonderzug steht mittlerweile auf einem Nebengleis in einem Wald bei München, seine Flugzeuge auf Flugplatz Gatow. Über 2.700 Hitlerjungen werden in der „Panzervernichtungsbrigade HJ" zusammengefasst und verteidigen die Berliner Brücken. Für Hitler stehen die Schuldigen am aktuellen Desaster fest: *„Der ganze russische Erfolg ist angesichts des breiten Naturhindernisses der Oder nur auf die Unfähigkeit der dortigen deutschen militärischen Führer zurückzuführen."* Gegenargumente erstickt er mit einer abwehrenden Handbewegung im Keim und gibt neue Befehle aus: *„Der Angriff aus dem Raum Oranienburg muss spätestens morgen eingeleitet werden. Es muss gelingen, bis morgen Abend die Verbindung mit Berlin vom Norden wieder herzustellen. Lassen Sie das sofort durchgeben."*

Dass die Kontrollen auf dem Weg zu Hitler noch immer sehr streng sind, beschreibt Offizier Gerhard Boldt: *„Der ganze Weg* [durch die Bunker der neuen Reichskanzlei zum Führerbunker] *dauerte etwa fünf Minuten. Während dieser Zeit wurden wir an nicht weniger als sechs verschiedenen Stellen von Doppel- oder Dreifachposten, die mit Maschinenpistolen und Handgranaten bewaffnet waren, gründlich kontrolliert. (...) In dem breiten Gang, der zum Vorraum des Führerbunkers führte, standen ebenfalls fünf schwer bewaffnete SS-Offiziere."* Hitler beschreibt er so: *„Seine Körperhaltung ist noch gebeugter und sein Gang noch schleppender als früher. Das unnatürliche Flackern seiner Augen, fällt mir besonders auf, ist verschwunden. Seine Gesichtszüge sind gänzlich schlaff, er macht wirklich den Eindruck eines kranken Greises."* Dieser Greis sagt resigniert zu Axmann: *„Göring hat mich verlassen."* Er gibt keinen weiteren Kommentar ab, sondern dreht sich um und schlurft in seinen Wohnbereich. Später sieht ihn Axmann wieder und Hitler äußert: *„Es gibt nur zwei Wesen auf dieser Welt, die mir die Treue halten, das ist Eva Braun und meine Hündin Blondi."* Angesichts der Tausenden, die sich täglich für ihn aufopfern, eine unglaubliche Aussage. Dann winkt er Axmann zu sich auf die Bank gegenüber seinem Wohnbereich. Sie sitzen lange ohne ein Wort zu wechseln. Dann steht er mühsam auf, verabschiedet sich, sieht durch ihn hindurch in eine weite Ferne. Zurück in seinem Arbeitsraum schreibt er seinen letzten Brief und bittet dann zum Tee.

In seinem Wohnraum versammeln sich Traudl Junge, Eva Braun, Constanze Manziarly und Gerda Daranowski-Christian. Als alle sitzen, zieht er unvermittelt einen unbekannten Gegenstand aus seiner Tasche. Es ist ein Messingröhrchen, mit dem er in seiner hohlen Hand spielt und dann den Verschluss abschraubt, den er auf den Tisch legt. Nach einem Schluck Tee ruft er nach Linge und lässt Kekse bringen. Hitler wendet das Messingröhrchen und eine schmale Phiole fällt in seine Hand. Er schaut in fragende Gesichter und zeigt auf die bernsteinfarbene Flüssigkeit: *„Das ist Kaliumcyanid – genug, um einen Mann, auch eine Frau zu töten."* Die 24 Millimeter lange Glasphiole mit dem Gift steckt in einer aufschraubbaren Messinghülse (Länge 43, Durchmesser 11 Millimeter) und wird im Kriminaltechnischen Institut als *„Selbstvernichter"* entwickelt. Es handelt sich um wasserfreie Blausäure (Cyanwasserstoff) mit einem Zusatz von 2 Prozent Oxalsäure. Die Herstellung erfolgt in den Reichskriminalpolizeiamt-Werkstätten im KZ Sachsenhausen bei Oranienburg nordwestlich von Berlin. Traudl Junge fragt nach: *„Wie wirkt denn das?"* Hitler lächelt: *„Man nimmt diese kleine Glasröhre in den Mund und beißt darauf wie auf ein Stück Zucker."* Dabei lässt er hörbar seinen Kiefer zusammenknacken. Eva Braun überlegt: *„Tut es weh? Ich habe nichts dagegen, heroisch zu sterben, aber es muss schmerzlos sein."* Sie lacht gekünstelt und Hitler meint in väterlichem Ton: *„Da ist nichts zu befürchten, mein Mädchen. Die unmittelbare Wirkung wird in der Lähmung der Atmungsorgane und dann des Herzens bestehen. Der Tod wird zwar erst nach wenigen Minuten eintreten, aber der Schmerz wird schon nach einigen Sekunden aufhören, weil dann die Gewebekrämpfe einsetzen."* Hitler nimmt einen Schluck Tee und beginnt dann mit der Verteilung der Giftkapseln. Für die Empfänger soll es eine Auszeichnung sein, mit ihm sterben zu dürfen.

„Radio Werwolf" appelliert an diesem Tag erneut, dass sich die *„Werwölfe von Berlin und Brandenburg"* gegen den Feind erheben sollen. Es wird behauptet, dass *„Feiglinge und Verräter"* inzwischen Berlin verlassen haben. Um Gerüchten entgegenzuwirken, wird betont: *„Der Führer ist nicht nach Süddeutschland geflohen. Er harrt in Berlin aus und mit ihm all jene, die er für würdig befunden hat, in dieser historischen Stunde an seiner Seite zu stehen."*

Goebbels lässt nicht nach im Versuch, Hitler aufzubauen. Er putscht ihn – und sich selbst – mit einer Prognose für das Jahr 1995 auf: *„Würde der Führer in Berlin einen ehrenvollen Tod finden und Europa bolschewistisch werden – in fünf Jahrzehnten spätestens wäre der Führer eine legendäre Persönlichkeit und der Nationalsozialismus ein Mythos, weil er durch den letzten großen Einsatz geheiligt wäre."* Hitler denkt nun verstärkt über das Bild nach, das er hinterlassen wird. Der Gauleiter von Baden-Elsaß, Robert Wagner, sagt Hitler am Telefon, er sei strikt gegen Verhandlungen und werde kein *„ruhmloser Flüchtling vom Parkett der Weltgeschichte"* sein. Hermann Göring wird um 19:00 Uhr in seinem Haus auf dem Obersalzberg von der SS verhaftet. Er hätte Gelegenheit gehabt, aus seinem verbrecherischen Wirken die Konsequenzen zu ziehen und Selbstmord zu begehen.

Dr. Ernst-Robert Grawitz, SS-Obergruppenführer, General der Waffen-SS und Geschäftsführer des Deutschen Roten Kreuzes, tut es. Er ist als Reichsarzt SS und Polizei mitverantwortlich für die Euthanasiemorde und für Menschenversuche. Er geht mit seiner Frau und seinen zwei Kindern in den Keller seiner Babelsberger Villa in der Straße der SA 59 (bis ins Jahr 1938 Kaiserstraße, heute Karl-Marx-Straße). Dort zündet er zwei

Handgranaten, alle sind auf der Stelle tot. Ob die Familie vorher Bescheid wusste oder ob er sie heimtückisch mit in den Tod nimmt, ist unklar. Die im Raum lagernden Geheimakten werden in den Garten geschleudert. Als DRK-Mitarbeiterinnen geholt werden, um ihn zu identifizieren, wenden sie sich entsetzt ab, die Leichen sind zu verstümmelt. In der Nacht diktiert Hitler einen Befehl, der für die Situation in Berlin völlig bedeutungslos ist. Er bestimmt eine Vereinfachung der Führungsspitze, indem er die Stäbe des Wehrmachtsführungsstabes und des Generalstabes des Heeres zusammenlegt. Als „Führungsgruppe Heer im OKW" sollen diese Stäbe fortan Jodl unmittelbar unterstehen. Es ist für den unermüdlichen Workaholic Jodl ein lange ersehnter persönlicher Triumph, denn alle operative Gewalt bleibt beim OKW zusammengefasst:

„1. OKW ist mir für die Fortführung der Gesamtoperationen verantwortlich. 2. Es führt nach meinen Weisungen, die ich durch den bei mir befindlichen Chef des Generalstabes des Heeres übermitteln lasse. 3. Die Führungsaufgabe des Führungsstabes A unter Großadmiral Dönitz tritt vorläufig nicht in Kraft. 4. Hauptaufgabe OKW: Durch Angriff mit allen Kräften und Mitteln und unter größter Beschleunigung von Nordwesten, Südwesten und Süden her eine breite Verbindung mit Berlin wiederherzustellen und damit die Schlacht von Berlin siegreich zu entscheiden."

Jodl begibt sich daraufhin in das Waldlager Neuroofen (Deckname „Rudolf") zwischen Rheinsberg und Fürstenberg bzw. Stechlin und Neuglobsow gelegen. Es ist zuvor nachrichtentechnisch, ursprünglich als Befehlsstelle für Himmler, vorbereitet worden.

Mittwoch, 25. April

Die Berliner werden um 03:00 Uhr aus ihren Betten in ihren Wohnungen oder aus den Notunterkünften aus dem Schlaf gerissen. Die Sirenen geben mit dem Signal „Feindpanzer" den Daueralarmzustand über die Reichshauptstadt bekannt. Der Grund: Die sowjetischen Truppen dringen kämpfend in das innere Stadtgebiet ein, nachdem sich ihr Ring um Berlin bei Ketzin/Havel, 12 Kilometer nordwestlich von Potsdam, geschlossen hat. Von Plötzensee aus erfolgt der Vorstoß nach Moabit; bei Spandau werden Hitlerjungen eingekesselt. Am Westhafen, Europas größtem Binnenhafen, leisten deutsche Truppen heftigsten Widerstand. In den eroberten Stadtteilen verbieten die Sowjets umgehend die NSDAP. Für den Endkampf um das Stadtzentrum ziehen sie 464.000 Soldaten, 1.500 Panzer, 12.700 Geschütze und Granatwerfer, 12.000 Stalinorgeln und mehrere tausend Flugzeuge zusammen – eine einhundertfache Übermacht. Ihre Taktik ist meist gleich: Sie nehmen einen Straßenzug unter Artilleriefeuer, dann rücken Panzer vor und schließlich folgt in deren Schutz die Infanterie. Die Berliner können nun nicht mehr nach Westen fliehen. In den eroberten Stadtteilen verteilen die Sowjets Lebensmittel aus ihren Feldküchen an die hungernde Bevölkerung und vergewaltigen Frauen, es gibt kein einheitliches Bild ihres Verhaltens. Manchmal kommen sie *„Gitler kaputt"* rufend in einen Keller, sammeln Waffen und Uhren ein und verschwinden wieder; ein anderes Mal öffnen sie die Kellertür, schießen mit Maschinenpistolen hinein oder werfen eine Handgranate.

Unter abgebrühten Frauen kursiert der Spruch: *„Lieber einen Russki auf dem Bauch als einen Ami auf dem Kopf."* So geben sich viele Frauen einem Soldaten hin, um nicht vielen zum Opfer zu fallen. In den noch nicht eroberten Stadtteilen werden die Einwohner mit einem einstündigen Trommelfeuer durch tausende Geschütze belegt. Kampfflugzeuge greifen die Innenstadt an. Die Truppen gehen konzentriert gegen das Zentrum vor, um in der Mitte die „Zitadelle", den letzten Verteidigungsabschnitt, zu erreichen. Die Flaktürme greifen in die Erdkämpfe an und erzielen zahlreiche Abschüsse.

Die Alliierten stoßen in Norditalien über den Po vor. Linz, die „Heimatstadt des Führers" wird bombardiert. Auch der Rangierbahnhof Mannheim wird angegriffen, erstmals. Dass die Rangierbahnhöfe nicht schon deutlich eher und massiver angegriffen worden sind, ist ein schwerer strategischer Fehler der Alliierten. An der Elbe bei Torgau treffen erstmals amerikanische (69. Division) und sowjetische (58. Gardeschützendivision) Truppen zusammen und feiern ihre Verbrüderung bei Musik und Tanz. Als die Meldung im Führerbunker eintrifft, schlägt Bormann vor, Hitler soll Verbindung mit den Amerikanern aufnehmen. Hitler ist jedoch klar: *„Dafür habe ich keine Autorität mehr. Das muss ein anderer an meiner Stelle tun. Ich habe für mich die nötige Schlussfolgerung zu ziehen."* Nachdem in einem Rundfunkkommentar von einem Streit zwischen den Alliierten berichtet worden ist, schöpft er aber sogleich wieder Hoffnung: *„Sie, meine Herren, und das übrige Deutschland haben immer gezweifelt – ich aber wusste, dass diese unheilige Allianz nicht halten würde."* Wieder einmal ist der Wunsch der Vater des Gedankens.

In Berlin bricht die Versorgung mit Lebensmitteln und Trinkwasser stellenweise zusammen. Im Führerbunker ist die Versorgung gut und in den Kellern der Neuen Reichskanzlei lagern große Mengen an Vorräten, Lebensmitteln und Alkoholika. Die Sitten lockern sich, selbst der Zahnarztstuhl, auf dem Hitler behandelt wurde, dient nun SS-Offizieren und jungen Frauen. Man macht in der surrealen Atmosphäre aus Resignation, Hoffnung, Weltuntergangsstimmung und Todesahnung reichlich Gebrauch von Ablen-

^   *25. April 1945, Linz: Beim letzten Bombenangriff stehen große Rauchsäulen über der Altstadt hinter dem Schloss (Hitlers geplanten Altersruhesitz) und dem Dom; das Foto wurde vom Pöstlingsberg aufgenommen. (161)*

kung jeder Art. Keitel meldet um 09:30 Uhr mittels eines Funkspruchs, dass die Armee Wenck marschiert und ihre Spitze Treuenbrietzen, 40 Kilometer westlich von Potsdam, erreicht hat. Die Stimmungslage hellt sich auf. „Der Panzerbär" bringt an diesem Tag die Schlagzeile: „*Wir stehen und Halten. Berlin – Wellenbrecher der roten Flut.*" Auch der tägliche OKW-Bericht bringt nur positive bis neutrale Nachrichten. Bei allen Rückzügen ist der Tenor stets gleich:

„*...warfen unsere Truppen die Sowjets noch weiter zurück*", „*... wiesen Angriffe bei ... ab*", „*.... drangen unsere Truppen in schwungvollen Gegenangriffen bis in den Raum ...*", „*In der Stadt verteidigt sich die Besatzung weiter gegen starke Angriffe*", „*...binden eigene Kampfgruppen in harten Kämpfen starke Kräfte*", „*... wurden heftige Kämpfe abgewehrt oder aufgefangen*", „*Die Gegenangriffe machen gute Fortschritte, es gibt hohe Verluste beim Gegner und umfangreiche Beute*".

Wenn es sich dann doch nicht mehr leugnen ließ, dass der Feind unaufhaltsam vorgerückt ist und Gebiete verlorenen gegangen sind, dann nur „*trotz erbitterten Widerstands unserer Truppen*"; vorher aber „*gelang es dem Gegner trotz vielfacher Überlegenheit nicht, unsere Front zu durchbrechen*". Es sind also, wenn man schon zurückgehen muss, „*taktische Rückzüge*" und „*Frontbegradigungen*". Verantwortlich für diese Sprachregelungen ist der Rundfunkkommentator General Kurt Dittmar. Jedem Bewohner der betroffenen Kampfgebiete, vor allem den NS-Funktionären, ist die Verlogenheit dieser Meldungen vollkommen klar. An diesem Tag setzt sich Dittmar aus Berlin ab und begibt sich freiwillig in US-Gefangenschaft, was entsprechende Aufmerksamkeit erregt. Man hat nun „*The Voice of the German High Command*" – die „*Stimme des OKW*" – in Gewahrsam. Ein Kommunique dagegen informiert die Berliner Bevölkerung über die Anwesenheit Hitlers. Damit soll suggeriert werden, dass die Lage nicht hoffnungslos ist:

„*Der Führer in der Festung Berlin. Im Kampf um die Reichshauptstadt gegen den bolschewistischen Ansturm trifft der Führer selbst die Entscheidungen über den Einsatz der Kräfte und die Heranführung von Verstärkungen. In nahezu stündlichen Besprechungen melden die für die Verteidigung von Berlin verantwortlichen Männer dem Führer die Lage. Der Führer lässt sich Offiziere und Männer, die sich im Kampf besonders ausgezeichnet haben, direkt vom Einsatz kommen und übergibt ihnen selbst ihre Auszeichnungen. So erhielten aus der Hand des Führers Hauptmann Jaschke, Kommandeur einer Sturmgeschützabteilung, das Ritterkreuz und ferner Unteroffizier Paul vom Führer persönlich das Ritterkreuz.*"

^ *25. April 1945, Torgau: Der amerikanische Leutnant William D. Robertson (69. Infanteriedivision, 1. Armee) und der sowjetische Leutnant Alexander Sylvashko vor dem Schild „east meets west" (Ost trifft West). Robertson ist der erste Amerikaner, der an der Brücke von Torgau auf die rote Armee trifft. (115)*

Die „Festung Berlin" ist reine Propaganda, eine Chimäre. Der seit längerem befürchtete Angriff auf das Areal des Obersalzbergs, das Führersperrgebiet um den Berghof, erfolgt um 09:51 Uhr. Die US-Luftwaffe will Hitlers Quartier in den Alpen, sie sehen es als Zentrale der „Alpenfestung", ausschalten. Kommentar der US-Wochenschau: *„Die vermeintliche Sicherheit von Berchtesgaden, von wo aus man einen so großen Teil dieser Welttragödie geplant und durchgeführt hatte, wurde im April von der Macht alliierter schwerer Bomber erschüttert. Sie kamen bei Tagesanbruch und griffen Hitlers berüchtigtes Bergversteck sowie ein Anwesen im Tal mit 12.000-Pfund-Bomben an, die sich tief in die Erde bohren können."*

Über den Hohen Göll erfolgt bei klarem Wetter der Anflug von 318 Flugzeugen, die 1.181 Tonnen Bomben abwerfen. Als erstes werden die Flakstellungen ausgeschaltet, eine Vernebelung des Geländes kann nicht mehr stattfinden. Die ausgedehnten Bunkeranlagen im Obersalzberg halten stand, von den 3.500 darin Schutzsuchenden gibt es nur sechs Tote. Nach dem Mittagessen lässt Hitler Linge holen:

„Linge, ich habe einen besonderen Auftrag für Sie. Ich werde mich gemeinsam mit Fräulein Braun vor dem Eingang zum Bunker im Garten der Reichskanzlei erschießen. Einen anderen Ausweg gibt es nicht. Besorgen Sie Benzin, um unsere Leichen damit zu übergießen und zu verbrennen. Sie dürfen auf keinen Fall zulassen, dass mein Leichnam den Russen in die Hände fällt. Sie würden mich mit Vergnügen nach Moskau schaffen und dort im Panoptikum zur Schau stellen. Das darf nicht passieren. Vernichten Sie alles,

^ *25. April 1945, Obersalzberg: Die mit Tarnfarbe bestrichene rauchende Ruine des Berghofes nach dem Bombenangriff. Ganz rechts die Garage, im ersten Obergeschoss (von rechts) die beiden Fenster von Hitlers Schlafzimmer und das Badezimmerfenster. (140)*

was in meinen Räumen ist. Nichts soll an mich erinnern. Dieses Bild nehmen Sie aus dem Rahmen und geben es Baur. Er soll es an einen sicheren Ort in Bayern bringen."

Linge verspricht zusammen mit seinem Kollegen Diener Heinz Krüger, SS-Obersturmbannführer Franz Schädle (Kommandant des Führerbegleitkommandos) und SS-Sturmbannführer Peter Högl alles so auszuführen. Hitler holt Wolf aus der Hundekiste, setzt sich auf die Polsterbank im Lagevorraum und streichelt ihn, er spricht sehr wenig. In der anschließenden Lagebesprechung wird Hitler anhand eines Stadtplanes immer klarer, dass die deutsche Front systematisch auf das Stadtzentrum zusammengedrängt wird. Anwesend sind Krebs, Boldt, von Loringhoven, Bormann, Lorenz und Günsche, später kommt Goebbels dazu. Es gibt Probleme mit der Telefonverbindung, da nachmittags die ersten Volltreffer schwerer russischer Artillerie auf dem Gelände der Reichskanzlei einschlagen. Der Mangel an Munition wird immer offensichtlicher, da die Lager am Stadtrand nicht mehr erreichbar sind bzw. gesprengt werden mussten. Als die Sowjets von Süden Richtung Tempelhof vorrücken, erschießt sich der Befehlshaber der 20. Panzergrenadierdivision Generalmajor Georg Scholze. Für Hitler die richtige Entscheidung: „Endlich ein General, der den Mut gefunden hat, die nötige Schlussfolgerung zu ziehen." Im Flughafengebäude befinden sich hunderte „*Blitzmädel*" und BDM-Angehörige, die panische Angst vor den Sowjets haben. Viele ihrer Führerinnen begehen Selbstmord. Auch für diesen Tag sind Wortprotokolle erhalten geblieben, die hier auszugsweise wiedergegeben werden, um die teils skurrilen Dialoge offenkundig werden zu lassen.

Hitler: *„Die Engländer und Amerikaner verhalten sich an der Elbe ruhig. Wahrscheinlich haben sie eine Art Demarkationslinie ausgemacht. In Berlin sieht es schlimmer aus, als es ist. [!] Der Berliner Raum muss ausgeschöpft werden von Menschen. (...) ich kann nur hier allein einen Erfolg erringen. Erringe ich hier einen Erfolg und wenn es nur ein moralischer sein sollte, so ist das zumindest die Möglichkeit, das Gesicht zu wahren und Zeit zu gewinnen. Eines weiß ich: Es ist völlig zwecklos, im Süden zu sitzen, weil ich dort keinen Einfluss und keine Armee habe."*

Goebbels: *„In Berlin kann man einen moralischen Welterfolg erzielen. Dieser Erfolg kann nur an diesem Punkte, auf den das Auge der ganzen Welt gerichtet ist, errungen werden. (...) Wenn sie [die Sowjets] aber vor Berlin zurückgeschlagen werden, dann wäre das Grund für ein großes Beispiel der Welt gegenüber."*

Hitler: *„Wenn ich heute hier feige davonliefe, so wäre die Folge, dass die anderen versuchen, in Süddeutschland eine Art neutrale Linie zu bilden und das wäre alles. Der Nationalsozialismus wäre somit beseitigt und das Deutsche Reich ebenfalls. Schlage ich hier erfolgreich und halte ich die Hauptstadt, so wächst vielleicht die Hoffnung bei den Engländern und Amerikanern, dass man unter Umständen doch mit einem Nazi-Deutschland eventuell dieser ganzen Gefahr werde doch noch entgegentreten können. Und der einzige Mann hierfür bin nun einmal ich."*

Goebbels: *„Wenn eine solche Konzeption überhaupt möglich ist, worüber man streiten kann, dann ist sie nur durch Sie möglich und nur an dieser Stelle. Wenn Sie diese Stadt verlassen, verlieren Sie damit auch alles andere."*

Hitler: „Die Dinge liegen nicht so, dass ich etwa hier unten in Süddeutschland eine völlig stabile Front habe und ein Glacis besitze und nur aus purem Eigensinn Berlin nicht verlassen will. (...) Bei der Verteidigung des Rheinlandes wie auch an anderen Stellen sind wahnsinnige und katastrophale Fehler gemacht worden. Alle Pläne, die ich ausarbeitete, scheiterten einfach daran, dass ihnen auf Grund von Eigenmächtigkeiten der unteren Befehlshaber immer wieder der Boden entzogen wurde."

Goebbels: „Die Kriegslage ist heute so, dass nur ein sichtbares Signal etwas erreichen kann."

Hitler: „Jeder Häuserblock, jedes Haus, jedes Stockwerk, jede Hecke, jeder Granattrichter wird bis zum Äußersten verteidigt. (...) Als ein ruhmloser Flüchtling von Berlin habe ich weder in Nord- noch in Süddeutschland irgendwelche Autorität und in Berchtesgaden erst recht nicht. (...) Wenn das Schicksal anders entscheidet, dann würde ich als ruhmloser Flüchtling vom Parkett der Weltgeschichte verschwinden. Ich würde es aber für tausendmal feiger halten, am Obersalzberg einen Selbstmord zu begehen, als hier zu stehen und zu fallen. Man soll nicht sagen: Sie als der Führer ... Der Führer bin ich, solange ich wirklich führen kann. Führen kann ich nicht dadurch, dass ich mich irgendwo [!] auf einen Berg setze, sondern dazu muss ich Autorität über Armeen besitzen, die gehorchen.(...) Wenn ich diese Schlacht gewinne, dann verspreche ich mir davon nichts für meinen persönlichen Namen. Aber dann bin ich rehabilitiert. Dann kann ich eine Anzahl von Generalen und Unterführern einschließlich in der SS beseitigen, die in entscheidenden Punkten versagt haben. (...) Es ist auch möglich, dass ich hier zugrunde gehe. Dann bin ich aber anständig zugrunde gegangen. Das wäre immer noch besser, als wenn ich als ein ruhmloser Flüchtling in Berchtesgaden sitze und Befehle von dort gebe, die nichts nützen. Dies sogenannte Südfestung [gemeint ist die Alpenfestung] ist nicht autark. Das ist eine Illusion. (...) Nur um meinen Berghof allein zu verteidigen, dazu bin ich nicht auf die Welt gekommen. (...) Es ist die einzige Möglichkeit, überhaupt noch wieder die persönliche Reputation herzustellen."

Goebbels: „Mir scheint es wichtig zu sein, dass (...) wir unseren Verteidigungsraum um Berlin möglichst groß halten müssen."

Hitler: „Je enger wir sind, umso schlechter ist es."

Goebbels: „Wenn die Sowjets bis zur die Elbe vorrücken, einschließlich Protektorat, dann werden die Amerikaner hier abhauen. Von England bleiben nur 20 bis 25 Divisionen zurück. (...) Stalin wird sein Gebiet einschließlich des deutschen militarisieren. (...) Die Sowjets können auf allen Klavieren spielen. In kürzester Zeit wird es hier zum Konflikt kommen."

Hitler: „Wenn wir so schmachvoll von der Weltbühne abtreten würden, dann haben wir zwecklos gelebt. Ob man das Leben noch eine Zeit lang fortführt oder nicht, ist völlig gleichgültig. Lieber den Kampf ehrenvoll beenden, als in Schande und Unehre ein paar Monate oder Jahre weiterleben."

Goebbels: „Würde der Führer in Berlin einen ehrenvollen Tod finden und Europa bolschewistisch werden – in fünf Jahren spätestens wäre der Führer eine legendäre Persönlichkeit und der Nationalsozialismus ein Mythos, weil er durch den letzten großen Einsatz geheiligt wäre."

Hitlers Gedanken kreisen also um sein Ende und seinen Nachruhm. So widerlegt auch dieser Dialog die Vorstellung, Hitler sei aus der Reichshauptstadt geflohen. In der zweiten Lagebesprechung bedenkt Hitler die Situation in Ostasien und die Bedeutung des Gebietes als Dauerabsatzmarkt für Amerikaner: *„Es kann dazu kommen, dass die Isolationisten sagen: Amerikanische Boys dürfen nur für amerikanische Interessen kämpfen. Warum sollen die Amerikaner sterben für nichtamerikanische Zwecke?"* Derartige Äußerungen sind der Weltöffentlichkeit seit dem US-Wahlkampf zwischen Hillary Clinton und Donald Trump im Jahre 2016 auch wieder bekannt. Gegenüber General Weidling erklärt Hitler: *„Die Lage muss besser werden. Von Südwesten kommt die Zwölfte Armee von General Wenck nach Berlin und wird dem Feind zusammen mit der Neunten Armee einen vernichtenden Schlag versetzen. Die Truppen unter Befehl von Schörner kommen von Süden. Diese Schläge werden die Lage zu unseren Gunsten wenden."* Generalmajor Erich Dethleffsen stellt nüchtern *„an Hypnose grenzenden Selbstbetrug"* fest.

Nachts ist die Lage bei Steiner nicht besser. Die Garnison Potsdam ist eingeschlossen. Straßenkämpfe toben in Zehlendorf, Nikolassee und Dahlem. Die Sowjets sind bei Spandau durchgebrochen und nähern sich den großen Havelbrücken bei Pichelsdorf, die noch immer von Hitlerjungen verteidigt werden. Die Stimmung ist sehr niedergedrückt. Hitler schläft kaum noch. Von Stumpfegger bekommt er Spritzen, von Linge Augentropfen. Er wirkt wie ein lebender Leichnam und irrt unruhig durch die Bunkerräume. Kommt er zu Rochus Misch in die Telefonvermittlung, steht er, kaum nachdem er sich niedergesetzt hat, wieder auf und geht in den Maschinenraum. Dort hat Elektromaschinenmeister Johannes Hentschel Dienst. Während im Vorbunker dem Alkohol zugesprochen wird, spricht Hitler beim Tee über Selbstmordarten und erörtert die Vor- und Nachteile der verschiedenen Methoden. Fegelein ist unterdessen von einem Besuch bei SS-Obergruppenführer Hans Jüttner, Chef des SS-Führungshauptamtes und Chef des Stabes des Ersatzheeres, in Fürstenberg/Havel zurückgekehrt. Seine letzten Worte zu Jüttner sind: *„Ich habe entschieden nicht die Absicht, in Berlin zu sterben."*

Abends erscheint der von Dönitz beauftragte Kapitänleutnant Franz Kuhlmann, der ein Marineschützenbataillon mit 10.000 Matrosen zur Verteidigung mitgebracht hat. Hitler empfängt ihn kurz mit den Worten: *„Kuhlmann, Sie haben ein schweres Amt übernommen. Der Russe steht vor der Tür!"* Die Matrosen sind nur mit leichten Waffen ausgerüstet, dennoch sollen sie den Kampf um Berlin unterstützen. Sie können nur unzulänglich mit Infanteriewaffen umgehen und sind im Straßenkampf daher völlig hilflos, ihre Kampfkraft ist marginal. Sie fallen fast alle als sinnlose Opfer.

Donnerstag, 26. April

Busse hat ein Kapitulationsangebot der Sowjets für seine 9. Armee abgelehnt und ordnet für die Nacht den Durchbruch nach Westen an. Marschall Iwan Konew erkennt den Plan, als *„wandernder Kessel"* südlich von Teupitz die Autobahn Berlin-Dresden zu überqueren und sich dann durch Waldgebiete nach Beelitz und weiter Richtung Elbe zurückzuziehen.

Umgehend gibt er den Befehl, *„alle Waldwege in ostwestlicher Richtung zu sperren"*. Seine 3. Gardearmee beginnt, Bäume zu fällen und provisorische Panzersperren zu errichten. Bis zum Morgen des 26. April sind die Befestigungen am Tornower und am Briesensee vollendet, südlich davon jedoch noch nicht. Genau hier, am Forsthaus von Massow, stoßen Busses Truppen durch. Stundenlang kommt es zu heftigen, verzweifelten Kämpfen. Unter schweren Verlusten muss sich die Spitze des Kessels in den Wald zurückziehen. Ein SS-Regimentskommandeur schildert: *„Man konnte kaum den Kopf heben. Ich konnte nichts anderes tun, als mich mit meinem Adjutanten unter einem Panzer zu verkriechen und die Karte zu studieren."* Auch das war keine besonders gute Idee, denn sowjetische Schlachtflugzeuge attackieren die wenigen verbliebenen deutschen Panzer. Die meisten werden nun aufgegeben, einfach stehen gelassen, denn auf dem sandigen Boden der Mark können sie sich ohnehin nur schlecht bewegen. Die Kämpfe dauern die folgenden Tage an, eine zusammenhängende Frontlinie gibt es nicht mehr. Wenn deutsche und russische Soldaten aufeinandertreffen, wird gnadenlos gekämpft und zumeist im Nahkampf erbarmungslos getötet. SS-Männer ergeben sich so gut wie nie, denn auf die meisten wartet ein sibirisches Arbeitslager oder der Genickschuss. Als Hitler erfährt, dass die Truppen nach Westen marschieren, bekommt er einen Wutanfall und steuert mit einem Befehl sofort dagegen. Um 00:25 Uhr schickt Jodl ein Fernschreiben:

„Der Führer hat befohlen, dass die konzentrischen Angriffe der Neunten und Zwölften Armee nicht nur dazu dienen dürfen, die Neunte Armee zu retten, sondern grundsätzlich Berlin zu retten. (…) Schnellste Durchführung aller Entsatzangriffe in den bisher befohlenen Richtungen ist zwingend notwendig. Die 12. Armee [Wenck] hat auf der Linie Beelitz-Ferch anzutreten und unverzüglich den Angriff in ostwärtiger Richtung bis zur Vereinigung mit 9. Armee [Busse] fortzusetzen. Die 9. Armee greift auf kürzestem Weg nach Westen an und stellt Verbindung mit der 12. Armee her. Nach Vereinigung der beiden Armeen kommt es darauf an, unter Eindrehen nach Norden die feindlichen Verbände im Südteil von Berlin zu vernichten und eine breite Verbindung mit Berlin herzustellen. Der Führer in Berlin erwartet, dass die Armeen ihre Pflicht erfüllen. Die Geschichte und das deutsche Volk werden jeden Mann mit Verachtung strafen, der unter diesen Umständen nicht sein Bestes gibt, um die Lage und den Führer zu retten."

„Der Panzerbär" verkündet: *„Die Schlacht auf dem Höhepunkt – Deutsche Reserven im Eilmarsch auf Berlin"*. Zudem droht er *„Ein Hundsfott, wer in dieser Stunde die schimpfliche Feigheit dem männlichen Kampfe vorzieht. (…) In der Schlacht um Berlin wird um jeden Fußbreit Boden gerungen."* Um 07:00 Uhr setzt permanentes Trommelfeuer auf das Areal um die Reichskanzlei ein. Mitten im Mosaiksaal klafft ein Bombentrichter. Zeitgleich geht ein schweres Gewitter über der Stadt nieder, welches zwar einige Brände löscht, aber

^ *Die schwer beschädigte Neue Reichskanzlei an der Voßstraße, links der Hauptzugang (Reichskanzlei) Voßstrasse 6, rechts ein Teil des Mittelbaues und der Präsidialkanzlei (Voßstrasse 4). (140)*

^ Neue Reichskanzlei: Das zerstörte Arbeitszimmer Hitlers vom Standort seines Schreibtisches aus gesehen, an der linken Seite die Fensterfront zum Garten. Siehe auch Bild Seite 305 (140)

^ Luftaufnahme der Voßstraße (links) mit Neuer Reichskanzlei, Einfahrt zum Ehrenhof und Führerbalkon; im Vordergrund die Wilhelmstraße und der Wilhelmplatz mit den Feuerlöschbecken, rechts die total zerstörte Alte Reichskanzlei und dahinter der Garten mit dem Ausgang des Führerbunkers. (110)

den Brandgeruch verschlimmert. Trotz der Filter wird die frische Luft im Bunker knapp. Die Ventilatoren des Vorbunkers müssen daher für 15 Minuten abgeschaltet werden, weil sie mehr Rauch, Schwefelgase und Staub einsaugen als Luft. Durch den Beschuss wird das letzte unterirdische Telefonkabel durchtrennt. Der Führerbunker ist jetzt nur noch über eine Funkverbindung mit der Außenwelt verbunden. Beim Bau hatte man es versäumt, eine leistungsfähige Funkanlage einzubauen, da man sich nicht vorstellen konnte, dass von hier aus einmal Befehle herausgegeben werden müssen. Die Antenne wird immer wieder beschädigt und muss notdürftig repariert werden. Gerhard Boldt ist derjenige Offizier, der nach dem Ausfall fast aller Verbindungen zu kämpfenden Einheiten *„das noch einigermaßen intakte Telefonnetz in der Stadt Berlin"* nutzt, um Frontverläufe und Positionen festzustellen. Er wählt willkürlich Telefonnummern und fragt: *„Verzeihen Sie, gnädige Frau, waren die Russen schon bei Ihnen?"*

Während bei Bautzen der letzte und erfolgreiche deutsche Panzerangriff erfolgt – die Stadt wird zurückerobert – dringt die Rote Armee im Stadtteil Schöneberg ein, gegen 10:00 Uhr wird in Tempelhof gekämpft. Um dieselbe Zeit erobern die Sowjets die Technische Hochschule an der Ost-West-Achse und dringen in Kreuzberg ein, wo sie den Landwehrkanal erreichen. Er stellt eine natürliche Grenze dar, die Brücken wurden rechtzeitig gesprengt. Nur unter größten Verlusten und Opfern ist eine Überquerung möglich. Die Rote Armee geht in Kreuzberg an den Hochbahnanlagen in der Skalitzer Straße vor, aus den Seitenstraßen erfolgen deutsche Gegenangriffe, die den Vormarsch stoppen. Die Sowjets weichen in die Keller und die Hinterhöfe aus, wo sie auf die sich dort versteckenden Zivilisten treffen, unter denen es sehr hohe Verluste gibt. Oft werfen die Sowjets, ohne vorher nachzusehen, Handgranaten in die Keller. Viele Menschen flüchten sich in die Schächte der U- und der S-Bahn, weil sie hier einigermaßen vor den Granaten der Artillerie geschützt sind.

Weiter östlich ist für die Soldaten der Rote Armee bereits der Alexanderplatz in Sicht. Sie sind in Lichterfelde zu beiden Seiten der Frankfurter Allee bis zum Alexanderplatz vorgestoßen. Die Bodentruppen werden durch Bombenangriffe aus 562 Flugzeugen unterstützt. Ziel ist nicht die Reichskanzlei, sondern der Reichstag – für die Sowjets <u>das</u> Symbol der Reichshauptstadt. Der OKW-Bericht meldet, dass Reserven in die Schlacht geworfen werden und *„schwere Straßenkämpfe"* im Gange sind. Weitere Kämpfe toben in Zehlendorf, Tegel, Charlottenburg, Steglitz und um das Tempelhofer Feld. Die Rote Armee verliert an diesem Tag 800 Panzer und Sturmgeschütze. Diese Verluste sind nicht nur dem deutschen Widerstand zuzuschreiben, sondern auch dem Beschuss durch eigene Truppen. So fliegt beispielsweise im Süden Berlins die Luftwaffe der Ersten Ukrainischen Front versehentlich mehrfach Angriffe gegen die Achte Gardearmee, die gegen den Flughafen Tempelhof vorrückt. Die deutschen Verteidiger haben nur noch wenige Panzer und müssen sich abends zum Anhalter Bahnhof zurückziehen, die restlichen acht Panzer vom Typ „Tiger" und einige Sturmgeschütze werden zum Tiergarten beordert. SS-Brigadeführer Mohnke ruft Freiwillige zum Eintritt in das „Freikorps Mohnke" auf: *„Es lebe der Führer! Meldestellen sind beim ‚Kleinen Stern' auf der Ost-West-Achse, am Halleschen Tor und am Zeughaus an der Schloßbrücke. Bringt auch Waffen und Fahrräder mit. Gez. Mohnke."*

Die 11. SS-Freiwilligen-Panzergrenadier-Division „Nordland" unter Generalmajor der Waffen-SS Gustav Krukenberg und die 33. Waffen-SS-Grenadier-Division „Charlemagne", die überwiegend aus französischen Freiwilligen, teils sogar aus Indochina, besteht, kämpfen am härtesten. Die Franzosen sind fanatische Antibolschewisten, die erbitterten Widerstand leisten, keine Gefangene machen und auf alles schießen, was sich im Bereich des Schussfeldes bewegt. Sie haben nichts mehr zu verlieren, denn in der Heimat droht das Kriegsgericht, vom Feind der Tod. Diese Einheiten sind die letzten Verteidiger der Innenstadt und damit auch der Reichskanzlei. Sie sind stolz darauf, in der Nähe des Führers kämpfen zu dürfen, wie einer ihrer Überlebenden, Henri Fenet, berichtet. Je näher die Sowjets auf den inneren, letzten Verteidigungsring Berlins vorrücken, desto härter und unerbittlicher wird der Widerstand. Verzweifelte Soldaten, fanatische Hitlerjungen, alte Volkssturmmänner und rachedürstige Flüchtlingsfrauen schießen von Barrikaden, aus Fenstern, Kellern und aufgerissenen Dächern. Sie werfen Handgranaten und feuern Panzerfäuste ab. U-Bahn-Eingänge sind nun Maschinengewehrstellungen, Postämter Gefechtsstände, Rathäuser Festungen, Keller Widerstandsnester. Es gibt tatsächlich keinen Unterschied mehr zwischen kämpfenden Truppen und Zivilisten.

Die sowjetischen Panzer werden im Häuserkampf leichte Beute. Besonders hohe Verluste erleiden sie an Bahndämmen und Wasserhindernissen. Die Versorgung der in den Ruinen und Bunker ausharrenden Bevölkerung mit Lebensmitteln ist zusammengebrochen. Die Menschen leiden Hunger, schneiden sich ein Stück rohen Fleisches aus toten Pferden – auch aus bereits verwesenden – und überschreiten auf der Suche nach Essbarem notgedrungen auch die Frontlinie. Die Orientierung in der zerstörten Stadt wird durch das Verschwinden markanter Gebäude immer schwieriger. Man spricht von „nach Russland gehen". Bemerken SS-Truppen derartige Frontwechsel, schießen sie auf ihre Landsleute.

Im Führerbunker ist das alles nicht wahrnehmbar. Botenjunge Armin Lehmann sieht Hitler im Bunker, der ihn nicht registriert: *„Hitler schien tief in Gedanken versunken zu sein. Er war allein (...) und schritt in den Raum, in dem die Mehrzahl der Nachrichten ausgegeben und empfangen wurde."* Ihm kommt er vor wie ein *„Schlafwandler"* mit einem Stadtplan in der Hand, *„sein Blick irrt ziellos umher"*. Lehmann sieht auch Eva Braun, die aussieht *„wie eine Filmschauspielerin, sauber und elegant"* mit einem *„langen dunklen Kleid und einer goldenen Brosche, jung und hübsch"*. In der Lagebesprechung um 10:00 Uhr, anwesend sind nur noch Goebbels, Burgdorf, Krebs, Lorenz, Günsche und Zander, keimt neue Hoffnung auf. Ein Funkspruch ist eingetroffen, dass die Spitze der Armee Wenck den Ort Ferch am Schwielowsee, 10 Kilometer westlich von Potsdam, erreicht hat. Von Loringhoven beobachtet die Szene, als Hitler die Meldung erreicht. Hitler schaut sofort auf der Karte nach, wo genau Ferch liegt, findet es am Südende des Schwielowsees (südwestlich von Potsdam und nördlich des Autobahndreiecks Potsdam), dann dreht er sich mit fragendem Blick zu Krebs, nach dem Motto: Also können wir es doch noch schaffen. Krebs relativiert das jedoch gleich wieder: *„Mein Führer, Ferch ist noch nicht Berlin."* Trotzdem schöpft dieser Hoffnung, denn bis zum Zentrum sind es nur noch 20 Kilometer. Er blickt immer wieder auf das

Bild Friedrichs des Großen und lässt dauernd nach weiteren Nachrichten fragen. Wenck hat jedoch keine Chance und muss sich bald wieder zurückziehen. Fernschreiben aus dem Führerbunker mit dem Befehl, Berlin zu entsetzen, werden de facto ignoriert, wie sich Wencks Stabschef Günther Reichhelm erinnert: *"Wenck sagte, nach Berlin angreifen werden wir mit Sicherheit nicht. Berlin ist ein Moloch, wir werden unsere Soldaten nicht verheizen."* Der Moloch Berlin wird von seiner restlichen Bevölkerung längst nur noch *"Reichsscheiterhaufen"* genannt.

Hitler fantasiert: *"In Kürze werde ich Befehl geben, meine gewaltigen Armeen in Prag [Protektorat Böhmen und Mähren] und Sudetenland in Bewegung zu setzen. Mit einer gewaltigen Zangenbewegung von Bayern und Norddeutschland aus werden wir die Russen zerschlagen und den Endsieg erlangen."* Dann besucht er das Lazarett im Keller der Neuen Reichskanzlei und spricht kurz mit den Ärzten. Nach seiner Rückkehr heftet er einem völlig erschöpften Hitlerjungen, der einen Panzer abgeschossen hat, das Eiserne Kreuz an die Brust und schickt ihn wieder in den Kampf. BDM-Angehörige, die im Bunker gesichtet werden, behandelt er nicht so höflich: *"Die Russen werden auf jeden Fall versuchen, mich lebend zu bekommen. Sie können auch Mädchen in BDM-Uniformen stecken und ihnen einen BDM-Ausweis geben, damit sie mich mit irgendwelchen chemischen Mitteln betäuben."* Er befiehlt Linge, sie rauszuwerfen. Schaub vernichtet unterdessen in der Privatwohnung in München den persönlichen Besitz Hitlers und leert den Panzerschrank. Staatssekretär Dr. Erich Neumann versucht derweil noch, mit einer Rundfunkansprache den Durchhaltewillen aufrecht zu erhalten:

^ *Die Neue Reichskanzlei in der Voßstraße (Luftaufnahme 1946). Am oberen Bildrand das Gewächshaus, rechts oben das Gelände des Führerbunkers.* (182)

"An der Spitze der Verteidigung Berlins steht der Führer. Diese Tatsache allein schon gibt dem Kampf um Berlin sein einmaliges und entscheidendes Gesicht. Wie in der Kampfzeit, wie immer in seinem ganzen Leben, weicht der Führer der letzten Entscheidung nicht aus, sondern stellt sich unter Einsatz seiner ganzen Person an die Spitze des Kampfes. Er, der tausend [!] Gründe anführen könnte, die seine Anwesenheit an anderer Stelle als angeblich wichtiger oder nützlicher erscheinen lassen würden, verzichtet auf diese Umwege und gibt damit ein anspornendes Vorbild eines sich selber in jeder Lage treu bleibenden Kämpfers. Niemals hat er dem Herzen seiner Soldaten so nahe gestanden wie in dieser schweren Stunde. Niemals war er in der Liebe der Männer und Frauen in Berlin fester verankert als jetzt, wo er seine geschichtliche Aufgabe mit der seiner Hauptstadt unlösbar verbunden hat."

Zwischen 18:00 und 19:00 Uhr landet unter abenteuerlichen Umständen auf der Ost-West-Achse die Pilotin Hanna Reitsch mit einem Fieseler Storch. An Bord des Flugzeuges ist Generaloberst von Greim, angeblich ihr Geliebter. Die Maschine wird beschossen und von Greim am rechten Fuß verletzt. Gegen 20:00 Uhr, von Greim liegt auf einer Trage im Lageraum, erscheint Hitler. Er bedankt sich für ihr Kommen und bezieht sich dann auf das Telegramm von Göring: *"Ein Ultimatum! Ein krasses Ultimatum! Jetzt bleibt nichts übrig. Nichts bleibt mir erspart! Keine Treue wird gehalten, keine Ehre. Es gibt keine Bitterkeit, keinen Verrat, der nicht auf mich gehäuft worden wäre; und jetzt auch das! Das ist das Ende. Keine Beschimpfung ist mir erlassen worden."* Es ist dieselbe Reaktion wie beim Tode seiner Nichte Angela („Geli"). Er stellt sich als Leidtragenden dar und schimpft über Göring: *"Er ist der Rauschsucht verfallen, er ist ein Morphinist und*

^ *Eine andere Perspektive: Unten die Kasernen an der heutigen Friedrich-Ebert-Straße, rechts die Neue Reichskanzlei und oben der Speisesaal über dem Vorbunker und die Ruine der Alten Reichskanzlei. (182)*

ein Feigling." Er teilt seine Gedanken mit: *„Hier steht Wencks Armee. Ihm gegenüber steht die dritte russische Armee, aber wenn sie für ihn den Weg durch den Ring um Berlin öffnen können, dann kann er durchbrechen und die Belagerung aufheben. Ich hoffe immer noch, liebe Hanna, General Wencks Armee rückt aus dem Süden heran. Er muss und wird die Russen weit genug zurück jagen, um unser Volk zu retten."*

Dann befördert er von Greim zum Generalfeldmarschall und zum Nachfolger von Göring als Oberbefehlshaber der de facto nicht mehr existierenden Luftwaffe. Von Greim teilt später seinem Stabschef Koller telefonisch mit: *„Mich haben das Zusammensein mit dem Führer und seine Kraft außerordentlich gestärkt, das hier ist für mich wie ein Jungbad."* Er ist sich sicher: *„Es gedeiht noch alles zu einem guten Schluss."* Um 22:00 Uhr bringt der Großdeutsche Rundfunk die Meldung über die Ernennung von Greims als Görings Nachfolger. Die Begründung: Göring leide *„seit längerer Zeit"* an einem *„bestehenden chronischen Herzleiden"*, das in ein *„akutes Stadium"* getreten sei. Dass Hitler an den *„guten Schluss"*, den er von Greim eingeredet hat, selbst nicht mehr glaubt, beweist der Abschied. Hitler gibt Hanna Reitsch als Abschiedsgeschenk zwei Blausäure-Ampullen (Keine Zyankali-Ampullen, wie fälschlicherweise immer wieder kolportiert wird. Zyankali wird erst im Magen zu Blausäure, so dass die Gabe von Blausäure sofort wirkt): *„Ich möchte nicht, dass wir lebend in die Hände der Russen fallen oder dass sie unsere Leichen finden. Mein und Evas Leichnam werden den Flammen übergeben. Wählen Sie den Weg selbst, wie Sie von dieser Welt verschwinden."*

Abends ist Kampfkommandant Weidling zum Lagevortrag bei Hitler und entwickelt den Plan, alle Kräfte in der Stadt zusammenzufassen und nach Westen auszubrechen. Sein Plan sieht vor, dass die Berliner Garnison mit 40 einsatzfähigen Panzern als Hitlers Eskorte die Speerspitze der kampffähigen Divisionen bildet. Folgen soll die *„Führergruppe"* mit Hitler, dem Personal aus der Reichskanzlei und weiteren Prominenten. Die Nachhut soll eine einzige verstärkte Division bilden. Der Ausbruch soll in der Nacht zum 28. April erfolgen. Zwei Stunden vorher haben Hitler, Krebs und Burgdorf mit Jodl telefoniert und sich über die Lage informieren lassen. Es ist das letzte Telefonat zwischen Hitler und Jodl. Dabei steigern sie sich gegenseitig noch einmal in Illusionen hinein, doch nun ist Hitler plötzlich der Realist: *„Ihr Vorschlag ist ja ganz schön. Aber was soll das alles? Ich bin nicht gewillt, irgendwo in den Wäldern als Umherirrender aufgegriffen zu werden. Ich bleibe hier und werde an der Spitze meiner Truppen fallen. Sie aber setzen die Verteidigung fort!"* Dann erkennt Günsche bei Hitler zunehmende Desorientierung. Gegen 21:00 Uhr fragt ihn Hitler: *„Günsche, wo sind Ihre Truppen?"* Günsche, versteht die Frage nicht, er ist sein Adjutant und kein Truppenkommandeur. Er fragt nach und Hitler wird lauter: *„Ihre Truppen, Ihre 6.000 oder 8.000 SS-Leute!"* Günsche erwidert wahrheitsgemäß, dass er keine solchen Truppen habe und verweist auf Mohnke mit seinen 4.000 Mann. Hitler reagiert unwirsch: *„Schweigen Sie! Alle betrügt ihr mich! Niemand sagt mir die Wahrheit!"*

Freitag, 27. April

Im OKW-Hauptquartier in Neuroofen findet eine Zusammenkunft von Dönitz, Himmler, Keitel und Jodl statt. Man diskutiert, völlig an der Realität vorbei, über einen Gegenangriff auf Berlin. Das hierbei erneut sinnlos eigene Truppen geopfert werden müssten, spielt keine Rolle: Hitler ist wichtiger als das Schicksal der Truppe. Der Kommandant des Verteidigungsabschnitts A, der überzeugte Nationalsozialist Generalmajor Erich Bärenfänger, dessen Truppen am Alexanderplatz und in der Frankfurter Allee kämpfen, erscheint um 01:30 Uhr bei Hitler. Seine Uniform ist verschmutzt, er ist unrasiert und kommt direkt aus seinem Gefechtsstand im U-Bahn-Bahnhof Schillingstraße. Er meldet, dass sich die Kämpfe immer mehr in Keller und U-Bahn-Schächte verlagern. Hitler fragt, ob er (das hochexplosive) Knallgas verwendet, er hat jedoch keins, denn sein Vorgesetzter hat ihm befohlen, sich an die Regeln der Kriegsführung zu halten. Hitler ist außer sich vor so viel mangelndem Kampfgeist: *„Er ist abgelöst! Und Sie, Bärenfänger, treten an seine Stelle. Hiermit befördere ich Sie zum Generalmajor!"* Während die Fläche seiner Hauptstadt von 916 auf 25 Quadratkilometer geschrumpft ist, glaubt Hitler durch derartige Befehle noch irgendetwas erreichen zu können.

Der Freitag beginnt mit sehr schwerem Artilleriefeuer auf die Innenstadt. Der „Panzerbär" meldet: *„Berlin Bollwerk gegen den Bolschewismus", „Massengrab für Sowjetpanzer"* und *„Berlin kämpft für das Reich und Europa".* Es sind sinnlose Phrasen, während die Stadt unter Dauerbeschuss liegt. Um 05:00 Uhr beginnt die Rote Armee nach heftiger Artillerievorbereitung beiderseits des Hohenzollerndamms ihre Offensive gegen das Stadtzentrum. In Schöneberg und Kreuzberg toben Kämpfe. Die Sowjets besetzen Spandau, Schloss Charlottenburg und Wilmersdorf, wo sie gegen eine Panzerkompanie der Leibstandarte SS Adolf Hitler gekämpft haben, und erreichen, über Wilmersdorf vorstoßend, den Tiergarten. Auf der Siegessäule, zwei Kilometer von Hitler entfernt, weht jetzt schon die Rote Fahne. Zeitgleich dringen SS-Männer am Kurfürstendamm in Häuser ein, wo weiße Laken hängen und erschießen kaltblütig jede männliche Person, die sie antreffen. Am Abend ist auch der Süden des Tiergartens erobert sowie die Flugplätze Tempelhof und Gatow besetzt. Mehrere russische Panzer brechen am Halleschen Tor am südlichen Ende der Wilhelmstraße durch und werden in Brand geschossen. Dennoch können die Sowjets über eine über den Landwehrkanal errichtete Behelfsbrücke in die Zitadelle eindringen. Ihr Vormarsch ist gesäumt von toten deutschen Soldaten, die an Fleischerhaken und mit einem Schild *„Ich war ein Feigling"* um den Hals an der Hochbahnstrecke hängen. Manche haben mehr Glück, sie beschaffen sich von fremden Menschen Zivilkleidung und tauchen unter. Ziel der Sowjets (im Volksmund *„Iwan"* genannt) ist der Belle-Alliance-Platz und weiter in Richtung Norden die Saarlandstraße (heute Stresemannstraße) sowie die Wilhelmstraße mit der Reichskanzlei.

Die 15jährige Johanna Ruf schreibt in ihr Tagebuch: *"Der Artilleriebeschuss liegt jetzt direkt zwischen dem Anhalter Bahnhof und dem Potsdamer Platz. (...) Gegen zehn Uhr kommt die Meldung, dass die ersten russischen Panzer am Anhalter Bahnhof sind. Und wir sitzen ein paar Meter weiter mit der SS zusammen. (...) Draußen sieht es furchtbar aus: Der Bahnhof brennt, die Ari [Artillerie] schießt wieder stärker, Tiefflieger kommen ohne Unterbrechung."* In den Ruinen des Bahnhofes stapeln sich die nur notdürftig abgedeckten Leichen. Sie erlebt mit, wie ein Soldat, der mit Eimern Wasser holte, auf dem Rückweg zur Bahnhofshalle von einem Granatsplitter getroffen wird:

"Sein Körper sah aus, als wäre er mit einem Rasiermesser aufgeschlitzt worden. Die Wunde fing immer stärker an zu bluten, und es bildeten sich blaue Bläschen, die von Sekunde zu Sekunde größer wurden. Es waren aber keine Blasen, es waren seine Gedärme. Sie quollen einfach hervor und begannen in der kalten Aprilluft zu dampfen und einen entsetzlichen Geruch zu verbreiten. (...) ich weiß nicht, wie lange ich neben dem Mann kniete, nur dass er erst starb, als praktisch sämtliche Eingeweide neben ihm lagen."

Durch den andauernden Artilleriebeschuss sind Nervenzusammenbrüche bei Zivilisten, aber auch bei Soldaten keine außergewöhnliche Erscheinung mehr. Manche drehen durch oder werden fast wahnsinnig, gehen plötzlich Tätigkeiten nach, als wäre tiefster Frieden oder stieren nur noch stumpfsinnig vor sich hin. Dazu kommt die ständig zunehmende Knappheit von Lebensmitteln. Wasser muss vielerorts aus der Spree geholt werden. Als der Geschosshagel nachlässt, will Hitler in den Garten gehen. Er schleppt sich langsam die Treppe hinauf, Linge dicht hinter ihm. Linge öffnet die Panzertür. In dem Moment schlägt eine Granate im Garten ein. Hitler dreht sofort um und versucht, so rasch wie möglich wieder in seine Räume zu kommen. Dort angekommen, fällt er völlig entkräftet in einen Sessel. In seinen Augen steht die nackte Angst: *"Ich habe es mir überlegt. Ich werde mich zusammen mit Fräulein Braun nicht im Garten, sondern hier im Bunker erschießen. Legen Sie Decken bereit, um unsere Leichen einzuhüllen, in den Park zu tragen und dort zu verbrennen."*

Schaub fährt unterdessen auf den Obersalzberg, leert vormittags den Panzerschrank aus Hitlers Arbeitszimmer und verbrennt auf der Terrasse mit Benzin die Akten. Sein Fahrer, SS-Untersturmführer Heinrich Doose, hilft ihm. Schaub bringt zwei Koffer mit Unterlagen aus München mit, auch Schuhe und Kleider von Eva Braun, alte Kalender und Korrespondenz. Ein Tagebuch Eva Brauns ist – wie Anton Joachimsthaler nachgewiesen hat – nicht dabei.

Hitler will einen Mythos schaffen; er will, dass nichts Persönliches von ihm für die Nachwelt übrig bleibt. Während Schaub seinen Auftrag erfüllt, meldet Krebs die Lage: In Berlin ist der Gegner weit nach Norden vorgestoßen. Er soll über die Bülowstraße bis auf die Ecke Lützowstraße vorgestoßen sein. Auf der Brücke am Halleschen Tor sollen zwei Panzer des Feindes brennen. Drei Kompanien, die den Gegenangriff ausführten, sind am Moritzplatz eingeschlossen. Der Gegner ist am Alexanderplatz weiter vorwärts gekommen. Einen feindlichen Einbruch gibt es am Bahnhof Humboldthain. Die Flaktürme sind eingeschlossen (die drei Flakbunker im Tiergarten, im Humboldthain und im Friedrichshain sind eine Säule der Verteidigung). Am Westhafen gibt es hin- und herwogende Kämpfe.

April 1945 – Der Untergang

Auszüge aus den Wortprotokollen (Erste Lagebesprechung)
Hitler: *„In der Millionenstadt kann man nicht mit 400 Panzern eine Stadt besetzen. Das verkrümelt sich."*
Goebbels (der *„erstaunlich ruhig ist, aber hektische rote Flecken im Gesicht hat"*): *„Gebe es Gott, dass Wenck herankommt! Mir schwebt eine furchtbare Situation vor: Wenck steht bei Potsdam und hier drücken die Sowjets auf den Potsdamer Platz!"*
Hitler: *„Und ich bin nicht in Potsdam, sondern am Potsdamer Platz! Das einzige, was einen in dieser Spannung nervös macht, ist die Tatsache: Man möchte gerne etwas tun und kann doch nichts tun. Ich kann nicht mehr schlafen: Wenn man wirklich einmal einschläft, dann kommt der Beschuss. Das Entscheidende ist: Wer erst antritt und dann immer langsamer wird, kommt nicht vorwärts! Vorwärts kommt, wer mit geballter Kraft antritt und gleich zu stürmen anfängt wie ein Idiot! Das ist eine Veranlagungsfrage."*
In der Lagebesprechung werden Fortschritte der Armee Wenck gemeldet, die sich mit dem deutschen Brückenkopf Potsdam vereinigt hat. Hitler schöpft sofort wieder Hoffnung:
„Wenn hier tatsächlich mit Energie nachgestoßen wird, wird die ganze Sache hier in Bewegung kommen, denn der Gegner hat hier nur rückwärtige Verbände. (…) Wenn Wenck wirklich heraufkommt, bekommt er glatt Anschluss an die Wannsee-Gruppe. Der Stoß zum Schwielowsee muss sich bald auswirken. Man muss sich vorstellen, das wird wie ein Lauffeuer durch ganz Berlin gehen, wenn es heißt: Eine deutsche Armee ist im Westen eingebrochen und hat Fühlung mit der Festung aufgenommen."
Er ist der Überzeugung, dass der Russe *„einen großen Teil seiner Kraft verbraucht"* habe und meint ruhig:
„Ich werde mich heute ein klein wenig beruhigter hinlegen und möchte nur aufgeweckt werden, wenn ein russischer Panzer vor meiner Schlafkabine steht, damit ich Zeit habe, meine Vorbereitungen zu treffen. (…) Wir müssen Berlin halten, denn hier kann der Russe zum Ausbluten gezwungen werden. Was soll denn den Russen sonst noch aufhalten, wenn er auch hier glatt durchmarschieren kann. Richelieu hat einmal gesagt: Gebe mir von einem Manne fünf Zeilen Geschriebenes. Was habe ich verloren! Teuerste Erinnerungen! Aber was heißt das alles. Einmal muss man doch den ganzen Zinnober zurücklassen."

Kurz vor der nächsten Lagebesprechung sieht Weidlings Adjutant Eva Braun zum ersten Mal. Boldt notiert: *„Sie saß mit Hitler und mehreren Männern seiner engsten Umgebung am Tisch im Vorraum und unterhielt sich lebhaft. Hitler hörte ihr zu. Sie trug ein enganliegendes graues Kostüm, das eine sehr gut gewachsene Frau erkennen ließ, geschmackvolle Schuhe, und mir fiel eine hübsche, mit Brillanten besetzte Armbanduhr auf."*

Auszüge aus den Wortprotokollen (Zweite Lagebesprechung)
Mohnke: *„Vier Feindpanzer und zwei Tschechen-Panzer sind bis zum Wilhelmplatz vorgestoßen. Sie wurden durch Panzervernichtungstrupps abgeschossen. Die Panzer hatten Hakenkreuzwimpel."*
Hitler: *„Die Kennzeichnungsordnung [!] muss peinlichst eingehalten werden!"*
Mohnke: *„Die Hauptkampflinie verläuft immer noch über den Moritzplatz. (…) Ich habe 10,5-Zentimeter-Leichte-Feldhaubitzen in Stellung gebracht am Gendarmenmarkt in Schuss-*

richtung Belle-Alliance-Platz und Pariser Platz mit Schussrichtung: Unter-den-Linden-Schloss; ferner in der Leipziger Straße mit Schussrichtung Spittelmarkt. Jedes Rohr hat zwölf Schuss. Sobald diese verschossen, kämpfen die Mannschaften infanteristisch."
Hitler: „Mit der Berennung der Viereinhalb-Millionen-Stadt hat sich der Russe eine kolossale Last aufgeladen. Wieviel Verwundete haben wir jeden Tag?"
Goebbels: „Wir haben 9.000 Verwundete in den Lazaretten liegen; jeden Tag also vielleicht 1.500 Verwundete."
Hitler sinniert dann über seine Vorgehensweise nach der Machtübernahme im Jahre 1933:
„Man bereut es hinterher, dass man so gut ist. In dieser Stadt habe ich das Recht gehabt zu befehlen, jetzt habe ich auch den Befehlen des Schicksals zu gehorchen. Auch wenn ich mich retten könnte, so tue ich dies nicht. Der Kapitän geht auch mit seinem Schiffe unter."
Krebs: „Ich habe Jodl gesagt, dass uns noch etwa 24 bis 26 Stunden zur Verfügung stehen."
Hitler: „Zwei Sorgen habe ich: Wir haben kein Ölgebiet mehr. (...) Das ist katastrophal, weil es jede weiträumige [!] Operation unmöglich macht. Wenn ich diese Geschichte hier erledigt habe, müssen wir wieder schauen, dass wir die Ölgebiete wiederbekommen."

Auszüge aus den Wortprotokollen (Dritte Lagebesprechung)
Mohnke: „Einzelne russische Scharfschützen sind am Potsdamer Platz aufgetaucht."
Hitler: „Eine Gefahr sind die Schächte von U- und S-Bahn. (...) Ich habe nicht verstehen können, warum sich die 9. Armee auf so kleinem Raum zusammengezogen hat (...) Man kann nicht führen, wenn jeder Plan, der aufgestellt wird, von jedem Armeeführer nach seinem Belieben abgeändert wird."
Krebs: „Wahrscheinlich kann Busse sich nicht bewegen."
Hitler: „So etwas an Ungehorsam hat es in der Partei niemals gegeben. Nichtbefolgung eines von mir gegebenen Befehls bedeutete für einen Parteiführer die sofortige Vernichtung und den Stoß ins Nichts."
Weidling meldet, dass in den letzten vier Tagen 280 bis 300 Feindpanzer abgeschossen worden sind.
Hitler: „Ich muss die absolute Gewissheit haben, dass ich nicht durch irgendeinen schlauen Streich eines Russenpanzers hier herausgeholt werde."
In Bezug auf die Marinesoldaten, die Großadmiral Dönitz für den persönlichen Schutz des Führers abgestellt hat, äußert Hitler:
„Ich kann mir vorstellen, dass die paar Männer, die als letzte Sicherung dann bei mir stehen, auch ganz hier einziehen, und sollte der Entsatz nicht kommen, muss man sich darüber im Klaren sein: Dann ist das auch kein schlechter Abschluss eines Lebens, wenn man im Kampf für die Hauptstadt seines Reiches fällt. [!] (...) Ich kann von niemandem verlangen, dass er außerhalb kämpft, wenn ich selbst nicht einmal im Zentrum des Reiches kämpfen will."
Weidling: „Wir haben kolossale Schwierigkeiten durch den Wassermangel. Das Halten des Tiergartens ist sehr wichtig."
Hitler: „Was nach Berlin hereinbefohlen ist, muss herein! Alles, was heraus will, muss man auffangen. Für heute Nacht sind 50 Maschinen mit je eineinhalb Tonnen angekündigt worden."
Below: „Die ersten Abwürfe sind schon gemeldet. Landungen werden noch erwartet."
Hitler: „Das Abgeworfene muss blitzartig an die Brennpunkte heran."

Dies war der letzte offiziell aufgezeichnete Satz Hitlers in über fünfeinhalb Jahren Lagebesprechung. Melder Armin Lehmann betritt den Bunker durch den Gartenausgang und bemerkt Hitler, der, flankiert durch Bormann und einem SS-Offizier *„an der Wand lehnt"*. Bormann redet auf Hitler ein und unterstreicht seine Worte mit Gesten. Einige Wachen gehen an ihnen vorbei und tragen Kartons nach oben. Die darin befindlichen Akten werden im Garten verbrannt. Die Reste der 9. Armee von Busse versuchen, zu den amerikanischen Linien zu kommen, Hauptsache weg von der Roten Armee. Busse hat nichts von Hitlers neuem Befehl, die Elbefront zugunsten von Berlin zu entblößen, gewusst. Hitler seinerseits ist nun ratlos, weil sein Befehl missachtet wird und Busse in die falsche Richtung marschiert: *„Ich verstehe die Angriffsrichtung nicht. Er stößt völlig ins Leere hinein."* Hitler befiehlt, die 9. Armee anzuweisen, sich mit der Armee Wenck zu vereinigen und gemeinsam den Ring um Berlin zu sprengen. Die Anwesenden schauen sich verwundert an, die Russen sind schon am Alexanderplatz, am S-Bahnhof Wedding, in Steglitz, in Wilmersdorf, in Friedenau und in Halensee. Weidling trägt die Lage vor und schildert die Schwere der Kämpfe. Hitler hört teilnahmslos zu. Währenddessen räumen 2.000 von den Sowjets zusammengetriebene Frauen zerstörte Flugzeuge von den Rollbahnen Tempelhofs.

Fegelein ruft von außerhalb des Führerbunkers von Loringhoven an und fragt: *„Wie ist die Lage?"* Der wundert sich, dass er nicht im Bunker ist. Abends ruft Fegelein mit lallender Stimme auch noch bei seiner Schwägerin Eva Braun an: *„Eva, Du musst den Führer verlassen. Sei nicht dumm. Jetzt geht es um Leben und Tod."* Sie lehnt ab und erwidert, dass ein solcher Vorschlag nicht erwogen werden kann und er in den Bunker zurückkehren muss.

Was sie nicht weiß: Fegelein befindet sich in seiner Privatwohnung. Ob sie Hitler von dem Anruf erzählt, ist unklar. Unabhängig davon fällt Hitler selbst auf, dass Fegelein bei der Lagebesprechung fehlt und lässt nach ihm suchen. Schließlich wird der mit Eva Brauns schwangerer Schwester Gretl Verheiratete mit seiner Geliebten, einer Rundfunksprecherin beim Deutschlandfunk, in seiner Wohnung in der Bleibtreustraße 4 (nähe Kantstraße) in Charlottenburg angetroffen. Größere Mengen Bargelds, auch in ausländischer Währung, Schmuck und falsche Pässe werden gefunden. Offensichtlich hat er vor, sich ins Ausland (Schweden oder Schweiz) abzusetzen. Fegelein wird in die Reichskanzlei zurückgebracht, degradiert, Schulterstücke und Kragenspiegel werden ihm abgenommen und er wird in einem Kellerraum eingesperrt.

Mit Adjutant von Below spricht Hitler zur gleichen Zeit über das Kriegsende, den Tod und seine Einsamkeit. Er gibt ihm (und anderen) Ampullen mit Blausäure. Er begründet es damit, falls es *„zu einer schwierigen Situation"* kommen sollte. *„Ich habe mich dazu entschlossen, dem Kommandanten von Berlin den Befehl zum Ausbruch zu geben. Ich selbst bleibe hier und sterbe an der Stelle, wo ich lange Jahre meines Lebens gearbeitet habe. Aber mein Stab soll den Ausbruch mitmachen. Es kommt mir vor allem darauf an, dass Bormann und Goebbels heil rauskommen."* Gegen 17 Uhr meldet Jodl über Funk: Steiners zwei Panzerdivisionen müssen nach Norden, weg von Berlin, gegen die Südflanke der russischen Angriffsspitzen geworfen werden. Damit unterlässt Steiner die, de facto nicht ausführbare, Entsatzoperation für Berlin und wird wegen Gehorsamsverweigerung von Hitler seines Kommandos enthoben. Nachfolger wird Generalleutnant Rudolf Holste. Nach 19:00 Uhr begrüßt Hitler kurz ein frisch getrautes Ehepaar, der Bräutigam ist eine SS-Ordonnanz: *„Ich wünsche Euch alles Gute, Kinder."*

Abends, das Regierungsviertel liegt unter permanentem Artilleriebeschuss und die Kämpfe in der „Zitadelle" werden immer erbitterter, kommt Axmann mit einem 13-jährigen Hitlerjungen, der am Olympiastadion und den Pichelsdorfer Brücken eingesetzt

Das Regierungsviertel im Jahre 1943: Brandenburger Tor (1), die Villa von Goebbels (2), Potsdamer und Leipziger Platz (3), darüber die Voßstraße mit der Neuen Reichskanzlei (4), rechts davon der Wilhelmplatz mit dem Propagandaministerium (5). (181)

April 1945 – Der Untergang

ist und mit der Panzerfaust einen T-34-Panzer abgeschossen hat. Hitler heftet ihm ein Eisernes Kreuz an die Brust. Auch Magda Goebbels wird an diesem Abend von Hitler ausgezeichnet. Hitlers persönliches Goldenes Parteiabzeichen ist eine Sonderanfertigung

^ *Die Vergleichsaufnahme im April 1945. (181)*

(auf der Rückseite ist „Nummer 1" eingraviert). Er heftet es Magda Goebbels an, die über diese Geste tief beeindruckt ist, sie kann ihre Tränen nicht zurückhalten. Umgehend berichtet sie in einem Brief ihrem Sohn Harald Quandt davon. Diese Geste wird nicht nur von der Beschenkten überbewertet, da Hitler über mehrere Exemplare seines Parteiabzeichens verfügt und sich sofort ein neues an die Brust heftet, wie Günsche bestätigt. Nach dem Krieg gelangt es nach Moskau, wo das symbolträchtige Kleinod am 30. Juni 2005 im Rahmen einer Ausstellung des russischen Geheimdienstes FSB anlässlich des 60. Jahrestages des Endes des Zweiten Weltkriegs aus einer Vitrine gestohlen wird und bis jetzt nicht wieder gefunden wurde.

Magdas Ehemann Joseph unterhält sich derweil mit Traudl Junge, er ist verzweifelt darüber, dass er nach Hitlers Tod in der Regierung bleiben soll, er will lieber mit Hitler zusammen untergehen. Denn eines ist ihm klar: *„Und wie sehen die Dinge aus, wenn der Ausbruch erfolgreich verläuft? Wir würden einfach nur aus einem Kessel in einen anderen geraten. Soll ich, der Führer, dann etwa auf freiem Feld oder in einem Bauernhaus kampieren, um dort das Ende abzuwarten?"* Gegen 21:00 Uhr erscheint Weidling. Auch der stellvertretende Berliner Gauleiter Gerhard Schach kommt. Er berichtet, dass für die Bevölkerung *„nur noch für ein bis zwei Tage"* Lebensmittel zur Verfügung stehen und versucht, Hitler davon zu überzeugen, mit den Resten der Berliner Garnison nach Südwesten in Richtung Potsdam auszubrechen. Hitlers Antwort ist kurz: *„Nein!"* Als Schach daraufhin vorschlägt, Hitler in einen Panzer vom Typ „Tiger" zu setzen, lehnt dieser erneut ab: *„Weidling, mein Entschluss steht fest. Ich bleibe in Berlin."* Die Nachtlagebesprechung um 22:30 Uhr ist durch ein nachrichtentechnisches Chaos gekennzeichnet, die Verbindungen zur Außenwelt sind unterbrochen. Nach einem über zehnstündigen Ausfall der Richtfunkstrecke hat man keine Meldungen über die Aktivitäten der 9. und 12. Armee, auf die man noch große Hoffnungen für einen Entsatz von Berlin hat. Hitler ist verärgert: *„Man muss doch mit der 9. Armee eine Verbindung herstellen. Eine halbe Stunde am Tage besteht doch Funkverbindung. Tito funkt mit seinen Partisanen über den ganzen Balkan mit Kurzwellengeräten!"* Doch für ihn ist klar, es ist aus und ist ja *„kein schlechter Abschluss eines Lebens, wenn man im Kampf für die Reichshauptstadt fällt"*. Doch er ist physisch längst nicht mehr imstande, mit der Waffe in der Hand dem Feind so entgegenzutreten, dass sein Tod im Gefecht gewiss ist. Damit droht etwas, was er in jedem Fall vermeiden will, nämlich verwundet in die Hände der Roten Armee zu fallen. Damit hätte Stalin die Kriegstrophäe schlechthin.

Samstag, 28. April

Der sowjetische Beschuss des Regierungsviertels erreicht in dieser Nacht seinen Höhepunkt.

Am frühen Morgen kann Busse für seine 9. Armee noch einen Durchbruchsversuch organisieren, doch auch dieser bleibt südöstlich von Sperenberg stecken. In dem von deutschen Truppen von Halbe bis Sperenberg gehaltenen schmalen Streifen spielen sich apokalyptische Szenen ab. Sowjetische Artillerie nimmt die deutschen Truppen unter Dauerfeuer. Zahlreiche Wehrmachtssoldaten können nicht mehr kämpfen und wollen kapitulieren. Fanatische SS-Männer wollen dies verhindern, sie rechnen bei einer Gefangennahme mit ihrer Massakrierung. Es kommt deshalb zu Schießereien mit den Wehrmachteinheiten. In Halbe selbst liegen unzählige Leichen. Die Straßen sind übersät mit Handwagen, Koffern und anderen Habseligkeiten von Flüchtlingen. Hilfe für Mitmenschen gibt es in diesem Chaos nicht mehr. Panzer überrollen Leichen, rücksichtslos aber auch Verwundete. Dazu kommen ständige Granateneinschläge. Mehr als 40.000 Menschen, darunter 10.000 Zivilisten und viele sowjetische Zwangsarbeiter, sterben im Kessel. Fast 30.000 von ihnen liegen heute auf dem Waldfriedhof Halbe, einer der größten Kriegsgräberstätten Deutschlands.

Krebs ruft um 03:00 Uhr im Auftrag Hitlers beim OKW an: *„Am meisten ist der Führer interessiert am Angriff westlich Oranienburg. Wie steht es dort? Kommt Angriff vorwärts? Steiner lehnt der Führer als Befehlshaber dort ab! Hat Holste den Befehl übernommen? Wenn uns nicht in den nächsten 36 bis 48 Stunden geholfen wird, dann ist es zu spät!"* Boldt sieht Hitler zum letzten Mal und schildert ihn beweglich: *„Als Hitler mich kommen sah, erhob er sich. Es war für ihn und für mich nicht ganz einfach, über die ausgestreckten Beine* [der in ihren Sesseln eingeschlafenen Herren Burgdorf, Krebs und Bormann] *so hinwegzusteigen, dass die fest Schlummernden nicht geweckt wurden."* Die letzte Ausgabe des „Völkischen Beobachters" in München, die noch ausgeliefert werden kann, bringt die Schlagzeile: *„Deutschland steht standhaft und treu zum Führer – Der Führer entflammt Berlins Kampfgeist."* Das greift „Der Panzerbär" auf: *„Wir halten durch – Die Stunde der Freiheit wird kommen. Heldischer Kampf um Berlin. Anmarsch der Reserven von allen Seiten."* Es können keine Reserven mehr kommen. Auch der OKW-Bericht meldet:

„Heroischer Kampf um die Reichshauptstadt. In dem heroischen Kampf der Stadt Berlin kommt noch einmal vor aller Welt der Schicksalskampf des deutschen Volkes gegen den Bolschewismus zum Ausdruck. Während in einem in der neuen Geschichte einmaligen, grandiosen Ringen die Hauptstadt verteidigt wird, haben unsere Truppen an der Elbe den Amerikanern den Rücken gekehrt, um von außen her im Angriff die Verteidiger von Berlin zu entlasten. In den inneren Verteidigungsring ist der Feind von Norden her in Charlottenburg und von Süden her über das Tempelhofer Feld eingebrochen. Am Halleschen Tor, am Schlesischen Bahnhof und am Alexanderplatz hat der Kampf um den Stadtkern begonnen. Die Ost-West-Achse liegt unter schwerem Feuer."

Ausländische Radiosender dagegen melden bereits Hitlers Tod. Der lebt jedoch und verleiht den Deutscher Orden der NSDAP an Arthur Axmann – als Dank für seine Leitung der HJ-Kampfgruppen. Sozusagen als Dank dafür, dass er Kindersoldaten in den Tod schickt: *„Ohne Ihre Jungen wäre der Kampf überhaupt nicht durchzuführen, nicht nur hier in Berlin, sondern in ganz Deutschland."* Axmann stellt klar: *„Es sind Ihre Jungen, mein Führer!"* Als Dr. Stumpfegger Hitler am Morgen um eine Unterschrift bittet, dass ihm zwölf Ampullen Blausäuren ausgehändigt werden, zittert Hitlers Hand. Die Gegend um die Reichskanzlei wird mit Katjuschas, dem Salvengeschosswerfer, der allgemein „Stalinorgel" genannt wird, beschossen. Wieder fragt Hitler: *„Was ist das für ein Kaliber?"*

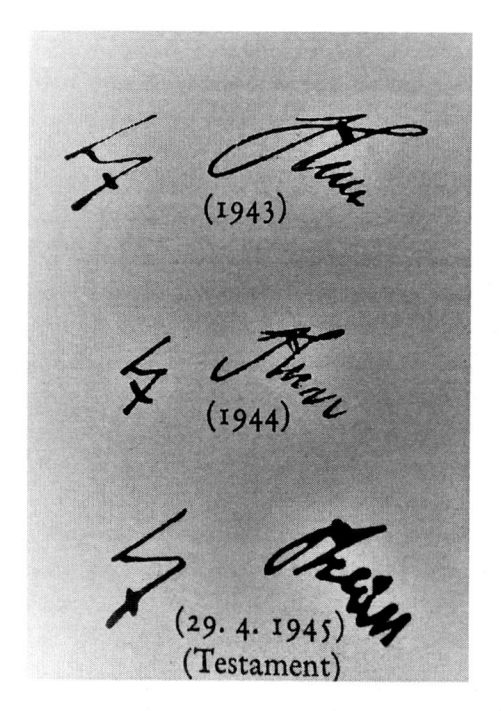

Linge antwortet: *„Stalinorgeln!"* Hitler ist verwirrt: *„Was meinen Sie mit Stalinorgeln? Etwa den Säulengang der Neuen Reichskanzlei?"* Linge weiß nicht recht, was er antworten soll. Vor der Alten Reichskanzlei wartet ein großer Kübel darauf, dass er abgeholt und entsorgt wird. Er enthält amputierte Gliedmaßen, schmutziges Verbandsmaterial und Blut. In der Wilhelmstraße liegen mehrere Leichen, die enthauptet sind. An einem Laternenpfahl hängt, mit einer Wäscheleine aufgeknüpft, ein Junge in blutiger Volkssturmuniform – sein rechtes Ohr fast abgetrennt.

Trotz Hitlers Befehlen, die aber gar nicht mehr an die Kommandostellen gelangen, die sie ausführen sollen, brechen die Fronten nun endgültig zusammen. In der Wilhelmstraße toben heftige Straßenkämpfe. Die Rote Armee kämpft sich von Moabit aus an die 50 Meter breite Spree vor. Sie erreichen die Moltkebrücke in Mitte, gegenüber dem Reichstag und am heutigen Bundeskanzleramt – nur noch 1,5 Kilometer von der Reichskanzlei entfernt. Hitler hatte den Befehl gegeben, dass *„Gebiet an der Moltkebrücke abzuriegeln"*. Auf der südlichen Seite sind 5.000 Waffen-SS-Männer und Volkssturmeinheiten in Stellung gegangen. Da die Sprengung der Brücke nur zum Teil geglückt ist, tobt den ganzen Tag und die ganze Nacht der Kampf um die Brücke und um das Reichsinnenministerium. Viele Zivilisten sterben dabei nicht durch Kampfhandlungen, sondern durch einstürzende Gebäude. Die Sowjets stürmen das Gefängnis Moabit und befreien 7.000 Gefangene, die zum Teil auf ihren Seiten mitkämpfen. Gegen 09:00 Uhr meldet Mohnke, dass *„die Russen am Belle-Allianz-Platz und an der Ecke Wilhelmstraße"* sind, nur noch 1.200 Meter von der Reichskanzlei entfernt. Der Angriff wird gestoppt, die Rote Armee ändert ihre Stoßrichtung in Richtung Gleisdreieck und Anhalter Bahnhof, wobei Hunderte ihrer Panzer zerstört werden. Weidling hat noch 30.000 Mann, die einen 14 Kilometer langen und 1,5 Kilometer breiten Streifen halten. Kampffähig sind nur noch Teile der 18. Panzergrenadierdivision und die Truppen um Mohnke und Bärenfänger.

Im noch verbliebenen Rest des Reiches, Hitler interessieren die Meldungen längst nicht mehr, besetzen die Alliierten Münster und Augsburg, in Italien Genua und Mailand. In den nicht direkt vom Kampf betroffenen Berliner Stadtteilen herrschen unbeschreibliche Zustände. Besoffene Soldaten torkeln durch die Straßen und Verwundete suchen verzweifelt den nächsten Verbandsplatz. Erwachsene Frauen geben sich in Hauseingängen und in Kellern ausgebombter Häuser dem nächstbesten Soldaten hin. Der Drang, noch schnell die Unschuld zu verlieren, bevor die Russen kommen, bringt junge Mädchen

^ *Veränderungen in Hitlers Autogramm in seinen letzten beiden Lebensjahren. (136)*

dazu, in dunklen Ecken am Bahnhof Zoo und im Tiergarten mit wildfremden Männern Geschlechtsverkehr zu vollziehen. Die Vergewaltigung durch brutale und betrunkene Russen vor Augen, suchen sie sich lieber einen deutschen Jungen oder Mann für ihr erstes Mal aus. In der Sendeanstalt des Großdeutschen Rundfunks in der Masurenallee sind über 300 junge Frauen, viele kaum älter als achtzehn beschäftigt. Viele betrinken sich sinnlos und kopulieren hemmungslos zwischen den Regalen des Tonarchivs. Angesichts des Todes endet hier jegliche Moral.

Den Berlinern geht es nun nicht anderes als vor Jahren der russischen Bevölkerung in Leningrad und Stalingrad. Auch Hunde werden geschlachtet und deren Blut in Blechdosen aufgefangen. Dunkle Gestalten dringen in verlassene Wohnungen ein. Hausfrauen plündern Eisenbahnwaggons mit Lebensmitteln und raffen mit, soviel sie bekommen und tragen können. Sie müssen für die Versorgung ihrer Familie sorgen, da sie meist auf sich alleine gestellt sind. Die verbliebenen Männer bieten oft ein trostloses Bild. Sie sind kaputt, deprimiert, alt und schwach oder ausgemergelt und abgekämpft. Die medizinische Versorgung ist zusammengebrochen. Endlose Kolonnen von Kriegsgefangenen marschieren nach Osten, vorbei an mit weißer Farbe an die Häuserwände geschmierter Parolen wie *„Berlin bleibt deutsch"*. Es ist ein elendiger Anblick, sie sind verlumpt und verdreckt, teilweise blutverschmiert und verletzt. Das ist der erbärmliche, ausgebrannte Rest der ehemals stolzen deutschen Wehrmacht. Der Anblick dieser stumpf in eine ungewisse Zukunft vor sich hin trottenden Gestalten ist so schlimm, dass selbst manche Rotarmisten mit ihnen Mitleid bekommen. Frauen stehen am Straßenrand, suchen ihre Männer in den Reihen und reichen ab und zu Zigaretten.

Der spätere sowjetische Stadtkommandant Nikolai Bersarin befragt alte und junge Soldaten, von beiden Altersgruppen erhofft er sich wahrheitsgemäße Aussagen. Während die Zustände in den noch nicht besetzten Teilen Berlins immer chaotischer werden, entsteht in allen übrigen Teilen bereits eine neue Verwaltung. Berlin zersplittert unter den Befehlen der Bezirkskommandanturen in kleinstädtische und städtische Gemeinden. Bewegung außerhalb der Grenzen ihres Wohnbezirkes ist der Zivilbevölkerung verboten. Berlin als Ganzes erlebt keine *„Stunde Null"*. Diese wandert quasi die nächsten Tage, den vorrückenden Truppen folgend, von Bezirk zu Bezirk. Auch beim Großdeutschen Rundfunk in der Masurenallee herrscht Endzeitstimmung, wie sich Sprecher Richard Baier erinnert: *„Wir waren etwa 500 Angestellte, die meisten davon Frauen. Immer öfter kamen Sie in Schwarz zum Dienst, ihre Männer waren gefallen. (...) Die Angst war riesengroß. Ende April herrschte bei uns eine Stimmung wie auf der Titanic. Es wurde gesoffen, es wurde ganz ungeniert geliebt. Da lagen zwei Kolleginnen mit vier Männern im Bett, das waren unvorstellbare Szenen."*

Linge muss Hitler an diesem Tag dreizehnmal Augentropfen verabreichen. Im überhitzten Bunker wabert ein Gestank nach Schweiß, Chlor und verstopften Abflussrohren. Die Belüftungsanlage saugt Trümmerstaub ein, es riecht nach Brand und Verwesung. Hitler schlurft mit einem zerknitterten, teilweise verschmierten Berliner Stadtplan durch den Korridor und sucht Gesellschaft. Traudl Junge berichtet: *„Seine Augen waren nicht mehr in dieser Welt; sie hatten nichts Durchdringendes mehr. Alle Türen standen offen,* *und keiner brauchte mehr angemeldet zu werden. Er konnte das Alleinsein nicht ertragen. Jeden wollte er sehen, jedem sich nähern; gleichviel, ob da gerade jemand las oder nicht, er setzte sich daneben. Er wollte eben nicht länger allein sein."* So wie er jahrelang mit seinen gefürchteten, endlos langen Teeabenden die Zeit und die Energie der Anwesenden gestohlen hat, so kann er jetzt nicht allein sein. Um 12:30 Uhr versucht er noch einmal, Prioritäten zu setzen: *„Aufgabe aller im Gebiet zwischen Elbe und Oder kämpfenden Verbände: den umfassenden Angriff zum Entsatz der Reichshauptstadt mit allen Mitteln und unter größter Beschleunigung zum erfolgreichen Ende zu bringen. Gegenüber dieser entscheidenden Aufgabe tritt die Bekämpfung des nach Mecklenburg einbrechenden Gegners zurück."*

Zusätzlich erteilt er einen „Erkundungs- und Ausbaubefehl für die Kernfestung Alpen". Das Gerücht einer *„Alpenfestung"* soll entlang der *„Linie Füssen – Allgäuer Alpen – Valluga – Arlberg – Mauders – Stilfser Joch – Ortler – Adamello – nördlich Gardasee – Feltre – Caporetto – Karawanken – Unterdrauburg – Gunther-Stellung; von dort über Leoben – Dürrenstein – Windhofen – Steyr – Brückenkopf Salzburg – Tegernsee – Murnau"* Realität werden. Mittag wird gemeldet, dass der Vorrat an diätischen Lebensmitteln aufgebraucht sei. Hitler meint resignierend: *„Bald brauchen wir gar nichts mehr zu essen. Geben Sie mir Suppe."* Dann erfährt er, dass in München ein Separatistenaufstand begonnen hat. Der Sender Erding verbreitet defätistische Parolen. Der Putsch wird blutig niedergeschlagen, ein letzter Erfolg des NS-Regimes.

Um 16:30 Uhr erfährt Hitler das Ausmaß des Ungehorsams von Henrici. Der Südflügel der 3. Panzerarmee unter General Hasso von Manteuffel hat sich über die Schorfheide zurückgezogen, der Befehl wurde vor dem OKW und Hitler verschwiegen. Steiner deckt den unerlaubten Rückzug, Berlins nördliche Verteidigungsfront liegt nun offen da. Heinrici wird wegen seiner Weigerung, einen völlig undurchführbaren Befehl Jodls in die Tat umzusetzen, von Hitler entlassen. Er ist der letzte General, der entlassen wird. Am Spätnachmittag erreicht die Telefonzentrale von Rochus Misch eine Nachrichtenmeldung von Radio Stockholm, die Hitler ins Mark treffen wird: Der deutsche Reichsführer SS Heinrich Himmler hat den USA und Großbritannien ein Kapitulationsangebot unterbreitet. Das sei jedoch abgelehnt worden, da nur eine Gesamtkapitulation unter Einbeziehung der Sowjetunion in Frage kommen. Himmler hat sich am 24. April mit dem schwedischen Grafen Folke Bernadotte in Lübeck getroffen. Um sich für die Verhandlungen zu autorisieren, hatte er behauptet, Hitler sei krank oder vielleicht schon tot, eventuell durch eine Gehirnblutung. Keinesfalls habe er noch länger als 48 Stunden zu leben. Himmler geht davon aus, dass Hitler am 22. April de facto abgedankt hat und jeder sich selbst überlassen hat – wie auch Göring. Himmler hofft auf ein Weiterleben nach Hitler und will sich in besseres Licht stellen.

Lorenz überbringt Hitler die Meldung, als dieser grade bei von Greim am Bett sitzt. Die Meldung trifft ihn sehr. Er schaut auf und nach einem Augenblick kommt aus seiner Kehle ein eigenartiges, schluchzendes Geräusch. Hanna Reitsch berichtet, dass er *„tobte wie ein Verrückter, wurde purpurrot und sein Gesicht war fast unkenntlich"*. Hitler schreit, dass ist *„der schamloseste Verrat der deutschen Geschichte"*. Gemäß Axmann war das für Hitler *„die furchtbarste Enttäuschung"*. Nur die Hitlerjugend hat *„das gehalten, was Himmler ihm versprochen"* hat. Das Ausmaß des Verrats ist ihm jetzt klar – warum hat Steiner nicht angegriffen, warum ist der SS-Angriff in Ungarn gescheitert, warum hat Himmler an der Weichsel versagt – alles fügt sich nun zu einem Bild zusammen. Doch er fängt sich wieder: *„Ausgerechnet Himmler, ausgerechnet Himmler! So leicht lasse ich mich nicht ausschalten!"* Er schließt Himmler aus der NSDAP aus, entlässt ihn aus allen Ämtern und befiehlt seine Verhaftung. Von Greim und Reitsch erhalten den Befehl, Berlin zu verlassen, um einen Angriff der Luftwaffe gegen jene russischen Stellungen auszuführen, von denen die Gefahr eines Sturmangriffes gegen die Reichskanzlei droht. Darüber hinaus soll von Greim für die Verhaftung des Verräters Himmler sorgen: *„Niemals darf ein Verräter mir als Führer nachfolgen. Sie müssen gehen und dafür sorgen, dass das nicht geschieht!"* Gegen 21:00 Uhr bestätigt eine Reuters-Meldung von BBC London die Nachricht vom Kapitulationsangebot Himmlers sinngemäß: *„(...) Himmler den westlichen Alliierten mitgeteilt hat, eine bedingungslose Kapitulation durchführen zu können und selbst dafür einzutreten."* Traudl Junge erinnert sich: *„Ganz besonders fürchtete er, dass Himmler vielleicht einen Anschlag auf ihn plante, um ihn dem Feind lebendig auszuliefern."* Hitler kommt über diese Meldung nicht hinweg: *„Dass er mir das antun musste! Mir!"*

Diese Radiomeldung besiegelt das Schicksal von Fegelein, Himmlers Verbindungsmann und Hitlers „Schwippschwager". Er wird beschuldigt, dass er selbstverständlich über die Aktivitäten seines Chefs Himmler Bescheid wisse. Der Inhalt seiner Aktentasche bestätigt den Verdacht. Angeblich wird er von Hitler fürchterlich beschimpft, dies ist aber durch Quellen nicht belegt. Dass Eva Braun sich bei Hitler für ihren Schwager, für den sie früher mehr empfunden hat, einsetzt, ist ebenfalls unwahrscheinlich. Biografin Heike Görtemaker schreibt: *„Es gibt keinen Beweis dafür, dass Eva Braun versucht hat, Fegelein vor der Erschießung zu retten. Ganz im Gegenteil, es gibt Hinweise darauf, dass Braun natürlich jeden Verräter mit Verachtung strafte. Jeder der es wagte, sich in dieser Situation davonzustehlen oder Hitler in den Rücken zu fallen."* Eva Braun ist enttäuscht von Fegelein, in den sie einst verliebt war. Es gibt auch keinen Hinweis, dass Hitler persönlich mit Fegelein nochmals gesprochen und ihm Vorwürfe gemacht hätte.

Letztlich ist Günsche die treibende Kraft, der sich bei Hitler dafür einsetzt, dass Fegelein erschossen wird. Fegelein wird vor ein Standgericht gestellt, das ihn zum Tode verurteilt, von vier SS-Männern abgeführt und kurz vor Mitternacht in einem Kellergang der Neuen Reichskanzlei von hinten mit einer Maschinenpistole erschossen. Seit wenigen Minuten ist er Hitlers Schwager, was er nicht weiß. Über seine Todesumstände gibt es widersprüchliche Aussagen. Kurt Larson, Soldat beim Führerbegleitkommando, sagt aus, Fegelein habe versucht *„im Laufschritt zu türmen"*, er habe *„volle Taschen"* gehabt und sei *„beim Weglaufen erschossen"* worden. An diesem Tag wird auch ein Nichtprominenter erschossen. Kurt Albrecht, ein zwangsrekrutierter Soldat, wird wegen Entfernung von der Truppe vom Feldgericht der 2. Marine-Infanterie-Division zum Tode verurteilt und in Osterholz-Scharmbeck hingerichtet. Einer von vielen!

Hitler spricht mit Goebbels: *„Nur mein Hund und Fräulein Braun halten mir die letzte Treue. (...) Wenn der Krieg verloren geht, ist es vollkommen egal, wenn das Volk mit untergeht. Ich könnte dadurch noch keine Träne weinen, denn es hätte nichts anderes verdient."*

Er will, dass Goebbels Berlin verlässt. Der führt erstmals seinen Befehl nicht aus, sondern weigert sich. Sein Argument: Er könne *„den Führer in seiner schwersten Stunde"* nicht allein lassen. Sein eigener Tod sollt zudem *„ein Opfer für die Zukunft Deutschlands"* sein. Um 23:02 Uhr lässt Hitler einen Funkspruch über das OKW an die *„Westfestungen"* absetzen, dass *„der Führer ihrer gedenkt und erwartet, dass sie auch weiterhin in vorbildlicher Haltung ihre Pflicht erfüllen. Jede eigenmächtige Handlung ist zu unterlassen."* Unterdessen wird mit einem Schützenpanzer der Führer einer Volkssturmkompanie, Stadtrat und Standesbeamte Walter Wagner, zum Führerbunker transportiert. Als er vor der Alten Reichskanzlei vorfährt, stehen nur noch die Außenfassaden. Er weiß nicht, worum es geht, und ist sehr überrascht, in seiner braunen Naziuniform mit Volkssturmarmbinde plötzlich Hitler gegenüber zu stehen. Dann kommt auch Eva Braun, sie trägt ein dunkelblaues Seidenkleid und um die Schultern eine graue Pelzstola. Vor dem Tisch im Lageraum stehen vier Stühle. Wagner wird klargemacht, dass er an seinem Staatsoberhaupt eine sogenannte Kriegstrauung vornehmen muss. Es handelt sich hierbei um eine *„beschleunigte Eheschließung"*, für die kein Aufgebot bestellt werden muss und die möglich ist, wenn *„der Verlobte* [es fragt niemand, ob Hitler und Braun verlobt sind] *der Wehrmacht angehört* [Hitler gehört als Oberster Befehlshaber der Wehrmacht an] *oder nachweist, dass er zum Dienst in der Wehrmacht berufen ist"*. Beschleunigt wird die Heirat dadurch, dass die Verlobten *„nur die Urkunden beibringen müssen, die sie schon im Besitz haben"*.

Diese Möglichkeit der Eheschließung im Großdeutschen Reich ist erwähnenswert, da es lange Spekulationen über die unklare Abstammung von Hitlers Vater Alois, geborener Schicklgruber, gab, die erst Volker Elis Pilgrim 2008 beenden konnte.

Diese Spekulationen wurden dadurch angeheizt, dass Hitler in seiner Heiratsurkunde die Namen der Großeltern nicht angegeben hat. Fakt ist, dass die oben aufgeführte Besonderheit einer Kriegstrauung zur Folge hat, dass der „Ariernachweis" bis zu den Großeltern, den alle Heiratswilligen seit dem Inkrafttreten des „Blutschutzgesetzes" vorlegen müssen, nicht mehr obligatorisch ist. Mann wie Frau brauchen ihre *„deutschblütige Abstammung"* nur noch schriftlich zu Protokoll und eine diesbezügliche *„eidesstattliche Erklärung"* abzugeben, die dem Staat die Möglichkeit lässt, später *„widerrechtlich geschlossene Ehen"* für nichtig zu erklären. Hitler hat also seine Großeltern väterlicherseits verschweigen dürfen. Der Wunsch der Eheschließung ist sehr wahrscheinlich auf Eva Braun zurückzuführen. Sie will nicht als „Geliebte", „Mätresse" oder Freundin in die Geschichte eingehen, sondern als Ehefrau. Hitler, den Tod vor Augen, erfüllt ihr diesen Wunsch, weil sie immer treu zu ihm gestanden und seine Scheinwelt eines sexuell normalen Mannes seiner Entourage gegenüber aufrecht erhalten hat.

Es ist wenige Minuten vor Mitternacht, als Wagner Hitler und Eva Braun fragt, ob sie arischer Abstammung seien, keine Erbkrankheiten besitzen und die Ehe miteinander eingehen möchten. Nachdem beide mit *„Ja"* geantwortet haben, erklärt er sie zu Mann und Frau. Die am 6. Februar 1912 in München geborene Eva Anna Paula Braun ist nun offiziell Frau Hitler. Trauzeugen sind Bormann und Goebbels. Eva Hitler ist aufgeregt und unterschreibt mit Eva B, dann bemerkt sie ihren Irrtum, streicht das „B" durch und schreibt *„Hitler"*. Hitler gibt seiner 23 Jahre jüngeren Frau einen Handkuss, angestoßen wird mit einem Glas Sekt. Der – etwas zu groß geratene – Hochzeitsring befindet sich heute angeblich in einem US-Privatarchiv. Die ganze Zeremonie ist in zehn Minuten vorbei. Das Ehepaar Hitler geht in den Korridor und nimmt die Glückwünsche entgegen. In den Privaträumen gibt es dann ein kleines Festmahl. Anwesend sind das Ehepaar Goebbels, Bormann, Frau Christian, Krebs, Burgdorf, von Below, Günsche und Frau Manziarly. Es wird Sekt gereicht, nur Hitler trinkt Tee. Man plaudert von alten Zeiten, besonders von der Hochzeit von Goebbels.

Sonntag, 29. April

Gegen 01:30 Uhr gratuliert der Rest der Entourage zur Hochzeit. Eine knappe halbe Stunde später fragt Hitler Traudl Junge: *„Haben Sie ein bisschen geruht? Kommen Sie nach nebenan, ich möchte Ihnen was diktieren."* Er diktiert ihr, die Hände auf den Tisch gestützt, mit ausdruckslosem Gesicht, monoton aber fließend und ohne zu stocken sein politisches und privates Testament. Das Diktat wird nicht wie sonst üblich, direkt in die Maschine geschrieben, sondern zunächst per Stenogramm aufgenommen und dann auf Pergamentpapier übertragen. Junge ist gespannt auf den Inhalt – und wird enttäuscht. Die Dokumente sind hier im Wortlaut wiedergegeben:

<u>Mein politisches Testament</u>
Seit ich 1914 als Freiwilliger meine bescheidene Kraft im ersten, dem Reich aufgezwungenen Weltkrieg einsetzte, sind nunmehr über dreissig Jahre vergangen. In diesen drei Jahrzehnten haben mich bei all meinem Denken, Handeln und Leben nur die Liebe und Treue zu meinem Volk bewegt. Sie gaben mir die Kraft, schwerste Entschlüsse zu fassen, wie sie bisher noch keinem Sterblichen gestellt worden sind. Ich habe meine Zeit, meine Arbeitskraft und meine Gesundheit in diesen drei Jahrzehnten verbraucht.

Es ist unwahr, dass ich oder irgendjemand anderer in Deutschland den Krieg im Jahre 1939 gewollt haben. Er wurde gewollt und angestiftet ausschließlich von jenen internationalen Staatsmännern, die entweder jüdischer Herkunft waren oder für jüdische Interessen arbeiteten. Ich habe zuviele Angebote zur Rüstungsbeschränkung und Rüstungsbegrenzung gemacht, die die Nachwelt nicht auf alle Ewigkeiten wegzuleugnen vermag, als dass die Verantwortung für den Ausbruch dieses Krieges auf mir lasten könnte. Ich habe weiter nie gewollt, dass nach dem ersten unseligen Weltkrieg ein zweiter gegen England oder gar gegen Amerika entsteht. Es werden Jahrhunderte vergehen, aber aus den Ruinen unserer Städte und Kunstdenkmäler wird sich der Hass gegen das, letzten Endes verantwortliche Volk immer wieder erneuern, dem wir das alles zu verdanken haben:

Dem internationalen Judentum und seinen Helfern!

Ich habe noch drei Tage vor Ausbruch des deutsch-polnischen Krieges dem britischen Botschafter in Berlin eine Lösung der deutsch-polnischen Probleme vorgeschlagen – ähnlich der im Falle des Saargebiets unter internationaler Kontrolle. Auch dieses Angebot kann nicht weg geleugnet werden. Es wurde nur verworfen, weil die maßgebenden Kreise der englischen Politik den Krieg wünschten, teils der erhofften Geschäfte wegen, teils getrieben durch eine, vom internationalen Judentum veranstaltete Propaganda.

Ich habe aber auch keinen Zweifel darüber gelassen, dass, wenn die Völker Europas wieder nur als Aktienpakete dieser internationalen Geld- und Finanzverschwörer angesehen werden, dann auch jenes Volk mit zur Verantwortung gezogen werden wird, das der eigentlich Schuldige an diesem mörderischen Ringen ist: Das Judentum! Ich habe weiter keinen darüber im Unklaren gelassen, dass dieses Mal nicht nur Millionen Kinder von Europäern der arischen Völker verhungern werden, nicht nur Millionen erwachsener Männer den Tod erleiden und nicht nur Hunderttausende an Frauen und Kindern in den Städten verbrannt und zu Tode bombardiert werden dürften, ohne dass der eigentlich Schuldige, wenn auch durch humanere Mittel, seine Schuld zu büßen hat.

Nach einem sechsjährigen Kampf, der einst in die Geschichte trotz aller Rückschläge als ruhmvollste und tapferste Bekundung des Lebenswillens eines Volkes eingehen wird, kann ich mich nicht von der Stadt trennen, die die Hauptstadt dieses Reiches ist. Da die Kräfte zu gering sind, um dem feindlichen Ansturm gerade an dieser Stelle noch länger standzuhalten, der eigene Widerstand aber durch ebenso verblendete wie charakterlose Subjekte allmählich entwertet wird, möchte ich mein Schicksal mit jenem teilen, das Millionen anderer auch auf sich genommen haben, indem ich in dieser Stadt bleibe. Außerdem will ich nicht Feinden in die Hände fallen, die zur Erlustigung ihrer verhetzten Massen ein neues, von Juden arrangiertes Schauspiel benötigen.

Ich hatte mich daher entschlossen, in Berlin zu bleiben und dort aus freien Stücken in dem Augenblick den Tod zu wählen, in dem ich glaube, dass der Sitz des Führers und Kanzlers selbst nicht mehr gehalten werden kann. Ich sterbe mit freudigem Herzen angesichts der mir bewussten unermesslichen Taten und Leistungen unserer Soldaten an der Front, unserer Frauen zuhause, den Leistungen unserer Bauern und Arbeiter und dem in der Geschichte einmaligen Einsatz unserer Jugend, die meinen Namen trägt.

Dass ich ihnen allen meinen aus tiefstem Herzen kommenden Dank ausspreche, ist ebenso selbstverständlich wie mein Wunsch, dass sie deshalb den Kampf unter keinen Umständen aufgeben mögen, sondern, ganz gleich wo immer, ihn gegen die Feinde des Vaterlandes weiterführen, getreu den Bekenntnissen eines großen

Clausewitz. Aus dem Opfer unserer Soldaten und aus meiner eigenen Verbundenheit mit ihnen bis in den Tod, wird in der deutschen Geschichte so oder so einmal wieder der Samen aufgehen zur strahlenden Wiedergeburt der nationalsozialistischen Bewegung und damit zur Verwirklichung einer wahren Volksgemeinschaft.

Viele tapferste Männer und Frauen haben sich entschlossen, ihr Leben bis zuletzt an das meine zu binden. Ich habe sie gebeten und ihnen endlich befohlen, dies nicht zu tun, sondern am weiteren Kampf der Nation teilzunehmen. Die Führer der Armeen, der Marine und der Luftwaffe bitte ich, mit äußersten Mitteln den Widerstandsgeist unserer Soldaten im nationalsozialistischen Sinne zu verstärken unter dem besonderen Hinweis darauf, dass auch ich selbst, als der Gründer und Schöpfer dieser Bewegung, den Tod dem feigen Absetzen oder gar einer Kapitulation vorgezogen habe.

Möge es dereinst zum Ehrbegriff des deutschen Offiziers gehören – so wie dies in unserer Marine schon der Fall ist – dass die Übergabe einer Landschaft oder einer Stadt unmöglich ist und dass vor allem die Führer hier mit leuchtendem Beispiel voranzugehen haben in treuester Pflichterfüllung bis in den Tod.

<u>*Zweiter Teil des politischen Testaments*</u>
Ich stoße vor meinem Tode den früheren Reichsmarschall Hermann Göring aus der Partei aus und entziehe ihm alle Rechte, die sich aus dem Erlass vom 29. Juni 1941 sowie aus meiner Reichstagserklärung vom 1. September 1939 ergeben könnten. Ich ernenne an Stelle dessen den Großadmiral Dönitz zum Reichspräsidenten und Obersten Befehlshaber der Wehrmacht.

Ich stoße vor meinem Tode den früheren Reichsführer-SS und Reichsminister des Innern, Heinrich Himmler aus der Partei sowie aus allen Staatsämtern aus. Ich ernenne an seiner Stelle den Gauleiter Karl Hanke zum Reichsführer-SS und Chef der deutschen Polizei und den Gauleiter Paul Giesler zum Reichsminister des Innern.

Göring und Himmler haben durch geheime Verhandlungen mit dem Feinde, die sie ohne mein Wissen und gegen meinen Willen abhielten, sowie durch den Versuch, entgegen dem Gesetz, die Macht im Staate an sich zu reissen, dem Lande und dem gesamten Volk unabsehbaren Schaden zugefügt, gänzlich abgesehen von der Treulosigkeit gegenüber meiner Person.

Um dem deutschen Volk eine aus ehrenhaften Männern zusammengesetzte Regierung zu geben, die die Verpflichtung erfüllt, den Krieg mit allen Mitteln weiter fortzusetzen, ernenne ich als Führer der Nation folgende Mitglieder des neuen Kabinetts:

Reichspräsident: Dönitz
Reichskanzler: Dr. Goebbels
Parteiminister: Bormann
Aussenminister: Seyß-Inquart
Innenminister: Gauleiter Giesler
Kriegsminister: Dönitz
Oberbefehlshaber des Heeres: Schörner
Oberbefehlshaber der Kriegsmarine: Dönitz
Oberbefehlshaber der Luftwaffe: Greim
Reichsführer-SS und Chef der Deutschen Polizei: Gauleiter Hanke
Wirtschaft: Funk
Landwirtschaft: Backe
Justiz: Thierack
Kultus: Dr. Scheel
Propaganda: Dr. Naumann
Finanzen: Schwerin-Crossigk
Arbeit: Dr. Hupfauer
Rüstung: Saur
Leiter der Deutschen Arbeitsfront und Mitglied des Reichskabinetts: Reichsminister Dr. Ley.

Obwohl sich eine Anzahl dieser Männer, wie Martin Bormann, Dr. Goebbels usw. einschließlich ihrer Frauen, aus freiem Willen zu mir gefunden haben und unter keinen Umständen die Hauptstadt des Reiches verlassen wollten, sondern bereit waren, mit mir hier unterzugehen, muss ich sie doch bitten, meiner Aufforderung zu gehorchen und in diesem Falle das Interesse der Nation über ihr eigenes Gefühl zu stellen. Sie werden mir durch ihre Arbeit und ihre Treue als Gefährten nach dem Tode ebenso nahe stehen, wie ich hoffe, dass mein Geist unter ihnen weilen und sie stets begleiten wird. Mögen sie hart sein, aber niemals ungerecht, mögen sie vor allem nie die Furcht zum Ratgeber ihres Handelns erheben und die Ehre der Nation über alles stellen, was es auf Erden gibt. Mögen sie sich endlich dessen bewusst sein, dass unsere Aufgabe, des Ausbaus eines nationalsozialistischen Staates die Arbeit kommender Jahrhunderte darstellt, die jeden einzelnen verpflichtet, immer dem gemeinsamen Interesse zu dienen und seine eigenen Vorteile demgegenüber zurückzustellen. Von allen Deutschen, allen Nationalsozialisten, Männern und Frauen und allen Soldaten der Wehrmacht verlange ich, daß sie der neuen Regierung und ihren Präsidenten treu und gehorsam sein werden bis in den Tod.

Vor allem verpflichte ich die Führung der Nation und die Gefolgschaft zur peinlichen Einhaltung der Rassegesetze und zum unbarmherzigen Widerstand gegen den Weltvergifter aller Völker, das internationale Judentum.

Gegeben zu Berlin, den 29. April 1945, 4.00 Uhr.
[gez.] Adolf Hitler
Als Zeuge:
[gez.] Dr. Joseph Goebbels
[gez.] Wilhelm Burgdorf
[gez.] Martin Bormann
[gez.] Hans Krebs

Im Schlusssatz zeigt sich die seit dem Jahre 1919 bestehende ideologische Kernbotschaft Hitlers: sein fanatischer Antisemitismus. Über die Sowjetunion, Hitler und Stalin hegten eine insgeheime Bewunderung füreinander, fällt kein Wort. Der Inhalt seines politischen Testamentes enthält also kein Wort der Reue, nur die altbekannten, schon in „Mein Kampf" zu lesenden Phrasen. Es folgt das private Testament:

<u>*Mein privates Testament*</u>

Da ich in den Jahren des Kampfes glaubte, es nicht verantworten zu können, eine Ehe zu gründen, habe ich mich nunmehr vor Beendigung dieser irdischen Laufbahn entschlossen, jenes Mädchen zur Frau zu nehmen, das nach langen Jahren treuer Freundschaft aus freiem Willen [!] in die schon fast belagerte Stadt hereinkam, um ihr Schicksal mit dem meinen zu teilen. Sie geht auf ihren [!] Wunsch als meine Gattin mit mir in den Tod. Er wird uns das ersetzen, was meine Arbeit im Dienst meines Volkes uns beiden raubte.

Was ich besitze, gehört – soweit es überhaupt von Wert ist – der Partei. Sollte diese nicht mehr existieren, dem Staat, sollte auch der Staat vernichtet werden, ist eine weitere Entscheidung von mir nicht mehr notwendig.
Ich habe meine Gemälde in den von mir im Laufe der Jahre angekauften Sammlungen niemals für private Zwecke, sondern stets nur für den Ausbau einer Galerie in meiner Heimatstadt Linz a. d. Donau gesammelt.

Dass dieses Vermächtnis vollzogen wird, wäre mein herzlichster Wunsch. Zum Testamentsvollstrecker ernenne ich meinen treuesten Parteigenossen Martin Bormann. Er ist berechtigt, alle Entscheidungen endgültig und rechtsgültig zu treffen. Es ist ihm gestattet, alles das, was persönlichen Erinnerungswert besitzt, oder zur Erhaltung eines kleinen bürgerlichen Lebens notwendig ist, meinen Geschwistern abzutrennen, ebenso vor allem der Mutter meiner Frau und meinen, ihm genau bekannten treuen Mitarbeitern und Mitarbeiterinnen, an der Spitze meinen alten Sekretären, Sekretärinnen, Frau Winter, usw., die mich jahrelang durch ihre Arbeit unterstützten.

Ich selbst und meine Gattin wählen, um der Schande des Absetzens oder der Kapitulation zu entgehen, den Tod. Es ist unser Wille, sofort an der Stelle verbrannt zu werden, an der ich den größten Teil meiner täglichen Arbeit im Laufe eines zwölfjährigen Dienstes an meinem Volke geleistet habe.

Gegeben zu Berlin, den 29. April 1945, 4.00 Uhr.
[gez.] Adolf Hitler
Als Zeuge:
[gez.] Dr. Joseph Goebbels
[gez.] Wilhelm Burgdorf
[gez.] Martin Bormann
[gez.] Hans Krebs

Die Originale der Testamente und der Heiratsurkunde befinden sich heute an einem besonders gesicherten Ort in den National Archives in 8601 Adelphi Rd, College Park, MD 20740, USA. Goebbels erklärt um 05:30 Uhr in einem schriftlichen Zusatz, er müsse seinem Führer erstmals den Befehl verweigern: *„In dem Delirium von Verrat, das den Führer in diesen kritischsten Tagen des Krieges umgibt, muss es wenigstens einige geben, die bedingungslos und bis zum Tode zu ihm halten."* Dieses *„Opfer"* soll andere durch *„klare und verständliche Beispiele inspirieren"*:

„Aus diesem Grunde bringe ich mit meiner Frau und im Namen meiner Kinder, die zu jung sind, um sich selbst äußern zu können, die sich aber, wenn sie das nötige Alter dazu besäßen, vorbehaltlos dieser Entscheidung anschließen würden, meinen unverrückbaren Entschluss zum Ausdruck, die Reichshauptstadt, auch wenn sie fällt, nicht zu verlassen und eher an der Seite des Führers ein Leben zu beenden, das für mich persönlich keinen Wert mehr besitzt, wenn ich es nicht im Dienst für den Führer und an seiner Seite zum Einsatz bringen kann."

Das Testament wird dreifach ausgefertigt. Als Kuriere hat Hitler seinen Adjutanten von Below, Heinz Lorenz und den SS-Standartenführer Wilhelm Zander bestimmt. Sie sollen je ein Exemplar zu Dönitz nach Plön, zu Schörner nach Prag und an die NSDAP-Parteizentrale nach München überbringen. Außer den Testamenten sollen Zweitschriften der Trauungsurkunde und Lorenz' Stenogramme der letzten Lagebesprechungen mitgenommen werden. Wortlos reicht Hitler den Männern zum Abschied die Hände. Im Endeffekt erhalten die Testamente Heinz Lorenz, Wilhelm Zander und Heeresadjutant Major Wilhelm Johannmeier. Sie verlassen kurz nach Mittag den Bunker und gelangen über Pichelsdorf nach Westen. Alle drei Exemplare werden von den Alliierten kurz nach Kriegsende entdeckt und beschlagnahmt. Drei Seiten eines der Originale sind im Imperial War Museum in London ausgestellt, darunter die letzte Seite mit den Unterschriften.

Der Artilleriebeschuss aus 90 Raketenwerfern dauert bis 09:00 Uhr und endet dann abrupt. Grund ist der bevorstehende Sturm auf den Reichstag, die Stille wirkt gespenstisch. Überall auf den Straßen liegen Leichname mit verdrehten und verstümmelten Gliedmaßen. Drei Viertel der Brücken sind zerstört, die U-Bahnschächte eingestürzt. Die Prachtstraße Unter den Linden ist ein Trümmerfeld. Den deutschen Soldaten geht die Munition aus und es gibt auch keinen Nachschub an Panzerfäusten mehr. Weidling ist verzweifelt: „*Der Führer muss doch begreifen, dass auch der tapferste Soldat ohne Munition nicht kämpfen kann.*" Gegen 10:00 Uhr wird in Richtung Friedrichstraße und Unter den Linden geschossen. Mohnke meldet Feindpanzer an der Wilhelmstraße und am Anhalter Bahnhof und verleiht Major Herzig das Ritterkreuz. Das letzte Ritterkreuz, das im Krieg verliehen wird, erhält der französische SS-Unterscharführer der Waffen-SS Eugene Vaulot von der SS-Division „Charlemagne". Der 20-jährige erhält die Auszeichnung aus den Händen von SS-Brigadeführer Krukenberg, weil er alleine acht Panzer, davon rollten sechs in Richtung der Reichskanzlei, abgeschossen hat. Ort der Zeremonie ist ein U-Bahn-Waggon. Vaulot grüßt mit dem Hitlergruß und geht wieder in den Kampf. Am 1. Mai wird er durch einen russischen Scharfschützen getötet.

In seiner letzten Ausgabe schreibt „Der Panzerbär" wieder vom heroischem Ringen und behauptet, dass „*bei Tag und Nacht neue Einsatzkräfte herangeführt*" werden. Man muss trotz dieser Lüge aber zugeben: „*Der Kampf um den Stadtkern entbrannt.*" Zwei sowjetische Schützenregimenter stürmen die schwer beschädigten Gebäude des Reichssicherheitshauptamtes sowie der Gestapo-Zentrale in der Prinz-Albrecht-Straße und hissen die Rote Fahne auf dem Dach. Abends müssen sie sich nach einem Gegenangriff der Waffen-SS wieder zurückziehen. Außerhalb Berlins gelingt es etwa 25.000 deutschen Soldaten und 5.000 Zivilisten bei Beelitz südlich von Potsdam zu den völlig abgekämpften Einheiten der 12. Armee von Walther Wenck Kontakt aufzunehmen. Sie gelangen über die Reste der zerstörten Elbbrücke in Tangermünde in westliche Gefangenschaft, unter ihnen der spätere Bundesaußenminister Hans-Dietrich Genscher.

Gegen 12:50 Uhr wird der Fesselballon in Rheinsberg, der die letzte telefonische Verbindung zwischen dem Führerbunker und dem OKW sicherstellte, durch Beschuss zerstört. Die Rote Armee ist südlich der Saarlandstraße und der Wilhelmstraße vorgerückt, fast bis zum Reichsluftfahrtministerium und steht westlich zwischen Bismarck- und Kantstraße. Nur der Havelbrückenkopf bei Pichelsdorf wird durch eine HJ-Einheit gehalten. Plötzlich rennt ein Wachposten durch die Bunkergänge und meldet, die Russen schießen schon mit Maschinengewehren auf die Tür des Notausganges. Hitler blickt in apathische Gesichter, es stellt sich jedoch als eine Falschmeldung heraus. Die letzte Lagebesprechung kann deshalb um 12:00 Uhr beginnen. Die Verteidiger Berlins haben nur noch 12 Panzer und können die Stadt maximal noch 24 bis 48 Stunden halten. Mittlerweile wird um den Kurfürstendamm, die Bismarck- und die Kantstraße sowie im Tiergarten gekämpft – 400 Meter vom Führerbunker entfernt. Die Rote Armee greift bereits vom Alexanderplatz, Potsdamer Platz und vom Tiergarten an. Sie befindet sich nur noch 500 Meter von der Reichskanzlei entfernt und kämpft verbissen in den Stockwerken des Reichstags.

Die Isolierung des Führerbunkers, der Mangel an zuverlässigen Nachrichten in Verbindung mit der immer neu genährten Hoffnung auf Hilfe von außen, veranlasst junge Offiziere aus dem Stab von Krebs zu dem Vorschlag, man möge ihnen den Ausbruch erlauben mit dem Ziel, General Wenck über die Lage zu orientieren und ihn „*zur Eile anzuhalten*". Dieser durchsichtige Plan findet die lebhafte Unterstützung von Burgdorf und Bormann. Kein Strohhalm ist so dünn, als dass die Verantwortlichen sich nicht an ihn klammern. Auch bei Hitler flammt noch für einen Augenblick Interesse auf. Er erkundigt sich, wer die Offiziere sind, lässt sie zu sich rufen und unterhält sich etwa eine halbe Stunde mit ihnen über den konkreten Fluchtweg. Der Gedanke, im Grunewald durch die Front zu gelangen, wird rasch verworfen. Man kommt dann auf die Idee, mit einem Boot ab Pichelsdorf über die Havel zu entkommen. Hitler meint: *„Ach wissen Sie, wenn Sie die Havel erreichen, müssen Sie sich ein elektrisches Boot nehmen. Ein solches Boot macht keinen Lärm. Damit können Sie auf dem Fluss vorankommen, ohne von den Russen bemerkt zu werden. Ein mit Benzin getriebenes Motorboot würde ihnen natürlich auffallen, und da sie an beiden Ufern der Havel stehen, würden sie es schnell versenken."* Dann wendet er sich an Burgdorf: *„Können Sie ein elektrisches Boot für diese Offiziere bekommen?"* Der bezweifelt das, bringt aber ein Kanu mit Paddel ins Gespräch. Hitler ist einverstanden: *„Jawohl, Sie dürfen kein Geräusch verursachen!"* So wird die Marschroute gemeinsam festgelegt und Hitler gibt seine Zustimmung: *„Grüßen Sie mir Wenck. Er soll sich beeilen, sonst ist es zu spät!"* Dann verabschiedet er, plötzlich sehr erschöpft wirkend, sie mit einem schlaffen Händedruck. So verlassen um 13:30 Uhr Rittmeister Gerhard Boldt, Major Bernd Freytag von Loringhoven und Oberstleutnant Rudolf Weiss die Reichskanzlei durch den Ausgang an der Hermann-Göring-Straße. Boldt erinnert sich: *„Aus Richtung Potsdamer Platz zogen dunkle dicke Rauchschwaden zu uns herüber."* Zwei Offiziere kommen durch und geben sich den Amerikanern gefangen, Weiss gerät unterwegs in sowjetische Gefangenschaft.

Gegen 14:00 Uhr gibt es ein spärliches Mittagessen. Um diese Uhrzeit wird die Kapitulation der deutschen Truppen in Norditalien unterschrieben, sie soll am 2. Mai in Kraft treten. Es ist die einzige Kapitulation vor Hitlers Tod, der von Dönitz erwartet, dass dieser *„blitzschnell und stahlhart durchgreifen"* soll *„gegen alle Verräter im Norddeutschen Raum. Ohne Unterschied"*. Hanna Reitsch und von Greim verlassen den Bunker. Reitsch hat zuvor noch vergeblich versucht, Madga Goebbels dazu zu überreden, dass sie ihr ihre Kinder anvertraut und aus Berlin ausfliegen lässt. Reitsch gelingt es, aus dem brennenden Berlin mit dem Flugzeug zu entkommen. Sie hätte Hitler mitnehmen können. Als der in der Reichskanzlei arbeitende Funker Franz Neuhüttler, Mitglied eines SS-Nachrichtenregiments, von einem Einsatz zurückkommt, macht er eine Beobachtung: *„Da sah ich vor der Reichskanzlei, vielleicht zehn Meter vom Eingang entfernt, zwei Russen sitzen, Gefangene. Vom Tor aus beobachtete ich dann, wie die zwei Russen aufstehen mussten. Der Sturmmann zog seine Pistole und gab jedem einen Genickschuss. Ich habe mich nur gefragt: warum?"*

Kurz vor 16:00 Uhr werden auf Hitlers Anweisung die unter Himmlers Kontrolle hergestellten Giftkapseln getestet, da er ihrer Wirkung nicht traut. Dr. Stumpfegger schaut zu, als in der Toilette Hundedresseur Feldwebel Fritz Tornow Hitlers Liebling Blondi das Maul aufhält. Dr. Haase zerbricht die Ampulle und binnen Sekunden fällt das Tier tot um. Ein paar Minuten später erscheint Hitler und nimmt von seinem Hund Abschied. Traudl Junge sieht ihn danach: *„Sein Gesicht sah aus wie seine eigene Totenmaske. Wortlos schloss er sich in seinem Zimmer ein."* In 24 Stunden wird auch Hitler tot sein.

Weidling macht gegen 18:00 Uhr neue Vorschläge für einen *„Ausbruch der Garnison Berlin"* nach Westen, zusammen mit dem Führer. Axmann unterstützt diesen Vorschlag und erklärt, dass er über 200 ausgewählte Hitlerjungen verfügt, die sich in Berlin bestens auskennen und alle durch die russischen Linien führen könnten. Er gibt ein Garantieversprechen für das Leben und die Sicherheit Hitlers ab. Hitler lehnt ab, aber man überlegt dennoch weiter, in der Hoffnung, ihn noch überreden zu können. Axmann fragt ihn: *„Das wird doch nicht das Ende sein?"* Hitler antwortet: *„Es wird etwas ganz Neues kommen."* Je nach der Lage wechseln die Vorstellungen darüber, wie der Ausbruch noch praktisch durchgeführt werden kann. Es scheint nur noch einen Weg zu geben: über die Heerstraße und die Havelbrücken bei Pichelsdorf und Spandau-West, wo die HJ fanatisch noch immer Panzerjagd in den Ruinen betreibt, was die Rote Armee nach wie vor aufhält. Zwei Stoßkeile sollen sich beiderseits der Heerstraße vorkämpfen, links eine Kampfgruppe mit den Resten der 18. Panzergrenadierdivision als Kern, rechts die 9. Fallschirmjägerdivision. In der nachfolgenden Masse der Truppen sollen die SS-Kampfgruppe Mohnke, die Krukenberg-Division „Nordland" und die als Infanteristen zweckentfremdeten Radartechniker von der Insel Fehmarn das Leben des in der Mitte fahrenden Führers schützen. Wohin aber wollen die Offiziere mit Hitler, wenn er dem Ausbruchsversuch zugestimmt hätte? Ist er außerhalb Berlins besser aufgehoben als unter der Reichskanzlei? Wozu brauchen sie ihn überhaupt noch? Machen sie den Vorschlag, ihn mitzunehmen, nur deshalb, damit er ihnen die Erlaubnis zum Ausbruch gibt und sie auf diese Weise vielleicht doch in amerikanische statt in sowjetische Gefangenschaft kommen können? Die Bevölkerung hat andere, persönlichere Sorgen, die wenigsten denken jetzt noch an Hitler. Eine Berlinerin, deren Stadtteil bereits besetzt ist, notiert in ihr Tagebuch:

„Sonderbar ist, wie die Russen zuerst immer fragen: Hast du einen Mann? Sagt man nein, werden sie gleich schleckrig. Sagt man ja und glaubt, dadurch seine Ruhe zu bekommen, so geht die Frage weiter: Wo ist er? Ist er bei Stalingrad geblieben? Ist ein lebendiger Mann vorhanden, den man ihnen vorführen kann, wie es die Witwe mit Herrn Pauli tut, obwohl er bloß ihr Untermieter ist und nichts weiter, so weichen sie erstmal einen Schritt zurück. An sich ist es ihnen egal, was sie kriegen, sie nehmen verheiratete Frauen genauso mit. Aber es ist ihnen lieber, wenn sie den Ehemann solange aus dem Weg bringen können, ihn wegschicken, einsperren und so. Nicht aus Angst. Die haben gemerkt, daß hier so leicht kein Ehemann explodiert. Aber es stört sie, solange sie noch nicht völlig blau sind. In der Pumpenschlange erzählt eine Frau, wie in ihrem Keller ein Nachbar ihr zugerufen habe, als die Iwans an ihr zerrten: ‚Nu gehn Sie doch schon mit, Sie gefährden uns ja alle!'"

Ein alter Mitstreiter, Hitlers Pilot Hans Baur, verabschiedet sich gegen 19:00 Uhr. Hitler sinniert:

„Es ist leider soweit. Meine Generale haben mich verraten und verkauft, meine Soldaten wollen nicht mehr und ich kann nicht mehr. Ich könnte in die Berge gehen oder zu Dönitz nach Flensburg. Vierzehn Tage später aber wäre ich genauso wie heute, ich stände vor der gleichen Alternative. Der Krieg geht mit Berlin zu Ende, ich stehe und falle mit Berlin. Man muss den Mut haben, die Konsequenzen zu ziehen – ich mache Schluss! Ich weiß, morgen schon werden mich Millionen Menschen verfluchen – das Schicksal wollte es nicht anders. Die Russen wissen genau, dass ich noch hier im Bunker bin, und ich befürchte, dass sie mit Gas schießen. Wir haben im Laufe des Krieges ein Gas hergestellt, das die Men-

schen 24 Stunden lang betäubt. Durch unseren Nachrichtendienst haben wir in Erfahrung gebracht, dass auch die Russen dieses Gas besitzen. Es wäre nicht auszudenken, wenn sie mich lebendig in die Hände bekämen. Es sind hier wohl Gasschleusen eingebaut, aber wer mag ihnen trauen? Ich jedenfalls nicht und so mache ich heute Schluss."

Er verspricht Baur noch das Bild Friedrichs II., weil er hofft, dass er es retten kann. Abschließend sagt er zu ihm: *„Baur, man müsste mir auf meinen Grabstein setzen: Er war das Opfer seiner Generale. Baur, Sie wissen sehr vieles nicht. Sie werden noch manches erfahren, was Sie wundern wird."* Dann kommt Hewel, der von Hitler gewarnt wird, dass er, wenn er *„den Russen in die Hände fällt"*, sie ihn *„ausquetschen [werden], bis Ihnen die Augen aus den Höhlen treten, und dann wird man Sie durch die Straßen Moskaus zerren und Sie in einem eisernen Käfig im Zirkus oder Zoo zur Schau stellen."* Die Warnung zeigt Wirkung, drei Tage später wird Hewel Selbstmord begehen. Dass Hitlers Warnung nicht allzu weit hergeholt ist, zeigt ein Telefonat zwischen Marschall Schukow und dem ukrainischen Chefpolitiker und späteren Partei- und Regierungschef Nikita Chruschtschow: *„Bald werden wir das schleimige Biest Hitler in einem Käfig eingesperrt haben."*

Das *„schleimige Biest"* lässt um 20:10 Uhr einen Funkspruch an Jodl abzusetzen, den dieser erst um 23:00 Uhr erhält: *„1. Wo sind die Spitzen von Wenck? 2. Wann greifen sie weiter an? 3. Wo ist die 9. Armee? 4. Wohin bricht die 9. Armee durch? 5. Wo sind die Spitzen von Holste? Gez. Adolf Hitler."* Gegen 22:00 Uhr ist die Situation nach wie vor völlig unklar. Zwei Infanteriedivisionen der U. S. Army rücken auf München vor und erreichen das KZ Dachau, welches ohne nennenswerten Widerstand von der SS aufgegeben wird. Sie finden bis auf die Knochen abgemagerte Häftlinge vor. Die Zustände sind unbeschreiblich, sechs Häftlinge teilen sich eine Pritsche, in für 50 Personen ausgelegten Räumen vegetieren über 300. Das Lager muss unter Quarantäne gestellt werden, da sich Typhus und Fleckfieber verbreiten. Auf dem Nebengleis steht ein Zug mit Leichen aus dem KZ Buchenwald. Die Soldaten sehen die Leichenberge und glauben im ersten Moment, es handele sich um Puppen. Es sind keine Puppen, sondern die letzten von insgesamt 40.000 Menschen, die im Lager umgekommen sind. Angesichts dieses grauenhaften Anblicks kommt es zu spontanen Tötungen von gefangen genommenen SS-Wachmännern. Es ist ein weiteres Kriegsverbrechen, das die U.S. Army durchführt. Britische Soldaten sind an deutlich weniger Kriegsverbrechen beteiligt.

Nicolaus von Below will auch noch ausbrechen und seine Haut retten. Nach der Lagebesprechung meldet er sich bei Hitler ab. Dieser willigt etwa um 22:00 Uhr ein, gibt ihm die Hand und sagt nur *„Alles Gute"*. Eine halbe Stunde später erhält er die Nachricht von der Ermordung Mussolinis. Dieser wurde am Tag zuvor mit seiner Geliebten Clara Petacci in Mezzegra am Comer See von Partisanen erschossen. Anschließend wurden die Leichen an einer Tankstelle auf dem Piazzale Loreto in Mailand an den Füßen aufgehängt, nach der Abnahme von der Bevölkerung geschlagen, mit Steinen beworfen, getreten und bespuckt. Hitler sind diese Einzelheiten nicht bekannt, aber es steht auch ohne diese für ihn fest, dass sein Leichnam nicht als Siegesbeute in die Hand des Feindes fallen darf. Ihm ist klar, dass die Rote Armee sich auf die Suche nach seinem Leichnam begeben wird. Vielleicht würden sie mit diesem genauso so verfahren wie mit dem Lenins, der einbalsamiert ausgestellt wird: *„Ich wünsche nicht nach meinem Tode in einem russischen Panoptikum aufgestellt zu werden."* Das bekräftigt er nun nochmals: *„Ich will dem Feind weder tot noch lebendig in die Hand fallen. Nach meinem Ende soll mein Körper verbrannt werden und so für immer unentdeckt bleiben."*

Für Joseph und Magda Goebbels steht schon seit einiger Zeit fest, dass sie ein Leben nach Hitler für nicht lebenswert halten und sich ein solches auch gar nicht vorstellen können. Dies gilt, sie sehen es als selbstverständlich an, auch für ihre sechs Kinder. Die Mutter stellt klar: *„Meine Kinder wurden für das Dritte Reich geboren und sollten im Dritten Reich leben."* Existiert es nicht mehr, haben die Kinder auch kein Recht mehr auf Leben. In der Nacht auf den 30. April, zwischen 23:00 und 02:00 Uhr, wird der Oberstarzt Prof. Ernst Günter Schenck zu Hitler befohlen. Mit Dr. Haase und zwei Krankenschwestern, eine davon ist Erna Flegel, gehen sie den unterirdischen Verbindungsgang entlang zum Vorbunker. Am Eingang stehen zwei Posten, sonst ist niemand zu sehen. Sie stellen sich auf die Stufen der Verbindungstreppe zwischen dem Vorbunker und dem Führerbunker und warten. Nach einer Weile tritt Hitler alleine aus der Tür, geht ein paar Stufen nach oben und sagt: *„Entschuldigt, dass ich Euch noch so spät heraus getrommelt habe."* Prof. Schenck erinnert sich:

„Das war kein Mensch mehr. Dieser Mann unten war nicht einmal ein Hauch dessen, den Millionen Bilder gezeigt hatten. (…) Der Mensch war unvorstellbar tief in sich selbst

^ *Amerikanische Journalisten im Konzentrationslager Dachau. Rund 200 Leichen ermordeter Häftlinge liegen aufgereiht auf dem Boden. (115)*

zurückgefallen. Ich sah hinab auf einen gekrümmten Rücken mit sich abhebenden Schulterblättern, aus dem er den Kopf fast gequält hob, als er Dr. Haase anblickte. (…) Das Auge, das er auf mich richtet, starrte schmerzhaft. Es schaute nicht mehr strahlend, das Weiße war getrübt. (…) Der Mund blieb geschlossen, die Lippen aufeinander gepresst. Die Bewegung, mit der er meine Hand forderte und sie drückte, war Reflex. Der Mann lebte noch, aber als Wesen auf der untersten Sohle des Daseins. (…) Das war ein lebender Leichnam, eine tote Seele, er war schon jenseitig."

Schenck gibt im hohen Alter zu, in diesem Moment *„wahnsinnig Mitleid"* mit ihm gehabt zu haben, denn er hat *„selten einen so zerstörten Menschen"* gesehen. Tonlos dankt Hitler ihnen, dass sie sich der Verwundeten angenommen haben. Dann geht er ein paar Stufen nach oben zu den Krankenschwestern, sieht sie an und dankt auch ihnen. Eine bekommt einen hysterischen Anfall, redet vom *„Glauben an den Endsieg"*, *„ewige Treue"*, *„wir folgen bis zum Ende"*, *„Heil"* usw. Weinend versagt ihr die Stimme. Hitler sagt dumpf vor sich hin: *„Man soll sich seinem Schicksal nicht feige entziehen wollen."* Dann dreht er sich um und geht. Prof. Schenck gibt seinen Eindruck wieder:

„Sein Blick war starr und leer. Die sehr blassen, blau-grauen Augen wirkten trübe, das Weiße war blutunterlaufen. Ich konnte in diesem nun seltsam flachen, bewegungslosen Antlitz keinen Ausdruck erkennen. (…) Sein kalter flatternder Händedruck wirkte wie der eines zu Tode Gehetzten, eines Sterbenden; es war wirklich nur noch eine reflexartige Bewegung. Das verwüstete Gesicht war gelbgrau wie eine Mondlandschaft. Als Arzt empfand ich Mitleid mit diesem menschlichen Wrack, dem kein Sterblicher mehr helfen konnte."

Prof. Schenck sieht Hitler etwas später durch Zufall noch einmal, als er im Führerbunker aus der Toilette kommt. Hitler sitzt an einem kleinen runden Tisch im Lagevorraum in ein Gespräch mit Dr. Haase vertieft, der ihn in den letzten Tagen täglich aufgesucht hat. Dabei stützt er seine linke Hand, in der er seine Brille hält, auf den Tisch und klopft rhythmisch zitternd auf die Tischplatte. Den linken Unterschenkel und Fuß hat er zwischen Stuhl- und Tischbein geklemmt, um das Zittern unterdrücken zu können. Prof. Schenck erkennt sofort, dass Hitler die typischen Symptome eines Parkinsonkranken hat. Mit großer Wahrscheinlichkeit empfiehlt ihm Dr. Haase bei diesem Gespräch die kombinierte Selbstmordmethode Einnahme bzw. Beißen auf die Giftkapsel und gleichzeitiger Schläfenschuss. Hitler weiß, auch durch das Lesen von Berichten über misslungene Selbstmordversuche führender Putschisten, dass durch Kopfschüsse, wenn sie nicht die lebenswichtigen Zentren (Pons Varolii = Brücke als Teil des Hirnstamms unterhalb des Kleinhirns zwischen Mittelhirn und verlängertem Mark sowie Medulla oblongata = verlängertes Mark oder Nachhirn) zerstören, der Betreffende auch mit sonstigen schweren Hirnzerstörungen überlebt oder sogar noch handlungsfähig bleiben kann.

Montag, 30. April

Kurz nach 01:00 Uhr geht Hitler zu Misch in die Telefonzentrale und will wissen, ob *„es neue Nachrichten aus dem OKW"* gibt. Misch bekommt immer noch Anrufe von um Hilfe bittenden Berlinern. Hitlers Funkspruch vom Vorabend wird etwa um diese Zeit von Keitel beantwortet: *„Entsatz von Berlin aussichtslos. Spitze Wenck liegt südlich Schwielow-See fest. 12. Armee kann daher Angriff auf Berlin nicht fortsetzen. 9. Armee mit Masse eingeschlossen. Korps Holste in die Abwehr gedrängt."* Damit ist endgültig klar, dass keine Hilfe mehr kommen kann. Der erbitterte Kampf um den Brückenkopf der Alliierten bei Lauenburg zieht sich zeitgleich noch bis in die Morgenstunden hin und während sich weiter flußaufwärts am Ostufer der Elbe zehntausende, den Amerikanern zustrebende Flüchtlinge stauen, gehen die Kämpfe im Regierungsviertel pausenlos weiter. Um 04:40 Uhr wird das Reichsinnenministerium nach erbittertem Widerstand eingenommen. Der Kampf um den Reichstag dauert an, aus Sicht Stalins ist dieser als Symbol Berlins das geographische Ende des Krieges. Das ist ein Paradoxon, denn der Reichstag war Hitlers erstes Opfer. Er hat das Gebäude nach dem Brand vom Februar 1933 nie wieder betreten oder nutzen lassen. Im Westen sind deutsche Truppen in La Rochelle, St.-Nazaiere und Lorient an der Westküste Frankreichs, den britischen Kanalinseln und Dünkirchen eingekesselt. Sie halten noch einen schmalen Streifen an der Nordseeküste, Südnorwegen, Dänemark, Teile Österreichs und Böhmens sowie Kurland.

Zwischen 02:00 Uhr und 02:30 verabschiedet sich Hitler in dem als Speiseraum benutzten Mittelgang des oberen Bunkers von seinen Mitarbeitern und Wachen. Er gibt jedem der etwa 20 bis 25 Personen die Hand und entbindet alle von ihrem Eid. Seine Augen sind von Tränen überzogen und starren ins Leere. Der Blick ist abwesend und er erweckt den Eindruck eines *„Geistes"*. Langsam geht er den Gang entlang und gibt jedem die Hand. Manche sprechen ihn an, aber er gibt keine Antwort oder murmelt leise Unverständliches. Anwesend ist auch Baroness Irmengard von Varo zu Bagion, die einen SS-Offizier kennt und im Bunker als Kellnerin eingesetzt ist:

„Einer vom SS-Begleitkommando kam in den Speisekorridor des Führerbunkers [tatsächlich Speiseraum des Vorbunkers] *und sagte, dass Hitler sich von den Damen verabschieden wollte. (...) Er ging allein durch den Raum und sprach ein paar Worte mit den meisten der Frauen, denen er die Hand gab. (...) Nachdem die Zeremonie vorüber war und Hitler sich zurückgezogen hatte, fragte jeder den anderen, was das wohl zu bedeuten habe, und sie kamen zu der Schlussfolgerung, dass dies wohl das Vorspiel zu seinem Selbstmord sein müsse. (...) Etwa zwanzig Menschen standen dort, und dann erschien eine seltsame Figur. Sie sah aus wie ein Gespenst. Als ich schärfer hinsah, erkannte ich Hitler. Er war absolut zusammengefallen; er hing in seinen Kleidern; seine Augen starrten ins Leere. Seine Hände zitterten wie Blätter im Sturm."*

Dem Leiter des Reichssicherheitsdienstes Rattenhuber gratuliert Hitler zum Geburtstag und dankt ihm: *„Und damit möchte ich Ihnen auch allen für die Dienste, die Sie mir erwiesen haben, danken."* Zurück in seinem Wohnbereich legt sich Hitler hin, kann aber nicht schlafen. Mit Eva, Frau Christian, Frau Junge und Frau Manziarly trinkt er Tee. Gegen 05:30 Uhr ist die letzte Teestunde zu Ende. Diese Zeitangabe widerspricht den Aussagen des Botenjungen Lehmann:

„Als Melder trug ich eine Pistole in meiner Manteltasche und wurde niemals aufgefordert, sie herauszugeben, weder bei Hitlers Geburtstagspräsentation noch als ich im Lage-

raum Aufträge entgegennahm, wo Hitler dabei war. Am Morgen des 30. April, zwischen 4:30 und 5:00 Uhr [eine andere Zeitangabe Lehmanns lautet „zwischen vier und sechs Uhr"], *sah ich Hitler allein im Flur des unteren Bunkers. Ich hätte Hitler töten können. Ich hatte diese Möglichkeit mindestens drei- oder viermal."*

Der diensthabende Offizier übergibt Lehmann eine Meldung. In diesem Moment „*erschien Oberstumbannführer Günther Dietrich, einer von Axmanns Verbindungsoffizieren, aus dem Führerzimmer. (...) Plötzlich tauchte Hitler wie ein Gespenst auf. Er starrte gedankenverloren vor sich hin und kam auf mich zu, ohne mich zu bemerken. In diesem Augenblick wurde der Bunker von einem starken Beben erschüttert. Hitler hob den rechten Arm, der unverkennbar zitterte, und streckte ihn zur Wand aus, um Halt zu finden. Schmutz oder Mörtel rieselte herunter. Hitler schaute nicht nach oben. Er scheint vor sich hin zu murmeln und sagt vielleicht: ‚Wieder ein Treffer'."*

Hitler wirkt „*noch ungesünder als zehn Tage zuvor"*. Sein Gesicht ist „*fahl und das Weiße in seinen glänzenden Augen schien sich gelb verfärbt zu haben".*

Um 05:00 Uhr setzt Artilleriebeschuss ein. Die Voßstraße ist mit Granattrichtern übersät, Trümmer sind verstreut, Rauchfahnen steigen auf und Leichen liegen auf dem Bürgersteig. Zeitweilig gibt es Störfeuer mit Einschlägen im Abstand von drei Minuten, dann wiederum intensive Feuerschläge mit Dauer von bis zu einer Stunde. Etwa gegen 06:00 Uhr wird Mohnke zu Hitler gerufen. Er empfängt ihn im schwarz-seidenen Morgenmantel und in Lacklederpantoffeln im Vorraum zum Arbeitsraum und fragt: „*Wie lange können Sie noch halten?"* Mohnke meldet „*maximal 24 Stunden"*, da die Rote Armee bereits in der Prinz-Albrecht-Straße steht, nur noch 300 Meter entfernt. Des Weiteren steht sie am Hotel „Adlon", an der Wilhelmstraße/Ecke Unter den Linden, kurz vor der Weidendammer Brücke, am Lustgarten, am Potsdamer Platz, am Tiergarten, am Reichsluftfahrtministerium und angeblich auch im U-Bahnschacht „Kaiserhof", nur 100 Meter entfernt. Eine zusammenhängende Verteidigungslinie gibt es nicht mehr, sondern nur noch Verteidigungsnester in Granattrichtern, Kellern, Fensterhöhlen. Die Munition geht zu Ende. Hitler hört sich das ruhig und konzentriert an. Mohnke erinnert sich:

„*Er stellte mir in Morgenmantel und Hausschuhen im Vorraum zu seinem Arbeitsraum die Frage, wie lange ich noch halten könne. Ich habe von etwa ein bis zwei Tagen gesprochen. Die Russen standen am Potsdamer Platz, weniger als 400 Meter von der Reichskanzlei entfernt, hatten die Wilhelmstraße und den größten Teil des Tiergartens erreicht und waren in die U-Bahnschächte unter der Friedrichstraße eingedrungen. Hitler hörte sich meinen Bericht, ohne mich zu unterbrechen, an, hat mir dann zum Abschied die Hand gereicht und geäußert: ‚Alles Gute, ich danke Ihnen, es war nicht nur für Deutschland!' Gegen halb Sieben war das Gespräch beendet."*

In der Schweiz ist zu diesem Zeitpunkt bereit die „Neue Züricher Zeitung" mit der Schlagzeile „Fortschreitende Auflösung in Deutschland" an die Kunden ausgeliefert worden.

Hunderte deutscher Flüchtlinge, die versuchen, in die neutrale Schweiz zu gelangen, werden von den deutschen Grenzbehörden zurückgewiesen. Die Schweizer sichern ihre Grenze mit ihrem Militär. Im Norden Deutschlands wird als einer der letzten Zeitungen derweil der „Heider Anzeiger" mit der Schlagzeile „Der heroische Widerstand der Reichshauptstadt" verteilt. Die U.S. Army marschiert zur gleichen Zeit fast ungehindert in München ein. Das Ortsschild der „Hauptstadt der Bewegung" tragen sie wie eine Trophäe vor sich her, die Bilder gehen um die Welt. In der Stadt, in der die NSDAP gegründet und Hitler seinen Hauptwohnsitz hat, liegen fünf Millionen Tonnen Schutt; nur zehn Prozent der Wohnungen sind unbeschädigt. Gegen 08:00 Uhr an diesem regnerischen und windigen Montagmorgen, die Maximaltemperatur wird 11 Grad nicht überschreiten, liegt der Führerbunker unter gezieltem schwerem Beschuss und Dauerfeuer. Es herrscht Besorgnis vor einem direkten Angriff auf die Reichskanzlei. Die Wachen in der Reichskanzlei, an den Bunkereingängen und in den Schleusen sowie Korridoren der Bunker werden verstärkt und zusätzlich Bunkerkorridore durch SS-Wachen abgesperrt. Handgranaten und Maschinenpistolen werden an die Wachleute des Führerbegleitkommandos und des Reichssicherheitsdienstes ausgegeben.

Der Weg von der Moltkebrücke zum nur noch 400 Meter entfernten Reichstag ist mit Drahtverhauen, Gräben, Fahrzeugen und Kratern versperrt. Quer über den Königsplatz zieht sich ein eingestürzter, mit Spreewasser gefüllter Graben, ein Tunnel für Vorarbeiten der „Großen Halle" des Projekts „Germania". Vom Reichstag und aus der gegenüberliegenden Krolloper, in der Hitler die Reichstagssitzungen abgehalten hat, schlägt den Rotarmisten massives Sperrfeuer mit Leuchtspurgeschossen entgegen. Staub und Rauch der umliegenden brennenden Häuser verdunkeln den Himmel. Die deutsche Flak auf dem Zoobunker schießt sich auf den Feind ein. Dennoch zieht sich von allen Seiten die Schlinge um Hitler immer enger. Mit jedem Meter, den die Rote Armee vorwärtskommt, wird der Widerstand stärker, die Opferzahl größer. Die verbliebenen Truppen, ungefähr 10.000 Soldaten, darunter viele ausländische SS-Männer, haben sich ins Regierungsviertel zurückgezogen.

Vizeadmiral Voß bemerkt gegen 11:00 Uhr das Ehepaar Hitler gegenüber dem Eingang zum Arbeitsraum auf zwei Stühlen sitzend. Er hält inne, will nicht stören, doch Hitler bedeutet ihm sich hinzusetzen. Gegen 12:00 Uhr verabschiedet sich das Ehepaar Hitler von ihm und trägt ihm auf, Dönitz Grüße auszurichten und alles zu berichten, was in den letzten Tagen in Berlin geschehen ist. Sie ziehen sich ins Arbeitszimmer zurück. Zu dieser Stunde erreichen Soldaten des 222. US-Infanterie-Regiments in München den Führerbau und die Privatwohnung Hitlers am Prinzregentenplatz 16. Sie brechen die Tür auf. Dabei ist die Kriegsfotografin Lee Miller vom Magazin „Life". Es entsteht ein Foto, das um die Welt geht: Sie lässt sich nackt in Hitlers Wanne fotografieren, mit einem Hitlerbild auf dem Wannenrand. Gegen 12:00 Uhr meldet Weidling, dass die sowjetischen Truppen den Reichstag stürmen, das Rote Rathaus umkämpft ist und sie sich bereits im Tunnel der Nord-Süd-Bahn im Bereich der Hermann-Göring-Straße befinden:

„Ich sprach über die erbitterten Kämpfe, die im Verlauf der letzten 24 Stunden stattgefunden hätten, über die Zusammenballung auf engem Raum, über den Munitionsmangel, über das Fehlen der ‚Panzerfaust' – der für die Straßenkämpfe unentbehrlichen Waffe – über das Versiegen der Versorgung aus der Luft und über das Absinken des Kampfgeistes der Truppe. In der Zusammenfassung hob ich deutlich hervor, dass nach aller Wahrscheinlichkeit die

Schlacht um Berlin am Abend des 30. April beendet sein werde, da nach den Erfahrungen der letzten Nächte mit einer Versorgung aus der Luft in einem großen Maßstabe nicht mehr gerechnet werden könne. Eine lange Pause trat ein, die zu unterbrechen dieses Mal keiner der Anwesenden als notwendig empfand. Mit müder Stimme fragte der Führer den Brigadeführer Mohnke, ob er in seinem Abschnitt ‚Zitadelle' eben die gleichen Erscheinungen wahrgenommen hätte, Mohnke antwortete bestätigend. Wie ein Mensch, der sich völlig mit seinem Schicksal abgefunden hat, antwortete mir der Führer und zeigte dabei auf seine Karte, in der die Lage eingezeichnet war: 1. Die Lage unserer Truppen sei auf der Karte nach den Meldungen ausländischer Rundfunksender eingetragen, weil unsere Truppenstäbe ihm nichts mehr meldeten. 2. Da seine Befehle sowieso schon nicht mehr ausgeführt würden, sei es zwecklos, irgendetwas zu erwarten, beispielsweise eine Hilfe durch die 7. Panzerdivision, die befehlsgemäß aus dem Raume Nauen hätte antreten müssen. Der völlig gebrochene Mann erhob sich mit großer Anstrengung aus seinem Sessel, in der Absicht, mich gehen zu lassen. Ich bat jedoch eindringlich darum, einen Entschluss für jenen Fall zu fassen, wenn die gesamte Munition verbraucht sein würde, und dies werde allerspätestens am Abend des folgenden Tages sein. Nach einer kurzen Unterredung mit General Krebs erwiderte der Führer, dass in diesem Falle nur von einem Durchbruch in kleinen Gruppen die Rede sein könne, weil er, wie zuvor, die Kapitulation von Berlin ablehne."

Der Wehrmachtbericht funktioniert noch immer. Wie immer verkündet der Sprecher mit pathetischer Stimme:

„*Der Wehrmachtbericht. Führerhauptquartier. Das Oberkommando der Wehrmacht gibt bekannt: Das heroische Ringen um das Zentrum der Reichshauptstadt hält mit unverminderter Heftigkeit an. In erbitterten Häuser- und Straßenkämpfen halten Truppen aller Wehrmachtteile, Hitler-Jugend und Volkssturm den Stadtkern. Ein leuchtendes Sinnbild deutschen Heldentums. Der am Anhalter Bahnhof, entlang der Potsdamer Straße und in Schöneberg eingebrochene Feind wurde von den tapferen Verteidigern zum Stehen gebracht. Fliegende Verbände warfen unter aufopferungsvollem Einsatz der Besatzung erneut Munition über der Stadt ab. Südlich von Berlin stehen unsere zum Entsatz der Reichshauptstadt angesetzten Divisionen in ihrer tiefen Flanke im Kampf mit starken bolschewistischen Verbänden, die unter hohen blutigen Verlusten abgewiesen wurden.*"

Gegen Mittag, „*vielleicht elf Uhr*", schlurft Hitler an der Telefonzentrale entlang und bleibt im Türrahmen stehen. Er schaut Misch in die Augen. Sein Blick ist „*matt, aber klar*". Er kehrt wortlos um und schlurft zurück in seinen Raum. Misch: „*Da ist er nochmal aus seinen Räumen gekommen und ging an mir vorbei. Ich stand auf und wir haben uns angeguckt. Er ging dann weiter bis ans Ende des Ganges und wieder zurück, dort blieb er irgendwie unschlüssig stehen. Ich schaute hinterher, da drehte er sich noch mal um und verschwand.*"

Im Vorbunker löst sich derweil die Disziplin auf, Musik und Lärm schallt durch die Räume. Es wird gefeiert, geraucht und getrunken. Hitler verabschiedet sich „*um die Mittagszeit*" im Mittelgang von den Mitgliedern des Führerbegleitkommandos SS-Obersturmführer Hans Reisser und seinem Kameraden Karl Weichelt. Reisser erinnert sich: „*Dabei hat er geäußert, wir sollten uns nach dem Westen durchschlagen. Nach diesen*

Worten hat sich Adolf Hitler in seine Räume zurückgezogen." Keiner wagt es, laut zu sprechen, man unterhält sich nur noch im Flüsterton, es herrscht *„Weltuntergangsstimmung"*.

Etwa zwischen 13:00 und 14:00 Uhr nimmt Hitler seine letzte Mahlzeit ein. Diätassistentin Constanze Manziarly hat Spaghetti mit einer leichten Tomatensoße zubereitet. Beim Essen anwesend sind auch Frau Junge und Frau Christian. Eva Hitler, die an diesem Tag ein dunkelblaues Kleid mit weißen Rüschen trägt, isst nicht mit und geht stattdessen ein letztes Mal in den Garten, um die letzte Zigarette zu rauchen. Hitler zeigt *„keine Anzeichen von Erregung; vom Ende wurde nicht gesprochen"*. Nach dem Essen sagt er ganz ruhig zu Günsche: *„Ich wünsche nicht, nach meinem Tode in einem russischen Panoptikum ausgestellt zu werden."* Er erneuert seinen Befehl an Günsche, für die Vernichtung seiner Leiche und die von *„Fräulein Braun"* – er bezeichnet sie noch immer so – zu sorgen. Etwas später geht Hitler zu Goebbels, der erneut versucht, ihn zum Verlassen Berlins zu überreden. Hitler winkt nur müde ab: *„Doktor, Sie kennen meinen Entschluss, dabei bleibt es."*

Als sich Hitler zum Essen begibt, beginnt nur wenige hundert Meter nördlich nach der Eroberung der Krolloper der Sturm auf den Reichstag. Das Gebäude wird, teils Zimmer für Zimmer, erbittert verteidigt. Das Chaos im Gebäude ist perfekt, zeitweise schießt jeder auf jeden. Während bis auf die diensttuenden Wachen alle anderen den Befehl erhalten, den Bunker und den Garten der Reichskanzlei zu verlassen, damit es keine unnötigen Zeugen für das Folgende gibt, verabschiedet sich Hitler gegen 15:15 Uhr im Mittelgang mit seiner Frau kurz von seinen engsten Mitarbeitern: Goebbels, Bormann, Krebs, Burgdorf, Frau Christian, Frau Junge, Fräulein Manziarly, Fräulein Krüger, Hewel, Naumann, Voß, Rattenhuber, Högl, Günsche und Linge. Er geht langsam die Reihe ab und drückt jedem die Hand, ohne ein Wort zu sagen. Frau Junge erinnert sich:

„Ich war wahrscheinlich der letzte Mensch, dem Hitler die Hand gegeben hat [da irrt Junge], *aber ich glaube, er hat mich gar nicht mehr erkannt. Er schien in ganz weite Ferne zu schauen, weit über die Bunkermauern hinaus. Er murmelte ein paar Worte, aber sie bleiben mir unverständlich. Seine Lippen bewegten sich, aber ich hörte nur ein Murmeln. Dann gab auch Eva Braun jedem die Hand. Sie umarmte mich und sagte: ‚Sehen sie zu, dass es ihnen gelingt, durchzukommen nach München und grüßen sie mir Bayern schön.'"*

In ihrem ersten Verhör im Jahre 1946 sagt Junge aus, dass Hitler zu ihr sagte: *„Jetzt ist es soweit, Frau Junge, es ist vorbei."*

Hitler zieht sich alleine in seinen Arbeitsraum zurück und Günsche beginnt, bis auf die engste Umgebung den Bunker zu räumen. Unerwartet erscheint Frau Goebbels und bittet Günsche, Hitler noch einmal sprechen zu dürfen. Hitler, der seine Frau erwartet, fühlt sich gestört und lehnt die Bitte zunächst ungehalten ab, gibt aber dann doch nach. Er geht noch einmal hinaus in den Korridor, wo ihn Magda Goebbels anfleht, Berlin doch noch zu verlassen (was zu diesem Zeitpunkt unmöglich gewesen wäre). Er spricht kurz mit ihr und lehnt erneut ein Verlassen Berlins kategorisch ab. Eva Hitler erscheint. Kammerdiener Linge hält die Tür offen und Hitler lässt seiner Frau den Vortritt. Linge ist damit außer Eva Hitler der letzte Mensch, mit dem Hitler gesprochen hat. Hitler bleibt in der Tür stehen, gibt Linge die Hand und sagt zu ihm: *„Nun, Sie brechen auch mit einer* der Gruppen aus." Der wundert sich: *„Mein Führer, wofür sollen wir noch ausbrechen?"* Hitlers Antwort ist die einzige mündliche Äußerung, aus der zu entnehmen ist, dass sich Hitler mit einer Zukunft ohne ihn in positiver Weise gedanklich beschäftigte: *„Für den Mann, der nach mir kommen wird."* Damit verschwindet er in seinem Zimmer. Gegen 15:25 Uhr ist das Ehepaar Hitler also wohl endgültig im Arbeitszimmer, zwei geschlossene und bewachte Türen trennen sie von den Übrigen. Günsche postiert sich vor der Tür zum Vorraum, in dem er zuvor mehrere Wolldecken bereitgelegt hat.

Was dann geschieht, endlich das von Millionen Menschen herbeigesehnte Ende des Diktators, füllt viele Bücher und gibt Stoff für Filme. Nach den durchgeführten Untersuchungen – die Details der verschiedenen Zeugenaussagen sind Anton Joachimsthaler „Hitlers Ende" zu entnehmen – die zur amtlichen Todeserklärung führen werden, kommt es der objektiven Wahrheit am nächsten, wenn man das folgende Szenario annimmt, ausgehend vom amtlichen Todeszeitpunkt Hitlers. Natürlich ist unbekannt, was in den Minuten vor dem Tod im Raum wirklich vorgegangen ist. Hat er sich innerlich von seiner Mutter verabschiedet, deren Bild auf der Konsole steht? Herrscht betretenes Schweigen zwischen Hitler und seiner Frau oder lamentiert er noch ein letztes Mal über sein Schicksal? Verabschieden und umarmen sie sich? Bis zuletzt bewahrt er nach außen seine Maske, die ihn als „Führer" darstellt. Spricht er sich nun angesichts des Todes mit seiner Frau aus? Es dürfte unwahrscheinlich sein, alleine schon anhand der engen zeitlichen Abläufe. Hitler sah der durch äußere Ereignisse bestimmten Todesstunde in einer stumpfen und zugleich sentimentalen Stimmung entgegen. Für ihn bedeutet der Tod die Gewissheit, dass Vereinsamung und körperliches Leid ein Ende haben. Er besitzt zu diesem Zeitpunkt noch ein Privatvermögen von etwa 9,5 Millionen Reichsmark (etwa 40 Millionen Euro). Doch das ist irrelevant, denn sein verbliebener Machtbereich beträgt in Nord-Süd-Richtung 1.650 Meter (zwischen Weidendammbrücke bis Prinz-Albrecht-Straße) und in West-Ost-Richtung 1.150 Meter (zwischen Brandenburger Tor und Schlossplatz).

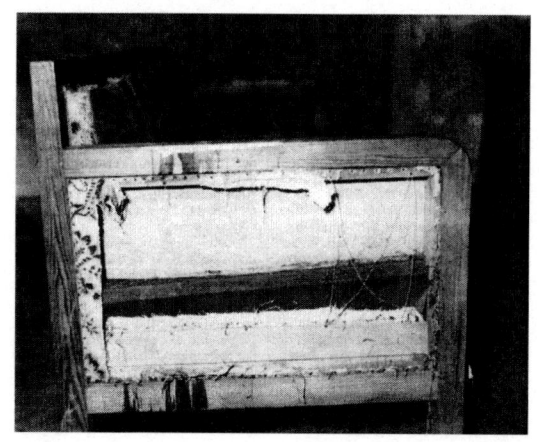

Das Ehepaar Hitler setzt sich auf das Sofa, Hitler in die – von der Tür aus gesehen – linke Ecke, Eva in die rechte. Hitler nimmt seine beiden Walther-PPK-Pistolen (Polizei Pistole Kriminal) und behält die größere vom Kaliber 7.65 Millimeter in der rechten Hand. Die andere, kleinere (6.35 Millimeter), die er seit Jahren ständig in einer besonderen ledernen Gesäßtasche mit sich führte, legt er für den Fall einer Ladehemmung vor sich auf den Tisch. Die Pistolen stammen von der Carl Walther GmbH aus Zella-Mehlis in Thüringen. Eva streift ihre schwarzen Wildlederschuhe ab und hockt sich mit hochgezogenen Knien in die Sofaecke, etwa 30 Zentimeter von Hitler entfernt und ihm etwas zugekehrt. Sie nimmt die Kapsel und legt ihre

∧ *Führerbunker: Die linke (von vorne gesehen) Seite des Sofas in Hitlers Wohn- und Arbeitszimmer mit deutlich sichtbaren Blutspuren an der Lehne und ganz unten. Der blutdurchtränkte Stoff wurde für weitere Ermittlungen herausgeschnitten. (112)*

Pistole neben einem himbeerfarbenen Seidenschal auf den Tisch. Dabei wirft sie, vermutlich aus Nervosität, die auf dem Tisch stehende Vase um, die ihr Kleid leicht durchnässt. Um 15:28 Uhr, so der amtlich festgestellte Todeszeitpunkt, begeht die 33-jährige Eva Hitler durch Einnahme einer Giftkapsel Selbstmord. Ihre Pistole benutzt sie nicht. Es darf aus psychologischen Gründen angenommen werden, dass Eva Hitler kurz vor Hitler aus dem Leben schied. Bei seinem Misstrauen wollte er sich des Todes seiner Frau sicher sein und dürfte ihren Tod abgewartet haben. Die Ehe der Hitlers dauerte nur etwa 40 Stunden. Dann schiebt er sich eine Giftkapsel in den Mund, eine zweite liegt als Reserve auf dem Tisch. Er setzt die Pistole in Augenhöhe an seine rechte Schläfe, zerbeißt in einem letzten einheitlichen Willensakt die Kapsel und drückt gleichzeitig ab, es ist 15:30 Uhr. Auch bei dieser kombinierten Selbstmordmethode gibt es nur eine primäre Todesursache, hier der Schläfenschuss. Hitler ist tot – endlich. Laut Christa Schroeder wollte Hitler „Isoldes Liebestod" aus Tristan und Isolde gerne in seiner Todesstunde hören. Das letzte, was er hört, sind die dumpfen Einschläge russischer Granaten. Das letzte, was er sieht, ist das Bildnis Friedrich des Großen von Anton Graff.

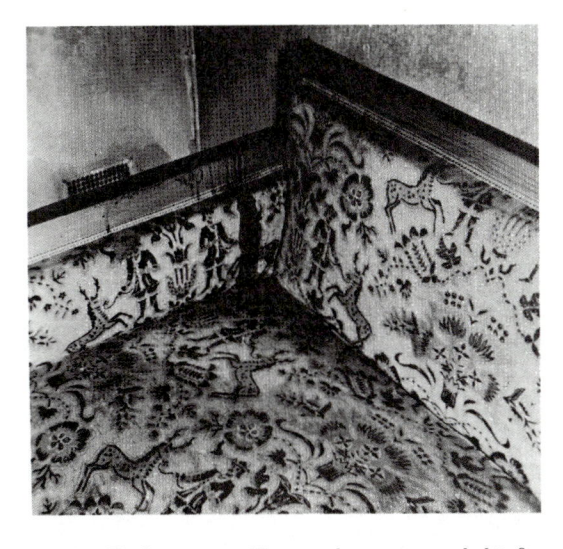

Es herrscht eine „fürchterliche Atmosphäre". Im Lagezimmer warten die letzten Getreuen und Bormann läuft im Korridor nervös hin und her. Nach einigen Minuten öffnen Günsche und Linge die Türen. Hitler sitzt auf seinem Platz, vornüber gesunken. Der Kopf ist etwas nach rechts geneigt, ragt also, wenn man von der armhohen Lehne des Sofas eine senkrechte Linie gezogen hätte, etwas darüber hinaus. Die Unterarme liegen auf den Oberschenkeln, der Kopf ist nach rechts und leicht nach vorne geneigt. Die Augen sind offen, der Unterkiefer ist leicht verschoben. Aus der rechten, dem Boden zugekehrten Schläfe tropft Blut auf den Teppich herab. Linge sagt aus, dass an der „rechten Schläfe eine Einschussstelle zu sehen" ist, die „ungefähr die Größe eines Groschenstückes hatte". Das Blut hat auf dem Teppich neben dem (von der Tür aus gesehen) linken Vorderseite des Sofas eine kleine Lache gebildet, ungefähr in „der Größe eines Untertellers" und war sowohl hoch an die Wand als auch an die Seite des Sofas gespritzt. Das Holz des Möbels weist blutige Stellen auf. Vor Eva Hitler liegt auf dem sonst leeren Tisch die kleine, einem Nadelbüchschen ähnliche Hülse aus Kunststoff. Es ist die Reichseinheitsverpackung der Glasampulle. Sie sitzt, ihrem Mann etwas zugekehrt, wie eine Studentin mit hochgezogenen Beinen in ihrer Sofaecke. Nur die zusammengepressten Lippen und eine gewisse

^ *Führerbunker: Der Platz, an dem sich Hitler erschossen hat. Die Blutspuren auf dem Sofa sind deutlich sichtbar (140) (o.r.). Mit einer solchen Giftkapsel beging das Ehepaar Hitler Selbstmord (177) (o.l.).*

Verfärbung an den Nasenflügeln verraten – außer der Hülse auf dem Tisch –, dass sie sich vergiftet hat. Auch ihre Augen sind geöffnet. Beider Tod dürfte zeitlich sehr eng beieinanderliegen, beide wollen wie die meisten Doppelselbstmörder so vereint wie möglich in den Tod gehen und damit eine Schicksalsgemeinschaft bilden. Im Zimmer ist der Geruch von Pulverschmauch und Bittermandeln zu riechen.

Günsche geht in den Lagerraum und meldet den Wartenden: *„Der Führer ist tot."* Dann gehen Bormann, Goebbels, Axmann und Misch zum Sterbezimmer und grüßen mit dem Hitlergruß. Laut Axmann ist Hitlers Kopf *„etwas nach hinten geneigt"*, *„Stirn und Gesicht auffallend weiß"* und von *„seiner Schläfe lief ein Blutrinnsal herunter"*. Bormann befiehlt drei SS-Männern, Linge zu helfen. Dieser stellt den Tisch und die Stühle beiseite und breitet zwei graue Wolldecken so auf dem Boden aus, dass sie sich zur Hälfte überlappen. Die SS-Männer und Linge füllen den kleinen Raum. Linge nimmt die Pistolen auf und legt sie auf den Schreibtisch. Dann heben er und ein SS-Mann Hitlers Leiche vom Sofa und legen sie auf die Decke. Andere, die jetzt neugierig hereinschauen, können allenfalls durch die offene Türe noch einen letzten Blick auf die Leiche des Führers erhaschen, die in Wolldecken eingeschlagen wird. Hitlers Kopf ist mit der Decke bedeckt, die Unterschenkel mit der schwarzen Hose und den schwarzen Halbschuhen ragen heraus. Man hat es eilig. Es ist ca. 15:40 Uhr, als die Leiche aufgehoben mit den Füßen voran durch den Vorraum, den Korridor, die Wache und die Gasschleuse die 36 Stufen hoch zum Gartenausgang des Bunkers getragen wird. An Eva Hitlers Leiche wird *„starker Mandelgeruch"*, wie er für eine Blausäurevergiftung typisch ist, bemerkt. Günsche stellt an Hitlers Leiche *„überhaupt keinen Geruch fest"*. Linge sagt aus:

^   *Gartenausgang und Beobachtungsturm des Führerbunkers, rechts die Gartenfassade des Festsaals, im Hintergrund das beschädigte Auswärtige Amt. (152)*

„Ich selbst habe die Leiche dabei am Fußende, während der andere Mann am Kopfende angefasst hat. Die Leichenstarre war noch nicht eingetreten. Die Decke ist dann von mir und dem zweiten Mann zugeschlagen worden, worauf wir die Leiche sofort aufgehoben und uns durch den Vorraum und den Mittelgang in Richtung auf den Gartenausgang in Bewegung gesetzt haben. (...) Bei der Ankunft oben im Garten bemerkte ich, das hinten zwei SS-Führer den Leichnam mittrugen. (...) ich weiß aber noch, dass ich erstaunt war, am hinteren Ende der Leiche (Kopf) diese beiden SS-Führer zu sehen. (...) Wir haben die Leiche Adolf Hitlers in kurzer Entfernung zum Gartenausgang des Bunkers niedergelegt. Unmittelbar darauf erschien Günsche mit der Leiche Eva Hitlers, die neben Adolf Hitler niedergelegt wurde. Die Leichen lagen unmittelbar nebeneinander mit den Füßen nach dem Bunkerausgang zu."

Günsche erinnert sich:

„Die Träger [von Hitlers Leiche] waren vorne Linge und hinten Högl, Lindloff und Reisser. (...) Die Leiche Hitlers lag bereits vor der Türe, etwa drei bis vier Meter halblinks von dieser entfernt. Sie war völlig in die Decke eingeschlagen. Ich habe die Leiche Eva Brauns unmittelbar neben die Leiche Hitlers gelegt, und zwar rechts von Hitler. Während der Garten im Übrigen das Bild eines Trichterfeldes bot, war die Stelle, an der die Leichen niedergelegt worden sind, noch eben. In dem Augenblick (...) war Bormann (...) herangetreten und hatte den Kopf von der Decke freigemacht. Ich habe dann den Kopf Hitlers (...) nochmals für einen Augenblick gesehen. Die Blutspuren hatten sich inzwischen von der Schläfe her weiter auf dem Gesicht verbreitet. Die Gesichtszüge waren aber noch einwandfrei zu erkennen."

^ Nachgestellte Szene: Die Leichen Adolf und Eva Hitlers werden aus dem Gartenausgang zur Verbrennungsstelle getragen. (109)

Kempka geht zur Leiche Hitlers und legt den linken, seitwärts ausgestreckten Arm an den Körper. Dann übergießen Kempka, Linge und Günsche die Leichen mit dem zuvor in neun 20-Liter-Kanistern bereit gestellten Benzin. Versuche, dieses mit Streichhölzern in Brand zu setzen, um eine Leichenverbrennung durchzuführen, misslingen durch die (durch die starken Brände verursachten) heftigen Winde. Günsche kommt auf die Idee, eine Handgranate zu werfen, doch Linge hat im Ärmelaufschlag seiner Uniform Papier dabei. Linge:

„Ein unmittelbares Anzünden des Benzins war schon wegen des herrschenden Feuersturms ausgeschlossen. Die umliegenden Gebäude brannten an mehreren Stellen, außerdem herrschte lebhafter Beschuss. Ich habe dann im Bunkerausgang ein Stück Papier als Fidibus hergerichtet, das Bormann mit einem Streichholz in Brand gesetzt hat und das ich dann weggeschleudert habe. (...) Bei der Entzündung des Benzins schlug eine gewaltige Stichflamme hoch. Wir haben dann die Verbrennung durch einen Spalt der geschlossenen Bunkertüre beobachtet. (...) Etwa nach acht Minuten (...) habe ich mich dann wieder nach unten begeben. Vorher hatten wir sämtliche Anwesenden noch vom Inneren des Bunkerausgangs aus einen letzten Gruß erwiesen."

Katholiken ist seit dem 19. Jahrhundert die Feuerbestattung untersagt. Im Gesetzbuch des Kirchenrechtes ist festgeschrieben, dass für Kirchenmitglieder, die in ihrem letzten Willen ihre Verbrennung verfügt hatten, keine kirchliche Begräbnisfeier abgehalten und

^ *Die Verbrennungsstelle (Kreuz) und die Bestattungsstelle der Leichen vor dem Gartenausgang des Führerbunkers. (138)*

sie auch nicht auf dem Kirchhof bestattet werden konnten. Hitlers Wunsch (*"Ich möchte nicht, wenn ich beerdigt werde, im Umkreis von zehn Kilometern einen Pfaffen sehen."*) geht in Erfüllung. Sofort setzt starke Rauchentwicklung ein. SS-Untersturmführer Hans Hofbeck sagt aus:

"Ich selbst war weiter auf Posten und habe kurze Zeit später die Bunkertüre nochmals geöffnet, was aber nur für einen Augenblick möglich war, weil sehr starker Benzingeruch und Rauch mir entgegenschlug; es herrschte Wind in Richtung auf den Ausgang. Bei diesem Öffnen der Türe habe ich gesehen, dass die Leichen noch brannten. Ich hatte den Eindruck, dass sie sich zusammengezogen hatten. Bei beiden waren die Knie etwas angewinkelt."

Auch das ist ein Hinweis, dass die Leiden ebenerdig und nicht in einem Graben oder Bombentrichter verbrannt worden sind. Hofbeck hätte sonst diese Beobachtung nicht treffen können. Auch Günsche sagt nach dem Krieg aus, dass beide Leichen *"auf die Erde"* gelegt wurden und die Augen *"noch offen"* waren: *"(...) wir übergossen die auf dem Boden liegenden Leichen."* SS-Rottenführer Hermann Karnau sagt aus:

"Bei Annäherung an den Gartenausgang stieß ich auf zwei Leichen, die in etwa zwei bis zweieinhalb Meter Entfernung vor dem Gartenausgang unmittelbar nebeneinander im Freien lagen. Eine dieser beiden Leichen erkannte ich sogleich als die Leiche Adolf Hitlers: sie lag in eine Decke gehüllt auf dem Rücken. Die Decke war am Oberkörper beiderseits zurückgeschlagen, so dass Kopf und Brust frei lagen. Der Schädel war teilweise zertrümmert, das Gesicht blutüberkrustet. Die Gesichtszüge waren aber noch einwandfrei zu erkennen. (...) Während ich noch bei den Leichen stand, flog aus dem Bunkergartenausgang ein brennender Fetzen, der in Gegend der Fußteile der Leichen niederfiel und eine gewaltige Stichflamme auslöste. (...) Mit dem Hochschlagen der Stichflamme hoben sich an Hitlers Leiche Oberkörper und beide Beine."

Wachposten SS-Rottenführer Erich Mansfeld gibt an: *"(...) und sah nun, dass die Leichen lichterloh brannten. Ich sah weiter, wie aus dem Gartenausgang des Bunkers mehrere Kanister Benzin durch die Luft nach den Leichen geworfen wurden und dort niederfielen. (...) Wiederholt habe ich noch Kanister aus dem Gartenausgang in Richtung auf die Leichen herauswerfen sehen."* Nach seiner weiteren Aussage haben später sein Kamerad Janzen und andere SS-Leute *"fortlaufend Benzin in die Flammen gegossen"*.

^ *Berlin, Gertrud-Kolmar-Straße mit Blickrichtung In den Ministergärten: Mit Kreide eingezeichnet der Grundriss des Gartenausganges des Führerbunkers (vorne rechts), die Verbrennungsstelle der Leichen (X) und die Beerdigungsstelle (auf dem gegenüberliegenden Bürgersteig). (112)*

Hermann Karnau: *„Später brannte das Fleisch an den Unterteilen der Leichen weg und Hitlers Schienbeinknochen wurden sichtbar."* Die Zustände im Garten sind chaotisch. Die Sowjets schießen mit Katjuschas Flammenöl in den Garten, das sich beim Aufschlagen der Granaten durch Phosphor entzündet. Der Garten gleicht zeitweise, laut Günsche, *„einem Explosions- und Flammenmeer"*. Die umliegenden Gebäude brennen an mehreren Stellen. Es ist ein Szenario wie aus Dantes Inferno. Zwischen Trümmern, Brettern, Metallstücken, Schutt und Baumaschinen findet Hitler sein unrühmliches Ende. Hermann Karnau beobachtet:

„Ich sah dann – es war wohl gegen 17 Uhr –, dass die beiden Leichen inzwischen zu Skeletten verbrannt waren. Feuer war nicht mehr zu bemerken, jedoch stiegen noch einzelne weiße Ascheflocken auf. In der Absicht, die Reste in einen etwa ein Meter entfernten, etwa eineinhalb Meter tiefen Geschosstrichter der Erde zu übergeben, habe ich versucht, die Reste mit dem Fuß in diesen Trichter zu schieben. Bei dieser Berührung fielen beide Skelette in sich zusammen. (...) Gegen 8 Uhr war ich nochmals an dieser Stelle. (...) Ich sah, wie Hitler (...) bis jetzt soweit verbrannt war, dass das markante Knochengestell noch zu sehen war. (..) Aber als ich um 20 Uhr nochmals da war, da flogen schon die einzelnen Flocken im Wind."

Erich Mansfeld sagt aus: *„In diesem Zeitpunkt [nach 18 Uhr] schwelten die Leichen noch. (...) Als ich die Leichen zuletzt sah, lagen sie in verkohltem Zustand noch auf dem Verbrennungsplatz."* Günsche kümmert sich wie befohlen um die Beseitigung der Reste, jedoch nicht persönlich. Er gibt den Befehl weiter an SS-Hauptsturmführer Ewald Lind-

^ *Sowjetische und alliierte Soldaten besichtigen im Juni 1945 die Grube, in der das Ehepaar Hilter bestattet wurde.* (117)

loff. In diese Beerdigung einbezogen wird auch Hund Blondi. Die Bestattung findet in einem Bombentrichter statt. Auch Lindloff muss um sein Leben fürchten und erledigt die aufgetragene Arbeit so rasch wie möglich. Gegen 18:30 Uhr erfolgt so Hitlers erstes Begräbnis in einem Bombenkrater im Garten der Reichskanzlei, etwa drei bis vier Meter halblinks vom Gartenausgang des Führerbunkers entfernt. Die Überreste werden auf *„drei Holzbretter"* geschoben und etwa 90 cm bis einen Meter tief begraben. Das Loch hat Harry Mengershausen mit seinem Kollegen Glanzer vom Reichssicherheitsdienst noch etwas ausgehoben. Rattenhuber sagt aus, dass *„er um eine Fahne gebeten wurde, in die man Hitlers Leiche bei der Beerdigung einhüllen"* wollte, es konnte jedoch keine aufgetrieben werden.

Nur eine dünne Schicht wird auf dem Grund des tiefen Trichters über die Leichen geschaufelt; ein Gemenge von märkischem Sand, Steinbrocken, zerfetztem Holz, Stein- und Metallfragmenten und Abfall, mehr Schuttabladeplatz als Garten. SS-Hauptsturmführer Ewald Lindloff kann als Hitlers Totengräber bezeichnet werden. Irgendjemand wirft im Laufe der Nacht oder des nächsten Tages eine Panzerfaust in den Trichter. Abends steigt noch leichter Rauch aus der Erde. Günsche selber sieht nicht noch einmal nach, er verlässt sich auf Lindloff: *„Lindloff hat mir (...) berichtet, dass die Leichen bereits nach 30 Minuten schon verkohlt und aufgerissen gewesen seien. Die Überreste, die in einem ‚scheußlichen Zustand' waren, hätten auch klaffende Wunden aufgewiesen. Meiner Meinung nach ist es möglich, dass solche Wunden durch das Einschlagen von Geschossen bzw. Bomben entstanden sind."* Die Verbrennung dauert etwa von 16:00 bis 18:30 Uhr. Um 16:00 Uhr

^ *Der Ehrenhof der zerstörten Reichskanzlei unmittelbar nach der Einnahme durch sowjetische Truppen. Im Vordergrund die Wracks von abgeschossenen deutschen Panzerspähwagen, im Hintergrund das große Portal zum Wilhelmplatz. (115)*

wird München offiziell an die U.S. Army übergeben, die Bevölkerung jubelt den Befreiern zu.

Hitlers Pistolen verbleiben nicht im Sterbezimmer. Die (unbenutzte) Walter-PPK 6,35 Millimeter Pistole wird von Axmann an die verwundete BDM-Führerin Gisela Hermann gegeben, damit sie sich bei Bedarf damit erschießen kann. Hermann hält sich in der unterirdischen Apotheke der Neuen Reichskanzlei auf. Sie schiebt die Waffe unter ihre Matratze, der weitere Verbleib ist unbekannt. Die Tatwaffe (Walther-PPK 7,65 Millimeter) nimmt Reichsjugendführer Axmann am nächsten Tag auf seiner Flucht mit. Am Bahnhof Friedrichstraße klettert er auf den Bahndamm und läuft die Schienen entlang Richtung Lehrter Bahnhof. Auf diesem Weg versteckt er die Pistole *„unter Steinen am Bahndamm"*. Die Gleisanlage ist inzwischen abgetragen und neu aufgeschüttet worden. Der Verbleib der Waffe bleibt somit ungeklärt.

Die führerlos zurückgelassenen Bunkerinsassen treibt die Angst um, wie es weitergeht. Dr. Haase kommt *„totenblass"* aus dem Führerbunker zurück ins Lazarett und bittet die Ärzte und Schwestern in den Hinterraum: *„Der Führer ist soeben aus dem Leben geschieden."* Alle sind bedrückt, viele, auch Prof. Schenck, weinen. Bis jetzt ist die Reichskanzlei der sicherste Ort Berlins gewesen, jetzt ist er der Gefährdeste. Misch erkennt: *„Alles war irgendwie erleichtert, dass es vorbei war."* Jeder ist jetzt sich selbst der Nächste, der Selbsterhaltungstrieb greift. Hermann Karnau bemerkt: *„Es ist traurig, dass sich keiner der Offiziere um die Leiche des Führers zu kümmern scheint."* Traudl Junge erinnert sich: *„Hitlers Tod war für uns wie das Ende eines Zustandes der Massenhypnose. Es gab nicht einen einzigen Menschen, der von Hitler noch nach seinem Tode gesprochen hätte. Nicht einer tat das!"* Das bestätigt auch der Soldat Hans Messerer: *„Ich hörte keinen über Hitler nach dessen Tod sprechen. Wir hatten wichtigere Dinge zu bereden."* Als der Funker Franz Neuhüttler von der Todesmeldung erfährt, geht sie bereits um *„wie ein Lauffeuer"*. Jetzt gilt nur noch die Devise *„Rette sich wer kann"*. Feldwebel Fritz Tornow erschießt im Garten die vier Welpen von Blondi, darunter Hitlers geliebten „Wolf", die beiden Hunde von Eva Hitler, die Hunde von Frau Christian und seinen eigenen Dackel.

Weidling mit seinem Stab berät im Nachrichtenbunker im Hof des Bendlerblocks wie man am besten aus der „Zitadelle" ausbrechen kann. Er äußert zu seinem Generalstabsoffizier Oberst Theodor von Dufving, dass es seiner Meinung nur noch einen Weg gibt, dass Hitler *„möglichst bald und schnell Selbstmord"* begeht. Er weiß nicht, dass er schon tot ist. Unabhängig von diesen Ereignissen erhält Weidling gegen 16:00 Uhr durch einen SS-Sturmführer den letzten Befehl Hitlers:

„An den Befehlshaber des Verteidigungsbereiches Berlin, General der Art. Weidling. Im Falle des Munitions- und Verpflegungsmangels bei den Verteidigern der Reichshauptstadt gebe ich mein Einverständnis zum Ausbruch. Es ist in kleinsten Gruppen auszubrechen und Anschluss an die noch kämpfende Truppe zu suchen. Wo dieser nicht gefunden wird, ist der Kampf in kleinen Gruppen in den Wäldern fortzusetzen. Gez. Adolf Hitler."

Als Testamentsvollstrecker hatte Hitler Martin Bormann bestimmt. Dieser verliest nach Hitlers Selbstmord dessen privates und politisches Testament gegen 17:00 Uhr für die im Führerbunker verbliebenen Personen und sendet um 18:35 Uhr ein Telegramm an Dönitz, in dem er ihm mitteilt, Hitlers Nachfolger geworden zu sein. Etwa um 19:00 Uhr erscheint Weidling, transportiert in einem Schützenpanzer, befehlsgemäß im Führerbunker. Goebbels, Bormann und Krebs führen ihn in Hitlers Wohnraum und teilen ihm mit, dass die Leichen bereits verbrannt und bestattet sind. Er muss schwören, darüber niemandem gegenüber ein Wort zu verlieren. Nur Krebs, der fließend russisch spricht, informiert den Kommandeur der sowjetischen Truppen von Hitlers Tod, damit dieser die Nachricht an Stalin weiterleitet und man noch in der kommenden Nacht darauf hofft, einen Waffenstillstand zu erreichen.

Währenddessen wird im Reichstag noch immer heftig gekämpft, es gibt weitere Tote und Verletzte. Die Angreifer müssen mit Maschinenpistolen und Handgranaten jeden Raum, jede Treppe und jede Etage unter hohem Blutzoll einzeln erobern. Die dicken Steinsäulen im Inneren des Gebäudes sind über und über mit Blut besprizt. Allein auf sowjetischer Seite fallen dabei über 2.000 Rotarmisten. Nach mehreren Versuchen zum Dach vorzudringen hissen um 22:40 Uhr sowjetische Soldaten die Rote Fahne auf dem Reichstag. Es ist das Symbol des Sieges über den „Faschismus" und „Hitlerdeutschland". Die Szene wird später filmisch nachgestellt, auch das weltbekannte Foto wird erst zwei Tage später aufgenommen, der gesamte Vorgang wird verklärt. Dennoch sind die Kämpfe noch nicht ganz zu Ende. Fanatische Waffen-SS-Männer werden ihre Stellung im Keller des Gebäudes noch weitere zwei Tage halten. Als um 20:30 Uhr die Sonne über der zerstörten Reichshauptstadt untergeht und die Walpurgisnacht anbricht, endet ein Tag, der Geschichte schreibt.

^ *30. April 1945. Berlin: Ein russischer Offizier spricht vor dem in Flammen stehenden Reichstagsgebäude zu umstehenden Soldaten. (115)*

Die letzten Monate

Mai 1945, Berlin, Neue Reichskanzlei, Voßstraße 6: Die Leiche eines deutschen Offiziers liegt nach dem Ende der Kämpfe auf der Eingangstreppe zur Präsidialkanzlei des Führers und Reichskanzlers, deren Stufen mit Orden und Ordensschachteln übersät sind. (115)

Ich wage das eigentlich kaum auszusprechen und ich sage es auch nur nach einem Abstand von beinahe 50 Jahren: Ich fürchte, dass dieses Regime sich selbst ad absurdum führen musste bis hin zum Selbstmord des Führers, damit das deutsche Volk sich befreien konnte von diesem Regime. Ich fürchte, wenn das Attentat geglückt wäre, aber das Ergebnis mehr oder weniger das gleiche gewesen wäre – bis auf die nicht zerstörten Städte und die nicht gestorbenen Menschen – dass es heute noch Leute gäbe, die sagen würden, der Adolf hätte es doch noch geschafft.
Ulrich de Maizière
(Generalstabsoffizier im Oberkommando des Heeres, 1912-2006)

Das Kriegsende

Der 1. Mai bricht an, ein Dienstag. Arbeiterfeiertag nicht nur in Deutschland, sondern auch in der Sowjetunion. Die Kämpfe in Berlin gehen vorerst an einigen Stellen weiter, doch die deutsche Widerstandskraft erlahmt. Zahlreiche Angehörige der Waffen-SS verüben an ihrem letzten Zufluchtsort, den Schächten der Berliner U-Bahn, Selbstmord durch Erschießen. Die Rote Armee feiert den Tag und legt eine Kampfpause ein. Dadurch kehrt relative Ruhe ein, obwohl immer wieder Salven aus Maschinenpistolen abgefeuert werden – die meisten aus Freude über das nahe Ende des Krieges. Der Bericht des OKW meldet in Unkenntnis von Hitlers Tod: *„Im Stadtkern von Berlin verteidigt sich die tapferer Besatzung um unseren Führer geschart auf verengtem Raum gegen die bolschewistische Übermacht."* Um 18:00 Uhr ist für die Sowjets der Feiertag zu Ende, der Kampf gegen einzelne deutsche Widerstandsnester geht weiter.

Im Führerbunker herrscht am Tag Eins nach Hitler eine eigenartige Atmosphäre. Niemand weiß, wie es weitergehen wird, aber alle wissen, dass die Soldaten der Roten Armee über kurz oder lang den Bunker erreichen. Das Großdeutsche Reich befindet sich formal noch mit 58 Staaten im Kriegszustand, als der neue Reichskanzler Joseph Goebbels, kettenrauchend im Bunker sitzend oder nervös auf und ab gehend, die Sowjetunion um einen Waffenstillstand ersucht. Stalin beharrt nach ein paar Stunden auf der bedingungslosen Kapitulation. Goebbels weiß, was nun zu tun ist. Seine Frau Magda macht wie jeden Abend gegen 18:00 Uhr ihre Kinder bettfertig und lässt ihnen dann Morphium

^ *Der freigelegte Führerbunker in den 1980er-Jahren vor der im Hintergrund verlaufenden Berliner Mauer. Der Pfeil weist auf die Stelle von Hitlers Arbeitszimmer. (140)*

geben. Bald schlafen sie fest in drei doppelstöckigen Betten. In ihnen liegen Helga, Hilde, Helmut, Holde, Hedda und Heide. Der Zahnarzt und SS-Sturmbannführer Dr. Helmut Kunz, Adjutant des Chefarztes in der Sanitätsverwaltung der SS in der Reichskanzlei, sagt später im Verhör aus: *„Als die Kinder weggedämmert waren, ging Magda Goebbels* [sie war seine Patientin] *vor ihm ins Zimmer, die Blausäurekapseln in der Hand. Sekunden später ist sie zurückgekommen, weinend, aufgelöst: ‚Herr Doktor, ich kann es nicht, Sie müssen es tun.' Ich antwortete: ‚Ich kann es auch nicht.' Darauf Magda Goebbels: ‚Dann holen Sie Doktor Stumpfegger.'"*

Dr. Kunz äußert in einer weiteren Vernehmung:

„Ich spritzte am Unterarm unter dem Ellenbogen je 0,5 cm hoch 3 ein, um die Kinder schläfrig zu machen. Das Spritzen dauerte ungefähr acht bis zehn Minuten, dann ging ich wieder ins Vorzimmer, wo ich Frau Goebbels antraf. Ich sagte zu ihr, man müsse etwa zehn Minuten warten, bis die Kinder eingeschlafen seien. Gleichzeitig sah ich auf die Uhr. Es war 20 Uhr 40. Nach zehn Minuten ging Frau Goebbels in meiner Begleitung ins Kinderzimmer hinein, wo sie sich etwa fünf Minuten aufhielt und jedem Kind eine zerdrückte Giftkapsel in den Mund legte. (jede Glasampulle enthielt 1,5 cm hoch 3 Zyankali.) Als wir in das Vorzimmer zurückkamen, sagte sie: ‚Jetzt ist Schluss mit allem'."

So oder so, das Glas zerbricht und binnen Sekunden tritt der Tod ein. Rochus Misch beobachtet, wie Magda Goebbels zwischen 20:00 und 21:00 Uhr nach unten in den Führerbunker kommt und sich mit verweinten Augen und versteinertem Gesicht an einen Tisch setzt und Patiencen legt. Joseph Goebbels, der nach Aussage seines Staatssekretärs Dr. Werner Naumann die Kinder habe retten wollen, zieht Rochus Misch gegenüber das Fazit: *„Wir haben verstanden zu leben, dann werden wir auch verstehen zu sterben."* Goebbels Sekretärin sagt, dass er seiner Frau die Möglichkeit, mit den Kindern nach Westen zu gehen, offen gelassen habe. Dr. Kunz berichtet im Verhör, zuvor hätte sich Goebbels noch mit dem stellvertretenden Gauleiter von Berlin, Gerhard Schach unterhalten: *„Wie ich aus ihrer Unterhaltung entnehmen konnte, sollte Schach mit den Soldaten auszubrechen versuchen. Er nahm jetzt von Goebbels Abschied. Goebbels schenkte ihm eine Brille mit einer dunklen Hornfassung und sagte: ‚Nehmen Sie das als Andenken, diese Brille hat immer der Führer getragen'. Dann verabschiedete sich Schach von Frau Goebbels und von mir und ging."* Tatsache ist jedoch, dass Schach bereits am 30. April bei Kämpfen im unterirdischen S-Bahnhof Berlin Stettiner Bahnhof gefallen ist.

Ob nun Dr. Kunz, Dr. Stumpfegger, beide zusammen, mit oder ohne Frau Goebbels sechs Mal einen Kindermund geöffnet, sechs Mal eine Giftkapsel hineingelegt und sechsmal die Kiefer zusammengedrückt haben, wird sich wohl nie mehr rekonstruieren lassen. Die Indizien sprechen gegen Dr. Kunz. Nur er überlebte den Krieg und konnte gefahrlos die anderen beiden belasten. Gegen Kunz wird nach dem Krieg ermittelt. Er wird freigesprochen – sowohl der Vorsitzende Richter in Münster als auch der Präsident des Senats am Oberlandesgericht Hamm, die den Fall bearbeiten, waren Mitglieder der NSDAP. Der Tod der Kinder steht exemplarisch für die Abgründe, in denen eine Propaganda letztlich sogar ihre Urheber führen kann. Glauben Goebbels und seine Frau etwa im Ernst, dass die Alliierten ihren Zorn an ihren sechs Kindern auslassen werden? Die Nachkriegszeit hat solche Vermutungen widerlegt, die Kinder führender Parteifunktionäre werden nicht behelligt. Ungefähr eine Stunde nach dem Tod ihrer Kinder geht das Ehepaar Goebbels in den Garten und beißt auf Giftkapseln. Seinen Platz in der Nachwelt hat sich Goebbels bis heute gesichert, denn er war nach Hitler konsequenter, radikaler und zynischer als die anderen NS-Funktionäre. Sein Name steht wie kein anderer bis heute weltweit für eine kalte berechnende und menschenverachtende Propaganda.

An diesem Maifeiertag, um 05:00 Uhr Moskauer Ortszeit, wird Stalin geweckt. Krebs hat soeben persönlich im Gefechtsstand der 8. russischen Gardearmee am Schulenburgring 2 in Tempelhof General Wassili Tschuikow die Nachricht von Hitlers Tod überbracht und dessen politisches Testament verlesen. Dieser informierte Marschall Schukow, der nun umgehend Stalin anruft und ihn über Hitlers Tod informiert. Sein erster Kommentar: *„Ist es also mit ihm zu Ende. Hat er es also getan, der Schweinehund. Zu dumm, dass wir ihn nicht lebend in die Finger gekriegt haben. Wo ist Hitlers Leichnam?"* Während der gesamten Dauer des Krieges war Stalin an allen Einzelheiten aus dem Leben seines Erzfeindes interessiert. Nun ist er erbost darüber, dass Hitler tot ist, denn er wollte ihn lebendig. Da Stalin gewohnt ist, alles zu bekommen was er will, kann er jetzt nicht akzeptieren, dass sich Hitler seinem Willen entzogen hat. Er legt hierbei dasselbe Verhalten an den Tag wie nach der Meldung vom deutschen Angriff auf sein Land. Auch damals hatte Schukow ihn angerufen. Stalin konnte dessen Nachricht vom 22. Juni 1941 nicht glauben und behauptete, Hitler wisse nichts davon und schließlich habe er ja auch keine Kriegserklärung bekommen, also kann es keinen Krieg geben. Nun ruft Schukow wie-

^ *Mai 1945, Berlin, Neue Reichskanzlei: Ein sowjetische Soldat zeigt triumphierend auf einen herabgestürzten Reichsadler. (115)*

der an und Stalin glaubt ihm wieder nicht. Umgehend spekuliert er, Hitler lebe noch, er sei nur verschwunden. Dieses Misstrauen wirkt bis heute nach. Die amtliche russische Nachrichtenagentur TASS nennt am 2. Mai die vom deutschen Rundfunk verbreitete Todesmeldung *„einen neuen Faschistentrick"* und vermutet, dass *„durch die Verbreitung von Meldungen über Hitlers Tod die deutschen Faschisten offensichtlich hoffen, Hitler die Möglichkeit zum Abtritt von der politischen Bühne und zum Verschwinden zu geben"*.

So verbreitet Stalin am 26. Mai das Gerücht, Hitler sei noch am Leben und verstecke sich im Ausland, möglicherweise in Spanien oder Argentinien. Er wiederholt das verschiedenen Gesprächspartnern, beispielsweise US-Admiral William Daniel Leahy, gegenüber: *„Er [Stalin] glaube, dass der Führer entkommen sei und sich irgendwo verborgen halte. Weiter sagte er, die sorgfältigen sowjetischen Nachforschungen hätten keine Spur von Hitlers Überresten und keinen positiven Beweis für seinen Tod zutage gebracht."* Stalin streut damit bewusst Unruhe zwischen den Westalliierten. Schon lange befürchtet er, Deutschland, Großbritannien und die USA könnten einen Separatfrieden schließen und sich geschlossen gegen ihn wenden. Ein Szenario, welches auch Hitler gelegentlich im Kopf hatte. Bereits gegen Ende des Jahres 1944 äußerte Stalin im engeren Kreise, dass Großbritannien und die USA aus seiner Sicht keine Verbündeten mehr für ihn seien. Zudem sitzt das Trauma des deutschen Angriffs des Jahres 1941 noch immer tief. Stalin hat sich geschworen, dass ihm Derartiges nie wieder passieren wird. Außerdem ist er sehr verärgert über den Umstand, dass seine Soldaten in den deutschen Lagern ungleich schlechter behandelt werden wie diejenigen der Westalliierten. Während diese Lebensmittelpakete vom Roten Kreuz bekommen und nicht arbeiten müssen, erhalten seine Soldaten nur 300 Gramm Brotersatz und einen Liter Suppe aus verrotteten Mangoldwurzeln – pro Tag! Gesunde Gefangene müssten arbeiten, Schwache werden erschossen, lebendig begraben oder dienen den SS-Männern als Zielscheiben für Schießübungen. Oft werden auch die Wachhunde auf sie gehetzt, die sie zerfleischen, nachdem sie zuvor brutal gequält werden. Einen weiteren Grund Stalins, Hitlers Tod zu verheimlichen, äußert ein sowjetischer Offizier beim Verhör einem deutschen Gefangenen gegenüber:

„Sie glauben also nicht, dass die Leichen in Moskau sind? Hitlers Leiche ist bei uns besser aufgehoben als unter dem Brandenburger Tor in Berlin! Die Toten können gefährlicher sein als die Lebenden. Wenn Friedrich der Große nicht ein Staatsbegräbnis in Potsdam gehabt hätte, dann hätten die Deutschen in den letzten beiden Jahrhunderten nicht so viele Kriege angefangen. Die Deutschen wollen Märtyrer!"

^ *München, Wasserburger Straße 12: Sergeant Virginia M. Wood vom Hauptquartier der amerikanischen Streitkräfte in Europa zeigt die Hose, die Adolf Hitler während des Attentats am 20. Juli 1944 getragen hat. Rechts ist Hitlers feldgrauer Rock zu sehen. Beide Kleidungsstücke gehörten zu dem persönlichen Besitz von Eva Hitler. (115)*

So wird auch der widersinnig beharrliche Eifer verständlich, mit dem bald darauf in sowjetischen Gefängnissen und Gefangenenlagern nach Hinweisen auf Hitlers Überleben geforscht wird: Offenbar hegt Stalin den Wunsch, sein deutscher Gegenspieler möge nicht tot sein. Noch im Juli sagt er auf der Konferenz der Alliierten in Potsdam zu dem US-Politiker Harry Hopkins, er sei davon überzeugt, Hitler lebe noch. Dabei hat er längst die wichtigsten Zeugen von Hitlers Tod in die Sowjetunion bringen lassen. Seinen Marschall Schukow lässt er wider besseres Wissen auf einer internationalen Pressekonferenz in Berlin am 9. Juni 1945 zum Tode Hitlers erklären: *„Die Umstände sind sehr geheimnisvoll. Wir haben Hitlers Leiche nicht identifiziert, ich kann nichts über sein Schicksal sagen. Er könnte im allerletzten Augenblick Berlin im Flugzeug verlassen haben."* Natürlich weiß Stalin es besser, hat er doch als einziger alle wesentlichen Fakten und Dokumente in der Hand: das Obduktionsergebnis, die erhaltenen Originalkiefer und Zähne und diverse eindeutige Zeugenaussagen. Es wird eine Mappe mit Fotos des blutverschmierten Sofas für Stalin angefertigt. Doch selbst seinen vermeintlichen Rivalen Schukow lässt er im Unklaren.

Stalin sorgt mit seinen Gerüchten für bis heute andauernde – meist aus kommerziellen Gründen initiierte – Falschmeldungen in der internationalen Presse über Hitlers angebliche Flucht per U-Boot oder Flugzeug. So soll Hitler in einer riesigen unterirdischen Hacienda in Argentinien, in der Antarktis (Neuschwabenland), in Tibet, in New York (wo man ihn am U-Bahn-Eingang Houston Street gesehen hat), in einer schwedischen Farm, auf einer nebelumhüllten Insel in der Ostsee, auf einer Felsenfestung im Rheinland, in einem spanischen Kloster, einem bayerischen Gut, in Dänemark oder bei befreundeten Banditen im gebirgigen Albanien gelebt haben. Stalins Taktik verfängt, bei den Alliierten herrscht völlige Unklarheit über Hitlers Schicksal. Sie haben sich schon während des Krieges Gedanken gemacht, wie sich Hitler mit einer Flucht seiner Gefangennahme entziehen könnte und ließen Phantombilder anfertigen. Der Stellvertreter des amerikanischen Hauptanklägers im Nürnberger Prozess, Thomas J. Dodd, meint: *„Niemand kann sagen, dass er tot ist."* Selbst General Eisenhower äußert am 18. Juni 1945, dass Hitler sicher noch lebe, da es keine wirklich identifizierte Hitlerleiche gibt. Er wiederholt diese Auffassung auch am 6. Oktober 1945 bei einem Besuch in den Niederlanden.

So wird Derartiges bis heute auch in scheinbar seriösen Medien („History Channel" u.a.) verbreitet, denen der Name „Hitler" als Garant für hohe Einschaltquoten dient. In Wahrheit haben die Sowjets die Überreste Hitlers längst in ihrem Besitz. Stalin wird später einen Geheimbericht über Hitler anfertigen lassen, in dem die Aussagen von Günsche und Linge dokumentiert sind. Es wird unter dem Stichwort „Operation Mythos, eine Untersuchung über das Verschwinden von Adolf Hitler" nur ein Exemplar angefertigt, welches strengster Geheimhaltung unterliegt. Hitlers Pilot Hans Baur, eines der bevorzugten Ziele sowjetischen Verhöreifers, erinnert sich: *„Man bot mir Geld, eine Stellung in Chile, ich könne sogar in Russland leben, wenn ich mich in Deutschland nicht sicher fühle, nur solle ich sagen, wo Hitler sich jetzt aufhalte."* Geld spielt auch bei der Verbreitung der gefälschten Tagebücher Hitlers (1983) und Eva Brauns (1947) eine Rolle. Linge, Günsche und Misch werden gefoltert und schwer misshandelt, damit die Verhörenden die Wahrheit erfahren. Decken sich deren Aussagen nicht mit den eigenen Wünschen, wird die „Wahrheit" schlichtweg befohlen. So verbreiten die Sowjets in einem filmischen Heldenepos über den Großen Vaterländischen Krieg die Version, Hitler sei zu feige zum Selbstmord gewesen und Eva wollte gar nicht sterben. So hat denn Hitler erst seine Frau mit einer Giftkapsel umgebracht und sich dann von Linge erschießen lassen.

In der sogenannten Dokumentation „Der Hitler-Doppelgänger" verbreitet der *„international anerkannte Journalist und Geschichtsexperte"* Gerrard Williams eine dieser Verschwörungstheorien. Er behauptet ernsthaft: *„Hitler konnte fliehen, das ist die Wahrheit."* Wie? Ganz einfach: Ein Doppelgänger wurde erschossen und der echte Hitler entkam (*„Sie kamen irgendwie* [!] *aus den Bunkern heraus"*). Er liefert ein aus seiner Sicht unschlagbares Argument: Sein Tod wird von den Deutschen, nicht von den Alliierten gemeldet. Also Fake-News der deutschen Propaganda. Dazu sieht man einen lächerlich wirkenden Hitlerdarsteller in falscher Uniform und mit Hakennase. Bedauerlicherweise werden namhafte Historiker wie Prof. Sönke Neitzel für solch einen Unsinn missbraucht und geben dem Ganzen einen seriösen Anstrich. Tatsache ist, dass Stalin und Churchill Doppelgänger hatten, Hitler jedoch nie.

Doch die Vorstellung, Hitler könnte in letzter Minute entkommen sein, musste sich seiner Verantwortung nicht stellen und hat noch unbehelligt Jahre oder gar Jahrzehnte irgendwo gelebt, greift damit Ängste auf, die in den Jahren nach dem Zweiten Weltkrieg durchaus vorhanden waren: Die Angst, er könnte wiederkommen und der Friede wäre gefährdet. Aufgrund der Traumata bei vielen Menschen muss man diese Ängste verstehen. Nicht wenige Menschen wollen dieses Märchen – bis heute – glauben, weil der Gedanke fasziniert. Die Macher der Berliner Ausstellung *„Hitler – Wie konnte es geschehen"* werden jede Woche mit Fragen nach dem Verbleib Hitlers konfrontiert – obwohl das Thema ausführlich in der Ausstellung dokumentiert ist. Doch wer an eine geglückte Flucht Hitlers glaubt, lässt – von den Resten des Leichnams und den zahlreichen Zeugen des Endes von Hitler einmal ganz abgesehen – den wichtigsten Zeugen außer Acht: Hitler selbst. Er hätte fliehen können, wollte es aber nie! Entsprechende Äußerungen sind hier im Buch zahlreich dokumentiert. Er hat seinen Untergang planmäßig inszeniert. Seine Flucht hätte das Ganze als Farce, als absolut unglaubwürdig hingestellt. Wer an ein Überleben Hitlers glaubt, hat weder vom Totenkult des Nationalsozialismus noch von der Psyche Hitlers eine Ahnung.

Diktatoren nach Hitler, die ihn bewunderten, wenn nicht gar verehrten, endeten so, wie Hitler nie enden wollte. Der „Held und Führer der arabischen Nation", Saddam Hussein, Staatspräsident des Irak, wird nach der Niederlage seine Landes von der U.S. Army aus einem Erdloch gezogen und muss sich von einem US-Soldaten sagen lassen: *„Wenn Du ein richtiger Mann wärest, hättest Du Dich selbst getötet."* Muammar al-Gaddafi, Staatsoberhaupt von Libyen, flieht am Ende des Bürgerkriegs in einem Autokonvoi aus der belagerten Stadt und wird letztlich aus der Betonröhre eines trocken liegenden Kanals gezogen und brutal gelyncht. Derartiges hat Hitler klar vorausgesehen – und erfolgreich vermieden.

Doch zurück zu den Fakten zum Jahr 1945. Noch hat die Weltöffentlichkeit keine Kenntnis vom Tod Hitlers. Laut Erinnerung des Reichsrundfunksprechers Richard Baier erhält die Sendestation des Berliner Rundfunks am 1. Mai zwischen 21:00 und 21:15 Uhr vom Propagandaministerium die Nachricht von Hitlers Tod. Sie enthält *„eine genaue Wei-*

sung, wann die Bekanntgabe" erfolgen soll. Es ist sofort klar, dass die Nachricht echt ist, da ein bestimmter Code vorangestellt ist. Man entscheidet sich daher, sie zu senden. Um 21:40 Uhr verkündet Richard Baier vom Großdeutschen Rundfunk aus dem Bunker der Sendeanstalt „Haus des Rundfunks" in der Masurenallee zum ersten Mal die Meldung über Hitlers Tod – mehr pathetisch gebrüllt als gelesen:

„Aus dem Führerhauptquartier wird gemeldet, dass unser Führer Adolf Hitler heute Nachmittag in seinem Befehlsstand in der Reichskanzlei, bis zum letzten Atemzuge gegen den Bolschewismus kämpfend, für Deutschland gefallen ist. Am 30. April hat der Führer Großadmiral Dönitz zu seinem Nachfolger ernannt. Der Großadmiral und Nachfolger des Führers spricht zum deutschen Volk."

Es ist die letzte Lüge des Regimes. Das neue Staatsoberhaupt Karl Dönitz kommentiert:

„Deutsche Männer und Frauen, Soldaten der deutschen Wehrmacht! Unser Führer, Adolf Hitler, ist gefallen. In tiefster Trauer und Ehrfurcht verneigt sich das deutsche Volk. Frühzeitig hatte er die furchtbare Gefahr des Bolschewismus erkannt und diesem Ringen sein Dasein geweiht. Am Ende dieses seines Kampfes und seines unbeirrbaren, geraden Lebensweges steht sein Heldentod in der Hauptstadt des Deutschen Reiches. Sein Leben war ein einziger Dienst für Deutschland. Sein Einsatz im Kampf gegen die bolschewistische Sturmflut galt darüber hinaus Europa und der gesamten Kulturwelt. Der Führer hat mich zu seinem Nachfolger bestimmt. Im Bewusstsein der Verantwortung übernehme ich die Führung des deutschen Volkes in dieser schicksalsschweren Stunde."

Dönitz will damit dem unrühmlichen Ende Hitlers eine Deutung verleihen, die auch bei nicht eingefleischten Nationalsozialisten Anklang finden kann und gibt damit die offizielle Sprachregelung vor. Diese Version, wonach Hitler in seinem Befehlsstand kämpfend gefallen sei, ist ein Signal an Hitlergetreue, die nicht in Berlin anwesend sind, es dem toten Führer noch nach der Kapitulation gleichzutun. Dann folgt im Reichsrundfunk der Tagesbefehl an die deutsche Wehrmacht:

„Als Oberster Befehlshaber der Wehrmacht richtet Großadmiral Dönitz folgenden Tagesbefehl an die deutsche Wehrmacht: Deutsche Wehrmacht, meine Kameraden! Der Führer ist gefallen, getreu seiner großen Idee, die Völker Europas vor dem Bolschewismus zu bewahren, hat er sein Leben eingesetzt und den Heldentod gefunden. Mit ihm ist einer der größten Helden deutscher Geschichte dahingegangen. In stolzer Ehrfurcht und Trauer senken wir vor ihm die Fahnen. Der Führer hat mich zu seinem Nachfolger als Staatsoberhaupt und als Oberster Befehlshaber der Wehrmacht bestimmt. Ich übernehme den Oberbefehl über alle Teile der Deutschen Wehrmacht mit dem Willen, den Kampf gegen die Bolschewisten fortzusetzen, bis die kämpfende Truppe und bis die Hunderttausenden von Familien des deutschen Ostraumes vor der Versklavung und der Vernichtung gerettet sind. (…) Der dem Führer von Euch geleistete Eid gilt nunmehr für jeden Einzelnen von Euch ohne weiteres mir, als dem vom Führer eingesetzten Nachfolger. Deutsche Soldaten, tut Eure Pflicht! Es gilt das Leben unseres Volkes."

Über den Zeitpunkt der ersten Radiomeldung gibt es widersprüchliche Quellen. Die britische Zeitung „Daily Mail" veröffentlicht am 2. Mai folgende Abfolge der Radiosendungen:

„Die 90 Minuten vor der Ankündigung von Hitlers Tod letzte Nacht waren für den deutschen Rundfunk die dramatischsten des Krieges. Stand-By-Warnungen wurden kontinuierlich wiederholt. Während die Welt schweigend wartete, rollte die feierliche Musik Wagners aus den letzten Stationen des Reiches heraus. Die Unterbrechung ‚Achtung' kam mit Fanfaren und Trommelwirbeln. Aus Bremen wurde auf Englisch gesagt, dass eine Ankündigung der Reichsregierung um 21 Uhr ausgestrahlt würde. Seit der Machtübernahme Hitlers war der Begriff ‚Deutsche Regierung' nicht mehr im Radio verwendet worden. Alle wichtigen Ankündigungen wurden ‚vom Führer' gemacht. Von 21:00 bis 21:30 Uhr spielte der Hamburger Rundfunk Wagners ‚Tannhäuser' und ein Klavierkonzert von Weber. Um 21:40 Uhr wurde erneut die Warnung ‚Stand-by' gegeben. Es folgte der wuchtige Trauermarsch ‚Siegfrieds Tod' aus Richard Wagners ‚Götterdämmerung'. Ein Ansager tritt um 21:43 Uhr ans Mikrofon und rief: ‚Achtung! Achtung! Der deutsche Rundfunk wird dem deutschen Volk eine wichtige deutsche Regierungsansage geben.' Weitere Musik folgte, aus Wagners ‚Rheingold'. Um 21:57 Uhr wurde die Warnung ‚Achtung' wiederholt und der Ansager fügte hinzu: ‚Wir spielen jetzt den langsamen Satz von Bruckners Siebter Symphonie.' Abrupt um 22:25 Uhr hörte die Musik auf. Es folgten drei Trommelwirbel – eine Schweigeminute und dann die Nachricht von Adolf Hitlers Tod. Es folgten die deutsche Nationalhymne, das Horst-Wessel-Lied, weitere Trommelwirbel und ein dreiminütiges Schweigen. Alle deutschen Radiostationen haben die Mitternachtsbotschaft gestrichen und die Ankündigung von Hitlers Tod wiederholt."

^ 2. Mai 1945, Paris: Amerikanische Soldaten lesen in der Zeitung „The Stars and Stripes" den Bericht über Hitlers Tod. (115)

Als Musik, die Hitlers Todesmeldung neben den beiden Nationalhymen umrahmt, wurde also „Siegfrieds Tod" aus der Oper „Götterdämmerung" von Richard Wagner und das Adagio der siebenten Sinfonie von Anton Bruckner gewählt. Frederic Spotts schreibt in seinem Buch „Hitler and the Power of Aesthetics", dass Hitler diese Sinfonie immer wieder mit Beethovens Neunter Sinfonie verglichen hat. Der 2. Satz, sehr feierlich und sehr langsam gespielt, ist eine der aufwühlendsten Trauermusiken des 19. Jahrhunderts. Die Melodie, die von den Wagnertuben zunächst alleine, dann mit Begleitung der Hörner gespielt wird, bildete die eigentliche Trauermusik für Richard Wagner. Der Zweite Weltkrieg begann mit der Lüge („Seit 5 Uhr 45 wird jetzt zurückgeschossen!") und er endet mit der Lüge vom Heldentod Hitlers auf dem Schlachtfeld. Schon zuvor gab es Falschmeldungen: Offiziere haben Hitler im Tiergarten getötet, er sei durch eine russische Granate am Zoobunker an der Lunge verletzt worden, *„Hitler hatte eine Gehirnblutung, möglicherweise ist er schon tot"* (Graf Folke Bernadotte), *„Hitler wurde von einer explodierenden Granate getötet, als er die Treppen seiner Berliner Reichskanzlei herunter schritt"* (Radio Tokio), *„Bei einem Streit um die Fortsetzung des Krieges sprengten ihn andere Naziführer mit einer Bombe in die Luft, die sie am 21. April in Hitlers Untergrundfestung im Tiergarten gelegt hatten"* (Presse Paris), *„Hitler ist mit einem U-Boot nach Japan unterwegs"* (Daily Express).

In Stockholm/Schweden wird am 2. Mai ein Artikel von Sven Hedin, dem berühmten schwedischen Asienforscher, veröffentlicht, in dem er sich zu Hitlers Tod äußert: *„Ich bewahre ein tiefes und unvergängliches Gedenken an Adolf Hitler und betrachte ihn als einen der größten Männer der Weltgeschichte. Nun ist er tot, aber sein Werk wird leben."* Die Erinnerung an den „großen Führer" werde, so schließt Hedin seine Beileidsbekundung, *„im deutschen Volk noch nach Jahrtausenden befestigt sein"*. Mit diesem letzten Satz mag Sven Hedin Recht behalten, wenn auch vielleicht auf eine etwas andere Weise, als er ihn gemeint hat. Die Dresdener Zeitung „Der Freiheitskampf" bringt am 3. Mai die Schlagzeile: *„Der Führer im Kampf gegen den Todfeind der Welt gefallen. Deutschland erneuert an der Bahre seines größten Sohnes und Staatsmannes den Schwur, sein Vermächtnis an die Nation zu erfüllen."*

Die sinnlosen Zerstörungen sind somit noch nicht zu Ende. Nachdem der neue – und letzte – Reichskanzler Joseph Goebbels mit seiner Frau Magda am 1. Mai Selbstmord begangen hat, zerstört am nächsten Morgen um 07:55 Uhr eine gewaltige Detonation die Decke der Tunnel der Nord-Süd-Bahn unter dem Landwehrkanal. Fast zwei Millionen Kubikmeter Wasser stürzen in das innerstädtische Tunnelsystems. In den dort abgestellten S-Bahn-Wagen und auf den Bahnsteigen liegen hunderte Verwundete und Flüchtlinge. Von der Station Wedding im Norden bis zur Gneisenaustraße im Süden, vom Potsdamer Platz im Westen bis zum Bahnhof Frankfurter Allee im Osten werden 25 Kilometer Strecke von schlammigem Wasser, teilweise von der Sohle bis zur Decke, überflutet. Das Thema wurde im Film oft als letzter barbarischer Entschluss Hitlers dargestellt, der ist jedoch bereits tot. Es dürfte letzten Endes das Werk von fanatischen SS-Männern gewesen sein. Ob die bis zu 200 Toten durch das Wasser umgekommen sind oder bereits vorher in einem der zahlreichen unterirdischen Notlazarette gestorben sind, bleibt ebenfalls unklar.

Fast alle noch im Führerbunker Verbliebenen brechen an diesem Tag durch ein Kellerfenster der Reichskanzlei aus dem Gebäude aus und versuchen, sich mit der Durchquerung der U-Bahntunnel dem Zugriff der Roten Armee zu entziehen. Einigen gelingt dies, andere werden bei Kampfhandlungen getötet. Wieder andere ziehen die persönlichen Konsequenzen, so beispielsweise am 2. Mai der Generalmajor Erich Bärenfänger, der sich im Keller der Schultheißbrauerei im Prenzlauer Berg (Schönhauser Allee/Sredzkistraße) zusammen mit seiner Frau und seinem Schwager erschießt. Rochus Misch trifft dort Heinz Linge. Beim Verlassen der Brauerei werden sie von Russen mit Tritten in den Hintern empfangen. Linge will sich in der Masse, etwa zwei- bis dreihundert deutscher Soldaten, erschießen, was Misch verhindert. Daraufhin nimmt er eine Taschenuhr aus der Jacke und wirft sie mit den Worten *„Die Uhr vom Chef"* weg. Walter Hewel beißt in der Malzbierbrauerei Groterjan in der Prinzenstraße im Stadtteil Wedding auf eine Giftkapsel und erschießt sich gleichzeitig – wie Hitler. Als Diplomat wäre er geschützt gewesen, doch Hitler hat ihm das Versprechen abgerungen, dass er sich nicht gefangen nehmen lässt, sondern umbringt, um beim Verhör keine Ungeheuerlichkeiten über Hitler zu erzählen. Martin Bormann beißt auf der Eisenbahnbrücke der Invalidenstraße auf eine Giftkapsel. Am Vortag hat sich Franz Schädle, der Chef des Führerbegleitkommandos, mit einem Kopfschuss in den Bunkeranlagen der Neuen Reichskanzlei getötet. Generalsstabschef Hans Krebs und Chefadjutant Wilhelm Burgdorf beißen im Lagezimmer des Führerbunkers auf die Giftkapsel. Insgesamt werden über 160 führende Nationalsozialisten und Wehrmachtoffiziere Selbstmord begehen.

General Weidling, der Kampfkommandant von Berlin, erreicht am späten Vormittag des 2. Mai das Gebäude Schulenburgring 2 in Berlin-Tempelhof. Dort sind der Kommandostab der sowjetischen 8. Gardearmee unter Generaloberst Wassili I. Tschuikow und der Generalstab der 1. Gardepanzerarmee unter General Michail Jefimowitsch Katukow untergebracht. Er leitete von hier die militärischen Kampfhandlungen zur Einnahme der Reichskanzlei und des Berliner Reichstages. In einer recht formlosen Zeremonie unterzeichnet Weidling in der Erdgeschosswohnung von Frau Anni Goebels den Kapitulationsbefehl an die Soldaten der Berliner Garnison. Die Waffenruhe tritt um 15:00 Uhr in Kraft. Weidling lässt mit Lautsprecherwagen seine Soldaten auch von Hitlers Selbstmord informieren:

„Im Einvernehmen mit dem Oberkommando der sowjetischen Truppen fordere ich Euch daher auf, sofort den Kampf einzustellen. (...) Am 30. April 1945 hat sich der Führer selbst entleibt und damit uns, die wir ihm die Treue geschworen hatten, im Stich gelassen. (...) Jede Stunde, die ihr weiterkämpft, verlängert die entsetzlichen Leiden der Zivilbevölkerung Berlins und unserer Verwundeten."

Die Schlacht um Berlin ist zu Ende. Gespenstische Ruhe kehrt ein, kein Artilleriefeuer mehr, keine Stalinorgeln, keine Sirenen, keine Bombenexplosionen, kein Maschinengewehrfeuer, einfach nur Stille. Berlin war das Schlachtfeld in einer der größten Schlachten des Zweiten Weltkrieges. Es wurde erbittert gekämpft, mit aller verfügbarer Technik von Eisenbahngeschützen, Geschützen schwerster und schwerer Kaliber, Raketenwerfern, Panzern, Flugzeugen, Selbstfahrlafetten und Infanteriewaffen. Die Rote Armee verlor über 350.000 Mann, die deutschen Verluste sind nur zu schätzen, die Zahl allein der Toten beträgt etwa 100.000. In den drei für 15.000 Personen ausgelegten Flaktürmen hausen 60.000 Menschen. Über 500.000 Wohnungen sind zerstört, die Stadt ist, je näher man dem Zentrum kommt, ein riesiges Trümmerfeld. Berlin wurde von über 23 Millionen Artilleriegeschossen getroffen.

Hitlers Tod verbreitet sich am 2. Mai wie ein Lauffeuer. Die „Hamburger Zeitung" bringt die Schlagzeile: *„Der Tod des Führers – Führerhauptquartier, 1. Mai 1945 – Der Führer Adolf Hitler ist heute nachmittag auf seinem Befehlsstand in der Reichskanzlei, bis zum letzten Atemzuge gegen den Bolschewismus kämpfend, für Deutschland gefallen."* Es ist die Schlagzeile des Jahrhunderts. Sofort beginnen Spekulationen. Die „Neue Züricher Zeitung" meint: *„Zur Zeit seines Todes war Hitler nicht etwa freiwillig in Berlin, sondern als Gefangener des OKW."* Diese „Hamburger Zeitung" ist die einzige deutsche Zeitung, viele gibt es ja nicht mehr, die einen vom Verlagsleiter und Hauptschriftleiter (heute Chefredakteur) Hermann Okraß verfassten Nachruf veröffentlicht. Die Zeitung wird im Pressehaus am Speersort gedruckt. Das wuchtige Gebäude wurde 1938/39 errichtet. Im Grundstein ist Hitlers „Mein Kampf" eingemauert. Später ziehen hier unter anderem DER SPIEGEL, der STERN und die ZEIT ein. Das Haus ist beschädigt, doch die mächtigen Rotationsmaschinen im Keller sind noch intakt. In dieser Ausgabe werden letztmalig Verdunkelungszeiten mitgeteilt (*„bis 5. Mai von 22 bis 4.45 Uhr"*), neben der Ehrentafel derer, die *„für Führer, Volk und Reich ihr Leben gaben"*. Der Nachruf auf Hitler ist ein besonders groteskes aber auch interessantes Dokument, da es schon darauf hinweist, wie die Deutschen in der Zukunft die Vergangenheit erklären und sich selbst entlasten können. Der Nachruf ist kaum mehr bekannt und ist ein letztes Beispiel der NS-Propaganda im Allgemeinen und der religiös verklärten Glorifizierung Hitlers im Besonderen.

„Abschied von Hitler

Er hat einmal gesagt: ,Ich möchte auf meinem Grabstein kein anderes Wort stehen haben als meinen Namen.' Nun wird wohl nicht einmal sein Name auf seinem Grabe leuchten, denn wir wissen, daß er verbissen kämpfend mit der Reichskanzlei untergegangen sein muß, und daß der Feind aus den Trümmern der berstenden, brechenden, unter dem Trommelfeuer ungezählter Batterien und ungezählter Flammenwerfer liegenden Gebäude einen Leib wird ziehen können, von dem er sagen wird, es sei des Führers Leib gewesen, das glauben wir nicht. Und wenn es der Feind behauptet, dann glauben wir es dennoch nicht. Er ist tot als Leib, das glauben wir, das wissen wir, zerfallen, zergangen ist, was sterblich war an ihm, aber er hat sein schönstes Gelöbnis eingelöst, das Bekenntnis: ,Das Höchste aber, was mir Gott auf dieser Welt gegeben hat, ist mein Volk. In ihm ruht mein Glaube, ihm diene ich mit meinem Willen und ihm gebe ich mein Leben.' [Sein Volk war Hitler am Ende ebenso egal wie alle anderen Völker.] *Das Leben ist erfüllt gewesen. Kämpfend für sein Volk, wie es begann, so ist es ausgeklungen. Ein Kämpferleben.*

Nun wird die Welt versuchen, ihn zu deuten. Sie werden Bücher schreiben um ihn, sie werden ihn ehren und werden ihm fluchen [als ob beide Deutungen gleichwertig wären], *es werden Menschen an ihm kritteln, und Menschen werden beten für ihn. Ein Großer ist von dieser Welt gegangen, und wo ein großes, helles Licht verlischt, da regt sich plötzlich im Dämmergrau viel Leben, das vor dem hellen Licht verschwunden war. Uns bleibt das alles fremd und unserem Denken weit entfernt. Denn das bekennen wir: Wir hatten diesem Manne in seiner Lehre uns verschworen, wir hatten uns zu ihm bekannt in dunklen Tagen unseres Volkes* [die Not der Weimarer Republik, für die die Deutschen wegen des „Schandfriedens" von Versailles natürlich nichts können und schon da Opfer waren], *wir sind ihm auf dem Höhenflug gefolgt, auf dem er unser Volk in kurzen, schönen Friedensjahren* [für die Anhänger, nicht für die Gegner] *führte und haben, wie alle guten Deutschen* [wer nicht für ihn kämpfte, war schlecht], *im Kampfe neben ihm gestanden. Uns soll die Welt nicht darum klein und schäbig sehen, weil es den Sieger freuen könnte. Das Urteil über ihn jedoch, das mag getrost der Weltgeschichte überlassen bleiben. Wir Heutigen, wir werden es nicht fällen können* [Versuch, einer negativen Deutung das Recht abzusprechen].

Ob ihn die Nachwelt aber ganz erkennen wird? Den Heutigen steht ein Urteil über einen Zeitgenossen nicht zu, und so der Zeitgenosse auch so einmalig wie Adolf Hitler es war, die Nachwelt aber sieht den Gewaltigen wieder fern, liest seine, liest unsere Worte, aber die Welt unserer Tage in ihrer ganzen spannungsreichen Weite erfassen kann sie nicht. So dürfen wir nur hoffen, daß sie dem Gewaltigen seine gewaltigen Worte glaubt: ‚Man könnte mir Erdteile schenken, ich bliebe doch lieber in diesem Staate der ärmste Bürger. - Ich bin nicht so wahnsinnig, einen Krieg zu wollen [Verschiebung der Schuld am Zweiten Weltkrieg auf den Gegner]. *- Ich war in meiner Jugend Arbeiter und bin es in meinem inneren Wesen immer geblieben* [Die alte Propagandalüge aus „Mein Kampf"]. *- Wir kämpfen nicht für Theorien, nicht für Dogmen, ob wir sind, ist gleichgültig, wichtig allein ist, daß unser Volk lebt!'* [Er hat versucht, auch sein Volk zu vernichten.]

Wie mögen diese Worte vor der Nachwelt klingen? Ob sie ihn verstehen wird, und ob sie aus diesen Worten begreift, warum ein ganzes Volk sich in tiefer Not zu diesem Mann bekannte? Wir können es nur wünschen, denn wir wissen, daß dann die Weltgeschichte diesen Mann, seine Lehre und unsere Zeit wahrhaft begreift. Denn das sehen wir heute deutlicher denn je, sehen es bewiesen durch den unermeßlichen, schweren Kampf, den unser Volk so tapfer bestand, sehen es in der stillen, wortlosen Gefolgschaftstreue gerade des ärmsten Sohnes unseres Volkes, in Adolf Hitler sammelten sich wie in einer Linse, die alles Licht in einem Punkte sammelt, die schönsten Tugenden, die heißesten Wünsche, das edelste Sehnen, das ganze schöne Wollen unseres Volkes [die Herrschaft über Europa und ein schönes Leben auf Kosten anderer], *die Sehnsucht nach dem Reich, das Drängen nach sozialistischer Gerechtigkeit, der Wille zur gebundenen Freiheit, zum klaren Führertum, das alles sah unser Volk in Adolf Hitler und seiner Idee vereinigt. Daß kleine Geister das klare Bild seines Wollens verdunkelten, daß Verräter und schlechte Ratgeber ihn verließen und verkauften, daß schließlich eine gewaltige Übermacht von Stahl und Geld ihn erdrückte, das kann im tiefsten Herzen unseres Volkes sein Bild nicht wandeln. Mag diese heutige Stunde das vielleicht verdüstern, mag die Unsumme der Opfer, des Leidens und der Not es verzerren, wenn einmal die Sinne wieder klar, die Gedanken wieder frei sind, dann wird es auch vor dem letzten Volksgenossen wieder so erscheinen wie in jenen Tagen, als die ganze Nation sich freudig zu ihm bekannte.*

Der Mann ist tot. Er ist kämpfend gefallen. [Er befand sich bis zum Schluss am sichersten Ort Berlins.] *Er blieb sich selbst treu* [in seinem Vernichtungswillen]. *Er hat das Beste für sein Volk gewollt* [erneute Wiederholung des Propagandamärchens] *und darum hat es ihn auch so sehr geliebt.* [Die Unterdrückung durch Gestapo und SD und der Verhängung von Todesurteilen bleibt natürlich unerwähnt.] *Wir wissen, daß er weiterleben wird in unseren Landen, nicht wie ein Kriegsheld, den eherne Standbilder ehren, sondern ein Kind des Volkes, dessen reines Wollen das Volk verstand und dessen schönstes Wort und Vermächtnis bleiben wird, das Wort, in des Volkes tiefster Not sein Volk mehr zu lieben denn sich selbst."*

Solch schwülstige Sätze auf den Besten, den das deutsche Volk je hervorgebracht hat und der nun auch sein Leben in dem natürlich ihm aufgezwungenen Kampf für sein Volk gegeben hat, gehen seitdem nicht einmal Neonazis mehr über die Lippen. Die Geburtsstadt dieses *„ärmsten Bürgers"* (er starb als Multimillionär), Braunau am Inn in Oberösterreich, ist eines der Hauptziele des US-Generalstabs. Man geht davon aus, dass die Stadt mit starken Kräften verteidigt wird. Eine etwa 25.000 Mann starke Einheit der 13. US- Panzerdivision „Black Cats" ist damit beauftragt, sich nach Braunau am Inn durchzukämpfen und die Stadt einzunehmen. Als die Hauptmacht unter General John B. Wogan Simbach am Inn erreicht, wird an Braunaus Stadtkommandanten Major Wilhelm Grünwaldt ein Ultimatum übersandt, dass die Stadt bis zum 2. Mai kampflos zu übergeben sei, ansonsten werde sie dem Erdboden gleich gemacht. Mittags um 12:00 Uhr ist der Krieg für die Stadt vorbei.

Der Großdeutsche Rundfunk beendet am 2. Mai um 00:50 Uhr seine Sendefolgen. Richard Baier erinnert sich: *„Ja. Normalerweise ging die Absage: ‚Wir grüßen alle Deutschen jenseits der Grenzen'. Da es keine Grenzen mehr gab, hieß es: Wir grüßen alle Deutschen und gedenken noch einmal des heroischen deutschen Soldatentums, zu Lande, zu Wasser und in der Luft. Der Führer ist tot, es lebe das Reich."* Es gibt nur noch wenige – mit Deutschland nicht im Krieg befindliche – Länder, die dem verstorbenen Staatsoberhaupt des Großdeutschen Reiches ihre letzte Ehre erweisen. An den öffentlichen Gebäuden in ganz Portugal, ebenso wie in der spanischen Botschaft, der japanischen Gesandtschaft und der päpstlichen Nuntiatur wehen die Fahnen auf halbmast. Der irische Ministerpräsident kondoliert persönlich: *„Der Ministerpräsident des irischen Freistaates – de Valera – stattet am Mittwoch der deutschen Botschaft einen Besuch ab, um sein Beileid zum Tode Adolf Hitlers auszusprechen."* Das klingt aus heutiger Sicht bizarr. Es sind natürlich Ausnahmen, die Mehrheit der Menschen atmet auf. Hitlers Tod bedeutet das baldige Ende des Krieges. Dennoch geht noch immer eine Selbstmordwelle durch Berlin, viele Familien folgen ihrem Führer in den Tod. Der sowjetische Frontberichterstatter und später vielgelesener Schriftsteller Konstantin Simonow hält seine Eindrücke fest:

„Der 3. Mai. Ein staubiger Sonnentag. Mehrere unserer Armeen, die Berlin eingenommen haben, ziehen aus verschiedenen Richtungen durch die Stadt und wirbeln Staubwolken auf. (...) Verwirrt und deprimiert schauen die Einwohner auf den zertrümmerten Straßen, an den Straßenkreuzungen und aus den Häusern auf diese sich bewegenden, ratternden, schier endlosen Züge mit den unwahrscheinlich vielen Menschen. Selbst ich hab' das Gefühl, dass nicht einfach Divisionen und Korps in Berlin einziehen, sondern dass ganz Russland die Stadt in allen Richtungen durchzieht. Und diesen Zügen entgegen, alle Wege verstopfend, schleppen sich nicht enden wollende Kolonnen Kriegsgefangener."

Die letzten Monate

Auf dem Obersalzberg vollenden SS-Gebirgsjäger am 4. Mai den Zerstörungsbefehl und zünden die Ruine des Berghofes an. Franzosen und Amerikaner liefern sich einen regelrechten Wettlauf zu *„Hitlers Home"*. Die 101. US-Airborne Division, die 3. US-Infanteriedivision und die 2. französische Panzerdivision besetzen Berchtesgaden zunächst kampflos. Die Amerikaner finden den Weg zum Obersalzberg nicht gleich und so treffen der französische Offizier Laurent Touyeras mit seinem Fahrer François Borg als erste an der brennenden Berghofruine ein. Nur kurze Zeit später, um 15:58 Uhr, trifft das erste Bataillon des 7. Infanterieregiments der 3. US-Division ein. Unterdessen sind sowjetische Truppen kampflos in die Reichskanzlei und den Führerbunker eingedrungen und Dr. Haase übergibt das Lazarett mit über 100 Schwerstverletzten. Die Sowjets verhalten sich hier korrekt, es gibt keine Gräueltaten.

Nach Berlin folgt am 4. Mai vor Feldmarschall Montgomery die nächste bedingungslose Kapitulation (mit Wirkung zum 5. Mai 08:00 Uhr). Generaladmiral Hans-Georg von Friedeburg unterzeichnet nach 18:00 Uhr die Kapitulation der deutschen Wehrmacht mit sämtlichen Land-, See- und Luftstreitkräften in Nordwestdeutschland, Dänemark und Holland. Die schlichte Zeremonie findet in einem Zelt in Montgomerys Quartier auf dem rund achtzig Meter hohen Timeloberg südöstlich von Lüneburg statt. Von Friedeburg beißt 19 Tage später auf eine Giftkapsel. An einem schönen Frühlingssonntag, um 12:00 Uhr des 6. Mai, hissen US-Soldaten feierlich die US-Flagge „Stars and Stripes" vor dem zerstörten und ausgebrannten Berghof. Zur gleichen Zeit kapitulieren die letzten deutschen Truppen in Breslau. Einen Tag später wird verhindert, dass Hitlers Salonwagen als Beutestück zur Siegestrophäe des Gegners wird. Der Führersonderzug befindet sich im Bahnhof Mallnitz (heute Mallnitz-Obervellach) vor dem Südportal des Tauerntunnels. Der Salonwagen wird gegen 15:00 Uhr aus dem Zug rangiert und von einer Lokomotive bis an das zerstörte Viadukt über den Dösenbach, südlich des Bahnhofs Mallnitz, gefahren. Gegenstände dürfen vorher nicht entnommen werden. Dann wird von Wehrmachtsoldaten, nicht wie immer wieder kolportiert von Julius Schaub, Sprengstoff im Waggon verteilt und mehrere Kanister Benzin ausgegossen. Durch die geöffneten Fenster werden Handgranaten in das Fahrzeug geworfen, dessen kompletter Aufbau durch die Explosionen und den folgenden Brand zerstört werden.

Die Langträger und die Drehgestelle werden über das zerstörte Viadukt ins Tal gekippt.

Am 7. Mai um 02:41 Uhr unterzeichnet Generaloberst Alfred Jodl in Eisenhowers Hauptquartier in Reims/Frankreich die Urkunde der bedingungslosen Kapitulation des Großdeutschen Reiches für alle deutschen Truppen einschließlich der in den Niederlanden, Dänemark und Norwegen stationierten. Alle militärischen Operationen der deutschen Wehrmacht müssen bis zum 8. Mai 23:01 Uhr mitteleuropäischer bzw. bis

^ *Das sowjetische Ehrenmal in Berlin-Tiergarten, hier liegen etwa 2.500 gefallene Soldaten bestattet. (158)*

zum 9. Mai 00:01 Uhr westeuropäischer Zeit eingestellt werden. Nach einem amerikanischen Rundfunkkommentator ist Jodls Gesicht eine „*Totenmaske*". In fünf Jahren an Hitlers Seite hat er gelernt, jede Regung verbergen zu können. Nach der Unterzeichnung ergreift Jodl das Wort: „*Beide* [das deutsche Volk und die deutsche Wehrmacht] *haben in diesen über fünf Jahren Krieg mehr erduldet und mehr geleistet* [!] *als vielleicht je ein Volk auf der Erde.*" Die Anwesenden sind konsterniert und erwidern nichts, Jodl spricht lediglich von deutschen Opfern. An diesem 7. Mai ist Hitler noch einmal auf der Titelseite des amerikanischen „TIME"-Magazin. Sein Gesicht ist mit einem roten Kreuz durchgestrichen. Das Magazin veröffentlicht einen Nachruf. In Krems an der Donau zelebriert der Gauleiter an diesem Tag noch eine Trauerfeier für Hitler. Stalin, dessen Land die meisten Opfer des Krieges zu verzeichnen hat, besteht auf einer separaten Kapitulation. Er fühlt sich als der eigentliche Sieger. Die Zeremonie findet am Abend des 8. Mai im ehemaligen Offizierskasino der Pionierschule Berlin-Karlshorst in der Zwieseler Straße 4 durch Keitel vor Schukow statt. Der erste Absatz lautet:

„*Wir, die hier Unterzeichneten, handelnd in Vollmacht für und im Namen des Oberkommandos der Deutschen Wehrmacht, erklären hiermit die bedingungslose Kapitulation aller am gegenwärtigen Zeitpunkt unter deutschem Befehl stehenden oder von Deutschland beherrschten Streitkräfte auf dem Lande, auf der See und in der Luft gleichzeitig gegenüber dem Obersten Befehlshaber der Alliierten Expeditions-Streitkräfte und dem Oberkommando der Roten Armee.*"

Unterzeichnet wird die Urkunde um 00:16 Uhr am 9. Mai, sie wird auf den 8. Mai zurückdatiert. In Moskau feiert man den Jahrestag deshalb korrekterweise jedes Jahr am 9. Mai. Es ist die Kapitulation der Deutschen Wehrmacht, nicht der deutschen Regierung. Aus staats- und völkerrechtlicher Sicht hat eine Kapitulation des Deutschen Reiches nach – bis zum Ende des 20. Jahrhunderts – viel diskutierter herrschender Rechtsmeinung nicht stattgefunden. Dönitz hält eine kurze Ansprache: „*Die Einheit von Staat und Partei besteht nicht mehr. Die Partei ist vom Schauplatz ihres Wirkens abgetreten.*" Die Wehrmacht gibt ihren letzten Tagesbericht heraus: „*Seit Mitternacht schweigen nun an allen Fronten die Waffen. Auf Befehl des Großadmirals hat die Wehrmacht den aussichtslos gewordenen Kampf eingestellt, damit ist das fast sechsjährige Ringen zu Ende. (...) Die einmalige Leistung* [!] *von Front und Heimat wird in einem späteren gerechten Urteil der Geschichte ihre endgültige Würdigung* [!] *finden.*" Es herrscht Waffenruhe in Europa. Der

^ *7. Mai 1945: Titel des Time Magazine. (140*

Zweite Weltkrieg ist in Europa zu Ende, 11.094.000 Wehrmachtsangehörige treten den Weg in die Kriegsgefangenschaft an, 1,2 Millionen werden in den Lagern sterben.

In den Hauptstädten Europas und den USA ziehen Zehntausende auf die Straßen und feiern ausgelassen. Wildfremde Menschen liegen sich in den Armen. Die britische Königsfamilie lässt sich auf dem Balkon des Buckingham-Palastes bejubeln. Ein sechsjähriger Albtraum ist endlich zu Ende. Die meistens interessieren sich nun nur noch für ihre Zukunft, nicht mehr für Hitler. Winston Churchill antwortet am 15. Mai auf eine parlamentarische Anfrage, ob *„der Tod Adolf Hitlers nunmehr ohne jeden Zweifel festgestellt werden"* könne, dass er darüber auch nicht mehr wisse *„als jedes andere Mitglied des Hauses, welches die Zeitungen liest"*. Der engste Vertraute des amerikanischen Präsidenten Harry S. Truman, Harry Hopkins, fliegt am 25. Mai 1945 über Berlin. Er sieht eine Trümmerlandschaft aus zerstörten Wohnvierteln, zerborstenen Bahnanlagen, zerstörten Fabriken, Trümmern und Ruinen. Eine Wüste aus Ziegelsteinen, geborstenen Mauern und ausgeglühten Stahlgerippen auf einer Fläche von 29,5 Quadratkilometern. Bestürzt notiert er in sein Tagebuch: *„Das ist das zweite Karthago!"*

Es entwickelt sich im Laufe der Zeit ein Tourismus nach Berlin, denn man konnte sich die Trümmerhaufen nicht vorstellen, vor denen man sich fotografieren lässt.

Einen Monat später, am 24. Juni, auf den Gongschlag 12:00 Uhr mittags, nimmt Stalin auf dem Roten Platz in Moskau die Siegesparade zum Ende des Großen Vaterländischen Krieges ab. Als die Glocken des Kreml verklungen sind, marschieren unter Trommelwirbel sowjetische Soldaten mit den Standarten der NSDAP und den Feldzei-

^ *24. Juni 1945, Moskau: 200 sowjetische Soldaten senken während der Siegesfeier vor Stalin die eroberten deutschen Banner und Standarten, ganz links die mit Hitlers Namen. (171)*

Das Kriegsende

^ 19. Juli 1959, Berlin: Elfriede Hovden steht auf der Decke des Führerbunkers. Hinter ihr der
   zerstörte Beobachtungsturm und der Betonklotz des Gartenausgangs. (134)

^ 21. Juli 1958: Karl-Anders Hovden neben dem Vorbunker. Über seiner rechten Schulter ist der
   tiefer gelegene Führerbunker und im Hintergrund der zerstörte Beobachtungsturm und der
   Gartenausgang sichtbar.(134)

chen der deutschen Wehrmacht auf Stalin zu. So wie einst Heerführer Michail Kutusow die Symbole Napoleons Zar Alexander I. von Russland vor die Füße werfen ließ, so werden nun Stalin Hitlers Symbole vor die Füße geworfen. Es ist die größte Stunde seines Lebens. Die Siegesfeiern dauern einen Monat.

Die japanische Stadt Hiroshima wird am 6. August um 08:16 Uhr durch Abwurf der ersten Atombombe durch die USAAF in einem gewaltigen Explosionspilz binnen einer Sekunde ausgelöscht. Etwa 75.000 Menschen sind sofort tot, Zehntausende sterben später noch an den Folgen. Drei Tage später, am 9. August um 11:02 Uhr trifft eine weitere Atombombe die Stadt Nagasaki. Hier sterben etwa 22.000 Menschen sofort. In einer Rede gibt am 15. August der japanische Kaiser Hirohito das Ende des Großostasiatischen Krieges bekannt. Mit der Kapitulation des Japanischen Kaiserreiches (als Verbündetem des Großdeutschen Reiches) am 2. September 1945 endet nach sechs Jahren und einem Tag der Zweite Weltkrieg, der bislang größte militärische Konflikt in der Geschichte der Menschheit.

Die Deutschen erleben eine Hungers- und Wohnungsnot, viele leben in sogenannten Nissenhütten; 20 Menschen auf zehn Quadratmetern. Über 182.000 ehemalige Funktionsträger werden verhaftet und 180 Haupttäter in den Nürnberger Prozessen angeklagt. Sogenannte Spruchkammern sollen die Deutschen, hauptsächlich die acht Millionen NSDAP-Mitglieder, entnazifizieren. Im Rahmen der Entnazifizierung wird Eva Hitler im Oktober 1949 in einem posthumen Verfahren in die Gruppe der Belasteten eingestuft. Ihr Nachlass wird eingezogen. Eine Überprüfung hat ergeben, dass sie ihr Vermögen ausschließlich Hitler verdankt. Die Brillantuhr, die ihr Hitler zum 27. Geburtstag schenkt, lagert heute in der Münchner Pinakothek. Hitler wird ebenfalls posthum und symbolisch (ein einfacher unbesetzter Holzstuhl steht in seiner Münchner Privatwohnung) entnazifiziert. Er wird, wen wundert es, am 15. Oktober 1948 von der Spruchkammer I in der Wagmüllerstraße 12 als Hauptschuldiger eingestuft. Der im Lande Bayern gelegene Nachlass Adolf Hitlers wird vollständig eingezogen. Das ist eine Ausnahme. Die Entnazifizierung stößt bei 97 Prozent der Deutschen auf Ablehnung und ist häufig, wie die Einstufung des DRK-Präsidenten und NSKK-Obergruppenführers Carl Eduard Herzog von Sachsen-Coburg und Gotha als „Mitläufer" beweist, eine Farce. Eisenhower schätzt, dass es 50 Jahre dauern wird, bis die Deutschen vom NS-Gedankengut befreit sind.

^ *Vom Wirtschaftswunder der Fünfziger Jahren profitieren auch Angehörige und Mitarbeiter der Täter. Hier das Liebespaar Caroline Mathilde Prinzessin von Sachsen-Coburg und Gotha (Tochter des NSKK-Obergruppenführers Carl Eduard Herzog von Sachsen-Coburg und Gotha) und Otto Günsche, ehemaliger SS-Hauptsturmführer und Adjutant Hitlers. (112)*

Drei Jahre später, am 30. April 1952, auf den Tag genau sieben Jahre nach Hitlers Tod, wird die Ruine des Berghofes auf dem Obersalzberg in die Luft gesprengt. Nach umfangreichen Ermittlungen zum *„Todesfall Adolf Hitler"* stellt das Amtsgericht Berchtesgaden am 25. Oktober 1956 die offizielle Todeserklärung aus. Zwei Monate später, am 28. Dezember 1956, erstellt das Standesamt Berlin unter der Nummer 29050 die amtliche Todesurkunde. Es ist das Jahr, an dem die letzten deutschen Kriegsgefangenen, die sogenannten Heimkehrer – unter ihnen Otto Günsche –, in der Bundesrepublik Deutschland ankommen.

^ *Der amerikanischer Friedhof mit Gedenkstätte in Luxemburg-Stadt (Ortsteil Hamm) mit 5.076 gefallenen US-Soldaten (159) (o.). 30. April 1952, Obersalzberg: Exakt sieben Jahre nach Hitlers Tod wird die Ruine des Berghofes gesprengt (112) (u.).*

Die Protagonisten

Folgende Personen, die in den letzten zehn Tagen in Hitlers Leben mehr oder weniger oft mit ihm Kontakt hatten, eine Rolle spielten sowie diejenigen, die er in seinem Testament erwähnte, werden hier mit den wesentlichen biografischen Daten vorgestellt. Bisher nicht publizierte Daten werden hier erstmals dokumentiert.

Albrecht, Alwin-Broder
* 18.09.1903 St. Peter
 (heute St. Peter-Ording, Friesland)
† 01.05.1945 Berlin
 (Selbstmord oder gefallen)
Begräbnisstätte: unbekannt
Korvettenkapitän, persönlicher
 Adjutant Hitlers

Axmann, Artur
* 18.02.1913 Hagen
† 24.10.1996 Berlin
Begräbnisstätte: Berlin,
 Wilmersdorfer Stadtfriedhof
Reichsjugendführer der NSDAP

Baur, Hans
* 19.06.1897 Ampfing bei Mühldorf
† 17.02.1993 Neuwiddersberg
bei Herrsching am Ammersee
Begräbnisstätte: München, Westfriedhof
Gruppenführer der Waffen-SS,
 Pilot Hitlers

Below, Nikolaus von
* 20.09.1907 Jargelin bei Greifswald
† 24.07.1983 Detmold
Begräbnisstätte: unbekannt
Oberst, Adjutant der Luftwaffe bei Hitler

Arndt, Wilhelm
* 06.07.1913 unbekannt
† 21.04.1945 bei Börnersdorf bei Pirna
 (Flugzeugabsturz)
Begräbnisstätte: Börnersdorf
SS-Hauptscharführer, Diener Hitlers

Backe, Herbert
* 01.05.1896 Batumi (Russisches Kaiserreich)
† 06.04.1947 Nürnberg (Selbstmord)
Begräbnisstätte: wahrscheinlich Nürnberg
Reichsminister für Ernährung und
 Landwirtschaft, im Testament als
 Landwirtschaftsminister vorgesehen

Bärenfänger, Erich
* 12.01.1915 Menden (Sauerland)
† 02.05.1945 Berlin-Prenzlauer Berg
 (Selbstmord)
Begräbnisstätte: Berlin
Generalmajor, Kommandeur des
 Verteidigungsabschnitts A in Berlin

Berger, Gottlob
* 16.07.1896 Gerstetten
† 05.01.1975 Stuttgart
Begräbnisstätte: Gerstetten
Chef des SS-Hauptamtes, SS-Obergruppenführer, General der Waffen-SS

Die Protagonisten

Betz, Georg
* 15.06.1903 Kolbermoor bei Rosenheim
† 02.05.1945 Berlin (gefallen)
Begräbnisstätte: unbekannt
SS-Obersturmbannführer,
   zweiter Pilot Hitlers

Boldt, Gerhard
* 24.01.1918 Lübeck
† 07.05.1981 Lübeck
Begräbnisstätte: Lübeck
Ordonnanzoffizier bei Hans Krebs

Bormann, Martin
* 17.06.1900 Halberstadt
† 02.05.1945 Berlin (Selbstmord in
der Invalidenstraße)
Begräbnisstätte: Berlin, Invalidenstraße,
   bis zur Exhumierung
Reichsminister ohne Geschäftsbereich,
   SS-Gruppenführer, Sekretär Hitlers, im
   Testament als Parteiminister vorgesehen

Burgdorf, Wilhelm
* 14.02.1895 Fürstenwalde
† 02.05.1945 Berlin (Selbstmord)
Begräbnisstätte: unbekannt
General der Infanterie, Chefadjutant der
   Wehrmacht bei Hitler

Dethleffsen, Erich
* 02.08.1904 Kiel
† 04.07.1980 München
Begräbnisstätte: München, Waldfriedhof
Generalmajor im OKW

Dönitz, Karl
* 16.09.1891 Grünau bei Berlin
† 24.12.1980 Aumühle
Begräbnisstätte: Aumühle
Großadmiral, letzter Reichspräsident
   und Oberster Befehlshaber der Wehrmacht

Blaschke, Hugo
* 14.11.1881 Neustadt (Westpreußen)
† 15.09.1960 Nürnberg
Begräbnisstätte: Nürnberg, Friedhof St. Peter
SS-Brigadeführer, Generalmajor der Waffen-SS,
   Zahnarzt Hitlers

Bormann, Albert
* 02.09.1902 Halberstadt
† 08.04.1989 München
Begräbnisstätte: unbekannt
NSKK-Gruppenführer, Adjutant im
   Persönlichen Stab Hitlers

Buhle, Walter
* 26.10.1894 Heilbronn
† 28.12.1959 Stuttgart
Begräbnisstätte: Stuttgart, Prager Friedhof
General der Infanterie, Chef der
   Wehrmachtrüstung

Christian, Gerda, geborene Daranowski
* 13.12.1913 Berlin
† 14.04.1997 Düsseldorf
Begräbnisstätte: unbekannt
Sekretärin Hitlers

Dietrich, Günther
* unbekannt
† unbekannt
Begräbnisstätte: unbekannt
SS-Obersturmbannführer, Verbindungsmann
   zum Reichsjugendführer

Fegelein, Hermann
* 30.10.1906 Ansbach
† 29.04.1945 Berlin (hingerichtet)
Begräbnisstätte: Berlin
Generalleutnant der Waffen-SS, Schwager
   Hitlers

Flegel, Erna
* 11.07.1911 Kiel
† 16.02.2006 Mölln
Begräbnisstätte: unbekannt
Krankenschwester

Freyend, Ernst John von
* 25.03.1909 Breslau
† 24.03.1980 unbekannt
Begräbnisstätte: unbekannt
Major im Oberkommando
 der Wehrmacht

Funk, Walther
* 18.08.1890 Trakehnen (Ostpreußen)
† 31.05.1960 Düsseldorf
Begräbnisstätte: Düsseldorf,
 Stoffeler Friedhof
Reichswirtschaftsminister, im Testament
 als Wirtschaftsminister vorgesehen

Giesler, Paul
* 15.06.1895 Siegen
† 08.05.1945 Bischofswiesen-Stanggaß
(Selbstmord)
Begräbnisstätte: Berchtesgaden
Alter Friedhof
NSDAP-Gauleiter von München-
 Oberbayern, Bayerischer Minister-
 präsident, im Testament als
 Reichsinnenminister vorgesehen

Goebbels, Magda, geborene Ritschl,
geschiedene Quandt
* 11.11.1901 Berlin
† 01.05.1945 (Selbstmord)
Begräbnisstätte: bis 1970 Magdeburg
Ehefrau von Joseph Goebbels

Frentz, Walter
* 21.08.1907 Heilbronn
† 06.07.2004 Überlingen am Bodensee
Begräbnisstätte: Überlingen
SS-Untersturmführer,
 Filmberichterstatter bei Hitler

Freytag-Loringhoven, Bernd von
* 06.02.1914 Arensburg (heute
 Kuressaare)/Estland
† 27.02.2007 München
Begräbnisstätte: München, Nordfriedhof
Major, Adjutant von Hans Krebs

Gebhardt, Dr. Karl
* 23.11.1897 Haag (Oberbayern)
† 02.06.1948 Landsberg am Lech
Begräbnisstätte: Landsberg am Lech
Chirurg, SS-Gruppenführer, General der
 Waffen-SS

Goebbels, Joseph
* 29.10.1897 Rheydt
† 01.05.1945 Berlin (Selbstmord)
Begräbnisstätte: bis 1970 Magdeburg
Reichsminister für Volksaufklärung und
 Propaganda, letzter Reichskanzler

Göring, Hermann
* 12.01.1893 Rosenheim
† 15.10.1946 Nürnberg (Selbstmord)
Begräbnisstätte: Asche wurde in den
 Conwentzbach in München geschüttet
Reichsmarschall, Stellvertreter Hitlers,
 Oberbefehlshaber der Luftwaffe

Die Protagonisten

Greim, Robert Ritter von
* 22.06.1892 Bayreuth
† 24.05.1945 Salzburg/Österreich (Selbstmord)
Begräbnisstätte: Salzburg/Österreich
Generalfeldmarschall, Oberbefehlshaber der Luftwaffe, im Testament als Oberbefehlshaber der Luftwaffe vorgesehen

Haase, Werner Dr.
* 02.08.1900 Cöthen (Anhalt)
† 30.11.1950 Moskau
Begräbnisstätte: Moskau
SS-Obersturmbannführer, Hitlers Begleitarzt, Leiter der Krankenstation im Bunker der Neuen Reichskanzlei

Hanke, Karl
* 24.08.1903 Lauban (Schlesien)
† 06.1945 bei Neudorf (Sudetenland)
Begräbnisstätte: unbekannt
NSDAP-Gauleiter Niederschlesien, im Testament als Reichsführer-SS und Chef der deutschen Polizei vorgesehen

Herrgesell, Gerhard
* unbekannt
† unbekannt
Begräbnisstätte: unbekannt
Stenograf bei Hitler

Himmler, Heinrich
* 07.10.1900 München
† 23.05.1945 Lüneburg (Selbstmord)
Begräbnisstätte: unbekannter Ort in einem Wald bei Lüneburg
Reichsführer SS

Günsche, Otto
* 24.09.1917 Jena
† 02.10.2003 Lohmar bei Bonn
Begräbnisstätte: Asche in der Nordsee verstreut
SS-Sturmbannführer, persönlicher Adjutant Hitlers

Hagen, Dr. Kurt
* unbekannt
† unbekannt
Begräbnisstätte: unbekannt
Stenograf bei Hitler

Hentschel, Johannes
* 10.05.1908 Berlin
† 27.04.1982 Achern (Baden)
Begräbnisstätte: unbekannt
Elektromaschinenmeister

Hewel, Walther
* 25.03.1904 Köln
† 02.05.1945 Berlin-Wedding (Selbstmord)
Begräbnisstätte: Berlin
SS-Brigadeführer, Botschafter zur besonderen Verwendung

Hitler, Eva, geborene Braun
* 06.02.1912 München
† 30.04.1945 Berlin (Selbstmord)
Begräbnisstätte: bis 1970 Magdeburg
Seit 1936 Freundin, 1945 Ehefrau Hitlers

Högl, Peter
* 19.08.1897 Passau
† 02.05.1945 Berlin (gefallen)
Begräbnisstätte: Berlin
SS-Obersturmbannführer, Kriminaldirektor

Hupfauer, Dr. Theo
* 17.07.1906 Dellmensingen
† 31.08.1993 München
Begräbnisstätte: München
im Testament als Reichsarbeitsminister
  vorgesehen

Johannmeyer, Willy
* 27.07.1915 Iserlohn
† 14.04.1970 Kelkheim
Begräbnisstätte: unbekannt
Oberstleutnant, Heeresadjutant bei Hitler

Kaether, Ernst
* 25.09.1903 Aachen
† 11.08.1999 Puchheim
Begräbnisstätte: unbekannt
Generalleutnant, Kommandeur
  Verteidigungsbereiches von Berlin

Keitel, Wilhelm
* 22.09.1882 Helmscherode (Harz)
† 16.10.1946 Nürnberg (hingerichtet)
Begräbnisstätte: Asche wurde in den
Conwentzbach in München geschüttet
  Generaloberst, Chef des Oberkommandos
  der Wehrmacht

Krebs, Hans
* 04.03.1898 Helmstedt
† 01.05.1945 Berlin (Selbstmord)
Begräbnisstätte: unbekannt
General der Infanterie, Chef des
  Generalstabs des Heeres

Hofbeck, Hans
* unbekannt
† unbekannt
Begräbnisstätte: unbekannt
SS-Untersturmführer

Jodl, Alfred
* 10.05.1890 Würzburg
† 16.10.1946 Nürnberg (hingerichtet)
Begräbnisstätte: Asche wurde in den
  Conwentzbach in München geschüttet
Generaloberst, Chef des
  Wehrmachtführungsstabes im OKW

Junge, Gertraud „Traudl", geborene Humps
* 16.03.1920 München
† 11.02.2002 München
Begräbnisstätte: München, Nordfriedhof
Sekretärin Hitlers

Karnau, Hermann
* unbekannt
† unbekannt
Begräbnisstätte: unbekannt
SS-Rottenführer beim Reichssicherheitsdienst,
  Oberwachtmeister

Kempka, Erich
* 16.09.1910 Oberhausen
† 24.01.1975 Freiburg-Heutingsheim
Begräbnisstätte: Freiburg am Neckar
SS-Obersturmbannführer, Kommandant des
  Fuhrparks der Reichskanzlei, Fahrer Hitlers

Krüger, Else (verheiratete James)
* 09.02.1915 Hamburg-Altona
† 24.01.2005 evtl. Hamburg
Begräbnisstätte: unbekannt
Sekretärin von Martin Bormann

Die Protagonisten

Krüger, Heinz
* unbekannt
† unbekannt
Begräbnisstätte: unbekannt
SS-Hauptsturmführer,
 Ordonnanz bei Hitler

Lehmann, Armin D.
* 23.05.1928 Waldtrudering
 (heute München)
† 10.10.2008 Coos Bay, Oregon/USA
Begräbnisstätte: unbekannt
Hitlerjunge und Melder

Liesl
* unbekannt
† unbekannt
Begräbnisstätte: unbekannt
Kammermädchen von Eva Braun

Linge, Hans
* 23.03.1913 Bremen
† 09.03.1980 Hamburg
Begräbnisstätte: unbekannt
SS-Obersturmbannführer, persönlicher
 Diener Hitlers

Mansfeld, Erich
* unbekannt
† unbekannt
Begräbnisstätte: unbekannt
SS-Rottenführer

Mengershausen, Harry
* unbekannt
† unbekannt
Begräbnisstätte: unbekannt
SS-Rottenführer und Kriminalassistent

Kuhlmann, Franz
* 1905
† 1989
Begräbnisstätte: unbekannt
Kapitänleutnant d.R., Kommandeur eines
 Marine-Schützenbataillons

Ley, Robert Dr.
* 15.02.1890 Niederbreidenbach bei
 Gummersbach
† 25.10.1945 Nürnberg (Selbstmord)
Begräbnisstätte: Asche wurde in den
 Conwentzbach in München geschüttet
Reichsleiter der Deutschen Arbeitsfront, im
 Testament bestätigt und als Mitglied des
 Reichskabinetts vorgesehen

Lindloff, Ewald
* 27.09.1908 Stuba (heute Stobná/Polen)
† 02.05.1945 Berlin (gefallen)
Begräbnisstätte: Berlin
SS-Hauptsturmführer, Totengräber Hitlers

Lorenz, Heinz
* 07.08.1913 Schwerin
† 23.11.1985 Düsseldorf
Begräbnisstätte: unbekannt
Hauptschriftleiter des Deutschen
 Nachrichtenbüros

Manziarly, Constanze
* 14.04.1920 Innsbruck (Österreich)
† unbekannt (verschollen am 02.05.1945, Berlin)
Begräbnisstätte: unbekannt
Diätköchin Hitlers

Misch, Rochus
* 29.07.1917 Alt Schalkowitz (Oberschlesien)
† 05.09.2013 Berlin
Begräbnisstätte: Berlin
Leibwächter und Telefonist Hitlers

Mohnke, Wilhelm
* 15.03.1911 Lübeck
† 06.08.2001 Damp bei Eckernförde
Begräbnisstätte: Hamburg, Friedhof Rahlstedt
Generalmajor der Waffen-SS

Naumann, Werner Dr.
* 16.06.1909 Gurau (Schlesien)
† 25.10.1982 Lüdenscheid
Begräbnisstätte: unbekannt
SS-Brigadeführer, Staatssekretär im Propagandaministerium, im Testament als Reichsminister für Volksaufklärung und Propaganda vorgesehen

Rattenhuber, Johann
* 30.04.1897 Oberhaching bei München
† 30.06.1957 München
Begräbnisstätte: München Ostfriedhof
SS-Gruppenführer, Leiter des Reichssicherheitsdienstes

Reitsch, Hanna
* 29.03.1912 Hirschberg (Schlesien)
† 24.08.1979 Frankfurt am Main
Begräbnisstätte: Salzburg/Österreich
Pilotin

Saur, Karl-Otto
* 16.06.1902 Düsseldorf
† 28.07.1966 Pullach
Begräbnisstätte: Pullach
Stellvertretender Leiter des Rüstungsstabes, im Testament als Reichsrüstungsminister vorgesehen

Schädle, Franz
* 19.11.1906 Westerheim bei Memmingen
† 02.05.1945 Berlin (Selbstmord)
Begräbnisstätte: unbekannt
SS-Obersturmbannführer, Chef des Begleitkommandos

Morell, Prof. Theodor
* 22.07.1886 Trais-Münzenberg bei Gießen
† 26.05.1948 Tegernsee
Begräbnisstätte: unbekannt
Leibarzt Hitlers

Puttkamer, Karl-Jesko von
* 24.03.1900 Frankfurt/Oder
† 04.03.1981 Neuried bei München
Begräbnisstätte: München Waldfriedhof
Konteradmiral, Adjutant der Marine bei Hitler

Reisser, Hans
* unbekannt
† unbekannt
Begräbnisstätte: unbekannt
SS-Obersturmführer

Ribbentrop, Joachim von
* 30.04.1893 Wesel
† 16.10.1946 Nürnberg (hingerichtet)
Begräbnisstätte: Asche wurde in den Conwentzbach in München geschüttet
Reichsaußenminister

Schach, Gerhard
* 08.03.1906 Berlin
† 30.04.1945 Berlin (gefallen)
Begräbnisstätte: Berlin
NSKK-Brigadeführer, Gaustabsamtsleiter und stellv. Gauleiter von Groß-Berlin

Schaub, Julius
* 20.08.1898 München
† 27.12.1967 München
Begräbnisstätte: München, Ostfriedhof
SS-Obergruppenführer, Chefadjutant Hitlers

Die Protagonisten

Scheel, Dr. Gustav Adolf
* 22.11.1907 Rosenberg (Baden)
† 25.03.1979 Hamburg
Begräbnisstätte: Hamburg
SS-Obergruppenführer, Gauleiter von Salzburg, im Testament als Reichskultusminister vorgesehen

Schroeder, Christa
* 19.03.1908 Hannoversch Münden
† 28.06.1984 München
Begräbnisstätte: München, Ostfriedhof
Sekretärin Hitlers

Seyß-Inquardt, Arthur
* 22.07.1892 Stannern bei Iglau (Mähren)
† 16.10.1946 Nürnberg (hingerichtet)
Begräbnisstätte: Asche wurde in den Conwentzbach in München geschüttet
SS-Obergruppenführer, Reichskommissar für die Niederlande, im Testament als Reichsaußenminister vorgesehen

Steiner, Felix Martin
* 23.05.1896 Stallupönen (Ostpreußen)
† 12.05.1966 München
Begräbnisstätte: München, Friedhof Perlacher Forst
SS-Obergruppenführer, General der Waffen-SS, Oberbefehlshaber der 11. Armee

Thierack, Otto Georg
* 19.04.1889 Wurzen (Sachsen)
† 26.10.1946 Sennelager bei Stukenbrock (Selbstmord)
Begräbnisstätte: unbekannt
SA-Gruppenführer, Präsident des Volksgerichtshofes, im Testament als Reichsjustizminister vorgesehen

Schörner, Ferdinand
* 12.06.1892 München
† 02.07.1973 München
Begräbnisstätte: Mittenwald
Generalfeldmarschall, im Testament als Oberbefehlshaber des Heeres vorgesehen

Schwerin von Krosigk, Johann Graf
* 22.08.1877 Rathmannsdorf (Anhalt)
† 04.03.1977 Essen
Begräbnisstätte: unbekannt
Reichsfinanzminister, laut Testament im Amt bestätigt

Speer, Albert
* 19.03.1905 Mannheim
† 01.09.1981 London (Großbritannien)
Begräbnisstätte: Heidelberg
Architekt, Reichsminister für Bewaffnung und Munition

Stumpfegger, Ludwig
* 11.07.1910 München
† 02.05.1945 Berlin (Selbstmord)
Begräbnisstätte: München, Nordfriedhof
SS-Obersturmbahnführer, Begleitarzt Hitlers

Tornow, Fritz
* 27.07.1924
† unbekannt
Begräbnisstätte: unbekannt
Feldwebel der Wehrmacht, Hundedresseur

Varo zu Bagion, Baroness Irmengard von
* unbekannt
† unbekannt
Begräbnisstätte: unbekannt
Kellnerin im Bunker der Reichskanzlei

Wagner, Walter
* 1907 oder 1908
† 05.1945 (gefallen)
Begräbnisstätte: unbekannt
Stadtrat und Standesbeamter in
  Berlin-Pankow

Weidling, Helmuth
* 02.11.1891 Halberstadt
† 17.11.1955 Wladimir (Sowjetunion)
Begräbnisstätte: unbekannt
General, Kampfkommandant von Berlin

Wenck, Walter
* 18.09.1900 Wittenberg
† 01.05.1982 bei Ried im Innkreis
  (Oberösterreich) (Autounfall)
Begräbnisstätte: Bad Rothenfelde
General der Panzertruppe,
  Oberbefehlshaber der 12. Armee

Wolf, Johanna
* 01.06.1900 München
† 05.06.1985 München
Begräbnisstätte: München, Ostfriedhof
Sekretärin Hitlers

Voß, Hans-Erich
* 30.10.1897 Angermünde (Uckermark)
† 18.11.1969 Berchtesgaden
Begräbnisstätte: Berchtesgaden, Bergfriedhof
Vizeadmiral, Ständiger Vertreter des
  Oberbefehlshabers der Kriegsmarine
  bei Hitler

Wauer, Vorname unbekannt
* unbekannt
† 02.05.1945 Berlin (gefallen)
Begräbnisstätte: Berlin
SS-Unterscharführer, Ordonnanz Hitlers

Weiss, Rudolf
* 27.09.1910
† 19.09.1958 Polen
Begräbnisstätte: unbekannt
Oberstleutnant

Winter, August
* 18.01.1897 München
† 16.02.1979 München
Begräbnisstätte: unbekannt
Generalleutnant, Stellvertreter Jodls im
  Wehrmachtführungsstab

Wollenhaupt, August
* 17.04.1886 Großalmerode (Harz)
† nach 1948
Begräbnisstätte: unbekannt
Friseur Hitlers

Zander, Wilhelm
* 22.04.1911 Saarbrücken
† 27.09.1974 München
Begräbnisstätte: München, Ostfriedhof
SS-Standartenführer, Adjutant von
  Martin Bormann

Er will keine Wärme, nichts Gedeihliches. Kalt will er es haben. Eiskalt ist sein Lieblingswort. Spätere Generationen sollten, so sein Wunsch, vor seinen monumentalen Werken den Hut ziehen und „entblößten Hauptes vor dem gewaltigen Abbild einer Idee stehen, die eine Welt erschüttert und aus den Angeln erhoben hat."
Manfred Ach
(deutscher Schriftsteller, geboren 1946)

Odyssee des Leichnams

Am 4. Mai graben Kämpfer der 3. Stoßarmee, darunter Ivan Curakov, im Garten der Reichskanzlei. Sie entdecken in einem Bombentrichter zunächst einen Hund, später unter einer dünnen Erdschicht zwei bis zur Unkenntlichkeit verbrannte Leichen, einen Mann und eine Frau. Da zu diesem Zeitpunkt vermutet wird, dass Hitlers Leiche bereits gefunden ist, werden sie in Decken eingewickelt und an derselben Stelle wieder vergraben (erste Exhumierung und zweites Begräbnis). Am Samstag, den 5. Mai, besichtigt Marschall Schukow mit seinem Generalstab die Neue Reichskanzlei und den Führerbunker. Sie gehen durch den Ehrenhof, vorbei an zerstörten Panzerkampfwagen und hinein in den teilweise zerstörten Prachtbau. In den nächsten Wochen werden auch noch der britische Premierminister Winston Churchill, US-Präsident Harry S. Truman, der kanadische Premierminister William Lyon Mackenzie King und sogar die Witwe von US-Präsident Roosevelt, Eleanor Roosevelt, den Führerbunker besichtigen. Das Areal wird zum beliebten Ausflugsziel alliierter Soldaten. Nur Stalin vermeidet es, die Reichskanzlei aufzusuchen, ein Rätsel bis heute. Am frühen Morgen dieses Tages werden im Garten die Überreste des Ehepaar Hitlers exhumiert (zweite Exhumierung). Ausführende sind die Mitglieder der sowjetischen Spionageabwehr SMERSch der 3. Stoßarmee, Hauptmann Derjabin und Chauffeur Cibochin sowie der Chef des 79. Bataillons Ivan Klimenko. Dieser erinnert sich: *„Er war besonders stark verbrannt. Das Gesicht war nicht zu erkennen. Die Beine schienen kürzer geworden zu sein. Alles war stark verkohlt."*

Anwesend ist auch die Regimentsdolmetscherin Jelena Rschewskaja. Ein Protokoll über die Aktion gibt es nicht, nur eine Notiz. Rschewskaja notiert: *„Das ist kein Protokoll über die Auffindung der Leiche. Es stellte nur fest, dass die Stelle, an der wir die Leichen ausgegraben hatten, identisch war mit der Stelle, an die uns der SS-Mann Mengershausen führte und von der er sagte: Hier haben wir die Leichen vergraben."* Sie gibt die Entfernung zum

Bunkerausgang mit „etwa drei Meter" an. Die Leichen sind vom Feuer entstellt: „*Das war kein schöner Anblick. Offensichtlich hat man besonders viel Benzin auf das Gesicht gegossen, damit es vollständig entstellt ist. Ansonsten war der Körper zwar stark deformiert, aber er war noch als menschlich und männlicher Körper erkennbar. Außerdem waren alle inneren Organe noch zu erkennen.*" Ab etwa 780 Grad Celsius verbrennen auch Knochen, eine Temperatur, die bei der Verbrennung von Hitlers Leiche nicht erreicht wurde. Benzinfeuer hat, wie die meisten rußhaltigen Feuer, eine Temperatur von knapp über 600 Grad Celsius.

Soldat Tschurakow ist zum ersten Mal in den Bombentrichter hinabgeklettert und hat die Schuttschicht von den Leichen „*eines Mannes und einer beinahe nackten Frau*" entfernt. Die Soldaten legen die in eine Decke gewickelten menschlichen Überreste in eine Munitionskiste und transportieren sie mit einem Militärlastwagen etwa 20 Kilometer vom Stadtteil Mitte durch die Stadtteile Prenzlauer Berg, Weißensee, Heinersdorf, Blankenburg und Karow in das sowjetische Feldlazarett Nr. 496 nach Berlin-Buch. Dort befindet sich eine der größten Heilanstalten Berlins. Der Lkw fährt auf das Krankenhausgelände in der Wiltbergstraße 110. Jelena Rschewskaja sagte später über den Ort der ersten Lagerung aus: „*Es war nicht in einem Wohnhaus, sondern in einem Schuppen.*" Hierbei kann es sich nur um eine kurze Zwischenlagerung gehandelt haben, denn die Überreste werden im Keller des Leichenschauhauses (Institut für Pathologie, Haus 132) auf Eis gelegt. Die Sowjets bilden eine Kommission und legen ein Protokoll für die bevorstehende Obduktion (gerichtsmedizinische Expertise) an. Ein paar Stufen führen vom Eingang des erdgeschossigen Hauses geradeaus in den Raum, im dem die Obduktion

^ *Mai 1945: Der verkohlte Leichnam von Adolf Hitler. (115)*

der Leichen von Hitler, seiner Frau und der Familie Goebbels vorgenommen wird. Die Sezierung nimmt am 8. Mai der Gerichtsmediziner Dr. Faust Shkaravski von der 1. Weißrussischen Front und Dr. Nikolai Krajewskij, Chefpathologe der Roten Armee vor. Der Kiefer Hitlers wird entnommen und *„in einem mit rotem Satin ausgeschlagenen Kästchen, wie man sie für billigen Schmuck verwendet"* aufbewahrt. Dr. Michael Arnaudow (Assistent bei Prof. Ferdinand Sauerbruch) wird hinzugezogen. Dann werden damit die zuvor beschafften Röntgenbilder und Karteikarten des Gebisses verglichen.

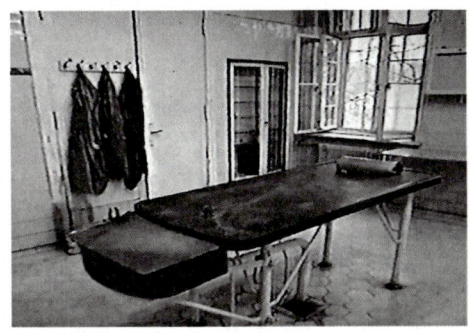

Der Obduktionsbericht enthält bewusste Lügen. Dadurch wird die Legende in die Welt gesetzt, Hitler habe sich feige vergiftet anstatt heldenhaft erschossen (und damit den Soldatentod gefunden). Ein Begleitbrief stellt fest: *„Es gibt keinen Zweifel daran, dass der Leichnam Hitlers echt ist. Das gelang festzustellen auf der Grundlage der Aussagen des Zahnarztes und der Krankenschwester, die Hitler behandelt haben."* Für die absichtlichen Lügen in seinem Buch „Der Tod des Adolf Hitler" (1982) bezüglich des Umstandes, dass

^ *Mai 1945: Der verkohlte Leichnam von Eva Hitler (115) (o.). Berlin-Buch: Das Pathologiegebäude, in dem die Leichen obduziert werden (2000) (112) (u.l.). Berlin-Buch: Der Tisch in der Pathologie, auf dem Hitlers Leiche obduziert wird (1998) (112) (u.r.).*

sich Hitler nicht erschossen habe, entschuldigt sich der Autor Lew Besymenski im Jahre 1995. Der Obduktionsbericht wird wegen dieser eindeutigen Falschangabe oft insgesamt als Fälschung bezeichnet. Das kann so seit der Veröffentlichung von Hitlers Gefangenenpersonalakte aus Landsberg am Lech (1923/1924) durch Prof. Peter Fleischmann im Jahre 2015 nicht mehr aufrechterhalten werden. Niemand konnte vom Auftauchen der Akte und den darin enthaltenen Fakten vorher wissen.

Beweis ist ein fehlender Hoden. Gefängnisarzt Dr. Josef Brinsteiner, der der einzige ist, der Hitler vollständig nackt gesehen hat, untersucht den Untersuchungshäftling Hitler am 11. November 1923 in der Festungsanstalt in Landsberg am Lech. Sein Befund lautet: *„rechts (gestrichen: links)seitiger Kryptorchismus"*, also eine Lageanomalie eines Hodens mit dauerndem Verbleib im Hodenkanal. Das bedeutet, dass laut dieser Diagnose Hitlers rechter Hoden während seiner Kindheit nicht in den Hodensack gewandert ist und folglich verborgen blieb. Damit einher geht ein Testosteronmangel, den Prof. Morell durch Testosterongaben auszugleichen versucht. Christa Schroeder berichtet in ihren Erinnerungen: Prof. Kielleuthner, Urologe in München, gab Heinriette von Schirach eines Tages in den zwanziger Jahren ein vor ihr ausgeliehenes Buch zurück, das sich mit den Wohnungen berühmter Münchner befasste. Er hat darin alle von ihm behandelten Patienten, darunter auch Hitler, unterstrichen. Auf Nachfrage teilt er mit, Hitler habe nur einen Hoden gehabt, er hätte ihm aber nicht helfen können, dafür sei er bereits zu alt gewesen. Dieser fehlende Hoden bestätigt generell die Echtheit des Obduktionsberichts, der hier in Auszügen im Wortlaut wiedergegeben wird:

„Obduktionsbericht Akte Nr. 12 über die gerichtsmedizinische Untersuchung der durch Feuer entstellten Leiche eines Mannes (vermutlich Hitlers Leiche)

Berlin-Buch, den 8. Mai 1945 Leichenschauhaus CAFS Nr. 496 [Chirurgisches Armeefeldlazarett]

Die Kommission, bestehend aus dem gerichtsmedizinischen Chefsachverständigen der 1. Weißrussischen Front, Oberstleutnant des medizinischen Dienstes F. J. Schkarwskij, dem Chefanatomen der Roten Armee, Oberstleutnant des medizinischen Dienstes N. A. Krajewskij, dem amtierenden Chefpathologieanatomen der 1. Weißrussischen Front, Major des medizinischen Dienstes A. J. Maranz, dem gerichtsmedizinischen Armeesachverständigen der 3. Stoßarmee, Major des medizinischen Dienstes J. I. Bogusslawskij und dem Armeepathologieanatomen der 3. Stoßarmee, Major des medizinischen Dienstes J. W. Guljkewitsch, hat auf Befehl des Mitgliedes des Kriegsrates der 1. Weißrussischen Front, Generalleutnant Telegin, vom 3. Mai 1945 die Leiche eines Mannes (vermutlich Hitlers Leiche) gerichtsmedizinisch untersucht. Bei der Untersuchung wurde festgestellt:

A. Äußerliche Untersuchungen
In einem Holzkasten (163 cm lang, 55 cm breit, 53 cm hoch) wurden die Überreste der durch Feuer entstellten Leiche eines Mannes eingeliefert. Auf der Leiche wurde ein an den Rändern verbranntes Stück gelben Strickstoffes gefunden, 25x8 cm groß, das mit einem Trikotagehemd Ähnlichkeit hat. Da die Leiche erheblich beschädigt ist, lässt sich das Alter des Toten schwer

schätzen. Vermutlich lag das Alter etwas zwischen 50 und 60 Jahren. [Hitler war 56] *Der Tote ist 165 cm groß (die Messung ist ungenau, weil das Gewebe verkohlt ist) das rechte Schienbein 39 cm lang. Die Leiche ist stark verkohlt und riecht nach verbranntem Fleisch. Ein Teil des Schädeldaches fehlt.* [Einige Zeit später werden in dem von Iwan Tschurakow entdeckten Trichter Hinterkopfteile eines Schädeldaches gefunden, die jahrzehntelang Hitler zugeschrieben wurden. Eine DNA-Analyse ergab jedoch, dass sie zu einer Frau gehörten.]

Erhalten sind Teile des Hinterhauptbeines, des linken Schläfenbeines, die unteren Teile der Joch- und Nasenbeine sowie der Ober- und Unterkiefer. Die Verbrennungen sind an der rechten Schädelseite stärker als an der linken. In der Schädelkapsel sind Teile des durch Feuer beschädigten Gehirnes und der harten Gehirnhaut zu sehen. Am Gesicht und am Körper fehlt die Haut völlig; nur Überreste der verkohlten Muskeln blieben erhalten. Am Nasenbein und an den Oberkieferknochen sind viele kleine Risse vorhanden. Die Zunge ist verkohlt, die Zungenspitze fest zwischen den Zähnen des Ober- und Unterkiefers eingeklemmt.

Im Oberkiefer sitzen 9 Zähne, die durch eine Brücke aus gelbem Metall (Gold) verbunden sind. Die Brücke ist durch Stifte am zweiten linken und am zweiten rechten Schneidezahn befestigt. Diese Brücke besteht aus 4 oberen Schneidezähnen (2,1,1,2), 2 Eckzähnen (3,3), dem linken Backenzahn (4) und dem ersten und zweiten Backenzahn rechts (4,5), wie in der Skizze angegeben. Der linke erste Schneidezahn (1) stellt eine weiße Zahnplatte darf, mit Sprüngen und einem schwarzen Defekt im Email unten. Diese Platte ist vorn an der sichtbaren Seite des Metall(Gold)zahnes eingearbeitet. Beim zweiten Schneidezahn, dem Eckzahn und dem Backenzahn links sowie beim ersten und zweiten Schneidezahn und dem ersten Backenzahn links sowie beim ersten und zweiten Schneidezahn und dem ersten Backenzahn rechts handelt es sich um übliche Porzellanzahnplatten, die in ihrem rückwärtigen Teil an der Brücke befestigt ist. Der rechte Eckzahn hat eine Vollkrone aus gelbem Metall (Gold). Die Oberkieferbrücke ist hinter dem zweiten [wohl irrtümlich statt „erstem"] *Backenzahn links (4) senkrecht abgesägt.*

Der Unterkiefer liegt frei in der angesengten Mundhöhle. Seine Alveolarfortsätze [Knochenteil des Oberkiefers] *sind hinten abgebrochen und haben spitze Ränder. Die Knochenplatte des Unterkiefers ist an der vorderen Fläche und am unteren Rand angekohlt. An seiner vorderen Fläche sind angekohlte Spitzen der Zahnwurzeln zu erkennen. Der Unterkiefer besteht aus 15 Zähnen, 10 davon sind künstlich. Die Schneidezähne (2,1,1,2) und der erste rechte Backenzahn (4) sind natürlich, mit erheblich abgenutzten Kauflächen und erheblich freiliegenden Zahnhälsen. Der Zahnschmelz hat einen bläulichen Schimmer und ist am Zahnhals schmutziggelb. Die Zähne links (4,5,7 und 8) sind künstlich, aus gelbem Metall (Gold), und bilden eine Brücke aus Goldkronen, die an dem dritten, dem fünften (in der Brücke ist es der 6. Zahn) und dem achten (in der Brücke ist es der 9.) Zahn befestigt ist. Auf dem zweiten rechten Backenzahn (5) sitzt eine Krone aus gelbem Metall (Gold), die durch eine bogenförmige Platte mit dem rechten Eckzahn (3) verbunden ist. Ein Teil der Kaufläche und der hinteren Oberfläche des rechten Eckzahnes ist mit einer Gelbmetall(Gold)platte der Brücke überdeckt. Der erste rechte Mahlzahn ist künstlich, weiß, und besitzt eine Goldverankerung, die mit der Brücke des zweiten kleinen Backenzahnes und des rechten Schneidezahnes verbunden ist.*

Im Munde wurden Glassplitter gefunden, Teile von der Wand und dem Boden einer dünnwandigen Ampulle. Die Halsmuskeln sind verkohlt, die Rippen auf der rechten Seite fehlen, sind verbrannt. Die rechte Seite des Brustkorbes und des Bauches sind restlos verbrannt, durch die entstandene Öffnung kann man die rechte Lunge, die Leber und die Därme sehen. Das Geschlechtsteil ist angekohlt. Im Hodensack, der angesengt, aber erhalten ist, wurde nur die rechte Hode gefunden. Im Leistenkanal konnte die linke Hode nicht gefunden werden [Die Abweichung zum Befund von Dr. Brinsteiner, der zuerst auch „*links*" geschrieben hatte, kann sich durch eine Verwechslung erklären. Aus optischer Sicht des Arztes fehlte die linke Hode, die natürlich de facto die rechte Hode ist. Unabhängig von dieser Ungenauigkeit ist entscheidend, dass eine Hode fehlte. Die Sowjets konnten nicht wissen, dass Hitler nur einen Hoden hatte und es gab auch keinen Grund, den Bericht in diesem Punkt zu fälschen.]

Der rechte Arm ist stark verbrannt, die Enden des Oberarmknochens und die Knochen des Unterarmes sind gebrochen und angekohlt. Die trockenen Muskeln sind schwarz und stellenweise braun, sie zerfallen bei Berührung in einzelne Fasern. Erhalten blieben Überreste des verbrannten Teiles (etwas 2/3) vom linken Oberarm. Das freie Ende des Oberarmknochens ist verkohlt und tritt aus dem trockenen Gewebe hervor. Auch die beiden Beine sind verkohlt. Das weiche Gewebe ist an vielen Stellen nicht vorhanden; es ist verbrannt und abgefallen. Die Knochen sind zum Teil verbrannt und zerbröckelt. Feststellbar sind eine Fraktur des rechten Oberschenkelknochens und des rechten Schienbeines. Der linke Fuß fehlt.

B. Innere Untersuchung
Die Lage der inneren Organe ist normal. Die Lungen sind an der Oberfläche schwarz, an der Schnittfläche dunkelrot und von ziemlich fester Konsistenz. Die Schleimhaut der oberen Atmungswege ist dunkelrot. Die Herzkammern sind mit geronnenem rötlich-braunem Blut gefüllt. Der Herzmuskel ist zäh und sieht wie gekochtes Fleisch aus. Die Leber ist an der Oberfläche schwarz, sie zeigt Verbrennungen, ist von ziemlich fester Konsistenz und an der Schnittstelle gelb-grau. Die Nieren sind etwas geschrumpft und haben die Ausmaße 9x5x3,5 cm, ihre Hauthülle kann leicht abgelöst werden; die Oberfläche der Nieren ist glatt, das Muster verwischt, sie sehen wie gekocht aus. Die Harnblase enthält 5 cm³ gelblichen Harns, ihre Schleimhaut ist grau. Milz, Magen und die Därme weisen starke Verbrennungen auf und sind stellenweise fast schwarz. (…) Schlussfolgerung: Aufgrund der gerichtsmedizinischen Untersuchung der teilweise verbrannten Leiche eines unbekannten Mannes (…) kommt die Kommission zu folgenden Schlüssen:

Anatomische Charakteristik der Leiche
Da die Körperteile stark verkohlt sind, ist es unmöglich, dass Aussehen des Toten zu beschreiben. Man kann aber folgendes feststellen:
  a) Die Körpergröße beträgt etwa 165 (einhundertfünfundsechzig)
  b) Das Alter (ach allgemeiner Entwicklung, der Größe der Organe, dem Zustand der unteren Schneidezähne und des rechten kleinen Backenzahnes zu urteilen) schwankt zwischen 50 und 60 Jahren (fünfzig bis sechzig).

c) *Die linke Hode konnte weder im Hodensack, noch im Samenstrang innerhalb des Leistenkanals oder im kleinen Becken gefunden werden.*

d) *Der wichtigste anatomische Fund, der zur Identifizierung der Person ausgewertet werden kann, ist das Gebiss mit vielen künstlichen Brücken, Zähnen, Kronen und Füllungen (siehe die Akte)."*

Als Todesursache wurden *„keine sichtbaren Zeichen schwerer tödlicher Verletzungen oder Erkrankungen"* festgestellt. Wie bereits ausgeführt wurde, eine bewusste Lüge. *„Ende Mai werden die Ergebnisse der medizinischen Experten der sowjetischen Staats- und Kriegsführung vorgetragen."* Da die medizinische Expertise als abgeschlossen gilt, werden *„die Leichen verbrannt und die Asche in alle Winde verweht."* Auch dies ist eine Lüge, denn in Wahrheit wagte man einerseits nicht, die Überreste zu vernichten und anderseits wusste man nicht so recht, was man tun sollte. Man wollte deshalb lieber auf Nummer sicher gehen. Am 11. Mai werden im Lager Schwanebeck (heute Nauen, Landkreis Havelland) dem Dentisten Fritz Echtmann und der Sprechstundenhilfe Katharina Heusermann in einer Zigarrenkiste Zahnprothesen, eine Kunststoffbrücke, ein völlig intakter Unterkiefer, ein Eisernes Kreuz 1. Klasse und ein Goldenes Parteiabzeichen der NSDAP vorgelegt. Echtmann ist für die Identifizierung prädestiniert, denn er hat jahrelang Prof. Dr. Hugo Blaschke als technischer Assistent gedient. Sicherheitshalber muss Echtmann aus dem Gedächtnis Zeichnungen von Hitlers Gebiss anfertigen. Katharina Heusermann erinnert sich: *„Die Russen zeigten mir einen Teil eines menschlichen Kiefers. Es war Hitlers. Ich erkannte ihn sofort an der ‚Fensterkrone' im Oberkiefer."* Es ist die Oberkieferbrücke mit neun Zähnen und der Unterkiefern mit 15 Zähnen. In der damaligen Zahnmedizin wird eine *„Fensterkrone"* selten benutzt. Der verhörende KGB-General Leonid Siomontschuk erinnert sich an die Reaktion von Echtmann: *„Anfangs war er ein wenig schockiert. Dann sagt er nur ‚Hitler tot'."* Der KGB fragt nach, wieso er sich dessen sicher sei und erinnert sich an die Antwort: *„Er sieht es, weil er diese Prothese gemacht hat."*

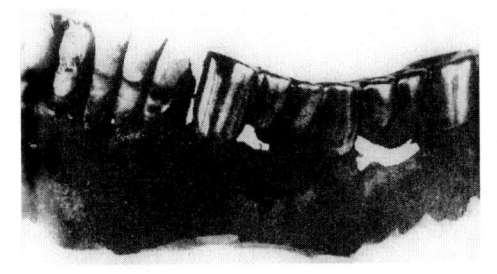

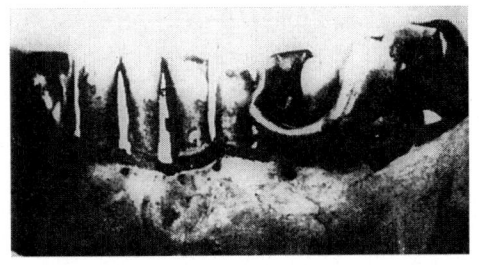

Die Zähne werden aufgrund ihrer Eigenheiten also eindeutig als die Hitlers identifiziert und befinden sich heute im Russischen Staatsarchiv in der ul. Bolshaya Dmitrovka 15 in Moskau/Russland. Marschall Wassili Danilowitsch Sokolowski bestätigt den Vorgang im Mai 1963 auch gegenüber Autor Cornelius Ryan: *„Obschon Hitlers Körper angesengt war, war er noch gut zu erkennen [!]. Um jedoch sicherzugehen, haben wir auf-*

^ *Hitlers Unterkiefer von links vorne fotografiert (135) (l.). Hitlers untere Zähne von hinten. Deutlich zu sehen ist rechts die einzigartige Brücke aus Gold (135) (r.).*

grund der herausgebrochenen Zähne mit Hilfe von Hitlers Dentisten eine Doppelkontrolle vorgenommen. Der Dentist des Führers erkannte das Gebiss Hitlers." Jelena Rschewskaja erhält am 8. Mai von Oberst Gorbuschin ein *„kleines, bräunliches Kästchen"*. Er ermahnt sie: *„Hitlers Zähne sind in diesem Kästchen. Sie sind mir jetzt dafür verantwortlich, sie werden mit ihrem Leben dafür haften!"* Der sowjetische Hauptmann Fjedor Pawlowitsch Wassilki erzählt später einem Ostberliner Polizeioffizier, wie der Zustand der Leichen bei deren Auffindung gewesen ist: *„Hitlers Schädel, die Hirnschale und der Unter- und Oberkiefer waren fast unversehrt."*

Nach der Obduktion werden die sterblichen Überreste *„in der Gegend der Stadt Buch vergraben"*, konkret auf dem Gelände des Krankenhauses (es ist das dritte Begräbnis). Schon nach einigen Tagen werden am Grab Spuren entdeckt, die auf eine Störung der Grabruhe hindeuten. Es kommen Gerüchte über einen Nazischatz auf. Die Leiche wird darauf erneut exhumiert (dritte Exhumierung) und in einer Munitionskiste etwa 38 Kilometer weit über Bernau, Rüdnitz und Biesenthal nach Finow bei Eberswalde transportiert. Dort erfolgt das vierte Begräbnis in einem Wäldchen am Stadtrand auf dem Gelände der neuen russischen Garnison. Die vierte Exhumierung und das fünfte Begräbnis finden am 22. Mai an gleicher Stelle durch Angehörige der Abteilung SMERSch der 3. Stoßarmee statt. Zuvor muss SS-Rottenführer Harry Mengershausen die Leichen des Ehepaars Goebbels und die von Hitler, die in Holzkisten auf einer Lichtung liegen, identifizieren. Die Leiche Hitlers befindet sich in *„einem schlechten Zustand"*. Das Feuer hatte *„die Füße weggefressen, Haut und Fleisch waren schwarz und verkohlt, die Gesichtsform aber war noch deutlich erkennbar. Eine Schläfe wies ein Schussloch [!] auf, Ober- und Unterkiefer waren unversehrt."* Zwischenzeitlich wird das Grab von anderen sowjetischen Soldaten, die nach vergrabenen Wertsachen suchen, entdeckt. Als die SMERSch-Einheit zurückkehrt, *„liegen die Knochen im Unterholz verstreut"*. Sie packen sie wieder in die Kisten und fahren weiter.

Ende Mai wird die Zahnarzthelferin Katharina Heusermann von Finow aus in ein in nächster Nähe gelegenes Waldstück geführt, wo sieben Kisten mit Leichenresten in etwa einem Meter Tiefe liegen. Erneut zeigt man ihr die Zähne, die in einer kleinen Zigarettenschachtel liegen. Hoher Besuch kommt am 3. Juni von Moskau nach Finow: General Mesik. Es ist nicht bekannt, ob er im Auftrag Stalins erscheint. Für ihn erfolgen die fünfte Exhumierung und der Transport etwa 125 Kilometer weit über Zerpenschleuse, Wandlitz, Oranienburg, Schwante, Kremmen, Nauen und Pessin nach Rathenow. Dort, am Ortsrand, werden die Leichen in einem Wald auf dem späteren Übungsgelände der sowjetischen Truppen nördlich der Waldsiedlung im Osten der Stadt zum sechsten Mal begraben. Die Holzkisten werden in einer Grube in einer Tiefe von 1,7 Metern vergraben in der *„folgenden Reihenfolge (von Ost nach West): Hitler, Eva Braun, Goebbels, Magda Goebbels, Krebs, die Kinder von Goebbels"*. Die Grube wird dem Erdboden gleichgemacht und zur Tarnung mit kleinen Kiefern bepflanzt. Die sowjetischen Einheiten sind in Rathenow in der Zietenkaserne in der Bahnhofstraße und im Norden in der Rudolf-Breitscheid-Straße (die gesamte östliche Bebauung) untergebracht. Das Gebiet östlich dieser Anlagen wird als Übungsplatz verwendet.

Auf einer Pressekonferenz in Berlin teilt der sowjetische Marschall Schukow am 9. Juni mit, dass Hitler Eva Braun kurz vor seinem Tod geheiratet hat. Er sei mit seiner Frau, der *„Schauspielerin"* Eva Braun, entkommen und befindet sich *„auf Hochzeitsreise"*. Er informiert weiter darüber, dass sie *„mehrere Körper, die Hitler sein könnten"*, gefunden hätten, aber auch, dass sie *„nicht mit Sicherheit sagen können, dass er tot ist"*. So oder so, die Leichen werden im Juli 1945 zum sechsten Male exhumiert und etwa 37 Kilometer weit von Rathenow-Ost über Tangermünde nach Stendal transportiert. Sie befinden sich mittlerweile in *„halbverfaultem"* Zustand. Zügig erfolgt in Stendal das siebte Begräbnis in einem Waldstück. Die Sowjets haben dort am 1. Juli die Besatzungsmacht von den Briten übernommen und beziehen die Albrecht-der-Bär-Kaserne in der Scharnhorststraße, die Hindenburgkaserne in der Schillerstraße und die Tauentzienkaserne in der Osterburger Straße. Der Kommandant befindet sich in der Moltkestraße/Stadtseeallee. Andere Truppenteile sind im Stadtteil Stadtsee untergebracht. Wo genau die Leichen vergraben werden, ist nicht überliefert. Fakt ist, dass im September 1945 sowjetische Stellen in Moskau behaupten, Hitler lebe und werde von Briten versteckt gehalten.

Fünf Monate lang passiert nichts, bis im Dezember 1945 Generalleutnant Kobulow eine erneute Untersuchung anordnet. Grund sind bekannt gewordene Zeugenaussagen, die von einem Selbstmord durch Erschießen berichten und ein im Bombentrichter gefundenes Schädelstück, das ein durch einen Ausschuss verursachtes Loch aufweist. Noch bevor die Kommissionsmitglieder tätig werden können, werden auf Befehl von Generalleutnant Selenin die Überreste heimlich ausgegraben und nach Magdeburg geschafft (siebte Exhumierung). Es erfolgt der Transport etwa 65 Kilometer über Lüderitz, Dolle, Colbitz, Wolmirstedt und Barleben nach Magdeburg. Ziel ist die Westendstraße 32 (heute Klausener Straße 32). Seit Berlin-Buch sind etwa 284 Kilometer mit den sterblichen Überresten Hitlers zurückgelegt worden.

Währenddessen sucht in Berlin der US-Soldat Wilhelm Heimlich am Verbrennungsort von Hitlers Leiche vergeblich nach Spuren einer Verbrennung. Er meldet, er habe keine Spuren gefunden. US-Medien starten eine Umfrage und das Ergebnis spiegelt die Wirkung der konspirativen Sowjetkampagne wieder: 68 Prozent der befragten US-Bürger glauben, dass Hitler noch lebt. Die zentrale Sicherheitsbehörde der USA, das FBI, leitet eine offizielle Fahndung nach Hitler ein. In Ostdeutschland wartet man derweil die weitere Entwicklung ab. Am 13. Januar 1946 wird schließlich die „Untersuchungskommission Kobulowa" ins Leben gerufen. Daraufhin erfolgt im Februar 1946 in Magdeburg das achte Begräbnis der Leichen, die in *„einem halbverfallenen Zustand"* sind, in einer *„zwei Meter tiefen Grube"* im Hof der Westendstraße 32 in Magdeburg-Sudenburg bei der SMERSch-Abteilung der 3. Stoßarmee. Generalleutnant Kobulow hat somit keinen

^ *Magdeburg, Klausener Straße 32: Hier ruhen 24 Jahre lang die Reste des Ehepaars Hitler und der Familie Goebbels (1991). (112)*

Zugriff mehr und kann seine Erschießungsthese, die der Sowjetführung ohnehin nicht ins offizielle Bild passt, nicht untermauern.

Hitler findet keine Ruhe. Am 21. Februar 1946 wird die Leiche ein achtes Mal exhumiert und erneut obduziert. Eine Ursache dafür oder ein Bericht sind nicht bekannt. Danach erfolgen das neunte Begräbnis und die Asphaltierung der Begräbnisstätte im Hof des Grundstückes der sowjetischen Militärsiedlung in der Westendstraße 32 in Magdeburg. Die Stelle befindet sich an der *„südlichen steinernen Hofwand in 25 Meter Entfernung direkt nach Osten"*. Eine große Garage steht neben der Hausnummer 32. Sie bietet Platz für fünf Fahrzeuge und ist mit einer Inspektionsgrube ausgestattet. In dieser Grube werden Adolf und Eva Hitler beerdigt. Ein Bericht aus dem Jahre 1992 spricht von dem Grab *„unter der 18 cm starken Betonplatte"*, welche einst *„den Garagenboden"* gebildet hat. In der Bundesrepublik Deutschland fand in der folgenden Zeit eine ausführliche Untersuchung über das Ende Hitlers statt. Ursache ist eine Erbschaftangelegenheit, für die ein Totenschein existieren muss. Es galt, den Tod amtlich festzustellen. Das Amtsgericht Berchtesgaden erklärt Hitler am 25. Oktober 1956 offiziell für tot, die Todeserklärung wird am 3. Dezember 1956 rechtskräftig. Daraufhin stellt das das Standesamt Berlin am 28. Dezember die amtliche Todesurkunde (Nr. 29050) aus. Die nächsten vierzehn Jahre geschieht nichts; West- und Ostdeutschland werden wieder aufgebaut und das Wirtschaftswunder, die Wiederbewaffnung und die Zugehörigkeit in den Verteidigungsblöcken der Nato bzw. des Warschauer Paktes bilden den Rahmen des neuen Lebens. An Hitlers Reste denkt niemand mehr. Doch dann steht ein Umzug bevor, der Vergessenes wieder in Erinnerung ruft.

In Moskau schreibt (Brief Nr. 655A) am Freitag, den 13. März 1970 KGB-Chef Juri Andropow an den Partei- und Staatschef Leonid Breschnew, dass die Garnisonstadt Magdeburg an die Behörden der DDR übergeben werden soll und kommt auf die Überreste zu sprechen: *„Vor dem Hintergrund möglicher Bau- und anderer Erdarbeiten auf diesem Territorium, die zur Entdeckung der Gräber führen könnten, hielte ich es für zweckmäßig, die Überreste zu beschlagnahmen und sie auf dem Weg der Verbrennung zu vernichten. Die angeordnete Maßnahme wird streng konspirativ von Kräften einer Sondereinsatzgruppe des KGB in der 3. Armee der Truppen der sowjetischen Streitkräfte in Deutschland durchgeführt und in der nötigen Form dokumentiert."* Der Name *„Гитлер"* (Hitler) wird von Andropow handschriftlich eingetragen, damit kein Dritter, nicht einmal seine zur absoluten Verschwiegenheit verpflichtete Sekretärin, erfährt, um wen es geht. Der Vorgang trägt passenderweise den Decknamen *„Operation Mythos"*. Die Sowjets wollen Presserummel vermeiden, den es gegeben hätte, wenn die Leichen in die Sowjetunion gebracht worden und dies publik geworden wäre. Das Ausland hätte sie umgehend aufgefordert, sie vorzuzeigen.

Bereits am ersten Arbeitstag der neuen Woche, am Montag, 16. März 1970, wird unter dem Schreiben Andropows vermerkt: *„Einverstanden. 16. März."* Es unterschreiben der Parteichef der KPdSU Leonid Breschnew, Ministerpräsident Alexei Kossygin und Nikolai Podgorny, der Vorsitzender des Präsidiums des Obersten Sowjets und damit Staatsoberhaupt der Sowjetunion. Die Angelegenheit hat also Aufmerksamkeit von oberster

Stelle. Etwas mehr als zwei Wochen vergehen, als in der Abenddämmerung an einem ruhigen Samstagabend im Frühling, 4. April 1970, in der Magdeburger Militärsiedlung die KGB-Offiziere Oberleutnant Wladimir Gumenjuk und Major Schirokow mit der Vorbereitung der Exhumierung beginnen und anfangen zu graben. Der Chef der Einheit Oberst Kowalenko sichert das Gelände mit der Waffe in der Hand. Zunächst findet man nichts, denn man gräbt an der falschen Stelle. Der Irrtum wird erkannt und nach weiteren Grabungen wird man in etwa eineinhalb Meter Tiefe fündig. Die Soldaten stoßen auf vier übereinander gestapelte Munitionskisten, in denen neben den Skelettresten *„auch ein paar goldene Zähne"* liegen. Die Akte vermerkt: *„Schädel, Gebein, Rippen, Wirbel usw. in Kisten, diese zu Mulm verfault. Leichen waren mit Erde vermischt, der Zerstörungsgrad ist groß."*

Man errichtet zur Tarnung ein Zelt, für Beobachter werden hier angeblich Gasmasken geschwefelt. Tatsächlich erfolgt unter dem Schutz von Beobachtungsposten durch fünf KGB-Offiziere die neunte – und letzte – Exhumierung. Die Knochen werden in Kalaschnikowkisten umgelagert. Es handelt sich um die Überreste von zehn Leichen (Ehepaar Hitler, Ehepaar Goebbels und die sechs Kinder). Die goldenen Zähne liegen beim Ausgraben neben den Knochen und werden in eine gesonderte Kiste gelegt. Ein 19-jähriger Soldat steckt Knochenfragmente eines rechten Armes und Teile einer Rippe unbemerkt in seine Tasche und versteckt diese später auf dem Dachboden im Haus seiner Eltern. Oberst Kowalenkow erklärt, die Angelegenheit müsse *„für immer und ewig"* geheim bleiben. Im Morgengrauen des 5. April, Magdeburg ist an diesem Sonntag noch nicht erwacht, erfolgt der Abtransport der Überreste. Benutzt wird ein Sowjetjeep, aus dem zur Tarnung der Fahrt Angelruten unter der Plane herausragen. Hitlers allerletzte Fahrt findet in einem in Nischni Nowgorod (früher Gorki) hergestellten GAZ-69 (zweiachsiger leichter Geländewagen sowjetischer Produktion) statt. Das Fahrzeug wiegt 1.525 kg, erreicht 90 km/h bei 55 PS, ist 3,85 Meter lang, 1,75 Meter breit und 2,03 Meter hoch.

Wahrscheinlich nehmen die Sowjets die Route über die Magdeburger Stadtteile Buckau, Fermersleben, Salbke und Westerhüsen nach Schönebeck. Dort wird das Gelände der Kaserne des 248. Garde-Mot-Schützenregiments der 10. Panzerdivision erreicht. Die Kisten werden vor der Leichenhalle der Kaserne (das Gebäude liegt an einem Feldweg, der vom westlichen Stadtrand direkt zum Hummelberg führt, am anderen Ende des Waldes gegenüber der südwestlichen Ecke des Westfriedhofes) auf einen Scheiterhaufen gestapelt, mit 20 Liter Benzin übergossen und eine Stunde lang vollständig verbrannt. Von der Leichenhalle ist heute nur noch die Grundplatte aus Beton erhalten. Die drei Soldaten warten bei laufendem Motor im Wagen. Nach der Verbrennung kehrt Gumen-

^ *Ein sowjetischer Geländewagen vom Typ GAZ-69, in dem Hitlers Überreste ihre letzte Fahrt antraten. (169)*

juk die Asche zusammen und fegt sie in einen Sack. Ohne weitere Verzögerung verlädt man den Sack in das Fahrzeug und fährt von Schönebeck über Grünewalde, Plötzky, Gommern, Wahlitz, Menz, Klein Gübs (heute Königsborn) und Heyrothsberge nach Biederitz. Der kleine Ort wird durchquert. Man nimmt die Magdeburger Straße in Richtung der sowjetischen Kaserne in Magdeburg-Herrenkrug. Gleich hinter Biederitz, westlich des Ortes, halten sie an einer Brücke, sie heißt Schweinebrücke. Die Asche Hitlers, seiner Frau und der Familie Goebbels werden von der Brücke in den Fluss Ehle geschüttet, nicht weit vor dessen Mündung in die Elbe. Der kleine Fluss spült weg, was Moskau noch einmal in Aufruhr versetzt hat. Nicht weit von hier, bei Möckern, fand am 5. April 1813 ein Gefecht zwischen den preußischen und russischen Truppen auf der einen Seite und den Truppen Napoleons auf der anderen Seite statt. Es läutet den Beginn der Vertreibung Napoleons aus Deutschland ein.

Da alles für die Sowjetführung dokumentiert werden muss, wird eine Akte angefertigt:

„Die Vernichtung der Überreste wurde auf dem Weg des Verbrennens in einem Lagerfeuer auf unbebautem Terrain in der Gegend der Stadt Schönebeck, elf Kilometer von Magdeburg, durchgeführt. Die Vernichtung der Überreste erfolgte durch Verbrennen auf einem Scheiterhaufen. Die Überreste wurden vollständig verbrannt, dann zusammen mit Kohlestücken zu Aschepulver zerstampft, anschließend in den Fluss geworfen."

Jetzt erst ist man Hitler physisch los, 81 Jahre nach seiner Geburt und 25 Jahre nach seinem Selbstmord. Es wird noch zwanzig weitere Jahre dauern, ehe der Kalte Krieg, den Hitler vorhergesagt hat, beendet und beide Teile Deutschlands wiedervereinigt sein werden.

Die Lubjanka, das ehemalige Hauptquartier, Gefängnis und Archiv des sowjetischen Geheimdienstes in Moskau, beherbergt heute den russischen Inlandsgeheimdienst FSB. Hier, im zweiten Stock des Gebäudes, zeigt der Archivleiter Nikolai Michejkin Vertretern von SPIEGEL-TV, aufbewahrt in einem modernen schwarzen und einem alten rotbraunen Koffer, die angebliche Schädeldecke Hitlers und die Prothese von Goebbels Bein. In einer alten Zigarettenschachtel befindet sich eine weitere Schachtel. Darin Zähne und Kieferreste. Michejkin: *„Hier haben wir den unumstößlichen Beweis, dass wir Adolf Hitler tatsächlich gefunden haben. Jeder Gerichtsmediziner der Welt wird bestätigen, dass es sich hier um das authentische Zahnmaterial von Hitler handelt."*

^ *Von dieser Seite der Schweinebrücke bei Biederitz wird Hitlers Asche in die Ehle geschüttet (2016). Die alte Brücke berstand aus Holz und wurde durch ein Hochwasser zerstört. (112)*

Deutschland wird entweder Weltmacht oder überhaupt nicht sein.
Adolf Hitler
(Diktator, 1889-1945)

Illusionen – Wenn Hitler den Krieg gewonnen hätte

Die neue Weltordnung

Das Ziel ist klar und Hitler betont es mehrfach, unter anderen vor den Oberbefehlshabern der Wehrmacht am 23. November 1939: *„Es muss entschieden werden, wer in Europa dominieren wird – und damit in der Welt"* und *„Die Erde ist für den da, der sie sich nimmt"*. Bereits zehn Monate zuvor, am 24. Januar 1939, kommt das britische „War Office" in einer internen Denkschrift zu der Erkenntnis, dass Hitlers Ziel die Welthegemonie sei. Der Publizist Ralph Giordano hat die Details des Stufenplanes zur Weltherrschaft anhand vorliegender Quellen erforscht. Erste Stufe: Deutschland als Vormacht in Europa, ein blockadefester, wirtschaftlich autarker Großraum vom Atlantik bis zum Ural, zweite Stufe: Errichtung eines großen mittelafrikanischen Ergänzungsraumes, eine einzige riesige Kolonie mit Basen für eine Überseeflotte am Atlantik. Stützpunkte ziehen sich von Norwegen über die Inseln des Ärmelkanals, die Kanarischen Inseln und die Azoren bis nach St. Helena und Ascension im Südatlantik. Dies stellt die Grundlage für die dritte Stufe dar: Den Endkampf der beiden verbliebenen stärksten Weltmächte (Deutschland und die USA) um die Weltherrschaft mit dem Endziel der Errichtung eines Großgermanischen Weltreiches. Hitler beschäftigt sich konkret damit, so in einem Gespräch mit Walter Hewel am 31. Mai 1941:

„Sobald es [Russland] *erledigt ist, erledigt sich auch Irak und Syrien von selbst. Dann bin ich so frei, dass ich schließlich auch durch die Türkei hinunterstoßen kann. Wenn die*

Franzosen Syrien verlieren, und ich bin überzeugt, dass Syrien verloren ist, besteht nur die eine Gefahr, dass sie auch Algerien verlieren. Dann stoße ich sofort durch Spanien durch und riegele den Engländern das Mittelmeer ab."

Das Gebiet östlich des Urals und der Pazifikraum sollen den Japanern vorbehalten bleiben. Aber gegenüber Ribbentrop gibt er zu, dass er schon weiter denkt: *„Ich weiß nicht, Ribbentrop (...). Man muss in Jahrhunderten denken. Früher oder später kommt doch einmal die Auseinandersetzung zwischen der weißen und der gelben Rasse."* Dass dies alles nicht nur Gedankenspiele sind, sondern konkret geplant wird, wird an dem Beispiel deutlich, als er Anfang Februar 1941 Jodl anweist, eine Studie über den Aufmarsch in Afghanistan mit Stoßrichtung Indien in Auftrag zu geben. Ermöglicht werden sollen diese Pläne durch neue Waffen bisher unerreichten Ausmaßes: Langstreckenbomber mit einer Reichweite von 15.600 Kilometern, Aufklärungsflugzeuge mit 21.000 Kilometer Reichweite, schwere Bomber mit bis zu 12.000 Kilometer Reichweite, die größten je gebauten Unterseebooten und natürlich Raketen, deren Reichweite bis an die Ostküste der USA und weiter gehen. Hierbei beschränken sich die Pläne für Bombenziele in Nordamerika keineswegs nur auf New York, Washington, Philadelphia und andere Zentren der Ostküste, sie reichten vielmehr tief hinein in das Innere des Kontinents, bis zu den Großen Seen. Auch Goebbels vermerkt in seinem Tagebuch nach einem Gespräch: *„Der Führer gibt seiner unumstößlichen Gewissheit Ausdruck, dass das Reich einmal ganz Europa beherrschen wird. Von da ab ist praktisch der Weg zur Weltherrschaft gezeichnet. Wer Europa besitzt, der wird damit die Führung der Welt an sich reißen."* Dass Hitler nie vorhat, einmal besetztes Gebiet wieder zu räumen und das ganze geheim gehalten werden soll, dokumentiert diese Aussage:

„Wesentlich ist nun, dass wir unsere Zielsetzung nicht vor aller Welt bekanntgeben. (...) Wir müssen genau vorgehen wie in den Fällen Norwegen, Dänemark, Holland und Belgien. Auch in diesen Fällen haben wir nichts über unsere Absichten gesagt. (...) Wir werden also wieder betonen, dass wir gezwungen waren, ein Gebiet zu besetzen, zu ordnen, zu sichern. Im Interesse der Landesbewohner müssten wir für Ruhe, Ernährung, Verkehr usw. sorgen; deshalb unsere Regelung. Es soll also nicht erkennbar sein, dass sich damit eine endgültige Regelung anbahnt! Alle notwendigen Maßnahmen – erschießen, aussiedeln usw. – tun wir trotzdem und können wir trotzdem tun. Wir sollten uns aber nicht irgendwelche Leute vorzeitig und unnötig zu Feinden machen. Wir tun also lediglich so, als ob wir ein Mandat ausüben wollten. Uns muss aber dabei klar sein, dass wir aus diesen Gebieten nie wieder herauskommen."

Was das auch bedeutet, wird durch ein Gesprächsprotokoll deutlich, das der Generalquartiermeister General Eduard Wagner persönlich Ende Februar 1943 mit Heinrich Himmler führte. Wagner wird von Himmler über zukünftig geplante Kriegsverbrechen genau informiert. Himmler äußert in dieser Unterredung, dass er vorhabe, nach dem Ende des Krieges 80 Prozent der französischen Bevölkerung durch Kommandos des Sicherheitsdienstes ermorden zu lassen und ähnlich in England verfahren zu wollen. Hitler hat zuvor die Unterklassen Englands als *„rassisch minderwertig"* bezeichnet. Wichtigster Mittelpunkt dieser Pläne ist die schon in „Mein Kampf" geäußerte Vorstellung der Germanisierung des Ostens. Hitler verfolgt eine radikale Siedlungspolitik, die sich durch Vertreibung und Versklavung der einheimischen Bevölkerung durch neu anzusiedelnde Deutsche auszeichnet: *"Auch die Krim muss so ausgebaut werden, dass das deutsche Volk auch nach langen Zeiträumen durch nichts zu bewegen ist, das dortige Stück deutscher Arbeit wieder herauszugeben."* Und: *"Wir stehen vor der großen Aufgabe, planmäßige Rassepolitik zu betreiben."*

Die neuen Prachtbauten der Weltmacht in dem vielleicht in „Germania" umbenannten Berlin sollen bis zum Jahre 1950 fertiggestellt sein. Bereits im Oktober 1941 äußert Hitler über die Zukunft: *"Wer die Reichskanzlei betritt, muss das Gefühl haben, vor den Herrn der Welt zu treten, und schon der Weg dahin durch den Triumphbogen auf den breiten Straßen an der Soldatenhalle vorbei zum Platz des Volkes soll ihm den Atem nehmen. (...) Berlin wird einmal sein die Hauptstadt der Welt."* Es ist müßig darüber zu spekulieren, in welchem Jahr des Krieges Hitler dem Erreichen der Stufe 1 am nächsten gekommen ist und welche Ereignisse und Entscheidungen letztlich seinen Erfolg verhinderten. Konkret sind jedoch die Pläne für seine Lebensumstände bzw. Aufenthaltsorte für die Zeit nach dem *"Endsieg"*.

Berlin-Schwanenwerder: Wohnhaus

Speer kauft ein 26.450 Quadratmeter großes Grundstück auf der im Wannsee gelegenen Insel (Inselstraße 20), auf dem ein Wohngebäude für Hitler (in unmittelbarer Nachbarschaft zu Goebbels und Speer) gebaut werden soll. Die Pläne verlaufen im Sande.

München-Schwabing: Wohnhaus

Seinen Hauptwohnsitz hat Hitler seit dem Jahre 1929 in München-Bogenhausen, Prinzregentenplatz 16/II. Diese 395 Quadratmeter große Wohnung soll aufgegeben werden, Hitler will ein Wohnhaus für sich alleine. Die ursprüngliche Planung sieht Hitlers neues Haus *"beim Böhmerwaldplatz"* vor, ebenfalls im Stadtteil Bogenhausen gelegen. Ein streng gefasstes nahezu quadratisches Areal östlich des Böhmerwaldplatzes, eine breite Grünanlage (im Verlauf der Steinhauser Straße) führt als Nord-Süd-Achse auf den Mitteltrakt eines ausgreifenden Flügelbaues zu. Sein flacher Kreisbogen folgt dem Umriss einer Wasserfläche im Süden, während ein langgestreckter Innenhof im Norden zu dem Baublock des eigentlichen Wohnhauses überleitet. Sein Eingang liegt in der Achse einer Auffahrt von einer Straße, die der heutigen Richard-Strauß-Straße entspricht; ein zweiter, unmittelbarer Zugang ist vom heutigen Schreberweg aus möglich. Schmale Bautrakte fassen das Grundstück im Norden und Westen ein, die beiden anderen Seiten sind verhältnismäßig offen.

Dieser Plan wird am 7. Februar 1940 durch die Entscheidung Hitlers, sein eigenes Wohnhaus solle nun im Leopoldpark, dem Areal des Palais Leopold im Stadtteil Schwabing, errichtet werden, obsolet. Gegenüber dem ersten Standort steht hier weniger Platz zur Verfügung und auch die Parkanlage ist nicht mehr so weitläufig. Für den etwa 50 Meter von der Leopoldstraße zurückgesetzten längsrechteckigen Baukörper sind von Prof. Giesler erste Entwürfe angefertigt worden. Sein Zentrum soll eine große Wohnhalle bilden, der eine von niedrigen, kurzen Flügelbauten gerahmte Terrasse zum Park vorgelagert ist. Dieser Park erstreckt sich bis zur Friedrichstraße, eine in der Achse gelegene Kolonnade bildet den Point-de-vue der kleinen Gartenanlage. Entsprechend den beiden Schmalseiten des Hauptgebäudes sollen südlich und nördlich davon zwei Nebengebäude errichtet werden, die kleine Hofräume bilden. Das Areal bildet die ungefähre Mitte zwischen der Universität mit dem Siegestor und der Danziger Freiheit (heute Münchner Freiheit). Es soll eine monumentale Neubebauung bis zur äußeren Leopoldstraße bzw. der Ungerer Straße erfolgen. Das Gebiet stellte damals die Nahtstelle zwischen der eigentlichen Stadt und ihrem Ausgang und zur Zufahrt zur Autobahn nach Nürnberg dar.

Berlin-Mitte: Führerpalast

Hitler sah die Neue Reichskanzlei stets als Übergangslösung an. Sein endgültiger Palast ist um ein vielfaches größer. Das Gebäude besteht aus weiten Empfangshallen, Speisesälen, anderen der Repräsentation dienenden Räumen und seiner Privatwohnung. Zur Verwendung in dem Massivbau sollen edelste Materialien kommen. Die „Führerwohnung" umfasst unvorstellbare 1,9 Millionen m³, der Arbeitstrakt 1,2 Millionen m³. Zu seinem 900 Quadratmeter großen Arbeitszimmer gelangt man nur über einen Anmarschweg von einem halben Kilometer Länge. Einer der Speisesäle soll die Fläche von 2.940 Quadratmetern umfassen und hätte 2.000 Gästen Platz geboten, ein Privattheater 400 Zuschauern. Die u-förmige Gartenfassade hat eine Gesamtlänge von 670 Metern. Mit den dazugehörigen Gärten nahm der Palast eine Fläche von zwei Millionen Quadratmetern ein. Standort ist der Bereich um das heutige Bundeskanzleramt im Spreebogen in Berlin-Mitte, direkt gegenüber dem alten Reichstagsgebäude und neben dem geplanten größten Gebäude der Welt, der Kuppelhalle mit dem Adler über der Weltkugel.

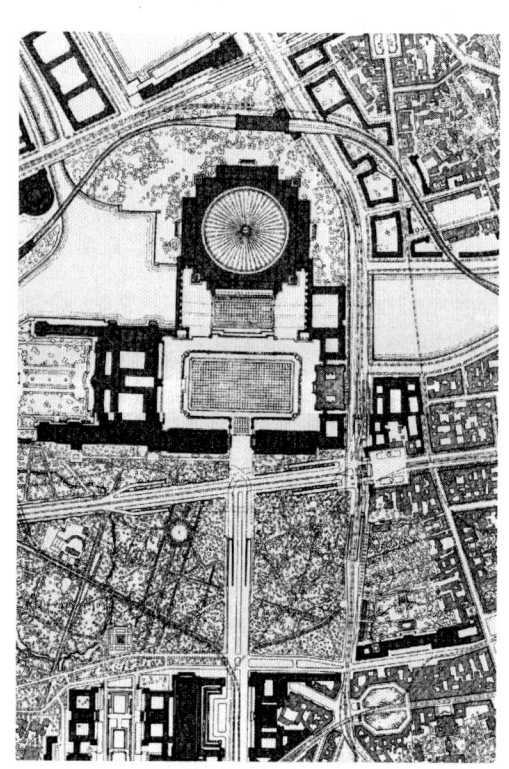

Die sehr abweisend wirkende Fassade ist kein Zufall. Zu Speer äußert Hitler 1939: *„Es ist doch nicht ausgeschlossen, dass ich einmal gezwungen bin, unpopuläre Maßnahmen zu*

^ *Karte des geplanten neuen Regierungsviertels mit Neuer Reichskanzlei (rechts unten), darüber Brandenburger Tor und Reichstag, gegenüber links der Palast des Führers und oben die Große Halle. (124)*

Die neue Weltordnung

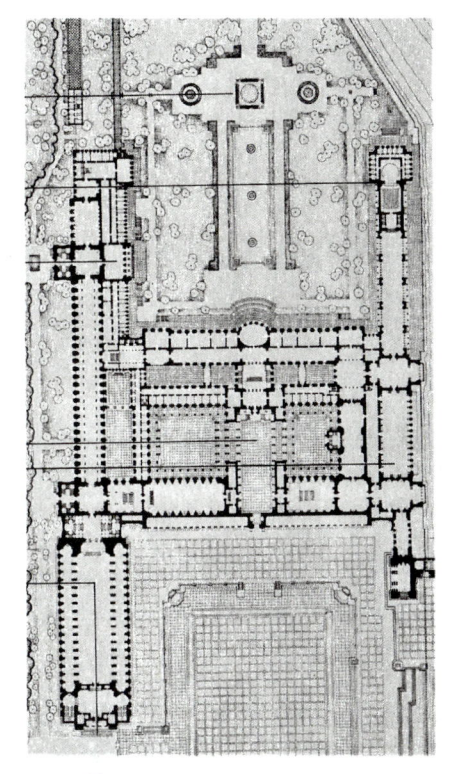

treffen. Vielleicht gibt es dann einen Aufruhr." Für den Fall müsse vorgesorgt werden: Alle Gebäude am künftigen Adolf-Hitler-Platz, an dem auch der Führerpalast stehen sollte, müssten *„schwere stählerne, schusssichere Schiebeläden und Türen"* bekommen. Die Front des Führerpalastes selbst hat überhaupt keine Fenster und der einzige Zugang zum Platz wird durch ein schweres eisernes Gitter abgeschlossen. Nur eine riesige, schwere Stahltür und eine Tür zu einem kleinen Balkon in der Höhe des fünften Stockwerkes gewöhnlicher Häuser sind Öffnungen in der Fassadenfront. Hitler äußert: *„Das Zentrum des Reiches muss wie eine Festung verteidigt werden können."* Es ist folgerichtig, dass die Kasernen der „LSSAH" und des Berliner Wachregiments Großdeutschland nahe am Palast liegen sollen.

< *Grundriss des Führerpalastes mit Garten, rechts oben die Spree. (124)*

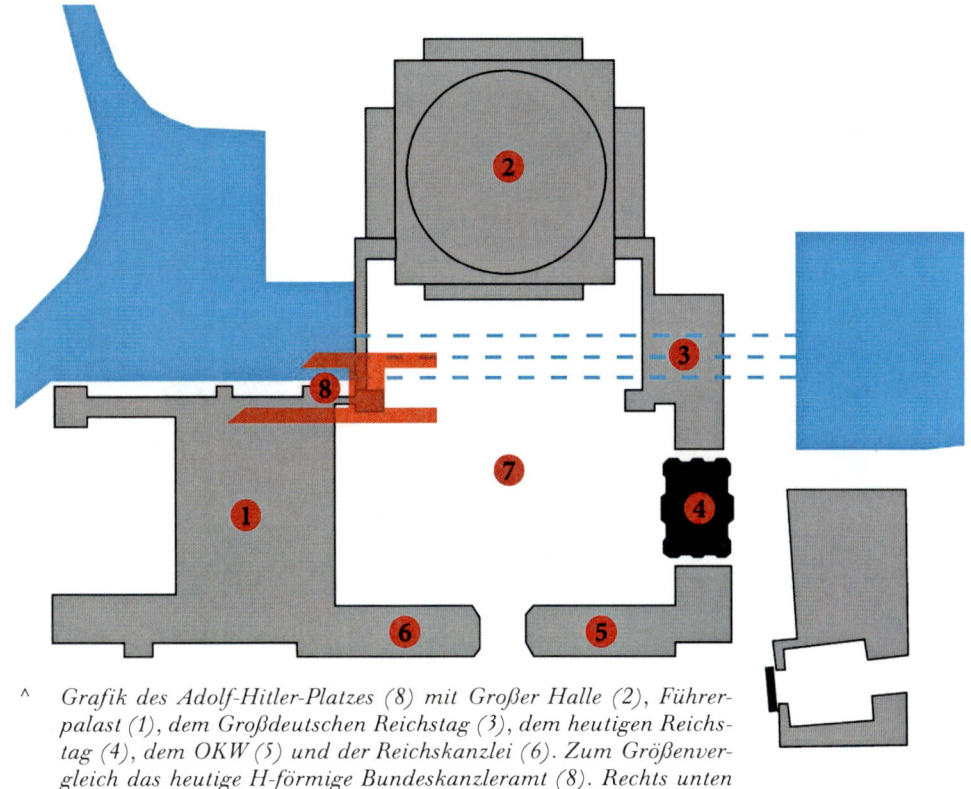

^ *Grafik des Adolf-Hitler-Platzes (8) mit Großer Halle (2), Führerpalast (1), dem Großdeutschen Reichstag (3), dem heutigen Reichstag (4), dem OKW (5) und der Reichskanzlei (6). Zum Größenvergleich das heutige H-förmige Bundeskanzleramt (8). Rechts unten Brandenburger Tor und Pariser Platz. (173) (o.)*

Illusionen – Wenn Hitler den Krieg gewonnen hätte

Berlin-Mitte: Modell der Hauptfassade des Führerpalastes am Adolf-Hitler-Platz. (124)

Der Haupteingang des Führerpalastes mit dem Führerbalkon. (124)

Linz-Altstadt: Altersruhesitz

Der Freinberg in Linz fällt steil zur Altstadt und zur Donau ab. Auf halber Höhe liegt das Linzer Schloss. Über den Berg äußert Hitler: *„An diesen Felswänden kletterte ich in meiner Jugend. Auf dieser Kuppe hing ich, mit dem Blick über die Donau, meinen Gedanken nach. Hier möchte ich meinen Lebensabend verbringen. Giesler – über diesen Felswänden bauen Sie mir den Alterssitz."* Das vorhandene Schloss soll dabei als Altersruhesitz in der kubischen Form des österreichischen Bauernhofes (Vierkanter) ausgebaut werden und hat als Vorbild das Castel del Monte von Kaiser Friedrich II. Hitler freut sich darauf, dort mit Eva Braun entspannen zu können: *„Wenn ich den Krieg siegreich beendet habe, dann ist meine Lebensaufgabe erfüllt und ich ziehe mich auf meinen Linzer Alterssitz über der Donau zurück."* Von dort aus hätte er die großartigen Donauuferneubauten im Blick und den Glockenturm, in dessen Krypta seine Eltern ruhen werden.

München-Maxvorstadt: Grabstätte

Hitler beschäftigt sich, nachdem er sich als Auserwählten betrachtet, früh mit seiner letzten Ruhestätte; auch weil er glaubt nicht alt zu werden. Soll sie Weihestätte und Wallfahrtsort werden oder aber an einer einsamen Stelle auf Bergeshöhe am Obersalzberg liegen? Von Letzterem kommt er schnell wieder ab. Am 7. September 1932 betont er in einer Münchener Rede: *„In meinem Testament wird einmal stehen, dass man auf meinen Grabstein nichts anderes schreibt als ‚Adolf Hitler'. Meinen Titel schaffe ich mir in meinem Namen."* Er denkt hier offenbar an die Grabstelle des von ihm verehrten Richard Wagners in Bayreuth. Im Testament vom 2. Mai 1938 verfügt er, sein Leichnam solle in der Münchener Feldherrnhalle aufgebahrt und im rechten Tempel (den neben dem Führerbau, heute neben dem NS-Dokumentationszentrum) beigesetzt werden. Sein Sarg soll dem der übrigen gleichen. Im Juni 1939, nach der Besetzung der Tschechoslowakei und

∧ *Modell der Neugestaltung von Linz. Rechts die Altstadt, links der Stadtteil Urfahr mit der Nibelungenbrücke und vorne links das zum Altersruhesitz Hitlers umgebaute ehemalige Schloss. (122)*

seinem 50. Geburtstag, entwirft er dann sein eigenes Mausoleum. Dieses soll neben den geplanten neuen Münchener Parteibauten in der Maxvorstadt errichtet werden.

Am 21. Juni 1939 zeichnet er eine Skizze zum neuen Forum der Partei in München auf dem Areal der ehemaligen Türkenkaserne zwischen der Theresien- und der Gabelsberger Straße östlich der Alten Pinakothek. Größtes Gebäude ist die Halle der Partei, deren Areal heute von der Türken-, Theresien, Amalien- und Gabelsberger Straße begrenzt wird. Von dort gibt es eine Überbrückung der Gabelsberger Straße zur Grabstätte, ungefähr dort, wo heute die St. Markuskirche steht und die Gabelsberger Straße auf den Oskar-von-Miller-Ring trifft, der damals noch nicht existierte. Der quadratische Baukörper der Grabstätte soll auf der Freifläche hinter dem Wittelsbacher Palais, welches abgerissen werden soll, entstehen. Heute steht auf dem Areal zwischen der Türkenstraße und dem Oskar-von-Miller-Ring ein großer silberner Bürokomplex.

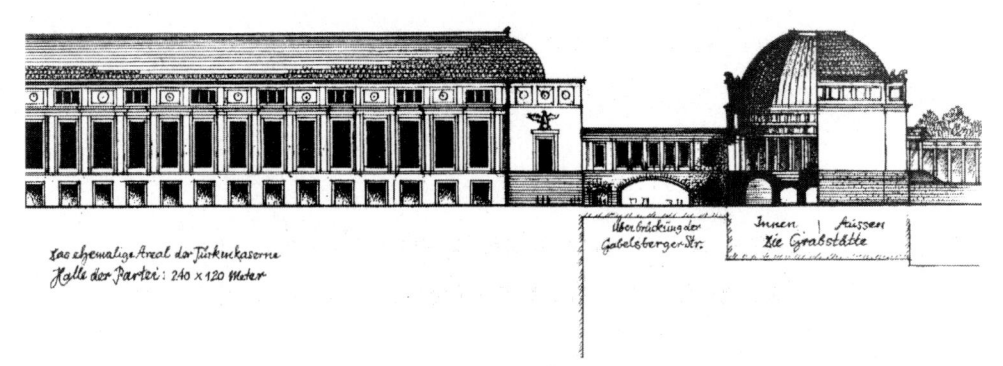

Die Pläne werden im Juni 1940, nach dem Sieg über Frankreich, konkretisiert. Prof. Giesler erhält den Auftrag zur Umsetzung. Vorbild des Mausoleums ist das Pantheon in Rom, eines der Lieblingsgebäude Hitlers und größter und vollkommenster Rundbau antik-römischer Baukunst. Hitlers Sarkophag soll in einem 40 Meter runden Raum unter einem offenen Lichtauge stehen. Das Mausoleum bleibt bewusst unter den Maßen des Pantheon. Einfache Durchgänge, schräg in die Steinwände geschnitten, führen in den Innenraum. In der Südfront des Bauwerkes von der Brienner Straße über den Platz aus gesehen, blickt man auf einen strengen fünffachsigen, von Pfeilern getragenen Portikus. Dort befindet sich zwischen zwei Nischen der Eingang, in denen bei besonderen Anlässen Wachen stehen sollen. Der Innenraum ist von großer Schlichtheit. Unbetonte Zugänge an der Ost- und der Westseite, von Süden her das betonte Hauptportal und in dieser Achse nach Norden die weite und hohe Verbindung über die Brückengalerie zur Halle der Partei bilden ein einheitliches Ensemble.

^ *München: Die neue Halle der NSDAP, die Überbrückung der Gabelsberger Straße und rechts die Grabsstätte Hitlers. (122)*

Die Vorstellung, Hitler hätte bereits die Atombombe besessen, beinhaltet die Erkenntnis, dass der größte Teil der Welt zerstört wäre.
Schimon Peres
(Staatspräsident von Israel, 1923-2016)

Zitate

Die Faszination der 20.-Jahrhundert-Diktatoren Franco, Mao, Mussolini, Pol Pot und Stalin verblasst, die publizistische Wirkung von Hitler steigt.
Carlos Haag
(Brasilianischer Journalist)

Ich habe ihn [Richard Wagner] zuerst in Wien gehört. In der Oper. Und ich weiß noch, wie wenn es heute gewesen wäre, wie ich mich beim Nachhauseweg wahnsinnig erregte über einige mauschelnde Kaftanjuden, an denen ich vorbeigehen musste. Einen unvereinbareren Gegensatz kann man sich überhaupt nicht denken. Dieses herrliche Mysterium des sterbenden Heros und dieser Judendreck.
Adolf Hitler
(Nach dem erstmaligen Hören des Trauermarsches aus der Oper „Götterdämmerung" von Richard Wagner)

Unsere Bewegung kann gar nicht zugrunde gehen. Ihre Ideen (...) werden richtig sein nach hundert und fünfhundert Jahren.
Adolf Hitler
(Rede am 2. März 1925)

Je mehr ich über Hitler lerne, desto schwerer fällt es mir, ihn zu erklären.
Alan Bullock
(Britischer Historiker und Hitlerbiograf, 1914-2004)

Weh dem, der schwach ist.
Adolf Hitler

Der Jude ist immer nur der Parasit im Körper anderer Völker.
Adolf Hitler

Ich müsste mich sehr, sehr täuschen, wenn dies hier ein gutes Ende nehmen sollte. Dieser Mensch ist völlig von sich selbst besessen, alles, was ihm nicht dient, verwirft er, was er sagt und schreibt, trägt den Stempel seiner Selbstsucht, dieser Mensch geht über Leichen und tritt nieder, was ihm im Weg ist. Ich kann nur nicht begreifen, dass selbst so viele von den Besten in Deutschland dies nicht sehen, oder wenigstens aus dem, was er schreibt und sagt, eine Lehre zu ziehen – Wer von all diesen hat überhaupt das haarsträubende Buch ‚Mein Kampf' gelesen?
Pius XII.
(Papst, 1876-1958, im Jahre 1929 über Hitler)

Wir haben ein Ziel uns gewählt und verfechten es fanatisch, rücksichtslos bis ins Grab hinein!
Adolf Hitler
(Rede im Jahre 1932)

Selten oder nie hat ein Herrscher, ehe er zur Macht kam, so genau wie Adolf Hitler schriftlich entworfen, was er danach tat.
Eberhard Jäckel
(Deutscher Historiker, 1929-2017)

Ich folge meinem Weg mit der Präzision und Sicherheit eines Schlafwandlers.
Adolf Hitler

Vielleicht wird mancher unter Ihnen sein, der es mir nicht verzeihen kann, dass ich die marxistischen Parteien vernichtete, aber mein Freund, ich habe die anderen genauso vernichtet!
Adolf Hitler
(Rede vom November 1933)

Wir alle sind Kreaturen des Führers. Sein Glaube macht uns zu den mächtigsten Menschen. Wenn er uns sein Vertrauen entzieht, sind wir nichts, dann sind wir in Dunkelheit geworfen und ausgewischt aus der menschlichen Erinnerung. Denn Deutschland ist Adolf Hitler.
Hermann Göring
(Reichsmarschall und Oberbefehlshaber der Luftwaffe, 1893-1946)

Keine Macht der Welt wird mich jemals lebend hier wieder raus bringen.
Adolf Hitler
(Am Tag seiner Ernennung zum Reichskanzler 1933)

When you think about it, Adolf Hitler was the first pop star. [Wenn man darüber nachdenkt, war Adolf Hitler der erste Popstar.]
David Bowie
(Musiker, 1947-2016)

Jede Propaganda hat volkstümlich zu sein und ihr geistiges Niveau einzustellen auf die Aufnahmefähigkeit des Beschränktesten unter denen, an die sie sich zu richten gedenkt.
Adolf Hitler

Ich denke, er war damals das, was man heute einen Popstar nennen würde. Diese Verehrung, die ihm entgegenschlug, diese Mischung aus Religion und Sex, die Frauen, die sich ihm schreiend entgegen geschmissen haben, die tränenüberströmten Gesichter, das können sie heute nur noch als Popstar haben. In den Augen der Leute war Hitler ja ein Halbgott. 1929 war alles zusammengebrochen, die Wirtschaft, das ganze Vertrauen in die Republik, aber dann kam Hitler, und jeder bekam einen Job, jeder hatte was zu essen, eine unglaubliche Erfolgsbilanz in den ersten Jahren.
Bernd Eichinger
(Deutscher Filmproduzent, 1949-2011)

Was für ein Glück für die Regierungen, dass die Menschen nicht denken.
Adolf Hitler

Sie werden niemals erfahren, was ich denke.
Adolf Hitler
(im September 1938 zu Franz Halder)

Lieber Führer, sei so nett, zeig dich mal am Fensterbrett.
(Rufe von Volksgenossen, die Hitler sehen wollten)

Mein Wille entscheidet.
Adolf Hitler

Der Nationalsozialismus mit Hitler als Führer war mein Leben.
Hans-Jürgen Habenicht
(Angehöriger der Hitlerjugend)

Die Aufnahmefähigkeit der großen Masse ist nur sehr beschränkt, das Verständnis klein, dafür jedoch die Vergesslichkeit groß. Aus diesen Tatsachen heraus hat sich jede wirkungsvolle Propaganda auf nur sehr wenige Punkte zu beschränken und diese schlagwortartig so lange zu verwerten, bis auch bestimmt der Letzte unter einem solchen Wort das Gewollte sich vorzustellen vermag.
Adolf Hitler

Nichts ist möglich, wenn nicht ein Wille befiehlt, wenn immer die anderen zu gehorchen haben; von oben beginnend und ganz unten erst endend.
Adolf Hitler

Die Liebe zum Führer ist zum Rechtsbegriff geworden.
Hans Frank
(Generalgouverneur, 1900-1946)

Dieses Bild, was Hitler, glaub' ich, selber mal gebraucht, Deutschland bin ich – so hab ich ihn gesehen. Nicht als Gott, aber als einen Menschen mit nahezu übernatürlichen Fähigkeiten.
Hans-Jürgen Habenicht
(Angehöriger der Hitlerjugend)

Kein Volk kann sich mehr nach Frieden sehnen als das deutsche.
Adolf Hitler

Das letzte Ziel der Politik ist der Krieg.
Adolf Hitler

Jede Generation muss einmal einen Krieg mitgemacht haben.
Adolf Hitler

Eugen, wir kriegen keine bessere Zeit und keine bessere Zukunft in Deutschland, bis die Regierung in die Luft gesprengt ist.
Georg Elser
(Kunstschreiner und Attentäter, 1903-1945, zu seinem Freund Eugen Rau)

Es ist mir gleichgültig, ob es einen Weltkrieg gibt oder nicht.
Adolf Hitler
(im September 1938)

Sie werden doch nicht glauben, dass Sie mich auch nur eine halbe Stunde aufhalten können?
Adolf Hitler
(am 12. Februar 1938 zum österreichischen Bundeskanzler Kurt Schuschnigg)

Der Schlüssel zu Hitlers Erfolg lag in seiner Fähigkeit, Glauben und Berechnung miteinander zu kombinieren.
Alan Bullock
(Britischer Historiker, 1914-2004)

Wann ich die Augen schließen werde, weiß ich nicht, aber dass die Partei weiterleben wird, das weiß ich.
Adolf Hitler
(Rede im September 1935)

Ich war um diese Zeit der Überzeugung, dass Deutschland anderen Ländern gegenüber noch weitere Forderungen stellen wird und dass deshalb ein Krieg unvermeidlich ist.
Georg Elser
(Kunstschreiner und Attentäter, 1903-1945, nach der Münchner Konferenz im Oktober 1938)

Ich darf noch einmal feststellen, dass ich erstens keinen Krieg geführt habe, dass ich zweitens seit Jahren meiner Abscheu vor einem Krieg und allerdings auch meiner Abscheu vor einer Kriegshetze Ausdruck verleihe und dass ich drittens nicht wüsste, für welchen Zweck ich überhaupt einen Krieg führen sollte.
Adolf Hitler
(Reichstagsrede vom 28. April 1939)

Vertragliche Abmachungen gelten nur solange, als sie mir nützlich sind.
Adolf Hitler

Er hat beschlossen zuzuschlagen und er wird zuschlagen.
Galeazzo Ciano
(Italienischer Außenminister, 1903-1944, Notiz am 13. August 1939)

Wesentlich hängt es von mir ab, von meinem Dasein, wegen meiner politischen Fähigkeiten. (...) Mein Dasein ist also ein großer Wertfaktor. Ich kann aber jederzeit von einem Verbrecher, von einem Idioten beseitigt werden. (...) Ich werde propagandistischen Anlass zur Auslösung des Krieges geben, gleichgültig ob glaubhaft. Der Sieger wird später nicht danach gefragt, ob er die Wahrheit gesagt hat oder nicht. Bei Beginn und Führung des Krieges kommt es nicht auf das Recht an, sondern auf den Sieg. Man muss sein Herz verschließen gegen Mitleid, brutales Vorgehen, größte Härte. Der Stärkere hat das Recht. Jede sich neu bildende lebendige polnische Kraft ist sofort wieder zu vernichten. Restlose militärische Zertrümmerung Polen ist das militärische Ziel. Schnelligkeit ist die Hauptsache, Verfolgung bis zur völligen Vernichtung.
Adolf Hitler
(Ansprache vom 22. August 1939)

Ihre neue Politik ist Selbstmord – finis Germaniae. Sie bedeutet den Untergang unseres Landes.
Fritz Thyssen
(Deutscher Großindustrieller, 1873-1951, in einem Brief an Hitler im Dezember 1939)

Nur wenigen Gottbegnadeten hat zu allen Zeiten die Vorsehung die Mission gegeben, wirklich unsterblich Neues zu gestalten.
Adolf Hitler
(über sich selbst in einer Rede am 1. September 1933)

Ich spiele nicht Krieg. Ich lasse mich nicht von Feldherren kommandieren. Den Krieg führe ich. Den eigentlichen Zeitpunkt zum Angriff bestimme ich mit eiserner Entschlossenheit. Ich werde ihn nicht verpassen.
Adolf Hitler

Ich habe damit wieder jenen Rock angezogen, der mir einst selbst der heiligste und teuerste war. Ich werde ihn nur ausziehen nach dem Sieg – oder – ich werde dieses Ende nicht erleben!
Adolf Hitler
(Reichstagsrede am 1. September 1939)

Der Krieg wird schwer, möglicherweise sogar aussichtslos. Dann ist aber der Untergang in Ehren der Kapitulation vorzuziehen. Solange ich lebe wird von Kapitulation nicht gesprochen. Wenn einer von ihnen glaubt, dass ich nicht nur aus Liebe zu Deutschland handle, so gebe ich ihm das Recht, mich niederzuschießen.
Adolf Hitler
(zu Kriegsbeginn 1939)

Wenn ihm etwas zustößt, dann sterbe ich auch.
Eva Braun
(Freundin Hitlers, 1912-1945, nach Ausbruch des Zweiten Weltkrieges)

Das Genie des Führers und seine Entschlossenheit, auch einen Weltkrieg nicht zu scheuen, haben erneut den Sieg davongetragen.
Alfred Jodl
(Chef des Wehrmachtführungsstabes, 1890-1946, nach dem Sieg über Frankreich 1940)

Ich weiß, die Geschichte wird Stalin für immer in Erinnerung behalten. Aber sie wird auch mich in Erinnerung behalten.
Adolf Hitler
(zum sowjetischen Außenminister Molotow am 12. November 1940)

Dieser Blitzkrieger versteht sein Handwerk. Außer England alles besiegt, vor allem Frankreich. Jetzt wird er mit Sicherheit uns den Hals zudrehen.
Josef Stalin
(Diktator der Sowjetunion, 1878-1953, nach dem Sieg über Frankreich 1940)

Ich werde in meinem Leben niemals eine Kriegserklärung unterschreiben, sondern handeln.
Adolf Hitler

Ich habe mir damals dann, als ich auch die Versuchung ihm anzuhängen überwunden hatte, eigentlich zurecht gelegt drei Attribute, die ich ihm gab: Er ist ein Genie, ein Wahnsinniger und ein Verbrecher.
Carl Friedrich von Weizsäcker
(Deutscher Philosoph, 1912-2007)

Russland kommt mir vor wie das Geisterschiff im „Fliegenden Holländer". Uns öffnete sich ein Tor, von dem wir nicht wussten, was dahinter liegt.
Adolf Hitler

Ist er toll, dieser Hitler? Er hätte sich mit dem England Chamberlains gegen das kommunistische Russland verbünden können oder mit dem kommunistischen Russland gegen die angelsächsische kapitalistische Welt. Er aber greift beide an. Ja, er ist toll – gottseidank. In dieser Tollheit wird er zustande bringen, was keiner Diplomatie gelinge wollte: die Allianz zwischen Ost und West, zwischen Bolschewismus und Demokratie. Wenn diese große Koalition sich wirklich bilden und bewähren sollte, unsere bedrohte Zivilisation wäre vielleicht gerettet. Wie dankbar wollen wir dem tollen Hitler sein – der dann schon längst ein toter Hitler wäre.
Klaus Mann
(Deutscher Schriftsteller, 1906-1949, Tagebucheintrag vom 29. Juni 1941)

Wenn der deutsche Eroberungswille so weiter voran jagt wie in Russland, dann bleibt dem Führer nur noch der Mond.
Benito Mussolini
(Diktator von Italien, 1883-1945, im August 1941)

Die Engländer in Nordafrika waren Gegner; die Franzosen waren auch Gegner von uns. Wir haben sie nicht als Feinde empfunden. Die Russen – die Sowjets, nicht die Russen – die Sowjets waren Feinde, und zwar erbitterte, auch ideologische Feinde.
Hans-Günther Stark
(Offizier)

Wenn wir gewinnen, müssen wir nichts erklären, wenn wir verlieren, gibt es nichts zu erklären.
Adolf Hitler

Es war unsere Überzeugung, dass der Krieg für Deutschland verloren ist und dass jedes Menschenleben, das für diesen verlorenen Krieg geopfert wird, umsonst ist.
Sophie Scholl
(Widerstandskämpferin, 1921-1943)

Hitler war für uns, also man kann schon sagen zu diesem Zeitpunkt, der Totengräber für uns.
Vincent Griesemer
(Soldat in Stalingrad)

Das verdanken wir unserem Führer.
Unbekannter Volksgenosse
(vorwurfsvoll nach einem Bombenangriff in Düsseldorf im Beisein eines SS-Mannes)

Ich habe grundsätzlich immer erst fünf Minuten nach Zwölf aufgehört.
Adolf Hitler
(Rede am 8. November 1942)

Jaaaa!!! Führer befiehl, wir folgen! Führer befiehl, wir folgen! Führer befiehl, wir folgen!
(Die Menschenmenge am 18. Februar 1943 im Berliner Sportpalast auf die Frage von Joseph Goebbels: „Wollt ihr den totalen Krieg?")

Sein Psychogramm verlangt Ausrottung und Vernichtung. Anders ist sein „geschichtlicher Auftrag", den ihm die Vorsehung zugedacht hat, nicht zu erfüllen. Alles oder Nichts, das rücksichtslose Opfern von Menschen, alles Menschliche ist gegenüber der Kunst minderwertig, deshalb schützt er ausgewählte Kunstwerke.
Manfred Ach
(Deutscher Schriftsteller, geboren 1946)

Die Juden sind das auserwählt dümmste Volk: Sie hätten um Gottes willen diesen Krieg nicht anstiften dürfen. Aus Europa werden sie verschwinden.
Adolf Hitler

Ohne Hitler keinen Holocaust.
Saul Friedländer
(Israelischer Historiker, geboren 1932)

Ich sage nur, er [der Jude] *muss weg. Wenn er dabei kaputt geht, da kann ich nicht helfen. Ich sehe nur Eines: die absolute Ausrottung, wenn sie nicht freiwillig gehen.*
Adolf Hitler

Der Tod ist ein Meister aus Deutschland.
Paul Celan
(Lyriker, 1920-1970)

Ich fühle mich wie ein Robert Koch der Politik. Der hat einen Bazillus entdeckt und der Medizin neue Wege gewiesen. Ich habe den Juden als den Bazillus entlarvt, der die Gesellschaft zersetzt.
Adolf Hitler

Ich bin nach wie vor der Meinung, das Beste getan zu haben, was ich gerade jetzt für mein Volk tun konnte. Ich bereue deshalb meine Handlungsweise nicht und will die Folgen, die mir aus meiner Handlungsweise erwachsen, auf mich nehmen.
Sophie Scholl
(Widerstandskämpferin, 1921-1943)

Der Widerstand gegen Hitler und die Seinen wird umso stärker, je länger das Dritte Reich zurück liegt.
Johannes Gross
(Deutscher Publizist, 1932-1999)

Der aktive Widerstand war nie etwas anderes gewesen als ein Atoll im Pazifik der braunen Zustimmung.
Ralph Giordano
(Deutscher Publizist, 1923-2014)

Was heißt das – Leben? Der Einzelne muss sowieso sterben. Was über dem einzelnen Leben bleibt, ist das Volk.
Adolf Hitler
(nach der Katastrophe von Stalingrad 1943)

Die Gefühle, die ich für Hitler hatte, waren so, als ob es sich um ein überirdisches Wesen handle – eine Mischung aus Mensch und Gott. Die Vorsehung hatte ihn geschickt. Aufgrund seiner fatalen Anziehungskraft glaubten alle daran, ich auch. Ich wollte sogar für ihn sterben. Ich verehrte ihn so sehr, dass ich mein Leben für ihn opfern wollte, wenn es eine Gelegenheit dafür gegeben hätte.
Alfons Heck
(Angehöriger der Hitlerjugend)

Dass nur aus einer Auslese die Stärkeren übrig bleiben – und ich möchte es hier klar aussprechen: Wenn mein eigenes Volk an einer solche Prüfung zerbrechen würde, könnte ich darüber dann keine Träne weinen, es hätte nichts anderes verdient, es würde sein eigenes Schicksal sein, das es sich selbst zuzuschreiben hat.
Adolf Hitler
(Rede am 8. November 1943)

So ein herrlicher Tag und ich soll gehen. Aber was liegt an unserem Leben, wenn wir es damit schaffen, Tausende von Menschen aufzurütteln und wachzurütteln.
Sophie Scholl
(Widerstandskämpferin, 1921-1943, am Tag ihrer Hinrichtung)

Genies außerordentlicher Art lassen keine Rücksicht auf die normale Menschheit zu.
Adolf Hitler

Der Schurke mit der schwarzen Haarsträhne.
Josef Stalin
(Diktator der Sowjetunion, 1878-1953)

Ein genialer Kerl.
Adolf Hitler
(über Stalin nach der Katastrophe von Stalingrad 1943)

Wie sich der menschliche Wahnsinn nicht alles ausbreitet. Wie kann nur ein Mensch sich so wahnsinnig verirren. Ob Hitler denn nicht voraussah, dass er damit eine ganze Welt auf den Plan rief. Nein, dieser dämonische Fanatiker war immer zum Äußersten bereit.
Heinrich B.
(Zivilist, Kasbach bei Remagen, Tagebucheintrag vom 15. Februar 1943)

Hitler im Bunker, das ist der wahre Hitler.
Claus Schenk Graf von Stauffenberg
(Oberst, Attentäter, 1907-1944)

Ein einzelner Toter ist eine Tragödie. Eine Million Tote sind nur eine Statistik.
Josef Stalin
(Diktator der Sowjetunion, 1878-1953)

Inkarnation des Bösen.
Hans-Bernd von Haeften
(Deutscher Diplomat und Widerstandskämpfer, 1905-1944)

Immer wieder höre ich, Hitler kann nicht alles gewusst haben. Das ist glatter Unsinn. Ich weiß aus persönlichen Beobachtungen und Bemerkungen Hitlers, dass er alles wusste. Oft war ich zugegen, wenn Hitler mit funkelnden Augen und bebender Stimme davon sprach, dass er jederzeit jeden, der sich ihm in den Weg stelle, rücksichtslos ausschalten werden.
Heinz Linge
(Kammerdiener Hitlers, 1913-1980)

Als ich ihm eines Tages im Laufe eines Gespräches zu verstehen gab, dass man die über das viele Unrecht verzweifelten Leute oft sagen höre, „Wenn das der Führer wüsste", entgegnete er mit eisigem Blick: „Das ist dumm. Ich weiß alles."
Christa Schroeder
(Sekretärin Hitlers, 1908-1984)

Die gelegentlich an bestimmte Ereignisse geknüpfte Bemerkung „wenn das der Führer wüsste" ging (...) von völlig falschen Vorstellungen aus. Hitler erfuhr und wusste alles.
Heinz Linge
(Kammerdiener Hitlers, 1913-1980)

Der ewige Friede auf der Welt tritt erst ein, wenn der letzte Mensch den vorletzten umgebracht haben wird.
Adolf Hitler

Wir brauchen jemanden, der dem Führer widerspricht, aber den gibt es nicht.
Walter Warlimont
(General der Artillerie, 1894-1976)

Der sittliche Wert eines Menschen beginnt erst dort, wo er bereit ist, für seine Überzeugung sein Leben hinzugeben.
Henning von Tresckow
(Generalmajor, 1901-1944, kurz vor seinem Selbstmord am 21. Juli 1944)

Der ungeheure Verlust der humanen Orientierung, der zu konstatieren war und ist über diese Zeit, und zwar zunehmend, ist eine der schrecklichsten Ergebnisse, die Hitlerdeutschland gezeugt hat.
Ralph Giordano
(Deutscher Publizist, 1923-2014)

Der Tod eines Menschenwesens berührte ihn überhaupt nicht. Er sah die Menschen nur als die Glieder einer langen Kette, als deren erstes er sich selber betrachtete.
Christa Schroeder
(Sekretärin Hitlers, 1908-1984)

In gewisser Weise ist Hitler einfach nicht menschlich – unerreichbar, unberührbar.
Magda Goebbels
(Ehefrau von Joseph Goebbels, 1901-1945)

Hier offenbart sich einer der größten Schwächen des Feldherrn Hitler, dass ihm jegliches Gefühl für Logistik fehlte.
Ulrich de Maizière
(Generalstabsoffizier im Oberkommando des Heeres, 1912-2006)

Hitlers Persönlichkeit hat den normalen Denkprozess seiner engsten Mitarbeiter glatt abgestoppt – das blieb entscheidend bis zum Ende.
Bernd Freiherr Freytag von Loringhoven
(Major und Adjutant des Generalstabschefs, 1914-2007)

Dieser Mann war der Oberste Befehlshaber der Wehrmacht und er war der Oberbefehlshaber des Heeres und als solcher befahl er und wenn er befohlen hatte – das ist auf der ganzen Welt so in allen Armeen –, dann kann man ihn eben nur noch umbringen, oder?
Johann Adolf Graf von Kielmansegg
(General, 1906-2006)

Sein Untergang im Berliner Bunker gleicht einer überdimensionalen Shakespeareschen Tragödie mit Szenen eines Satyrspiels.
(DER SPIEGEL 14/1995)

Wer Berlin besitzt, besitzt Deutschland. Und wer Deutschland kontrolliert, kontrolliert Europa.
Karl Marx
(Deutscher Philosoph, 1818-1883)

Das Ende seines eigenen Lebens bedeutet für ihn das Ende von allem.
Albert Speer
(Architekt und Rüstungsminister, 1905-1981)

Ich muss bekennen, diese Panzerfaustschützen kämpften im Allgemeinen bis zum Ende der Schlacht sehr gut. Sie glaubten und hofften bis zur letzten Minute, dass sich ein Wunder ereignen würde.
Iwan Stepanowitsch Konew
(Sowjetischer Marschall, 1897-1973, über in Berlin kämpfende Hitlerjungen)

Bis zu dem Augenblick, in dem er seine Pistole nahm und sie an seine rechte Schläfe hielt, um seinem Leben selbst ein Ende zu setzen, war er ohne Abstriche Adolf Hitler.
Heinz Linge
(Kammerdiener Hitlers, 1913-1980)

Kein anderer Lebensabschnitt des Massenmörders weckt eine ähnlich morbide Faszination wie das Schlusskapitel.
(DER SPIEGEL 35/2004)

Noch in der letzten Sekunde werde ich es nie bereuen, diesen Kampf geführt zu haben, sondern im Gegenteil. Ich kann mir wenigstens sagen: Es ist ein Leben gewesen, das lebenswert war. Es war nicht ein Leben der Feigheit und der Trägheit, der Zurückhaltung, sondern ein Leben, das sich vor der deutschen Geschichte einst wird sehen lassen können.
Adolf Hitler
(Rede am 15. Februar 1942)

Hitler ist der potentielle Selbstmörder par excellence. Er hat keine Bindungen außer an sein Ego, und wird dieses ausgelöscht, ist er alle Sorgen, jegliche Verantwortung und Bürde los. Er ist in der privilegierten Situation eines Mannes, der nichts liebt außer sich selbst. Ihm ist das Schicksal von Staaten, Menschen und Gemeinwesen, deren Existenz er aufs Spiel setzt, völlig gleichgültig.
Sebastian Haffner
(Deutscher Historiker, 1907-1999)

Von Adolf Hitler ging selbst in seinem kranken Zustand eine Wirkung aus, die – rückschauend betrachtet – ein Schlüssel für so vieles sein kann, was sich damals zugetragen hat und heute unverständlich erscheint. Hitler besaß eine unerklärliche, ich scheue mich nicht zu sagen, dämonische persönliche Ausstrahlungskraft, die man kaum beschreiben, erst recht nicht begreifen kann, und der sich nur ganz wenige Menschen haben entziehen können. Selbst ältere, lebenserfahrene und ranghohe Persönlichkeiten unterlagen dieser Wirkung.
Ulrich de Maizière
(Generalstabsoffizier im Oberkommando des Heeres, 1912-2006)

Keiner glaubt mehr, dass wir siegen. Der bisher bewahrte Hoffnungsfunke ist am Auslöschen. Wenn wir den Krieg verlieren, sind wir nach allgemeiner Überzeugung selber daran schuld und zwar nicht der kleine Mann, sondern die Führung. Der Führer ist für Millionen der letzte Halt und die letzte Hoffnung. Aber auch der Führer wird täglich stärker in die Vertrauensfrage und in die Kritik einbezogen.
(Bericht aus den Akten der geschäftsführenden Reichsregierung Dönitz, Ende März 1945)

Die Welt, die nach dem Führer und dem Nationalsozialismus kommt, ist nicht mehr wert darin zu leben, und deshalb hab' ich auch die Kinder hierher mitgenommen. Sie sind zu schade für das nach uns kommende Leben und ein gnädiger Gott wird mich verstehen, wenn ich selbst ihnen die Erlösung geben werde.
Magda Goebbels
(Ehefrau von Joseph Goebbels, 1901-1945, Brief an ihren Sohn Harald Quandt)

Unser Führer Adolf Hitler ist nicht mehr. Diese Tatsache hat uns eigentlich nicht so erschüttert, wie man es hätte annehmen sollen. Lange Stunden haben wir alle unseren Gedanken nachgehangen und manche Stunden der letzten 20 Jahre sind an uns vorübergezogen. Dann aber ging der Alltag auch darüber hinweg und wir fanden uns damit ab. Das Leben geht weiter, auch wenn der letzte Führer des Großdeutschen Reiches nicht mehr ist.
Gerhard M.
(Tagebucheintrag vom 5. Mai 1945)

Hätten wir von den 10,3 Millionen Juden 10,3 Millionen getötet, dann hatte ich gesagt: Gut, ich bin befriedigt, wir haben den Feind vernichtet.
Adolf Eichmann
(SS-Obersturmbannführer, 1906-1962, nach dem Zweiten Weltkrieg)

Hitler war eine Führerpersönlichkeit von ungewöhnlichem Ausmaß. Sein Wissen und sein Intellekt, seine Rhetorik und sein Wille triumphierten letzten Endes bei jeder geistigen Auseinandersetzung gegenüber jedermann.
Alfred Jodl
(Generaloberst, Chef des Wehrmachtführungsstabes, 1890-1946)

Aus dem Hass, der ihn jetzt umgibt, wird Hitler in einigen Jahren hervortreten als einer der bedeutendsten Persönlichkeiten, die je gelebt haben. Sein grenzenloser Ehrgeiz für sein Land machte ihn zu einer Bedrohung für den Frieden in der Welt, doch hatte die Weise seines Lebens und seines Todes etwas Geheimnisvolles an sich, das ihn überdauern und künftig wachsen wird. Er war aus dem Stoff, aus dem die Legenden sind.
John F. Kennedy
(US-Präsident, 1917-1963, nach Kriegsende 1945)

Während seiner letzten Tage scheint Hitler einem Kannibalengott ähnlich, der sich an der Zerstörung seiner eigenen Tempel ergötzt. Die fast letzten Anordnungen waren Hinrichtungsbefehle: Gefangene sollten hingemetzelt, sein alter Chirurg sollte ermordet werden; sein eigener Schwager wurde hingerichtet; alle Verräter hatten zu sterben. Wie ein altertümlicher Heros wollte Hitler mit Menschenopfern zu Grabe gebracht werden und die Verbrennung seines eigenen Körpers, der niemals aufgehört hatte, Mittelpunkt und Totem des Nazistaates zu sein, war der logische und symbolische Abschluss der Revolution der Zerstörung.
Hugh R. Trevor-Roper
(Baron Dacre of Glanto, britischer Historiker, 1914-2003)

Gehandelt hat er wie alle Heroen der Geschichte gehandelt haben. Er hat sich auf den Trümmern seines Reiches und seiner Hoffnungen begraben lassen. Möge ihn deswegen verurteilen wer mag, ich kann es nicht.
Alfred Jodl
(Generaloberst, Chef des Wehrmachtführungsstabes, 1890-1946, kurz vor seiner Hinrichtung)

Napoleon gehörte zu den meistgehassten Menschen seiner Zeit, aber jetzt wird er als Nationalheld verehrt und das Gleiche könnte auch mit meinem Bruder geschehen.
Paula Hitler
(Schwester Hitlers, 1896-1960)

Der 8. Mai [1945] war ein Tag der Befreiung. Er hat uns alle befreit von dem menschenverachtenden System der nationalsozialistischen Gewaltherrschaft. (...) Am Anfang der Gewaltherrschaft hatte der abgrundtiefe Hass Hitlers gegen unsere jüdischen Mitmenschen gestanden. Hitler hat ihn nie vor der Öffentlichkeit verschwiegen, sondern das ganze Volk zum Werkzeug dieses Hasses gemacht. Noch am Tag vor seinem Ende am 30. April 1945 hatte er sein Testament mit den Worten abgeschlossen: „Vor allem verpflichte ich die Führung der Nation und die Gefolgschaft zur peinlichen Einhaltung der Rassengesetze und zum unbarmherzigen Widerstand gegen den Weltvergifter aller Völker, dem internationalen Judentum." (...) Auf dem Weg ins Unheil wurde Hitler die treibende Kraft. Er erzeugte und er nutzte Massenwahn. (...) Hitler wollte die Herrschaft über Europa und zwar durch Krieg.
Richard von Weizsäcker
(Deutscher Bundespräsident, 1920-2015)

Titan der Zerstörung.
Martin Broszat
(Deutscher Historiker, 1926-1989)

Übermensch; Übermachiavellist; fanatischer Exzentriker; Inkarnation des Bösen.
Hans Mommsen
(Deutscher Historiker, 1930-2015)

Niemals in der Geschichte ist ein solches Ausmaß an Zerstörung materieller und sittlicher Art mit dem Namen eines einzigen Mannes in Verbindung gebracht worden. Hitlers Name steht zu Recht für alle Zeiten als der des obersten Anstifters des tiefstreichenden Zusammenbruchs der Zivilisation in der Moderne. Er ist die extreme Form persönlicher Herrschaft. Hitler war der Haupturheber des Krieges, der wichtigste Inspirator eines Völkermordes, wie ihn die Welt niemals kennengelernt hatte. Kein anderer Herrscher hat ein so vollkommen destruktives, vollkommen negatives Erbe hinterlassen wie Adolf Hitler.
Ian Kershaw
(Britischer Historiker, geboren 1943)

Die Rote Armee kämpfte sich bis Berlin durch, ohne dass die deutsche Arbeiterklasse je gegen den Faschismus aufgestanden wäre. Könnte ein Verrückter eine Nation derart hinter sich bringen?
Josef Stalin
(Diktator der Sowjetunion, 1878-1953, auf die Frage, ob Hitler wahnsinnig gewesen sei)

Hitlers Name wird für immer mit dem deutschen Namen verbunden bleiben – und er wird daran erinnern, was der Mensch seinesgleichen antun kann.
Marlis Steinert
(Schweizer Historikerin, 1922-2005)

Nichts ist mehr so auf Erden, wie es vor ihm war.
Günter Gaus
(deutscher Publizist, 1929-2004)

Der Krieg wurde nicht geführt und die Juden wurden nicht vernichtet, weil Hitler krank war, sondern weil die meisten Deutschen seinen Entscheidungen folgten. Hitler wusste immer, was er tat, bis zum Schluss war er voll zurechnungsfähig.
Prof. Hans-Joachim Neumann
(Ärztlicher Direktor der Berliner Charité, 1939-2014)

Hitler war durch und durch Schauspieler und gegen das Bild, das er tief in die Köpfe der Menschen versenkt hat, kommt man nicht an.
Ulrich Tukur
(Schauspieler, geboren 1957)

Er ist der Teufel, er ist die Inkarnation des Bösen.
Michael Stürmer
(deutscher Historiker, geboren 1938)

Adolf Hitler – der Erfinder der industriell am Fließband laufenden Massenermordung von Millionen Bürgern Europas.
Volker Elis Pilgrim
(deutscher Schriftsteller, geboren 1942)

Der Verursacher des größten Scheiterns eines Volkes in der Geschichte.
Luigi Vittorio Graf Ferraris
(italienischer Botschafter, geboren 1928)

Im Kern wahrte Hitler eine außerordentliche Konsistenz – eine dogmatische Inflexibilität, die furchtbare Folgen für sein Land hatte. Seine Weigerung, Verhandlungen auch nur zu erwägen, erschien ihm nicht nur logisch schlüssig, sondern fiel ihm auch leicht, denn er wäre in jedem Fall aus dem Spiel, ob Deutschland nun kapituliere oder weiterkämpfe. Es gab schlicht keinen Ausweg, der Krieg war verloren und er sah keine andere Alternative als Kampf bis zum letzten. In Glanz und Glorie unterzugehen schien ihm unvergleichlich größer, als sich feige zu ergeben – und auch Verhandlungen aus einer Position der Schwäche konnten nur darauf hinauslaufen. Heldentum dagegen konnte kommenden Generationen ein Beispiel geben.
Ian Kershaw
(britischer Historiker, geboren 1943)

Der Unmensch des 20. Jahrhunderts.
(DER SPIEGEL, Sonderausgabe zu Hitler 100. Geburtstag 1989)

Er kam immer von weither, erst eine Weile vom Himmel hoch, nachher dann, dass Gott erbarm, aus den tiefsten Schlünden der Hölle.
Sebastian Haffner
(deutscher Historiker, 1907-1999)

Berlin, die Hauptstadt der Welt, 400 Millionen Arier unter deutschem Kommando, Truppenübungsplätze so groß wie Spanien und dann los gegen die verjudeten und verniggerten USA.
Rudolf Augstein
(deutscher Publizist, 1923-2002, über die letzte Phase zur Weltherrschaft)

Hochintelligent war er, begabt mit einem sechsten Sinn, im praktischen Sinn überaus einfallsreich.
Golo Mann
(deutsch-schweizer Historiker, 1909-1994)

Die Anwendung von Gewalt und der Einsatz von Terror spielten bei Hitler eine überragende Rolle.
Simon Wiesenthal
(österreich-jüdischer Publizist, 1908-2005)

Für uns ist Hitler nicht nur der Entsetzlichste, sondern auch der letzte aller Übeltäter.
Rudolf Augstein
(deutscher Publizist, 1923-2002)

Der letzte und bei weitem gemeinste der Eroberer, der „großen Männer".
Golo Mann
(deutsch-schweizer Historiker, 1909-1994)

Die Hinterlassenschaft Hitlers ist, jeder weiß es, die große Vernichtung. Stat magni nominis umbra? Als Schatten eines großen Namens steht er da. Nicht auf ewig. Irgendwann, zwischen dem 100. Geburtstag und dem 100. Todestag wird er verbleichen.
Johannes Gross
(deutscher Publizist, 1932-1999)

Die zentrale Figur in der Geschichte des 20. Jahrhunderts.
Johannes Gross
(deutscher Publizist, 1932-1999)

In 12 Jahren seines Lebens hat er die größte Katastrophe angerichtet, die in der Weltgeschichte mit dem Namen eines einzelnen Mannes verbunden werden kann.
Klaus von Dohnanyi
(Erster Bürgermeister von Hamburg, geboren 1928)

Die Welt von heute, ob es uns gefällt oder nicht, ist das Werk Hitlers.
Sebastian Haffner
(deutscher Historiker, 1907-1999)

Letzter Attentäter der Geschichte.
Rudolf Augstein
(deutscher Publizist, 1923-2002)

Denn Hitler ist und bleibt – und bleibt – die Leiche, die jeder Deutsche im Keller hat.
Rolf Hochhuth
(deutscher Dramatiker, geboren 1931)

Aber irgendwie schien es, dass dieser Mann sich der Darstellung durch einen Schauspieler, und sei er noch so gut, entzieht. Das war einfach eine eigene Kategorie – von Verworfenheit, von Außerhalbsein. Man durfte das nicht antasten, indem man da ein Abbild macht.
Bruno Ganz
(schweizer Schauspieler und Hitlerdarsteller, geboren 1941)

Der infamste Judenhasser der Weltgeschichte.
Simon Wiesenthal
(österreich-jüdischer Publizist, 1908-2005)

Hitler ist als ein Mann in die Geschichte eingegangen, der uns für alle Zeiten eine schreckliche Lehre sein wird.
Schimon Peres
(Staatspräsident von Israel, 1923-2016)

Nur Adolf Hitler hat systematisch unter Einsatz aller ihm zur Verfügung stehenden Machtmittel, unter Einbeziehung des Staatsapparates ein ganzes Volk auszurotten versucht.
Simon Wiesenthal
(österreich-jüdischer Publizist, 1908-2005)

Das Monster Adolf Hitler, der millionenfache Mörder, der Meister der Zerstörung und des organisierten Irrsinns.
Alice Miller
(polnisch-jüdisch-schweizer Autorin, 1923-2010)

Ich kann mir nicht vorstellen, dass wir damit fertig sind und dass uns Hitler gleichgültig ist oder dass wir das jetzt easy nehmen, jetzt können wir alles mit ihm anstellen. Wir müssen ihn immer ernst nehmen. Verantwortung bleibt und es werden ja auch noch neue Quellen und Dokumente auftauchen und es wird wieder Menschen geben, die einen eigenen Blick auf diesen Mann entwickeln.
Heinrich Breloer
(deutscher Regisseur, „Speer und Er", geboren 1942)

Man konnte das Gefühl nicht unterdrücken, dass Gewalt von ihm ausging, die sich niemals anschicken würde, sich in ordnende Kraft zu verwandeln.
Rudolf Diels
(erster Chef der Gestapo, 1900-1957)

Ich glaube, dass es Menschen gibt, die den Tod anziehen, und ganz gewiss war Hitler einer von ihnen.
Heinriette von Schirach
(Ehefrau von Baldur von Schirach, 1913-1992)

Ein abgründiges, wildes Wollen, das mit furchtbarer Gewalt nach einem Ziel drängt: nach der unbeschränkten Macht über Leben und Tod aller in seinem Machtbereich befindlichen Lebewesen.
Hans-Jürgen Eitner
(deutscher Historiker, geboren 1925)

Letztlich hat sich das Innerste immer entzogen. Hitler war nicht fassbar. Er war auch distanziert. Eine Aura von Ablehnung und Unberührbarkeit. Also, es gab da irgendetwas, was man möglicherweise auch als geheimnisvoll beschreiben könnte. Das war ein Mann – mir ist es inzwischen egal, ob das politisch korrekt ist oder nicht –, der eine ungeheure Faszination ausübt, heute noch auf sehr viele Leute. Ein Mann, der eine ganze Welt umgekrempelt hat, das sind ja schon mal mächtige Daten für ein interessantes Lebens.
Bruno Ganz
(schweizer Schauspieler und Hitlerdarsteller, geboren 1941)

Ein hochbegabter Geisteskranker; der Teufel; das extrem Böse.
Willy Brandt
(deutscher Bundeskanzler, 1913-1992)

Hitler war die „Inkarnation der Macht" überhaupt, ein wahrer Dämon an Machtbesessenheit.
Max Domarus
(deutscher Historiker, 1911-1992)

Aber Hitler wird ja von vielen beschrieben als ein totales Chamäleon, er hat sich instinktiv immer eingestellt auf die anderen, hat sich ständig verwandelt und angepasst. Und dann, das kann man in dem Film sehen, hatte er autosuggestive Möglichkeiten. Wie er von der Gruppe Steiner redet – von der er geahnt haben musste, dass es sie in der Art, wie er sie auf der Karte platzierte, gar nicht mehr gab. Und am nächsten Tag erklärt er: Es ist alles aus. Er konnte sich so überreden, an das Zeug zu glauben, dass es auch für andere überzeugend war. Das sind autosuggestive Akte.
Bruno Ganz
(schweizer Schauspieler und Hitlerdarsteller, geboren 1941)

Hitler verkörperte den aberwitzigen Zufall in der Geschichte, die Chance, die es real nicht gibt.
Henryk M. Broder
(deutscher Publizist, geboren 1946)

Um zu vollbringen, was er vollbracht hat, brauchte Hitler – und er besaß diese auch – ungewöhnliche Gaben, die in ihrer Gesamtheit ein politisches Genie ergaben, mochten ihre Früchte auch noch so böse sein. Diese Mängel jedoch bedeuteten nur wenig neben dem Eindruck von außergewöhnlicher Kraft, von der Unmittelbarkeit der Leidenschaft, von der Intensität des Hassens, des Drohens und der Wut, dem unabhängig vom Gesagten allein schon der Klang seiner Stimme hervorrief.
Allan Bullock
(britischer Historiker, 1914-2004)

Es ist kaum zu verstehen und eine Schande, dass keine jüdische Einrichtung ohne polizeiliche Bewachung existieren kann, sei es eine Schule, sei es ein Kindergarten oder eine andere Einrichtung wie eine Synagoge.
Angela Merkel
(deutsche Bundeskanzlerin, geboren 1954, Interview vom 27. Januar 2018)

Wesentlich für das Ansehen Deutschlands in der Welt ist mit der eigene Umgang mit der eigenen Gewaltgeschichte. Und tatsächlich hat das erstaunliche Ansehen, das Deutschland heute in der Welt genießt, wesentlich mit unserem verantwortungsvollen Umgang mit der eigenen Gewaltgeschichte zu tun.
Norbert Lammert
(Bundestagspräsident, geboren 1948, Rede vom 12. Februar 2017)

Hitler und die deutschen Verbrechen müssen in unseren Köpfen, wenn aus keinem anderen Grunde, dann aus diesem, stets gegenwärtig sein: Damit wir von ihnen endlich frei werden können. Wenn wir ganz unbefangen sagen werden: So wie Goethe unser Goethe, wie Bach unser Bach, so war auch Hitler „unser" Hitler, denn er war Deutschlands gewählter Führer.

Erst dann haben wir uns von ihm befreit. Erst dann haben wir wirklich begriffen, dass Hitler eine Katastrophe, aber keine Naturkatastrophe war. Wir selbst waren ein Teil von ihm und seiner Kraft.
Klaus von Dohnanyi
(Erster Bürgermeister von Hamburg, geboren 1928)

Die Auseinandersetzung mit der NS-Vergangenheit ist ein Lebenselixier der deutschen Demokratie.
Edgar Wolfrum
(deutscher Historiker, geboren 1960)

Hitler manifestiert eine furchtbare Art der Unsterblichkeit.
Norman Birnbaum
(amerikanischer Soziologe, geboren 1926)

Hitler hat von vielem etwas verstanden, besonders aber davon, wie man Massen ein falsches, weil auf Zerstörung angelegtes, Bewusstsein einflößt. Und wie man die halbe Welt hinters Licht führt und deren Egoismen gegeneinander ausspielt.
Willy Brandt
(deutscher Bundeskanzler, 1913-1992)

Epilog

Volk und Führer

Kein Deutscher ist zeitweise populärer als Hitler, niemand bekommt mehr Zustimmung. Nach der Machtübernahme fliegt ihm permanent der frenetische Jubel der Massen zu. Städte und Gemeinden buhlen, ja betteln fast darum, dass der Führer sie mit einem Besuch beehrt und dadurch auszeichnet. Diese absolute Zustimmung für sein Tun bestärkt ihn unaufhörlich in seiner „Mission", die er von der „Vorsehung" – das heißt von Gott – zu erhalten glaubt. Kritik erreicht ihn nicht, denn er hat seine Kritiker längst mundtot gemacht, ins Exil getrieben oder eingesperrt. Der privat Beziehungsunfähige baut sich eine Beziehung zu seinem Volk auf, als dessen Erretter er sich stilisiert. Hitler verheißt Errettung vor den Folgen des Versailler Vertrages, vor Wirtschaftskrise und Arbeitslosigkeit, vor der Bedrohung durch äußere und auch durch innere Feinde.

Der gottgleiche Kult um ihn bestätigt ihn im Glauben, der Erlöser der Massen zu sein. Die Goebbelsche Propaganda unternimmt alles, um den Nationalsozialismus als Religionsersatz zu etablieren und den „Führer" als Gott darzustellen oder ihn wenigstens mit Gott zu vergleichen. Seine Erfolge geben Hitler recht und sein Volk ist in seiner Mehrheit wie hypnotisiert. Dabei spielt es nur eine untergeordnete Rolle, dass das NS-Regime die Gesetze und Lehren vieler großer Denker und ein humanes Weltbild mit Füßen tritt. Deutsch zu sein ist das Beste, was einem passieren kann, der Rest der Welt ist mehr oder weniger minderwertig. Der Sündenbock, der Schuldige an allen Problemen ist schnell identifiziert: die Juden. Sie werden ebenso als „Untermenschen" deklariert wie später die Slawen, die geistig oder körperlich Behinderten, die Roma, die Sinti und die sowjetischen Kommissare und Kriegsgefangenen. Jegliches Lebensrecht wird ihnen abgesprochen. Dem deutschen Volk wird Wut und Hass auf diese

Minderheiten eingetrichtert. Millionen Deutsche nehmen bedenken- und skrupellos an Auktionen teil, bei denen vormals in jüdischem Besitz gewesener Hausrat versteigert wird. Spätestens seit der Reichspogromnacht vom 9. November 1938 ist den Deutschen bekannt und bewusst, dass das NS-Regime verbrecherisch ist – und sie sind Mitwisser.

Die staatliche Propaganda verkauft dem Volk jeweils das, was Hitler will. Sie ist amoralisch, gewissenlos und verfährt nach dem Grundsatz „der Zweck heiligt die Mittel". Wahrheit, Vernunft und Logik haben darin nichts zu suchen, investigativer Journalismus ist in den gleichgeschalteten Medienorganen ausgeschlossen und unerwünscht. Die Propaganda zieht die Bevölkerung in einen Sog, der in eine Einbahnstraße führt. Kein Regime hat jemals in der Geschichte den psychologischen Faktoren in der Politik solch sorgfältige Aufmerksamkeit geschenkt wie das nationalsozialistische, das von Anfang an auf Hoffnungen, Illusionen, die Volksgemeinschaft und den schönen Schein baut. Schon im Jahre 1926 äußert Hitler verächtlich: *„Die breite Masse ist blind und dumm und weiß nicht, was sie tut."* Dieser „breiten Masse" gegenüber gibt er sich bescheiden und volksnah, dem Ausland gegenüber präsentiert er sich als Staatsmann und im Geheimen lässt er für die Kriegsvorbereitung und den Ausbau der Führerhauptquartiere enorme Gelder und Ressourcen aufwenden.

Alles was nicht in seine künstlerische Vorstellungswelt, gleichgültig ob in der Malerei, in der Bühnenkunst, in der Architektur, der Belletristik oder der Musik passt, wird verboten, verfolgt und als *„entartet"* gebrandmarkt. Sein Geschmack ist richtungsweisend. Vom Volk verlangt er mehr als bloße Loyalität, er verlangt den totalen Glauben – an ihn und an die nationalsozialistische *„Bewegung"*, also die Einheitspartei NSDAP. Er gibt sich nicht, wie andere Diktatoren, mit heuchlerischen Schmeicheleien, scheinbarer Zustimmung und Applaus zufrieden. Hitler fordert permanent einen ans Religiöse grenzenden tiefen Glauben an seine messianische Botschaft. Im Gegenzug führt er Deutschland aus einer Wirtschaftskrise, sorgt für Vollbeschäftigung und erschafft Großdeutschland. Der Zweite Weltkrieg findet in der Bevölkerung zunächst keine Zustimmung, man hat Angst vor einer ungewissen Zukunft. Erst als sich an den Fronten deutsche Erfolge einstellen, fremde Länder in Blitzkriegen erobert werden und sich die eigenen Verluste in Grenzen halten, findet man den Krieg gut. Wie das politisch längst angepasste Volk auch persönlich vom Krieg profitiert, hat Götz Aly ausführlich in seinem Buch „Hitlers Volksstaat" dokumentiert. Hitler ist nun nicht nur in den Augen der Militärs der *„Größte Feldherr aller Zeiten"*. Das ändert sich wiederum mit der Verschlechterung des Kriegsverlaufes. Im Jahre 1944 schwindet die Begeisterung für das NS-Regime und für Hitler, aber die Abhängigkeit bleibt nicht nur, sondern nimmt sogar noch zu. Das Phänomen der Führerbindung ist bis zum Ende in weiten Teilen der Bevölkerung ungebrochen vorhanden. Auch das stetig zunehmende Flächenbombardement der deutschen Städte verringert sein Ansehen nicht wesentlich. Man schimpft auf den Feind und auf die Partei, aber nicht auf den Führer. Die gottgleiche Verehrung Hitlers setzt sich nun auch im Sprachgebrauch fort: Es ist nun von Wunderwaffen die Rede; Waffen, die durch ein – quasi religiöses – Wunder die Kriegswende herbeiführen. Selbstverständlich werden sie erdacht, entwickelt und gebaut von der überragenden deutschen Ingenieurskunst und den deutschen Arbeitern.

Ein Wort geht um: „*Endsieg.*" Dadurch wird suggeriert, dass alle bisher geleisteten Opfer nicht umsonst gewesen seien, denn am Ende wird der Krieg doch noch zugunsten Deutschlands ausgehen. Zwingende Grundvoraussetzung ist natürlich, dass weiter gekämpft, weiter durchgehalten und dem Führer gegenüber noch mehr als in der Vergangenheit unbedingte Gefolgschaft geleistet wird. Das Wort Niederlage wird stets nur in Verbindung mit dem Gegner verwendet, nie für sich selbst. Extreme Opferbereitschaft an der Front und ebenso der „Heimatfront" ist der Normalzustand. So bleibt man unerschüttert, auch im Wissen oder mindestens der Ahnung um die eigenen Verbrechen aus Angst vor einer drohenden Niederlage. Drei Gruppen halten Hitler besonders die Treue: Soldaten, Parteigenossen und die Hitlerjugend. Die Hitlerjugend ist ideologisch besonders fanatisiert, was nachvollziehbar ist, haben sie doch im Jahre 1945 zwölf Jahre lang nur unter dem NS-Regime gelebt und kennen gar nichts anderes. Bei den Soldaten herrscht vorrangig der Gruppenethos, der Treueeid und echter Patriotismus. Wer den Eid bricht, ist ein Vaterlandsverräter. Die Propaganda gegen die roten Horden, die ja teilweise eine reale Grundlage hat, verstärkt dies noch.

Einem zum Genie erhobenen und gottgleich verehrten „Führer" wird die Selbstermächtigung zuerkannt, alles zu tun und zu lassen, was ihm beliebt, denn man ist sich dessen sicher, dass es letztlich nur dem eigenen Wohl dient. Was die politisch Verfolgten, in den Konzentrationslagern Inhaftierten und die Juden betrifft: man schaut weg. Und wenn man doch einmal von den Verbrechen erfährt, dann wird das als der zu entrichtende Tribut für den Endsieg empfunden – der nie zu hoch sein kann, solange man ihn nur nicht selbst bezahlen muss. Die Juden, *„die waren halt dann weg"*. Das Vertrauen in Hitler ist groß, mit gewissen „Randerscheinungen" muss man leben. Die Korruption bei Parteifunktionären, die Konzentrationslager, die Euthanasie, der Terror gegen den Nachbarn? *„Wenn das der Führer wüsste"*, ist ein geflügeltes, aber irreführendes Wort.

Äußerungen des Zweifels am Endsieg – und sei er noch so vorsichtig formuliert – werden als Defätismus und „Wehrkraftzersetzung" ausgelegt und oftmals mit dem Tode bestraft. Eine nie dagewesene, sich stetig steigernde Propaganda sorgt für eine permanente Gehirnwäsche. Deren Tenor ist klar: Die ganze Welt ist gegen uns, der Krieg und unser Endsieg sind alternativlos. Dass der Endsieg zu erringen ist, darauf hoffen viele. Hitler hat doch den Beweis, Unmögliches zu schaffen, in der Vergangenheit oft genug angetreten. Seine Prophezeiungen haben sich oft genug erfüllt, warum nicht auch jetzt wieder? Seine Anhänger erwarteten Übermenschliches gegen jede Logik und menschliche Vernunft – und akzeptieren Unmenschliches. Der Öffentlichkeit und seiner Umgebung gegenüber zeigt Hitler stets Siegeszuversicht und Optimismus. Er ist felsenfest von seiner Überlegenheit als des Stärkeren, des Intelligenteren, des länger Durchhaltenden überzeugt. Der Feind kann so viele Siege erringen, wie er will, es wird nichts nutzen. Zudem – und das ist das Entscheidende – ist ja die Vorsehung auf seiner Seite. Beispiele hierfür hat er in seinem Leben schließlich oft genug erlebt, sogar am eigenen Leibe.

Während die seit Jahren andauernden Machtkämpfe – obwohl völlig sinnlos geworden – zwischen den führenden Parteifunktionären weitergehen, teilt sich das Volk auf in Fanatiker und Kriegsmüde: Letztere sind zwar deutlich in der Überzahl, haben aber keine Macht, irgendetwas zu beeinflussen. Erstere, die vielleicht 10 Prozent Fanatiker, halten rücksichtslos durch und ihrem Führer – dem größten Hindernis für den Frieden – die Treue. Hitler selbst zieht sich persönlich zunehmend von seinem Volk zurück. Er spürt instinktiv, dass seine Reden nicht mehr die einstmalige Wirkung haben, da er keine Triumphe mehr verkünden kann. Nun fürchtet er negative Reaktionen. Die Verbindung zwischen Führer und Volk ändert sich schleichend. In gleichem Maße wie Hitlers Beliebtheit stetig abnimmt, nimmt der Terror gegen die eigene Bevölkerung zu. Seine Popularität wird ersetzt durch Unterdrückung, Gewalt und den Alltag des totalen Krieges. Das deutsche Volk hat sich auf Gedeih und Verderb einer Herrschaft ausgeliefert, bei der der Charismaverlust des Staatsoberhauptes durch die Mobilisierung eines Geniekults kompensiert wird. So bleibt selbst Hitler, der sich vor seinem Volk abschottet und eine Kette militärischer Niederlagen zu verantworten hat, bis in seine letzten Monate ein Herrscher, der auf scheinbar umfassende Gefolgschaftstreue bauen kann.

Als er zunehmend die Kontrolle über den Verlauf des Krieges verliert – nicht mehr agieren, sondern nur noch reagieren kann – sind gute Deutsche in seinen Augen nur noch diejenigen, die widerspruchslos ihre Pflicht bis zur Selbstaufopferung leisten: als Arbeiter, als Angestellte, als Soldaten. Sie bilden die Masse der großen historischen Inszenierung, die zum Ruhm des Führers auf der Bühne des Welttheaters nun als Staffage für die Endphase noch benötigt wird. Die Opfer sind nicht zu hoch, darüber gibt es keine Diskussion. Wenn Hitler scheitert, dann nicht weil er, sondern nur weil die anderen, die Soldaten, die Arbeiter, das Volk versagt haben. Dann jedoch sollen sie ruhig mit ihm untergehen, denn sie haben es selbst verschuldet und sich seiner nicht als würdig erwiesen. Seine Denkweise ist nicht erst gegen Ende entstanden. Bereits im Jahre 1941 äußert er gegenüber dem kroatischen Ministers Mladen Lorković, er würde im Falle einer Niederlage *„dem deutschen Volke keine Träne nachweinen"*. Dem dänischen Diplomaten Eric Scavenius sagt er eiskalt: *„Wenn das deutsche Volk einmal nicht mehr stark genug ist, sein eigenes Blut für seine Existenz einzusetzen, so soll es vergehen und von einer anderen stärkeren Macht vernichtet werden."* Sinngemäß wiederholt er dies noch mehrfach und demonstriert damit Stärke gegenüber seinen Gesprächspartnern. Sie ahnen nicht, dass er das bitter ernst meint.

Hitler ist Realist genug, um zu erkennen, dass der Krieg verloren und sein eigenes Ende nah ist. Sein Ego ist nach wie vor enorm. Dem Volk weint er keine Träne nach, er ist enttäuscht von ihm, nachdem er erst seinen Arterhaltungsinstinkt ausgehebelt und dann in ihm ungeheure destruktive Energie entfacht hat. Hat er sein Volk je geliebt? Ein Volk, dem er angeblich Tag und Nacht all seine Gedanken und Taten bis zur Selbstaufopferung widmet? Er tut es nie, es ist ihm immer nur Mittel zum Zweck. Immer mehr Menschen lässt er aus seinem Volk aussondern, weil sie nicht „arisch" sind: Juden, Zigeuner, Slawen, Gebrechliche, Erbkranke, Asoziale, nutzlose Esser, Feige, Verräter, Defätisten, gläubige Christen, Homosexuelle, Zeugen Jehovas, Bibeltreue und Behinderte.

Der Preis, den das deutsche Volk zahlt, liegt außerhalb jeder Vorstellung. Der Alptraum wird zum Alltag und das Trauma verfolgt nicht wenige bis zu ihrem Tode, teils Jahrzehnte später. Nicolaus von Below fällt auf, dass Hitler den katastrophalen Verlusten *„kaum Beachtung"* schenkt. Das Staatsoberhaupt ist empfindungslos und wird von den schrecklichen Vorgängen schlichtweg gar nicht berührt. Bis zum Ende an seine Wahnideen gekettet, opfert er die Existenz seines eigenen Volkes und seines eigenen Reiches einer – in seinen Augen – Entscheidung eines höheren historischen Rechts. Vernichtung und Selbstvernichtung, daraus besteht in seinen Augen das Leben. Kein Wort des Bedauerns geht ihm zum Schluss über die kaltherzig verstoßenen und verachteten Deutschen über die Lippen. Hitler ist ein gefühlskalter, ichbezogener Narzist, der nur sich selbst lieben und am Menschlichen keinen Anteil haben kann, weil er persönlich ein Unmensch ist. Das ist das Paradoxon: Selbst im Januar 1945 glauben zwei Drittel der im Westen gefangenen, also nicht in seinem Zugriff befindlichen, deutschen Soldaten noch immer an ihn. Für sein schwächelndes Volk hat er jetzt nur noch Verachtung übrig, während sein gutes Image zwar angeschlagen, aber ungebrochen ist. Am Ende – nach wieviel Jahrzehnten auch immer – soll der Nationalsozialismus wieder auferstehen. Niemand soll dann über ihn sagen können, er habe schändlich kapituliert wie die deutsche Führung im Jahre 1918. Es geht ihm als großen Egozentriker nicht um sein Volk, sondern ausschließlich um seinen persönlichen Platz in der Geschichte. Er hat kein Mitleid mit der Bevölkerung, dieses Wort ist ihm völlig fremd. Zwar hat er den Untergang der Deutschen nicht von Anfang an gewollt, aber er hat ihn zu allen Zeiten billigend in Kauf genommen. Gefühle für sein Volk hat er nie entwickelt, die Deutschen hat er genauso wenig geliebt wie andere Völker, er hat sie aber für seinen Hass instrumentalisiert. Respektiert und bewundert er sein Volk? Nein, nur wenige unter ihnen: Künstler, Musiker, Sänger (in seltenen Ausnahmefällen sogar Juden), Schauspieler und Architekten.

Hitler regt sich über die Leiden seines Volkes im engeren Kreis auf, tut aber nicht das Entscheidende, um sie zu beenden. Allein im Osten Deutschlands werden ca. 1,4 Millionen Frauen vergewaltigt (18 Prozent der weiblichen Bevölkerung), in Ostpreußen liegt die Zahl noch höher. Schätzungen gehen in Berlin von 95.000 bis 130.000 Opfern aus, von denen etwa 10.000, die meisten durch anschließenden Selbstmord, den Missbrauch nicht überleben.

Dass diese Vergewaltigungen nicht nur die Vergeltung für das brutale Vorgehen der Wehrmacht und der SS in der Sowjetunion sind, beweist die Tatsache, dass sie auch in Ungarn, in Polen und anderen von den Sowjets besetzten Ländern stattfinden. Darüber hinaus kommen Vergewaltigungen auch bei den Westalliierten, Amerikanern, Briten und Franzosen vor. Zudem werden auch ausländischen Zwangsarbeiterinnen und sogar KZ-Insassinnen Opfer der Massenvergewaltigungen, was gegen die – von deutscher Seite gerne geäußerte – These spricht, sie seien ein gezielter Racheakt gegen Deutsche. Diese Vorgänge zeigen, dass Krieg letztlich den Menschen verrohen lässt, nur zu deutlich. Unter diesen schrecklichen Umständen, zusätzlich häufig Luftangriffen ausgesetzt, kümmern sich die meisten Deutschen nur noch um ihr eigenes Überleben, werden apathisch und resignieren. So trifft sie Hitlers Tod nicht sehr, auch wenn viele im Ende des NS-Regimes einen militärischen, politischen und gesellschaftlichen Zusammenbruch sowie vielfach auch eine persönliche Katastrophe sehen, die sie letztendlich traumatisiert. Krieg ist und bleibt die größte biografische Prägung. Manche fragen sich, wofür all die Opfer, all das Leid, all das Durchhalten?

Natürlich fürchtet man die Rache der Sieger, wendet sich innerlich aber nicht vollständig vom Nationalsozialismus ab. Selbst nach dem Krieg belegen Umfragen die Meinung vieler: Der Nationalsozialismus war eine gute Idee, die aber schlecht umgesetzt wurde. Für die Opfer hat man noch immer wenig Mitleid. Nach Kriegsende reden sich viele Deutsche damit heraus, dass sie verführt wurden. Die Möglichkeit, alles auf den großen Verführer Hitler zu projizieren ist da, und wird ergriffen. Man lädt alle Schuld auf ihn, dem ein unschuldiges, sich nicht wehren könnendes Volk gegenüberstand. Fand eine Verführung statt? Es wäre praktisch, denn wer verführt wird, ist nur vermindert schuldfähig. Fakt ist, dass das NS-Regime die Gefühlswelt der Menschen stark beeinflusst, wenn nicht gar zerstört hat. Das eigene Gewissen zählt nicht mehr, wichtig sind die Erreichung der von Staat und Partei vorgegebenen Ziele und die Erfolge an den Fronten. Nach Kriegsende legen sich die aus dem Restgebiet des Großdeutschen Reiches hervorgegangen Staaten ihre eigene Wirklichkeit der Vergangenheit zurecht. In der Bundesrepublik Deutschland wird Hitler als in den Teppich beißender Irrer dämonisiert, in der Deutschen Demokratischen Republik sind an allem der preußische Militarismus und das Monopolkapital schuld und in Österreich ist es noch einfacher: Schuld allein tragen die „Reichsdeutschen". Hitler hinterlässt in den Seelen der Deutschen ein ungeheures Nichts, basierend auf einer ungeheuerlichen Zerstörung und Abermillionen Gefallener und Ermordeter. Allan Bullock schreibt: *„Das alte Europa ist* [durch Hitler] *für immer dahin – und am Ende seiner Geschichte steht als letzte Gestalt der Baumeister vor seiner Ruine, Hitler. Si monumentum requiris, circumspice = Wenn du sein Denkmal suchst, blicke umher. Seine Totenmaske ist das zerstörte Europa. Er lebt unter uns und in uns weiter."*

Persönlichkeit

Viel wird nach dem Kriege über Adolf Hitlers wahres Wesen und seinen wahren Charakter gerätselt und diskutiert. Der Erste Weltkrieg ist <u>der</u> Schlüssel zu seiner Mentalität, der sein ganzes Leben bestimmt. Das Heer ersetzt ihm die Familie. Keiner nimmt den Krieg so ernst wie er, er prägt seinen Charakter nachhaltig. Doch viele Eigenschaften sind bei ihm schon vorher auszumachen: Reizbarkeit, Rastlosigkeit, Ungeduld, Hass, Aggressivität, Misstrauen, Unzufriedenheit mit dem Erreichten, Unbeirrbarkeit, Distanziertheit, Bindungsunfähigkeit.

Als Hitler Politiker wird, verstärken sich manche Persönlichkeitsdispositionen und neue kommen hinzu: interpersonelle Schwierigkeiten, Anfälligkeit für überspannte Ansichten, erhöhte Reizbarkeit, gestörte Affekt- und Impulsregulation, fehlende Feinabstufung der Gefühlsausdrücke, Rache- und Wutgefühle, eingeschränkte Liebesfähigkeit, Erstarrung und Abstumpfung der Gefühle und zuletzt auch physiologische Reaktionen wie

Verdauungs- und Schlafstörungen. Besonders ausgeprägt sind seine cholerischen Anfälle. Doch sind sie nicht ernsthaft krankhaft, sondern gehören zum Arsenal seiner Rhetorik. Mit Ausnahme des 22. April 1945 hat er nie die Selbstkontrolle verloren. Sein Jähzorn, oft sogar mit künstlichen Krampfanfällen, soll seine Umgebung einschüchtern und ihm gegenüber geistig kapitulationswillig werden lassen. Bei Menschen, die dem unerschrocken gegenüberstehen oder gar Widerworte bieten, kehrt er zum Erstaunen seiner Umgebung rasch zum Normalverhalten zurück. Am Beginn seiner politischen Laufbahn wird er sich der niederschmetternden Wirkung seiner Zornesausbrüche bewusst und von da an dienen ihm Zorn und Schreien als Waffe. Dann wieder zeigt er einer seiner bemerkenswertesten Eigenschaften, die Selbstbeherrschung, auch in sehr belastenden Situationen.

Seine Frustrationstoleranz ist äußerst gering, das Aggressionspotenzial dagegen groß und die Rachegelüste stark. Dazu kommen immer häufiger auftretende Stimmungsumschwünge. Menschen, die ihm jahrelang nahestanden, lässt er unvermittelt fallen, während er andere unvermittelt zu sich heranzieht. Selbst Personen, die viele Jahre lang in seiner Nähe weilen, sind daher gegen seine Fehlurteile nicht gefeit. Seine Umgebung verbreitet dagegen ein Bild, das lediglich edle und geniale Züge aufweist. Die Täuschung des Volkes über Hitlers wahres Wesen gelingt im weitestgehenden Umfang. Seine Wutausbrüche und Stimmungsschwankungen sind jedoch bereits lange Grundzüge seines Charakters. Durch die eigene Unfähigkeit und das Versagen des eigenen Willens, die Lage zu ändern, werden sie nur noch verstärkt. Eindeutig ist eines: Schuld, egal woran, haben immer nur die anderen. Er kann dem auch nicht entgegensteuern, da er außerstande – und auch nicht willens – ist, auch nur etwas Autorität zu delegieren. Niemand darf und kann seinen Willen umgehen, alle wichtigen (und auch viele unwichtigen) Maßnahmen bedürfen seiner Zustimmung. Es ist daher lächerlich, das Fehlen eines schriftlichen Befehls Hitlers zur „Endlösung der Judenfrage" als Beweis zu verwenden, dass er diesen niemals gab oder gar davon nichts wusste.

Mehrfach nennt er im Jahre 1923 sein Vorbild des Führertypus, den römischen Diktator Lucius Cornelius Sulla. Dieser ist nach dem Urteil des Historikers Helmut Berve ein unheimlicher Mann ohne menschliche Regungen, der sich *„als Werkzeug eines höheren, mitleidslosen Willens"* fühlt, ein ethischer Nihilist, *„grausam, von maßloser Rachsucht und einer zynischen, Schauder erregenden Kälte des Herzens"*. Hitler ist höchstens punktuell zu einer sentimentalen Weichheit fähig. Der Schlüssel zum Erfolg ist seine markante Stimme. Bekannt wird seine Aussprache durch die in den Medien bis heute immer wieder gezeigten Höhepunkte seiner öffentlichen Reden. Das jedoch ist weder der wahre Hitler noch ist das seine normale Stimme. Seine tatsächliche Stimme ist, das beweisen erhaltene Tonbandaufnahmen, durchaus angenehm. Sie hat etwas Spezielles, klingt manchmal etwas heiser, hat aber eine sehr interessante Intonation, weil er im persönlichen Gespräch eine gewichtige dynamische Betonung einsetzt und seine Stimme oft stark verändert und moduliert.

Er ist ein dämonischer Spieler, der bereits im Juli 1921 seine Partei erpresst, um deren Vorsitzender zu werden. Er will damals schon entweder Alles oder Nichts. Seine Vorgehensweise und Taktik geben ihm Recht und deshalb behält er diese zeitlebens bei.

Er lernt daraus, dass er mit maximaler Rücksichtslosigkeit am meisten erreichen kann. Dieses Prinzip behält Hitler bei, bis ins Frühjahr 1945 hinein, als er jeden Ansatz von Verhandlungen mit den Kriegsgegnern kategorisch verweigert. Wie oft ist er schon in schwierigen Situationen gewesen und immer hat ihn eine glückliche Wendung gerettet. Er scheint gleichgültig zu sein gegenüber dem eigenen Erfolg oder Misserfolg. Sein aggressiver, stark ausgeprägter Spielerinstinkt ist so lange erfolgreich, solange die Initiative bei ihm liegt. Er ist ein politischer Machiavellist, der sich sogar der Heuchelei bedient, wenn es ihm nur nutzt. Seine Sekretärin Christa Schroeder bescheinigt ihm eine *„Meisterschaft im Heucheln".* Es sei unmöglich gewesen, dass *„wahre Gesicht"* aufzudecken *„weil er derer zu viele hatte".* Unaufrichtigkeit und Heuchelei sind ihm zur zweiten Natur geworden. Er ist ein Chamäleon, eine Melange aus Lüge und Wahrheit, aus Treuherzigkeit und Gewalttätigkeit, aus Einfachheit und Luxus, aus Liebenswürdigkeit und Brutalität, aus Kunstinteresse und Barbarei, aus Empathie und Massenmord. Ernst Hanfstaengl stellt fest, dass sich kein geschlossenes Persönlichkeitsbild darstellt: *„Er konnte bezaubernd sein und wenig später Ansichten äußern, die erschreckende Abgründe ahnen ließen. Er konnte große Gedanken entwickeln und primitiv bis zur Brutalität sein."*

Den meisten Menschen gegenüber ist Hitler berechnend, verschlagen und sehr nachtragend. Er ist ein blendender Täuscher und vorzüglicher Schauspieler, der sich schnell einer neuen Situation anpassen und durch permanente Verstellung äußerst unterschiedlich präsentieren kann. Die Eindrücke, die er erzeugt, sind selbst für seine engste Umgebung höchst widersprüchlich. Lüge und Betrug sind für ihn völlig selbstverständlich legitime Mittel der „Menschenführung". In den Dienst dieser Irreführung stellt er sein außergewöhnlich gut funktionierendes Gedächtnis. Er besitzt die eidetische Begabung, sich kleinste Details schnell und zuverlässig dauerhaft einprägen und jederzeit exakt wieder abrufen zu können. Es bedarf einer außergewöhnlichen Merk- und Orientierungsfähigkeit, den sich ständig ändernden Generalstabskarten geistig folgen zu können. Einige Zeitzeugen berichten über die gegen Kriegsende zunehmende Neigung Hitlers, sich mit Details zu beschäftigen. Das ist jedoch keine formale Denkstörung, sondern eine durch äußere Umstände verstärkte, schon seit jeher bestehende Charaktereigenschaft. William Carr schreibt:

„Er ist ein durch und durch politisches Wesen, listig wie ein Fuchs, ein gerissener Intrigant vom Format eines Machiavelli. Er besaß außerordentliches Geschick, sich mit einem selbst gesponnenen Faden einen Weg durch das politische Labyrinth zu suchen, schwierige Entschlüsse gewandt hinauszuschieben und Zeit zu gewinnen, bis seine feinfühligen politischen Antennen die Risse im Panzer eines Gegners entdeckten oder bis er den richtigen Weg gefunden hatte, eine unliebsame Konfrontation zu vermeiden."

Dabei entwickelt Hitler eine Gabe, die Franz Halder so beschreibt: Hitler habe außer der Gabe eines schnellen Auffassungsvermögens die Fähigkeit, *„die einen fast an den Instinkt wilder Tiere erinnert, Menschen nach ihrer Stellung zu ihm zu beurteilen".* Deswegen achtet er seine „Alten Kämpfer" und hält ihnen trotz Versagens und Verfehlungen die Treue – viel zu lange. Das hängt auch mit seinem wachsenden Misstrauen zusammen. Er sucht nun wieder häufiger die Gesellschaft dieser Gruppe, als wolle er sich noch einmal vergangener Zeiten erinnern und die *„Kampfzeit",* in der er letztlich erfolgreich geblieben ist, zurückholen. Die Ernennung der Gauleiter, die keine militärischen Kenntnisse besitzen, zu Reichsverteidigungskommissaren geht in diese Richtung.

Einen Beruf hat er niemals gelernt, er ist in den ersten 25 Lebensjahren eine gescheiterte Existenz; einer, der sich mit dem Malen von Ansichtskarten und mit seinen Phantasien über Wasser hält. Er ist nicht im eigentlichen Sinne gebildet, hat sich jedoch sehr viel angelesen. Allerdings stets nur soweit, als dass er Fakten nur wahrnimmt, wenn sie in sein vorgeformtes Weltbild passen. Er überlebt, teilweise in Armut, alle Phasen seines Lebens, aber die persönlichen Ansprüche an die Zukunft sind enorm. Die Diskrepanz zwischen seinem realem Leben und seinen Wunschträumen sind gigantisch. Zum Schluss kann daher auch nur das eigene Ende oder das Ende der bestehenden Weltordnung diesen Bruch zwischen Anspruch und Wirklichkeit schließen – eine Alternative, vor der Hitler bis zum Ende seines Lebens mehrfach steht. In Lebenssituationen seines drohenden Scheiterns hat er den Selbstmord regelmäßig als klare Option vor Augen und äußert dies auch deutlich. Hitler zeigt von vornherein eine starke Tendenz zur Abschaffung der Wirklichkeit zugunsten rauschhafter Erlösungsvisionen. Vor seinem geistigen Auge erlebt er die grandiose Scheinwelt der von ihm so geliebten Opern, die ihn in eine hypnotische Selbstverführung führen. Manfred Ach schreibt:

„Seine Äußerungen? Täuschung? Was sagte er wann und wo und in welcher Absicht zu wem? Was war Propaganda, was war Taktik, was war Lüge, was war Indifferenz, was war Glaube? Wer Staat und Partei, Wirtschaft und Recht, Armee und Krieg nur als Mittel zum Zweck ansieht – was ist dann der Zweck?"

So verschmilzt Hitlers Persönlichkeit unter den Bedingungen der sich zuspitzenden Katastrophen mit den strukturellen Schwächen seiner Diktatur. Er ist er nie ein Genussmensch gewesen, der sich willig den Freuden des Lebens hingibt. Er begnügt sich ab Ende der zwanziger Jahre nur noch mit vegetarischer Kost, trinkt fast keinen Alkohol und ist fanatischer Nichtraucher. Seinen Freundinnen, die meistens deutlich jünger und teils minderjährig sind, nähert er sich nur sehr zaghaft. Hitler ist kein normaler, Frauen sexuell begehrender Mann. Sein Frauenbild ist frauenfeindlich, mit wenigen Ausnahmen achtet er sie nicht. Eine Frau ist in seinen Augen Ehefrau, Mutter und Geliebte, für die in Führungspositionen kein Platz ist. Dennoch ist er ihnen gegenüber stets sehr höflich, äußerst taktvoll, zurückhaltend und charmant. Doch auch Eva Braun, die sich extrem zu ihrer Schwester Gretl hingezogen fühlt, ist keine normale, Männer sexuell begehrende Frau. Die laut Volker Elis Pilgrim *„törichte, simple, spezial-unreife, sachlich und sexuell verkorkste, vereitelte Filmschauspielerin und Möchtegern-Mannequin"* sowie *„latente Lesbe"* stirbt wahrscheinlich als Jungfrau. Sie stellt sich Hitler zur Seite, um ihm ein optimales, weil sexuell „normales" Image mit einer „normalen" Mann-Frau-Beziehung zu verschaffen (laut Pilgrim das *„extremste Mann-Frau-Unikum in der neueren Real-Geschichte"*), und um ihn damit seiner Entourage gegenüber human aufzuwerten. Sie haben beide eine schauspielerische Affinität für das persönliche „Zurschaustellen" und Präsentieren. Das geht bis zur Einrichtung eines falschen Schlafzimmers für Eva Braun im Berghof – in unmittelbarer Nähe zu dem Hitlers. In Wahrheit hat sie das Zimmer neben Hitler nie benutzt, sondern wohnt in mehreren Räumen ein Stockwerk darüber.

Als Hitler sie kurz vor seinem Tode doch noch heiratet, ist das nur eine symbolische Handlung, denn schon Tage zuvor hat er angeordnet, dass alles, was an Eva Braun erinnert und auf eine Verbindung zwischen beiden hindeuten kann, vernichtet wird. Diese Heirat ist kein Liebesbekenntnis zu ihr, sondern nur eines zum gemeinsamen Selbstmord und zur Aufrechterhaltung der Legende eines „normalen" heterosexuellen Mannes, der er nie war, obwohl auch von namhaften Autoren bis heute versucht wird, diese Legende aufrecht zu erhalten. Von ihrer Seite ist es das Beste, was sie aus ihrem Leben noch „herausholen" kann, ein Platz in der Geschichte anstatt ein Weiterleben in der Bedeutungslosigkeit.

Hitlers Fähigkeit, das Beste aus den ihm gebotenen Möglichkeiten herauszuholen, ist unbestritten, doch selten ist er der Lenker seines Geschicks. Die Schlüsselmomente seines Lebens sind nicht sorgfältig geplant, sondern eigentlich reine Verzweiflungstaten, mit denen er zur Wahrung des Gesichts die Flucht nach vorn antritt – ein für ihn bis zum Ende charakteristisches Verhalten. Vielmehr entspricht es ohnehin seinem Herrschaftsstil, den Dingen ihren Lauf zu lassen und Entscheidungen nur dann zu fällen, wenn unterschiedliche Interessen das unausweichlich erscheinen lassen. Hat er jedoch einmal eine Entscheidung getroffen, kann ihn niemand mehr darin umstimmen. Ian Kershaw stellt fest:

„Die Überempfindlichkeit gegenüber persönlicher Kritik, die Unfähigkeit, eine Diskussion mit rationalen Argumenten zu führen, und die rasch außer Kontrolle geratenen Temperamentsausbrüche, seine Aversion – diese Eigenschaften einer zerrissenen Persönlichkeit hafteten ihm zeitlebens an. Fortan ergriff er häufig nicht die Initiative, um den Gang der Ereignisse zu steuern, sondern reagierte auf Entwicklungen, die auf ihn zuliefen."

Andererseits besitzt Hitler auch ein untrügliches Geschick, Schwächen bei seinen Gegnern auszunutzen und ohne zu Zögern zum richtigen Zeitpunkt, oft gegen den ängstlichen Rat seiner Fachmänner, zu handeln. An die Stelle rationalen Kalküls, klugen Abwägens und geduldigen Wartens – wie es eigentlich angebracht gewesen wäre – tritt, oft nach unentschlossenem Zögern oder dumpfem Brüten, ein intuitives Erfassen des richtigen Moments. Der Historiker Saul Friedländer hat in Bezug auf Hitlers Entscheidungen festgestellt, dass bei ihm *„ideologischer Fanatismus und pragmatische Berechnung ständig in Wechselwirkung zueinander standen"*. Alle Auswege versperrt er sich selbst – bis auf den Weg in den Untergang, den lässt er offen. Nur manchmal bricht sich – von einem Hindernis, einer Bedrohung, einer Niederlage ausgelöst – die *„ungezügelte Wut Bahn und fegt alle praktischen Erwägungen beiseite. Dann explodiert, von der Gewalt des ideologischen Fanatismus gespeist, der mörderische Zorn in einem grenzenlosen Drang nach Zerstörung und Tod"*. Ohne seine innere Überzeugung wäre er auch gar nicht in der Lage gewesen, seine Umgebung bis kurz vor seinem Selbstmord immer wieder zu beeinflussen und zu noch mehr Anstrengungen anzutreiben.

Eine seiner typischen Taktiken ist es, diejenigen zu beschuldigen, die nicht anwesend sind und jene zu motivieren, die gerade vor ihm stehen. Er kann schon allein wegen seines phänomenalen Gedächtnisses nichts vergessen: Segen und Fluch zugleich. Seine diabolische Gerissenheit täuscht selbst Gesprächspartner, die über eine gute Menschenkenntnis verfügen. Hitler kann, wenn er will, mit Charme und Intelligenz Menschen im direkten Gespräch enorm für sich einnehmen. Die unglaubliche Loyalität, die seine Anhänger und auch viele Deutsche ihm entgegenbringen, beruht im Wesentlichen auf dieser Fähigkeit. Ohne sein Charisma wäre das Dritte Reich nicht bis in das Jahr 1942 so grausam „erfolgreich" und „effizient" gewesen.

Walter C. Langer schreibt im Jahre 1943 für die US-Regierung ein geheimes Gutachten über Hitler. Er legt sich dabei fest, dass mit einem *„Selbstmord mit größter Wahrscheinlichkeit zu rechnen"* ist. Genau das wird aber gefürchtet:

„Das wäre von unserer Warte aus betrachtet höchst unerwünscht, denn wenn diese Tat geschickt ausgeführt wird, dürfte sich Hitler als Legende so tief in die Köpfe des deutschen Volkes eingraben, dass es Generationen dauern wird, sie wieder herauszubekommen. Er wird den Kampf mit allen nur erdenklichen Mitteln solange fortführen, wie er nur kann, um der Lage Herr zu werden. Der Kurs, den er dabei verfolgt, wird jener sein, der ihn am ehesten auf den Pfad der Unsterblichkeit bringt und der Welt, die er eigentlich verachtet, den größtmöglichen Schaden zufügt."

Wie recht man mit dieser Einschätzung hatte, wurde bereits gezeigt. Hitler geht nie einer geregelten Arbeit nach, er ist Soldat und lebt dann ein Künstlerleben, kombiniert mit Parteipolitik. In dem von ihm selbst entfesselten Krieg ist er gezwungen, seine Arbeitsgewohnheiten zu ändern und ruiniert sich gesundheitlich. Gegen seine eigentliche Natur wird er zum Workaholic, dazu ein Medikamentenjunkie. Zusammenstöße mit führenden Militärs nehmen zu und werden heftiger. Seine stete Weigerung von Rückzug und Frontbegradigung wird als „Führerbefehl" zementiert. Sein Todeswunsch für sich und sein Volk – er nimmt keine Trennung vor – nimmt immer mehr Gestalt an. Wenn schon Untergang, dann gigantisch und für alle sowie mit dem größtmöglichen Effekt. Der größte Massenmörder der Weltgeschichte, dem schreckliche Dinge leicht über die Lippen gehen und der so viel Blut vergießt wie niemand zuvor seit Bestehen der Menschheit, ist gegen das Schlachten von Tieren zu Ernährungszwecken. Tiere zählen für ihn mehr als Menschen. Sein Charakter war und ist nicht mehr änderbar, durch nichts und niemanden. Rücksichtslos mit dem Leben anderer zu spielen, ist für ihn kein Problem, sondern nur ein Zeichen der eigenen Größe, da alles auf die finale Lösung hinausläuft. In seinen Augen muss alles immer endgültig sein, die *„Endlösung"* und der *„Endsieg"*. Mit jedem Monat seines letzten Lebensjahres wird der Panzer seiner Scheinwelt undurchdringlicher.

Gegenüber Ernst Hanfstaengl äußert er bei der Besetzung des Ruhrgebiets im Jahre 1923 durch französische Truppen: *„Was tut es schon, wenn ein Dutzend unserer Städte an Rhein und Ruhr in Flammen aufgehen und ein paar hunderttausend Menschen ums Leben kommen? Das ist gleichgültig. So ein Verlust ist in wenigen Jahren wieder eingeholt. Die Hauptsache aber ist, dass der Widerstandswille eines Volkes nicht preisgegeben wird."* So wird er immer denken. Es ist paradox, dass der Urheber der verheerenden Vernichtungen des Zweiten Weltkrieges die Folgen seines Tuns persönlich nicht in Augenschein nehmen will. Am Heldengedenktag 1943 werden im Schlüterhof des Berliner Zeughauses die steinernen Gesichter der wehklagenden und schmerzverzerrten Giganten verdeckt.

Hitler kann nicht einmal ihren Anblick ertragen, geschweige denn den der zerstörten Städte. Im Gegensatz zu Goebbels und Göring hat er keine einzige vom Bombenkrieg betroffene Stadt besucht; auch keinen zerbombten Flugplatz, kein Kriegsgefangenenlager und schon gar kein Konzentrations- und Vernichtungslager. Als sein Sonderzug am 7. November 1942 auf der Fahrt nach München hält, sieht Hitler auf dem Gegengleis Waggons mit verwundeten Soldaten – und lässt die Vorhänge zuziehen. Seine Haushälterin Anni Winter sagt ihm einmal: *„Mein Führer, Sie sollten einmal all das Elend sehen, das durch die Bombenangriffe angerichtet wird."* An seiner Stelle antwortet eine Stunde später sein Adjutant und ermahnt sie, niemals wieder ein derartiges Thema anzusprechen.

Nicht einmal im Film will er Derartiges sehen. Hitlers Filmreferent Hans Berkhausen beschafft über das neutrale Schweden den ersten russischen Film über die Schlacht in Stalingrad und muss ernüchtert feststellen: *„Den Film wollte er nicht sehen."* Was die Scheinwelt stört, wird einfach ignoriert und ausgeblendet. Stattdessen verschanzt er sich in der Wolfsschanze, heute eine versunkene Welt, die nicht mehr glaubhaft und real wirkt, sondern wie damals einen Mikrokosmos darstellt. Hier ist er isoliert und beschützt, abgeschirmt von der Realität, aus der er, aber nicht sein Volk fliehen kann.

Feindbild

Hitler hat Anfang des zwanzigsten Jahrhunderts in Wien mit Juden zu tun. Er tätigt Geschäfte mit ihnen, um sich überhaupt über Wasser halten zu können. Der Arzt der Familie Hitler in Linz ist Jude. Der Hausbesitzer der Thierschstraße 41 in München, in dem Hitler seit dem Jahre 1920 wohnt, ist ebenfalls Jude. Er begegnet ihm öfter und verhält sich ihm gegenüber durchweg höflich. Kriegskameraden im Ersten Weltkrieg sind Juden. Persönliche Zusammenstöße mit Juden, gegen die er in seinen Reden einen grenzenlosen Hass predigt, sind bisher nicht bekannt. Sein psychopathischer Judenhass richtet sich nicht gegen reale, ihm persönlich bekannte Einzelpersonen, sondern gegen ein verzerrtes, seiner Phantasie entsprungenes Phantombild des Juden als eigenständige Rasse. Mit den später von ihm veranlassten Massenmorden an ihm unbekannten Menschen wird er nie unmittelbar konfrontiert. In den Fällen, in denen er persönlich Exekutionen anordnet, handelte es sich bei den Opfern in keinem einzigen Fall um Juden.

Der Holocaust, der die Grundfeste der Zivilisation ins Schwanken bringt, ist ein rein ideologisch motivierter Völkermord: Das ist das Einzigartige daran. Ausführende der industriellen Menschenvernichtung ist seine Schutzstaffel, die SS, dass Synonym für das Dritte Reich. Grundlage ist sein Wahn, die Menschheit müsse in ständigem Kampf leben, aus dem letztlich eine Herrenrasse hervorgeht, die die Welt beherrscht. Die Vernichtung der Juden ist dafür die Hauptvoraussetzung und niemand anderes als er sei in der Lage und auch willens, diese welthistorische Mission zu bewältigen. Dieser wahnhafte Judenhass und die komplett verrückte Idee, mit jedem Mittel einschließlich eines Vernichtungskrieges *„Lebensraum im Osten"* für das eigene Volk zu gewinnen, treiben ihn bereits seit Anfang der zwanziger Jahre an. Er sieht nur in der Vernichtung und Auslöschung des Judentums eine (End-)Lösung, nicht in deren Vertreibung, beispielsweise nach Madagaskar. Die Kulisse des Krieges gibt ihm dabei die Deckung, die uneingeschränkte Möglichkeit zur Verwirklichung. Einige Historiker meinen, er habe erst im Jahre 1941 – als ihm bewusst wird, dass Russland nicht mehr zu erobern ist – aus Wut und Enttäuschung die Massenvernichtung der Juden eingeleitet. Dass ist völlig unglaubwürdig. Der Holocaust ist kein Befehl im Affekt, sondern im Endeffekt von Anfang an beschlossene Sache. Seit dem Jahre 1942 scheint es sogar Hitlers wichtigstes Kriegsziel zu sein. Er denkt nur in der Terminologie der Endlösung. Es ist das Menschheitsverbrechen schlechthin – mechanisch, systematisch, perfektionistisch, brutal und einzigartig.

Und die Deutschen? Sie sitzen mehr oder weniger mit im Boot. Vom Schicksal ihrer jüdischen Nachbarn, Ärzte, Notare, Rechtsanwälte usw. nimmt die Masse kaum Notiz oder schaut weg. Die *„waren eines Tages halt weg"*. Nachgefragt wurde nicht, dass Interesse war schlichtweg nicht vorhanden, wenn man nicht Juden in seinem persönlichen Freundeskreis hatte. Hunderttausende Wehrmachtangehörige und Zivilisten (Schätzungen gehen bis zu einem Drittel der deutschen Bevölkerung) haben mehr oder weniger Kenntnisse vom Holocaust. Allein in Auschwitz sind dauerhaft 4.000 Personen beschäftigt. Die Alliierten? Sie werfen Flugblätter ab, in denen sie informieren, dass bereits über eine Million Juden getötet wurden. Hitler? Er selbst kündigt öffentlich die Vernichtung der Juden in Reden (30. Januar 1939 und 8. November 1942) an. Nicht nur SS-Angehörige, sondern auch Männer mit bürgerlichen Berufen werden von Hitler zum Morden veranlasst – und sie beteiligen sich in der Masse problemlos. Das Argument, *„wenn ich nicht mitgemacht hätte, wäre ich selber erschossen worden"* ist ein Mythos und eine Ausrede für das eigene Verschulden und Versagen. Befehlsverweigerung hat nicht in einem einzigen Fall zur Todesstrafe geführt. Ein Beispiel zeigt dies: Von den 500 Angehörigen des Polizeibataillons 101 aus Hamburg weigern sich zwölf Männer nach zu Polen gehen, um Jagd auf Juden zu führen. Ihnen passiert – nichts! Sie werden selbstverständlich als *„Kameradenschweine"*, *„Feiglinge"* und *„Drückeberger"* angesehen, doch das ist auch schon alles. Sie können zuhause weiterhin ihren üblichen Dienst verrichten, während ihre Kollegen wie selbstverständlich anfangen, massenweise Unschuldige zu ermorden.

Militärische Führung

Hitler hat nicht nur die Wehrmacht, sondern auch den von ihm politisch, wirtschaftlich und militärisch vorbereiteten Krieg bis ins Detail hinein in der Weise geführt, die seinen Kenntnissen und Vorstellungen, seinem Temperament und seinen Fähigkeiten entspricht.

Krieg ist für ihn das Schlüsselelement des Lebens; die naturgegebene Ordnung und das Recht des Stärkeren zur gewaltsamen Lösung aller Probleme. Seine ganze Weltanschauung ist von vornherein auf einen immer währenden gewaltsamen Kampf ausgerichtet. Klar ist dabei nur eines: Das schmachvolle Ende des Jahres 1918 darf sich nie wiederholen. Die Alternative „Sieg oder Niederlage" muss konsequent durchgehalten werden, denn wer schwächer ist, geht zu Recht unter.

Hitlers militärische Leistungen grundsätzlich – wie jahrzehntelang kolportiert – als dilettantisch zu diffamieren, greift erheblich zu kurz. Ebenso ist es zu einfach, ihm alleine die Schuld am Kriegsausgang zu geben, da ihm zunächst sowohl bedeutende strategische Planungen als auch sehr erfolgreiche operative Führungsleistungen zugeschrieben werden müssen. Hitler hat aber seit dem Jahre 1942 in zunehmendem Maße nur noch wenig mit dem Hitler des Jahres 1939 gemein. Dass er auf *„Analysen der Lage, auf logistische Berechnungen seiner Ideen"* verzichtet und sein technisches Verständnis *„nur bis zum Ersten Weltkrieg reicht"*, wird bereits im Jahre 1970 durch das, leider wenig beachtete, Werk von Karl-Heinz Ludwig widerlegt. Wie die Berichte seiner militärischen Lagebesprechungen zeigen, fehlt es Hitler trotz fehlender fachlicher Ausbildung bzw. Studiums nicht an guten taktischen Kenntnissen. Auch ist es nicht richtig – wie nach dem Krieg besonders von ehemaligen Generalen vielfach kolportiert –, dass qualifizierte Fachleute, die sich besser auskennen, stets gezwungen sind, sich den *„Wahnsinnsbefehlen"* des *„militärischen Amateurs"* Hitler zu beugen. Hitlers Taktik ist objektiv betrachtet weder von vorneherein unsinnig und absurd noch steht sie gewöhnlich im krassen Widerspruch zu den Ansichten seiner führenden Militärs. Seine Weigerung zum Rückzug in der Winterkrise 1941 vor Moskau hat den völligen Zusammenbruch der Ostfront vereitelt. Ein Befehl, der früher von den meisten Historikern als *„starrsinnig"* und negativ bewertet wurde, obwohl schon im Jahre 1947 der Brite Hugh R. Trevor-Roper feststellt:

„Hinter dem militärischen Snobismus der Berufsgeneräle (...) wird wahrnehmbar, dass Hitlers militärische Begabung durchaus nicht zu verachten war. Der Umfang seiner Kenntnisse und seine erstaunliche Auffassungskraft für Einzelheiten sind allgemein (...) zugegeben worden. Seine Willenskraft (...) brachte manchmal Ergebnisse zustande, die Berufsgeneräle aus rein logistischen Gründen für undenkbar hielten."

Fatalerweise ist er seit dieser Winterkrise 1941 zusätzlich auch Oberbefehlshaber des Heeres und damit für die taktischen Entscheidungen dieser Teilstreitkraft nicht nur direkt verantwortlich, sondern greift auch in sie ein. In seiner grenzenlosen Egomanie – seit dem Sieg über Frankreich im Sommer 1940 besitzt er ein riesiges Selbstbewusstsein – handelt er nur noch nach eigenen Vorstellungen. Er ist nun de facto sein eigener Vorgesetzter bzw. Untergebener. Später wird zeitweise sogar noch die Heeresgruppe A dem OKH und damit Hitler direkt unterstellt. Nur er allein ist der Garant des Sieges, er fühlt sich unersetzbar – und sagt das auch offen bereits am 23. November 1939: *„Der Entschluss zum Schlagen war immer in mir. Als letzten Faktor muss ich in aller Bescheidenheit meine eigene Person nennen: unersetzbar. Ich bin überzeugt von der Kraft meines* [!] *Gehirns und meiner* [!] *Entschlusskraft. Das Schicksal des Reiches hängt nur von mir ab."*

In der deutschen Wehrmacht gilt das Prinzip der „Auftragstaktik", das heißt, dass die verantwortlichen Befehlshaber ihren Untergebenen befehlen, <u>was</u> sie zu tun haben, aber nicht, <u>wie</u> sie es zu tun haben. Dieses Prinzip hat den Sieg gegen Frankreich ermöglicht und Hitler verstößt nun selbst regelmäßig dagegen. Dass er dadurch im Verlauf des Krieges, wenn es die Lage erfordert, unfähig ist, einen Rückzug einzuleiten, ganz gleich welche taktischen Vorteile er gebracht hätte, ist das Kontraproduktive. Als Rückzüge dann, weil unvermeidlich und dem Druck des Gegners geschuldet, doch stattfinden müssen, geschieht dies unter weitaus schlechteren Bedingungen. Im Krieg, der ab dem Jahre 1943 nur noch aus Rückzugsgefechten besteht, treten deshalb die Defizite Hitlers als Oberster Befehlshaber immer deutlicher zutage. Andererseits kann er durchaus noch sinnvolle Rückzugsbefehle, beispielsweise in Südfrankreich und auf dem Balkan, erteilen. Diese Rückzugsbefehle werden heute aufgrund des sonst an jedem Quadratmeter Boden festhaltenden Hitler heute nicht mehr wahrgenommen.

Hitler gibt die generelle Aktionsrichtung vor und solange alles nach seinem Wunsche läuft, kümmert er sich nicht um die Einzelheiten. Sobald es jedoch Schwierigkeiten gibt, traut er dem Generalstab nichts mehr zu und greift persönlich ein. Diese Vorgehensweise stellt sich bald als fatal heraus. In keinem Krieg der Menschheitsgeschichte hat ein Oberbefehlshaber sich derartig um Details der Kriegführung gekümmert wie er. So greift Hitler (ein Beispiel unter vielen), einen Stadtplan von Stalingrad im Maßstab 1:10.000 vor sich, persönlich in den Häuserkampf ein – aus 1.700 Kilometer Entfernung! Erleiden seine Truppen dann trotzdem eine Niederlage, liegt die Schuld daran aber niemals an ihm. Er wirft dann umgehend den Frontkommandeuren Versagen, Schwäche, Feigheit, Nichtbeachtung seiner Befehle und Verrat vor. Reale Ursachen wie eine zu geringe Truppenstärke und/oder Waffen- und Munitionsmangel nimmt er nicht zur Kenntnis. Er zeigt keinerlei Einsicht, Tatsachen, natürliche und logistische Begrenzungen, konkrete Umstände vor Ort und schlichtweg reale Fakten anzuerkennen, wenn sie sich nicht mit seiner Wunschvorstellung decken. Er selbst gibt sehr selten einen Irrtum oder eine Fehleinschätzung zu und wenn, dann nur im kleinsten Kreis und sehr selten.

Oberstleutnant Ulrich de Maizière bezeugt eine *„anormale krankhafte Übersteigerung des eigenen Wertebewusstseins"*, das darauf hinausläuft, mit seinem Ende und dem Ende des Nationalsozialismus in Deutschland bestehe für die Deutschen schlichtweg keine Existenzmöglichkeit mehr. Darüber hinaus hat Hitler eine *„dämonische Ausstrahlungskraft, der sich nur sehr, sehr wenige Menschen entziehen konnten und er hatte ein phänomenales technisches Zahlengedächtnis. Details, die zwei bis drei Jahre zurücklagen, wusste er noch und bekam Recht, wenn er es anhand der Protokolle prüfen lässt."* Selbstverständlich entscheidet auch nur Hitler über die Rüstungsindustrie. Im Jahre 1941 hat Hitler die Entwicklung von Waffensystemen, die voraussichtlich länger als ein Jahr dauern (wie beispielsweise eine Boden-Luft-Rakete) untersagt. So unterstützt er auch die Entwicklung von Strahlflugzeugen zunächst nicht, weil er (und auch seine Generale) der Überzeugung sind, auch die Sowjetunion rasch in einem Blitzkrieg niederwerfen zu können. Als Hitler dann unter dem Druck der Ereignisse der Produktion im Jahre 1944 endlich zustimmt, will er gegen den Rat der Experten einen Bomber ohne Bordwaffen. So werden zwar neue Waffen entwickelt, aber er sperrt sich gegen relativ leicht zu realisierende und nützliche Neuerungen. Stattdessen besteht er starr und keinem sachlichen Gegenargument zugänglich auf Nebensächlichkeiten, die ihm wichtig erscheinen, aber militärisch nutzlos sind.

Sein Starrsinn und seine Intoleranz, sein Misstrauen und seine Unbelehrbarkeit überschatten seine eindeutig vorhandenen Feldherrnfähigkeiten und heben sie letztlich auf. Das rächt sich ab den Jahren 1943/1944, wo die dringend benötigten Wunderwaffen zwar entwickelt werden, aber, obwohl technisch hervorragend, noch nicht ausgereift sind und daher zu spät produziert werden können. Sie revolutionieren die Kriegstechnik und sind Grundlage bis heute im Einsatz befindlicher Waffensysteme – doch das nützt nichts mehr, da die Zeit fehlt. Am Ende kommandiert Hitler Armeen, die nicht oder kaum mehr existieren, fordert aber weiter neues Kriegsgerät an. Deutschland hat nun Flugzeuge, die wegen Treibstoffmangels nicht mehr fliegen, und Panzer, die wegen Munitionsmangels nicht mehr schießen können. Speers nach eigener Aussage größte Fehlleistung ist die Entwicklung der V2, die große Kapazitäten bindet und hohe Kosten verursacht, von den Menschenleben, die die Produktion kostet, ganz zu schweigen. Bedenken des Generalstabs wischt Hitler mit abwertenden Bemerkungen zur Seite. Für ihn sind sie nur *„Kleingeister, die nicht über ihren Schatten hinaus sehen können"*. Bekommt er Daten und weitergehende Analysen geboten, wird er wütend:

„Sagen Sie mir nur nichts von Ihren Nachrichten! Mein Hirn funktioniert weit besser als Ihr Nachrichtendienst. Wenn ich hier die Stellung der russischen Armeen bekomme, dann entwerfe ich mir mein eigenes Bild von der Lage, und dann bin ich imstande, die Absichten der Russen besser zu verstehen als Ihr ganzer Nachrichtendienst!"

Hitler allein sieht sich imstande, den Gesamtüberblick zu haben und befiehlt dies auch mit seinem Geheimhaltungsbefehl Nr. 1, wonach niemand mehr wissen darf, als er für die Erfüllung der eigenen Aufgabe unbedingt wissen muss. Den Weltkrieg führt er mit Karten.

Dadurch hat er den Gesamtüberblick und ist, wie er glaubt, stets Herr der Lage. Wolfram Pyta hat das in seinem Buch „Hitler – Der Künstler als Politiker und Feldherr. Eine Herrschaftsanalyse" (München 2015) auf den Punkt gebracht:

„Hitler klammerte sich an die Karten, die für ihn die Bibel waren, weil er ihnen bis zum Schluss seinen künstlerischen Willen aufzwingen konnte. Wie jede visuelle Repräsentation bedurfte auch die Lagekarte einer phantasievollen Auslegung, einer Bildinterpretation, die man durch Maßstabsveränderungen beeinflussen konnte. Seit Sommer 1944 jonglierte Hitler mit Lagekarten in unterschiedlichen Maßstäben und bestand gelegentlich sogar darauf, dass Karten im Maßstab 1:5000 vorgelegt wurden. So konnte er das Kriegsgeschehen gewissermaßen durch Heranzoomen entdramatisieren: Wenn man vom Standardmaßstab 1:300 000 abwich, konnte das Kriegsgeschehen auf kleinräumige Kampfabschnitte eingegrenzt werden, womit die Frontlage viel von ihrer Bedrohlichkeit einbüßte. Ohnehin vermittelten die Lagekarten immer nur einen Überblick über den Frontabschnitt einer Heeresgruppe; nie bildeten sie die Gesamtlage ab. Hitler verstieß damit gegen das klassische Gebot, dass sich der Feldherr vom Feldherrnhügel aus einen Überblick aus der Vogelperspektive verschaffen müsse. Wo der kartographische Blick auf das Ganze ernüchternd wirkte, präferierte Hitler die Fixierung auf einzelne Frontabschnitte. (...) Das Kriegsgeschehen auf rechenhafte Eindeutigkeit herunter zu brechen, hatte Hitler immer strikt abgelehnt. (...) Zwar existierte eine zahlenmäßig exakte Aufstellung der personellen und materiellen Ausstattung der eingesetzten Divisionen, die Hitler allmonatlich vorgelegt wurde. Aber Hitler ignorierte diese nüchternen Zustandsberichte wohlweislich, weil er der Magie der Kartendarstellungen weiterhin vertraute. Dabei hatte ihm Generalstabschef Halder zugearbeitet, indem er schon zu Beginn des Jahres 1942 Anweisung erteilt hatte, die Feindlage kartographisch zu schönen

und die zahlenmäßig bedrohlichen Kräfteverhältnisse an der Ostfront durch manipulative Eingriffe herunterzuspielen. (...)

Es ist entlarvend, dass Hitler in den Lagebesprechungen operative Anweisungen niemals auf der Grundlage exakter tabellarischer Auflistungen erteilte, weil er seine Entscheidungsfreiheit nicht durch ein Zahlenkorsett einengen lassen wollte. Zahlenangaben steuerte er nur bei, wenn sie sich für seine Ansichten instrumentalisieren ließen – und dann kramte er aus seinem durchaus bemerkenswerten Zahlengedächtnis Angaben hervor, die einer gewissen Plausibilität nicht entbehren und die Anwesenden nicht selten verblüfften. Hitler konnte mit seinen Zahlen nach Belieben jonglieren, weil es für die Teilnehmer an den Lagebesprechungen keinerlei tabellarische Überprüfungsmöglichkeiten gab. (...) Das Nachfragen nach exakten Zahlen war verpönt, weil dies einen unerlaubten Vorstoß in den Arkanbereich des ‚Führers' bedeutete. Je mehr Hitler in seiner Funktion als Feldherr aufging, desto mehr trachtete er danach, seine Entwurfsfreiheit nicht durch ein phantasietötendes militärisches Zahlenwerk einschränken zu lassen. Daher konnte er auf der Karte mit Armeen operieren, die in ihrer kartographischen Zeichenhaftigkeit eine Kampfkraft vortäuschten, die längst nicht mehr vorhanden war. (...) Indem Hitlers Einbildungskraft Schrumpfdivisionen in reguläre Divisionen verwandelte, bürdete er den Befehlshabern Unmögliches auf. Noch im ‚Führerbunker' dirigierte er Phantomdivisionen, mit denen er die Schlacht um Berlin siegreich beenden wollte."

Steht es schlecht, greift sich Hitler jeden möglichen Strohhalm, um für sich Hoffnungen zu wecken. So lässt sich aus den Protokollen der Lagebesprechungen gut nachvollziehen, wie er ein Wort oder einen Hinweis zu ergreifen pflegt, umformt und damit letztlich seine Siegesgewissheit bestätigt. Auch durch seine Befehle kann er sich selbst eine größere Kampfkraft seiner Truppen suggerieren. Seit Herbst 1944 hat er unter Verwendung fronterprobter Truppen zahlreiche sogenannte Volksgrenadierdivisionen aufstellen lassen, gleichzeitig aber befohlen, die Reste der zerschlagenen Divisionen nicht aufzulösen, sondern weiterzuführen und allmählich *„ausbluten"* zu lassen. Dieser Befehl hat zur Folge, dass er – bei stetig <u>wachsenden Verlusten</u> – zugleich die Vorstellung einer nach wie vor vorhandenen <u>wachsenden Streitmacht</u> hegen kann. So wird das Operieren mit Gespensterdivisionen zum Alltag; Divisionen, die er immer wieder zu neuen Angriffsoperationen, Umfassungsbewegungen und Entscheidungsschlachten aufstellt, die in der Realität niemals stattfinden können.

Seine Kriegsgegner in West und Ost hören dagegen auf ihre Berater. Stalin beispielsweise lernt im Verlauf des Krieges dazu, ändert seine Taktik, redet nicht in alles hinein. Hitler dagegen ist starrsinnig, greisenhaft beharrlich, wird immer misstrauischer und unbelehrbarer. Trotz aller negativen Erfahrungen lernt er nicht dazu. Gut gemeinte Vorschläge werden nicht auf ihren Sinn und Machbarkeit hin geprüft, sondern nur als angebliche Versuche gewertet, seine Macht zu beschränken und ihn in seinen strategischen Entscheidungen zu beeinflussen. Mit diesem Misstrauen gegen die eigenen Leute verschleißt er einen Großteil seiner höchsten Offiziere: alle Oberbefehlshaber des Heeres, alle Chefs des Generalstabes des Heeres, acht von elf Generalfeldmarschällen des Heeres, 21 von 37 Generalobersten und sämtliche Oberbefehlshaber der Heeresgruppe Nord der Ostfront.

Die Macht des eigenen Willens überschätzt er enorm, gerade auch als die Niederlagen zunehmen. Er glaubt fest daran, dass der Endsieg letzten Endes nur eine Frage dieses unbedingten Willens ist. So weicht er militärischen Entscheidungen, die ihm aufgrund ihrer Risiken nicht gefallen, zunächst aus bzw. schiebt sie so lange wie nur möglich hinaus, was natürlich dem Feind zugute kommt. Gibt er den drängenden Vorschlägen der Generale, unhaltbare Positionen zu räumen, schließlich doch einmal nach, geschieht dies meist zu spät, halbherzig und im Grunde gegen seine innere Überzeugung. Es sind seine Erfahrungen aus dem Ersten Weltkrieg, einmal eroberte Gebiete nicht – und sei es nur zeitweise – aufzugeben und Nebenfronten und Nebenkriegsschauplätze zugunsten der Frontabschnitte zu entblößen, an denen Erfolge hätten herbeigeführt werden können. Die Vorschläge der Generale, in rückwärtigen Gebieten Stellungen auszubauen und Festungen zu errichten, akzeptiert er grundsätzlich nicht. Das Hinterland bleibt bis Herbst 1944, als es zu spät ist, de facto offen. So finden die ausgepumpten Kampfverbände bei ihrem Rückzug keine Stellungen, wodurch der Rückzug nur noch beschleunigt wird und alles in einer Abwärtsspirale mündet.

Nach der Panzerschlacht von Kursk im Juli 1943, die nicht den erhofften Durchbruch zum Endsieg bringt, verkündet er dennoch: *„Das alles wird mit dem deutschen Sieg enden."* Dabei fühlt er eine gewisse Verbundenheit zu seinem Feind Stalin, vor dem man *„unbedingt Respekt"* haben muss und der in seinen Augen *„ein genialer Kerl"* ist. Doch sobald ihm in der offiziellen Lagebesprechung jemand widerspricht oder auf die Erfolge der Roten Armee verweist, bekommt der Mahner zu hören, dass dies *„Einzelfälle"* sind und ihm (Hitler) *„andere Informationen"* vorliegen. Natürlich traut sich keiner, konkret nach diesen Informationen zu fragen. Seine Umgebung sagt ihm meist lieber das, was er hören will. Das sorgt für Ruhe, man bekommt keinen Ärger und vermeidet unangenehme Nachfragen. Die meisten Generale weichen Diskussionen mit Hitler, von den sie von vorneherein wissen, dass sie sinnlos sind, so oft es geht aus.

Die letzte Chance ist die Ardennenoffensive. Sie soll im Westen einen Überraschungsschock auslösen und tut das auch. Der Befehl zum Angriff im Westen (zu Lasten der Ostfront) wird nach dem Krieg durchweg von ehemaligen Generalen und Historikern als falsch kritisiert. Panzerkommandant Major Winrich Behr beispielsweise spricht von der *„verbrecherischen Ardennenoffensive"*. Sie wird häufig als Akt einer *„letzten großen Demaskerade"* angesehen, als *„Selbstenthüllung eines gesinnungslosen Zynikers"*. Doch welche Alternative hat Hitler? Hätte er an der Ostfront den letzten Angriff durchgeführt, wäre der Angriff der Roten Armee nur verzögert, aber niemals aufgehalten worden. Hitler erkennt klar, dass er nur im Westen eine letzte Chance hat, noch einmal in die Offensive gehen zu können. Die unendlich ausgedehnte Ostfront mit ihren rückwärtigen Riesenräumen bietet diese Möglichkeit nicht ansatzweise. An der Westfront bestehen dagegen kleinere Entfernungen, der Treibstoffverbrauch ist geringer und die Nachschubwege kürzer. Seine Truppen im Osten leisten ohnehin von sich aus weiterhin erbitterten Widerstand (siehe Kapitel Unteroffizier Paul Laufenburg – Ein Soldatenschicksal). Dort hat Hitler die Angst zum Verbündeten, während sich an der Westfront bereits einzelne Auflösungserscheinungen seiner Truppen zeigen. Die Ardennenoffensive soll daher auch an der Westfront die Unversöhnlichkeit und den Willen zum äußersten Kampf vermitteln, den die Ostfront bereits seit Jahren besitzt. Darüber hinaus erhofft er einen Zeitgewinn, um die von ihm vorhergesehene Spaltung der Feindkoalition erleben zu können, die dann jedoch erst im Kalten Krieg tatsächlich kommt.

Die Offensive scheitert, die Abwärtsspirale dreht sich unaufhörlich und unerbittlich weiter. Die objektiven Verhältnissen – die Front kommt immer näher, die Ressourcen schwinden, der Nachschub fehlt, die Soldaten sind abgekämpft – und Hitlers subjektiver Wille, der bis jetzt doch immer alles erreicht hat, klaffen täglich mehr auseinander. Seine Autosuggestion hält der übermächtigen Realität zunehmend nicht mehr stand, der Triumph des Willens implodiert.

Hitler selbst hat mehrfach ausgesprochen, dass ein Zweifrontenkrieg die eigene Niederlage bedeutet. Als dieser Umstand durch die Invasion in Frankreich de facto erreicht ist, will er davon nichts mehr wissen und zieht nicht die erforderlichen Konsequenzen. Das Gleiche gilt nach dem Verlust der rumänischen Erdölquellen. Auch hier spricht Hitler zuvor davon, dass der Krieg bei Wegfall dieser Rohstoffe *„endgültig verloren"* sei. Stattdessen flieht er in Aktionismus und setzt sich selbst durch scheinbare neue Optionen immer wieder neue Hoffnungen. Das Jahr 1944 bietet die letzte Chance, den Krieg so oder so zu beenden, aber es gibt gar keine Strategie, keinen Plan B zur Beendigung des Krieges. Hitlers Führungsautorität ist scheinbar immer noch unangefochten, obwohl seine Befehle immer weniger Wirksamkeit entfalten. Seine Autorität beginnt zu bröckeln, auch wenn dies vor ihm peinlich genau verschwiegen wird. Die Auflösungserscheinungen sind jedoch mit der Endphase des Ersten Weltkrieges in keiner Weise vergleichbar. Generell gilt im Zweiten Weltkrieg Hitlers Befehl bis zu seinem Tode, auch wenn er schon lange vom Stress erschöpft ist und sich seine Vorhersagen widersprechen. Doch dadurch kann er nachträglich immer erklären, dass er letzten Endes doch Recht behalten hat – und darauf kommt es ihm an.

Seine Denkweise ist einfach und für ihn völlig logisch: Solange sich Deutschland an den Fronten in der Defensive befindet, kann er keine Waffenstillstandsverhandlungen anbieten, weil er keine Macht besitzt. Weitergedacht bedeutet dies aber, dass er niemals an irgendeine Form von Waffenstillstand gedacht hat, denn wäre Deutschland wieder erfolgreich in die Offensive gegangen, hätte er als allerletztes an Verhandlungen gedacht, sondern nur an den *„Endsieg"*. Die Schlussphase des Krieges ist der Statistik nach gar nicht so schlecht, die Wehrmacht hat noch immer etwa zehn Millionen Mann unter Waffen. Doch diese Zahl täuscht. Die beiden letzten Monate des Krieges sind an der Westfront von Auflösungserscheinungen der Wehrmacht gekennzeichnet, teilweise erinnern die kriegsmüden Soldaten an einen *„Landsknechthaufen"*. Fakt ist auch, dass der Zweite Weltkrieg ohne die taktischen und strategischen Fehler der Westalliierten und der Sowjets eher hätte zu Ende sein können.

So aber wird weitergekämpft und gestorben. Die Verluste des Ostheeres sind exorbitant, kein Kriegsschauplatz fordert von der Wehrmacht so hohe Opfer: 2,7 Millionen deutsche Soldaten, jeder zweite deutsche Kriegstote. Noch größer sind die personellen Ausfälle infolge von Verwundung oder Gefangennahme. Bis Ende März 1945 belaufen sich die Verlustzahlen auf 6.172.373 Mann. Das ist ziemlich genau das Doppelte der Stärke des Ostheeres beim Angriff im Juni 1941. Nur die wenigsten Soldaten erleben daher den Krieg im Osten durchgehend bis Juni 1944 oder gar bis Mai 1945. Paul Laufenburg ist einer von ihnen. Hat ein Rekrut des deutschen Heeres im Jahre 1941 noch eine Lebenserwartung von 2,5 Jahren, so liegt diese 1942 bei 1,7, 1943 bei 1,2, 1944 bei 0,8 und 1945 schließlich bei 0,1 Jahren, d. h. ein reichlicher Monat. Diese Berechnungen sind Durchschnittswerte, die Wirklichkeit ist vielschichtiger. Es gibt die „alten Hasen", die sich gegenüber dem Frontalltag als recht zäh erweisen, während gerade die jungen oder neu versetzten Soldaten schon wegen einer ständig schlechter werdenden Ausbildung schnell „verheizt" werden und fallen.

Das Motiv des Durchhaltens der Soldaten ist weniger die Treue und Verbundenheit zum Führer, als vielmehr die Angst vor der Rache der Roten Armee. Dazu kommt die Meinung, beispielsweise einer Frau, die ihren Mann und ihre zwei Söhne verloren hat, dass das doch „*nicht alles umsonst gewesen sein kann*". Der Frontsoldat selbst will lieber mit Waffe in der Hand untergehen, als sich zu ergeben. Auch das führt zu dem historisch sehr seltenen Fall, dass ein Land im Krieg zerstört und komplett besetzt wird. Für Hitler ist Aufgeben sowieso keine Option, sondern nur der Gedanke: Keine Kapitulation, kein Rückzug, keine Wiederholung der Schande des November 1918. Es zählt nur eines: Durchhalten um jeden Preis, bis ein Wunder eintrifft und dieses zum „*Endsieg*" verhilft. Diese Gewissheit verlässt ihn nie, außer vielleicht in seinen innersten Gedanken oder bei Anfällen von Depression in schlaflosen Nächten. Doch umgehend wird der blinde Glaube an ein Wunder Gegenstand von Hoffnung, die jedoch real durch nichts begründet ist. Erst will er die Sowjets an der Weichsel „*endgültig*" aufhalten, dann an der Oder und dann, als kein Fluss mehr zwischen Berlin und der Roten Armee steht, schließlich an der Spree, nur noch einhalb Kilometer vom Führerbunker entfernt.

Im Verlauf des Krieges entwickelt Hitler eine abstrakte Zerstörungsmanie. Der so genannte „Nerobefehl", die Zerstörung der Lebensgrundlagen der deutschen Bevölkerung, steht dabei nur am Ende einer langjährigen Entwicklung. Schon die Anschlüsse Österreichs und des Sudetenlandes sind nur mit dem „Schönheitsfehler" des ausbleibenden Widerstandes, den man gewaltsam hätte zerschlagen können, gelungen. Halder berichtet, dass Hitler schon im Jahre 1939 auf die Bombardierung und Beschießung des zur Übergabe bereiten Warschaus bestanden hat: etwa 20.000 Menschen kommen dabei ums Leben. Es gibt Fotografien und Filmaufnahmen, die zeigen, dass er sich kaum von den Bildern der Zerstörung – die er sich persönlich vor Ort ansieht – lösen kann. Sie erregen ihn offensichtlich in seiner Vorstellung von Ästhetik enorm – natürlich nur, solange

^ *Die deutsche Kriegsgräberstätte Ysselsteyn in Venray/Niederlande. Im größten und einzigen Friedhof für deutsche Soldaten in den Niederlanden liegen 31.598 gefallene Soldaten. (172)*

es nicht die eigenen Städte sind. Im Verlauf des Russlandfeldzuges kann er die Eroberung und anschließende Zerstörung Moskaus und Leningrads kaum erwarten, ebenso im Sommer 1944 den Untergang von London und Paris. Er malt sich genussreich die verheerende Wirkung aus, die ein deutscher Raketenangriff in den Straßenschluchten Manhattans bewirken muss. Ihm ist all dies nicht gelungen, doch so soll wenigstens der letzte Akt, der eigene Untergang, gelingen. Hierbei kann er noch einmal und nahezu unbeschränkt seinem Urinstinkt der Zerstörung folgen – und dieser Schlussakt gelingt.

Rolle der Generale

Bis Kriegsende dienen 1.250 Generale in der deutschen Wehrmacht, davon haben etwa 50 von ihnen einen Überblick über die gesamtstrategische Lage. Für die meisten von ihnen sind Ehre und Pflichterfüllung, Gehorsam, der geleistete Eid und der Wille, den Kameraden und der eigenen Bevölkerung zu helfen, oberste Gebote. Das Jahr 1918, das schmachvolle Kriegsende – ein Trauma für viele – darf sich nicht wiederholen. Das Credo lautet daher: Lieber ehrenhaft untergehen, als feige kapitulieren. Die Doktrin der deutschen Truppenführung hat nur eines im Sinn: Immer die Initiative behalten. Bereits am 3. Februar 1933, vier Tage nach seiner Ernennung zum Reichskanzler, hält Hitler im Reichskriegsministerium eine Rede, in der er seine Ziele vor den Befehlshabern der Reichswehr deutlich ausspricht: Eroberung neuen Lebensraumes im Osten und dessen rücksichtslose Germanisierung. Hitler fordert, dass die deutsche Armee im Jahre 1941 zum Angriff fähig sein muss. Niemand widerspricht ihm. Kritische Militärs bringt er in den folgenden Jahren nicht zuletzt durch seine unglaublichen Erfolge zum Schweigen.

Militärs dürfen einen Krieg nicht verlieren, ihre Aufgabe ist es zu siegen. Sie wollen siegen und nicht untergehen, denn die allgemein vorherrschende Meinung ist Folgende: Wir haben in den besetzten Ländern so viel furchtbares Unheil angerichtet, dass die Rache der Sieger ebenso brutal sein würde. Jedem logisch denkenden deutschen Generalstäbler ist spätestens nach der alliierten Invasion klar, dass der Krieg verloren ist. Doch das ist kein Grund zum Aufgeben. Die Realisten im Generalstab sind sich auch völlig darüber im Klaren, dass, solange Hitler an der Macht ist, es nicht für möglich erachtet wird, dass die deutschen Truppen die Waffen niederlegen. Ein in der Kriegsgefangenschaft abgehörter General äußert: *„Jetzt ist tatsächlich der kriegerische Ruhm des deutschen Soldaten durch keine Niederlage, wie wir sie noch erleiden mögen, mehr zu brechen. Dieses Volk kann nur in Ehren untergehen."* Hitler gelingt es immer noch, Vertrauen herzustellen, zu überzeugen und absurde Hoffnungen zu wecken. Seine Autorität bleibt trotz aller Fehler, Lügen und Trugschlüsse bis in die buchstäblich letzten Stunden, als er seinen Willen nicht mehr erzwingen kann, gänzlich unbestritten. In der Führungsriege von Partei und Militär hält sich der Führermythos bis zum Ende. Da er schon immer alle gegeneinander ausspielt, finden sich keine Verschwörer, die ihn ermorden oder einfach in ein Zimmer einschließen und die Befehlsgewalt übernehmen. Die führenden Militärs sind unfähig, einen Obersten Befehlshaber zu beseitigen, der sie ganz offensichtlich in den Untergang führen will.

Erscheinen Hitlers Befehle den Berufsmilitärs widersinnig, selbstmörderisch, taktisch unklug – was sollen sie tun, welche Alternative haben sie? Zum Gehorsam erzogen, an Hitler als Staatsoberhaupt und Obersten Befehlshaber gebunden sowie über den Eid persönlich verpflichtet, haben sie nur das Mittel des Rücktritts, der dann von Hitler verboten wird. Er führt mit einem beliebigen Wechsel in seiner Argumentationskette – er kann die exakt gleiche militärische Lage jedem in völlig anderer Weise als den Übrigen beibringen. Das fällt ihm leicht, da er nur selten Widerspruch zu erwarten hat. Mitunter scheint es, als kann er die Beziehung zur Realität aller, die in seine Nähe kommen, auf schwer erklärliche Weise zersetzen. Wieland Giebel schreibt:

„Jeder General kann sich entscheiden. Mitmachen oder nicht. Wer nicht mitmacht, verliert Privilegien, Ansehen, aber nicht das Leben. Aber Hitlers Heerführer, durchweg gebildete, im Wertesystem des Kaiserreiches verankerte Generale, werden überwiegend zu willigen Vollstreckern des Vernichtungskriegs und des Völkermords. Alle 16 Oberkommandos der Ostfront lassen sowjetische Kriegsgefangene und Zivilisten verhungern, unterwerfen sich dem Kommissarbefehl und beteiligen sich am Holocaust. Die Generale fügen sich bereitwillig, wirken mit, gestalten in vielerlei Hinsicht mit und tragen jeder für sich individuell Verantwortung. Die Wehrmacht als Institution ist aktiv an allen Verbrechen des NS-Regimes beteiligt. Soldaten können sich nicht entscheiden. Das wäre Befehlsverweigerung. Aber bei den Exekutionen muss keiner mitmachen. (…) Selbst renommierte Generale, die Hitler ihre Bedenken vortragen, verlassen das Gespräch mit ihm voller Zuversicht und Optimismus. Sie folgen Hitler, weil er zunächst als nationaler Befreier angesehen wird und verspricht, Deutschland wieder zu einer großen Nation zu machen. Später wollen sie an seinen Erfolgen teilhaben. Hitler geizt dann nicht mit Beförderungen und Auszeichnungen."

So folgt ihm seine Umgebung nahezu widerspruchslos in die immer durchsichtiger gewobenen Gespinste aus Selbsttäuschung, Wirklichkeitsverzerrung und Wahn. Woran liegt das? Aller Gebrechlichkeit zum Trotz bewahrt er immer noch etwas von seiner suggestiven Kraft. Die Generale sind nicht nur Befehlsempfänger, sondern aktiv an der Verlängerung des Krieges beteiligt – auch wenn es nach Kriegsende natürlich anders dargestellt und ein Weiterkämpfen als angeblich „alternativlos" gezeigt wird. Die Militärs sind auch an den Verbrechen und Verstößen gegen das Völkerrecht beteiligt. Sven Felix Kellerhoff fasst zusammen: *„Die Wehrmacht als Institution war aktiv und mit vollem Bewusstsein an allen Verbrechen des NS-Regimes beteiligt."* Sie hat, das bestätigt der Historiker Johannes Hürter, die meisten Verbrechen nicht nur bewusst gebilligt, sondern sogar aus eigener Überzeugung vorangetrieben. So hat Deutschland aus der Sowjetunion in den Jahren 1941 bis 1943 Lebensmittel für 21 Millionen Menschen herausgeholt. Während dort Menschen verhungern, steigen im Reich die Sozialleistungen um mehrere 100 Prozent. Mehr als die Hälfte der laufenden Einnahmen des Reiches im Krieg stammt aus der Ausplünderung fremder Länder, wie der Historiker Götz Aly nachgewiesen hat. Der Generalstab, dem der Militärhistoriker Rolf-Dieter Müller eine *„unglaubliche Überheblichkeit"* attestiert, sorgt dafür.

Die meisten Generale sind feige und unterwürfig. SS-Hauptsturmführer Reinhard Spitzy meint verächtlich: *„Die alten Generale, die da mitmachten, waren ja Trauergestalten."* Der Chef des Oberkommandos der Wehrmacht Wilhelm Keitel erklärt, dass seit dem Jahre 1938 *„keine der maßgebenden Entschließungen in Gemeinsamkeit und Beratungen zustande gekommen"* seien, sondern ausschließlich als *„Befehlsausgaben"*. Nur wenige widersprechen einmal wie Generaloberst Alfred Jodl: *„Ich bin nicht dazu da, Unsinniges weiterzugeben."* Den Sinn des Krieges jedoch stellt er nie in Frage. Stattdessen versucht er sich nach dem Krieg herauszureden: *„Mein Einfluss auf den Führer war leider nicht im geringsten so groß, wie er nach meiner Stellung eigentlich hätte sein können oder vielleicht auch hätte sein müssen."* Dies nennt er wider besseres Wissen, indem er zugibt, dass Hitler *„an einen Sieg schon nicht mehr glaubte, als die Katastrophe des Winters 1941/42 hereinbrach"*.

Die führenden Funktionäre und Militärs sind gefangen im Ablauf der Ereignisse, zwischen militärischem Gehorsam und moralischer Verantwortung. Sie ahnen wohl, was auf sie zukommt, wenn der Krieg verloren wird. Fallen sie den Feinden in die Hände, müssen sie mit Verurteilung, Haft oder sogar mit Hinrichtung rechnen. Wenden sie sich gegen den Obersten Befehlshaber, droht ihnen, wie das Beispiel des 20. Juli zeigt, dasselbe. Sie stecken in einem Dilemma. Hitler ist also scheinbar ihre letzte Chance, da er auch in der Vergangenheit des Öfteren schon die Lage wieder wenden konnte. Er ist auch im letzten Kriegsjahr noch so übermächtig, dass die Militärs nur insgeheim in der Lage sind, Teile seiner Befehle und Weisungen zum Nutzen der eigenen Front vorsichtig und heimlich zu sabotieren. Wenn Hitler ausnahmsweise einmal nachgibt, macht er eine großzügige Geste daraus und tut es natürlich ausschließlich von sich aus. Selbstverständlich aber lässt es Hitler für alle, die ihm schlechte Nachrichten überbringen, so unangenehm wie nur möglich werden. Bald ziehen es die Generale daher oft vor, Berichte über eigenen Verlustzahlen nicht durchzugeben. Oberstleutnant Ulrich de Maizière beschreibt die Atmosphäre im Führerbunker als *„eine Mischung von Überwachtheit und Trance, Resignation und dem Gefühl, seine Pflicht tun zu müssen, ohne dass man sah, dass diese Pflichterfüllung noch einen Sinn hatte"*. Generaloberst Gotthard Heinrici sagt aus, dass er nicht habe zurücktreten können. Seine Begründung lautet:

„Die Bindung an meine Gehorsamspflicht als Soldat, die Unmöglichkeit, Befehle abzulehnen, die zur Rettung des Obersten Befehlshabers der Wehrmacht gegeben waren und denen ich mich, ohne Verrat zu üben, nicht entziehen konnte. Nachdem das OKW die Rettung des Führers, an den Anfang aller Befehle gestellt hatte, gab dieses Moment den Ausschlag gegenüber anderen militärischen Erwägungen."

Die Generale versuchen nicht einmal das scheinbar Unmögliche, eine Strategie zur Ablösung Hitlers zu entwickeln. Und dies hat die bekannten fatalen Folgen. Schon früher wagen sie es nicht, sich Hitlers Befehlen zu widersetzen. Bei der Niederlage in Stalingrad beispielsweise hat der verantwortliche Generalfeldmarschall Friedrich Paulus, als die Lage völlig aussichtslos ist und eine Kapitulation das Leben tausender deutscher Soldaten hätte retten können, dies mit einem Hinweis auf den *„Führerbefehl"* abgelehnt. Stattdessen äußert er zu einem Hauptmann lapidar und feige, dass nun *„die Stunde gekommen* *ist, in der die Initiative* [zur Kapitulation] *auf die unteren Truppenführer"* übergeht. So einfach kann man es für sich auch haben. Sehenden Auges schickt die Generalität Hunderttausende der ihnen anvertrauten Soldaten in den sicheren Tod, gegen die eigene Ethik, gegen die eigene Moral. Sie wollen kein schlechtes Bild abgeben, denn ihnen ist klar: Wenn sie überleben, haben sie als „Fachmann" noch eine Chance. Tatsächlich steht vielen von ihnen noch eine Karriere in der Bundesrepublik Deutschland oder der Deutschen Demokratischen Republik bevor. So befolgen sie lieber unsinnige Befehle und verheizen sinnlos ihre Truppen, als durch Ungehorsam oder gar Befehlsverweigerung bei Hitler in Ungnade zu fallen, damit sie später nicht als unzuverlässig dastehen und keine berufliche Zukunft mehr haben.

Nach dem Krieg schieben die deutschen Generale die Schuld an der Katastrophe im Großen und Ganzen alleine auf Hitler, obwohl sie ihm fast ausnahmslos folgen, auch wenn sie hinter vorgehaltener Hand seine Befehle für militärisch sinnlos halten. Für ihn hat man nun nur noch Verachtung übrig, doch war man ja *„an den Eid gebunden"* und hat nur die *„politischen Vorgaben"* umgesetzt. Man ist bemüht, zu versichern, dass die Kritik am Führer auch immer nur *„rein militärisch"* gemeint war, denn er hat ja auch *„Großes für Deutschland geleistet"*. Doch letzten Endes steht an der Spitze des Reiches der Dilettant Hitler. Er allein ist es gewesen, der den sonst professionell agierenden deutschen Generalstab und die Truppen in den Untergang geführt hat – andernfalls hätten sie ja den Krieg prinzipiell gewinnen können. Nur aufgrund Hitlers und der nie dagewesenen Übermacht von Feinden kommt es also letztlich zur Niederlage. Das sind durchweg Schutzbehauptungen. Fakt ist, dass die Generale keinen abgestimmten Versuch unternehmen, an den Strukturen der Befehlskette auch nur das Geringste zu ändern. Sie unterstützen Hitlers Entscheidungen unbedingt und vorbehaltlos, wie aus den Aufzeichnungen der Lagebesprechungen klar hervorgeht.

Massenhaft berufen sich Offiziere nach dem Krieg auf den so genannten Befehlsnotstand, also dem Umstand, dass einem Befehlsempfänger für den Fall, dass er einen (verbrecherischen) Befehl nicht ausführt, eine Gefahr für sein eigenes Leben droht.

Sie wollen damit ihre individuelle Schuld negieren. In der historischen Forschung ist jedoch kein einziger Fall dokumentiert, wonach ein Untergebener (egal welchen Dienstgrades) wegen der Nichtausführung eines offensichtlich verbrecherischen Befehls nach § 47 Abs. 1 Nr. 2 des damals geltenden Militärstrafgesetzbuches verurteilt worden wäre. Eine Gefahr für Leib und Leben drohte also definitiv nicht. Die Berufung auf den Befehlsnotstand ist eine Ausrede.

Widerstand

Widerstand in einer Diktatur kann nur der leisten, der Macht hat, da der Sturz des Trägers der Staatsgewalt nur gewaltsam vollzogen werden kann. Für die letzten Septembertage des Jahres 1938 ist ein Militärputsch geplant, der nur aufgrund des Zustandekommens des „Münchner Abkommens" (Abtretung des Sudetenlandes an das Deutsche Reich) abgeblasen wird. So bleibt der Widerstand einzelnen Personen und Gruppen vorbehalten. Die Widerstandsgruppe „Weiße Rose" beispielsweise verteilt über zehntausend Exemplare von sechs verschiedenen Flugblättern, in denen der Mord an 300.000 Juden öffentlich genannt und in denen Hitler direkt angegriffen wird:

„Wer hat die Toten gezählt, Hitler oder Goebbels – wohl keiner von beiden. Täglich fallen in Rußland Tausende. Es ist die Zeit der Ernte, und der Schnitter fährt mit vollem Zug in die reife Saat. Die Trauer kehrt ein in die Hütten der Heimat und niemand ist da, der die Tränen der Mütter trocknet, Hitler aber belügt die, deren teuerstes Gut er geraubt und in den sinnlosen Tod getrieben hat. Jedes Wort, das aus Hitlers Munde kommt, ist Lüge. Wenn er Frieden sagt, meint er den Krieg, und wenn er in frevelhaftester Weise den Namen des Allmächtigen nennt, meint er die Macht des Bösen, den gefallenen Engel, den Satan. Sein Mund ist der stinkende Rachen der Hölle, und seine Macht ist im Grunde verworfen. (...)

Wir müssen das Böse dort angreifen, wo es am mächtigsten ist, und es ist am mächtigsten in der Macht Hitlers. (...) Für Hitler und seine Anhänger gibt es auf dieser Erde keine Strafe, die ihren Taten gerecht wäre. Aber aus Liebe zu kommenden Generationen muss nach Beendigung des Krieges ein Exempel statuiert werden, dass niemand auch nur die geringste Lust je verspüren sollte, Ähnliches aufs neue zu versuchen. Vergesst auch nicht die kleinen Schurken dieses Systems, merkt Euch die Namen, auf dass keiner entkomme! Es soll ihnen nicht gelingen, in letzter Minute noch nach diesen Scheußlichkeiten die Fahne zu wechseln und so zu tun, als ob nichts gewesen wäre!

Mit mathematischer Sicherheit führt Hitler das deutsche Volk in den Abgrund. Hitler kann den Krieg nicht gewinnen, nur noch verlängern! Seine und seiner Helfer Schuld hat jedes Maß unendlich überschritten. Die gerechte Strafe rückt näher und näher! Was aber tut das deutsche Volk? Es sieht nicht und es hört nicht. Blindlings folgt es seinen Verführern ins Verderben. Sieg um jeden Preis haben sie auf ihre Fahne geschrieben. Ich kämpfe bis zum letzten Mann, sagt Hitler – indes ist der Krieg bereits verloren. (...) Im Namen des ganzen deutschen Volkes fordern wir vom Staat Adolf Hitlers die persönliche Freiheit, das kostbarste Gut der Deutschen zurück, um das er uns in der erbärmlichsten Weise betrogen hat. (...) Freiheit und Ehre! Zehn lange Jahre haben Hitler und seine Genossen die beiden herrlichen deutschen Worte bis zum Ekel ausgequetscht, abgedroschen, verdreht, wie es nur Dilettanten vermögen, die die höchsten Werte einer Nation vor die Säue werfen. Was ihnen Freiheit und Ehre gilt, das haben sie in zehn Jahren der Zerstörung aller materiellen und geistigen Freiheit, aller sittlichen Substanz im deutschen Volk genugsam gezeigt. Auch dem dümmsten Deutschen hat das furchtbare Blutbad die Augen geöffnet, das sie im Namen von Freiheit und Ehre der deutschen Nation in ganz Europa angerichtet haben und täglich neu anrichten. Der deutsche Name bleibt für immer geschändet, wenn nicht die deutsche Jugend endlich aufsteht, rächt und sühnt zugleich, ihre Peiniger zerschmettert und ein neues geistiges Europa aufrichtet."

Diese Flugblätter und ihr Inhalt interessieren kaum jemanden und natürlich verwundert es nicht, dass Hitler einen Gnadenakt für die Mitglieder der „Weißen Rose" persönlich ablehnt. Auch die deutschen Bischöfe können sich nicht zu einer öffentlichen Stellungnahme aufraffen. Anders in der faschistischen Diktatur Italiens: Mussolini wird im Jahre 1943 vom großen faschistischen Rat rundheraus abgesetzt – mit einfacher Mehrheit. Derartiges ist in der Totalüberwachung in Hitlers Deutschland nicht möglich. Was bleibt, sind also Staatsstreich und Attentat. Doch wie praktisch umsetzen? Es gibt weder eine Front innerhalb von NSDAP-Funktionären noch eine der Militärs gegen Hitler. Was nach einem gescheiterten Putsch geschehen soll, ist einigermaßen klar. Zweifel über die Reaktion Hitlers gibt es nicht, man weiß ja, wie er tickt. Die Feindseligkeit der Paladine untereinander und das von Hitler betriebene gegenseitige permanenten Ausspielen zahlen sich für ihn aus. Der eigene Überlebenswille und die Treue gegenüber Hitler sorgen dafür, dass seine Machtstellung im Großen und Ganzen unangetastet bleibt.

Die NS-Führungsschicht misstraut sich untereinander, weil sie genau wissen, dass ihre persönliche Macht ausschließlich vom Willen Hitlers abhängt. Es sind die Strukturen der NS-Herrschaft an sich und die Mentalität sowie die Unfähigkeit der herrschenden Eliten, Hitler entgegenzutreten, die an den Zuständen nichts ändern. Auch die führenden Militärs misstrauen sich gegenseitig. Sie haben Angst vor Hitler, keinen gemeinsamen Willen und keinen Mut, sich gemeinsam abzustimmen und gegen ihn vorzugehen oder auch nur gemeinsam zu protestieren. Niemand lässt es auf eine offene Auseinandersetzung mit ihm ankommen, da sich Hitler neben der Wehrmacht vor allem auf die SS und die Polizei stützen kann. So gibt es praktisch nur die Möglichkeit, dass die Verschwörer versuchen, im Geheimen führende Köpfe für sich zu gewinnen. Das gelingt mehr schlecht als recht. Ein Beispiel zeigt die Problematik: Graf von Stauffenberg bespricht die Staatsstreichpläne mit dem populären Generalfeldmarschall Erich von Manstein, wie dessen Ordonnanzoffizier Alexander Stahlberg bestätigt. Graf von Stauffenberg schafft es nicht, ihn zu überzeugen. Gleichwohl begeht von Manstein selbst Hochverrat, weil er von Stauffenberg nicht anzeigt. Bezeichnend ist seine Antwort: *„Als Oberbefehlshaber an der Front habe ich keine Möglichkeit, hier tätig zu werden."* Doch das Entscheidende schiebt er nach: *„Preußische Feldmarschälle meutern nicht."*

Unter den im Widerstand gegen den Nationalsozialismus aktiven Personen, zum Beispiel im Kreisauer Kreis, ist die Legitimität eines Attentats auf Hitler lange und sehr ernsthaft diskutiert worden. Erst Militärs wie Henning von Tresckow und Claus Schenk Graf von Stauffenberg können sich ab dem Jahre 1942 zu einer konsequenten, den Tyrannenmord bejahenden Haltung durchringen. Motiv ihres Handelns ist nicht der Krieg – sie begrüßen die militärischen Fortschritte ausdrücklich und mehrfach – sondern die unmenschlichen Verbrechen im Rücken der Front. Sie wollen das sinnlose Töten beenden und eine Militärdiktatur errichten. Ihnen ist natürlich bewusst, dass ein lebender Hitler immer eine Gefahr darstellt. Voraussetzung ist also der Tod des Diktators. Ein Tyrannenmord ist die Tötung eines Herrschers, der sein Volk ungerecht behandelt bzw. gewaltsam unterdrückt. Unterdrückt Hitler sein Volk? Darf man die Schuld eines oder mehrerer Morde (auch von Unschuldigen) auf sich nehmen, um den Tod vieler anderer Unschuldiger zu verhindern? Über diese moralische Frage, vor der die Verschwörer nun stehen, wurde bereits in der Antike philosophiert.

Die ethisch-moralische Bewertung des Attentats vom 20. Juli 1944 stellt sich so dar, dass durch den Sprengstoff eben nicht nur Hitler, sondern unter den bewusst einkalkulierten Umständen alle 24 Anwesenden getötet werden sollen. Wegen der eindeutigen Alternative eines Pistolenattentates ist das Sprengstoffattentat letztlich eindeutig unmoralisch und verwerflich. Rein rechtlich handelt es sich um Hochverrat, ggf. zusätzlich um Landesverrat, Eidbruch gegenüber dem Obersten Befehlshaber als Eidträger und – was zumindest die Tötung des Stenografen Dr. Heinrich Berger betrifft – um Mord. Mord, da er heimtückisch und mit gemeingefährlichen Mitteln verübt wird und die Arg- und Wehrlosigkeit des Opfers ausnutzt. Selbst Winston Churchill lehnt Verhandlungen mit den Verschwörern ab, da er sie (zu Recht) für Verräter hält. Die Witwe von Dr. Berger, Hertha, und ihre Kinder Wolfgang, Brigitta und Dorothea erhalten nach dem Kriege keine staatliche Unterstützung, da Berger *„nicht als Widerständler gegen Hitler ums Leben kam, sondern in Folge eines tragischen Zufalls"*. Das Bundesministerium der Finanzen lehnt Wiedergutmachungsleistungen ebenfalls ab, *„weil der am 20. Juli 1944 ums Leben gekommene Vater des Herrn Berger nicht Verfolgter im Sinne des §1 Bundesentschädigungsgesetz war. Er war nicht Opfer einer nationalsozialistischen Verfolgungsmaßnahme, sondern Opfer eines gegen den höchsten Repräsentanten des NS-Regimes gerichteten Anschlags, von dem er infolge seiner dienstlichen Tätigkeit mitbetroffen [!] ist"*.

Wäre das Stauffenbergattentat geglückt, hätte dies unter Umständen in den Bürgerkrieg, mindestens aber zur Bildung einer bis heute vorhandenen neuen Dolchstoßlegende geführt. Der Tenor hätte gelautet: Mitten im Kampf um die Existenz des Reiches fällt ein ruchloses Attentat unseren heldenhaften Führer, wir hätten den Krieg noch gewinnen

^ *Der amerikanische Soldatenfriedhof Henri-Chapelle in Belgien. Hier liegen 7992 gefallene US-Soldaten. (156)*

können usw. Wie bekannt, scheitert das Attentat. Danach gibt es keinen Ausweg mehr. Die letzte Chance war der Militärputsch, denn bei einer Staatsführung, die keinen Frieden will, kann nur der Sieg oder der totale Untergang das Endergebnis sein. Hitler selbst sieht sich bestätigt. Seine wiederholte Errettung bei Attentaten und anderen bedrohlichen Situationen beweist ihm, von der Vorsehung auserkoren zu sein. Er ist überzeugt, dass eine übernatürliche, imaginäre Leibwache stets an seiner Seite ist. Deshalb reagiert er nicht deprimiert über den Anschlag, sondern mit Freude – nicht nur weil er überlebte, sondern weil er nun auch mit aller Härte zurückschlagen und seine Gegner endlich „ausrotten" kann. Nach dem 20. Juli steigen die Radikalisierungs- und Totalisierungsmaßnahmen des NS-Regimes an. Auch die Hinrichtungen gehen so lange wie möglich weiter. Die Ereignisse geben dem NS-Regime noch einmal einen radikalisierenden Impuls und wenn es je dem Begriff totalitärer Herrschaft nahegekommen ist, dann in diesen letzten Monaten des Großdeutschen Reiches.

Das Attentat vom 20. Juli 1944 auf Hitler wird nach Kriegsende lange kontrovers diskutiert. Für Befürworter der NS-Propaganda sind die Attentäter Verräter. Sie sind der Meinung, man dürfe dem obersten Feldherrn in seinem Bemühen, das Kriegsglück zu wenden, nicht in den Rücken fallen. Dagegen hält eine – mit dem Abstand zum Zweiten Weltkrieg immer größer werdende – Mehrheit das Attentat auf Hitler für gerechtfertigt. Nur durch den Tod Hitlers hätte das massenhafte Sterben an der Front, in Konzentrationslagern und im Bombenhagel der Luftangriffe früher beendet werden können. Die Attentäter hätten sich in einer Nothilfesituation befunden. Die Vorgänge um den 20. Juli sind Stoff für zahlreiche Dokumentationen und Filme. Die Darstellung in diesen Filmen hat außer der Rahmenhandlung oft wenig mit der historischen Wirklichkeit zu tun. Der Attentäter wird stets als Held dargestellt und als er erschossen wird, endet der Film. Man sieht nur in einem Film von weitem die Leiche Graf von Stauffenbergs, denn ein Held stirbt nicht und sein Vermächtnis soll weiterleben. Es ist politische Tradition in der Bundesrepublik, Graf von Stauffenberg und seine Tat in Feierstunden und Gedenkveranstaltungen zu würdigen. Formaljuristisch ist er ein Hochverräter und ein Mörder, doch trotzdem ist er laut Sven Felix Kellerhoff ein Held, denn *„sein Weg vom vorsichtigen Sympathisanten Hitlers zum entschiedenen Gegner des Tyrannen ist von größter Bedeutung für den antitotalitären Grundkonsens in Deutschland. Claus Graf von Stauffenberg ist keine glatte, keine einfache Figur. Er hat sich die Entscheidung zum aktiven Widerstand nicht leicht gemacht. Seiner zu gedenken heißt nicht, alle anderen zu verurteilen, die denselben Mut nicht aufzubringen vermochten; Heldentum kann nicht verordnet werden"*.

Kellerhoff hat Recht, denn wäre Hitler getötet worden, hätte dies das Leben von Millionen Menschen gerettet und unsägliche Zerstörungen verhindert. Insgesamt haben mehr als 18 Millionen Deutsche in Heer, Luftwaffe, Marine und Waffen-SS gedient, 5,3 Millionen davon sind gefallen. Bis zum Juli 1944 sind es 2,7 Millionen Tote, danach 2,6 Millionen, davon über 1,5 Millionen an der Ostfront. Gegen Kriegsende fallen monatlich zwischen 300.000 und 400.000 Soldaten. Bei 350.000 sind das täglich etwa knapp 12.000, pro Stunde etwa 500, pro Minute neun – alle sechs Sekunden stirbt ein Mensch. Umgerechnet auf die letzten zehn Monate sind es 8.552 am Tag, 356 in der Stunde, sechs in der

Minute – alle zehn Sekunden stirbt ein Mensch. Nach dem 20. Juli gibt es mehr Opfer und größere Verwüstungen als im gesamten vorangegangenen Krieg. Auch ein anderer wäre ein Held gewesen, sogar ein noch größerer: der Einzelgänger Georg Elser, der ebenfalls versucht hat, Hitler mit einer Bombe zu töten – am 8. November 1939, nur 69 Tage nach Beginn des Zweiten Weltkrieges. Bis dahin kamen „nur" 175.000 Menschen um.

Gesundheit

Hitler ist zu Kriegsbeginn, im Alter von 50 Jahren, vollkommen gesund. Er kann stundenlang, mit ausgestrecktem rechten Arm und unbeweglichem Gesicht, Paraden abnehmen. Nach Kriegsende ist die allgemein vorherrschende Meinung, dass er krank war, geisteskrank, wahnsinnig, ein in den Teppich beißendes Monster, nicht mehr Herr seiner Sinne. Helmut Heiber schreibt in seiner Biografie im Jahre 1960: „(...) *seit Frühjahr 1942 Parkinsonsche Krankheit mit einer degenerativen Erkrankung gewisser Hirnpartien, die auch das Willens- und Affektleben beeinflusst und häufig zu paranoiden, wahnhaften Vorstellungen führt.*" Bezüglich der tatsächlichen Krankheiten Hitlers sei auf das Buch „War Hitler krank?" von Hans-Joachim Neumann und Henrik Eberle sowie auf die Studie von Prof. Ellen Gibbels hingewiesen. Neumann und Eberle haben sich mit allen Befunden detailliert auseinandergesetzt und Prof. Gibbels hat sich lange in mehreren systematischen neurologisch-psychiatrischen Studien mit Hitlers Nervenkrankheit beschäftigt. Die Veröffentlichung ihrer Ergebnisse liegt fast 25 Jahre zurück und scheint von vielen Autoren nicht beachtet worden zu sein, obwohl sie frei zugänglich ist. Die wesentlichen aktuellen Beurteilungen von Hitlers Krankheiten und Geisteszustand werden hier nochmals veröffentlicht, da sich um dieses Thema immer noch zahlreiche Mythen ranken, angeheizt durch neue Publikationen mit reißerischen Titeln. Bereits am 8. Januar 1924 wird in der Strafanstalt in Landsberg am Lech ein Gutachten des Obermedizinalrates Dr. Josef Brinsteiner „*über den Geisteszustand des Untersuchungsgefangenen Adolf Hitler*" angefertigt, es ist aus medizinischer Sicht jedoch wenig aussagekräftig. Hitler ist darin „*weder durch seine Abstammung noch durch seine Erziehung und sein Vorleben belastet*" und „*stets Herr seiner freien Selbst- und Willensbestimmung (...) und in seiner Geistestätigkeit nicht krankhaft beeinflusst*".

Obwohl bei Hitler gegen Ende ein körperlich fortschreitender Verfall feststellbar ist, wird oft ein überzogenes Bild beschrieben: „*Gebückt, mit wackelndem Kopf und zitternden Gliedmaßen, die Haut aschgrau, das Gesicht aufgedunsen, die Züge schlaff, so schlurft er in zeitlupenartig langsamen Bewegungen.*" Dies ist die Beschreibung einer so fortgeschrittenen Parkinsonerkrankung, wie es Hitler weder nach der Analyse von Filmaufnahmen noch nach sonstigen Quellen jemals geboten hat. Diese Darstellungen werden zudem durch die Wochenschauaufnahmen vom März 1945 deutlich widerlegt. Sie zeigen zwar einen durch Krankheit gezeichneten Menschen, aber kein Bild eines Mannes, der sich beim Gehen auf einen Stock, eine Hilfsperson, einen Gesprächspartner oder an Wänden abstützen muss. Es ist klar erkennbar, dass Hitler seinen Tremor zwar nicht unterdrücken, aber sich dennoch problemlos ohne Stock fortbewegen kann. Gleichwohl ist Hitlers einzige wirklich ernsthafte Krankheit Morbus Parkinson. Da er jedoch bis zum Lebensende noch über verhältnismäßig gute Bewegungsmöglichkeiten, die sich nur nach und nach verschlechtern, verfügt, kann daraus geschlossen werden, dass mit *„hoher Wahrscheinlichkeit die idiopathische und nicht die postenzephalitische"* Parkinsonerkrankung vorliegt.

Die dadurch zunehmende Beeinträchtigung seines gesamten Bewegungsbildes, wenn auch am linken Arm betont, ist für das Jahr 1944 unverkennbar: reduzierte Mitbewegungen, gelegentlich sogar verlangsamte Willkürbewegungen, gebeugter Rücken, starr wirkende Mimik und in der zweiten Jahreshälfte erstmals Anomalien des Ganges mit leicht verkürzter Schrittlänge links infolge der jetzt auch das linke Bein betreffenden Hypokinese. Das Bewegungsbild wirkt besonders in der zweiten Jahreshälfte ausgesprochen greisenhaft. Immer noch gelingt es aber der Zensur der Filmberichterstattung, Hitler in solchen Situationen zu zeigen, in denen das offenbar in seiner Intensität stark schwankende und willkürlich augenscheinlich noch kurz unterdrückbare Ruhezittern nicht in Erscheinung tritt. Dabei hat der Tremor inzwischen auf das linke, leicht bereits auch auf das rechte Bein und sogar den rechten Arm übergegriffen und unterliegt erheblichen Fluktuationen, wie dies für diese Art von Ruhetremor geradezu charakteristisch ist. Er ist stark von psychischen Faktoren abhängig: Zunahme bei seelischer Belastung durch eine schlechte militärische Lage, Abnahme oder sogar kurzzeitiges Verschwinden nach seelischer Entspannung wie beim Überleben des Attentats. Diese typische Fluktuation ist es, die Hitlers neurologisch nicht geschulte Ärzte in die Irre führt und an ein seelisch verursachtes Zittern viel eher denken lässt als an eine organische Erkrankung.

Hat die Krankheit bei Hitler zu psychischen Veränderungen nach Art eines hirnorganischen Psychosyndroms geführt? Nein, ein Abbau seiner intellektuellen Fähigkeiten ist mit hinreichender Sicherheit auszuschließen. Bei ihm hat – wenn überhaupt – nur eine leichteste Form eines hirnorganischen Psychosyndroms vorgelegen, welches kaum relevant für seine Entscheidungen ist. Vielfach werden der Medikamentenmissbrauch Hitlers und/oder die Behandlung durch seinen Leibarzt Prof. Morell als Begründung für Hitlers strategische Fehlentscheidungen, seine maßlosen Wutausbrüche und sein Starrsinn herangezogen. Prof. Morell notiert, alleine schon zu seinem Selbstschutz, um sich eventueller Vorwürfe nach einer ernsthaften Erkrankung Hitlers erwehren zu können, die von ihm verordneten Arzneimittel akribisch und oft sogar mehrfach täglich. Während des Krieges bekommt Hitler insgesamt 92 verschiedene Mittel und Medikamente, als Spritzen, Pillen, Dragees und Täfelchen. Von den ärztlich verabreichten Medikamenten macht er umfangreich Gebrauch und nimmt sie über Jahre – auch in größeren Mengen und teilweise unkontrolliert – ein. Die Basis der Behandlung durch Prof. Morell ist eine Glucoselösung, also eine harmlose, verdünnte Traubenzuckerlösung, die gelegentlich mit Vitaminen oder anderen unbedenklichen Mitteln versetzt wird. Nur ausnahmsweise werden stärker wirkende, krampflösende und schmerzstillende Medikamente, etwa wegen starker Leibschmerzen, injiziert. Hierbei handelt es sich um das harmlose Euphyllin als Eupaverinum und um die dem Betäubungsmittelgesetz unterstellten Narkotika Eukodal und Scophedal. Hier bekommt Hitler im Jahre 1944 insgesamt 20 entsprechende Injektionen, im Jahre 1945 keine einzige.

Die acht oder mehr verschiedenen Medikamente, die Hitler pro Tag zu sich nimmt bzw. injiziert bekommt, erhält er in erster Linie, um fit zu bleiben, nicht als Behandlung irgendeiner Krankheit. Sie sind sehr wichtig für ihn. So nimmt er sehr gerne Vitamultintäfelchen zu sich, bei denen unklar ist, ob sie Pervitin enthalten. Pervitin ist ein damals weit verbreitetes Aufputschmittel, welches lange Zeit frei (auch an Kiosken) erworben werden kann und bei den Soldaten aufgrund der wachhaltenden und Euphorie auslösenden Wirkung sehr beliebt ist. Darüber hinaus ist es das erste moderne Mittel gegen Depressionen. Noch heute kursiert der Begriff *„Hitler-Speed"*. Nimmt Hitler zu viele Amphetamine ein? Auch das ist auszuschließen, weil diese Substanzen den Ruhetremor verstärkt hätten. Der sich permanent und gut beobachtende Hitler hätte einen solchen Zusammenhang bald erkannt, unabhängig davon, ob es sich bei dem verabreichten Amphetamin um reines Pervitin oder um das pervitinhaltige Multivitaminpräparat gehandelt hätte. Die Zunahme des für ihn sehr lästigen Tremors hätte er nicht nur registriert und mit Morell besprochen, sondern sie hätte ihn auch mit Sicherheit dazu veranlasst, die Zufuhr des auslösenden Medikamentes zu unterbinden.

Häufig wird auch von einer Kokainabhängigkeit berichtet, weil seine Nasentropfen Kokain enthalten. Doch auch bei diesen Tropfen handelt es sich um völlig normale – mit Kokain angereicherte – Nasentropfen, die in jeder Apotheke gekauft werden können. Zudem wird Hitler nur zehn Wochen damit behandelt. Ähnliches ist über die angebliche Vergiftung mit Strychnin zu sagen. Hitler hätte, um eine Vergiftung zu bekommen, täglich tausend Pillen schlucken müssen. Keinesfalls kann daher von einer Abhängigkeit solcher stärker wirkenden Substanzen die Rede sein. Das gilt auch für die Beruhigungs- und Schlafmittel, die über die letzten Jahre zwar reichlich eingenommen werden, ohne jedoch zu *„erkennbaren allgemeinmedizinischen, neurologischen oder psychiatrischen Zeichen einer entsprechenden chronischen Intoxikation"* zu führen. Objektiv betrachtet muss man Prof. Morell zugestehen, dass er die schwierige Aufgabe, den Diktator mit seinen zahlreichen Befindlichkeitsstörungen behandeln zu müssen, auf geschickte Weise gelöst und seinen bis heute andauernden schlechten Ruf zu Unrecht erhalten hat. Dies gilt umso mehr, als er durch Hitlers Widerstand dazu genötigt wird, auf viele, vor allem apparative, Zusatzuntersuchungen zu verzichten, obwohl Hitler 20 schwere Darmkoliken hinter sich hat, die erstaunlicherweise zum Jahreswechsel 1944/1945 aufhören. Prof. Morell ist geldgierig, doch kein Scharlatan. Sein „Patient A" ist jedoch ein sich selbst dopender Medikamentenjunkie, aber nicht drogensüchtig. Hitlers Probleme sind nicht auf Prof. Morell, sondern auf die eigene, selbst verschuldete ungesunde Lebensweise (keine ausreichende Bewegung, zu wenig Aufnahme von Sauerstoff und Sonnenlicht, eine enorme Stressbelastung des gesamten Organismus, kein regelmäßiger Tagesablauf, zu lange Aufenthalte in feuchten Bunkerräumen) und seine zunehmende Paranoia zurückzuführen.

Während der letzten Lebensjahre hat er gelegentlich erhöhte Blutdruckwerte, mit Blutdruckschwankungen einhergehende, aber seltene Kopfschmerzen. Anhand mehrerer EKGs zwischen den Jahren 1941 und 1944 ist eine fortschreitende Arteriosklerose der Herzkranzgefäße ohne entsprechende Beschwerden zu belegen. Hitler ermüdet zunehmend schneller und wirkt erschöpft. Die Medikamente wirken aufgrund des Gewöhnungseffektes natürlich immer weniger. Die körperliche und seelische Überforderung, der der Organismus nicht mehr gewachsen ist, lässt sich weder durch Spritzen noch durch seinen Willen ausgleichen. Sein vegetatives Nervensystem leidet, er hat ein psychovegetatives Erschöpfungssyndrom und sein Körper mobilisiert in einer verzweifelten Kraftanstrengung Energie- und Kraftreserven, die normalerweise nicht erreichbar wären. Fakt ist, und es fällt vielen auf: Er altert stärker als es seinem Lebensalter entspricht. Hitler ist ein schwieriger Patient, aber kein Hypochonder. Er beobachtet seinen Körper genau und registriert wie ein Seismograph Veränderungen. Der Grund ist klar: Wie alles will er auch seine Krankheiten beherrschen und unter seiner Kontrolle haben. De facto quälen ihn teils sehr starke Leibschmerzen, die er versucht zu verbergen, weil er keine Schwäche zugeben will. Ab dem Jahre 1943 wird sein Blick starr, er erregt sich nun leicht und wird jähzornig. Im Herbst 1944 erkrankt er an Gelbsucht und neigt zu Mandel-, Rachen- und Nasennebenhöhlenentzündung. Nichts Außergewöhnliches ist eine zunehmende leichte Altersweitsichtigkeit. Unabhängig davon wird die Sehkraft des rechten Auges im Zusammenhang mit Glaskörpertrübungen und leichten Veränderungen der zentralen Netzhaut beeinträchtigt. Zudem ist er seit Jahren sehr empfindlich gegen Sonnenlicht, gegen das er sich mit seiner Schirmmütze zu schützen versucht.

Dass Hitlers Gesundheit bzw. Krankheit unmittelbar mit der Lage an den Fronten zusammen hängt, ist auf den ersten Blick schlüssig, stimmt jedoch nicht. Sein gesundheitlicher Gesamtzustand spiegelt – außer gegen Ende des Jahres 1944 – die militärische Lage oft nicht wieder. So ist er auffällig müde und gedrückt und sogar von Todesahnungen erfüllt, als er nach den überragenden Erfolgen Anfang August 1941 eigentlich Anlass zur Freude hätte haben müssen. Andererseits erholt er sich und sieht relativ gut aus, obwohl die Lage schlecht ist, wie in der Winterkrise vor Moskau Ende 1941. Sogar militärische Ereignisse wir die katastrophale Niederlage von Stalingrad berühren ihn gesundheitlich fast gar nicht und psychisch auch nicht. Seine Soldaten dagegen erleiden Erlebnisse, die jede normale Vorstellungskraft sprengen. Die Überlebenden schweigen entweder bis zu ihrem Tode oder sind bei der Schilderung der Ereignisse auch nach 70 Jahren noch so erschüttert, dass sie vor laufender Kamera in Tränen ausbrechen. Hitler hat sich bis fast zum Ende stets im Griff. Seine Umgebung bewundert seine *„Fassung"*, die er nach der Invasion später *„in kritischen Momenten bewahrte"*. Auch im letzten halben Jahr seines Lebens kann er Katastrophenmeldungen wider Erwarten ruhig entgegennehmen. Hans Baur schildert:

„Wenn irgendeine Nachricht Hitler besonders nahe ging, dann krampfte er die Hände auf dem Rücken zusammen, lief erhobenen Kopfes zehn- bis fünfzehnmal mit langen Schritten [!] durch das Zimmer, bis diese Art Krampfzustand sich plötzlich löste und das Gesicht wieder normal wurde. Hitler setzte dann die Unterredung fort, als sei er wenige Minuten vorher nicht völlig am Ende seiner Kraft gewesen."

Dass er nach der beginnenden Einschließung Berlins mehrfach in niedergedrückter, immer aber in gefasster Stimmung angetroffen wird, ist nachvollziehbar und kann nicht als hirnorganisches Zeichen gewertet werden. Selbst Christa Schroeder attestiert Hitler, *„bis zum Schluss Herr über seine Gefühle"* geblieben zu sein. So hinfällig Hitler auch zunächst bei Beginn von Lagebesprechungen erscheint, so ändert sich das oft rasch. Er hört dann *„aufmerksam zu, greift oft und lebhaft in die Vorträge ein, stellte ergänzende Fragen. Wenn er zu sprechen begann, belebten sich Augen und Sprache. Sie bekamen Farbe, Energie, oft auch Schärfe".* Er hat ab dem Jahre 1944 wenig Schlaf und kaum noch Arbeitspausen. Wie ich nachgewiesen habe, hat er bis einschließlich Februar 1945 durchschnittlich sechs Stunden Schlaf. Erst in den letzten zwei Monaten seines Lebens gerät das Schlafdefizit in einen gesundheitlich bedenklichen Bereich. Inwieweit diese jedoch noch Auswirkungen auf seine militärischen Entscheidungsfähigkeiten hat, ist angesichts der Tatsache, dass der Krieg zu diesem Zeitpunkt längst verloren ist, völlig belanglos.

Hitlers Geist verliert im Laufe der Jahre zwar an Elastizität, vorgefasste „Programme" und Meinungen dominieren in noch verhängnisvollerer Weise als zuvor, dennoch ist eine generelle Intelligenzschwäche nicht feststellbar. Der Geist bleibt rege, was von mehreren bestätigt wird. Heinz Linge erinnert sich: *„So sehr er körperlich verbraucht und ausgelaugt war, so aggressiv und zupackend, blitzschnell reagierend war sein Geist."* Rasches Verarbeiten von neuen Informationen, Kombinieren und schnelles Urteil, Schlagfertigkeit und Geistesgegenwart wechseln bei ihm ab mit unrealistischen Schlussfolgerungen über die Realitäten des Krieges und den Erfordernissen, sich daran anzupassen. Ereignisse und Situationen akzeptiert er nur noch, wenn sie fugenlos in sein vorgefertigtes Weltbild passen. Sein außerordentliches Gedächtnis – es lässt nach dem Attentat nach – ist Segen und Fluch zugleich, weil es durch unwesentliche Details, um die er sich gerne kümmert, behindert wird. Trotz des physischen Ruins bleiben seine Energie und seine Willenskraft bis zum Ende ungebrochen. Seine körperliche Widerstandskraft ist außerordentlich groß und bäumt sich gegen sein Schicksal auf, getragen von dem Streben, seine körperliche, seelische, politische und militärische Niederlage zu verbergen und so weit wie irgend möglich hinauszuzögern. Kapitän Heinz Assmann schreibt:

„Trotz seines physischen Zusammenbruchs blieben seine Energie und Willenskraft bis zum Ende ungebrochen; es war erstaunlich für diejenigen von uns, die dies jeden Tag miterlebten. Er arbeitete unter Belastung bis in die frühen Morgenstunden hinein. Die Tage waren gefüllt mit kontinuierlichen Konferenzen und Diskussionen über militärische, politische und wirtschaftliche Themen und Probleme. Bis zum Schluss predigte er immer wieder eindrucksvoll zu seinem Gefolge: Ausdauer, Strenge, Härte, Rücksichtslosigkeit und Energie. (…) Er kämpfte mit unglaublicher Strenge und Entschlossenheit gegen seinen körperlichen Verfall."

Auch nach Pressechef Otto Dietrich wächst *„die Tyrannei seines Willens"* mit zunehmender Macht und geht schließlich in *„Starrsinn"* über. Auf die großen Entscheidungen und Entschlüsse Hitlers habe niemand einen Einfluss ausüben können: *„Hitler war unbelehrbar. (…) er wollte einfach alles besser wissen. Mit einem geistigen Hochmut ohnegleichen und mit beißender Ironie kritisierte er unaufhörlich alles, was in seine eigenen Gedankengänge und Konzeptionen nicht hineinpasste. (…) Die geistige Anmaßung äußerte sich in Rechthaberei, die oft peinlich wirkte."* Mitunter nimmt Hitlers Starrsinn den Charakter einer sogenannten „überwertigen Idee" an, einer Vorstellung also, die Denken und Handeln in einer nicht mehr nachvollziehbaren Weise beherrscht. Ein gutes Beispiel sind seine bis zum Ende unbeirrbar beibehaltenen Ideen von Lebensraum und Rasse. Das ist aber weder der Beweis einer Geisteskrankheit noch eines Wahns im psychiatrischen Sinne. Es ist das persönliche Konzept, dass er von jeher mit fanatischem Starrsinn verfochten hat.

Zusammengefasst kann gesagt werden: Hitler war jahrelang einem enormen psychischen und physischen Druck ausgesetzt. Die Tätigkeit Prof. Morells ist keine Erklärung oder gar Entschuldigung für Hitlers gesundheitlichen Zustand. Er hat ihn mit keinem seiner Medikamente vergiftet. Die Beschwerden Hitlers haben auf seine politischen und militärischen Entscheidungen keinen Einfluss. Die Hypothese einer Persönlichkeitszerstörung durch Medikamente ist nicht haltbar. Wenn man eine leichte, organisch bedingte Persönlichkeitsveränderung bei Hitler unterstellt, beeinflusst diese weder seine Geschäfts- und Testierfähigkeit noch seine Zurechnungsfähigkeit. Seine Befehle und Taten sind teils irrsinnig, aber er ist nicht im medizinischen Sinne geisteskrank oder wahnsinnig. Für eine medizinisch objektivierbare Geisteskrankheit Hitlers gibt es keine Anzeichen. Er weiß immer, was er tut und ist damit in vollem Umfang für seine militärischen und politischen Entscheidungen verantwortlich – bis zum Ende.

Inszenierung des Untergangs

Bereits am 8. Dezember 1932 steht für ihn fest: *„Alles oder nichts. Wenn die Partei einmal zerfällt, mache ich in drei Minuten mit der Pistole Schluss."* Zehn Jahre vor seinem Tod sagt er in einer Rede auf dem Reichsparteitag in Nürnberg am 13. September 1935: *„Wenn ich dieses Leben einst beschließen muss, dann wird meine letzte Überzeugung sein: Es ist kein vergebliches gewesen."* Bei der Reichstagsrede zu Beginn des Krieges am 1. September 1939 verkündet er öffentlich, was im Falle einer militärischen Niederlage mit dem obersten Befehlshaber der Wehrmacht geschehen wird: *„Ich habe damit wieder jenen Rock angezogen, der mir selbst der heiligste und teuerste war. Ich werde ihn nur ausziehen nach dem Sieg – oder – ich werde dieses Ende nicht erleben!"* Er bekräftigt dies Generalen gegenüber am 23. November 1939: *„Ich werde in diesem Kampf stehen oder fallen. Ich werde die Niederlage meines Volkes nicht überleben."* Dass er scheitern kann, gehört also von vornherein zu seinem Selbstentwurf als Genie, das auf mächtige Gegenspieler angewiesen ist und sich freiwillig, selbstopfernd und zum Wohle der Zukunft seines Volkes in eine politische und militärische Gefahrenzone begibt, aus der er nur mit Sieg oder Tod hervorgeht.

Hitler treibt die Welt in einen Weltkrieg und muss deshalb um sein Leben fürchten. Attentate werden geplant und ausgeführt. Er überlebt sie alle und ist sich darüber im Klaren, woran das liegt. Am 20. August 1942 äußert er: *„Ich habe mein Leben tausendmal riskiert und ich verdanke mein Überleben einfach meinem Glück."* Peter Hoffmann bescheinigt ihm ein *„Element der Selbstzerstörung. Hitlers Verhalten in Fragen seiner persönlichen Sicherheit belegt bis ins einzelne den Zug zum Wagnis und zum Existenzrisiko, ja* *zur Selbstvernichtung"*. Für ihn gibt es seit dem 1. September 1939 kein normales ziviles Leben mehr. Ende August 1939 trägt er zum letzten Mal Zivilkleidung. Seit wann weiß Hitler, dass der Krieg verloren ist? Wahrscheinlich eher als sein Generalstab. Anfang 1945 lösen sich die Fronten auf, vor dem Hintergrund brennender Städte und endloser Flüchtlingstrecks bricht das Chaos aus. Doch Hitler ist die lenkende Energie, die dafür sorgt, dass der Krieg nicht endet und das Reich noch nicht untergeht. Immer wieder, seit Beginn seiner politischen Laufbahn, beschwört Hitler in dem von ihm so geliebten hochtrabenden Formeln die Alternativen von Weltmacht oder Untergang. Auch wenn es viele nicht glauben wollen, nichts erlaubt den Schluss, er habe den Untergang weniger buchstäblich gemeint als seinen (nunmehr gescheiterten) Anspruch auf die Weltherrschaft. Hitler sieht im Herbeiführen der Katastrophe die äußerste Überlebenschance seines Andenkens. Das Studium der Geschichte hat ihn gelehrt, dass nur die Strategie des grandiosen Untergangs jene mythenbildende Kraft entfaltet, die den Namen des Herrschers letztlich in den Geschichtsbüchern erst überlieferungswürdig werden lässt. Folglich setzt er alle verbliebene Kraft an die Inszenierung seines Untergangs, denn ein undramatisches Ende hätte sein ganzes bisheriges Leben, das stets vom großen Effekt lebte, in Frage gestellt. Was treibt ihn während der gesamten Schlussphase des Krieges um? Er sagt es selbst: *„Ein verzweifelter Kampf behält seinen ewigen Wert als Beispiel."*

Der Künstler in ihm weiß, dass Kunstwerke historisch oft erst nach dem Tod des Künstlers wirklich wahrgenommen und wertgeschätzt werden. Der Nationalsozialismus ist, davon ist er überzeugt, sein politisches Kunstwerk, das auf jeden Fall eines Tages eine Auferstehung erleben wird. Warum hat er sich nicht eher erschossen oder warum hat er nicht die Chance zur Flucht genutzt? Der Mythos, dass er bis zuletzt, bis zum letzten Soldaten und der letzten Patrone gekämpft habe, wäre sofort zerstört gewesen. Hitler hat große Angst, dass er das Ende des Krieges irgendwo in Thüringen oder auf dem Obersalzberg erlebt, als *„ruhmloser Flüchtling vom Parkett der Weltgeschichte"*. Dass dies nicht geschieht, dafür opfert er noch Hunderttausende. Seine Lieblingsoper ist „Rienzi" von Richard Wagner. Der Komponist ließ sich von dem Roman „Rienzi, or the Last of the Tribunes" von Edward Bulwer-Lytton aus dem Jahr 1835 zu seinem Werk anregen. Hitler ist vor allem von dessen Ende bereits als Jugendlicher fasziniert, denn Rienzi scheitert an Intrige und Verrat. Von seinem eigenen Volk enttäuscht, vrschanzt er sich Im Kapitol („Führerbunker") und geht am Ende stolz und von seinen Getreuen verlassen, den Selbstmord wählend, im Inferno vor einer großartigen Kulisse (das brennende Berlin) unter. Später äußert sich Hitler über den Tag im November 1906, an dem er die Oper das erste Mal hört: „In jener Stunde begann es." Das Autograph dieser Partitur Wagners, die Hitler zu seinem 50. Geburtstag geschenkt bekommen hat und die im Dritten Reich gerne gespielt wurde, ist verschollen. Hitler soll sie mit in den Bunker genommen haben.

Hitlers Alternative zu so einem Untergang ist es, den Tod an der Front zu suchen, indem er an der Spitze seiner Truppen mit der Waffe in der Hand dem Feind entgegentritt und sein Leben in einem letzten Gefecht auf soldatische Weise aushaucht. Der geschlagene Feldherr tritt dabei würdevoll ab, indem er wie seine tapferen Soldaten sein Leben als Opfer für Höheres hingibt. Da Hitler mit nicht zu überbietender Rücksichtslosigkeit das Leben jedes männlichen Deutschen für seinen Krieg verpfändet hat und nicht die geringsten Skrupel hegt, als letztes Aufgebot selbst Schuljungen in den sicheren Tod zu schicken, hätte der Einsatz seines Lebens in einer militärischen Aktion nahegelegen. Er wäre damit all denen nachgefolgt, die er seiner menschenverachtenden Ideologie geopfert hat. Erwägt Hitler ein solches Finale jemals ernsthaft? Ihm bieten sich genügend Gelegenheiten für einen solch heroischen Abgang. Nachdem er in der Lagebesprechung vom 22. April 1945 erstmals offiziell zugibt, dass der Krieg verloren ist, schlägt er die Möglichkeit einer Flucht entschieden aus und entscheidet, die Festung Berlin *„bis zur letzten Patrone"* zu verteidigen. Damit bleibt er seinem dogmatischen Denken in Festungskategorien treu und wahrt zumindest potentiell die Chance zu einem geschichtsträchtigen Abtritt auf dem Schlachtfeld: Der oberste Befehlshaber der Wehrmacht kapituliert nicht kampflos, sondern fällt in den Trümmern der Reichshauptstadt im Kampf gegen seinen Hauptfeind, den Bolschewismus. Es gibt für Hitler keine Möglichkeit mehr, sich öffentlich noch einmal mit einem rednerischen Auftritt von seinem Volk und aus der Geschichte zu verabschieden. Er kann aber auch seinen Tod nicht sicher als heroischen Abgang inszenieren, also kommt er nicht in Frage. Den Soldatentod, den er von jedem anderen Festungskommandanten erwartet, stirbt er nicht. Seine Begründung lautet: Wenn er bei den Kämpfen verwundet wird, ist niemand bereit, ihm den Gnadenschuss zu geben. Und noch größer ist seine Angst, gefangen genommen zu werden!

Als das Ende nicht mehr abwendbar ist, tritt seine Untergangstrategie ins Stadium einer konsequenten Realisierung. Es handelt sich dabei jedoch nicht um die Umsetzung eines klar durchdachten Projektplans der Selbstvernichtung, sondern um eine von Kopflosigkeiten, Zornesausbrüchen und Weinkrämpfen begleitete Reaktionskette, getrieben von der nicht mehr zu beeinflussbaren Wirklichkeit außerhalb seines Bunkers. Eines steht dabei aber fest, Hitler erwartet, dass er nicht alleine untergeht, sondern dass seine Paladine es ihm selbstverständlich gleichtun. Es ist noch nicht abschließend erforscht, wie viele hohe Funktionsträger des Regimes und der Wehrmacht sich bei Kriegsende selbst töten, so Hitlers Willen folgen und ihren ganz persönlichen Untergang wählen. Aus Hitlers Sicht sind es mit Sicherheit zu wenige. Neben Hitler, Goebbels, Himmler, Ley und Göring begehen 11 von 43 (25 Prozent) Gauleitern, 7 von 47 (15 Prozent) Höheren SS- und Polizeiführern und 62 von 805 (8 Prozent) Generalen, Fliegergeneralen und Admiralen Selbstmord. Um den Schein zu wahren, versucht Hitlers Nachfolger Großadmiral Karl Dönitz, ihm nachträglich einen Heldentod zu verschaffen, als er einen Tag nach seinem Selbstmord eine verfälschte Version von dessen Ableben in Umlauf bringt. Dem deutschen Volk soll vorenthalten werden, dass Hitler sich durch einen schnöden Suizid in der Sicherheit seins Bunkers der Verantwortung für seine Taten entzogen hat.

Der Hauptverantwortliche und Hauptschuldige stirbt nicht sofort, sondern viel zu spät. Alles, was er in der Schlussphase unternimmt, ist der Versuch, die Macht seines politischen Todes so lange als möglich hinauszuzögern. Er lebt von der Vorstellung eines Wunders in letzter Stunde, wie es seinerzeit sein Vorbild Friedrich II. erfahren durfte. Auch wenn der nicht der Realität entfremdete Teil seines Bewusstseins ihm die Sinnlosigkeit eines solchen Denkens deutlich vor Augen führt, schwankt er doch zwischen extremen Gefühlen – einerseits vom Todeswunsch getrieben, andererseits von der Idee irgendeiner Rettungsmöglichkeit in letzter Minute besessen. Da er persönlich nach einer Niederlage keine Zukunft mehr hat, fällt es ihm letztlich leicht, eine selbstmörderische Position zu beziehen. Für Hitler ist es logisch, dass er damit auch sein Volk zum Untergang verurteilt. Es berührt ihn nicht, denn es hat es ja nicht besser verdient, da es sich als zu schwach erwiesen hat. In seiner primitiv dualistischen Denkweise hat es immer nur Sieg oder Untergang gegeben. Nun folgt er unerschütterlich seiner eigenen Logik und inszeniert den Untergang. Erfüllungsgehilfe dabei ist sein Selbstmördertrieb, der ihn sein ganzes Leben begleitet und zum jeweils größten Risiko hat bereit werden lassen. Es ist in diesem Ende ein *„Element erregter Selbstbefriedigung, das erst die immer noch beträchtlichen Willensenergien erklärt, die er noch aufzubringen vermochte"*.

In seiner letzten Woche gleicht der seelische Zustand dem eines Verurteilten in der Todeszelle, der auf die Entscheidung einer Gnadeninstanz wartet. In Hitlers Fall wäre dies der Entsatz Berlins durch die Armee Wenck. Flucht aus der Verantwortung durch Selbstmord? Ja, jederzeit. Tägliche Flucht aus der Realität? Ja. Aber physische Flucht? Niemals, denn: *„Wir kapitulieren nicht, niemals. Wir können untergehen. Aber wir werden eine Welt mitnehmen."* So begeht er dann doch lieber den umstrittenen Bilanzsuizid und zwar cito, tuto et jucundo (schnell, sicher und angenehm). Er will ohne Todeskampf und Qualen den Tod finden, was ihm bei seinen Opfern und seinen Soldaten stets gleichgültig war. Tief unter der Erde, in seinem Bunker in der Mitte seiner Hauptstadt, wo er die Schreie der Verwundeten, Sterbenden und Vergewaltigten nicht hört, trägt er die Konsequenz, aber entzieht sich feige seiner Verantwortung. Hier findet Bunkermensch Hitler, für den zeitweise 20.000 Arbeitskräfte am Bau seiner Führerhauptquartiere bauen müssen, in seinem letzten, nur 10,68 Quadratmetern großem Arbeitszimmer, sein morbides und makabres – jedoch letztendlich schäbiges – Ende. Der Krieg geht weiter und Menschen sterben, damit er sein Leben noch ein paar Monate länger leben kann – um dann in einem letzten, menschenverachtenden Akt Selbstmord zu begehen.

Der Theatraliker Hitler stiehlt sich am Ende seines opernhaft inszenierten Lebens leise, fast unbeachtet und ohne jegliche Theatralik davon. Als fantastische Kulisse hat er immerhin eine zerstörte, brennende Reichshauptstadt. Das Sterben des Seelenlosen rundet dieses Leben mit einer nihilistischen Untergangsstimmung ab. Er stirbt mit der festen Überzeugung, das Bestmögliche aus seinem Leben herausgeholt zu haben: die Vernichtung großer Teile der jüdischen Bevölkerung und so vieler Feinde wie möglich. Wie bei seinen anderen großen Vorbildern, Friedrich II. und Napoleon, dürfte für Hitler nach dem *„Endsieg"* eine Totenmaske und das aufwändigste Staatsbegräbnis aller Zeiten vorgesehen gewesen sein. Er erhält beides nicht, er erhält nicht einmal ein Grab. Seine Begräbnisstätte findet er anstatt in einem dem Pantheon nachempfundenen Mausoleum in München nun zwischen Bombentrichtern, Schuttbergen, Mauerresten, Betonmischmaschinen und verstreutem Unrat, festgestampft in einem Granattrichter. Der Schriftsteller Theodor Plievier (1892-1955) brachte es in seinem wirklichkeitsnahen Roman „Berlin" aus dem Jahr 1954 auf den Punkt:

„Das Testament war bedeutungslos. Auch die Unterschrift, früher einmal eine Deutung auf geistige, menschliche und moralische Unzulänglichkeit zulassend und jetzt nur noch hingesetzter Fliegendreck, sagte allenfalls etwas über die völlige körperliche Zerrüttung des Erblassers aus. Kein Attila, kein Dschingis Khan. Er diktierte sein Testament. Sein Geheimnis blieb unausgesprochen. Sein Geheimnis war: Nichtsein – niente, njet, nihil! Aber das hatte er fertiggebracht: Er hatte dem Nichts Bewegung verliehen. Das Tor war weit aufgerissen. Die Kugel war im Rollen. (…) Am 30. April, in der vierten Stunde, fiel im untersten Bunker der Voßstraße hinter verschlossenen Türen ein einzelner Schuss, der alle Fragen offenließ, der nicht einmal das Feuer in Berlin, das Sprengen der Brücken, das Versaufen der U-Bahn-Schächte beendete. (…) Es blieb noch übrig, seinen Leichnam zu verbrennen. (…) ein letztes Mal gingen die Hände zum Hitlergruß hoch. Nichts weiter, kein Wort des Abschieds, nicht ein Wort. (…) Die Flamme und nachher die Rauchfahne, von nachmittags vier Uhr bis abends acht Uhr. Von Niemandem mehr beachtet, nur von einem Posten auf dem Wachturm. Einmal kam einer, stieß mit einem Fuß nach den Knochen, dass sie auseinanderfielen. Später kamen zwei SS-Schergen und schleppten die Reste weg, warfen sie in einen Trichter, zu den verstreuten Überresten von anderen. Kein Findling über einem Hünengrab, kein Stein mit einem Namen; niemals wird der nächtliche Himmel sich über einer letzten Stätte wölben, niemals werden Sterne, die ewigen Totenlampen, über dem Grab Wache halten."

Stattdessen folgt die Odyssee seines Leichnams, vom Führerbunker in Berlin bis zur Schweinebrücke bei Biederitz. Er erhält nicht einmal eine Hakenkreuzfahne als Grabtuch, dabei hatte er sich das bereits bei Neugründung der NSDAP im Jahre 1921 gewünscht. Glaubt der getaufte Katholik an das Jenseits? Es mangelt ihm an der Überzeugung des Fortlebens nach dem Tode, er hält es für Mumpitz. Im Dezember 1941 spekuliert er über Seelenwanderung. Glaubt er daran? Oder betet er? Er weiß in seiner Todesstunde: Ich habe den Weg der deutschen, europäischen und Weltgeschichte entscheidend verändert. Insofern lebt er tatsächlich weiter, eine makabre Berühmtheit mit Unsterblichkeit.

Das Ende der nationalsozialistischen Idee markiert für Hitler auch das Ende der deutschen Geschichte. Seine Vision ist die Weltherrschaft der arischen Rasse. Als sie im Frühjahr 1945 scheitert, wird Hitlers Selbstmord von einer Ultima Ratio zu einer geschichtlichen Notwendigkeit. Vor diesem Hintergrund wird verständlich, dass in seinem und im Denken führender Eliten nicht mehr der *„Endsieg"*, sondern die Choreographie eines geschichtsträchtigen Kollektivuntergangs verankert ist. Für Ian Kershaw speist sich daher die säkulare und epochale Bedeutung des Nationalsozialismus aus der eigenen Totalitätsidee, die weit über den bloßen Untergang eines Staates, einer Partei oder einzelner Funktionäre hinausgeht. Selbst in den letzten Stunden des Dritten Reichs werden noch historische Analogien, hauptsächlich zu Friedrich II. gezogen, nur um damit den längst irrational anmutenden Endkampf um die Reichshauptstadt mit all seinen Opfern zu legitimieren. Viele führende Nationalsozialisten flüchten demnach nicht nur vor der alliierten Rechtsprechung, sondern auch vor einem Leben jenseits ihrer Weltanschauung. Diesem freiwilligen Einverständnis mit dem eigenen Tod wird damit ein Sinn zugeschrieben: Ein Heldenmythos kann geboren werden, der die Zeiten überdauert, man wird nicht vergessen, sondern bleibt in Erinnerung. Die „Finis Germaniae" soll alle zuvor idealisierten Zivilisationen ausgerechnet im Augenblick des Untergangs überstrahlen, der Selbstmord des Staatsoberhauptes stellt letztlich die unübertreffbare Krönung dieses Endkampfes dar.

Fazit

Im seinem letzten Lebensjahr weiß Adolf Hitler, dass mit jeder weiteren Verschlechterung der militärischen Situation der Krieg nicht mehr zu gewinnen ist. Die geruhsamen, umjubelten Vorkriegsjahre scheinen endlos lange vorbei zu sein, eigentlich gar nicht mehr vorstellbar. Die Ursachen seiner Probleme sieht er darin, dass er im Jahre 1933 nicht noch mehr Gegner und danach noch – wie Stalin – viele führende Offiziere hat liquidieren lassen. Ist Hitler ein Sexopath, der politisch größte „*direktiv-delegierende Serienkiller*" aller Zeiten, wie Volker Elis Pilgrim in einer neuen These darlegt? Tatsache ist, dass er Gewalt anderen gegenüber nur aus seinem Kopf heraus vornimmt und von anderen ausführen lässt, persönlich aber nicht gewalttätig wird (mit den Ausnahmen bei einer Straßenschlacht in Coburg im Oktober 1922 und eventuell beim Mord an seiner Nichte im September 1931). Er hat viele seiner Pläne in seinen frühen Reden angekündigt, aber niemand hätte sich in den schlimmsten Alpträumen vorstellen können, dass ein einzel-

^ *Hitler ist tot, der Tod nimmt seine Maske ab. (144)*

ner Mann es fertig bringt, die ganze Welt zu einer Inszenierung seines Untergangs zu missbrauchen. Während er zu Friedenszeiten sehr viel reist, hält er sich in den letzten dreizehn Monaten seines Lebens ab April 1944 überwiegend im Führerhauptquartier Wolfsschanze und in Berlin (jeweils 32 Prozent), auf dem Obersalzberg (24 Prozent) und im Führerhauptquartier Adlerhorst (9 Prozent) auf. Andere Aufenthaltsorte sind Salzburg, Karlshof und München. Zu seiner Sicherheit werden 20 Führerhauptquartiere geplant und errichtet. Zum Schluss haust er acht Meter unter der Erde in einem Bunker mit 17 kleinen Räumen.

Seine Anhänger bringen ihm nach wie vor eine ans Unglaubliche grenzende Loyalität entgegen und nach wie vor verfügt Adolf Hitler über Charisma und übt eine fatale Anziehungskraft aus. Seine Machtbasis ist das Führerprinzip in Partei, Staat und Wehrmacht. Alles Wesentliche ist auf ihn zugeschnitten. Seit dem Jahre 1942 besitzt er eine absolute Machtfülle wie nie ein Mensch vor oder nach ihm. Adolf Hitler ist der mächtigste Mann der Welt. Man kann seine Machtfülle aber nicht mit derjeniger heutiger Staatsoberhäupter vergleichen. Jeder Vergleich mit einem demokratisch gewählten Staatsoberhaupt eines funktionierenden demokratischen Rechtsstaates – in dem die Kontrolle der Regierung durch zwei unabhängige Parlamentskammern jederzeit gewährleistet ist – ist eine Relativierung des größten Massenmörders und Kriegsverbrechers aller Zeiten: Adolf Hitler. Selbst mit anderen Diktatoren lässt er sich nur schwer vergleichen. Alle Tyrannen und Diktatoren der Geschichte strotzten vor absolutem Selbstvertrauen. Nicht einer von ihnen aber glaubte mehr an sich selbst als Adolf Hitler. Nur er ist in seinen Augen in der Lage, das Judentum und den Bolschewismus zu vernichten, um Deutschland zu wahrer Größe zu führen: zu einem Weltreich und einer Weltmacht, die die Welt beherrscht.

Hitler hat nur aus persönlichem Hass gegen das jüdische Volk sechs Millionen von ihnen ermorden lassen; er hat aus Größenwahn den schrecklichsten Krieg der Menschheitsgeschichte ausgelöst. Er ist mehr als ein Rassist, er ist ein Menschenfeind durch und durch: Der negativste Weltbeweger, den die Geschichte der Menschheit je kennengelernt hat. Er selbst ist, der Hinweis mag verwundern, ist aber notwendig, auch ein Mensch. Eine Tatsache, die jahrzehntelang in dieser Einfachheit nicht dargestellt werden konnte. Noch immer kann Hitler, wenn er will, Menschen unterschiedlichster sozialer Herkunft und Bildung mit Charme und Intelligenz im direkten Gespräch für sich einnehmen. Doch das ist nur Taktik und Täuschung. Sein Charakter und sein Naturell zielen schon immer auf Selbstzerstörung. Immer geht es um Alles oder Nichts, Sein oder Nichtsein, Triumph oder Niederlage, Leben oder Tod. Es ist ein ewiges, permanentes Vabanquespiel, mit dem er so viele Erfolge errungen hat. Dabei riskiert er seine Existenz und die Millionen anderer. Lebenssichernde und lebenserhaltende Kompromisse, wie sie jedes normale menschliche Wesen als Selbsterhaltungstrieb in sich trägt, sind ihm grundsätzlich wesensfremd. Entweder setzt er seinen Willen durch und siegt oder er geht eben unter.

Dabei legt er eine Rücksichts- und Skrupellosigkeit ohnegleichen an den Tag. Er zeigt gegenüber seinen Feinden im In- und Ausland keine Form von Empathie. Das Wort Gnade kennt er nicht, er fällt bedenkenlos Todesurteile bis fast zu seinem eigenen Tod. Seine Negativenergie ist ungeheuer groß. Sein Charakter ist durch grausamste zynische Menschenverachtung geprägt, bei gleichzeitiger extremer Sorge um die eigene Gesundheit. Aus seinen Worten spricht die pure Menschenverachtung, die am Ende auch sein eigenes Volk mit einschließt. Seine Lieblingsausdrücke sind: *brutal, rücksichtslos, unerschütterlich, unerbittlich, ausrotten, zäh, eiskalt, vernichten, dem Erdboden gleichmachen, zuschlagen, erledigen, aussondern.* Der Krieg, sein Krieg, sprengt dabei alle Dimensionen. Die von ihm entfesselte ungeheure Zerstörung verursacht millionenfaches Leid und Sterben. Die von ihm angeordneten Verbrechen sind so maßlos, dass man sie sich eigentlich gar nicht vorstellen kann. Es ist ein Glück für die Menschheit, dass er nicht in den Besitz von Atombomben kommt, die er ohne zu zögern eingesetzt hätte.

Versuche, mit ihm vernünftig über militärische, strategische oder politische Fragen zu reden, sind immer öfter vergeblich. Sie führen meist nur zu wütenden Ausbrüchen über die Minderwertigkeit, den Verrat und das Nicht-Wollen oder Nicht-Können seiner Heerführer. Man muss ihm zugutehalten, dass er nicht nur Wahnvorstellungen hat, wenn er Verrat wittert, denn er hat es mit realen Verrätern zu tun. Nur diejenigen, die seinem eigenen Denken gleich oder ähnlich sind und bei denen er eine – echte oder geheuchelte – Akzeptanz seiner rücksichtslosen und unerbittlichen Forderungen sieht, erfreuen sich seiner Gunst und bleiben in Amt und Würden. Er weigert sich zu akzeptieren, dass seine Willenskraft nicht mehr ausreicht, die massive Überlegenheit des Feindes zu überwinden. Wo früher sein Wille früher oder später alle Schwierigkeiten überwunden hat, sterben nun abertausende seiner Soldaten. Dass diese Opfer vollkommen sinnlos sind, spielt für ihn niemals eine Rolle.

Adolf Hitler ist in der Weltgeschichte die ungeheuerlichste Verbindung von visionärem Wahn und mörderischer Aktivität. Er handelt bis zum Schluss unter dem wahnhaften Zwang seiner abstrusen Vorstellungen, die er mit massenmörderischer Konsequenz rücksichtslos durchzieht. Seine Monstrosität verursacht Millionen von Opfern und gigantische, nicht bezifferbare Sachschäden. Dabei vollbringt er persönlich über Jahre außergewöhnliche physische und psychische Leistungen. Nur so schafft er es, zugleich Herz und Motor der von ihm mit großem Erfolg angetriebenen gigantischen Kriegsmaschinerie zu bleiben. Dass er durch eigene Fehlentscheidungen diese gleichzeitig hemmt, relativiert nichts von ihrem ungeheuren Zerstörungspotenzial. Er hat längst alle Brücken für sich und sein Volk abgebrochen und auch die Wehrmacht tief in seine Verbrechen hineingezogen. Das Regime kämpft bis zum Ende mit Verzweiflung und Rücksichtslosigkeit. Hitler, Speer, Goebbels und andere handeln dabei bis weit in das letzte Kriegsjahr gegen besseres Wissen, so als könne die rassische Überlegenheit, deutsche Ingenieurskunst und das Beschwören von Wundern den Krieg entscheidend wenden. Ob sie selbst daran geglaubt haben, kann bezweifelt werden.

Der Motor dieses Weltkrieges brütet über kleinste Details militärischer Taktik und verliert immer mehr den Bezug zur Realität. Kein anderer Staatsmann des Zweiten Weltkrieges hat diesen Fehler begangen. Churchill und Stalin hören auf ihre militärischen Berater – er nicht, denn er weiß es ja sowieso besser als alle anderen. Außerordentlich anstrengende Besprechungen und ein ungesunder Lebensstil zehren seine Existenz zunehmend auf. Die Medikamente können den Verfall nur hinauszögern. Er lebt in immer der gleichen Umgebung, er sieht immer die gleichen Gesichter seiner Entourage, die jede wichtig klingende Äußerung umgehend in einen *„Führerbefehl"* umwandeln. Ablenkung sucht er in Modellen seiner gigantischen Bauvorhaben, die er nach dem *„Endsieg"* realisieren will, und in nächtelangen Monologen über Gott und die Welt. Diese Ablenkung, beispielhaft am tief entrückten Betrachten des Modells seiner Heimatstadt Linz an der Donau, wird nach dem Krieg zu *„Illusionen eines Wahnsinnigen"*. Das ist perfekt, denn wenn er wahnsinnig war, so trifft ja niemanden, der seine Befehle ausführte, eine persönliche Schuld. Doch den Generalstab trifft Schuld. Die Alternative zum Weiterkämpfen gibt es zwar nicht, der Befehl hätte von Hitler kommen müssen, aber an eine mutige Aktion zur Beendigung der Tragödie denkt keiner der Generalstabsoffiziere. Niemand von ihnen opfert sich und bringt ihn um. Der auf das Staatsoberhaupt persönlich geleistete Fahneneid ist eine große Hemmschwelle. Im Endeffekt stellt er auch eine Exkulpation dar: Ich konnte nichts tun, weil ich an den Eid gebunden war. Hitler ist geistig gesund, weiß was er tut und ist für sein Handeln voll verantwortlich, wie bereits dargestellt wurde. Ein diplomatischer Ausweg steht für ihn nie ernsthaft zur Debatte. Da er weit weniger realitätsfern ist als allgemein vermutet, ist ihm bewusst, dass seine Person das Haupthindernis für den Frieden ist. Das bedeutet: Im Falle eines Waffenstillstands oder einer Niederlage sind seine Tage so oder so gezählt und er hat nichts mehr zu verlieren. Sein Befehl, nicht zu kapitulieren, ist daher leicht auszusprechen, da er das Ende – sein Ende – kennt.

Hitlers frühere geistige Flexibilität, das intuitive Erfassen einer günstigen politischen oder militärischen Gelegenheit, ist nicht mehr vorhanden. So lehnt er starr jede politische Lösung ab und klar ist, solange er lebt, wird der Krieg weitergehen. Es gibt keine Alternativen, da er erst nach einem militärischen Erfolg, also aus der Position der Stärke heraus, zu Verhandlungen bereit ist. Je schlechter die Lage wird, desto selbstzerstörerisch wird sein alles überragender, irrationaler, scheinbar durch seine früheren Erfolge bestätigter Gedanke, dass der Wille über alles, auch gegen eine reale Übermacht an Menschen und Material, letzten Endes die Oberhand behält. Am Ende klammert er sich an die Hoffnung einer Waffenbrüderschaft mit den Briten gegen die Russen oder mit den Russen gegen die Westalliierten. Er sieht den Kalten Krieg und auch den Zusammenbruch des Empire vorher, das nützt ihm aber nichts mehr. Seine Selbstüberschätzung ist enorm und er geht davon aus, dass alleine seine physische Anwesenheit ausreicht, um den Feind aufzuhalten. Als Ostpreußen bedroht wird, sagt er völlig überzeugt: *„Wenn ich Ostpreußen verlasse, wird Ostpreußen fallen; wenn ich bleibe, wird es gehalten werden."* Er verließ Ostpreußen und es fiel in sowjetische Hand. Die fatale Logik folgert: Bleibt er in Berlin, wird Berlin gehalten.

Es ist eine kolossale Selbsttäuschung. Er lebt in einer Welt der Illusionen und klammert sich an jeden Strohhalm. Er setzt auf das Zurückschlagen der Invasion, dann auf die Wirkung der Wunderwaffen, dann darauf, dass die Koalition seiner Gegner zerfällt und zuletzt auf ein Wunder, also auf die Vorsehung. Sollte auch das nicht die gewünschte Wende bringen, dann ist das Volk eben unfähig und alles wird in einer apokalyptischen, gigantischen Schlusskatastrophe enden. Dafür braucht er eine Bühne, denn der Tod ist für ihn ein kultisches Element. Er will als letztes das große Drama, den opernhaften Weltuntergang wie bei „Rienzi". Nur das ist für ihn ein seinem Leben und Werdegang entsprechendes, angemessenes Ende. Es ist die Konsequenz aus allem, mit weniger hätte er sich niemals zufrieden gegeben. Schon im Jahre 1939 hat er Angst, er könne von „*einem Verbrecher, einem Idioten*" einfach und schnell beseitigt werden, es hätte ihm den großen Abgang vermasselt. Hitler ist ein langsam erlöschender Mensch und dennoch ist er bis zum Ende das Zentrum negativer Emotionen und enormer destruktiver Energie. Je höher die Opferzahlen, desto berauschender für ihn. Niederlagen und Rückschläge paralysieren ihn nur zeitweise. Er ist und bleibt das Zentrum des zusammenstürzenden Systems, das Schrecken und Elend freisetzt, obwohl er eigentlich gar nicht mehr in der Lage ist, zwischen Wunsch, Wahn und Wirklichkeit zu differenzieren. Ohne Rücksicht auf das Leid anderer verlängert er seine Existenz. Er will sein eigenes, einzigartiges und vom ihm als heroisch betrachtetes Erbe in der Geschichte unter allen Umständen bewahren. Das ist ihm viel wichtiger als das Aushandeln einer Kapitulation oder ein Weiterleben. Er denkt über seinen Tod hinaus und will, dass der Kampf mit den verbliebenen Truppen und einer neuen Regierung sogar noch nach seinem Tode fortgesetzt wird. Alles wird in einer letzten Explosion von Hass und Gewalt der Hybris des Diktators geopfert.

In seiner grausamen Logik hat nicht er, sondern ihre eigene Schwäche die Soldaten zum Untergang verurteilt. Ihr individueller Untergang bedeutet im Überlebenskampf der Nation gar nichts. Als ihm bewusst wird, dass trotzdem alle Anstrengungen umsonst sind, ist es für ihn eine logische Schlussfolgerung, dass damit sein Volk den Untergang verdient. Denn es hat sich als das Schwächere erwiesen und dem stärkeren Ostvolk gehört die Zukunft. General Franz Halder bringt es auf den Punkt: „*Für ihn gab es, als er an der Spitze der Macht stand, kein Deutschland. Für ihn gab es keine deutsche Truppe, für deren Wohl und Wehe er sich verantwortlich fühlte; für ihn gab es – zu Beginn unbewusst, in den letzten Jahren auch völlig bewusst – nur eine Größe, die sein Leben beherrschte und der seine dämonische Kraft alles geopfert hat: sein eigenes Ich.*" So hat Hitler der Welt, nach nur 12 Jahren und drei Monaten, ein radikal anderes Gesicht verschafft. Er hat dem Geschehen Richtung, Ausdehnung und Radikalität verliehen. Seine Markenzeichen sind Tod, Leid, Elend, Vernichtung und Trümmer.

Ian Kershaw hat nachgewiesen, dass weder Terror noch Unterstützung für das Regime die Deutschen so lange durchhalten ließ. Die einfache Antwort ist tatsächlich, dass sich Hitler eisern weigert zu kapitulieren. Seine Fähigkeit zur Machtausübung ist bis zum Suizid ungebrochen. Der Hass des einen auf die Menschen, die er ablehnt oder für minderwertig hält, kostet Millionen Menschen das Leben. Im letzten Jahr des furchtbarsten Krieges der Menschheitsgeschichte, der weltumspannendsten Katastrophe, stirbt buchstäblich mit jedem Atemzug seines Starrsinns ein Mensch an der Front, in den Lagern, in den Städten. Die Spirale der Gewalt dreht sich gegen Kriegsende nicht langsamer, sondern schneller. Jeder Befehl Hitlers hat an den Fronten Auswirkungen, die oft das Todesurteil für die Betroffenen, auf eigener und auf feindlicher Seite, darstellen. Die deutschen Opfer belaufen sich in der letzten Kriegsphase auf etwa 350.000 Menschen im Monat. Der größte Teil der eine halbe Million zivilen Opfer der alliierten Bombardements kommt erst bei Abgriffen auf deutsche Städte in den allerletzten Kriegsmonaten um.

Dazu kommen Hunderttausende von Flüchtlingen, die bei Todesmärschen an Erschöpfung und Unterkühlung sterben. Deutschland ist ein riesiges Leichenhaus. Das alles hätte verhindert werden können, wäre das Attentat von Graf von Stauffenberg erfolgreich gewesen. Nach dem 20. Juli hat sein Volk keine Alternative mehr zum NS-Regime, es verharrt wie die kämpfende Front in Gehorsam und Opferbereitschaft. Es ist Befehlsempfänger, mehr nicht. In hoffnungsloser Dumpfheit wartet man auf das Kriegsglück durch die von der Propaganda versprochenen Wunderwaffen.

Die dann folgende Periode bis Kriegsende ist ein einziger Akt des Zusammenbruchs bei fortdauernder tapferer Gegenwehr, Durchhalten gegen eine Flut von Feinden, unermesslichem Leid und zigtausenden elenden Schicksalen. Sie fordert das Vielfache an Menschenleben und an Verlusten von materiellen und kulturellen Gütern als die vorangegangenen vier Jahre. Zwischen Juli 1944 und Kriegsende im Mai 1945 sterben weit mehr deutsche Zivilisten als in den vorangegangenen Kriegsjahren zusammengenommen. Wäre das Attentat geglückt und der Krieg dann sehr wahrscheinlich relativ bald beendet worden: 350.000 Gebäude mit 1,5 Millionen Wohnungen wären erhalten geblieben, zweieinhalb Millionen deutsche Soldaten nicht gefallen, Dresden, Dessau, Potsdam, Würzburg, Plauen, Chemnitz unzerstört geblieben.

Hitlers Deutschland ist im Zweiten Weltkrieg nicht von einer oder von zwei Mächten besiegt worden – es ist erst die in dieser Art einzigartige Kombination der militärischen, wirtschaftlichen und politischen Potenzen der drei mächtigsten Imperien der Welt, die Adolf Hitler endlich zur Strecke bringen. Nur weil sich die Sowjetunion, Großbritannien und die Vereinigten Staaten von Amerika im Kampf gegen seine menschenverachtende Herrschaft zusammenfinden, kann sich die Welt von Hitler befreien. Nur dadurch kann seine Zerstörungsorgie gestoppt werden, denn er hätte nicht eher aufgehört, bis auch in Deutschland restlos alles vernichtet worden wäre. Erst im allerletzten Augenblick schießt er sich eine Kugel durch den Kopf. Dann ist rasch, nach 2.077 Tagen Dauer, der Krieg endlich zu Ende. Die Nachkriegszeit, der Kalte Krieg, die Wiedervereinigung und der Zusammenbruch des Ostblocks folgen. Die Welt wird seit dem Jahre 1945 aufgeteilt in die Zeit vor dem 30. April 1945 und die Zeit nach dem 30. April 1945.

Nahezu übergangslos verschwindet mit dem Tod Hitlers auch der Nationalsozialismus, ganz als sei er nur eine Bewegung und ein Rauschzustand gewesen, fast irreal anmutend. Ein Bann ist gebrochen, ein Spuk beendet, plötzlich ist alles anders. Deutschland ist das einzige kriegführende Land in Europa, das keine wirkliche Widerstandsbewegung gegen seine Feinde hervorbringt. Das geschichtlich größte Blutbad ist zu Ende, Hitler ist weg und nun? Sofort nachdem Hitler tot ist, wird umgesetzt, was zu seinen Lebzeiten unmöglich war: Nichts zeigt deutlicher, wie sehr er das Regime mit seiner Person zusammengehalten hat. Die vergötterte Person, das Idol wird nun umgehend zum Dämon und zu der, der man für alles die Schuld geben kann. Trotzdem empfinden die wenigsten Deutschen das Ende des Nationalsozialismus als Befreiung, vielmehr ist es das brutale Ende eines trotz Krieges halbwegs normalen Lebens mit der Hoffnung auf eine sicherere und bessere Zukunft. Im Endeffekt sind sie geschlagen, besiegt – und befreit. Dass die Deutschen für Hitler verantwortlich sind, akzeptieren nur die wenigsten. Zu Hitlers einhundersten Geburtstag startet das Nachrichtenmagazin DER SPIEGEL eine Umfrage, was die Deutschen von Hitler halten. 38 [!] Prozent halten ihn für einen großen Staatsmann, wäre der Zweite Weltkrieg und der Holocaust nicht gewesen. Das ist 44 Jahre nach Kriegsende ein erschreckendes Ergebnis, da das NS-Regime nicht erst seit Beginn des Zweiten Weltkrieges verbrecherisch ist, sondern vom allerersten Tag seines Bestehens. Doch auch derartig erschreckende Umfrageergebnisse kann man schönreden, wie der entsprechende Kommentar zeigt:

„Im Gegensatz dazu lieferte die Umfrage, die der SPIEGEL 1989, hundert Jahre nach Hitlers Geburt, in Auftrag gegeben hatte, einige ermutigende Hinweise, dass sich die ständige intensive Auseinandersetzung mit der nationalsozialistischen Zeit im Erziehungswesen, in den Medien und in der Geschichtswissenschaft als fruchtbar erwiesen hat. Fast zwei Drittel der Befragten wiesen die Auffassung zurück – die Joachim Fest in seiner Hitler-Biografie von 1973 angedeutet hatte –, dass Hitler, wäre er 1938 gestorben, als einer der größten Deutschen aller Zeiten angesehen worden wäre."

Dieses Phänomen – man betrachtet nicht diejenigen, die eine (äußerst erschreckende) Aussage getroffen haben, sondern die, die sie nicht getroffen haben – zieht sich bis in die Gegenwart, als mit diesem Argument die (ebenfalls erschreckenden) Wahlergebnisse der „Alternative für Deutschland" kleingeredet werden. Die politischen und gesellschaftlichen Ereignisse ab dem Jahre 2015 beweisen, dass in einem nicht unerheblichen Teil der deutschen Bevölkerung mindestens Teile von Hitlers Gedanken noch existieren. Viele Menschen sind noch von seinen Ideen infiziert, meistens ohne tiefere Kenntnisse der tatsächlichen Fakten. Im Jahre 2017 ist der Begriff „Nazi", umgangssprachlich für Nationalsozialist, plötzlich wieder Alltagssprache. Wie selbstverständlich vergeht kaum eine Woche, an dem man ihn nicht in den Medien zu lesen oder zu hören bekommt, als ob es völlig normal wäre, dass es wieder Nazis in Deutschland gibt. Es ist also nicht das selbe, etwas über die Geschichte oder aus ihr zu lernen.

Hitlers Hinterlassenschaften sind auch physisch und psychisch vielfältig und teilweise noch immer todbringend: Blindgänger im Boden Europas, Giftgasgranaten auf dem Grund der Meere, jahrzehntelange Traumatisierung der Überlebenden und Hinterbliebenen, kaum eine Familie, die nicht betroffen ist. Zudem beginnt man in der Forschung auch der Auswirkung auf Kinder und Enkel nachzuspüren. Das Bundesamt für offene

^ *SPIEGEL-Titel vom 7. Mai 2001. (170)*

Vermögensfragen verwaltet heute die Reste der Kunstsammlung des „Sonderauftrags Linz". Viele Gemälde hängen in Bundesbehörden und Museen. Hitlers Ziel, Kunst aus den Händen von Privatbesitzern zu nehmen und öffentlich zugänglich werden zu lassen, hat sich – so gut wie unbemerkt von der Öffentlichkeit – zu einem großen Teil verwirklicht. Die vom Institut für Zeitgeschichte herausgegebene Neuauflage von „Mein Kampf" schafft es binnen kurzer Zeit auf die Bestsellerlisten. Der Mythos vom überlebenden Hitler ist einer der schrecklichsten und deshalb attraktivsten in der ungebrochenen weltweiten Faszination für Adolf Hitler. Ist es die Faszination des Bösen? Warum ist die Hitlerwachsfigur bei Madame Tussauds in Berlin die einzige, die nicht fotografiert werden darf? Warum wird sie im Ausstellungskatalog nicht abgedruckt? Wovor hat man Angst? Vor Neonazis, deren Zahl (vor allem auch im Ausland) erschreckend hoch ist? Antisemitismus sitzt, mehr oder weniger unterschwellig, in der politischen DNA von etwa 15 Prozent der erwachsenen Deutschen. Die Beispiele lassen sich zahlreich fortsetzen und deshalb kann man nicht oft genug – wie auch mit diesem Buch – versuchen, das Leitmotiv des österreichisch-jüdischen Holocaustüberlebenden Simon Wiesenthal (1908-2005) umzusetzen:

Aufklärung ist Abwehr!

Verluste können nie zu hoch sein! Sie sind die Saat künftiger Größe.
Adolf Hitler
(Im Jahre 1942 zu Generalfeldmarschall Walter von Reichenau, nachdem ihm dieser von den vielen Toten der Leibstandarte SS Adolf Hitler berichtet hat.)

Der Zweite Weltkrieg in Zahlen

Der Zweite Weltkrieg, in der Hauptsache ein Vernichtungskrieg, war der bisher größte und verheerendste Konflikt der Menschheitsgeschichte: gewollt, geplant und ausgelöst von Adolf Hitler. 60 Staaten waren direkt oder indirekt daran beteiligt. Hitler war zeitweilig der Herrscher vom Nordkap bis zur Sahara, vom Atlantik bis zum Kaukasus. 112,5 Millionen Deutsche und 250 Millionen Ausländer unterstanden seinem Zugriff. Sein Krieg überzog ein Siebtel der gesamten Erdoberfläche und betraf vier Erdteile sowie alle Weltmeere. Eingesetzt waren insgesamt 110 Millionen Soldaten, davon etwa 20 Millionen Deutsche, ungefähr 40 Prozent davon an der Ostfront. In keinem Krieg der Menschheitsgeschichte starben mehr Menschen. Die schieren Dimensionen dieser Opferzahlen sind nicht zu begreifen. Neil Halloran hat versucht, die Dimensionen des Schreckens in einer nüchternen Datenvisualisierung im Internet offenzulegen. Es gab über 65 Millionen Tote, davon 6,35 Millionen Deutsche. Andere Schätzungen reichen bis zu 70 bis 80 Millionen Kriegstoten, einschließlich der durch die Kriegsfolgen verstorbenen Menschen. 50 Millionen Flüchtlinge, darunter 14,5 Millionen Deutsche, waren betroffen. Es waren ebenso 35 Millionen Kriegsbeschädigte, davon über zwei Millionen Deutsche, zu verzeichnen. Über elf Millionen deutsche Soldaten gingen in Kriegsgefangenschaft. Das materielle Vernichtungswerk umfasste etwa 80.000 zerstörte Städte und Dörfer. Etwa 100.000 Frauen verübten nach Vergewaltigungen aus Scham darüber Selbstmord.

Die Verluste an Menschenleben (Soldaten und Zivilisten) im Einzelnen (teilweise Schätzungen) betragen: Sowjetunion 27.000.000, China 13.500.000, Deutschland 6.350.000, Polen 6.000.000, Japan 3.760.000, Indien 3.024.000, Jugoslawien 1.690.000, Ungarn 950.000, USA 407.300, Rumänien 378.000, Frankreich 360.000, Tschechoslowakei 345.000, Großbritannien 332.800, Italien 300.000, Niederlande 220.000, Griechenland 180.000, Philippinen 100.000, Finnland 91.700, Belgien 60.000, Kanada 43.200, Bulgarien 32.000, Australien

30.000, Norwegen 10.000, Neuseeland 10.000, Südafrika 9.000, Dänemark 3.250, Brasilien 456, Luxemburg 300; insgesamt mehr als 65.000.000 Menschen.

Dazu kamen 90.000.000 Verwundete, 45.000.000 Deportierte/Evakuierte, 3.000.000 Vermisste und 21.000.000 Obdachlose. In rund 400 Konzentrationshaupt- und Nebenlagern wurden 7.500.000 KZ-Insassen festgehalten. 6.641.000 Zwangsarbeiter schufteten für Deutschland und die deutsche Justiz fällte 50.000 Todesurteile über Wehrmachtssoldaten. Auch andere Zahlen übersteigen das Vorstellungsvermögen:

Eingezogene Soldaten: 112.500.000,

Deutsche Soldaten an der Ostfront: 8.000.000,

zerstörte deutsche Städte: 161,

auf Deutschland abgeworfene Bomben: 1.356.000,

zerstörte Gebäude in Westeuropa: 1.500.000,

beschädigte Gebäude: 7.200.000,

zerstörte Städte und Ortschaften: 80.000,

abgeschossene Flugzeuge: 174.000,

versenkte Schiffe: 7.820.

Auf den Weltmeeren versenkten 1.167 deutsche U-Boote 2.882 Handelsschiffe mit 14.408.422 Bruttoregistertonnen und beschädigten 264 Handelsschiffe mit 1.989.703 Bruttoregistertonnen.

Die auf das Deutsche Reich abgeworfene Bombenlast (in Tonnen) stieg ständig. Waren es im Jahre 1940 noch 10.000 Tonnen, wurden es 1943 schon 120.000 und 1944 schon 650.000. In den ersten vier Monaten des Jahres 1945 wurden 500.000 Tonnen abgeworfen. Die Rüstungsindustrie der USA produzierte 290.000 Flugzeuge, 25.000 Panzer, 300.000 Kanonen, 17.000.000 Gewehre und 40.000.000.000 Schuss Munition. Die von Experten geschätzten, nie vollständig zu beziffernden Kosten beliefen sich auf ungefähr 1.500 Milliarden US-Dollar. Davon entfallen auf die USA 21 Prozent, auf Großbritannien 20 Prozent, auf das Großdeutsche Reich 18 Prozent und auf die UdSSR 13 Prozent.

Über den Autor und in eigener Sache

Am 9. Mai 1960 wurde ich, Harald Sandner, Kaufmann und Geschichtsforscher, in Coburg geboren. Bereits als Jugendlicher habe ich mich, angeregt durch die Hitlerbiografie von Joachim Fest 1973 und den darauf basierenden Film aus dem Jahre 1977 der historischen Forschung verschrieben. Ein weiterer wesentlicher Grund war zudem die Geschichte meiner Heimatstadt Coburg und der hier beheimateten Adelsdynastie Sachsen-Coburg und Gotha sowie die unmittelbare Lage der Stadt zur DDR-Grenze, an der man die Folgen des Zweiten Weltkrieges und den Kalten Krieg immer vor Augen hatte. Abschließend veranlasste mich die Vita meiner Vorfahren zu einer kritischen Auseinandersetzung mit dem Nationalsozialismus und dem Zweiten Weltkrieg.

Mein im Jahre 1923 geborener Vater Werner Fiedler trat in die Flieger-HJ ein, arbeitete bis 1940 in einem Rüstungsunternehmen und meldete sich dann freiwillig zur Deutschen Wehrmacht, der er bis Kriegsende angehörte. Noch im Herbst 1944 war er am Abschuss von V2-Raketen auf Antwerpen und London beteiligt. Ein Bedauern über die Opfer seines Wirkens kommt ihm bis heute (er ist 95 Jahre alt) nicht in den Sinn. Es ärgert ihn bis heute, dass er damals das Ritterkreuz nicht erhalten hat. Seine Mutter Nelly Keil hängte das an ihrer Wohnzimmerwand befestigte Hitlerbild erst dann ab, als im Oktober (!) 1945 amerikanische Soldaten an der Tür klopften. Meine Großmutter mütterlicherseits, Marie Sandner (geboren 1909), beteiligte sich vor 1938 im Sudetenland am deutschen Widerstand gegen die junge tschechische Republik. Nach dem Anschluss an das Deutsche Reich nahm sie vier Stunden Fußmarsch auf sich, um Hitler einmal kurz aus der Nähe sehen zu können. Die Erfolge der deutschen Truppen im Zweiten Weltkrieg wurden umgehend mit Fähnchen auf einer Europakarte markiert. Sie weinte und fiel ihrer Nachbarin um den Hals, als sie am 20. Juli 1944 vom gescheiterten Attentat auf Hitler hörte – aus Freude (*„Gottseidank ist dem Führer nichts passiert"*). Nach Kriegsende wurde sie Opfer der unmenschlichen wilden Vertreibung und musste binnen zehn Minuten mit ihren zwei kleinen Kindern das Land verlassen. Trotz dieses Schicksals kam bis zu ihrem Lebensende 1999 über Hitler kein schlechtes Wort über ihre Lippen. Ihr Mann Gustav, ein tschechischer Staatsbürger, war ebenfalls Mitglied der Deutschen Wehrmacht. Drei Wochen nach Stalingrad ließ er offiziell seinen Familiennamen „Cermák" in „Sandner" ändern. Ein tschechischer Nachname war nicht arisch genug.

Ich hörte immer nur über „*die Partei*" Negatives und dass Hitler „*nicht an zwei Fronten hätte angreifen dürfen*". Man beklagte stets das eigene Schicksal der Vertreibung ohne auch nur ansatzweise persönlich zu reflektieren, was daran auch eigene Schuld und Verstrickung war. Über den „*Führer*" persönlich, den sie auch 50 Jahre nach Kriegsende noch so nannten, fiel niemals ein schlechtes Wort, aber oft mit bedauerndem Unterton, dass es diesen oder jenen Missstand „*früher nicht gegeben hätte*". Das Schicksal der Juden, von denen viele persönlich bekannt waren, interessierte nicht wirklich: „*Die waren eines Tages halt weg.*" De facto bin ich der erste Demokrat in meiner Familie.

Bisher veröffentlichte Hauptwerke:
COBURG IM 20. JAHRHUNDERT. Die Chronik über die Stadt Coburg und das Haus Sachsen-Coburg und Gotha vom 1. Januar 1900 bis zum 31. Dezember 1999 (Coburg 2000)
DAS HAUS SACHSEN-COBURG UND GOTHA. Eine Dokumentation zum 175-jährigen Jubiläum des Stammhauses in Wort und Bild (Coburg 2001)
ZEITSPRÜNGE COBURG (Erfurt 2007)
HITLERS HERZOG. Carl Eduard von Sachsen-Coburg und Gotha – Die Biographie (Aachen 2011)
HITLER – DAS ITINERAR. Aufenthaltsorte und Reisen von 1889 bis 1945 (Berlin 2016)

^ *Der Autor mit Rochus Misch in dessen Berliner Wohnung am 21. März 2012. (112)*

Anhang

Quellen, auf die sich im Text bezogen und aus denen zitiert wird

Bundesarchive
Berlin, Freiburg, Koblenz

Landesarchiv
Berlin; Archiv der Preußischen Akademie der Künste, Berlin

Nationalarchiv
Washington, D.C./USA

Institut für Zeitgeschichte München/Berlin
Vierteljahreshefte zur Zeitgeschichte, diverse Jahrgänge; Linge, Heinz: Hitlers Terminkalender, 1943-1945

Gemeinde- und Stadtarchive
Aachen, Arnstadt, Bad Berka, Bad Berneck, Bad Blankenburg, Bad Doberan, Bad Homburg, Berchtesgaden, Coburg, Dortmund, Dresden, Düsseldorf, Eisenach, Eisfeld, Erfurt, Frankfurt am Main, Frankfurt/Oder, Halle, Hamburg, Jüterbog, Magdeburg, Meiningen, München, Nürnberg, Oberhof, Potsdam, Salzburg/Österreich, Schönebeck, Schweinfurt, Suhl, Würzburg;

Dokumentation
Berlin Story Bunker: Hitler – Wie konnte es geschehen, Dauerausstellung, Berlin-Kreuzberg

Publikationen (Auswahl)

Ach, Manfred:	Wie Hitler wurde, was er war, München 2016
Altner, Helmut:	Totentanz Berlin, Berlin 2012
Aly, Götz:	Hitlers Volksstaat, Frankfurt 2005
Arnold, Dietmar:	Neue Reichskanzlei und Führerbunker, Berlin 2005
Bauer, Richard:	Fliegeralarm, München 1997
Baum, Walter:	Der Zusammenbruch der obersten deutschen militärischen Führung 1945, Wehrwissenschaftliche Rundschau 10 (1960)
Baur, Hans:	Ich flog Mächtige der Erde, Preußisch Oldendorf 1971
Beevor, Antony:	Berlin 1945 – Das Ende, München 2002
Beevor, Antony:	D-Day. Die Schlacht um die Normandie, München 2010
Beierl, Florian M.:	Hitlers Berg, Berchtesgaden 2010
Beierl, Florian M.:	Geschichte des Kehlsteins, Berchtesgaden 2004
Below, Nikolaus von:	Hitlers Adjutant, Mainz 1980
Bergschicker, Heinz:	Der 2. Weltkrieg, München 1987
Bergström, Christer:	Bagration to Berlin – The Final Air Battles in the East 1944-1945, Hersham (Surrey) 2008
Berthold, Will:	Die große Flucht, Bayreuth 1975
Berthold, Will:	Die 42 Attentate auf Adolf Hitler, München 1981
Besymenski, Lew:	Der Tod des Adolf Hitlers, München 1982
Besymenski, Lew:	Die letzten Notizen von Martin Bormann, Stuttgart 1974
Binion, Rudolph:	Daß ihr mich gefunden habt, Stuttgart 1978
Boberach, Heinz:	Sicherheitsdienst der SS: Meldungen aus dem Reich, Berlin 1987
Böddeker, Günter:	Der Untergang des 3. Reiches, München 1985
Boelke, Willi A.:	Die Kosten von Hitlers Krieg, Paderborn 1985
Boldt, Gerhard:	Die letzten Tage, Berlin 1952
Bradsher, Greg:	Hitler's final Words, ohne Ort, 2015
Brechtken, Magnus:	Albert Speer, München 2017
Breloer, Heinrich/Zimmer, Rainer:	Die Akte Speer, Berlin 2006
Bronwning, Christopher:	Ganz normale Männer, Reinbek 2006
Brunzel, Ulrich:	Hitlers Geheimobjekte in Thüringen, Zella-Mehlis 1990

Quellen, auf die sich im Text bezogen und aus denen zitiert wird

Brunzel, Ulrich:	Hitlers Geheimobjekte, Zella-Mehlis 1992
Bruppacher, Paul:	Adolf Hitler und die Geschichte der NSDAP, Norderstedt 2008
Bullock, Alan:	Hitler und Stalin, Berlin 1992
Bullock, Alan:	Hitler. Eine Studie über Tyrannei, Düsseldorf 1953
Burrin, Philippe:	Hitler und die Juden. Die Entscheidung für den Völkermord, Frankfurt am Main 1993
Capelle, H./Bovenkamp, A. P. van de:	Berlin unter Hitler, Wien 2006
Capelle, H./Bovenkamp, A. P. van de:	Der Berghof, Fränkisch-Crumbach 2010
Carell, Paul:	Unternehmen Barbarossa, Hamburg 1969
Carr, William:	Adolf Hitler, London 1978
Charlier, Jean-Michel/Haunay, Jacques de:	Eva Hitler, Ulm 1978
Chaussy, Ulrich/Püschner, Chr.:	Nachbar Hitler, Berlin 1997
Chronik-Verlag:	Chronik 1944, Dortmund 1988
Chronik-Verlag:	Chronik 1945, Dortmund 1988
Churchill, Winston:	Der Zweite Weltkrieg, Frankfurt am Main 2003
Costelle, Daniel:	Eva Braun, L'Archipel 2007
Curth, Gerhard:	Nord-Süd-Bahn, Berlin 1992
Demps, Laurenz:	Luftangriffe auf Berlin, Berlin 2012
Dietrich, Otto:	12 Jahre mit Hitler, München 1955
Doehle, Heinrich:	Die Auszeichnungen des Großdeutschen Reiches, Wolfenbüttel 2008
Dohle, Oskar/Hölzl, Werner:	Vom Autobahnrennen bis Zuawisiling, Salzburg 2009
Domarus, Max:	Hitler, Wiesbaden 1973
Dornberger, Walter:	Peenemünde. Die Geschichte der V-Waffen. Frankfurt am Main 2001
Dülffer, Jost/Thies, Jochen:	Hitlers Städte, Köln 1978
Eberle, Henrik/Uhl, Matthias:	Das Buch Hitler, Bergisch-Gladbach 2005
Eberle, Henrik/Neumann, H.-J.:	War Hitler krank?, Bergisch Gladbach 2009
Eitner, Hans-Jürgen:	Der Führer, München 1981
Enzensberger, Hans Magnus:	Hammerstein, Frankfurt 2008
Färber, Matthias:	Zweiter Weltkrieg, Hamburg 1978
Fest, Joachim C.:	Hitler, Frankfurt 1973
Fest, Joachim C.:	Gesichter eines Diktators, Reinbek 1978
Fest, Joachim C.:	Staatsstreich. Der lange Weg zum 20. Juli, Berlin 1994
Fest, Joachim C.:	Der Untergang, Reinbek 2004
Finker, Kurt:	Stauffenberg, München 1981
Fisch, Bernhard:	Nemmersdorf, Oktober 1944. Was in Ostpreußen tatsächlich geschah, Berlin 1997
Fischer, Hellmut Joachim:	Hitler und die Atombombe, München 1993
Fischer, Thomas/Mohnke, Wilhelm:	Die Verteidigung der Reichskanzlei 1945, Zweibrücken 2007
Fleming, Gerald:	Hitler und die Endlösung, Wiesbaden 1982
Fleischmann, Peter:	Hitler als Häftling in Landsberg am Lech 1923/1924, Neustadt an der Aisch 2015
Flemming, Gerald:	Hitler und die Endlösung, Wiesbaden 1982
Focken, Christel:	Führerhauptquartier Wolfsschanze, Aachen 2008
Focken, Christel:	Ostwall, Aachen 2006
Fricke, Gerd:	Fester Platz Tarnopol 1944, Freiburg im Breisgau 1986
Friedländer, Saul:	Das Dritte Reich und die Juden. Gesamtausgabe München 2008
Friedrich, Jörg:	Der Brand. Deutschland im Bombenkrieg 1940-1945, Berlin 2002
Friedrich, Thomas:	Die missbrauchte Hauptstadt, Berlin 2007
Frieser, Karl-Heinz:	Irrtümer und Illusionen – Die Fehleinschätzungen der deutschen Führung im Frühjahr 1944, München 2007

Fröhlich, Elke:	Goebbels Tagebücher, München 1987
Früchtel, Michael:	Der Architekt Hermann Giesler, Villingen-Schwenningen 2008
Fuhrer, Armin:	„Führergeburtstag", Berlin 2014
Fuhrer, Armin:	Adolf Hitler – Bildbiografie, Berlin 2015
Gaertringen, Hans Georg Hiller von:	Das Auge des Dritten Reiches, München 2006
Gedenkstätte Seelow (Hrsg.):	Seelower Höhe, Seelow o. J.
Geiß, Josef:	Obersalzberg, Berchtesgaden 1980
Gerlach, Christian:	Krieg, Ernährung, Völkermord. Die Vernichtungspolitik im Zweiten Weltkrieg, Zürich 2001
Gerlach, Christian; Aly, Götz:	Das letzte Kapitel. Realpolitik, Ideologie und der Mord an den europäischen Juden, Stuttgart 2002
Gibbels, Ellen:	Hitlers Nervenkrankheit, Vierteljahreshefte für Zeitgeschichte, München 2/1994
Giebel, Wieland (Hrsg.):	Das braune Berlin, Berlin 2012
Giebel, Wieland:	Bomben auf Berlin, Berlin 2012
Giesler, Hermann:	Ein anderer Hitler, Leoni am Starnberger See 1977
Giordano, Ralph:	Wenn Hitler den Krieg gewonnen hätte, Hamburg 1989
Goldhagen, Daniel:	Hitlers willige Vollstrecker. Ganz gewöhnliche Deutsche und der Holocaust, München 2000
Reuth, Ralf (Hrsg.):	Joseph Goebbels: Tagebücher 1924-1945, Hamburg 2003
Goldhagen, Daniel:	Hitler willige Vollstrecker, München 2012
Görtemaker, Heike B.:	Eva Braun – Leben mit Hitler, München 2010
Götz, Aly:	Endlösung, Völkerverschiebung und der Mord an den europäischen Juden, Frankfurt am Main 1998
Groehler, Olaf:	1945. Die Neue Reichskanzlei. Das Ende, Berlin 1978
Grunfeld, Frederic V.:	Eine deutsche Tragödie, Stuttgart 1980
Günther, Sonja:	Design der Macht, Stuttgart 1992
Guderian, Heinz:	Erinnerungen eines Soldaten, Heidelberg 1951
Gun, Nerin E.:	Eva Braun-Hitler, Kiel 1994
Haffner, Sebastian:	Anmerkungen zu Hitler, München 1978
Halder, Franz:	Kriegstagebuch, Stuttgart 1964
Hamann, Brigitte:	Hitlers Edeljude, München 2008
Hansen, Hans-Josef:	Felsennest, Aachen 2006
Hansen, Hans-Josef:	Auf den Spuren des Westwalls, Aachen 2009
Hartmann, Christian:	Verbrecherischer Krieg – Verbrecherische Wehrmacht. Vierteljahresheft für Zeitgeschichte, München 2004
Hartmann, Max:	Die Verwandlung eines Berges, Berchtesgaden 1989
Hauptlorenz, Eduard:	Der Raum Kaiserslautern im Luftkrieg, Kaiserslautern 2005
Heiber, Helmut:	Adolf Hitler, Berlin 1960
Heiber, Helmut:	Hitlers Lagebesprechungen, Stuttgart 1962
Heim, Heinrich:	Monologe im Führerhauptquartier 1941-1944, Hamburg 1980
Herbst, Ludolf:	Hitlers Charisma, Frankfurt 2010
Herz, Rudolf:	Hoffmann und Hitler, München 1994
Heuer, Gerd:	Die deutschen Generalfeldmarschälle, Salzburg 1978
Hibbert, Christopher:	Mussolini, Rastatt 1972
Hilgemann, Werner:	Atlas zur deutschen Zeitgeschichte, München 1984
Hillgruber, Andreas:	Staatsmänner und Diplomaten bei Hitler, Frankfurt 1970
Hinze, Rolf:	Ostfrontdrama 1944 – Rückzugskämpfe der Heeresgruppe Mitte, Stuttgart 1988
Hitler, Adolf:	Mein Kampf, München 1925
Höffkes, Karl:	Hitlers politische Generale, Tübingen 1986
Höhne, Heinz:	Der Orden unter dem Totenkopf, München 1984
Hölsken, Heinz Dieter:	Die V-Waffen. Entstehung – Propaganda – Kriegseinsatz, Stuttgart 1984

Quellen, auf die sich im Text bezogen und aus denen zitiert wird

Hoffmann, Heinrich:	Hitler wie ich ihn sah, München 1974
Hoffmann, Heinrich:	Diverse Hitlerbildbände, Berlin, div. Jahrgänge
Hoffmann, Peter:	Widerstand, Staatsstreich, Attentat, München 1969
Hoffmann, Peter:	Die Sicherheit des Diktators, München 1975
Hoffmann, Peter:	Widerstand gegen Hitler, München 1979
Hoffmann, Peter:	Widerstand gegen Hitler und das Attentat vom 20. Juli 1944, München 2004
Hoffmann, Peter:	Stauffenberg und der 20. Juli 1944, München 2007
Hohnsten, Georg:	Juli 1944, Hamburg 1989
Hoser, Paul:	Thierschstraße 41, Institut für Zeitgeschichte, München 2017
Hubatsch, Walther:	Hitlers Weisungen für die Kriegführung, Koblenz 1983
Institut für Zeitgeschichte:	Hitler Reden Aufsätze, München 1992
Institut für Zeitgeschichte:	Die tödliche Utopie, München-Berlin 2010
Institut für Zeitgeschichte:	Hitler, Mein Kampf, München 2016
Irving, David:	Hitler und seine Feldherrn, Frankfurt 1975
Irving, David:	Hitlers Weg zum Krieg, München 1978
Irving, David:	Wie krank war Hitler wirklich?, München 1980
Irving, David:	Die geheimen Tagebücher des Dr. Morell, München 1983
Irving, David:	Hitlers Krieg I, München 1983
Irving, David:	Hitlers Krieg II, München 1983
Irving, David:	Göring, Kiel 1986
Jäckel, Eberhard:	Enzyklopädie des Holocaust. Die Verfolgung und Ermordung der europäischen Juden, München 1998
Jakobsen, Hans-Adolf:	Spiegelbild einer Verschwörung, Stuttgart 1984
Joachimsthaler, Anton:	Hitlers Ende, München 1995
Joachimsthaler, Anton:	Hitlers Liste, München 2003
Junge, Traudl:	Bis zur letzten Stunde, München 2002
Katz, Ottmar:	Prof. Dr. Med. Theodor Morell, Bayreuth 1982
Kellerhoff, Sven Felix:	Hitlers Berlin, Berlin 2005
Kellerhoff, Sven Felix:	Hitlers Ende, Berlin 2015
Kellerhoff, Sven Felix:	Fake News machen Geschichte, Berlin 2017
Kempka, Erich:	Die letzten Tage mit Adolf Hitler, Preußisch Oldendorf 1975
Kershaw, Ian:	Hitler 1936-1945, München 1998
Kershaw, Ian:	Der Hitler-Mythos, Stuttgart 1999
Kesselring, Albert:	Soldat bis zum letzten Tage, Bonn 1953
Kliche, Hilde:	Trebisand Enklave Pölitz 1945/46 Police/Polen 2009
Knaus, Albrecht:	Hitlers politisches Testament, Hamburg 1981
Knopf, Volker/Martens, Stefan:	Görings Reich, Berlin 1999
Knopp. Guido:	Die große Flucht, München 2001
Knopp, Guido:	Hitler – Eine Bilanz, Berlin 1995
Knopp, Guido:	Hitlers Manager, München 1996
Knopp, Guido:	Hitlers Helfer, München 1996
Knopp, Guido:	Geheimnisse des Dritten Reiches, München 2012
Kogon, Eugen:	Der SS-Staat, München 1974
Kohlase, Fritz:	Küstrin, Küstrin 1993
Kohlase, Fritz:	Mit dem Füsilier-Bataillon 303 in Küstrin, Frankfurt 1993
Koller Karl:	Der letzte Monat, Mannheim 1949
Kopleck, Maik:	Pastfinder Berlin, Berlin 2002
Kotze, Hildegard (Hrsg.):	Gerhard Engel, Heeresadjutant bei Hitler 1938-1943, 1974
Krause, Karl Wilhelm:	Im Schatten der Macht, Bochum 2011
Kuby, Erich:	Verrat auf Deutsch, Hamburg 1982
Kucklick, Christoph:	Feuersturm. Der Bombenkrieg gegen Deutschland, Hamburg 2003

Kunz, Andreas:	Wehrmacht und Niederlage. München 2007
Kurz, Jacob:	Kunstraub in Europa, Hamburg 1989
Landhoff, Werner:	Die Opfer des 20. Juli 1944, Kiel 2008
Lang, Jochen von:	Der Sekretär, Stuttgart 1977
Lang, Jochen von:	Die Partei, Hamburg 1989
Langer, Walter C.:	Das Adolf-Hitler-Psychogramm, Wien 1973
Leffler, Dankmar:	Geheime Fahrt ins Vierte Reich?, Zella-Mehlis 2012
Lehmann, Armin D.:	Der letzte Befehl, Bergisch-Gladbach 2003
Leiwig, Heinz:	Deutschland Stunde Null, Stuttgart 1987
Lieb, Peter:	Erwin Rommel. Widerstandskämpfer oder Nationalsozialist? Vierteljahreshefte für Zeitgeschichte, München 2013
Linge, Heinz:	Bis zum Untergang, München 1980
Löhr, Hanns Christian:	Das Braune Haus der Kunst, Berlin 2005
Löhr, Hanns Christian:	Hitlers Linz, Berlin 2013
Lohalm, Uwe:	Völkischer Radikalismus, Hamburg 1970
Longerich, Peter:	„Davon haben wir nichts gewusst". Die Deutschen und die Judenverfolgung 1933-1945, München 2006
Longerich, Peter:	Politik der Vernichtung. Eine Gesamtdarstellung der nationalsozialistischen Judenvernichtung, München 1998
Longerich, Peter:	Der ungeschriebene Befehl. Hitler und der Weg zur „Endlösung", München 2001
Longerich, Peter:	Heinrich Himmler, München 2008
Longerich, Peter:	Joseph Goebbels, München 2008
Longerich, Peter:	Hitler, München 2015
Lubrich, Oliver:	John F. Kennedy – Unter Deutschen. Reisetagebücher und Briefe 1937, 2013
Mammach, Klaus:	Der Volkssturm. Das letzte Aufgebot 1944/45, Köln 1981
Manstein, Erich von:	Verlorene Siege, München 1976
Maser, Werner:	Adolf Hitler, München 1971
Maser, Werner:	Legende Mythos Wirklichkeit, München 1971
Maser, Werner:	Adolf Hitler. Das Ende der Führerlegende, Düsseldorf 1980
Maser, Werner:	Fälschung, Dichtung, Wahrheit über Hitler und Stalin, München 2004
Matanle, Ivor:	Hitler in Bildern, England 1983
Matthäus, Jürgen/Bajohr, Frank:	Alfred Rosenberg – Die Tagebücher von 1934 bis 1944, Frankfurt 2015
Meinl, Susanne/Hechelhammer, B.:	Geheimobjekt Pullach, Berlin 2014
Michalka, Wolfgang:	Der Zweite Weltkrieg, München 1989
Misch, Rochus:	Der letzte Zeuge, München 2008
Müller, Rolf-Dieter:	Der Bombenkrieg 1939-1945, Berlin 2004
Müller, Rolf-Dieter:	Der letzte deutsche Krieg 1939-1945, Stuttgart 2005
Musmanno, Michael:	Hitlers letzte Zeugen, München 2004
Neitzel, Sönke:	Abgehört. Deutsche Generale in britischer Kriegsgefangenschaft 1942-1945, München 1999
Neumärker, Uwe/Conrad, Robert:	Wolfsschanze, Berlin 2000
Nolte, Ernst:	Der Faschismus in seiner Epoche, München 1963
O'Donnell, James P./Bahnsen, Uwe:	Die Katakombe, München 1977
Ohler, Norman:	Der totale Rausch, Köln 2015
Olden, Rudolf:	Hitler, Frankfurt a. M. 1984
Oven, Wilfried von:	Mit Goebbels bis zum Ende, Tübingen 1974
Overmans, Rüdiger:	Deutsche militärische Verluste im Zweiten Weltkrieg, München 1999
Overy, Richard:	Der Bombenkrieg. Europa 1939-1945, Berlin 2014

Paul, Wolfgang:	Göring, München 1990
Pemsel, Richard:	Hitler, Tübingen 1986
Peters, Sven:	Hitlers Flucht, Marktoberdorf 2009
Petsch, Joachim:	Baukunst und Stadtplanung im Dritten Reich, München 1976
Picker, Henry:	Hitlers Tischgespräche, Stuttgart 1977
Piekalkiewicz, Janusz:	Der Zweite Weltkrieg, Düsseldorf 1985
Piekalkiewicz, Janusz:	Kampf um Warschau. Stalins Verrat an der polnischen Heimatarmee 1944, München 2004
Pilgrim, Volker Elis:	Hitler 1 und Hitler 2 – Das sexuelle Niemandsland, Hamburg 2017
Pilgrim, Volker Elis:	Hitler 1 und Hitler 2 – Von der Männerliebe zur Lust am Töten, Hamburg 2018
Plaim, Anna:	Bei Hitlers, München 2008
Plenk, Anton:	Obersalzberg, Berchtesgaden 1979
Plievier, Theodor:	Berlin, Berlin 1954
Price, Alfred:	Das letzte Jahr der deutschen Luftwaffe, London 1998
Pölking, Hermann:	Wer war Hitler, Berlin 2017
Pyta, Wolfram:	Hitler: Der Künstler als Politiker und Feldherr, München 2015
Ramm, Arnim:	Der 20. Juli vor dem Volksgerichtshof, Berlin 2007
Ramsey, Winston G.:	After the Battle, London, div. Jahrgänge
Rasp, Hans-Peter:	Eine Stadt für 1000 Jahre, München 1981
Raßloff, Steffen:	Fritz Sauckel, Erfurt 2007
Rathkolb, Oliver:	Führertreu und gottbegnadet. Künstlereliten im Dritten Reich, Wien 1991
Reuth, Ralf Georg:	Hitler, München 2003
Reuth, Ralf Georg:	Rommel, München 2004
Reuth, Ralf Georg:	Goebbels, München 2005
Reuth, Ralf Georg:	Hitlers Judenhass, München 2009
Reuth, Ralf Georg:	Erwin Rommel. Das Ende einer Legende, München 2012
Rommel, Manfred:	1944 – Das Jahr der Entscheidung. Erwin Rommel in Frankreich, Stuttgart 2010
Ruf, Johanna:	Eine Backpfeife für den kleinen Goebbels, Berlin 2017
Rürup, Reinhard:	Topographie des Terrors, Berlin 1987
Ryback, Timothy W.:	Hitlers Bücher, Köln 2009
Sandkühler, Thomas:	Die Reichskanzlei in der Wilhelmstraße 1871-1945 und Adolf Hitlers „Führerwohnung": Geschichte eines vergessenen Ortes, Berlin 2016
Sandner, Harald:	Coburg im 20. Jahrhundert, Coburg 2000
Sandner, Harald:	Hitlers Herzog, Aachen 2011
Sandner, Harald:	Hitler – Das Itinerar, Berlin 2017
Sarkowicz, Hans:	Philipp Boeselager, Der letzte Zeuge des 20.07.1944, München 2008
Schabel, Ralf:	Die Illusion der Wunderwaffen, München 1994
Schaffing, Ferdinand/Baumann, E.:	Der Obersalzberg, München 1985
Schaub, Julius:	In Hitlers Schatten, Stegen 2005
Schellenberg, Walter:	Aufzeichnungen, München 1958
Schenck, Ernst Günther:	1945, Stockach 1985
Schenck, Ernst Günther:	Ich sah Berlin sterben, Herford 1970
Schenck, Ernst Günther:	Patient Hitler, Düsseldorf 1989
Schmidt, Paul:	Statist auf diplomatischer Bühne, München 1987
Schmölders, Claudia:	Hitlers Gesicht, München 2000
Schnorr, Hans:	Das Führerhauptquartier im Arnsburger Wald, 1995
Schreiber, Gerhard:	Deutsche Kriegsverbrechen in Italien – Täter, Opfer, Strafverfolgung, München 1996

Schreyer, Wolfgang:	Das Attentat, Ministeriums für nationale Verteidigung, Berlin (DDR) 1957
Schroeder, Christa:	Er war mein Chef, München 1985
Schultz-Naumann, Joachim:	Die letzten 30 Tage, München 1980
Schustereit, Hartmut:	Vabanque, Herford 1988
Schwarz, Birgit:	Geniewahn: Hitler und die Kunst, Wien 2011
Schwärzwäller, Wulf C.:	Hitlers Geld, Rastatt 1986
Seidler, Franz W.:	„Deutscher Volkssturm". Das letzte Aufgebot 1944/45, München 1991
Seidler, Franz W./Zeigert, Dieter:	Die Führerhauptquartiere, München 2000
Sereny, Gitta:	Albert Speer, München 1995
Sereny, Gitta:	Das deutsche Trauma, München 2004
Sigmund, Anna Maria:	Die Frauen der Nazis, Wien 2000
Sigmund, Anna Maria:	Diktator Dämon Demagoge, München 2006
Smith, Arthur Lee:	Die „vermißte Million". Zum Schicksal deutscher Kriegsgefangener nach dem Zweiten Weltkrieg (VfZ Band 65. Herausgegeben von Karl-Dietrich Bracher, Hans-Peter Schwarz, Horst Möller. München 1992
Sonnleithner, Franz von:	Als Diplomat im Führerhauptquartier, München 1989
Speer, Albert:	Erinnerungen, Frankfurt 1969
Speer, Albert:	Spandauer Tagebücher, Frankfurt 1975
Steffahn, Harald:	Adolf Hitler, München 1983
Steinert, Marlis:	Hitler, München 1994
Stern, Joseph-Peter:	Hitler. Der Führer und das Volk, München 1978
Sternberg, Wilhelm von:	Die deutschen Kanzler, Berlin 1998
Stockert, Peter:	Die deutschen Generalfeldmarschälle und Großadmirale, Selent 2008
Stratigakos, Despina:	Hitler at Home, New Haven und London 2015
Sünkel, Werner/Rack, Rudolf; Rhode, Pierre:	Adlerhorst, Leinburg 1999
Süßmilch, Waltraud:	Im Bunker, Berlin 2004
Szynkowski, Jerzy/Wünsche G.:	Reiseführer Wolfsschanze, Leer 1990
Szynkowski, Jerzy:	Führerhauptquartier Wolfsschanze, Rastenburg 2001
Thadden, Adolf von:	Adolf Hitler, Stuttgart 1965
Toland, John:	Adolf Hitler, Bergisch Gladbach 1977
Toland, John:	Das Finale – Die letzten 100 Tage, München 1968
Trevor-Roper, Hugh R.:	Hitlers politisches Testament, Hamburg 1981
Trevor-Roper, Hugh R.:	Hitlers letzte Tage, London 1946
Ueberschär, Gerd R.:	Für ein anderes Deutschland. Der deutsche Widerstand gegen den NS-Staat 1933-1945, Frankfurt am Main 2005
Ullrich, Viktor:	Die deutschen Generalfeldmarschälle, Kiel 2008
Ullrich, Viktor:	Reichshauptstadt Berlin, Kiel 2010
Venghaus, Wolfgang:	Berlin 1945, Die Zeit vom 16. April bis 2. Mai
Verein für die Geschichte Berlins:	Der Bär von Berlin, Jahrbuch 2016, Berlin 2017
Völklein, Ulrich:	Hitlers Tod, Göttingen 1998
Volz, Hans:	Geschichte der NSDAP, Berlin 1934
Voss, Egon:	Nachwort. In: Richard Wagner: Rienzi. Der letzte der Tribunen. Reclam, Stuttgart 1993
Wagner, Jens-Christian:	Konzentrationslager Mittelbau-Dora 1943-1945, Göttingen 2007
Wahl, Karl:	Es ist das deutsche Herz, Augsburg 1954
Warlimont, Walter:	Im Hauptquartier der deutschen Wehrmacht, München 1978
Witte, Peter:	Der Dienstkalender Heinrich Himmlers 1941-1942, Hamburg 1999

Quellen, auf die sich im Text bezogen und aus denen zitiert wird

Wykes, Alan:	Reichsführer SS Himmler, München 1997
Young, Peter:	Der große Atlas zum 2. Weltkrieg, München 1974
Zemella, Günter:	Moral Bombing, Tübingen 2006
Zentner, Christian:	Adolf Hitler, München 1986
Zentner, Christian:	Der Zweite Weltkrieg, Rastatt 1998
Zentner, Christian/Bedürftig, F.:	Das große Lexikon des Dritten Reiches, München 1984
Ziegler, Hans Severus:	Adolf Hitler aus dem Erleben dargestellt, Preußisch Oldendorf 1977
Ziegler, Mano:	Turbinenjäger Me 262, Stuttgart 1977
Ziemke, Earl F.:	Die Schlacht um Berlin, München 1982
Zitelmann, Rainer:	Adolf Hitler, Göttingen 1989
Zitelmann, Rainer:	Hitler, Stuttgart 1987

Internetseiten (Auswahl)
www.Wikipedia.com; Klaus Klee: Der Untergang Ostpreußens
http://klee-klaus.business.t-online.de/der_untergang_ostpreussens.html;
www.Jewiki.net;http://www.mk.ru/social/2017/04/06/tayna-smerti-gitlera-v-arkhivakh-fsb-raskryli-unikalnye-dokumenty.html; Salzburgwiki; www.ritterkreuztraeger-1939-45.de

Zeitschriften (Auswahl)
DER SPIEGEL (inkl. Onlineausgabe), Hamburg; DIE WELT (inkl. Onlineausgabe), Berlin; Die Süddeutsche, München; Völkischer Beobachter, München

Dokumentationen (Auswahl)

ARD:	Adolf Hitler und die Deutschen; Hitlers Führerhauptquartiere; Hitlers letzte Tage; Offiziere gegen Hitler; Aufstand des Gewissens; Festung Berlin
ARTE:	Hitler, Mussolini und ich – Ein Mensch in einer Zeit der Übermenschen (Angelo Caperna, Frankreich 2012); Der Anständige; Der Tod ist ein Meister aus Deutschland
	Bayerischer Rundfunk: München 1933-1945 – Schicksal einer deutschen Großstadt; Europa stirbt in Prag; Die Führerhauptquartiere; Das Ende im Bunker; Bilder die Geschichte machten – Orden für ein Kind; Walter Frentz – Das Auge des Kameramannes; Heinrich Hoffmann – Hitlers Fotograf; Auschwitz, Das Projekt
BBC London:	The fatal attraction of Adolf Hitler;
BBC:	Stunde Null – Hitlers Ende, Deutschlands Anfang
MDR (DDR):	Graf Hardenberg – Auch er wollte Hitler stürzen; Architektur des Untergangs
N24:	Adolf Hitler – Wahn und Wahnsinn; Der letzte Zeuge
ORB:	Die Wilhelmstraße
PHÖNIX:	Hitler und Stalin – Das Porträt einer Feindschaft; Lieber Onkel Hitler; Hitlers Schloss in Posen; Stalingrad; Geheimnisvolle Orte: Die Wolfsschanze
POLAR-FILM:	Die Geschichte der Deutschen Wehrmacht; Mit der Kamera an der Ostfront
SPIEGEL-TV:	12 Jahre, 3 Monate, 9 Tage; Als die Welt in Flammen stand; diverse Dokumentationen
SPIEGEL-TV Spezial:	Der Zweite Weltkrieg in Farbe; diverse Dokumentationen; 30. April 1945 – Ein Tag schreibt Geschichte

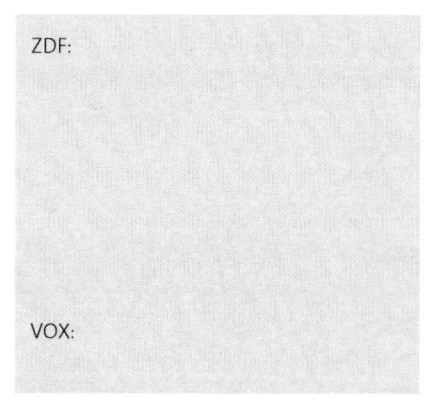

ZDF: Unser Jahr100; Die Deutschen im Zweiten Weltkrieg; Krieg der Bomber; Damals; Hitlers Helfer; Hitlers Krieger; Hitler–Eine Bilanz; Die Deutschen im Zweiten Weltkrieg; Das Ende 1945; Der verdammte Krieg; Die letzten 20 Tage; Hitlers Ende; Hitler-Der Verbrecher; Sie wollten Hitler töten; Die großen Diktatoren; Hitlers Frauen; Die Saat des Krieges Krankenakte Hitler; Die Rätsel der Toten: Hitler, eine Leiche und der KBG; Weltenbrand; Panzer; Hitlers Reich privat; ZDF History; Eva Braun – Die Braut des Bösen; Hitler privat; Geheimnisse des Dritten Reiches; Kindheit im Dritten Reich; Organisation „Werwolf" – Hitlers letztes Aufgebot; Das Erbe der Nazis

VOX: SPIEGEL-TV: 30. April 1945, Ein Tag schreibt Geschichte; Die Suche nach Hitlers Volk; Komplizen des Bösen

Kinofilme
Hitler (Joachim C. Fest, 1977)
Der Untergang (Oliver Hirschbiegel, 2004)

Auskünfte von Privatpersonen
Graf Bertram zu Castell-Rüdenhausen, Wien; Walter Frentz, Überlingen (†); Karl Höffkes, Gescher; Rochus Misch, Berlin (†); Dr. Joachim Castan, Osnabrück; Prof. Peter Fleischmann, Nürnberg; Dr. Klaus Schmider, Sandhurst/England; Gerd Heidemann, Hamburg; Karl Heinz Schmeelke; Herr Eller, Hungen; Michael Laufenburg, Geldern; Christa und Susanne Geerds, Coburg; Georg Müller, Hungen; Peter Kreuter, Allendorf a.d. Lumbda; Michael Knauf, Philippsthal; Otto Mayer; Reinhold Brunner; Bernd Vorläufer-Germer; Werner Wagner, Büdingen; Gisela Heldt, Langenhain; Hilde Bindingshaus sowie diverse Zeitzeugen, die nicht genannt werden wollten.

Abbildungsnachweise
Die hier nachgewiesenen und mit freundlicher Genehmigung verwendeten Bilder wurden sorgfältig auf Rechte Dritter geprüft. Sollten Sie dennoch Ihre Rechte oder die Rechte derer, die Sie vertreten, oder sonstige gesetzliche Bestimmungen verletzt sehen, bitten wir im Sinne der Korrektur und damit Schadenminderungspflicht um eine sofortige Nachricht an den Autor. Die Zahl vor dem Abbildungsnachweis bezieht sich auf die Zahl hinter der Bildunterschrift und dokumentiert die Quelle.

100 Die letzten Tage mit Adolf Hitler, Erich Kempka, K.W. Schütz Preußisch Oldendorf 1976 **101** Der Berghof, Dr. H. Van Capelle, Dr. A.P. Van de Bovenkamp, Fränkisch-Crumbach 2010 **102** Sonja Günther: Design der Macht, Stuttgart 1992, Archiv Vereinigte Werkstätten München, Fotograf: H . Hoffmann, München **103** Library of Congress, Washington/USA **104** Die Führerhauptquartiere, Franz W. Seidler, Dieter Zeigert. Quelle: Rohde/Sünkel **105** Der große Atlas zum Zweiten Weltkrieg, Peter Young, München 1974 **106** Berlin unter Hitler 1933-1945, Dr. H. Van Capelle, Dr. A.P. Van de Bovenkamp, Berlin 2007 **107** Albert Speer, Die Neue Reichskanzlei, Berlin 1939 **108** Nach einer Skizze in Gerd R. Ueberschär: Stauffenberg – Der 20. Juli 1944, Frankfurt/Main 2004; Wikimedia Commons, Author: Memnon3356c, own work, 23. Januar 2011 **109** Berlin unter Hitler 1933-1945, Dr. H. Van Capelle, Dr. A.P. Van de Bovenkamp, Berlin 2007/After the Batttle/London **110** Berlin unter Hitler 1933-1945, Dr. H. Van Capelle, Dr. A.P. Van de Bovenkamp, Berlin 2007/National Archives **111** Wikimedia Commons, author: unknown, own work, 26. November 2009, public domain **112** Archiv des Autors **113** Karte der administrativen Gliederung des Großdeutschen Reiches durch die NSDAP 1944. Wikimedia Commons, author: „Bennet Schulte/Wikipedia", own work, 1. September 2010, CC-BY-SA-3.0-DE **114** Wikimedia Commons, author: Michael Sullivan, own work, 29. Oktober 2009, public domain **115** Süddeutsche Zeitung/Photo, München **116** Wikimedia Commons, Klessheim Castle, Salzburg Photograph by Gakuro 2006, author and source: No machine-readable author provided. Gakuro assumed (based on copyright claims), 11 July 2006, CC-BY-Sa 3.0 **117** Ivor Matanle, „Hitler", London/Bindlach 1987 **118** Wikimedia Commons, Peenemünde, March 1942, Bundesarchiv, RH8II Bild-B0788-42 BSM/CC-BY-SA 3.0 **119** After the Battle Number 19, Winston G. Ramsey, London 1977, Sommer 1944, „The History of German Resistance, 1933-1945 by Prof. Peter Hoffmann, veröffentlicht bei Macdonald and Jane's, London 1977 **120** After the Battle Number 19, Winston G. Ramsey, London 1977 **121** Privat **122** Prof. Hermann Giesler, München **123** Jungvolk-Zugführer mit Eisernen Kreuz II. Klasse Wikimedia Commons, author: Koch, Bundesarchiv, Bild 183-J28836A/Koch/CC-BY-SA 3.0 **124** Albert Speer, Architektur, Arbeiten 1933-1942, Frankfurt 1978 **125** Ferdinand Schaffing, Der Obersalzberg, München 1985 **126** Rochus Misch, Berlin **127** Werner Hölzl, Verein Stadtteilmuseum Salzburg-Liefering/Österreich **128** Institut für Angewandte Geodäsie, Reichsamt für Landesaufnahme Berlin, Kreis Rastenburg 1939 **129** Wikimedia Commons, Das Reichskanzlerpalais in der Wilhelmstrasse in Berlin-Mitte, author: Königlich Preußische Messbildanstalt, Sorce: Richard Schneider (Hsg): "Berlin um 1900", Nicolaische Verlagsbuchhandlung, Berlin 2004, S. 103. ISBN: 3-89479-164-0. 3 . 1910, CC-BY-Sa 3.0 **130** Wikimedia Commons, Source: NARA, National Archives and Records Administration, date. 19. April 1945, author: Records of the Office of War Information [OWI], 3 . Juni 2015, CC-BY-Sa 3.0 **131** http://mein.salzburg.com/fotoblog/heimat/2010/03/kavalierhaus.html **132** Bayerische Staatsbibliothek München/Bildarchiv **133** Hans-Peter Rasp, Eine Stadt für tausend Jahre, München 1981 – Hans von Hanffsstengel, Nürnberg **134** Karl-Anders Hovden und Elfriede Hovden, Dänemark **135** Lew Besymenski, Der Tod des Adolf Hitler, München 1982 **136** Werner Maser: Legende, Mythos, Wirklichkeit, München 1971, Hitler-Unterschriften **137** Werner Sünkel, Rudolf Rack, Pierre Rhode, Adlerhorst; Autopsie eines Führerhauptquartiers, Verlag W. Sünkel, Leinburg 1999 **138** Imperial War Museum, London/Großbritannien **139** Schloss Neuhardenberg in Brandenburg; Nordfassade Wikimedia Commons, Author: A. Savin, own work, 29. April 2012, CC-BY-Sa 3.0 **140** Unbekannte Herkunft, um Information wird gebeten **141** Michael Laufenburg, Geldern **142** Wikimedia Commons, Bundesarchiv, Bild 146-1991-077-31, CC-BY-Sa 3.0 **143** Sammlung M. Bauer, München **144** Frau Dr . Paulinka Kreisberg, Israel/Simon Wiesenthal, Wien/Österreich **145** http://c1.staticflickr.com **146** Wikimedia Commons, Bundesarchiv, Bild 145 BildP049611, CC-BY-Sa 3.0 **147** Verlag Anton Plenk, Berchtesgaden **148** Heinrich Hoffmann, München **149** US-Army Signal Corps **150** Wikimedia Commons, Christoph Neubauer Verlag, Berlin. DVD „Der Führerbunker", CC-BY-Sa 3.0 **151** Berlin Story Verlag, Berlin **152** Wikimedia Commons, Bundesarchiv, Bild 183-V04744, Juli 1947, Photographer: unknown, place: Berlin, CC-BY-Sa 3.0 **153** Wikimedia Commons, Portrait of Friedrich II , Date: 1781, Accession number GK I 5615, References: Preußische Schlösser Gärten und Seen, Source/Photographer: Caro1409, public domain **154** http://www.mk.ru/social/2017/04/06/tayna-smerti-gitlera-v-arkhivakh-fsb-raskryli-unikalnye-dokumenty.html **155** Wikimedia Commons, Bundesarchiv, Bild 146-1971-033-33, CC-BY-Sa 3.0 **156** https://www.rolfmalta.be/2016/08/07/henri-chapelle-american-cemetery-and-memorial 157 Wikimedia Commons, Polski: Zamek Książ, Deutsch: Schloss Fürstenstein, Ansicht von Süden, author: Jar.diurus, own work, 28. September 2014, CC-BY-Sa 3.0 pl **158** Wikimedia Commons, Berlin Sowjetisches Ehrenmal (Tiergarten), author: Raimond Spekking, own work, 22. März 2004, CC-BY-Sa 4.0 **159** Wikimedia Commons, Luxembourg American Cemetery and Memorial, author: American Battle Monuments Commission photograph , 28. März 2008, gemeinfrei **160** Wikimedia Commons, Das Jonastal bei Arnstadt im Herbst, author: Kassandro, own work, 11. Oktober 2008, CC-BY-Sa 3.0 **161** Foto: Archiv der Stadt Linz **162** Stadtarchiv Salzburg, Fotosammlung Anny Madner **163** Ullstein Bild, Berlin Bildnummer 1011052567 **164** Ullstein Bild, Berlin Bildnummer 11498 **165** Ullstein Bild, Berlin Bildnummer 444655, Fotograf Walter Frentz **166** Ullstein Bild, Berlin Bildnummer 409236, Fotograf Walter Frentz **167** Ullstein Bild, Berlin Bildnummer 41982, Fotograf Heinrich Hoffmann **168** Ullstein Bild, Berlin Bildnummer 722890, Fotograf Walter Frentz **169** Wikimedia Commons, World encyclopedia oft Cars, Gaz-69, CC-BY-Sa 3.0 **170** DER SPIEGEL, Hamburg, 19/2001 **171** https://de.sputniknews.com/bilder/20150625302929427/ **172** Mariusz Siemiatkowski,Świnoujście/Polen **173** Wikimedia Commons, Grafik des Großen Platz (Adolf-Hitler-Platz) mit Großer Halle und Führerpalast, own work, 29 November 2014, author: Florianmk (Webseite: Clio Berlin Blog), CC-BY-Sa 4.0 **174** Werner Oswald, Mercedes-Benz Personenwagen, 1886-1986, Motorbuch-Verlag, Stuttgart 1986 **175** Wikimedia Commons, File:B-17 group in formation.jpg, Cropped from, User: Sasquatch, date: 17. September 2006 **176** Wikimedia Commons, Title: United States bombing raid over a German city, Source: https://en.wikipedia.org/wiki/ U.S._National_Archives_and_Records_Administrationdate: 19 May 1944, File: United States bombing raid over a German city – NARA – 197269.jpg, gemeinfrei **177** Hermann Historica, München **178** Alte Reichskanzlei 1945, NARA **179** Villa Goebbels 1945, NARA **180** Christa und Susanne Geerds, Coburg **181** © Edition Panorama, Berlin **182** NARA

Abkürzungsverzeichnis

a.D.	außer Dienst
BDM	Bund Deutscher Mädel
bzw.	beziehungsweise
DDR	Deutsche Demokratische Republik
d.R.	der Reserve
DRK	Deutsches Rotes Kreuz
FHQ	Führerhauptquartier
Flak	Flugabwehrkanone
FSB	Föderaler Dienst für Sicherheit der Russischen Föderation
Gestapo	Geheime Staatspolizei
HJ	Hitlerjugend
i. G.	im Generalstab
kcal	Kilokalorien
KGB	Geheimdienst der Sowjetunion
KPD	Kommunistische Partei Deutschlands
KPdSU	Kommunistische Partei der Sowjetunion
km/h	Kilometer pro Stunde
KZ	Konzentrationslager
LSSAH	Leibstandarte SS Adolf Hitler
MESZ	Mitteleuropäische Sommerzeit
NS	Nationalsozialistische(r)
NSDAP	Nationalsozialistische Deutsche Arbeiterpartei
OKH	Oberkommando des Heeres
OKM	Oberkommando der Kriegsmarine
OKW	Oberkommando der Wehrmacht
OSS	Office of Strategic Services
OT	Organisation Todt
PKW	Personenkraftwagen
Prof.	Professor
RAD	Reichsarbeitsdienst
RAF	Royal Air Force
RSD	Reichssicherheitsdienst
RSHA	Reichssicherheitshauptamt
SA	Sturmabteilung
SPD	Sozialdemokratische Partei Deutschlands
SS	Schutzstaffel
UdSSR	Union der sozialistischen Sowjetrepubliken
USA	Vereinigte Staaten von Amerika
USAAF	United States Army Air Forces

Personenregister

Wegen der häufigen Nennung ist Adolf Hitler nicht aufgeführt.

A
Ach, Manfred 592, 615
Adam, Arthur 155
Albrecht, Alwin-Broder 156, 407, 445, 556
Albrecht, Kurt 507
Alexander I. 554
Al-Gaddafi, Muammar 542
Aly, Götz 608
Amsberg, Erik von 184, 194, 234
Anderson, Lale 281
Andropow, Juri 574
Anne-Maria 444
Antonescu, Ion 110, 180f., 190
Arent, Benno von 253
Arnandow, Michael 567
Arndt, Wilhelm 452ff., 556
Assmann, Heinz 165, 353, 639
Augstein, Rudolf 201, 601f.
Aulock, Andreas von 188
Axmann, Arthur 178, 412, 414, 443, 447ff., 467, 469, 479, 500, 503, 506, 516f., 528, 534, 556

B
B. Heinrich 594
Bach-Zelewski, Erich von dem 44, 179, 180
Backe, Herbert 60, 382, 512, 556
Baier, Richard 156, 505, 542f., 549
Bärenfänger, Erich 495, 504, 546, 556
Barkhorn, Gerhard 60
Baur, Hans 437, 445, 448, 485, 517f., 541, 556, 638
Bayer, Heinrich 80
Beck, Ludwig 151, 162, 215
Beevor, Antony 14
Behrens, Manja 142
Below, Maria von 136, 138
Below, Nicolaus von 80, 101, 135, 136, 148, 151, 195, 212, 229, 281, 300, 406f., 417, 435, 448, 463, 467, 498f., 509, 514, 518, 556, 611
Benedikt XVI. 42
Benz, Carl 305
Berger, Brigitta 633
Berger, Dorothea 633
Berger, Gottlob 468f., 556
Berger, Heinrich 146f., 151, 158, 633
Berger, Hertha 633
Berger, Wolfgang 633
Berndes, Hermann 409
Bersarin, Nikolai 438, 505
Berve, Helmut 613
Best, S. Payne 432
Besymenski, Lew 568
Betz, Georg 445, 557
Bindinghaus, Hilde 302
Birnbaum, Norman 606
Bismarck, Otto von 249, 286, 515
Blaschke, Hugo 53, 195, 228, 247, 249, 252, 450, 453, 557, 571
Blaskowitz, Johannes 31, 237, 282
Blume, Walter 309
Blumentritt, Günther 309
Bodenschatz, Karl-Heinrich 92, 127, 176, 256
Böhmcker, Heinrich 113
Böhmer, Franz 198f.
Bogusslawskij, J. I. 568
Boldt, Gerhard 352f., 479, 485, 490, 497, 503, 516, 557
Bonin, Bogislaw von 307
Borg, François 550
Borgmann, Heinrich 174
Bormann, Albert 86, 92, 144, 154, 264, 275f., 278, 280, 366, 448, 453, 557
Bormann, Gerda 64, 219, 472
Bormann, Martin 26f., 53, 62, 76f. 92, 97, 115, 117, 126, 130, 141f., 152, 154f., 159, 163, 166-169, 172, 177, 219, 229, 234, 253, 256, 269, 275f., 293, 295, 297, 304, 308, 316, 353, 359-362, 371f., 374, 378, 382ff., 391, 398, 423, 426f., 437, 447f., 452f., 463f., 466f., 472, 474, 482, 485, 499, 503, 508, 509, 512-515, 525, 527-530, 534f., 546, 557, 560, 564
Bouhler, Philipp 92
Bradley, Omar N. 169
Brandt, Heinz 146f.
Brandt, Karl 117, 138, 141, 166, 192, 212, 220, 223f., 427, 440
Brandt, Willy 603, 607
Braun, Eva 29f., 55f., 64, 93f., 97, 107, 130, 138, 143, 155, 172, 217, 235, 254f., 257, 266, 269f., 308, 312, 314, 316, 322, 334f., 344, 354, 357, 359f., 362-365, 398ff., 402, 405, 437, 440, 445f., 452f., 464, 467, 472, 479f., 484, 491, 494, 496f., 499, 507f., 525-529, 560f., 567, 572f., 583, 590, 615f.
Braun, Ilse 334, 363
Braun, Margarete („Gretl") 29, 64, 93f., 107, 143, 236, 308, 499
Braun, Wernher von 205
Brechtken, Magnus 15, 217
Breitenbach, Eberhard von 390
Breschnew, Leonid 574
Brinon, Fernand de 201
Brinsteiner, Josef 222, 568, 570, 635
Broder, Henryk M. 604
Broszat, Martin 599
Bruckner, Anton 63, 545
Buchholz, Dr. 434
Bürckel, Josef 218
Buhle, Walter 117, 145f., 238, 276, 463, 557
Bullock, Allan 585, 588, 604, 612
Burgdorf, Wilhelm 227, 266, 269, 295, 300, 354, 386, 391, 412, 414, 439, 445f., 448, 455, 463f., 467, 473, 476, 491, 494, 503, 509, 513-516, 525, 546, 557
Busch, Ernst 81f., 111, 116, 120f., 390
Bussche, Axel von dem 24
Busse, Theodor 391ff., 420, 437, 477f., 487f., 498f., 502

C
Canaris, Wilhelm 86, 170, 215, 428
Carlyle, Thomas 401
Castan, Martha 198
Castl, Frederick W. 281
Celan, Paul 592
Cermák, Gustav 656
Choltitz, Dietrich von 181, 192
Christen, Hans-Henning von 307, 610
Christian, Gerda 279, 453, 479, 509, 521, 525, 534, 557
Chruschtschow, Nikita 518
Churchill, Winston 21, 44, 69, 79, 83, 208, 239, 279, 418, 542, 552, 565, 633, 647

Ciano, Galeazzo 589
Cibochin 565
Clinton, Hillary 487
Coppola, Francis Ford 306
Cranach, Lucas 345
Creveld, Martin von 339
Curakov, Ivan 565
Czech, Alfred 412f.

D

Dálnoki, Miklós 162, 284
Daranowski, Gerda siehe Christian, Gerda
Darges, Friedrich 143
David, Jan 389
De Crinis, Max 428
De Gaulle, Charles 104, 192
Degrelle, Lón 194f., 215
Demps, Laurenz 242
Derjabin 565
Dethleffsen, Erich 458, 487, 557
Devers, Jacob 254
Diekmann, Adolf 105f., 168
Diels, Rudolf 603
Dietl, Eduard 112, 116, 129f.
Dietrich, Günther 522
Dietrich, Otto 117, 434
Dietrich, Sepp 175, 183f., 276, 298, 406, 427, 466
Dirlewanger, Oskar 438
Doberke 477
Dodd, Thomas J. 541
Dönicke, Walter 442
Dönitz, Karl 61, 115, 134, 159, 246, 264, 294f., 310, 352ff., 370, 408, 437, 447, 450, 463, 481, 487, 495, 498, 511f., 514, 516f., 523, 535-543, 551, 557, 597, 642
Dohnanyi, Hans von 429
Dohnanyi, Klaus von 602, 605
Dollmann, Friedrich 121f., 154
Domarus, Max 603
Dombret, Raymond 275
Doose, Heinrich 448, 496
Dornberger, Walter 205
Dorsch, Xaver 61
Dschingis Khan 299, 644
Duckwitz, Georg Ferdinand 43
Dufving, Theodor von 534
Dulles, John Foster 360, 441

E

Eberbach, Heinrich 181, 186
Eberle, Henrik 224, 635
Echtmann, Fritz 571
Eggeling, Joachim Albrecht 435

Eglseer, Karl 116
Eichinger, Bernd 13, 587
Eichmann, Adolf 80, 598
Eicken, Carl Otto von 163, 167, 188, 212, 214, 230, 233, 252-255, 284
Eigruber, August 27, 78
Eisenhower, Dwight D. 98f., 351, 398, 418, 427, 432, 474, 541, 554
Eitner, Hans-Jürgen 603
Elisabeth 434
Elser, Georg 24, 158, 248, 266, 429, 588f., 635
Engel, Gerhard 21, 433
Esser, Hermann 38, 377, 610
Exner, Marlene von 76

F

Fegelein, Margarete („Gretl") siehe Braun, Margarete
Fegelein, Hermann 30, 59, 64f., 93f., 102, 127, 159, 165, 184, 236, 238, 266, 295, 304, 362, 391, 394, 398, 414, 435, 441, 445, 448, 463f., 473, 487, 499, 507, 557
Fellgiebel, Erich 151, 162, 170
Fenet, Henri 491
Ferraris, Luigi Vittoria Graf 600
Fest, Joachim 14, 16
Fiedler, Werner 655
Filbinger, Hans 408
Fischer, Arno 106
Flegel, Erna 519, 558
Fleischmann, Peter 568
Forster, Albert 410f.
Franco, Francisco 60
Frank, Anne 177
Frank, Hans 28, 37, 41, 306, 588
Frank-Schultz, Ehrengard 269
Freisler, Roland 182, 186, 356
Frentz, Walter 42, 58, 130, 405, 453, 558
Freyberg, Alfred 442
Freyend, Ernst John von 463, 558
Freytag von Loringhoven, Bernd von 159, 182, 212, 463, 485, 491, 499, 516, 558, 596
Friedeburg, Hans-Georg von 550
Friedländer, Saul 592, 616
Friedrich II. (der Große) 69, 121, 267, 275, 280, 345, 360, 378, 380, 392, 399, 401, 434f., 492, 518, 642ff.
Friedrich II. 583
Frieser, Karl-Heinz 34
Frießner, Johannes 134
Fritsche, Hans 42

Fromm, Friedrich 113, 131, 208, 214, 404
Fuchs, Jakob 70
Funk, Walter 512, 558
Furtwängler, Wilhelm 243

G

Galitzki 234
Galland, Adolf 98, 183, 246
Galvánek, Bohdan 266
Ganz, Bruno 602ff.
Gaus, Günther 600
Gebhardt, Karl 468, 558
Gehlen, Reinhard 238, 297, 399
Genoud, François 359
George, Stefan 104
Gerland, Karl 459
Gerwitz, Heinrich 245
Gesche, Bruno 279
Gibbels, Ellen 15, 635
Giebel, Wieland 15, 628
Giese, Harry 97
Giesler, Hermann 26, 78, 172, 183, 186, 190, 208, 218f., 361f., 368, 580, 584
Giesler, Paul 62, 312, 512, 558
Giesing, Erwin 163f., 167, 177, 212, 220, 222, 230, 370f.
Gille, Herbert Otto 87
Giordano, Ralph 24, 577, 593, 595
Glanzer 533
Glasmeier, Heinrich 27
Gloeden, Elisabeth 257
Gloeden, Erich 257
Gneisenau, August Neidhardt von 113
Goebbels, Hedda 265, 465, 538
Goebbels, Heide 465, 538
Goebbels, Helga 265f., 465, 538
Goebbels, Helmut 265, 465, 538
Goebbels, Hilde 265, 465, 538
Goebbels, Holde 465, 538
Goebbels, Joseph 14, 19f., 30, 34, 39, 41f., 58, 62f., 70, 96, 98, 102, 113, 134, 142, 148, 156f., 163, 165f., 177f., 180, 191f., 202, 213f., 215, 224, 232, 234, 238, 242, 247, 250, 263ff., 270, 278, 280, 308, 311, 316, 323, 358, 360, 365, 377, 384, 395f., 398, 400f., 408f., 418, 420f., 423, 428, 430, 434f., 443f., 446f., 450f., 452, 456, 462, 465, 471, 480, 497-500, 502, 507, 509, 519, 525, 528, 535, 537, 538f., 545, 558, 567, 572, 575f., 579, 592, 607, 631, 642

Goebbels, Magda 263, 278, 465, 472, 485f., 491, 501f., 512ff., 516, 519, 525, 537, 538f., 545, 558, 567, 572, 575f., 595, 597
Goebels, Anni 546
Goerdeler, Carl Friedrich 136, 176, 179, 228
Göring, Edda 92f.
Göring, Emmy 92
Göring, Hermann 20, 26, 53, 61, 66f., 70, 75, 82f., 92, 101f., 107, 113, 115, 123, 126, 135, 142, 149, 151, 154, 163f., 165f., 172, 193, 210, 213, 230, 235, 248, 255f., 263f., 271, 279, 281, 295, 297, 301, 308f., 315, 338, 352ff., 357f., 381, 390, 403, 407, 410, 415, 432, 447, 450, 459, 469f., 473, 479f., 493f., 511, 523, 558, 586, 642
Görtemaker, Heike 155, 507
Gonell, Ernst 376
Gorbuschin 572
Gorelow 311
Graf, Joseph 324, 358
Graff, Anton 345
Grawitz, Ernst-Robert 168, 480
Greim, Robert Ritter von 134, 213, 235, 245f., 393, 474, 493f., 506f., 512, 516, 559
Grensemann, Friederike 447
Greiser, Arthur 198, 312
Griesemer, Vincent 592
Grimm, Wilhelm 167
Groehler, Olaf 478
Gröger, Walter 408
Grohé, Joseph 379
Gross, Johannes 593, 601
Grünwaldt, Wilhelm 549
Grützner, Eduard von 360, 467
Guderian, Heinz 28, 66, 162, 168, 179, 203, 209, 267, 274, 280, 295, 298ff., 302f., 305, 310, 370, 406, 420
Günsche, Otto 95, 97, 148f., 152, 172, 184, 205, 303, 306f., 312f., 352, 358, 360, 364f., 390, 414, 445, 448, 463, 465, 473, 485, 491, 494, 507, 509, 525-532, 541, 554f., 559
Guljkewitsch, J. W. 568
Gumenjuk, Waldimir 575
Gundelfinger, Friedrich 454
Gustloff, Wilhelm 312, 322

H
Haag, Carlos 585

Haase, Werner 475, 516, 519f., 534, 559
Habenicht, Hans-Jürgen 587f.
Hacker, Hans 368f.
Hacker, Christa Sieglinde 368f.
Hacker, Irena 368
Haeften, Werner von 145, 151, 158, 186, 594
Haffner, Sebastian 189, 597, 601f.
Hagen, Dr. 434, 464, 559
Halder, Franz 21, 25, 179, 614, 649
Halloran, Neil 653
Hamann, Brigitte 13
Hamsun, Knut 179
Handschumacher, Heini 107
Hanfstaengl, Ernst 617
Hanke, Karl 334, 372f., 381, 433, 512, 559
Hansen, Georg Alexander 86
Hardenberg, Carl-Hans Graf von 165
Harris, Arthur 239
Hartmann, Christian 13, 36
Hasselbach, Hans-Karl 150, 212, 220
Hausser, Paul 121, 175, 186, 427
Heck, Alfons 593
Hedin, Sven 545
Heiber, Helmut 635
Heichele, Josef 381
Heidemann, Gerd 454
Heim, Ferdinand 214
Heimlich, Wilhelm 573
Heinkel, Ernst 227, 263
Heinrici, Gotthardt 415, 418, 420, 428, 433, 437, 439, 458, 506, 629
Heise 467
Helldorf, Wolf-Heinrich von 171, 182, 313
Hengl, Georg von 177
Hentschel, Johannes 487, 559
Herold, Willy 433
Hermann, Gisela 534
Herrgesell, Gerhard 434, 442, 458, 464, 559
Herwarth von Bittenfeld, Hans-Heinrich 129
Herzig 515
Herzog, Johanna 78
Herzog von Sachsen-Coburg und Gotha, Carl Eduard 160, 168, 386, 432, 468, 554, 656
Heß, Rudolf 407, 441
Hetzenauer, Matthäus 441
Heusermann, Katharina 571f.
Heusinger, Adolf 123, 131, 145f.

Heydrich, Reinhard 36, 40f.,
Hewel, Walter 127, 136, 233, 253, 300, 391, 445, 448, 454, 463, 518, 525, 546, 559
Hierl, Konstantin 378
Hilberg, Raul 42
Hilgenfeldt, Erich 178
Hilpert, Carl 443
Himmler, Heinrich 20, 30, 38, 41, 58f., 65f., 99, 104, 123f., 134f., 140f., 151f., 163f., 167f., 177, 185, 203, 215f., 230, 250, 255, 276, 282f., 313, 360f., 364, 370, 375f., 381, 397f., 401, 407, 415, 440, 447f., 450f., 454f. 468, 481, 495, 506f., 511, 516, 559, 578, 642
Hindenburg, Paul von 175, 311
Hindy, Iván 364
Hirohito 554
Hiroshi, Oshima 85, 202f., 213
Hirsch, Ilse 418
Hirschbiegel, Oliver 13
Hitler, Alois 453, 508
Hitler, Eva siehe Braun, Eva
Hitler, Klara 286, 345
Hitler, Paula 436, 599
Hochhuth, Rolf 602
Hodges, Courtney H. 278, 398, 425
Högl, Peter 445, 485, 525, 529, 559
Hölzlsauer, Anna Maria 82
Hoepner, Erich 155, 181
Hofacker, Caesar von 173, 228
Hofbeck, Hans 531, 560
Hofer, Franz 379, 431
Hoffmann, Albert 63
Hoffmann, Heinrich 24f., 27, 64, 77, 97, 144, 429
Hoffmann, Peter 151, 640
Holl, Johanna 325
Holländer, Werner 87
Holste, Rudolf 472, 499, 503, 521
Holz, Karl 450f., 459
Hopkins, Harry 541, 552
Hornberger, Karl 194
Horthy, Miklós 102f., 214, 228f., 231
Horthy, Nikolaus 228, 231
Hoßbach, Friedrich 144, 233, 332f., 335, 339
Hovden, Elfriede 538
Hovden Karl-Anders 538
Hube, Hans-Valentin 66f., 70f., 116, 379
Hübner, Rudolf 394f., 401
Hübner, Wilhelm 398, 413f.

Hürter, Johannes 628
Huhn, Gertrud 475
Humboldt-Dachroeden, Hubertus Freiherr von
Humps, Gertraud siehe Junge, Gertraud
Hupfauer, Theodor 512, 560
Hussein, Saddam 542

I
Ingenbrand, Franz 194

J
Jacobs, Ingeborg 319
Jäckel, Eberhard 586
Jaenecke, Erwin 60, 71
Jaindl-Haring, Franz 161f.
Jaschke 483
Jeschonnek, Hans 183
Joachimsthaler, Anton 13, 271, 496
Jodl, Alfred 75, 99, 101f., 109, 111, 127, 134, 159, 161, 169f., 189, 209, 233, 237, 295, 352, 358, 370, 447, 450, 458f., 463, 472, 481, 488, 494f., 506, 518, 551, 560, 590, 598
Johannmeyer, Willy 391, 422, 448, 463, 514, 560, 629
Jordan, Rudolf 381
Jüttner, Hans 487
Junge, Gertraud („Traudl") 93, 158f., 190, 217, 253, 296, 355, 376, 447, 452f., 464, 479f., 502, 505, 509, 521, 525, 560
Junge, Hans-Hermann 190

K
Kämpfe, Helmut 106
Kaether, Erich 468, 473f., 560
Kaltenbrunner, Ernst 307, 313, 364, 389, 409, 447
Kaminski, Bronislaw 180
Kammhuber, Josef 423, 474
Kammler, Hans 386, 428
Karajan, Herbert von 63
Kardorff, Ursula von 446
Karnau, Hermann 531f., 534, 560
Kaschulay 463
Kaselowsky, Ida 220
Kaselowsky, Ilse 220
Kaselowsky, Ingeborg 220
Kaselowsky, Richard 220
Katukow, Michail Jefimowitsch 546
Kaufmann, Karl 379, 408, 428

Kehrl, Hans 117
Keil, Nelly 655
Keitel, Wilhelm 23, 42, 86, 101, 113, 115, 134, 140, 145, 148, 155, 172, 177, 179f., 189, 196, 205, 227f., 233, 295, 303, 352, 370, 409, 420, 447, 450, 459, 463f., 465f., 472f., 483, 495, 560, 629
Keller 379
Kellerhoff, Sven Felix 13, 17, 23, 244, 300, 348, 386f., 628, 634
Kempka, Erich 29, 237, 391, 444, 452, 530, 560
Kennedy, John F. 598
Kershaw, Ian 14, 235, 302, 357, 390, 599f., 644, 649
Kersten, Felix 454
Kesselring, Albert 131, 184, 386, 406, 433, 537
Kielleuthner 568
Kielmansegg, Johann Adolf Graf von 53, 245, 596
Kleist, Ewald von 60, 77, 221
Klimenko, Ivan 565
Klingemeyer, Arthur 463
Kluge, Günther von 21, 134, 162, 181, 185f., 188, 194, 196
Knappertsbusch, Hans 63
Knauf, Erich 75
Knesebeck, Georg von dem 307
Knipfer, Kurt 438
Knopp, Guido 42
Knothe, Helene 280
Kobulow 573
Koch, Erich 233, 312, 317, 360, 417, 430
Köppen, Wilhelm 31
Koller, Karl 75, 116, 163, 182, 256, 295, 409, 455, 460f., 465, 469, 494
Komorowski, Tadeusz 173, 221
Konew, Stepanowitsch 361, 438, 451, 487, 596
Konowalow, Wladimir 440
Korten, Günther 134f., 146f., 169
Kosak, Vladimir 95
Kossygin, Alexei 574
Kowalenko 575
Krancke, Theodor 96
Krause, Ruth 255
Krausnick, Helmut 36
Krajewskij, Nikolai 567f.
Krebs, Hans 420, 433, 439, 447, 455, 460, 463, 467, 473, 485, 491, 494, 496f., 503, 509, 513ff., 525, 535, 539, 546, 560, 572

Kreipe, Werner 183, 195, 210
Kreutz, Anneliese 319
Krüger, Else 477, 525, 560
Krüger, Heinz 485, 561
Krüger, Walter 305
Krukenberg, Gustav 491, 515
Kuhlmann, Franz 487, 561
Kujau, Konrad 454
Kunz, Helmut 538
Kutusow, Michail 554
Kuznitzky, Elisabeth 257

L
Lafferentz, Bodo 269
Lafferentz, Verena 269
Lammerding, Heinrich 104
Lammers, Hans-Heinrich 85f., 124, 172, 198, 215, 308, 419
Lammert, Norbert 604
Lang, Joachim-Friedrich 402
Langer, Walter C. 617
Larson, Kurt 507
Lasch, Otto 431
Laßmann, Walter 373
Latoschinski, Marianne 219
Laufenburg, Agnes Anna Albrecht („Anni") 330, 343
Laufenburg, Anna 329
Laufenburg, August 325
Laufenburg, Auguste 325
Laufenburg, Friedrich 325, 329, 336, 340
Laufenburg, Heinz 340
Laufenburg, Johann Wilhelm 325
Laufenburg, Johanna 325f.
Laufenburg, Johannes 325
Laufenburg, Karl 325
Laufenburg, Michael Paul 340, 342f.
Laufenburg, Paul 1, 6, 325-332, 334, 336f., 339-343, 624
Lauterbacher, Hartmann 178
Laval, Pierre 187
Leahy, William Daniel 540
Leclerc, Jacques-Philippe 191f.
Lehmann, Armin D. 444, 449, 491, 499, 521f., 561
Lehndorf, Hans Graf von 318
Lenin, Wladimir Iljitsch 518
Lenze, Enno 15
Leonidas I. 360
Ley, Robert 62, 178, 255, 312, 447, 512, 561, 642
Liebel, Willy 117
Liesl 472, 561
Lindemann, Fritz 257

Lindermann 269
Lindloff, Ewald 529, 532f., 561
Linge, Heinz 62, 101, 130, 151, 168, 172, 197, 236, 271, 348, 355, 366, 385, 391f., 407, 411, 414, 439, 442, 444, 446, 448, 460, 480, 484f., 496, 504f., 525, 527f., 530, 541f., 546, 561, 594ff.
Lisso, Kurt 442
Löhlein, Walter 29, 430
Loevy, Siegfried 257
Lohse 471
Longerich, Peter 14, 264
Lorenz, Heinz 236, 252, 391, 434, 445, 448, 463, 471f., 485, 491, 506, 514, 561
Lorković, Mladen 610
Lübke, Heinrich 386
Lutze, Viktor 27

M
M. Gerhard 598
Mackensen, August von 268
Mackenzie King, William Lyon 565
Magyösetag, Alexander Hoffmann von 96
Maisel, Ernst 227, 307
Maizière, Ulrich de 161, 263, 467f., 537, 596f., 621, 629
Mann, Golo 601
Mann, Klaus 591
Mannerheim, Carl Gustaf Freiherr von 111f., 189, 191
Mansfeld, Erich 531f., 561
Manstein, Erich von 42, 359, 632
Manteuffel, Hasso von 275ff., 506
Manziarly, Constanze 197, 208, 223, 253, 437, 452, 479, 509, 521, 525, 561
Mao 585
Marahrens, August 160
Maranz, A. J. 568
Maria 254
Marlow, Christel 451
Marx, Karl 596
Masur, Norbert 454f.
Mattern, Ernst 376
Mecser, Andras 266
Meerwald 85
Mehringer 362
Meißner, Otto 405
Mengele, Josef 48
Mengershausen, Harry 533, 561, 565, 572
Merkel, Angela 604

Mesik 572
Messerer, Hans 534
Messerschmidt, Willy 309
Meyer, Otto 469
Michael 190
Michejkin, Nikolai 576
Milch, Erich 66, 82, 117f., 184
Miller, Alice 602
Miller, Lee 523
Minkmar, Nils 11, 16
Misch, Rochus 28, 212, 391, 396, 398, 447, 459, 465, 469, 487, 519, 524, 528, 534, 538, 541, 546, 561
Mitterrand, François 341
Mittlstrasser, Wilhelm 155
Model, Walter 61, 121, 131, 134f., 172, 186, 210, 255, 273, 276ff., 281, 339, 425, 440, 458
Mohnke, Wilhelm 348, 463, 471, 490, 494, 497f., 504, 515, 517, 522, 524, 562
Moltke, Helmuth James von 274, 311
Mommsen, Hans 599
Montgomery, Bernard 111, 202, 416, 418, 550
Morell, Theodor 14, 58, 76ff., 83, 121f., 127, 132, 139, 143, 145, 149f., 153, 157, 163, 167f., 175f., 190, 207f., 212, 214f., 217-220, 222ff., 227ff., 231, 233, 236ff., 245ff., 252ff., 264, 268-276, 278, 284, 296, 304, 313, 316, 355, 362, 364f., 372, 378, 385, 390f., 396, 416, 423, 430f., 437, 444, 446f., 460, 562, 568, 637, 640
Morgenthau, Henry 215
Moser, José 96
Moyland, Gustav Adolf Steengracht von 366
Müller 132
Müller, Friedrich-Wilhelm 335, 375
Müller, Georg 302
Müller, Heinrich 307
Müller, Joseph 206
Müller, Rolf-Dieter 338, 628
Mussolini, Benito („Duce") 21, 68f., 144, 152, 153-157, 181, 206, 228, 237, 372, 383, 441, 458, 518, 585, 591, 631
Mussolini, Vittorio 152
Mutschmann, Martin 178

N
Napoleon Bonaparte 398, 643
Naumann, Werner 264, 266, 400, 512, 525, 562
Nebe, Arthur 395
Neitzel, Sönke 542
Neuhüttler, Franz 516, 534
Neumann, Hans-Joachim 224, 492, 600
Nickel, Wilhelm 323
Nißle, Alfred 223
Noll, Rolf 413

O
Odebrecht, Job 393
Oerland, Karl 276
Oetker 220
Ohler, Norman 15
Ohnesorge, Wilhelm 245
Okraß, Hermann 547
Olbricht, Friedrich 135, 158, 214
Ondarza, Ramon 358
Oppenhoff, Franz 418
Oster, Hans 215, 429
Oven, Wilfried von 134, 180, 465

P
Papen, Franz von 185
Patton, George S. 416, 458
Paul 483
Paulus, Friedrich 123, 629
Pavelic, Ante 211
Pawlitschenko, Ljudmila 441
Peiper, Joachim 279
Peres, Schimon 585, 602
Petacci, Clara 518
Pfeffer-Wildenbruch, Karl 320, 364
Pfeiffer, Hans 64, 86, 185
Pfitzner, Hans 77
Picker, Henry 193
Pilgrim, Volker Elis 11, 131, 508, 600, 615, 645
Pius XII. 586
Planck, Erwin 311
Planck, Max 311
Plievier, Theodor 643
Plöckinger, Othmar 13
Podgorny, Nikolai 574
Pol Pot 585
Pölking, Hermann 13
Pomsel, Brunhilde 401
Posener, Alan 42
Prinzessin von Hessen, Mafalda 192
Prinzessin von Sachsen-Coburg und Gotha, Caroline-Mathilde 554

Prützmann, Hans-Adolf 426
Puttkamer, Karl-Jesko von 254, 448, 453, 562
Pyta, Wolfram 622

Q
Quandt, Harald 502
Quirnheim, Merz von 158
Quisling, Vidkun 311, 316

R
Rahn, Rudolf 154
Rainer, Friedrich 379
Rattenhuber, Johann 127, 445, 521, 525, 533, 562
Raubal, Angela 368
Raubal, Angela jr. („Geli") 493, 645
Raus, Erhard 400
Rehborn, Anni 138
Reichenau, Walter von 653
Reichhart, Johann 437
Reichhelm, Günther 458, 492
Reinhardt, Georg-Hans 301, 307, 310, 333f.
Reisser, Hans 524, 529, 562
Reitsch, Hanna 493f., 506f., 516, 562
Rembrandt, van Rijn 467
Remer, Otto Ernst 156f., 175, 256, 320
Rendulic, Lothar 335, 429
Rettich, Peter 478
Reuß, Franz 393
Reymann, Hellmuth 468
Ribbentrop, Joachim von 24, 98, 102, 123, 136, 154, 156, 180, 196, 295, 312, 358f., 364, 375, 410, 436, 447, 450, 474, 562
Ribbentrop, Rudolf 358f.
Richthofen, Wolfram von 83
Riedel, Dr. 132
Rienzo, Cola di 641
Rigele, Olga 92
Robertson, William D. 483
Rohland, Walter 21
Rokossowski, Konstantin 311, 417
Rommel, Erwin 31, 60, 86, 96, 108-110, 121, 134, 141f. 173, 185, 227f., 230, 282, 307
Rommel, Lucie Maria 228
Roosevelt, Eleanor 21, 565
Roosevelt, Franklin D. 208, 247, 434f.
Rosenberg, Alfred 447
Rschewskaja, Jelena 565f., 572

Rudel, Hans-Ulrich 281, 295, 360, 445
Rüdiger, Jutta 267
Ruf, Johanna 496
Rumohr, Joachim 320
Rundstedt, Gerd von 31, 85, 99, 101, 108, 110, 121f., 179, 202, 230, 255, 276, 295, 298, 351, 401

S
Sänger Eugen 112
Sänger-Bredt, Irene 112
Saizew, Wassili 441
Salterberg, Kurt 148
Saltz, Peter 349
Sander 151
Sandner, Gustav 656
Sandner, Harald 655
Sandner, Marie 655
Sauckel, Fritz 419
Saucken, Dietrich von 404
Sauerbruch, Ferdinand 567
Saur, Karl-Otto 66, 82, 246, 256, 309, 359, 432, 447, 512, 562
Scavenius, Eric 610
Selenin 573
Seydlitz-Kurzbach, Walther Kurt 132, 335
Seyß-Inquart, Arthur 316, 512, 563
Shkaravski, Faust 567
Sieber, Lothar 389
Simonow, Konstantin 549
Simpson, William Hood 425
Siomontschuk, Leonid 571
Skorzeny, Otto 206, 214, 228, 231f., 233, 277, 408, 432
Sokolowski, Wassili Danilowitsch 571
Sonnleithner, Franz von 78, 237
Specht, Karl-Wilhelm 179
Speer, Albert 14, 21, 61, 66, 70, 80, 111, 117f., 136, 163f., 166, 179, 183, 198, 213f., 217, 227f., 243, 246, 249, 256, 263, 293, 295, 297, 309f., 320, 358ff., 362, 373, 402, 406, 410, 421, 432, 435, 447, 450, 472, 474, 563, 579f., 596
Speidel, Hans 109
Sperrle, Hugo 104, 360
Spielhagen, Wolfgang 334
Spitzy, Reinhard 24, 629
Spotts, Frederic 545
Sündermann, Helmut 365
Sulla, Lucius Cornelius 613
Süßmilch, Waltraud 385
Sylvashko, Alexander 483

Szálasi, Ferenc 229, 232, 266
Sztójay, Döme 102f.

SCH
Schach, Gerhard 502, 538, 562
Schady, Werner 158
Schädle, Franz 445, 485, 546, 562
Schäfer, Marie 376
Scharnhorst, Gerhard von 113, 478
Schasche, Wilhelm 194
Schaub, Julius 65, 85, 117, 145, 154f., 159, 166, 177f., 234, 247, 253, 348, 396, 399, 414, 445, 448f., 452, 459ff., 465f., 496, 550, 562
Scheel, Gustav Adolf 512, 563
Scheller, Hans 404
Schenck, Ernst-Günther 475, 519f., 534
Schepmann, Wilhelm 81
Scherff, Walter 152, 174, 295
Schirach, Baldur von 21, 42, 179, 381
Schirach, Henriette von 42, 603
Schirokow 575
Schkarwskij, F. J. 568
Schlieben, Karl-Wilhelm von 113
Schlieffen, Alfred von 274
Schmidt, Helmut 182, 325, 341
Schmidt, Paul-Otto 152, 180
Schmundt, Anneliese 212, 224
Schmundt, Rudolf 21, 95, 97, 109, 117f., 144, 146f., 185, 212, 223
Schneider 134
Schneider, Gitta 97
Schneider, Herta 94, 97, 467
Scholl, Sophie 591, 593f.
Scholtz-Klink, Gertrud 267
Scholze, Georg 485
Schörner, Ferdinand 163, 246, 308, 315, 374, 398f., 427, 458, 465, 512, 563
Schroeder, Christa 143f., 159, 193, 279, 281f., 284, 407, 440, 446, 448, 453, 527, 563, 568, 595, 614, 638
Schroth, Walter 179, 224
Schukow, Georgi Konstantinowitsch 310, 383, 422, 429, 438f., 471, 518, 539, 541, 551, 565, 573
Schulenburg, Graf von der
Schulz, Alfons 144, 175, 235
Schulz, Friedrich 427
Schulze-Kossens, Richard 208, 223, 296
Schuricke, Rudi 429, 453

Schuschnigg, Kurt 432
Schwärzel, Helene 204
Schwede-Coburg, Franz 297, 408, 451f.
Schweppenburg, Leo Geyr von 100
Schwerin, Gerd Graf von 207
Schwerin von Krosigk, Johann Graf von 423, 512, 563

ST
Stahel, Rainer 140, 183, 185
Stahlberg, Alexander 632
Stalin, Josef 28, 73, 93, 162, 173, 280, 299, 371, 427, 432, 438, 451, 471, 502, 513, 521, 535, 537, 539-542, 554, 585, 590, 594, 599, 645
Stark, Hans-Günther 591
Stauffenberg, Claus Schenk Graf von 2, 36, 103f., 131, 133, 135f., 140, 142ff., 145f., 148, 150ff., 155, 158, 167, 170, 176f., 179, 214, 594, 632ff.
Steflea, Ilie 186
Steiner, Felix 211, 459ff., 463ff., 471f., 478, 499, 507, 563
Steinert, Marlis 600
Stieff, Hellmuth 107, 133
Stöhr, Willi 352
Strauß, Richard 107
Streib, Werner 60
Streicher, Julius 35
Strölin, Karl 462
Stülpnagel, Carl-Heinrich von 162
Stürmer, Michael 600
Stumpfegger, Ludwig 226, 233, 252, 276, 284, 391, 430, 448, 460, 487, 503, 516, 538, 563

T
Telegin 568
Terboven, Josef 310f.
Tesche, Georg 435
Thadden, Elisabeth Adelheid 205
Thälmann, Ernst 185, 188, 192
Thierack, Otto Georg 379, 512, 563
Thöt, Karl 238
Thomale, Wolfgang 267, 283
Thomas, Georg 432
Thyssen, Fritz 589
Tiso, Jozef 78, 237
Tito, Josip Broz 502
Todt, Fritz 21, 27, 61, 151, 227, 417, 476
Toland, John 222
Tolbuchin, Fjodor Iwanowitsch 435
Tolsdorff, Theodor 140
Tornow, Fritz 516, 534, 563
Touyeras, Laurent 550
Tresckow, Henning von 21, 24, 143, 163, 595
Trevor-Roper, Hugh R. 598, 620
Truman, Harry S. 552, 565
Trump, Donald 487
Tschuikow, Wassili 546
Tschurakow 566
Tuka, Vojtech 78
Tuchatschweski, Michail Nikolajewitsch 162
Tukur, Ulrich 14, 600
Tussaud, Marie 652

U
Udet, Ernst 116, 183

V
Vahrenkamp, Richard 244
Varo zu Bagion, Irmengard von 521, 564
Vaulot, Eugene 515
Veesenmayer, Edmund 228
Vermes, Timur 13
Vietinghoff, Heinrich von 441
Voigtsberger, Heinrich 395
Vörös, János 207
Vogel 150
Vormann, Nikolaus von 217
Voss, Hermann 61, 463
Voß, Hans 249, 523, 525, 564

W
Wächtler, Fritz 444
Wagner, Adolf 61
Wagner, Eduard 169f., 578
Wagner, Gertrud 269
Wagner, Richard 158, 268, 306, 433, 544f., 583, 641
Wagner, Robert 480
Wagner, Walter 508, 564
Wagner, Werner 302
Wagner, Wieland 268f.,
Wahl, Karl 178, 378f.,
Waizenegger, Heinz 205, 300
Warlimont, Walter 595
Wartenburg, Peter Graf York von 183
Wassilki, Fjedor Pawlowitsch 572
Wauer 472, 564
Weber, Friedrich 307
Weber, Karl 212, 215, 252
Weber, Richard 78
Weber, Thomas 13
Weck, Julius 194
Wegener, Paul 379
Weichelt, Karl 524
Weidling, Helmuth 472, 476, 487, 494, 497, 502, 516, 534, 546, 564
Weisker, Gertraud 235
Weiss, Rudolf 516, 534
Weiß, Voldemar 76
Weiß, Walter 360, 364, 404
Weizsäcker, Carl Friedrich 591
Weizsäcker, Richard 599
Wenck, Walther 301, 360, 372, 434, 465f., 471, 478, 488, 491, 494, 497, 499, 518, 521, 564, 643
Werr 301
Westphal, Siegfried 276
Wickede, Emil von 116
Wiesenthal, Simon 75, 601f., 652
Wilhelm 210
Wilhelm II. 198
Williams, Gerrard 542
Winkelnkemper, Peter 116
Winter, Anni 95, 120, 618
Winter, August 463, 564
Wirth, Otto 117
Wisborg, Folke Bernadotte Graf von 370, 375, 397, 506
Witzleben, Erwin von 176, 181
Wlassow, Andrej 320, 408
Wogan, John B. 549
Wöhler, Otto 406f., 428
Wolf, Johanna 64, 407, 446, 453, 564
Wolff, Karl 127, 360, 441, 443
Wölfel, Hans 131
Wolfrum, Edgar 605
Woll, Balthasar 64
Wollenhaupt, August 229, 361, 564
Wood, Virginia M. 540
Wünsche, Max 64, 66

Z
Zander, Wilhelm 491, 514, 564
Zeigert, Dieter 271
Zeitzler, Kurt 21, 60, 66, 87, 116, 122, 162, 291
Ziehlberg, Gustav Heisterman von 354
Zubrod, Heinrich 306

Berlin Story Verlag

Leuschnerdamm 7, 10999 Berlin

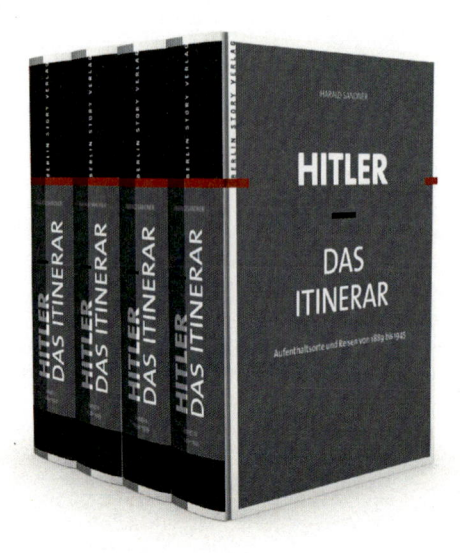

Harald Sandner
HITLER – DAS ITINERAR
Aufenthaltsorte und Reisen von 1889 bis 1945

ISBN 978-3-95723-095-9
2432 Seiten, 2211 Abbildungen
17 x 24 cm, Gebunden,
vier Bände im Schuber mit Daten-CD
499,00 €

Diese vier Bände beinhalten die weitgehend vollständige Chronologie der Aufenthaltsorte und Reisen des deutschen Diktators Adolf Hitler (1889-1945).
Die wesentlichen politischen, militärischen und persönlichen Ereignisse, die die Gründe für eine Reise Hitlers, einen Aufenthalt oder sogar den einfachen Tagesablauf erst nachvollziehbar werden lassen, sind direkt am jeweiligen Tag und – soweit überliefert – auch mit der Tageszeit in chronologischer Reihenfolge dargestellt.

Exkurse über den Verbleib der Leiche Hitlers, seine Reisegewohnheiten, seine Wohnorte, die von ihm benutzten Verkehrsmittel sowie Statistiken über die Häufigkeit seiner Besuche und Aufenthalte in ausgewählten Städten und über die Bilanz des Zweiten Weltkrieges ergänzen das Werk. Mit insgesamt 2211 Bildern (1494 historischen Aufnahmen und 717 Fotos aus der jüngeren Vergangenheit) – davon ca. drei Viertel bisher unveröffentlicht – wird das vorliegende Werk eindrucksvoll bebildert. Daten, Zahlen und Fakten aus der Vergangenheit werden in Beziehung gesetzt zu den noch existierenden Orten, so dass Geschichtswissen und neue Erkenntnisse nicht einfach historisches Material bleiben, sondern lebendig erscheinen.
Somit stellt dieses Itinerar als Beschreibung von Hitlers Lebensweg eine bisher unbekannte Sicht auf seine Biographie dar und ist in Form, Umfang und Detailtreue weltweit einmalig.

Pressestimmen

„Was klingt wie die Hitler-Tagebücher, ist diesmal nicht gefälscht ..."   *Philip Artelt, Deutschlandradio Kultur*

„Hitler. Das Itinerar" schließt als Nachschlagewerk für Wissenschaftler, Heimatforscher und Geschichtsinteressierte eine bedeutende Lücke in der Forschung über den Diktator."   *Marc von Lüpke, SPIEGEL ONLINE*

„Sandners Verdienst ist es, durch enorme Fleißarbeit regionale Anstöße zur Auseinandersetzung mit der NS-Geschichte und manche Impulse für die Hitler-Forschung zu geben ..."   *Prof. Rainer Blasius, FAZ*

„Das Itinerar ist hilfreich für die historische Arbeit, aber auch für Aspekte der politischen Aufklärung. Das Werk ist durch seine Genauigkeit unverzichtbar für die Forschung, auch und vor allem für die regionale."
Laurenz Demps, Historiker

„Das Buch ist eine sachliche, sich jeder Interpretation enthaltende Darstellung von Hitlers Leben – die umfassendste, die es gibt."   *Stephanie Lahrtz, NZZ*

„Das Itinerar ist für die Grundlagenforschung zum Holocaust von herausragender Bedeutung. Die systematische Dokumentation Tag für Tag bekräftigt das Wissen über Hitlers Rolle als treibende Kraft der organisierten Judenvernichtung in Europa."   *Dr. rer. pol. David Th. Schiller, israelischer Politikwissenschaftler*

„Mit dem Itinerar liegt, nach mehr als 80 verschiedenen seriösen Biografien, erstmals eine wirklich detaillierte Grundlage für die Beschreibung von Hitlers Leben vor. Zwar wird die Zeitgeschichte deshalb nicht umgeschrieben werden müssen, doch Sandners vierbändiges Werk gehört ohne Zweifel in jede Fachbibliothek weltweit."
Sven Felix Kellerhoff, DIE WELT

„Manche Stadt muss nun ihre Geschichte in der NS-Zeit umschreiben."   *Olaf Przybilla, Süddeutsche Zeitung*

Berlin Story Verlag

Leuschnerdamm 7, 10999 Berlin

Wieland Giebel (Hg.)
DAS BRAUNE BERLIN
Adolf Hitlers „Kampf um die Reichshauptstadt"

ISBN 978-3-86368-064-0
368 Seiten, zahlr. Abb., Quellen und Dokumente
Mit einer Einleitung von Sven Felix Kellerhoff
12,5 x 20,5 cm, Gebunden, Schutzumschlag, **24,95 €**

Erstmals wird der Kampf der NSDAP um Berlin anhand von authentischem Quellenmaterial umfangreich und bis ins Detail geschildert. Die bisher zu wenig beachtete Geschichte der NSDAP in Berlin von 1916 bis 1936 steht im Mittelpunkt dieser Dokumentation. Durch intensive Recherchen konnten zahlreiche schwer zugängliche oder bisher unzugängliche zeitgenössische Quellen erschlossen werden. Jede Quelle wird historisch-kritisch direkt auf der jeweiligen Seite wissenschaftlich kommentiert und so für jeden Leser heute verständlich gemacht. Fehldeutungen der NS-Quellen sind damit ausgeschlossen.
Das Buch ist geeignet für alle, die Originalquellen kennenlernen und verstehen möchten.

Helmut Altner/Tony Le Tissier (Hg.)
TOTENTANZ BERLIN

ISBN 978-3-95723-043-0
384 Seiten, 12,5 x 20,5 cm, Gebunden, **19,95 €**

„Kämpfe weiter, bis Du die Kugel bekommst. Alles ist in sich zusammengestürzt. Du stehst mit leeren Händen da." Der 17-jährige Frontsoldat Helmut Altner schildert als Ich-Erzähler die letzten Tage des Zweiten Weltkriegs in Berlin. Er verabschiedet sich von seiner Mutter, wird erst an der Front im Oderbruch an einem Vormittag an der Waffe ausgebildet, nimmt an den schlimmsten Tagen des Kampfes um Berlin in Seelow und Friedersdorf gegen eine immense sowjetische Übermacht teil. Dann marschiert er zurück nach Spandau, kämpft sich am 29. April 1945 teils über Leichenberge durch U-Bahn-Tunnel ins Regierungsviertel durch. Später wird er in der Nähe von Brandenburg vom Russen gefangengenommen. Ein direkter, authentischer Bericht vom Schlacht-Feld Berlin, der wie kein anderer erklärt, wie es dazu kommen konnte, dass der Krieg der Deutschen bis zur letzten Minute mit solcher Inbrunst geführt wurde.

Berlin Story Bunker | Historiale e.V.

Schöneberger Straße 23a, 10963 Berlin

HOW COULD IT HAPPEN
HITLER
WIE KONNTE ES GESCHEHEN

Anzeige

Der Berliner Geschichtsbunker am Anhalter Bahnhof

Im 6.500 Quadratmeter großen Bunker aus dem Zweiten Weltkrieg gibt es zwei Angebote des Historiale e.V.:

- **„Hitler – wie konnte es geschehen"**, die Geschichte des Nationalismus von der Geburt Hitlers über seinen Aufstieg, die „Machtergreifung", Krieg und Holocaust – mit einer symbolischen Rekonstruktion des Raums im Führerbunker, in dem er Selbstmord beging. Diese Dokumentation erstreckt sich über drei Etagen des Bunkers, 2.500 Quadratmeter.
Besuchszeit ab 90 Minuten. **12 Euro**
- **Berlin Story Museum**. Die Geschichte Berlins vom Anfang bis heute
Könige und Kaiser, Industrialisierung, die Wilden Zwanziger, Nazi-Zeit, Mauer-Zeit, Mauerfall und heute. Der AudioGuide in zehn Sprachen ist im Eintrittspreis enthalten.
Besuchszeit etwa 60 Minuten, mit dem zusätzlichen, kostenlosen Film „The Making of Berlin" 90 Minuten. **6 Euro**

Komibticket
„Hitler – wie konnte es geschehen" und Berlin Story Museum **13,50 Euro**

Geöffnet täglich 10 bis 19 Uhr, letzter Einlass 18 Uhr.

BERLIN STORY BUNKER

Berlin Story Bunker
Schöneberger Straße 23a, 10963 Berlin
E-Mail: Kasse@BerlinStory.de

BERLIN STORY MUSEUM

Mehr Informationen auf
WWW.BERLINSTORY.DE